INTRODUCTION TO MANAGEMENT SCIENCE
A MODELING AND CASE STUDIES APPROACH
WITH SPREADSHEETS
6th Edition

数据、模型与决策

基于电子表格的建模和案例研究方法

（原书第6版）

[美] 弗雷德里克·S. 希利尔　　马克·S. 希利尔　著
（Frederick S. Hillier）　　（Mark S. Hillier）
斯坦福大学　　　　　　　　华盛顿大学

李男建　徐芳超　土昱升　等译

机械工业出版社
CHINA MACHINE PRESS

图书在版编目（CIP）数据

数据、模型与决策：基于电子表格的建模和案例研究方法：原书第 6 版 /（美）弗雷德里克·S. 希利尔（Frederick S. Hillier），（美）马克·S. 希利尔（Mark S. Hillier）著；李勇建等译. -- 北京：机械工业出版社，2022.1（2024.11 重印）

（华章教材经典译丛）

书名原文：Introduction to Management Science: A Modeling and Case Studies Approach with Spreadsheets, 6th Edition

ISBN 978-7-111-69627-8

I. ①数… II. ①弗… ②马… ③李… III. ①表处理软件 - 应用 - 决策模型 - 高等学校 - 教材 IV. ①C934-39

中国版本图书馆 CIP 数据核字（2021）第 251094 号

北京市版权局著作权合同登记　图字：01-2021-2532 号。

Frederick S. Hillier, Mark S. Hillier. Introduction to Management Science: A Modeling and Case Studies Approach with Spreadsheets, 6th Edition.

ISBN 978-1-260-09185-4

Original edition copyright © 2019 by The McGraw-Hill Companies, Inc.

Simple Chinese translation edition copyright © 2023 China Machine Press. All rights reserved.

翻译版权 © 2023 由机械工业出版社所有。

本书封面贴有 McGraw-Hill Education 公司防伪标签，无标签者不得销售。

本书力求以一种创新的方式来更高效地讲解管理科学的基本理论、方法和应用。本书具有三个要素，分别为：建模、案例分析和电子表格。第 6 版是在保持前 5 版的优点之上进行修订的。在第 5 版的基础上，第 6 版增加了许多例子、问题以及案例，从而更好地体现管理科学与现实生活很强的相关性，使本书具有鲜明的管理视角。本书每章开头都给出了学习目标，书中注明并强调了重点内容，穿插了 Excel 小提示，每小节结尾都有问题回顾，每章结尾都有专业术语，本书最后还附有部分习题答案。此外，在 McGraw-Hill 的在线作业管理平台 Connect 以及网站 www.mhhe.com/Hillier6e 上提供了大量的补充材料。

本书适合 MBA、EMBA、管理类专业本科生及研究生、企业管理人员学习和参考。

出版发行：机械工业出版社（北京市西城区百万庄大街 22 号　邮政编码：100037）
责任编辑：赵陈碑　　　　　　　　　　　　责任校对：殷　虹
印　　刷：北京机工印刷厂有限公司　　　　版　　次：2024 年 11 月第 1 版第 7 次印刷
开　　本：214mm×275mm　1/16　　　　 印　　张：44
书　　号：ISBN 978-7-111-69627-8　　　 定　　价：129.00 元

客服电话：(010) 88361066　68326294

版权所有·侵权必究
封底无防伪标均为盗版

献给亲爱的克里斯蒂娜·菲利普·希利尔

纪念管理科学领域中的一位真正巨匠与导师——杰拉尔德·利伯曼

译者序　The Translators' Words

运筹学作为管理科学领域的核心课程之一，其教材的选取对教师的教学成果及学生的学习效果都有重大影响。《数据、模型与决策：基于电子表格的建模和案例研究方法（原书第6版）》（*Introduction to Management Science: A Modeling and Case Studies Approach with Spreadsheets, 6th Edition*）由斯坦福大学的弗雷德里克·S.希利尔和华盛顿大学的马克·S.希利尔合著，本书两位作者都曾出版过管理科学领域的多部经典教材，在管理科学领域具有很深的造诣，本书正是他们智慧的结晶。

《数据、模型与决策：基于电子表格的建模和案例研究方法（原书第6版）》条理清晰、结构完整，并结合大量现实案例，对管理科学方法进行介绍，是一部新颖且具有很强实践指导意义的管理科学教材。在原书第5版的基础上，原书第6版进一步体现案例在教学中的应用，增加了分析学与管理科学的关系、what-if分析中鲁棒优化的作用、机会约束等内容，并对部分案例进行了整体更新，增加了部分更具现实意义的应用案例。下面主要从四个方面概括本书的特点。

1. 内容安排由表入里。作者在对多种管理科学方法进行介绍时，均从现实生产或生活中切实存在的问题出发，以问题为背景，引出适用于该问题的管理科学方法。这种由表入里的方式不仅有利于激发学生的学习兴趣，而且对学生运用学到的方法解决现实问题具有很强的指导意义。除此之外，本书在习题部分也列举了大量案例，突出了案例分析在学习中的重要作用。本书中的案例不仅新颖且具有很强的代表性，有利于读者对各种管理科学方法的理解和扩展应用。

2. 重点介绍如何将现实问题模型化。数学模型是管理决策中重要的辅助工具，本书的重点便在于介绍如何借助数学模型来进行管理决策。作者首先从现实问题出发，然后详细介绍了如何将现实问题抽象成数学模型，并通过计算机软件求解来最终解决该问题。整个过程实现了把管理问题数学化、模型化，最终又将数学模型求得的结果现实化。由于作者以现实问题为背景对各种模型及建模过程进行介绍，因此读者不需要对抽象的数学模型有很深入的了解，就可以将书中介绍的管理科学方法在实践中进行应用。

3. 运用Excel和Analytic Solver对模型求解。本书对所建模型的求解主要是通过Excel进行的。运用Excel的Solver求解器可以实现书中大部分的模型求解，但Analytic Solver作为一种新的工具，其功能比Excel更完善，且有些问题用Analytic Solver求解更简便。因此，书中对如何运用Analytic Solver进行求解，以及Analytic Solver的特殊功能都进行了介绍。通过运用求解器求解，可以使读者在掌握分析求解软件的同时将学习重点放在如何把现实问题抽象成数学模型上，并最终通过对求解结果的分析，将结果运用到管理实践中。

4. 完善的数字化教学及学习资料。本书是一本立体化的教学及学习材料。本书的在线学习中心www.mhhe.com/hillier6e上提供了所用的大部分学习资料，包括一个以Excel为基础的综合软件包，以及求解本书中所有案例和例子所需的电子表格。该网站不仅为教师提供了所有习题和案例的解决方案，还包含了多个测试题库以及完整的PPT展示材料。同时，该网站还提供了书中实例所介绍文章的原文链接以及其他与本书相关的网络资料。

本书的突出特色在于理论与实践的紧密结合。本书内容来源于现实，最终又回归现实，其中，着重介绍了如何运用管理科学方法解决现实问题，是一部实用性极强的教材。本书不仅在国外各大商学院被指定为教学和科研所用的管理科学教材，在国内的商学院中也广受管理科学教师和 MBA、EMBA 学员的欢迎。本书将抽象、深奥的数学知识形象具体化，并把运用数学模型解决现实问题作为重点，所以对 MBA、EMBA、在职管理人员以及商学院的学生而言，本书是一本非常合适的学习教材。我们翻译的原书第 5 版教材受到了来自全国各地的教师、学生、企业人员等多方的认可与关注，这让我们深感肩上责任之重大。带着这份责任感，我们又进行了原书第 6 版的翻译工作。

著作的翻译工作对译者的责任心、耐心和能力都有一定挑战性，而翻译质量是我们关注的重点，高质量地完成全部翻译工作是我们追求的目标。本书的翻译工作由南开大学商学院管理科学与工程系李勇建教授、徐芳超博士组织，部分研究团队成员参与了初稿、案例、习题和图表的翻译。这是一个团结互助、为了共同目标带着共同信念不懈努力的团队。作为商学院的研究生，他们不仅对管理科学知识具有深入的了解，而且在翻译过程中表现出强烈的责任心和毅力。具体的翻译分工如下：第 1、2、11、12 章为李勇建、陈虞钦、徐晨曦，第 3、4、9、10 章为李勇建、王昱升、赵静文，第 5、6、13 章为徐芳超、令心悦、王文，第 7、8、14、15 章为徐芳超、李鑫宇、谭雅靓。另外，李勇建、徐芳超还翻译了作者简介、案例作者简介、序言等，并对初稿进行了修改和校对，以及负责最终的统稿和定稿。

良好的沟通与合作是实现共同目标的基础，本书翻译工作的顺利完成离不开机械工业出版社的支持和帮助。

由于时间和译者水平有限，译文中难免出现疏漏、不当甚至错误之处，敬请读者批评指正，并将自己的建议、意见反馈给我们（邮箱：liyongjian@nankai.edu.cn、xufc@mail.nankai.edu.cn）。

李勇建　徐芳超
南开大学商学院

作者简介 About the Authors

弗雷德里克·S. 希利尔（Frederick S. Hillier）是斯坦福大学已退休的运筹学教授。希利尔教授尤其以他的经典获奖教科书《运筹学导论》（*Introduction to Operations Research*）而著称，此书是希利尔教授与杰拉尔德·利伯曼（Gerald J. Lieberman）教授合著的，已经被翻译成10多种语言，目前的最新版是第10版。该书第6版荣获1995年的Lanchester奖（该奖的颁发对象为这一领域英语出版物中的最佳出版物）的荣誉奖，希利尔教授还因该书的第8版赢得了2004年运筹学与管理科学学会（Institute for Operations Research and the Management Sciences，INFORMS）评选的Expository Writing奖。希利尔教授的其他著作包括《风险投资评估》（*The Evaluation of Risky Interrelated Investments*）、《排队表和图》（*Queue Tables and Graphs*）、《运筹学随机模型导论》（*Introduction to Stochastic Models*）和《数学规划导论》（*Introduction to Mathematical Programming*）。希利尔在斯坦福大学获得了工业工程的学士学位和运筹学与管理科学的博士学位。他在高中和大学阶段曾获得写作、数学、辩论和音乐方面的多项奖励，在大学阶段的工业工程班级中排名第一，并在研究生学习阶段获得了三项国家奖学金——国家科学基金（National Science Foundation）奖学金、陶·贝塔·派（Tau Beta Pi）奖学金和丹福斯（Danforth）奖学金。在获得博士学位之后，他进入斯坦福大学教书，于28岁获得终身教职，32岁获评教授。希利尔教授的研究涉及许多领域，包括整数规划、排队论及其应用、统计质量控制和生产与运作管理。他在资金预算（capital budgeting）的研究中还获得过重要奖项。希利尔教授曾两次被选为专业社团的全国性官员，并担任许多重要的专业与学术期刊的编委。他是管理科学学会（The Institute of Management Science）的会议副主席、出版委员会主席、《管理科学》期刊（*Management Science*）副主编以及日本国际会议的联合主席。他也是INFORMS的会员。他是Springer Science + Business Media的运筹学与管理科学国际系列图书创始编辑，并在那里工作了20年（直到2013年）。他还曾到康奈尔大学、卡内基-梅隆大学工业管理研究院、丹麦技术大学、新西兰坎特布里大学和英国剑桥大学嘉杰（Judge）管理研究院（作为安达信访问学者）访问学习、研究。

马克·S. 希利尔（Mark S. Hillier）是弗雷德里克·S. 希利尔的儿子，目前是华盛顿大学商学院定量方法方向的副教授。马克·S. 希利尔在斯沃茨默（Swarthmore）学院获得了工程学士学位（专长是计算机科学），从斯坦福大学获得了运筹学硕士和工业工程与工业管理博士学位。在本科学习阶段，他因为在工程班级中排名第一而获得了麦凯布（McCabe）奖学金，基于在数学上的工作而获得了菲·贝塔·坎博（Phi Beta Kappa）奖学金，曾创下学校男子游泳队的纪录，还获得了两项国家奖学金（国家自然基金和陶·贝塔·派奖学金），那时他还为弗雷德里克·S. 希利尔教授与杰拉尔德·利伯曼教授合著的教科书《运筹学导论》开发了一套综合性的指导软件OR Courseware。博士研究生学习时期，他在斯坦福开设了一个运营管理方面的博士生讨论班，并且凭借他的博士论文而获得了国家奖。在华盛顿大学，他讲授管理科学和电子表格建模方面的课程。他讲授的MBA管理科学核心课程以及选修课"电子表格建模"获得了20多项MBA教学奖，给本科生讲授的运营管理课程获得了全校的教学奖。2007年和2013年，他被MBA学院评为PACCAR教师奖（全美MBA教学领域奖金最高的奖项）。他于2014年获得教育创新Ron Crocket奖。他还获得了以埃弗特·麦凯布（Evert McCabe）命名的教师奖。他的研究兴趣包括零部件通用性（component commonality）、库存、制造和生产系统设计等。马克·S. 希利尔博士关于零部件通用性的研究论文获得了IIE Transactions 2000～2001年度的最佳论文奖。他还一直担任比尔·盖茨和梅琳达·盖茨基金会（Bill and Melinda Gates Foundation）的首席导师，指导学生研究团队应用电子表格模型解决全球健康的各种问题。

About the Case Writers 案例作者简介

卡尔·施梅德斯（Karl Schmedders）是瑞士苏黎世大学教授，也是西北大学凯洛格商学院管理经济学和决策科学系的访问副教授。他的研究兴趣包括经济理论中管理科学的应用、不完全市场的一般均衡理论、资产定价和计算经济与金融。施梅德斯教授在斯坦福大学获得了运筹学博士学位。他曾在斯坦福大学为本科生和研究生讲授管理科学。他在斯坦福大学获得了许多教学奖，包括斯坦福大学著名的沃尔特·J. 戈尔斯（Walter J. Gores）教学奖。在胡佛研究所（斯坦福大学的一个综合研究所）做博士后工作之后，他成为凯洛格商学院管理经济学和决策科学系的助理教授，2001年晋升为副教授，2005年获得终身教职。他在2008年加入瑞士苏黎世大学，教授管理科学、电子表格建模、计算经济与金融等课程。施梅德斯教授在国际学术期刊上发表了多篇学术论文，期刊包括 *Management Science*、*Operations Research*、*Econometrica*、*The Review of Economic Studies*、*The Journal of Finance*。他是INFORMS学会期刊 *Operations Research* 中计算经济学领域的分区主编。他还获得过凯洛格商学院的多个奖项，其中包括年度L. G. 拉文古德（L. G. Lavengood）教授奖。近来，施梅德斯教授还获得了凯洛格商学院欧洲EMBA项目的最佳教授奖（2011年、2012年、2013年、2014年、2015年）与中国香港EMBA项目的最佳教授奖（2017年）。

莫莉·斯蒂芬斯（Molly Stephens）是美国昆鹰律师事务所（Quinn Emanuel Urquhart & Sullivan, LLP）洛杉矶办公室的合伙人。她毕业于斯坦福大学，获得工业工程学士学位和运筹学硕士学位。斯蒂芬斯在斯坦福大学工程学院讲授公共演讲课程，并且是管理科学案例研究课程的教学助教。作为助教，她分析了真实世界中遇到的管理科学问题，并把这些问题编写成课堂案例。她在斯坦福大学获得了"本科生研究"资助奖，并继续从事案例研究工作，且应邀在INFORMS进行课堂案例研究总结的演讲，她的研究得到了回报。研究生毕业后，她作为系统集成人员在安达信咨询公司工作，工作中，她亲身经历了许多真实的案例。之后，她重新开始研究生学习，并获得了得克萨斯大学奥斯汀分校博士学位。她还是美国最大的律师事务所的合伙人之一，斯蒂芬斯博士主要负责复杂的金融安全诉讼。斯蒂芬斯也被评级机构钱伯斯（Chambers USA）列为主要证券律师（2013年、2014年），获得评价："她具有强大而令人印象深刻的证券诉讼实践""非常突出，是一个严谨的思考者，也是一个很好的倾听者"。

序言 Preface

我们一直认为传统的管理科学教材并不能向商学院的学生展示该领域的精彩之处。在20世纪90年代末本书创作之初，我们的目标就定位为脱离以前的陈旧模式，以一种创新的方式来更高效地讲解管理科学。我们的努力已经得到了读者较为满意的反馈，前几版的许多读者都表达了对本书的喜爱之情，认为本书有很多与众不同之处且非常适合商科的学生进行学习。

本书第6版是在保持了前5版的优点之上进行修订的。合著作者马克·S.希利尔由于使用本教材在华盛顿大学教授电子表格建模与管理科学课程，获得了多项校级奖项，而这段教学和使用经历也使他为本次的改版做出了很大贡献。另外，我们也采纳了很多读者的意见和建议。在此过程中，我们在保留本书独特风格的同时努力提升本书的质量。

1996年INFORMS商学院教育工作组提出的相关建议奠定了本书的独特风格。该建议的内容为：

> 很明显，管理科学概论这门课程的形式要有一个很大的改变。如果这门课程只偏重算法，会使学生感到很乏味。相反，学生真正需要的课程是运用电子表格建立并评估模型，解决商业中的实际案例情境（包括一些非数学问题），而这样的课程需要一种完全不同的教材。

本书就试图为这样的新型课程提供教材。

在教育工作组建议的基础上，我们认为管理科学概论的教材应该具有三个要素，分别为：电子表格、建模方法和案例研究方法。

电子表格

将电子表格作为基本工具是一种现代的管理科学教学方法。不管是商学院的学生还是管理者，都离不开电子表格。现在的电子表格软件（包括本书用到的Excel）可被用来解决实际的商业问题。对于教学中所用的案例模型（很多案例都来源于实际问题），运用电子表格进行处理比传统的代数方法更合适。也就是说，传统管理科学课程中的代数求解方法将被淡化。

尽管电子表格很受欢迎，但也要注意不要过于依赖电子表格。电子表格不是解决管理科学问题的唯一方法。有时候，使用一些代数方法以及图解法还是很有必要的。如果不培养学生的这种能力，当遇到需要代数方法解决的问题时，学生将无从下手。另外，本书不只是针对电子表格原理的参考书。电子表格只是一种解决问题的手段，而不是目的。

建模方法

本书的第二个要素为建模方法。模型的建立是管理科学方法的核心。因此，我们重点强调了建模的艺术、模型的作用以及模型结果的分析。我们主要（并不是全部）使用电子表格来建立并表示模型，而不是代数方法。

有一些教师多年来都在使用代数方法（或是INFORMS工作组提出的模型结构化）进行建模教学。同时，其中有一部分教师认为这种建模方法应该是解决问题的第一步，随后再将此模型转化到电子表格中，进而用 Excel 中的 Solver 进行求解。我们并不同意这种观点。我们从经验（或其他人的经验）中得出：大部分的商科学生会觉得直接用电子表格建模更方便。另外，使用最先进的电子表格建模技术会比代数方法高效、直接得多。还有一个优势在于：电子表格可以包含代数形式下所有能够表示的条件。我们也会以此形式来对这个问题进行探究。

本书（也包括一些其他教材）的另一突破是舍弃了对求解模型所需的算法的介绍。我们认为商学院的学生没有必要了解电子表格的算法。在一个学期的学习管理科学课程的有限时间内，还有更重要的内容要学习。因此，本书的重点就在于使学生意识到还有更重要的内容要学习。其中，最重要的就是感受利用电子表格建模解决管理问题的艺术。

我们认为对商科学生进行电子表格建模方面的训练，将为他们日后成为管理者提供两方面的好处。首先，这将为他们提供独立分析小型管理问题的强大工具。其次，这将使他们认识到在怎样的情形下管理科学团队能够在分析较为复杂的管理问题时发挥更大作用。

针对实际问题建立电子表格模型远非电子表格的设计和数据输入两项工作。整个过程，我们将一步一步地进行：首先搞清要进行建模的问题，其次用语言描述该问题的结构，然后收集数据，用数量的方式表达要素间的关系，最后设计该问题的电子表格结构。运用电子表格建模的方法强调模型的重点要素（数据、决策、约束条件、绩效度量）以及描述这些要素的单元格的类型。因此，重点在于建模，而不是电子表格的结构。

案例研究方法

如果我们只是简单地列举一系列的例子及其所建立的电子表格，内容将会变得很单薄。这就对应了本书的第三个特点——案例研究方法。除了一些例子，几乎每章都含有一两个类比的案例，从而阐明管理科学应用的全过程。在一些章节中，整个章节都是围绕着一个案例进行研究的。我们所设计的每一个案例都是为了将章节中的技术应用于实际，从而将技术与管理决策联系起来，使学生进入相应的情境。这种故事讲解、以案例为基础的方法使学习过程更有趣、更刺激，也使学生能够了解管理科学实际应用中需要考虑的重点问题。

本书前 5 版的很多读者都对我们的案例研究方法表达了喜爱之情。尽管这种方法在其他管理科学教材中很少用到，但我们认为这是使学生掌握管理科学各方面实际应用的重要方法。有些读者还强调了在案例中设置对话的必要性。尽管这不是传统方法，但是这样做能够展示应用管理科学做出管理决策的全过程，同时，也可以预习一些管理学的重要概念。

另外，每章的结尾还包含了充足的案例。这些案例依然运用了故事叙述的方式，因此这些案例可以作为具有挑战性的任务来完成。大部分的章节结尾案例都是由两位非常有才华的案例作者创作的，两位作者分别是卡尔·施梅德斯（来自瑞士苏黎世大学）和莫莉·斯蒂芬斯（来自安达信的一名管理科学咨询人员）。本书作者还增加了一些案例，包括一些较短的案例。另外，西安大略大学毅伟商学院（世界第二大案例产出地）特地从案例库中选择了与本书章节相符的一些案例。这些案例可以在毅伟商学院网站（cases.ivey.uwo.ca/cases）上的本书案例部分找到，在每章的结尾处都标有案例的网址。

当然，将三种特色中的一种融入管理科学教材并不具有开创性，但是，我们相信将这三种特色整合在一本教材中，那这本教材一定是独一无二的。

其他特色

从第 5 版开始，本书就具有以下特色。

（1）采用许多例子、问题以及案例，从而体现了管理科学与现实生活很强的相关性。

（2）具有鲜明的管理视角。

（3）每章开头都给出了学习目标。

（4）注明并强调了重点内容。

（5）穿插了 Excel 小提示。

（6）每小节结尾都有问题回顾。

（7）每章结尾都有专业术语。

（8）本书最后有部分习题答案。

（9）在 McGraw-Hill 的在线作业管理平台 Connect 以及网站 www.mhhe.com/Hillier6e 上提供了大量的补充材料（包括本书的 9 个补充材料以及 7 个补充章节⊖）。

新的软件包

本书的新版本继续整合了 Excel 及其 Solver 工具（Frontline System 公司）。我们还在这一版本中增加了 Frontline System 公司的新产品——Analytic Solver 教育版（简称 Analytic Solver）。Analytic Solver 可以用于 Windows 系统的 Excel，或使用任何设备（电脑、Mac、平板电脑）上的网络浏览器访问 AnalyticSolver.com 上的云功能（in the cloud）。Analytic Solver 提供了规范分析（优化、模拟、决策分析）以及预测分析（预测、数据挖掘、文本挖掘）的综合特性。它的优化功能向上兼容至 Excel 中的 Solver 标准版。Analytic Solver 还包含以下属性：

- 用户的交互性较好，主电子表格的模型参数始终可见，而不再是只能在 Solver 对话框中可见。
- 参数分析报告能够提供一种进行敏感性分析的可视化系统方法。
- 提供了一种分析模型特性的模型分析工具（探究模型为线性还是非线性、连续还是非连续）。
- 在电子表格中建立决策树并求解。
- 大量的时间序列预测以及数据挖掘模型。
- 建立并运行复杂的蒙特卡罗仿真模型。
- 在仿真模型中改变参数时，能够立刻得到结果。
- Analytic Solver 与计算机仿真的结合使用能够实现仿真优化。
- 如果授课教师对获得班级学生使用授权感兴趣，请发送邮件至 support@solver.com 获取课程码以及定价、访问信息。请注意本书不再附赠该软件，但会提供较低价格的学生版本。

对 Excel 及其 Solver 求解器的持续沿用

和之前的版本一样，新版教材仍重点阐述如何在 Excel 模板中建立电子表格模型。虽然 Excel 的 Solver 不如 Analytic Solver 的功能齐全，但对于本书中出现的大部分问题，Excel Solver 都能够提供令人非常满意的求解方法。当 Excel Solver 和 Analytic Solver 都可以用来求解某问题时，我们将描述如何应用 Excel Solver 解决该问题。

许多教师都喜欢继续使用 Excel 及其 Solver 求解器，因为这样做可以避免向学生介绍一些会使他们感到困惑的难题。我们也认同这一观点。

该版本引入 Analytic Solver 的优势在于：相对于 Excel Solver，Analytic Solver 将所有功能集于一身。对

⊖ 为方便中国读者阅读，译者增译了 7 个补充章节中的第 15 章"运输问题与指派问题"和第 16 章"用 PERT/CPM 进行项目管理"，分别为本书的第 6 章和第 13 章。因此，本书章号和英文原书略有不同。——译者注

于本书中的一些问题（包括决策分析和计算机仿真），Excel 中缺乏解决这类问题的功能。为提供所需的求解功能，之前的版本介绍了许多的 Excel 加载项，如 Solver Table、Tree Plan、SensIt、RiskSim、Crystal Ball 和 OptQuest（Crystal Ball 的一个模块）。Analytic Solver 本身就包含了所有这些加载项。

为了进一步关注 Excel Solver，www.mhhe.com/Hillier6e 上还提供了全书所有例子与案例的电子表格模型 Excel 文件。除此之外，为进一步对案例或例子进行探索和研究，无论学生还是教师，都可以使用这些电子表格建立并求解与案例或例子相似的问题。同时，该网站还包含了许多本书中出现的各种模型求解的 Excel 模板，也包括排队模拟器（用于排队系统的计算机模拟）。

该版本的新特色

我们在第 6 版中进行了一些重要的改进。

增加介绍分析学与管理科学之间关系的章节。我们欣喜地看到，近年来商业界越来越注重分析在管理决策中的关键作用。增加的第 1.3 节描述了分析学与管理科学之间的紧密关系。

增加关于 what-if 分析中鲁棒优化作用的章节。鲁棒优化的目标是为模型找到一个在所有参数取值组合下都可行且接近最优的解。增加的第 5.7 节描述了线性规划模型中进行 what-if 分析的关键工具。

增加机会约束的章节。模型中的约束通常要求完全满足，但有时也会有一定的灵活性。机会约束为解决此类含有可以打破的约束问题提供了解决方法。增加的第 5.8 节描述了机会约束的作用以及解决方法。

全书的整体更新。由于本书第 1 版是在 20 年前写的，所以不可避免地出现内容过时的情况。即使管理科学术语的描述还是准确的，但部分相关问题、案例、例子中的数据及描述的相关细节可能已经非常过时了。工资标准改变了，价格改变了，技术改变了，日期也改变了。尽管我们在每一次版本修订中都进行了更新，但此次我们在更新数字与细节方面做了很大努力，以尽可能反映当前的真实情况。

为实际应用类文章提供链接。本书第 5 版包含了 28 个应用实例，这些案例分布在不同的章节，每个案例都用几段文字描述了其所在章节介绍的管理科学技术是如何对公司或组织产生重大影响的。而本书第 6 版基于当前管理科学技术的应用情况增加了 5 个实例（同时删去了 7 个旧的实例），并对 9 个实例进行了更新。通过与 INFORMS 合作，我们继续提供了详细描述案例的期刊文章链接。因此，教师可以通过让学生深入钻研这些实际应用案例来推进教学。这些案例都清楚地展示了理论和实际应用之间的关系。另外，在章末的习题中，本书针对每个案例都提出了一个问题。

INFORMS 是管理科学领域领先的专业学会，我们很高兴和它保持着持续的合作伙伴关系，它为我们提供了详细描述管理科学实际应用案例的每一篇原文章链接。INFORMS 对分析、运筹学、管理科学领域的学生、学者、实践者而言都是一个不错的专业学会。关于 INFORMS 期刊、会议、工作组（job bank）、奖金、奖项以及教学材料等方面的信息都可以在 www.informs.org 网站上查询。

对每章都进行了逐词检查以提高准确性。在每次修订中，我们都充分利用相关方法以提高材料的准确性，包括：使用案例将材料更加生活化，将节分成若干小节，使用较短的段落，使用要点总结来概括重要结论，使用加粗字体来强调关键内容，使用页边提示框，尽量照顾读者对材料的理解程度，等等。在此版本中，我们对每一章进行了逐字逐句检查，以进一步提高准确性，同时也吸收了审阅者及读者的建议。

学习没有界限：McGraw-Hill Connect

Connect 是一个教与学的平台，能够为学生与教师提供更好的帮助。Connect 能使学生准确地传达需要什么、何时需要以及怎样需要，因此，你的课堂时间就变得更加具有参与性，变得更加高效。

作为第6版的新内容，Connect 包含了每章的多项选择题（可以用于学生的实践或作业）、SmartBook、教师资源（包括题库）以及学生资源。请访问 connect.mheducation.com 或联系 McGraw-Hill 的销售代表。

SmartBook

SmartBook 包含与纸质版图书相同的内容，但能够根据个人不同的需求对书中内容进行调整，有助于提高学生的成绩与学习效率。SmartBook 的可适应技术为学生的下一步计划提供了准确、个性化的指导，引导学生掌握并记住关键概念，找到知识与学生反馈之间的差距，驱使学生理解并记住主要问题。SmartBook 让学生随时随地都可以学习，在笔记本电脑和平板电脑上均可使用。

教师资源

教师可凭密码进入 Connect 中的教师资源库（Instructor Resource Library），可以非常方便地获取课程补充材料，包括本书的9个补充材料以及7个补充章节。教师资源主要包括所有问题及案例的完整解答、包含书中每章所有图表的 PPT 以及扩展题库（Test Bank）。题库包含约 1 000 道多项选择题与判断题，都根据学习目标、主题、难度、布卢姆分类、AACSB 过滤与报告类型进行了标记，并通过如下方式进行提供。

- Connect 作业：提供在线测验与自动评分，可用于真实考试、小测验或实践练习。
- TestGen（一种机考生成器及编辑应用软件）：教师可以利用该应用打印同时包含 McGraw-Hill 和教师自有习题的试卷。
- Word 文档：提供习题与参考答案。

学生资源

如上所述，SmartBook 为学生的个性化指导提供了强大工具。为进一步便于学生使用，我们还在网站（www.mhhe.com/Hillier6e）上提供了学生可能感兴趣的各类资源。除了提供教材相关的补充材料，网站还提供了对每章末尾"已解决的问题"的解答。为便于参考以及使用模板，该网站还提供了书中的每一个电子表格样例，包括其中公式及解的例子（每章末尾的"本章学习辅助材料"列出了本章相关的 Excel 文件及相关资源）。本书给出了所用软件的网站信息。另外，网站还提供了每章用于自测的测试题辅导材料（与教师使用的 Test Bank 不同）。该网站还提供了管理科学教学软件中未提供的学习材料和实例中所介绍文章的 INFORMS 原文链接，以及关于本书的更新内容，包括勘误表。

邀请

我们欢迎大家进行评论、提出建议和勘误。大家可以通过下面的邮箱联系我们。同时，我们向所有老师保证，我们会一直坚守我们的原则，不会将本书习题和案例的参考答案提供给任何联系我们的人（包括你们的学生）。希望大家能够喜欢本书。

弗雷德里克·S.希利尔
斯坦福大学（fhillier@Stanford.edu）
马克·S.希利尔
华盛顿大学（mhillier@uw.edu）

Acknowledgements 致谢

本书的这一新版本受益于许多人充满智慧的建议。我们首先要真诚地感谢下列为本书第 5 版提供评论意见的人：

Michael Cervetti
University of Memphis
Danxia Chen
Dallas Baptist University
Moula Cherikh
Winston-Salem State University
Kelwyn A. D'Souza
Hampton University
Norman Douglas Ward
University of Mount Olive

Jose Dula
Virginia Commonwealth University
Kenneth Donald Lawrence
New Jersey Institute of Technology
Nicoleta Maghear
Hampton University
William P. Millhiser
Baruch College, City University of New York

John H. Newman
Coppin State University
David Snowden
Thomas More College
John Wang
Montclair State University

我们还要感谢自己的学生，以及许多通过电子邮件为我们提供有价值的建议的其他学生和老师。

本书远非两位合著者单独努力的结果，而是团队努力的结晶。本书第 1 版的第三作者——离我们而去的杰拉尔德·利伯曼教授，为这一项目的开展起到了重要的带头作用。我们还要感谢本书的案例作者——卡尔·施梅德斯和莫莉·斯蒂芬斯，他们为本书做出了不可估量的贡献。安·希利尔在电脑前花费了大量时间进行文字处理和图表的制作。他们都是团队的重要成员。

McGraw-Hill/Irwin 的编辑及其他出版工作人员也是团队的关键成员，包括 Noelle Bathurst（投资经理）、Allison McCabe 与 Tobi Philips Douglas（产品开发人员）、Harper Christopher（营销人员）、Daryl Horrocks（项目经理）。由于他们的指导和努力，本书变得更加出色。与这些专业人员合作，我们感到非常愉快。

教学建议 Suggestions

一、教学目的

1. 了解数据、模型与决策在经济和管理中的重要性，掌握将实际管理中的问题形成运筹学模型的方法与技巧。
2. 掌握数据、模型与决策主要分支的基本概念、基本模型和基本方法；知道在企业和工程管理工作中，使用数学模型和数量分析方法对于解决管理中的问题和提高效益所起的作用；学会运用数据、模型与决策的基本原理和方法分析并解决实际问题。
3. 掌握运用 Excel 求解基本决策模型的基本能力，会使用所学软件解决较简单的实际问题。
4. 通过大量的应用实例和案例分析，让学生理解和认识经济管理中的资源优化与合理配置的重要性及其途径，牢固树立辩证的决策思想和决策程序，从而具备运用定量化手段分析问题、解决问题的能力。

二、授课建议

以课堂讲授为主，辅之以案例分析、课堂讨论、课下作业、上机演示等手段。总课时建议60学时，其中讲授40学时，案例讨论和习题讲解16学时，4学时进行复习。教学中注重引导学生针对管理实践中管理决策问题进行定量思考，学会定量决策的思维方式和科学处理的程序与方法；同时，通过计算机上机操作训练，了解和掌握 Excel 软件在定量分析与决策中的应用，使学生初步掌握解决实际问题、提出科学决策建议的能力。

三、授课进度

由于管理科学方法众多，独立性较强，下面以方法为主线，以模块形式列出教学内容安排与进度，供学生学习和相关教师教学参考。

教学模块	学习要点	课时安排		
		课时数	讲授	案例与习题讲解
管理科学导论	1. 管理科学应用案例 2. 管理科学与管理决策 3. 从盈亏平衡分析看定量决策 4. 管理科学解决问题的类型 案例分析：案例1-1 参考章节：第1章	4	3	1

线性规划	1. 韦恩德案例引入线性规划模型
	2. 线性规划模型基本知识
	3. 线性规划在管理中的应用建模
	   3.1 资源分配问题
	   3.2 成本收益平衡问题
		14	10	4

(续)

教学模块	学 习 要 点	课时安排		
		课时数	讲授	案例与习题讲解
线性规划	3.3　混合问题 3.4　运输问题 3.5　指派问题 3.6　从更宽泛的视角看待建模 * 4. 求解两变量问题的图解法 5. 应用 Excel 求解线性规划问题 6. Excel 建模的基本方法 7. 线性规划的 what-if 分析 案例分析：案例 2-1、案例 3-3、案例 4-1、案例 5-2 参考章节：第 2～5 章	14	10	4
规划扩展	1. 一般整数规划介绍 2. 0-1 整数规划建模与 Excel 求解 　2.1　0-1 整数规划建模 　2.2　使用 BIP 进行项目选择 * 　2.3　运用 BIP 解决紧急服务设施的选址问题 * 　2.4　运用 BIP 解决人员排程问题 * 　2.5　利用 BIP 处理投入生产的安装成本问题 * 3. 运输问题的基本特征、变形与建模 4. 指派问题的基本特征、变形与建模 5. 非线性规划模型的引入 * 6. 特殊形式非线性规划模型建模 * 7. 非线性规划模型求解 * 案例分析：案例 6-1、案例 8-1、案例 9-2 参考章节：第 6、8、9 章	10	7	3
图与网络	1. 图的基本知识 2. 最小费用流问题 3. 最大流问题 4. 最短路线问题 5. 用 PERT/CPM 进行项目管理 　5.1　用 PERT/CPM 进行项目排程 　5.2　应对活动工期不确定性的情况 * 　5.3　考虑时间 – 成本平衡 * 　5.4　项目成本的安排和控制 * 　5.5　从管理的视角评价 PERT/CPM 案例分析：案例 7-2、案例 13-1 参考章节：第 7、13 章	8	6	2
决策分析	1. 决策准则 2. 决策树及其应用 3. 决策中的信息问题 4. 决策中的敏感性分析 * 5. 效用 6. 决策分析的实际应用 案例分析：案例 10-3、案例 10-4 参考章节：第 10 章	6	4	2
预测	1. 预测方法概述 2. 时间序列预测方法 3. 线性回归因果预测 4. 判断预测方法 * 案例分析：案例 11-1 参考章节：第 11 章	4	3	1

(续)

教学模块	学习要点	课时安排		
		课时数	讲授	案例与习题讲解
排队论	1. 排队模型举例 2. 排队模型的要素 3. 排队系统的绩效测度指标 4. 单服务台排队模型 5. 多服务台排队模型 6. 有优先权的排队模型 * 7. 关于设计排队系统的一些启示 8. 服务台数量的经济分析 * 案例分析：案例 12-2 参考章节：第 12 章	4	3	1

计算机仿真	1. 计算机仿真基本知识
	2. 计算机仿真案例：卡特理发店
	  2.1 使用集成系统仿真与优化平台进行计算机仿真
	  2.2 案例研究：报童弗瑞迪问题
	  2.3 建筑工程投标：科信建筑公司案例研究初探 *
	  2.4 项目管理：科信建筑公司案例再研究 *
	  2.5 财务风险分析：梦大发展公司案例再研究 *
	  2.6 旅游业中的收益管理 *
	  2.7 选择正确的分布函数 *
	  2.8 使用参数分析报告和趋势图制定决策 *
	案例分析：案例 14-1、案例 15-2
	参考章节：第 14、15 章
		6	4	2

课时总计		56	40	16

注：1. 讨论与案例：建议各章至少选择 1 个案例，在教师的指导下，由学生准备并进行分析，然后分组汇报，案例讨论时间由教师灵活调整，总的时间已经包括在前面的各章之中，没有单列。

2. 若课时不足 56 学时，可以适当删减标有 * 的模块。标有 * 的模块全部删除，可以在 40 学时内完成教学。

说明：

本书授课的总学时数只是一个参考，对于不同学校及不同专业可以对课时进行相应修改，教师可以根据实际情况对内容进行删减。建议增加课堂讨论和案例分析，有利于学生的理解与接受。

Contents 目录

译者序
作者简介
案例作者简介
序言
致谢
教学建议

第1章 管理科学导论 / 1
1.1 管理科学的本质 / 2
1.2 管理科学应用案例：盈亏平衡分析 / 5
1.3 分析学与管理科学的关系 / 11
1.4 管理科学的影响 / 14
1.5 本书的一些特色 / 18

本章小结 / 专业术语 / 本章学习辅助材料 / 已解决的问题 / 习题

案例1-1 守时与准时 / 22
更多案例 / 23

第2章 线性规划：基本概念 / 24
2.1 案例研究：韦恩德玻璃制品公司产品组合问题 / 25
2.2 在电子表格上建立韦恩德公司问题的模型 / 28
2.3 电子表格上的数学模型 / 33
2.4 求解两变量问题的图解法 / 35
2.5 应用Excel求解线性规划问题 / 39
2.6 Analytic Solver / 43
2.7 最小化例子：利博公司广告组合问题 / 48
2.8 从更宽广的角度来看线性规划 / 52

本章小结 / 专业术语 / 本章学习辅助材料 / 已解决的问题 / 习题

案例2-1 汽车装配 / 60
案例2-2 降低自助餐成本 / 61
案例2-3 呼叫中心人员配备 / 62
更多案例 / 63

第3章 线性规划建模与应用 / 64
3.1 案例研究：超级食品公司的广告组合问题 / 65
3.2 资源分配问题 / 71
3.3 成本收益平衡问题 / 82
3.4 混合问题 / 88
3.5 运输问题 / 95
3.6 指派问题 / 99
3.7 从更宽广的角度来看建模 / 102

本章小结 / 专业术语 / 本章学习辅助材料 / 已解决的问题 / 习题

案例3-1 将木材运输到市场 / 115
案例3-2 能力考虑 / 115
案例3-3 秋季流行服饰与衣料的准备 / 117
案例3-4 新的边界 / 118

案例 3-5　将学生分配到各个学校　/ 120

案例 3-6　回收固体废物　/ 121

案例 3-7　项目选择　/ 121

更多案例　/ 123

第 4 章　电子表格建模的艺术　/ 124

4.1　案例研究：大沼泽地公司的现金流问题　/ 125

4.2　电子表格建模过程概述　/ 126

4.3　构建好的电子表格模型的几个原则　/ 135

4.4　调试电子表格模型　/ 141

本章小结 / 专业术语 / 本章学习辅助材料 / 已解决的问题 / 习题

案例 4-1　养老金的谨慎供应　/ 150

更多案例　/ 150

第 5 章　线性规划的 what-if 分析　/ 151

5.1　what-if 分析对管理者的重要性　/ 152

5.2　继续研究韦恩德玻璃制品公司案例　/ 154

5.3　只有一个目标函数系数变动的影响　/ 156

5.4　目标函数系数同时变动的影响　/ 162

5.5　单个约束条件中单一参数变化的影响　/ 168

5.6　约束条件同时变动的情形　/ 173

5.7　鲁棒优化　/ 177

5.8　使用 Analytic Solver 实现机会约束　/ 179

本章小结 / 专业术语 / 本章学习辅助材料 / 已解决的问题 / 习题

案例 5-1　销售案例　/ 194

案例 5-2　控制空气污染　/ 195

案例 5-3　农场管理　/ 196

案例 5-4　将学生分配到各个学校（再次研究）　/ 198

更多案例　/ 198

第 6 章　运输问题与指派问题　/ 199

6.1　案例研究：P&T 公司的配送问题　/ 199

6.2　运输问题的特征　/ 202

6.3　对变形的运输问题建模　/ 207

6.4　运输问题及其变形问题的一些其他应用　/ 211

6.5　案例研究：特赛格公司的选址问题　/ 218

6.6　指派问题的特征　/ 225

6.7　对变形的指派问题建模　/ 228

本章小结 / 专业术语 / 本章学习辅助材料 / 习题

案例 6-1　继续对特赛格案例进行研究　/ 238

更多案例　/ 239

第 7 章　网络最优化问题　/ 240

7.1　最小费用流问题　/ 241

7.2　案例研究：BMZ 公司的最大流问题　/ 248

7.3　最大流问题　/ 251

7.4　最短路线问题　/ 254

本章小结 / 专业术语 / 本章学习辅助材料 / 已解决的问题 / 习题

案例 7-1　帮助盟军　/ 269

案例 7-2　资金的运作　/ 272

案例 7-3　航线安排　/ 274

案例 7-4　转播奥运会　/ 275

更多案例　/ 275

第 8 章　运用 0-1 整数规划处理是非决策问题　/ 276

8.1　案例研究：加利福尼亚制造公司的例子　/ 277

8.2　使用 BIP 进行项目选择：塔尔公司问题　/ 283

8.3　运用 BIP 解决紧急服务设施的选址问题：克莱恩特城问题　/ 285

8.4 运用 BIP 解决人员排程问题：西南航空公司问题 / 289
8.5 利用混合 BIP 处理投入生产的安装成本问题：韦恩德公司问题的变形 / 293

本章小结 / 专业术语 / 本章学习辅助材料 / 已解决的问题 / 习题

案例 8-1 分配艺术品 / 304
案例 8-2 存货布置 / 306
案例 8-3 将学生分配到各个学校（续） / 308
案例 8-4 转播奥运会（续） / 308
更多案例 / 308

第 9 章 非线性规划 / 309

9.1 非线性规划的挑战 / 311
9.2 边际收益递减的非线性规划 / 319
9.3 可分离规划 / 328
9.4 复杂的非线性规划问题 / 337
9.5 Evolutionary Solver 软件和遗传算法 / 339
9.6 利用 Analytic Solver 分析模型并选择求解方法 / 345

本章小结 / 专业术语 / 本章学习辅助材料 / 已解决的问题 / 习题

案例 9-1 超级食品公司案例研究续篇 / 356
案例 9-2 精通股票的选择 / 357
案例 9-3 跨国投资 / 359
更多案例 / 360

第 10 章 决策分析 / 361

10.1 案例研究：高富布鲁克公司的难题 / 362
10.2 决策准则 / 364
10.3 决策树 / 369
10.4 使用决策树的敏感性分析 / 373
10.5 检查是否需要获得更多的信息 / 378

10.6 使用新信息更新概率 / 380
10.7 用决策树分析系列决策问题 / 384
10.8 系列决策问题的敏感性分析 / 390
10.9 用效用更好地反映收益的价值 / 394
10.10 决策分析的实际应用 / 404

本章小结 / 专业术语 / 本章学习辅助材料 / 已解决的问题 / 习题

案例 10-1 谁想做百万富翁 / 418
案例 10-2 大玩玩具公司与商学院教授可动人偶 / 419
案例 10-3 明智的选择 / 419
案例 10-4 智能辅助驾驶系统 / 421
更多案例 / 423

第 11 章 预测 / 424

11.1 预测方法概述 / 425
11.2 案例研究：计算机俱乐部仓库的问题 / 426
11.3 使用时间序列预测方法进行分析 / 431
11.4 正确认识时间序列预测方法 / 449
11.5 线性回归因果预测 / 452
11.6 判断预测方法 / 456

本章小结 / 专业术语 / 主要公式小结 / 本章学习辅助材料 / 已解决的问题 / 习题

案例 11-1 预测方法的改进 / 467
更多案例 / 469

第 12 章 排队模型 / 470

12.1 排队模型的要素 / 471
12.2 排队系统的一些例子 / 477
12.3 排队系统的绩效度量指标 / 478
12.4 案例研究：杜皮特公司问题 / 481
12.5 几种单服务台排队模型 / 484
12.6 几种多服务台排队模型 / 493
12.7 有优先权的排队模型 / 497
12.8 关于设计排队系统的一些启示 / 503

12.9 服务台数量的经济分析 / 507

本章小结 / 专业术语 / 本章学习辅助材料 / 已解决的问题 / 习题

案例 12-1　排队窘境（案例 11-1 续篇）／ 519

案例 12-2　降低在制品库存 ／ 520

更多案例 ／ 521

第 13 章　用 PERT/CPM 进行项目管理 ／ 522

13.1　案例研究：科信建筑公司项目 ／ 523

13.2　用网络图直观显示项目 ／ 524

13.3　用 PERT/CPM 进行项目排程 ／ 526

13.4　应对活动工期不确定的情况 ／ 535

13.5　考虑时间-成本平衡 ／ 541

13.6　项目成本的安排和控制 ／ 547

13.7　从管理的视角评价 PERT/CPM ／ 551

本章小结 / 附录 13A　正态分布表 / 专业术语 / 本章学习辅助材料 / 习题

案例 13-1　迈向成功之路 ／ 566

案例 13-2　学校的生活结束了 ／ 567

更多案例 ／ 569

第 14 章　计算机仿真：基本概念 ／ 570

14.1　计算机仿真的本质 ／ 571

14.2　案例研究：卡特理发店（再次研究）／ 581

14.3　案例研究 ／ 587

14.4　计算机仿真学习总结 ／ 594

本章小结 / 专业术语 / 本章学习辅助材料 / 已解决的问题 / 习题

案例 14-1　刨床的规划 ／ 603

案例 14-2　减少在制品库存（再次研究）／ 604

更多案例 ／ 604

第 15 章　使用 Analytic Solver 进行计算机仿真 ／ 605

15.1　案例研究：报童弗瑞迪问题 ／ 606

15.2　建筑工程投标：科信建筑公司案例研究初探 ／ 615

15.3　项目管理：科信建筑公司案例再研究 ／ 620

15.4　财务风险分析：梦大发展公司案例再研究 ／ 625

15.5　旅游业中的收益管理 ／ 629

15.6　选择正确的分布函数 ／ 635

15.7　使用参数分析报告和趋势图制定决策 ／ 646

15.8　使用 Analytic Solver 的 Solver 进行计算机仿真最优化 ／ 653

本章小结 / 专业术语 / 本章学习辅助材料 / 已解决的问题 / 习题

案例 15-1　玩具人偶的生产 ／ 668

案例 15-2　压力下的定价问题 ／ 669

案例 15-3　退休财务计划 ／ 671

更多案例 ／ 671

附录 A　利用 Excel 建模的技巧 ／ 672

附录 B　部分习题答案 ／ 678

第 1 章

管理科学导论

┊学习目标┊

完成本章的学习后,你应该能够:
1. 掌握管理科学的定义。
2. 描述管理科学的本质。
3. 解释什么是数学模型。
4. 使用数学模型进行盈亏平衡分析。
5. 使用电子表格模型进行盈亏平衡分析。
6. 了解分析学和管理科学之间的关系。
7. 识别管理科学每年可能为企业节约的资金水平。
8. 了解本书的一些特色。

欢迎来到管理科学的世界!这是一个令人激动而又极富趣味的领域。令人激动的是管理科学对全世界大量商业企业的盈利能力具有重大影响,极富趣味的是所使用的科学方法独具创意且构思精巧。希望本书对该领域的介绍能为各位的学习提供指导。

不少学生在接触管理科学课程时带有一定程度的焦虑和怀疑。焦虑的主要原因是大家一直认为管理科学是一个高度数学化的领域,这种想法让人们进一步怀疑管理科学方法能否处理具体的管理问题。大多数传统的管理科学课程和教材又强调数学方法而非实际应用,加重了人们的疑虑。

请大家放心,本书不是传统的管理科学教材。我们知道本书的大多数读者渴望成为管理人员而不是数学家,因此本书的重点始终是未来管理者需要了解的管理科学知识。当然,本书会涉及少量数学内容,因为数学毕竟是管理科学领域的专业语言,但它用到的只是高中代数和初等概率论的知识。我们相信,当本书展现出简单数学知识的广泛应用和便于理解时,作为读者的你将会非常惊喜。作为管理科学的基础,数理理论虽艰深晦涩,但管理人员无须烦恼,因为在本书中数学问题并不是重点。

电子表格软件功能强大,在管理科学的实际应用中使用广泛,这是我们不再强调数学理论的另一个原因。电子表格为管理问题的建模和分析提供了便利,只需极少的用户指令,软件就会在后台自动调用必要的数学方法。这彻底改变了管理科学的应用方法。过去,管理科学相关工作需要由经过专业训练的研究人员完成;现在,电子表格提供了许多管理科学的概念和工具,管理者自己也能够进行分析。尽管繁忙的管理者依然求助于管理科学团队开展专项研究，但在电子表格的帮助下，更多的经理人开始亲自进行管理科学分析了。本书的目标受众定位于未来管理者和咨询人员这一群体，为此我们将重点介绍怎样应用电子表格开展管理科学工作。

未来的管理者需要从管理科学课程中学习哪些内容呢？

1. 正确认识管理科学的范畴和功能。为此，我们会列举大量实例说明管理科学的实际应用及其对组织的影响。
2. 识别管理科学能够带来产出的环境（有时管理科学无法应用）。为此，本书将重点介绍管理科学方法能够解决的问题类型。
3. 学会运用管理科学的主要技术分析各种管理问题。为此，在本书提供的管理科学知识范围内，我们主要关注如何应用电子表格软件进行管理问题分析。
4. 了解管理科学研究结果的解读方法。为此，我们会提供大量的案例研究，用以阐明管理科学的研究过程，同时展示相关假设和数据会怎样影响研究结果。

以上就是本书的主要教学目标。

在接下来的四节中，我们将依次介绍管理科学的本质及其对众多组织产生的影响，这一过程也会持续至后续章节。第1.5节讲述了本书的一些特点，将在随后的章节中持续体现。

1.1 管理科学的本质

管理科学（management science，MS）这个名词传递了什么信息？它包含管理和科学两个方面，也可以更精确地称之为管理的科学。但这一概念还是太模糊，下面我们给出一个更具启发性的定义。

当管理问题涉及**定量因素**时，运用**科学方法**可以**辅助制定管理决策**，管理科学即一门研究相关决策制定的**学科**。

接下来我们将对每个黑体项进行具体说明，详细阐述管理科学的本质。

管理科学是一门学科

作为一门科学，管理科学建立在坚实的科学基础上，具有完整的知识技术体系。它在某些方面类似于医疗领域，而医疗领域的知识技术体系建立在医学科学基础之上。医生经过系统训练后开始行医，首先诊断患者的病情，然后提出对症的治疗方案，最后由患者决定接受哪些治疗。在病情不严重的情况下，患者可以不去就诊，根据自己的医疗基础知识进行自我治疗。同样，管理科学工作者必须先接受大量的训练，尽管训练量远不及医生，但这些训练也是建立在管理科学知识体系的基础之上。开展实际工作时，管理科学专家需要对管理问题做出诊断，然后选用恰当的管理科学技术对问题进行分析，最后由了解实际情况的管理者决定采用哪些分析结论。对于那些不太复杂的管理问题，管理者可以选择不再咨询管理科学专家，而是用他们自己具备的管理科学基础知识对问题进行分析。

尽管管理科学有悠长的历史，但该学科的快速发展始于20世纪四五十年代，最初的发展推力源自第二次世界大战（简称二战）。二战初期，大量管理科学家应召利用科学方法管理盟军战事。战争结束后，管理科学在军事领域的成功使其应用范围不断扩大。到20世纪50年代早期，管理科学已广泛应用于工商企业和政府部门等各类组织。

1947年乔治·丹茨格（George Dantzig）发明单纯形法（simplex method），用于求解线性规划问题（linear programming problem），这是管理科学领域的又一里程碑，线性规划相关内容将在接下来的章节中进行介绍。

20世纪中叶，其他管理科学技术也取得了重要进展。然而在当时，无论是手动计算还是使用相对原始的电子计算机，运算能力都非常有限，只能解决小规模问题。幸运的是，计算机革命爆发，极大地推动了学科发展，现在的计算机运算能力极强，使解决大规模问题成为可能。

运筹学（operations research，OR）是管理科学的传统名称，今天该名称还在商学院以外广泛使用。二战中科学家小组针对如何管理军事行动开展研究，运筹学⊖因此得名。OR这一缩写同样应用广泛，常与管理科学的缩写MS组合在一起，因此这一学科被称为OR/MS。据美国劳工统计局估计，2015年美国有大约96 000名运筹分析师/运营分析师（部分只有学士学位），他们的平均年收入约为84 000美元。统计局还预测，未来十年中运筹分析师的数量将增加30%。

> **运筹学**
> 管理科学在二战期间得到了迅速的发展，那时的名称为运筹学。

分析学（analytics）是另一门与管理科学紧密相关的学科，用于解决商业问题时也称为**商业分析**（business analytics）。类似于管理科学，分析学也应用于辅助管理决策，不同之处在于分析学强调三种类型的分析：①描述性分析（descriptive analytics）——利用数据分析趋势（数据量有时十分庞大）；②预测分析（predictive analytics）——利用数据预测未来会发生什么（可以使用本书第11章介绍的预测方法）；③指导性分析（prescriptive analytics）——利用数据寻求最优的行动策略（经常用到本书介绍的优化方法）。概括地说，管理科学的方法为指导性分析提供了强大支持，对预测分析的贡献稍小，对描述性分析则作用较弱。（第1.3节将会进一步阐述管理科学和分析学之间的关系。）

运筹学与管理科学学会（INFORMS）是管理科学学科的主流国际性专业协会，该学会同时覆盖商业分析领域，总部设在美国，有12 000名以上的会员。包括商业分析和运筹学年会在内，该学会每年都在美国举办大型研讨会，也会在其他国家不定期开办会议。学会还出版发行一系列著名学术期刊，包括《管理科学》（*Management Science*）、《运筹学》（*Operations Research*）、《分析学》（*Analytics*）和《界面》（*Interfaces*），等等。其中期刊《界面》以刊登描述管理科学实际应用的文章为特点，本书大量引用了该期刊的相关文献资料。此外，世界范围内许多其他国家也成立了本国的运筹学学会，更多的内容详见第1.4节。

因此，运筹学/管理科学是名副其实的国际化学科。（简单起见，后面我们只使用管理科学或者MS这一简称。）

管理科学辅助制定管理决策

辅助制定管理决策是这里的关键词。管理决策最终由管理者做出，管理科学专家只起到辅助作用，并不直接做管理问题决策。管理科学研究只负责对管理问题涉及的定量因素进行分析，并向管理者提出建议。管理者必须综合考虑管理科学领域外的众多无形因素，通过分析判断做出最佳决策。有时在进行决策时，定性因素和定量因素同等重要。

小规模、非正式的管理科学研究可以由个人完成，比如可能就是管理者本人；然而面对大型研究项目，则需要管理科学的研究团队。本书中团队一词涵盖以上两种情况。团队中有些成员虽然不是管理科学专家，却可以提供研究所需的其他专业知识（专家经验）。管理科学团队的成员有时是企业内部雇员，但有时企业也会为了某一项目从外部聘用部分咨询人员或整支专家团队。专门从事或部分业务涉及管理科学领域的咨询公司的数量正在不断增加。

⊖ 英文语境中，operations research 源自对军事行动（military operations）开展研究（research）。在我国，运筹学中的"运筹"二字为汉语意译，含有运用、筹划、制定决策的意思，比如运筹帷幄。——译者注

管理科学使用科学方法

管理科学主要以数学、统计学和计算机科学等领域为基础，同时涉及社会科学领域，尤其经济学。既然管理科学研究各种组织的实际管理问题，那么管理科学专家也应该接受严格的企业管理训练，了解企业管理的各个职能领域。

在大多数情况下，管理科学团队力求使用**科学方法**开展研究工作。这意味着管理科学团队强调系统性调研（systematic investigation），相关工作包括细致的数据收集、对问题提出假设并进行检验（通常通过数学模型的形式），以及利用合理的逻辑进行进一步分析。

当管理科学团队开展系统化调研时，一般会按照下列步骤进行（各步骤间可能有所重叠）。

步骤 1：定义问题和收集数据。在这一步中，管理科学团队开展管理咨询工作，明确所关心的研究问题，确定合理的研究目标。然后，团队将花费大量时间收集与问题相关的数据，这一工作通常需要组织中关键人物的协助。最常见的困难是某些关键数据只是粗略数据，甚至无从获取，由此可见，安装计算机管理信息系统是非常必要的。

另一个日益常见的问题是数据量过于庞大，分析过程十分困难。电子数据抽取和加工能力、数据转换和存储能力迅猛发展，使得组织能够将各种数据整合到大型数据仓库（data warehouse）里。这促进了数据挖掘软件的发展，数据挖掘软件能够从大型数据库中提取和分析隐藏的趋势信息、相关关系和模式。

幸运的是，近年来信息技术发展迅速，使得管理科学团队获取的数据在质量和数量上都有了很大改善。信息技术公司往往能够提供管理科学团队所需的计算资源、数据库以及有用的数据挖掘技术，因此，管理科学团队通常与信息技术团队有密切的联系。

步骤 2：构建模型（一般为数学模型）来展示问题。模型（model）或者近似表征物（approximate representation），是日常生活中必不可少的组成部分，例如飞机模型、肖像、地球仪等。模型在科学与商业中更是发挥着重要作用，如原子模型、基因结构模型、表达物理运动定律和化学反应的数学等式，以及图形、组织结构图和工业会计系统模型。这些模型在抽象地研究事物本质、表明事物间相互关系及协助分析等方面的价值是无法估量的。

数学模型（mathematical model）也是一种近似表征物，不过它通过数学符号和表达式进行表述。比如，物理定律 $F=ma$ 与 $E=mc^2$ 是我们所熟悉的例子。同样，适用于商业领域的数学模型也是由一些描述问题本质的等式和相应数学表达式组成的系统。

随着功能强大的电子表格技术的出现，电子表格模型（spreadsheet model）被广泛应用于管理问题分析。电子表格以一种有组织的方式展示相关数据、绩效度量指标以及相互关系，协助问题分析。辅助分析的数学模型常在电子表格的后台运行，用户得以专注于分析过程。

模型构建（modeling process）是创造性的工作。与教科书中简化、抽象的问题不同，在解决实际管理问题的过程中，不存在唯一正确的模型，而是有多种不同的可替代解决方案。模型构建通常还是一个不断演进的过程，开始可以先用简单的"口头模型"来定义问题本质，然后逐渐完善，最终成为完整的数学模型（可能形成电子表格的形式）。

下一节我们将会进一步描述和阐明数学模型。

步骤 3：开发一个计算机程序来从模型中寻找问题的解决方案。一个设计完美的数学模型能够借助数学方法寻找问题的解决方案。因为计算过于复杂，这些过程往往在计算机上完成。在某些情况下，管理科学团队需要编写程序；在另一些情形下，我们可以找到能够对模型进行求解的标准软件包。把数学模型嵌入电子表格后，电子表格软件一般包含能够求解模型的求解器（Solver）。

步骤 4：测试模型并在必要时进行修正。在对模型进行求解之前，管理科学团队需要对模型进行仔细检查和测试，以保证它对实际问题进行了充分精确的表达。同时，还应该得到熟悉实际问题的人的帮助，这一系列实际问题有：问题中的所有相关因素和相互关系是否已在模型中准确地表达？模型是否能够提供合理的解决方案？过去应用这一模型后，情况是否有所改善？当关于成本和收入的假设发生变化时，解决方案是否相应改变？

步骤 5：**利用模型分析问题并给出管理建议**。此时，管理科学团队已经准备好对问题进行求解了。当然，为了便于对问题进行分析，或许进行了一系列假设。在进行模型求解后，管理科学团队将相应的建议提交给管理者，管理者需要对具体问题做出决策。

如果在动态的基础上重复利用某一模型来辅助决策制定，那么管理科学团队还应该开发出一套决策支持系统（decision support system），也就是一个交互式计算机系统，用于辅助管理决策制定。系统从数据库或管理信息系统中读取当前数据，然后对管理者设定的各种模型进行求解。

步骤 6：**协助将管理者采纳的建议付诸实践**。管理决策制定后，管理科学团队通常会应邀协助监督新方案的实施。新方案的推行必将涉及相关部门及人员变动，因此，管理科学团队的任务还包括向新方案实施所涉及的运营部门和人员说明为什么要做出这一变革。管理科学团队还必须确保新的运作体系符合他们的设计初衷，并要得到管理层认可。如果实施成功，新的运作体系或许会使用很多年，考虑到这一点，管理科学团队成员应该参与系统的试运行，找出将来可能需要修正的地方。

管理科学考虑定量因素

许多管理问题与生产数量、收入、成本以及可得资源数量等**定量因素**有关。通过把这些定量因素编入数学模型，并应用数学方法对模型进行求解，管理科学为分析此类管理问题提供了独特且功能强大的方法。尽管管理科学关注组织的实际管理，包括考虑相关的定性因素，但其特殊贡献在于处理定量问题的能力。

下面讨论的非凡产品公司案例将说明管理科学如何考虑定量因素。

问题回顾

1. 管理科学学科的快速发展始于何时？
2. 在商学院以外仍然广泛使用的管理科学传统称谓是什么？
3. 管理科学研究为管理者提供了哪些决策制定方面的帮助？
4. 管理科学以哪些自然科学领域和社会科学领域作为主要基础？
5. 什么是决策支持系统？
6. 与管理问题有关的常见定量因素有哪些？

1.2 管理科学应用案例：盈亏平衡分析

非凡产品公司（Special Products Company）生产昂贵的礼物，这些礼物专门销售给那些几乎拥有一切的富人。公司研发部计划开发一款新式手表 iWatch[⊖]。这种手表融合了顶尖电子腕表以及下一代智能手机的特点，具有执行语音命令或者语音回答问题的功能。它能无线上网，可以查询天气、体育新闻、股市资讯等。为了研发这款手表，公司需要开展一个大型研发项目，研发部建议为该项目提供 1 000 万美元的预算，希望在预算内开发出尽可能多的功能。显然，体积压缩让该手表价格不菲，其售价远超过中端客户的支付能力。因此，该表的目标客户群定位为那些只关心产品是否先进而不在乎价格的富人。

[⊖] iWatch 在这里可能是作者玩的一个文字游戏，是案例中公司的产品的化名，而苹果公司的手表产品名叫 Apple Watch，两者略有不同，当然应该不是指同一产品。——编者注

管理者需要决策是否开发并推广这种产品，如果开发，应该生产多少。在做出决策之前，需要预测市场上有多少需求。在下一个革命性的产品出现并占领市场之前，这款手表将会在相当短的时间内迅速完成大部分销售，因此，该手表只有一个生产周期，生产数量等于预期销量。随着生产的进行，公司会不遗余力地开展营销活动，尽可能出售所有库存。现在，管理者需要管理科学团队开展研究，考虑所有预期收入和成本，得出使公司有利可图的销售数量。下面让我们来看一下预期的财务数据。

如果公司生产该产品，将支出1 000万美元的研发成本，该项成本为固定成本（fixed cost），不受产品生产、销售数量影响。（当然，如果管理者决定不生产该产品，则不会进行研发，此项支出不会发生。）

除了固定成本，还有可变成本（variable cost），它随生产产品的数量变化而变动。生产1单位产品可变成本为1 000美元（每额外生产1单位产品的成本是1 000美元，也被称为边际成本（marginal cost））。每销售出1只手表，将给公司带来2 000美元收入（1单位商品的收入（unit revenue））。

不随生产量变动的成本叫作固定成本，随着生产量变动的成本叫作可变成本。

针对问题的电子表格模型

通过本书你会发现，电子表格为运用管理科学方法、建模分析管理问题提供了便捷。对非凡产品公司案例来说也是如此，下面我们就来演示一下。

图1-1是为这一问题建立的电子表格模型。根据预测，该手表预计销量（sales forecast）30 000只。数据已经被输入单元格（cell）C4至C7。单元格C9显示手表生产数量（production quantity）的试算值。在对众多的数值进行试算后，图1-1显示出了一个特殊的试算值20 000。

	A	B	C	D	E	F
1		Special Products Co. Break-Even Analysis				
2						
3			Data			Results
4		Unit Revenue	$2 000		Total Revenue	$40 000 000
5		Fixed Cost	$10 000 000		Total Fixed Cost	$10 000 000
6		Marginal Cost	$1 000		Total Variable Cost	$20 000 000
7		Sales Forecast	30 000		Profit (Loss)	$10 000 000
8						
9		Production Quantity	20 000			

Range Name	Cell
FixedCost	C5
MarginalCost	C6
ProductionQuantity	C9
Profit	F7
SalesForecast	C7
TotalFixedCost	F5
TotalRevenue	F4
TotalVariableCost	F6
UnitRevenue	C4

	E	F
3		Results
4	Total Revenue	=UnitRevenue * MIN(SalesForecast, ProductionQuantity)
5	Total Fixed Cost	=IF(ProductionQuantity > 0, FixedCost, 0)
6	Total Variable Cost	=MarginalCost * ProductionQuantity
7	Profit (Loss)	=TotalRevenue – (TotalFixedCost + TotalVariableCost)

图1-1 非凡产品公司决策问题的电子表格模型

注：图中英文参考正文各名词和附录A。$符号表示美元，后面也会出现，不再注明。同理，本书电子文件中的英文照此类推。

单元格 F4 至 F7 给出了通过 Excel 公式（见图 1-1）计算出的总收入（total revenue）、总成本（总固定成本（total fixed cost）及总可变成本（total variable cost））和利润（profit）(或亏损（loss））。Excel 公式可以用单元格引用（值）（cell reference）写出来（如 F6=C6*C9）。为了使电子表格模型更加清晰，可以对关键单元格或者一系列单元格进行命名（**区域名称**（range name）是给一个单元格（cell）或一系列单元格（range）赋予的描述性名称，也称为范围名称，它可以让人快速理解单元格的含义，附录 A 给出了命名单元格的具体方法）。要对一个或者一系列选定的单元格进行命名，可以点击名称框（name box）（位于电子表格顶端的公式栏左侧），输入一个名称，再按下"回车"。之后就可以在其他公式中使用这些名称，让公式更容易被理解，例如，可以用"Total Variable Cost=MarginalCost * ProductionQuantity"来代替难以理解的 F6=C6*C9。请注意单元格名称中不允许使用空格，当单元格的名称超过一个单词时，需要将每个单词的第一个字母大写以区分不同的单词（如 ProductionQuantity）。

> **Excel 小提示**：为了使电子表格中的公式都更新为新定义的名称，可以从菜单的"公式"标签下的"定义名称"下拉菜单中选择"应用名称"按钮。

在图 1-1 的左下角，按首字母顺序列出了各项变量名称，并给出了这些变量在表格中的位置。这对小型电子表格并不必要，但在以后的大型电子表格中，这样做很有帮助。

书中所有电子表格都可以在 www.mhhe.com/Hillier6e 网站上找到，通过这些表格，你可以直接对问题进行敏感性分析（你会在接下来的学习中掌握）。敏感性分析能够解决如下问题：预计销量减少会怎么样？成本或收入的预测值出错了会怎么样？只要简单地将改变后的新数据输入电子表格中，就会在单元格 F7 内看到利润的变化。

> **Excel 小提示**：选择菜单的"公式"标签下的"用于公式"，选择"粘贴名称"，再选择"粘贴列表"，可将所有列举变量名称和相应单元格引用粘贴到电子表格中（如果没有返回数值，可以点选后按下"回车"）。

图 1-1 右下角引用了经常用到的两个 Excel 函数——MIN（a,b）函数和 IF（a,b,c）函数。单元格 F4 的公式使用了 MIN（a,b）函数，可以求出 a 与 b 的最小值。在这里，手表预计销售量为预计销量和生产数量两者中的最小值，所以有

$$F4=UnitRevenue*MIN（SalesForcast,ProductionQuantity）$$

单位收入 UnitRevenue（C4）与预计销量 SalesForcast（C7）和生产数量 ProductionQuantity（C9）两者中最小值的乘积被返回到单元格 F4 中。

单元格 F5 使用的 IF（a,b,c）函数含义如下：如果表达式 a 为真，则取值为 b，否则取值为 c。因此，有

$$F5=IF（ProductionQuantity > 0,FixedCost,0）$$

也就是说，如果生产数量 ProductionQuantity（C9）>0（开始生产），则返回单元格 F5 的值固定成本 FixedCost（C5），否则返回值是 0（不生产就没有固定成本）。

> **电子表格**是一种进行盈亏分析的便捷工具。
> **Excel 函数 MIN（a,b）** 给出单元格地址为 a、b 的两个单元格中的最小值。
> **Excel 函数 IF（a,b,c）** 测试如果 a 为真，则取值 b，否则取值 c。

图 1-1 所示电子表格以及 F 列公式构成了非凡产品公司问题的电子表格模型。在本书中你会看到很多这类电子表格模型的例子。

这种电子表格模型建立在数学模型的基础上。这些数学模型用代数形式写出了单元格 F4:F7 中的公式，进而推导出一些有用信息。下面让我们看一看这一数学模型。

用数学方式描述问题

本问题中，管理者要制定如下决策：

决策问题：如果要生产，那么应生产多少手表？

因为这个数字尚未求得，我们引入代数变量 Q 来表示这一数量，即

$$Q = \text{手表的生产数量}$$

这里 Q 是模型的决策变量，其数值显然不能超过预测的市场需求数量。Q 为 0 表示不生产该产品，在这种情况下，不产生任何成本和收入。

我们的目标是选择 Q 的值使得公司从该新产品中所获利润最大化。采用管理科学的方法，建立一个数学模型，通过用变量 Q 表示的利润函数来求解此问题。为此，我们首先需要将总成本和总收入用含有变量 Q 的公式表示。

如果 $Q=0$，则没有成本支出；当 $Q>0$ 时，同时产生固定成本和可变成本。[注]

$$\text{固定成本} = 10\,000\,000\,(\text{当}\,Q>0)$$

$$\text{可变成本} = 1\,000Q$$

所以总成本是

$$\text{总成本} = \begin{cases} 0, & \text{如果}\,Q=0 \\ 10\,000\,000 + 1\,000Q, & \text{如果}\,Q>0 \end{cases}$$

因为每出售一只手表就能获得 2 000 美元的收入，故总收入可以表示为

$$\text{总收入} = 2\,000Q$$

相应地，出售 Q 只手表的利润为

$$\begin{aligned}\text{利润} &= \text{总收入} - \text{总成本} \\ &= \begin{cases} 0, & \text{如果}\,Q=0 \\ 2\,000Q - (10\,000\,000 + 1\,000Q), & \text{如果}\,Q>0 \end{cases}\end{aligned}$$

因为 $2\,000Q - 1\,000Q = 1\,000Q$，因此，有

$$\text{利润} = -10\,000\,000 + 1\,000Q,\ \text{如果}\,Q>0$$

分析问题

上面最后一个公式说明是否生产新产品很大程度上取决于 Q 的值，也就是说取决于生产并出售的产品数量。当 Q 很小时，公司会遭受损失（利润为负），当 Q 足够大时，会给公司带来盈利（利润为正）。让我们举例来看看，在 $Q=2\,000$ 和 $Q=20\,000$ 两种情形下有什么不同。

$$\text{如果}\,Q = 2\,000,\ \text{利润} = -10\,000\,000 + 1\,000 \times 2\,000 = -8\,000\,000$$

$$\text{如果}\,Q = 20\,000,\ \text{利润} = -10\,000\,000 + 1\,000 \times 20\,000 = 10\,000\,000$$

图 1-2 中画出了对应于不同 Q 值时公司的总成本和总收入。可以看到，成本曲线和收入曲线于 $Q=10\,000$ 处相交。当 $Q<10\,000$ 时，成本大于收入，两条线之间的距离代表公司的亏损。当 $Q>10\,000$ 时，收入大于成本，两条线之间的距离代表利润。当 $Q=10\,000$ 时，利润为 0。当生产并出售产品的数量为 10 000 时，公司实现盈亏平衡（break even），所以称这一数量为盈亏平衡点（break-even point）。只有产量和销量超过该值时，推出新产品才有价值。因此，公司面临的关键问题是手表的预计销量是高于还是低于盈亏平衡点。

⊖ 在本书公式中，若无特殊说明，金额单位均为美元，后文同此。

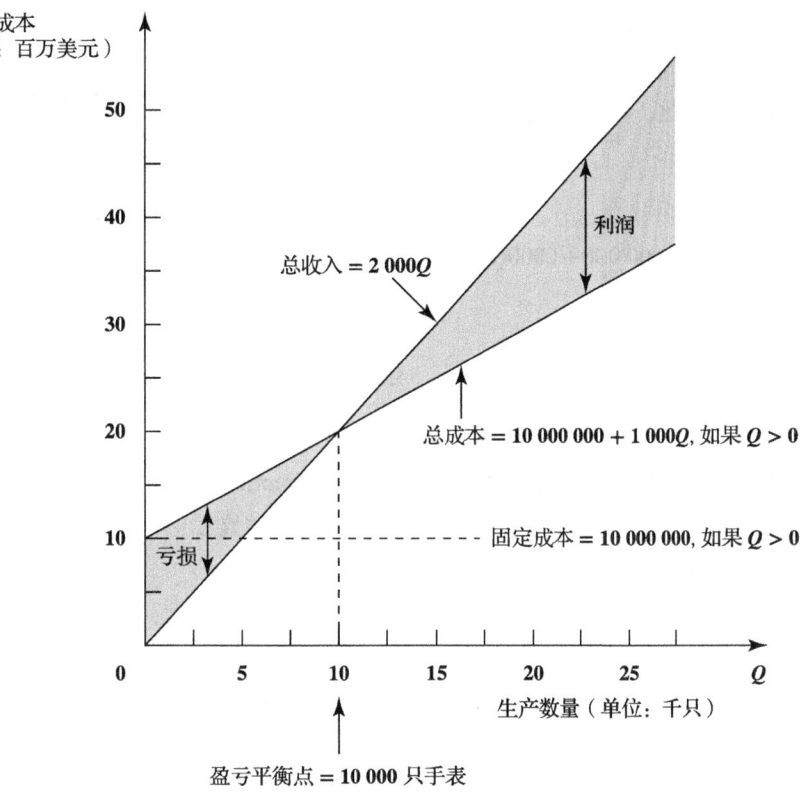

图 1-2 盈亏平衡分析中，盈亏平衡点为 10 000 只手表

图 1-2 用图解法求出了盈亏平衡点。事实上，还可以用代数方法求解该点。因为盈亏平衡点利润为 0，所以可以通过下面的方程求 Q。

$$利润 = -10\,000\,000 + 1\,000Q = 0$$

所以，有

$$1\,000Q = 10\,000\,000$$
$$Q = \frac{10\,000\,000}{1\,000}$$
$$Q = 10\,000$$

该问题的完整数学模型

以上分析问题的过程采用了基本的数学模型，用 Q 来构建利润表达式。然而这些分析还受一些隐含条件的限制，我们可以将这些隐含条件加入进来，使问题的分析模型更完善。

对于 Q 的取值，还应该考虑两个约束条件。一方面，手表的生产和销售量一定是非负的。因此，有

$$Q \geqslant 0$$

这是该完整数学模型的其中一项**约束条件**（constraint）。另一方面，Q 的取值不应该大于销量。初步预计销量是 30 000，这个数字很关键，决定最终使用的预计销量需要更多时间。获得最终市场预计前暂时用 s 代表未知的销量。

s = 手表的预计销量（暂未获得），相应地，有

$$Q \leqslant s$$

这是另一个约束条件。这里，s 是模型的**参数**（parameter），其取值尚未确定。

模型中最后一个需要明确的要素是管理目标：在新产品生产销售过程中最大化公司利润。因此，本问题的数学模型是为了求出 Q 的值使得

$$最大利润 = \begin{cases} 0, & 如果 Q = 0 \\ -10\,000\,000 + 1\,000Q, & 如果 Q > 0 \end{cases}$$

同时满足

$$Q \leqslant s$$

$$Q \geqslant 0$$

> **约束条件**：数学模型中的约束条件是表示对决策变量取值范围进行限制的不等式或等式。
>
> **参数**：数学模型中的常数被称为模型的参数。

这里的利润代数表达式称为模型的**目标函数**（objective function）。模型求解得到的 Q 值取决于参数 s 的值（手表的预计销量）。因为盈亏平衡点是 10 000，所以下面要考虑 s 的取值如何影响 Q 的取值。

> **目标函数**：数学模型的目标函数指模型中以决策变量的方式给出的衡量绩效的数学表达式。

数学模型的求解：

$$盈亏平衡点 = \frac{固定成本}{单价 - 边际成本} = \frac{10\,000\,000}{2\,000 - 1\,000} = 10\,000$$

$$如果 s \leqslant 10\,000，那么 Q = 0$$

$$如果 s > 10\,000，那么 Q = s$$

可见，只有在产量和销量大于盈亏平衡点时，公司才应该开发并生产该产品。

数学模型的假设分析

数学模型是实际问题的近似表述，比如模型中的一些数字难免只是估计值，而且不一定准确。

前面的数学模型中有四个估计值——10 000 000 美元的固定成本、1 000 美元的边际成本、2 000 美元的单价，以及最终预计销量（尚不可知）。管理科学研究通常投入大量时间分析如果估计值偏离实际，会对模型结果带来什么影响，这一过程称为**假设分析**（what-if analysis）。

> **假设分析**：由于估计往往有误差，假设分析用于检验估计值预测误差对模型结果的影响。

将盈亏平衡分析整合到电子表格模型中

以上数学模型的一个主要发现就是盈亏平衡点求解公式，即

$$盈亏平衡点 = \frac{固定成本}{单价 - 边际成本}$$

因此，一旦获得公式中的数值和预计销量的估计值，我们就可以求解数学模型，从而确定产量。

相比而言，尽管图 1-1 中的电子表格能够对产量进行一系列试算，但并不能直接给出产量。图 1-3 展示了如何运用电子表格来直接计算这一结果。

假设最终预计销量 30 000（与初步预计销量一致）能够实现，见单元格 C7。如图 1-3 最下部的公式显示，单元格 F9 通过用固定成本（1 000 万美元）除以销售每个产品的净利润（1 000 美元）来计算盈亏平衡点，其中净利润由单位收入（2 000 美元）减去边际成本（1 000 美元）得到。由于预计销量 30 000 超过了盈亏平衡点

10 000，这个预测量就可以被输入单元格 C9。

	A	B	C	D	E	F
1		**Special Products Co. Break-Even Analysis**				
2						
3			**Data**			**Results**
4		Unit Revenue	$2 000		Total Revenue	$60 000 000
5		Fixed Cost	$10 000 000		Total Fixed Cost	$10 000 000
6		Marginal Cost	$1 000		Total Variable Cost	$30 000 000
7		Sales Forecast	30 000		Profit (Loss)	$20 000 000
8						
9		Production Quantity	30 000		Break-Even Point	10 000

Range Name	Cell
BreakEvenPoint	F9
FixedCost	C5
MarginalCost	C6
ProductionQuantity	C9
Profit	F7
SalesForecast	C7
TotalFixedCost	F5
TotalRevenue	F4
TotalVariableCost	F6
UnitRevenue	C4

	E	F
3		**Results**
4	Total Revenue	=UnitRevenue * MIN(SalesForecast, ProductionQuantity)
5	Total Fixed Cost	=IF(ProductionQuantity > 0, FixedCost, 0)
6	Total Variable Cost	=MarginalCost * ProductionQuantity
7	Profit (Loss)	=TotalRevenue − (TotalFixedCost + TotalVariableCost)
8		
9	Break-Even Point	=FixedCost/(UnitRevenue − MarginalCost)

图 1-3　图 1-1 的电子表格的扩展型

注：可以直接用数学模型计算出盈亏平衡点。

如果需要的话，要将模型求得的生产数量直接输入单元格 C9，从而将盈亏平衡分析的数学模型完整地编入电子表格。这可以通过以下公式实现：

C9=IF（SalesForecast>BreakEvenPoint,SalesForest,0）

然而，输入这一公式的弊端在于不能对其他可能有用的生产量进行试算。比如，如果管理层对预测的销售数量没有太多信心，并且希望尽量降低过量生产的风险，管理层将会考虑让生产数量小于预计的销售数量。再比如，管理者或许会选择图 1-1 中单元格 C9 的试算值。在管理科学的应用中，数学模型可以为管理者制定决策提供有用的指导，但是管理者需要考虑模型中没有包括的因素，然后再制定最终决策。

问题回顾

1. 如何将新产品的生产数量以及销售数量与其盈亏平衡点进行比较，以确定公司是否值得推出新产品？
2. 在非凡产品公司的完整数学模型中，除了利润公式外，模型还考虑了什么因素？
3. 敏感性分析的目的是什么？
4. 如何用电子表格进行敏感性分析？
5. MIN（a,b）这一 Excel 函数的功能是什么？
6. IF（a,b,c）这一 Excel 函数的功能是什么？

1.3　分析学与管理科学的关系

近年来，商界正热议所谓的**分析学**（或者叫商业分析），讨论将分析学融入管理决策制定的重要性。这些热议源于托马斯·H. 达文波特（Thomas H. Davenport）的一系列文章和图书，托马斯·H. 达文波特是一位著名的思想领袖，他曾帮助世界上数百家公司重振业务。他最初在2006年1月发行的《哈佛商业评论》中提出了分析学的概念，发表的《用分析去竞争》（Competing on Analytics）一文被评为该杂志90年历史上十大必读文章之一。这篇文章发表后不久他又出版了两本畅销书《新的制胜科学》（*The New Science of Winning*）和《工作中的分析：更明智的决定，更好的结果》（*Analytics at Work: Smarter Decisions, Better Results*）。

> 分析学是一个广义的术语，它包括管理科学和所有其他定量决策学科，如数学、统计学、计算机科学、数据科学、工业工程等。分析学利用这些工具来分析现有的数据，它是将数据转化为洞察力从而做出更好的决策的科学过程。

那什么是分析学呢？与管理科学不同，分析学不是一门单一的学科，它所涉及的技术没有明确的学科界限，包括所有的定量决策学科。

因此，在对某个具体问题进行分析时，分析学可以运用相关的最有帮助的定量决策科学。一个公司的分析团队成员可能包括数学家、统计学家、计算机科学家、数据科学家、信息技术人员、商业分析人员、工业工程师、管理科学工作者和运筹分析师，等等。

> 分析学包括所有的定量决策科学。

管理科学团队的成员可能会反对这一点，因为他们的研究也经常涉及其他定量决策学科。的确是这样，但两者区别在于，和管理科学相比，分析学会运用更多的定量决策学科。一个典型的例子是，当运用分析学从大量数据中分析趋势时，数据科学和统计学这两门定量分析学科就变得尤为关键。这也是分析学在应用中的一个鲜明特点。

> 大数据时代所带来的新挑战需要用分析学解决。

产生这一特点的原因是分析学充分意识到我们已经进入**大数据时代**，大多数公司和组织可以得到大量的数据来帮助制定管理决策。计算机对货运、销售、供应商和客户以及电子邮件、网络流量和社交网络的追踪数据是复杂的，这导致了现在的数据量激增。分析学最初的研究重点是如何最有效地利用这些数据。

分析学的应用可以分为三个有重叠的类型。如下是这些类型的名称和简介：

（1）描述性分析（分析数据来说明发生了什么）。
（2）预测性分析（利用预测模型预测将来可能会发生什么）。
（3）指导性分析（利用指导模型，比如最优化模型，来制定决策）。

描述性分析需要处理大量的历史数据，并要求信息技术能储存并读取数据。描述性分析使用创新性的技术来定位相关数据并识别出值得注意的模式，从而更好地描述和理解事情的现状。在这个过程中会运用到一项重要技术，叫作数据挖掘（data mining）。本书的Analytic Solver（解析解算器）软件包（第1.5节有详细介绍），其中一个数据挖掘标签可以用来进行数据挖掘和预测性分析。由于描述性分析的主要工作是分析数据，有时它也被称为数据分析（而预测性分析也可能被称为数据分析）。专门研究描述性分析的分析师也被称为数据科学家。

预测性分析是一种利用预测模型分析历史数据或者外部数据，从而预测未来的事件或者趋势的分析方法。模型的基础是数据预测方法，比如会常用到第11章中所介绍的内容。计算机模拟（第14、15章中会提到）有助于论证未来事件是否发生。由于预测性分析的一些方法更加细致，这种分析方法比第一种更高级。

指导性分析是最后一种，也是最高级的一种方法。它用复杂的模型分析数据，指导人们未来应该怎么做。本书很多章节提到的有效优化模型和管理科学技术大多在这里使用。由于分析的目的是指导制定管理决策，这种分析也叫作决策分析。

> 指导性分析主要用管理科学的强大技术来指导人们未来应该怎么做。

管理科学工作者经常与这些分析方法打交道，其中第一种使用较少，第二种使用稍多，第三种最为常用。虽然我们认为管理科学主要研究高级分析方法（预测性分析和指导性分析），但是在整个商务流程中分析学专家的参与度可能比管理科学工作者高，包括第一种分析之前的工作（识别需求）和最后一种分析之后的工作（实施）。未来，管理科学和分析学将在一定程度上融合。

虽然分析学最初被认为是商业组织的关键工具，但它在其他领域也很有效。举个例子，在 2012 年的总统竞选中，分析学与管理科学发挥了关键作用。当时，奥巴马的竞选管理者雇用了一个包括统计学家、预测建模专家、数据挖掘专家、数学家、软件程序员、管理科学工作者的多学科团队。该分析人员团队的规模是 2008 年竞选时的五倍。在相关分析结果指导下，奥巴马团队发起全面的竞选活动，利用不同来源的大量数据，基于确定的信息，其团队能直接确定潜在选民和支持者个体。根据最初预计，奥巴马与竞争对手的选举支持率是很接近的，但在描述性分析和预测性分析的指导下，奥巴马提出务实的政策，这让他赢得了更多的支持并获得了胜利。

分析学的另一个著名应用是在《魔球》（*Moneball*）一书中，随后有人在 2011 年基于此书拍摄了一部同名电影⊖。他们讲述了奥克兰运动家棒球队如何取得巨大成功的真实故事。尽管该队在联盟中预算最少，但是他们通过使用各种非传统数据（棒球纪录统计分析）更好地评估球员，选出球员签约。虽然这些评估经常与常规的棒球智慧相悖，但是描述性分析和预测性分析能识别那些被忽视的球员，而他们其实可以大大帮助球队。在见证了分析学的巨大影响后，联盟中的许多大球队现在也开始雇用分析学专家了。一些其他项目的运动队，包括 NBA 球队，也开始用分析学。一个例子是，金州勇士队在赢得 2015 年 NBA 冠军的几个月后，又在 2016 年 3 月举行的麻省理工斯隆体育分析会议上赢得了"最佳分析组织"奖。

> 体育分析是分析学应用于各个领域的另一个例子。

很多商业组织的高管现在已经认识到分析学对利润的影响，他们很乐意提高分析团队在组织中的地位。这就需要更多人接受分析学和管理科学训练。麦肯锡全球研究院最近研究显示，2018 年美国预计缺少 14 万～18 万名资深分析学专家。该研究还预测雇主将会额外雇用 150 万管理者和分析师，条件是他们要有使用大数据进行高效决策的经验。

各大学响应了这种巨大需求。美国和其他国家的上百所商学院拥有或已经承诺推出具有商业分析学位或证书的本科和研究生课程项目。依托于本书的课堂将是这些项目的一个关键组成部分，也是注重分析学其他领域（例如，统计和数据挖掘）的教学项目的关键部分。

> 商学院正在培养更多的人从事商业分析，来满足目前巨大的需求。

这为接受理工科（STEM）教育的学生提供了一个很好的机会。据精神领袖托马斯·H. 达文波特预言，分析学专业必将成为"21 世纪最诱人的职业"。2016 年，职业网站玻璃门（Glassdoor）认为数据科学家是美国最好的工作。此外，基于工资、工作满意度等诸多事实，2016 年 1 月 27 日《美国新闻》报道称运筹学相关职业（即管理科学专业）是全国排名第二的商科工作。并且，女性在该行业中工作的百分比很高，在该领域女性略多于男性。

分析学发展实为迅猛，作为高级分析学的核心，本书所介绍的管理科学技术也将得到更广泛的应用。暂且不看未来，本书接下来的内容将介绍管理科学在过去的岁月中发挥的重要影响。

> 管理科学是高级分析的核心。

问题回顾

1. 分析学中包含哪些定量决策科学？
2. 描述性分析是做什么的？
3. 预测性分析是做什么的？

⊖ 电影英文名为 *Moneball*，电影中文名为《点球成金》。

4. 指导性分析是做什么的?
5. 管理科学主要研究哪一类分析?
6. 除管理科学外,分析学还从其他定量决策学科中吸取了哪些知识?

| 应用实例 |

通用汽车公司(GM)是世界上最大、最成功的公司之一,率先使用高级分析和管理科学是其成功的主要原因之一。由于这些技术应用对企业的巨大作用,通用公司被授予2016年度INFORMS奖。

运筹学与管理科学学会每年会向一个组织颁发INFORMS奖,以表彰其在高级分析以及运筹学/管理科学(OR/MS)方面的应用。获奖组织必须不断以开创性、多样性、创新性、持续性的方式将这些技术进行应用。以下引文描述了通用公司的获奖原因。

引文:由于通用汽车公司在创新有效应用运筹学和高级分析技术方面的成就,通用汽车公司获得了2016年度INFORMS奖。

通用汽车在全球有数百名运筹学/管理科学学家,他们在推动从车辆设计、制造、销售和服务到采购、物流和质量等各方面的数据驱动决策上发挥着至关重要的作用。该团队不断开发新的商业模式,并关注新出现的机会。

通用汽车开发了新的市场研究和分析技术,以了解最受客户欢迎的产品和功能,确定经销商的理想车辆库存,并探究如何实现通用汽车的目标——创造终身客户。

通用汽车还开拓性地使用了数据科学和高级分析,在给消费者造成不便之前,预测出汽车零部件和系统的故障。通用汽车还在行业内首次实现了主动警报消息(Proactive Alert messages),通过OnStar系统通知客户可能出现的故障,将可能出现的紧急维修转变为日常计划维护。

通用汽车全球研发中心(GM Global R&D Laboratories)执行董事加里·史密斯(Gary Smyth)表示:"在过去的70年中,运筹学/管理科学技术在我们的交通科学、供应链物流、工业生产率、产品开发、车辆远程信息处理和预测等各个方面都发挥了重要作用,这些技术几乎渗透到我们所做的每一件事中。"

在2007年,运筹学/管理科学对通用汽车公司业务的影响进一步体现,通用公司成立了运营研究专业中心,以推广最佳做法和实现新技术转化。自此,运筹学/管理科学已经扩展到产品开发、供应链、财务、信息技术和其他功能的合作伙伴团队。

注:第12.5节中的应用案例描述了通用汽车公司在高级分析和管理科学方面应用的众多例子之一,仅这些应用就为公司增加了数十亿美元收入。

资料来源:"Past INFORMS Awards, 2016: General Motors," INFORMS.com ©INFORMS. Used with permission. All rights reserved.

1.4 管理科学的影响

管理科学(正如前面所说,很多学者称之为运筹学)对提高全世界大量企业的效率有着深远影响。在此过程中,管理科学对提高不同国家经济生产力有着显著的贡献。现在很多国家都加入了国际运筹学联盟(International Federation of Operational Research Societies,IFORS),每个国家都设有国际运筹学研究学会。欧洲和亚洲都有运筹学协会联盟来协调地区间国际会议的举办以及在当地出版国际杂志。除此之外,我们在第1.1节提到的运筹学与管理学学会也是这个领域中特别著名的国际性学会。该学会出版的杂志中,《界面》常发表文章论述重要的管理科学研究以及它们对各种组织的影响。

管理科学在各行业都有大量不同类型的实践应用,有时每年能为企业节约资金数百万、上千万甚至上亿美元。比如,数以百计的管理

> 管理科学在工商业领域的应用每年能够为工商业节省上亿美元。

科学学者着手研究航线问题，期望为每次航班更有效地分配飞机以及乘务员，并优化费用结构以实现收益最大化。多年来，金融服务公司一直使用管理科学工作者开发的投资组合选择技术，而这些管理科学工作者也因为这项工作赢得了诺贝尔经济学奖。管理科学模型已经成为营销科学中的一个核心部分。跨国企业依靠管理科学指导供应链管理。诸如此类的实例还有很多，管理科学的应用对企业有着重要影响。

管理科学也被广泛用于其他领域。例如，它对医疗保健领域的影响越来越大，它提供包括改善医疗保健服务交付与运营管理、疾病模拟、慢性病诊断以及决策、放射治疗等应用。从在联邦层面处理国家安全问题，到在市级政府层面处理应急服务的交付，管理科学的应用也存在于不同层级的政府部门。其他关键政府层级的应用包括使用管理科学模型指导能源政策、环境政策以及应对全球变暖的政策的制定。管理科学更早应用于军事领域，包括运输规划、战争博弈，一直沿用至今。

管理科学对应用相关知识的组织具有重要影响，以上这些只是众多案例中的一小部分，类似的案例数不胜数。

> 管理科学也在医疗保健领域，在政府关键政策的指导层面以及军事应用方面具有非常重要的影响。

为了使大家更好地认识管理科学的广泛应用，我们在表 1-1 中列举了一些实际案例。前两列注明了应用这些案例的不同组织以及应用领域，第三列给出了这些案例所对应的书中章节，在相应章节中对应用进行了介绍并提供了资料来源（你可以在本章中看到第一个应用案例的描述，该案例提到了许多重要的应用）。最后一列列出了使用这些应用每年为公司节约的资金量。此外，管理科学的应用还能带来顾客服务水平的提高、管理控制能力的提升，此类进步有时比财务收益更加重要，虽然这些额外收益并没有记录在这些表中。（本章习题 1.8 和 1.9 进一步探索了这些无形的收益。）

我们的网站 www.mhhe.com/Hillier6e 提供了《界面》中详细描述这些应用的文章链接。非常感谢我们的合作伙伴运筹学与管理学学会为读者提供文章链接。这些文章阐述了管理科学如何帮助不同公司获得成功，兼具趣味性与启发性。

本书包含大量的管理科学应用，它们会以案例研究、例子以及章末案例的形式出现。一些实际应用与案例中描述的相似，但大多数有所区别，通常划归运营管理、金融和营销三个领域之一。表 1-2、表 1-3 和表 1-4 按照这三个不同的领域列举出相关应用，其中第一列指出了本书中描述该应用的章节位置，第二列给出了管理科学改善管理决策的不同方式。

表 1-1～表 1-4 列举的这一长串应用实例列表只是管理科学在全世界企业的大量重要应用中的一小部分。我们没有足够的篇幅来更完整地介绍这些重要应用（其他的重要应用会在网站 www.mhhe.com/Hillier6e 的补充章节 supplementary chapters 里介绍）。管理科学的特点在于其灵活性，它能够处理管理过程中随时出现的新问题。

表 1-1 应用实例中描述的管理科学应用

组织	应用领域	章节	年节省金额
通用汽车（GM）	许多应用	第 1.4 节	未评估
斯威夫特公司（Swift & Company）	改善销售和生产绩效	第 2.1 节	1 200 万美元
三星电子（Samsung）	减少生产次数，降低库存水平	第 2.7 节	增加收入 2 亿美元
INDEVAL	解决了墨西哥所有安全交易问题	第 3.2 节	1.5 亿美元
雪佛龙（Chevron）	优化炼油厂运作	第 3.4 节	接近 10 亿美元
泰勒通信（Taylor Communication）	将打印作业分配给打印机	第 3.6 节	1 000 万美元
威路氏（Welch's）	优化原材料的使用和运输	第 4.3 节	15 万美元
惠普（Hewlett-Packard）	产品组合管理	第 7.1 节	1.8 亿美元
挪威公司（Norwegian companies）	天然气离岸管道网络运输的最大流问题	第 7.3 节	1.4 亿美元
加拿大太平洋铁路公司（Canadian Pacific Railway）	规划铁路货运路线	第 7.4 节	1 亿美元
美国废物管理公司（Waste Management）	开发垃圾回收和处理的路线管理系统	第 8.1 节	1 亿美元

(续)

组织	应用领域	章节	年节省金额
MISO	管理13个州的电力运输	第8.2节	7亿美元
荷兰铁路公司（Netherlands Railways）	最优化铁路网络的运营	第8.4节	1.05亿美元
美国大陆航空公司（Continental Airlines）	当日程冲突时重新为每个飞机分配乘务员	第8.5节	4 000万美元
常阳银行集团（Bank Hapoalim Group）	为投资咨询者开发决策支持系统	第9.2节	增加收入3 100万美元
敦豪国际快递公司（DHL）	优化营销资源的使用	第9.4节	2.6亿美元
工人赔偿局（Workers' Compensation Board）	管理高风险伤残索赔和康复	第10.3节	400万美元
疾病预防控制中心（CDC）	根除脊髓灰质炎	第10.7节	15亿美元
里昂比恩（L.L.Bean）	预测呼叫中心的员工需求	第11.2节	30万美元
塔可钟（Taco Bell）	预测日业务量	第11.3节	1 300万美元
南美轮船（CSAV）	优化全球运输航线	第11.6节	8 100万美元
通用汽车（GM）	提高生产线的产出量	第12.5节	1.5亿美元
联邦航空管理局（Federal Aviation Administration）	在恶劣天气下管理航空交通	第14.2节	2亿美元
萨索尔公司（Sasol）	提高生产流程效率	第14.3节	2 300万美元
美林资产管理集团（Merrill Lynch）	提供金融服务的定价分析	第15.4节	增加收入500万美元
克罗格公司（Kroger）	药品库存管理	第15.8节	1 000万美元

表1-2 运营管理领域的案例研究与实例

出现位置	应用类型
第2.1节及后续章节	案例研究：什么是利润最大的产品组合
案例2-1	应该以哪一种汽车车型组合来生产
案例2-2	大学自助餐中应包含哪些食物原料
案例2-3	呼叫中心应以什么样的组合来雇用客服人员
第3.3节	客户服务中心的员工排班
第3.5节	最小化从工厂到客户的产品运输成本
第3.6节	优化人员工作分配问题
案例3-1	产品应怎样被运送到市场
案例3-3	下一季度应该生产哪些女士服装
案例3-5、5-4、8-3	以最小成本安排校车接送计划
案例3-6	可混合成为不同等级适销产品的固体废物材料应怎样组合
案例3-7	怎样将有资质的管理者分配到新研发项目中
案例5-2	开发钢厂污染减排方案并进行分析
案例5-3	考虑天气变化安排牲畜饲养和作物种植
第7.1节	最小化分销网络的运作成本
第7.2节、第7.3节	案例研究：最大化分销网络的商品流
第7.4节	找到从起始点到终点的最短路径
案例7-1	军事行动的物流安排
案例7-3	开发获益最大的航线安排计划
案例7-4、8-4	运作并开拓私人计算机网络
第8.2节	选择实施最好的研发项目组合
第8.3节	为应急服务设施选址
第8.4节	航线乘务员排班问题
第8.5节	考虑安装成本的生产计划
案例8-2	为零售商进行库存决策
第9.3节	考虑加班的生产计划
第9.5节	参观所有美国联盟棒球场的最短路径问题

(续)

出现位置	应用类型
第12.2节	排队模型应用案例：商业服务系统、内部服务系统、运输服务系统
第12.4节及后续章节	案例研究：为了更快向顾客提供维修服务，对具有冲突的建议进行分析
案例12-2、14-2	减少在制品库存的提案分析
第14.1节	比较故障检修或是定期检修哪个更好
第14.2、14.3节	案例研究：小企业主增加合伙人是否有利
案例14-1	缓解生产瓶颈的提案分析
第15.1节	案例研究：零售商的库存中应该持有多少产品
第15.3节	对复杂的项目进行计划修正以确保最大程度按时完成项目

表1-3 金融领域案例研究与实例

出现位置	应用类型
第1.2节	盈亏平衡分析
案例1-1	盈亏平衡分析以及敏感性分析
第3.2节	航空公司的机型选择
第3.2节	不动产开发项目的资本预算
案例3-2	开发企业计算机设备的投资计划
第4.1节及后续章节	案例研究：开发金融计划用于满足未来的现金流量需求
案例4-1	为养老基金开发投资和现金流计划
第7.4节	最小化汽车持有成本
案例7-2	找到将不同外币兑换成美元的最有效方式
第8.1节	案例研究：选择最有利的投资组合
案例8-1	开发用于购买艺术品的投资计划
第9.2节	平衡期望收益以及风险的投资组合选择问题
第9.5节	选择投资组合以尽可能持续占据市场领先地位
案例9-2	选择最优的股票投资组合
案例9-3	开发长期计划用于购买以及销售国际债券
第10.1节及后续章节	案例研究：选择钻井勘探石油还是卖掉土地
案例10-1	为博弈秀选择战略"谁想做百万富翁"
第14.1节	新赌博游戏分析
第15.2节	在投标过程中选择要提交的投标
第15.4节	评估金融投资的风险分析
第15.5节	旅游业应该进行多少超额订票
案例15-1	分析公司现金流量在下一年度会怎样发展演变
案例15-2	计算欧式看涨期权的价值

表1-4 营销领域的案例研究与实例

出现位置	应用类型
第2.7、3.3节	决定广告媒介的最优混合策略
案例2-1	评估广告活动是否有价值
第3.1、3.4节	案例研究：哪个广告计划能够最大程度上实现管理目标
案例3-4	开发具有代表性的营销调查计划
案例5-1	广告投入与产品销量增长之间的盈亏分析
第7.4节	平衡新产品投入市场的速度及其相关成本
第9.3节	处理非线性营销成本

(续)

出现位置	应用类型
案例 9-1	对第 3.1 节和第 3.4 节案例研究中开发的营销计划进行改善
案例 10-2	公司要将新产品马上投入市场还是先进行市场试销
案例 10-3	公司是否需要在产品投放市场前购买额外的营销研究报告
案例 10-4	为潜在的新产品计划决策顺序
第 11.2 节及后续章节	案例研究：管理电话营销产品的呼叫中心
案例 11-1	提高呼叫中心的需求预测能力
案例 12-1	估计顾客打进呼叫中心的通话等待时间

1.5 本书的一些特色

本书重点在于帮助未来管理者了解所需的管理科学课程知识，而不是训练技术分析人员。为此我们在书中增加了很多特色，希望读者能够喜欢。

其中一个特色是整本书围绕建模（modeling）展开，将其作为管理决策制定的辅助，这尤其与管理者息息相关。尽管他们可能并不使用建模这一术语，但所有管理者都至少会参与非正式的建模过程（将问题的本质更好地抽象出来，从而更好地进行分析），所以学习更多建模的艺术是非常重要的。尽管管理者都是针对更大型的管理科学研究对其他人提出要求，但他们自己也需要认识管理科学研究在哪些类型的管理问题上更有帮助。因此，未来管理者需要认识管理科学模型的适用范围并能够正确地理解分析模型所得的结果。所以本书并没有把大量的时间放在数学理论、解题步骤以及电子表格的操作上，而是关注于建模的艺术、模型的用处以及对模型求解结果的分析。本书中将会介绍大量不同类型的模型。

本书另一特色是强调案例研究的作用，风趣地阐述应用情境下的管理科学思想。每章都会提供至少一个案例研究，介绍并阐明在实际情景中应怎样应用本章技术。有些章节整体围绕一个案例研究展开。尽管本书中的案例比实际问题考虑得更少更简单（这是为了保持问题清楚明晰），但这些案例研究都按照实际大型管理科学研究应用的模式进行。因此，它们能够体现出整个研究的全部流程、研究中可能出现的一些问题以及管理科学团队和负责制定决策的领导者的辅助性作用。

为了对这些案例研究进行补充，每章最后都给出了一些大型案例。这些现实的案例可以用于作业布置、小组项目或课堂讨论。除此之外，西安大略大学毅伟商学院（University of Western Ontario Ivey School of Business，世界上第二大教学案例出品方）也从其案例库中特别选出了一些符合本书的案例。你可以在其网站 www.cases.ivey.uwo.ca/cases 专为本书设计的 CaseMate 部分找到这些案例。

本书还特别强调了管理科学在提高组织效率方面的重要作用和影响。在本书中你可以看到很多应用实例，这些实例以应用小品文的形式出现。你还可以通过我们网站的链接（www.mhhe.com/Hillier6e）获得有关该应用实例更详细的内容。正如在表 1-1 中介绍的，这些应用每年可以为企业节约数百万、数千万甚至数亿美元。

此外，我们试图给管理科学在实际中的应用提供一个更广阔的视角。只是为掌握一系列技术而完成教科书上的习题容易使人迷失方向。因此，我们将重点从掌握技术转向着眼大局解决实际问题。本教材中的案例研究、案例以及对实际应用的描述正体现了这种转变。

本书新版本的一个新特点是包含了麦格劳－希尔集团（McGraw-Hill）基于网络的学习工具 Connect。除了提供各种辅导资源之外，Connect 还包括名为智能书（SmartBook）的强大工具，它提供个性化的指导，帮助学生更好地学习教材。许多学生可能会受益于 SmartBook。这个工具可以从 connect.mheducation.com 网站获取。本书序言中介绍了关于 Connect 和 SmartBook 的更多信息。

本书的另一个特色是每章都增加了一个或多个"已解决的问题",来帮助你完成相应章节的作业。"已解决的问题"的描述会在各章习题部分之前给出,完整的解题答案可查阅 www.mhhe.com/Hillier6e 网站。

如序言中描述,该网站提供学生感兴趣的各种资源,包括各种补充的文本材料(对书中章节和附加章节的补充)等。比如,该网站中包括书中每一章的电子表格文件。每当在书中出现电子表格示例时,都会给出带有示例公式和解决方案的电子表格。当需要建立电子表格解决类似问题时,这能给你提供参考和模板。此外,对于书中的许多模型,我们提供了电子表格文件,其中已经包括了求解模型所需的所有方程,读者只需输入模型的数据,就能解决问题。

最后,本书的一大特色是提供了相关软件的使用说明。我们会描述并举例说明如何使用当今主流的电子表格软件——Microsoft Excel,以电子表格的形式建立管理科学模型。书中介绍的很多模型都可以使用标准 Excel 解决,一些其他模型可以使用 Excel 加载宏解决。附录 A 也提供了使用 Excel 的入门指南。

Solver 是标准 Excel 中的一个加载宏,可用于求解本书前半部分的大多数优化模型。本书有一个非常强大的软件包:前线系统公司(Frontline Systems)的教育版解析解算器 Analytic Solver(以下简称 Analytic Solver),网站 www.mhhe.com/Hillier6e 上有该宏软件的下载指导。Analytic Solver 是 Solver 的增强版,能够构建决策树(第 10 章)、预测相关应用(第 11 章)、计算机仿真(第 14 章)。除了 Excel 中的加载宏 Analytic Solver,还可以使用 AnalyticSolver.com,这是通过浏览器访问的云软件,它有和 Excel 中 Analytic Solver 相同的外观和所有基本特征,而且所有联网的计算机不需要下载软件就可以使用。

本书中使用的大多数软件都与 Windows 系统和 Mac 系统的 Excel 兼容。Analytic Solver 不能直接兼容 Mac 系统,但可以在带有 Boot Camp 或虚拟软件的 Mac 系统上运行。而 AnalyticSolver.com 通过浏览器运行,所有 Windows 和 Mac 系统都可以使用(甚至可以用在其他操作系统上)。关于软件兼容性以及 Windows 和 Mac 版本软件区别的最新信息,请参考 www.mhhe.com/Hillier6e 上的软件兼容性说明链接。

需要指出的是,Excel 并不适用于实际应用中的大型管理科学模型。适用于大型问题的软件包不是在电子表格基础上开发的。这些复杂软件包(包括使用建模语言来协助输入大型模型)的主要使用者是管理科学团队而非管理者。既然本书的目标读者是未来的管理者而非管理科学专家,我们对这些软件不做要求。

为提醒读者注意管理科学课件中的相关材料,每章结尾都列有"本章学习辅助材料"。

本章小结

管理科学是通过对包含定量因素的管理问题应用科学方法,辅助制定管理决策的学科。该学科快速发展始于 20 世纪四五十年代,计算机革命的爆发对学科发展起到了推动作用,随后电子表格的广泛应用进一步推动了学科发展,极大地方便了管理者和其他人应用管理科学。

大规模的管理科学研究需要进行系统的调查(包括仔细的数据搜集),对问题提出假设并进行检验(通常是以数学模型的形式),进行合理的逻辑分析。然后管理科学团队会将解决问题的建议提交给负责制定决策的管理者。小规模研究可以由管理者在电子表格的辅助下独立完成。

典型管理科学研究的重要部分是将定量因素纳入数学模型(可能是编进电子表格里),然后应用数学方法对模型进行求解。这类模型使用决策变量表示要制定的可量化决策。目标函数代表根据这些决策变量确定的适合的绩效度量指标。模型的约束条件表示对决策变量取值的限制。模型的参数指的是在目标函数和约束条件中出现的常数。为阐述数学模型,本章列举了盈亏平衡分析实例。

我们已经进入大数据时代,分析学近年来快速发展,它能将数据转化为有用的结论,帮助人们做出更好的决策,其增长势头在未来仍然可以期待。分析学运用许多定量决策学科方法,如数据科学、预测学以及尤为关键的管理科学优化方法。作为高级分析学的核心,管理科学应用将持续迅速发展。

管理科学对提高全世界大量组织的效率产生了深远影响。事实上，很多获奖应用已经为企业实现了上百万、上千万甚至上亿美元的资金节约。

本书介绍未来管理者应该了解的管理科学知识，围绕模型构建，介绍管理决策制定的辅助手段。为更好地阐明观点，书中各章节正文及末尾都给出了大量案例。

专业术语

break-even point 盈亏平衡点 一种产品为了获取利润必须超过的生产数量以及销售数量。（第1.2节）

analytics 分析学 与管理科学关系密切的学科，广泛使用数据分析趋势、做预测、运用优化技术。（第1.1节、第1.3节）

Connect Connect 平台 基于网络的教学平台，能够提供智能书、全方位的指导资源。（第1.5节）

constraint 约束 数学模型中的不等式或方程，表示决策变量可以取值的范围。（第1.2节）

decision support system 决策支持系统 辅助管理决策制定的交互式计算机系统。（第1.1节）

decision variable 决策变量 表示可量化决策的代数变量。（第1.2节）

mathematical model 数学模型 一种近似表征物，例如用数学符号和表达式表述一个商业问题。（第1.1节）

model 模型 事物的抽象近似表征物。（第1.1节）

objective function 目标函数 模型中根据决策变量确定的绩效度量指标的数学表达式。（第1.2节）

operations research 运筹学 在商学院以外仍被广泛应用的管理科学的传统称谓。（第1.1节）

parameter 参数 数学模型中的常量。（第1.2节）

range name 区域名称 对一个（单元格名称）或一系列单元格进行描述的名称。（第1.2节）

SmartBook 智能书 Connect 平台上的网络工具，能够提供个性化教学，帮助学生更好地学习。（第1.5节）

spreadsheet model 电子表格模型 近似的表述，例如，商业问题在电子表格上以一种便于分析的方式进行展示。（第1.1节）

what-if analysis 假设分析 分析如果模型中估计参数改变，会对建议结果产生什么影响。（第1.2节）

本章学习辅助材料

材料下载地址：
www.mhhe.com/Hillier6e

本章 Excel 文件：
非凡产品公司案例（Special Products Co. Example）

已解决的问题

（答案参见 www.mhhe.com/Hillier6e。）

1. S1. 生产还是采购

力量笔记本公司（Power Notebooks, Inc.）计划生产一种新款的笔记本电脑。管理层需要决定是从外部供应商处采购 LCD 显示屏还是自己生产。从外部供应商处购买的显示屏每个需花费 100 美元，建立自己的显示屏生产线需要花费成本 100 000 美元，公司自行生产单个显示屏的成本为 75 美元。最终需要生产笔记本的数量 Q 在当前无法确定。

（1）建立电子表格，列出在外部采购、自行生产两种情况下，任意生产数量 Q 对应的总成本。利用电子表格进行试算，确定每种选择下的最优产量范围。

（2）利用图解法确定 Q 的盈亏平衡点（在这一数量下两种选择的成本相同）。

（3）使用代数方法确定 Q 的盈亏平衡点。

习题

1.1 一家小型公司的管理者正在考虑是否要生产一种新产品，为了生产这种产品，公司每月需要花费20 000美元成本租赁一套特殊仪器。除了租赁成本外，每生产一件产品还需要支付10美元生产成本，每销售一件产品能够获得20美元收入。根据公司每月生产数量和销售数量，建立数学表达式，计算每月利润。然后确定应该生产多少数量的新产品才能使公司从该产品获得利益。

1.2 为君玩具公司（Toys R4U[⊖]）的管理层正在考虑是否要为即将到来的圣诞节生产一种新玩具，节日过后这种新玩具就会停产。开发以及营销这种产品的总成本是50万美元，生产一个玩具的成本是15美元，公司每售出一个玩具会获得35美元收入。

（1）假设生产出来的每一件玩具都能被销售出去。根据生产数量以及销售数量写出计算玩具利润的表达式，然后找出生产该玩具的盈亏平衡点。

（2）假设供大于求，即玩具的销售数量小于玩具的生产数量，请用销售数量和生产数量写出利润的表达式。

（3）建立电子表格模型，计算第（2）问中任意销量和产量下的利润。

（4）写出约束条件"产量不应超过销量"的数学表达式。

1.3 一个可靠的销售预测显示，非凡产品公司（见第1.2节）能够销售30 000只手表，这足以表明可以推广这种产品。然而，管理层考虑到由于对固定成本、边际成本和单位收入的估算值可能变化，从而引起结论的改变。因此在做出最终决定之前，管理层希望对这些变量进行敏感性分析。请使用图1-3的电子表格（请见本章Excel文件）对如下问题进行敏感性分析：

（1）研发成本不超过多少时生产手表有利可图？

（2）边际生产成本不超过多少时生产手表有利可图？

（3）单位收入超过多少时生产手表有利可图？

1.4 重新考虑第1.2节介绍的非凡产品公司管理层面对的问题。

现有一项更详细的调查对问题中的数据提供了更精确的估计。研发成本仍被估计为1 000万美元，但是边际生产成本更新为1 300美元，单位收入更新为1 700美元。

（1）使用图解法找出新的盈亏平衡点。

（2）使用代数方法找出新的盈亏平衡点。

（3）使用新的数据建立问题的数学模型。

（4）在销售预计数量为30 000只的条件下，使用电子表格表示这个问题。使用电子表格模型找出盈亏平衡点，然后确定模型给出的生产数量以及总利润。

（5）假如管理层担心销售预测过于乐观，因此不希望生产手表的数量超过20 000只。使用第（4）问的电子表格确定应该生产的手表数量以及预估的总利润水平。

1.5 珍贵公司（Best-for-Less）通过它的两个工厂A和B为其两个零售经销商1和2供货。工厂A下月会提供30船货物，工厂B尚未制订下月生产计划，但它有每月生产并运送最多50船货物的能力。经销商1已经为下个月提交了40船货物的订单。经销商2下月至少需要25船货物，而且越多越好。两个工厂的生产成本一样，但运输费用不同。从每个工厂到经销商的每船货物运输费用由下表给出，表中同时总结了一些其他数据。

	单位运输成本		供应
	经销商1	经销商2	
工厂A	700	400	=30船
工厂B	800	600	≤50船
需求	=40船	≥25船	

配送部经理珍妮弗·洛佩斯（Jennifer Lopez）现在需要制订计划决定每月从各工厂运送到各经销商处的货物数量，目标是总运输成本最小。

（1）识别珍妮弗要做出的决策，为每个决策分别定义一个决策变量。

（2）使用决策变量构建总运输成本的数学表达式。

（3）写出限制每个变量取值的约束条件表达式。

（4）为珍妮弗的问题建立完整数学模型。

（5）你认为珍妮弗的运输计划应该是怎样的？说

[⊖] 作者开了个玩笑，将公司的化名写作Toys R4U，而著名的玩具公司玩具反斗城叫Toys "R" Us，当然这是两个不同的公司。

出理由，然后使用决策变量来表示你的运输计划。

1.6 水上运动公司（Water Sports Company）将要生产并推广一款新型的摩托艇。生产经理迈克尔·詹森（Michael Jensen）现在需要做如下决策：内部生产还是外购安装在摩托艇上的船外马达？内部生产马达需要花费100万美元的初始设备投资，另外每个马达的生产成本为1 600美元。如果外购的话，每个马达的购买价格为2 000美元。

迈克尔从公司市场部获得了初始的销售预测，认为可以售出3 000艘摩托艇。

（1）使用电子表格列出并分析迈克尔面临的两种选择。他应该选择哪一种？

（2）迈克尔从过去的经验得知初步销售预测往往不太可靠，因此他想知道如果市场预计销量发生很大变化，将对他的决策有什么影响。请确定生产以及销售数量的盈亏平衡点，如果低于这一数量，选择外购更有利，如果高于这一数量，选择内部生产更有利。

1.7 重新考虑第1.2节中非凡产品公司的问题。

虽然公司能够胜任生产iWatch的大部分工作，但其目前缺乏关键领域的技术经验，即研发和生产嵌入在iWatch中的小型投影仪技术。因此，管理部门正考虑将这部分工作外包给具有相关技术的公司。如果这项合作能够成功，非凡产品公司能够节省500万美元的研发成本，边际生产成本也会减少到750美元。然而，非凡产品公司也会因为外购每个小型投影仪花费500美元的费用，从而使每只手表的总边际成本变为1 250美元（其中包括对其他公司的支付），但是仍能从每只生产并销售出的手表中获得2 000美元的收入。如果公司决定自行生产，所有在第1.2节中的数据仍然适用。在获得销售潜力分析后，管理部门认为30 000只手表是能够被销售出去的。管理部门现在需要决定自制（内部进行研发生产）和外购（外包研发以及生产小型投影仪的工作）哪一种选择会更好。

（1）使用电子表格分析外购决策。其中，显示相关的数据和财务结果，包括生产和销售30 000只手表的总利润。

（2）图1-3是对自制决策的分析。与第（1）问得出的结果进行比较，并分析哪一种决策更好。

（3）比较这两种方案的另一种方法是找到生产数量与销售数量的盈亏平衡点。低于这个数量外购更好，高于这个数量自制更好。首先根据用于销售的手表生产数量写出表示自制与外购两种方案利润差异的表达式。因此，如果选择自制而非外购，利润应该增加，当表的生产数量为0时利润增减量应为0，否则低于盈亏平衡点利润增加为负，高于盈亏平衡点利润增加量为正。使用这个表达式作为目标函数，为整个问题进行数学建模（包括约束条件），确定如果选择自制时应生产多少投影仪。

（4）使用图解法找出第（3）问中的盈亏平衡点。

（5）使用代数方法找出第（3）问中的盈亏平衡点。

（6）使用电子表格模型找出第（3）问的盈亏平衡点。公司最终应该选择怎样做呢？

1.8 选择表1-1中的一个管理科学应用。根据该表中第三列给出的出现章节提示找到并阅读其参考文章。（网站 www.mhhe.com/Hillier6e 也会提供这些文章的链接。）请写出有关其应用的描述和取得收益（包括非财务收益）的两页总结。

1.9 选择表1-1中列举的三个管理科学应用，根据表中第三列给出的出现章节提示找到并阅读其参考文章。（网站 www.mhhe.com/Hillier6e 也会提供这些文章的链接。）对于每个应用，请写出有关其应用描述和取得收益（包括非财务收益）的一页总结。

案例1-1 守时与准时

美钟公司（Beautiful Clocks），由艾尔弗雷德·莱斯特-史密斯（Alfred Lester-Smith）创建于50年前，专门从事开发和营销多元化大型住宅装饰时钟的业务。近年来人们的品位在逐渐改变，但是公司一直凭借不断更新其产品线满足高端客户的需要而持续繁荣。莱斯特-史密斯家族一直持有该公司的大部分股份，并且艾尔弗雷德的孙辈们都担任公司高级经理的职位，其中梅勒迪思·莱斯特-史密斯（Meredith

Lester-Smith）是公司新的首席执行官（CEO）。

梅勒迪思对维护家族的产业深感责任重大。她认识到公司需要继续发展并持续推出新的产品。由于公司50周年纪念日已经临近，她决定在公司周年那天热热闹闹地发行一款特别版的新产品。但应推出一款怎样的产品呢？在仔细考虑这个重要的问题后，她想起多年前祖父母家中的大型老爷钟，她小时候特别喜欢那个老爷钟的威严感。那么发行一款与之相似的老爷钟如何？

这是一个困难的决定。梅勒迪思认识到老爷钟现在已经过时了。但是，既然她非常怀念祖父母家的老爷钟，那么是否存在相当一部分具有相似回忆的富人呢？或许他们愿意把美丽庄严的限量版老爷钟买回家，这可是声望的象征啊。同时也能强调美钟公司的传承与延续。这都取决于是否有足够的潜在销量能使这个产品盈利。

梅勒迪思在其大学MBA项目中学过管理科学课程，她认识到可以用盈亏平衡分析来帮助制定决策。想到这些后，她派了几个员工调查这种产品的前景，包括对相关成本及收入做出估计并预测潜在的销售数量。

一个月后，相关财务数据的初步估计结果送到了梅勒迪思的手上。设计老爷钟并建造生产设施的成本约为250 000美元。这种限量版老爷钟只生产一次。生产每件产品的额外成本粗略估计为2 000美元。营销部门估计每个老爷钟的销售价格可以设为4 500美元，尽管当前销售价格下的预计销量尚未得知，但一定能达到三位数。

梅勒迪思希望通过进一步调查使这些数字更准确。然而，她认为现在可以进行分析并得出一些初步结论。

（1）假设生产的所有老爷钟都能被销售出去，建立电子表格模型估计生产任意数量老爷钟的收益或损失。

（2）使用电子表格进行试算，找出盈亏平衡点。

（3）根据生产的老爷钟数量写出相应的预估利润表达式。

（4）使用图解法找出盈亏平衡点。

（5）使用代数方法找出盈亏平衡点。

相对可靠的预测表明公司可能销售300台限量版老爷钟，这足以证明进行新产品生产是可行的。然而，梅勒迪思考虑到如果之前估计的成本和收益发生变化，结论可能也会改变。因此，她希望对这些估计参数进行敏感性分析。请对下面的每一个问题分别进行敏感性分析。

（6）产品设计和建造生产设施的成本超过多少时，老爷钟项目无利可图？

（7）每台钟表的边际成本超过多少时，老爷钟项目无利可图？

（8）如果第（6）问和第（7）问中的成本都比预估的成本高50%，生产和销售老爷钟是否有利可图？

（9）每台钟表的销售价格降到多低时，老爷钟项目无利可图？

假设生产了300台老爷钟但只销售出200台。

（10）在这种情况下，生产并销售老爷钟是否还有利可图？

更多案例

关于本章的更多案例，可以查阅西安大略大学毅伟商学院网站 www.cases.ivey.uwo.ca/cases 专为本书设计的 CaseMate 部分。

第 2 章

线性规划：基本概念

┊学习目标┊

完成本章的学习后，你应该能够：
1. 解释什么是线性规划。
2. 明确在构建电子表格模型时必须回答的三个关键问题。
3. 了解采用电子表格构建线性规划模型时用到的四类单元格，知道它们各自的作用。
4. 根据问题描述构建基本的线性规划电子表格模型。
5. 根据线性规划电子表格模型写出它的代数形式。
6. 运用图解法求解有两个变量的线性规划问题。
7. 运用 Excel 求解线性规划电子表格模型问题。

任何一个组织的管理层为了更好地完成组织目标，都必须在不同活动中分配资源。**线性规划**（linear programming）就是这样一种功能强大的问题解决工具，能够协助管理层制定类似决策。它既适用于营利组织和非营利组织，也适用于政府机构。被分配的资源可以是资金、人力以及各种机器和设备。在许多情况下，需要同时分配各种不同类型的资源，需要资源的活动可以是生产活动（如生产各种产品）、营销活动（如在不同的媒体上做广告）、金融活动（如进行投资）或者一些其他活动。有些复杂的问题涉及上述所有活动，甚至还可能包括没有列举的活动类型，因为所有活动可能竞争同一种资源。

随着本书讲解的深入，你会发现线性规划的应用范围远不止于此，一些应用超出了资源分配的范畴。同时，这些应用都离不开各种活动，因此，线性规划的主题可描述为：找出各种活动的最佳组合——哪些活动可以做以及做到什么程度。

与其他管理科学技术一样，线性规划也应用数学模型对所研究的问题进行表述。**线性**（linear）这个词是指模型中数学表达的形式，**规划**（programming）在本质上与**计划**（planning）是同义词。因此，线性规划是指用线性数学模型表示活动计划。

因为线性规划是管理科学的重要组成部分，所以本书会用几章的篇幅来讲解线性规划内容。同时，在讲解线性规划应用的章节中也会涉及其他管理科学技术的应用。

本章主要介绍线性规划的基本概念。

2.1 案例研究：韦恩德玻璃制品公司产品组合问题

在担任韦恩德玻璃制品公司（Wyndor Glass Company）新产品开发部经理的 7 年中，吉姆·贝克（Jim Baker）取得了出色的成绩。尽管是小公司，但是凭着吉姆团队开发的创新产品，公司业绩得到了快速增长。韦恩德公司的总裁约翰·希尔（John Hill）经常公开表示吉姆在公司近年来的成功中起到了关键作用。

因此，约翰在 6 个月前要求吉姆团队开发新产品，而且对此很有信心。新产品如下：

- 8 英尺⊖的铝框玻璃门（door）
- 4 英尺 ×6 英尺的双把（双悬）木框窗（window）

尽管其他几家公司已经生产过这些规格的门窗，约翰还是认为吉姆可以施展他的魔法，带来让人惊喜的新产品，从而建立新的工业标准。

背景

韦恩德玻璃制品公司的主要业务是生产高品质玻璃制品，包括玻璃门窗，且工艺精湛。由于这些产品的市场定位是为行业中最挑剔的客户提供质量最高的产品，因此价格高昂。公司有三个工厂（plant）同时生产产品所需的部件：

- 工厂 1：生产铝框和五金件。
- 工厂 2：生产木框。
- 工厂 3：生产玻璃并组装门和窗。

由于某些产品销量下降，高层管理部门决定调整公司的产品线。如果管理部门同意，则停产不盈利的产品，并腾出生产力来生产吉姆团队开发的两种新产品。

8 英尺玻璃门需要工厂 1、工厂 3 的一些生产能力，但是不需要工厂 2 的生产能力；4 英尺 ×6 英尺双把窗需要工厂 2 和工厂 3 的生产能力。

现在管理部门需要考虑下列两个问题：

（1）公司是否应该生产这两种新产品？
（2）如果生产，两种新产品的生产组合应如何安排？每周分别生产多少？

问题的管理学讨论

收到吉姆·贝克提交的两种新产品备忘录后，约翰·希尔召开会议讨论当前问题。除约翰和吉姆外，生产副总裁比尔·塔斯托（Bill Tasto）和营销副总裁安·莱斯特（Ann Lester）也参加了会议。

让我们来旁听一下会议。

约翰·希尔（总裁）：比尔，我们希望尽快开始生产这些产品。你认为我们能够达到多大的产量？

比尔·塔斯托（生产副总裁）：由于我们停掉了一些产品的生产，所以确实有一些空余的生产能力，但不是很多。我们只能做到每周少量生产这些产品。

约翰：就这么多吗？

⊖ 1 英尺约为 0.305 米。——译者注

比尔： 是的。这些都是需要仔细制作的复杂产品，而且正如我所说的，我们没有很多空余的生产能力。

约翰： 安，我们每周都能卖掉这些产品吗？

安·莱斯特（营销副总裁）： 这很容易。

约翰： 好。现在还有一个问题，由于生产能力有限，我们需要决定如何在两种产品之间分配这些生产能力。是生产同等产量的两种产品，还是较多地生产其中一种产品，又或者尽可能多地生产一种产品而推迟另一种产品的生产？

吉姆·贝克（新产品开发经理）： 如果推迟一种产品的生产，竞争对手就会抢占我们赚取利润的机会，这是很危险的。

安： 我赞同。另外，从营销角度看，同时生产这两种产品可以带来好处，因为两种产品具有很多相同特征，我们可以为两种产品做组合广告，效果更好。

约翰： 好。但是这两种产品怎样组合对公司利润最有利？

比尔： 我有一个建议。

> 问题是找到使利润最大化的两种新产品的组合。

约翰： 什么建议？

比尔： 过去一段时间，管理科学团队一直在协助我们制定这类产品的组合决策，而且他们做得很好。他们收集了所有相关数据，然后对问题进行了详细分析。我发现他们提供的信息很有帮助，这正是他们所擅长的。

约翰： 嗯，你说得对，这是个好主意。就让管理科学团队来解决这个问题吧。比尔，你来和他们协调一下吧。

会议结束。

管理科学团队开始工作

项目开始时，管理科学团队花了大量的时间与比尔·塔斯托一起确定了基本问题和管理层想要研究的具体问题。需要特别考虑的是，从管理层的视角出发，为这一问题设定恰当的目标。比尔指出，约翰·希尔提出的问题是要确定对公司而言盈利最大的两种产品的生产组合。

因此，经比尔同意，管理科学团队将关键问题定义如下：

问题： 对于两种新产品，哪种生产率（每周生产数量）组合能最大化（maximize）这两种产品的总利润？

管理科学团队还认为，应该考虑在三个工厂生产能力允许的条件下所有可能的生产率组合。例如，一个方案是（尽管吉姆·贝克和安·莱斯特反对），现在先不生产其中一种产品（生产率设置为零），而尽可能多地生产另一种产品（我们不能忽略这种可能性，最大化两种产品的利润或许是通过不生产某一种产品而尽可能多地生产另一种产品得到的）。

下一步，管理科学团队要确定并收集这项研究所需要的信息：

（1）每家工厂的可用生产能力。

（2）每生产一件产品各需要每家工厂多少生产能力。

（3）每一产品的单位利润。

由于无法获取这些信息的准确数据，因此只能做出估计。而估计这些数据需要得到公司其他部门关键职员的帮助。

比尔·塔斯托所在部门的工作人员对各个工厂的生产能力进行了估计。工厂1可生产新产品门，根据估计每周可提供的设备使用时长（空余生产能力）约为 4 小时（在其他时间工厂 1 要继续生产当前的产品）。工厂 2 可生产新产品窗，每周可提供的设备使用时长约为 12 小时。工厂 3 可以生产两种新产品，每周可提供的设备使用时长约为 18 小时。

每一产品实际使用各工厂生产能力的数量，取决于产品的生产率。据估计，每扇门需要占用工厂 1 的 1 小时生产时间和工厂 3 的 3 小时生产时间，每扇窗需要工厂 2 和工厂 3 的各 2 小时生产时间。

通过分析成本数据和产品定价，会计部门估计出生产两种产品的利润。预计门的单位利润为 300 美元，窗的单位利润为 500 美元。

表 2-1 总结了收集到的数据。

表 2-1 韦恩德玻璃制品公司产品组合问题数据

	单位产品的生产时间（小时）		每周可用时间（小时）
	门	窗	
工厂 1	1	0	4
工厂 2	0	2	12
工厂 3	3	2	18
单位利润（美元）	300	500	

管理科学团队认识到这是一个典型的**产品组合问题**（product-mix problem）。因此，下一步要建立数学模型——线性规划模型，刻画问题以实现数学化求解。假定表 2-1 中对数据的估计是准确的，接下来四节将着重讲解在利润最大化的产品组合模型建立后，如何进行求解。

问题回顾

1. 管理层提出的两个问题是什么？
2. 管理科学团队需要分析哪些问题？
3. 管理科学团队怎样定义关键问题？
4. 为了展开研究，团队需要收集哪些信息？

应用实例

斯威夫特公司（Swift & Company）是位于美国科罗拉多州格雷利（Greeley）的一家多元化蛋白质生产企业。公司年销售额超过 80 亿美元，牛肉及相关制品生产是公司的主要业务。

为了提高公司营销和生产的绩效，高层管理者决定实现 3 个主要目标。一是让公司客户服务代表同 8 000 多位顾客进行沟通，在考虑交货日期和产品保质期的前提下，提供当前及未来可用库存的准确信息。二是在班组层面为每家工厂制订一个 28 天的有效计划。三是在肉牛存栏量及工厂生产能力给定的情况下，准确确定工厂是否能够在规定日期和时间内运送要求数量的产品。

为了达成这 3 个目标，管理科学团队建立了包含 45 个线性规划模型的整合系统，对 5 个工厂的牛肉生产运作进行动态规划。在该系统运行的第一年，总收益达到 1 274 万美元。其中 1 200 万美元来源于优化产品组合，其他收益源于损失订单数量的减少、价格折扣的下降以及发货的及时性。

资料来源：A. Bixby, B. Downs, and M. Self, "A Scheduling and Capableto-Promise Application for Swift & Company," *Interfaces* 36, no. 1(January–February 2006), pp. 69–86. (A link to this article is available at www.mhhe.com/Hillier6e.)

2.2 在电子表格上建立韦恩德公司问题的模型

电子表格为展示和分析许多管理问题提供了功能强大且直观的工具。现在我们将着重介绍如何利用微软的 Excel 电子表格软件包⊖对韦恩德公司的问题进行展示和分析。

建立韦恩德公司问题的电子表格模型

将表 2-1 中的数据输入电子表格，如图 2-1 所示（E 列和 F 列是为以后输入数据而保留的）。我们把显示数据的单元格称为**数据单元格**（data cell）。为了将数据单元格与表中的其他单元格区分开，我们将它们标注成浅灰色。为单元格命名能使表格更容易理解，这里我们对韦恩德公司问题的数据单元格进行了如下命名：UnitProfit（C4:D4）、HoursUsedPerUnitProduced（C7:D9）、HoursAvailable（G7:G9）。为单元格命名时，首先选中单元格，然后单击公式栏左边的名称框并输入名称（有关定义和使用名称的更多详细信息，请参阅附录 A）。

> **Excel 小提示**：可以使用菜单中"开始"选项卡下的"字体"一栏的"边框"按钮和"填充"按钮来为单元格添加边框并填充颜色。
>
> **Excel 小提示**：有关添加名称的提示，请参阅 1.2 节中的小提示。

	A	B	C	D	E	F	G
1		Wyndor Glass Co. Product-Mix Problem					
2							
3			Doors	Windows			
4		Unit Profit	$300	$500			
5							Hours
6			Hours Used per Unit Produced				Available
7		Plant 1	1	0			4
8		Plant 2	0	2			12
9		Plant 3	3	2			18

图 2-1 将表 2-1 的数据输入数据单元格后韦恩德公司问题的初始电子表格

使用电子表格对问题建立模型（这里是线性规划模型）时，首先要回答三个问题：

（1）要制定的决策是什么？
（2）这些决策有哪些约束条件？
（3）这些决策的总体绩效度量指标是什么？

上一节描述了管理科学团队如何花费大量时间与生产副总裁比尔·塔斯托一起来明确管理层对这些问题的看法。经讨论，他们对以上问题给出了如下答案：

> 建立任何电子表格模型时都要回答这三个关键问题。

（1）要制定的决策是两种新产品的生产率（production rate）（每周生产量）。
（2）决策的约束条件是工厂的可用生产时间，产品在相应工厂的每周生产时间不能超过工厂的可用生产时间。
（3）这些决策的总体绩效度量指标是这两种新产品的总利润。

> 有的学生发现，在建立电子表格模型前，回答这三个问题有助于他们理清思路。

图 2-2 展示了如何将以上答案编入电子表格。基于第一个问题的答案，两种产品的生产率（每周生产量）放在单元格 C12 和 D12 中，位于这些产品数据单元所在列的下面。如果我们不知道生产率是多少，则在图 2-2

⊖ 其他具有类似功能的电子表格包也可用，此处提供的基本概念仍然适用。

中将其设置为 0（实际上任何试算解都可以，当然负数除外，因为生产率不可能为负）。以后在寻找生产率最佳组合时，这些数值会变化。因此，含有需要制定决策的单元格被称为**可变单元格**（changing cell）。为了突出可变单元格，在网站 www.mhhe.com/Hillier6e 下载的相关的电子表格文件中，可变单元格填充了亮黄色背景并标有边框，不过在书中呈灰色。可变单元格被命名为 UnitsProduced（C12:D12）。

> 可变单元格中放置需要制定的决策。

	A	B	C	D	E	F	G
1		Wyndor Glass Co. Product-Mix Problem					
2							
3			Doors	Windows			
4		Unit Profit	$300	$500			
5					Hours		Hours
6			Hours Used per Unit Produced		Used		Available
7		Plant 1	1	0	0	≤	4
8		Plant 2	0	2	0	≤	12
9		Plant 3	3	2	0	≤	18
10							
11			Doors	Windows			Total Profit
12		Units Produced	0	0			$0

图 2-2 韦恩德问题完整的电子表格

注：可变单元格（C12 和 D12）中输入了初始试算解（两个生产率都等于 0）。

根据对第二个问题的回答，将两种产品在相应工厂每周使用的生产时间总数输入单元格 E7、E8 和 E9 中，正好位于对应数据单元格的右边。生产时间总数取决于这两种产品的生产率，因此当生产率为零时，生产时间总数也为零。在生产率为正的情况下，一个工厂每周的生产时间总数等于每种产品每周占用的生产时间总和。一种产品占用的生产时间等于每单位产品占用的生产时间乘以生产的产品数量。因此，将每周门和窗的生产数量（整数）输入单元格 C12 和 D12 时，单元格 C7:D9 中的数据就被用来计算每周的总生产时间，计算公式如下：

> C7:D9 代表 Excel 中从 C7 单元格到 D9 单元格的区域，也就是 C 列和 D 列中第 7、8、9 行的所有单元格。

工厂 1 的生产时间 =1×（门的产量）+0×（窗的产量）
工厂 2 的生产时间 =0×（门的产量）+2×（窗的产量）
工厂 3 的生产时间 =3×（门的产量）+2×（窗的产量）

相应地，E 列中三个单元格的 Excel 公式为：

E7=C7*C12+D7*D12
E8=C8*C12+D8*D12
E9=C9*C12+D9*D12

这里星号"*"表示乘号。由于这些单元格中的结果都是根据可变单元格（C12 和 D12）计算得到的，因此它们被称为**输出单元格**（output cell）。

> 输出单元格中的数量由可变单元格计算得到。

注意到输出单元格中的公式包含了两个乘积之和。Excel 中的函数 SUMPRODUCT，能够返回两个不同区域间对应各项乘积之和，要求两个不同区域具有相同的行列数量。例如，考虑两个区域 C7:D7 和 C12:D12，每个区域都包括一行两列。在这种情况下，SUMPRODUCT（C7:D7, C12:D12）就会将 C7:D7 区域中的每一项乘以 C12:D12 区域中的相应项，然后将这些乘积加在一起，如同上面第一个公式显示的那样。使用 C12:D12 的名称 UnitsProduced（产量），公式就成了 SUMPRODUCT（C7:D7, UnitsProduced）。当函数表达式相对简短时，是否使用 SUMPRODUCT 均可，但当输入长公式时，这一函数特别方便。

输出单元格 E7:E9 中的公式非常相似。我们不必将这些公式分别输入三个单元格，而可以只在 E7 中输入一次，然后将公式复制到 E8 和 E9 中，这样更快一些（还可以少打一些字）。为此，我们先在 E7 单元格中输入公式"SUMPRODUCT（C7:D7, UnitsProduced）"，然后选中 E7 单元格，向下拖**填充柄**（fill handle），这样就可以将公式复制到 E8 和 E9 中了。

> SUMPRODUCT 函数在线性规划电子表格模型中被广泛使用。

使用填充柄的时候，理解**相对引用**（relative reference）和**绝对引用**（absolute reference）之间的差别是非常重要的。单元格 E7 的公式中，引用了 C7:D7 单元格的相对位置，被称为相对引用。这里的相对位置指，同一行上、紧邻于左侧的两个单元格。当利用填充柄将这个公式复制到其他单元格中时，其引用地址会自动调整，以新单元格的相对位置为准，变为与新单元格同一行上、紧邻于左侧的两个单元格。E8 单元格中的公式变成了 =SUMPRODUCT（C8:D8, UnitsProduced），E9 单元格中的公式变成了 = SUMPRODUCT（C9:D9, UnitsProduced）。这正达到了我们的目的，因为我们总是希望工厂的工作时间与该工厂自身的单位生产时间相对应（位于同一行，并紧挨着左边的两个单元格）。

相比之下，E7 单元格中产量的引用被称为绝对引用。当被复制到其他单元格时，这些引用不会改变，仍指向同样的绝对单元格位置。

要想进行相对引用，只需要输入单元格地址（如 C7:D7）。而通过区域名称进行引用被当成绝对引用。对一系列单元格进行绝对引用的另一种方法是在代表单元格地址的字母和数字前加上"$"符号（如 $C$12:$D$12）。需要更详细地了解相对引用和绝对引用以及如何复制公式，请参见附录 A。

> 通过只在数字（或字母）前添加 $ 符号，你可以对单元格的行（或列）使用绝对引用而对列（或行）使用相对引用。
>
> **Excel 小提示**：在输入单元格的引用后，重复按 F4 键（或者 Mac 上的 command-T），Excel 会在 4 种可能的相对与绝对引用中进行切换（如 C12、$C$12、C12、$C12）。

接下来，在单元格 F7、F8、F9 中输入"≤"符号，表示它们不允许左边的总值超过 G 列中对应的数值（由于计算机键盘上没有≤、≥键，通常用＜=、＞= 替代）。电子表格仍然允许输入违反"≤"约束的试算值，符号仅起提醒作用，如果 G 列中的估计值不改变，应该拒绝接受这些试算解。

最后，第三个问题的答案：总体绩效度量指标是两种新产品的总利润，因此将每周利润写入单元格 G12。与 E 列中其他数值类似，利润也是一些乘积的加总。因为单元格 C4 和 D4 给出了生产一扇门和一扇窗的利润，所以每周生产这些产品的总利润为

> 在电子表格中快速输入≤或≥符号的方法之一，是打开下划线状态，然后输入＜或＞。

$$\text{利润} = 300 \times \text{门的产量} + 500 \times \text{窗的产量}$$

因此单元格 G12 的公式为

$$G12 = \text{SUMPRODUCT}（C4:D4, C12:D12）$$

利用区域名称——TotalProfit（G12）、UnitProfit（C4:D4）、UnitsProduced（C12:D12），公式变为

$$\text{TotalProfit} = \text{SUMPRODUCT}（\text{UnitsProfit}, \text{UnitsProduced}）$$

这个例子很好地说明了运用单元格名称可以使公式更容易理解。

TotalProfit（G12）是一个特殊的输出单元格，在制定与生产率相关的决策时，应使该单元格中的值尽可能大。所以，单元格 TotalProfit（G12）被称为**目标单元格**（objective cell）。网站 www.mhhe.com/Hillier6e 可下载的电子表格文件中，目标单元格被标记为橙色并加粗边框，书中图片显示为深灰色、加粗边框，区别于可变

单元格。

图 2-3 底部对需要在 HoursUsed 列和 TotalProfit 单元格中输入的公式进行归纳，同时按字母顺序总结了名称以及相应的单元格地址。

> 目标单元格包含了可变单元格决策的总体绩效。

	A	B	C	D	E	F	G
1	**Wyndor Glass Co. Product-Mix Problem**						
2							
3			Doors	Windows			
4		Unit Profit	$300	$500			
5					Hours		Hours
6			Hours Used per Unit Produced		Used		Available
7		Plant 1	1	0	0	≤	4
8		Plant 2	0	2	0	≤	12
9		Plant 3	3	2	0	≤	18
10							
11			Doors	Windows			Total Profit
12		Units Produced	0	0			$0

Range Name	Cell
HoursAvailable	G7:G9
HoursUsed	E7:E9
HoursUsedPerUnitProduced	C7:D9
TotalProfit	G12
UnitProfit	C4:D4
UnitsProduced	C12:D12

	E
5	Hours
6	Used
7	=SUMPRODUCT(C7:D7, UnitsProduced)
8	=SUMPRODUCT(C8:D8, UnitsProduced)
9	=SUMPRODUCT(C9:D9, UnitsProduced)

	G
11	Total Profit
12	=SUMPRODUCT(UnitProfit, UnitsProduced)

图 2-3 韦恩德公司问题的电子表格模型

注：包含目标单元格 TotalProfit（G12）和 E 列输出单元格的公式，其目标是使目标单元格最大化。

这就完成了韦恩德公司问题的电子表格模型建模工作。

完成模型构建后，可以很容易地基于生产率进行最优解的试算分析。每次在单元格 C12 和 D12 中输入生产率数值，Excel 就会立即计算出所用工时和总利润的数值。例如，图 2-4 显示了当生产率设置为每周 4 扇门和 3 扇窗时的电子表格，单元格 G12 显示出每周实现的总利润为 2 700 美元。同时，由于 E7=G7、E8<G8 并且

	A	B	C	D	E	F	G
1	**Wyndor Glass Co. Product-Mix Problem**						
2							
3			Doors	Windows			
4		Unit Profit	$300	$500			
5					Hours		Hours
6			Hours Used per Unit Produced		Used		Available
7		Plant 1	1	0	4	≤	4
8		Plant 2	0	2	6	≤	12
9		Plant 3	3	2	18	≤	18
10							
11			Doors	Windows			Total Profit
12		Units Produced	4	3			$2 700

图 2-4 输入新试算解之后的电子表格

注：在韦恩德问题的可变单元格 UnitsProduced（C12:D12）中输入一个新的试算解的电子表格。

E9=G9,所以 F 列中的"≤"符号都得到了满足。因而,这个试算解是可行的(feasible)。但是进一步提高两种产品的生产率,试算解将不再可行,因为会导致 E7>G7 和 E9>G9。

这个试算解给出了生产率的最佳组合了吗?不一定。通过增加一个产品的生产率同时降低另一个产品的生产率可能会进一步增加总利润。然而,没有必要继续用试错法来寻找最优解,我们会在第 2.5 节中介绍如何利用 Excel Solver 快速找到最优解。

该电子表格模型为线性规划模型

图 2-3 显示的电子表格模型是线性规划模型,原因是它具有所有下列特征。

电子表格中线性规划模型的特征:

(1)需要对一系列活动的水平制定决策,可变单元格则用来显示这些水平(韦恩德问题的两个活动是生产两种新产品,所以可变单元格显示了两种产品的周产量)。

(2)只要满足所有的约束条件,这些活动水平可以取任何值(包括小数)(韦恩德新产品的生产率仅受三个工厂的可用工时限制)。

(3)每个约束条件都描述了对活动水平的限制,约束条件左边通常是一个输出单元格,中间是数学符号(≤、=、≥),右边是数据单元格(韦恩德公司问题中 3 个工厂可用工时的约束条件如图 2-2 和图 2-4 所示,E 列为输出单元格,F 列为≤符号,G 列为数据单元格)。

(4)活动水平决策以输入目标单元格的总体绩效度量指标为基础,其目标是最大化或最小化目标单元格,这由绩效度量指标的性质决定(韦恩德公司问题的绩效度量指标为两种新产品所能产生的周利润总和,因此这一指标被输入目标单元格 G12,其目的是最大化目标单元格)。

(5)每个输出单元格(包括目标单元格)的 Excel 公式可以表达为 SUMPRODUCT 函数⊖,其中加总的每一项都是一个数据单元格与一个可变单元格的乘积(图 2-3 的底部显示了在韦恩德公司问题中 SUMPRODUCT 函数是如何被运用到每个输出单元格中的)。

线性规划模型不是唯一具有特征(1)(3)和(4)的模型。特征(2)和(5)是区分线性规划模型和其他可在电子表格上建模的数学模型的关键。

特征(2)不包含活动水平必须是整数变量的条件。例如,如果韦恩德公司要制定的决策是门和窗的总产量(必须是整数),而不是周的产量(可以取小数值,由于一扇门或窗可以在本周开始生产而在下一周完成生产),就会出现这种情况。如果活动水平必须为整数,可以使用整数规划模型(见第 3.2 节),与线性规划模型相似,只需对电子表格稍做调整。

特征(5)描述了线性规划中所谓的线性假设,即输出单元格中每一个值必须是特定可变单元格的线性变化。这就避免了不能用 SUMPRODUCT 函数来表达输出单元格中 Excel 公式的情况。为了阐明这一点,假设由于规模经济,韦恩德公司的新型窗生产率增加 1 倍后每周的利润增加超过 1 倍,这意味着目标单元格的 Excel 公式将比 SUMPRODUCT 函数更加复杂。我们会在第 9 章中讨论这个问题。

关于在电子表格中构建线性规划模型,在第 2.7 节和本章末尾还将提供其他已解决问题的例子。(这些例子也将说明下一节中使用代数形式来表示线性规划模型的过程。)

建模步骤总结

针对韦恩德公司问题,在电子表格上建立线性规划模型的过程同样适用于许多其他问题。下面是这一过程

⊖ 在一些特殊情况下也可以使用 SUM 函数,比如,输入相应数据单元格的所有数字都是 1。

的步骤小结：

（1）收集问题的数据（如韦恩德公司问题，见表2-1）。
（2）在电子表格的数据单元格中输入数据。
（3）确定需要制定的活动水平决策，并指定可变单元格来显示这些决策。
（4）确定这些决策的约束条件，并根据需要引入输出单元格设置这些约束条件。
（5）选择要输入目标单元格的总体绩效度量指标。
（6）使用SUMPRODUCT函数为每个输出单元格（包括目标单元格）输入合适的值。

这些步骤并未展示建立电子表格模型的细节。通常还有许多其他方式可供选择，绝非只有一种"正确"方法。电子表格的优势之一就是处理大量不同问题时所具有的灵活性。

问题回顾

1. 开始在电子表格上建立线性规划模型时需要回答哪三个问题？
2. 建立线性规划模型时，数据单元格、可变单元格、输出单元格和目标单元格的作用是什么？
3. 建立线性规划模型时，每个输出单元格（包括目标单元格）中Excel公式的形式是怎样的？

2.3 电子表格上的数学模型

建立线性规划模型有两种广泛使用的方法：一种是直接在电子表格上建模，如上一节描述的那样；另一种是用代数方法来表示模型。两种形式的模型是等价的，唯一的区别在于是使用电子表格语言还是使用代数语言来描述模型。两种形式都有其优点，使用这两种方法对我们都很有帮助。例如，像对韦恩德公司问题的分析那样（如下两节讨论的），这两种形式为我们提供了不同但互补的分析问题的方法。由于本书强调电子表格方法，我们对代数方法只做简短介绍。

> 线性规划模型既可以用电子表格表示，也可以用代数模型表示。

建立韦恩德公司问题的代数模型

代数方法的逻辑与电子表格方法相似。实际上，除了要在电子表格上输入之外，代数方法的初始步骤与前一小节对韦恩德公司问题的描述一样。

（1）收集相关数据（如第2.1节中表2-1所示）。
（2）确定要制定的决策（两种新产品的生产率）。
（3）确定这些决策的约束条件（在相应工厂使用的生产时间不能超过可用时间）。
（4）确定这些决策的总体绩效度量指标（两种产品的总利润）。
（5）把约束条件和绩效度量指标的口头描述转换成用数据和决策表示的定量表达式（如下所示）。

在进行第五步之前，需要注意表2-1中两种新产品在相应工厂每周可用的生产时间分别为4小时、12小时和18小时。根据表中生产门和窗的单位时间数据，我们可以得出下列约束条件的定量表达式

工厂1：门的生产率 ≤ 4
工厂2：2× 窗的生产率 ≤ 12
工厂3：3× 门的生产率 +2× 窗的生产率 ≤ 18

此外,生产率不能为负,所以决策的其他两个约束条件为

$$\text{门的生产率} \geq 0, \text{窗的生产率} \geq 0$$

总体绩效度量指标为生产两种产品获得的总利润。根据表2-1,生产门和窗的单位利润是300美元和500美元,因此每周生产两种产品获得的总利润的表达式为

$$\text{利润} = 300 \times \text{门的生产率} + 500 \times \text{窗的生产率}$$

我们的目标是在满足上述所有约束条件的前提下决策门和窗的生产数量,使利润最大。

为了用简洁的代数模型表示这一目标,我们引入代数符号来表示总体绩效度量指标和决策。

$$P = \text{利润}(\text{生产两种产品的周利润,单位为美元})$$

$$D = \text{门的生产率}(\text{每周新门的生产数量})$$

$$W = \text{窗的生产率}(\text{每周新窗的生产数量})$$

将这些符号代入上面的约束条件和绩效度量指标表达式中(在以后的表达式中略去美元符号),韦恩德公司问题的线性规划模型现在可以用代数形式描述如下:

代数模型

选择 D 和 W 的值,使得 P 实现最大化

$$P = 300D + 500W$$

需满足所有下列约束条件:

$$D \leq 4$$

$$2W \leq 12$$

$$3D + 2W \leq 18$$

以及

$$D \geq 0, W \geq 0$$

线性规划模型的术语

许多代数模型的术语有时也会用在电子表格模型中。下面是韦恩德公司问题的一些关键术语:

(1)D 和 W(或图2-3中的C12和D12)为决策变量(decision variable)。

(2)$300D+500W$(或 SUMPRODUCT(UnitProfit,UnitsProduced))为目标函数(objective function)。

(3)P(或G12)为目标函数值(或简称目标值)。

(4)$D \geq 0$ 和 $W \geq 0$(或 G12 ≥ 0 和 D12 ≥ 0)称为非负约束(nonnegative constraint,或非负条件)。

(5)其他约束条件称为函数约束(function constraint,或结构约束)。

(6)模型的参数(parameter)是代数模型中的常数(在数据单元格中的数字)。

(7)决策变量的任何一个取值(不管是想要的还是不想要的)称为模型的一个解(solution)。

(8)可行解(feasible solution)是指满足所有约束条件的解,反之,非可行解(infeasible solution)至少违反一个约束条件。

(9)最大化 P(或G12)的可行解称为最优解(optimal solution)。(最优解可能与最佳可行解决方案相关联,在这种情况下,所有相关的解决方案都称为最佳解决方案。)

比较

那么，代数模型和电子表格模型的相对优势分别是什么呢？代数模型往往能够对问题给出精练而明晰的表述。由于代数模型在刻画大型问题时具有简洁和容易使用的特性，因此，用于求解大型问题的复杂软件包一般是以代数模型为基础的。具有广泛数学背景的管理科学从业者发现代数模型非常有用。然而，对其他人来说，电子表格模型更为直观。许多经理和商学院学生一样更认同电子表格模型，而不是代数模型。因此，本书的重点是电子表格模型。

> 管理科学工作者通常使用代数模型，但经理们偏爱电子表格模型。

问题回顾

1. 在建立线性规划模型时，电子表格模型与代数模型相同的初始步骤是什么？
2. 在用代数形式建立线性规划模型时，模型中需要引入代数符号来表示哪几类数量？
3. 线性规划问题的决策变量、目标函数、非负约束条件、函数约束各是什么？
4. 模型可行解的含义是什么？最优解的含义是什么？

2.4 求解两变量问题的图解法

像韦恩德公司问题一样只有两个决策变量的线性规划问题可以通过**图解法**（graphical method）来求解。

> **图解法：** 图解法有助于直观地认识线性规划模型。

尽管这种方法不能用来求解超过两个决策变量的问题（大多数线性规划问题远远超过两个决策变量），但是它还是值得学习的。图解法的过程能够直观地展示出线性规划是什么，以及它能完成什么任务。这种直观性对分析线性规划模型很有帮助，也有助于理解不能直接由图解法求解的大型问题。例如，它可以对线性规划的敏感性分析进行可视化（这是第 5 章的主题）。

对于线性规划模型，在代数模型的基础上建立图解法比在电子表格模型的基础上更方便。我们将用韦恩德公司问题的代数模型来展示图解法（有关图解法更详细的内容，包括其在韦恩德问题中的应用，会在本章补充材料中提供，可从 www.mhhe.com/Hillier6e 获得）。为此，请记住：

$D=$ 新门的生产率（电子表格中可变单元格 C12 的数值）

$W=$ 新窗的生产率（电子表格中可变单元格 D12 的数值）

图解法的关键是可以通过二维的坐标系来表示模型的可能解，在这个坐标系中，横轴表示 D 的取值，纵轴表示 W 的取值。图 2-5 上显示了一些样本点。

为了找到最优解（最佳可行解），我们首先需要画出可行解在哪里。为此，必须考虑每一个约束条件，用图形将约束条件表示出来，然后考虑满足所有约束条件的解在哪里。满足所有约束条件的解称为可行解，可行解在二维坐标中分布的区域被称为**可行域**（feasible region）。

> **可行域：** 可行域中的点满足所有的约束条件。

图 2-6 中的阴影部分就是韦恩德公司问题的可行域。下面我们逐步讲述怎样根据约束条件找出可行域。

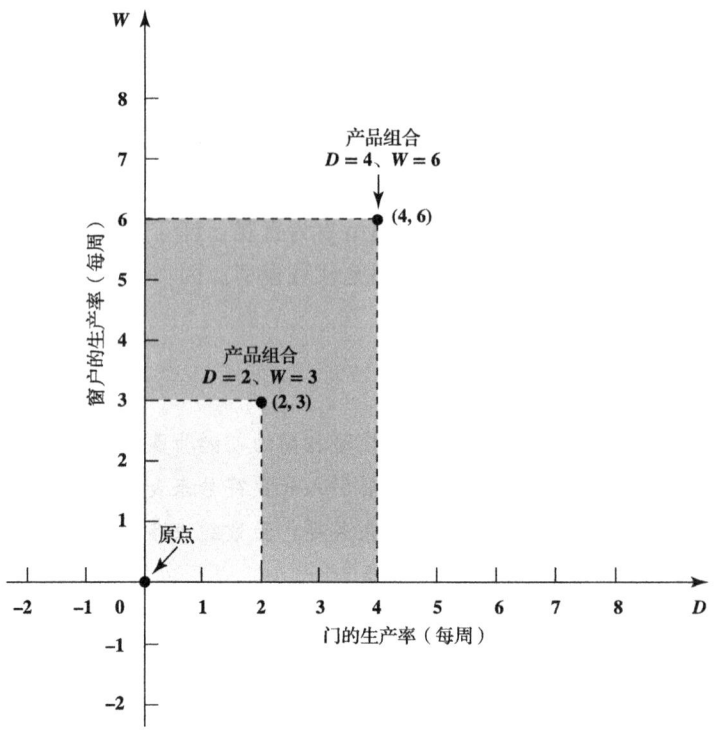

图2-5 韦恩德问题中，表示 (D, W) = (2, 3) 和 (D, W) = (4, 6) 的点

注：(D, W) = (2, 3) 或者 (2, 3) 都是指图中 D=2, W=3 的点。类似地，(D, W) = (4, 6) 表示 D=4, W=6 的点，而原点 (0, 0) 意味着 D=0, W=0。

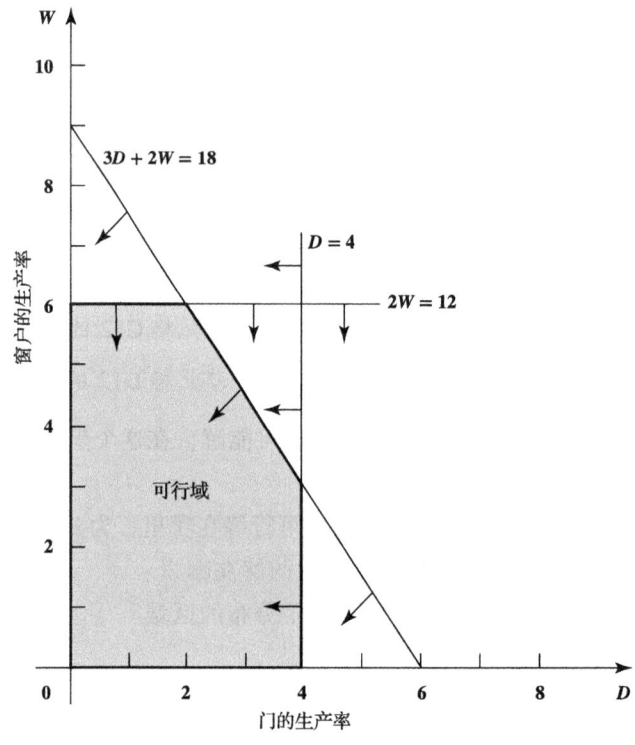

图2-6 约束边界线构成的可行域

注：图中箭头的指向表示该约束下可行解的方向。

首先，$D \geq 0$ 意味着我们只能考虑图 2-6 中 W 轴上或其右边的点。同样，约束条件 $W \geq 0$ 意味着我们仅考虑 D 轴上或其上方的点。

下一步考虑第一个函数约束 $D \leq 4$，它限制了工厂 1 生产新型门的最大可用时间为每周 4 小时，这一约束条件将可行解限制在 $D=4$ 这条垂线及其左边的范围内，如图 2-6 中从这条垂线指向左侧的箭头所示。

第二个函数 $2W \leq 12$ 有相似的效果，只是现在可行域的边界由等式 $2W=12$（或 $W=6$）确定的水平线给出，如图 2-6 中从该线指向下方的箭头所示。形成可行域边界的线称为**约束边界线**（constraint boundary），它的方程式被称为**约束边界方程**（constraint boundary equation）。通常，约束边界线由它的方程式确定。

> 对任一含有不等号的约束条件，其约束边界方程可以通过将不等号换成等号获得。

对于 $D \leq 4$ 和 $2W \leq 12$ 这两个函数约束，其约束边界线（分别为 $D=4$ 和 $2W=12$）的方程是通过把不等号替换成等号而得到的。对任何一个有不等号的约束条件（不管是函数约束还是非负约束），得到约束方程的一般规则是用等号替代不等号。

现在我们要考虑另一个函数约束 $3D+2W \leq 18$，它的约束边界方程为

$$3D+2W=18$$

该方程含有两个变量，所以它表示的边界线既不是一条垂直线，也不是一条水平线，因而边界线一定会与两个轴在某处相交，那么在何处相交呢？

当一条约束边界线既非垂直线也非水平线时，约束边界线与 D 轴的交点为 $W=0$ 时的点。同样，约束边界线与 W 轴的交点为 $D=0$ 时的点。

因此，约束边界线 $3D+2W=18$ 与 D 轴相交于 $W=0$ 的点：

当 $W=0$ 时，$3D+2W=18$ 变为 $3D=18$

所以与 D 轴相交于点 $D=6$

同样，约束边界线与 W 轴相交于 $D=0$ 的点：

当 $D=0$ 时，$3D+2W=18$ 变为 $2W=18$

所以与 W 轴相交于点 $W=9$

> 约束边界线的位置由它与两轴的交点确定。

这样，约束边界线就是一条经过这两个交点的直线，如图 2-6 所示。

这一分析还表明，约束条件 $3D+2W \leq 18$ 所允许的解是那些位于约束条件边界线 $3D+2W=18$ 靠近原点一侧的点。证实这一点最简单的办法是检验原点 $(D,W)=(0,0)$ 是否满足约束条件[⊖]，如果满足，那么可行区域位于约束边界线靠近原点的一侧，否则就位于另一侧。在这个例子中：

$$3 \times 0 + 2 \times 0 = 0$$

所以 $(D,W)=(0,0)$ 满足

$$3D+2W \leq 18$$

> 检验 $(0,0)$ 是否满足约束条件可以表明，约束边界线的哪一边满足约束条件。

（事实上，原点满足任何一个有 $\leq$ 符号且右端值为正的约束条件。）

线性规划的可行解必须同时满足所有约束条件。每一个约束条件允许的非负解都位于约束边界线靠近原点的一侧（或位于约束边界线上）（如图 2-6 中箭头所示）。因此，可行解是比所有三条边界约束线更靠近原点的那些点（或者在最接近原点的直线上）。可行解的相应区域称为可行域。确定了可行域后，最后一步是找出这

⊖ 如果约束边界线穿过原点，则不能使用原点来帮助确定允许区域。这种情况下，任何其他不在此线上的点都可以像这样用来帮助确定允许区域。

些可行解中哪些是最好的——最优解。对于韦恩德公司问题，其目标是最大化生产两种产品的每周总利润（记为 P）。因此，我们要找出可行解 (D, W)，使目标函数

$$P = 300D + 500W$$

的值尽可能大。

为了做到这一点，我们要在图中找出所有能给目标函数带来一个特定数值的点 (D, W)。例如，考虑目标函数的一个值 $P=1\ 500$，哪些点 (D, W) 能使 $300D+500W=1\ 500$？

这个方程是一条直线的方程。与绘制约束边界线一样，我们可以通过找出它与两条轴的截距来定位这条直线。当 $W=0$ 时，$D=5$，同样当 $D=0$ 时，$W=3$，这就是直线的两个截距，如图 2-7 中底部的直线所示。

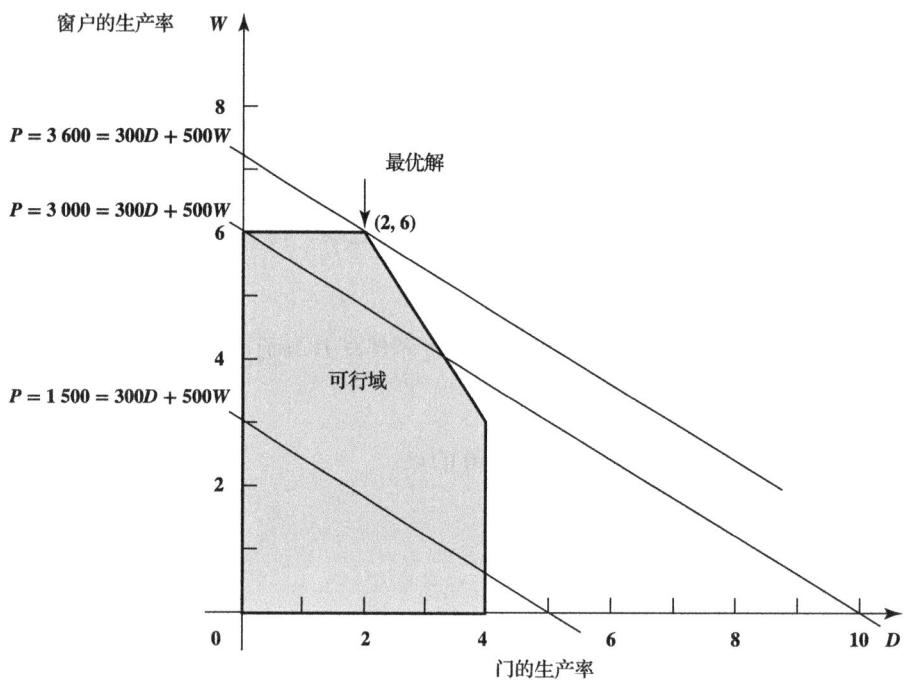

图 2-7　目标函数线

注：图中显示了韦恩德公司产品组合问题的三条目标函数线，其中顶端的线是最优函数约束线。

$P=1\ 500$ 只是目标函数的一个样本值，对于其他任何一个特定的 P 值，使方程值等于 P 的点 (D, W) 同样位于一条直线上，这条直线被称为**目标函数线**（objective function line）。

目标函数线是其上所有点都具有相同目标函数值的一条直线。

图 2-7 中底部的目标函数线上位于可行域内的线段给出了目标函数值为 $P=1\ 500$ 的多种方案，我们还能够得到比这更好的解吗？让我们尝试一下 $P=3\ 000$ 的情况，对应的目标函数线为

$$300D+500W=3\ 000$$

见图 2-7 中部的直线。（暂时忽略顶部的直线。）直线上依然含有在可行域中的点，因此 $P=3\ 000$ 是可行的。

让我们来看一看 $P=1\ 500$ 和 $P=3\ 000$ 这两条目标函数线的两个有趣的特性。第一，两条直线是平行的；第二，P 的值从 1 500 增加 1 倍到 3 000 后，直线在 W 轴的截距也从 $W=3$ 变到 $W=6$，即增加了 1 倍。这些特性不是巧合，下面的性质说明了这一点。

目标函数线的主要特征：同一问题的所有目标函数线相互平行，且目标函数线在 W 轴上的截距与 P 值成比例。

目标函数线的这些特性为我们寻找最优解提供了可以遵循的策略。在图 2-7 中，我们已经尝试了 $P=1\,500$ 和 $P=3\,000$，并且发现这两条目标函数线含有位于可行域的点，再增加 P 值就会产生离原点更远的另一条平行的目标函数线。我们最感兴趣的目标函数线是那条离原点最远但还含有可行域内点的直线。这就是图 2-7 中的第三条目标函数线。这条直线上还在可行域内的点 $(D, W) = (2, 6)$ 就是最优解。没有其他可行解比这个解的 P 值更大。

最优解

$D=2$（每周生产 2 扇新门）

$W=6$（每周生产 6 扇新窗）

将 D 和 W 的值代入目标函数就能得出 P 的值，即

$$P = 300D + 500W = 300 \times 2 + 500 \times 6 = 3\,600$$

以上是对韦恩德公司问题图解法的简单描述。如果你希望看到关于用图解法解决该问题的完整描述，可以访问 www.mhhe.com/Hillier6e 查看关于本章的内容。

第 2.7 节的结尾将提供图解法的另一个案例，该案例的目标是使目标函数最小化而不是最大化。本章末的已解决的问题（2.S1.）中也包含了一个案例。

图解法总结

图解法可以用来求解只有两个决策变量的线性规划问题。图解法的应用步骤如下：

（1）画出每个函数的约束边界线，用原点（或其他不在约束边界线上的点）来确定直线的哪一侧是约束条件所允许的。

（2）找出同时满足所有约束条件的可行域。

（3）确定一条目标函数线的斜率，其他目标函数线均具有与之相同的斜率。

（4）在可行域内向目标函数值增加的方向移动直尺，在它即将离开可行域的最后一个点时停止移动，这时直尺所在的直线就是最优目标函数线。

（5）最优目标函数线上的可行点是一个最优解。

问题回顾

1. 图解法能够求解带有几个决策变量的线性规划问题？
2. 在对韦恩德公司问题应用图解法时，坐标轴代表的是什么？
3. 什么是约束边界线？什么是约束边界方程？
4. 用于确定可行域在约束边界线哪一侧的最简单方法是什么？

2.5 应用 Excel 求解线性规划问题

图解法对于直观理解线性规划很有帮助，但是它的实际应用却很有限，只能求解含有两个决策变量的小问题。我们需要其他求解大规模线性规划问题的方法。幸运的是，Excel 中的工具 Solver（规划求解），为解决第 2.2 节中的电子表格模型提供了有效的方法（第 2.6 节将介绍 Analytic Solver 软件包的应用，这是一种比 Solver

更为先进的工具，能够解决相同的规划问题）。第一次用 Solver 的时候，首先要在 Excel 宏菜单下安装 Solver。点击功能区的"文件"选项卡，选择"选项"，点击弹出的窗口左侧的"加载项"按钮，在窗口底部的下拉选框选择"管理 Excel 加载项"，然后点击"确定"按钮。确保在弹出的对话框中选择"规划求解加载项"选项，而后它就会出现在"数据"选项卡里。对于 Mac 版本的 Excel，从"工具"菜单中选择"加载项"，确保选中"求解器"(Solver)，然后单击"确定"，它就会出现在"数据"选项卡里。

第 2.2 节中的图 2-3 展示了韦恩德公司问题的电子表格模型。决策变量值（两种产品的生产率）位于可变单元格 UnitsProduced(C12:D12) 中，目标函数值（两种产品的每周总利润）位于目标单元格 TotalProfit (G12) 中。开始时，在可变单元格中输入任意试算解来替代 0。求解问题后，Solver 会使这个值变为最优值。

开始求解过程，首先在功能区的"数据"选项卡选择"Solver"按钮。图 2-8 展示了选择电子表格中模型各部分区域的 Solver 对话框。

你可以在"设置目标"(Set Objective) 框中输入名称、输入单元格地址或者点击单元格。图 2-8 显示了用最后一种方法的结果（$G$12），输入目标单元格的是 TotalProfit（也就是 G12）。既然目的是最大化目标单元格，还必须选中"最大值"(Max)。下面在对话框中定义可变单元格输入的也是 UnitsProduced（C12:D12）。

Excel 小提示： 如果你点击选择单元格，首次出现在对话框中的是单元格地址（例如 $C$9:$D$9）。你不需要处理这些符号，因为 Solver 会自动用名称来替代单元格地址（事先定义了名称）。但是只有在添加约束条件或关闭、打开 Solver 对话框之后才显示。

Solver 小提示： 选择可变单元格时只需点击并拖拽至整个可变单元格区域。如果可变单元格是不连续的，则此时可以输入一个逗号","作为分隔符，然后选择其他单元格。Excel 中的基本版 Solver 最多可以选择 200 个可变单元格。

图 2-8　设置完韦恩德问题模型第一部分后的 Solver 对话框

注：通过改变 UnitsProduced（C12:D12）来最大化 TotalProfit（G12）。图 2-9 将会展示添加约束条件，之后图 2-10 将展示将模型设置为线性规划模型的方法。（求解模型的默认设置为非线性 GRG，它并不适用于解决线性规划问题。）

下一步，需要对存放函数约束的单元格进行设置，可以通过点击 Solver 对话框中的"添加"（Add）按钮来实现。这会弹出图 2-9 所示的添加约束对话框。图 2-3 单元格 F7、F8 和 F9 中的"≤"符号表明 HoursUsed（E7:E9）必须小于或等于 HoursAvailable（G7:G9）。通过在添加约束对话框的左端输入 HoursUsed（E7:E9），并在右端输入 HoursAvailable（G7:G9），就在 Solver 中指定了这些约束条件。中间的符号（<=、= 或 >=）可以通过菜单进行选择，我们选择了 <= 符号。即使以前在 F 列中输入了≤符号，这一选择仍然是必要的，因为 Solver 只使用添加约束对话框中指定的约束。

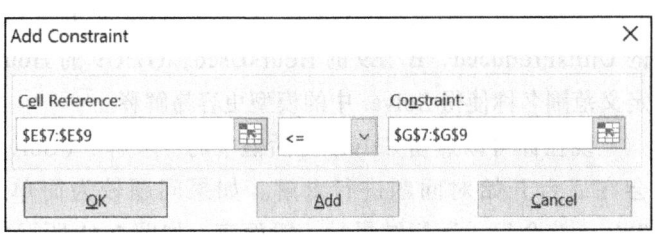

图 2-9　添加约束对话框

注：用来设置图 2-3 中单元格 E7、E8 和 E9 小于等于对应 G7、G8、G9

如果还要添加更多的函数约束，你可以点击"添加"按钮以弹出一个新的添加约束对话框，但由于在这个例子中没有其他约束，所以点击"OK"按钮回到 Solver 对话框。

> 添加约束对话框用来设定所有的函数约束。

在利用 Solver 求解模型之前，还有两个步骤需要完成。我们需要告诉 Solver 要求解的是一个具有非负约束的问题，从而防止可变单元格代表的生产率取负值的情况。还要将求解问题设定为线性规划，这样才可以采用单纯形法（Solver 求解线性规划的标准方法）求解。如图 2-10 所示，勾选了"使约束变量为非负数"（Make Unconstrained Variables Non-Negative）选项，并将求解方法（Solving Method）选为"单纯线性规划"（Simplex LP）（而不是"非线性 GRG"或者"演化"，这两种方法是用来求解非线性规划问题的）。图中展示的 Solver 对话框已经完成了所有的模型设置。

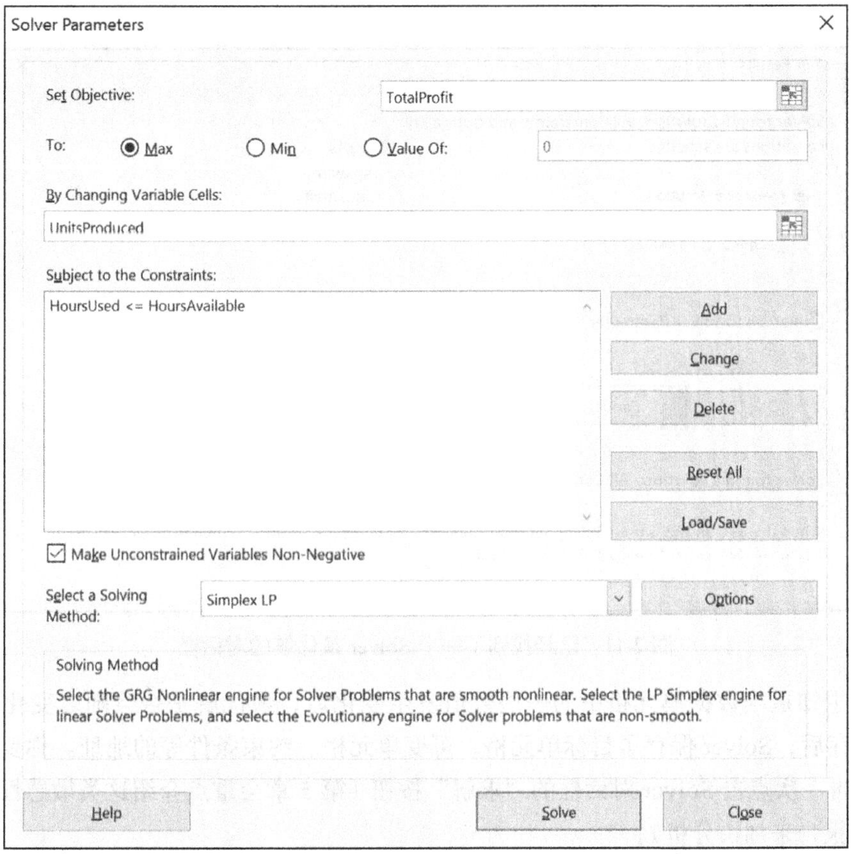

图 2-10　定义了所有需要设置选项后的 Solver 对话框

请注意，从添加约束对话框返回后，Solver 现在已将所有单元格地址转换为这些单元格定义的相应范围名称（G12 的 TotalProfit，C12:D12 的 UnitsProduced，E7:E9 的 HoursUsed，G7:G9 的 HoursAvailable）。定义范围名称使得 Solver 中的模型更容易解释。

现在你可以点击 Solver 对话框中的"求解"（Solve）按钮了，它会在后台开始对问题进行求解。如果问题较为简单，几秒钟之后 Solver 就会显示运行结果。一般而言，如图 2-11 所示的"求解结果"（Solver Results）对话框那样，它会显示出已经找到一个最优解（found a solution）。如果模型没有可行解或没有最优解，对话框会显示出"Solver 无法找到可行解"或"设定的单元格值不能收敛"（第 14.1 节中会讲解这些可能会在什么情况下出现）。对话框还显示了输出各种报告的选项，其中的敏感性报告将在第 5 章中详细讨论。

求解模型之后，Solver 用最优值代替了可变单元格中的初始值（见图 2-12）。因此，与前一节中用图解法得到的结果一样，最优解是每周生产 2 扇门和 6 扇窗。电子表格还显示了目标单元格的相应数值（每周总利润为 3 600 美元），同时在输出单元格 HoursUsed（E7:E9）中显示出了相应的数值。

图 2-12 底部的 Solver Parameters 对话框展示了 Solver 对话框中所有的输入内容。本书中所有通过 Solver 求解的模型都会以这种简洁的方式总结所有的 Solver 参数。

> 在电子表格中为单元格定义名称时，Solver 会显示这些名称。这使得 Solver 中的模型更容易解释。
>
> 建立线性规划模型时，要确保选择求解方法勾选了非负假设并选择了单纯线性规划。
>
> **Solver 小提示**："Solver 无法找到可行解"意味着没有能够满足所有约束条件的解。"目标单元格值不收敛"意味着 Solver 找不到一个最优解，这是由于总是能找到更好的解（例如约束条件不能限制利润的增加）。"此线性规划求解模型不满足线性约束"代表模型中选择了"单纯线性规划"选项，但模型不是线性的。

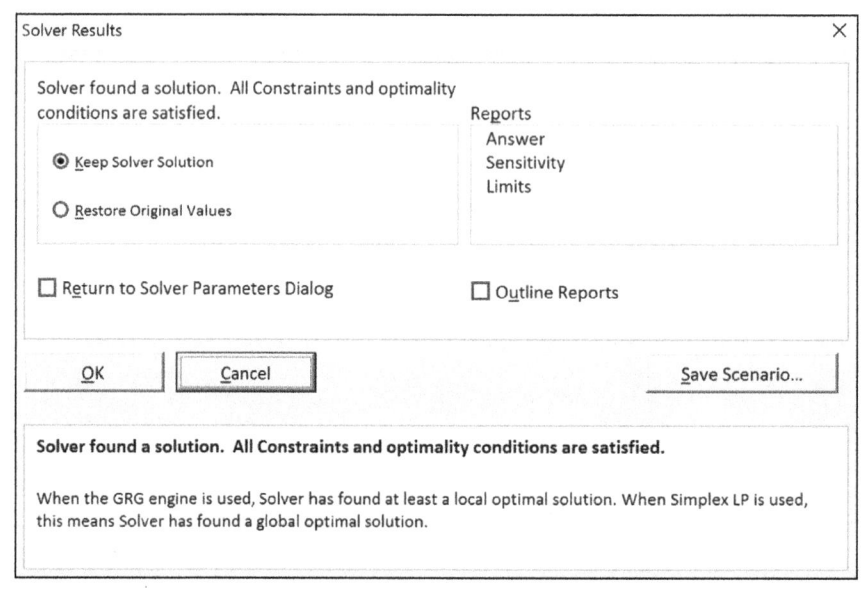

图 2-11　已经找到了一个 Solver 最优解的对话框

此时，你或许想知道当数据单元格中的一些数值发生变化后，最优解是否会随之变化。这是很容易做到的，因为当文件保存后，Solver 保存了目标单元格、可变单元格、约束条件等的地址。你要做的只是在数据单元格中进行修改并再一次点击 Solver 对话框的"求解"按钮（第 5 章会重点介绍这类敏感性分析，包括如何使用 Solver 的敏感性报告来加快分析）。

为了帮助你体验这些改变，网站 http://www.mhhe.com/Hillier6e 上提供了本章的 Excel 文件（同本书其他章节），为韦恩德公司问题和第 2.7 节中的问题提供了电子表格文件，包括完整的建模与求解过程。我们鼓励读者使用这些例子进行实验，看一看采用不同数据、不同求解方法会出现哪些情况，同时可以将此电子表格作为课后作业的模板。

	A	B	C	D	E	F	G
1		**Wyndor Glass Co. Product-Mix Problem**					
2							
3			Doors	Windows			
4		Unit Profit	$300	$500			
5					Hours		Hours
6			Hours Used per Unit Produced		Used		Available
7		Plant 1	1	0	2	≤	4
8		Plant 2	0	2	12	≤	12
9		Plant 3	3	2	18	≤	18
10							
11			Doors	Windows			Total Profit
12		Units Produced	2	6			$3 600

Solver Parameters
Set Objective Cell: Total Profit
To: Max
By Changing Variable Cells:
    UnitsProduced
Subject to the Constraints:
    HoursUsed <= HoursAvailable
Solver Options:
    Make Variables Nonnegative
    Solving Method: Simplex LP

	E
5	Hours
6	Used
7	=SUMPRODUCT(C7:D7, UnitsProduced)
8	=SUMPRODUCT(C8:D8, UnitsProduced)
9	=SUMPRODUCT(C9:D9, UnitsProduced)

	G
11	Total Profit
12	=SUMPRODUCT(UnitProfit, UnitsProduced)

Range Name	Cell
HoursAvailable	G7:G9
HoursUsed	E7:E9
HoursUsedPerUnitProduced	C7:D9
TotalProfit	G12
UnitProfit	C4:D4
UnitsProduced	C12:D12

图 2-12　求解韦恩德问题后得到的电子表格

问题回顾

1. 用来输入目标单元格和可变单元格地址的对话框是什么？
2. 指定模型函数约束的对话框是什么？
3. 求解线性规划问题时，需要在 Solver 选项对话框中选择哪些选项？

2.6　Analytic Solver

前线系统公司是 Excel Solver 标准版的开发者（后面提及的 Excel Solver 都指标准版的 Solver），之后他们又开发了高级版的 Solver，大大增强了功能。现在，该公司拥有一个功能十分强大的高级版本 Solver 叫作 Analytic Solver。本教材为大家提供前线系统公司教学版 Analytic Solver 作为 Excel 加载工具，这个版本包括完整版 Analytic Solver 的所有功能，不同之处在于完整版 Analytic Solver 能够解决更复杂的问题。但是事实上，教学版

Analytic Solver 可以处理比本书内容更加复杂的问题，所以我们后续就将其简称为 Analytic Solver。

序言中和 www.mhhe.com/Hillier6e 上都提供了低价学生版本软件的下载说明，此外 AnalyticSolver.com 也提供了该软件的云版本。其中云版本使用浏览器工作，但设计外观类似于 Excel 的 Analytic Solver 加载项。

Excel Solver 已经能够解决本书中涉及的大部分问题，而 Analytic Solver 还拥有许多 Excel Solver 所不具备的重要功能。本书中既可以用 Excel Solver 又可以用 Analytic Solver 的地方，都用 Solver 这个术语统一表示。对存在区别的地方会做出特别说明。全书中出现的 Analytic Solver 增强功能会被着重显示。如果你只想专注于 Excel 中 Solver 的学习和使用，本书为你提供了足够的资料，并不要求同时掌握 Analytic Solver。在这种情况下，你可以跳过相关章节继续操作，这并不会影响你的学习过程。

安装 Analytic Solver 后，Excel 功能区有两个新选项卡，分别为 Analytic Solver 和 Data Mining（以及一个名为 Solver Home 的第三个可选选项卡）。点击"Analytic Solver"选项，Excel 工具栏变为如图 2-13 所显示的那样。（本章不使用"Data Mining"选项卡，将在第 10 章中介绍。）此工具栏中的按钮用于 Analytic Solver 的交互操作。该图还显示了 Analytic Solver 一个很好的功能——Solver 操作和模型设置窗格（显示目标单元格、可变单元格和约束条件等）——可以同时显示在主表格旁边。通过点击 Analytic Solver 工具栏最左侧的"模型"按钮来打开（查看模型）或者关闭（隐藏模型以便为主表格留出更多的空间）该窗格。此外，由于我们在第 2.5 节中已经用 Excel 的 Solver 建立了模型，这个模型在模型窗格中就已经存在了，目标单元格仍为 TotalProfit（G12），可变单元格为 UnitsProduced（C12:D12），约束条件为 HoursUsed（E7:E9）<=HoursAvailable（G7:G9）。Excel Solver 和 Analytic Solver 的数据是相互兼容的，一个数据改变时另一个数据也随之改变。因此，你可以先使用 Excel Solver 或者 Analytic Solver，然后反复使用这两种工具来分析，也不会丢失数据。

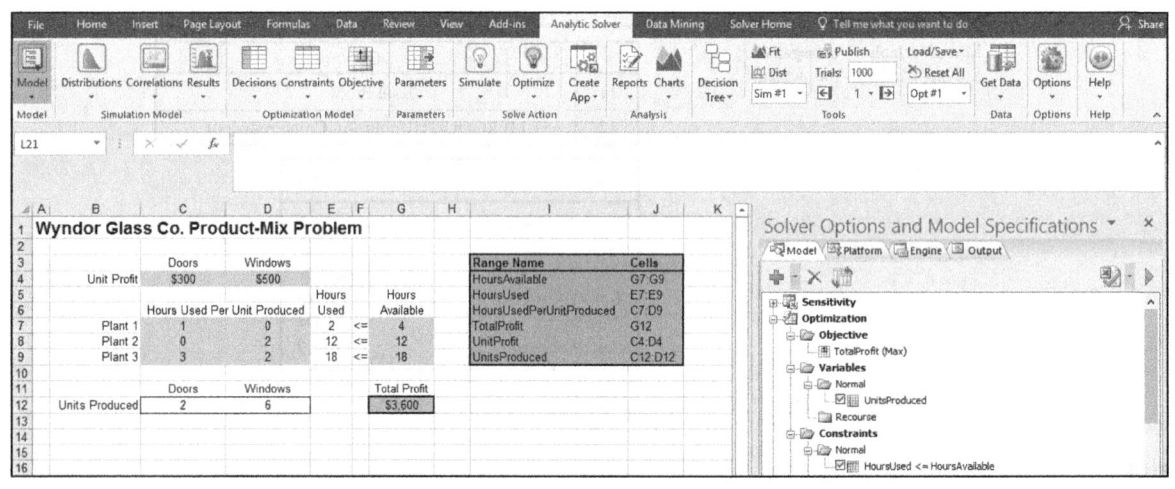

图 2-13　工具栏与模型设置窗格

注：屏幕截图显示了韦恩德问题的工具栏和 Solver 选项以及点击工具栏中的"Analytic Solver"后弹出的模型设置窗格。

如果事先没有用 Excel Solver 构建模型，那么采用 Analytic Solver 建模的步骤和第 2.5 节中的建模步骤类似。在这两种情形下，我们都需要设定目标单元格、可变单元格和函数约束，然后点击"求解"按钮来求解模型。然而，两者的用户界面是不同的。Analytic Solver 使用解析解算器工具栏上的按键而不是 Excel Solver 的对话框。现在让我们来介绍用 Analytic Solver 解决韦恩德公司问题的步骤。

将 TotalProfit（G12）设定为目标单元格，首先需要选择表格中的单元格，然后点击 Analytic Solver 工具栏中的"目标"（Objective）按钮。如图 2-14 所示，会出现一个下拉菜单，需要你选择最小化或最大化目标单元格。设定完最大或最小后，需要进一步选择操作方法（正态分布、期望、方差等）。目前，我们通常选择正态分布操作。

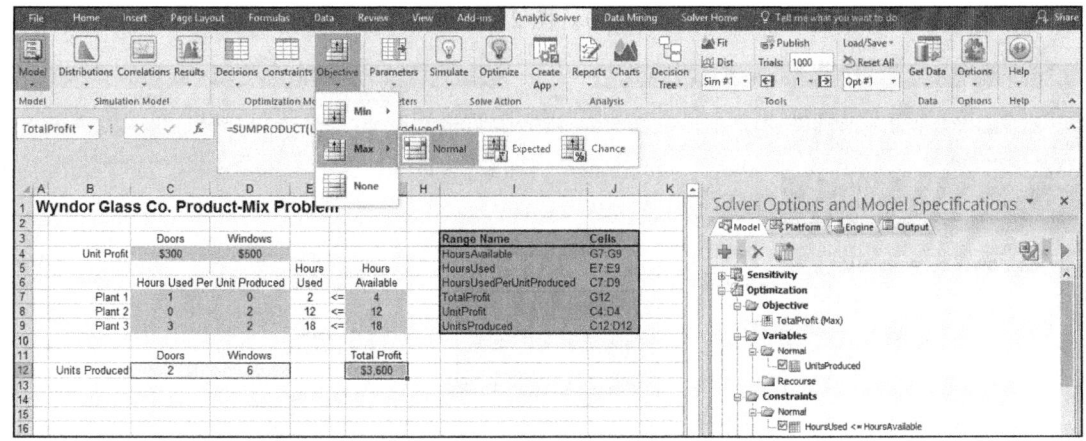

图 2-14 下拉菜单

注：屏幕截图显示了选择 TotalProfit（G12）作为目标单元格时，点击 Analytic Solver 中的"目标"（Objective）按钮后出现的下拉菜单。

为了将 UnitsProduced（C12:D12）设置为可变单元格，选择电子表格中相应的区域，单击 Analytic Solver 工具栏中的"决策"（Decisions）按钮。如图 2-15 所示，会出现一个下拉菜单，包含几个不同的选项（绘图、正规、资源）。在线性规划模型中，我们选择"正规"（Normal）选项。

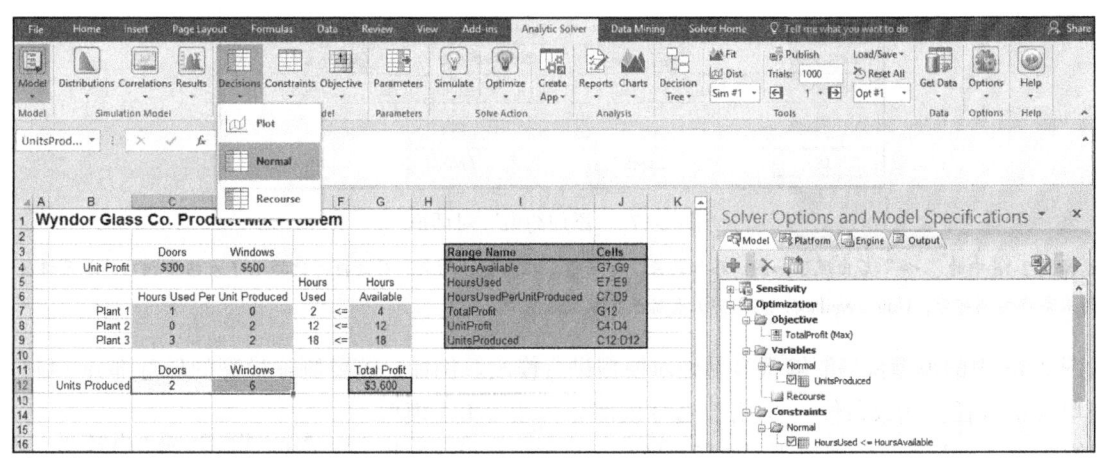

图 2-15 点击"决策"按钮后的下拉菜单

注：屏幕截图显示了韦恩德问题中选择 UnitsProduced（C12:D12）作为可变单元格后，点击 Analytic Solver 求解平台工具栏中的"决策"按钮时出现的下拉菜单。

下一步需要设定约束条件。对于韦恩德公司问题来说，约束条件为 HoursUsed（E7:E9）<=HoursAvailable（G7:G9）。在 Analytic Solver 中添加该约束条件，首先选择代表约束方程左侧数据的单元格（HoursUsed 或 E7:E9），单击 Analytic Solver 工具栏中的"约束"（Constraints）按钮。如图 2-16 所示，这时会出现一个包含各种约束的下拉菜单。对于线性规划模型的函数约束，选择"正规约束"（Normal Constraint）以及相应的约束类型（<=、=、>=）。对于韦恩德公司问题，选择"<="后将会出现图 2-17 所示的"添加约束"对话框，这个对话框和 Excel Solver 中的"添加约束"对话框（见图 2-9）很相似。当该对话框出现时，"HoursUsed"和"<="已经填在对话框中了（因为已经在"约束"按钮下选择了这两项内容）。下面就可以通过单击对话框中的"约束"标签并选择表格中的对应单元格区域来添

Analytic Solver 小提示：使用 Analytic Solver 添加目标单元格、可变单元格和约束条件的另一个方法是单击模型窗格中的绿色加号（+），然后选择相应的添加目标单元格、可变单元格以及约束条件。

加约束条件的右半部分——HoursAvailable（G7:G9）。图2-17显示了进行以上操作后的对话框。

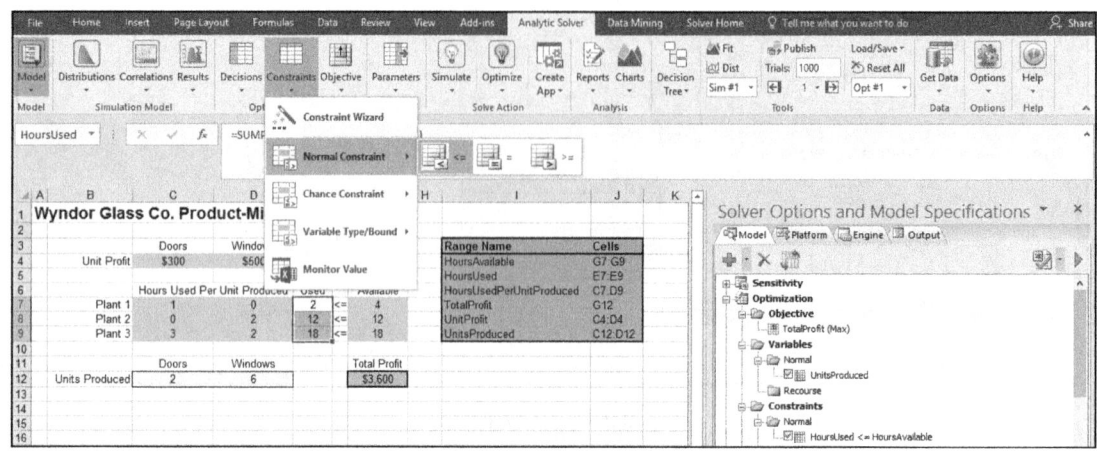

图2-16 点击"约束"按钮后的下拉菜单

注：屏幕截图显示了韦恩德问题中选择HoursUsed（E7:E9）作为约束条件左侧部分后，点击Analytic Solver求解平台工具栏中的"约束"按钮时出现的下拉菜单。

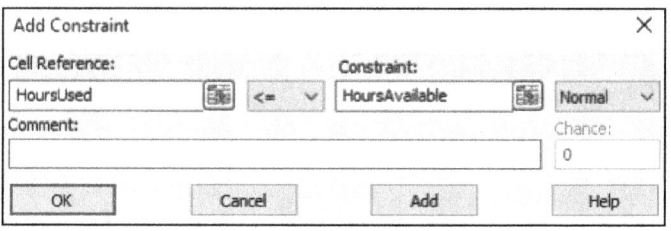

图2-17 "添加约束"对话框

注：选择图2-16中的"<="后出现了如图"添加约束"对话框。在点击"约束"对话框并选择电子表格中相应的单元格区域后，作为约束条件右侧部分，HoursAvailable（G7:G9）也显示在该对话框中。

通过图2-13中的模型窗格能够很容易地对模型进行修改。例如，若要删除模型的任意部分（目标单元格、任何可变单元格或任何约束条件），只需要选择该部分，然后单击模型窗格顶部的红色"×"号。要修改模型的任意部分，只需单击模型窗格中的相应部分，模型窗格底部将显示该部分的详细信息。例如，选择模型窗格中HoursUsed（E7:E9）<=HoursAvailable（G7:G9）约束条件后会出现图2-18所示的信息。你可以通过点击任何一条信息对模型进行修改（如你可以将 <= 改为 >=，或者改变方程两侧的单元格引用）。

Analytic Solver 小技巧：双击模型的任意一部分（如任何目标单元格、任何可变单元格或任何约束条件），就会弹出一个对话框，允许你修改模型的相应部分。

点击模型窗格顶部的"工具"（Engine）选项卡后，将会出现用于求解该模型的算法以及该算法的各种选项，可以从顶部的下拉菜单中选择算法。对线性规划模型来说（如韦恩德公司问题），你需要选择"Standard LP/Quadratic Engine"，这相当于Excel Solver中的"Simplex LP"选项。为了使约束变量非负（与图2-10中Excel Solver一样），确保"非负假设"选项（Assume Nonnegative）值为真。图2-19显示了进行以上操作后的模型窗格。

当完成Analytic Solver中的所有模型设置后，单击Analytic Solver工具栏中的"优化"（Optimize）按钮，就像Excel Solver那样，模型求解的结果将会显示在屏幕上，如图2-20所示。从图中可以看到，模型窗格中的"输出"选项卡中会显示模型求解过程的总结，其中包含"Solver发现了一个解，所有约束以及最优条件均被满足"（类似于图2-11）。

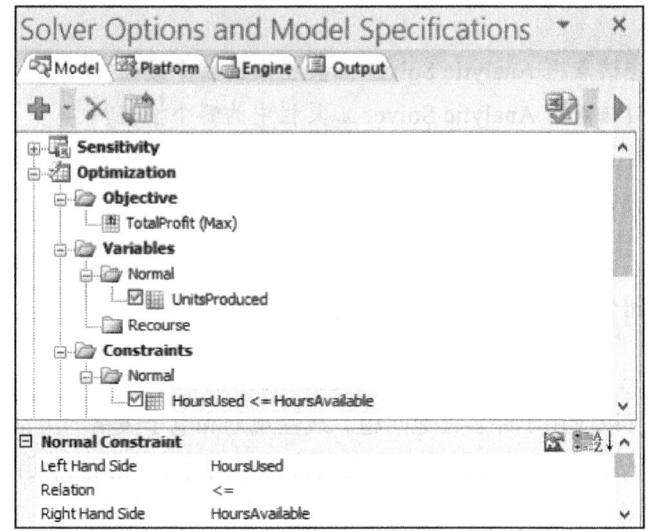

图 2-18 选择约束条件后出现的情况

注：本图显示了单击模型窗格中 HoursUsed (E7:E9) <=HoursAvailable (G7:G9) 后的状态。

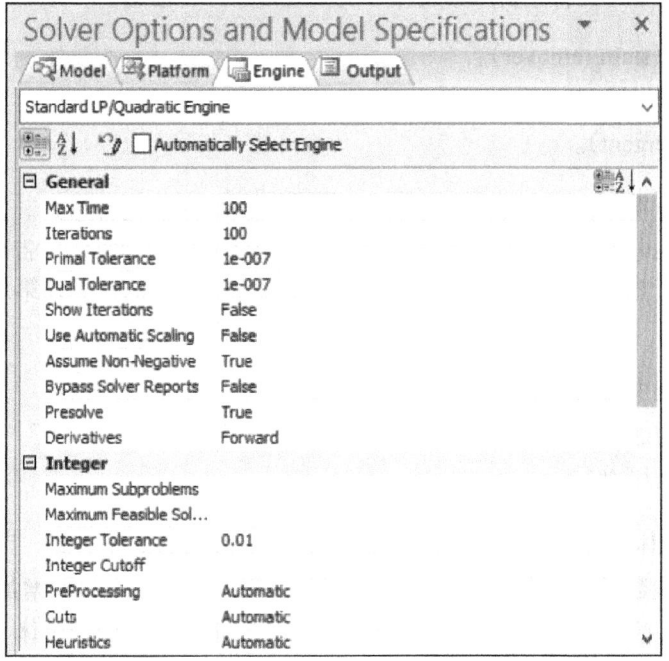

图 2-19 选择 "Standard LP/Quadratic Engine" 以及设置 "非负假设" 后的模型窗格

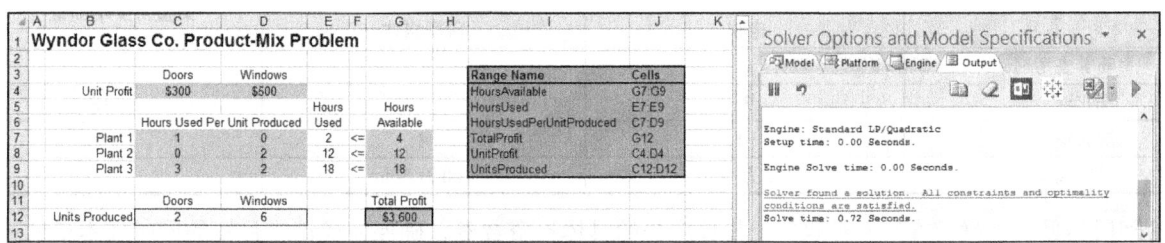

图 2-20 最终求解结果

注：屏幕截图展示了韦恩德公司问题的最终求解结果，模型窗格中的"输出"选项卡显示了求解过程的总结。

问题回顾

1. 设置目标单元格时，应该点击 Analytic Solver 工具栏中的哪个按钮？
2. 设置可变单元格时，应该点击 Analytic Solver 工具栏中的哪个按钮？
3. 输入约束条件时，应该点击 Analytic Solver 工具栏中的哪个按钮？
4. 求解模型时，应该点击 Analytic Solver 工具栏中的哪个按钮？

2.7 最小化例子：利博公司广告组合问题

本书第 2.2、2.5、2.6 节三节对韦恩德公司案例研究的分析展示了如何在电子表格上对线性规划模型进行建模和求解，这一通用方法还可以应用于许多其他问题。线性规划和电子表格的灵活应用为改变电子表格模型来适应各种新问题提供了多种方法。在下一个例子中，我们将具体说明在韦恩德公司问题中未涉及的一些方法。

规划广告活动

利博公司（Profit & Gambit）主要生产家用清洁产品。面对高度竞争的市场，公司多年来一直在努力增加市场份额。管理层决定针对下列三种主要产品展开一次大规模的广告活动。

- （预洗）喷雾去污剂（stain remover）。
- 洗衣液（liquid detergent）。
- 洗衣粉（powder detergent）。

这次广告活动将采用电视（Television）和印刷媒体（Print Media）两种形式。公司已设计了一个强调洗衣液特色的商业广告，用于在电视上向全美国播出。同时，公司将采用印刷媒体广告来促销这三种产品，包括可供消费者打折购买产品的优惠券。总目标是所有产品（特别是洗衣液）的销量在第二年有大的飞跃。管理部门特别设定了如下目标：

- 喷雾去污剂的销量至少增加 3%。
- 洗衣液的销量至少增加 18%。
- 洗衣粉的销量至少增加 4%。

表 2-2 显示了在各种媒体上做一单位广告所带来的产品销量增长的估计比例。⊖（一单位是利博公司通常采用的广告批量标准，但其他数量也是允许的。）在"电视"一列中显示洗衣粉的增加份额为 −1%，原因是洗衣液的电视商业广告会抢走一些洗衣粉的销售额。表中最下面一行显示了在两种媒体上做广告的单位成本。

表 2-2 利博公司广告组合问题的数据

产品	销量因每单位广告的增加量（%）		销量至少增加量（%）
	电视	印刷媒体	
喷雾去污剂	0	1	3
洗衣液	3	2	18
洗衣粉	−1	4	4
单位成本	100 万美元	200 万美元	

管理层的目标是确定在每一种媒体上投放广告的具体投资数额，确保完成销售目标的同时成本最低。

⊖ 简化的假设是，不管投放广告的数量是多少，特定商店中每增加一个广告单元产生的销售增长都是固定的。当广告水平达到饱和水平时（如案例 9-1），该假设就不再合理。但在本问题中，所考虑的广告水平较低，因此该假设较为合理。

构建电子表格模型

第 2.2 节结尾处总结的步骤为该问题构建电子表格模型提供了基础。下面根据这些步骤进行具体操作：

（1）收集问题相关数据，这一工作已经完成（见表 2-2）。

（2）在电子表格的数据单元格中输入数据，图 2-21 中的上半部分显示了这一电子表格。数据单元格位于 C 列和 D 列（第 4 行和第 8 行到第 10 行），以及 G8:G10 单元格。要注意电子表格的这一特殊形式是如何促进表 2-2 中的数据直接转换的。

	A	B	C	D	E	F	G
1		Profit & Gambit Co. Advertising-Mix Problem					
2							
3			Television	Print Media			
4		Unit Cost ($millions)	1	2			
5							
6					Increased		Minimum
7			Increase in Sales per Unit of Advertising		Sales		Increase
8		Stain Remover	0%	1%	3%	≥	3%
9		Liquid Detergent	3%	2%	18%	≥	18%
10		Powder Detergent	–1%	4%	8%	≥	4%
11							
12							Total Cost
13			Television	Print Media			($millions)
14		Advertising Units	4	3			10

Solver Parameters
Set Objective Cell: TotalCost
To: Min
By Changing (Variable) Cells:
　AdvertisingUnits
Subject to the Constraints:
IncreasedSales >= MinimumIncrease

Solver Options:
　Make Variables Nonnegative
　Solving Method: Simplex LP

	E
6	Increased
7	Sales
8	=SUMPRODUCT(C8:D8, AdvertisingUnits)
9	=SUMPRODUCT(C9:D9, AdvertisingUnits)
10	=SUMPRODUCT(C10:D10, AdvertisingUnits)

	G
12	Total Cost
13	($millions)
14	=SUMPRODUCT(UnitCost, AdvertisingUnits)

Range Name	Cells
AdvertisingUnits	C14: D14
IncreasedSales	E8: E10
IncreasedSalesPerUnitAdvertising	C8: D10
MinimumIncrease	G8: G10
TotalCost	G14
UnitCost	C4: D4

图 2-21　利博公司问题的电子表格模型

注：包含目标单元格 TotalCost（G14）、E 列其他输出单元格中的公式，以及 Solver 的参数设置。可变单元格 AdvertisingUnits（C14:D14）显示了通过 Solver 得到的最优解。

（3）识别关于活动水平的决策，并指定这些决策的可变单元格。在本案例中，活动是指在电视上做广告和在印刷媒体上做广告，活动水平是指在这些媒体上投放的广告量。因此，要制定的决策为

决策 1：TV= 电视广告的单位数量

决策2：PM=印刷媒体广告的单位数量

图2-21中将两个细边框灰色底纹的单元格C14和D14指定为可变单元格，来存储以下两个数值，即

TV→单元格C14　PM→单元格D14

用广告量（AdvertisingUnits）作为这个单元格区域的名称（图2-21的底部可以看到名称列表）。在可变单元格位置安排上，每一个单元格都位于相应广告媒体的列中。开始时，可以在这些单元格中输入一个任意的试算解（如所有数值都为0），图2-21显示了应用Solver求解后的最优解。

（4）找出这些决策的约束条件，并将需要考虑的条件引入输出单元格来指定这些约束条件。如表2-2最右列所示，管理部门提出以下三个约束条件来确定各个产品的销量增长目标，即

喷雾去污剂：销量总体增加≥3%
洗衣液：销量总体增加≥18%
洗衣粉：销量总体增加≥4%

> 与韦恩德公司问题不同，这里使用≥符号。

表2-2的第二列和第三列指出了两种形式广告带来的总体销量增加，为

喷雾去污剂的销量总体增加 = 1%PM
洗衣液的销量总体增加 = 3%TV+2%PM
洗衣粉的销量总体增加 = -1%TV+4%PM

因此，电子表格的第8行、第9行和第10行用来提供三种产品的信息，单元格符号告诉我们，销量的增加至少要与G列中的数值一样大（此外使用≥符号而不是≤符号，这是与图2-3中的韦恩德公司问题的主要区别）。

（5）选定总体绩效度量指标，输入目标单元格。管理层提出的目标是确定在每种媒体上分别做多少广告才能达到销售目标，并要求成本最低。因此，广告的总体成本被输入目标单元格TotalProfit（G14），G14是这一单元格的自然地址，因为它位于可变单元格的同一列中。表2-2最下面一行表明输入这一单元格的数值为

成本=（100万）TV+（200万）PM→单元格G14

（6）使用SUMPRODUCT函数在每个输出单元格中输入相应的值（包括目标单元格）。根据上述成本和销量总体增加的表达式，输出单元格中所需的SUMPRODUCT函数显示在图2-21中电子表格的右边。注意，每个函数都涉及相关的数据单元格和可变单元格AdvertisingUnits（C14,D14）。

> 与韦恩德公司问题不同，这里需要最小化目标单元格的值。

这个电子表格模型是一个线性规划模型，因为它具有第2.2节中所列举的线性规划模型所有的特征。

应用Solver求解这个模型

使用Solver求解这个模型的步骤与第2.5节（Excel Solver）或者第2.6节（Analytic Solver）描述的基本相同。图2-21左下角显示了Solver对话框的主要部分。除了指定目标单元格和可变单元格设置外，约束条件IncreasedSales≥MinimumIncrease也通过"添加约束"对话框在Solver中进行指定。因为目标是最小化（minimize）总成本，所以选择了"Min"（这与韦恩德公司问题选择"Max"不同）。

在Solver参数对话框中，还需要进行两个操作，如图2-21左下角所示。这里我们要将可变单元格设置为非负（Excel Solver中在Solver主对话框中设置，Analytic Solver中在模型窗格的"工具"选项卡中设置），因为负的广告值是不可能的。另外，还要选择Excel Solver中的"Simplex LP"（或者Analytic Solver中的"Standard LP/Quadratic Engine"选项）。

点击Slover对话框中的"Solve"按钮后，我们就得到了最优解，显示在图2-21中电子表格的可变单元格中。

最优解

$$C14 = 4 \text{（采用 4 单位电视广告）}$$
$$C14 = 3 \text{（采用 3 单位印刷媒体广告）}$$

目标单元格显示这个规划的总成本为 1 000 万美元。

电子表格中的数学模型

在构建电子表格模型的第（5）步中，广告的总成本由下式决定（金额单位：100 万美元，本案例同此）：

$$\text{成本} = TV + 2PM$$

目标是确定 TV（电视广告的单位数）和 PM（印刷媒体广告的单位数）的取值，以使成本最小。第（4）步确定了三个函数约束：

$$\text{喷雾去污剂：} 1\%PM \geqslant 3\%$$
$$\text{洗衣液：} 3\%TV + 2\%PM \geqslant 18\%$$
$$\text{洗衣粉：} -1\%TV + 4\%PM \geqslant 4\%$$

选择"假定非负"选项确认了 TV 和 PM 不能为负。因此，从函数约束中去掉百分号，电子表格中完整的数学模型可以表述为下面简洁的形式：

$$\text{最小化} \quad \text{成本} = TV + 2PM$$

使得

$$\text{喷雾去污剂的销量增加：} PM \geqslant 3$$
$$\text{洗衣液的销量增加：} 3TV + 2PM \geqslant 18$$
$$\text{洗衣粉的销量增加：} -TV + 4PM \geqslant 4$$

以及

$$TV \geqslant 0, \ PM \geqslant 0$$

这个陈述包含了"选择 TV 和 PM 的值使得……"，术语"使得"（s.t.）是"选择满足下列所有条件约束的 TV 和 PM 的值"。

这一模型是电子表格中线性规划的代数形式（见图 2-21）。注意这个代数模型的参数（常数）是如何直接从表 2-2 所示的数据中得到的。实际上，整个模型可以根据表 2-2 来构建。

这个模型与第 2.3 节中描述的韦恩德公司代数模型的区别，让我们看到了在应用图解法求解问题方面一些有趣的变化。为了进一步提高读者对线性规划的直观认识，下面我们简要描述一下图解法在本例中的应用。

由于这个线性规划模型只有两个决策变量，因而可以用第 2.4 节所描述的图解法进行求解。针对本问题，该方法需要进行两个方面的调整。第一，所有约束条件都具有一个≥符号，且符号右边都为正，在采用通常的方法画出约束边界线后，指明直线哪一侧满足约束条件的箭头指向背离原点的方向。第二，这里的目标变为最小化，故而将目标函数线向成本减小的方向移动，直至目标函数线在可行域内只通过一点为止，这个点就是问题的最优解。本章补充材料中详细介绍了应用图解法解决利博公司问题的详细步骤。

图 2-22 中显示了图解法的最终求解结果，最优解为

$$C14 \text{（TV）} = 4 \text{（采用 4 单位电视广告）}$$
$$D14 \text{（PM）} = 3 \text{（采用 3 单位印刷媒体广告）}$$

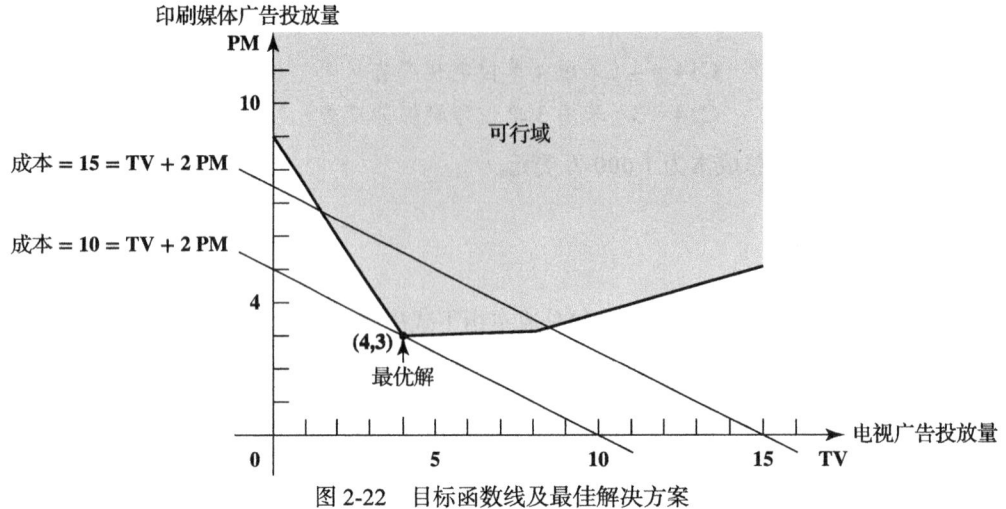

图 2-22 目标函数线及最佳解决方案

注：图形显示了利博公司广告组合问题的两条目标函数线，其中最下面的线是最佳解决方案。

问题回顾

1. 利博公司生产哪几类产品？
2. 考虑利用哪些媒体为三种产品做广告？
3. 对于所研究的问题，管理层的目标是什么？
4. 在电子表格中设置目标单元格和可变单元格的基本原理是什么？
5. 利博公司问题线性规划模型的代数形式与韦恩德公司问题代数形式主要有哪两个区别？

应用实例

三星公司（Samsung）是一家生产动态和静态存取存储器以及其他先进数字集成电路的企业。它坐落在韩国的器兴（Kiheung，可能是世界上最大的半导体生产基地），每月能够生产 30 万片硅片，员工超过 1 万人。

生产周期（cycle time, CT）是制造业中的一个术语，它是指从发放一批空白的硅片到在这些硅片上完成加工所需的时间。缩短生产周期是一个持续的目标，因为这样既可以降低成本，也可以为潜在客户提供更短的提前期，这在激烈的产业竞争中是维持和不断增加市场份额的关键。

在努力缩短生产周期的过程中，企业面临着三个主要挑战。一是产品组合不断改变。二是在修正客户需求预测时，公司经常要在目标生产周期内大幅调整生产计划。三是通用的设备是不一样的，因此只有少量的设备适合于完成每一个加工步骤。

管理科学团队开发的大型线性规划模型，使用了上万个决策变量和函数约束条件来应对这些挑战。目标函数包括最小化订单积压和产成品库存。

这一模型的持续应用使公司将动态存取随机存储器的生产周期从 80 天缩短至不到 30 天。这一巨大的改善以及成本和销售价格的下降使三星公司赢得了 2 亿美元的额外年销售收入。

资料来源：R. C. Leachman, J. Kang, and Y. Lin, " SLIM: Short Cycle Time and Low Inventory in Manufacturing at Samsung Electronics," *Interfaces* 32, no. 1 (January–February 2002), pp. 61–77. (A link to this article is available at www.mhhe.com/Hillier6e.)

2.8 从更宽广的角度来看线性规划

线性规划为全世界各类公司管理决策制定提供了非常大的帮助，功能强大的电子表格软件包的出现进一步扩展了这一技术的应用。在电子表格上对小型线性规划问题进行建模和求解非常简单，稍具管理科学背景知识的经理就能够在他们自己的电脑上完成这一工作。

许多线性规划研究规模巨大，涉及数百项决策、数千项活动，为了解决这样的复杂问题，通常要使用比电子表格软件包复杂得多的工具来建模和求解。在管理层的倡导下，这些研究一般由经过技术训练的管理科学团队来进行。有时，这些管理科学专家被称为运筹分析师。管理层需要与管理科学团队保持联系以使这些研究反映出管理层的目标和要求，但管理层一般不涉及研究的技术细节。

因此，管理者只要了解使用 Excel Solver 建模和求解的初步知识即可，没有理由要求他们掌握更深入的细节（甚至大多数管理科学团队都使用商业软件包在计算机上求解模型，而不是开发他们自己的软件）。同样，管理者没有必要知道如何构建复杂的模型、运行模型、求解大模型时如何与计算机进行交互和有效地对模型实施假设分析等技术细节。因此本书没有重点强调这些技术细节，对技术分析感兴趣的学生应该学习管理科学中技术性更强的课程。

那么，管理者需要知道线性规划的哪些内容呢？一位管理者需要对线性规划是什么具有良好的直观认识。本章的第一个目标是培养这种直觉，研究求解两个变量问题的图解法正是为了这一目标。现实中几乎不存在只有两个决策变量的线性规划问题，因此，图解法对解决实际问题基本上没有实用价值。但是，对于传递下面这一基本概念来说，这种方法却非常有用：线性规划问题涉及在约束条件的限制下使目标函数值尽可能朝希望的方向移动。在 www.mhhe.com/Hillier6e 网站上，你还可以看到在利用其他方法求解更大规模的模型时，这种方法提供的强大几何分析能力。

管理者还必须对线性规划的适用性和作用有一个正确的评价，以便在恰当的时候鼓励应用该方法。对使用本书的未来管理者而言，本书通过应用程序插图及链接文章来描述线性规划的实际应用和产生的影响，以及通过现实的例子和案例研究（以微缩形式）来说明它能完成哪些工作。

当然，管理者必须知道线性规划适用的场景。我们将在第 3 章重点讲解这一技能。在第 3 章中，你会学到如何识别线性规划的几种主要类型（以及它们的混合形式）。

此外，管理者还要知道在哪些情况下不能应用线性规划。第 8 章将通过检验线性规划潜在的假设和违反这些假设的情况帮助你培养这一技能。该章节中还介绍了不能使用线性规划方法时的替代方法。

管理者必须能够判断利用线性规划（或者其他管理科学技术）的研究是否恰当。因此，后面章节的另一个目的就是阐明管理科学研究的总体过程（从开始研究到最终实施管理决策）。这也是本书中案例研究的一个目标。

最后，管理者必须知道如何解释线性规划研究得出的结果，尤其需要理解哪类信息能够通过假设分析得到，这类信息对制定管理决策有哪些意义。第 5 章将重点讨论这些问题。

问题回顾

1. 一般来说，管理者会较多关注线性规划研究的技术细节吗？

2. 通常来说，所有的实际线性规划问题都含有两个以上的决策变量，那么研究求解两个决策变量问题的图解法有什么意义呢？

3. 对于线性规划问题，管理者应该知道哪些事项？

本章小结

线性规划是辅助解决某些类型问题的强大技术工具。其基本方法是构建一个称为线性规划模型的数学模型来表述问题，然后对这个模型进行分析。任何一个线性规划模型都包含决策变量（代表要制定的决策）、约束条件（代表对这些决策变量可行值的限制），以及目标函数（代表总体绩效度量指标）。

电子表格为线性规划的建模及求解提供了一种灵活且直观的方法。数据输入数据单元格，可变单元格显示决策变量的取值，目标单元格显示目标函数值，输出单元格用来指定约束条件。在电子表格上构建模型后，可以用 Solver 快速找出一个最优解。Analytic Solver 也为寻找最优解提供了更为强大的方法。

图解法可以用来求解只有两个决策变量的线性规划模型，这一方法能使读者深刻认识线性规划模型和最优解的本质。

专业术语

absolute reference 绝对引用 利用固定地址引用一个单元格（或一列、一行），可以通过名称进行引用，也可以在表示单元格地址的字母和数字前加 $ 符号。（第 2.2 节、附录 A）

changing cells 可变单元格 电子表格中表示决策变量值的单元格。（第 2.2 节）

constraint 约束条件 决策变量可行值的限制条件。（第 2.2 节、第 2.3 节）

constraint boundary equation 约束边界方程 约束边界线的方程。（第 2.4 节）

constraint boundary line 约束边界线 对于具有两个决策变量的线性规划问题，该线形成约束所允许的解的边界。（第 2.4 节）

data cells 数据单元格 电子表格中显示数据的单元格。（第 2.2 节）

decision variable 决策变量 代表与特定活动水平相关的决策的代数变量，决策变量的值显示在电子表格的可变单元格中。（第 2.3 节）

feasible region 可行域 由所有可行解组成的几何区域。（第 2.4 节）

feasible solution 可行解 线性规划模型中同时满足所有约束条件的解。（第 2.3 节）

functional constraint 函数约束 一种约束条件，其中决策变量位于函数的左边，线性规划中所有非负的约束被称为函数约束。（第 2.3 节）

graphical method 图解法 用二维图形求解两个决策变量的线性规划问题的一种方法。（第 2.4 节）

infeasible solution 不可行解 线性规划模型中至少不满足一个约束条件的解。（第 2.3 节）

linear programming model 线性规划模型 表示线性规划问题的数学模型。（第 2.2 节、第 2.3 节）

nonnegativity constraint 非负约束 表示特定决策变量必须非负（大于或等于 0）的约束条件。（第 2.3 节）

objective cell 目标单元格 在电子表格中表示决策的总体绩效度量指标的单元格。（第 2.2 节）

objective function 目标函数 根据问题的目标，线性规划模型中表示想要最大化或最小化的部分，目标函数值显示在电子表格的目标单元格中。（第 2.3 节）

objective function line 目标函数线 在只有两个决策变量的线性规划问题中，具有同一目标函数值的点组成的直线。（第 2.4 节）

optimal solution 最优解 根据目标函数求出的最优可行解。（第 2.3 节）

output cells 输出单元格 电子表格中根据可变单元格给出结果的单元格，这些单元格通常用来帮助设置约束条件。（第 2.2 节）

parameter 参数 线性规划模型中的参数是函数约束和目标函数中的常数（系数或右端值），每个参数表示一个对分析问题很重要的数量（如一种资源的可得数量）。（第 2.3 节）

product-mix problem 产品组合问题 一类线性规划问题，其目标是找出使正在考虑的两种产品利润最大化的生产组合。（第 2.1 节）

range name 域名 对一个单元格或者一个区域内单元格的命名，方便迅速识别单元格或单元格区域的内容。（第 2.2 节）

relative reference 相对引用 引用单元格时，其地址为相对于包含公式的单元格的地址。（第 2.2 节、附录 A）

solution 解 对决策变量的任一分配值，不管这个分配值是否好或是否可行。（第 2.3 节）

solver 规划求解软件 在电子表格上用来设定模型并为模型找出最优解的工具。（第 2.5 节）

本章学习辅助材料

材料下载地址：
www.mhhe.com/Hillier6e

本章 Excel 文件：
韦恩德公司的例子（Wyndor Example）
利博公司的例子（Profit & Gambit Example）

本章 Excel 加载宏：
Analytic Solver 软件

本章补充材料：
线性规划图解法的更多相关内容（supplement）

已解决的问题

（答案参见 www.mhhe.com/Hillier6e。）

2.S1. 贝克赛沃斯生产问题

贝克赛沃斯（Back Savers）是一家主要为学生生产背包的公司。他们正在考虑同时生产两种类型的背包——学院包和迷你包，两种包都是用同样的抗撕裂尼龙纤维布制成的。贝克赛沃斯与尼龙供应商有长期协议，每周供应商会提供 5 000 平方英尺的尼龙纤维布。生产每个学院包需要 3 平方英尺纤维布，每个迷你包需要 2 平方英尺纤维布。根据销售预测，每周可以售出 1 000 个学院包和 1 200 个迷你包。每个学院包需要 45 分钟的劳动力来生产，可带来 32 美元利润。每个迷你包需要 40 分钟的劳动力，可带来 24 美元的利润。贝克赛沃斯有 35 名工人，每名工人每周工作 40 小时。管理层希望了解每周两种包应该分别生产多少个。

（1）构建并求解本问题的电子表格线性规划模型。

（2）用代数方法构建以上模型。

（3）用图解法求解该模型。

2.S2. 进行市场调研

一家手机制造商的营销小组计划进行一次电话调研，以确定消费者对一款正在开发的手机的态度。为了使这一分析具有充足的样本量，他们需要接触至少 100 名年轻男性（40 岁以下）、150 名年龄较大的男性（40 岁以上）、120 名年轻女性（40 岁以下）和 200 名年龄较大的女性（40 岁以上）。白天打一个电话的成本是 1 美元，晚上打一个电话的成本是 1.5 美元（因为晚上人工成本较高）。不管有没有人接听电话，这一成本都会发生。下表给出了特定类型的消费者接听电话的概率。假设不管是谁先接听电话，调研都可以开始进行。另外，由于晚上员工数量有限，所以最多只能有 1/3 的电话是在晚上打出的。营销小组应该如何做才能以最低的成本满足样本量的要求？

（1）构建并求解本问题的线性规划电子表格模型。

（2）写出以上模型的代数形式。

谁接听电话	白天打电话	晚上打电话
年轻男性	10%	20%
年长男性	15%	30%
年轻女性	20%	20%
年长女性	35%	25%
无人接听	20%	5%

习题

对于需要运用教学版 Analytic Solver 的习题，我们在其左边插入了 AS 符号。带星号（*）的习题表示书后给出了部分解答。

2.1 请阅读第 2.1 节应用实例中提供的参考文献，该文献全面地描述了管理科学研究的过程。简要描述线性规划模型是如何被用来解决该问题的。然后列举出该研究带来了哪些财务和非财务方面的好处。

2.2 重新考虑第 2.1 节中介绍的韦恩德玻璃制品公司案例研究，假定两种产品的单位利润估计现在调整为门是 600 美元，窗是 300 美元。

（1）构建并求解调整后的线性规划电子表格模型。

（2）构建调整后的代数模型。

（3）用图解法求解新的模型。

2.3 重新考虑第 2.1 节中介绍的韦恩德玻璃制品公司

案例研究，假定比尔·塔斯托（公司的生产副总裁）得到了工厂2生产新产品的额外时间。
（1）如果每周额外增加1个小时，用图解法找出新的最优解及相应的总利润。
（2）将第（1）问中的额外增加时间改为2小时，重新求解。
（3）如果每周额外增加3小时，对第（1）问重新求解。
（4）使用上述结果，根据两种新产品增加的总利润，确定每周额外增加1小时需要付多少钱才是值得的。

2.4 用Excel的Solver求解习题2.3。

2.5 下表总结了两种产品A和B的关键信息，以及生产所需的资源Q、R、S。

资源	每单位产品资源使用量		可用资源
	产品A	产品B	
Q	2	1	2
R	1	2	2
S	3	3	4
利润/单位	3 000美元	2 000美元	

满足所有线性规划假设。
（1）构建并求解该问题的线性规划电子表格模型。
（2）构建该问题的代数模型。

2.6* 今天是幸运的一天，你得到了20 000美元的奖金。除了将8 000美元用于交税和请客之外，你决定将剩余的12 000美元用于投资。两个朋友听到这个消息后分别邀请你成为两家不同公司的合伙人，每一个朋友介绍了一家。每一个选择都将占用你明年夏天的一些时间并要花费一些资金。在第一个朋友的公司中成为一个独立投资人要求投资10 000美元并花费400小时，估计利润（不考虑时间价值）是9 000美元。第二个朋友的公司相应数据为8 000美元和500小时，估计利润为9 000美元。当然，每一位朋友都允许你根据自己的喜好以任意比例投资。如果你选择投资一定比例，上面所有给出的独立投资人的数据（资金、时间和利润）都将乘以这个比例。

因为正想做一份有意义的夏季工作（最多600小时），你如何以能够带来最大总估计利润的组合来投资朋友的公司？现在你需要找到这个最佳组合。
（1）比较这个问题与第2.1节中韦恩德玻璃制品公司问题的相似之处。然后为这个问题构建并填写一个像表2-1一样的表格，确定活动和资源。
（2）口头说明需要制定的决策、决策的约束条件和决策的总体绩效度量指标。
（3）将这些约束条件和总体绩效度量指标的描述以数据和决策的形式转化为定量表述。
（4）为这个问题构建电子表格模型。找出数据单元格、可变单元格、目标单元格，并利用SUMPRODUCT函数表示每一个输出单元格中的Excel公式。然后利用Solver求解这个模型。
（5）请解释为什么这个电子表格模型是一个线性规划模型。
（6）用代数方法构建同样的模型。
（7）分别用模型的代数形式和电子表格形式确定决策变量、目标函数、非负约束、函数约束和参数。
（8）使用图解法求解这个模型。你的总期望利润是多少？

2.7 如果有如下形式的线性规划模型，x_1和x_2是决策变量，Z是总体绩效度量指标的值。

最大化 $Z=x_1+x_2$

约束条件为
资源约束1：$x_1+x_2 \leq 5$（可用数量）
资源约束2：$x_1+3x_2 \leq 9$（可用数量）
和
$$x_1 \geq 0, x_2 \geq 0$$

（1）指出这个模型的目标函数、函数约束和非负约束。
（2）用电子表格表示这个模型。
（3）$(x_1, x_2)=(3, 1)$是不是一个可行解？
（4）$(x_1, x_2)=(1, 3)$是不是一个可行解？
（5）使用Excel Solver求解这个模型。

2.8 有如下形式的线性规划模型，x_1和x_2是决策变量，Z是总体绩效度量指标的值。

最大化 $Z=3x_1+2x_2$

约束条件为
资源约束1：$3x_1+x_2 \leq 9$（可用数量）
资源约束2：$x_1+2x_2 \leq 8$（可用数量）
和
$$x_1 \geq 0, x_2 \geq 0$$

（1）指出这个模型的目标函数、函数约束和非负约束。

(2) 用电子表格表示这个模型。

(3) $(x_1, x_2) = (2, 1)$ 是不是一个可行解？

(4) $(x_1, x_2) = (2, 3)$ 是不是一个可行解？

(5) $(x_1, x_2) = (0, 5)$ 是不是一个可行解？

(6) 使用 Excel Solver 求解这个模型。

2.9 韦特制窗公司（Whitt Window）是一家只有 3 名雇员（多戈、琳达、鲍勃）的公司，生产两种手工窗户：木框窗户和铝框窗户。公司每生产一扇木框窗户可获利 60 美元，生产一扇铝框窗户可获利 30 美元。多戈制作木框窗户，每天可以制作 6 扇。琳达制作铝框窗户，每天可以制作 4 扇。鲍勃切割玻璃，每天可以切割 48 平方英尺。每一扇木框窗户使用 6 平方英尺的玻璃，每一扇铝框窗户使用 8 平方英尺的玻璃。

公司需要确定每天制作多少窗户才能够使得总利润最大。

(1) 比较这个问题与第 2.1 节中韦恩德玻璃制品公司问题的相似之处。然后为这个问题构建并填写同表 2-1 一样的表格，确定活动和资源。

(2) 口头说明需要制定的决策、决策的约束条件和决策的总体绩效度量指标。

(3) 将这些约束条件和总体绩效度量指标的描述以数据和决策的形式转化为定量表述。

(4) 为这个问题构建电子表格模型。找出数据单元格、可变单元格、目标单元格，并利用 SUMPRODUCT 函数表示每一个输出单元格中的 Excel 公式。然后利用 Solver 求解这个模型。

(5) 请解释为什么这个电子表格模型是线性规划模型。

(6) 用代数方法构建同样的模型。

(7) 分别用模型的代数形式和电子表格形式确定决策变量、目标函数、非负约束、函数约束和参数。

(8) 使用图解法求解这个模型。

(9) 这个小镇的新竞争者也开始制作木框窗户。这会迫使韦特公司降低价格从而减少每一扇木框窗户的利润。如果每一扇木框窗户的利润从 60 美元降到 40 美元，最优解将会怎样变化（如果会发生变化）？从 60 美元降到 20 美元呢？

(10) 多戈正在考虑减少他的工作时间，这将会降低木框窗户的日产量。如果他每天只制作 5 扇木框窗户，最优解将如何变化？

2.10 安派斯电视公司（Apex Television）要确定公司下属一家工厂的 65 英寸和 55 英寸电视机的产量。市场调查表明，每月估计可以卖出 280 台 65 英寸电视机和 70 台 55 英寸电视机。每月最多可得到 3 500 工时。生产一台 65 英寸电视机需要 20 工时，生产一台 55 英寸电视机需要 10 工时。卖出一台 65 英寸电视机可获利 270 美元，卖出一台 55 英寸电视机可获利 180 美元。一个批发商同意，如果产量不超过市场调查得到的最大数量，他将购买所有的电视机。

(1) 在电子表格上构建这一问题的线性规划模型。

(2) 用代数形式构建相同的模型。

(3) 用图解法求解这个模型。

2.11 世界灯具公司（WorldLight）生产两种需要金属框架部件和电子部件的电灯装置。管理层需要确定每一种产品生产多少才能使利润最大化。每件产品一需要 1 单位的框架部件和 2 单位的电子部件。每件产品二需要 3 单位框架部件和 2 单位电子部件。该公司每周供应 3 000 个框架部件和 4 500 个电子部件。产品一的每个单位的利润为 13 美元，产品二的每个单位（最多 900 个单位）的利润为 26 美元。产品二超过 900 单位后没有任何利润，因此排除了超出的部分。

(1) 口头说明需要制定的决策、决策的约束条件和决策的总体绩效度量指标。

(2) 将这些约束条件和总体绩效度量指标的描述以数据和决策的形式转化为定量表述。

(3) 构建并求解这一问题的线性规划电子表格模型。

(4) 用代数方法构建同样的模型。

2.12 普里莫保险公司（Primo Insurance Company）推出了两种新产品：特殊风险保险和抵押。每单位特殊风险保险的利润是 5 美元，每单位抵押的利润是 2 美元。

管理层希望确定使总期望利润最大化的新产品销售量。工作要求如下：

部门	每单位工时		可使用工时
	特殊风险	抵押	
承保	3	2	2 400
管理	0	1	800
索赔	2	0	1 200

(1) 口头说明需要制定的决策、决策的约束条件和决策的总体绩效度量指标。
(2) 将这些约束条件和总体绩效度量指标的描述以数据和决策的形式转化为定量表述。
(3) 构建并求解这一问题的线性规划电子表格模型。
(4) 用代数方法构建同样的模型。

2.13* 有如下形式的线性规划模型，x_1 和 x_2 是决策变量，对四种资源的使用有约束。

最大化　利润 $=2x_1+x_2$

约束条件为

$$x_2 \leqslant 10 \text{（资源 1）}$$
$$2x_1+5x_2 \leqslant 60 \text{（资源 2）}$$
$$x_1+x_2 \leqslant 18 \text{（资源 3）}$$
$$3x_1+x_2 \leqslant 44 \text{（资源 4）}$$

和

$$x_1 \geqslant 0, \ x_2 \geqslant 0$$

(1) 使用图解法求解这个模型。
(2) 用电子表格表示这个模型，然后用 Excel Solver 求解该模型。

AS 2.14 使用 Analytic Solver 来构建并求解习题 2.13 中的电子表格模型。

2.15 由于你掌握一定的管理科学知识，老板让你分析设计两种产品和两种资源的产品组合。模型的代数形式如下，x_1 和 x_2 是决策变量，P 是总利润。

最大化　$P=3x_1+2x_2$

约束条件为

$$x_1+x_2 \leqslant 8 \text{（资源 1）}$$
$$2x_1+x_2 \leqslant 10 \text{（资源 2）}$$

和

$$x_1 \geqslant 0, \ x_2 \geqslant 0$$

(1) 使用图解法求解这个模型。
(2) 用电子表格表示这个模型，然后用 Excel Solver 求解该模型。

AS 2.16 使用 Analytic Solver 来构建并求解习题 2.15 中的电子表格模型。

2.17 请分别考虑以下几个对韦恩德公司问题的调整。分别在每一种情形下使用图解法手动求解条件改变后的模型，描述你的结论，并解释该结论与原韦恩德公司问题的结论有哪些不同，为什么会出现这些不同。
(1) 窗户的单位利润调整为 200 美元。
(2) 管理层要求每周门和窗的总产量不得少于 10 扇。
(3) 忽略模型中工厂 2 和工厂 3 的函数约束。

2.18 W&B 公司（Weenies and Buns）是一家食品加工厂，生产用于制作热狗的面包和香肠。该公司每星期最多磨制 200 磅⊖面粉用于制作面包，每个面包需要 0.1 磅面粉。最近它与彼格兰公司（Pigland）签订协议，彼格兰公司每周一向公司供应 800 磅猪肉制品。每个热狗需要 1/4 磅的猪肉制品。制作热狗的其他配料供应充足。W&B 有 5 名全职员工（每人每星期工作 40 小时）。制作一个香肠需要 3 分钟，制作一个面包需要 2 分钟。一个面包能带来 0.2 美元的利润，一个香肠能带来 0.4 美元的利润。

W&B 公司想知道每星期应当制作多少面包和香肠才能获得最大利润。

(1) 口头说明需要制定的决策、决策的约束条件和决策的总体绩效度量指标。
(2) 将这些约束条件和总体绩效度量指标的描述以数据和决策的形式转化为定量表述。
(3) 构建并求解这一问题的线性规划电子表格模型。
(4) 用代数方法构建同样的模型。
(5) 用图解法求解这个模型。

2.19 奥克家具公司（Oak Works）是一家手工制作餐桌和餐椅的家族企业。公司从当地的一个林场中获得橡木木材。每月林场运给公司 2 500 磅的橡木。每制作一张餐桌要用 50 磅，每制作一把餐椅要用 25 磅。家庭成员自己制作全部家具，每月有 480 个工时可用。每张餐桌或每把餐椅要花去 6 个工时。每张餐桌可以为奥克家具公司带来 400 美元的利润，每把餐椅可以带来 100 美元的利润。由于椅子通常与餐桌配套出售，因此他们制作的椅子数量至少是餐桌数量的 2 倍。

奥克家具公司需要确定制作多少餐桌和椅子才能使利润最大。

⊖ 1 磅约为 0.45 千克。

（1）构建这一问题的线性规划电子表格模型，并使用 Excel Solver 进行求解。

AS（2）使用 Analytic Solver 来构建并求解本问题的电子表格模型。

（3）用代数方法构建同样的模型。

2.20 请阅读第 2.7 节里应用实例中提供的参考文献，该文献全面地描述了管理科学研究的过程。简要描述线性规划模型是如何被用来解决该问题的。然后列举出该研究带来了哪些财务和非财务方面的好处。

2.21 詹妮营养中心（Nutri-Jenny）是一个体重控制中心，为客户提供各种各样的冷冻主餐。这些主餐的营养成分受到严格监控，以保证客户膳食均衡。中心计划推出一种新的主餐——西冷牛排大餐。它包括西冷牛排和肉汁，再加上豌豆、胡萝卜和面包卷。詹妮营养中心需要确定主餐中各种配料的数量以满足营养需求，同时使成本尽可能低。每一种配料的营养成分和成本如下表所示：

配料	食材总卡路里（千卡/盎司⊖）	食材中所含脂肪提供的卡路里（千卡/盎司）	维生素A（国际单位/盎司）	维生素C（毫克/盎司）	蛋白质（克/盎司）	成本（美分/盎司）
西冷牛排	54	19	0	0	8	40
肉汁	20	15	0	1	0	35
豌豆	15	0	15	3	1	15
胡萝卜	8	0	350	1	1	18
面包卷	40	10	0	0	1	10

主餐的营养要求如下：① 必须含有 280～320 大卡热量（我们常说的大卡，也就是千卡）。② 来自脂肪的热量不能超过总热量的 30%。③ 必须至少含有 600 国际单位的维生素 A、10 毫克的维生素 C 和 30 克的蛋白质。另外，主餐中至少要包含 2 盎司的西冷牛排，每盎司西冷牛排至少配有半盎司肉汁。

（1）构建这一问题的线性规划电子表格模型，并使用 Excel Solver 进行求解。

AS（2）使用 Analytic Solver 来构建并求解本问题的电子表格模型。

（3）用代数方法构建同样的模型。

⊖ 1 盎司约为 28 克。

2.22 拉尔夫·埃德蒙（Ralph Edmund）喜欢吃牛排和土豆，因此他决定将这两种食物当作正餐（加上一些饮料和补充维生素的食品）。拉尔夫意识到这不是最健康的膳食结构，因此他想要确定两种食品分别食用多少，才能满足主要的营养需求。他获得了以下营养和成本的信息：

成分	每份食物中各种成分的重量（克）		每天需要量（克）
	牛排	土豆	
碳水化合物	5	15	≥50
蛋白质	20	5	≥40
脂肪	15	2	≤60
每份成本	4 美元	2 美元	

拉尔夫希望确定以最低成本满足这些要求的牛排和土豆的每日份数（可以是分数）。

（1）口头说明需要制定的决策、决策的约束条件和决策的总体绩效度量指标。

（2）将这些约束条件和总体绩效度量指标的描述以数据和决策的形式转化为定量表述。

（3）构建并求解这一问题的线性规划电子表格模型。

（4）用代数方法构建同样的模型。

（5）用图解法求解这个模型。

2.23 德伟特（Dwight）是一所小学的一名教师，业余依靠养猪获得收入。他需要决定给猪喂什么饲料。他正在考虑组合使用当地供应商提供的猪饲料。在保证每头猪摄入足够的热量和维生素的前提下，他希望喂养每头猪的成本最小。每种饲料的成本、热量和维生素含量如下表所示：

成分	饲料 A	饲料 B
热量	800 千卡/磅	1 000 千卡/磅
维生素	140 单位/磅	70 单位/磅
成本	0.40 美元/磅	0.80 美元/磅

每头猪每天至少需要 8 000 千卡的热量和至少 700 单位的维生素。还有一个限制是由于饲料 A 含有一种有毒成分，摄入过多会发生中毒，因此饲料 A 不能超过每天喂食的 1/3（重量）。

（1）口头说明需要制定的决策、决策的约束条件和决策的总体绩效度量指标。

（2）将这些约束条件和总体绩效度量指标的描述以数据和决策的形式转化为定量表述。

（3）构建并求解这一问题的线性规划电子表格

模型。

（4）用代数方法构建同样的模型。

2.24 重新考虑第 2.7 节中描述的利博公司问题。假设表 2-2 给出的数据发生了如下变化：

产品	销量因每单位广告的增加量（%）		销量至少增加量（%）
	电视	印刷媒体	
喷雾去污剂	0	1.50	3
洗衣液	3	4	18
洗衣粉	−1	2	4
单位成本	100 万美元	200 万美元	

（1）构建并求解这一问题的线性规划电子表格模型。

（2）用代数方法构建同样的模型。

（3）用图解法求解这个模型。

（4）数据的哪些关键变化造成了初始模型的最优解的变化。

（5）根据上面的结论，向利博公司的管理层提交一份报告，包括进一步优化上表数据的可能，并指出你的结论为利博公司与两种广告媒体商的谈判提供了怎样的战略，从而达到降低广告单位成本的目的。

2.25 下面给出了一个代数形式的线性规划模型，x_1 和 x_2 是决策变量：

最小化 成本 $= 40x_1 + 50x_2$

约束条件为

约束 1：$2x_1 + 3x_2 \geq 30$

约束 2：$x_1 + x_2 \geq 12$

约束 3：$2x_1 + x_2 \geq 20$

和

$x_1 \geq 0, x_2 \geq 0$

（1）使用图解法求解这个模型。

（2）如果目标函数变为 成本 $= 40x_1 + 70x_2$，最优解会发生什么变化？

（3）如果第三个约束函数变为 $2x_1 + x_2 \geq 15$，最优解会发生什么变化？

（4）用电子表格表示初始的线性规划模型，然后用 Excel Solver 求解该模型。

（5）使用 Excel 求解第（2）问和第（3）问。

2.26 学习中心（Learning Center）为 6～10 岁的儿童提供一日夏令营服务。经理伊丽莎白·里德（Elizabeth Reed）一直试图降低中心的运营成本以避免提高教育收费。伊丽莎白最近正在计划如何为孩子们提供午餐。她希望能将成本保持在最低水平，但是要保证营养需求。她已经决定提供花生黄油和果酱三明治，以及一些苹果、牛奶和酸梅汁。每种食品的营养成分和成本如下表所示：

食品	脂肪所含热量（千卡）	总热量（千卡）	维生素C（毫克）	纤维素（克）	成本（美分）
面包（1 片）	15	80	0	4	6
花生黄油（1 汤匙）	80	100	0	0	5
果酱（1 汤匙）	0	70	4	3	8
苹果（1 个）	0	90	6	10	35
牛奶（1 杯）	60	120	2	0	20
酸梅汁（1 杯）	0	110	80	1	40

营养需求如下：每一个儿童的热量摄入量应当在 300～500 千卡，但是从脂肪中摄入的热量不能超过 30%。每个儿童至少要摄入 60 毫克维生素 C 以及 10 克纤维素。

为了保证三明治可口，伊丽莎白希望每一个儿童至少吃掉 2 片面包、1 汤匙花生黄油、1 汤匙果酱以及 1 杯饮品（牛奶或酸梅汁）。

伊丽莎白需要对这些食品进行选择，在满足这些需求的前提下使成本最小。

（1）构建并求解这一问题的线性规划电子表格模型。

（2）用代数方法构建同样的模型。

案例 2-1 汽车装配

汽车联盟（Automobile Alliance）是一家大型汽车制造公司。它将产品分为三类：卡车、小型汽车和中型豪华车。位于密歇根底特律市郊的一家工厂装配两种中型豪华车。第一种车型家庭狂欢者（Family Thrillseeker，FT）是一种四门轿车，装有乙烯树脂座椅、塑料内饰、标准配置，省油性能出色。购买这种车对生活不是十分富裕的中产家庭来说是一个明智的选择。每一辆 FT 为公司带来中等水平的利润——3 600 美元。第二种车型优雅巡航者（Classy Cruiser，CC）是一种双门豪华车，配有真皮座椅、选装配置、木制内饰以及导航系统。它定位于较高层次的中产阶级，每一辆 CC 能够为公司带来 5 400 美元的可观利润。

装配厂经理蕾切尔·罗森克兰茨（Rachel Rosencrantz）正在为下个月制订生产计划。她要决定 FT 和 CC 需要各生产多少辆才能使公司的利润最大。她知道工厂每个月有 48 000 工时的生产能力，装配一辆 FT 需要 6 工时，装配一辆 CC 需要 10.5 工时。

工厂只是一个装配厂，装配这两种车所需的所有零件都不在厂里制造，而从密歇根附近区域的其他工厂运来，如轮胎、转向轮、车窗、座椅以及车门都来自不同的供应商。蕾切尔知道下个月她只能从车门供应厂得到 20 000 扇车门。最近的一场罢工使得这家供应厂停产数天，下个月将无法完成生产计划。FT 和 CC 使用相同的车门。FT 和 CC 都使用相同的门部件，FT 需要四个，CC 需要两个。

另外，根据公司最近对各种车型的月需求量预测，CC 的产量限制在 3 500 辆。在装配厂生产能力范围内，FT 的产量没有限制。

（1）构建并求解线性规划模型，确定 FT 和 CC 应各装配多少辆。

在做出最终决策之前，蕾切尔计划独自解决下面的问题，除非问题本身需要合作解决。

（2）营销部知道可以通过花费 500 000 美元来做广告使下个月 CC 的需求量增加 20%。是否应该做这个广告？

（3）蕾切尔知道通过让工人加班，可以使工厂下个月的工时增加 25%。在装配厂新的工时能力下，FT 和 CC 应各装配多少辆？

（4）蕾切尔知道，让工人加班需要支付额外的成本。在正常工时之外，她愿意为加班工作支付多少成本？请给出你的答案。

（5）蕾切尔考虑同时做广告和加班。广告活动使得 CC 的需求量增加 20%，加班使得工厂工时能力增加 25%。如果 CC 的利润水平继续保持高于 FT 50% 以上，在同时做广告和加班的情况下，FT 和 CC 各应装配多少辆？

（6）已知广告活动费用为 50 万美元，最大限度地使用加班工作的成本为 160 万美元。在这种情况下，第（5）问中的决策是否优于第（1）问中的决策？

（7）汽车联盟公司发现，实际上分销商为了削减库存正在大幅度降低 FT 的售价。由于公司与分销商签订了利润分配协议，每一辆 FT 的利润将不再是 3 600 美元，而是 2 800 美元。在利润下降的情况下，FT 和 CC 各应装配多少辆？

（8）通过在装配线末端对 FT 进行随机检验，公司发现了质量问题。检查人员发现，超过 60% 的 FT 的四扇车门中有两扇不能完全密封。由于随机抽检的缺陷率过高，领班决定在装配线的末端对每一辆 FT 进行检验。由于增加了检验工序，装配一辆 FT 的时间从 6 小时上升到了 7.5 小时。在 FT 新的装配时间下，FT 和 CC 各应装配多少辆？

（9）汽车联盟的董事会希望抢占更大份额的豪华车市场，因此要求工厂满足 CC 的所有需求量。他们要蕾切尔确定，如果这么做，相对于第（1）问的情形，利润将会下降多少。如果利润的下降不超过 2 000 000 美元，他们要求满足 CC 的所有需求量。

（10）蕾切尔综合考虑了第（6）、第（7）、第（8）问提出的新情况，制定了最终决策。对于是否做广告、是否加班以及 FT 和 CC 的生产数量，蕾切尔的最终决策是什么？

案例 2-2 降低自助餐成本

奥尔斯泰特大学（All-State University）的自助餐厅每星期四的中午都会提供一道特殊的菜。这种想来十分美味的菜是一种炖菜，含有炒过的洋葱、熟土豆片、绿豆和蘑菇汤。不幸的是，学生们没有看到这道菜特别的品质，他们为这道菜起了一个令人讨厌的名字——杀手炖菜（Killer Casserole）。学生们很不情愿吃这道菜，但是自助餐厅在星期四的午餐中只提供炖菜这一种选择。

自助餐厅的经理玛丽亚·岗萨雷斯（Maria Gonzalez）希望明年可以降低成本。她觉得降低成本的一个途径是购买较便宜但质量可能较低的配料。由于这种炖菜是每星期自助餐厅菜单中的重要组成部分，因此她认为如果她能够降低制作这道炖菜的配料成本，整个自助餐厅的运营成本将大大降低。因此，她决定花一些时间看看在满足营养和口味要求的情况下如何将成本降到最低。

玛丽亚集中研究降低这两种炖菜的主要配料（土豆和绿豆）的成本。这两种配料占据了大部分成本和营养成分，是影响口味的主要因素。

玛丽亚每星期从一个批发商那里购买土豆和绿豆。土豆的成本是每磅0.4美元，绿豆的成本是每磅1美元。

奥尔斯泰特大学规定了自助餐厅每一道主菜必须达到的营养成分要求。这道菜必须包含180克蛋白质、80毫克铁、1 050毫克[⊖]维生素C。为了简化问题，玛丽亚假设这道炖菜中土豆和绿豆提供了全部营养。

因为玛丽亚在一所顶尖的技术大学中工作，所以她可以从网络中获得大量的资源。她决定在网络上搜索土豆和绿豆营养成分的信息。通过搜索，她得到了以下关于两种配料营养成分的信息：

	土豆（每100克）	绿豆（每10盎司）
蛋白质	1.5克	5.67克
铁	0.3毫克	3.402毫克
维生素C	12毫克	28.35毫克

埃德森·布兰纳（Edson Branner）是餐厅的厨师，他非常注重口味。他告诉玛丽亚，为了使饭菜可口，土豆和绿豆的重量比例至少为6:5。

了解了在自助餐厅就餐的学生人数之后，玛丽亚认为她必须购买足够的土豆和绿豆，为每星期至少10千克的炖菜做好准备。为了简化起见，她假设以土豆和绿豆的数量来决定炖菜数量。玛丽亚没有为炖菜设立上限，因为她知道，剩下的菜可以供应好几天，或者创造性地作为其他主菜的原料。

（1）在满足营养和口味需求的前提下，玛丽亚应该准备多少土豆和绿豆才能使配料的成本最小？

在制定最终决策之前，玛丽亚计划独自解决下面的问题，除非问题本身需要合作解决。

（2）玛丽亚没有太多考虑炖菜的口味，只考虑了满足营养需求和削减成本。因此她要求埃德森改变配方，使得土豆和绿豆的最低重量比为1:2。在这种新配方下，确定玛丽亚每星期需要购买的土豆和绿豆数量。

（3）玛丽亚认为其他配料（如洋葱和蘑菇汤）中也含有铁，因此她决定将铁含量的要求降低到65毫克。在这种新的铁含量要求下，确定玛丽亚每个星期需要购买的土豆和绿豆的数量。

（4）玛丽亚得知批发商有多余的绿豆，因此绿豆的价格降低到每磅0.5美元。使用第（3）问中对铁含量的要求和新的绿豆价格，确定玛丽亚每个星期需要购买的土豆和绿豆的数量。

（5）由于青豆比绿豆便宜而且含有更多的蛋白质和铁，因此玛丽亚决定用青豆取代绿豆。她要求埃德森改变配方，用青豆取代绿豆。玛丽亚可以从批发商那里以每磅0.6美元的价格买到青豆。每10盎司青豆含有22.68克蛋白质和6.804毫克铁，但是不含维生素C。根据青豆的成本和营养成分，在满足营养、口味和需求量要求的前提下确定玛丽亚每个星期需要购买的土豆和青豆的数量。营养要求同第（3）问，即降低对铁含量的要求。

（6）埃德森是否会满意第（5）问的解决方案？为什么？

（7）奥尔斯泰特大学一个学生工作组在这所大学的"重视健康周"期间召开会议。他们认为学校对铁含量的要求太低，而对维生素C的含量要求过高。工作组说服学校改变策略，要求每一种主菜中铁的含量至少为120毫克，维生素C的含量至少为500毫克。使用土豆和青豆作为辅料，在新的营养要求下确定玛丽亚每个星期需要购买的土豆和青豆的数量。

案例2-3 呼叫中心人员配备

加利福尼亚儿童医院由于预约和挂号过程混乱、分散而收到了大量的客户投诉。当客户要预约或为儿童患者挂号时，他们必须与要去的诊室或科室电话联系。这就带来了一些问题，即家长们通常不知道哪个科室或诊室最适合孩子的病情诊断。因此，在找到最合适的科室或诊室之前，他们要花费大量的时间给一个又一个诊室打电话。而医院也没有提供所有诊室和科室的电话号码，父母们还需要花大量的时间查找电话号码。此外，诊室和科室之间互不交流。例如，当一名医生计划推荐另一个诊室或科室的同事时，那个诊室或科室得不到任何推荐信息，家长必须联系到正确的诊室或科室才能获得所需的推荐信息。

为了重组并改进预约和挂号过程，儿童医院决定建立一个呼叫中心，专门用于处理预约和挂号，实现过程集中化。医院现在正处于建立呼叫中心的计划阶段。医院经理琳妮·戴维斯（Lenny Davis）计划呼叫

⊖ 1克等于1 000毫克。

中心于每个工作日的早7点到晚9点有人应答。

几个月前，医院请来创意混沌咨询公司（Creative Chaos）对一天中每个小时呼叫中心接收到的电话量进行预测。由于所有与预约和挂号有关的电话都由呼叫中心接听，所以这家咨询公司认为他们可以将所有诊室和科室接到的预约和挂号有关的电话数量加总，并将这个总和根据数据搜索期间未接入的电话量进行修正，同时对一个患者由于分散处理带来的混乱而反复给医院打电话的情况进行修正。创意混沌咨询公司确定了工作日中每一个小时呼叫中心将接听的平均电话数量。下面的表格提供了这个预测：

班次	平均每小时电话数量
上午7点到9点	40
上午9点到11点	85
上午11点到下午1点	70
下午1点到3点	95
下午3点到5点	80
下午5点到7点	35
下午7点到9点	10

在咨询公司提交这些预测之后，琳妮开始对接到的西班牙语电话数量产生兴趣，因为医院为许多讲西班牙语的患者提供服务。琳妮知道她必须雇用一些西班牙语接线员处理这些电话。咨询公司进行了进一步的数据搜集，并确定平均20%的电话来自讲西班牙语的人。

得到电话数量预测值后，琳妮现在必须决定如何为工作日的每一个班次（2小时）配备人员。在预测项目期间，创意混沌咨询公司仔细观察了在单独诊室或科室工作的接线员的工作情况，并确定了接线员每小时可以处理的电话数量。咨询公司告诉琳妮，一名接线员平均每小时可以处理6个电话。琳妮有全职和兼职的员工可以配给呼叫中心。一名全职的员工每天可以工作8小时，但是由于要完成一些文书工作，这些员工每天只有4小时可以接听电话。为了平衡计划，员工每两小时轮岗一次，分别接听电话和完成文书工作。全职员工每天的工作可以从接听电话开始，也可以从完成文书工作开始。全职员工讲西班牙语或者英语，没有一个员工能够用双语工作。在下午5点前，每一个讲西班牙语和讲英语的员工每小时的工资都是15美元；下午5点以后是18美元。全职员工可以在上午7点到9点、上午9点到11点、上午11点到下午1点、下午1点到3点时间段工作。兼职员工工作4小时，只接听电话，只讲英语。他们可以在下午3点到5点、下午5点到7点时间段工作。与全职员工一样，他们在下午5点前每小时工资是15美元，下午5点后是18美元。

以上分析只考虑员工花费于接听电话的成本，文书工作成本由其他成本中心处理。

（1）为了接听所有电话，工作日时长2个小时的班次中西班牙语接线员和英语接线员各需要多少？人数需要用整数表示。

（2）琳妮需要确定每个班次开始时需要多少名西班牙语全职员工、英语全职员工以及多少兼职员工。创意混沌咨询公司建议她使用线性规划来寻找一种能够接听所有电话同时运作成本最低的解决方案。请为这一问题构建线性规划模型。

（3）请用第（2）问中构建的线性规划模型得到的最优解指导琳妮制定决策。

（4）由于许多全职员工不想工作到太晚，因此琳妮只能去找一名合格的英语接线员，并且他愿意从下午1点开始工作。根据这个新的约束，每个班次需要多少名西班牙语全职员工、英语全职员工以及兼职人员？

（5）琳妮正在考虑雇用双语接线员来替代单语接线员。如果所有接线员都能讲双语，每个班次需要多少名接线员？与第（1）问一样，请给出一个整数解。

（6）如果所有接线员都能讲双语，那么每个班次需要多少名全职员工以及兼职人员？与第（2）问一样，请构建线性规划模型指导琳妮制定决策。

（7）在不增加运作成本的前提下，琳妮能够支付给双语接线员的小时工资最多可以超过单语工作人员的百分比是多少？

（8）为了改进服务或降低成本，琳妮还应考虑呼叫中心的哪些问题？

更多案例

关于本章的更多案例，可以查阅西安大略大学毅伟商学院网站 www.cases.ivey.uwo.ca/cases 专为本书设计的 CaseMate 部分。

第 3 章

线性规划建模与应用

┊学习目标┊

完成本章的学习后,你应该能够:
1. 识别能用线性规划解决的几种管理问题。
2. 描述线性规划的五种主要类型,包括各自的特点。
3. 构建五类线性规划问题的模型。
4. 描述资源约束和收益约束的差异,以及产生差异的原因。
5. 描述固定需求约束及其产生原因。
6. 了解线性规划电子表格模型中输出单元格(包括目标单元格)所使用的各种 Excel 函数。
7. 识别线性规划模型的四个组成部分,以及每个组成部分使用的单元格。
8. 理解管理者在确定线性规划模型中关键约束时所具有的灵活性。

第 2 章已经介绍了线性规划的基础概念,但是只有通过案例才能进一步展现线性规划的强大能力和多功能性(第 2 章已经提供了部分案例,如第 2.1 节的韦恩德案例和第 2.7 节的利博公司广告组合问题)。通过描述和说明几种不同类型的线性规划问题,本章将进一步阐述线性规划的巨大应用潜力。同时在本章末尾也补充了五个(已解决的)线性规划问题作为范例。

线性规划问题种类繁多,形式各异。这种多样性会使学生和管理者感到困惑,使他们很难判断何时能够使用线性规划解决管理问题。由于管理科学研究是由管理者发起的,因此,判断线性规划的适用性就成了一项重要的管理技能。本章主要讨论如何掌握这项技能。

传统的教科书往往通过给出一系列完全不同的线性规划例子来教授这项技能。这种方式的不足在于,它强调这些应用实例间的差异而不是共性。本书的重点在于强调线性规划问题之间的共性,正是这些共性将背景不同的线性规划问题紧密联系在一起。本章首先将介绍线性规划的主要类型,并识别它们的特征,之后我们将通过不同的例子来阐述并强调各种线性规划问题之间的共性。

本章将聚焦于下列五类线性规划问题
- 资源分配问题(resource-allocation problem)。
- 成本收益平衡问题(cost-benefit-trade-off problem)。
- 混合问题(mixed problem)。

- 运输问题（transportation problem）。
- 指派问题（assignment problem）。

对于每一个线性规划问题而言，一个重要的共性是对决策制定的限制，以及线性规划模型中由此产生的函数约束。而在每一类线性规划问题中，读者会看到基于问题中的基础数据，如何通过某种独特的形式⊖直接得出线性规划模型⊜。因此，模型构建⊛便成了问题描述的副产品。

本章首先通过一个案例（第3.1节）来说明线性规划问题建模和求解的系统过程。在第3.2节中将阐述为什么该案例属于资源分配问题。之后，我们将在第3.4节中继续讨论在存在额外的管理约束下如何将该案例转换成混合问题。

第3.2～3.6节分别阐述了五种主要的线性规划问题（第3.4节简单介绍了固定需求问题，为第3.5和3.6节中更具体的类别提供框架）。第3.7节从更宽广的角度阐述了线性规划模型构建的过程，这一节（包括第3.4节）强调了让模型准确地从管理视角反映问题的重要性。这些章节（及其他部分章节）也都描述了管理者在构建模型时拥有的灵活性，这种灵活性使得模型能够最大限度地体现管理者对关键约束的看法。

3.1 案例研究：超级食品公司的广告组合问题

超级食品公司（Super Grain Corporation）的营销副总裁克莱尔·希文森（Claire Syverson）面临着一个棘手的挑战：如何才能大规模地进入一个供应商云集的谷类早餐市场。值得庆幸的是，该公司的新型谷类早餐"脆始"（Crunchy Start）有许多受欢迎的优点：口味佳、营养高、酥脆。克莱尔对这一切如数家珍，她知道这一食品是能够赢得这次营销活动的。

然而，克莱尔清楚她必须避免在上一次产品促销活动中所犯的错误。那是她晋升以后的第一个重大任务，结果简直是一塌糊涂！她本以为已经大功告成，却没想到那次活动并没有触及至关重要的目标市场——幼儿及其父母。同时，她还总结到未将优惠券包含在杂志与报纸的广告中也是一大失误。哎，学无止境啊！

这一次，她必须成功。公司的总裁大卫·斯隆（David Sloan）已经向她强调"脆始"这一产品的成功与否对公司前途有着重要的影响。她清楚地记得大卫在结束与她的谈话时说："公司的股东们对公司的现状不满，我们必须让公司的收益重回正轨。"以前克莱尔也听大卫这样说过，但这一次，她从大卫极为严肃的眼神中意识到了问题的严重性。

克莱尔经常使用电子表格来帮助自己制订计划。她在商学院中学习的管理科学课程让她明白电子表格模型是多么有价值的。她很后悔在上一次的活动中没有重视电子表格模型这一工具，这一次她决定不再犯同样的错误。

现在，克莱尔该仔细地回顾和描述问题，为构建电子表格模型做准备。

问题

克莱尔已经雇用了一家行业领先的广告公司——G&J公司（Giacomi & Jackowitz），来帮助设计一个全美国范围的促销活动，以使"脆始"得到尽可能多的消费者的认可。超级食品公司将根据广告公司提供的服务支付一笔费用（不超过100万美元），并额外提供400万美元用于广告开支。

G&J公司为"脆始"确定了三种最有效的广告媒介：

⊖ 此处的独特形式就是Excel建模方法。——译者注
⊜ 此处的模型是线性规划的Excel模型。——译者注
⊛ 此处的模型构建才是我们通常所指的线性规划的代数形式。——译者注

- 媒介 1：星期六早晨少儿节目的电视广告。
- 媒介 2：食品与家庭类杂志上的广告。
- 媒介 3：主流报纸星期日增刊上的广告。

现在的问题是，应该如何选择每种广告的活动水平才能获得最有效的广告组合。

为了确定这次广告投放问题的最佳活动水平组合，首先必须确定问题的总体绩效度量指标，以及每个活动对该度量指标的影响。超级食品公司的最终目的是利润最大化，但是很难直接将广告影响范围和利润联系在一起。因此，克莱尔决定使用广告曝光次数（numbers of exposure）的预期量近似代替利润作为总体绩效度量指标，用广告的浏览量衡量广告的曝光次数。

G&J 公司为三个媒介上的广告投放制订了初步计划，并预估了每个媒介每次投放时的广告曝光次数，如表 3-1 最后一行所示。

表 3-1 超级食品公司广告组合问题的成本和曝光数据

成本类型	成本（美元）		
	每次电视广告	每次杂志广告	每次星期日增刊广告
广告预算	300 000	150 000	100 000
计划预算	90 000	30 000	40 000
广告曝光次数预计值	1 300 000	600 000	500 000

在不同媒介上投放的广告数量受限于广告预算（400 万美元）和计划预算（支付给 G&J 公司的酬金 100 万美元）。同时在整个营销活动期间，星期六早晨的少儿节目（媒介 1）只能提供五个广告位（每个广告位只能投放一个广告），而其他的广告媒介拥有充足的广告位。

因此，此次营销活动的有限资源是：

- 资源 1：广告预算（400 万美元）。
- 资源 2：计划预算（100 万美元）。
- 资源 3：电视广告的广告位（5 个）。

表 3-1 展示了每个广告在各自的媒介上可以使用的广告预算和计划预算。

- 第一行是每个广告投放在各个媒介上需要的成本。
- 第二行是 G&J 公司用于媒介设计与广告开发的预估费用（这个费用包含间接费用和收益，这一费用列入超级食品公司的费用支出清单）。⊖
- 最后一行是每个广告的曝光次数预计数量。

问题分析

克莱尔决定在电子表格中通过构建线性规划模型来解决这个问题，可以利用第 2.2 节最后总结的模型构建流程来求解这个问题。与所有的线性规划模型一样，这个模型也由四个部分组成：

（1）数据。
（2）决策。

⊖ 在确定这些预估值时，公司做了两个简单假设。假设一是同种广告媒介的广告设计和开发的成本不会随着广告数量的增加而变化；假设二是一种广告媒介的成本不受其他广告媒介上广告投放数量的影响。

（3）约束条件。
（4）绩效度量指标。

利用电子表格求解模型时，首先需要将电子表格格式化，以便为下面的各部分提供相应类型的单元格：

数据→数据单元格
决策→可变单元格
约束条件→输出单元格
绩效度量指标→目标单元格

> 这一电子表格的四个部分需要四种类型的单元格。

图 3-1 是克莱尔构建的电子表格模型，我们可以通过单独考虑模型的每一个组成部分，来学习克莱尔为何这样构建模型以及她是如何解决问题的。

	A	B	C	D	E	F	G	H
1		Super Grain Corp. Advertising-Mix Problem						
2								
3			TV Spots	Magazine Ads	SS Ads			
4		Exposures per Ad	1 300	600	500			
5		(thousands)						
6						Budget		Budget
7			Cost per Ad ($thousands)			Spent		Available
8		Ad Budget	300	150	100	4 000	≤	4 000
9		Planning Budget	90	30	40	1 000	≤	1 000
10								
11								Total Exposures
12			TV Spots	Magazine Ads	SS Ads			(thousands)
13		Number of Ads	0	20	10			17 000
14			≤					
15		Max TV Spots	5					

Solver Parameters
Set Objective Cell: TotalExposures
To: Max
By Changing Variable Cells:
　　NumberOfAds
Subject to the Constraints:
　　BudgetSpent <= BudgetAvailable
　　TVSpots <= MaxTVSpots

Solver Options:
　　Make Variables Nonnegative
　　Solving Method: Simplex LP

	F
6	Budget
7	Spent
8	=SUMPRODUCT(C8:E8,NumberOfAds)
9	=SUMPRODUCT(C9:E9,NumberOfAds)

	H
11	Total Exposures
12	(thousands)
13	=SUMPRODUCT(ExposuresPerAd,NumberOfAds)

Range Name	Cells
BudgetAvailable	H8:H9
BudgetSpent	F8:F9
CostPerAd	C8:E9
ExposuresPerAd	C4:E4
MaxTVSpots	C15
NumberOfAds	C13:E13
TotalExposures	H13
TVSpots	C13

图 3-1　超级食品公司的电子表格模型

注：包括目标单元格 TotalExposures（H13）和其他输出单元格 BudgetSpent（F8:F9）以及对 Solver 进行设置的说明，其中可变单元格 NumberOfAds（C13:E13）给出了通过 Solver 获得的最优解。

数据

在构建电子表格时，最好首先决定数据单元格的放置位置。大多数时候，数据单元格都放置在电子表格的左上角部分，模型剩余部分的构建将遵循数据单元格的结构。若部分或全部数据来源为结构良好的数据表格，通过插入数据时保留数据表格的结构，电子表格的清晰度会得到极大的提升。

克莱尔在将表 3-1 中的数据（单位改为千美元）输入单元格 C4:E4 和 C8:E9 来作为数据单元格时，便遵循了上述准则。她将这些单元格命名为：ExposuresPerAd（C4:E4）、CostPerAd（C8:E9）、BudgetAvailable（H8:H9）和 MaxTVSpots（C15）。

之前给出的三种有限资源（广告预算、计划预算和广告位）的可用数量是建模需要的其他相关数据。克莱尔将它们放在单元格（H8:H9）和单元格（C15）中，为后续加入约束条件做准备。

决策

现在亟须解决的问题是，在 G&J 公司选出的三个媒介中确定最有效的广告组合。因此，现在需要做三个决策：

- 决策 1：TV = 电视上投放的广告数量。
- 决策 2：M = 杂志上投放的广告数量。
- 决策 3：SS = 报纸星期日增刊上投放的广告数量。

这些数据放在表中第 13 行各种媒介相应位置的可变单元格里：

$$TV \rightarrow 单元格\ C13 \qquad M \rightarrow 单元格\ D13 \qquad SS \rightarrow 单元格\ E13$$

这些可变单元格统称为 NumberOfAds（C13:E13）。

约束条件

这些可变单元格应该是非负的，另外，这三种资源也是有限的。前两种是广告预算和计划预算，这两个预算的数据已经存放在第 8 行和第 9 行的单元格里，因此涉及这两个预算的约束条件也需要存放在这两行里。这两种预算的已花费数量存放在单元格 BudgetSpent（F8:F9）中，而可用数量存放在单元格 BudgetAvailable（H8:H9）中。

根据 G 列中的 ≤ 符号，相应的约束条件为（单位：千美元）：

$$广告费用总额 \leq 4\ 000$$

$$计划成本总额 \leq 1\ 000$$

根据 C、D、E 列存放的资源数据，它们的总额是：

$$广告费用总额 = 300TV + 150M + 100SS$$

$$计划成本总额 = 90TV + 30M + 40SS$$

式子右边将图 3-1 右下角所示的 SUMPRODUCT 函数得到的输出结果存放在输出单元格 BudgetSpent（F8:F9）中。虽然 G 列中的 ≤ 符号没有实际作用（不满足这些不等式的解仍然可以输入可变单元格进行试验），但是它们将提醒用户在 Solver 对话框中输入限制条件时使用同样的 ≤ 符号。

第三个有限资源是电视广告位，该资源最多只能购买五个。可变单元格之一 C13 便是购买的电视广告位数量。由于这个单元格会在约束条

> **Excel 小提示**：区域名称可能会包含重复的区域。例如我们用 NumberOfAds 来表示从 C13 到 E13 的全部可变单元格，而用 TVSpots 代表单一的数据单元格 C13。

件中用到，因此我们将它命名为：TVSpots（C13）。最大可购买广告位的数量存放在数据单元格 MaxTVSpots（C15）中。并且约束条件为：购买的电视广告位数量（TVSpots）≤最大可购买广告位的数量（MaxTVSpots）。

绩效度量指标

克莱尔使用广告的期望曝光次数（Exposure）（单位：千次）来作为整体的绩效度量指标，所以设

$$Exposure = 所有广告的期望曝光次数$$

数据单元格 ExposuresPerAd（C4:E4）提供了各广告媒介中每次广告曝光的预期量，而变动单元格 NumberOfAds（C13:E13）提供了每种广告的数量。因此，

$$Exposure = 1\ 300TV + 600M + 500SS$$
$$= SUMPRODUCT（ExposuresPerAd, NumberOfAds）$$

以上公式将求出目标单元格 TotalExposures（H13）的数值。

建模总结

根据上述对模型四个组成部分的分析，我们已经能够在电子表格中构建出下列线性规划模型（代数形式）：

$$最大化\ Exposure = 1\ 300TV + 600M + 500SS$$

约束条件：

$$广告费用：300TV + 150M + 100SS \leqslant 4\ 000$$
$$计划成本：90TV + 30M + 40SS \leqslant 1\ 000$$
$$购买电视广告位的数量：TV \leqslant 5$$
$$且\ TV \geqslant 0\ \ M \geqslant 0\ \ SS \geqslant 0$$

从上面可以看出，问题的描述与表 3-1 中相关数据的收集是相当困难的工作，所以一旦这两项工作完成，就可以直接构建模型。

模型求解

为了求解刚刚建立的电子表格模型，还需要向 Solver 对话框中输入一些关键数据。如图 3-1 左下角所示，我们还需要输入这些数据：目标单元格（TotalExposures）、可变单元格（NumberOfAds）、目标为最大化目标单元格，以及"花费预算（BudgetSpent）≤可用预算（BudgetAvailable）""购买的电视广告位数量（TVSpots）≤最大可购买广告位的数量（MaxTVSpots）"的约束条件。此外，图 3-1 左下角显示的两个 Solver 选项也必须选定。可变单元格中的值必须是非负的，因为不可能投入负值的广告费。因为这是一个线性规划模型，所以选择 Simplex LP（Solver 求解器）或者 Standard LP/Quadratic Engine（Analytic Solver 求解器）来求解模型。运行 Solver 求解模型的最优解，将结果存放到可变单元格中。

电子表格第 13 行中给出的最优解为本次促销活动制订了如下规划：

- 不采用任何电视广告。
- 在杂志上刊登 20 次广告。
- 在主流报纸的星期日增刊上刊登 10 次广告。

> **Excel 小提示**：在 Excel Solver 的对话框中，同时将可变单元格、目标单元格、约束条件展示在电子表格中的相应位置。而在 Analytic Solver 的工具栏中，决策、约束和目标菜单在模型窗格中单独设置。

TotalExposures（H13）中广告受众期望总量的单位是千次，因此此次计划预计得到 1 700 万次的广告曝光

次数。

模型准确性评价

在用线性规划模型描述这一广告投放组合问题时，克莱尔意识到模型与实际并不完全吻合。数学模型只能是实际问题的抽象表示，而为了将实际问题抽象出来，就必须进行一些近似或简化的假设。值得庆幸的是，我们所要求的也只是数学模型与实际问题具有较高的关联性。团队现在需要确定上述模型是否达到了这一标准。

线性规划的假设之一是允许有分数解。在该例子中，这意味着电视广告投放（或杂志、星期天增刊上的广告）数量可能是分数形式的，如 $3\frac{1}{2}$。这一点在技术上是可以实现的，例如广告的时间可以比标准时间短一些，而杂志和星期日增刊上的广告可以比正常标准小一些。但是，该模型的不足之处是它进行了如下假设：如果广告仅是部分播出（或刊出），该公司支付给G&J公司的酬金也会成比例减少，而实际上所需支付的酬金是不会因此减少的。值得庆幸的是，上述模型的最优解均为整数（不采用任何电视广告，在杂志上刊登20次广告，在星期日增刊上刊登10次广告），这种情况下最优解可以为分数的假设条件也就不需要了。

> 线性规划模型允许有分数解。

尽管广告数量的解可以是分数，但整数解还是比分数解更好操作，也更有效率。因此，克莱尔放弃允许分数解的假设也是有道理的。这样线性规划的最优解就不能成为分数，需要添加约束条件来约束可变单元格取值为整数（下一节中TBA航空公司的例子将会介绍这类约束）。添加了这类约束条件后，模型就不再称为线性规划，而是整数规划，但是仍然可以通过Solver轻而易举地求解出来。

线性规划的另一个关键假设是，包括目标单元格在内的所有输出单元格都可以用数据单元格和可变单元格的SUMPRODUCT函数形式来表示（有时候只是用SUM函数对可变单元格加总）。图3-1中的目标单元格（H13）表明，每一广告媒介的广告曝光次数与在这一媒介上投放的广告数量成正比。因为受众观看一次广告被记为增加一个单位的广告曝光，所以这种正比关系大致正确。使用SUMPRODUCT函数包含的另一个假设是：一种媒介上的广告效果不会受其他媒介广告的影响，因为每种媒介广告曝光次数的计算都被视为是独立的，因此这种假设也是大致正确的。

> 线性规划模型在输出单元格（包括目标单元格）中应该使用SUM函数或SUMPRODUCT函数。

虽然SUMPRODUCT函数适合用于计算预期的广告曝光次数，但是用这一数字作为整体的绩效评估却存在一定的问题。管理者真正的目标是通过广告宣传使利润最大化，但是由于利润很难估算，所以选择广告曝光次数作为利润的替代品。如果利润与广告曝光次数成正比，那么这一选择是正确的。但是，在本案例中正比关系是近似的。因为随着同一受众观看公司广告次数的增加，当达到饱和水平后，再增加观看次数所能带来的影响与第一次看到广告带来的影响（潜在利润）相比肯定会有所减少。（当不成比例时，第9章将会介绍如何用非线性模型来解决该类问题。）

为了判断用广告曝光次数代替利润是否合理，克莱尔与G&J公司的高管希德·杰科维茨（Sid Jackowitz）会谈。希德表示目前这一广告活动（在杂志上刊登20次广告，在星期日增刊上刊登10次广告）远没有达到饱和水平。大多数读者只会注意到该广告一次或两次，能够看到广告两次已经是相当不错了。此外，杂志与星期日增刊的读者群体是很不同的，因此，两种媒体之间的影响也很小。这样，克莱尔得出结论，在图3-1中的目标单元格使用广告曝光次数的预期来近似代替利润是合理的（这个案例的后续案例，即案例9-1，会进行更深入的分析，在那个案例中将直接用利润作为总体绩效评估指标）。

接下来，克莱尔询问了希德这一广告的设计与开发的成本问题。某一媒介广告的开发成本是否与该媒介广告的投放数量成比例？某一媒介的广告开发费用会不会因为公司最近在另一媒介上做过相同主题的广告而大大减少？希德承认，不同媒介的广告设计互有重叠的部分，特别是当同为印刷媒介时（如杂志与报纸增刊），但是由于不同媒介有截然不同的特色，这种重叠是极为有限的。此外，他认为成本和数量成比例的假设是很合理的，因为在同一媒介设计与开发广告的工作量大致相等，几乎都等同于在该媒介第一次设计与开发该种广告的工作量。超级食品公司付给 G&J 公司的酬金是经过详细计算其实际工作量来最终确定的。希德觉得公司开始估计的成本（输入在 C9、D9、E9 单元格中的数据，以千美元为单位）给这次促销活动的广告投放组合规划（输入在可变单元格中）提供了一个大致合理的基础。

在这些信息的基础上，克莱尔认为在目标单元格 F9 以及单元格 F8 中使用 SUMPRODUCT 函数是合理的。鉴于她先前的结论，图 3-1 所包含的线性规划模型（详细的规划需要对模型进行扩展）是对实际广告组合问题的正确描述，不需要再将模型复杂化（如第 9 章中描述的那些模型），以求得更精确的解。

因此，克莱尔决定以线性规划模型所产生的最优解（不采用任何电视广告，在杂志上刊登 20 次广告，在星期日增刊上刊登 10 次广告）为结论写出报告，为此次促销活动规划提出建议，并将报告交给公司总裁大卫·斯隆。她同时要求召开会议评估此方案并且讨论是否需要进一步修改此方案。

我们将会在第 3.4 节中再次讨论这个案例。

问题回顾

1. 这个案例研究的问题是什么？
2. 所采用的总体绩效度量指标是什么？
3. 在评价使用线性规划来表达该实际问题的准确性时，需要考察的假设条件有哪些？

3.2 资源分配问题

在第 2 章的开头部分，我们描述了在组织中如何将有限的资源分配给不同的生产活动的管理问题，都属于资源分配问题。

资源分配问题是将有限的资源分配到各种活动中去的线性规划问题。这一类问题的共性是在线性规划模型中每一个函数约束均为**资源约束**（resource constraint），并且每一种资源都可以表示为如下的形式

使用的资源数量≤可用的资源数量

使用的资源数量取决于从事的活动、这些活动的水平以及活动需要使用的资源程度，所以资源约束限制了活动水平。我们的目标就是在满足资源约束的同时，使活动的总体绩效度量指标（如总利润等）最大化。

从超级食品公司的案例研究开始，再到我们所熟悉的韦恩德玻璃制品公司的产品组合问题，我们浏览了具有资源分配问题特点的四个例子。它们演示了在不同的背景下这些问题的产生过程。

超级食品公司广告组合问题

第 3.1 节中超级食品公司案例的线性规划模型是资源分配问题的一个例子。在这个例子中，考虑的三种活动是在 G&J 公司选择三种媒介发布广告。

- 活动 1：电视广告。
- 活动 2：杂志广告。
- 活动 3：报纸星期日增刊上的广告。

要制定的决策是确定这些活动的水平，也就是在电视、杂志、星期日增刊这三种媒介上应该投放广告的数量。

可分配给这些活动的有限资源分别为：

- 资源1：广告预算（400万美元）。
- 资源2：计划预算（100万美元）。
- 资源3：可获得的电视广告位（5个）。

> 规划任何一个资源分配问题的第一步是识别活动和资源。

其中，可用资源的数量在括号中表示出来，所以这个问题有三个资源约束：

（1）使用的广告预算 ≤ 400万美元。
（2）使用的计划预算 ≤ 100万美元。
（3）使用的电视广告位 ≤ 5。

图3-1中的8～9行和单元格C13:C15表示出了这些约束条件。单元格C8:C9给出了每一种活动每一单位的广告预算和计划预算的数量，也就是电视广告、杂志广告和星期日增刊广告各自的使用量。

单元格C4、D4、E4给出了每一种活动的每一单位对总体绩效度量指标（曝光次数的预期）的影响。

资源分配问题的特点

其他资源分配问题都有着与超级食品公司资源分配问题同样的特点。在每个例子中都需要对活动水平制定决策。每个活动对总体绩效度量指标的影响与活动水平成正比例关系。通常，用总利润作为总体绩效度量指标，有时也可以是其他指标（如超级食品公司案例）。

在这类问题中，每种资源都有资源约束。资源的使用量取决于活动水平。对每一种资源而言，使用量与活动水平成正比。

> 对每一个活动，都需要决策其活动数量，也就是要决定其活动水平。

经理或管理科学团队在研究资源分配问题时，需要收集以下三种数据（可在其他人的帮助下）：

（1）每种资源的可用数量。
（2）每种活动所需的各种资源的数量，对于每一种活动与资源的组合，必须预先估计单位活动所消耗的资源量。
（3）每一种活动对总体绩效度量指标的影响。

> 这三种数据对于任何一个资源分配问题都是必要的。

收集数据的工作量通常很大。为了获得最准确且及时的数据，需要进行一系列数据挖掘与调研活动，这一步至关重要，参数估计的准确与否将直接影响指导管理决策的线性规划模型是否有效。而在参数估计可能不准确的情况下，what-if分析（第5章）就显得尤为重要。这就是what-if分析成为线性规划重要组成部分的原因。

韦恩德玻璃制品公司产品组合问题

在第2.1节中，韦恩德玻璃制品公司的管理层面临的产品组合问题是：如何为两种新产品制定生产率，以使得产品组合能够获得最大的利润，与此同时必须考虑三个工厂有限的剩余生产能力。这是一个资源分配问题。

所考虑的活动为：

- 活动1：生产新型门。
- 活动2：生产新型窗。

需要制定的决策是确定活动水平，也就是门和窗的生产率。生产率通过每周生产的门和窗的数量来衡量。管理者的目标是使两种新型产品带来的利润最大化，因此总体绩效度量指标采用总利润来度量。每种产品对利润的影响与产品生产率成正比。

可分配给这些活动的资源有：

- 资源 1：工厂 1 的生产能力。
- 资源 2：工厂 2 的生产能力。
- 资源 3：工厂 3 的生产能力。

在第 2.2 节建立的线性规划模型中的三个函数约束条件都是资源约束（见图 2-3 或图 2-4 中电子表格的第 7～9 行）。E 列给出了每个工厂使用的生产能力，G 列给出了每个工厂可用的生产能力。

第 2.1 节中表 2-1 给出了该问题所需要的数据。你在之前已经看过了表 2-1 中的数据是如何以电子表格形式（第 2.2 节）或代数形式（第 2.3 节）表示线性规划模型中的参数。

TBA 航空公司问题

TBA 航空公司（TBA Airlines）是一家专门从事小型客机短途飞行的小型区域性公司。公司一直运转良好，于是管理层决定扩大其运营规模。

问题

管理层现在面临的最大问题是，是应该购买更多的小型飞机来增加新的短途飞行路线，还是应该购买一些大型飞机用于跨国航班并借此进入国际市场（或者是两种策略都采纳）。许多因素都会影响管理层的最终决定，但其中最重要的是哪种策略可使得公司利润最大。

表 3-2 的第一行显示了购买每种飞机的预估年度净收益（包括资金回收成本）。第二行给出了每架飞机的购买成本以及购买飞机的总可用资本：250（百万美元）。第三行记录了管理层不希望购买超过 5 架小型飞机，因为增加短途飞行航线虽然有利可图，但其可能性是非常有限的，然而他们并没有限制大型飞机的购买数量（除资金约束）。

每种类型的飞机各应购买多少架才能使总利润最大化？

建模

这是一个资源分配问题。需要考虑的活动是：

- 活动 1：购买小型飞机。
- 活动 2：购买大型飞机。

需要制定的决策是决定这些活动的水平，即

$$S = 购买小型飞机的数量$$
$$L = 购买大型飞机的数量$$

这些活动分配的资源是

$$投资资本（250 百万美元）$$

因此，这是一个单一资源约束：

$$花费的投资资本 \leqslant 250 百万美元$$

除此之外,管理层还规定了对小型飞机购买数量的边界约束:

$$购买的小型飞机数量 \leq 5$$

图 3-2 显示了对这个问题的电子表格模型的建模,表 3-2 中的数据已经被输入到数据单元格中——单位利润 UnitProfit(C4:D4)、单位购买成本 CapitalPerUnitPurchased(C8:D8)、可用资本 CapitalAvailable(G8)、规定的最多可购买小型飞机的数量 MaxSmallAirplanes(C14)。资源约束条件显示在单元格(C8:G8)中,(C12:C14)显示了边界约束条件。这个问题的目标是使总利润最大化,于是目标单元格的公式为

$$总利润\ TotalProfit(G12) = SUMPRODUCT(UnitProfit, UnitsPurchased)$$

	A	B	C	D	E	F	G
1		**TBA Airlines Airplane Purchasing Problem**					
2							
3			Small Airplane	Large Airplane			
4		Unit Profit ($millions)	7	22			
5							
6							Capital
7			Capital per Unit Purchased		Capital Spent		Available
8		Capital ($millions)	25	75	250	<=	250
9							
10							Total Profit
11			Small Airplane	Large Airplane			($millions)
12		Number Purchased	1	3			73
13			<=				
14		Maximum Small Airplanes	5				

	E
6	Capital
7	Spent
8	=SUMPRODUCT(CapitalPerUnitPurchased,NumberPurchased)

Solver Parameters
Set Objective Cell: TotalProfit
To: Max
By Changing Variable Cells:
　NumberPurchased
Subject to the Constraints:
　CapitalSpent <= CapitalAvailable
　NumberPurchased = integer
　SmallAirplanes <= MaxSmallAirplanes
Solver Options:
　Make Variables Nonnegative
　Solving Method: Simplex LP

	G
10	Total Profit
11	($millions)
12	=SUMPRODUCT(UnitProfit,NumberPurchased)

Range Name	Cells
Capital Available	G8
CapitalPerUnitPurchased	C8:D8
CapitalSpent	E8
MaxSmallAirplanes	C14
NumberPurchased	C12:D12
SmallAirplanes	C12
TotalProfit	G12
UnitProfit	C4:D4

图 3-2　TBA 航空公司整数规划问题的电子表格模型

注:其中可变单元格 UnitsProduced(C12:D12)显示了通过 Solver 求解得出的最优飞机购买数量,目标单元格 TotalProfit(G12)给出了以百万美元为单位的总利润。

表 3-2　TBA 航空公司问题的相关数据　　　　　　　　　　　　　(金额单位:百万美元)

	小型飞机	大型飞机	可用资本
每架飞机的净年收益	7	22	
每架飞机的购买成本	25	75	250
最大购买数量	5	没有最大约束	

由于 TBA 航空公司的问题是一个资源分配问题，这个电子表格模型与超级食品公司和韦恩德公司问题除了一些微小的差别以外，本质上具有相同的形式。之所以这个例子中的可变单元格必须是整数值，是因为公司不可能购买并运营分数单位的飞机。因此，增加了可变单元格必须是整数值的约束条件。通过 Excel 的 Solver，使用"增加约束条件"对话框，选择单元格（C12:D12）作为不等式左边的输入，再从下拉菜单中选择"整数"(int)。在 Analytic Solver 中，选择可变单元格（C12:D12），在"约束"菜单下的"变量类型/范围"子菜单（Variable Type/Bound）中选择"整数"（Integer）。

图 3-2 中的这些可变单元格显示了 Solver 运行后得到的最优的结果，(S, L) = (1, 3)。

线性规划的假设之一是可变单元格允许任何值的存在，包括满足函数约束条件和非负约束条件的分数。因此，从技术上讲，TBA 问题不是一个线性规划问题，这是因为它在图 3-2 的 Solver 参数框中加入了约束条件，即

$$\text{购买数量（Number Purchased）} = \text{整数（Integer）}$$

像这样符合线性规划但是又增加了整数约束的问题，被称为**整数规划问题**（integer programming problem）。Solver 中求解整数规划的方法与求解线性规划的方法有很大不同。事实上，整数规划问题比线性规划问题更难求解，因此它对问题规模有相当大的限制。然而，这对使用电子表格求解小规模问题并无多大影响。从这个观点来看，线性规划问题和整数规划问题几乎没有什么区别，它们建模的方式是一样的，只是在建模的最后需要考虑可变单元格是否限制为整数值。如果需要，就如上所述，加入这些约束。记住，我们会在接下来的整章中继续讨论不同形式线性规划问题的模型建立。

建模总结

对具有一个资源约束和一个边界约束的 TBA 航空公司问题的模型建模可以总结如下：

$$\text{最大化 利润} = 7S + 22L$$

取决于

$$25S + 75L \leq 250$$
$$S \leq 5$$

并且

$$S \geq 0 \quad L \geq 0$$

资金预算

财务规划是资源分配问题最重要的应用领域之一。这一领域所要分配的资源完全不同于生产计划领域中的生

Excel 小提示：为了在 Excel Solver 中将一系列可变单元格约束为整数值，在"增加约束条件"对话框中左侧选择这些单元格，从下拉菜单中选择"整数"（int）。在 Solver 对话框中点击"OK"然后输入约束条件，即这些单元格 = 整数。在 Analytic Solver 中，选择要被约束为整数的一系列单元格，在"约束"菜单下的"变量类型/范围"子菜单（Variable Type/Bound）中选择"整数"（Integer）。

Excel 小提示：即使当一个可变单元格被约束为整数时，四舍五入的错误也会偶尔发生，导致 Excel 返回一个非常接近整数的非整数值（例如 1.23E-10，意思是 0.000 000 000 123）。为了让电子表格变得更整洁，你需要将这些可变单元格中的"丑陋"的值替换为合适的整数。

Excel 小提示：在 Excel 的 Solver 选项中，整数最优化（%）设置（默认值为 1）会使 Solver 在发现一个使目标函数值接近已定义好的最优百分比解后停止运算。在 Analytic Solver 中，等价设置是在 Solver 模型中的"工具"标签中的"整数容忍度"（Integer Tolerance）中设置的（见图 2-19）。这对于加速求解大型问题是非常有用的（例如，家庭作业问题）。这个选项应设为 0 以保证获得一个最优解。

产设施资源（如韦恩德玻璃制品公司的产品组合问题）。在财务规划领域中，所分配的资源通常为金融资产，如现金、证券、应收账款、信用额度等。此处所给的资金预算例子中的资源是在不同时间点可用于投资的资金量。

问题

梦大（Think-Big）发展公司是商业房地产开发项目的主要投资商。目前，该公司有机会投资三个大型建设项目，即

- 项目1：建造一栋摩天办公楼。
- 项目2：建造一栋宾馆。
- 项目3：建造一个购物中心。

每一个项目都要求每一个合伙人在四个不同的时点及时做出投资决策：当前需支付预付定金，以及1年、2年、3年后应追加的额外投资额。表3-3显示了四个时期内每个项目需要所有投资者投资的总金额。因此，投资者需要按照表中所示金额支付与投资股份百分比相同比例的资金。

表 3-3　梦大发展公司正在考虑进行的部分投资项目的财务数据　　　　　（单位：万美元）

年份	投资资本需求		
	摩天办公楼	宾馆	购物中心
0	4 000	8 000	9 000
1	6 000	8 000	5 000
2	9 000	8 000	2 000
3	1 000	7 000	6 000
净现值	4 500	7 000	5 000

从长远来看，三个项目都是有利可图的。因此梦大公司的管理层希望能够尽量多地在几个或所有的项目中投资。管理层希望明确公司目前可用的投资金额以及未来三年预期可实现的追加投资。目标是在当前预测回报率的基础上确定最有利可图的投资组合。

由于每一个项目都需要在几年后才能产生现金收入，并且这种状况会持续很多年，因此我们在评估项目的盈利时需要考虑货币的时间价值。这可以通过将未来的现金流出（投资的资金）与现金流入（收入）进行贴现，并将贴现的净现金流相加计算得到一个项目的**净现值**（net present value）。

基于当前对未来现金流的估计（不包括现金流出），每个项目估计的净现值显示在表3-3的最底行。所有的投资者，包括梦大公司，将根据各自的投资比例来分配这一净现值。

主要的投资者（如梦大公司）将在各期对每一项目投入一定比例投资份额的资金，成为项目的投资伙伴。例如梦大公司在建造摩天办公楼的项目中占有10%的投资份额，那就意味着它需要现在提供400万美元投资资金，并且在今后的三年中再分别投入600万、900万、100万美元。

公司目前有2 500万美元的资金可用于投资。公司预计1年后将获得2 000万美元可用于投资，2年后获得另外的2 000万美元，3年后再获得1 500万美元。梦大公司应在每个项目中投资多少比例才能使总投资组合的净现值最大化？

建模

这是一个资源分配问题，要考虑的活动有

- 活动1：投资摩天办公楼建设项目。
- 活动2：投资宾馆建设项目。
- 活动3：投资购物中心建设项目。

因此，所要制定的决策是决定这些活动的水平，即每一个项目的投资比例。投资比例可以用每一个项目的分数或百分比表示，因此一个项目被视为一个活动单位。

要分配给这些活动的资源是在四个投资时间点的可用资金。前一时间点未使用的资金可以在下一时间点继续使用。（为了简化问题，我们不考虑资金可赚得的利息。）因此，每一时间点的资源约束必须反映那一时点的累计资金量。

- 资源1：当前可用的总投资金额。
- 资源2：第一年末可用的累计投资金额。
- 资源3：第二年末可用的累计投资金额。
- 资源4：第三年末可用的累计投资金额。

由于当前可用的投资金额为2 500万美元，1年后增加2 000万美元，2年后又增加2 000万美元，3年后再增加1 500万美元，因此可用资源量如下所示：

- 可用资源1的数量：2 500万美元
- 可用资源2的数量：2 500+2 000=4 500万美元
- 可用资源3的数量：2 500+2 000+2 000=6 500万美元
- 可用资源4的数量：2 500+2 000+2 000+1 500=8 000万美元

表3-4显示了与这些资源相关的所有数据。最右列给出了上面计算得到的可用资源量。中间列显示了表3-3中列出的累计投资资金需求量。例如，表3-4中的摩天办公楼建设项目一列，第二个数字（1亿美元）是由表3-3中摩天办公楼列中的前两个数字（4 000万美元和6 000万美元）相加得到的。

表3-4 梦大发展公司投资组合问题的资源数据　　　　　　　　　　　　　　　　　　　（单位：万美元）

资源	整个项目的累计投资资金需求			可用资源数量
	摩天办公楼	宾馆	购物中心	
1（当前）	4 000	8 000	9 000	2 500
2（第1年末）	10 000	16 000	14 000	4 500
3（第2年末）	19 000	24 000	16 000	6 500
4（第3年末）	20 000	31 000	22 000	8 000

数据

对于任何资源分配问题，需要收集三种类型的数据：第一种是可用资源的数量，如表3-4最右列所示；第二种是每一个项目所需的资源数量，如表格中间列所示；第三种是每个项目对总体绩效度量指标（净现值）的贡献，如表3-3最后一行所示。

构建电子表格模型的第一步是在数据单元格中输入数据。在图3-3中，数据单元格分别是NetPresentValue（C5:E5）、CapitalRequired（C9:E12）和CapitalAvailable（H9:H12）。为了节省电子表格上的空间，这些数据以百万美元为单位输入单元格。

决策

由于我们需要考虑三个活动，因此需要做出三个决策，即

- 决策1：OB = 摩天办公楼的投资比例。
- 决策2：H = 宾馆的投资比例。
- 决策3：SC = 购物中心的投资比例。

	A	B	C	D	E	F	G	H
1		**Think-Big Development Co. Capital Budgeting Program**						
2								
3			Office		Shopping			
4			Building	Hotel	Center			
5		Net Present Value	45	70	50			
6		($millions)				Cumulative		Cumulative
7						Capital		Capital
8			Cumulative Capital Required ($millions)			Spent		Available
9		Now	40	80	90	25	≤	25
10		End of Year 1	100	160	140	44.76	≤	45
11		End of Year 2	190	240	160	60.58	≤	65
12		End of Year 3	200	310	220	80	≤	80
13								
14			Office		Shopping			Total NPV
15			Building	Hotel	Center			($millions)
16		Participation Share	0.00%	16.50%	13.11%			18.11

Solver Parameters
Set Objective Cell: TotalNPV
To: Max
By Changing Variable Cells:
　ParticipationShare
Subject to the Constraints:
　CapitalSpent <= CapitalAvailable

Solver Options:
　Make Variables Nonnegative
　Solving Method: Simplex LP

Range Name	Cells
CapitalAvailable	H9:H12
CapitalRequired	C9:E12
CapitalSpent	F9:F12
ParticipationShare	C16:E16
NetPresentValue	C5:E5
TotalNPV	H16

	F
6	Cumulative
7	Capital
8	Spent
9	=SUMPRODUCT(C9:E9,ParticipationShare)
10	=SUMPRODUCT(C10:E10,ParticipationShare)
11	=SUMPRODUCT(C11:E11,ParticipationShare)
12	=SUMPRODUCT(C12:E12,ParticipationShare)

	H
14	Total NPV
15	($millions)
16	=SUMPRODUCT(NetPresentValue,ParticipationShare)

图 3-3　梦大公司问题的电子表格模型

注：包括目标单元格 TotalNPV（H16）和其他输出单元格 CapitalSpent（F9:F12）的公式，以及设置 Solver 的说明，可变单元格 ParticapationShare（C16:E16）显示了通过 Solver 获得的最优解。

例如，如果梦大管理层决定对每个项目的投资比例均为 10%，那么

$$OB = 0.1 = 10\%$$
$$H = 0.1 = 10\%$$
$$SC = 0.1 = 10\%$$

然而，对每个项目都投入一样的投资比例（无论用分数还是百分比表示）不一定是最理想的选择，因此我们需要选择 OB、H、SC 的最优组合。在图 3-3 中，投资比例（用百分数表示）已经被放在数据单元格（第 16 行）相应的三个项目下的可变单元格中，即

　　　　OB →单元格 C16　　H →单元格 D16　　SC →单元格 E16

这些单元格一起被称为 ParticipationShare（C16:E16）。

约束条件

可变单元格中的数字必须在非负时才有意义，因此需要在 Solver 对话框中选择"使变量非负"（Make

Variables Nonnegative）选项（或者等效地在 Analytic Solver 中，在模型窗格下的"工具"标签中设置"假设非负"（Assume Non-Negative）选项为真）。除此之外，还存在资源约束条件（以百万美元为单位），即

$$当前总投资 \leqslant 25$$
$$1\text{年内的总投资} \leqslant 45$$
$$2\text{年内的总投资} \leqslant 65$$
$$3\text{年内的总投资} \leqslant 80$$

C、D、E 列的数据指出（以百万美元为单位）：

$$当前总投资 = 40OB + 80H + 90SC$$
$$1\text{年内的总投资} = 100OB + 160H + 140SC$$
$$2\text{年内的总投资} = 190OB + 240H + 160SC$$
$$3\text{年内的总投资} = 200OB + 310H + 220SC$$

正如在图 3-3 电子表格的下方显示的，这些总投资是在使用 SUMPRODUCT 函数的输出单元格 CapitalSpent（F9:F12）中计算的。最后，≤符号被输入 G 列表示 Solver 中需要输入的资源约束。

绩效度量

目标是

$$最大化 \quad NPV = 投资的总净现值$$

NetPresentValue（C5:E5）表示了每个项目的净现值，ParticipationShare（C16:E16）表示对每一个项目的投资比例。因此，在所有购买的投资份额下，三个项目能够实现的总净现值为（以百万美元为单位）

$$NPV = 45OB + 70H + 50SC$$
$$= \text{SUMPRODUCT}(NetPresentValue, ParticipationShare)$$
$$\rightarrow 单元格 H16$$

建模总结

以上完成了线性规划模型的建模过程，现归纳为（以代数形式）

$$最大化 \quad NPV = 45OB + 70H + 50SC$$

取决于

当前总投资：	$40OB + 80H + 90SC \leqslant 25$
1 年内的总投资：	$100OB + 160H + 140SC \leqslant 45$
2 年内的总投资：	$190OB + 240H + 160SC \leqslant 65$
3 年内的总投资：	$200OB + 310H + 220SC \leqslant 80$

并且

$$OB \geqslant 0 \quad H \geqslant 0 \quad SC \geqslant 0$$

所有数据均以百万美元为单位。

注意，这个模型拥有资源分配问题的一个关键特性，那就是所有的函数约束均为资源约束，它们具有相同的形式，即

$$使用资源的数量 \leqslant 可用资源的数量$$

模型求解

图 3-3 的左下角显示了为了描述模型需要输入 Solver 中的说明以及需要选择的两个常用选项。电子表格的第 16 行给出了求解出的最优解，也就是：

- 不投资摩天办公楼。
- 投资宾馆建设项目，比例为 16.5%。
- 投资购物中心建设项目，比例为 13.11%。

总净现值 TotalNPV（H16）表明投资计划总共可产生 1 811 万美元的净现值。

这个数值实际上只是对总净现值的估计，其准确度取决于表 3-3 中所给财务数据。这三个房地产项目的建造成本会存在一些不确定性，因此各年的投资资金需求可能会与表格中的数据有所偏差。由于项目存在风险，每一个项目的净现值也可能与表格底部的数据有出入。第 5 章描述了一种分析这类偏差影响的方法，第 14 章和第 15 章介绍了另一种方法，叫作计算机仿真，用系统的方法考虑未来的不确定情况。第 15.4 节会对该案例进行进一步分析。

从另一种视角来看资源约束

这些资源分配问题的案例阐述了一系列资源：用于广告宣传和规划的资金分配、可购买的电视广告位、不同工厂的可用生产能力、可供投资的资金总量，以及某些时期累计的可用投资资金。然而，这些只是资源分配问题中所有需要分配资源中的冰山一角。事实上，从广义的资源角度来说，任何对决策具有如下形式限制条件的，即

$$使用的数量 \leqslant 可用的数量$$

都可以认为是资源约束，其中被测量数量的事物就是相应的"资源"。由于线性规划模型中任何具有≤符号的函数约束（包括 TBA 航空公司问题中限制可购买小型飞机数量的边界约束条件）都可以用这种形式表示，任何这样的约束条件都可以被认为是资源约束条件。

今后，凡是线性规划模型中出现具有≤符号的约束，我们均认为是资源约束。约束条件右边的常数代表可用的资源数量，而约束条件的左边代表该资源的使用量。在约束条件的代数形式中，每一个决策变量的系数（正或负）对应活动的单位资源使用量。

资源分配问题建模过程的总结

以上四个例子说明，对于任何的资源分配问题，都可以使用以下步骤来解决：明确问题，收集相关数据，然后建立线性规划模型。

（1）由于任何线性规划问题都要寻找各种活动水平的最佳组合，所以识别这些活动应是首要解决的问题。需要制定的决策是确定各种活动的水平。

（2）从管理的角度出发，为解决问题找到一个合适的总体绩效度量指标（通常为利润或利润的替代指标）。

（3）估计每一种活动对总体绩效度量指标的单位影响值。

（4）识别要分配给各种活动的资源。

（5）识别各种资源的可用数量以及每种活动的单位资源使用量。

（6）将第 3 步与第 5 步收集的数据输入电子表格的数据单元格，一种方便的格式是将与每种活动相关的数据放到单独一列中，将单位利润以及每个约束的数据分别放到单独一行，在活动列与可用资源列间保

留两个空列。图 3-4 显示了资源分配问题电子表格模型一般形式的模板。

（7）指定显示活动水平决策的可变单元格。

（8）对于在第 6 步中留出的两个空列，左边一列作为输出单元格的总和列，右边一列为每一种资源约束输入≤符号。对于表示每一种资源的各行，使用 SUMPRODUCT 函数在总和列中输入使用的资源总量。

（9）选定一个目标单元格存放总体绩效度量指标。使用 SUMPRODUCT 函数输入总体绩效度量指标。

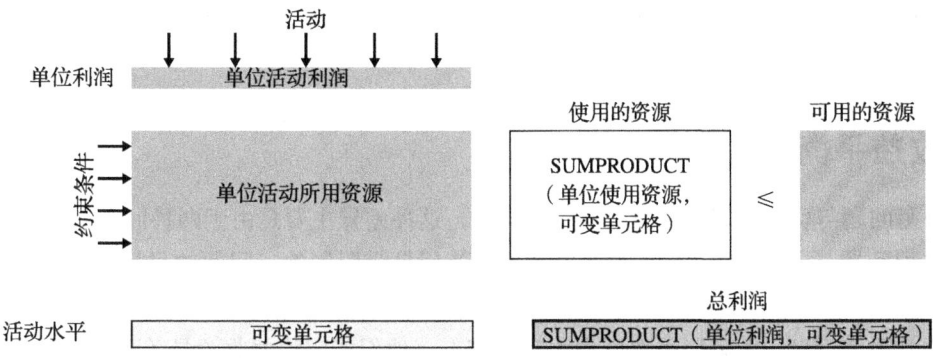

图 3-4 纯资源分配问题的电子表格模型模板

电子表格中线性规划模型的所有函数约束均为资源约束，即具有≤符号的约束条件。这是资源分配问题的一个识别特征。

问题回顾

1. 资源分配问题的识别特征是什么？
2. 资源约束的形式是什么？
3. 资源分配问题需要收集的三种数据是什么？
4. 比较四个资源分配问题中的活动类型。
5. 比较四个资源分配问题中的资源类型。

应用实例

一个国家金融基础设施的重要组成部分是它的证券市场。通过允许不同的金融机构和其客户交易股票、债券以及其他金融证券，能够帮助投资公共项目和私营项目。因此，证券市场的有效运营为国家经济增长提供了重要的平台。

中央证券托管和其证券交易快速结算系统是证券市场的运营中枢，同时也是维护金融系统稳定性的关键部分。在墨西哥，一个叫作 INDEVAL 的机构为其整个国家提供中央证券托管和证券结算系统。这个证券结算系统为各种交易参与方提供电子预订条目、现金修正和证券均衡的服务。

INDEVAL 每天处理的证券交易总额平均价值超过了 2 500 亿美元，这使 INDEVAL 成为墨西哥金融业的主要流动性渠道。因此，INDEVAL 系统能否具有高效率的证券交易结算（即交易完成的同时能够使送递的现金量最大化）是非常重要的。由于对过去的系统不满意，INDEVAL 的董事会决定在 2005 年开展一项重大的研究来重新设计这个系统。

经过 12 000 多个工时的重新设计，新系统在 2008 年 11 月成功推出。新系统的核心是一个大型的线性规划模型，它每天被运用多次，来确定在存款人可用余额范围内哪些待定的交易需要立即被处理。线性规划模型非常适合这类应用，因为它能够在考虑不同相关约束的同时最大化处理交易的价值。

通过这个线性规划模型的

应用,每天可以减少流动性需求1 300亿美元,这显著增强了墨西哥金融基础设施的能力。与此同时,它每天也为市场参与者节约了财务费用,总计每年节省金额超过1.5亿美元。这个应用也使INDEVAL赢得了2010年国际运筹学与管理科学领域的弗朗兹·埃德尔曼奖(Franz Edelman Award)第一名。

资料来源:D. Muñoz, M. de Lascurain, O. Romeo-Hernandez, F. Solis, L. de los Santoz, A. Palacios-Brun, F. Herrería, and J. Villaseñor, "INDEVAL Develops a New Operating and Settlement System Using Operations Research," *Interfaces* 41, no. 1 (January–February 2011), pp. 8–17. (A link to this article is available at www.mhhe.com/Hillier6e.)

3.3 成本收益平衡问题

成本收益平衡问题与资源分配问题的形式完全不同,这种差异主要是由于两种问题管理目标的不同。

对于资源分配问题,各种资源(包括财务资源)的使用是受限制的,问题的目标是(根据一些总体绩效度量指标)使各种可用资源得到最有效的利用。

对于成本收益平衡问题,管理层采取更为主动的姿态,他们指定哪些收益是(无论使用多少资源)必须实现的,目标是以最低的成本实现这些收益。通过指明每种收益的最低可接受水平,然后最小化实现这些水平的成本,管理层希望获得成本与收益间的合理平衡。(在第5章你会看到,当在为管理层选择成本与收益间的最佳平衡时,what-if分析提供的额外所需信息起到了至关重要的作用。)

> 成本收益平衡建模能够帮助管理层确定要实现最低收益目标所需的活动。

成本收益平衡问题是一类线性规划问题,这类问题通过选择各种活动水平的组合,以最小的成本来实现各种收益的最低可接受水平。这类问题的识别特征是:每个函数约束都是**收益约束**,对于每一种收益它们都具有如下形式:

$$达到的水平 \geq 最低可接受水平$$

如果从广义的角度看待收益,我们可以认为任意一个具有≥符号的函数约束条件都是收益约束。在大多数情况下,管理层将以政策制定的方式规定最低可接受水平,但是这一数据有时也会由其他情况决定。

对于所有的成本收益平衡问题,大部分工作将放在识别所有的活动和收益及收集这些有关活动和收益的数据上。

任何成本收益平衡问题都需要以下三种类型的数据:

> 任何成本收益平衡问题都需要收集以下三种类型的数据。

(1)每种收益的最低可接受水平(一个管理方面的政策性决策)。
(2)对于每种收益,每项活动对相应收益的影响程度(单位活动的贡献值)。
(3)每项活动的单位成本。

下面给出成本收益平衡问题的两个例子。

利博公司的广告组合问题

如第2.7节所述,利博公司将为三种清洁产品开展一次大型广告活动。其要使用的两种广告媒介为电视和印刷媒体。管理层已经明确了本次活动的最低目标——活动能够实现每种产品可接受的最低销售增长量。

问题是确定在以最小的成本实现所有销售目标的基础上,需要在每种媒介上投放的广告量。

这一成本收益平衡问题所包含的活动是

- 活动 1：通过电视进行广告宣传。
- 活动 2：通过印刷媒体进行广告宣传。

通过这些活动要实现的收益为

- 收益 1：喷雾去污剂销量增加。
- 收益 2：洗衣液销量增加。
- 收益 3：洗衣粉销量增加。

> 构建任何成本收益平衡问题的第一步是确定活动和收益。

管理层希望销量的增长至少分别能够达到 3%、18% 和 4%。如第 2.7 节所述，每一种收益都可以写成收益约束，而收益约束包含管理目标，也就是对应产品增加销量的最低可接受水平，即

$$\text{收益 1 达到的水平} \geqslant 3\%$$

$$\text{收益 2 达到的水平} \geqslant 18\%$$

$$\text{收益 3 达到的水平} \geqslant 4\%$$

这一问题的数据已在表 2-2 中给出（第 2.7 节）。第 2.7 节讲述了如何使用表中的数据直接建立线性规划模型。

这个例子与第 3.1 节中的资源分配问题——超级食品公司的案例形成了有趣的对比。虽然两者都是广告组合问题，但它们的线性规划模型却完全不同。这些差异主要是由于管理者对重点问题的把握不同所引起的。

- 超级食品公司营销副总裁克莱尔·希文森首先关注广告活动的花费，然后设定形成资源约束的限制（广告预算 400 万美元，计划预算 100 万美元）。
- 利博公司的管理层着眼于广告活动要实现什么目标，然后设定了形成收益约束的目标（最低销售增长量）。

从以上比较可以看出，线性规划模型的分类并不是由实际应用的性质决定的，更确切地说，它是由对决策活动水平组合施加约束条件的性质决定的。如果约束条件针对资源使用，那么这就是一个资源分配问题。如果约束针对收益的目标水平，那么这就是一个成本收益平衡问题。约束条件的性质往往是由管理层决定的。

然而，我们不希望你认为每一个线性规划问题都可以正好或近似被归类为这两种类型中的一种。在上一节以及本节中，我们遇到的都是纯资源分配问题和纯成本收益平衡问题。尽管很多实际的问题都是这两种类型中的一种，但更多的是既包含资源约束又包含收益约束的问题，尽管其中一种可能会占主导地位。（在下一节中，你会看到当超级食品公司的管理层在其广告组合问题中增加了额外的考虑时，两种类型的约束出现在同一问题中的例子。）而且，我们还会在本章接下来的几节考虑其他类型的线性规划问题。

现在，让我们看一个纯成本收益平衡问题。

工作人员排班问题

成本收益平衡分析的常见应用之一是为提供某种服务的公司员工进行排班的问题，目标是以最低的成本安排公司员工的工作时间，来提供达到管理层规定水平的服务。以下的例子阐明了怎样解决排班问题。

问题

联盟航空公司（Union Airways）正准备在其枢纽机场增加更多的航班，因此需要雇用更多的客户服务人员。然而公司不知道应该雇用多少人。管理层意识到在向顾客提供令人满意的服务水平的同时要进行成本控

制，因此需要找到这两个因素间的合理平衡。于是，管理科学团队开始研究如何排班才能以最小的人力成本提供令人满意的服务。

根据新的航班时刻表，对一天不同时段内能够为顾客提供满意服务的最少客户代表数量进行了分析。（第12章的排队模型可用于确定使顾客排队等候时间减少到合理水平的最少客户代表数量。）表3-5的最后一列对应第一列的时间段给出了这些数字[⊖]。表中的其他条目反映了公司与工会最近签订的一项规定，要求每名客户代表工作8小时，且批准的班次安排为

班次1：早上6点到下午2点
班次2：上午8点到下午4点
班次3：中午12点到晚上8点
班次4：下午4点到午夜0点
班次5：晚上10点到早上6点

表3-5 联盟航空公司人员排班问题的数据

时间段	每班次的时间段安排					需求的最少客户代表数量
	1	2	3	4	5	
早上6点~8点	√					48
上午8点~10点	√	√				79
上午10点~中午12点	√	√				65
中午12点~下午2点	√	√	√			87
下午2点~4点		√	√			64
下午4点~6点			√	√		73
晚上6点~8点			√	√		82
晚上8点~10点				√		43
晚上10点~午夜0点				√	√	52
午夜0点~早上6点					√	15
每名员工的每日成本（美元）	170	160	175	180	195	

表3-5中打钩（√）的时间段属于一个班次。由于各班次有优劣之分，合同中的工资也因班次的不同而不同。每个客户代表每天的补偿或奖励显示在表中最后一行。问题是在最底行数据的基础上，确定如何以最低的人力成本满足（或超过）一天中不同时段所要求提供的服务水平（表中最后一列显示的）所需的最少客户代表数量。

建模

这个问题实际上是一个纯粹的成本收益平衡问题。为了对问题进行建模，我们首先需要明确包含在问题中的活动及其收益。

- 活动对应于各班次。
- 活动的水平就是分配给各班次的客户代表数量。
- 活动的单位是分配到该班次的一名客户代表。

因此，最佳活动水平组合的线性规划问题的一般描述在此就可以表述为，找到最优的班次人数组合问题。

- 收益对应于时段。
- 对于每一时段，活动提供的收益就是在那一时段中客户代表为顾客提供的服务。

⊖ 需求的最少客户代表数量。——译者注

- 收益的水平是由该时段在上班的客户代表数量来决定。

再次指出，一个严谨的问题建模应包括收集所有相关数据，这样才能直接建立电子表格模型。该模型如图 3-5 所示，接下来我们介绍一下建模过程。

	A	B	C	D	E	F	G	H	I	J
1		**Union Airways Personnel Scheduling Problem**								
2										
3			6AM–2PM	8AM–4PM	Noon–8PM	4PM–Midnight	10PM–6AM			
4			Shift	Shift	Shift	Shift	Shift			
5		Cost per Shift	$170	$160	$175	$180	$195			
6								Total		Minimum
7		Time Period		Shift Works Time Period? (1=yes, 0=no)				Working		Needed
8		6AM–8AM	1	0	0	0	0	48	≥	48
9		8AM–10AM	1	1	0	0	0	79	≥	79
10		10AM–12PM	1	1	0	0	0	79	≥	65
11		12PM–2PM	1	1	1	0	0	118	≥	87
12		2PM–4PM	0	1	1	0	0	70	≥	64
13		4PM–6PM	0	0	1	1	0	82	≥	73
14		6PM–8PM	0	0	1	1	0	82	≥	82
15		8PM–10PM	0	0	0	1	0	43	≥	43
16		10PM–12AM	0	0	0	1	1	58	≥	52
17		12AM–6AM	0	0	0	0	1	15	≥	15
18										
19			6AM–2PM	8AM–4PM	Noon–8PM	4PM–Midnight	10PM–6AM			
20			Shift	Shift	Shift	Shift	Shift			Total Cost
21		Number Working	48	31	39	43	15			$30 610

Solver Parameters
Set Objective Cell: TotalCost
To: Min
By Changing Variable Cells:
　NumberWorking
Subject to the Constraints:
　NumberWorking = integer
　TotalWorking >= MinimumNeeded

Solver Options:
Make Variables Nonnegative
Solving Method: Simplex LP

Range Name	Cells
CostPerShift	C5:G5
MinimumNeeded	J8:J17
NumberWorking	C21:G21
ShiftWorksTimePeriod	C8:G17
TotalCost	J21
TotalWorking	H8:H17

	H
6	Total
7	Working
8	=SUMPRODUCT(C8:G8,NumberWorking)
9	=SUMPRODUCT(C9:G9,NumberWorking)
10	=SUMPRODUCT(C10:G10,NumberWorking)
11	=SUMPRODUCT(C11:G11,NumberWorking)
12	=SUMPRODUCT(C12:G12,NumberWorking)
13	=SUMPRODUCT(C13:G13,NumberWorking)
14	=SUMPRODUCT(C14:G14,NumberWorking)
15	=SUMPRODUCT(C15:G15,NumberWorking)
16	=SUMPRODUCT(C16:G16,NumberWorking)
17	=SUMPRODUCT(C17:G17,NumberWorking)

	J
20	Total Cost
21	=SUMPRODUCT(CostPerShift,NumberWorking)

图 3-5　联盟航空公司的电子表格模型

注：包括目标单元格 TotalCost（J21）和其他输出单元格 TotalWorking（H8:H17）的公式，以及需要在 Solver 中进行设置的说明。可变单元格 NumberWorking（C21:G21）显示了 Solver 求解出的最优解。

数据

正如图 3-5 所示，表 3-5 中的数据已经被直接输入单元格 CostPerShift（C5:G5）、ShiftWorksTimePeriod

（C8:G17），以及 MinimumNeeded（J8:J17）。对于 ShiftWorksTimePeriod（C8:G17）中的数据，输入值为 1 表示该时间段对应某班次，相反，输入 0 则不对应任何班次。对于任何成本收益平衡问题，这些数据表示每个活动对每个收益的影响程度。每个客户代表工作一班次能够使对应时间段的最少员工数增加 0 或 1。

决策

由于本案例的活动对应 5 个班次，那么需要制定的决策如下：

$$S_1 = 分配到班次 1 的客户代表数量（从早上 6 点开始）$$
$$S_2 = 分配到班次 2 的客户代表数量（从上午 8 点开始）$$
$$S_3 = 分配到班次 3 的客户代表数量（从中午 12 点开始）$$
$$S_4 = 分配到班次 4 的客户代表数量（从下午 4 点开始）$$
$$S_5 = 分配到班次 5 的客户代表数量（从晚上 10 点开始）$$

存放这些数据的可变单元格放在 21 行的活动列中，即

$$S_1 \to 单元格 C21 \quad S_2 \to 单元格 D21 \quad \cdots \quad S_5 \to 单元格 G21$$

这些单元格一起被称为 NumberWorking（C21:G21）。

约束

这些可变单元格必须是非负的。除此之外，我们需要 10 个收益约束条件，每一个约束条件明确了 B 列列出的对应时间段之内上班的客户代表数量不能少于 J 列列出的最少可接受数量。这些约束是

$$早上 6 点到 8 点的客户代表总数 \geqslant 48（最低可接受水平）$$
$$上午 8 点到 10 点的客户代表总数 \geqslant 79（最低可接受水平）$$
$$\vdots$$
$$午夜 0 点到早上 6 点的客户代表总数 \geqslant 15（最低可接受水平）$$

由于 C 列到 G 列显示了该时间段所对应的班次有哪些，因此这些总和可以表示为

$$早上 6 点到 8 点的客户代表总数 = S_1$$
$$上午 8 点到 10 点的客户代表总数 = S_2$$
$$\vdots$$
$$午夜 0 点到早上 6 点的客户代表总数 = S_5$$

这些总和是通过使用 SUMPRODUCT 函数在输出单元格 TotalWorking（H8:H17）中计算出来的，显示在图 3-5 电子表格的下部。

另一种类型的约束是分配给每个班次的客户代表数必须为整数。对应五个班次的约束条件应该和第 3.2 节 TBA 航空公司问题描述的方法一样添加进来。具体来说就是，在 Excel 的 Solver 中，通过在"增加约束条件"对话框中的左侧输入"NumberWorking"，在下拉菜单中选择"int"实现。约束条件集合"NumberWorking=**整数**"会出现在 Solver 的参数中，如图 3-5 所示。在 Analytic Solver 中，选择要约束为整数的一系列单元格，在 Analytic Solver 功能区的"约束条件"菜单中，在"变量类型/范围"子菜单中选择整数。

绩效度量指标

目标是

$$最小化 \quad 成本 = 每天所有客户代表的人力成本总和$$

由于 CostPerShift（C5:G5）给出了每一班次客户代表的每日人力成本，NumberWorking（C21:G21）给出

了每班次工作的客户代表数量，于是有

$$\text{成本} = 170S_1+160S_2+175S_3+180S_4+195S_5$$
$$= \text{SUMPRODUCT}（\text{CostPerShift,NumberWorking}）$$
→单元格 G12

建模总结

以上的步骤建立了完整的电子表格线性规划模型，现以代数的形式总结为

$$\text{最小化} \quad \text{成本} =170S_1+160S_2+175S_3+180S_4+195S_5（\text{单位：美元}）$$

取决于

$$\text{早上 6 点到 8 点的客户代表总数} \geq 48$$
$$\text{上午 8 点到 10 点的客户代表总数} \geq 79$$
$$\vdots$$
$$\text{午夜 0 点到早上 6 点的客户代表总数} \geq 15$$

并且

$$S_1 \geq 0 \quad S_2 \geq 0 \quad S_3 \geq 0 \quad S_4 \geq 0 \quad S_5 \geq 0$$

求解模型

图 3-5 左下角显示了需要输入 Solver 的内容，还包括两个常用选项的选择情况。求解之后，电子表格中 NumberWorking（C21:G21）会显示每一班次需分配的客户代表数量的最优结果。TotalCost（J21）显示出该计划实施后每天的人力成本为 30 610 美元。

成本收益平衡问题建模过程的总结

成本收益平衡问题建模的 9 大步骤与前一节最后归纳的资源分配问题的建模过程形式类似，因此我们在这里就不再重复。两者的主要区别在于总体绩效度量指标不同。在成本收益平衡问题中，第 2 步和第 3 步的绩效度量指标是活动的总成本（或是管理层指定的其他总成本的替代指标），在第 4 步和第 5 步中收益取代了资源，在第 8 步对应收益的输出单元格的右边输入的是≥符号。图 3-6 显示了成本收益平衡问题电子表格模型的模板。

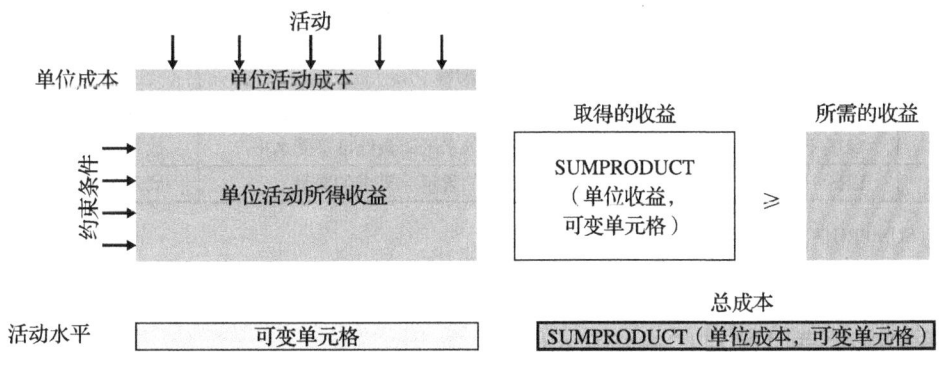

图 3-6 纯成本收益平衡问题电子表格模型的模板

成本收益平衡模型中的所有函数约束均为收益约束，即具有≥符号的约束，这是纯成本收益平衡问题的识别特征。

问题回顾

1. 资源分配问题与成本收益平衡问题在管理目标上有什么不同?
2. 成本收益问题的识别特征是什么?
3. 收益约束条件的形式是什么?
4. 成本收益平衡问题需要收集的三种类型数据是什么?
5. 比较两个成本收益问题例子中活动的类型。
6. 比较两个成本收益问题例子中收益的类型。

3.4 混合问题

第3.2节、第3.3节讨论了线性规划问题中两个很普遍的类型——资源分配问题和成本收益平衡问题。正如在表3-6中总结的,每一类问题都是以具有某种类型的约束条件为识别特征的。实际上,纯资源分配问题的识别特征是它的所有函数约束均为资源约束,而纯成本收益平衡问题的识别特征是它的所有函数约束均为收益约束(记住,一个问题的函数约束指的是该问题的非负约束条件之外的所有约束条件)。

表3-6的最后一行显示了三种函数约束的最后一种类型,那就是**固定需求约束**(fixed-requirement constraint),它要求每个约束条件的左边必须确切地等于某固定数量。因此,由于约束的左边表示的是提供的数量,确定性需求约束的形式为

$$提供的数量 = 需求的数量$$

纯确定性需求问题的识别特征是,它是一类所有的函数约束均为固定需求约束的线性规划问题。接下来的两节会介绍两种非常典型的固定需求问题,分别是运输问题以及指派问题。

然而,在讨论这些类型问题之前,我们首先继续使用第3.1节超级食品公司的案例阐明线性规划问题是怎样归入另一种被称为混合问题类型的。

很多线性规划问题并不能直接归入上述三种类型(纯资源分配问题、纯成本收益平衡问题、纯固定需求问题)中的一类,这是由于某些问题的函数约束包含了表3-6中展示的超过一种类型的函数约束。这样的问题叫作**混合问题**(mixed problem)。

现在让我们来看看更详细的超级食品公司案例研究是如何将这个资源分配问题转变成包含表3-6显示的所有三种类型的混合问题的。

表3-6 函数约束的类型

类型	形式①	解释	主要用途
资源约束	LHS ≤ RHS	对于某些资源,使用的数量≤可用的数量	资源分配问题以及混合问题
收益约束	LHS ≥ RHS	对于某些收益,实现的水平≥最低可接受水平	成本收益平衡问题以及混合问题
固定需求约束	LHS = RHS	对于某些数量,提供的数量=需求的数量	固定需求问题以及混合问题

① LHS=左边(SUMPRODUCT函数);RHS=右边(一个常数)。

超级食品公司的管理层讨论其广告组合问题

第3.1节的超级食品公司案例研究中,克莱尔·希文森(超级食品公司营销副总裁)向公司总裁大卫·斯隆提交了一份提案,要求大卫组织一场会议,针对她为公司新推出的早餐麦片设计的促销活动进行讨论。

不久以后,克莱尔·希文森与大卫·斯隆见面并讨论活动的计划。

大卫·斯隆（总裁）： 感谢你的提醒，克莱尔。你为促销活动制订的计划看起来很合理。但是，我很惊奇地发现你竟然没有使用电视广告，这是为什么呢？

克莱尔·希文森（营销副总裁）： 正如我之前在提案中描述的，我使用电子表格模型来确定这三种媒介上的广告投放方案，以使得广告受众数量达到最大。这是电子表格给出的结果。我也很惊讶它其中并没有包括投放电视广告，但是，电子表格模型显示，按相同的投入金额，电视广告相对于杂志和星期日增刊广告实现的广告曝光次数少。难道你不认为使用这个计划来使广告受众数量最大化很有意义吗？

大卫·斯隆： 并不是这样。一些广告曝光次数的重要性可能比其他广告差得多。例如，我们知道中年人并不是我们麦片产品的最大客户，所以我们并不关注有多少中年人看到我们的广告。而儿童却是我们产品的最大顾客。在星期六上午的儿童节目中做广告是我们接近儿童客户的重要途径。你知道让儿童向他们的父母要脆始产品是多么重要。这是进行首次销售的最好方式。这些广告也能被陪伴孩子看儿童节目的家长看到。我们希望广告能够实现同时吸引到家长和儿童的效果，并且能够让儿童立刻请求他们的父母购买脆始产品。我认为这才是实现促销活动成功的关键。

克莱尔·希文森： 是的，那确实意义重大。事实上，我已经为这次促销活动要实现的儿童及其家长的受众数量设定了目标。

大卫·斯隆： 太好了。你的电子表格中也包含这些目标吗？

克莱尔·希文森： 不，还没有。

大卫·斯隆： 好吧，我建议你将这些目标输入电子表格中。我认为在实现广告曝光次数最大化的同时满足你设定的这些目标，能够得到一个包含电视广告的高影响计划。

克莱尔·希文森： 好主意。我会试试的。

大卫·斯隆： 你的提案中还有其他没有被我们考虑在内的因素吗？

克莱尔·希文森： 是有一个。这个计划并没有考虑杂志和报纸的优惠券预算。

大卫·斯隆： 你也应该把这个因素添加到你的模型中。你可以重新计算，看看添加这些额外的考虑因素后，结果会发生什么变化。

克莱尔·希文森： 好的，我会的。你对电子表格建模的经验似乎很丰富。

大卫·斯隆： 是的。当你对模型结果具有很大程度的怀疑时，这是一个非常好的验证结果工具。没有一个模型能够完全顾及处理管理问题时应该考虑的所有事情。尤其是在你第一次或第二次运行模型的时候。你需要一直问自己，还有什么其他可量化的考虑因素需要加入模型中吗？然后，直到你将模型建立完整并得到一个结果时，你还需要使用你良好的管理直觉去权衡那些不能被包含进模型中的无形约束。

将其他管理因素添加到超级食品公司的模型中

因此，大卫和克莱尔认为，电子表格模型需要添加一些额外的考虑事项。由于促销活动是专门迎合儿童口味的早餐谷类食品，他们认为应该针对两类受众——儿童和他们的父母。(这是 G&J 广告公司推荐星期六上午儿童节目广告的原因)。因此，克莱尔为此次活动设定了两个新目标：

- 目标 1：至少有 500 万儿童看到广告。
- 目标 2：至少有 500 万儿童父母看到广告。

实际上，这两个目标就是广告活动要实现的两个特别收益的最低可接受水平。

- 收益 1：向儿童促销该早餐产品。
- 收益 2：向儿童父母促销该早餐产品。

已经对目标进行了明确表示，收益水平由每种广告实现相应目标群体的受众数量来衡量。

为了能够建立相应的收益约束（如第3.3节所述），克莱尔要求 G&J 广告公司估计每种媒介上每次广告能够实现的收益。以每种目标群体类型的受众数量作为衡量指标。表3-7给出了这些估计值。

> 收益的约束条件有助于将管理目标融入模型。

表3-7 修正的超级食品公司广告组合问题的收益数据

目标群体	能够实现的目标群体类型的受众数量（万）			
	每个电视广告	每个杂志广告	每个星期天增刊广告	最低可接受水平
儿童	120	10	0	500
儿童的家长	50	20	20	500

有趣的是，如图3-1所示，尽管最初的电子表格模型已经在某种程度上考虑了儿童与儿童家长的受众数量，但管理层还是希望对这两种收益进行特别考虑。正如在第3.1节所述，期望广告曝光次数是要对总体绩效度量指标进行最大化。这一度量指标涵盖了所有人（包括目标受众在内）观看到广告的所有次数。然而，最大化总体绩效度量指标并不能保证实现管理层提出的两个特殊目标⊖。克莱尔认为实现这两个目标是促销活动能否成功的关键。因此，她在原先的目标基础上增加了特殊收益约束，以确保这两个目标的实现。将代表管理目标的收益约束加入模型是管理层的特权。

此外，克莱尔还希望把另外一个考虑因素加入模型。她坚信折扣优惠券的促销价值（折扣优惠券：购买者从印刷广告上剪下优惠券，从而在购买广告上宣传的商品时享受一定的优惠）。因此，她每年都会从营销预算中将一大部分资金用于优惠券兑换。今年，分配给优惠券的预算还剩余1 490 000美元。考虑到脆始产品对公司的重要性，她决定将剩余的资金全部用于产品的促销活动中。

兑换固定数量的优惠券是一个固定需求，需要表示为固定需求约束。正如在本节开始所述，对于某些类型的数量，固定需求约束的形式可以表示为

提供的数量 = 需求的数量

本案例所涉及的数量是兑换优惠券所提供的资金数量。为了将这一约束在电子表格中表示，我们需要估计每一种媒介上的每个广告对能够实现的需求数量的贡献。优惠券将会在媒介2（面向食品和家庭类杂志的广告）和媒介3（主流报纸星期日增刊上的广告）中使用。表3-8中给出了在这些媒体上的每个广告优惠券兑换额的估计值。

表3-8 修正的超级食品公司广告组合问题确定性需求约束的数据

需求	对需求数量的贡献			需求数量
	每个电视广告	每个杂志广告	每个星期日增刊广告	
优惠券兑换额（美元）	0	40 000	120 000	1 490 000

对修正的电子表格模型进行建模

图3-7展示了对图3-1的原始电子表格模型进行的一种扩展，包含管理层额外考虑的其他因素。下面列出了修正模型的四个主要组成部分。

数据

增加了数据单元格 NumberReachedPerAd（C11:E12）、MininumAcceptable（H11:H12）、CouponRedemption-PerAd（C15:E15）和 RequiredAmount（H15）给出了表3-7和3-8中的数据。

⊖ 儿童、家长受众数量。——译者注

	A	B	C	D	E	F	G	H
1		**Super Grain Corp. Advertising-Mix Problem**						
2								
3			TV Spots	Magazine Ads	SS Ads			
4		Exposures per Ad	1 300	600	500			
5		(thousands)						
6			Cost per Ad ($thousands)			Budget Spent		Budget Available
7		Ad Budget	300	150	100	3 775	≤	4 000
8		Planning Budget	90	30	40	1 000	≤	1 000
9								
10			Number Reached per Ad (millions)			Total Reached		Minimum Acceptable
11		Young Children	1.2	0.1	0	5	≥	5
12		Parents of Young Children	0.5	0.2	0.2	5.85	≥	5
13								
14			TV Spots	Magazine Ads	SS Ads	Total Redeemed		Required Amount
15		Coupon Redemption	0	40	120	1 490	=	1 490
16		per Ad ($thousands)						
17								Total Exposures
18			TV Spots	Magazine Ads	SS Ads			(thousands)
19		Number of Ads	3	14	7.75			16 175
20			≤					
21		Maximum TV Spots	5					

Solver Parameters
Set Objective Cell: TotalExposures
To: Max
By Changing Variable Cells:
  NumberOfAds
Subject to the Constraints:
  BudgetSpent <= Budget Available
  TVSpots <= MaxTVSpots
  TotalReached >= MinimumAcceptable
  TotalRedeemed = RequiredAmount

Solver Options:
  Make Variables Nonnegative
  Solving Method: Simplex LP

Range Name	Cells
BudgetAvailable	H7:H8
BudgetSpent	F7:F8
CostPerAd	C7:E8
CouponRedemptionPerAd	C15:E15
ExposuresPerAd	C4:E4
MaxTVSpots	C21
MinimumAcceptable	H11:H12
NumberOfAds	C19:E19
NumberReachedPerAd	C11:E12
RequiredAmount	H15
TotalExposures	H19
TotalReached	F11:F12
TotalRedeemed	F15
TVSpots	C19

	F
6	Budget Spent
7	=SUMPRODUCT(C7:E7,NumberOfAds)
8	=SUMPRODUCT(C8:E8,NumberOfAds)
9	
10	Total Reached
11	=SUMPRODUCT(C11:E11,NumberOfAds)
12	=SUMPRODUCT(C12:E12,NumberOfAds)
13	
14	Total Redeemed
15	=SUMPRODUCT(CouponRedemptionPerAd, NumberOfAds)

	H
17	Total Exposures
18	(thousands)
19	=SUMPRODUCT(ExposuresPerAd,NumberOfAds)

图 3-7　修正的超级食品公司的电子表格模型

注：包括目标单元格 TotalExposures（H19）和 F 列其他输出单元格的公式，以及需要设置 Solver 的说明。可变单元格 NumberOfAds（C19:E19）显示了通过 Solver 求出的最优解。

决策

回想一下前面的内容，和之前一样，要制定的决策是

$$TV = 电视上的广告投放数量$$
$$M = 杂志上的广告投放数量$$
$$SS = 星期日增刊上的广告投放数量$$

存放这些数据的可变单元格仍然是 NumberOfAds（C19:E19）。

约束

除了之前的约束外，我们新增加了两个收益约束和一个固定需求约束，如 11 行和 12 行的 F 到 H 列所示。收益约束为

$$\text{实现的儿童总受众数量} \geq 5 \text{（目标 1，以百万为单位）}$$
$$\text{实现的家长总受众数量} \geq 5 \text{（目标 2，以百万为单位）}$$

将 11 行、12 行、19 行的 C～E 列的数据代入，得

$$\text{实现的儿童总受众数量} = 1.2TV + 0.1M + 0SS$$
$$= \text{SUMPRODUCT}（C11:E11, NumberOfAds）$$
$$\rightarrow \text{单元格 F11}$$
$$\text{实现的家长总受众数量} = 0.5TV + 0.2M + 0.2SS$$
$$= \text{SUMPRODUCT}（C12:E12, NumberOfAds）$$
$$\rightarrow \text{单元格 F12}$$

这些输出单元格被命名为 TotalReached（F11:F12）。

固定需求约束如 15 行所示：

$$\text{优惠券兑换总额} = 1\,490 \text{（单位：千美元）}$$

CouponRedemptionPerAd（C15:E15）给出了每一个广告可以带来的优惠券兑换数量，因此：

$$\text{优惠券兑换总额} = 0TV + 40M + 120SS$$
$$= \text{SUMPRODUCT}（CouponRedemptionPerAd, NumberOfAds）$$
$$\rightarrow \text{单元格 F15}$$

如图 3-7 所示，这些约束会与原先的约束条件一起输入 Solver 中。

绩效度量指标

问题的绩效度量指标仍然是

$$\text{广告曝光量} = 1\,300TV + 600M + 500SS$$
$$= \text{SUMPRODUCT}（ExposuresPerAd, NumberOfAds）$$
$$\rightarrow \text{单元格 H19}$$

目标单元格仍是 TotalExposure（H19）。

建模总结

以上的步骤使我们能够在电子表格中建立下面代数形式的线性规划模型。

$$\text{最大化 广告曝光量} = 1\,300TV + 600M + 500SS$$

同时，取决于以下约束条件：

1. 资源约束：

$$300TV + 150M + 100SS \leq 4\,000 \text{（广告预算，单位：千美元）}$$
$$90TV + 30M + 40SS \leq 1\,000 \text{（计划预算，单位：千美元）}$$
$$TV \leq 5 \text{（可获得的广告位）}$$

2. 收益约束：

$$1.2TV + 0.1M \geq 5 \text{（儿童，单位：百万）}$$
$$0.5TV + 0.2M + 0.2SS \geq 5 \text{（儿童家长，单位：百万）}$$

3. 固定需求约束：

$$40M + 120SS = 1\ 490\ (优惠券预算，单位：千美元)$$

4. 非负约束：

$$TV \geq 0 \quad M \geq 0 \quad SS \geq 0$$

模型求解

图 3-7 的左下角显示了需要输入 Solver 中的内容，同时还有需要选择的两个常用选项。之后 Solver 通过运算就会在第 19 行中显示最优解。这个最优解为本次促销活动提供了如下的计划：

- 在电视上播放 3 次广告。
- 在杂志上刊登 14 次广告。
- 在星期日增刊上刊登 7.75 次广告（因此第 8 个广告只能在报纸的 75% 的版面上显示）。

尽管这个计划能够实现的预计曝光次数仅为 16 175 000，少于图 3-1 显示的第一个计划实现的 17 000 000 的预期曝光次数，但克莱尔·希文森和大卫·斯隆都认为这个新计划将会更好地实现本次活动所希望达到的管理目标。因此，他们决定采取新计划。

这个案例研究阐明了线性规划实际应用中的一个普遍的主旨——线性规划模型需要不断进行完善。在使用模型的过程中，随着经验的不断增加，对最初版本的模型进行不断修正是很普遍的。通常所做的这些调整是为了使模型更充分地反映一些重要的管理考虑因素。在原模型上增加一些反映新的管理考虑因素时，若该约束与原约束的类型不同，可能会导致问题变成一个混合问题。

> 一个模型可能会被修正多次，直到其包含了所有重要的管理考虑因素。

| 应用实例 |

雪佛龙（Chevron）是世界领先的综合能源公司，该公司大范围地探索世界各地的原油和天然气。由于其储量庞大，该公司每天可以生产近 200 万桶的原油和差不多数量的天然气。然后经其炼油厂的提炼，每天可以生产并销售将近 300 万桶的运输燃料、化学品和润滑油。在 1947 年，线性规划发明之初，雪佛龙很快便成为这一令人兴奋的新技术的最重要用户之一。最早的应用涉及下面的混合问题。一般每种等级的汽油需要 3～10 个组分（不同形式的加工原油）的混合，其中没有任何一个组分可以完全满足某种汽油等级的质量规格，但是组分的各种组合却可以达到标准。一个典型的炼油厂可能有 20 种不同的组分，这些组分被混合成四种或更多等级的汽油，这些汽油的辛烷值和其他性能根据销售区域有所不同。混合类型的线性规划可以通过求解最小化所有混合的总成本来实现巨大的节流。

随着时间的推移，计算能力的指数增长使雪佛龙极大地扩展了其线性规划的应用。其中一种应用是优化精制产品（汽油、喷气发动机、柴油燃料）的组合以产生最大总利润。另一种应用涉及当原油价格、原料供应、产品价格、产品规格和设备能力发生变化时，周期性地确定运行精炼加工单元的最佳方式。还有线性规划的另一种应用（将在本书第 10 章讨论的决策分析）涉及优化新项目的资金使用，以不断改进其精炼系统。所有这些应用以各种方式来确定使总成本最小化或总利润最大化的线性规划的应用组合，这对雪佛龙的净利润产生了引人注目的影响。据估计，现在雪佛龙每年的累计价值接近 10 亿美元。为了表彰这一工作及其他相关工作，美国运筹学与管理科学学会授予雪佛龙 2015 年 INFORMS 奖，以表彰雪佛龙在全公司应用先进分析和管理科学方法以及创造了历史。

资料来源：T. Kutz, M. Davis, R. Creek, N. Kenaston, C. Stenstrom, and M. Connor, *Interfaces* 44, no. 1 (January-February 2014), pp. 39–54. (A link to this article is available at www.mhhe.com/Hillier6e.)

其他例子

这个案例研究是一个相对简单的小型混合问题。实际中大多数的混合问题要复杂得多，有时会包含成百上千种活动和约束条件。第一眼看去，这些大型问题可能看起来比这个案例研究更复杂。但是，你需要记住的最重要的一件事情是，任何线性规划问题都只有三种类型的函数约束——资源约束、收益约束和固定需求约束，每一种类型约束条件的构建过程都在上述案例中给予了阐述。

线性规划可以应用在多种类型的管理问题中。我们没有足够的篇幅对所有重要的线性规划应用进行举例说明。然而，如果你想进一步探索其中的奥秘，我们建议你浏览一下本章习题部分之前所归纳的五个已解决的问题。阅读本章习题部分后给出的七个案例以及本章和前几章中给出的应用实例，这些案例都会进一步向你阐述线性规划更为广泛的应用。

同时，我们会在接下来的两节进一步介绍线性规划问题的另外两种类型。

混合线性规划问题建模过程的总结

混合问题的建模过程与之前第3.2节介绍的资源分配问题建模过程类似。然而，纯资源分配问题只包含资源约束，而混合问题包含三种类型的函数约束（资源约束、收益约束以及固定需求约束）。因此，下面对混合问题建模过程进行总结，其中包含处理不同类型约束的独立步骤。图3-8显示了混合问题电子表格模型格式的模板（该模板适用于大多数混合问题，包括本章所遇到的问题，但有时在应用中也需要灵活改动，我们将会在后面的章节中阐述）。

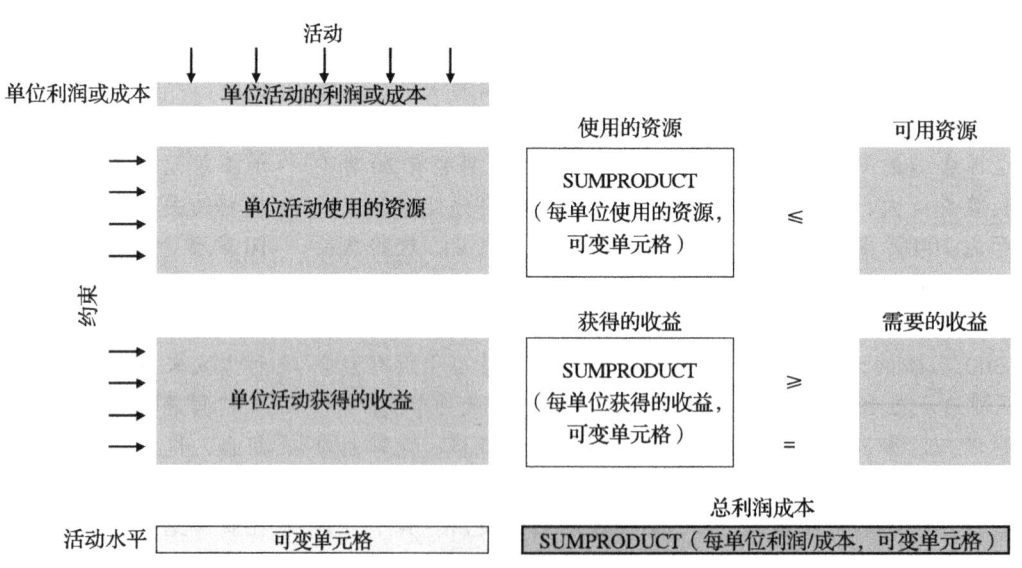

图3-8 混合问题电子表格模型的模板

（1）由于任何线性规划问题都是要找出各种活动水平的最优组合，因此首先要识别问题中的活动。要制定的决策是决定这些活动的水平。

（2）从管理层的角度出发，为问题的解决方案识别一个适合的总体绩效度量指标。

（3）对于每一种活动，估计活动对总体绩效度量指标的单位影响。

（4）识别要分配给活动的所有资源（如第 3.2 节所述）。确定每种资源的可用数量以及每单位活动的资源使用数量。

（5）识别每种活动可获得的收益（如第 3.3 节所述）。对于每种收益，明确管理层规定的各收益的可接受最低水平以及每单位活动对收益的影响。

（6）识别固定需求，对于某些类型的数量，提供的数量必须等于需求的数量（如第 3.4 节所述）。对于每种固定需求，识别需求的数量以及每单位活动对这一需求数量的影响。

（7）将第（3）~（6）步收集到的数据输入电子表格中的数据单元格中。

（8）指定用于显示活动水平相关决策的可变单元格。

（9）使用输出单元格列举资源、收益和固定需求约束。

（10）指定用于显示总体绩效水平的目标单元格。

问题回顾

1. 混合线性规划问题中包含哪几种类型的函数约束？
2. 哪些管理目标需要编入扩展后的超级食品公司线性规划模型中？
3. 在新的线性规划模型中包含了哪些类型的函数约束？
4. 为什么尽管新计划实现的广告曝光次数小于初始线性规划模型建议的广告曝光次数，但管理层还是决定采用新的计划？

3.5 运输问题

线性规划中一个最常见的应用是最优化产品运输计划。在一个典型的应用中，一个公司拥有生产某一特定产品的多个工厂，这些产品在生产后需要运输到企业的顾客手中或配送中心。每一个工厂应该向每一个客户运输多少产品才能使总成本最小？线性规划可以提供答案。这种类型的线性规划问题叫作**运输问题**。

这种类型的应用一般需要两种类型的函数约束。一种约束限定每个工厂生产的产品总量必须等于运输到顾客的产品总量。另一种约束限定输送到顾客手中的产品总量必须等于顾客订购的产品总量。这些是固定需求约束，它们使问题变成一个固定需求问题。然而，问题中也可能会存在资源约束或收益约束。

由于运输问题和指派问题（在下一节介绍）在线性规划问题中是非常重要的类型，本书中的第 6 章会对这两种相关类型的问题进行进一步阐述并举出一些不同应用实例。

我们在下面会给出典型运输问题的一个例子。

大 M 公司的运输问题

大 M 公司（Big M Company）在两个工厂生产一系列重型机床。产品之一是大型六角车床。公司已经收到了 3 个顾客的订单，他们希望在下个月购买一些六角车床。这些车床会被单独运送，表 3-9 显示了每一台车床从每个工厂运送到每个顾客手中的成本。该表还显示了每个顾客的车床订购量以及每个工厂的车床生产数量。现在公司的分销经理希望确定要从每个工厂各运送多少台车床到各个顾客才能使总运输成本最小。

图 3-9 显示了本问题的配送网络。这个网络忽略了工厂和顾客的地理分布，而是将两个工厂排在左侧的一列，将三个顾客排在右侧的一列。每个箭头表示该配送网络的一条运输路线。

表 3-9 大 M 公司网络配送问题的一些数据

出发地 \ 目的地	每条路线的运输成本（美元）			产出 / 台
	顾客 1	顾客 2	顾客 3	
工厂 1	700	900	800	12
工厂 2	800	900	700	15
订单规模 / 台	10	8	9	

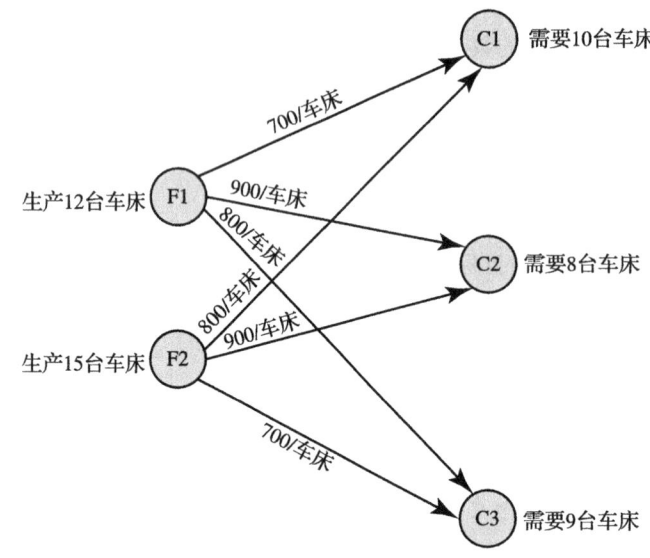

图 3-9　大 M 公司问题的配送网络（金额单位：美元）

使用线性规划术语对问题进行建模

我们需要识别这一运输问题的活动和需求，并将其建模成一个线性规划问题。在这个案例中，提到了两种类型的活动——两个工厂车床产品的生产活动以及沿各条路线运输产品的活动。各个工厂要生产的产量已经给出，因此在生产活动上不需要制定决策。要制定的决策是有关运输活动的水平——每条路线的运输量是多少。因此，在线性规划建模时，我们需要着重关注运输活动。

- 活动对应图 3-9 箭头所示的运输路线。
- 每个活动的水平是指每条运输线路上输送的车床数量。

正如任何线性规划问题都可以描述为寻找最优的活动水平组合，本案例要解决的问题是寻找每条运输路线输送量的最优组合。要制定的决策是

S_{F1-C1} = 从工厂 1 运送到客户 1 的车床数量
S_{F1-C2} = 从工厂 1 运送到客户 2 的车床数量
S_{F1-C3} = 从工厂 1 运送到客户 3 的车床数量
S_{F2-C1} = 从工厂 2 运送到客户 1 的车床数量
S_{F2-C2} = 从工厂 2 运送到客户 2 的车床数量
S_{F2-C3} = 从工厂 2 运送到客户 3 的车床数量

在电子表格中需要设置 6 个可变单元格来存放上面的 6 个数据。

问题的目标是

最小化　成本 = 运送车床的总成本

使用表 3-9 给出的运输成本，得

$$\text{成本} = 700S_{F1-C1} + 900S_{F1-C2} + 800S_{F1-C3} + 800S_{F2-C1} + 900S_{F2-C2} + 700S_{F2-C3}$$

以美元为单位输入目标单元格中（我们将在后面使用 SUMPRODUCT 函数完成这一步）。

此电子表格模型同样需要 5 个约束条件，包括固定需求约束。表 3-9 和图 3-9 显示了这些需求。

- 需求 1：工厂 1 必须运输 12 台车床。
- 需求 2：工厂 2 必须运输 15 台车床。
- 需求 3：客户 1 必须收到 10 台车床。
- 需求 4：客户 2 必须收到 8 台车床。
- 需求 5：客户 3 必须收到 9 台车床。

因此，图 3-9 配送网络中的每一个位置都有其特定的需求约束。

所有五个需求都可以以约束的形式表示：

$$\text{提供的数量} = \text{需求的数量}$$

例如，需求 1 可以表示为下面的代数形式：

$$S_{F1-C1} + S_{F1-C2} + S_{F1-C3} = 12$$

式子的左边给出了工厂 1 实际运送的总车床数量，12 是工厂 1 需要运送的车床数量。因此，这个约束限制了 S_{F1-C1}、S_{F1-C2}、S_{F1-C3} 的值，使其总和达到需求数量 12。不同于"≤"形式的资源约束和"≥"形式的收益约束，此约束表示了必须持有数量的固定需求。于是运输问题便归属于前面介绍的固定需求问题。然而，第 6 章给出了一些例子用以阐述具有资源约束或收益约束的运输问题变形。例如，12 个车床代表工厂 1 的生产能力（最大运输数量）而非需要运送的数量，对于需求 1 的约束就会变成具有"≤"符号的资源约束。这样的变形也可以很容易编入电子表格模型。

电子表格模型的建模

为了准备对问题进行建模，我们已经找出了该问题中要制定的决策、决策的约束条件以及总体绩效度量指标，并收集了表 3-9 中显示的所有重要数据。所有这些信息都显示在图 3-10 所示的电子表格模型中。数据单元格包括 ShippingCost（C5:E6）、Output（H11:H12）和 OrderSize（C15:E15），它们存放了表 3-9 中的所有数据。可变单元格是 UnitsShipped（C11:E12），给出了每条运输线路需要运送的车床数量的决策。输出单元格是 TotalShippedOut（F11:F12）和 TotalToCustomer（C13:E13），这些单元格中使用了 SUM 函数，如图 3-10 电子表格的下方所示。约束条件是 TotalShippedOut 要求等于 Output，TotalToCustomer 要求等于 OrderSize。这些约束已经列举在电子表格中，并输入 Solver。目标单元格是 TotalCost（H15），使用 SUMPRODUCT 函数计算运输的总成本。图 3-10 的左下角显示了需要输进 Solver 的说明，以及需要选择的两个常用选项。

> 在制定模型之前，需要仔细考虑问题。

> 这是一个使用 SUM 函数代替 SUMPRODUCT 用于输出单元格的例子。

这个电子表格的布局与之前书中介绍的线性规划例子不同，每个活动并没有被分配到不同列，每个约束也没有被列举在不同行，成本数据以及可变单元格都是以表格的形式列出。这种形式以一种更自然更简洁的方式来反映约束和结果。

图 3-10 电子表格中的 UnitsShipped（C11:E12）显示了应用 Solver 求解得到的最优解，显示了每条路线应输送的车床数量。TotalCost（H15）显示了该运输计划的总运输成本：20 500 美元。

	A	B	C	D	E	F	G	H
1		**Big M Company Distribution Problem**						
2								
3		Shipping Cost						
4		(per Lathe)	Customer 1	Customer 2	Customer 3			
5		Factory 1	$700	$900	$800			
6		Factory 2	$800	$900	$700			
7								
8						Total		
9						Shipped		
10		Units Shipped	Customer 1	Customer 2	Customer 3	Out		Output
11		Factory 1	10	2	0	12	=	12
12		Factory 2	0	6	9	15	=	15
13		Total to Customer	10	8	9			
14			=	=	=			Total Cost
15		Order Size	10	8	9			$20,500

Solver Parameters
Set Objective Cell: TotalCost
To: Min
By Changing Variable Cells:
 UnitsShipped
Subject to the Constraints:
 TotalShippedOut = Output
 TotalToCustomer = OrderSize
Solver Options:
 Make Variables Nonnegative
 Solving Method: Simplex LP

Range Name	Cells
OrderSize	C15:E15
Output	H11:H12
ShippingCost	C5:E6
TotalCost	H15
TotalShippedOut	F11:F12
TotalToCustomer	C13:E13
UnitsShipped	C11:E12

	F
8	Total
9	Shipped
10	Out
11	=SUM(C11:E11)
12	=SUM(C12:E12)

	B	C	D	E
13	Total to Customer	=SUM(C11:C12)	=SUM(D11:D12)	=SUM(E11:E12)

	H
14	Total Cost
15	=SUMPRODUCT(ShippingCost,UnitsShipped)

图 3-10 大 M 公司问题的电子表格模型

注：包括目标单元格 TotalCost（H15），和其他输出单元格 TotalShippedOut（F11:F12），TotalToCustomer（C13:E13）的公式以及需要设置 Solver 的说明。可变单元格 UnitsShippedOut（C11:E12）显示了 Solver 求出的最优解。

由于任何运输问题都是线性规划问题的一种特殊类型，因此标准假设是允许非整数解存在的。然而，对于本应用来讲，我们并不希望这种假设存在，这是由于只有整数数量的车床才能从工厂运输到客户手中。幸运的是，尽管做的只是标准假设，但显示在 UnitsShipped（C11:E12）中的最优解刚好是整数值。这不是偶然，尽管假设允许存在非整数解，但是在模型的形式要求下，几乎所有的运输问题（包括本例）都能保证其具有整数最优解。特别的是，只要问题中的供应和需求数据都是整数值（在大 M 公司问题中的产出 Output 和订购数量 Order Size），任何具有可行解的运输问题都能够保证其决策变量具有整数最优解。因此，不需要向模型中增加限制变量为整数的约束条件。

总而言之，以下是此电子表格中线性规划模型的代数形式：

最小化　成本 = $700S_{F1-C1} + 900S_{F1-C2} + 800S_{F1-C3} + 800S_{F2-C1} + 900S_{F2-C2} + 700S_{F2-C3}$

取决于以下约束条件：

（1）确定性需求约束：

$$S_{F1-C1} + S_{F1-C2} + S_{F1-C3} = 12 \text{（工厂 1）}$$
$$S_{F2-C1} + S_{F2-C2} + S_{F2-C3} = 15 \text{（工厂 2）}$$

$$S_{F1-C1} + S_{F2-C1} = 10 \text{（客户 1）}$$
$$S_{F1-C2} + S_{F2-C2} = 8 \text{（客户 2）}$$
$$S_{F1-C3} + S_{F2-C3} = 9 \text{（客户 3）}$$

（2）非负约束条件：

$$S_{F1-C1} \geq 0 \quad S_{F1-C2} \geq 0 \quad S_{F1-C3} \geq 0 \quad S_{F2-C1} \geq 0 \quad S_{F2-C2} \geq 0 \quad S_{F2-C3} \geq 0$$

问题回顾

1. 运输问题是怎么得名的？
2. 运输问题的识别特征是什么？
3. 固定需求约束与资源约束、收益约束的形式有什么不同？
4. 大 M 公司的问题中固定需求的数量是什么？

3.6 指派问题

我们现在介绍另外一种特殊的线性规划问题，叫作**指派问题**。顾名思义，这类问题需要做出指派决策。这类问题一般是向工作指派人力资源。因此，指派问题的很多应用都是辅助经理将人员和任务进行匹配，其他的应用可能是向任务分配机器、设备、厂房等。下面是一个典型的例子。

例子：赛尔摩公司问题

赛尔摩公司（Sellmore Company）的市场经理不久就要为销售区域经理和部门员工举办公司的年度销售会议。为了协助会议的管理，他雇了四个临时工（安、伊恩、琼和肖恩），每个人分别处理以下四项工作。

（1）书面报告的文字处理（word processing）。
（2）口头和书面报告的电脑绘图（graphics）。
（3）准备会议袋（packets），包括复印和整理书面材料。
（4）处理会议的提前登记和现场登记（registrations）。

现在经理需要决定如何指派工作。

尽管每个临时工都具有足够的文化背景来执行四种工作中的任一种，但是他们处理不同类型工作的效率是不同的。表 3-10 显示了每个人做每项工作需要的时间。最右列给出了基于每个人的教育背景需提供的时薪。

表 3-10 赛尔摩公司问题的数据

临时工	每项工作需要的时间（小时）				时薪（美元）
	文字处理	绘图	会议袋	登记	
安	35	41	27	40	14
伊恩	47	45	32	51	12
琼	39	56	36	43	13
肖恩	32	51	25	46	15

电子表格模型建模

图 3-11 显示了该问题的电子表格模型，表 3-10 数据被输入在图的顶部。使用图 3-11 底部显示的公式，结合所需时间和所需工资，能

> 目标单元格 Cost（D15:G18），其目标是最小化指派总成本。

够计算得到每种指派方案的总成本（单元格 D15:G18）。这样，分配问题就以成本表的形式展示出来。问题的目标是应该做出何种分配以最小化总成本。

单元格 Supply（J24:J27）中的值 1 表示在 C 列中的每一个人都负责一项工作。单元格 Demand（D30:G30）中的值 1 表示每项工作都要由一个人来负责。这些要求被设置在 Solver 中的约束条件一栏。

> 需要针对每个任务的人员指派做出决策。

	A	B	C	D	E	F	G	H	I	J
1	Sellmore Co. Assignment Problem									
2										
3					Task					
4		Required Time		Word						Hourly
5		(Hours)		Processing	Graphics	Packets	Registrations			Wage
6			Ann	35	41	27	40			$14
7		Assignee	Ian	47	45	32	51			$12
8			Joan	39	56	36	43			$13
9			Sean	32	51	25	46			$15
10										
11										
12					Task					
13				Word						
14		Cost		Processing	Graphics	Packets	Registrations			
15			Ann	$490	$574	$378	$560			
16		Assignee	Ian	$564	$540	$384	$612			
17			Joan	$507	$728	$468	$559			
18			Sean	$480	$765	$375	$690			
19										
20										
21					Task					
22		Assignment		Word				Total		
23				Processing	Graphics	Packets	Registrations	Assignments		Supply
24			Ann	0	0	1	0	1	=	1
25		Assignee	Ian	0	1	0	0	1	=	1
26			Joan	0	0	0	1	1	=	1
27			Sean	1	0	0	0	1	=	1
28			Total Assigned	1	1	1	1			
29				=	=	=	=			Total Cost
30			Demand	1	1	1	1			$1 957

	B	C	D	E	F	G	H
13			Word				
14	Cost		Processing	Graphics	Packets	Registrations	
15		Ann	=D6*I6	=E6*I6	=F6*I6	=G6*I6	
16	Assignee	Ian	=D7*I7	=E7*I7	=F7*I7	=G7*I7	
17		Joan	=D8*I8	=E8*I8	=F8*I8	=G8*I8	
18		Sean	=D9*I9	=E9*I9	=F9*I9	=G9*I9	

	H
22	Total
23	Assignments
24	=SUM(D24:G24)
25	=SUM(D25:G25)
26	=SUM(D26:G26)
27	=SUM(D27:G27)

Solver Parameters
Set Objective Cell: TotalCost
To: Min
By Changing Variable Cells:
　Assignment
Subject to the Constraints:
　TotalAssigned = Demand
　TotalAssignments = Supply
Solver Options:
　Make Variables Nonnegative
　Solving Method: Simplex LP

	J
29	Total Cost
30	=SUMPRODUCT(Cost,Assignment)

Range Name	Cells
Assignment	D24:G27
Cost	D15:G18
Demand	D30:G30
HourlyWage	I6:I9
RequiredTime	D6:G9
Supply	J24:J27
TotalAssigned	D28:G28
TotalAssignments	H24:H27
TotalCost	J30

	C	D	E	F	G
28	Total Assigned	=SUM(D24:D27)	=SUM(E24:E27)	=SUM(F24:F27)	=SUM(G24:G27)

图 3-11　赛尔摩公司指派问题的电子表格建模

注：包括目标单元格 TotalCost（J30）和其他输出单元格 Cost（D15:G18）、TotalAssignments（H24:H27）以及 Solver 的设置说明。可变单元格 Assignment（D24:G27）中的值 1 显示了通过 Solver 运行得到的向每项工作指派员工的最优计划方案。

每个可变单元格 Assignment（D24:G27）在相应的指派被选择时被赋予值为 1，否则为 0。因此电子表格中目标单元格的 Excel 方程——TotalCost=SUMPRODUCT（Cost, Assignment），能够得出决策的指派总成本。"Solver 系数"对话框表明问题的目标是最小化目标单元格。

图 3-11 的可变单元格显示了通过运行 Solver 得到的最优解。最终结果是

- 分配安来准备会议袋。
- 分配伊恩负责电脑制图。
- 分配琼处理登记。
- 分配肖恩负责文字处理。

总成本在单元格 J30 中给出，一共是 1 957 美元。

> 可变单元格的值为 1 表示相应的指派被选择，值为 0 表示相应的指派没被选择。

> Excel 小提示：当求解指派问题时，四舍五入错误经常会发生，最后导致 Excel 返回一个非常接近于 0 的非整数值（如 1.23E-10，即 0.000 000 000 123）或非常接近于 1（如 0.999 991 2）的值。为了使电子表格更整洁，你需要在可变单元格中将这些"不好看"的代数值替代为正确的值，0 或 1。

指派问题的特征

注意，赛尔摩公司问题的所有函数约束（如图 3-11 的单元格 H24:H27 和 D28:G30 所示）都是固定需求约束，要求每个人只能被指派一项工作，一项工作只能由一个人负责。因此，和大 M 公司的运输问题一样，赛尔摩公司问题是一个固定需求问题。这是所有纯指派问题的特征。不过，第 6 章给出了一些指派问题变形的例子。

正如图 3-11 可变单元格 Assignment（D24:G27）一样，对任何纯指派问题电子表格模型中的可变单元格来说，当相应指派决策被选择时会被赋予值为 1，否则为 0。由于固定需求约束只需要将每一行或每一列可变单元格的值加总为 1（也可能会有同行或同列两个单元格值为 0.5，其他为 0 的情况出现），因此有必要增加约束条件使每个可变单元格均为整数。在选择 Solver 选项使可变单元格非负后，这种约束会使每个可变单元格的值变成 0 或 1。然而，在图 3-11 中，似乎不需要增加限制可变单元格值为 0 或 1 的约束条件，这是由于 Solver 无论如何都能给出值为 0 或 1 的最优解。事实上，纯指派问题的一般特征之一是在不需要增加额外约束的前提下，Solver 总能给出这样的最优解。

我们会在第 6 章进一步介绍纯指派问题的另一个有趣特征，即它可以被看成一种特殊类型的运输问题。特别的是，相应运输问题中的每一个固定需求约束都需要每一行和每一列的可变单元格值相加为 1。这会导致 Solver 给出一个所有可变单元格值均为 0 或 1 的最优解，正如之前的指派问题一样。

问题回顾

1. 指派问题名字的由来？
2. 纯指派问题具有什么类型的函数约束？
3. 如何理解纯指派问题电子表格模型中的可变单元格？

| 应用实例 |

泰勒通信（Taylor Communications，在 2016 年被泰勒公司收购并重新塑造品牌之前，曾是标准运营公司 Standard Operations Company）是世界上最大的印刷集团之一。它为美国及周边的大公司提供了大量的印刷和打印服务。它在美国和墨西哥拥有数十家制造工厂。

印刷市场竞争非常激烈，为了提供有竞争力的价格，公司管理层必须不断地战胜生产和分销

产品总成本最小化的战略挑战。每个制造工厂都有各种各样的印刷机，每台印刷机都有能力完成多种印刷工作。然而，不同的印刷机执行给定工作的成本会有很大差异。此外，将成品运输到客户的成本可能会因工厂到客户的最终距离不同而产生很大的不同。

假设下一个时间段需要执行大量印制作业，那么问题是如何将印制作业分配给印刷机。每个个体任务的成本是在某个印刷机上完成该工作需要的成本和将成品运送给客户所需成本的总和。目标是将所有印制工作指派，以最小化所有作业的总成本。这实际上是本章讨论的指派问题，只是把情况修改为给定的印刷机能够处理多个任务。因此，为每个印刷机添加了一个约束，即分配给该印刷机的所有作业总处理时间不能超过该印刷机的可用时间。

定期解决这一庞大的指派问题并实施这一解决办法，每年可节省1 000多万美元。

资料来源：S. L. Ahire, M. F. Gorman, D. Dwiggins, and O. Mudry, "Operations Research Helps Reshape Operations Strategy at Standard Register Company," *Interfaces* 37, no. 6 (November-December 2007), pp.553–565. (A link to this article is available at www.mhhe.com/Hillier6e.)

3.7 从更宽广的角度来看建模

对线性规划问题的建模以及分析为管理者制定决策提供了具有帮助性的相关信息。这意味着模型必须准确地从管理层的视角反映问题：

- 总体绩效度量指标必须反映管理层希望实现的目标。
- 当管理层限制了所考虑活动的可用资源数量时，这些限制就要被描述为资源约束。
- 当管理层设置了活动要实现的可接受的最低收益水平时，这些管理目标将会以收益约束的形式加入模型。
- 如果管理层对某些数量具有固定需求，那么就需要在模型中建立固定需求约束条件。

在电子表格的帮助下，一些管理者可以独立建立并求解小型的线性规划模型。然而大型线性规划模型一般是由管理科学团队而非管理者建立的。管理科学团队必须彻底地理解管理层对此问题的看法，然后才能对问题进行建模。这需要管理科学团队在研究之初与管理层进行明确的沟通，并在管理层需要新的管理指导时随时保持有效的沟通。管理层需要明确表达他们对问题的看法以及强调一些重要的考虑事项。如果管理层不能明确地表达出需要什么帮助的话，线性规划研究将不能为他们提供任何有用的帮助。

> 模型中的绩效度量指标和约束条件都需要从管理者的角度反映实际问题。
>
> 线性规划研究需要管理层的大力投入与支持。

与任何教科书一样，本章中的例子与实际的典型应用相比，规模更小、更为简单，且更明确。许多实际的研究需要建立复杂的线性规划模型，其中包含成百上千个（甚至上百万个）决策与约束。在这种情况下，人们常常会疑惑是否应该在模型中考虑某些问题。管理层的大力投入与支持对于这样复杂的线性规划研究的成功实施是至关重要的。

当处理大型实际问题时，唯一正确的线性规划模型是不存在的。随着研究的进行，模型会不断地被修正和扩展。在研究初期，人们将会使用各种各样的技术来检验最初版本的模型，在建立大型模型的过程中识别不可避免的错误和遗漏。这个检验过程被称为**模型验证**（model validation）。

一旦基本模型通过验证，就可以对模型进行合理的变动。究竟进行哪种变动取决于很多因素，如对问题最合理的假设、对模型参数的最可靠估计以及模型希望实现的详细程度。

在大型的线性规划研究中，一个很好的方法是最初先建立一个相对简单的模型，然后运用从这个模型中获得的经验来扩展模型，使其更加能够反映实际问题的复杂性。只要模型还能够较容易求解，这种模型扩展（model enrichment）的过程就会一直持续下去。当管理层需要研究结果时，就必须对模型进行缩减。管理层经常需要抑制管理科学团队在模型中画蛇添足的本能，引导他们以适时的方式建立模型，达到只要模型够用即可的目的。

管理者在研究当前模型的输出结果时，他们经常会在必要的模型扩展里发现一些不如意的特征。模型扩展中一般会加入一些收益约束以满足管理层之前没有提出的管理目标（回忆一下超级食品公司的案例）。

尽管可以对模型进行一些合理的变动，但是对于一个特定版本的模型，一次只能求得一个最优解。这就是what-if分析是线性规划研究中一个重要组成部分的原因。在求得一个特定模型的最优解后，管理层可能会有很多what-if问题（如果……怎么……式的问题）：

- 如果对模型的参数估计有误怎么办？
- 如果对问题做出不同的合理假设，问题的结果将会如何变化？
- 如果管理层的某一要求没有被加入模型，将会产生什么样的结果？

第5章会主要介绍what-if分析将如何解决这些问题，以及管理者应该如何使用这些信息。

> what-if分析解决了一些在建模求解后仍然存在的关键问题。

由于管理者是管理科学研究的发起人，因此他们需要对线性规划模型以及建模有足够的了解，只有这样他们才能认识到哪些管理问题可以应用线性规划来解决。另外，由于管理层的投入对于线性规划研究非常重要，因此管理者需要知道哪些管理考虑事项需要被编入模型中。培养读者的这两种技能是本章最重要的目标。

问题回顾

1. 线性规划模型需要准确地反映出谁对问题的观点和看法？
2. 模型验证是什么意思？
3. 模型扩展的过程是什么意思？
4. 为什么what-if分析是线性规划研究中一个重要的部分？

本章小结

具有"≤"符号的函数约束叫作资源约束，这是由于它们要求使用的资源数量必须小于等于可用的资源数量。资源分配问题的识别特征是它们的所有函数约束都是资源约束。

具有"≥"符号的函数约束叫作收益约束，这是由于它们要求实现的收益水平必须大于等于最低可接受水平。通常，收益约束反映了管理层设定的目标。如果每个函数约束都是收益约束，那么这个问题就是一个成本收益平衡问题。

具有"="符号的函数约束叫作固定需求约束，这是由于它们表达了对于某些数量的固定需求，即提供的数量必须等于需要的数量。固定需求问题的识别特征是它们的函数约束都是固定需求约束。固定需求问题的一种典型类型是运输问题，即找到一个最优的运输计划使产品从多个工厂运输到多个顾客的总成本最小。另外一种典型的类型是指派问题，即指派不同员工负责不同工作，目标是最小化执行工作的总成本。

不属于这三种类型中任意一种类型的线性规划问题叫作混合问题。

在很多实际应用中，管理科学团队负责建立并分析大型线性规划模型以帮助指导制定管理决策。管理科学团队需要管理层的大力投入与支持以确保他们的工作能够真正满足管理层的要求。

专业术语

assignment problem 指派问题 线性规划问题的一种，通常是指派不同员工负责不同工作，目标是最小化执行工作的总成本。（第 3.6 节）

benefit constraint 收益约束 具有"≥"符号的函数约束。式子的左边表示的是所考虑活动能够实现的收益水平，右边表示的是这一收益的最低可接受水平。（第 3.3 节）

cost-benefit-trade-off problem 成本收益平衡问题 线性规划问题的一种。这类线性规划问题考虑的是活动的总成本以及活动能够实现的收益之间的平衡。它的识别特征是线性规划模型中的函数约束都是收益约束。（第 3.3 节）

fixed-requirement constraint 固定需求约束 具有"="符号的函数约束。式子的左边表示的是提供的数量，右边表示的是需求的数量，它的识别特征是模型中的函数约束都是固定需求约束。（第 3.4 节）

identifying feature 识别特征 能够指出其代表何种线性规划问题的线性规划模型的特征。（第 3 章引言）

integer programming problem 整数规划问题 线性规划问题的一种变异，具有对一部分或所有决策变量必须为整数值的额外约束。（第 3.2 节）

mixed problem 混合问题 包括至少两到三种类型函数约束（资源约束、收益约束、固定需求约束）的任意线性规划问题。（第 3.4 节）

model enrichment 模型扩展 运用从模型中获得的经验来识别和增加重要的细节，以使模型能够更好地反映实际问题的过程。（第 3.7 节）

model validation 模型验证 对模型进行检验和测试以开发一个有效模型的过程。（第 3.7 节）

resource-allocation problem 资源分配问题 线性规划问题的一种，这类问题考虑的是如何将资源分配给活动。它的识别特征是模型中的函数约束都是资源约束。（第 3.2 节）

resource constraint 资源约束 具有"≤"符号的函数约束。式子的左边表示的是活动所使用的资源数量，右边表示的是可用的资源数量。（第 3.2 节）

transportation problem 运输问题 线性规划问题的一种，通常是找到一个最优的运输计划使产品从多个工厂运输到多个顾客的总成本最小。（第 3.5 节）

本章学习辅助材料

材料下载地址：
www.mhhe.com/Hillier6e

本章 Excel 文件：
- 超级食品公司的例子（Super Grain Example）
- TBA 航空公司的例子（TBA Airlines Example）
- 梦大发展公司的例子（Think-Big Example）
- 联合航空公司的例子（Union Airways Example）
- 大 M 公司的例子（Big M Example）
- 修正的超级食品公司的例子（Revised Super Grain Example）
- 赛尔摩公司的例子（Sellmore Example）

本章 Excel 加载宏：
Analytic Solver

已解决的问题

（答案参见 www.mhhe.com/Hillier6e。）

3.S1. 农场管理

德怀特（Dwight）和哈蒂（Hattie）经营家庭农场已经 30 多年了。最近，他们正在为即将到来的季节制订他们 120 英亩①土地上的谷物种植计划。下面的表格给出了每英亩土地所需的劳动时间和肥料，以及每种谷物每英亩的预期总利润。德怀特、哈蒂和他们的子女在即将到来的季节中最多能够工作 6 500 个小时。他们有 200 吨肥料可以使用。他们应该种植什么样的谷物组合才能使整个家庭的总利润最大化？

---

① 1 英亩约为 4 047 平方米。——译者注

（1）在电子表格中建模并求解这一线性规划问题。

（2）以代数的形式对该问题进行建模。

谷物	所需要的劳动时间 （小时/英亩）	所需的化肥 （吨/英亩）	预期利润 （美元/英亩）
燕麦	50	1.5	500
小米	60	2	600
玉米	105	4	950

3.S2. 食谱问题

星星（Sing Sing）监狱的厨房总管正在为犯人们制定食谱。她打算提供牛奶、豆类和橙子的某种组合套餐。她的目标是在满足法律规定的最低营养需求量的同时最小化总成本。每一种食物的营养含量、成本以及最低需求量如下表所示。请问应该为每位犯人提供什么样食谱的食物？

（1）在电子表格中建模并求解这一线性规划问题。

（2）以代数的形式对该问题进行建模。

	牛奶 （加仑）	菜豆 （杯）	橙子（大个的加州巴伦西亚橙）	每日最低需求量
维生素 B3 (mg)	3.20	4.90	0.80	13.00
维生素 B1 (mg)	1.12	1.30	0.19	1.50
维生素 C (mg)	32.00	0.00	93.00	45.00
成本（美元）	2.00	0.22	0.25	

3.S3. 缩减库存问题

德科拉配件公司（Decora Accessories）制造多种多样的浴室配件，包括装饰用的毛巾架和浴帘架。每个配件都是由不锈钢管制成。然而，制造这些配件需要不同尺寸长度的不锈钢材：12、18、24、40和60英寸。德科拉公司从外部供应商处购买了60英寸的不锈钢管，然后将不锈钢管分割成产品需要的尺寸。每一个60英寸的不锈钢管可以用来制成很多小不锈钢管。例如，一个60英寸的不锈钢管可以制成一个40英寸和一个18英寸的管子（剩下2英寸的废料），或者是5个12英寸的管子（没有浪费）。为了下轮的生产，德科拉公司需要25个12英寸的管子、52个18英寸的管子、45个24英寸的管子、30个40英寸的管子、12个60英寸的管子。请问至少需要购买多少根60英寸的不锈钢管才能满足生产需求？请在电子表格中建立并求解这一整数规划模型。

3.S4. 心苏公司的生产和配送问题

心苏公司（Heart Start）在两个不同的工厂（A和B）内生产自动体外除颤器。两个工厂的单位生产成本以及每月产能如下所示。自动体外除颤器通过三个批发商进行销售。从每个工厂运送到每个批发商仓库的运输成本以及每个批发商的月需求量也显示在下表中。心苏公司的管理层要求他们的高级管理专家（你）来处理以下两个问题：（1）每个工厂应该生产多少个自动体外除颤器？（2）应该怎样安排工厂到批发商的运输计划才能使生产和运输成本总和最小？请在电子表格中建模并求解该问题（金额单位：美元）。

	单位运输成本			单位生产成本	每月产能
	批发商1	批发商2	批发商3		
工厂 A	22	14	30	600	100
工厂 B	16	20	24	625	120
月需求量	80	60	70		

3.S5. 选课问题

在太平洋西北部的一所著名大学的MBA课程中，学生们正在为他们第二学年的选修课程进行投标。学生们一共有100分可以进行投标，每人必须选修两门课程。现在有四门选修课程可以选择：管理科学（MS）、金融学（FIN）、运营管理（OM）、营销学（Mkt）。每门课程只能5个学生选修。下表给出了10个学生对每门课程的投标情况：

学生对课程的投标情况				
学生	管理科学	金融学	运营管理	营销学
乔治（George）	60	10	10	20
弗雷德（Fred）	20	20	40	20
安（Ann）	45	45	5	5
艾里克（Eric）	50	20	5	25
苏珊（Susan）	30	30	30	10
利兹（Liz）	50	50	0	0
艾德（Ed）	70	10	10	10
大卫（David）	25	25	35	15
托尼（Tony）	35	15	35	15
詹妮弗（Jennifer）	60	10	10	20

（1）建立并求解电子表格模型，确定哪种分配方案能够实现总投标分数最大。

（2）最终实现的结果是一个公平的分配吗？

（3）什么样的目标才能使分配公平？

习题

带有星号（*）的习题表示书后会给出部分答案。

3.1 重新考虑第 3.1 节中超级食品公司的例子。G&J 广告公司现在推荐了第四种可行的广告媒介（广播广告）来推广公司新推出的早餐谷类食品——脆始。儿童是这种食品主要的潜在消费者，但是儿童的父母（主要的潜在购买者）经常由于很忙而没有时间阅读，因此会错过公司在杂志和星期日报纸增刊上的广告，甚至可能没有时间收看星期六上午的儿童节目，因而也无法看到公司在电视上播放的广告。但是，这些家长在上下班的时候一般会收听无线广播。因此，为了更好地接触这些家长，G&J 公司建议超级食品公司考虑在上下班的时间段通过吸引中青年人的全国性电台为脆始产品做广告。

G&J 公司估计开发新的电台广告的成本将为 50 000 美元，单位广告能够获得的广告期望受众量为 900 000。公司确认可以获得 10 个广告位用来播放不同的电台广告，每个时段广告播放的成本为 200 000 美元。

(1) 为包含上述第四种广告媒体的广告组合问题建立并求解电子表格模型。确定数据单元格、可变单元格以及目标单元格。给出使用 SUMPRODUCT 函数表示的每个输出单元格中的 Excel 公式。

(2) 说明为什么这个电子表格模型是一个线性规划模型。

(3) 写出该模型的代数形式。

3.2 请阅读第 3.2 节应用实例的参考文献，该文献提供了该应用实例的详细管理科学研究过程。请简述线性规划在本研究中的应用，然后列出管理科学研究的优势。

3.3* 考虑具有如下所示数据的资源分配问题。

资源	单位活动的资源使用量		可用资源量
	1	2	
1	2	1	10
2	3	3	20
3	2	4	20
单位贡献（美元）	20	30	

单位贡献 = 单位活动的收益

(1) 在电子表格中建立该问题的线性规划模型。

(2) 使用电子表格检验以下结果 $(x_1, x_2) = (2, 2), (3, 3), (2, 4), (4, 2), (3, 4), (4, 3)$。哪个是可行解？可行解中的哪一个解能使目标函数值最优？

(3) 使用 Solver 找到最优解。

(4) 写出该模型的代数形式。

(5) 用图解法求解该模型。

3.4 考虑具有如下所示数据的资源分配问题。

资源	单位活动的资源使用量			可用资源量
	1	2	3	
A	30	20	0	500
B	0	10	40	600
C	20	20	30	1 000
单位贡献（美元）	50	40	70	

单位贡献 = 单位活动的收益

(1) 在电子表格中建立并求解该问题的线性规划模型。

(2) 写出该模型的代数形式。

3.5 考虑具有如下所示数据的资源分配问题。

资源	单位活动的资源使用量				可用资源量
	1	2	3	4	
P	3	5	−2	4	400
Q	4	−1	3	2	300
R	6	3	2	−1	400
S	−2	2	5	3	300
单位贡献（美元）	11	9	8	9	

单位贡献 = 单位活动的收益

(1) 在电子表格中建立该问题的线性规划模型。

(2) 为问题的最优解做出 5 次猜测。使用电子表格检验每个解是否可行，如果可行，计算目标函数的值。哪一个预估可行解具有最优目标函数值？

(3) 使用 Solver 找到最优解。

3.6* 欧米茄制造公司（Omega Manufacturing Company）停止生产了一种不再获利的产品。这就创造了一些额外的产能。管理层正在考虑将这些额外的产能用于生产三种产品：产品 1、产品 2、产品 3。可能会限制产量的可用机器产能如下表所示。

机器类型	每周可用机器工时
铣床	500

(续)

机器类型	每周可用机器工时
车床	350
磨床	150

每生产一单位产品所需的机器工时如下表所示。

生产系数（单位产能所需要的机器工时）

机器类型	产品1	产品2	产品3
铣床	9	3	5
车床	5	4	0
磨床	3	0	2

销售部门表示，产品1和产品2的预计销售量将超过最大生产量，产品3每周预计销售20单位。三种产品的单位利润分别是50美元、20美元和25美元。目标就是要确定每种产品的产量，使得公司利润最大化。

(1) 识别问题的活动以及要分配给这些活动的有限资源，说明该问题为什么是一个资源分配问题。

(2) 口头描述该问题要制定的决策、决策的限制条件以及决策的总体绩效度量指标。

(3) 将上面对决策与绩效度量指标的口头描述以数据和决策变量的定量表达式表示。

(4) 为该问题建立电子表格模型，确定数据单元格、可变单元格、目标单元格以及其他输出单元格，并给出使用SUMPRODUCT函数表示的每个输出单元格中的Excel公式，然后用Solver来求解模型。

(5) 写出该模型的代数形式。

3.7 艾德·巴特勒（Ed Butler）是比尔科公司（Bilco Corporation）的生产经理，该公司生产三种类型的汽车零部件。每种零部件的生产都需要在两台机器上进行，每台机器的加工处理时间如下所示（单位：小时）。

机器	零部件		
	A	B	C
1	0.02	0.03	0.05
2	0.05	0.02	0.04

每台机器每月可工作40小时。每生产一个零部件能够获得的单位利润如下所示：

	零部件		
	A	B	C
利润（美元）	50	40	30

艾德希望能够确定要生产的最优零部件组合以最大化总利润。

(1) 识别该资源分配问题的活动和资源。

(2) 在电子表格上为该问题建立线性规划模型。

(3) 为问题的最优解做出三次猜测。使用电子表格检验每个解是否可行，如果可行，计算目标函数的值。哪一个估计的可行解具有最优目标函数值？

(4) 使用Solver找到最优解。

(5) 写出该模型的代数形式。

3.8 考虑下面以代数形式表示的资源分配问题，该问题包含三种资源，要制定的决策是确定三种活动 (A_1, A_2, A_3) 的水平。

最大化 利润 = $20A_1 + 40A_2 + 30A_3$

取决于

资源1：$3A_1 + 5A_2 + 4A_3 \leq 400$（可用数量）

资源2：$A_1 + A_2 + A_3 \leq 100$（可用数量）

资源3：$A_1 + 3A_2 + 2A_3 \leq 200$（可用数量）

并且

$A_1 \geq 0$ $A_2 \geq 0$ $A_3 \geq 0$

构建本问题的电子表格模型并求解。

3.9 考虑具有如下所示的成本收益平衡问题。

收益	单位活动的收益贡献量		最低的可接受水平
	1	2	
1	5	7	60
2	2	2	30
3	7	9	126
单位成本（美元）	60	50	

(1) 在电子表格上为这个问题建立线性规划模型。

(2) 使用电子表格检验以下结果：(x_1, x_2) = (7, 7), (7, 8), (8, 7), (8, 8), (8, 9), (9, 8)。哪些是可行解？可行解中的哪一个解能使目标函数值最优？

(3) 使用Solver找到最优解。

(4) 写出该模型的代数模式。

(5) 用图解法求解该模型。

3.10 考虑具有如下所示数据的成本收益平衡问题：

收益	单位活动的收益贡献量				最低的可接受水平
	1	2	3	4	
P	2	−1	4	3	80
Q	1	4	−1	2	60
R	3	5	4	−1	110
单位成本（美元）	400	600	500	300	

(1) 在电子表格中建立该问题的线性规划模型。

(2) 为问题的最优解做出 5 次猜测。使用电子表格检验每个解是否可行，如果可行，计算目标函数的值。哪一个估计的可行解具有最优目标函数值？

(3) 使用 Solver 找到最优解。

3.11* 弗雷德·乔纳森（Fred Jonasson）管理着一个家族农场，除了种植一些农作物外，他还饲养了一些猪准备运到市场上出售。现在，他希望能够确定每头猪的饲料（包括玉米、槽料以及苜蓿）中各成分的含量。由于不管以何种比例混合饲料，猪都会吃，因此现在的目标就是，哪种饲料组合能够使得饲料在达到特定营养要求的同时，实现成本最低。每种类型的饲料每公斤包含的各种基本营养成分在下表中给出，同时下表也给出了每日营养要求以及饲养成本。

营养成分	每公斤玉米	每公斤槽料	每公斤苜蓿	每日最低需求
碳水化合物（克）	90	20	40	200
蛋白质（克）	30	80	60	180
维生素（克）	10	20	60	150
成本（美分）	84	72	60	

(1) 在电子表格上为该问题建立一个线性规划模型。

(2) 使用电子表格检验 $(x_1, x_2, x_3) = (1, 2, 2)$ 是不是可行解，如果是可行解，计算这一饲料组合每日的成本是多少，该组合每日能够提供的各种营养成分是多少？

(3) 花几分钟使用电子表格进行试算，尽可能猜测最优解。在该解的情况下每日的成本是多少？

(4) 使用 Solver 找到最优解。

(5) 写出该模型的代数形式。

3.12 莫琳·莱尔德（Maureen Laird）是中西部一家大型公用事业单位——阿尔瓦电力公司（Alva Electric Co.）的财务总监。公司计划在接下来的 5 年、10 年、20 年内分别建造一些新的水电站，以满足公司所服务的地区不断增长的人口需要。为了获得建设资金，公司现在要对一些企业进行投资以满足未来的现金流需求。莫琳当前只能购买三种类型的金融资产，每种类型的金融资产单位成本均为 100 万美元。公司可以购买小数单位的资产数量。从现在开始，这些资产将会在今后的 5 年、10 年和 20 年内产生收入，而且产生的收入需要满足相应年份的最低现金流需求，如下表所示。

年份（年）	单位资产的收益（单位：100 万美元）			最低的现金流需求
	资产1	资产2	资产3	
5	8	4	2	1 600
10	2	2	4	400
20	0	6	8	1 200

莫琳希望能够确定在这些资产上的投资组合，争取以最少的投资满足未来的现金流需求。

(1) 在电子表格上为该问题建立一个线性规划模型。

(2) 使用电子表格检验购买 100 单位的资产 1、100 单位的资产 2、200 单位的资产 3 这一投资组合的可行性。这种投资组合会在今后的 5 年、10 年、20 年内产生多少现金流量？总投资是多少？

(3) 花几分钟使用电子表格进行试算，尽可能猜测最优解。在该解的情况下总投资是多少？

(4) 使用 Solver 找到最优解。

(5) 写出该模型的代数形式。

3.13 网商公司（Web Mercantile）通过在线目录销售家用商品。公司需要很大的仓库空间来存放货物。因此，公司正在制订未来 5 个月的仓库存储空间租赁计划。现在只知道这几个月都需要多少存储空间。由于每个月的空间需求是不同的，所以按月租赁每月需要的存储空间貌似是最经济划算的。但另一方面，第 1 个月之后租赁存储空间的附加成本比第 1 个月要少很多，因此按照 5 个月中所需的最大存储空间进行租赁可能比较便宜。因此，另一种选择是在 5 个月中增加或减少租赁的空间（通过增加新的租赁合同或旧租赁合同过期实现），不是每个月都改变，但是至少要有一次变动。

所需的空间以及每个租赁期间的租赁成本如下所示：

月份	所需空间（平方英尺）
1	30 000
2	20 000
3	40 000
4	10 000
5	50 000

租赁时段（月份）	每平方英尺的租赁成本（美元）
1	65
2	100
3	135
4	160
5	190

目标是在满足空间需求的基础上使总租赁成本最小化。

(1) 识别该问题的活动以及这些活动所要实现的收益，从而说明该问题为什么是一个成本收益平衡问题。

(2) 口头描述该问题要制定的决策，决策的限制条件以及决策的总体绩效度量指标。

(3) 将上面对约束与绩效度量指标的口头描述用数据和决策变量的定量表达式表示。

(4) 为该问题建立电子表格模型。确定数据单元格、可变单元格、目标单元格以及其他输出单元格，并给出使用 SUMPRODUCT 函数表示的每个输出单元格中的 Excel 公式，然后用 Solver 来求解模型。

(5) 写出该模型的代数形式。

3.14 考虑具有如下代数形式的成本收益平衡问题，该问题包含三种收益，需要制定的决策是四种活动（A_1, A_2, A_3, A_4）的水平：

最小化　成本 $=2A_1+A_2-A_3+3A_4$

取决于

收益 1：$3A_1+2A_2-2A_3+5A_4 \geq 80$（最低可接受水平）

收益 2：$A_1-A_2+A_4 \geq 10$（最低可接受水平）

收益 3：$A_1+A_2-A_3+2A_4 \geq 30$（最低可接受水平）

并且

$A_1 \geq 0 \quad A_2 \geq 0 \quad A_3 \geq 0 \quad A_4 \geq 0$

构建本问题的电子表格模型并求解。

3.15 拉里·爱迪生（Larry Edison）是伯克利大学计算机中心的主任。他现在需要为中心的人员进行排班。中心从上午 8 点开放到半夜。拉里观察了中心在一天中不同时段的使用情况，确定了如下所需计算机顾问（有资格的研究生）的数量。

时段	值班顾问最低数量
上午 8 点~中午 12 点	6
中午 12 点~下午 4 点	8
下午 4 点~晚上 8 点	12
晚上 8 点~午夜 0 点	6

可以雇用两种类型的计算机顾问：全职顾问和兼职顾问。全职顾问可以在以下任一班次中连续工作 8 个小时：早班（上午 8 点到下午 4 点）、午班（中午 12 点到晚上 8 点）、晚班（下午 4 点到午夜 0 点）。全职顾问工资为每小时 17.50 美元。

兼职顾问的工作时间可以是表中所示的四个班次中的任一时段。兼职顾问工资为每小时 15 美元。

另一项要求是，在任何时间内每当兼职顾问值班时都必须有至少两名全职顾问当班。

拉里希望能够确定每一班次的全职与兼职顾问人数，从而以最小的成本满足以上的需求。

(1) 该问题属于哪一类线性规划问题？为什么？

(2) 在电子表格上为该问题建立一个线性规划模型并求解。

(3) 写出该模型的代数形式。

3.16* 美德仪器公司（Medequip Company）在两个工厂中生产精密医疗诊断仪器。有三家医疗中心已经对本月出产的产品下了订单。下表显示了将每台仪器从工厂运送到各个医疗中心的成本，同时提供了每个工厂的生产量以及每个客户的订购数量。

要制定的决策是需要从每个工厂向每个客户运输多少仪器的运输规划。

(1) 该问题属于哪一类线性规划问题？为什么？

(2) 在电子表格上为该问题建立一个线性规划模型并求解。

(3) 写出该模型的代数形式。

从 \ 到	单位运输成本（美元）			产出（台）
	客户 1	客户 2	客户 3	
工厂 1	600	800	700	400
工厂 2	400	900	600	500
订购数量（台）	300	200	400	

3.17 请阅读第 3.4 节应用实例的参考文献，该文献提供了该应用实例的详细管理科学研究过程。请简述线性规划在本研究中的应用，然后列出管理科学研究的优势。

3.18 法格什塔钢厂（Fagersta Steelworks）目前正在从两个矿场中开采铁矿石，开采出的铁矿石将被运往两个存储仓库。在需要的时候，再从仓库运往公司的钢铁厂。下图显示了这一配送网络，其中 M1 和 M2 是两个矿场，S1 和 S2 是两个存储仓库，P是钢铁厂。图中同时给出了每个矿场的月产量以及钢铁厂的月需求量，以及每条线路的运输成本和最大运输量。

管理层希望制定将铁矿石从矿场通过配送网络运输到钢管厂的运输规划，使得成本最小。

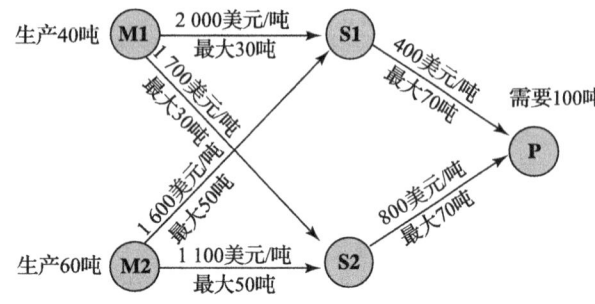

（1）识别该问题中所有必须表示成固定需求约束的需求。

（2）在电子表格上为该问题建立一个线性规划模型并求解。

（3）写出该模型的代数形式。

3.19* 阿尔·菲利斯（Al Ferris）有 60 000 美元的存款，他希望将这些钱用于投资，从而在今后的 5 年内为自己购买一份退休年金。在咨询了他的财务顾问之后，阿尔·菲利斯了解到他目前可投资于 4 种类型的固定收入投资，分别以 A、B、C、D 表示。

A 投资和 B 投资可以在今后 5 年的每年初（分别称为第 1 年到第 5 年）买入。在每年初对 A 投资 1 美元，能在 2 年后收回 1.4 美元（0.4 美元的回报），并可以立刻进行再投资。在每年初对 B 投资 1 美元，能在 3 年后收回 1.7 美元。

C 投资和 D 投资在今后 5 年内只有 1 次购买机会。在第 2 年初对 C 投资 1 美元，会在第 5 年末收到 1.9 美元。在第 5 年初对 D 投资 1 美元，会在第 5 年末收到 1.3 美元。

阿尔·菲利斯想知道采取什么样的投资组合能够使他在第 6 年初获得最多的钱。

（1）对于该问题，所有的函数约束均可以表示成固定需求约束。为此，假设 A_t、B_t、C_t、D_t 分别表示在第 t 年初可投资的并且在第 5 年末投资能够收回的对 A、B、C、D 的投资数量。同样，用 R_t 表示第 t 年初所拥有的但未投资出去的钱（可以在接下来的年份中投资）。这样，在第 t 年初的投资加上 R_t 一定等于那时可用于投资

的数量。用上述相关变量写出每年初的等式，从而得到该问题的五个固定需求约束。

（2）为该问题建立一个完整的代数形式的线性规划模型。

（3）在电子表格上为该问题建立线性规划模型并求解。

3.20 迈拓公司（Metalco Company）希望生产一种新的合金，其中包含 40% 锡、35% 锌和 25% 铅。其原材料来自具有以下特性的合金。

成分	合金				
	1	2	3	4	5
锡的百分比（%）	60	25	45	20	50
锌的百分比（%）	10	15	45	50	40
铅的百分比（%）	30	60	10	30	10
成本（美元/磅）	22	20	25	24	27

目标是确定生产新型合金所需各种合金的比例，以使生产成本最低。

（1）识别该问题中所有必须表示成固定需求约束的需求。

（2）在电子表格上为该问题建立一个线性规划模型并求解。

（3）写出该模型的代数形式。

3.21 魏格尔特公司（Weigelt Corporation）的三个分工厂均有剩余的产能。而公司正好有一个新产品正准备开始生产，而且三个工厂都具有生产该产品的能力，因此可以利用一些剩余产能。该产品分为大、中、小三种型号，其单位净收益分别为 420 美元、360 美元和 300 美元。工厂 1、2、3 的剩余产能每天能够分别生产 750 件、900 件、450 件该种产品，不论是一种型号还是多种型号的组合。

生产过程中的可用存储空间对新产品的生产率也具有一定的限制。工厂 1、工厂 2、工厂 3 每天可以为该产品的生产提供 13 000、12 000 和 5 000 平方英尺的可用储存空间。每天生产的每单位大、中、小型产品分别需要 20、15 和 12 平方英寸的存储空间。

销售预测显示，大、中、小型的产品每天分别可以售出 900 件、1 200 件和 750 件。

对每个工厂来说，如果剩余的大部分产能不能被用于新产品的生产，那么这个工厂将会有一些员工被解雇。为了尽可能避免解雇员工，管

理层决定每个工厂都要使用相同比例的剩余产能生产新产品。

管理层希望知道每个工厂应该制造各种型号产品的数量,以使利润最大化。

(1)在电子表格上为该混合问题建立一个线性规划模型并求解。

(2)写出该模型的代数形式。

3.22* 一架货运飞机具有三个用于存放货物的机舱:前、中、后舱。这些机舱有载货的重量与体积的限制,总结如下。

机舱	载货量(吨)	空间容量(立方英尺)
前舱	12	7 000
中舱	18	9 000
后舱	10	5 000

此外,每个机舱中货物重量的比例必须与每个机舱的载货量相同,以保持飞机的平衡。

下面是为一架即将飞行的飞机所准备的四种货物:

货物	重量(吨)	体积(立方英尺/吨)	利润(美元/吨)
1	20	500	320
2	16	700	400
3	25	600	360
4	13	400	290

装载一部分货物也是被允许的。目标是确定每种货物的运载量以及在各个机舱中如何分配货物,以使这次飞行实现的总利润最大。

(1)在电子表格上为该混合问题建立一个线性规划模型并求解。

(2)写出该模型的代数形式。

3.23 康富汉兹公司(Comfortable Hands)是一家生产家庭用冬季手套的公司,其手套可以供男士、女士以及儿童使用。他们正在确定这三种类型手套的最优生产组合。

公司的生产员工都加入了工会。每个全职工人每周工作 40 个小时。此外,根据工会协议的规定,全职工人的人数不能少于 20 人。公司也可以雇用非工会的兼职员工,但必须符合工会的限制:

(1)每名兼职员工每周工作 20 小时。

(2)全职员工与兼职员工的人数比例必须大于 2:1。

三种类型的手套都是用真牛皮制造的。康富汉兹公司与一个皮料供应商有一个长期的合同,公司每周可以从供应商处收到 5 000 平方英尺的牛皮原料。原料需求和劳动力需求以及售出每单位手套的毛利润如下表所示。

手套	需要的原料(平方英尺)	需要的劳动力(分钟)	毛利润(美元/双)
男式	2	30	8
女式	1.5	45	10
儿童	1	40	6

每位全职员工的工资为每小时 13 美元,每位兼职员工的工资为每小时 10 美元。公司的管理层希望知道每周要生产的手套组合(均可销售出去)以及要雇用的全职员工与兼职员工数,来使净利润(销售的毛利润减去劳动力成本)最大化。

(1)在电子表格上为该问题建立一个线性规划模型并求解。

(2)写出该模型的代数形式。

3.24 剑桥大学有一台功能强大的大型计算机,供全体教员、博士生和研究助理研究使用。在大型计算机的工作时间内,必须有一名操作员负责操作和维护,并提供一些编程服务。计算机设备处的主任贝利·英格拉姆(Beryl Ingram)负责监督管理这一设备的运作。

现在是秋季开学的日子,贝利面临着如何分配操作员的问题。由于所有的操作员都是在校内招聘的,所以他们每天只能工作有限的时间。

现在有 6 名操作员(4 名本科生和 2 名研究生)。由于他们的电脑经验以及编程能力不同,他们的工资也不同。下表给出了他们各自的工资(单位:美元/小时)以及每天可以工作的最大时长。

操作员	工资(美元/小时)	最大可工作的时长				
		星期一	星期二	星期三	星期四	星期五
K.C.	20.00	6	0	6	0	6
D.H.	20.20	0	6	0	6	0
H.B.	19.80	4	8	4	0	4
S.C.	19.60	5	5	5	0	5
K.S.	21.60	3	0	3	0	0
N.K.	22.60	0	0	0	6	2

每个操作员必须保证每周最小工作时长,以保证对操作有充分了解。这一标准是硬性规定,本科生(K.C.、D.H.、H.B.、S.C.)为每周 8 小时,

研究生（K.S.、N.K.）为每周7小时。

计算机的运行时间是周一到周五上午8点到晚上10点，在此期间必须有一位操作员当班。周六和周日，计算机将由其他员工管理。

由于预算紧张，贝利尔不得不考虑使成本最小化，他希望确定每天应分配给每位学生的工作时间。请为该问题建立电子表格模型并求解。

3.25 斯利姆公司（Slim-Down Manufacturing）生产一系列营养均衡的减肥饮料。其中一种草莓奶昔可以作为完整的一餐。草莓奶昔包含了多种成分，每种成分的信息如下表所示。

成分	脂肪卡路里（千卡/匙）	总卡路里（千卡/匙）	维生素（毫克/匙）	增稠物（毫克/匙）	成本（美分/匙）
草莓调味剂	1	50	20	3	10
奶油	75	100	0	8	8
维生素补充剂	0	0	50	1	25
人工甜味素	0	120	0	2	15
增稠剂	30	80	2	25	6

营养的要求如下：该饮料的总卡路里必须在380～420千卡，来自脂肪的卡路里不得超过20%。饮料必须含有至少50毫克的维生素。为了能有比较好的口感，每一汤匙的人工甜味素必须配以至少两汤匙的草莓调味剂。最后，为了保证适当的稠度，每匙饮料中必须加入15毫克增稠物。

管理层希望确定该饮料中各种成分的含量，从而能以最小成本达到上述要求。

（1）识别该问题中形成资源约束、收益约束、固定需求约束的各种需求。

（2）在电子表格上为该问题建立一个线性规划模型并求解。

（3）写出该模型的代数形式。

3.26 乔伊斯（Joyce）和马文（Marvin）经营一家学前儿童日托中心。他们正在试图确定如何搭配儿童午餐。他们一方面希望降低成本，另一方面也要使午餐满足儿童所需的营养需求。他们已经决定午餐的配料为花生酱、果冻（草莓冻）三明治以及一些全麦饼干、牛奶和橘子汁。每种食物的营养成分和相应的成本在下表中给出。

食物	脂肪卡路里（千卡）	总卡路里（千卡）	维生素C（毫克）	蛋白质（克）	成本（美分）
面包（1片）	10	70	0	3	5
花生酱（1匙）	75	100	0	4	4
草莓冻（1匙）	0	50	3	0	7
全麦饼干（1块）	20	60	0	1	8
牛奶（1杯）	70	150	2	8	15
橘子汁（1杯）	0	100	120	1	35

儿童的营养要求如下：每名儿童要获取的卡路里为400～600千卡，其中来自脂肪的卡路里不能超过30%。每名儿童至少要消耗60毫克维生素C和12克蛋白质。此外，每名儿童需要2片面包（用来制作三明治），花生酱的量至少是果冻的2倍，并且至少需要1杯饮料（牛奶或橘子汁）。

乔伊斯和马文希望能够为每名儿童选择最好的食物搭配组合，从而在达到以上营养要求的前提下，使成本最小化。

（1）识别该问题中形成资源约束、收益约束、固定需求约束的各种要求。

（2）在电子表格上为该问题建立一个线性规划模型并求解。

（3）写出该模型的代数形式。

3.27 科斯莱斯公司（Cost-Less Corp.）通过它的四个工厂为其四个零售商店供应商品。从每个工厂向每个零售商店运输货物的成本在下表中给出。

零售商店	单位运输成本（美元）			
	1	2	3	4
工厂				
1	500	600	400	200
2	200	900	100	300
3	300	400	200	100
4	200	100	300	200

工厂1、2、3和4每月能够分别制造10、20、20和10批商品。零售商店1、2、3、4每月分别需要收到20、10、10、20批货物。

分销经理兰迪·史密斯（Randy Smith）希望确定每月从各工厂向各零售商店运输货物数量的最优运输规划。兰迪的目标是最小化总运输成本。

请在电子表格上为该运输问题建立线性规划模型，并使用 Solver 求出最优解。

3.28 丽童公司（Childfair Company）拥有三个专门生产儿童小推车的工厂，这些儿童小推车将被送到四个分销中心去销售。工厂 1、2、3 每月能够分别生产 12、17、11 个小推车。每个分销中心每月都需要收到 10 个小推车。从每个工厂到每个分销中心的距离如下所示。

	到分销中心的距离（英里）			
	1	2	3	4
工厂				
1	800	1 300	400	700
2	1 100	1 400	600	1 000
3	600	1 200	800	900

每次运输的货运成本是 100 美元再加上每英里 50 美分。

应该从每个工厂向每个分销中心运输多少小推车，才能使总运输成本最低？

请在电子表格上为该运输问题建立线性规划模型，并使用 Solver 求出最优解。

3.29 万诺公司（Onenote Co.）在其三个工厂内为四个客户生产一个特定产品。三个工厂将在下周分别生产 60、80、40 单位的产品。公司已经承诺向客户 1 销售 40 单位产品，向客户 2 销售 60 单位产品，向客户 3 销售至少 20 单位产品。客户 3 和客户 4 都明确表示希望尽可能购买剩余的产品。从每个工厂向每个客户运输销售单位产品能够实现的净利润在下表中给出（金额单位：美元）。

	客户			
	1	2	3	4
工厂				
1	800	700	500	200
2	500	200	100	300
3	600	400	300	500

管理层希望知道到底要向客户 3 和客户 4 销售多少单位的产品以及应该从每个工厂向每个客户运输多少数量的产品才能使利润最大化。请为该问题建立一个线性规划模型并求解。

3.30 慕远公司（Move-It Company）拥有两个生产铲车的工厂，这些铲车生产出来后将会被运到三个分销中心去销售。两个工厂的生产成本是相同的，从每间工厂运输一辆铲车到每个分销中心的运输成本在下面给出。

	分销中心		
	1	2	3
工厂			
A	800	700	400
B	600	800	500

每周总共有 60 辆铲车被生产并运输出去。每个工厂每周最多可生产并运输 50 辆铲车，因此如何分配各工厂的生产数量以降低总运输成本是比较灵活的。然而，每个分销中心每周必须收到 20 辆铲车。

管理层的目标是确定每间工厂的铲车生产数量以及从工厂到分销中心的运输规划，以最小化总运输成本。请为该问题建立一个线性规划模型并求解。

3.31 重新考虑习题 3.30 中的问题，在每周运输到三个分销中心的铲车数量必须为 60 这一前提不变的情况下，为进一步减少总运输成本，当分销中心每周可接收 10～30 辆铲车时，重新计算每间工厂的铲车生产数量以及从工厂到分销中心的运输规划，以最小化总运输成本。

3.32 请阅读第 3.6 节应用实例中提供的参考文献，该文献全面地描述了管理科学研究的过程。简要描述线性规划模型是如何被用来解决该问题的。然后列举出该研究带来了哪些财务和非财务方面的好处。

3.33 考虑具有如下成本表格的指派问题。

	工作		
	1	2	3
员工			
A	5	7	4
B	3	6	5
C	2	3	4

最优的结果是 {A-3，B-1，C-2}，总成本是 10 美元。

在电子表格上为该问题建立一个电子表格模型并使用 Solver 求出以上给出的最优解。

3.34 四艘货船将会被用于从一个港口向另外四个港口（以 1、2、3、4 表示）运送货物。每艘货船都可以走这四条中的任意一趟航线。但是，由于货船与货物不同，不同的货船、港口组合花费的装载、运输和卸载总成本不同，如下表所示（金额单位：美元）。

	港口			
货船	1	2	3	4
1	500	400	600	700
2	600	600	700	500
3	700	500	700	600
4	500	400	600	600

目标是如何分配四个货船负责不同的港口，以最小化总运输成本。

(1) 描述该问题为什么属于指派问题？

(2) 在电子表格上为该问题建立线性规划模型并求解。

3.35 重新考虑习题3.30中的问题。现在分销中心1、2、3每周必须分别接收10、20、30单位的商品。为了管理方便，管理层决定每个分销中心只需要一个工厂供应商品即可。因此，会有一个工厂负责一个分销中心的供应，另一个工厂负责另外两个分销中心的供应。基于总运输成本最小化的考虑，应该如何解决各工厂与各分销中心的分配问题。

在电子表格上为该问题建立一个线性规划模型并求解。

3.36 文森特·卡多萨（Vincent Cardoza）是一家机械商店的所有者兼经理。这家机械商店专门接收定制订单工作。周三下午，他收到了两个希望下紧急订单的客户电话。其中一位客户是一个拖车公司，希望定制一些重型拖车杆。另外一位客户是迷你汽车运输船公司，需要定制一些平衡杆。两位顾客都希望在本周末（2个工作日后）拿到尽可能多的货物。由于两种产品都需要使用两台同样的机器，文森特需要决定并在当天下午通知客户在两天后所能提供的产品数量。

每件拖车杆需要在机器1上工作3.2个小时，在机器2上工作2个小时。每件平衡杆需要在机器1上工作2.4个小时，在机器2上工作3个小时。在接下来的两天内，机器1可以工作16个小时，机器2可以工作15个小时。生产每件拖车杆的利润是130美元，生产每件平衡杆的利润是150美元。

文森特希望确定生产数量组合以最大化总利润。

(1) 为该问题建立一个代数形式的整数规划模型。

(2) 在电子表格上建立模型并求解。

3.37 波塔基特大学（Pawtucket University）计划为图书馆购买新的复印机。管理科学系的三个成员正在分析要购买何种复印机。他们考虑了两种不同的型号：型号A高速复印机以及型号B低速复印机（但是相对便宜的）。型号A每天可以处理20 000件复印任务，花费成本为6 000美元。型号B每天可以处理10 000件复印任务，花费成本只需4 000美元。他们希望购买6台复印机以分布在图书馆各处。同时他们希望至少购买一台高速复印机。最后，所有的复印机需要具有每天处理至少75 000件复印任务的能力。目标是确定这两种型号的复印机组合，以在满足复印需求的条件下花费最低的成本。

(1) 在电子表格上为该问题建立一个线性规划模型并求解。

(2) 写出该模型的代数形式。

3.38 东北航空公司（Northeastern Airlines）正在考虑购买新型长途、中途、短途喷气式客机。每架长途客机的购买成本是2.01亿美元，每架中途客机的购买成本是1.5亿美元，每架短途客机的购买成本是1.05亿美元。董事会已经为本次购买批准了最多45亿美元资金。不考虑购买何种机型，公司希望每架飞机都能飞行尽可能多的距离以发挥最大的能力。公司估计，(减去资本收回成本后)每架长途客机能实现年净利润1 260万美元，每架中途客机能实现年净利润900万美元，每架短途客机能实现年净利润690万美元。

公司预测能有足够的飞行员来驾驶30架新型客机。如果只购买短途客机，维修设施有能力处理40架新型短途客机。但是，根据维修设施的处理能力，每架中途客机相当于11/3架短途客机，每架长途客机相当于12/3架短途客机。

以上给出的信息是根据对问题的初步分析得出的，稍后我们会对该问题进行更详细的分析。不过，使用之前的数据进行初步估计，管理层希望知道每种类型的飞机到底需要购买多少架才能使利润最大化。

(1) 为该问题建立一个线性规划模型并求解。

(2) 写出该模型的代数形式。

案例 3-1 将木材运输到市场

阿拉巴马大西洋公司（Alabama Atlantic）是一个木材供应商，它拥有三个木材厂专门向五个市场供应木材。木材厂1、2、3的年木材供应量分别为1 500、2 000、1 500万板英尺[⊖]。市场1、2、3、4、5的木材年销量分别是1 100、1 200、900、1 000、800万板英尺。

在过去，公司通过火车运输木材。但是由于火车运输成本逐年递增，公司又找到了一种新的运输手段，即使用货船运输部分木材来替代火车运输。采取这种方式需要公司投资购买一些货船。除了投资成本之外，每条路线上使用火车和货船运输的成本（单位：千美元/百万板英尺）如下所示。

木材厂	铁路运输到市场的单位成本					货船运输到市场的单位成本				
	1	2	3	4	5	1	2	3	4	5
1	61	72	45	55	66	31	38	24	—	35
2	69	78	60	49	56	36	43	28	24	31
3	59	66	63	61	47	—	33	36	32	26

每年沿每条航线运输的每百万板英寸对货船的资本投资（单位：千美元）如下表。

木材厂	货船运输的单位投资				
	1	2	3	4	5
1	275	303	238	—	285
2	293	318	270	250	265
3	—	283	275	268	240

考虑货船的使用年限以及货币的时间价值，以上投资等价到年均成本，为表中所给数量的10%。目标是确定整个运输规划使总等价年均成本（包括运输成本）最小。

你现在是管理科学团队的组长，你需要从以下三个选项中确定本次运输规划。

选项一：继续使用铁路运输。

选项二：转为使用货船运输。

选项三：使用货船和铁路运输，取决于在某条特定路线上哪种运输方式更便宜。

写出你针对每种选择求出的结果并进行比较。

最后，考虑到这些结果都是基于当前的运输和投资成本，因此选择采取哪种方式需要考虑管理层对这些成本的估计在将来是否可能发生改变。对于每种选择，描述一下未来成本在什么范围变化时依然保持现在的选择。

案例 3-2 能力考虑

本特利·汉密尔顿（Bentley Hamilton）将《纽约时报》（商业版）扔到了会议室的桌子上，他的同事们震惊地从软垫椅子上坐直起来。

汉密尔顿希望引起大家的关注。

他又将《华尔街杂志》（头版）扔到《纽约时报》上面，他的同事们原本满是倦意的双眼睁大了。

现在，汉密尔顿希望大家重视起来。

他又将《金融时代》（头版）扔到这一堆报纸上，他的同事们开始轻拭额头上的汗珠。

汉密尔顿先生希望他的话能够深深地印进同事们的脑子里。

"我给你们看这三个顶级金融报纸，上面均刊登了今天的热门商业事件，"汉密尔顿先生急促并生气地讲着，"我亲爱的同事们，我们的公司情况危急。要不要我给你们读一下今天的头条新闻？《纽约时报》上写着，'康通公司（CommuniCorp）股票连续52个星期下跌'。《华尔街杂志》写道，'康通公司仅在过去一年就丢掉了无线路由器市场25%的份额'。还有《金融时报》上写的，'康通公司沟通不"通"：康通公司的股票下跌是由于内部沟通混乱'。我们的公司怎么会到了如此的窘境？"

汉密尔顿先生在投影仪放映了一张幻灯片，上面显示出一条轻微斜向上的直线。"这是我们过去12个月的生产效率图。你们可以从图上看出，我们无线路

[⊖] 板英尺：计算木材立方数的单位，1 板英尺指 1 平方英尺的面积、1 英寸厚的木材。

由器生产设施的生产效率在过去一年是稳步提高的。很明显,我们的问题不在生产效率。"

汉密尔顿先生在投影仪上放映了第二张幻灯片,上面显示出一条陡峭地斜向上的直线。"这是我们过去12个月的错单和晚单图。"汉密尔顿先生听到了同事的喘气声,接着说:"你们可以从图上看到,我们在过去12个月错单和晚单的情况显著增加,我认为这个趋势是导致我们损失市场份额以及股票在52周内一直下跌的原因。我们的表现让那些需要及时送货以满足顾客需求的零售商感到失望和生气,因此我们丢掉了与他们的业务。"

"为什么我们的生产力能满足所有订单要求,但我们一直错过发货期?"汉密尔顿先生问,"我向很多部门都询问过这个问题。"

"事实上,我们生产了太多的无线路由器。"汉密尔顿先生显得难以置信,他说道,"营销和销售部门没有和生产部门沟通,因此生产经理不知道要生产多少无线路由器来满足订单。生产经理希望工厂一直运转,因此他们不考虑无线路由器是否被订购而一直生产。生产完毕的无线路由器被运输到仓库中,但是营销和销售部门不知道仓库中无线路由器的型号和数量。他们曾试图向仓库主管询问来确定库存是否能满足订单,但是很少收到回复。"

汉密尔顿先生停下来看了看他的同事们。"女士们先生们,我认为我们存在严重的内部沟通问题。我希望能够尽快解决这个问题。我想最开始建立一个覆盖全公司的计算机网络,确保每个部门都能获取关键文件并通过电子邮件进行部门间沟通。这种内联网将对当前的通信基础设施造成很大程度的改变,可能会出现一些系统程序上的问题以及员工的抵抗。因此我想分阶段进行内联网安装。"

汉密尔顿先生将下面的时间表以及需求图递给了他的同事。

第一个月	第二个月	第三个月	第四个月	第五个月
内联网培训				
	在销售部门安装内联网			
		在生产部门安装内联网		
			在仓库安装内联网	
				在市场部门安装内联网

部门	员工数量
销售	60
生产	200
仓库	30
营销	75

汉密尔顿先生继续对时间表和需求图进行解释:"在第一个月,我不希望在任何部门安装内联网,我只是希望向员工传达内联网的相关信息并得到员工的支持。在第二个月,我希望在销售部门安装内联网,这是因为销售部门从顾客手中接收所有重要的信息。在第三个月,我希望在生产部门安装内联网。第四个月,我希望在仓库安装内联网。第五个月,也就是最后一个月,我希望在市场部门安装内联网。上面的需求表列出了每个部门需要使用内联网的员工的人数。"

汉密尔顿先生转向艾米丽·琼斯(Emily Jones)——公司信息管理部门经理,说:"我需要你帮助规划内联网的安装过程。公司需要为内联网购买服务器。员工需要连接到公司的服务器,然后可以将信息下载到他们的台式电脑中。"

汉密尔顿给艾米丽一张图,介绍不同型号的服务器、每台服务器支持的员工数以及每台服务器的成本。

服务器型号	每台服务器支持的员工人数	服务器成本(美元)
迷你桌面服务器	最多30名员工	2 500
桌面服务器	最多80名员工	6 000
工作站服务器	最多200名员工	10 000
完整构架服务器	最多2 000名员工	25 000

"艾米丽,我需要你确定要购买何种型号的服务器以及什么时候购买,以最小化成本,并确保公司在内联网实施期间具有足够的服务器处理能力。"汉密尔顿说,"例如,你可以选择在第一个月购买一台大型服务器来支持所有员工,或购买几台小型服务器来支持所有员工,或每月购买一个小型服务器来支持该月刚刚获得内联网使用权限的员工。"

"有很多因素会让你的决定变得复杂,"汉密尔顿继续说道,"服务器制造商可以为购买的每一台工作站服务器提供10%的折扣,但只限于第一个月和第二个月;还可以为前两个月购买的完整构架服务器提供25%的折扣。你在第一个月可以花费的金额有所限制。康通公司已经为接下来的两个月分配了大量的预算,因此你在第一个月和第二个月内最多总共有9 500美元购买服务器。最后,生产部门至少需要三种非迷你服务器中的一种。下周请将你的决策放到我的办公桌上。"

（1）艾米丽首先需要按月来计算要购买的服务器型号和数量。对于每个月，在已知之前月份计算结果的基础上，建立一个电子表格模型来确定该月艾米丽应该购买的服务器型号和数量，以最小化本月成本并支持新增用户。每月应该购买每种型号的服务器多少台？计划的总成本是多少？

（2）艾米丽认识到，如果她在最初几个月购买一台较大型的服务器的话，这台服务器就能够支持后面月份的部分新用户，这样能够达到节省成本的目的。因此，她希望评估在整个计划阶段需要购买每种型号的服务器数量。建立一个电子表格模型并确定艾米丽在每月应该购买何种型号的服务器及其数量，以实现总成本最小的同时支持所有新用户的使用。计划的总成本是多少？

（3）为什么使用第一种方法得到的结果与使用第二种方法得到的结果不同？

（4）还有艾米丽没有考虑到的其他成本吗？如果有，它们是什么？

（5）康通公司的各部门在将来会对内联网有什么担心？

案例 3-3　秋季流行服饰与衣料的准备

从办公室大楼的十层，凯瑟琳·拉利（Katherine Rally）俯视着下面忙忙碌碌的行人。在充塞着黄色出租车的街道旁以及杂乱地点缀着一些热狗摊的人行道上，成群的纽约人来来往往，好不热闹。在这闷热的7月，她注视着各类女性的穿衣时尚，心里想的却是这些人在秋季将会选择怎样的款式。这并非她的一时灵感，而是她工作的重要组成部分。因为她拥有并经营着一家妇女精品时装公司——时尚界公司（Trendlines）。

今天对她来说非常重要，因为她将与生产部经理泰德·劳森（Ted Lawson）碰面，一起商讨下一个秋季生产线的生产计划。特别是在一定的生产能力、有限的资源和需求预测的基础上确定各种服装的生产量。因为这些产品将在9月上市，而女性通常会在服装一上市时就购买大部分秋季服饰，因此，为下个月制订周密的生产计划对于秋季的销售至关重要。

凯瑟琳回转身，走到宽大的玻璃台旁去看铺在上面的大量的资料及设计图。她扫视着6个月以前就设计出来的服装图样、各种样式所需要的材料以及在时装展上通过消费者调研取得的各种样式的需求预测。现在，她还记得当时是如何设计图样并将样品在纽约、米兰和巴黎的服装展上展出，那些展示有时令人兴奋，有时却是一场噩梦。最后，她付给6名设计者的总酬金为 860 000 美元。除此之外，每次时装展的费用为 2 700 000 美元，包括雇用职业模特、发型师、化妆师以及衣服的材料与缝纫、展台背景的设计、模特的走步与排练、会场的租用。

她研究着衣服的样式和所需的材料。秋季服装包括职业装和休闲装，而每种服装的价格是由衣服的质量、材料的成本、人工成本、机器成本以及市场对该产品的需求与品牌知名度等因素确定的。

秋季的职业装包括：

服装种类	需要的材料	价格（美元）	人工和机器成本（美元）
羊毛裤	羊毛3码⊖、醋酸纤维2码	300	160
羊绒衫	羊绒1.5码	450	150
丝绸上衣	丝绸1.5码	180	100
丝绸女背心	丝绸0.5码	120	60
西服裙	人造纤维2码、醋酸纤维1.5码	270	120
羊毛夹克	羊毛2.5码、醋酸纤维1.5码	320	140

秋季的休闲装包括：

服装种类	需要的材料	价格（美元）	人工及机器成本（美元）
天鹅绒裤子	天鹅绒3码、醋酸纤维2码	350	175
棉运动衫	棉布1.5码	130	60
棉迷你裙	棉布0.5码	75	40
天鹅绒衬衫	天鹅绒1.5码	200	160
带纽扣上衣	人造纤维1.5码	120	90

她知道已经为下个月采购了下面这些材料：羊毛 45 000 码、醋酸纤维 28 000 码、羊绒 9 000 码、丝绸 18 000 码、人造纤维 30 000 码、天鹅绒 20 000 码、

⊖ 码，英制长度单位1码为3英尺，约等于0.914米。——译者注

棉布 30 000 码，各种材料的价格如下表所示：

原材料	每码价格（美元）
羊毛	9.00
醋酸纤维	1.50
羊绒	60.00
丝绸	13.00
人造纤维	2.25
天鹅绒	12.00
棉布	2.50

多余的材料（不包括边角料）可以运回给衣料供应商，并得到全额退款。

凯瑟琳知道生产丝绸上衣和棉运动衫会产生边角料。每件丝绸上衣和每件棉运动衫分别需要2码丝绸和棉布，而其中分别有0.5码边角料。她不希望浪费这些衣料，因此打算利用矩形的丝绸和棉布边料来生产丝绸女背心和棉质迷你裙。这样，每生产一件丝绸上衣就可以生产一件丝绸女背心。同样，每生产一件棉运动衫就可以生产一件迷你裙。要注意的是，生产背心和迷你裙并不一定需要先生产相应数量的丝绸上衣和棉运动衫。

需求预测表明，其中一些产品的需求是有限的。天鹅绒的裤子和衬衫因为是一时的流行时尚，预计只能分别销售5 500件和6 000件。公司不会生产超过预计需求的产品数量，因为一旦该款式不再流行，就很难再卖出去。另外，因为公司并不需要满足所有的需求，所以公司可以生产少于需求数量的产品。因为羊绒衫价格较高，预计只能销出4 000件。丝绸上衣和背心的需求也是有限的，因为很多女性认为丝绸较难护理。公司预计大约可销出1.2万件丝绸上衣和1.5万件丝绸背心。

预测表明，羊毛裤、西服裙、羊毛夹克的需求量很大，因为它们在职业装中必不可少。羊毛裤和羊毛夹克的需求量分别为7 000件和5 000件。凯瑟琳认为这两种产品必须满足需求的60%，以保持客户的品牌忠诚度。尽管西服裙需求无法预测，但凯瑟琳认为必须至少生产2 800件。

（1）泰德打算说服凯瑟琳不生产天鹅绒衬衫，因为这种流行服装的需求量很少，而它的固定设计费用和其他成本高达50万美元，销售该样式的净贡献（售价—材料成本—人工成本）必须能够抵销总成本。他认为，即便满足了最大的需求，该产品也不能产生任何利润。你认为泰德的观点如何？

（2）在给定的生产约束、资源约束和需求约束下，为该问题建立线性规划模型并求解。

在制定最终决策之前，凯瑟琳打算先独立分析下面几个问题。

（3）衣料的批发商通知凯瑟琳，因为天鹅绒的需求在今后将下降，所以天鹅绒的衣料在售出后是不能退回的，也就无法得到退款。这一点对整个生产计划将会造成怎样的影响？

（4）造成第（2）问和第（3）问的解存在差异的直观经济解释是什么？

（5）因为羊毛夹克的样式以及所用的羊毛衣料很难缝制，所以缝纫工在缝制夹克的袖子和衬里时非常麻烦，因此人工成本与机器成本增加到每件80美元。在这种成本情况下，公司为了能使利润最大化，应该制订怎样的生产计划？

（6）衣料批发商通知凯瑟琳，因为其顾客取消了10 000码的醋酸纤维衣料订单，他可以将该批产品卖给凯瑟琳。这样的话，凯瑟琳又该如何制订其生产计划，以使得利润最大化？

（7）公司认为它可以将9月和10月未出售的产品在11月的一次大型降价促销活动中以原价的60%全部售出，也就是说，在11月促销活动中可以售出的产品数量是无限制的（上面所提到的需求上限仅对9月和10月有效）。这样的话，为使利润最大化，新的生产计划又该是怎样的呢？

案例 3-4 新的边界

美瑞银行（AmeriBank）的总裁罗布·里奇曼（Rob Richman）摘下眼镜，揉了揉疲惫的眼睛，眯着眼看了看书房里的钟。已经是凌晨3点多了。在过去的数个小时里，罗布熟读了美瑞银行前三个季度运营的财务报表。美瑞银行是一家中等规模的银行，分支机构遍布美国，但现在，它步履艰难，陷入了困境。该银行提供各种资金交易、储蓄、投资和信贷服务，在过去的几年里，净收入不断减少，而且这种趋势还将继续下去。该银行的业务正逐渐被一些非银行金融机构或国外的竞争者蚕食。

美瑞银行并不是唯一亏空的银行，罗布从每日的行业读物中了解到，由于来自非银行金融机构和外国银行的竞争不断加剧，美国的许多银行都处于亏损状态。这些非银行金融机构和外国银行专门从事某一特殊服务业务，它们通过提供更有效、更便利而价格却更低廉的服务，赢得了相应的市场。例如，现在大型公司都从外国银行和商业信贷处获得贷款，而富有的美国人都向货币市场进行基金投资。美国的银行正面临着如何从非银行金融机构和外国竞争者中脱颖而出的挑战。

罗布认为，战略之一在于区别于竞争对手，即提供竞争对手没有的服务——交易服务。他认为，在自动取款机之后，还会有一种更便利的交易方法，这种方法就是利用网络的电子银行。通过网络，客户可以直接利用家里和办公室里的电脑来进行交易。网络的爆炸式发展已经使大多数人懂得了如何使用互联网。因此他得出结论：如果美瑞银行提供网上银行交易的话，可能会吸引新的消费者。

在罗布决定开发网上业务之前，他必须知道网络银行的市场以及美瑞银行可以通过网络提供的服务。例如，客户是只能通过网络查询账户及交易信息，还是可以获得存取服务？银行是否需要实时提供股价行情、收取很少的手续费而允许客户在网上下单以吸引一部分投资市场的客户？因此，罗布觉得应该进行一个大型调查项目来了解客户需求。

因为美瑞银行不从事调研业务，所以罗布决定将这一调研项目交给一个专业的咨询公司。该项目收到了好几个咨询公司的投标，罗布将选择成本最低的一家公司。罗布为咨询公司列出了一系列调研要求，以确保公司能够获得实行该战略所需要的信息。

不同年龄段的人需要不同的服务，美瑞银行对四个年龄段的人有兴趣。第一个年龄段为 18～25 岁，这些人的收入有限，交易量不会很大。第二个年龄段为 26～40 岁，这些人收入可观，交易量大，需要大量的住房和汽车贷款，并会在各类证券上投资。第三个年龄段为 41～50 岁，这类人与第二类人的收入与行为类似，但因为这些人还不适应网络，因此不大可能使用网络银行。第四个年龄段是 51 岁以上，这些人渴望安全，并希望获得退休金的信息。银行相信第四类是绝对不会使用网络交易的，但银行也希望能够进一步获得这些人的需求信息。美瑞银行将会调研 2 000 名客户，其中，第一个年龄段至少占 20%，第二个年龄段至少为 27.5%，第三个年龄段至少为 15%，第四个年龄段至少为 15%。

罗布理解有的人不喜欢使用互联网，因此他希望能够知道哪些人使用网络，而哪些人不使用网络。为了保证美瑞银行能够获得准确的组合，他要求被调研的人中至少有 15% 来自网络使用普遍的硅谷地区，而 35% 来自网络使用程度一般的大城市，20% 来自很少使用电脑的小城镇。

精致调研公司（Sophisticated Surveys）是投标该项目的三家调研公司之一，该公司对调研的成本进行了初步估计，每人的调研费用如下表所示（单位：美元）。

地区	年龄组			
	18～25 岁	26～40 岁	41～50 岁	51 岁及以上
硅谷	4.75	6.50	6.50	5.00
大城市	5.25	5.75	6.25	6.25
小城镇	6.50	7.50	7.50	7.25

精致调研公司对下面几个问题进行了连续的讨论。

（1）建立线性规划模型，在满足美瑞银行调研要求的基础上使成本最小。

（2）如果精致调研公司的毛利率为成本的 15%，其投标额将是多少？

（3）在提交了投标书以后，精致调研公司得到通知说，它的报价是最低的，但美瑞银行不喜欢它的解决方案，具体来说，罗布认为精致调研公司选择的调查人群并不具有足够的代表性。罗布要求被调研的每一地区每一年龄段的人数必须超过 50 人。这样的话，精致调研公司新的投标价格将是多少？

（4）罗布认为精致调研公司对 18～25 岁年龄段以及硅谷地区的取样太多了，因此，他增加了一个新的约束，即 18～25 岁被调研的人数不能超过 600 人，而硅谷地区不能超过 650 人。这样，新的投标价格又将是如何？

（5）在计算调研成本时，精致调研公司认识到，对年轻人的调研较为容易。然而，在近期完成的一个调研报告中显示，这个假设是不正确的。对 18～25 岁的人的调研成本如下表所示：

地区	每人的成本（美元）
硅谷	6.50
大城市	6.75
小城镇	7.00

在新的成本下，投标价格将会是多少？

（6）为了保证达到要求，罗布做出了更严格的约束，规定各类人的比例必须符合下表的要求：

人群	调查的人群比例（%）
16～25 岁	25
26～40 岁	35
41～50 岁	20
51 岁及以上	20
硅谷	20
大城市	50

（续）

人群	调查的人群比例（%）
小城镇	30

在这些约束条件下，精致调研公司的调研成本将增加多少？若以总成本的 15% 提取毛利，精致调研公司的报价又将是多少？

案例 3-5　将学生分配到各个学校

斯普林菲尔德学校（Springfield School）董事会打算在年底关闭其下属一所中学（包括 6 年级、7 年级和 8 年级），并在下一年将这些年级的学生分配到另外三所中学去。学校为离校距离超过 1 英里的所有学生提供上学、放学的接送服务，因此，为了节省校车费用，学校将对学生进行分配。从该城市的 6 个居住区到各所学校，每个学生一年的校车费用如下表所示（表中还给出了下一年的其他一些基本数据），其中，0 表示不需要校车服务，而"—"表示这种分配不可能。

地区	学生数量（人）	6 年级的比例（%）	7 年级的比例（%）	8 年级的比例（%）	每个学生的运送成本（美元）		
					学校 1	学校 2	学校 3
1	450	32	38	30	300	0	700
2	600	37	28	35	—	400	500
3	550	30	32	38	600	300	200
4	350	28	40	32	200	500	—
5	500	39	34	27	0	—	400
6	450	34	28	38	500	300	0
学校容量（人）					900	1 100	1 000

学校的董事会规定，在每个学校里，每一年级的学生人数必须在总人数的 30%～36% 之间，上表显示了第二年每个地区学校中各年级的学生比例。可以划出学生上学的地区界限，以便于在多所学校之间分配学生。但是，不管如何分配，上表所要求的每所学校各年级的比例必须得到满足。

假设学校雇用你作为管理科学顾问，帮助学校决定如何在各所学校之间分配学生。

（1）为该问题建立线性规划模型并求解。

（2）你给学校董事会的最终建议是什么？

在看了你的建议之后，学校董事会对将所有的居民区都按各个学校划分这一点表示疑惑，他们认为，应该尽可能让邻近的学生进入同一所学校。

（3）根据这一点调整你的建议，使同一地区的学生尽可能分配在同一所学校里（加入这一约束可能会使你不得不取消另外一些约束）。这样做会增加多少校车成本？（案例 5-4 和案例 8-3 将会对这一类分析进行进一步探讨。）

学校董事会正考虑减少一些校车以降低成本，选择 1 是仅仅取消距离为 1～1.5 英里的学生的校车服务，这些学生的单位运送成本如上表所示为 200 美元。选择 2 是同时取消距离为 1.5～2 英里的学生的校车服务，1.5～2 英里的学生的估计单位运送成本为 300 美元。

（4）将第（1）问中的模型加入选择 1 重新考虑，并求解。将结果与第（2）问中的结果相比较，包括比较校车总成本的减少额。

（5）以选择 2 代替选择 1 重复第（4）问。

现在，学校董事会将在三种选择（目前的这一选择，以及选择 1、选择 2）中做出抉择，其中最重要的因素是成本。但是，学校对另一个因素也给予了同等的重视，即因为一些学生不得不步行或骑车上学（超过 1 英里，特别是超过 1.5 英里）所引起的不方便和安全问题。因此，学校决定采用能使两个因素得到最佳平衡的选择。

（6）从第（2）问、第（4）问、第（5）问的结果中总结出与学校董事会要制定的决策的两个因素有联系的重要信息。

（7）你认为应该制定怎样的决策，为什么？

注意：这一案例在后面的章节（案例 5-4 和案例 8-3）中将会继续讲解，因此建议你将该问题的分析以及基本电子表格模型保存下来。

案例 3-6 回收固体废物

赛维特公司（Save-It Company）经营一个回收站，专门回收四种类型的固体废物材料，然后分别进行处理以及熔合制成可再销售的产品。根据使用的原料组合不同，可制造出三种等级的产品（见下表）。尽管每个等级间的产品组合相似，但是每种产品等级间都有其对材料最大/最小含量的明确质量标准（最大/最小含量代表该材料重量占整个该等级产品重量的百分比）。对于前两个高等级产品来说，其中一种材料重量百分比被明确为固定值。这些说明已在下表中给出，除此之外该表格还包括材料熔合的成本以及每个等级成品的售价。

等级	规格说明	每磅熔合成本（美元）	每磅售价（美元）
A	材料 1：不超过总重量的 30% 材料 2：不少于总重量的 40% 材料 3：不超过总重量的 50% 材料 4：恰好为总重量的 20%	3.00	8.50
B	材料 1：不超过总重量的 50% 材料 2：不少于总重量的 10% 材料 4：恰好为总重量的 10%	2.50	7.00
C	材料 1：不超过总重量的 70%	2.00	5.50

回收站从一些固定来源收集固体废料，所以正常情况下能够维持一个稳定的废物处理率。下表给出了每周可以收集并处理的固体废物数量，同时还包括每种类型材料的处理成本。

材料	每周可用数量（磅）	每磅处理成本（美元）	额外约束
1	3 000	3.00	1. 对于每种材料，每周必须至少收集并处理 0.5 磅
2	2 000	6.00	
3	4 000	4.00	2. 处理材料的成本每周为 30 000 美元
4	1 000	5.00	

赛维特公司的唯一拥有者是绿色地球组织（一个专门治理环境问题的组织）。一直以来，赛维特公司的利润全部用于支持绿色地球举办的活动。绿色地球已经募集了捐款和拨款（每周 3 万美元）用于支付固体废物的全部处理成本。绿色地球的董事会已经命令赛维特公司的管理层将这部分钱用于固体废物的处理，并且确保每种材料实际上都至少有 0.5 磅被收集并处理。这些额外的限制已被列在第二个表格中。

在以上两个表格的约束下，管理层希望分配这些材料用于生产不同等级的产品，以最大化每周总利润（总销售收入减去总熔合成本）。

（1）使用线性规划术语定义该问题中的所有活动、资源、收益以及固定需求。

（2）为该线性规划问题建立电子表格模型并求解。

（3）在电子表格中写出该线性规划问题的代数形式。

案例 3-7 项目选择

塔尔公司（Tazer）是一家制药企业，它在 15 年前凭借新推出的六种药品踏入了制药行业。这六种药品中的五种只是对现存药品的简单替代，因此销量不是很大。第六种药品是一种治疗高血压的药，推出以后十分成功。自从塔尔公司获得降压药的专利后，它在市场上没有任何竞争对手，单从降压药品中获得的利润就使塔尔公司一直立于不败之地。专利期限只能维持 20 年，而到现在这个专利还有 5 年就过期了。

在过去 15 年里，塔尔公司进行了很多研发项目，但是始终没有开发出一种能和这个降压药一样成功的药品。其中一个原因是公司始终没有动力去大量投资创新型研发项目。公司一直满足于降压药给其带来的丰富利润，并没有意识到投入大量资源去寻找新的药品突破的重要性。

现在，塔尔公司开始害怕竞争的压力。塔尔公司知道 5 年后一旦专利过期，成群的类似的制药企业就会像秃鹰一样涌入市场。历史趋势显示，非专利药物的出现会使品牌药的销量下降 75%。因此，塔尔公司今年投入了大量的金钱用于研发项目，准备开始寻找一种能给公司带来和降压药一样成功的新的突破性药物。塔尔公司相信，如果现在开展大量的研究，在降压药专利过期前找到一种成功的药物的可能性会很大。

作为塔尔公司的研发总监，你现在负责选择潜在可行的项目并指派项目经理领导项目。在研究了市场需求、分析了当前药物的缺陷和采访了大量的科学家有关医药研究未来的前景领域后，你下决心进行5个独立的项目，列举在下面：

- UP 项目：开发一种不会引起情绪波动的抗抑郁药物。
- Stable 项目：开发一种能够治疗狂躁和抑郁的药物。
- Choice 项目：为妇女开发一种减轻避孕痛苦的药物。
- Hope 项目：开发一种阻止艾滋病毒感染的疫苗。
- Release 项目：开发一种更有效的降低血压的药物。

对于每个项目，你只能说明研究可能治疗的病例，但是在没有进行研究的情况下你并不能确定该药物一定能解决什么病。

你有5位资深科学家来分别领导5个项目。你知道科学家一般是喜怒无常的人，他们只在觉得项目具有挑战性并对项目有兴趣时才会接受项目工作。为了确保科学家被分配到他们感兴趣的项目，你为项目建立了一个投标系统。你给每位科学家一人1 000的投标分。他们为每个项目打分，每个人都为更偏好的项目给出更高的分数。

下表给出了5位科学家为5个项目打分的情况。

项目	克沃尔博士（Dr. Kvaal）	祖纳博士（Dr. Zuner）	蔡博士（Dr. Tsai）	米奇博士（Dr. Mickey）	罗林斯博士（Dr. Rollins）
UP 项目	100	0	100	267	100
Stable 项目	400	200	100	153	33
Choice 项目	200	800	100	99	33
Hope 项目	200	0	100	451	34
Realese 项目	100	0	600	30	800

你决定评估一下你认为有可能发生的一系列情景。

（1）在给出评分的条件下，你需要将科学家分配到项目中以最大化所有科学家的偏好分数。分配方案应该是怎样的？

（2）罗林斯博士受邀去哈佛医学院授课。你非常渴望将她留在塔尔公司，但是哈佛的声望会将她吸引走。如果出现这一情况，公司需要放弃最让科学家缺乏兴趣和热情的项目。哪个项目会被放弃呢？

（3）你不希望放弃任何项目，尽管只依靠4位科学家领导项目会降低发现突破性新药品的可能性。你决定让祖纳博士或米奇博士领导两个项目。在只有4位高级科学家的情况下，应安排每位科学家领导哪些项目才能最大化偏好分数？

（4）祖纳博士被通知说他和米奇博士被考虑可能要带2个项目，他决定改变投标分数。祖纳博士对每个项目的新评分调整如下：

UP 项目	20
Stable 项目	450
Choice 项目	451
Hope 项目	39
Realese 项目	40

在只有4位高级科学家的情况下，在新条件下应该怎样安排科学家负责哪些项目才能最大化偏好分数？

（5）你支持第（4）种情况得出的指派结果吗？为什么？

（6）现在你重新继续考虑5个科学家的指派问题。现在，有一些科学家不能领导某些项目。特别的是，因为米奇博士没有关于免疫系统方面研究的经验，所以他不能领导Hope项目。他的家族具有狂躁抑郁疾病的病史，你认为他如果参与Stable项目可能会因为太投入研究而无法做一个有时效的项目经理。因此不能让米奇博士领导Stable项目。克沃尔博士由于也没有关于免疫系统方面研究的经验，所以他也不能领导Hope项目。除此之外，克沃尔博士由于没有心脏病系统方面的研究经验，因此不能领导Release项目。最后，罗林斯博士由于其家族具有狂躁病史，因此不适宜领导UP项目。由于米奇博士和克沃尔博士不能领导其中2个项目，因此他们每人只拥有仅仅600的投标分数。罗林斯博士由于不能领导其中1个项目因此只具有800投标分数。下表给出了米奇博士、克沃尔博士和罗林斯博士的新投标分数。

项目	米奇博士	克沃尔博士	罗林斯博士
UP 项目	300	86	无法领导
Stable 项目	无法领导	343	50
Choice 项目	125	171	50
Hope 项目	无法领导	无法领导	100
Realese 项目	175	无法领导	600

应该怎样安排科学家负责哪个项目才能最大化科学家们的偏好分数?

（7）你认为 Hope 项目和 Release 项目只让 1 个科学家领导是不够的。那么，需要分配 2 个科学家来分别领导以上 2 个项目。你决定再雇用 2 个科学家来领导所有项目：他们是阿里亚加博士和桑托斯博士。由于宗教原因，他们都不愿意领导 Choice 项目，因此他们对这个项目的投标分数均为 0。下表列出了每个科学家对每个项目的投标分数。

项目	克沃尔博士	祖纳博士	蔡博士	米奇博士	罗林斯博士	阿里亚加博士	桑托斯博士
UP 项目	86	0	100	300	无法领导	250	111
Stable 项目	343	200	100	无法领导	50	250	1
Choice 项目	171	800	100	125	50	0	0
Hope 项目	无法领导	0	100	无法领导	100	250	333
Realese 项目	无法领导	0	600	175	600	250	555

应该怎样安排科学家负责项目才能最大化科学家的偏好分数?

（8）你认为在第（7）种情况下，基于指派问题一个变量的最优结果做决策是明智的吗？

更多案例

关于本章的更多案例，可以查阅西安大略大学毅伟商学院网站 www.cases.ivey.uwo.ca/cases 专为本书设计的 CaseMate 部分。

第 4 章 电子表格建模的艺术

学习目标

完成本章的学习后，你应该能够：
1. 描述电子表格建模的一般过程。
2. 掌握电子表格建模的一些原则。
3. 根据问题描述，构建你自己的电子表格模型。
4. 发现电子表格模型的不足。
5. 运用多种技术调试电子表格模型。

目前几乎所有的管理者都广泛使用电子表格建模分析商业问题。

电子表格建模是本书的重点。第 1 章第 1.2 节介绍了如何用电子表格模型进行盈亏平衡分析。第 2 章第 2.2 节介绍了如何用电子表格建立线性规划模型。第 3 章介绍了五种重要的线性规划问题所对应的电子表格模型：资源分配问题、成本收益平衡问题、混合问题、运输问题和指派问题。后续章节还将介绍许多电子表格模型。这些讨论都主要关注电子表格模型应用于管理科学技术时有哪些特点。而本章将专门介绍电子表格建模的一般过程。

电子表格建模是一门科学，更是一门艺术。没有固定的建模流程保证每次都能构建出唯一正确的模型。例如，两位经理用电子表格分析完全相同的商业问题，他们建立的电子表格模型却有可能完全不同。

尽管没有固定的流程，电子表格建模仍然应该遵循一般过程，包括四个主要步骤：①规划模型；②构建模型；③测试模型；④分析模型及结果。在第 4.1 节介绍案例研究之后，第 4.2 节将结合案例具体描述"规划—建立—测试—分析"的过程，并介绍建模过程中经常会遇到的一些问题及解决方法。

然而，遵循"规划—建立—测试—分析"的过程并不保证能够建出好的电子表格模型。一个好的电子表格模型应该是易于理解、易于调试、易于修改的。第 4.3 节介绍了建立好模型的一些原则，并结合第 4.1 节中的案例研究，阐述了模型中合理公式与不合理公式之间的区别。

而即使运用了合理的公式，大型电子表格模型的第一版通常也会包含很多错误，例如没有准确引用单元格地址或者在单元格输入公式时输入有误。对于这些错误人们通常很难察觉。第 4.4 节介绍了一些调试电子表格模型并根除这些错误的有效方法。

本章最主要的目的是帮读者成为优秀的电子表格建模者打下坚实的基础。但是，仅仅依靠本章并不能达到这一点，读者还需要研究管理科学不同领域的各种电子表格模型，然后进行大量的建模训练。此过程将在本书的后续章节中不断进行。

4.1 案例研究：大沼泽地公司的现金流问题

大沼泽地金色年代公司（Everglade Golden Years Company）（以下简称大沼泽地公司）在佛罗里达州南部的一些地区经营高档退休社区。该公司由阿尔弗雷德·李（Alfred Lee）于1946年创立，当时佛罗里达的经济非常繁荣，许多富有的退休人员涌入佛罗里达，所以阿尔弗雷德·李在那段时期非常成功。如今，公司继续由李家族经营，阿尔弗雷德的孙子谢尔顿·李（Sheldon Lee）担任首席执行官。

对大沼泽地公司来说，过去几年一直很困难。人们对退休社区住房的需求较低，公司无法维持入住率。然而，这个市场最近有所回升，前景看起来比较光明。所以公司最近动工建设了一个新的退休社区，并计划在未来10年（2018～2027年）建设更多。

> 在现金余额只有100万美元且负现金流很快就要出现的情况下，公司将需要贷款来满足实时现金余额不少于50万美元的公司规定。

朱莉·李（Julie Lee）是公司的首席财务官（CFO）。过去一周，她一直坐在电脑前，试图解决公司迫在眉睫的现金流问题。如表4-1所示，朱莉预测了公司在未来10年的净现金流量。由于低入住率导致的收入不足以及新退休社区的所有建设成本，公司将在未来几年内产生负现金流。在只有100万美元现金储备的情况下，公司似乎需要申请一些贷款才能满足财务需求。此外，为了应对不确定性，公司规定始终保持至少50万美元的现金储备余额。

银行向大沼泽地公司提供了两种贷款。第一种是10年期贷款，每年只支付利息，10年后一次性偿还全部本金，利率为每年5%。第二种是一系列的一年期贷款。这些贷款可以根据需要每年取出，但每一笔贷款必须在下一年偿还本金和利息。如果需要，每笔新贷款都可用于帮助偿还前一年的贷款。这些短期贷款的利率预计为每年7%。

表4-1 未来十年大沼泽地公司净现金流预测表

年份	预计净现金流（单位：万美元）	年份	预计净现金流（单位：万美元）
2018	−800	2023	300
2019	−200	2024	−400
2020	−400	2025	700
2021	300	2026	−200
2022	600	2027	1 000

朱莉带着她做出的现金流预测和银行提供的贷款选择，与首席执行官谢尔顿·李进行了交谈。他们的交谈内容如下。

朱莉：看来我们真的遇到了麻烦。如果不向银行贷款，我们将没有办法解决现金流问题。

谢尔顿：出现这样的情况，我很担心。我们有什么选择吗？

朱莉：我已经和银行谈过了，我们可以获得年利率为5%的10年期贷款，或者是预计利率为7%的一系列1年期贷款。

谢尔顿：5%的年利率听起来不错。我们可以对所有贷款都使用10年期贷款吗？

朱莉：这也是我最开始的反应。但是，在分析了现金流预测之后，我觉得答案并不是确定的。虽然公司未来几年的现金流是负的，但情况是在向好的方向发展。如果使用10年期贷款，我们将不得不一直持有这笔贷款并支付10年的利息。而1年期的贷款显然更灵活，我们可以只在需要的年份进行贷款，这样就能节省下未来的利息支出。

谢尔顿：好的，我能看出来 1 年期贷款的灵活性可以帮助我们节省一些资金。而且，如果未来几年利率下降的话，1 年期贷款会更有优势。

朱莉：利率也有可能上升。我们无法预测未来的利率会怎样，所以我们还是按照当前 7% 的年利率来制定规划吧。

谢尔顿：你说得对。那么，是选择 10 年期贷款还是一系列 1 年期贷款呢？你有什么建议吗？

朱莉：事实上，还有另外一种选择。我们可以考虑混合使用这两种贷款方式。我们可以借一部分长期贷款，以获得较低的利率，同时借一些短期贷款，以保持灵活性。

谢尔顿：这听起来有点儿复杂。要想使得公司在 10 年内保持偿付能力，并在 10 年后偿还完所有贷款后还留有尽可能多的现金余额，我们需要一个规划。我想要知道该规划中的利息偿还金额与贷款到期时间。你可以利用电子表格做出最优规划吗？

> 目标是开发一个财务规划，该规划可以保持公司的偿付能力，并使 2028 年在偿还完所有贷款后实现现金余额最大化。

朱莉：好，我会试一试，及时给你反馈。

谢尔顿：太好了。下星期你准备好报告后，我们再会面。

你在下面两节中将会了解到朱莉是如何为这个现金流问题建立电子表格模型的。

问题回顾

1. 对大沼泽地公司来说，长期贷款的优势是什么？
2. 对大沼泽地公司来说，一系列短期贷款的优势是什么？
3. 需要制定的财务规划目标是什么？

4.2 电子表格建模过程概述

之后你会了解到，有一种线性规划模型可以被整合到电子表格中求解这个问题。但是你也会看到，这个电子表格模型的形式并不能完全套用第 3 章介绍过的任何一种线性规划模型。即便使用了图 3-8 中针对混合问题（最广泛的线性规划问题）所给出的电子表格模板，对于当前问题的建模也没有什么帮助。这是因为大沼泽地公司现金流问题是一个更加复杂的线性规划问题（多时期动态问题）。因此，这个案例将很好地阐释在面对复杂问题，包括本书后续章节将要讨论的一些非线性规划问题时，进行电子表格建模的整个过程。

当面临与大沼泽地公司现金流问题类似的状况时，人们的第一反应往往是打开 Excel 软件马上开始构建模型。这种冲动是要不得的。在没有合理规划的情况下构建的电子表格模型，不可避免地会组织混乱，并出现大量**套管程序代码**（spaghetti code）。

> **套管程序代码**：或者叫作意大利面条代码，是来自计算机编程的一个术语。它是指计算机程序代码缺乏逻辑，到处跳转，因此像一盘意大利面条一样杂乱。

规划和构建电子表格模型的一个难点在于没有标准的流程可以遵循。电子表格建模是一门科学，更是一门艺术。然而，为了给初学者提供一些参考，我们建议你遵循图 4-1 给出的建模过程。

如图 4-1 所示，电子表格建模过程分为四个主要步骤：①规划模型；②构建模型；③测试模型；④分析模型及结果。建模过程主要是按照这个顺序进行的。然而，在"建模"和"测试"之间的双向箭头指出这是一个循环的过程，如果在"测试"过程中发现了一些问题需要修正，则要重新回到"建模"这一步骤。在建模者对模型完全满意之前，"建模"和"测试"步骤之间的反复可能要出现好几次。在这种反复的过程中，

> 建模者在"建模"与"测试"步骤之间的反复可能会出现很多次。

建模者能够进一步完善模型。有一种方法是从小规模的版本开始，先建立它的基本逻辑关系，在检验证实其准确性后，再扩展到完整规模的模型。即使已经完成了模型的测试和分析，但是"分析"步骤显示模型仍存在不合理之处，那么流程可能还需要回到"建模"甚至"规划"步骤。

这四个主要步骤还包含了一些更详细的步骤。如图 4-1 所示，在"规划"步骤中存在着三个详细步骤。最初，当你面对一个相当复杂的问题时，花点时间用手工依次完成这些详细步骤是非常有帮助的。但当你熟悉了电子表格建模以后，你就可以整合这些步骤并迅速在头脑中完成。如果你发现自己在建模过程中卡壳了，那么你很有可能是漏掉了前面详细步骤中的某个关键点。此时，你应该重新回到前一步或前两步，来确保你已经彻底完成了前面的步骤。

现在，我们将借助大沼泽地公司的现金流问题详细描述建模过程的各个步骤。同时，我们也将讨论一些在建模过程中经常遇到的问题及其解决方法。

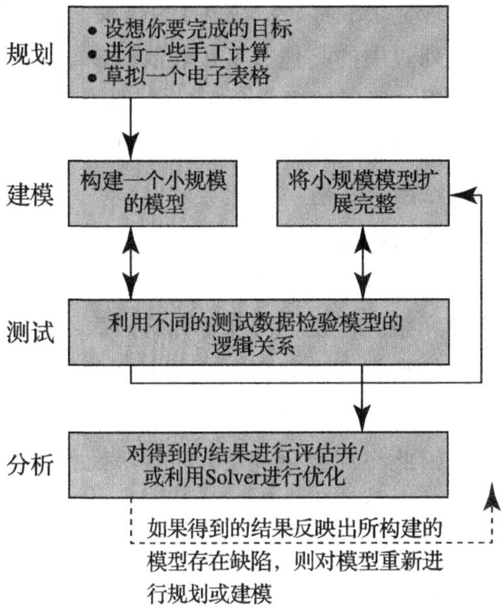

图 4-1　电子表格建模的规划—简历—测试—分析流程图

规划：设想你要完成的目标

在建模的最开始阶段会出现一个常见的问题。假如你和朱莉一样，面临着与大沼泽地公司现金流问题同样复杂的状况时，有时候真的很难决定从哪里入手。此时，考虑一下你所要实现的目标可能会很有帮助。例如，朱莉在报告中应该向谢尔顿提供哪些信息？报告中应包含哪些数字？这些问题的答案将引导你迅速认清问题的本质，帮助你开始建立电子表格模型。

朱莉面临的问题是应当使用哪一种贷款或采用怎样的贷款组合，以及贷款金额是多少。长期贷款是一次性的，因此关于长期贷款的答案应当只包含一个数据，表示在长期贷款利率下一次性借入的贷款数额。短期贷款可以在 10 年中的每一年或某些年获得，因此关于短期贷款的答案应当包含 10 个数据，表示在某年特定的短期利率下所借入的贷款数额。

在报告中朱莉需要向谢尔顿保证公司在未来 10 年内是保持偿付能力的。因此，需要规划未来 10 年的现金余额，以确保公司能够保持正常运营下最低限度的收支平衡。报告中还需要包含的信息有贷款到期日与还款金额、利息支付时间与利息金额。最后，已被搜集到的其他数据也应该包含在报告中，例如各种利率以及业务中的预计净现金流。表 4-2 总结了朱莉在最终报告中需要包含的数据。

参考表格中给出的这些最终需要的数据，思考一个模型怎样才能得出这些数据。这里你需要主要思考以下三个问题：

- 模型中需要决策的是哪些参数？（需要决策的参数，在模型中显示在可变单元格中。）
- 决策时追求的目标（总体绩效度量指标）是什么？（代表总体绩效度量指标的数字，将在模型中显示在目标单元格中。）
- 电子表格模型中需要包括哪些其他数字？（这些数字将显示在数据单元格中。在做出决策之前还需要计算某些其他结果，这些结果将显示在输出单元格中。）

朱莉需要决策的是贷款的规模（表 4-2 中的前两组数字）。这 11 个数字将会显示在电子表格模型的可变单元格中。

做出这些决策的目标是，在保持公司十年内偿付能力的前提下，使十年后公司的现金余额最大。因此，最终的现金余额将显示在电子表格模型的目标单元格中。

列表中的其他数字代表数据（每年的预计净现金流量和贷款利率）或结果（每年的现金余额、贷款偿还以及利息支出），数据将进入电子表格模型中的数据单元格，经过计算得到的结果将进入电子表格模型中的输出单元格。

将表示决策（可变单元格）的数据和表示结果（输出单元格）的数据进行区分是非常重要的。举个例子，我们很容易将现金余额填入可变单元格。但是，可变单元格只表示所制定的独立决策，不依赖于任何其他数据。而现金余额是由资金借入、资金支付和其他所有现金流动综合作用的结果，是电子表格中其他数字的函数，不能被单独地确定。因此将现金余额填入可变单元格是不合适的。需要记住的是，可变单元格会对其他数字产生影响，但其他数字却不会影响可变单元格。

在建模过程的规划阶段，你需要清楚最终要得到的答案是怎样的，需要哪些可变单元格以及应当获得怎样的结果（输出单元格）。

表 4-2 朱莉的最终报告中需要的数据

最终报告中需要的数据
长期贷款的规模
短期贷款的规模
每年的现金余额
每年的贷款偿还
每年的利息支出
每年来自业务的预计净现金流量
贷款利率

此时，你应当知道需要什么样的可变单元格和输出单元格。

规划：进行一些手工计算

在建立模型阶段，在一个输出单元格中输入公式时会出现另一个常见的问题。例如，朱莉如何确定大沼泽地公司现金流问题中的现金余额？需要输入什么公式？这部分计算涉及很多因素，因此很容易让人无从下手。

如果在这个阶段遇到了困难无法继续，进行一些手工计算是很有帮助的。为可变单元格选择一些特定的数字，然后用纸笔或计算器进行计算并得到结果。

例如，为大沼泽地公司制订相关的贷款计划，再计算一下公司在前两年年末的现金余额。如果大沼泽地公司先借入了长期贷款 600 万美元，并于 2018 年借入了短期贷款 200 万美元，2019 年借入了短期贷款 500 万美元，那么公司在 2018 年末和 2019 年末的现金余额分别是多少呢？

这两个金额的手工计算过程如下。2018 年，大沼泽地公司拥有在银行的初始存款 100 万美元和业务经营的负现金流 −800 万美元，长期贷款和短期贷款的现金流入分别为 600 万美元和 200 万美元。因此，2018 年末的现金余额为

$$
\begin{aligned}
\text{期末余额（2018）} = \text{期初余额} &\quad 100 \text{ 万美元} \\
+ \text{现金流（2018）} &\quad -800 \text{ 万美元} \\
+ \text{长期贷款（2018）} &\quad +600 \text{ 万美元} \\
+ \text{短期贷款（2018）} &\quad \underline{+200 \text{ 万美元}} \\
& \quad 100 \text{ 万美元}
\end{aligned}
$$

2019 年现金余额的计算相对更为复杂。除了从 2018 年结转的年初余额 100 万美元、2019 年业务经营的负现金流 −200 万美元、2019 年新借入的短期贷款 500 万美元外，公司还需要支付 2018 年的贷款利息并归还 2018 年短期贷款的本金。2019 年末现金余额为

$$
\begin{aligned}
\text{期末余额（2019）} = \text{期初余额（2018 年结转）} &\quad 100 \text{ 万美元} \\
+ \text{现金流（2019）} &\quad -200 \text{ 万美元} \\
+ \text{短期贷款（2019）} &\quad +500 \text{ 万美元} \\
- \text{长期贷款利息支出} &\quad -(5\%)(600 \text{ 万美元})
\end{aligned}
$$

− 短期贷款利息支出	−（7%）(200 万美元)
− 短期贷款偿还（2018）	−200 万美元
	156 万美元

进行手工计算有两个好处。首先，它能帮助你梳理输出单元格中应当输入的公式。例如，从刚才所做的手工计算中，我们可以很容易地总结出特定年份的期末余额公式为

$$期末余额 = 期初余额 + 现金流 + 贷款 - 利息支出 - 贷款偿还$$

此时，只需要在电子表格模型的期末余额公式中输入相应的单元格参数就可以。

其次，手工计算还能够帮助我们验证电子表格模型。将 2018 年长期贷款 600 万美元、短期贷款 200 万美元和 2019 年短期贷款 500 万美元全部输入电子表格中，所得到的期末余额数值应当与刚才所做人工计算的结果一致。如果不一致，则说明此电子表格模型一定存在错误（假定手工计算是正确的）。

> 手工计算可以帮助你梳理输出单元格中需要的公式。

规划：草拟一个电子表格

有时候，一些模型的电子表格中包含大量的要素。在大沼泽地公司问题中，这些要素包括一些数据单元格（利率、年初余额、最小余额和现金流）、一些可变单元格（贷款金额），以及一些输出单元格（利息支出、贷款偿还和期末余额）。因此，在组织和设计电子表格模型的时候会有一个潜在的问题：这些要素应该放在电子表格的哪些位置上？怎样整合这个电子表格呢？

在模型规划阶段，与其匆忙地打开 Excel，盲目地输入各种要素，不如先草拟出电子表格的布局。这对于建立一个合理的电子表格是很有帮助的。此时不必考虑数字，只需要在一张纸上画出各种数据单元格、可变单元格和输出单元格的方块，并标注它们的名称，更多地关注电子表格的布局。

> 通过在纸上草拟出电子表格的布局，对各数据单元格、可变单元格、输出单元格和目标单元格的位置进行规划。

草拟布局时，一个关键的问题是：各数字方块应当按行排列、按列排列，还是排成二维表格？还应该考虑：是否存在不同的单元格区域具有相同的行标题或列标题？如果存在，则要将这些区域排在同一行或同一列，以使它们能够共用一组标题。

另一个原则是尽量从电子表格顶部的数据开始，经过一系列计算，到达电子表格底部的目标单元格。这样的分布比较容易让人理解。相反，如果各数据单元格、可变单元格、输出单元格和目标单元格无序地散布在电子表格中，则会使得电子表格模型难以理解。

图 4-2 是大沼泽地公司问题电子表格布局的一个草图。电子表格的顶部是利率、期初余额和最小现金余额的数据单元格。其他要素则按照统一的结构分布。每一行代表一个特定的年份（从 2018 年到 2028 年）。列表示所有的现金流入和流出，第一列是预测的业务经营现金流（包括 10 年中每一年的数据），紧接着是贷款的现金流入、利息支出、贷款偿还，最后是期末余额（每年进行计算）。长期贷款只会发生一次（在 2018 年），因此用单个的单元格表示长期贷款。短期贷款可能在 10 年中的任何一年（从 2018 年到 2027 年）发生，因此用一组单元格表示短期贷款。利息支出于贷款的下一年开始支付。长期贷款于 10 年之后（2028 年）偿还。

> 图 4-2 中的电子表格草图非常符合逻辑，从左上角的数据开始，通过计算，到达右下角的目标单元格。

以一个统一的结构来安排各要素（见图 4-2），不仅可以避免为各要素重复输入年份的标签，而且会使模型更易于理解：在某一年发生的各类数据都会出现在同一行中。

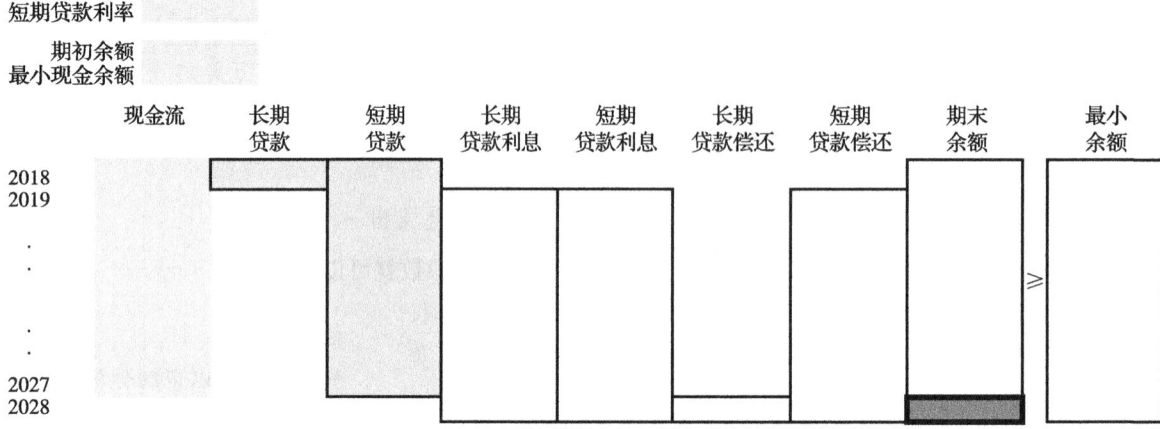

图4-2 大沼泽地公司现金流问题的电子表格草图

根据数据将要放置的位置来规划电子表格的布局通常是最简单的方法。模型其余部分的结构则按照数据单元格的结构进行分布。例如,如果预测的现金流数据是竖排的(每一年的数据占一行),那么其他现金流也应当以同样的结构进行分布。

建立电子表格的布局草图也要符合逻辑顺序(见图4-2)。问题的给定数据应位于电子表格的左上角。现金流、贷款金额、利息支出和贷款偿还等列都是计算期末余额所需的部分,期末余额应当位于这些数据的右侧。谢尔顿已经指出目标是使2028年的期末现金余额最大化,因此2028年的期末余额单元格就是目标单元格。

每一年的现金余额都应当大于所要求的最低现金余额(50万美元),这是模型的一个约束条件。因此在设计时应该使电子表格中的期末余额和最低余额单元格相邻。你可以在草图上标记出"⩾"符号,以提醒你这是一个约束条件。

建模:从小规模的电子表格开始

一旦设计好电子表格的布局,你就可以打开一个新的Excel工作表并开始构建模型。如果模型比较复杂,你可以先构建一个小规模的、易于管理的模型,从中先得到正确的逻辑关系,再扩展到整个规模。

> 在电子表格扩展到整个模型之前,先设计出小规模电子表格模型的逻辑关系。

例如,在大沼泽地公司的问题中,我们首先从前两年(2018年和2019年)的模型入手,如图4-3中的电子表格所示。

这张电子表格是按照图4-2所示的布局构建的。贷款金额位于D列和E列。由于利息要到下一年才支付,因此F列和G列的公式与前一年的贷款有关(D11单元格表示长期贷款,E11单元格表示短期贷款)。贷款偿还在H列和I列显示。H列是空白的,因为长期贷款要到2028年偿还。短期贷款需要在一年之后偿还,因此单元格I12的公式与前一年的短期贷款(单元格E11)有关。2018年的期末余额是期初余额加上2018年发生的各种现金流的总和(单元格C11:I11)。2019年的期末余额是2018年的期末余额(单元格J11)加上2019年发生的各种现金流的总和(单元格C12:I12)。所有这些公式都总结在了图4-3中电子表格的下部分。

构建一个小规模的电子表格对有时间维度的电子表格来说非常有效。例如,对一个10年期规划问题,我们可以先从前几年的简单问题开始,而不是马上着手解决10年期规划问题。一旦小规模的模型运行正确,你就可以将模型扩展到10年的完整模型。

	A	B	C	D	E	F	G	H	I	J	K	L
1		Everglade Cash Flow Management Problem (Years 2018 and 2019)										
2												
3		LT Rate	5%									
4		ST Rate	7%									
5						(all cash figures in millions of dollars)						
6		Start Balance	1									
7		Minimum Cash	0.5									
8												
9			Cash	LT	ST	LT	ST	LT	ST	Ending		Minimum
10		Year	Flow	Loan	Loan	Interest	Interest	Payback	Payback	Balance		Balance
11		2018	−8	6	2					1.00	≥	0.50
12		2019	−2		5	−0.30	−0.14		−2.00	1.56	≥	0.50

	F	G	H	I	J	K	L
9	LT	ST	LT	ST	Ending		Minimum
10	Interest	Interest	Payback	Payback	Balance		Balance
11					=StartBalance+SUM(C11:I11)	≥	=MinimumCash
12	=−LTRate*LTLoan	=−STRate*E11		=−E11	=J11+SUM(C12:I12)	≥	=MinimumCash

Range Name	Cell
LTLoan	D11
LTRate	C3
MinimumCash	C7
StartBalance	C6
STRate	C4

图 4-3 大沼泽地公司现金流问题的小规模电子表格模型（仅包含 2018 年和 2019 年）

即使电子表格模型没有时间维度，从小规模的模型着手的方法也是有效的。例如，如果某些约束条件使问题变得相当复杂，那么可以先从不包括这些复杂约束条件的简单问题开始。简单模型运行正确之后，再加入复杂的约束条件。如果一个模型有很多组输出单元格，你可以每次为一组输出单元格构建一个模型，在前面的输出单元格都运行正确后，再为新的输出单元格构建模型。

测试：对小规模的模型进行验证

如果你从构建一个小规模的模型开始，那么一定要先充分测试这个模型，以保证模型中所有的逻辑关系都是正确的。与其等错误扩展到完整的电子表格模型中后才被发现，不如在电子表格的规模较小、易于管理时尽早修正存在的问题。

测试电子表格时，在可变单元格中输入一些数值，然后看电子表格给出的结果是否与你所知道的数值相一致。例如，在图 4-3 中，如果贷款金额设为 0，那么利息支出和贷款偿还的数值都应当为 0。如果长期贷款和短期贷款都是 100 万美元，那么下一年的利息支出分别是 5 万美元和 7 万美元（长期贷款利率是 5%，短期贷款利率是 7%）。如果大沼泽地公司 2018 年借入长期贷款 600 万美元、短期贷款 200 万美元，2019 年借入短期贷款 500 万美元。那么，2018 年的期末余额应当是 100 万美元，2019 年的期末余额应当是 156 万美元（根据之前所做的手工计算）。对图 4-3 中的电子表格进行测试，结果都是正确的。因此我们可以非常肯定电子表格是正确的。

> 尝试着在可变单元格中输入一些数值，而对应这些数值你已经知道输出结果。

如果输出单元格给出的结果与你的预期不一致，那么就需要仔细地检查公式，看是否能发现问题并且修正这些问题。第 4.4 节会进一步对电子表格模型的调试给出一些指导方法。

建模：将小规模的模型扩展完整

在对小规模电子表格进行测试以确保所有公式正确且运行正常后，你就可以将小规模的模型扩展到完整规模。Excel 的填充命令经常用来将公式快速复制到模型的其余部分。

我们用图 4-3 中大沼泽地公司的小规模电子表格模型来举例说明上述过程。对图 4-3 来说，F、G、I、J、L 列的公式可以在"开始"选项卡下的"编辑"功能区中选择"向下填充"，以获得如图 4-4 所示的所有公式。例如，选中单元格 G12:G21，然后选择"向下填充"，则单元格 G12 中的公式（公式中 E 列的单元格地址被调整后）将被复制到单元格 G13 到 G21 中。接下来我们解释这是如何实现的。

在使用填充命令复制公式之前，要保证正确使用了相对引用和绝对引用（附录 A 提供了关于相对引用和绝对引用的详细说明）。对名称的引用是绝对引用。例如，单元格 G12（= -STRate × E11）使用了单元格名称 STRate，是绝对引用。因此，在复制到单元格 G13:G21 时，短期贷款利率永远都是 STRate（C4）的数值。

而对特定单元地址的引用是相对引用。例如，G12 单元格中的公式对单元格 E11（上一年的贷款总量）的引用是相对引用。单元格 E11 在其向左两格、向上一格的位置。当把 G12 中的公式复制到 G13:G21 中时，这些单元格中的地址仍然是指各自向左两格、向上一格的那个单元格，这就是所谓的相对引用。这正是我们所需要的，因为利息支出是根据前一年借入的短期贷款计算的（也就是位于向左两格、向上一格位置的数据）。

当利用"向下填充"命令复制 F、G、I、J 和 L 列的公式，并将长期贷款偿还数据输入单元格 H21 后，完整的模型如图 4-4 所示。

> **Excel 小提示**：向下填充或者向右填充有一个小技巧：先选中要复制的单元格，用鼠标选中填充柄（在所选单元格的右下角），然后拖拽到需要填充的单元格。

> **Excel 小提示**：将相对引用转化为绝对引用的技巧是按"F4"键（MAC 电脑按"command-T"）。

测试：测试完整的模型

正如对小规模的模型进行测试是非常重要的，当模型被扩展到完整规模之后也需要进行测试。测试过程与测试小规模模型的过程一致，同时包括了第 4.4 节将要讲述的一些调试电子表格模型的方法。

分析：对模型进行分析

在使用 Solver 之前，图 4-4 中的电子表格仅仅是大沼泽地公司的评估模型。它可以用来评估各种提案的结果，包括迅速确定需要多少利息支出和贷款偿还以及由此决定的每一年期末余额。例如，图 4-4 中 LTLoan（D11）和 STLoan（E11:E20）表示了一种可能的计划，但最终证明是不可行的，因为期末余额（J11:J21）显示有三年的现金期末余额为负值。

为了使模型达到最优化，我们要利用如图 4-5 所示的 Solver 对话框来指定目标单元格、可变单元格和约束条件。大沼泽地公司的管理层希望找到一种贷款的组合，使得公司在未来 10 年（2018～2027 年）具有偿付能力，并且在 2028 年归还完所有贷款之后拥有尽可能多的现金余额。因此，需要最大化的目标单元格是期末余额 EndBalance（J21），可变单元格是贷款金额 LTLoan（D11）和 STLoan（E11:E20）。为了保证大沼泽地公司每年末的现金余额大于 50 万美元，模型的约束条件是期末余额 EndingBalance（J11:J21）≥最小余额 MinimumBalance（L11:L21）。

在运行 Solver 之后，最优解如图 4-5 所示。可变单元格 LTLoan（D11）和 STLoan（E11:E20）显示了各年的贷款金额。目标单元格 EndBalance（J21）显示了 2028 年的期末余额为 539 万美元。

	A	B	C	D	E	F	G	H	I	J	K	L
1		**Everglade Cash Flow Management Problem**										
2												
3		LT Rate	5%									
4		ST Rate	7%									
5						(all cash figures in millions of dollars)						
6		Start Balance	1									
7		Minimum Cash	0.5									
8												
9			Cash	LT	ST	LT	ST	LT	ST	Ending		Minimum
10		Year	Flow	Loan	Loan	Interest	Interest	Payback	Payback	Balance		Balance
11		2018	−8	6	2					1.00	≥	0.5
12		2019	−2		5	−0.30	−0.14		−2	1.56	≥	0.5
13		2020	−4		0	−0.30	−0.35		−5	−8.09	≥	0.5
14		2021	3		0	−0.30	0		0	−5.39	≥	0.5
15		2022	6		0	−0.30	0		0	0.31	≥	0.5
16		2023	3		0	−0.30	0		0	3.01	≥	0.5
17		2024	−4		0	−0.30	0		0	−1.29	≥	0.5
18		2025	7		0	−0.30	0		0	5.41	≥	0.5
19		2026	−2		0	−0.30	0		0	3.11	≥	0.5
20		2027	10		0	−0.30	0		0	12.81	≥	0.5
21		2028				−0.30	0	−6	0	6.51	≥	0.5

	F	G	H	I	J	K	L
9	LT	ST	LT	ST	Ending		Minimum
10	Interest	Interest	Payback	Payback	Balance		Balance
11					=StartBalance+SUM(C11:I11)	≥	=MinimumCash
12	=−LTRate*LTLoan	=−STRate*E11		=−E11	=J11+SUM(C12:I12)	≥	=MinimumCash
13	=−LTRate*LTLoan	=−STRate*E12		=−E12	=J12+SUM(C13:I13)	≥	=MinimumCash
14	=−LTRate*LTLoan	=−STRate*E13		=−E13	=J13+SUM(C14:I14)	≥	=MinimumCash
15	=−LTRate*LTLoan	=−STRate*E14		=−E14	=J14+SUM(C15:I15)	≥	=MinimumCash
16	=−LTRate*LTLoan	=−STRate*E15		=−E15	=J15+SUM(C16:I16)	≥	=MinimumCash
17	=−LTRate*LTLoan	=−STRate*E16		=−E16	=J16+SUM(C17:I17)	≥	=MinimumCash
18	=−LTRate*LTLoan	=−STRate*E17		=−E17	=J17+SUM(C18:I18)	≥	=MinimumCash
19	=−LTRate*LTLoan	=−STRate*E18		=−E18	=J18+SUM(C19:I19)	≥	=MinimumCash
20	=−LTRate*LTLoan	=−STRate*E19		=−E19	=J19+SUM(C20:I20)	≥	=MinimumCash
21	=−LTRate*LTLoan	=−STRate*E20	=−LTLoan	=−E20	=J20+SUM(C21:I21)	≥	=MinimumCash

Range Name	Cells
CashFlow	C11:C20
EndBalance	J21
EndingBalance	J11:J21
LTLoan	D11
LTRate	C3
MinimumBalance	L11:L21
MinimumCash	C7
StartBalance	C6
STLoan	E11:E20
STRate	C4

图 4-4 大沼泽地公司现金流问题的完整电子表格模型

注：包括未使用 Solver 之前的目标单元格 Endbalance（J21）的公式和所有其他输出单元格。可变单元格 LTLoan（D11）和 STLoan（E11:E20）中输入的数值仅仅是此阶段的测试解。

	A	B	C	D	E	F	G	H	I	J	K	L
1		Everglade Cash Flow Management Problem										
2												
3		LT Rate	5%									
4		ST Rate	7%									
5						(all cash figures in millions of dollars)						
6		Start Balance	1									
7		Minimum Cash	0.5									
8												
9			Cash	LT	ST	LT	ST	LT	ST	Ending		Minimum
10		Year	Flow	Loan	Loan	Interest	Interest	Payback	Payback	Balance		Balance
11		2018	−8	4.65	2.85					0.50	≥	0.50
12		2019	−2		5.28	−0.23	−0.20		−2.85	0.50	≥	0.50
13		2020	−4		9.88	−0.23	−0.37		−5.28	0.50	≥	0.50
14		2021	3		7.81	−0.23	−0.69		−9.88	0.50	≥	0.50
15		2022	6		2.59	−0.23	−0.55		−7.81	0.50	≥	0.50
16		2023	3		0	−0.23	−0.18		−2.59	0.50	≥	0.50
17		2024	−4		4.23	−0.23	0		0	0.50	≥	0.50
18		2025	7		0	−0.23	−0.30		−4.23	2.74	≥	0.50
19		2026	−2		0	−0.23	0		0	0.51	≥	0.50
20		2027	10		0	−0.23	0		0	10.27	≥	0.50
21		2028				−0.23	0	−4.65	0	5.39	≥	0.50

	F	G	H	I	J	K	L
9	LT	ST	LT	ST	Ending		Minimum
10	Interest	Interest	Payback	Payback	Balance		Balance
11					= StartBalance+SUM(C11:I11)	≥	=MinimumCash
12	=−LTRate*LTLoan	=−STRate*E11		=−E11	=J11+SUM(C12:I12)	≥	=MinimumCash
13	=−LTRate*LTLoan	=−STRate*E12		=−E12	=J12+SUM(C13:I13)	≥	=MinimumCash
14	=−LTRate*LTLoan	=−STRate*E13		=−E13	=J13+SUM(C14:I14)	≥	=MinimumCash
15	=−LTRate*LTLoan	=−STRate*E14		=−E14	=J14+SUM(C15:I15)	≥	=MinimumCash
16	=−LTRate*LTLoan	=−STRate*E15		=−E15	=J15+SUM(C16:I16)	≥	=MinimumCash
17	=−LTRate*LTLoan	=−STRate*E16		=−E16	=J16+SUM(C17:I17)	≥	=MinimumCash
18	=−LTRate*LTLoan	=−STRate*E17		=−E17	=J17+SUM(C18:I18)	≥	=MinimumCash
19	=−LTRate*LTLoan	=−STRate*E18		=−E18	=J18+SUM(C19:I19)	≥	=MinimumCash
20	=−LTRate*LTLoan	=−STRate*E19		=−E19	=J19+SUM(C20:I20)	≥	=MinimumCash
21	=−LTRate*LTLoan	=−STRate*E20	=−LTLoan	=−E20	=J20+SUM(C21:I21)	≥	=MinimumCash

Solver Parameters
Set Objective Cell: EndBalance
To: Max
By Changing Variable Cells:
　　LTLoan, STLoan
Subject to the Constraints:
　　EndingBalance >= MinimumBalance

Solver Options:
　　Make Variables Nonnegative
　　Solving Method: Simplex LP

Range Name	Cells
CashFlow	C11:C20
EndBalance	J21
EndingBalance	J11:J21
LTLoan	D11
LTRate	C3
MinimumBalance	L11:L21
MinimumCash	C7
StartBalance	C6
STLoan	E11:E20
STRate	C4

图 4-5　大沼泽地公司现金流管理问题的完整电子表格模型（金额单位：100 万美元）

注：该模型通过 Excel Solver 求解后得到了最优解，如可变单元格 LTLoan（D11）和 STLoan（E11:E20）所示。假设所有数据单元格都是正确的，目标单元格 EndBalance（J21）显示 2028 年的期末余额为 539 万美元。

案例研究的结论

大沼泽地公司财务总监朱莉建立的电子表格模型如图 4-5 所示。下一步她要向首席执行官谢尔顿·李递交一份报告。在报告中，她建议采用由上述模型得到的财务计划。

很快，谢尔顿和朱莉会面并讨论了她的报告。

谢尔顿：朱莉，谢谢你的报告，做得很出色。你的电子表格把所有事情都非常清楚地列了出来。

朱莉：谢谢。我花了些时间来合理地组织电子表格以确保其正确运行，不过我想花这些时间是值得的。

谢尔顿：是的，这些事不能急。但还有一件事让我很担心。

朱莉：什么事？

谢尔顿：是有关我们公司未来现金流预测的问题。我们假设公司未来的现金流就像你的电子表格 C 列所展示的那样。这些估计很好，但我们都知道这只是估计而已。我们现在无法预测的许多变化会在未来的 10 年中发生。当经济发生波动，或者出现无法预期的事件对公司造成影响时，这些现金流将产生很大变化。我们怎么才能知道你所推荐的计划在这些变化发生时仍然是合理有效的？

朱莉：这个问题提得好。要回答这个问题，我们先来做一些 what-if 分析，看一下当出现变化时会发生什么情况。既然这个电子表格是正确的，那么只需要改变 C 列中现金流的数值，观察一下当前这个计划会有什么变化，就可以得到答案。你可以尝试任何一种或几种变化，马上就能看到结果。每次在改变未来现金流的同时，也可以选择试着改变短期贷款的金额，看看需要什么样的调整才能保持每年的最低现金余额达到 50 万美元。

你准备好了吗？我们现在就一起做一些 what-if 分析？

谢尔顿：开始吧。

很幸运的是，朱莉的电子表格构建得非常合理（为未来十年的每一年现金流都提供了一个数据单元格）。只要在数据单元格中输入不同的数字，就能马上运行 what-if 分析。（下一章将着重描述 what-if 分析的重要性以及进行此类分析的替代方法。）谢尔顿和朱莉花了半个小时的时间尝试不同的数字，结果是：即使未来的现金流偏离目前的预测，图 4-5 所示的计划仍然是未来 10 年内合理的财务计划。如果真的出现偏离，就需要对短期贷款的金额进行调整。而且，朱莉也可以在接下来的几年内选择到银行争取获得另一份长期贷款，其利率低于短期贷款。如果成功，同样可以使用与图 4-5 基本相同的电子表格并结合 Solver 调整接下来几年的财务计划。

> 应当为每一个数据提供一个单元格。当数据的真实数值与原始估计不同时，可以有利于检查。

"计算机仿真"这一管理科学技术为我们提供了另一种方法来考虑未来现金流的不确定性。第 14 章和第 15 章将介绍这种技术，习题 15.24 将继续讨论这一案例。

问题回顾

1. 当你不知道从哪儿开始建立电子表格模型时，有什么好方法能够帮助你入手？
2. 手工计算可以从哪两个方面为你提供帮助？
3. 描述一种组织和布局电子表格的有效方法。
4. 对模型进行测试时，哪种数值应当被输入可变单元格？
5. 单元格绝对引用和相对引用的区别是什么？

4.3 构建好的电子表格模型的几个原则

电子表格建模有很多种方法，这种灵活性是电子表格的优势，但有时也会成为问题。尽管 Excel 提供了许多功能（如名称、阴影、边框等）可以帮助你构建一个易于理解、易于调试、易于修改的"好"的电子表格模型，但同时也非常容易建出一个难于理解、难于调试、难于修改的糟糕的电子表格模型。这一节的目标就是提供一些原则帮助你构建"好"的电子表格模型。

> 在开始构建模型之前，应先对模型中的数据进行布局。

首先输入数据

所有的电子表格模型都会受到电子表格中数据的驱动，整个模型的布局是围绕着数据的结构构建的。因此，比较好的方法是：在开始构建模型之前，先输入数据并对所有数据进行认真布局，然后尽量使整个模型的结构符合数据的布局。

通常来说，如果电子表格中已经有数据，那么建立模型的其余部分也就比较容易。在大沼泽地公司的问题中（见图 4-5），现金流的数据被安排在电子表格最前面的两列（B 列和 C 列），年份位于 B 列，现金流位于单元格 C11 到 C20。一旦数据被输入合适的位置，模型的其余部分就能根据已有数据的结构迅速排列在其周围。可变单元格和输出单元格也应以同样的结构进行布局。在大沼泽地公司的例子中，表示现金流的所有数据共用 B 列中的行标题。

| 应用实例 |

威路氏公司（Welch's, Inc.）是全球最大的葡萄加工企业，年销售额在 2013 年达到 6.08 亿美元。威路氏公司生产的葡萄果冻和葡萄汁等产品深受美国几代消费者的欢迎。

每年 9 月，葡萄种植者就开始将葡萄运送到加工厂，然后加工厂将鲜葡萄榨成汁。随后需要等待一段时间才能将葡萄汁加工成果酱、果冻、果汁和浓缩汁。

由于需求不断改变，葡萄的质量和数量存在着不确定性，因此如何使用这些葡萄成为一个复杂的问题。关键的决策包括主要产品群使用何种配方、如何在不同工厂间转移葡萄汁，以及转移葡萄汁的运输方式。

由于威路氏公司缺少生产配方和对原料转移进行最优化的正规系统，管理科学团队就开发了一个初级线性规划模型。这是一个庞大的模型，包括 8 000 个决策变量来关注各个成分的细节。经过小规模的测试，这一模型被证明是有效的。

为了使这一模型发挥作用，管理科学团队对模型进行了修订：在对需求进行合计时，利用产品群而不是成分来进行计量。这使得决策变量减少到 324 个，函数约束减少到 361 个。随后，这一模型被整合到电子表格中。

公司每月都会更新这一电子表格模型，以便向高层管理者提供由 Solver 生成的最优物流计划。通过使用并优化这一模型，公司仅在第一年就节省了 15 万美元。将线性规划模型整合到电子表格中的一个主要优势，就是很容易向数学水平参差不齐的管理者解释这一模型。这也使得管理科学的应用获得了普遍好评。

我们来回顾一下第 2.2 节中为韦恩德玻璃制品公司产品组合问题建立的电子表格模型。图 4-6 再次显示了该电子表格。每单位产品耗用时间的数据放在电子表格的中心位置（C7:D9）。输出单元格 HoursUsed（E7:E9）放在这些数据的右侧和 HoursAvailable（G7:G9）的左侧。所有输出单元格的行标与数据的行标都是对应的，这样就比较容易说明电子表格第 7 行到第 9 行列出的约束条件。然后，可变单元格和目标单元格都放在数据下面的第 12 行，可变单元格的列标与上面的数据列标也是对应的。

> 在电子表格中进行标注，以清楚地标识所有数据。

数据的位置有时需要做一些变动，以更好地适应整个模型。尽管如此，模型的结构通常还是应当尽可能地符合数据的结构。

	A	B	C	D	E	F	G
1		**Wyndor Glass Co. Product-Mix Problem**					
2							
3			Doors	Windows			
4		Unit Profit	$300	$500			
5					Hours		Hours
6			Hours Used per Unit Produced		Used		Available
7		Plant 1	1	0	2	≤	4
8		Plant 2	0	2	12	≤	12
9		Plant 3	3	2	18	≤	18
10							
11			Doors	Windows			Total Profit
12		Units Produced	2	6			$3 600

Solver Parameters
Set Objective Cell: TotalProfit
To: Max
By Changing Variable Cells:
 UnitsProduced
Subject to the Constraints:
 HoursUsed <= HoursAvailable

Solver Options:
 Make Variables Nonnegative
 Solving Method: Simplex LP

	E
5	Hours
6	Used
7	=SUMPRODUCT(C7:D7,UnitsProduced)
8	=SUMPRODUCT(C8:D8,UnitsProduced)
9	=SUMPRODUCT(C9:D9,UnitsProduced)

	G
11	Total Profit
12	=SUMPRODUCT(UnitProfit,UnitsProduced)

Range Name	Cells
HoursAvailable	G7:G9
HoursUsed	E7:E9
HoursUsedPerUnitProduced	C7:D9
TotalProfit	G12
UnitProfit	C4:D4
UnitsProduced	C12:D12

图 4-6 第 2.2 节中建立的韦恩德玻璃制品公司产品组合问题的电子表格模型

组织和清楚地标注数据

相关的数据应当以一种便捷的形式组合在一起并输入电子表格，同时要清楚地对其加以标注。对于以表格形式展示的数据，应当为表格提供一个标题，以综合描述数据。每一行和每一列也应当有一个标注，以标识表格的每一个条目。数据的单位也应当注明。不同类别的数据应当进行合理区分。不过，如果两个表格需要使用相同的行标或列标，那么在两个表格中应当保持行一致或列一致。

在韦恩德玻璃制品公司的产品组合问题中（见图 4-6），三组数据被组合成表格，并清楚地标识为单位利润（Unit Profit）、每单位产品耗用小时（Hours Used per Unit Produced）和可用时间（Hours Available）。数据的单位也被明确注明，单位利润的数据中包含了美元符号，时间数据的标识中注明了以小时为单位。最后，所有三个数据表格对行和列的使用保持一致性。由于单位利润数据在 C 列和 D 列标注出了产品门和窗，所以每单位产品耗用小时数据也标注出了产品门和窗。

可变单元格（产量）同样沿用了这个结构。每个车间的数据（第 7 行到第 9 行）也位于每单位产品耗用小时数据和可用小时数据所属的行中。按相同的方式安排不仅可以避免混乱，而且便于使用 SUMPRODUCT 函数。使用 SUMPRODUCT 函数的前提是两个区域大小完全相同（即行数和列数都相同）。如果单位利润数据和产量数据没有以相同的结构进行分布（如一个在行，一个在列），在总利润计算中就不能使用 SUMPRODUCT 函数。

同样，如图 4-5 所示，在大沼泽地公司的现金流问题中，五组数据被分组并组成表格，并被清楚地标识为短期利率（ST Rate）、长期利率（LT Rate）、期初余额（Start Balance）、现金流（Cash Flow）和最小现金量（Minimum Cash）。数据的单位也被注明（单元格 F5:I5 说明所有的现金数值均以 100 万美元为单位），而且所有的表格对行和列的使用都保持一致性（年份始终是以行表示）。

每个数据只输入一个单元格

如果一个数据需要被多个公式使用，那么这些公式都应该引用原始数据单元格，而不应该在多个地方重复输入这个数据。这样做可以使模型更容易修改。如果该数据的数值发生了变化，只需要对一个地方进行修改，而不需要搜索整个模型来找出该数据的所有位置。

例如，在大沼泽地公司的现金流问题中（见图 4-5），公司要求现金余额无论何时都要保持最低 50 万美元。这就是一个约束条件，即每年末最小余额为 50 万美元。与其将最低余额 0.5（百万美元）输入 L 列的所有单元格，不如只将 0.5（百万美元）输入 MinimumCash（C7）单元格中，然后将 MinimumBalance（L11:L21）的所有单元格指向 MinimumCash（C7）。于是，当公司的这项政策发生变化时，比方说最少现金余额要求改为 20 万美元时，就只需要在一个位置改动数值即可。

> 当多个公式使用同一数据时，应引用同一个数据单元格。

将数据与公式分离

要避免在公式中直接使用数字，而应当将所有的数字输入数据单元格，然后在公式中引用相应的数据单元格。例如，在大沼泽地公司问题中（见图 4-5），所有数据（利率、期初余额、最小现金量和预测的现金流）都被输入电子表格中单独的数据单元格。当需要用到这些数字计算支付利息（F 列和 G 列）、贷款偿还（H 列和 I 列）、期末余额（J 列）和最小余额（L 列）时，应该通过公式来引用这些数据单元格，而不是直接将这些数字输入公式。

> 公式应该通过引用数据单元格来获得必要的数据。

将数据与公式分离有两个好处。首先，所有数据都能在电子表格中看到，而不是隐藏在公式中。数据的可见性使得模型易于说明。其次，模型易于修改。因为改变数据只需要修改相应的数据单元格，而不需要修改任何公式。当使用 what-if 分析（将在下一章讲述）来观察数据单元格的数值变化会产生什么结果时，这一点显得尤为重要。

保持简单化

在可以使用简单函数的情况下，应避免使用 Excel 中功能强大的函数。使用简单函数更加容易阐述清楚。尽可能使用 SUMPRODUCT 或 SUM 函数，可以使得模型更易于理解，而且有助于确保模型是线性的（线性模型比其他模型更容易求解）。另外，还应努力使公式保持短小、简单。如果公式比较复杂，可以将它分成几段进行计算，然后再求各部分的和。例如，在大沼泽地公司现金流问题的电子表格中，贷款支出的每一部分（长期贷款利息、短期贷款利息、长期贷款偿还和短期贷款偿还）都被明确地区分开来。其中一些列本来可以合并，如将长期贷款支出（偿还）和短期贷款支出（偿还）合并，或者将所有贷款支出合并成一列，但这样做会使公式变得很复杂，也使得模型难于测试和调试。如图 4-5 所示，贷款支出（偿还）的单个公式非常简单，它们的数值即使不看公式也能计算出来，这就为模型的测试和调试降低了难度。

> 尽量使电子表格易于说明。

使用区域名称

在电子表格公式中引用相关单元格区域或单个单元格的方法之一是使用单元格地址，如 L11:L21 或 C3。但在使用这种方法阅读公式时，需要看一看电子表格中相应位置的内容才能理解公式。还有一个更好的方法：就像第 1.2 节和第 2.2 节提到的那样，为单元格区域指定一个描述性的**区域名称**。这一名称可以让人们一眼就看出该区域的内容（选中单元格区域，点击电子表格上方公式栏左边的"名称框"，然后输入一个名称）。在输出单元格中输入公式时，这种方法很有帮助。用区域名称代替单元格地址写入公式，使得公式更容易说明。区域名称也使得模型在 Solver 对话框中的描述更容易理解。

> 区域名称使得公式更容易解释。

图 4-5 举例说明了区域名称在大沼泽地公司电子表格模型中的使用。以单元格 F12 中的长期贷款利息公式为例。由于单元格 C3 已经给出了长期贷款的利率，单元格 D11 给出了长期贷款的金额，所以长期贷款利息的公式可以写成 = – C3 × D11。但如果用区域名称 LTRate 取代单元格 C3，用 LTLoan 取代单元格 D11，公式变为 = – LTRate × LTLoan，这样就更容易说明问题。

另一方面，必须意识到人们很容易沉迷于定义区域名称。但是，定义太多的区域名称反而会产生适得其反的效果。当相关数据被组合在一个表格中，我们建议为整个表格定义一个区域名称，而无须为每列、每行定义区域名称。通常，我们建议仅为数据单元格组、可变单元格、目标单元格以及每组约束条件的两侧（左侧和右侧）定义区域名称。

> 区域名称中不允许使用空格。如果区域名称包含几个词，则将每个词的首字母大写以区分不同单词（如 MinimumBalance）。另一种方法就是使用下划线（如 Minimum_Balance）。

同时，为了保证能够通过特定的区域名称迅速识别所引用的单元格，区域名称需要与电子表格中的标注相对应。例如，在图 4-5 中，J 列和 L 列在电子表格中被标注为期末余额和最小余额，因此我们将 EndingBalance（期末余额）和 MinimumBalance（最小余额）作为区域名称。使用电子表格上的标注作为区域名称易于快速找到区域名称所指向的单元格。

如果有必要，可以将所有区域名称及其相应的单元格地址列表直接贴在电子表格中。具体做法是在"公式"选项卡（Formulas Tab）的"用于公式"（Use in Formula）菜单中选择"粘贴清单"（Paste List）。这样，清单（经过重新布局）就会在电子表格的下方显示出来。

当对一个使用了区域名称的模型进行修改时，要确保区域名称仍然指向正确的单元格区域。当向电子表格模型中插入行或列时，最好将该列或该行插在该区域的中间，而不要插在最后。例如，在一个有四种产品的产品组合模型中再加入另一种产品，不要加在产品 4 后面，而要在产品 2 和产品 3 中间插入一列。这样，相关的区域名称会自动扩展涵盖所有 5 列的内容。因为区域名称会继续引用产品 1 和产品 4 之间的所有内容，包括新插入的第五种产品的那一列。同样，在该区域的中间删除一列或一行，会自动缩小相关区域名称所涵盖的范围。你可以通过选中名称框（电子表格上方公式栏的左边）中的区域名称来检查该名称所指向的单元格，被选中的区域名称所指向的单元格会被标示出来。

使用相对引用和绝对引用简化公式的复制

当需要重复公式时，尽量只输入一次，然后利用 Excel 的"填充"命令复制公式。这不仅比重新输入公式节约时间，还能减少出错的可能。

前面讨论过的将模型扩展完整的过程就是一个很好的例子。图 4-3 显示了前两年的电子表格，而在图 4-4 中，我们利用填充命令将公式复制到了 F、G、I、J 和 L 列，从而完成了 10 年的完整电子表格模型。

> Excel 的"填充"命令为复制公式到多个单元格提供了一种快速可靠的方法。

除了有助于建立模型，在公式中使用相对引用和绝对引用也便于修改已有的模型。例如，假设你已经建立了一个有关产品组合问题的电子表格模型，但现在要在其中加入另一种资源，就需要在电子表格中插入一行。如果输出单元格合理使用了相对引用和绝对引用，那么只需要将原来的公式复制到新插入的那一行就可以了。

使用边框、阴影和颜色来区分单元格类型

能够很容易地区分电子表格中的数据单元格、可变单元格、输出单元格和目标单元格是十分重要的。一种方法就是对不同类型的单元格使用不同的边框和单元格阴影。在本书中，数据单元格用淡灰色的阴影表示，可变单元格用带细边框的淡灰色阴影表示，输出单元格没有阴影，而目标单元格用带粗边框的深灰色表示。

在管理科学课件内的电子表格中（见 www.mhhe.com/Hillier6e），数据单元格显示为淡蓝色，可变单元格为黄色，而目标单元格是橙色。显然，你也可以使用其他你喜欢的颜色方案。最重要的是保持一致性，这样你就能迅速识别出单元格的类型。当你想要检查某种类型的单元格时，不同的颜色也能帮助你立即找到该种单元格。

> 要使同一类型的单元格易于辨别。

在电子表格中显示整个模型

Solver 同时使用电子表格和 Solver 对话框（或 Analytic Solver 中的窗格模型）来说明需要求解的模型。因此，可以在 Solver 对话框中包含一些模型的要素（如≤、= 或≥符号和/或约束条件的右侧），而无须在电子表格中显示出来。尽管如此，我们仍然强烈建议在电子表格中列出模型的每一个要素。因为要做到任何一个使用、调整或者将来查阅模型的人都能理解模型。从电子表格中观察模型比通过 Solver 对话框来解读模型更容易。而且，打印出来的电子表格不会包含 Solver 对话框的内容。

约束条件的所有内容尤其应当显示在电子表格中。对每一个约束条件而言，需要使用三个相邻的单元格，包括左侧的一个，中间的≤、= 或≥符号，以及右侧的一个（如图 4-5 大沼泽地公司问题中的 J、K 和 L 列）。如前所述，可变单元格和目标单元格应当用一些方法标识出来（如用边框和单元格阴影）。一个好的测试方法是你不需要进入 Solver 对话框去确定模型的任何要素，而只用通过观察电子表格就找出模型的可变单元格、目标单元格和所有约束条件。

> 在电子表格中显示模型的所有内容，而不要依赖 Solver 对话框去包括某些要素。

一个糟糕的电子表格模型

构建了一个线性规划的电子表格模型却没有用到以上提到的任何方法，这种情况很有可能发生。图 4-7 显示了大沼泽地公司现金流问题的一种电子表格形式，它几乎违背了前面所述的所有原则。但是这种设计仍然可以通过 Solver 来求解，而且事实上获得的结果也是如图 4-5 所示的最优解。然而，这种设计存在许多问题。我们不清楚哪些单元格表示模型的解（没有利用边框和/或阴影对可变单元格和目标单元格进行标注）。如果不打开 Solver 对话框，我们就不知道约束条件是什么（电子表格没有显示出整个模型）。这个电子表格也没显示大部分的数据。例如，要确定预测现金流、利率或期初余额的数据，你必须仔细察看 E 列中的公式（数据没有与公式分离）。如果要改变其中的任何一个数据，就要修改涉及的所有公式，而不是仅仅改变电子表格上的一个数值。而且，Solver 对话框中的公式和模型非常难以理解（没有使用区域名称）。

比较一下图 4-5 和图 4-7。在建模过程中如果遵循上述各原则（如图 4-5 所示的电子表格），就能构建易于理解、易于测试、易于修改的电子表格模型。这对那些使用时间较长的模型尤为重要。如果模型在几个月之后还要使用，如图 4-5 所示的"好"模型很容易就可以被理解、修改并按需重新使用，而使用图 4-7 所示的模型将是一个巨大的挑战。

	A	B	C	D	E	F
1		**A Poor Formulation of the Everglade Cash Flow Problem**				
2						
3			LT	ST	Ending	
4		Year	Loan	Loan	Balance	
5		2018	4.65	2.85	0.50	
6		2019		5.28	0.50	
7		2020		9.88	0.50	
8		2021		7.81	0.50	
9		2022		2.59	0.50	
10		2023		0	0.50	
11		2024		4.23	0.50	
12		2025		0	2.74	
13		2026		0	0.51	
14		2027		0	10.27	
15		2028			5.39	

Solver Parameters
Set Objective Cell: E15
To: Max
By Changing Variable Cells:
　C5, D5:D14
Subject to the Constraints:
　E5:E15 >= 0.5

Solver Options:
　Make Variables Nonnegative
　Solving Method: Simplex LP

	E
3	Ending
4	Balance
5	=1−8+C5+D5
6	=E5−2+D6−$C$5*(0.05)−D5*(1.07)
7	=E6−4+D7−$C$5*(0.05)−D6*(1.07)
8	=E7+3+D8−$C$5*(0.05)−D7*(1.07)
9	=E8+6+D9−$C$5*(0.05)−D8*(1.07)
10	=E9+3+D10−$C$5*(0.05)−D9*(1.07)
11	=E10−4+D11−$C$5*(0.05)−D10*(1.07)
12	=E11+7+D12−$C$5*(0.05)−D11*(1.07)
13	=E12−2+D13−$C$5*(0.05)−D12*(1.07)
14	=E13+10+D14−$C$5*(0.05)−D13*(1.07)
15	=E14+D15−$C$5*(1.05)−D14*(1.07)

图 4-7　大沼泽地公司现金流管理问题的一个糟糕的电子表格模型形式

问题回顾

1. 电子表格模型中的哪个部分应当最先输入？
2. 数值应当被包括在公式中，还是应被单独输入数据单元格？
3. 区域名称为什么使公式和模型在 Solver 对话框中更易于理解？该如何选择区域名称？
4. 区分电子表格的数据单元格、可变单元格、输出单元格和目标单元格有哪些方法？
5. 在电子表格中完整地表达一个约束条件需要多少单元格？

4.4　调试电子表格模型

不论如何仔细地规划和建立模型，第一次运行时也不可能没有错误。有的错误非常显而易见，并且可以迅速纠正。有的错误却难以发现。遵从第 4.3 节提到的建立一个好的电子表格的所有原则，会使模型的调试工作更容易进行。但即便如此，如同调试计算机程序一样，调试电子表格模型也是一项困难的任务。本节将介绍一些技巧和 Excel 功能，以使电子表格调试工作变得简单。

> 调试电子表格模型有时和调试计算机程序一样困难。

调试电子表格模型的第一个步骤是使用第 4.2 节第一部分所讨论

的原则来测试模型。具体来说，就是在你可以预知输出单元格正确结果的情况下，将不同的数值输入可变单元格，然后观察模型的计算结果是否和预期一致。数字 0 非常适合用来进行初始数值测试，因为使用数字 0 很容易预测输出单元格的结果。当然也可以尝试其他简单的数值（如所有数值都为 1）。如果再尝试一些复杂的数值，就需要准备好计算器，做一些手工计算来检验不同的输出。还可以在可变单元格中输入一些非常大的数值进行测试，以此来保证在极端的情况下，计算也能正常进行。

如果你定义了区域名称，那么确保它们对应正确的单元格。有时在电子表格中插入行或列之后，区域名称会变得十分杂乱。想要测试区域名称，你可以通过选中名称框中的不同区域名称来测试，此时电子表格会突出显示被选中的区域。或者你也可以将整个区域名称和其对应的引用清单粘贴到电子表格中。

> 如果你在电子表格中插入了行或列，那么要确保每个区域名称仍然对应正确的单元格。

仔细研究每一个公式，确保正确无误。Excel 中有一个十分有效的检查公式功能，称为"切换"（toggle）。它能够在电子表格的公式和输出单元格的输出值之间切换。在默认情况下，Excel 会显示模型中输出单元格计算的数值。在 PC 机上同时按"ctrl"和"~"键就可以使电子表格转换到显示输出单元格中的公式（见图 4-8）。再次同时按"ctrl"和"~"就会回到原来的标准状态，显示输出单元格的数值（见图 4-5）。

> Excel 小提示：用"ctrl"和"~"键（Mac 电脑上按"command"和"~"键）实现显示公式与显示数值间的切换。

Excel 中另一组有效的功能是**审核工具**（auditing tools）。审核工具位于"公式"选项卡下的"公式审核"功能组（Formula Auditing）中。

审核工具可以用图形的方式显示与一个特定单元格直接相关的单元格。例如，选中图 4-5 中的 LTLoan（D11），再点击"追踪从属单元格"（Trace Dependents），就可以产生图 4-9 中电子表格所示的箭头。

你可以马上看到，在 F 列中的每年长期贷款利息 LTInterest、长期贷款偿还 LTPayback（H21）以及 2014 年的期末金额 EndingBalance（J11）的计算中，都用到了长期贷款 LTLoan（D11）。这对我们很有帮助。要想知道长期贷款 LTLoan 会直接影响哪些数据，就可以观察箭头指向哪些单元格。如果在 F 列输入的任何公式中少了 LTLoan，箭头的缺失将能够立即表明有错误存在。同样，如果 LTLoan 被错误地输入了任何短期贷款的输入单元格，那么就会出现多余的箭头。

你也可以通过点击"追踪应用单元格"（Trace Precedents）进行反追踪，看看对于一个给定的单元格，有哪些单元格为其提供数据。例如，选中 2019 年短期贷款利息单元格（G12），点击"追踪应用单元格"（Trace Precedents），就可以看到图 4-10 所示的箭头。这些箭头说明 2019 年短期贷款利息（G12）与 2018 年短期贷款（E11）和短期贷款利率（C4）有关。

完成后，选择"移去箭头"。

审核工具也可以用来查看公式中的每一部分是如何进行计算的。例如，选择目标单元格 EndingBalance（J11），然后点击"公式求值"（Evaluate Formula）弹出如图 4-11 所示的对话框。在计算框中显示的是所选单元格中的公式，=J20 + SUM（C21:I21），公式中的一个组成部分带有下划线。按下"求值"（Evaluate）按钮，计算公式中带有下划线的部分 J20 变成 10.273。接下来，公式中的下一组成部分变成带有下划线，SUM（C21:I21）。如图 4-11 底部所示，每次按下"求值"（Evaluate）按钮都会计算公式中的下划线部分，然后对该公式中的下一个部分用下划线标注。进行三次 Evaluate 操作，就可以展示出该公式是如何得到最后的计算结果 5.39 的。这一工具对于评估复杂公式并确保公式设置正确起到很大作用。

> Excel 的审核工具可以帮助你向前和向后追踪，以观察单元格之间的联系。

> "公式求值"审核工具能用来查看公式中的每一步是如何计算的。（本书截稿之时，这一审核工具仅仅在 Windows 版本的 Excel 中可用。）

	A	B	C	D	E	F	G	H	I	J	K	L
1	Everglade Cash Flow Management Problem											
2												
3		LT Rate	0.05									
4		ST Rate	0.07									
5						(all cash figures in millions of dollars)						
6		Start Balance	1									
7		Minimum Cash	0.5									
8												
9			Cash	LT	ST	LT	ST	LT	ST	Ending		Minimum
10		Year	Flow	Loan	Loan	Interest	Interest	Payback	Payback	Balance		Balance
11		2018	−8	4.65124	2.84759					=StartBalance+SUM(C11:I11)	⩾	=MinimumCash
12		2019	−2		5.28073	=−LTRate*LTLoan	=−STRate*E11		=−E11	=J11+SUM(C12:I12)	⩾	=MinimumCash
13		2020	−4		9.88295	=−LTRate*LTLoan	=−STRate*E12		=−E12	=J12+SUM(C13:I13)	⩾	=MinimumCash
14		2021	3		7.80732	=−LTRate*LTLoan	=−STRate*E13		=−E13	=J13+SUM(C14:I14)	⩾	=MinimumCash
15		2022	6		2.58639	=−LTRate*LTLoan	=−STRate*E14		=−E14	=J14+SUM(C15:I15)	⩾	=MinimumCash
16		2023	3		0	=−LTRate*LTLoan	=−STRate*E15		=−E15	=J15+SUM(C16:I16)	⩾	=MinimumCash
17		2024	−4		4.23256	=−LTRate*LTLoan	=−STRate*E16		=−E16	=J16+SUM(C17:I17)	⩾	=MinimumCash
18		2025	7		0	=−LTRate*LTLoan	=−STRate*E17		=−E17	=J17+SUM(C18:I18)	⩾	=MinimumCash
19		2026	−2		0	=−LTRate*LTLoan	=−STRate*E18		=−E18	=J18+SUM(C19:I19)	⩾	=MinimumCash
20		2027	10		0	=−LTRate*LTLoan	=−STRate*E19		=−E19	=J19+SUM(C20:I20)	⩾	=MinimumCash
21		2028				=−LTRate*LTLoan	=−STRate*E20	=−LTLoan	=−E20	=J20+SUM(C21:I21)	⩾	=MinimumCash

图 4-8 在图 4-5 基础上使用一次"切换"功能之后获得的电子表格

注：图中输出单元格中的数值都被原先输入的公式所取代。再一次使用 Excel 的"切换"功能将恢复到图 4-5 所示的电子表格。

	A	B	C	D	E	F	G	H	I	J	K	L
1		Everglade Cash Flow Management Problem										
2												
3		LT Rate	5%									
4		ST Rate	7%									
5						(all cash figures in millions of dollars)						
6		Start Balance	1									
7		Minimum Cash	0.5									
8												
9			Cash	LT	ST	LT	ST	LT	ST	Ending		Minimum
10		Year	Flow	Loan	Loan	Interest	Interest	Payback	Payback	Balance		Balance
11		2018	−8	4.65	2.85					0.50	≥	0.5
12		2019	−2		5.28	−0.23	−0.20		−2.85	0.50	≥	0.5
13		2020	−4		9.88	−0.23	−0.37		−5.28	0.50	≥	0.5
14		2021	3		7.81	−0.23	−0.69		−9.88	0.50	≥	0.5
15		2022	6		2.59	−0.23	−0.55		−7.81	0.50	≥	0.5
16		2023	3		0	−0.23	−0.18		−2.59	0.50	≥	0.5
17		2024	−4		4.23	−0.23	0	0	0	0.50	≥	0.5
18		2025	7		0	−0.23	−0.30		−4.23	2.74	≥	0.5
19		2026	−2		0	−0.23	0		0	0.51	≥	0.5
20		2027	10		0	−0.23	0		0	10.27	≥	0.5
21		2028				−0.23	0	−4.65	0	5.39	≥	0.5

图 4-9　追踪后的电子表格

注：利用 Excel 的审核工具对图 4-5 所示电子表格中与 D11 长期贷款数值有关的单元格进行追踪，所获得的电子表格。

	A	B	C	D	E	F	G	H	I	J	K	L
1		Everglade Cash Flow Management Problem										
2												
3		LT Rate	5%									
4		ST Rate	7%									
5						(all cash figures in millions of dollars)						
6		Start Balance	1									
7		Minimum Cash	0.5									
8												
9			Cash	LT	ST	LT	ST	LT	ST	Ending		Minimum
10		Year	Flow	Loan	Loan	Interest	Interest	Payback	Payback	Balance		Balance
11		2018	−8	4.65	2.85					0.50	≥	0.5
12		2019	−2		5.28	−0.23	−0.20		−2.85	0.50	≥	0.5
13		2020	−4		9.88	−0.23	−0.37		−5.28	0.50	≥	0.5
14		2021	3		7.81	−0.23	−0.69		−9.88	0.50	≥	0.5
15		2022	6		2.59	−0.23	−0.55		−7.81	0.50	≥	0.5
16		2023	3		0	−0.23	−0.18		−2.59	0.50	≥	0.5
17		2024	−4		4.23	−0.23	0	0	0	0.50	≥	0.5
18		2025	7		0	−0.23	−0.30		−4.23	2.74	≥	0.5
19		2026	−2		0	−0.23	0		0	0.51	≥	0.5
20		2027	10		0	−0.23	0		0	10.27	≥	0.5
21		2028				−0.23	0	−4.65	0	5.39	≥	0.5

图 4-10　反追踪后的电子表格

注：利用 Excel 的审核工具，对图 4-5 中 G12 单元格短期贷款利息计算进行追踪，所获得的电子表格。

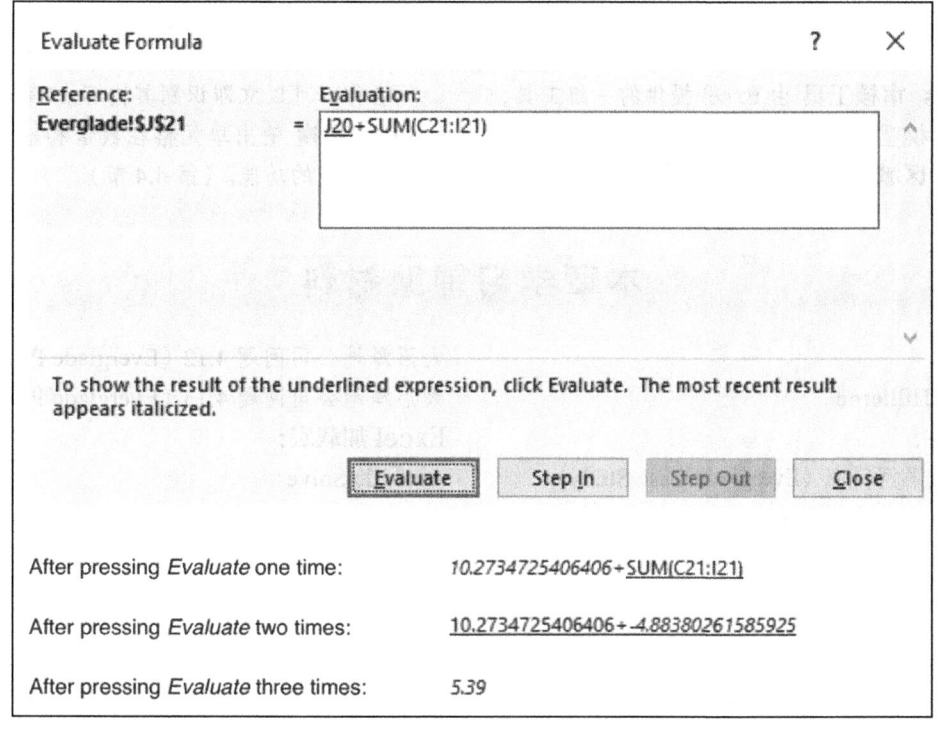

图 4-11　应用"公式求值"（Evaluate Formula）后的对话框

注：如图中底部所示，每次按下"求值"（Evaluate）按钮，都会计算公式中有下划线的部分。

本章小结

电子表格建模是一门艺术。本章提供了学习这门艺术的基础知识。

电子表格建模的一般过程包括了四个步骤：①规划模型；②构建模型；③测试模型；④分析模型及结果。在"规划"这一步骤中，首先设想一下你所要实现的目标。接着进行一些手工计算来明确需要的计算方法。之后可以开始草拟电子表格的布局。当你准备好进行"构建模型"步骤时，最好先从构建一个小规模的、易管理的模型开始，然后将模型扩展完整。这可以使你在模型扩展完整和最终测试之前，先对小规模的模型进行测试，以保证所有的逻辑关系都已理顺。完成这些步骤之后，你可以进入"分析"步骤，运用模型来评估建议的方案，或者使用 Solver 求出模型的最优解。

利用"规划—构建—测试—分析"这一过程可以获得一个电子表格模型，但这并不能保证可以构建一个好的电子表格模型。第 4.3 节详细介绍了构建一个好的电子表格模型所需的原则，如下所示：

- 首先输入数据。
- 组织和清楚地标注数据。
- 每个数据只输入一个单元格。
- 将数据与公式分离。
- 保持简单化。
- 使用区域名称。
- 使用相对引用和绝对引用来简化公式的复制。
- 使用边框、阴影和颜色来区分单元格类型。
- 在电子表格中显示整个模型。

即使遵守了以上所有原则，还是需要进行一次彻底的调试，以消除潜伏在初始模型中的错误。需要检查在可变单元格给出不同数值的情况下，输出单元格是否能够得出正确答案，这是很重要的。还需要检查其他项目，包括区域名称是否对应着恰当的单元格、公式有没有正确无误地输入输出单元格等。Excel 提供了许多有效的功能来帮助我们进行模型的调试。其中一个功能是电子表格的输出单元格在数值和公式之间进行切换。Excel 的审核工具也提供了几个有用的功能。

专业术语

auditing tools 审核工具 由 Excel 提供的一组工具，可以帮助对模型进行调试。（第 4.4 节）

range name 区域名称 对单元格区域给出的描述性名称，可以立即识别其内容。（第 4.3 节）

toggle 切换 输出单元格在数值和输入的公式之间来回转换的功能。（第 4.4 节）

本章学习辅助材料

材料下载地址：
www.mhhe.com/Hillier6e

本章 Excel 文件：
大沼泽地公司的案例研究（Everglade Case Study）
韦恩德玻璃制品公司的例子（Wyndor Example）

大沼泽地公司问题 4.12（Everglade Problem 4.12）
大沼泽地公司问题 4.13（Everglade Problem 4.13）

Excel 加载宏：
Analytic Solver

已解决的问题

（答案参见 www.mhhe.com/Hillier6e）

4.S1. 生产与库存规划模型

冲浪季公司（Surfs Up）生产高级冲浪板。公司面临的一个挑战是其产品具有明显的季节性。在炎热的夏季，需求会超过其产能，而在冬天需求则很低。为了满足夏季的需求，冲浪季公司通常会在冬天多生产一些冲浪板，然后将这一库存保留至夏天。其生产设备每月最多可以生产 50 块冲浪板，生产 1 块冲浪板的成本通常是 125 美元。另外，每月最多可以利用员工加班多生产出 10 块冲浪板，但每块成本为 135 美元。销售价格为 200 美元。考虑到存储成本和资本的机会成本，仓库里的每块冲浪板每月会产生 5 美元的成本。由于需求不确定，冲浪季公司在夏季（5~9月）会至少保留 10 块冲浪板作为期末库存（安全库存量），而其他月份（10月~次年4月）至少会在仓库中保留 5 块冲浪板。现在是 1 月初，冲浪季公司库存中有 5 块冲浪板。12 个月的需求预测如下表所示。在电子表格中建立一个线性规划模型并求解，以确定每月应该生产多少块冲浪板才能使总利润最大化。

需求预测

1月	2月	3月	4月	5月	6月	7月	8月	9月	10月	11月	12月
10	14	15	20	45	65	85	85	40	30	15	15

4.S2. 总体规划：人力资源的聘用、解雇和培训

酷宝公司（Cool Power）为大型企业生产空调。由于其产品的成本低、效率高，公司一直在不断发展壮大。另外，建筑业及气候条件的季节性变化使得其产品的需求在各个月份之间的变化很大。酷宝公司当前拥有 10 名全职的熟练员工从事生产。每一名熟练员工每月工作 160 小时，每月的工资是 4 000 美元。任何一个月的月初都可以聘用新人。由于缺乏基本技能且需要培训，新人在最初的一个月只能提供 100 小时的有效劳动，但公司仍然需要向他们支付整月的工资 4 000 美元。而且由于需要面试和培训，每名新聘用的员工都会产生 2 500 美元的聘用成本。一个月后，新人就被认为接受了全面的培训。每名员工都有可能在任何月份的月初被解雇，但必须向他们支付 2 000 美元（两周工资）的解雇费。在随后的 12 个月中，酷宝公司预计的劳动力需求如下表所示。由于管理层预测下一年的需求将更大，因此酷宝公司希望在年末拥有 12 名全职熟练员工。建立一个线性规划电子表格模型并求解，以确定每月应该聘用多少名新人或解雇多少名工人才能以最低的成本满足劳动力需求。

劳动力需求（小时）

1月	2月	3月	4月	5月	6月	7月	8月	9月	10月	11月	12月
1 600	2 000	2 000	2 000	2 800	3 200	3 600	3 200	1 600	1 200	800	800

习题

带星号（*）的习题至少有一部分答案会在书后给出。

4.1 考虑本章中所讨论的大沼泽地公司现金流问题。假设多余的现金被存入带息的存款账户。假设每年末剩下的现金可以在下一年获得3%的利息，对电子表格进行一些必要的修改并且重新求解。（网站 www.mhhe.com/Hillier6e 上有此问题的原始电子表格。）

4.2* 松居家具公司（Pine Furniture Company）生产优质的田园式家具。公司目前的产品线包括茶几、咖啡桌和餐桌，这些产品的生产分别需要8磅、15磅和80磅松木，并分别需要1小时、2小时和4小时的手工制作。每种产品的利润分别是50英镑、100英镑和220英镑。公司下星期有3 000磅松木和200小时可用的人工。首席运营官（COO）要求你根据这些数据建立一个电子表格模型来分析下个星期应采用的产品组合，并给出建议。

（1）设想一下你所要实现的目标。需要制定什么样的决策？目标是什么？COO需要什么样的数据？

（2）假设松居家具公司将生产3张茶几、3张餐桌。手工计算一下松木的用量、需要的人工时间以及产生的利润。

（3）绘制电子表格模型的草图，画出数据单元格、可变单元格、输出单元格和目标单元格的方块布局。

（4）建立一个电子表格模型并求解。

4.3 锐步特公司（Reboot, Inc.）是一家旅游鞋生产商。旅游鞋的需求具有很强的季节性。具体来说，预计明年第一季度的需求为3 000双，第二季度的需求为4 000双，第三季度的需求为8 000双，第四季度的需求为7 000双。按照公司目前的生产设施，公司每季度最多可以生产6 000双旅游鞋。公司想要满足所有预期的需求，因此需要留有一定的库存以满足后两个季度的需求。每双旅游鞋可以产生20美元的利润。每双库存旅游鞋每季度将产生8美元的成本，包括储存成本和资金回收成本。在第一季度开始前公司有1 000双鞋的库存。公司最高管理层委派你建立一个电子表格模型来分析明年四个季度的生产计划，并给出建议。

（1）设想一下你要实现的目标。需要制定什么样的决策？目标是什么？需要什么样的数据？

（2）假设锐步特公司在前两个季度每季度生产5 000双旅游鞋。手工计算一下第一季度和第二季度的期末存货、销售利润和存货成本。

（3）草拟一张电子表格模型图，画出数据单元格、可变单元格、输出单元格和目标单元格的方块布局。

（4）为第一季度和第二季度建立一个电子表格模型，并对模型进行彻底的测试。⊖

（5）将模型扩展完整，并求解。

4.4* 费尔温兹发展公司（Fairwinds Development Corporation）正在考虑参与A、B、C三个不同开发项目中的一个或多个。这三个项目马上就要启动。每个项目在未来几年都需要大量的投资，然后在完成后卖掉。每个项目的预期现金流如下表所示（单位：100万美元）。

年份	项目A	项目B	项目C
1	-4	-8	-10
2	-6	-8	-7
3	-6	-4	-7
4	24	-4	-5
5	0	30	-3
6	0	0	44

费尔温兹公司目前拥有1 000万美元，并且从第1年到第6年每年末预期可从其他项目中收到600万美元，可以用于项目A、B、C在未来几年的后续投资。对于每个项目，公司可以完全参与，也可以部分参与（与其他发展商合作），或者根本不参与。如果费尔温兹公司不是百分之百参与，那么关于该项目的所有现金流将成比例减少。公司的政策要求每年的现金余额不低于100万美元。

（1）设想一下你所要实现的目标。需要制定什么样的决策？目标是什么？公司最高管理层需要什么样的数据？

⊖ 原文为第一年与第二年。——译者注

(2) 假设费尔温兹公司将完全参与项目 A, 而投资 50% 到项目 C。手工计算一下一年和两年之后的期末现金余额。

(3) 草拟一张电子表格模型图,画出数据单元格、可变单元格、输出单元格和目标单元格的方块布局。

(4) 为第一年和第二年建立一个电子表格模型,并对模型进行彻底的测试。

(5) 将模型扩展完整,并求解。

4.5 认真阅读第 4.3 节应用实例的参考文献,该篇文章对管理科学在该案例中的应用进行了详细描述。简要概括一下电子表格是怎样运用于这个案例的,然后列出案例中所获得的经济利益和非经济利益。

4.6 合宜公司(Decorum, Inc.)生产高端吊扇。公司的销售是有季节性的:夏天的产品需求量比较大。平时公司的平均销售额为每月 400 台,而在炎热的夏天(6、7、8 月)每月的销量会达到 600 台。合宜公司每月可以生产 500 台电扇,成本为每台 300 美元。如果使用临时工,可以额外生产 75 台,但成本会达到 350 美元。每台电扇的售价为 500 美元。公司可以将库存结转到下一个月,但需要支付每台电扇每个月 20 美元的费用。该公司在 1 月初有库存 25 台。假设合宜公司必须生产出满足需求的足够的电扇,那么公司要怎样安排下一年每月的产量(使用正式员工和/或临时工),使公司的利润最大化?

(1) 设想一下你要实现的目标。需要制定什么样的决策? 目标是什么? 合宜公司需要什么样的数据?

(2) 假设合宜公司在 1 月生产电扇 450 台, 2 月生产电扇 550 台(使用了临时工)。手工计算一下 1 月和 2 月的总成本。

(3) 草拟一张电子表格模型图,画出数据单元格、可变单元格、输出单元格和目标单元格的方块布局。

(4) 为 1 月和 2 月建立一个电子表格模型,并对模型进行彻底的测试。

(5) 建立一个线性规划电子表格模型,求解使公司未来 12 个月利润最大化的生产方案。

4.7 艾伦家具公司(Allen Furniture)是一家生产手工家具的企业。在 1 月初,艾伦公司雇用了 20 名熟练工人。公司未来 12 个月的劳动力需求情况如下表所示。每名经过培训的工人每月能够提供 200 小时的有效劳动,每月的工资为 3 000 美元。由于需要宣传、面试和培训,每名新聘用的员工都会产生 2 500 美元的聘用成本。新的员工在第一个月被称为学徒。学徒在第一个月进行观察学习,不能提供有效工时,但公司要向他们提供 2 000 美元的薪水。在第二个月,学徒就可以成为熟练工人。劳动合同允许每月月初解雇工人,但公司必须向他们支付 1 500 美元的解雇费。另外,每个月解雇的熟练工人不得超过 10%。艾伦公司希望在下一年初拥有 25 名熟练工人。构建一个线性规划电子表格模型并求解,以确定每月应该聘用多少名新人或解雇多少名工人才能以最低的成本满足劳动力需求。

劳动力需求(小时)

1月	2月	3月	4月	5月	6月	7月	8月	9月	10月	11月	12月
3 400	4 000	4 200	4 200	3 000	2 800	3 000	4 000	4 500	5 000	5 200	4 800

(1) 设想一下你要实现的目标。需要制定什么样的决策? 目标是什么? 艾伦公司需要什么样的数据?

(2) 假设艾伦公司将在 1 月雇用 1 名学徒。手工计算一下 1 月和 2 月的劳动工时和总成本。

(3) 草拟一张电子表格模型图,画出数据单元格、可变单元格、输出单元格和目标单元格的方块布局。

(4) 为 1 月和 2 月建立一个电子表格模型,并对模型进行彻底的测试。

(5) 建立一个线性规划电子表格模型,求解使公司未来 12 个月利润最大化的人力资源方案。

4.8 参阅第 3 章习题 3.13,但是忽略其给出的指示。通过以下步骤,采用电子表格模型解决网商公司的问题。

(1) 设想一下你所要实现的目标。需要制定什么样的决策? 目标是什么? 网商公司需要什么样的数据?

(2) 假设网商公司在 5 个月内将租用 30 000 平方英尺,并在最后 3 个月额外再租用 20 000 平方英尺。手工计算一下总成本。

(3) 草拟一张电子表格模型图,画出数据单元格、可变单元格、输出单元格和目标单元格的方块布局。

(4) 为第一个月和第二个月建立一个电子表格模型，并对模型进行彻底的测试。

(5) 将模型扩展完整，并求解。

4.9* 参阅第3章习题3.15，但是忽略其给出的指示。通过以下步骤，采用电子表格模型来解决拉里·爱迪生的问题。

(1) 设想一下你所要实现的目标。需要制定什么样的决策？目标是什么？爱迪生需要什么样的数据？

(2) 假设爱迪生将雇用3名全职的早班员工、2名下午班员工、4名晚班员工，另外4个班次各再雇用3名兼职员工。手工计算每天每个班次有多少员工在工作，每天的总成本是多少。

(3) 草拟一张电子表格模型图，画出数据单元格、可变单元格、输出单元格和目标单元格的方块布局。

(4) 建立一个电子表格模型，并求解。

4.10 参阅第3章习题3.19，但是忽略其给出的指示。通过以下步骤，采用电子表格模型来解决阿尔·菲力斯的问题。

(1) 设想一下你所要实现的目标。需要制定什么样的决策？目标是什么？菲力斯需要什么样的数据？

(2) 假设菲力斯将分别在投资A（第一年）、投资B（第二年）、投资C（第二年）上投入2万美元。手工计算一下每年的期末现金余额。

(3) 草拟一张电子表格模型图，画出数据单元格、可变单元格、输出单元格和目标单元格的方块布局。

(4) 为第一年到第三年建立一个电子表格模型，并彻底测试模型。

(5) 将模型扩展完整，并求解。

4.11 与图4-6所示的韦恩德玻璃制品公司产品组合问题的电子表格模型不同，下面给出的是针对此问题的一个糟糕的电子表格模型。根据第4.3节，指出该模型所违背的建模原则，然后解释该模型是如何违背这些原则的，为什么图4-6所示的模型更好？

	A	B	C	D
1		**Wyndor Glass Co. (Poor Formulation)**		
2				
3		Doors Produced	2	
4		Windows Produced	6	
5		Hours Used (Plant 1)	2	
6		Hours Used (Plant 2)	12	
7		Hours Used (Plant 3)	18	
8		Total Profit	$3 600	

Solver Parameters
Set Objective Cell: C8
To: Max
By Changing Variable Cells:
　C3:C4
Subject to the Constraints:
　C5 <= 4
　C6 <= 12
　C7 <= 18
Solver Options:
　Make Variables Nonnegative
　Solving Method: Simplex LP

	B	C
5	Hours Used (Plant 1)	=1*C3+0*C4
6	Hours Used (Plant 2)	=0*C3+2*C4
7	Hours Used (Plant 3)	=3*C3+2*C4
8	Total Profit	=300*C3+500*C4

4.12 参考 www.mhhe.com/Hillier6e 中名为"Everglade Problem 4.12"的电子表格文件，这个文件包含了本章大沼泽地公司问题的一个公式。但是，这个公式中有三个错误。请用第4.4节介绍的调试电子表格模型的方法找出这些错误，特别地，用能够预测出正确结果的试验值进行测试，使用"切换"功能检验公式，然后使用审核工具栏检验各可变单元格、数据单元格和输出单元格之间的"应用"（precedence）和"从属"（dependence）关系。描述你找到的错误以及你是如何找到的。

4.13 参考 www.mhhe.com/Hillier6e 中名为"Everglade Problem 4.13"的电子表格文件，这个文件包含了一个本章大沼泽地问题的公式。但是，这个公式中有三个错误。请用第4.4节介绍的调试电子表格模型的方法找出这些错误，特别地，用能够预测正确结果的试算值进行测试，使用"切换"功能检验公式，然后使用审核工具检验各可变单元格、数据单元格和输出单元格之间的"应用"（precedence）和"从属"（dependence）关系。描述你找到的错误以及你是如何找到的。

案例 4-1 养老金的谨慎供应

在普鲁登金融服务公司（Prudent Financial Services Corporation）（以下简称PFS）管理的许多金融产品中，有一只广受赞誉的养老基金，被多家公司用来为其雇员提供养老金。PFS的管理层为其基金运作中严格的专业标准而自豪。自从2007年末持续的经济衰退导致金融市场几近崩溃，联邦政府与州政府加强了对养老基金运作的管制，PFS也开始更加谨慎地管理其基金。

现在是2017年的12月，在随后10年中需要支付的总养老金如下表所示：

年份	养老金支付（万美元）	年份	养老金支付（万美元）
2018	800	2023	1 700
2019	1 200	2024	2 000
2020	1 300	2025	2 100
2021	1 400	2026	2 200
2022	1 600	2027	2 400

加上利息后，PFS当前拥有足够的流动资产来满足所有的养老金支付。为了使养老基金更有安全保证，PFS打算进行一些投资，这些投资的回报将能够与未来10年的养老金支付相匹配。PFS唯一信任的养老基金的投资项目是货币市场基金和债券。货币市场基金能获得每年2%的固定利息收入。公司打算投资的四个债券的特征如下表所示：

	当前价格（美元）	票面利率	到期日	面值（美元）
债券1	980	4%	2019.1.1	1 000
债券2	920	2%	2021.1.1	1 000
债券3	750	0%	2023.1.1	1 000
债券4	800	3%	2026.1.1	1 000

所有债券都可以在2018年1月1日购买，并且可以购买任意数量。票面利率是面值的一个比例，将在每年的1月1日付息，支付期为购买后的第一年至到期日为止（包括到期日）。因此，这些在每年1月1日支付的利息可以用于当年养老金的支付。所有多余的利息收入将存入货币市场基金。为了较为保守地制订财务计划，PFS假定所有的养老金支付都发生在每年的年初，恰好在获得利息收入（包括货币市场基金的利息收入）之后。债券的面值也将在到期日获得。由于当前的债券价格低于面值，所以真正的债券收益率要高于票面利率。例如，债券3的票面利率为0，所以每年得到的利息为0，但是在到期日获得的面值要远高于当年债券的购买价格。

PFS希望在2018年1月1日用可能的最小投资（包括货币市场基金投资）来支付到2027年为止的所有养老金。公司需要你建立一个电子表格模型来进行分析。

（1）设想一下你所要实现的目标。需要指定哪些决策？目标是什么？PFS公司管理层需要哪些数据？

（2）假设2018年1月1日PFS将在货币市场基金投资3 000万美元并购买债券1和债券2各10 000单位。计算2019年和2020年在债券1和债券2上可以获得的利息收入。计算每年在收到这些收入、支付养老金支出并将多余的资金投资于资本市场基金后，2018年、2019年、2020年的1月1日相应的资金余额。

（3）绘制电子表格模型草图，画出数据单元格、可变单元格、输出单元格和目标单元格方块布局。

（4）为2018年到2020年建立一个电子表格模型，然后对该模型进行彻底测试。

（5）对模型进行扩展，加入到2027年为止的所有年份，并求解。

更多案例

关于本章的更多案例，可以查阅西安大略大学毅伟商学院网站 www.cases.ivey.uwo.ca/cases 专为本书设计的CaseMate部分。

第 5 章

线性规划的 what-if 分析

学习目标

完成本章的学习后,你应该能够:
1. 解释什么是 what-if 分析。
2. 总结 what-if 分析的优势。
3. 列举可以用 what-if 分析研究的各种模型变化。
4. 描述如何用电子表格模型进行各种 what-if 分析。
5. 用 Analytic Solver 生成的参数分析报告来系统研究将一个或两个数据单元格改为其他试验值所带来的影响。
6. 在不改变最优解的前提下,找出目标函数中任意一个系数的允许变化范围。
7. 对目标函数系数的同时变化进行评估,确定这些变化是否足够小,以保证最初的最优解不变。
8. 当一个或多个约束函数右端值发生变化时,预测这些变化给目标单元格的值带来的影响。
9. 在预测值持续有效的前提下,确定单一约束函数右端值的允许变化范围。
10. 在预测值持续有效的前提下,确定多个约束函数右端值的允许变化范围。
11. 描述鲁棒优化的目标以及如何使用独立参数实现该目标。
12. 使用机会约束来处理可以少量违反的约束。

第 2～4 章介绍了如何利用电子表格为各种管理问题建立线性规划模型,并用 Solver 来求解模型的最优解。管理者一旦得到最优解,就会实施相应的解决方案并转而着手做其他事情,读者或许会认为这就是线性规划的全部内容,而实际情况并非如此。明智的管理者会对线性规划提出更高的要求,而线性规划也会为他们提供更多的信息,读者在学完本章之后就会明白这一点。

最优解一般只是针对某一特定的数学模型来说是最优的,而数学模型只是对实际问题的一种粗略描述。管理者并非只对最优解感兴趣。线性规划研究的目的是:在对未来情况做出的各种假设下,通过测试各种选择可能产生的结果,协助管理者制定最终决策。大部分深刻的见解都是在对模型的初始版本求得最优解之后,继续进行分析而获得的。这种分析被称为 what-if 分析(假设分析),其中所涉及的问题主要是:如果对未来情况的假设发生变动时,最优解将会有怎样的变化? 在阐述 what-if 问题时,电子表格发挥着至关重要的作用。

本章将重点介绍 what-if 分析所提供的各类信息以及这些信息对管理者的价值。第 5.1 节为内容概要,第 5.2 节将重新讨论韦恩德玻璃制品公司产品组合问题(见第 2.1 节),以说明在这种情况下需要进行哪些 what-if

分析。接下来的四节展示了进行 what-if 分析的多种方法，这些方法适用于任何线性规划问题。第 5.7 节进一步深入介绍了 what-if 分析，并提供了一种获取基本可行解的方法。第 5.8 节描述了对于不严格约束的处理方法，这种约束即使不严格遵守也不会带来严重后果。

5.1 what-if 分析对管理者的重要性

在前面几章的线性规划案例中，线性规划电子表格模型所需的全部数据都是已知的。回想一下，这些数据被称为**模型的参数**（parameters of the model）。实际的应用却没有这样简单和直接。为了获得所需的数据，你必须付出相当多的时间与心血。即使是这样，有时也只能得到模型参数粗略的估计值。

例如，在韦恩德玻璃制品公司的例子中，模型的两个参数是目标函数的两个系数，分别表示两种新产品的单位利润。这两个参数的估计值分别为：门的单位利润 300 美元，窗的单位利润 500 美元。但是，这两个数值的大小受很多因素影响，包括原材料的成本、生产量、运输、广告以及其他因素，比如市场对新产品的接受度和竞争对手的数量。有些因素只有在线性规划研究已经完成并且新产品上市一段时间之后，才能对其进行真实、精确的测量。

在实际应用中，模型中的数字可能只是粗略的估计。

因此，在对产品组合制定最终决策之前，公司的管理者一定想知道：如果这些单位利润的估计值与实际情况相差很多，会造成怎样的后果。例如，如果门的单位利润不是估计的 300 美元，而是 200 美元，最优解会不会发生变化？在不改变最优解的前提下，估计值可以在什么范围内变动？

第 5.3 节将讨论仅有一个估计值不精确的问题，而第 5.4 节将讨论所有估计值都不精确的问题。

如果目标函数中某一系数在一定范围内变动不会改变最优解，那么管理者就能够接受该系数的估计值。然而，如果系数估计值微小的变动都会改变最优解，管理者就会要求对这一估计值进行重新调整。有时，管理层甚至会直接参与确定系数估计值，直到满意为止。

如果模型中一个参数的估计值错误，那么最优解会怎样变化？

下面总结了 what-if 分析的几个最基本的作用。

（1）线性规划模型的许多参数在建模时很难精准地确定，只能是对一些数值的估计（如单位利润）。通过 what-if 分析可以表明，系数估计值必须精确到怎样的程度，才能避免得出错误的最优解，并因此找出**敏感性参数**（sensitive parameters）。敏感性参数值的微小变化都会改变最优解，所以重新调整敏感性参数的估计值时要特别小心。

本书利用几节的篇幅讲解了如何运用 what-if 分析对模型中最重要的参数进行分析。第 5.3 节与第 5.4 节讲述了对目标函数的系数进行 what-if 分析（目标函数的系数在电子表格中表示各种活动对总体绩效度量指标的单位贡献的行里）。第 5.5 节与第 5.6 节对约束函数的右端值进行 what-if 分析（约束函数的右端值通常出现在电子表格的右栏，在≤、≥或=符号的右侧，以数值的形式表示）。

企业在动态的环境中运营。因此，即便管理者对目前的估计值很满意，并实施了相应的最优解决方案，问题所处的环境也很快就会改变。例如，韦恩德玻璃制品公司管理者对门的单位利润为 300 美元的估计值很满意，但是随着竞争的加剧，企业被迫降低价格，从而降低了该产品的单位利润。那么，单位利润的变动是否会影响最优的产品组合呢？第 5.3 节中的 what-if 分析可以提前得知单位利润应怎样变动，才能不改变最优产品组合，从而指导管理者的定价决策。此外，如果最优产品组合不变，就不需要因为系数改变而对问题重新求解。对于韦恩德玻璃制品公司简单的两变量问题，重新求解

如果未来条件发生变化，最优解会怎样变化？

不是什么大不了的事情。但是，如果是具有成千上万个约束和变量的问题，能够避免重新求解就显得十分必要了。事实上，对大型模型来说，要考虑各种可能的参数改变而不断重新求解也是不实际的。

下面是 what-if 分析的第二个作用。

（2）如果在研究结束之后，问题的条件发生了变化（这是很常见的），那么即使不求解，通过 what-if 分析也可以推断模型参数的变化是否会改变最优解。

下面几节也将对该类 what-if 分析进行详细介绍。

这几节重点研究的是线性规划模型参数的变化会如何影响最优解。这类 what-if 分析研究的是最优解对每一个参数变化的敏感性，因此通常称为**敏感性分析**（sensitivity analysis）。敏感性分析是 what-if 分析的关键部分。

利用敏感性分析检验不精确参数对最优解的影响只是一种消极的分析方法，what-if 分析则可以进行前瞻性的分析，即测试各种可能的管理行为会对模型造成的影响。

> 如果管理策略改变，会带来什么影响？

如果模型的主要参数能够反映管理层的决策，而不是管理层所无法控制的外部数值，就可以使用这种前瞻性的分析方法。例如，在韦恩德玻璃制品公司产品组合问题中，三个函数约束的右端值（4、12、18）表示三个工厂每周可用于生产这两种新产品的生产时间（以小时计）。管理层可以通过改变这些工厂中已有产品的生产水平而改变三种资源的可用数量。因此，在得到最优解之后，管理层希望更进一步地知道如果资源的数量以特定方式发生改变，这些新产品将会如何影响利润。一个关键问题是：若仅在一家工厂增加可用生产时间，利润会增长多少？另一个关键问题是：如果增加所有工厂的可用生产时间，利润又会增长多少？如果新产品带来的利润能超过减少特定旧产品生产量所带来的损失，那管理层很可能愿意做出这种改变。

现在，我们可以总结出 what-if 分析的第三个作用。

（3）当模型特定的参数能够反映管理层决策时，通过 what-if 分析就可以得到改变这些决策对结果的影响，从而有效指导管理者制定最终的决策。

第 5.5 节和第 5.6 节将会进一步探讨此问题。

what-if 分析有时会进一步为管理提供指导。例如，当模型参数的实际值存在相当大的不确定性时，管理层仍希望确定一种解决方案，既保证实际上可行又接近最优组合。第 5.7 节将介绍一种强大的优化技术来实现这一点。然后，第 5.8 节将描述如何使用机会约束来处理即使不被满足也不会产生严重后果的不严格约束。

本章的重点是应用线性规划的过程中如何以及何时使用 what-if 分析。在应用其他各种管理科学技术时，what-if 分析对管理者也很重要。本章充分展示了在几乎所有管理科学研究中 what-if 分析的重要性。

问题回顾

1. 线性规划模型的参数是什么？
2. 什么导致了模型参数的不精确？
3. what-if 分析揭示了模型中的估计参数的哪些特性？
4. 仅对模型中的参数进行大致估计是否总是不恰当的？为什么？
5. 为什么模型的参数可能一开始是准确的，但到了后来又变得不准确了？
6. what-if 分析是如何帮助管理层应对未来不断变化的情况的？
7. 敏感性分析的含义是什么？
8. what-if 分析可以为哪种类型的管理层决策提供指导？

5.2 继续研究韦恩德玻璃制品公司案例

现在我们回到第 2.1 节中曾讨论过的韦恩德玻璃制品公司的产品组合问题。

先简要回顾一下，该公司准备引进两种新产品：

- 一种 8 英尺的铝框玻璃门。
- 一种 4 英尺 ×6 英尺的双把（双悬）木框窗。

为了分析出这两种产品的哪种组合能够使利润最大化，公司的管理科学团队引入了下面两个决策变量：

$$D = 门的生产率$$
$$W = 窗的生产率$$

其中，生产率指的是每周的产量。三个工厂都将参与这两种新产品的制造。根据管理层对这些工厂继续生产多少已有产品的决策，得出三个工厂每周可用于新产品的生产时间（以小时计）分别为 4、12、18。在获得每种产品单位利润的粗略估计值（门为 300 美元，窗为 500 美元）之后，管理科学团队建立了图 5-1（与图 2-12 相同）的线性规划模型。模型的目标是通过选择可变单元格 UnitsProduced（C12:D12）中的 D 和 W 值，使得在目标单元格 TotalProfit（G12）中的每周总利润最大。应用 Solver 求解，可得问题的最优解，显示在电子表格中，并总结如下。

	A	B	C	D	E	F	G
1		**Wyndor Glass Co. Product-Mix Problem**					
2							
3			Doors	Windows			
4		Unit Profit	$300	$500			
5					Hours		Hours
6			Hours Used per Unit Produced		Used		Available
7		Plant 1	1	0	2	≤	4
8		Plant 2	0	2	12	≤	12
9		Plant 3	3	2	18	≤	18
10							
11			Doors	Windows			Total Profit
12		Units Produced	2	6			$3 600

Solver Parameters
Set Objective Cell: TotalProfit
To: Max
By Changing Variable Cells:
  UnitsProduced
Subject to the Constraints:
  HoursUsed <= HoursAvailable

Solver Options:
  Make Variables Nonnegative
  Solving Method: Simplex LP

	E
5	Hours
6	Used
7	=SUMPRODUCT(C7:D7, UnitsProduced)
8	=SUMPRODUCT(C8:D8, UnitsProduced)
9	=SUMPRODUCT(C9:D9, UnitsProduced)

	G
11	Total Profit
12	=SUMPRODUCT(UnitProfit, UnitsProduced)

Range Name	Cells
DoorsProduced	C12
HoursAvailable	G7:G9
HoursUsed	E7:E9
HoursUsedPerUnitProduced	C7:D9
TotalProfit	G12
UnitProfit	C4:D4
UnitsProduced	C12:D12
WindowsProduced	D12

图 5-1 最初的表格与最优解

注：在进行 what-if 分析之前，韦恩德玻璃制品公司问题最初的电子表格模型及其最优解。

最优解

$$D = 2 \text{（每周生产2扇门）}$$
$$W = 6 \text{（每周生产6扇窗）}$$

利润 = 3 600（每周估计总利润3 600美元）

但是，这些最优解是在假设所有的模型参数［数据单元格UnitProfit（C4:D4）、HoursUsedPerUnitProduced（C7:D9）、HoursAvailable（G7:G9）］都准确的前提下求出的。

管理科学团队的负责人莉萨·泰勒（Lisa Taylor）正准备与管理层会面，根据上面得到的最优解给管理层提出建议。

与管理层讨论最优产品组合

莉萨·泰勒（管理科学团队负责人）：我要求召开这次会议的目的就是要询问一下两位还有没有更进一步的要求。我特别担心不能很好地确定哪些数据应该输入模型。你们认为哪一个估计值最不可靠？

比尔·塔斯托（生产副总裁）：毫无疑问，两种产品单位利润的估计值最不可靠。由于产品还没有开始生产，我们所能做的只是根据现有产品的数据进行分析，然后试图考虑新产品的一些变化。这些数据相当粗略，我们需要做很多工作才能使这些数据更加准确。

约翰·希尔（总裁）：我们或许应该做这些工作。莉萨，你有没有办法检查一下这些估计值能够偏离多少而不改变最优产品组合？

莉萨：可以。我们可以快速找出每单位利润的**可变区间**（allowable range），只要这一单位利润的真实数值在允许范围内，并且另一单位利润也是正确的，那么最优产品组合就不会改变。如果这个可变区间很大，你就不必担心单位利润估计值的改变。但是，如果可变区间很窄，那么就需要对估计值进行更仔细的分析。

> 单位利润的可变区间表示了在不改变最优解的情况下估计值能够偏离多少。

约翰：如果两个估计值都出现偏离会发生什么情况？

莉萨：对于任何你认为正确的单位利润新组合，我们都可以提供一种方法来检查最优产品组合是否会发生变化。

约翰：很好，这正是我们需要的。还有一件事。比尔把三个工厂每周可用于新产品生产的时间给了你。我看到你在电子表格中使用了这些数字。

莉萨：是的，它们位于约束的右边。这些数字有问题吗？

约翰：没有问题，但是我们希望你的团队能够为我们提供一些分析，告诉我们如果改变任何一个数字，会造成什么影响。比如，如果三个工厂中的任一工厂每周增加额外的1小时生产时间，我们能从这些新产品中获得多少额外利润，等等。

莉萨：我们可以马上进行这一分析。

约翰：我们还可能改变两个或三个工厂的可用生产时间。另外一些只能进行估计的关键数据是工厂3中门和窗的生产率。如果这些估算不准确会怎样？

莉萨：没问题。我们会同时告诉你这一信息。

管理层提出的what-if问题总结

下面总结一下约翰所提出的what-if分析问题，这些问题是莉萨和她的管理科学团队下一步要研究的内容，这些内容将在下一节中介绍。

（1）在韦恩德玻璃制品公司的新产品中，如果有一个单位利润的估计值不准确，将会发生怎样的情况？

（第 5.3 节）

（2）如果韦恩德玻璃制品公司两种新产品的单位利润的估计都不准确，又将会发生怎样的情况？（第 5.4 节）

（3）如果改变韦恩德玻璃制品公司一个工厂可用于生产新产品的时间，会对结果产生什么影响？（第 5.5 节）

（4）如果三个工厂每周可用于生产新产品的生产时间同时改变，又会对结果产生怎样的影响？（第 5.6 节）

（5）如果工厂 3 中门和窗的生产率不准确，会对结果产生什么影响？（第 5.7 节、第 5.8 节）

问题回顾

1. 在韦恩德玻璃制品公司问题的线性规划模型中，哪几个参数的估计值是值得商榷的？
2. 模型中的哪些数据代表了在得到管理科学团队的分析结果之后，管理层可能会改变的决策？

5.3 只有一个目标函数系数变动的影响

第 5.1 节指出，线性规划模型的许多参数只不过是对实际数据的大致估计，在进行研究时，不可能获得精确的数值。what-if 分析（特别是敏感性分析）可以表示出每一个估计值需要精确到何种程度，才能避免得出错误的最优解。

在本节中，我们将重点介绍目标函数系数的敏感性分析。回顾一下，这些系数表示各种活动对总体绩效度量指标的单位贡献。下面我们将以上一节中韦恩德玻璃制品公司管理层所提出的第一个 what-if 分析问题展开论述。

问题 1：如果韦恩德玻璃制品公司一种新产品单位利润的估计值不精确，结果会怎么样？

我们首先考虑一下门的单位利润 300 美元的估计不精确的情况，假设：

$$P_D = 门的单位利润$$
$$= 电子表格中 C4 单元格中的数据（见图 5-1）$$

尽管在韦恩德玻璃制品公司线性规划模型的当前版本中 $P_D = 300$ 美元，但我们想要看一看 P_D 的数值可以增加或减少多少而不改变最优解 $(D, W) = (2, 6)$。换句话说就是，门的单位利润为 300 美元这一估计值最大能够偏离多少，才能保证原有模型不会产生错误的最优解。

使用电子表格进行敏感性分析

电子表格的优势之一就是可以通过互动的方式展开各种形式的 what-if 分析，包括本节中提到的敏感性分析。设定好 Solver 后，模型中参数值的改变所造成的影响马上就可以显示出来。你所要做的只是改变电子表格中的相应数据，并按下 Solver "求解" 按钮。

为了说明这一点，图 5-2 显示了门的单位利润从开始的 $P_D=300$ 美元降到 $P_D=200$ 美元的情况。与图 5-1 相比，最优解没有丝毫变化。事实上，该问题唯一的变动是电子表格中 C4 单元格的数据从 300 美元降到了 200 美元，G12 单元格中的总利润减少了 200 美元（因为每扇门带来的利润减少了 100 美元）。由于最优解没有变动，我们可以知道在不影响最优解的前提下，门的单位利润 $P_D=300$ 美元的最初估计可能太高了。

> 按下 Solver "求解" 按钮，电子表格马上就会显示出数据单元格变化带来的影响。

那么，如果这一估计值太小又会怎样呢？图 5-3 显示出将 $P_D=300$ 美元增加到 $P_D=500$ 美元的情况。同样，最优解没有发生变化。

因为对于最初的 $P_D = 300$ 美元进行显著增加或减少，均不会对最优解产生任何影响，所以 P_D 就不是模型的敏感参数，也就不需要为了保证最优解不会改变而花很大的力气去得到更精确的 P_D 值。

	A	B	C	D	E	F	G
1		**Wyndor Glass Co. Product-Mix Problem**					
2							
3			Doors	Windows			
4		Unit Profit	$200	$500			
5					Hours		Hours
6			Hours Used per Unit Produced		Used		Available
7		Plant 1	1	0	2	≤	4
8		Plant 2	0	2	12	≤	12
9		Plant 3	3	2	18	≤	18
10							
11			Doors	Windows			Total Profit
12		Units Produced	2	6			$3 400

图 5-2 对韦恩德玻璃制品公司问题的修正

注：门的单位利润估计值由 $P_D=300$ 美元降到 $P_D=200$ 美元，最优解没有改变。

	A	B	C	D	E	F	G
1		**Wyndor Glass Co. Product-Mix Problem**					
2							
3			Doors	Windows			
4		Unit Profit	$500	$500			
5					Hours		Hours
6			Hours Used per Unit Produced		Used		Available
7		Plant 1	1	0	2	≤	4
8		Plant 2	0	2	12	≤	12
9		Plant 3	3	2	18	≤	18
10							
11			Doors	Windows			Total Profit
12		Units Produced	2	6			$4 000

图 5-3 对韦恩德玻璃制品公司问题的修正

注：门的单位利润估计值由 $P_D=300$ 美元增加到 $P_D=500$ 美元，最优解没有改变。

对 P_D 的研究并没有到此结束，因为 P_D 的实际值有可能不在 200～500 美元这一区间内。在保持最优解不变的条件下，P_D 到底可以在怎样的范围内取值呢？

图 5-4 表明，如果 P_D 一直增加，在增加到 1 000 美元时，最优解就会发生变化。因此我们知道最优解发生变化的节点应该在 500 美元和 1 000 美元间的某处。

	A	B	C	D	E	F	G
1		**Wyndor Glass Co. Product-Mix Problem**					
2							
3			Doors	Windows			
4		Unit Profit	$1 000	$500			
5					Hours		Hours
6			Hours Used per Unit Produced		Used		Available
7		Plant 1	1	0	4	≤	4
8		Plant 2	0	2	6	≤	12
9		Plant 3	3	2	18	≤	18
10							
11			Doors	Windows			Total Profit
12		Units Produced	4	3			$5 500

图 5-4 对韦恩德玻璃制品公司问题的修正

注：门的单位利润估计值从 $P_D=300$ 美元增加到 $P_D=1 000$ 美元，最优解改变。

运用 Analytic Solver 生成的参数分析报告进行敏感性分析

为了找出最优解发生变化时的临界值，我们可以继续随机选择 P_D 值进行测试。但是，更为可行的方法是对 P_D 值的范围进行系统性分析。

第 2.6 节介绍的 Analytic Solver 能够针对这类分析生成参数分析报告。Analytic Solver 的安装说明在本书的附录中，在本书网站（www.mhhe.com/hillier6e）上也可以找到。

在准备运行参数分析报告时，为将要更改的特定单元格（例如，C4 的 UnitProfitPerDoor）和正在更改的特定单元格（分别为 C12 的 DoorsProduced 和 D12 的 WindowsProduced）定义了几个附加区域名称。这样能够使得生成的报告显示每个单元格时包含更多信息的名称。

包含系统变化的参数的数据单元格（如本案例中的 C4）被称为**参数单元格**（parameter cell）。参数分析报告用来显示在参数单元格取到不同的试验数据时，可变单元格和目标单元格会发生哪些变化。每一次实验数据所得的结果都是通过 Solver 对问题重新分析而得到的。

要想得到一份参数分析报告，首先要对参数单元格进行定义。在这个案例中，我们选取 C4（UnitProfit-PerDoor）为参数单元格，并点击 Analytic Solver 界面中"参数"（Parameters）菜单下的"优化"（Optimization）按钮。在参数单元格对话框中，输入参数单元格的实验数据取值范围（见图 5-5）。图中输入的数值显示，P_D 的取值在 100 ~ 1 000 美元系统变化。如果有需要的话，可以用同样的方式定义更多的参数单元格，但在这里我们就不赘述了。

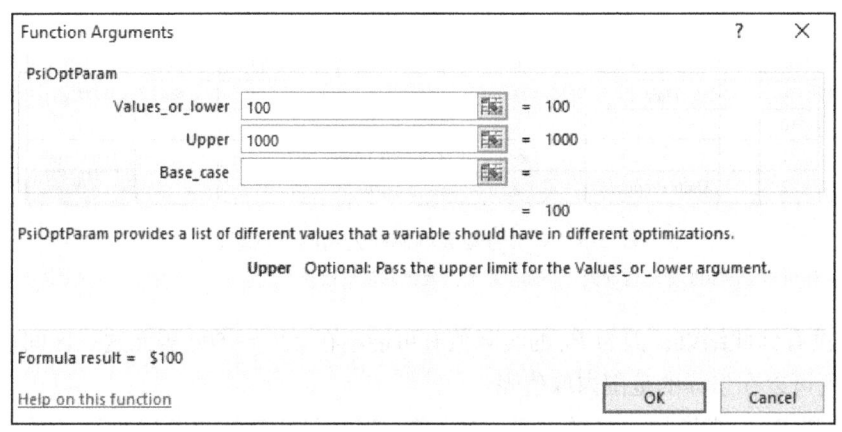

图 5-5　参数单元格对话框的设置

注：这个关于 P_D 的参数单元格对话框表明：在韦恩德玻璃制品公司问题中，此参数单元格在 100 ~ 1 000 美元区间内系统性变化。

下一步，在 Analytic Solver 界面的"报告"（Reports）菜单中选择"优化"（Optimization）下的"参数分析"（Parameter Analysis）。随后出现对话框（见图 5-6），该对话框允许你指定要改变的参数单元格和要显示的结果。在对话框下方的"参数"（Parameters）部分进行对参数单元格的选择。若点击" >> "按钮，将选中所有已定义的参数单元格（表现为出现在右边的框中）。在韦恩德玻璃制品公司案例中，因为只定义了一个参数单元格，所以点击" >> "按钮后，右边的框中只会出现一个参数单元格（UnitProfitPerDoor）。如果已经定义了更多的单元格，可以通过点击韦恩德左边的" + "来显示在韦恩德电子表格中已经定义的所有参数单元格列表，以便选择用于即时分析的特定参数单元格。点击" > "按钮可以使选中的参数单元格出现在右边的框中。

在对话框的上半部分，可以进行对参数单元格的选择。点击" >> "按钮可以使所有的可变单元格（DoorsProduced 和 WindowsProduced）和目标单元格（TotalProfit）出现在右边的框中。如果想要选择这些单元格的子集，可以点击"变量"（Variables）或"目标"（Objective）旁边的" + "以显示出所有的可变单元格（或目标单元格）。然后点击" > "将选中的单元格转移到右边的框中。

最后，在 Major Axis Points 中输入数字，表示在参数分析报告中显示参数单元格有多少不同的数值。参数单元格中的数值在对话框（见图 5-5）中的上、下限之间均匀分布。当 Major Axis Points 的值为 10、下限为 100 美元、上限为 1 000 美元时，参数分析报告所给出的结果中 P_D 的取值分别是 100、200、300、…、1 000 美元。

点击"确定"（OK）按钮后，会自动生成如图 5-6 所示的参数分析报告。对于表第一列中数据单元格（UnitProfitPerDoor）的每一个试算值，Solver 都会重新求解，然后将每个试算值对应得到的最优解填入表格的其他栏中（DoorsProduced、WindowsProduced 和 TotalProfit）。最终得到的结果（在小型问题中求解很快）是一个被完全填满的参数分析报告，如图 5-7 所示。

参数分析报告显示，最优解在 P_D = 100 美元（也许会更低）和 P_D = 700 美元之间时保持不变。但是在 700 美元和 800 美元之间时却会发生变化。下一步，我们可以更系统地考察 P_D 在 700 ～ 800 美元的值，从而更精确地知道最优解发生变化时对应的 P_D 值。下文将介绍一个更简便的方法。能使最优解 (D, W) = (2, 6) 保持不变的 P_D 的变化范围被称为**目标函数系数的允许变化范围**（allowable range for an objective function coefficient），简称**允许变化范围**（allowable range）。Excel Solver 在进行几次简单的运算之后，可以给出一份敏感性报告（sensitivity report），显示出允许变化范围。

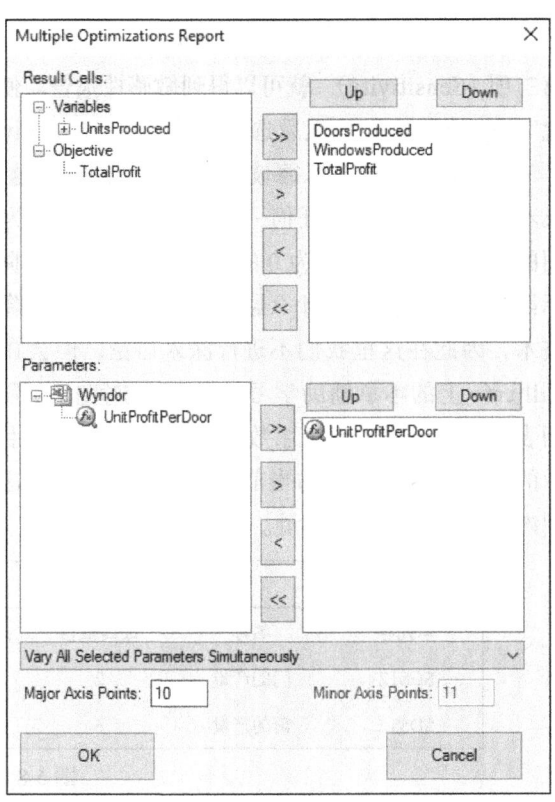

图 5-6 韦恩德玻璃制品公司问题的参数分析报告对话框

注：在此问题中，参数单元格 UnitProfitPerDoor 是可变的，所有可变单元格（DoorsProduced 和 WindowsProduced）和目标单元格（TotalProfit）的结果也都被显示。

	A	B	C	D
1	UnitProfitPerDoor	DoorsProduced	WindowsProduced	TotalProfit
2	$100	2	6	$3 200
3	$200	2	6	$3 400
4	$300	2	6	$3 600
5	$400	2	6	$3 800
6	$500	2	6	$4 000
7	$600	2	6	$4 200
8	$700	2	6	$4 400
9	$800	4	3	$4 700
10	$900	4	3	$5 100
11	$1 000	4	3	$5 500

图 5-7 参数分析报告

注：韦恩德玻璃制品公司问题的参数分析报告表明了门的单位利润的系统性变化所造成的影响。

关于降低的成本，网站 www.mhhe.com/Hillier6e 中的本章辅助学习材料中提供了解释。不要对这个相对技术的问题过于担心（除非你的导师布置了这个补充材料）。

Solver 得到的敏感性分析显示了目标函数系数的允许变化范围。

运用敏感性报告来寻找允许变化范围

如图 2-12 所示，Excel 中的 Solver 在求得最优解之后，会同时在其右边列出它可以提供的三个报告。选择第二项（Sensitivity），就可以得到敏感性报告。使用 Analytic Solver，在功能区选择"报告"（Reports）下的"优化"（Optimization），然后选择"敏感性"（Sensitivity），可以获得相同的报告。

图 5-8 显示了韦恩德玻璃制品公司问题的这份报告。"最终数值"一栏显示了最优解，下一栏给出了削减成本。当在最优解中任何一个可变单元格的值为 0 时（此处不存在这种情况），所降低的成本可以提供一些有用的信息。（对于取值为 0 的可变单元格，相应降低的成本可以用来确定增加这一可变单元格的值或改变其目标函数的系数会产生什么影响。由于解释这些降低的成本需要更多的技术，因此在这里我们不进行深入讨论，但会在网站 www.mhhe.com/Hillier6e 上的本章辅助学习材料中提供完整的解释。）接下来的三栏分别表示目标函数中各个系数的允许变化范围。"目标函数系数"一栏显示的是目标函数系数的当前值，而后面两栏是这些系数在允许变化范围内可以增加和减少的量。

> 目标函数系数的允许变化范围是使得原始模型的最优解保持不变的取值范围。

可变单元格						
单元格	名称	最终数值	削减成本	目标函数系数	允许增加值	允许减少值
$C$12	门的产量	2	0	300	450	300
$D$12	窗的产量	6	0	500	1E+30	300

图 5-8 敏感性报告的一部分

注：由 Solver 生成的韦恩德玻璃制品公司问题敏感性报告的一部分，最后三列使我们能够确定门窗单位利润的允许变化范围。

例如，考虑目标函数中 D 的系数 P_D。因为 D 表示的是门的生产率，表中表示门的一行给出了下面这些关于 P_D 的信息（不含美元符号）：

P_D 的当前值： 300
P_D 的允许增加值： 450 因此，$P_D \leq 300+450 = 750$
P_D 的允许减少值： 300 因此，$P_D \geq 300-300 = 0$
P_D 的允许变化范围： $0 \leq P_D \leq 750$

因此，只要 P_D 在上面所示的允许范围内变动，并且不改变模型的其他任何内容，最优解将始终为 $(D, W) = (2, 6)$。

分析图 5-9 可以从图形的角度加深对允许变化范围的认识。当 $P_D = 300$ 美元时，表示目标函数的斜线经过点 $(2, 6)$。当 P_D 处于允许变化范围的下限（即 $P_D = 0$）时，经过 $(2, 6)$ 这一点的目标函数线是直线 B。因此，$(0, 6)$ 与 $(2, 6)$ 之间线段上的所有点都是最优解。对于 $P_D < 0$ 的任何值，目标函数线会进一步旋转，使得 $(0, 6)$ 这一点成为唯一的最优解。在 P_D 处于允许变化范围的上限（即 $P_D=750$）时，穿过 $(2, 6)$ 点的目标函数线变成直线 C，因此在 $(2, 6)$ 与 $(4, 3)$ 之间线段上的所有点都是最优解。如果 $P_D > 750$，那么该直线会进一步倾斜，使得 $(4, 3)$ 这一点成为唯一的最优解。

结论：P_D 的允许变化范围为 $0 \leq P_D \leq 750$，是因为 P_D 在该区域内变化时最优解始终保持为 $(D, W) = (2, 6)$。在 $P_D = 0$ 或 $P_D = 750$ 时，模型有多个最优解，但总包含解 $(D, W) = (2, 6)$。既然门的单位利润 P_D 可以在原始估计值（300 美元）的基础上如此大范围地变动，而不会改变最优解，那么，尽管第 5.2 节的讨论表明这个估计值非常粗略，但我们依然可以肯定利润的估计值不会

> 在这一部分的管理科学互动模块中，尝试从图表的角度理解允许变化范围。

影响最优解。

敏感性分析报告也可以帮助韦恩德玻璃制品公司找到另一种新产品单位利润的允许变化范围。假设：

P_W = 窗的单位利润
　　= 电子表格中 D4 单元格中的数据

我们从敏感性报告（见图 5-8）中窗的一行可以得到以下结果：P_W 允许的减少量为 300（此时，$P_W \geq 500-300 = 200$）；允许的增加量为 1E+30。1E+30 是什么意思？在 Excel 中，1E+30 是 10^{30} 的缩写。Excel 用这个相当大的数值来表示无穷大。因此，从敏感性报告中，我们可以得到 P_W 的允许变化范围为：

P_W 的当前值：500

P_W 的允许增加值：无限制

　　因此，P_W 无上限

P_W 的允许减少值：300

　　因此，$P_W \geq 500 - 300 = 200$

P_W 的允许变化范围：

　　$P_W \geq 200$

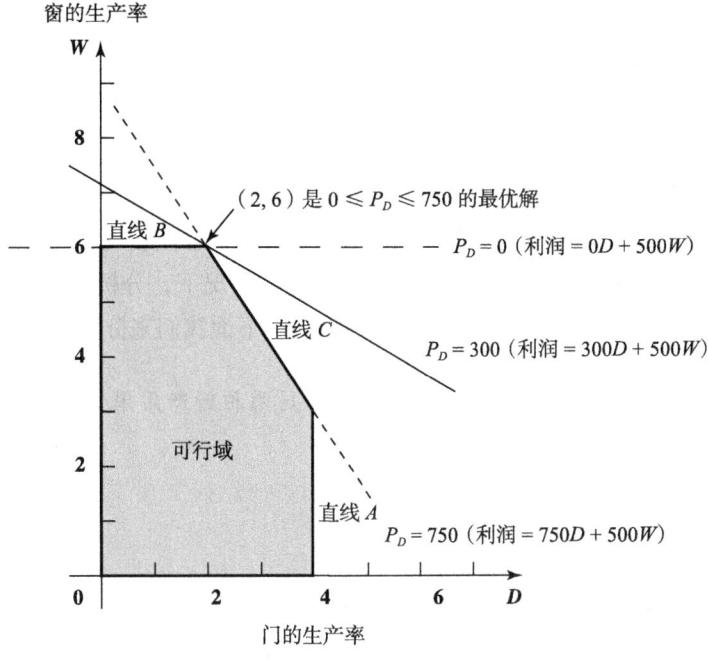

图 5-9　穿过约束边界的两条虚线

注：两条虚线分别表示 P_D（门的单位利润）在取到允许变化范围（$0 \leq P_D \leq 750$）上下限时的目标函数线；而 P_D 取值在上下限之间时，目标函数线所产生的最优解不变，均为 $(D, W) = (2, 6)$。

两个目标函数系数的允许变化范围都很大。因此，尽管 $P_D = 300$、$P_W = 500$ 可能仅仅是门、窗实际单位利润的一个粗略估计值，我们还是可以认定系数的估计值不会影响最优解。

但我们不会一直这么幸运。在一些线性规划模型中，目标函数系数很小的变动都可能会改变最优解。这种系数被称作**敏感性参数**。敏感性报告中会直接体现出目标函数中哪些系数是敏感性参数。这些系数允许的变化区域很小，因此必须尽量取得这些数据的准确值。

> 如果一个参数发生很小的变化就会造成最优解的改变，那么此类参数就是敏感性参数。

在完成以上分析并得到模型最终的最优解之后，允许变化范围还有着非常重要的作用。如第 5.1 节所述，what-if 分析的第二个作用是：如果在分析完成以后条件又发生了变化（这是一种很常见的情况），what-if 分析可以在不需要重新求解的情况下分析出模型中一个参数的变化是否会改变最优解。因此，如果在几个星期、几个月甚至几年以后，韦恩德玻璃制品公司新产品的单位利润发生了很大的变化，我们可以借助允许变化范围很快地分析出原先的产品最优组合是否依然适用。在不需要重新建模并求解的情况下就可以得到明确的结果，这一点对求解线性规划问题（尤其是一些非常庞大的模型）具有很大的帮助。

问题回顾

1. Analytic Solver 能够生成哪种类型的报告，来显示参数单元格不同取值范围下最优解的变化情况？
2. 在目标函数中，系数的允许变化范围的含义是什么？
3. 如果目标函数系数的实际值与估计值之间相差很大，且估计值不在允许变化范围之内，会出现怎样的结果？
4. 在 Solver 的敏感性分析报告中，"目标函数系数"一列该怎样解释？允许增加值和允许减少值又该怎样解释呢？

5.4 目标函数系数同时变动的影响

因为存在许多不确定性因素，所以目标函数的系数（如单位利润）通常只是对实际值的估计。前面章节中所提到的允许变化范围问题探讨了每次只有一个系数发生变动的情况。也就是说，特定系数的允许变化范围成立的条件是：假定其他系数都是准确的，且此系数是唯一一个实际值与估计值可能不一致的系数。

而实际上，所有系数（至少一个）的估计值可能都是不准确的。最关键的问题是：这是否可能导致错误的最优解？如果可能会对最终的结果产生影响，就必须尽可能对这些系数（尤其是对那些更加关键的系数）进行准确估计。另外，如果 what-if 分析表明参数估计值的偏差不会影响最优解的正确性，那么管理者就可以坚信当前的线性规划模型及其所提供的解决方案能够给公司恰当的指导。

本节将介绍如何在不重新求解模型的情况下，分析出目标函数中几个系数的同时变化（实际值与估计值之间的不一致）是否会对最优解造成影响。下面我们来分析韦恩德玻璃制品公司管理层的第二个 what-if 问题：

问题 2：如果韦恩德玻璃制品公司两种新产品单位利润的估计值都是不精确的，将会对结果产生怎样的影响？

使用电子表格进行分析

同样，解决这类问题最快捷简便的方法就是在电子表格模型中尝试不同的估计值，然后观察运行 Solver 后的结果。

在此案例中，模型所求得的最优产品组合明显偏重于生产窗户（每周 6 单位），而门的生产量相对来说小很多（每周 2 单位）。但由于管理层对两种新产品同等重视，所以比较介意这两种新产品产量的严重不平衡。因此，公司管理层提出了一个 what-if 问题：如果窗的单位利润估计值（500 美元）偏高，而门的单位利润估计值（300 美元）偏低，会对结果有何影响？而且，管理层认为这种估计值偏差趋势很可能出现。如果此种偏差确实存在，是否能够得到相对均衡的最优产品组合并取得最大利润？

此问题可以在几秒钟内很快得到解决：在图 5-1 所示的初始电子表格中输入单位利润新的估计值，并再次运行 Solver。如图 5-10 所示，新的单位利润估计值（门 450 美元、窗 400 美元）并没有改变最优产品组合（总利润增加是由于单位利润的变化造成的）。那么，如果单位利润的估计值发生更大的变动，是否会改变最优组合呢？图 5-11 证明了这个结果。当门的单位利润为 600 美元，窗的单位利润为 300 美元时，最优产品组合变成了 $(D, W) = (4, 3)$，变得更加均衡。

	A	B	C	D	E	F	G
1		**Wyndor Glass Co. Product-Mix Problem**					
2							
3			Doors	Windows			
4		Unit Profit	$450	$400			
5					Hours		Hours
6			Hours Used per Unit Produced		Used		Available
7		Plant 1	1	0	2	≤	4
8		Plant 2	0	2	12	≤	12
9		Plant 3	3	2	18	≤	18
10							
11			Doors	Windows			Total Profit
12		Units Produced	2	6			$3 300

图 5-10　修正的韦恩德玻璃制品公司问题模型

注：其中门、窗的单位利润分别被改为 $P_D = 450$ 美元、$P_W = 400$ 美元，但是最优解不变。

	A	B	C	D	E	F	G
1		**Wyndor Glass Co. Product-Mix Problem**					
2							
3			Doors	Windows			
4		Unit Profit	$600	$300			
5					Hours		Hours
6			Hours Used per Unit Produced		Used		Available
7		Plant 1	1	0	4	≤	4
8		Plant 2	0	2	6	≤	12
9		Plant 3	3	2	18	≤	18
10							
11			Doors	Windows			Total Profit
12		Units Produced	4	3			$3 300

图 5-11 修正的韦恩德玻璃制品公司问题模型

注：其中门、窗的单位利润分别被改为 $P_D = 600$ 美元、$P_W = 300$ 美元，最优解改变。

使用 Analytic Solver 生成的二维参数分析报告进行分析

二维参数分析报告是在两个单位利润的估计值都不准确的情况下的一种系统性分析方法。这类参数分析表格可以用单一的输出数据单元格表示出两个数据单元格在分别采用不同试算值时的结果。所以，它可以用来显示图 5-1 中的 TotalProfit（G12）是如何随着两个数据单元格 UnitProfitPerDoor（C4）、UnitProfitPerWindow（D4）的取值变化而变化的。对于这两个数据单元格中每一组不同的取值，Solver 都会重新进行求解。

要使用二维参数分析报告来解决韦恩德玻璃制品公司问题，UnitProfitPerDoor（C4）和 UnitProfitPerWindow（D4）都需要定义为参数单元格。首先，选中单元格 C4 和 D4。然后选择 Analytic Solver 界面中"参数"（Parameter）菜单下的"优化"（Optimization）。再向每一个参数单元格中输入试算值的取值范围（如上一节中图 5-5 所示）。例如，UnitProfitPerDoor（C4）的取值在 300 ~ 600 美元变化，UnitProfitPerWindow（D4）的取值在 100 ~ 500 美元变化。

下一步，在 Analytic Solver 界面的"报告"（Reports）菜单中选择"优化"（Optimization）下的"参数分析"（Parameter Analysis）。随后，出现对话框（见图 5-12）。在二维参数分析报告中，要选择两个参数单元格，但只显示一个结果。在"参数"（Parameter）下方，点击">>"按钮，选择已经定义的两个参数单元格：UnitProfitPerDoor 和 UnitProfitPerWindow。在"结果"（Results）下方，点击"<<"按钮，将右侧的单元格列表清除。再点击"目标"（Objective）旁边的"+"按钮，从而显示出目标单元格（TotalProfit）。随后选择 TotalProfit，并点击">"按钮使此单元格出现在右边的框中。

随后，要选中"两个参数独立变化"（Vary Two Parameters Independently）选项，与其他两个选项相反——"所有选中参数同时变化"（Vary All Selected Parameters Simultaneously）、

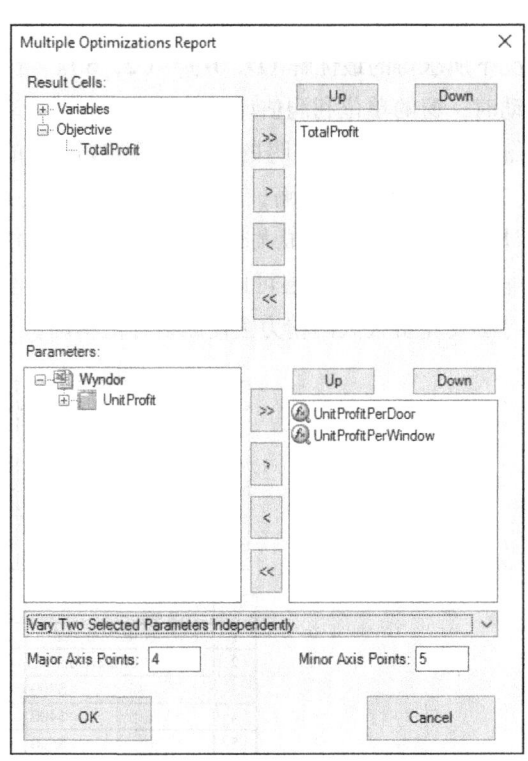

图 5-12 参数分析报告对话框

注：韦恩德玻璃制品公司问题中，与目标函数有关的参数单元格（门的单位利润、窗的单位利润）的参数分析报告对话框。

"一次变化一个参数"(One At a Time),从而使两个参数单元格可以在各自的取值区间内独立变化。在参数分析报告中两个参数单元格的取值个数应依次输入 Major Axis Points 和 Minor Axis Points 中,从而每一个参数单元格的取值都会在对话框中所示的范围内均匀分布。如图 5-12 所示,两个参数单元格的取值个数分别设为 4 和 5。因此,门的单位利润(UnitProfitPerDoor)的四个取值为:300、400、500、600 美元,窗的单位利润(UnitProfitPerWindow)的五个取值为:100、200、300、400、500 美元。

点击"确定"(OK)按钮,就会生成参数分析报告,如图 5-13 所示。第 2 行和第 A 列分别是两个参数单元格各自的试算值。对于第 2 行、第 A 列中的任何一组试算值组合,Solver 都会求解出利润(此例中的目标单元格)的数值并将其输出到表中对应行和列的位置。

	A	B	C	D	E	F
1	TotalProfit	UnitProfitPerWindow				
2	UnitProfitPerDoor	$100	$200	$300	$400	$500
3	$300	$1 500	$1 800	$2 400	$3 000	$3 600
4	$400	$1 900	$2 200	$2 600	$3 200	$3 800
5	$500	$2 300	$2 600	$2 900	$3 400	$4 000
6	$600	$2 700	$3 000	$3 300	$3 600	$4 200

图 5-13 参数分析报告

注:参数分析报告显示了当门与窗的单位利润同时变化时,总利润是否变化。

除了将总利润(TotalProfit)作为输出结果外,也可以在图 5-12 所示的对话框中选择门的产量(DoorsProduced)或窗的产量(WindowsProduced)作为输出。在这种情况下,可以生成相似的参数分析报告,分析在单位利润取得不同的数值组合时,所对应门或窗的最优产量。得到的两个参数分析报告如图 5-14 所示。两个报告的右上角(单元格 F3)是在门的单位利润估计值为 300 美元、窗的单位利润估计值为 500 美元的情况下所求得的最优解 $(D, W) = (2, 6)$。当单元格 F3 的位置向下移动时,门的单位利润估计值在增加;向左移动时,窗的单位利润估计值在减少;向两个表的左下角移动时,$(D, W) = (4, 3)$ 成为这些利润估计值的最佳解决方案。需要说明的是,对于 F3 周围的单元格来说,$(D, W) = (2, 6)$ 依然是最优解。这个现象可以说明,只有当单位利润的初始估计值与实际值偏差很大时,最优产品组合才会发生变化。尽管估计值非常粗略,但管理层可以认为这些估计值是正确的。因此,管理层没有必要花费很大的精力去使此估计值精确。

经过 what-if 分析得知,没有必要使得门和窗的单位利润值非常精确。

	A	B	C	D	E	F
1	DoorsProduced	UnitProfitPerWindow				
2	UnitProfitPerDoor	$100	$200	$300	$400	$500
3	$300	4	2	2	2	2
4	$400	4	4	2	2	2
5	$500	4	4	4	2	2
6	$600	4	4	4	2	2

	A	B	C	D	E	F
1	WindowsProduced	UnitProfitPerWindow				
2	UnitProfitPerDoor	$100	$200	$300	$400	$500
3	$300	3	6	6	6	6
4	$400	3	3	6	6	6
5	$500	3	3	3	6	6
6	$600	3	3	3	6	6

图 5-14 两个参数分析报告

注:这两个参数分析报告表示的是:当门、窗的单位利润发生变化时,门(上方表格)、窗(下方表格)最优产量的变化情况。

到现在为止，$(D, W) = (2, 6)$ 依然是两种新产品的最优产品组合。但是从图 5-14 可以看出，随着未来情况的变化，如果两种产品单位利润的变动足够大，最优产品组合也会随之变化。因此，我们要知道使产品最优组合发生变化的条件是什么。下面就将对此进行讨论。

从敏感性报告中获取额外的信息

上一节介绍了当目标函数中只有一个系数变动时，怎样通过敏感性报告中的数据得到该系数的允许变化范围。同样的数据（每个系数的允许增加量和减少量）也可以用来分析多个系数同时变动的情况。下面将对此进行讲解。

目标函数系数同时变动的百分之百法则：当目标函数的系数同时发生变动时，计算出每一系数的变化量占允许变化量（增加或减少）的百分比。随后，将各个系数的变动百分比相加。如果该百分比之和不超过 100%，则最优解不变；如果该百分比之和超过 100%，则不能确定。

> 当各系数变动百分比之和不超过 100% 时，最优解不变。

这一法则并没有明确阐述当变动百分比之和超过 100% 时可能出现的结果。这一结果依赖于系数变动的方向。也就是说，变动百分比之和超过 100% 时，最优解有可能改变，也有可能不改变；而当变动百分比之和不超过 100% 时，最优解一定不改变。

需要记住的是，我们可以在目标函数中其他系数都不变的前提下，让目标函数中的某特定系数在其整个允许变化范围内变动。但如果目标函数中多个系数同时变动，我们必须对每个系数的允许增加或减少百分比进行研究。

为了说明这个问题，我们结合图 5-8 中敏感性报告所提供的信息，再次回到韦恩德玻璃制品公司问题。假设在上次的分析以后，情况又发生了变化：门的单位利润 P_D 从原来的 300 美元增加到了 450 美元，而窗的单位利润 P_W 从原来的 500 美元下降到了 400 美元。根据百分之百法则，进行如下计算：

P_D：300 美元 → 450 美元

$$\text{占允许增加量的百分比} = 100\left(\frac{450-300}{450}\right)\% = 33\tfrac{1}{3}\%$$

P_W：500 美元 → 400 美元

$$\text{占允许减少量的百分比} = 100\left(\frac{500-400}{300}\right)\% = 33\tfrac{1}{3}\%$$

$$\text{百分比之和} = \overline{66\tfrac{2}{3}\%}$$

因为变动百分比之和没有超过 100%，所以可以确定最优解 $(D, W) = (2, 6)$ 不变，正如我们之前在图 5-10 中发现的一样。

现在，假设情况又发生了进一步的变化：门的单位利润 P_D 从原来的 300 美元增加到了 600 美元，而窗的单位利润 P_W 从原来的 500 美元下降到了 300 美元。根据百分之百法则，进行如下计算：

P_D：300 美元 → 600 美元

$$\text{占允许增加量的百分比} = 100\left(\frac{600-300}{450}\right)\% = 66\tfrac{2}{3}\%$$

P_W：500 美元 → 300 美元

$$\text{占允许减少量的百分比} = 100\left(\frac{500-300}{300}\right)\% = 66\frac{2}{3}\%$$

$$\text{百分比之和} = \overline{133\frac{1}{3}\%}$$

因为百分比之和超过了 100%，所以根据百分之百法则，我们并不能确定 $(D, W) = (2, 6)$ 是否依然是最优解。事实上，我们之前在图 5-11 和图 5-14 中已经发现最优解会变为 $(D, W) = (4, 3)$。

以上结果告诉我们：当 P_D 增加且 P_W 减少时最优解会发生怎样的变化。根据 100% 是在 $66\frac{2}{3}\%$ 与 $133\frac{1}{3}\%$ 的中点，我们可以推断出当 P_D 和 P_W 处于上面两种情形中各自取值的中点时，变动百分比之和应为 100%。在此问题中，$P_D = 525$ 美元是 450 美元和 600 美元的中点，$P_W = 350$ 美元是 400 美元和 300 美元的中点。根据百分之百法则，计算过程如下：

P_D：300 美元 → 525 美元

$$\text{占允许增加量的百分比} = 100\left(\frac{525-300}{450}\right)\% = 50\%$$

P_W：500 美元 → 350 美元

$$\text{占允许减少量的百分比} = 100\left(\frac{500-350}{300}\right)\% = 50\%$$

$$\text{百分比之和} = \overline{100\%}$$

此时，变动百分比之和刚好等于 100%，但并没有超过 100%。因此，$(D, W) = (2, 6)$ 依然是最优解。如图 5-15 所示，$(2, 6)$ 和 $(4, 3)$ 这两个点在此时都是最优解，而且这两点间线段上的所有点均为最优解。但是，如果 P_D 和 P_W 稍稍偏离，变动百分比之和就会超过 100%，目标函数线将向垂直方向旋转，从而 $(D, W) = (4, 3)$ 就成为唯一的最优解。

另外，还需要记住一点：变动百分比之和超过 100% 并不是意味着最优解一定改变。例如，两种产品的单位利润均减半。根据百分之百法则，计算过程如下：

P_D：300 美元 → 150 美元

$$\text{占允许减少量的百分比} = 100\left(\frac{300-150}{300}\right)\% = 50\%$$

P_W：500 美元 → 250 美元

$$\text{占允许减少量的百分比} = 100\left(\frac{500-250}{300}\right)\% = 83\%$$

$$\text{百分比之和} = \overline{133\%}$$

> 在此例子中，虽然变动百分比之和超过了 100%，但最优解没有变化。

尽管变动百分比之和超过了 100%，但是从图 5-16 中可以看出，最优解并没有改变。事实上，最优解不变的原因在于目标函数线的斜率与原目标函数线（也就是图 5-9 中的实线）斜率相同。因此，当所有单位利润按照同比例进行变动时，目标函数线的斜率不会改变，最优解也不会改变。

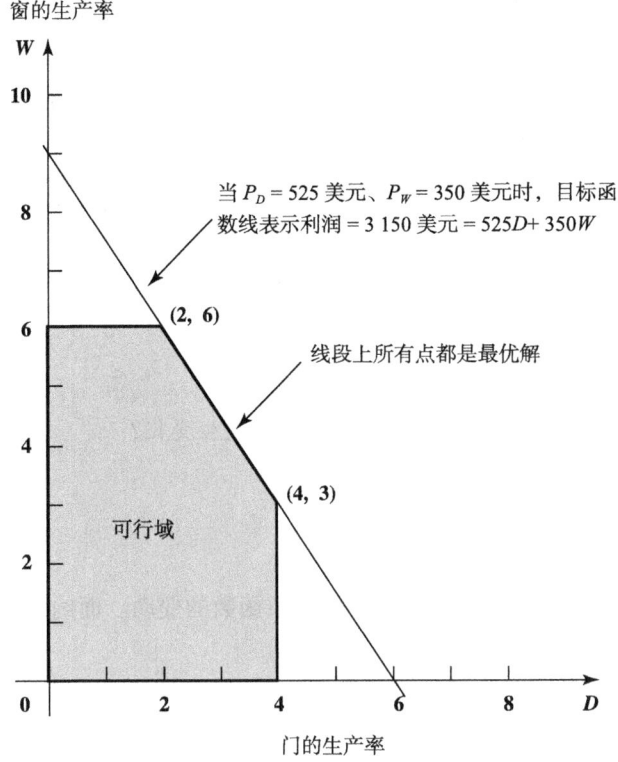

图 5-15 最优解的情形

注：当门、窗单位利润的估计值分别改为 $P_D = 525$ 美元、$P_W = 350$ 美元，刚好处在百分之百法则所允许的临界点上，$(D, W) = (2, 6)$ 还是最优解。但是，目标函数线在 $(2, 6)$ 与 $(4, 3)$ 之间线段上的所有点现在均为最优解。

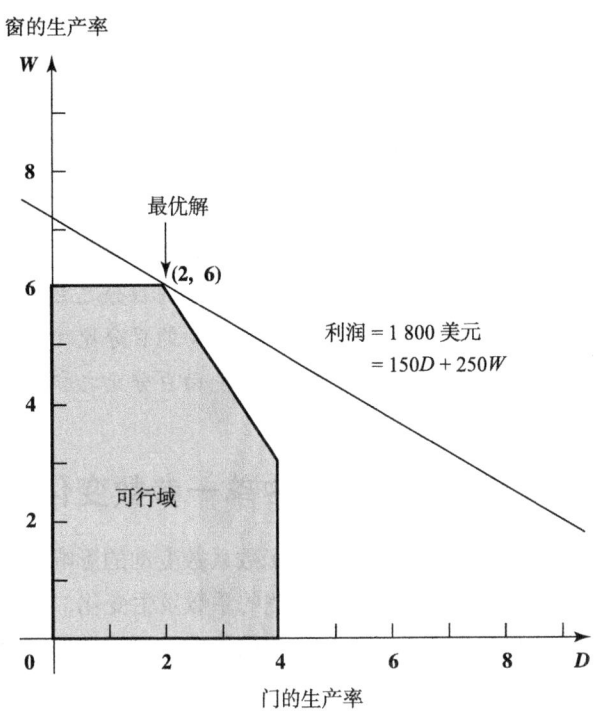

图 5-16 百分比之和超过 100% 的一种情形

注：当门、窗单位利润的估计值分别改为 $P_D = 150$ 美元、$P_W = 250$ 美元（最初解的一半）时，通过图解法可知 $(D, W) = (2, 6)$ 还是最优解，尽管百分之百法则表示最优解有可能变动。

比较

我们已经了解了分析目标函数系数同时变动情况的三种方法：①直接在电子表格上进行改动；②使用二维参数分析报告；③利用百分之百法则。

对于初学者，电子表格改动的方法比较合适，因为这种方法简单快捷。如果你只是想分析系数的一组变动值，那么完全可以直接在电子表格中进行修改，而且马上就可以看到这组变动对最优解造成的影响。

但更多的时候并不是这样。因为在进行系数估计时有太多的不确定因素，所以系数的真实值会有很多种可能。参数分析报告对于系统地检验目标函数中一个或两个系数的变动非常有效。将具有代表性的变动数值输入电子表格进行测试，就可以获得需要的所有信息。也许在所有可能的变动情况下，最优解都与初始模型的最优解相同，那么就可以放心地使用这个最优解。又或许，在最终确定一个解之前，必须对最初的估计值进行非常详细的分析。

在电子表格方法（或参数分析报告）不能得到明确结论的情况下，百分之百法则可以通过以下方式作为有效补充：

- 百分之百法则可用于确定在保持最优解不变的情况下目标函数系数的变动范围。
- 当一个模型中有大量的决策变量时（在实际问题中很常见），因为可能的情况太多，因此用电子表格方法系统地测试目标函数中的一部分或全部系数的同时变动就不切实际了。参数分析报告只能分析最多两个系数变动的情况。然而，通过将各个系数的允许增加量或允许减少量除以决策变量的数量，百分之百法则就可以帮助我们分析出在不改变当前最优解的前提下各系数的允许变动范围。
- 在线性规划分析结束以后，如果未来的条件发生变化，使目标函数中的部分或所有系数都发生变动，百分之百法则可以迅速分析出最优解是否保持不变。如果答案是肯定的，那么就不需要花时间去修改甚至重新建立电子表格模型。对一些大型模型来说，节省下来的时间是很可观的。

问题回顾

1. 在 Analytic Solver 的二维参数分析报告中可以选择多少个单元格显示结果？
2. 在关于目标函数系数同时变动的百分之百法则中，变动百分比指的是什么？
3. 在百分之百法则中，如果变动的百分比之和不超过100%，最优解会发生怎样的变化？
4. 在百分之百法则中，如果变动百分比之和超过100%，是否就意味着最优解一定会发生变化？

5.5 单个约束条件中单一参数变化的影响

之前，我们在研究目标函数系数变动的影响，现在，我们将研究的重点转移到约束函数的变动。而约束函数的变动可能是约束条件左侧的系数发生变化，也可能是右侧的数值发生变化。

我们之所以关注这些变化的影响，原因和研究目标函数系数变化所产生影响的原因一样，即这些模型参数只是一些估计值，现在还无法精确地确定。因此我们希望得知如果这些估计值并不准确，会产生怎样的影响。

> 当约束条件右侧数值代表管理决策时，可以借助 what-if 分析来研究不同决策所造成的影响。

然而，关注此类问题还有一个更常见的原因：约束函数的右侧很可能代表管理决策，而不是无法进行管理控制的数量（这一点我们在第 5.1 节的末尾讨论过）。因此，在模型完成求解之后，管理者希望能够了解采取不同策略是否会提高最终的收益。what-if 分析能够为管理者提供这方面的信息，分析不同策略所产生的影响（回忆一下，这是第 5.1 节中提到的 what-if 分析的第三个作用）。

本节将讨论当一个约束条件的一个位置（系数或右端值）发生变化时，怎样进行 what-if 分析。下一节将讨论约束条件中多个参数同时变化的情况。

当约束条件中只有一个数值发生变化，无论发生变化的是约束条件左边的系数还是右端的数值，进行 what-if 分析的基本过程是一样的。唯一的区别是 Solver 敏感度分析报告只能够分析右端数值改变的情况，而不能分析左端系数改变的情况。因此，我们会借助右端数值的改变来介绍这一过程。

现在我们回到第 5.2 节中的韦恩德玻璃制品公司问题中，来探讨公司管理层提出的第三个 what-if 问题。

问题 3：如果一个工厂每周可用于新产品的生产时间发生变化，会产生怎样的结果？

每个工厂的可用工时对应着相应约束条件的右端数值，因此我们希望研究某个工厂的右端数值发生变化所带来的影响。当取到最初的最优解 $(D, W) = (2, 6)$ 时，工厂1只使用了4个可用工时中的2个小时，所以改变可用工时（只要不是大幅度降低）既不会改变最优解也不会改变总利润。但是，我们并不清楚工厂2和工厂3可用工时的改变所带来的影响。下面我们从工厂2着手进行研究。

用电子表格进行分析

回顾第 5.2 节，图 5-1 是韦恩德玻璃制品公司问题进行 what-if 分析之前的初始电子表格。两种新产品产量

的最优解为 $(D, W) = (2, 6)$，对应的总利润为 3 600 美元。单元格 G8 表示工厂 2 每周可用于生产新产品的工时为 12 小时。

为了探究可用工时的变化所带来的影响，只需要改变单元格 G8 中的数值，并用 Solver 重新进行求解。例如，图 5-17 显示了可用工时从 12 小时变为 13 小时后生成的结果。单元格 C12:D12 代表相应的最优解，此时的总利润为 3 750 美元。因此，造成的利润变化为：

$$增加的利润 = 3\ 750 - 3\ 600 = 150$$

	A	B	C	D	E	F	G
1		**Wyndor Glass Co. Product-Mix Problem**					
2							
3			Doors	Windows			
4		Unit Profit	$300	$500			
5					Hours		Hours
6			Hours Used per Unit Produced		Used		Available
7		Plant 1	1	0	1.66667	≤	4
8		Plant 2	0	2	13	≤	13
9		Plant 3	3	2	18	≤	18
10							
11			Doors	Windows			Total Profit
12		Units Produced	1.667	6.5			$3 750

图 5-17　可用工时增加后的结果

注：将工厂 2 的可用工时从 12 小时（见图 5-1）增加到 13 小时，总利润增长 150 美元。

此利润的增长是由于工厂 2 增加了 1 个小时的可用工时，如果再增加几个小时的可用工时会产生怎样的影响呢？图 5-18 中分析了再增加 5 小时可用工时后的结果。比较图 5-17 和图 5-18，可以得知增加的 5 小时可用工时给总利润带来的影响为：

$$增加的利润 = 4\ 500 - 3\ 750$$
$$= 750（增加 5 小时）$$
$$= 150 美元 / 小时$$

	A	B	C	D	E	F	G
1		**Wyndor Glass Co. Product-Mix Problem**					
2							
3			Doors	Windows			
4		Unit Profit	$300	$500			
5					Hours		Hours
6			Hours Used per Unit Produced		Used		Available
7		Plant 1	1	0	0	≤	4
8		Plant 2	0	2	18	≤	18
9		Plant 3	3	2	18	≤	18
10							
11			Doors	Windows			Total Profit
12		Units Produced	0	9			$4 500

图 5-18　可用工时再增加 5 小时的结果

注：在图 5-17 的基础上，将工厂 2 的可用工时从 13 小时再增加到 18 小时，总利润将增加 750 美元（也就是每小时增加 150 美元）。

如果继续增加可用工时，利润会不会继续增长？图 5-19 显示了当工厂 2 每周可用工时为 20 小时的情况，得到的最优解和总利润都与图 5-18 中的相同。因此，可用工时从 18 小时增加到 20 小时，并不会带来利润上的变化（其原因是工厂 3 的 18 小时可用工时决定了每周最多只能够生产 9 扇窗，因此工厂 2 只能使用 18 小时的工时）。因此，可以认为 18 小时可用工时是工厂 2 的最大值。

当新产品的可用工时从 12 小时增加到 18 小时将会带来利润的增长，但并不意味着就应该增加新产品的可用工时。两种新产品的可用工时只有在减少其他产品的可用工时的基础上才能实现。因此，管理者在制定增加新产品可用工时的决策前，必须衡量减少其他产品可用工时带来的影响（这会带来利润损失和其他不可见的坏处）。这一分析也可能出现减少一个工厂或几个工厂的新产品生产时间的情况。

> 现在管理者需要考虑增加新产品可用工时和减少其他产品可用工时的平衡问题。

	A	B	C	D	E	F	G
1		Wyndor Glass Co. Product-Mix Problem					
2							
3			Doors	Windows			
4		Unit Profit	$300	$500			
5					Hours		Hours
6			Hours Used per Unit Produced		Used		Available
7		Plant 1	1	0	0	≤	4
8		Plant 2	0	2	18	≤	20
9		Plant 3	3	2	18	≤	18
10							
11			Doors	Windows			Total Profit
12		Units Produced	0	9			$4 500

图 5-19 可用工时再增加 2 小时的结果

注：在图 5-18 的基础上再增加 2 个可用工时，从 18 小时增加为 20 小时，总利润没有变化，因为最优解没有用到这些多余工时。

用 Analytic Solver 生成的参数分析报告进行分析

参数分析报告可以对单个约束条件中一个参数进行多次改变的情况进行系统分析。例如，图 5-20 所示的参数分析报告（依照第 5.3 节中生成参数分析报告的一般流程）展示了当工厂 2 的可用工时在 4～20 变化时，可变单元格和总利润所发生的变化。

	A	B	C	D	E
1	HoursAvailableInPlant2	DoorsProduced	WindowsProduced	TotalProfit	Incremental Profit
2	4	4	2	$2 200	
3	5	4	2.5	$2 450	$250
4	6	4	3	$2 700	$250
5	7	3.666666667	3.5	$2 850	$150
6	8	3.333333333	4	$3 000	$150
7	9	3	4.5	$3 150	$150
8	10	2.666666667	5	$3 300	$150
9	11	2.333333333	5.5	$3 450	$150
10	12	2	6	$3 600	$150
11	13	1.666666667	6.5	$3 750	$150
12	14	1.333333333	7	$3 900	$150
13	15	1	7.5	$4 050	$150
14	16	0.666666667	8	$4 200	$150
15	17	0.333333333	8.5	$4 350	$150
16	18	0	9	$4 500	$150
17	19	0	9	$4 500	$0
18	20	0	9	$4 500	$0

图 5-20 可用工时发生变化的参数分析报告

注：韦恩德公司工厂 2 中用于生产新产品的可用工时发生变化的参数分析报告。

在"Incremental Profit"（利润增加）一列中呈现出一种有趣的现象。工厂 2 从当前 12 小时的可用工时起，每增加 1 小时，利润就会增长 150 美元（一直到 18 小时）。同样，如果减少 1 小时，利润就会减少 150 美元（一直到 6 小时）。这种由于约束条件右端数值增加或减少所产生的利润变化率，被称为**影子价格**（shadow price）。

在已经给定某个线性规划模型的最优解及其所对应目标函数值的情况下，约束函数的影子价格就是约束函数右端数值增加很小的数量造成目标函数值增加的数量。

但是，工厂 2 约束条件的影子价格 150 美元只在 12 附近的数值范围内有效（也就是在 6 小时到 18 小时之间）。如果可用工时超过 18 小时，利润的增加速率将变为 0；当可用工时不足 6 小时，利润的减少速率会更快，变为每小时 250 美元。我们用 RHS 表示右端数值。因此，影子价格 150 美元的有效范围是：

$$6 \leqslant RHS \leqslant 18$$

这个范围被称为**右端数值的允许变化范围**（allowable range for the right-hand side），简称**允许变化范围**。

约束条件的右端数值允许变化范围的含义为：在保持约束条件的影子价格不变的前提下，右端数值允许变化的范围。

与第 5.3 节中所描述的目标函数系数的允许变化范围不同，右侧数值在允许变化范围内变动并不意味着最优解一定不变。事实上，只要影子价格不为零，右侧数值的变化一定会导致最优解的改变。而影子价格能够告诉我们：当最优解发生变化时，目标函数值的变化量是多少。

> 通常，约束条件的影子价格表示：约束条件右端数值的变化造成目标单元格的增长率。前提是右端数值在允许变化范围内。

> 到现在为止，在工厂 2 中每增加 1 小时工时，利润都会增加 150 美元。

> 此允许变化范围关注右端数值及其相应的影子价格。与第 5.3 节中所描述的目标函数系数的允许变化范围不同，它不能表明最优解是否会改变，只能够表明影子价格是否还有效。

运用敏感性报告获得关键信息

如前所述，用参数分析报告可以很容易地计算出约束函数的影子价格，也可以比较容易地得到（至少得到一个大致结果）在影子价格保持有效的情况下约束函数右端值的允许变化范围。从所有约束函数的 Solver 敏感性报告中，我们也可以迅速获取同样的信息。图 5-21 显示了由 Solver 得出的韦恩德玻璃制品公司问题完整的敏感性报告，其中：上半部分已经在前面探究目标函数系数的允许变化范围时做了展示（见图 5-8）；下半部分与约束函数相关，包括第四列中所显示的各约束条件的影子价格。前三列能够为我们提供以下信息：①图 5-1 中各约束条件的输出单元格为 E7 到 E9；②三个工厂每周的可用生产时间（小时）；③这些单元格的最终数值分别为 2、12、18（如图 5-1 的 E 列所示）。最后三列的内容将在后面讨论。

可变单元格						
单元格	名称	最终数值	削减成本	目标函数系数	允许增加值	允许减少值
$C$12	门的产量	2	0	300	450	300
$D$12	窗的产量	6	0	500	1E+30	300
约束						
单元格	名称	最终数值	影子价格	右端数值	增加上限	减少下限
$E$7	工厂 1 使用量	2	0	4	1E+30	2
$E$8	工厂 2 使用量	12	150	12	6	6
$E$9	工厂 3 使用量	18	100	18	6	6

图 5-21 韦恩德公司问题的完整敏感性报告

注：由 Solver 生成的最初的韦恩德玻璃制品公司问题的完整敏感性报告，该问题模型如图 5-1 所示。

第四列得到的影子价格表明了当约束函数右端数值（单元格 G7、G8、G9）每增加 1，目标函数值（图 5-1 中的单元格 G12）相应的增加量。相反，它也告诉我们约束条件右端数值每减少 1，目标函数值相应的减少量。工厂 1 约束条件的影子价格为 0，是因为该工厂所使用的工作时间（2 小时）低于可用工作时间（4 小时），所以增加可用工作时间并不会增加效益。然而，工厂 2 和工厂 3 将所有的可用工作时间都用于生产两种新产品（依照可变单元格中给出的产品组合）。因此，影子价格可以清楚地告诉我们：不管增加工厂 2 还是工厂 3 的可用生产时间，都将增加总收益。

> 影子价格表明了利润和工厂可用生产时间之间的关系。

下面，我们用管理学的语言来表述这些信息：该问题的目标函数值（图 5-1 中的目标单元格 G12）表示每周从两种新产品中得到的总利润（以美元计）。约束函数右端数值表示某个工厂新产品的可用生产时间（以小时计）。因此，约束函数的影子价格可以帮助管理者了解到：各工厂每周用于新产品的可用生产时间每增加 1 小时，新产品的总利润会增加多少。相反，影子价格也能够表明各工厂每周用于新产品的可用生产时间每减少 1 小时，新产品的总利润会减少多少。只要生产时间的变动不是很大，就可以借助影子价格进行分析。

具体来说，在生产时间的变动不超出允许变化范围的前提下，影子价格保持有效。Solver 的敏感性报告能够提供分析各约束函数的允许变化范围所需的所有数据。再回顾一下图 5-21 中报告的下半部分，利用最后三列的数据可以计算出约束函数的允许变化范围。"Constraint R.H.Side"一列表示的是变动以前约束右端数值的初始值。在初始值的基础上加上 "Allowable Increase" 列中的数值，就可以得到允许变化范围的上限，同样，在初始值的基础上减去 "Allowable Decrease" 就可以得到允许变化范围的下限。通常，用 1E+30 表示无穷大（∞）。允许变化范围的计算过程如下（为区分不同的约束条件，已为各个 RHS 加入下标）：

> 此处介绍了怎样从敏感性报告中得到右端数值的允许变化范围。

工厂 1 约束：$4 - 2 \leqslant RHS_1 \leqslant 4 + \infty$，因此 $2 \leqslant RHS_1$（无上限）

工厂 2 约束：$12 - 6 \leqslant RHS_2 \leqslant 12 + 6$，因此 $6 \leqslant RHS_2 \leqslant 18$

工厂 3 约束：$18 - 6 \leqslant RHS_3 \leqslant 18 + 6$，因此 $12 \leqslant RHS_3 \leqslant 24$

图 5-22 从图的角度解释了工厂 2 影子价格的有效区域为什么是 $6 \leqslant RHS \leqslant 18$。原始问题的最优解 $(D, W) = (2, 6)$ 处于直线 B 与直线 C 的交点。因为直线 B 表示工厂 2 约束区域（$2W \leqslant 12$）的边界，因此直线 B 的方程为 $2W = 12$。但是，如果该方程的右端数值（$RHS_2 = 12$）发生变化，直线 B 将会上升（RHS_2 增加）或者下降（RHS_2 减少）。随着直线 B 的移动，可行域的边界会发生相应的改变。但只要直线 B 没有移动太多以至于与直线 C 的交点位于可行域之外，最优解就将始终处于直线 B 与直线 C 的交点上。每次 RHS_2 增加（或减少）1，交点就会移动，从而使得利润增加（或减少）与影子价格相等（150 美元）的数值。图 5-22 表明，在 RHS_2 从 12 增加到

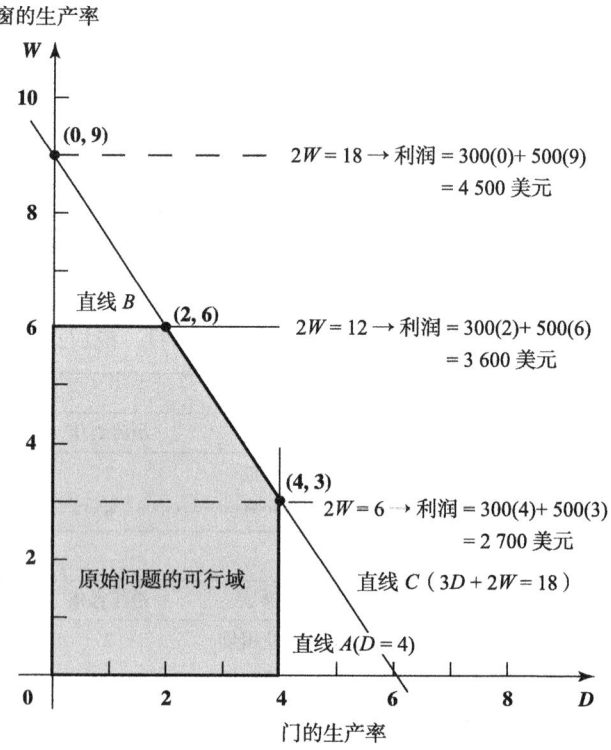

图 5-22　约束右端数值的可行域

注：从图的角度解释工厂 2 约束右端数值的可行域 $6 \leqslant RHS_2 \leqslant 18$。

18 的过程中，由于可行域也会跟着直线 B 的上移而扩大，直线 B 与直线 C 的交点一直在可行域内且始终是最优解。但是，如果 RHS_2 大于 18，此时 D（门的生产率）的值为负，所以交点处于可行域之外。因此，RHS_2 在 18 的基础上继续增加并不会使利润按照影子价格的数量增长。同样，随着 RHS_2 从 12 减少到 6，由于直线 B 也相应下降，所以交点始终在可行域内且为最优解。但是，当 RHS_2 小于 6 时，交点处于可行域之外，此时该交点不能满足工厂 1 边界为直线 A 的约束条件（$D \leq 4$）。因此，RHS_2 在 6 的基础上继续减少并不会使利润减少与影子价格相等的数量。综上，$6 \leq \text{RHS} \leq 18$ 是使影子价格有效的允许变动范围。

小结

回忆一下，约束条件的右端数值表示各工厂每周可用于生产两种新产品的时间。影子价格表示各工厂用于两种新产品的生产时间每增加 1 小时，新产品的总利润增加的数量。只要生产时间在允许变化范围内变动，影子价格就会一直保持有效。因此，管理层可以利用影子价格来评估生产时间决策的各种改变，前提是这些决策改变要在相应影子价格的允许变化范围之内。另外，还要考虑新产品可用工时的变化对其他产品的生产率和利润造成的影响。

问题回顾

1. 为什么要研究约束条件的变化所带来的影响？
2. 为什么约束函数的右端数值可能发生变化？
3. 影子价格的含义是什么？
4. 怎样使用电子表格得到影子价格？使用参数分析报告呢？使用敏感性报告呢？
5. 管理者为什么会对影子价格感兴趣？
6. 影子价格是否同样适用于分析约束函数右端数值减小的情况？
7. 对管理者来说，影子价格为 0 意味着什么？
8. 根据 Solver 敏感性报告中的哪几列可以得到约束函数右端数值的允许变化范围？
9. 为什么管理层会对允许变化范围感兴趣？

5.6 约束条件同时变动的情形

上一节讲解了如何运用 what-if 分析研究单个约束条件的单一参数变化所带来的影响。现在，我们来考虑多个约束条件同时变动所产生的影响。

约束条件的同时变动很常见。约束函数中的很多参数都有很大的不确定性，所以就会造成多个参数的实际值都明显偏离估计值。因为约束条件的右端数值通常代表管理决策，因此就需要探究管理决策发生改变后所产生的影响。而管理层在约束条件右端数值上的决策往往是互相影响的，因此需要同时考虑各个约束条件的变动。

> 管理层在约束条件右端数值上的决策往往是互相影响的，因此需要同时考虑各个约束条件的变动。

接下来，我们将介绍当约束条件同时变动时进行 what-if 分析的三种常用方法。第三种方法（利用 Solver 敏感性报告）只能分析约束条件右端数值发生变化的情况，而对于前两种方法（利用电子表格和参数分析报告），不论是左端系数还是右端数值发生变化，解决过程都是一样的。因为右端数值的变化更为重要，所以我们将集中分析右端数值变化的情形。

现在，我们将着手解决韦恩德玻璃制品公司管理层提出的第四个 what-if 问题：

问题 4：如果韦恩德玻璃制品公司所有工厂用于新产品的生产时间同时发生了变化，会造成怎样的影响？

之前我们已经得知：工厂 2 的影子价格最大（150 美元），而工厂 3 的影子价格为 100 美元。另外，最近管理层对探究生产时间同时变动所产生的影响很感兴趣。通过将一种现有产品的生产从工厂 2 转移到工厂 3，就有可能使工厂 2 用于新产品的生产时间增加，而同时工厂 3 用于生产新产品的时间会减少相同的数量。管理层希望知道在这种生产时间同时变动的情况下，会产生怎样的后果。

用电子表格进行此类分析

根据影子价格，将工厂 3 的 1 小时生产时间转移给工厂 2，会所产生如下结果：

RHS_2：12 → 13　　总利润的变化量 ＝　 影子价格 ＝　150 美元
RHS_3：18 → 17　　总利润的变化量 ＝ － 影子价格 ＝ －100 美元
　　　　　　　　　　　　总利润的净变化量 ＝　　 50 美元

但是，我们现在还不能确定在两个约束条件右端数值改变之后，影子价格是否发生了变化。

一种快速检验影子价格的方法就是将改变后的右端数值输入初始电子表格（见图 5-1）的相应单元格中，再重新运行 Solver。随后，得到如图 5-23 所示的电子表格，总利润的净增加量被证实为 50 美元（从 3 600 美元增加到 3 650 美元）。因此，在此情景下，影子价格在上述约束条件右端数值同时变动的情况下依然是有效的。

> 现在我们将检验在约束条件右端数值发生变化时，影子价格是否会发生改变。

	A	B	C	D	E	F	G
1		**Wyndor Glass Co. Product-Mix Problem**					
2							
3			Doors	Windows			
4		Unit Profit	$300	$500			
5					Hours		Hours
6			Hours Used per Unit Produced		Used		Available
7		Plant 1	1	0	1.33333	≤	4
8		Plant 2	0	2	13	≤	13
9		Plant 3	3	2	17	≤	17
10							
11			Doors	Windows			Total Profit
12		Units Produced	1.333	6.5			$3 650

图 5-23　修正后重新求解

注：修正的韦恩德玻璃制品公司问题，其中 1 小时的工作时间从工厂 3 移到工厂 2，从而改变了图 5-1 中 G 列的数值。然后对改变后的模型进行重新求解。

如果我们继续将工厂 3 的生产时间转移给工厂 2，会产生怎样的结果呢？我们可以每次反复替换表格中的右端数值然后进行重新求解。但是，利用参数分析报告能够更系统地分析问题。下面我们将讲解如何利用参数分析报告来解决问题。

利用 Analytic Solver 生成的参数分析报告进行分析

这种用电子表格测试大量右端数据变动的方法会很烦琐甚至有些不切实际。下面将介绍如何利用参数分析报告进行更加系统的分析。

我们可以用二维参数分析报告来研究工厂 2 和工厂 3 在不同的可用工时组合下，总利润和最优生产率会怎样变化。但是，在这个案例中，我们并不研究两个工厂的所有工时组合，而只研究工厂 3 的工时转移到工厂 2 的工时组合，对于该分析，使用一维参数分析报告就足够了。

工厂 3 每减少 1 个工时，工厂 2 就会增加 1 个工时，因此工厂 2 的可用工时是一个关于工厂 3 可用工时的函数。因为两个工厂的可用工时之和为 30（RHS$_2$+RHS$_3$ = 30），所以工厂 2 的可用工时（RHS$_2$）可以表示为

> 向一个单元格输入与其他单元格相关的公式时，可以利用一维参数分析报告来探究两个数据单元格中相互影响的试算值。

$$RHS_2 = 30 - RHS_3$$

图 5-24 显示了韦恩德玻璃制品公司问题的电子表格，其中工厂 2 可用工时的数值由上述的公式代替。在这个公式的作用下，当工厂 3 可用工时减少时，工厂 2 的可用工时会自动增加同样的数值。现在一维参数分析报告就可以用于分析工厂 3 的可用工时在取得不同数值时的不同结果（工厂 2 的可用工时会随之进行相应变动）。工厂 3 的可用工时（HoursAvailableInPlant3）以一个参数单元格（G9）的形式表示，且试算值的范围为 12～18。如图 5-25 所示的参数分析报告显示了工厂 3 的可用工时（G9）的取值在 12～18 区间内变动的过程中，门的生产量（C12）、窗的生产量（D12）和总利润（G12）的变化情况。在参数分析报告的左侧我们加入了一列，以说明工厂 2 的可用工时（HoursAvailableInPlant2）随工厂 3 的可用工时的变化而发生的变动。同时，我们还在 F 列中计算出了将每一小时可用工时从工厂 3 转移到工厂 2 所带来的利润增长。

	A	B	C	D	E	F	G	H
1		**Wyndor Glass Co. Product-Mix Problem**						
2								
3			Doors	Windows				
4		Unit Profit	$300	$500				
5					Hours		Hours	
6			Hours Used per Unit Produced		Used		Available	
7		Plant 1	1	0	2	≤	4	Total (Plants 2 & 3)
8		Plant 2	0	2	12	≤	12	30
9		Plant 3	3	2	18	≤	18	
10								
11			Doors	Windows			Total Profit	
12		Units Produced	2	6			$3 600	

	G	H
5	Hours	
6	Available	
7	4	Total (Plants 2 & 3)
8	=H8−G9	30
9	18	

图 5-24 韦恩德公司问题的电子表格

注：向 G8 单元格中输入公式，使得工厂 2 和工厂 3 的可用工时之和为 30。

	A	B	C	D	E	F
1	HoursAvailableInPlant2	HoursAvailableInPlant3	DoorsProduced	WindowsProduced	TotalProfit	Incremental Profit
2	12	18	2	6	$3 600	
3	13	17	1.333	6.5	$3 650	$50
4	14	16	0.667	7	$3 700	$50
5	15	15	0	7.5	$3 750	$50
6	16	14	0	7	$3 500	−$250
7	17	13	0	6.5	$3 250	−$250
8	18	12	0	6	$3 000	−$250

图 5-25 可用工时转移产生的结果

注：通过生成一维参数分析报告，可以分析出当将可用工时不断地从工厂 3 转移到工厂 2 时所产生的结果。

利润的增加有一个规律。在 3 小时之内，将每一小时从工厂 3 转移到工厂 2 时带来的利润增长为 50 美元。但是，当超过 3 小时后，利润增长变为 –250 美元。因此，看起来将 3 小时的可用工时从工厂 3 转移到工厂 2 是有意义的，但不能再多了。

尽管一维参数分析报告只能用来分析一个数据单元格试算值的变化情况，但你现在已经得知：通过在一个单元格内输入与另一个单元格相关的公式，一维参数分析报告也可以用来研究两个单元格的值同时发生变化的问题。上面提到的两个单元格恰好都是约束条件的右端数值。事实上，这两个单元格也可以部分或全部是左端系数。一维参数分析报告也可以用来解决多个数据单元格与某单元格所取试算值相关时的情况。另外，利用二维参数分析报告，两个数据单元格的值可以同时独立变化，而其他单元格的值需要用这两个单元格来表示。

从敏感性报告中获得其他信息

虽然参数分析报告有很多用途，但它在一些比较重要的问题面前却无能为力。最重要的一个情景就是当管理者希望对决策改变的各种可能性进行研究，而这些决策的改变会以不同方式同时改变右端数值时。虽然电子表格能够分析各种同时变化组合所带来的影响，但是当右端数值发生多次同时变化时，用电子表格进行系统分析会花费大量的时间。幸运的是，敏感性报告为此类问题提供了有效的解决方法。百分之百法则（与第 5.4 节中的讲解类似）可以利用敏感性报告中的信息对此类问题进行分析。

回忆第 5.4 节中所介绍的百分之百法则，可以用来检验目标函数系数的同时变动。而现在要介绍新的百分之百法则，可以用来检验约束函数右端数值的同时变动。两者的处理方法类似。

在韦恩德玻璃制品公司问题中，运用百分之百法则所需的数据在图 5-21 所示敏感性报告下半部分的后三列中给出。需要牢记的是，只有在其他约束右端数值都不变的情况下，某一约束右端数值才允许在其整个允许变化范围内变动。而当几个约束右端数值同时变动时，就需要关注每一变动量占允许增加或减少量的百分比。如果这些变动百分比之和不超过 100%，根据百分之百法则，我们就可以放心地做这些变动。

约束右端数值同时变动的**百分之百法则**：若同时改变几个约束函数的右端数值，只要这些变动的幅度不大，那么依然可以用原有的影子价格预测变动产生的影响。为了判别这些变动的幅度是否被允许，就需要计算每一变动占允许变动范围的百分比（增加或减少）。如果所有的百分比之和不超过 100%，那么影子价格仍然有效；如果所有百分比之和超过 100%，则无法确定影子价格是否有效。

> 这里的百分之百法则揭示的是右端数值的同时变动是否能够使影子价格保持不变。

为了对这一法则进行说明，我们将分析图 5-23 中同时变化的情形，将 1 个小时的工时从工厂 3 转移到工厂 2。按照百分之百法则，计算过程如下：

RHS$_2$：12 → 13

$$\text{占允许增加量的百分比} = 100\left(\frac{13-12}{6}\right)\% = 16\tfrac{2}{3}\%$$

RHS$_3$：18 → 17

$$\text{占允许减少量的百分比} = 100\left(\frac{18-17}{6}\right)\% = 16\tfrac{2}{3}\%$$

$$\text{百分比之和} = 33\tfrac{1}{3}\%$$

因为变动百分比之和 33⅓% 小于 100%，所以用影子价格来预测这些变动的影响是有效的。从图 5-25 也可以看出这一点。

上面求得的变动百分比之和为 33⅓%，是 100% 的 1/3。这也就表明即使将原先的变动扩大 3 倍，也能够使影子价格保持不变。为了验证这一点，我们扩大变动幅度，重新进行计算：

RHS$_2$：12 → 15

$$占允许增加量的百分比 = 100\left(\frac{15-12}{6}\right)\% = 50\%$$

RHS$_3$：18 → 15

$$占允许减少量的百分比 = 100\left(\frac{18-15}{6}\right)\% = 50\%$$

$$百分比之和 = \overline{100\%}$$

变动百分比之和刚好等于 100%，而没有超过 100%，所以影子价格依然有效。但这一右端数值的变动是能够保证影子价格不变前提下的最大变动幅度。如果变动大于这一幅度，就不能保证影子价格有效了。图 5-25 表明在更大的变动幅度下，影子价格就不再能准确预测出变动对函数值的影响。

问题回顾

1. 为什么要研究约束条件同时发生变化的情况？
2. 如何利用电子表格研究约束条件同时变化的情况？
3. 参数分析报告的哪些功能能够研究约束条件同时变化的情况？
4. 为什么管理层会对约束条件右端数值的同时变动感兴趣？
5. 什么是约束条件右端数值同时变动的百分之百法则？
6. 运用约束右端数值同时变动的百分之百法则需要哪些数据？
7. 如果约束右端数值的变动占允许变化范围的百分比之和不超过 100%，我们可以得出什么结论？
8. 如果约束右端数值的变动占允许变化范围的百分比之和超过 100%，我们可以得出什么结论？

5.7 鲁棒优化

如前面部分所述，what-if 分析提供了一种处理线性规划模型中参数真实值不确定问题的重要方法。what-if 分析的一个主要目的是识别每一个敏感参数（即使是数值的微小变化也可能改变最优解），正是这些敏感参数需要非常小心地进行估计，以最小化获得错误最优解的风险。因此，这是非常有价值的信息。

遗憾的是，对敏感参数的估计通常达不到需要的精度。直到最后根据模型结果实施最优解时，才能知道这些参数的真实值。因此，即使在尽可能仔细地估计敏感参数之后，这些参数依旧可能出现显著的估计误差，而其他参数甚至会出现更大的估计误差。这可能会导致很糟糕的后果，比如根据模型得到的最优解可能并不是最优的，甚至它根本不可行。

这些糟糕后果的严重性在某种程度上取决于模型中的约束函数是否存在自由度，因此有必要对这些约束进行以下区分。

软约束是一种可以被违反且不会产生非常严重后果的约束。相反，**硬约束**是必须满足的约束。

鲁棒优化（robust optimization）专门用于处理包含硬约束的问题。

鲁棒优化的目标是找到模型的**鲁棒解决方案**，该解决方案保证对于参数实际值的所有合理组合是可行且接近最优的。

这是一个令人生畏的目标,但现在已经有了一个详尽的鲁棒优化理论。这个理论的大部分超出了本书的范围,但我们将通过接下来的独立参数案例来介绍它的基本概念。

独立参数的鲁棒优化

这个案例做出了四点基本假设,其中假设3定义了**独立参数**。

(1)每个参数都有一个围绕其估计值的**不确定性范围**。
(2)此参数可以取这个不确定性范围指定的最小值和最大值之间的任何值。
(3)该值不受其他参数取值的影响。
(4)所有约束函数都是 ≤ 或 ≥ 的形式。

无论这些参数在其不确定性范围内取何值,为了保证解决方案仍然可行,我们只需要为每个不确定参数分配最保守的值,然后找到修正问题的最优解。

> 通常,在鲁棒优化中,应该在不确定性范围内为每个不确定参数分配其最保守的值。

示例

我们现在将通过解决韦恩德玻璃制品公司管理层提出的第五个假设问题来说明这种独立参数情况的鲁棒优化方法。

问题5:如果工厂3的门窗生产率不确定,会产生什么结果?

由于工厂3组装门窗使用了全新生产工艺,管理层不确定生产每扇窗户和每扇门需要多少小时。每扇门3小时和每扇窗户2小时的初步估计(见表2-1)可能都会偏差半个小时。

在这种情况下,我们需要处理以下两个不确定的参数:

H_{D3} = 工厂3每扇门所需的生产时间
H_{W3} = 工厂3每扇窗户所需的生产时间

因为门窗的生产过程不同,每个参数的值都不受另一个参数值的影响,因此这些参数是独立的参数。由于 $H_{D3} = 3$ 和 $H_{W3} = 2$ 的初始估计值可能各自偏差半小时,因此它们的不确定性范围是

H_{D3} 的不确定性范围 = 2.5 ~ 3.5 小时
H_{W3} 的不确定性范围 = 1.5 ~ 2.5 小时

这些参数的实际值在生产开始后的某个时间才会知道,但现在需要制订三个工厂门窗的初始生产计划。

回想一下,韦恩德玻璃制品公司问题的模型包括一个约束条件,即工厂3中门窗的总小时数不能超过每周18小时。这是一个严格的约束(必须满足),对于工厂1和2的相应约束也是如此。因此,管理层希望选择的门窗生产率是保证可行的,并且至少应该是接近最优解的。

对独立参数进行鲁棒优化时,每个不确定参数在其不确定性范围内应取最保守的值。最保守的情况是假设生产每扇门在不确定性范围内需要最大值,即3.5小时。同样,假设生产每扇窗户需要2.5小时。

在电子表格模型中进行此更改并运行Solver会生成如图5-26所示的电子表格。每周生产0.857扇门和6扇窗户可获得3 257美元的利润,并且如果每扇门窗所需的时间落在其不确定性范围内,则保证可行。

	A	B	C	D	E	F	G
1		**Wyndor Glass Co. Product-Mix Problem**					
2							
3			Doors	Windows			
4		Unit Profit	$300	$500			
5					Hours		Hours
6			Hours Used per Unit Produced		Used		Available
7		Plant 1	1	0	0.857	≤	4
8		Plant 2	0	2	12	≤	12
9		Plant 3	3.5	2.5	18	≤	18
10							
11			Doors	Windows			Total Profit
12		Units Produced	0.857	6			$3 257

图 5-26　最佳解决方案

注：对韦恩德玻璃制品公司问题应用鲁棒优化，每个不确定参数在其不确定性范围内被设置为最保守的值：$H_{D3} = 3.5$，$H_{W3} = 2.5$。运行 Solver 然后产生这个最佳解决方案。

具有独立参数的鲁棒优化的一般步骤

以上示例考虑了唯一不确定参数是不是单个约束函数系数的情况。然而，当模型中的各种其他参数存在一系列不确定性时，也可以实现具有独立参数的鲁棒优化，包括目标函数的系数和约束函数的右端数值。只需为每个参数选择最保守的值，如下所示：

- 对于≤形式的每个约束函数，使用≤左侧的每个不确定系数的最大值和不确定右端数值的最小值。
- 对于≥形式的每个约束函数，使用≥左侧每个不确定系数的最小值和不确定右端数值的最大值。
- 对于最大化形式的目标函数，使用每个不确定系数的最小值。
- 对于最小化形式的目标函数，使用每个不确定系数的最大值。

然后再次为修改后的模型运行 Solver。只要所有参数都落在其不确定性范围内，就可以保证所得到的解决方案是可行的。

问题回顾

1. 软约束是什么意思？
2. 硬约束是什么意思？
3. 鲁棒优化的目标是什么？
4. 具有独立参数的鲁棒优化的四个基本假设是什么？
5. 在具有独立参数的鲁棒优化的一般过程中，如何从不确定性范围内选择约束函数左侧不确定系数的值？
6. 在具有独立参数的鲁棒优化的一般过程中，如何从不确定性范围内选择目标函数中不确定系数的值？
7. 在具有独立参数的鲁棒优化的一般过程中，如何从不确定性范围内选择约束函数右端数值？

5.8　使用 Analytic Solver 实现机会约束

线性规划模型的参数通常是不确定的，直到第一次实施解决方案后才可以观察到这些参数的实际值。上一节描述了鲁棒优化如何通过修改模型中的参数值来处理这种不确定性，以确保最终解决方案在实施时是可行的。在处理独立参数时，需要识别每个不确定参数可能值的上限和下限，然后用这两个边界之中更为保守的值替换该参数的估计值。

在处理硬约束（即必须满足的约束）时，这是一种有用的方法。但是，它仍有一些缺点。一个是在收紧模型方面可能非常保守，远远超过实际需要。在处理具有数百或数千（甚至数百万）个参数的大型模型时尤其如此。另一个原因是可能无法准确识别不确定参数的上限和下限。事实上，它甚至可能没有上限和下限。例如，当参数的基础概率分布是正态分布时，该分布只有长尾而没有边界。

> 鲁棒优化的两个缺点是：非常保守；可能难以准确地识别不确定参数的上限和下限。

在处理软约束（即使稍微违反也不会产生严重后果的约束）时，机会约束是很有用的。因此，不必保证满足软约束，只需做到它很可能被满足和不能排除有很小的概率会被稍微违反，就可以了。这就是机会约束的作用。

> 机会约束在处理软约束时很有用。

机会约束只要求原始约束以相当高的概率被满足，留有稍微被违反的余地。

Analytic Solver 具有定义不确定参数的功能，也可以实现机会约束。

要在 Analytic Solver 中实现机会约束，必须首先将每个不确定参数指定为遵循某一特定概率分布。第 15 章（使用 Analytic Solver 进行计算机模拟）将更详细地介绍这一概念。现在为了介绍机会约束，将使用指定参数遵循均匀分布（以及稍后的正态分布）的简单公式。第 15 章将考虑各种更高级的概率分布，以及使用 Analytic Solver 功能区上的菜单进行定义。

均匀分布的机会约束

我们现在将通过再次解决韦恩德玻璃制品公司管理层在上一节中提出的第五个假设问题来说明机会约束。

问题 5：如果工厂 3 的门窗生产率不确定，会产生什么结果？

如前一节所述，由于在工厂 3 中组装门窗采用了全新生产工艺，组装每扇窗户和每扇门需要多少小时变得不确定。每扇门所需时间范围是 2.5 ~ 3.5 小时，而每扇窗户所需时间范围是 1.5 ~ 2.5 小时。如果我们假设这些范围内的所有值的出现概率相等，则这两个参数都遵循均匀分布。

Analytic Solver 包含一个名为 PsiUniform（Min，Max）的函数，用来描述从最小值（Min）到最大值（Max）的均匀分布。如图 5-27 所示，在单元格 C9 中输入"=PsiUniform（2.5，3.5）"，在单元格 D9 中输入"=PsiUniform（1.5，2.5）"。然后，Analytic Solver 从指定的均匀分布生成随机值（分别在单元格 C9 和 D9 中显示为 2.737 和 2.317）。

在最初的韦恩德玻璃制品公司问题中，每周生产 2 扇门、6 扇窗是最优解。然而，由于工厂 3 的生产率不确定，该解决方案可能导致工厂 3 所需工时过多。实际上，这取决于 Analytic Solver 在图 5-27 的单元格 C9 和 D9 中生成的特定随机值。在这两个生产率下，工厂 3 将需要工作 19.375 小时，然而其最多只能工作 18 小时。在找到最终解决方案之前，韦恩德玻璃制品公司管理层仍然需要为工厂 3 定义机会约束。然后将使用 Analytic Solver 求解模型找到解决方案，以满足原始约束。

在上一节中使用了鲁棒优化来找到保证可行的解决方案，在工厂 3 中每周工时不超过 18 小时。但是，管理层现在意识到这种约束可能存在一些灵活性。例如，工厂 3 中生产门窗的可用小时数实际上可能具有一定的灵活性。如果某一周需要工时超过 18 小时，则可以用加班来满足要求。然而，加班是昂贵的，在大多数情况下管理层都希望避免这种情况。

第 5 章 线性规划的 what-if 分析 | 181

	A	B	C	D	E	F	G
1		**Wyndor Glass Co. Product-Mix Problem**					
2							
3			Doors	Windows			
4		Unit Profit	$300	$500			
5					Hours		Hours
6			Hours Used per Unit Produced		Used		Available
7		Plant 1	1	0	2	≤	4
8		Plant 2	0	2	12	≤	12
9		Plant 3	2.737	2.317	19.375	≤	18
10							
11			Doors	Windows			Total Profit
12		Units Produced	2	6			$3,600

	C	D
9	=PsiUniform(2.5,3.5)	=PsiUniform(1.5,2.5)

图 5-27 一种电子表格模型

注：用于在找到最终解决方案之前将机会约束应用于韦恩德玻璃制品公司问题。每扇门和每扇窗户所需的小时数已经被分别指定为遵循均匀分布的单元格 C9 和 D9。

因此，与前一节中鲁棒优化所做的相反，管理层将不再要求绝对满足此约束。相反，他们已经决定至少在 95% 的情况下满足此约束即可。这可以使用机会约束来完成。

要在 Analytic Solver 中实现此机会约束，请选择单元格 E9（图 5-27 中工厂 3 中使用的小时数），然后在 Analytic Solver 功能区上选择 "<= from Constraints > Chance Constraints"。随后将弹出如图 5-28 所示的对话框。单元格 E9 已被选为约束的左侧。选择单元格 G9 作为约束的右侧。最后，在 "机会"（Chance）下，选择应满足约束的概率。输入图 5-28 中的默认值 0.95。单击 "确定"（OK）接受此机会约束。

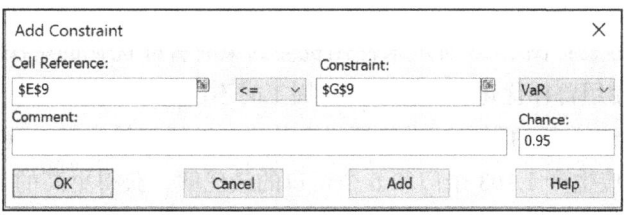

图 5-28 "添加约束" 对话框

注：此 "添加约束"（Add Constraint）对话框指定机会约束，要求 E9 小于或等于 G9，概率（机会）为 0.95。

Analytic Solver 中机会约束的一个重要选项位于 "模型"（Model）窗口的 "平台"（Platform）选项卡下。如图 5-29 所示，"自动调整机会约束"（Auto Adjust Chance Constraints）可以设置为 "真"（True）或 "假"（False）（默认情况下为 "False"）。设置为 "False"，解决方案通常会非常保守，因为它通常会给出一个实际上远高于图 5-28 中指定概率的概率。将此选项设置为 "True" 会导致 Solver 自动重新优化初始保守解决方案，以找到一个更好的解决方案，该解决方案仍然符合机会框中指定的概率。因此，通常将此选项设置为 "True"，以找到更好（尽管不太保守）的解决方案。

将 "自动调整机会约束" 设置为 "True"，然后通过单击 Analytic Solver 功能区上的 "优化"（Optimize）按钮来求解模型。然后，Analytic Solver 将找到一个最大化 TotalProfit（G12）的解决方案，同时满足所有硬约束（E7:E8 ≤ G7:G8），并且至少有 95% 的机会满足原始约束（E9 ≤ G9）。该解决方案如图 5-30 所示。

> 将 "自动调整机会约束" 选项设置为 "True" 会产生更好的解决方案，同时仍满足机会约束的要求。

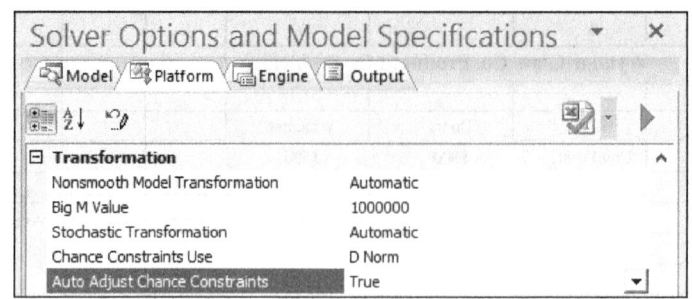

图 5-29 Analytic Solver 的"模型"(Model)窗口的"平台"(Platform)选项卡

注：显示"自动调整机会约束"选项设置为"真"。

	A	B	C	D	E	F	G
1		**Wyndor Glass Co. Product-Mix Problem**					
2							
3			Doors	Windows			
4		Unit Profit	$300	$500			
5					Hours		Hours
6			Hours Used per Unit Produced		Used		Available
7		Plant 1	1	0	1.1027	≤	4
8		Plant 2	0	2	12	≤	12
9		Plant 3	3.108	2.193	16.584	≤	18
10							
11			Doors	Windows			Total Profit
12		Units Produced	1.103	6			$3 331

图 5-30 使用 Analytic Solver 解决韦恩德问题后获得的电子表格

注：可以最大化 TotalProfit (G12)，同时满足硬约束（E7:E8 ≤ G7:G8），并且至少有95%的机会满足原始约束（E9 ≤ G9）。

有趣的是比较两种解决方案：图 5-26 所示未使用机会约束时鲁棒优化的解决方案，和图 5-30 所示使用了机会约束时的解决方案。当使用鲁棒优化（要求任何一周工时不超过 18 小时）时，得出每周生产 0.857 个门和 6 个窗户的最优解，获得 3 257 美元的利润。当使用机会约束（在任何给定的一周中仅需要 95% 的概率工时不超过 18 小时）时，得出每周应生产 1.103 个门和 6 个窗口的最优解，获得更高的 3 331 美元的利润。在其他情况下这两种方法之间的比较结果也是如此。通常，鲁棒优化生成非常保守的解决方案，而具有均匀分布的机会约束允许在原始约束中存在一些灵活性，可以提供更好的解决方案。

正态分布的机会约束

前一节中讨论的鲁棒优化过程要求每个不确定参数具有指定的范围（最小值和最大值）。虽然参数的均匀分布满足具有不确定性范围的要求，但许多其他分布却没有。例如，正态分布具有长尾，没有最小值或最大值，因此不能使用前一节中讨论的鲁棒优化过程，但是仍然可以使用机会约束。

假设管理层现在对工厂 3 生产每扇门窗的工时更不确定。在均匀分布假设下的最大偏差为 0.5 小时，因此门的工时范围为 2.5 ～ 3.5 小时，窗为 1.5 ～ 2.5 小时。而现在，管理层认为这些参数应遵循正态分布，标准偏差为 0.5 小时。鉴于正态分布的长尾，这导致使用的工时可能偏离原始估计值 0.5 小时以上。

Analytic Solver 包含一个名为 PsiNormal (Mean, Standard Deviation) 的函数来指定正态分布。图 5-31 显示了修改为使用正态分布的模型，在单元格 C9 中输入"=PsiNormal (3, 0.5)"，在单元格 D9 中输入"=PsiNormal (2, 0.5)"。Analytic Solver 已从指定的正态分布生成随机值（分别在单元格 C9 和 D9 中显示为 2.543 和 2.256）。

机会约束的定义方式与均匀分布相同，将 0.95 再次输入"机会"框。单击 Analytic Solver 功能区上的"优化"（Optimize）按钮后，图 5-31 显示了新的最优解。现在每周应生产 0.298 个门和 6 个窗户，可以实现 3 089 美元的利润，有 95% 的概率满足工厂 3 的原始约束。

	A	B	C	D	E	F	G
1		**Wyndor Glass Co. Product-Mix Problem**					
2							
3			Doors	Windows			
4		Unit Profit	$300	$500			
5					Hours		Hours
6			Hours Used per Unit Produced		Used		Available
7		Plant 1	1	0	0.298 2	≤	4
8		Plant 2	0	2	12	≤	12
9		Plant 3	2.543	2.256	14.295	≤	18
10							
11			Doors	Windows			Total Profit
12		Units Produced	0.298	6			$3 089

	C	D
9	=PsiNormal(3, 0.5)	=PsiNormal(2, 0.5)

图 5-31 修改为使用正态分布的模型

注：当每扇门和每扇窗所需的工时被指定为遵循正态分布时，在解决了工厂 3 具有机会约束的韦恩德问题后获得的电子表格。

如果将图 5-30（假设均匀分布，最大偏差为 0.5 小时）的解与图 5-31（假设正态分布，标准偏差为 0.5 小时）中的解进行比较，结果很有趣。使用正态分布时，每周只生产 0.298 个门，而不是使用均匀分布时的 1.103 个。与 3 331 美元相比，正态分布利润较小，为 3 089 美元。如果考虑到正态分布生产率的较高可变性，为了保证有 95% 的概率满足原始约束，这种更保守的解决方案是必要的。（具有相当小的标准差的正态分布将导致不太保守的解决方案。）

> 当相应参数中的可变性增加时，需要更保守的解决方案来满足机会约束。

问题回顾

（1）机会约束对于硬约束还是软约束更有用？
（2）要想产生遵循均匀分布的值，应使用 Analytic Solver 中的什么函数？
（3）哪种方法将导致更保守的解决方案——具有不确定性范围的鲁棒优化？还是在相同的范围内使用均匀分布的机会约束？
（4）Analytic Solver 的什么函数用于产生遵循正态分布的值？

本章小结

what-if 分析是在求得基本模型的最优解之后进行的，可以为管理层制定决策提供非常有用的信息。本章讨论了如何对线性规划问题进行 what-if 分析。在这类分析中，模型的电子表格、Analytic Solver 的参数分析报告和 Solver 的敏感性报告起到了关键的作用。

目标函数的系数在建模时往往只是粗略的估计值。如果其中有一个估计值与实际值的差距太大，最后使用模型求得的最优解可能就不是实际最优的。借助电子表格可以很快地检测出某一系数变动所产生的影响。参数分析报告能够系统地对系数的各试算值进行分析。根据每个参数的允许变化范围，就可以在不同的情况下判断最优解是否依然正确。用 Solver 生成的敏感性报告中的数据可以很快计算出允许变化范围。

如果两个或两个以上的目标函数系数不准确，会产生怎样的后果呢？明确的系数变动可通过电子表格测算出来。而二维参数分析报告能够系统分析两个参数同时变化的情况。另外，使用 Solver 敏感性报告中的数据，运用目标函数系数的百分之百法则，可以更方便地检验所有的同时变动情况。

what-if 分析通常也会扩展到研究约束函数的变化带来的影响。因为最初对约束条件系数的估计不准确，我们偶尔也会考虑它们的变化，但更多的情况还是考虑右端数值的变化。约束右端数值体现的通常是管理层的决策。通过影子价格，可以分析研究改变决策会产生的影响，从而为管理层更好地决策提供指导。通过电子表格、参数分析报告和 Solver 的敏感性报告很容易得到影子价格。

在约束函数右端数值变动不大的情况下，影子价格会有效地显示出此变动所产生的影响。如果只有一个约束右端数值变动，那么该约束右端数值的允许变化范围就表明了其可以变动的幅度。如果有几个约束右端数值同时变动，则可以用约束右端数值变动的百分之百法则来判断这些变动的幅度是否太大。Solver 的敏感性报告为计算允许变化范围和运用百分之百法则提供了关键的信息。电子表格和参数分析报告有时也能提供对这类同时变化问题的分析。

在某些情况下，模型参数的真实值会很不确定，管理层还是希望确保所提出的解决方案至少是可行的。如果稍微违反任何约束也是完全不可接受的，那么找出可行解就显得尤为重要。鲁棒优化提供了一种识别解的方法，不管模型参数的真实值是什么，都可以保证解可行且几乎最优。

如果模型包含一些实际上可以稍微违反且没有严重后果的约束，则可以使用机会约束。机会约束要求原始约束尽可能被满足，但允许稍微违反原始约束的情况出现。

专业术语

allowable range for an objective function coefficient 目标函数系数的允许变化范围 在原模型的最优解保持不变的条件下，目标函数系数允许变动的范围。（第 5.3 节）

allowable range for the righthand side 右端数值允许变化范围 在约束的影子价格有效的前提下，约束函数的右端数值允许变动的范围。（第 5.5 节）

chance constraint 机会约束 一种约束的修正，它只要求原始约束条件以相当高的概率（机会）被满足，留有稍微违反的余地。（第 5.8 节）

hard constraint 硬约束 必须满足的约束。（第 5.7 节）

independent parameter 独立参数 值不受其他参数取值影响的参数。（第 5.7 节）

parameter cell 参数单元格 在生成参数分析报告时，包含系统变化参数的数据单元格。（第 5.1 节）

parameters of the model 模型的参数 线性规划模型的参数是约束函数和目标函数中的常数（系数或右端数值）。（第 5.1 节）

range of uncertainty 不确定性范围 参数的最小和最大可能值之间的范围。（第 5.7 节）

robust optimization 鲁棒优化 一种优化方法，找到对参数实际值的所有合理组合可行且接近最优的解。（第 5.7 节）

robust solution 鲁棒解 通过使用鲁棒优化找到的解。（第 5.7 节）

sensitive parameter 敏感参数 如果一个系数值的微小变动会引起最优解的变动，这个系数就被称为敏感系数。（第 5.1 节）

sensitive analysis 敏感性分析 模型单个参数的 what-if 分析被称为敏感性分析，通过这一分析可以判断最优解对每个参数的敏感性。（第 5.1 节）

shadow price 影子价格 约束函数的影子价格是指约束右端数值增加一个微小的量时，所引起的目标函数最优值的增加值。（第 5.5 节）

soft constraint 软约束 一种可以被违反而不会产生严重后果的约束。（第 5.7 节）

what-if analysis what-if 分析 分析模型的假设条件发生各种变化时对最优解产生的影响。（本章引言）

本章学习辅助材料

材料下载地址：
www.mhhe.com/Hillier6e

本章 Excel 文件：
韦恩德玻璃制品公司的例子（Wyndor Example）
利博公司的例子（Profit & Gambit Example）

Excel 加载宏：
Analytic Solver

本章的补充内容：
削减成本（Reduced Costs）

已解决的问题

（答案参见 www.mhhe.com/Hillier6e）

5.S1. 斯蒂克利家具公司的敏感性分析

斯蒂克利家具公司（Stickley Furniture）是一家手工家具生产企业。在下一个生产周期中，管理层正在考虑生产餐桌、餐椅和/或书架。每种产品的两个生产阶段（组装和上漆）所需的时间、需要的木材量（优质樱桃木）以及相应的单位利润如下表所示，该表同时还给出了在即将到来的生产周期中每种资源的可获得量。

	餐桌	餐椅	书架	可获得资源量
组装（分钟）	80	40	50	8 100
上漆（分钟）	30	20	30	4 500
木材（磅）	80	10	50	9 000
单位利润（美元）	360	125	300	

在建立一个线性规划模型以确定使利润最大化的生产水平后，求解后的模型以及相应的敏感性报告如下图所示。

	B	C	D	E	F	G	H
3		Tables	Chairs	Bookcases			
4	Unit Profit	$360	$125	$300			
5							
6		Resources Required per Unit			Used		Available
7	Assembly (minutes)	80	40	50	8 100	≤	8 100
8	Finishing (minutes)	30	20	30	4 500	≤	4 500
9	Woods (pounds)	80	10	50	8 100	≤	9 000
10							
11		Tables	Chairs	Bookcases			Total Profit
12	Production	20	0	130			$46 200

可变单元格

单元格	名称	最终数值	削减成本	目标函数系数	允许增加值	允许减少值
$C$12	餐桌产量	20	0	360	120	60
$D$12	餐椅产量	0	−88.333	125	88.333	1E+30
$E$12	书架产量	130	0	300	60	75

约束

单元格	名称	最终数值	影子价格	右端数值	增加上限	减少下限
$F$7	组装时间（分钟）	8 100	2	8 100	900	600
$F$8	上漆时间（分钟）	4 500	6.67	4 500	360	1 462.5
$F$9	木材（磅）	8 100	0	9 000	1E+30	900

（1）假设每张餐桌的利润增加100美元。这会改变最优生产量吗？总利润会有什么变化？

（2）假设每把餐椅的利润增加100美元，这会改变最优生产量吗？总利润会有什么变化？

（3）假设每张餐桌的利润增加90美元，每个书架的利润增加50美元。这会改变最优生产量吗？总利润会发生什么变化？

（4）假设一名组装部门的工人生病请假，因此组装部门的可用工时少了8小时。这会对总利润造成什么影响？会改变最优生产量吗？

（5）解释为什么木材约束条件的影子价格为0。

（6）公司新雇用了一名既会组装也会上漆的工人。她可以将工作时间在两个区域进行平均分配，这样在组装区域和上漆区域都增加了额外的4小时可利用工时。这对总利润会造成什么影响？会改变最优生产量吗？

（7）根据敏感性报告，第（6）问中的新工人在组装和上漆区域平均分配其时间是否明智？是否还有更好的计划？

（8）利用Analytic Solver确定第（6）问中的新工人在组装和上漆区域分配其时间的方式会对最优生产量和总利润产生什么影响。假设在组装区域增加0，1，2，…，8小时，相应地，在上漆区域增加8，7，6，…，0小时。（原始电子表格可在本书的网站www.mhhe.com/Hillier6e上找到。）

习题

在必须使用Analytic Solver的习题之前标有AS（除非导师特殊要求），带星号（*）的习题，在书后给出了该题的部分或全部答案。

5.1* G.A.T公司的产品之一是一种新式玩具，该产品的预计单位利润为3美元。因为该产品具有极大的需求，公司决定在原来每天1 000件的基础上增加该产品的产量。但是从供货商那里可以购得的玩具配件（A、B）是有限的。每一个玩具需要两个A类配件，而供货商只能将其供应量从现在的每天2 000件增加到3 000件。同时，每一个玩具需要一个B类配件，但供货商却无法在目前每天1 000件的供应量的基础上再增加。

因为目前无法找到新的供货商，所以公司决定自己开发一条生产线，在公司内部生产相同数量的玩具配件A和B，用来补充现有供货商配件供应的不足。据估计，公司自己生产配件的每件成本都将会比从供货商那里购买的增加2.5美元。管理层希望能够确定玩具以及每一组配件（一件A和一件B）的生产率，以取得最大的利润。

将该问题视为资源分配问题，公司的一位管理者将该问题的数据列在下表中：

资源	每种活动的单位资源使用量		可用资源总量
	生产玩具	生产配件	
配件A	2	−1	3 000
配件B	1	−1	1 000
单位利润（美元）	3	−2.50	

（1）为该问题建立电子表格模型并求解。

（2）因为两类活动的单位利润都是预估值，所以管理层希望能够知道：为了保持最优解不变，估计值的允许变化范围是什么。针对第一种活动（生产玩具），运用电子表格和Solver生成数据表，显示出该活动的单位利润从2美元增加到4美元（每次增加50美分）每种情况下的最优解和总利润。在最优解保持不变的前提下，单位利润可以偏离其初值3美元多少？

（3）通过生成一个数据表，针对第二种活动（生产配件）重复第（2）问的分析。该活动的单位利润从−3.50美元增加到−1.50美元，每次增加50美分（第一种活动的单位利润固定在3.00美元）。

AS（4）用参数分析报告系统地生成第（2）问、第（3）问所需的数据（每次增加25美分）。利用这些数据改进第（2）问和第（3）问的答案。

（5）利用Solver的敏感性分析报告得出每种活动单位利润的允许变化范围。

AS（6）用二维参数分析报告系统地生成当第（2）问、第（3）问两种活动的单位利润同时发生变化时的总利润。

（7）运用Solver的敏感性报告来描述在最优解不变的前提下，两种活动的单位利润最多同时能改变多少。

5.2 考虑具有如下参数表的资源分配问题：

资源	每种活动的单位资源使用量		可用资源总量
	活动1	活动2	
资源1	1	2	10
资源2	1	3	12
单位利润（美元）	2	5	

该问题的目标是通过确定各种活动的数量，来实

现总利润最大化。

在 what-if 分析中得知，对单位利润的估计在 ±50% 的范围内波动。也就是说，两个活动单位利润可能的取值分别在 1～3 美元和 2.50～7.50 美元之内。

(1) 基于最初的单位利润估计，为该问题建立电子表格模型，然后用 Solver 求得最优解并生成敏感性报告。

(2) 运用电子表格和 Solver，检验如果活动 1 的单位利润从 2 美元减少到 1 美元，以及从 2 美元增加到 3 美元时，最优解是否保持不变。

(3) 运用电子表格和 Solver，当活动 1 的单位利润固定为 2 美元时，检验如果活动 2 的单位利润从 5 美元减少到 2.50 美元，以及从 5 美元增加到 7.50 美元时，最优解是否保持不变。

AS (4) 用参数分析报告系统分析当活动 1 的单位利润从 1 美元增加到 3 美元（每次增加 20 美分）时的最优解和总利润（活动 2 单位利润不变）。然后分析当活动 2 的单位利润从 2.50 美元增加到 7.50 美元（每次增加 50 美分）时的情况（活动 1 单位利润不变）。用这些结果估计每一活动单位利润的允许变动范围。

(5) 运用敏感性报告，得到每个单位利润的允许变化范围。然后用求得的允许变化范围检验第 (2) 问至第 (4) 问的结果是否正确。

AS (6) 用二维参数分析报告系统地生成当第 (4) 问两种活动的单位利润同时变化时的总利润。

5.3 考虑第 3.5 节中大 M 公司的问题，包括图 3-10 给出的该问题的电子表格模型和最优解。

每一条运输路线的单位运输成本还存在着一些不确定性。因此，在采用图 3-10 的最优解之前，管理层希望知道如果这些估计不准的话，会产生怎样的后果。

利用 Solver 生成的敏感性报告分析以下问题：

(1) 表 3-9 中哪一个单位运输成本的估计值最不可能影响图 3-10 中最优解的正确性？而哪一个估计值最可能影响最优解的正确性？

(2) 每一个单位运输成本的允许变化范围是多少？

(3) 应该怎样向管理层解释单位运输成本的允许变化范围？

(4) 如果几个运输成本估计值都发生变动，如何通过敏感性报告来确定最优解是否会改变？

5.4* 考虑第 3.3 节中的联盟航空公司问题，包括图 3-5 给出的该问题的电子表格模型和最优解。公司管理层正准备和工会进行协商，协商的结果可能会改变表 3-5 给出的不同班次下各服务代表每天的成本。分别考虑下面几种可能的变动。管理层希望知道在做出相应的变动之后，图 3-5 中的最优解是否会改变。在给出的 (1)～(5) 条件下，使用电子表格和 Solver 回答这一问题。如果最优解发生改变，就将新的最优解记录下来。

(1) 班次 2 每名代表一天的成本从 160 美元增加到 165 美元。

(2) 班次 4 每名代表一天的成本从 180 美元减少到 170 美元。

(3) 变动 (1) 和变动 (2) 同时发生。

(4) 班次 2、4、5 每名代表一天的成本都增加 4 美元，而班次 1、3 每名代表一天的成本都减少 4 美元。

(5) 所有班次各代表一天的成本都增加 2%。

(6) 使用 Solver 生成此问题的敏感性报告。假设后来才考虑到上述变化情况，而电脑中没有现成的电子表格。说明如何利用敏感性报告检验最优解是否保持最优。

AS (7) 用参数分析报告分别系统地生成 5 个班次在下列情况下的最优解和总成本：每名代表一天的成本在当前值的基础上每次增加或减少 3 美元（当变动幅度为 15 美元时停止）。

5.5 考虑第 3.2 节中的梦大发展公司的例子，包括图 3-3 给出的该问题的电子表格模型和最优解。将表 3-3 中各个项目的净现值进行如下变动（从变动 (1) 到变动 (7)），使用电子表格和 Solver 检验最优解是否保持不变，如果改变的话，计算出新的最优解（每次变动单独考虑）：

(1) 项目 1（一栋高增长的办公楼）的净现值增加 20 万美元。

(2) 项目 2（一栋酒店）的净现值增加 20 万美元。

(3) 项目 1 的净现值减少 500 万美元。

(4) 项目 3（一座购物中心）的净现值减少 20 万

美元。

(5) 变动(2)、变动(3)、变动(4)同时发生。

(6) 项目1、2、3的净现值分别变为4 600万美元、6 900万美元、4 900万美元。

(7) 项目1、2、3的净现值分别变为5 400万美元、8 400万美元、6 000万美元。

(8) 使用 Solver 生成该问题的敏感性报告。假设在上述每种变化发生后,不能使用电脑中的电子表格考虑上面的几个问题。那么,应该如何运用敏感性报告检验每种情况的最优解是否保持最优?

AS (9) 用参数分析报告依次分析下列情况下的最优解和总净现值:每个项目的净现值在当前值的基础上每次增加或减少100万美元(当变动幅度为500万美元时停止)。

5.6 大学陶瓷(University Ceramics)生产带有校名和校徽的盘子、水杯和啤酒杯,并在校园书店中出售。每一件商品都要经过两个生产阶段:铸型和修整。商品的制造时间、所需材料和单位利润如下表。表中还给出了在下一个生产周期中可用的资源量。

	盘子	水杯	啤酒杯	可用资源数量
铸型(分钟)	4	6	3	2 400
修整(分钟)	8	14	12	7 200
黏土(盎司)	5	4	3	3 000
单位利润(美元)	3.1	4.75	4	

在建立一个线性规划模型以确定使利润最大化的生产水平后,求解得到的模型以及相应的敏感性报告如下图所示。

	A	B	C	D	E	F	G
1		Plates	Mugs	Steins			
2	Unit Profit	$3.10	$4.75	$4.00			
3							
4		Resource Required per Unit			Used		Available
5	Molding (minutes)	4	6	3	2 400	≤	2 400
6	Finishing (minutes)	8	14	12	7 200	≤	7 200
7	Clay (ounces)	5	4	3	2 700	≤	3 000
8							
9		Plates	Mugs	Steins			Total Profit
10	Production	300	0	400			$2 530

可变单元格

单元格	名称	最终数值	削减成本	目标函数系数	允许增加值	允许减少值
$B$10	盘子产量	300	0	3.10	2.23	0.37
$C$10	水杯产量	0	−0.46	4.75	0.46	
$D$10	啤酒杯产量	400	0	4.00	0.65	1.37

约束

单元格	名称	最终数值	影子价格	右端数值	增加上限	减少下限
$E$5	铸型用时(分钟)	2 400	0.22	2 400	200	600
$E$6	修整用时(分钟)	7 200	0.28	7 200	2 400	2 400
$E$7	黏土用量(盎司)	2 700	0	3 000	1E+30	

在不用 Solver 重新求解的前提下,完整地回答下列问题。提示:下列每个条件都是独立的。

(1) 盘子的单位利润从3.10美元减少到2.80美元。这个变动会造成最优解的改变吗?这个变动会对总利润产生什么影响?

(2) 啤酒杯的单位利润增加了0.30美元,盘子的单位利润减少了0.25美元。这个变动会造成最优解的改变吗?这个变动会对总利润产生什么影响?

(3) 假设一名铸型部门的工人生病请假,因此铸型部门的可用工时少了8小时。这会对总利润造成什么影响?会改变最优生产量吗?

(4) 一名铸型部门的工人也学会了修整。将她的工作时间分配在两个部门是不是明智的?分析每将该工人1分钟的铸型工作时间转入修整工作,总利润的变动量。为保持此变动量不变,最多能够转入多少分钟?

(5) 在敏感性报告中,缺少了两个数字:水杯目标函数系数的允许减少值和黏土约束条件的允许减少值。这两个数字应该是什么？解释一下你是怎样推导出这两个数值的。

5.7 K&L 公司（Ken and Larry, Inc.）为其冰激凌经营店供应三种口味的冰激凌：巧克力、香草和香蕉。因为天气炎热，对冰激凌的需求大增，而公司库存的原料已经不够了。这些原料分别为牛奶、糖和奶油。公司无法完成收到的订单，但是，为了在资源有限的条件下使利润最大化，公司需要确定各种口味产品的最优组合。

巧克力、香草和香蕉三种口味的冰激凌的销售利润分别为每加仑 1.00 美元、0.90 美元和 0.95 美元。公司现在有 200 加仑牛奶、150 磅糖和 60 加仑奶油的存货。这一问题代数形式的线性规划表示如下：

假设：

$C=$ 巧克力冰激凌的产量（加仑）
$V=$ 香草冰激凌的产量（加仑）
$B=$ 香蕉冰激凌的产量（加仑）

最大化：

利润 $= 1.00C + 0.90V + 0.95B$

约束条件：

牛奶：$0.45C + 0.50V + 0.40B \leqslant 200$（加仑）
糖：$0.50C + 0.40V + 0.40B \leqslant 150$（磅）
奶油：$0.10C + 0.15V + 0.20B \leqslant 60$（加仑）
且

$C \geqslant 0 \quad V \geqslant 0 \quad B \geqslant 0$

使用 Solver 求解，求解后的电子表格和敏感性报告如下图所示。注意，因为在第（6）问中将会讨论牛奶约束，所以该部分在下面的敏感性报告中省去了。

不用 Solver 重新求解，尽可能详尽地回答下列问题。注意，各个部分是互不干扰、相互独立的。

	A	B	C	D	E	F	G
1		Chocolate	Vanilla	Banana			
2	Unit Profit	$1.00	$0.90	$0.95			
3							
4	Resource	Resources Used per Gallon Produced			Used		Available
5	Milk	0.45	0.5	0.4	180	≤	200
6	Sugar	0.5	0.4	0.4	150	≤	150
7	Cream	0.1	0.15	0.2	60	≤	60
8							
9		Chocolate	Vanilla	Banana			Total Profit
10	Gallons Produced	0	300	75			$341.25

可变单元格

单元格	名称	最终数值	削减成本	目标函数系数	允许增加值	允许减少值
$C$10	每加仑巧克力用量	0	−0.037 5	1	0.037 5	1E+30
$D$10	每加仑香草用量	300	0	0.9	0.05	0.012 5
$E$10	每加仑香蕉用量	75	0	0.95	0.021 4	0.05

约束

单元格	名称	最终数值	影子价格	右端数值	增加上限	减少下限
$F$5	所用牛奶量					
$F$6	所用糖量	150	1.875	150	10	30
$F$7	所用奶油量	60	1	60	15	3.75

（1）最优解和总利润是多少？
（2）假设香蕉冰激凌每加仑的利润变为 1.00 美元，最优解是否会改变？对总利润又会产生怎样的影响？
（3）假设香蕉冰激凌每加仑的利润变为 92 美分，最优解是否会改变？对总利润又会产生怎样的影响？
（4）公司发现有 3 加仑的库存奶油已经变质，只能扔掉。最优解是否会改变？对总利润又会产生怎样的影响？
（5）假设公司有机会购得 15 磅糖，总成本 15 美元。公司是否应该购买这批糖，为什么？

（6）在最优解不变的情况下，补充敏感性报告中牛奶的约束条件。解释一下你是如何推导出这些数值的。

5.8 科勒奈家具公司（Colonial Furniture）生产手工殖民地风格家具。在接下来的一周内计划生产摇椅、餐桌和/或大衣橱。这些产品都经过两道工序：组装和修整。商品所需的制造时间、所需木材量（优质樱木）和单位利润如下表。表中还给出了下一周可用的资源量。

	摇椅	餐桌	大衣橱	可用资源数量
组装（分钟）	100	180	120	3 600
修整（分钟）	60	80	80	2 000
木材（磅）	30	180	120	4 000
单位利润（美元）	240	720	600	

在建立一个线性规划模型以确定使利润最大化的生产水平后，求解后的模型以及相应的敏感性报告如下图所示。

	A	B	C	D	E	F	G
1		Rocking	Dining Room				
2		Chair	Table	Armoire			
3	Unit Profit	$240	$720	$600			
4							
5		Resource Required per Unit			Used		Available
6	Assembly (minutes)	100	180	120	3 600	≤	3 600
7	Finishing (minutes)	60	80	80	2 000	≤	2 000
8	Wood (pounds)	30	180	120	3 600	≤	4 000
9							
10		Rocking	Dining Room				
11		Chair	Table	Armoire			Total Profit
12	Production	0	10	15			$16 200

可变单元格

单元格	名称	最终数值	削减成本	目标函数系数	允许增加值	允许减少值
$B$12	摇椅产量	0	−230	240	230	1E+30
$C$12	餐桌产量	10	0	720	180	120
$D$12	大衣橱产量	15	0	600	120	120

约束

单元格	名称	最终数值	影子价格	右端数值	增加上限	减少下限
$E$6	组装用时（分钟）	3 600	2.00	3 600	400	600
$E$7	修整用时（分钟）	2 000	4.50	2 000	400	400
$E$8	木材用量（磅）	3 600		4 000		

在不用 Solver 重新求解的前提下，完整地回答下列问题。提示：下列每种情况都是独立的。

（1）大衣橱的单位利润下降了 50 美元。这个变动会造成最优解的改变吗？这个变动会对总利润产生什么影响？

（2）餐桌的单位利润下降了 60 美元，大衣橱的单位利润增加了 90 美元。这个变动会造成最优解的改变吗？这个变动会对总利润产生什么影响？

（3）假设一名组装部门的兼职工人生病请假，因此组装部门的可用工时少了 4 小时。这会对总利润造成什么影响？会改变最优生产量吗？

（4）一名组装部门的工人也学会了修整。将她的工作时间分配在两个部门是不是明智的？分析每将该工人 1 分钟的组装工作时间转入修整工作，总利润的变动量。为保持此变动量不变，最多能够转入多少分钟？

（5）在敏感性报告中，缺少了两个数字：木材约束条件的影子价格和允许变化范围。这两个数字应该是什么？解释一下你是怎样推导出这两个数值的。

5.9 大卫、莱蒂娜和莉迪娅是一家生产钟表的公司（DLL）的合伙人以及员工。大卫、莱蒂娜每周最多工作 40 个小时，而莉迪娅每周最多只能工作 20 个小时。

该公司生产两种不同的钟表：落地摆钟和挂钟。大卫是机械工程师，负责装配钟表内部的机械部件；莉迪娅是木工，负责木质外壳的手工加工；莉迪娅负责接收订单和运货。每一项工作所需时间如下表所示：

任务	所需时间（小时）	
	落地摆钟	挂钟
组装机械配件	6	4
雕刻木质外壳	8	4
运输	3	3

每生产并销售一个落地摆钟产生的利润是300美元，每个挂钟为200美元。

现在，三个合伙人希望能够得到各种产品产量的最优组合，以达到利润最大化。

(1) 为该问题建立线性规划模型。

(2) 使用图解法对该模型求解。然后用该模型检验如果落地摆钟的单位利润从300美元增加到375美元，而模型的其他条件不变，最优解是否会改变。然后用该模型检验如果挂钟的单位利润同时从200美元变动到175美元，最优解是否会改变。

(3) 在电子表格上构建和求解该问题的原始模型。

(4) 使用Solver检验第(2)问中的变化效果。

AS (5) 使用参数分析报告系统地分析落地摆钟的单位利润从150美元增加到450美元（每次增加20美元）给最优解和总利润带来的影响（挂钟单位利润不变）。然后分析当挂钟的单位利润从50美元增加到350美元（每次增加20美元）给最优解和总利润带来的影响（落地摆钟单位利润不变）。利用这些信息来估计两种钟表各自的单位利润允许变化范围。

AS (6) 用二维参数分析报告系统地分析当两种钟表的单位利润同时变动时（如第(5)问所示，只是由每次增加20美元变为每次增加50美元），给总利润带来的影响。

(7) 使用Solver依次分析单个合伙人每周最大可用工时增加5小时会给最优解和总利润带来哪些影响。

AS (8) 用参数分析报告系统地分析如果大卫将最大可用工时变为35、37、39、41、43、45时最优解和总利润的变化。然后分析莱蒂娜将可用工时进行上述改变时的情况。最后分析当莉迪娅将最大可用工时变为15、17、19、21、23、25时最优解和总利润的变化情况。

(9) 生成敏感性报告，用它来确定每种钟表的单位利润允许变化范围和每个合伙人的最大可用工时的允许变化范围。

(10) 为了增加总利润，三个合伙人同意增加他们三人中的一个人的工作时间，增加该人的工作时间必须能够最大限度地增加总利润。运用敏感性报告，确定应该选择哪一个人（假设模型的其他部分没有任何变动）？

(11) 解释为什么有一个人的影子价格为0。

(12) 如果莉迪娅将工作时间从每周20小时增加到25小时，是否可以用敏感性报告中的影子价格分析该变动对结果的影响？如果影子价格有效，总利润将增加多少？

(13) 在第(1)问中加入另一变动，即大卫的工作时间从每周40小时减少到35小时，并进行重新分析。

(14) 使用图解法验证第(13)问中的结论。

5.10* 重新考虑本章习题5.1。在与配件的供货商协商之后，G.A.T公司的管理层得知，如果公司能够提高买价，两个供货商都愿意在原先（A类配件每天3 000单位，B类配件每天1 000单位）的基础上增加供货量。提高的买价将由双方协商而定。如果配件充足的话，公司每天可销售2 500件玩具。假设本章习题5.1中最初的单位利润估计是准确的。

(1) 在原先最大供货水平约束的基础上，再加入每天最多销售2 500件的约束，构建电子表格模型并求解。

(2) 不考虑提高买价，使用电子表格和Solver确定A类配件约束条件的影子价格。运用求解得到的影子价格推断出公司愿意为A类配件多支付多少钱。

(3) 针对B类配件约束条件，重复第(2)问的分析。

(4) 在保持第(2)问求出的影子价格有效的前提下，使用参数分析报告，估计A类配件最大供货量的允许增加量（A类配件的最大供货量从3 000单位增加到4 000单位，每次增加100单位），并生成包括最优解和总利润的数据表。

(5) 将B类配件的最大供货量从1 000单位增加到2 000单位，每次增加100单位，生成第（4）问那样的数据表。
(6) 运用Solver敏感性报告确定每个配件约束的影子价格，以及每个函数约束右端数值的允许变化范围。

5.11 重新考虑本章习题5.2。在进行what-if分析后，可以发现两个约束函数右端数值的估计值在±50%的范围内变动，也就是说，这两个数字可能的值分别在5～15和6～18之间变动。
(1) 求解最初的电子表格模型后，增加第一个函数约束右端数值，增加值为1，重新求解，从而确定该约束右端数值的影子价格。

AS (2) 将第一个约束函数右端数值从5增加到15，每次增加1，使用参数分析报告生成包括最优解和总利润的数据表。运用该数据表估计约束右端数值的允许变化范围，也就是第（1）问获得的影子价格的有效区域。

(3) 针对第二个约束函数重复第（1）问的分析。

AS (4) 针对第二个约束函数重复第（2）问的分析，其中约束右端数值从6增加到18，每次增加1个单位。

(5) 使用Solver的敏感性报告确定每个约束函数的影子价格以及每个约束右端数值的允许变化范围。

5.12 考虑具有如下参数表的资源分配问题：

资源	单位活动的资源使用量		可用资源数量
	活动1	活动2	
资源1	1	3	8
资源2	1	1	4
单位利润（美元）	1	2	

该问题的目标是确定各种活动的单位数量，使得总利润最大。
(1) 使用图解法求解该模型。
(2) 增加1个单位可用资源数量，用图解法再次求解，从而确定各种资源的影子价格。
(3) 用电子表格建模并求解第（1）问和第（2）问。

AS (4) 用Solver依次分析当其中一种可用资源数量从低于原始值4增加到高于原始值6的过程中（每次增加1单位），最优解和总利润的变化情况。利用这些结果估计每种可用资源的允许变化范围。

(5) 利用Solver的敏感性报告求得影子价格。同样，利用该报告推断出在影子价格保持不变的前提下可用资源的允许变化范围。

(6) 描述一下为什么在管理层有权改变可获得的资源量时，影子价格是很有用的。

5.13 本问题的目标也是确定各种活动的单位数量使得总利润最大。根据本章习题5.12的要求对本题进行同样的分析。

资源	单位活动的资源使用量		可用资源数量
	活动1	活动2	
资源1	1	0	4
资源2	1	3	15
资源3	2	1	10
单位利润（美元）	3	2	

5.14* 考虑第3.1节中超级食品公司的例子，包括图3-1所示的电子表格模型以及最优解。运用Solver生成敏感性报告，并利用该报告依次分析下面的问题。
(1) 广告预算每增加1 000美元，总的受众人数会增加多少？
(2) 第（1）问中每次增加的受众人数在广告预算增加多少的范围内有效？
(3) 规划预算每增加1 000美元，总的受众人数会增加多少？
(4) 第（3）问中每次增加的受众人数在规划预算增加多少的范围内有效？
(5) 如果广告预算和规划预算同时增加10万美元，第（1）问、第（3）问中求得的数据是否还有效？
(6) 如果广告预算和规划预算只能有一个增加10万美元，增加哪一个会产生较大的收益？
(7) 如果必须从广告预算和规划预算的一项中减少10万美元的预算，哪一种造成的损失少一些？

5.15 按照本章习题5.14的要求对第3.4节中超级食品公司的例子进行分析，包括图3-7的电子表格以及最优解。

5.16 考虑第3.3节中联盟航空公司问题，包括图3-5中的电子表格以及最优解。
管理层现在希望增加表3-5最右列的数据（增加1个或2个单位）来提高消费者服务等级。

最右列的数据表示不同时间需要客户代表的最小数目。为了指导决策,管理层希望知道这种变动将会对总成本产生怎样的影响。

运用Solver生成的敏感性报告,分析下面的问题:

(1) 增加表3-5最右列中哪些数据、增加多少,不会引起总成本增加?假设其他条件均不变。

(2) 对于其他每一个数据,其数值每增加1个单位,总成本增加多少?对于每一个答案,指出该数值可以增加多少(假设只有该数值改变),而答案仍然有效。

(3) 如果第(2)问中每个数值都同时增加1个单位,那么第(2)问中得出的答案是否还有效?

(4) 如果所有10个数据同时增加1个单位,第(2)问中的答案是否还有效?

(5) 如果所有10个数据同时增加同样的数量,那么增加到多少时第(2)问中得出的答案将不再有效?

5.17 重新考虑第5.7节中介绍的使用鲁棒优化的示例。现在,韦恩德玻璃制品公司管理层认为此示例中描述的分析过于保守有三个原因:①参数H_{D3}和H_{W3}的真实值不太可能和原始估算值偏差半小时。②两种估计结果不太可能同时靠近不确定性范围的非期望端。③可以对稍微违反约束的部分提供一定补偿。因此,韦恩德玻璃制品公司管理层已要求其员工(你)再次求解该模型,不确定性范围是第5.7节中的一半。

(1) 应用具有独立参数的鲁棒优化方法。最终的解决方案是什么?这会使每周的总利润增加多少?

(2) 如果生产率低于新的最低保证值,韦恩德玻璃制品公司就需要向经销商支付每周150美元的罚款,韦恩德是否应该采用这些新的保证?

5.18 重新考虑第5.7节中介绍的使用鲁棒优化的示例。韦恩德玻璃制品公司管理层现在认为所有参数都不确定——每扇门窗的单位利润(P_D和P_W)、三个工厂生产每扇门或窗户的工时(H_{D1}、H_{W2}、H_{D3}和H_{W3})和三个右侧约束代表每个工厂可用的小时数(RHS_1、RHS_2和RHS_3)。原始估计值和不确定性范围如下表所示。应用具有独立参数的鲁棒优化,以找到最大化利润的可行解。

参数	原始估计值	不确定范围
P_D	300美元	250～350美元
P_W	500美元	400～600美元
H_{D1}	1	0.9～1.1
H_{W2}	2	1.6～2.4
H_{D3}	3	2.5～3.5
H_{W3}	2	1.8～2.2
RHS_1	4	3.5～4.5
RHS_2	12	11～13
RHS_3	18	16～20

5.19* 重新考虑本章习题5.12。现在假设所有参数都是不确定的,具有不确定性范围,如下表所示。使用独立参数进行鲁棒优化,找出可以最大化利润的可行解。

资源	每项活动的单位资源使用情况		可用资源
	活动1	活动2	
资源1	0.9～1.1	2.7～3.3	7.2～8.8
资源2	0.8～1.2	0.7～1.3	3.5～4.5
单位利润(美元)	0.90～1.10	1.75～2.25	

5.20 重新考虑本章习题5.13。现在假设所有参数都是不确定的,具有不确定性范围,如下表所示。使用独立参数进行鲁棒优化,找出可以最大化利润的可行解。

资源	每项活动的单位资源使用情况		可用资源
	活动1	活动2	
资源1	0.8～1.2	0	3.6～4.4
资源2	0.9～1.1	2.5～3.5	13.5～16.5
资源3	1.6～2.4	0.7～1.3	9.5～10.5
单位利润(美元)	2.90～3.10	1.80～2.20	

AS 5.21 重新考虑第5.8节介绍的使用机会约束的案例。假设在对工厂3中每个门窗所需的小时数(H_{D3}和H_{W3})进行更仔细的考虑之后,韦恩德玻璃制品公司管理层已经尽可能缩小了参数可能的取值范围。

(1) H_{D3}和H_{W3}现在被认为分别比原来估计的3小时和2小时偏差15分钟。使用机会约束和Analytic Solver找到最大化总利润的解决方案,要求该方案至少有95%的概率满足工厂3的原始约束。

(2) 重复第(1)问的分析,但现在需要至少99%的概率满足工厂3的约束。

（3）假设 H_{D3} 和 H_{W3} 遵循正态分布，其平均值分别等于 3 小时和 2 小时，与原始估计值同，标准差均为 0.25 小时。使用机会约束和 Analytic Solver 找到最大化总利润的解决方案，同时要求至少 95% 的概率满足工厂 3 的原始约束。

（4）重复第（3）问的分析，但现在需要至少 99% 的概率满足工厂 3 的原始约束。

AS 5.22* 重新考虑本章习题 5.12，但现在假设可用的资源 1 的数量和可用的资源 2 的数量都是不确定的，两者都遵循正态分布，均值分别等于原始估计值 8 和 4，标准差均为 0.5。使用机会约束和 Analytic Solver 来寻找最大利润，同时要求至少有 95% 的概率满足原始约束。

AS 5.23 重新考虑本章习题 5.13，现在假设资源 1 的可用量和资源 2 的可用量都是不确定的。

（1）如果活动 1 对于资源 3 的单位资源使用量在 1.5～2.5 均匀分布，而活动 2 对于资源 3 的单位资源使用量在 0.7～1.3 均匀分布，使用机会约束和 Analytic Solver 找到最大利润，要求至少 95% 的概率满足原来的第三个约束。

（2）如果资源 3 的单位活动使用量遵循正态分布，其中均值等于原始估计值，标准差均为 0.3，使用机会约束和 Analytic Solver 找到最大利润，要求至少 95% 的概率满足原来的第三个约束。

案例 5-1 销售案例

回顾一下第 2.7 节中给出的利博公司广告组合问题。公司要对三个关键产品——喷雾去污剂、洗衣液、洗衣粉进行广告促销。管理者制定了如下决策，规定了在促销活动中所要达到的目标：

- 喷雾去污剂的销量至少增加 3%。
- 洗衣液的销量至少增加 18%。
- 洗衣粉的销量至少增加 4%。

该问题最初的线性规划模型如图 2-21 所示。通过促销活动要获得的三种产品销量增加的最小值在数据单元格 MinimumIncrease（G8:G10）中给出。可变单元格 AdvertisingUnits（C14:D14）中的最优解表明该次促销活动应该采用 4 个电视广告和 3 个印刷媒体广告。目标单元格 TotalCost（G14）显示该次营销活动的总成本为 1 000 万美元。

得到这些信息后，利博公司的管理层现在想分析一下增加三种产品的销量得到的相应收益与总广告成本间的平衡问题。因此，要求管理科学团队（也就是你们）继续收集必要的信息来分析管理层是否应该改变原先关于销量的决策。管理层必须首先知道改变部分或全部策略决策对广告总成本的影响。

（1）对三种产品依次用图解法来研究，当产品销量增加的最小值为 1% 时，给总成本带来的影响（分析一种产品时，其他两种产品销量增加的最小值不变）。

（2）用图 2-21 所示的电子表格模型（可以在网站 www.mhhe.com/hillier6e 下载）来分析第（1）问。

（3）对三种产品依次用参数分析报告分析，如果产品销量增加的最小值发生一系列变化给最优解和总成本带来的影响（分析一种产品时，其他两种产品销量增加的最小值不变）。对每一种情况，从 0 开始，每次增加 1%，直到达到初始最低要求增加量的 2 倍。

（4）用 Solver 生成敏感性报告，并指出报告如何能够提供第（1）问所需要的信息。利用该报告分析每种产品销量增加最小值的允许变化范围。解释该允许变化范围与第（3）问中得到的结果的关系。

（5）假设在单元格 MinimumIncrease（G8:G10）中的初始值都增加相同的量，为了使敏感性报告给出的影子价格保持正确，这个量最大不能超过多少？

（6）下面是管理科学团队准备为利博公司提交的备忘录的开始部分，提供了进行平衡分析所需的信息。根据前面得出的结论将备忘录补充完整。用清晰简短的管理学语言表述你的信息。不要用专业术语，比如影子价格、允许变化范围等。

备忘录

致：利博公司管理层
作者：管理科学团队
主题：广告支出与销量间的平衡问题

按照指示，我们已经对这次大型促销活动的规划进行了分析。本次促销活动涉及的主要产品为预洗喷雾去污剂、洗衣液和洗衣粉。

我们在最近的报告中给出了初步的结论，即为了以最小的成本达到销量目标。在各种媒体上的广告应该按下列方式分配：

- 电视广告：400万美元
- 印刷媒体广告：600万美元
- 广告总成本：1 000万美元

估计这样可以增加的销量为：

- 喷雾去污剂：3%
- 洗衣液：18%
- 洗衣粉：8%

你们曾经要求这三种产品的销量最少增加3%、18%和4%。而现在，前面两种产品销量的最低水平刚好达到，而第三种则超出了要求的最低水平。

但是，你们曾经说明，关于最低销量提升（3%、18%、4%）的管理决策只是初步的，你们会根据情况的需要进行调整。现在我们可以给出与广告成本和销量增加有关的更多信息，你们可以试着改变决策，测试一下这样做是否会改善广告成本与市场份额之间的平衡。

为了帮助你们制定决策，我们就平衡问题对三种产品都进行了分析。我们的最优估计如下所示……

案例 5-2 控制空气污染

N&L公司（Nori & Leets Co.）是一家全球著名的钢铁制造商，位于钢铁之城。该公司目前雇用了50 000名员工，是当地的主要劳动力雇者，因此整个城市都因这家公司而繁荣发展起来。这里的人们也一直都认为凡是对公司有利的事情必然对整个城市有利。但是，现在人们的观点发生了一定的变化：因未加治理，公司冶炼炉中排放出的气体正在破坏城市的风貌并日益危及城市居民的身体健康。

最近的一次股东大会选举产生了一个较为英明的新董事会，董事会成员正在与城市官员和居民讨论如何应对空气污染的问题。他们一起制定了严格的空气质量标准。

污染空气的三种主要成分是颗粒物、硫化物和碳氢化合物。新标准要求公司降低这些污染物的排放量，具体要求如下表所示：

污染物	要求每年减少排放量（100万磅）
颗粒物	60
硫化物	150
碳氢化合物	125

董事会已经指示公司的管理人员召集工程人员，用最经济的方法降低污染物的排放量。

公司的污染排放物主要来自两个方面：一是生产生铁的高炉；一是炼钢的敞口式反射炉。工程师们都认为，降低这两种污染最有效的方法是：①增加烟囱的高度[⊖]；②在烟囱中加入过滤装置；③在燃料中加入清洁的高级燃料。三种方法都有其技术限制（如烟囱可增加的高度是有限的），但可以考虑在各自的技术限制内，采取一定程度的措施。

下表显示了在技术允许的范围内，最大限度地使用各种方法可以降低两种冶炼炉污染物的排放量。

最大限度利用各种降污方法给污染物排放率带来的下降量

污染物	增加烟囱高度		加入过滤装置		加入高级燃料	
	高炉	反射炉	高炉	反射炉	高炉	反射炉
颗粒物	12	9	25	20	17	13
硫化物	35	42	18	31	56	49
碳氢化合物	37	53	28	24	29	20

为了便于分析，假设各种方法都可以部分实施，从而在一定程度上达到减少污染物的效果。此外，各种方法在两种冶炼炉上的实施比例可以不同，且在效果上也是互不影响的。

在分析了上面的数据之后，我们可以发现，没有一种方法可以实现全部的降污要求。而另一方面，在两种冶炼炉上同时最大限度地使用各种方法的组合，会超额完成降污任务，但这样做的费用十分高昂，不利于公司的产品保持竞争力。因此，工程师认为，应该在考虑各种方法成本的基础上，合理地组合各种方法。此外，因为两种冶炼炉的情况并不相同，所以针对两种冶炼炉的方法组合也将不同。

我们还对各种降污能力的每年总成本估计值进行了分析。一种治理方法每年的总成本包括运营费用、

[⊖] 在本次研究之后，这一方法引起了人们的争议，因为增加烟囱的高度只不过是通过将污染的范围扩大而减少近距离的污染。环境专家认为，硫化物长久停留在大气中极易引起酸雨。最后，美国的环境保护协会制定了新的规则，规定不许使用增加烟囱高度的方法来减少污染。

维护费用和由此造成生产率降低而导致的收入损失。还有一个主要成本来自采用这种方法所需的起步成本。为了使这个一次性的成本和每年的成本结合起来，我们将起步成本以折旧的方式折算到每年的费用中。

下表的分析为我们提供了在一年中最大程度使用各种方法时的总成本。

一年中最大限度地使用一种降污方法的总成本（单位：万美元）

降污方法	高炉	反射炉
加高烟囱	800	1 000
加过滤装置	700	600
加入高级燃料	1 100	900

部分实施一种方法的成本与其实际达到降污效果占最大限度使用所达效果的比例有关。降污效果达到的比例与当年总成本占成本表中相应数值的比例大致相同。

现在就可以制定降污规划的大致框架了。这一规划需要确定在两个冶炼炉上使用哪几种方法，以及每种方法的实施程度。

假设你被任命为管理科学团队的负责人，管理层要求你以最小的成本实现降低各种污染物的年排放量要求。

（1）口头描述该线性规划问题的各个组成部分。

（2）在电子表格上建立模型。

（3）求得最优解并生成敏感性报告。

现在，管理层希望能在你的帮助之下进行一些what-if分析。由于管理层对这几种治理方法都没有经验，第三张表中各种方法的成本只是一个大致的估计，实际值可能在±10%的范围内变动。此外，第二个表格的数据也还存在一些不确定性，而这些不确定性或许比第三个表格中的要小一些。第一个表格中的数据是政策标准，因此表中的数据是确定的常数。

但是，关于各种污染物排放的降低标准一直都有很大的争议。第一个表中的这些数据都是在不知道成本的情况下确定的一些暂时性的数值。公司与政府官员都认为，应该在成本与收益分析的基础上确定最终的决策。在这个方向下，政府官员估算出如果将当前的政策标准（第一个表中的所有数据）都提高10%，对整个城市的价值是350万美元。因此，政府决定，每提高10%的降污标准（表中的所有数据都提高，直到50%），公司将可获得350万美元的税务减免。

最后，对政策标准中各种污染物的相对数值还存在一点分歧。如第一个表所示，颗粒物的要求减少量还不到其他两种（硫化物和碳氢化合物）的一半。因此，有些人提出，是否应该缩小这一差距。而另一些人认为应该增大差距，因为硫化物和碳氢化合物的危害比颗粒物大得多。最后，人们同意在完成成本收益平衡分析之后再讨论这一问题：增加一种污染物的数量同时减少另一种污染物的数量，看看是否会造成总成本的变化。

（4）判断线性规划模型中哪些系数是敏感系数（即允许变化范围很小），并说明哪些系数应该进行更精确的估计（如果可能的话）。

（5）分析第三个表中的成本参数如果不准确的话会造成怎样的影响。如果实际值比估计值少10%，是否会影响最优解？如果实际值比估计值多10%，又将如何？请你为进一步的成本参数估计工作提出建议。

（6）对于每一种污染气体，求出所要求的排放减少量的微小变动引起成本变化的速率。排放减少量在多大的范围内变动时，成本变化量会保持不变？

（7）第一个表格中，在保持总成本不变的前提下，政策中颗粒物标准的每一单位变动可能会引起硫化物排放标准多大的变动？或者会引起碳氢化合物排放标准多大的变动？如果硫化物和碳氢化合物同时因此而变动，且两者变动的幅度相同，该变动的幅度又是多少？

（8）假设以 θ 表示第一个表中所有标准的增加百分比（$\theta = 10, 20, 30, 40, 50$），利用参数分析报告分别求出该修正的线性规划问题的最优解和总成本。考虑税收上的优惠，管理者将会选择哪一个 θ 值，使得降污与税收的总成本最小？

（9）根据上面计算出的 θ 值生成敏感性报告，并重复第（6）问和第（7）问的分析，为污染标准中三种污染物的相对数量制定最终决策。

案例 5-3　农场管理

普拉夫曼家族拥有并世代经营着一个面积为640英亩的农场，他们必须在农场上辛苦地工作才能维持生活并渡过难关。先辈们与洪水、旱灾和其他灾害抗争的经历是家族史中很重要的一部分。但是，这个家族的成员很满意这种自力更生的生活方式。当时，许多家庭的农场都被放弃或者被大的农业公司收购，但是普拉夫曼家族的成员为能够继续保持传统的生活方式而感到满足和自豪。

约翰·普拉夫曼是目前的农场经理，他的妻子尤妮斯管理着家务和财政，约翰的父亲还住在农场中且大部分时间在农场中劳动。约翰和尤妮斯较年长的儿子——弗兰克、菲力斯和卡尔放学之后都要干很重的农活。

整个家族在冬、春两季可提供 4 000 单位人工（人×小时），而夏、秋两季可提供 4 500 单位人工。如果不需要这么多的劳动力，弗兰克、菲力斯和卡尔会到邻近的农场打工，冬、春季节每小时 7 美元，夏、秋季节每小时 7.70 美元。

该农场饲养了奶牛和蛋鸡，同时种植三种农作物：大豆、玉米和小麦（这三种农作物都可以售出换回现金，而玉米也可用于喂牛，小麦可用于喂鸡）。农作物在夏末和秋天收割。在冬天，约翰、尤妮斯和他们的爷爷决定下一年要饲养的牲畜和要种植的农作物。

现在，这个家族刚刚获得了大丰收，他们拥有 28 000 美元可以购买更多的牲畜（其他现金将会用于将来的开支，包括农作物的种植）。他们现在总共有价值 49 000 美元的 30 头牛和价值 7 000 美元的 2 000 只鸡，他们希望能够畜养这些牲畜并再购买一些。如果要购买的话，每头牛的价格是 2 100 美元，而每只鸡的价格是 4.20 美元。

一年之后，每头牛由于变老会贬值 10%，每只鸡会贬值 25%。

每头牛需要有两英亩地的草（免费的），以及每月 10 单位人工，每年可净收入现金 1 190 美元。鸡相对应的数字就显得微不足道，一只鸡每月需要 0.05 个人工，每年净收入 5.95 美元。由于鸡舍和牛圈的限制，农场最多可饲养 5 000 只鸡和 42 头牛。

下表给出了三种农作物每英亩种植面积的相关数据，包括在上半年和下半年需要的人工以及净收入的大致估计（为了方便计算，为牛和鸡种植的作物净值为零）。

	大豆	玉米	小麦
冬春季节（人×小时）	1.0	0.9	0.6
夏秋季节（人×小时）	1.4	1.2	0.7
净值（美元）	98	84	56

为了给牲畜提供足够的饲料，约翰决定在下一年为每头牛种植至少 1 英亩的玉米，而为每只鸡种植至少 0.05 亩的小麦。

约翰、尤妮斯和他们的祖父现在正在讨论每年应该种植多少农作物以及饲养多少头牛和多少只鸡。他们讨论的目的是明年末能够拥有最多的现金（牲畜的收入，加上农作物的收入、原有的货币资产、年末所拥有的牲畜的价值，减去明年 56 000 美元的生活费）。

（1）口头描述该线性规划问题的各个组成部分。

（2）在电子表格上构建模型。

（3）求得最优解并生成敏感性报告。该模型预测明年末的货币资产是多少？

（4）计算三种农作物每一英亩种植面积所得净值的允许变化范围。

上面每英亩农作物的净值是在假设气候良好的条件下得出的。如果气候不好的话，会严重影响农作物的收成。他们最担心的自然灾害是干旱、涝、早霜、干旱加早霜以及涝加早霜。在这些情况下，估计的净值如下表所示：

气候条件	每英亩净值（美元）		
	大豆	玉米	小麦
干旱	−14	−21	0
涝	21	28	14
早霜	70	56	42
干旱加早霜	−21	−28	−14
涝加早霜	14	14	7

（5）针对上面的每一种情况，对第（2）问中建立的线性规划模型进行一些调整，然后求出最优解，并估计年末该家族拥有的货币资产。

（6）如果真实发生的天气情况是这 6 种情况（包括第（1）问～第（4）问中气候良好的情况）中的一种，计算各种情况下年末该家族拥有的货币资产。考虑上面 6 种情况下的最优解，根据结果判断：该家族应该做出怎样的决定才能最有效地平衡气候良好条件下的好收成和气候不好条件下的坏收成？

祖父对往年的气候进行了一番研究，并得到了下面的一些数据：

气候条件	概率（%）
好天气	40
干旱	20
涝	10
早霜	15
干旱加早霜	10
涝加早霜	5

基于这些数据，家族决定制定如下的畜牧和种植决策。不再假设良好的气候条件会持续下去，而是按照上表的概率计算净收入在所有情况下的平均值：

(7) 调整第 (2) 问建立的线性规划模型, 以适应新的方法。

(8) 对调整过的模型再次求解第 (3) 问。

(9) 如果家族能够获得利息率为 10% 的银行贷款, 利用第 (8) 问中求得的影子价格分析: 是否值得贷款购买更多的牲畜?

(10) 对于每一种农作物, 运用第 (8) 问中生成的敏感性报告, 分析在最优解不变的条件下, 每一个估计净值的允许变化范围。其中哪两个净值必须进一步估计? 如果两个估计值同时不准确, 这两个估计值必须精确到怎样的程度, 才能保持最优解不变? 在两个净值同时变化, 变化范围为其估计值的 2 倍时, 在保证最优解不发生改变的情况下, 用二维参数分析报告系统地生成最优货币价值。

各种类型的组织都可能遇到类似的问题, 即每个组织都面对着不确定的未来, 会出现多种情形的一种。而到底发生哪种情况, 管理层是无法控制的。组织者必须确定各种活动的水平, 而各种活动对总体绩效度量指标的单位贡献会受发生的情况的影响。在这种情况下, 各种活动的最优组合是什么?

(11) 考虑一下还有哪些情形与农场管理相同, 描述一个你的例子。

案例 5-4 将学生分配到各个学校 (再次研究)

重新考虑案例 3-5。斯普林菲尔德学校董事会还是决定为所有距离超过 1 英里的学生提供校车服务。另一个策略是如果能够降低成本, 可以将同一区域的学生分在不同的学校里 (这一策略在案例 7-3 中会改变)。但是, 在采用案例 3.5 中得到的基于第 (1) 问的校车规划之前, 管理层还想进行一些 what-if 分析。

(1) 如果你在案例 3-5 中没有完成第 (1) 问, 为该问题建立电子表格模型并求解。

(2) 用 Solver 生成敏感性报告。

学校董事会担心的一点是 6 区的道路建设, 该区的道路建设影响着学校的校车行驶, 可能会增加 10% 的校车成本。

(3) 假设其他地区的校车成本不变, 运用敏感性报告, 检验在最优解不变的情况下, 6 区到学校 1 的校车可能增加的成本。如果可以增加的成本不能超过 10%, 用 Solver 求出一个增加 10% 时的最优解。

(4) 针对学校 2 重复第 (3) 问 (假设其他成本均不变)。

(5) 现在假设 6 区到所有学校的校车成本都以相同的百分比增加, 运用敏感性报告分析最优解不变的条件下, 允许增加的百分比有多大? 如果可以增加的成本不能超过 10%, 用 Solver 求出一个增加 10% 时的最优解。

学校董事会可以租一些简易的教室, 来增加一个或几个学校的容量。但是这样做的成本很高, 除非可以在很大程度上降低总成本, 否则学校不会采取这一措施。每个简易教室可容纳 20 名学生, 每年的租费是 2 500 美元。为了分析这一决策选择, 学校董事会假设 6 区的道路建设不会进一步影响、增加校车费用。

(6) 对于每一个学校, 使用敏感性报告中的影子价格, 确定是否需要租用简易教室。

(7) 对于租用简易教室的学校, 运用敏感性报告分析影子价格有效的范围 (假设只有一个学校租用简易教室)。

(8) 如果有几所学校需要租用简易教室, 在影子价格有效的前提下, 确定每个学校租用教室的数目组合。然后, 用影子价格确定其中哪种组合的校车和租费总成本最小。使用 Solver 找到该问题对应的最优解。

(9) 如果第 (8) 问中的结果可行, 在影子价格最大的学校增加一个简易教室, 使用 Solver 求得最优解, 并生成相应的敏感性报告。利用这些信息, 判断第 (8) 问中的结果是否最优, 如果不是, 请找出最优解。

更多案例

关于本章的更多案例, 可以查阅西安大略大学毅伟商学院网站 www.cases.ivey.uwo.ca/cases 专为本书设计的 CaseMate 部分。

第 6 章

运输问题与指派问题

学习目标

完成本章的学习后，你应该能够：
1. 描述运输问题的特征。
2. 根据所描述的运输问题，建立电子表格模型。
3. 能够处理一些变形的运输问题。
4. 说出两种能够处理 Solver 不能求解的大型运输问题的算法名称。
5. 找出运输问题及其变形问题的应用领域。
6. 描述指派问题的特征。
7. 找出运输问题与指派问题之间的关系。
8. 根据所描述的指派问题，建立电子表格模型。
9. 处理一些变形的指派问题。
10. 说出一种能够处理 Solver 无法求解的大型指派问题的算法名称。

本书第 3.5 节和第 3.6 节已经分别对运输问题和指派问题进行了介绍。与这两种类型相似的问题在各类情景下经常出现。由于它们非常重要，我们将在本章中单独对这两类问题及其应用进行详细阐释。

之所以被称为运输问题，是因为这类问题的许多应用都涉及"确定运输货物的最优方式"。然而，你也会发现，其实许多应用和运输货物并没有关系。

指派问题因其应用涉及"如何将任务指派给不同人员"而广为人知。然而，该问题同样在其他方面有着广泛的应用。

本章从案例研究着手，首先描述了运输问题及其变形问题的特征，然后介绍了如何用电子表格模型解决此类问题，并研究了每种类型问题的各种应用。随后的几节对指派问题进行了同样的分析。

6.1 案例研究：P&T 公司的配送问题

道格拉斯·惠特森（Douglas Whitson）现在非常焦虑。因为公司的成本正在迅速增加，但利润却没有相应地增长。如果这种趋势持续下去，股东们会对接下来的收益报告非常不满。作为 P&T 公司（P&T Company）

的CEO，他意识到是资金方面出了问题。而且，他已经找到了一种控制成本的方法。

道格拉斯突然拿起电话，打给他的配送经理理查德·鲍沃斯（Richard Powers）。

道格拉斯（CEO）：理查德，我是道格拉斯·惠特森。

理查德（配送经理）：你好，道格拉斯。

道格拉斯：你好，理查德。我正在研究一些成本数据，有一个数据令我非常吃惊。

理查德：是吗？什么数据？

道格拉斯：我们豌豆罐头的运输成本，上个季度为178 000美元。我记得几年前这个数字还只是100 000美元。这是怎么回事呢？

理查德：是的，你说得对。这些成本确实一直在上升。其中一个原因是我们的运输量增长了一点，但是主要原因还是我们雇用的货车司机的要价暴涨了很多。对于这一点，我们也跟他们沟通过，但他们说是他们和代表司机的工会之间的新合同使他们的成本增长了很多，而且他们的保险费用也上升了。

道格拉斯：那你有没有考虑过重新找一些货车司机呢？

理查德：当然考虑过。实际上，我们已经为下季度找到了新的货车司机。

道格拉斯：好。那下季度我们的运输成本会不会下降很多呢？

理查德：我估计这一成本应该在165 000美元左右。

道格拉斯：哎哟，这还是挺高啊。

理查德：但这已经是我们能够得到的最好结果了。

道格拉斯：好吧，那我们从另一个角度看这个问题。你们是不是从我们的三个罐头厂把豌豆罐头运送到四个仓库中？

理查德：是的。

道格拉斯：那你们是如何确定每个罐头厂向每个仓库运送多少东西呢？

理查德：我们有一个使用了很多年的标准策略。

道格拉斯：这个策略能够使总运输成本达到最低吗？

理查德：我认为这个策略在这方面已经发挥了很好的作用。

道格拉斯：但是这个策略是否使用了由数学算法生成的运输计划以保证总运输成本最低呢？

理查德：没有使用。有什么方法可以做到这一点吗？

道格拉斯：是的。我想管理科学技术可以帮助我们做到这一点。这是我在面试上个月聘用的MBA毕业生金·贝克（Kim Baker）时学到的。金认为这项技术能直接用于我们公司。我们聘用她就是希望她能帮助我们将商学院中最好的技术应用到公司里。我认为我们应该把你的运输计划交给金，看看她是不是能够对这个计划进行一些改进。

理查德：有道理。

道格拉斯：好的。我想你最好和金联系一下并尽快给我一份报告。

理查德：好的。

谈话很快结束了。

背景

P&T公司是一家由家族经营的小公司。它采购新鲜蔬菜，对蔬菜进行加工并在食品罐头厂将其制成罐头，然后把这些罐头食品分销到各地。

该公司的一项主要产品是豌豆罐头。这些豌豆罐头在三个食品罐头厂（临近华盛顿州的贝林汉、俄勒冈州的尤金、明尼苏达州的艾伯特利）加工，然后用卡车将它们运送到美国西部的四个分销仓库（加利福尼亚州的萨克拉门托、犹他州的盐湖城、南达科他州的拉皮德城、新墨西哥州的阿尔伯克基），如图6-1所示。

图6-1　P&T公司问题中的仓库和食品罐头厂位置图

公司目前的做法

许多年来，公司一直用下面的策略来确定需要从每个食品罐头厂运送多少罐头食品到各个仓库。

目前的运输策略

1. 因为在贝林汉的罐头厂距离所有仓库都很远，所以把它的产品运送到离它最近的仓库，也就是位于萨克拉门托的那个仓库。如果还有剩余的话，就把它们运送到盐湖城的仓库。
2. 因为在阿尔伯克基的仓库距离食品罐头厂都很远，所以就要从最近的罐头厂（位于艾伯特利的罐头厂）运送罐头到阿尔伯克基。如果还有剩余的话，就要运送到拉皮德城的仓库中。
3. 用尤金的罐头厂满足其他仓库的剩余需求。

对于即将来临的季度，公司对每一个罐头厂的产量都进行了估计，并且每一个仓库都从豌豆罐头总供给量中分配到了一定的比例。这些数据如表6-1所示。

将表6-1中的数据应用到当前运输策略中，便得到表6-2所示的运输计划。下一个季度每车的运输成本如表6-3所示。

表6-1　P&T公司的运输数据表　　　　　　　　　　　　　　　　　　　　　　　　（单位：车）

食品罐头厂	产量	仓库	分配量
贝林汉	75	萨克拉门托	80
尤金	125	盐湖城	65
艾伯特利	100	拉皮德城	70
		阿尔伯克基	85
合计	300	合计	300

表 6-2　P&T 公司的当前运输计划　　　　　　　　　　　　　　　　　　　　　（单位：车）

从 \ 到	仓库			
	萨克拉门托	盐湖城	拉皮德城	阿尔伯克基
食品罐头厂 贝林汉	75	0	0	0
食品罐头厂 尤金	5	65	55	0
食品罐头厂 艾伯特利	0	0	15	85

表 6-3　P&T 公司每卡车的运输成本　　　　　　　　　　　　　　　　　　　（单位：美元）

从 \ 到	仓库			
	萨克拉门托	盐湖城	拉皮德城	阿尔伯克基
食品罐头厂 贝林汉	464	513	654	867
食品罐头厂 尤金	352	416	690	791
食品罐头厂 艾伯特利	995	682	388	685

将表 6-2 和表 6-3 的数据综合，就得到在当前运输计划下，下一季度的总运输成本：

总运输成本 = 75×464 + 5×352 + 65×416 + 55×690 + 15×388 + 85×685 = 165 595 美元

金·贝克现在正在检验当前的运输计划，看看是否能够制订出新的运输计划，使得总运输成本下降到绝对最小值。

管理科学方法

金·贝克立刻就意识到这是一个典型的运输问题，可以直接使用运输问题的方法对该问题进行规划。而且利用电脑上的现有软件，可以很快得到一个最优的解决方案。因此，金在第二天就能将新的运输计划交给管理层。这个新的运输计划可以使总成本至少降低 13 000 美元。

在介绍完运输问题更多的背景知识后，下一节我们将完整地讲述这个故事。

问题回顾

1. 在这个案例研究中，P&T 公司 CEO 最关心的问题是什么？
2. 公司要求金做什么？

6.2　运输问题的特征

运输问题的模型

为了介绍运输问题的模型，我们应该使用比 P&T 公司的问题更具有一般性的例子。一般情况下，运输问题（无论从字面上，还是从比喻上来说）关心的是以最低的总配送成本把供应中心（称为**出发地**（source））的任何产品送到每一个接收中心（称为**目的地**（destination））。运输问题的具体应用——P&T 公司问题与运输问题的一般模型之间在术语上的对应关系如表 6-4 所示。

正如表 6-4 第四行和第五行所示，每个出发地都有一定的**供给量**（supply）配送到目的地，每个目的地都有一定的**需求量**（demand）接收自

表 6-4　运输问题的术语

P&T 公司问题	一般模型
豌豆罐头的车数	商品数量
食品罐头厂	出发地
仓库	目的地
罐头厂的产量	出发地的供给量
对仓库的分配量	目的地的需求量
从罐头厂到仓库的每车运输成本	从出发地到目的地的单位配送成本

出发地。运输问题的模型在供应量和需求量这两方面做出了如下假设：

需求假设（requirements assumption）：每一个出发地都有固定的供给量，所有的供给量都必须配送到目的地。与之类似，每一个目的地都有固定的需求量，所有的需求量都必须由出发地满足。

供给量正好等于需求量的假设，意味着需要在所有出发地的总供给量与所有目的地的总需求量之间做出平衡。

可行解特性（feasible solutions property）：当且仅当供给量的总和等于需求量的总和时，运输问题才有可行解。

幸运的是，表 6-1 表明，P&T 公司问题中总供给量和总需求量都是 300 车，因此总供给量等于总需求量。

在某些实际问题中，供给量实际上代表的是所要配送产品的最大数量（而不是一个固定的数值），同时，需求量实际上也代表着所能接收的最大数量（也不一定是个固定值）。这些问题并不符合运输问题的模型，因为它们不满足需求假设，所以它们是运输问题的变形问题。幸运的是，如果使用 Solver 对这些问题求解，就可以很容易得到这些变形问题的电子表格模型。对此我们将在第 6.3 节中进行说明。

表 6-4 的最后一行给出了配送货物的单位成本。这一成本对于任何运输问题都有下面的基本假设。

成本假设（cost assumption）：从任何一个出发地到任何一个目的地的货物配送成本与所配送的货物数量成线性比例关系。因此这个成本就等于单位配送成本乘以所配送的货物数量。

运输问题所需要的数据只有供给量、需求量和单位运输成本。这些是模型的参数。所有这些参数都可以总结在一个表格中，称之为参数表。P&T 公司问题的参数表如表 6-5 所示，该表对这个问题的模型进行了总结（包括每一行和每一列标题的描述）。

模型（model）：如果一个问题满足以下条件，那么这个问题（不管其中是否涉及运输）都适用于运输问题模型，最终目的都是要使总成本最小：①可以完全被描述为表 6-5 所示的参数表形式，明确出发地、目的地、供给量、需求量和单位成本；②符合需求假设和成本假设。

表 6-5 P&T 公司问题的参数表

目的地（仓库）	单位成本（美元）				供应
出发地（食品罐头厂）	萨克拉门托	盐湖城	拉皮德城	阿尔伯克基	
贝林汉	464	513	654	867	75
尤金	352	416	690	791	125
艾伯特利	995	682	388	685	100
需求	80	65	70	85	

因此，把一个问题构建成运输问题只需要填好一张如表 6-5 所示的参数表，并不需要建立正式的数学模型（虽然今后我们会为了举例而建立这样的模型）。

第 3.5 节中提到的大 M 公司的运输网络问题也是运输问题的一个例子。在该例中，公司需要将两个工厂生产的车床运往三个顾客处，目标是使总运输成本最小。表 3-9 与表 6-5 以同样的格式提供了该问题需要的数据，工厂即出发地，它们的产量就是供应量，顾客是目的地，其订货量就是需求量。

使用 Excel 建立并求解运输问题

第 3.5 节描述了如何为大 M 公司的问题建立电子表格模型。我们现在为 P&T 公司建立同样的模型。

该问题要制定的决策是将多少豌豆罐头从罐头厂运往各个仓库。约束条件是每个罐头厂的总配送量要等于其产量（供给量），配送到每个仓库的配送量要等于该仓库所需的分配量（需求量）。总体绩效度量指标是总运输成本，所以目标是使总运输成本最小。

根据这些信息，我们建立了如图 6-2 所示的电子表格。表 6-5 中的所有数据都显示在如下单元格中：单位成本（D5:G7）、供应量（J12:J14）、需求量（D17:G17）。运输量的决策由可变单元格"运输量"（D12:G14）给出。输出单元格是"总输出量"（H12:H14）和"总接收量"（D15:G15），输入这些单元格中的 SUM 函数显示在图 6-2 的底部。约束条件"总输出量（H12:H14）= 供给量（J12:J14）""总接收量（D15:G15）= 需求量（D17:G17）"已经表示在表格中并被输入 Solver 对话框中。目标单元格是总成本（J17），其 SUMPRODUCT 函数显示在了图 6-2 的右下角。Solver 对话框表明目标是使目标单元格最小化。其中一个 Solver 选项表明所有运输量必须是非负的。另外一个 Solver 选项表明这个运输问题也是一个线性规划问题（这一点将在本节稍后部分介绍）。

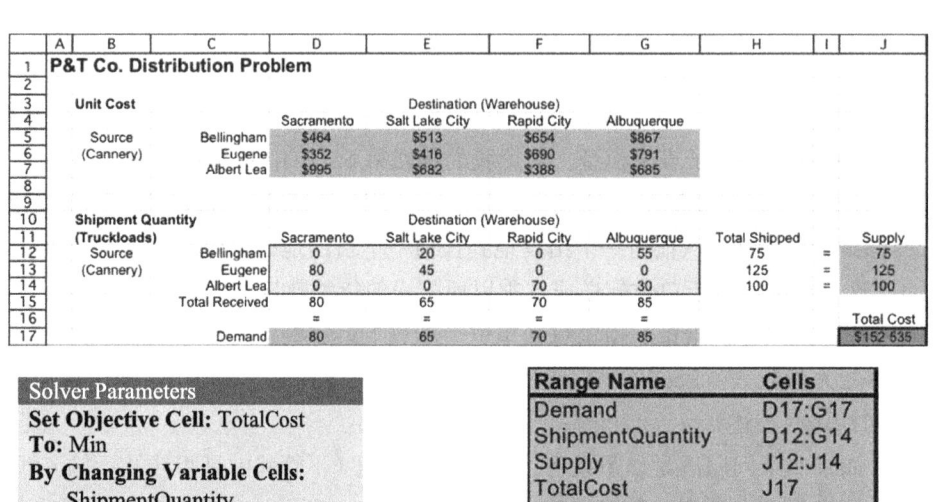

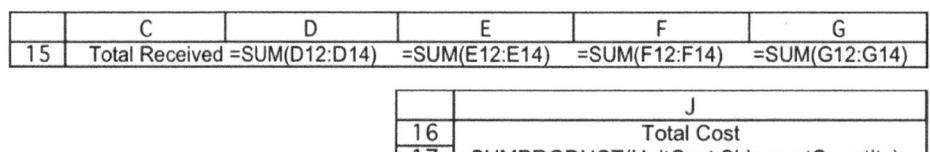

图 6-2　作为运输问题的 P&T 公司的电子表格

注：图中包括目标单元格（J17）和其他输出单元格（H12:H14）、（D15:G15）以及对 Solver 的设定。可变单元格（D12:G14）显示了 Solver 求解得到的最优运输计划。

开始进行求解前，可以在可变单元格中输入任意数值（如 0）。在按下"Solver"按钮之后，Solver 就会使用单纯形法来求解运输问题，并确定每一个决策变量的具体数值。最优解如图 6-2 中的单元格"运输量"（D12:G14）所示，所得到的目标单元格"总成本"（J17）为 152 535 美元。

运输问题的网络表述

用图形方式直观表示运输问题的一种好方法就是使用网络图。这种表述方法忽略了出发地和目的地在地理上的布局，它只是在左端把出发地列成一列（其中 S1 表示出发地 1），在右端把目的地列成另一列（其中 D1 表示目的地 1）。图 6-3 显示了 P&T 公司运输问题的网络图。关于出发地（罐头厂）和目的地（仓库）的各种数据在图 6-1 中已给出。箭头表示运输豌豆罐头的可能路径。箭头上的数字表示了该路径上每车的运输成本（单位：美元）。由于图中包含了供应量和需求量，也具备表 6-5 中的所有数据，因此，这种网络表述是总结运输问题模型的替代方法。

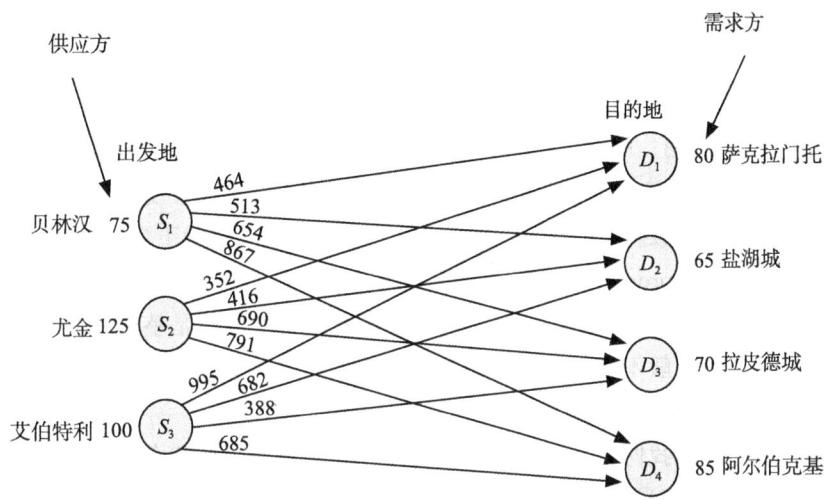

图 6-3 P&T 公司运输问题的网络表述图

注：该图显示了表 6-5 中的所有数据。

由于第 3.5 节描述的大 M 公司问题也是一个运输问题，所以它也有类似于图 6-3 那样的网络表述图，即图 3-9。

对于比 P&T 公司运输问题规模更大的问题，要想画出完整的网络图并标示出所有数据，不是很方便，因此，网络表述图主要是一种形象化的工具。

回忆第 3.5 节中我们曾经描述了通过配送网络进行配送的问题，它是一种重要类型的线性规划问题。图 3-9 和图 6-3 的网络只是配送网络中比较简单的一种，在此图中每一条配送途径都仅仅从出发地直接连接到目的地。因此，运输问题是一种特殊的网络配送问题。

第 7 章将会介绍一些通过配送网络进行配送的网络优化问题，且第 7.1 节将会指出运输问题是一种特殊类型的"最小费用流"问题，这类问题通常涉及货物通过配送网络进行流动。

运输问题是一种线性规划问题

为了证明 P&T 公司问题（或其他运输问题）实际上是一种线性规划问题，我们需要用代数的形式建立它的数学模型。

使用图 6-1 中的罐头加工厂和仓库的数据，令 x_{ij} 表示从第 i 个罐头加工厂运送到第 j 个仓库的车数，其中 $i=1, 2, 3$；$j=1, 2, 3, 4$。我们的目标是确定这 12 个决策变量的值，使得：

最小化 成本 $= 464x_{11} + 513x_{12} + 654x_{13} + 867x_{14} + 352x_{21} + 416x_{22}$
$\qquad + 690x_{23} + 791x_{24} + 995x_{31} + 682x_{32} + 388x_{33} + 685x_{34}$

约束条件

$x_{11} + x_{12} + x_{13} + x_{14} \qquad\qquad\qquad\qquad\qquad = 75$

$\qquad\qquad\qquad x_{21} + x_{22} + x_{23} + x_{24} \qquad\qquad\qquad = 125$

$$
\begin{aligned}
& & x_{31}+x_{32}+x_{33}+x_{34} & = 100 \\
x_{11} & \quad +x_{21} \quad & +x_{31} \quad\quad\quad\quad & = 80 \\
x_{12} & \quad +x_{22} \quad & +x_{32} \quad\quad\quad\quad & = 65 \\
x_{13} & \quad +x_{23} \quad & +x_{33} \quad\quad\quad\quad & = 70 \\
x_{14} & \quad +x_{24} \quad & +x_{34} \quad\quad\quad\quad & = 85
\end{aligned}
$$

且 $\quad x_{ij} \geq 0\ (i=1,2,3;\ j=1,2,3,4)$

因此，这的确是一个线性规划问题。

P&T公司总是装满一卡车的豌豆罐头进行运输，因为如果卡车不能装满的话，就会变得不经济。这就表示 x_{ij} 代表一个整数值（0，1，2，3，…），为了避免在得到的最优解中存在小数，我们可以加上另一组约束：每一个 x_{ij} 都应该是一个整数值。这就使该线性规划问题转化为整数规划问题。这种规划较难求解（回忆我们在第3章以及将要在第8章讨论的整数规划问题）。幸运的是，由于运输问题的下列性质，这种转化是不必要的。

整数解性质（integer solutions property）：只要问题中的供应量和需求量都是整数，任何有可行解的运输问题最终求出的解必然都是整数最优解。因此，没有必要加上所有决策变量都是整数这一约束条件。

当处理运输问题时，管理者一般不会以代数形式列出完整的线性规划模型，这样比较麻烦。因为所有的基本数据都可以在如表6-5所示的表格或相应的电子表格中简明地表示出来。

在处理该线性规划问题之前，我们先重点研究一下等号左边那些函数约束条件，就会注意到，各个系数不是1就是0（此时函数中不出现此变量）。同时注意系数1出现位置的特殊模式，例如每个变量都恰好在两个约束中出现系数1。这些特征非常重要，能够为高效地解决运输问题起到关键作用。

运输问题的求解

因为运输问题是一种特殊类型的线性规划问题，所以可以使用**单纯形法**（Excel用来解决线性规划问题的一种方法）来解决。但是，由于前面所讲到的函数约束条件中系数的特征，我们可以对单纯形法进行简化，以更加简便地求解运输问题。单纯形法的这种简化形式被称为**运输单纯形法**（transportation simplex method）。有时候用这些简化的方法来处理一些大型的问题要比使用常规的单纯形法快100倍以上。但是，这种方法只能在运输问题中使用。

正如我们在前面讲到的运输问题一样，其他最小费用流问题（在第7.1节中介绍）的函数约束系数也存在类似的特征。因此，单纯形法同样可以像运输单纯形法一样，经过简化来快速求解任何一种最小化费用流的问题（包括运输问题）。这种简化后的单纯形法被称为**网络单纯形法**（network simplex method）。

线性规划软件中通常含有网络单纯形法，也可能包含运输单纯形法。但是当软件包中只有网络单纯形法的时候，它便为解决运输问题提供了另一种途径。实际上，与运输单纯形法相比，近年来，网络单纯形法越来越有竞争力。

在得到最优解之后，像第5章中讲到的其他线性规划问题一样，需要对运输问题进行 what-if 分析。无论是运输单纯形法还是网络单纯形法，都可以得到一个在使最优解保持不变的情况下，目标函数中每个系数的允许变化范围。对约束函数右侧值（供应量和需求量）的变化进行处理就会变得非常复杂，因为供应量的和与需求量的和必须相等。因此，供应量变化必然同时伴随着需求量的变化，反之亦然。

因为Solver不能用来解决现实中大型的线性规划问题，而只是简单地使用单纯形法解决运输问题以及本书中出现的其他最小费用流的问题（也能解决规模相对大的问题），所以，我们将继续使用Solver而不使用网络单纯形法和运输单纯形法。

完成 P&T 公司的案例研究

现在，我们可以总结故事的结局——P&T 公司管理科学团队将如何大幅改进表 6-2 所示的当前运输计划，该计划的运输总成本为 165 595 美元。

你已经看到金·贝克如何通过填写表 6-5 所示的参数表来把这个问题转化成运输问题。相应的电子表格描述如图 6-2 所示。运行 Solver 之后，单元格 ShipmentQuantity（D12:G14）中给出了最优解。

需要注意的是，这个最优解与我们的直观感觉并不相符。虽然将罐头从贝林汉送到阿尔伯克基的单位成本比送到其他仓库高得多（每车 867 美元），但在贝林汉供应的 75 车罐头中，还是有 55 车送到了阿尔伯克基。然而，牺牲加工厂 1 可以使加工厂 2 和加工厂 3 能够以低运输成本进行运输。虽然用手工的方法很难找到最优解，但使用 Solver 中的单纯形法就能够很快找出最优解。

正如目标单元格 TotalCost（J17）中给出的，这个最优计划的总运输成本为

$$总运输成本 = 20 \times 513 + 55 \times 867 + 80 \times 352 + 45 \times 416 + 70 \times 388 + 30 \times 685$$
$$= 152\ 535$$

与当前计划相比，新计划的成本减少了 13 060 美元。理查德·鲍沃斯很高兴地将成本降低的信息告诉公司 CEO 道格拉斯·惠特森。道格拉斯祝贺他以及金·贝克在节约成本上取得的成绩。

运输问题的一个获奖应用

除了规模比较小以外，P&T 公司问题是许多公司都会遇到的把货物从制造工厂运送给顾客的典型问题之一。

例如，宝洁公司就曾做过一项管理科学研究（《*Interfaces*》，1997，1-2），并因此获奖。在进行研究前，宝洁公司的供应链中包含几百个供应商、50 多个产品品种、60 多个工厂、15 个配送中心以及 1 000 多个顾客群。然而，由于公司进入了国际市场，管理人员意识到很有必要合并其中的一些工厂，以达到减少制造成本、提高进入市场速度以及减少资金投入的目的。因此，研究着重于重新设计公司在北美地区的制造和配送体系。研究最终得到的结果是北美工厂减少了 20% 的成本，公司每年节省了 2 亿美元的税前成本。

该研究的一个重点内容就是为每种类型的产品单独设计运输问题并求解。针对各家工厂是继续经营还是关闭的问题，求解每一种产品从各工厂运送产品到配送中心或顾客所在区域所需的配送成本是多少，然后根据求出的成本制定决策。在寻找新的最好的生产和配送体系过程中，公司解决了许多类似的运输问题。

问题回顾

1. 用一句话来描述什么是运输问题？
2. 运输问题模型所需要的数据是什么？
3. 把一个问题设计成运输问题需要做哪些工作？
4. 如果一个运输问题有可行解，需要哪些条件？
5. 在什么情况下，运输问题会自动得到一个所有变量都是整数的最优解？
6. 说出在解决运输问题时比一般的单纯形法快得多的两种方法。

6.3 对变形的运输问题建模

P&T 公司问题是非常典型的运输问题，它符合运输问题的每一个条件。但是在现实生活中，这种情况很少出现，而经常出现的是一些类似运输问题，但其中一个或几个特征并不符合运输问题条件的线性规划问题。

下面是本节中我们将要讨论的一些特征：

（1）总供给量大于总需求量，因此每一个供给量代表了从出发地配送出去的最大数量（而不是一个固定的数量）。

（2）总供给量小于总需求量，因此每一个需求量代表了目的地所能接收的最大数量（而不是一个固定的数量）。

（3）一个目的地同时存在最大需求和最小需求，因此，所有在这两个数之间的数量都是可以接受的。

（4）在配送中不能使用特定的"出发地—目的地"组合。

（5）问题的目标是使与配送数量有关的总利润最大而不是总成本最小。

对以上任何一个特征来说，我们都有可能用恰当的方式重新描述这个问题，使得它符合运输问题的形式。对于规模很大的问题（包含成百上千个出发地和目的地的问题），完成这个转化的步骤将会非常有用，因为不管是运输单纯形法还是网络单纯形法，求解此类问题的速度要比用单纯形法求解一般的线性规划问题快很多（有时甚至快100多倍）。

然而，当问题的规模不是很大的时候，用单纯形法仍然能够在可以接受的时间里求解一般的线性规划问题。因此，包含了单纯形法但没有运输单纯形法或者网络单纯形法的基本软件包（如 Excel Solver）也可以应用于这类问题，不需要把它们的形式转化为运输问题的形式。这也就是我们要用的方法。特别地，本节重点介绍了如何为具有以上特征的运输问题进行变形，并为其建立电子表格模型。

下面的第一个例子关注的是特征（1）和特征（4）。第二个例子关注其他特征。

例一：指定工厂生产产品

拜特产品公司（Better Products）决定由现在的三个产能过剩的工厂来生产四种新产品。每单位产品需要等量的生产能力，所以，工厂的可用生产能力可以用每天生产的任何一种产品的数量来衡量。这些数据在表 6-6 的最右边一列给出。最后一行给出了要求的产品生产率（每天生产的产品数量），以满足计划的销售量。除了工厂 2 不能生产产品 3 之外，每个工厂都可以制造这些产品。然而，每种产品在不同工厂生产的单位成本是不同的，如表 6-6 所示。

现在管理者需要决定在哪个工厂生产哪种产品。产品生产是允许分解（product splitting，即同一种产品可以在多个工厂进行生产）的（我们将在第 6.7 节中继续讨论这个例子来研究不允许进行产品生产分解的情况，当然，这种情况需要用另一种方式来描述）。

表 6-6 拜特产品公司问题中的相关数据

	单位成本（美元）				可用产能
	产品 1	产品 2	产品 3	产品 4	
工厂 1	41	27	28	24	75
工厂 2	40	29	—	23	75
工厂 3	37	30	27	21	45
要求的产量	20	30	30	40	

建立电子表格模型

这个问题差不多是一个运输问题。实际上，如果将表 6-6 中的行标和列标的术语换一种说法（供给、需求等），那么这个表基本上符合运输问题的形式，如表 6-7 所示。但是这个问题有两个方面不同于运输问题。

其中一个较小的不同是：运输问题需要有每个出发地到每个目的地的单位成本，而本问题中，工厂 2 不能生产产品 3，所以，也就没有该处的单位成本。另外一个不同是：如表 6-7 所示，总供给量

表 6-7 作为运输问题的变形问题，拜特产品公司问题中的相关数据

	单位成本（美元）				供给
	目的地（产品）1	目的地（产品）2	目的地（产品）3	目的地（产品）4	
出发地（工厂）1	41	27	28	24	75
出发地（工厂）2	40	29	—	23	75
出发地（工厂）3	37	30	27	21	45
需求	20	30	30	40	

(75+75+45=195)高于总需求量(20+30+30+40=120),因此,由可行解性质(第6.2节)可知,表6-7所示的这个问题不会有可行解,因为需求假设(第6.2节)表明:来自每一个出发地的供给都应该被使用。

在实际中,为了满足产品销售的需求,表6-7中这些代表生产能力的供给量不会被全部使用,因此,这些供给量在数量上是使用量的上限。

图6-4所示的该问题的电子表格模型与图6-2所示的P&T公司问题的模型有两个非常关键的不同点:首先,由于工厂2不能生产产品3,所以在单元格E5中输入了一条短横线,在Solver对话框中包含了约束E12=0。其次,因为供给量是上限,所以在单元格H11:H13中我们需要用"≤"而不是用"=",在Solver对话框中的相应约束为ProducedAtPlant(G11:G13)≤Capacity(I11:I13)。

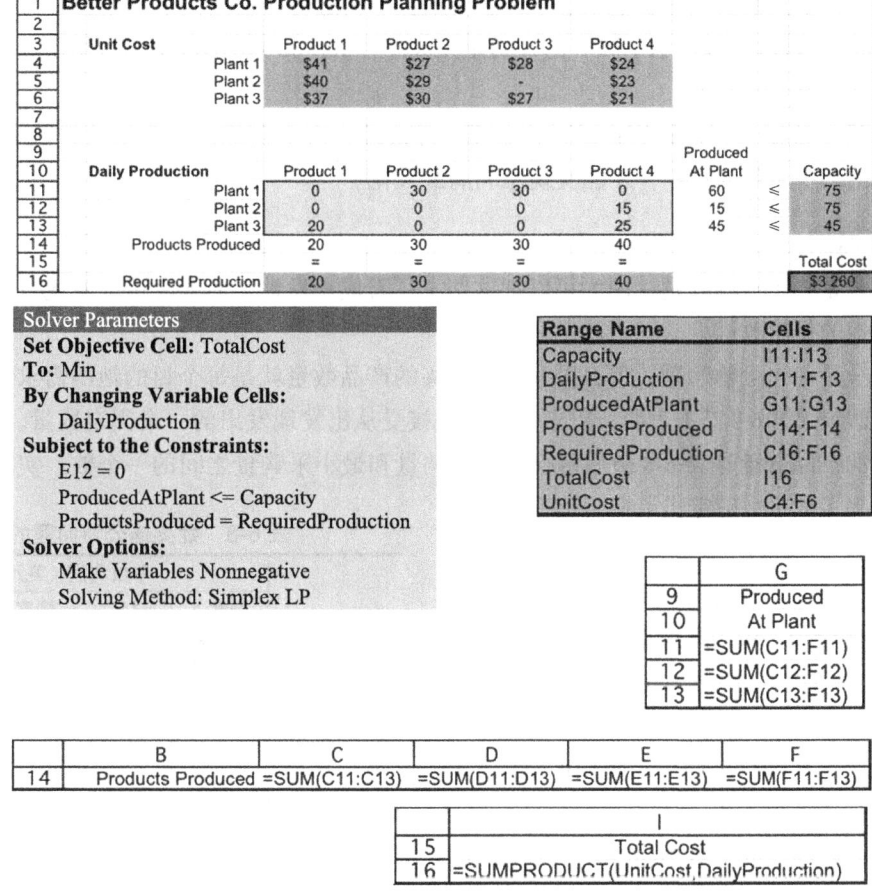

图6-4 将拜特产品公司问题作为运输问题变形的电子表格模型

注:图中包括目标单元格TotalCost(I16)和其他输出单元格ProducedAtPlant(G11:G13)、ProductsProduced(C14:F14)以及其他建立模型需要的说明。可变单元格DailyProduction(C11:F13)显示了通过Solver得到的最优生产方案。

运行Solver进行求解,我们就得到可变单元格DailyProduction(C11:F13)中所示每一家工厂的每种产品生产率的最优解。该解使得从195个单位的总供给量中配送120单位以满足目的地120个单位需求的配送成本最小。目标单元格TotalCost(I16)给出的总成本为每天3 260美元。

例二:顾客选择

妮芙迪公司(The Nifty Company)有三个工厂专门生产一种产品。这种产品品质优良,因此公司现在收到了很多订单，产品处于供不应求的状态。公司也正在努力扩大生产，甚至计划建立一个新的工厂，但是这个新的工厂要等到明年才能投入运营。

在接下来的一个月里，有四个位于国内不同地区的潜在客户（批发商）要大量订购该产品。顾客 1 是公司最好的顾客，所以它的全部订单都应该满足；顾客 2 和顾客 3 也是公司很重要的顾客，所以营销经理认为作为最低限度至少要满足其订单的 1/3；对于顾客 4，销售经理认为并不需要进行特别考虑，所以可以不向这位顾客供给货物。这样一来，就有足够的货物满足前面三个顾客的最低要求。

由于运输成本上的显著差异，销售单位产品得到的净利润也各不相同，这在很大程度上取决于由哪个工厂向哪个顾客供货。因此，向每一个顾客供给多少货物（多于营销经理所确定的最少数量）的最终决策应该基于利润最大化。

每一种"工厂—顾客"组合的单位利润如表 6-8 所示。最右边的一列给出了下个月中每个工厂能够生产的数量（总量为 20 000），最后一行显示了顾客的订购量（总量为 30 000）；倒数第二行给出了基于营销经理的决策的最少供给量（总量为 12 000）。

现在，营销经理要确定向每位顾客供给的产品数（考虑最少需要向某位顾客供给的数量），以及每一个工厂向每一位顾客供给多少单位的货物，才能实现总利润最大化。

建立电子表格模型

该问题也差不多是一个运输问题，因为可以把这些工厂看成出发地，而顾客可以看成目的地，这里工厂的生产数量就是出发地的供给数量。

如果该问题完全是一个运输问题，那么顾客想要购买的产品数量就是每个目的地的需求量。然而，事实并非如此，因为需求假设（第 6.2 节）表明，需求量必须是接受从出发地发出的一个固定数量。除了顾客 1 之外，其他顾客所能购买的产品数量是表 6-8 最后两行最大采购量和最小采购量之间的一个数。实际上，我们的目的之一就是要在这些购买数量中确定出最期望出现的值。

图 6-5 显示了这个变形的运输问题的电子表格模型。在此，可变单元格下面那行不是需求行，而是代表了需求的最小值和最大值。Solver 对话框中相应的约束为 TotalShipped（C17:F17）≤ MaxPurchase（C19:F19）和 TotalShipped（C17:F17）≥ MinPurchase（C15:F15），除此之外，还有一些通常的供应约束。我们的目标是使总利润最大化而不是成本最小化，这一点在 Solver 对话框中表示出来就是要使目标单元格 ToalProfit（I17）最大。

表 6-8 妮芙迪公司问题的相关数据

	单位利润（美元）				产量
	顾客 1	顾客 2	顾客 3	顾客 4	
工厂 1	55	42	46	53	8 000
工厂 2	37	18	32	48	5 000
工厂 3	29	59	51	35	7 000
最小采购量	7 000	3 000	2 000	0	
要求采购量	7 000	9 000	6 000	8 000	

点击 Solver "求解"之后，我们就得到了图 6-5 所示的最优解。单元格 TotalShipped（C17:F17）显示了要向每位顾客供给的产品数量。可变单元格 Shipment（C11:F13）中列出了每一个工厂向每位顾客提供的货物的数量，目标单元格 ToalProfit（I17）中显示出总利润为 1 076 000 美元。

问题回顾

1. 如果某个问题是一个变形的运输问题，其约束条件为：每个出发地的供应量代表了从该地配送出去的产品的最大值，而不是固定值（不是一定要全部配送出去）。在这种情况下，我们应该怎样建立电子表格模型？

2. 如果某个问题是一个变形的运输问题，其约束条件为：每个目的地的需求量可以是处于最大值和最小值之间的任意值，而不是一个固定值。在这种情况下，我们应该怎样建立电子表格模型？

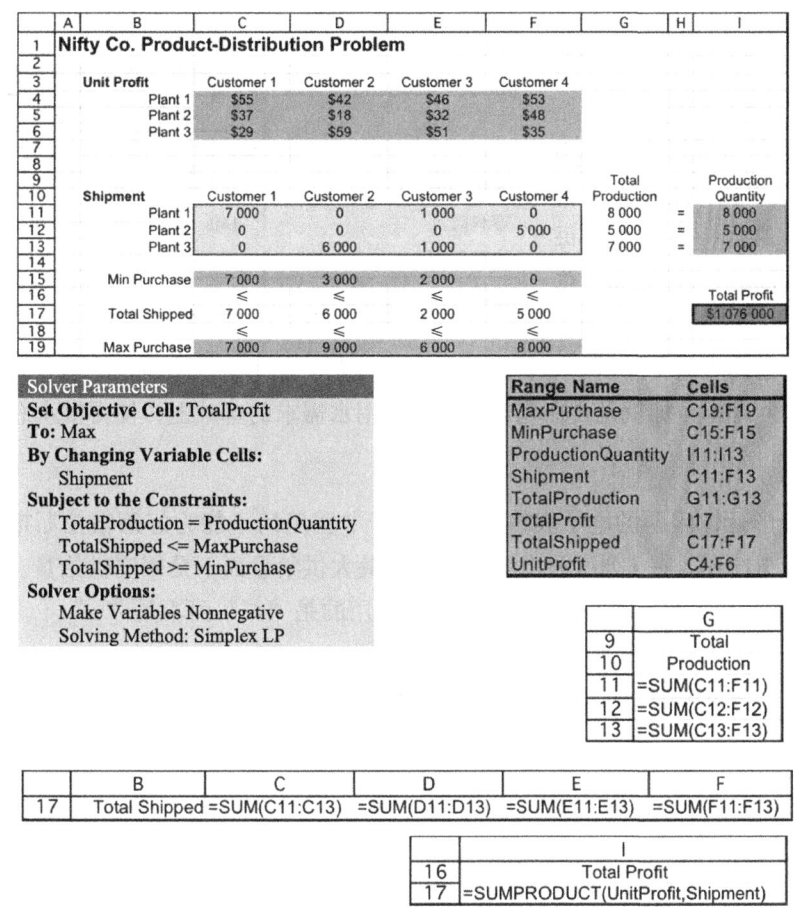

图 6-5 将妮芙迪公司作为变形的运输问题建立的电子表格模型

注：模型中包含了目标单元格 TotalProfit（I17）和其他输出单元格 TotalProduction（G11:G13）、TotalShipped（C17:F17）以及建立模型需要说明的其他内容。可变单元格 Shipment（C11:F13）显示的是通过 Solver 求解后得到的最优生产配送计划。

6.4 运输问题及其变形问题的一些其他应用

目前为止，我们已经列举了三类运输问题及其变形问题的例子：

（1）运送货物（P&T 公司问题）。
（2）指定工厂生产产品（拜特产品公司问题）。
（3）顾客选择（妮芙迪公司问题）。

本节中，我们将举例说明运输问题及其变形问题在其他领域（但远远不是全部）的一些应用。

自然资源的分配

米德罗水管局（Metro Water District）是一家管理着广阔地域水资源分配的机构。由于该地区非常干燥，所以水管局需要从外地引水。引入的水来自哥伦布河、赛科隆河以及卡罗里河这三条河流。引入这些水之后，该机构把水转卖给该地区的用户。它的主要客户是伯迪诺、洛斯戴维斯、圣哥以及好莱格拉斯等城市的供水部门。

除了从卡罗里河引入的水不能供给好莱格拉斯之外，其余从任一河流引入的水都可以供给这四个城市。然而，由于该地区输水管道和城市地理分布上的不同，水管局的供水成本主要取决于水的来源以及供给的城市。对于每一个水源到城市的可能组合，每英亩英尺[○]的成本已在表6-9中列出。

表6-9的最后一行列出了在未来一年中每座城市的用水量（单位为100万英亩英尺，总量为12.5）。最后一列给出了每一年从每一条河流中可能引入的水量（总量为16）。

表 6-9 米德罗水管局的水资源数据

	每英亩英尺的成本（美元）				供应量（100
	伯迪诺	洛斯戴维斯	圣哥	好莱格拉斯	万英亩英尺）
哥伦布河	160	130	220	170	5
赛科隆河	140	130	190	150	6
卡罗里河	190	200	230	—	5
需求量（100万英亩英尺）	2	5	4	1.5	

由于总供给量大于总需求量，所以管理者需要确定从每条河流中引入多少水，以及从每条河流中分配多少水到每一个城市。这个问题的目标就是要在满足每座城市用水需求的基础上，使得供水总成本最小。

建模并求解

图6-6显示了该变形运输问题的电子表格模型。由于卡罗里河不能为好莱格拉斯市供水，所以在Solver的对话框中包含了约束F13=0。在I列所列出的供给量是最大供给量而不是固定供给量。所以，在相应的约束TotalFromRiver（G11:G13）≤Available（I11:I13）中，使用的是"≤"而不是"="。

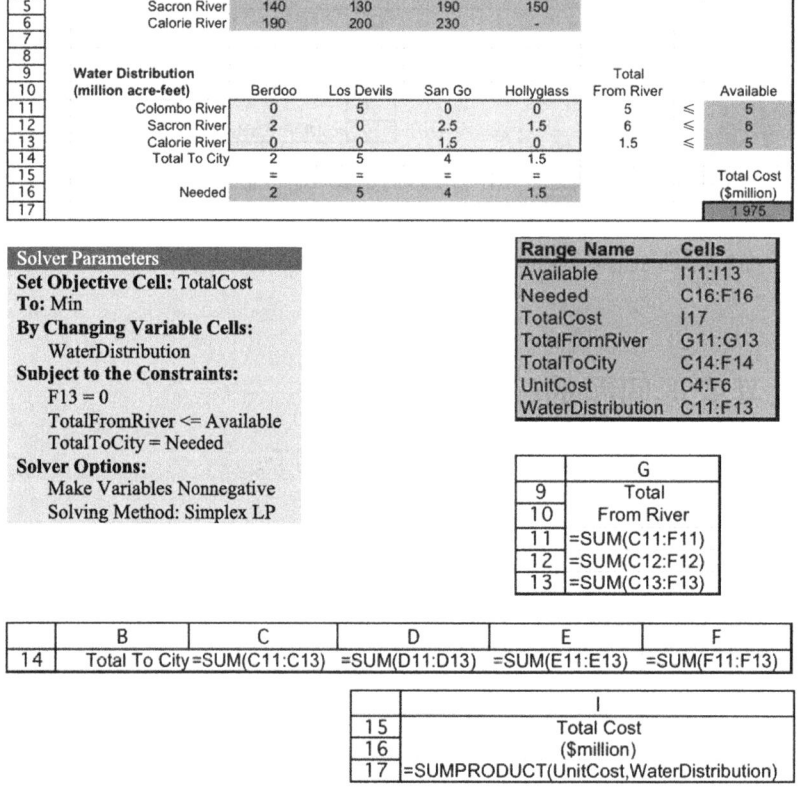

图6-6 将米德罗水管局问题作为变形的运输问题所建的电子表格模型

注：其中包括目标单元格TotalCost（I17）和其他输出单元格TotalFromRiver（G11:G13）、TotalToCity（C14:F14）以及其他建模需要的内容。可变单元格WaterDistribution（C11:F13）给出了通过Solver求解后得到的最优水资源分配方案。

○ 英亩英尺，acre foot，体积单位，主要用于美国，相当于1 233.5立方米。——译者注

如图 6-6 所示，Solver 给出了最优解。单元格 TotalFromRiver（G11:G13）表明哥伦布河和赛科隆河这两条河流应该将其可供能力范围内的水全部提供，但有 500 万英亩英尺供给能力的卡罗里河只能提供 150 万英亩英尺。可变单元格 WaterDistribution（C11:F13）提供了每一条河流向每一个城市的供水量。目标单元格 TotalCost（I17）给出了总供水成本为 19.75 亿美元。

生产计划安排

北方飞机制造公司（Northern Airplane Company）为全球的航空公司生产制造各种商务飞机。制造过程的最后一个阶段是生产喷气发动机并把它们安装到已经完成的飞机框架中去（这个操作很快）。公司一直是按订单进行生产，不久就要交付大量飞机，因此现在必须为未来 4 个月的发动机生产制订计划。

为保证按时交货，公司必须按照表 6-10 第二列所示的计划数量来供应需要安装的发动机。因此，在 1～4 月的各月末最少需要完成的发动机数量分别为 10、25、50、70。

在此期间，由于其他产品的生产、保养以及维修工作的安排不同，可供生产这种发动机的设备的生产能力也会有所不同。表 6-10 第三列给出了在正常时间（没有加班）内每月的最大生产数量。第四列给出了能够在加班时间内生产的数量。第五列和第六列分别给出了在正常时间和加班时间内每生产一台发动机的成本。

表 6-10 北方飞机制造公司问题的生产计划安排数据

月份	计划安装量（台）	最大产量（台）		单位生产成本（万美元）		单位存储成本（万美元）
		正常时间	加班时间	正常时间	加班时间	
1	10	20	10	108	110	1.5
2	15	30	15	111	112	1.5
3	25	25	10	110	111	1.5
4	20	5	10	113	115	

由于生产成本的不同，我们可以在计划安装之前，提前一个月或几个月，在成本较低的那个月多生产一些发动机。但是这种方法也有缺点，由于生产出的这些发动机需要在进行安装之前存储起来（因为飞机框架不能提前准备好），而每月每台发动机的存储成本为 15 000 美元（包括了所花费资金的利息）⊖，如表 6-10 最后一列所示。

现在，生产经理需要制订出每月生产多少台发动机的计划，使得制造和存储的总成本最小。

建模并求解

图 6-7 显示了该变形运输问题的模型。喷气发动机的出发地是这 4 个月中每个月正常时间以及加班时间的生产量。表 6-10 中第三列和第四列给出了它们的供给量。发动机的目的地是这 4 个月中每月的安装量，也即每月的需求量，如表 6-10 第二列所示。

在发动机生产出来之前进行安装是不可能的。所以，在 Solver 对话框中包含了这样的约束：在发动机生产出来之前的情况下，安装的数字应该是 0。同样，在这些情况下，参数表中应该插入短横线。结合表 6-10 中第五列和第六列的单位成本以及最后一列的存储成本（单位发动机的月存储成本为 1.5 万美元），就可以得到参数表中显示的单位成本，输入单元格 UnitCost（D13:G20）中的公式在图 6-7 所示表格后面给出。因为 MaxProduction（J25:J32）中的数值代表了可以生产的最大数量，所以在 I 列中使用了"≤"符号。Solver 对话框中列出了相应的供应约束为 Produced（H25:H32）≤ MaxProduction（J25:J32），同时也给出了一些一般的需求约束。

⊖ 为便于建模，我们假设对于那些存放到下个月才安装的发动机，其存储成本发生在月末。因此，在某一个月内生产出的发动机如果在该月内安装，则它的存储成本为 0。

	A	B	C	D	E	F	G	H	I	J
1		Northern Airplane Co. Production-Scheduling Problem								
2										
3		Production Cost		Regular		Storage Cost				
4		($millions)		Time	Overtime	($millions per month)				
5			Month 1	1.08	1.10		0.015			
6			Month 2	1.11	1.12					
7			Month 3	1.10	1.11					
8			Month 4	1.13	1.15					
9										
10										
11		Unit Cost			Month Installed					
12		($millions)		1	2	3	4			
13			1 (RT)	1.08	1.10	1.11	1.13			
14			1 (OT)	1.10	1.12	1.13	1.15			
15			2 (RT)	-	1.11	1.13	1.14			
16		Month	2 (OT)	-	1.12	1.14	1.15			
17		Produced	3 (RT)	-	-	1.10	1.12			
18			3 (OT)	-	-	1.11	1.13			
19			4 (RT)	-	-	-	1.13			
20			4 (OT)	-	-	-	1.15			
21										
22										
23					Month Installed					Maximum
24		Units Produced		1	2	3	4	Produced		Production
25			1 (RT)	10	5	0	5	20	≤	20
26			1 (OT)	0	0	0	0	0	≤	10
27			2 (RT)	0	10	0	0	10	≤	30
28		Month	2 (OT)	0	0	0	0	0	≤	15
29		Produced	3 (RT)	0	0	25	0	25	≤	25
30			3 (OT)	0	0	0	10	10	≤	10
31			4 (RT)	0	0	0	5	5	≤	5
32			4 (OT)	0	0	0	0	0	≤	10
33			Installed	10	15	25	20			
34				=	=	=	=			Total Cost
35			Scheduled Installations	10	15	25	20			($millions)
36										77.4

	B	C	D	E	F	G
11	Unit Cost				Month Installed	
12	($millions)		1	2	3	4
13		1 (RT)	=D5	=D5+StorageCost	=D5+2*StorageCost	=D5+3*StorageCost
14		1 (OT)	=E5	=E5+StorageCost	=E5+2*StorageCost	=E5+3*StorageCost
15		2 (RT)	-	=D6	=D6+StorageCost	=D6+2*StorageCost
16	Month	2 (OT)	-	=E6	=E6+StorageCost	=E6+2*StorageCost
17	Produced	3 (RT)	-	-	=D7	=D7+StorageCost
18		3 (OT)	-	-	=E7	=E7+StorageCost
19		4 (RT)	-	-	-	=D8
20		4 (OT)	-	-	-	=E8

Solver Parameters
Set Objective Cell: TotalCost
To: Min
By Changing Variable Cells:
　UnitsProduced
Subject to the Constraints:
　D27:D32 = 0
　E29:E32 = 0
　F31:F32 = 0
　Installed = ScheduledInstallations
　Produced <= MaxProduction
Solver Options:
　Make Variables Nonnegative
　Solving Method: Simplex LP

Range Name	Cells
Installed	D33:G33
MaxProduction	J25:J32
Produced	H25:H32
ProductionCost	D5:E8
ScheduledInstallations	D35:G35
StorageCost	G5
TotalCost	J36
UnitCost	D13:G20
UnitsProduced	D25:G32

	H
24	Produced
25	=SUM(D25:G25)
26	=SUM(D26:G26)
27	=SUM(D27:G27)
28	=SUM(D28:G28)
29	=SUM(D29:G29)
30	=SUM(D30:G30)
31	=SUM(D31:G31)
32	=SUM(D32:G32)

	C	D	E	F	G
33	Installed	=SUM(D25:D32)	=SUM(E25:E32)	=SUM(F25:F32)	=SUM(G25:G32)

	J
34	Total Cost
35	($millions)
36	=SUMPRODUCT(UnitCost,UnitsProduced)

图 6-7　将北方飞机制造公司问题作为变形运输问题的电子表格模型

注：其中包括目标单元格 TotalCost（J36）和其他输出单元格 UnitCost（D13:G20）、Produced（H25:H32）、Installed（D33:G33）以及其他一些建立模型需要的内容。可变单元格 UnitsProduced（D25:G32）显示了通过 Solver 求解后，得到的最优生产计划安排。

可变单元格 UnitsProduced（D25:G32）给出了该问题的最优解。表 6-11 总结了该最优解的一些关键特征：加班只在 3 月使用了一次。虽然存储发动机的成本很高，但是在 1 月和 3 月中还是多生产了一些发动机，存储起来以供以后使用。虽然 2 月的生产成本要比 3 月高，但 2 月还是生产了足够的发动机，其中有五台被存储起来用于下个月安装。如果人工安排的话，很难实现这样的安排。但是，使用 Excel Solver 却可以很容易地通过衡量需要考虑的所有因素，并力求使总成本下降到绝对最小值，来安排生产计划。其中，图 6-7 的目标单元格 TotalCost（J36）给出了最小成本，为 7 740 万美元。

表 6-11 北方飞机制造公司的最优生产计划

月份	生产量（台）	安装量（台）	存储量（台）
1（正常）	20	10	10
2（正常）	10	15	5
3（正常）	25	25	5
3（加班）	10	0	10
4（正常）	5	20	0

划分学生入学区域

中心城学区（Middletown School District）开办了第三所中学，现在需要为每所学校重新划定这个城市内的服务区域。

初步规划中，该城市被分成了人口大致相同的 9 个区域（在进一步细化的计划中，该城市被分成了 100 多个更小的区域）。表 6-12 给出了每所学校与每一个区域之间的近似距离。最右端那一列显示了明年每一个区域的高中生数量（在未来几年中，估计这些数字会缓慢增长）。最下面的两行给出了每所学校所能够安排的最少和最多的学生数量。

学区管理者决定，划分入学区域界限的适当目标是使学生到学校的平均路程最短。在这个初步规划中，他们要确定为了实现这一目标，每个区域内有多少学生要安排到每所学校中，同时又要满足表 6-12 中最后两行规定的约束条件。

表 6-12 中心城学区问题的相关数据

	距学校的距离（英里）			
	学校 1	学校 2	学校 3	学生数量
区域 1	2.2	1.9	2.5	500
区域 2	1.4	1.3	1.7	400
区域 3	0.5	1.8	1.1	450
区域 4	1.2	0.3	2.0	400
区域 5	0.9	0.7	1.0	500
区域 6	1.1	1.6	0.6	450
区域 7	2.7	0.7	1.5	450
区域 8	1.8	1.2	0.8	400
区域 9	1.5	1.7	0.7	500
最小招生数	1 200	1 500	1 350	
最大招生数	1 800	1 700	1 500	

建模并求解

使所有学生所走的平均路程最短，就是要使所有学生所走路程之和最小。因此，该问题也是一个变形的运输问题——只是单位成本变成了距离。

由于每一所学校都有最大和最小的学生容量，如第 6.3 节妮芙迪公司的案例研究一样，我们在如图 6-8 所示的电子表格模型可变单元格的下面给出了最小值行和最大值行。相应的约束以及一些通常的供应约束也包含在 Solver 对话框中。运行 Solver 后，就会求得最优解，如可变单元格 NumberOfStudents（C17:E25）所示。

最优解给出了如下安排：

- 区域 2 和区域 3 安排给学校 1。
- 区域 1、区域 4、区域 7 安排给学校 2。
- 区域 6、区域 8、区域 9 安排给学校 3。
- 区域 5 分成两个部分，其中 350 名学生安排给学校 1，150 名学生安排给学校 2。

如目标单元格 TotalDistance（H30）所示，所有学生到学校的总路程为 3 530 英里（平均每个学生的路程为 0.872 英里）。

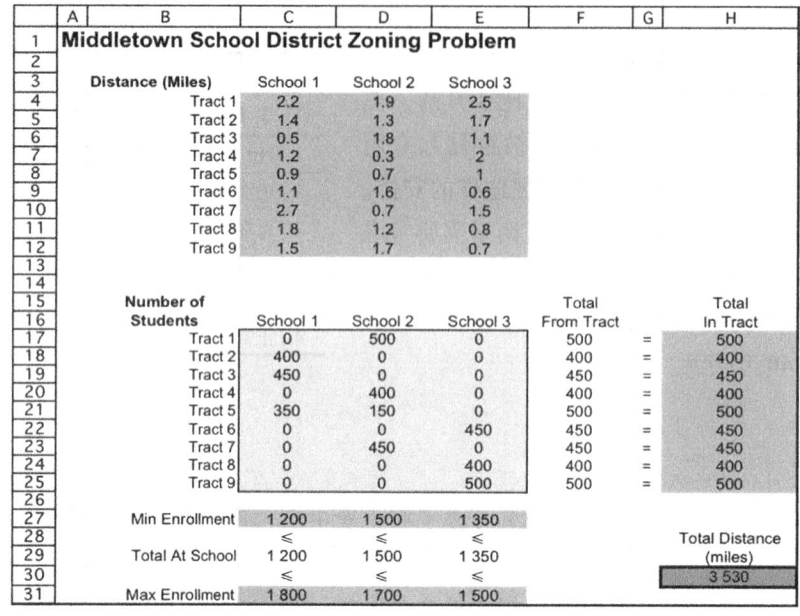

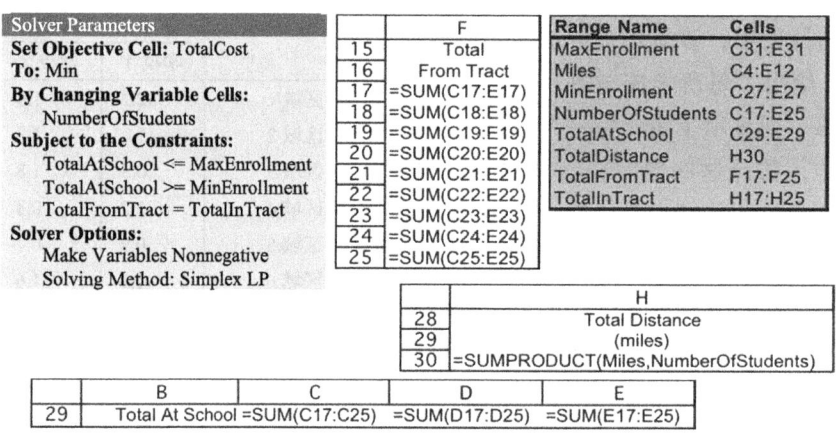

图6-8 将中心城学区问题作为变形的运输问题的电子表格模型

注：其中，包括目标单元格TotalDistance（H30）和其他输出单元格TotalFromTract（F17:F25）、TotalAtSchool（C29:E29）及其他建立模型需要的内容。可变单元格NumberOfStudents（C17:E25）给出了通过Solver求解后，得到的最优分区方案。

以经济的方式满足对能量的需求

活力能源公司（Energetic Company）需要为一座新的建筑物建立能源系统。

建筑物的能源需求主要来自以下三个方面：第一，电；第二，热水；第三，建筑物内取暖。这三类用途的能源需求（以相同的单位衡量）每天分别是10个单位、20个单位和30个单位。

能够满足这三种能源需求的可能的来源是：电、天然气和安装在屋顶上的太阳能加热装置。屋顶的大小决定了太阳能加热装置每天所能提供的最大能源量为30个单位。但是对电和天然气来说，就没有这种限制。

电的需求只能通过购买电来满足，但其他两种能源需求（热水和建筑物内取暖）则可以通过这三种能量来源中的一种或几种的组合得到满足。

表6-13给出了通过这些能源来源来满足能源需求的单位成本。管理层要达到的目标是使得满足这些能源需求的成本最小。

表 6-13　活力能源公司问题的相关成本数据

能源需求	单位成本（美元）		
	电能	热水	建筑物内取暖
能源来源			
电能	400	500	600
天然气	—	600	500
太阳能加热	—	300	400

建模并求解

图 6-9 显示了该变形运输问题的模型。可变单元格 DailyEnergyUse（D12:F14）给出了最优情况下，每种能源来源每天应该使用多少来满足每种能源需求。目标单元格 TotalCost（I18）给出了每天的总成本为 24 000 美元。

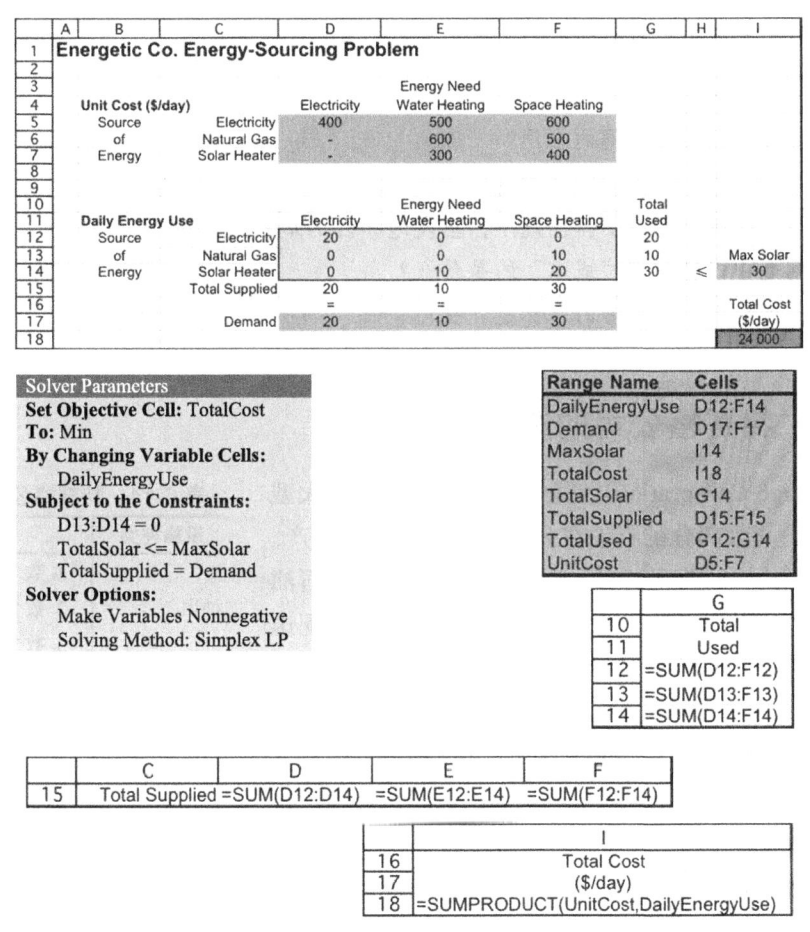

图 6-9　将活力能源公司问题作为变形的运输问题的电子表格模型

注：该模型包括目标单元格 TotalCost（I18）和其他输出单元格 TotalUsed（G12:G14）、TotalSupplied（D15:F15）以及其他建立模型需要的内容。可变单元格 DailyEnergyUse（D12:F14）显示出了通过 Solver 求解后得到的能源来源安排计划的最优方案。

选址问题

许多公司的管理者都必须面对一个非常重要的决策：将重要的新设施放置在什么地方。这个新设施可能是一个新工厂、一个新配送中心、一个新管理中心或者其他建筑物。需要建立新设施可能是由于公司扩大规模所致，在这些情况下，公司必须避免那些不令人满意的选址。

一般来说，每个新的建筑物都有几个可供选择的地点。而且，在经济全球化的今天，这些可供选择的潜在地点很有可能已经超越了国界而在另一个国家。

管理者在制定决策时需要考虑很多因素，其中一个就是运输成本。例如，在评估新工厂的修建地点时，管理者需要认真考虑选择这个地点之后从所有工厂（也包括这个新的工厂）到配送中心的运输成本。在远离现有工厂的配送中心附近建设新的工厂可以节约很多运输成本，同时也减少了从现有工厂运送货物的成本。对于每一个备选的新工厂地址，最优运输计划下的总运输成本是管理者需要了解的信息。

还有另一种类似的有关运输成本的问题：对于新建工厂的每一个备选地点，从各个不同的原料产地向工厂（包括新建的工厂）运送原材料的运输成本。

运输问题（或其变形）通常可以为这些问题提供合适的模型。针对每一个备选地点求解模型，便可以将得到的关键信息提供给管理人员。然后，管理人员必须评估这些信息以及其他相关因素来制定最终的选址决策。

下一节的案例研究中说明了这种应用。

问题回顾

1. 本节列举了哪些变形的运输问题的应用？
2. 在米德罗水管局问题中，管理者的目标是什么？
3. 在北方飞机制造公司生产计划安排问题中，出发地和目的地各是什么？
4. 在中心城学区问题中代替"单位成本"的是什么？
5. 在某能源公司的问题中，管理者的目标是什么？

6.5 案例研究：特赛格公司的选址问题

特赛格公司（Texago Corporation）是总部位于美国的一家大型一体化石油公司。该公司大部分的石油在公司自己的油田中生产，所需的其他部分从中东进口。公司拥有大型配送网络，负责把石油运送到公司的炼油厂，然后把石油产品从炼油厂运送到公司的配送中心。这些设施所在地如表6-14所示。

特赛格公司正在不断增加其几种主要产品的市场占有率。因此，公司管理层决定通过建设一个新的炼油厂，并增加从中东地区进口石油的数量来扩大产出。接下来需要制定的决策就是，确定在什么地方建设新的炼油厂。

表6-14 特赛格公司当前设施的所在地

设施种类	所处的位置
油田	1. 数个位于得克萨斯州 2. 数个位于加利福尼亚州 3. 数个位于阿拉斯加州
炼油厂	1. 路易斯安那州新奥尔良附近 2. 南卡罗来纳州查尔斯顿附近 3. 华盛顿州西雅图附近
配送中心	1. 位于宾夕法尼亚州匹兹堡 2. 位于佐治亚州亚特兰大 3. 位于密苏里州堪萨斯城 4. 位于加利福尼亚州的旧金山

新炼油厂的建立将会对公司整个配送系统的运营工作产生重要影响，这些影响包括，需要确定从各个原油供应地输送多少原油到各个炼油厂（包括新建的炼油厂），以及从每个炼油厂输送多少石油产品到各个配送中心。因此，影响管理者确定新炼油厂建设地点的三个关键因素是

（1）将原油从供应地运送到各炼油厂（包括新建的炼油厂）的总成本。

（2）将石油产品从各炼油厂（包括新建的炼油厂）运送到配送中心的总成本。

（3）建设新炼油厂的运营成本，包括劳动力成本、税费、原料（不包括原油）成本、能源成本、保险费用等。（资本成本不考虑在内，因为在任何地点建设炼油厂的资本成本几乎相同。）

管理层决定成立特别的工作小组来专门研究新炼油厂的选址问题。经过多次调查，工作组选出了3个比较不错的备选地点。这些地点以及每个地点的主要优势如表6-15所示。

重要数据的收集

为满足管理层提出的要求——对新炼油厂选址问题进行分析，工作组需要收集大量的数据，有些数据甚至需要通过大量的数据挖掘工作来得到。

管理者希望所有炼油厂（包括新建的炼油厂）都能满负荷运转。因此，工作组需要确定这种条件下每个炼油厂每年所需要的原油数量是多少，各炼油厂每年原油需求量的数据显示在表6-16的左半边。表的右半边显示了每个油田每年的原油产量。预计在未来几年中，这些数字将保持不变。由于炼油厂所需要的原油总量为3.6亿桶，而公司的油田只能自己生产2.4亿桶，所以不得不从中东地区进口1.2亿桶。

表6-15 特赛格公司新炼油厂的备选建设地点以及它们的主要优势

备选地点	主要优势
靠近加州洛杉矶	1. 靠近加州的油田 2. 可以从阿拉斯加的油田取得原油 3. 十分靠近旧金山配送中心
靠近得克萨斯州加尔维斯顿	1. 靠近得克萨斯油田 2. 可以从中东进口石油 3. 靠近公司总部
靠近密苏里州圣路易斯	1. 运营成本较低 2. 处于各配送中心的中央位置 3. 可以通过密西西比河运输原油

表6-16 特赛格公司的生产数据

炼油厂	每年所需原油量（百万桶）	油田	每年原油产量（百万桶）
新奥尔良	100	得克萨斯	80
查尔斯顿	60	加利福尼亚	60
西雅图	80	阿拉斯加	100
新炼油厂	120	总量	240
总量	360	所需进口量=360-240=120	

不管炼油厂建在什么位置，原油需求量都是不变的，即公司自己生产和采购的原油总量不变。所以，工作组得出结论：相应的生产和采购成本（不包括运输成本）与新炼油厂的位置无关。但另外，原油从供应地到炼油厂的运输成本与新炼油厂的位置紧密相关。表6-17给出了从原油供应地到现有三个炼油厂以及三个备选炼油厂地点的运输成本。

表6-17 特赛格公司向各个炼油厂运送原油的运输成本数据

原油供应地	向炼油厂或潜在炼油厂运送原油的运输成本（美元/桶）					
	新奥尔良	查尔斯顿	西雅图	洛杉矶	加尔维斯顿	圣路易斯
得克萨斯	2	4	5	3	1	1
加利福尼亚	5	5	3	1	3	4
阿拉斯加	5	7	3	4	5	7
中东地区	2	3	5	4	3	4

另一个与成本紧密相关的因素是，把石油制品从炼油厂运送到配送中心的运输成本，表6-18列出了这些成本。假设1单位石油产品需要100万桶原油。表的最后一行显示了每个配送中心所需要的石油产品数量。

表6-18 特赛格公司把石油制品运输到配送中心的运输成本

炼油厂	把单位石油制品运输到配送中心的成本（百万美元）			
	匹兹堡	亚特兰大	堪萨斯城	旧金山
新奥尔良	6.5	5.5	6	8
查尔斯顿	7	5	4	7
西雅图	7	8	4	3

(续)

炼油厂	把单位石油制品运输到配送中心的成本（百万美元）			
	匹兹堡	亚特兰大	堪萨斯城	旧金山
洛杉矶	8	6	3	2
加尔维斯顿	5	4	3	6
圣路易斯	4	3	1	5
所需要的量	100	80	80	100

最后一个与成本紧密相关的因素是，在每一个备选地点新建炼油厂的运营成本。为估计这些成本，工作组派出了几名成员来收集相关的劳动力成本、税费等详细数据。参照正在运营的炼油厂成本，工作组对收集的数据进行了提炼。另外，工作组还需要收集在各个地点建设新炼油厂所需的土地成本、建设成本以及其他成本，然后将这些成本以年为单位进行均摊。完成上述过程后，就得到如表 6-19 所示的计算结果。

表 6-19 特赛格公司在每一个新地点建造新炼油厂的预计运营成本

地点	每年的运营成本（百万美元）
洛杉矶	620
加尔维斯顿	570
圣路易斯	530

分析（运输问题的六个应用）

有了这些信息之后，工作组现在需要为管理层提供如下两个关键的财务信息：

（1）对应每一个新炼油厂的备选地点所产生的原油运输总成本。

（2）对应每一个新炼油厂的备选地点所产生的石油产品运输总成本。

对这两种成本来说，一旦炼油厂地点确定以后，最优的运输计划也就确定了。因此，为找出各潜在地点的以上两种成本，需要为每种情况制订出最优的运输计划，然后计算相应的成本。

工作组意识到，对新炼油厂的每一个潜在地点来说，确定最优运输计划的问题就是一个运输问题。对原油运输来说，图 6-10 显示了运输原油的电子表格模型。图中输入的数据来源于表 6-16 和表 6-17。"新地点"（New Site）一列，单元格（G5:G8）中的内容来自表 6-17 最后三列中的某一列，具体哪一列，取决于要对哪个地点进行评估。在输入这一列数据并点击 Solver 之前，为可变单元格 ShipmentQuantity（D13:G16）中的每一个运输量都输入 0 作为试算值。

图 6-11、图 6-12 及图 6-13 中的可变单元格给出了三个备选地点各自的最优运输计划。目标单元格 TotalCost（J20）给出了每年的总运输成本，单位是 100 万美元。例如，如果选择在洛杉矶建造新的炼油厂（见图 6-11），最优运输计划下的每年原油运输总成本为 8.8 亿美元；如果选择在加尔维斯顿建造新的炼油厂（见图 6-12），那么最优运输计划下的每年总运输成本为 9.2 亿美元；如果选择在圣路易斯建造新的炼油厂（如图 6-13 所示），那么最优运输计划下的每年总运输成本为 9.6 亿美元。

对石油产品的运输成本进行分析的过程与之相类似。图 6-14 显示了这个运输问题的电子表格模型。图中第 5～7 行数据直接来自表 6-18 的前三行内容。在"新地点"（New Site）一列中需要填入的内容直接来自表 6-18 后三行中的某一行，具体哪一行，取决于对哪个备选地点进行评估。由于从炼油厂送出的石油制品数量与所运进的原油数量相同，所以单元格 Supply（J13:J16）中的内容直接来自表 6-16 左半边的数据。

图 6-15、图 6-16 及图 6-17 中的可变单元格 ShipmentQuantity（D13:G16）分别显示了三个备选地点运出石油产品的最优运输计划。图 6-15 中目标单元格 TotalCost（J20）表明，如果选择在洛杉矶建造新炼油厂，每年运输石油产品所需的运输成本为 15.7 亿美元；如果选择在加尔维斯顿建造新炼油厂（见图 6-16），每年运输石油产品所需的运输成本为 16.3 亿美元；如果选择在圣路易斯建造新炼油厂（见图 6-17），每年运输石油产品所需的运输成本为 14.3 亿美元。

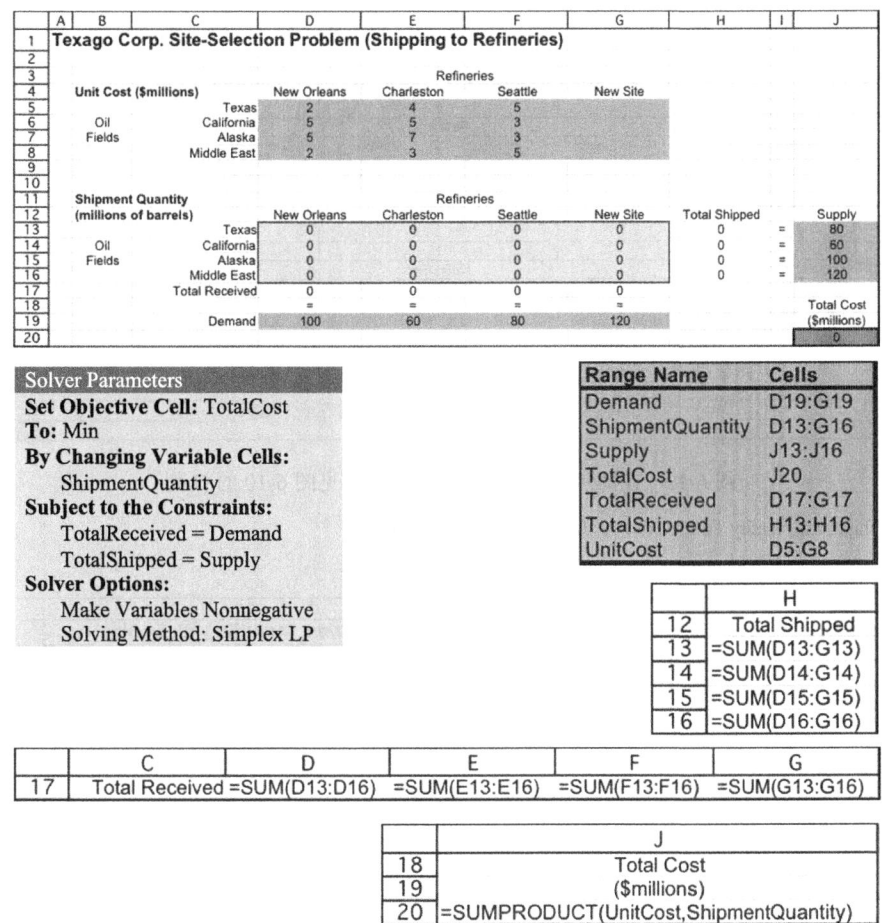

图 6-10　特赛格公司从油田运输原油到炼油厂（包括备选地点将新建的炼油厂）问题的基本电子表格模型

注：目标单元格是 TotalCost（J20），其他输出单元格 TotalShipped（H13:H16）、TotalReceived（D17:G17）。在输入备选地址的数据并点击 Solver 前，在可变单元格 ShipmentQuantity（D13:G16）中输入 0，作为试算值。

图 6-11　在洛杉矶建造新炼油厂（见图 6-10 的 G 列）

注：可变单元格 ShipmentQuantity（D13:G16）给出了最优的原油运输计划。

	A	B	C	D	E	F	G	H	I	J
1			Texago Corp. Site-Selection Problem (Shipping to Refineries, Including Galveston)							
2										
3					Refineries					
4			Unit Cost ($millions)	New Orleans	Charleston	Seattle	Galveston			
5			Texas	2	4	5	1			
6		Oil	California	5	5	3	3			
7		Fields	Alaska	5	7	3	5			
8			Middle East	2	3	5	3			
9										
10										
11			Shipment Quantity		Refineries					
12			(millions of barrels)	New Orleans	Charleston	Seattle	Galveston	Total Shipped		Supply
13			Texas	20	0	0	60	80	=	80
14		Oil	California	0	0	0	60	60	=	60
15		Fields	Alaska	20	0	80	0	100	=	100
16			Middle East	60	60	0	0	120	=	120
17			Total Received	100	60	80	120			
18				=	=	=	=			Total Cost
19			Demand	100	60	80	120			($millions)
20										920

图 6-12 在加尔维斯顿建造新炼油厂（见图 6-10 的 G 列）

注：可变单元格 ShipmentQuantity（D13:G16）给出了最优的原油运输计划。

	A	B	C	D	E	F	G	H	I	J
1			Texago Corp. Site-Selection Problem (Shipping to Refineries, Including St. Louis)							
2										
3					Refineries					
4			Unit Cost ($millions)	New Orleans	Charleston	Seattle	St. Louis			
5			Texas	2	4	5	1			
6		Oil	California	5	5	3	4			
7		Fields	Alaska	5	7	3	7			
8			Middle East	2	3	5	4			
9										
10										
11			Shipment Quantity		Refineries					
12			(millions of barrels)	New Orleans	Charleston	Seattle	St. Louis	Total Shipped		Supply
13			Texas	0	0	0	80	80	=	80
14		Oil	California	0	20	0	40	60	=	60
15		Fields	Alaska	20	0	80	0	100	=	100
16			Middle East	80	40	0	0	120	=	120
17			Total Received	100	60	80	120			
18				=	=	=	=			Total Cost
19			Demand	100	60	80	120			($millions)
20										960

图 6-13 在圣路易斯建造新炼油厂（见图 6-10 的 G 列）

注：可变单元格 ShipmentQuantity（D13:G16）给出了最优的原油运输计划。

	A	B	C	D	E	F	G	H	I	J
1			Texago Corp. Site-Selection Problem (Shipping to D.C.'s)							
2										
3					Distribution Center					
4			Unit Cost ($millions)	Pittsburgh	Atlanta	Kansas City	San Francisco			
5			New Orleans	6.5	5.5	6	8			
6		Refineries	Charleston	7	5	4	7			
7			Seattle	7	8	4	3			
8			New Site							
9										
10										
11			Shipment Quantity		Distribution Center					
12			(millions of barrels)	Pittsburgh	Atlanta	Kansas City	San Francisco	Total Shipped		Supply
13			New Orleans	0	0	0	0	0	=	100
14		Refineries	Charleston	0	0	0	0	0	=	60
15			Seattle	0	0	0	0	0	=	80
16			New Site	0	0	0	0	0	=	120
17			Total Received	0	0	0	0			
18				=	=	=	=			Total Cost
19			Demand	100	80	80	100			($millions)
20										0

图 6-14 特赛格问题中从炼油厂（包括要建造的炼油厂）运送石油产品到配送中心的基本电子表格模型

```
Solver Parameters
Set Objective Cell: TotalCost
To: Min
By Changing Variable Cells:
    ShipmentQuantity
Subject to the Constraints:
    TotalReceived = Demand
    TotalShipped = Supply
Solver Options:
    Make Variables Nonnegative
    Solving Method: Simplex LP
```

Range Name	Cells
Demand	D19:G19
ShipmentQuantity	D13:G16
Supply	J13:J16
TotalCost	J20
TotalReceived	D17:G17
TotalShipped	H13:H16
UnitCost	D5:G8

	H
12	Total Shipped
13	=SUM(D13:G13)
14	=SUM(D14:G14)
15	=SUM(D15:G15)
16	=SUM(D16:G16)

	C	D	E	F	G
17	Total Received	=SUM(D13:D16)	=SUM(E13:E16)	=SUM(F13:F16)	=SUM(G13:G16)

	J
18	Total Cost
19	($millions)
20	=SUMPRODUCT(UnitCost,ShipmentQuantity)

图 6-14 （续）

注：目标单元格是 TotalCost（J20），其他输出单元格是 TotalShipped（H13:H16）、TotalReceived（D17:G17）。在输入新地址的数据并点击 Solver 按钮前，在可变单元格 ShipmentQuantity（D13:G16）中输入 0，作为初始试算值。

图 6-15 在洛杉矶建造新炼油厂（见图 6-14 的 8～16 行）

注：可变单元格 ShipmentQuantity（D13:G16）给出了最优的运输计划。

图 6-16 在加尔维斯顿建造新炼油厂（见图 6-14 的 8～16 行）

注：可变单元格 ShipmentQuantity（D13:G16）给出了最优的运输计划。

	A	B	C	D	E	F	G	H	I	J
1		Texago Corp. Site-Selection Problem (Shipping to D.C.'s When Choose St. Louis)								
2										
3					Distribution Center					
4		Unit Cost ($millions)		Pittsburgh	Atlanta	Kansas City	San Francisco			
5			New Orleans	6.5	5.5	6	8			
6		Refineries	Charleston	7	5	4	7			
7			Seattle	7	8	4	3			
8			St. Louis	4	3	1	5			
9										
10										
11		Shipment Quantity			Distribution Center					
12		(millions of barrels)		Pittsburgh	Atlanta	Kansas City	San Francisco	Total Shipped		Supply
13			New Orleans	100	0	0	0	100	=	100
14		Refineries	Charleston	0	60	0	0	60	=	60
15			Seattle	0	0	0	80	80	=	80
16			St. Louis	0	20	80	20	120	=	120
17			Total Received	100	80	80	100			
18				=	=	=	=			Total Cost
19			Demand	100	80	80	100			($millions)
20										1 430

图 6-17 在圣路易斯建造新炼油厂（见图 6-14 的 8～16 行）

注：可变单元格 ShipmentQuantity（D13:G16）给出了最优的运输计划。

对于每一个备选地，一种表示方法是分别用两张单独的电子表格来表示运输原油和运输石油产品的计划。另一种表示方法是将每一个备选地点的所有计划（原油运输计划和石油产品运输计划）用一张表显示，并使"同时运输这两种产品"的运输计划达到最优，即通过将图 6-11 与图 6-15 合并、图 6-12 与图 6-16 合并、图 6-13 与图 6-17 合并，并将每组的运输成本求和，显示在目标单元格中，使其最小化。这样就可以将一个地点的所有运输计划通过一张表格显示出来。在本章结尾，我们将通过案例 6-1 继续对该案例进行研究，并说明如何通过一张电子表格为每个候选地选择最佳的运输计划。

提供给管理层的信息

工作组完成了对这三个新炼油厂备选地点的财务分析。表 6-20 显示了在这三个备选地点建造新炼油厂的每年的主要可变成本（根据决策的不同而变化的成本）。第二列显示了对每个选择来说，把原油从油田运送到炼油厂（包括新建的炼油厂）的每年总运输成本（见图 6-11、图 6-12、图 6-13）。第三列显示了对每个备选地点来说，把石油产品从炼油厂（包括新的炼油厂）运送到配送中心的每年总运输成本（见图 6-15、图 6-16、图 6-17）。第四列显示了在每一个地点建造炼油厂的运营成本，正如表 6-19 所示。

表 6-20 特赛格炼油厂每个备选地址所产生的年变动成本 （单位：亿美元）

地点	运输原油的总成本	运输石油产品的总成本	新炼油厂的运营成本	总变动成本
洛杉矶	8.80	15.7	6.20	30.7
加尔维斯顿	9.20	16.3	5.70	31.2
圣路易斯	9.60	14.3	5.30	29.2

把这三列中的数据相加，就得到了每种选择的总可变成本。

结论：从纯粹财务角度来看，最适合在圣路易斯建造新炼油厂。这个地点与加尔维斯顿相比，每年可以为公司节约 2 亿美元；与洛杉矶相比，每年可以节约 1.5 亿美元。

然而，与任何选址决策一样，管理者需要考虑许多因素，其中当然包括一些非财务因素（例如，前面我们讲过，加尔维斯顿有一个很关键的优势就是它靠近总部）。另外，如果能够找到一些方法降低表 6-20 中所示的加尔维斯顿和洛杉矶的成本，财务评估结果就会改变。管理者还需要考虑这个地点的成本或市场趋势是否会在未来发生改变。

在经过认真考虑之后，特赛格管理层最终决定，选择圣路易斯为新炼油厂的建造地点。（这个问题将在案例 6-1 中继续讨论，在案例 6-1 中，工作组受管理层指示，在确定最终的地点前，要对备选地点"扩大产能的能力"进行分析。）

问题回顾

1. 在对新炼油厂的建造地点进行选择的时候，管理者必须考虑的三个关键因素是什么？
2. 为什么石油原料和石油产品分别运入和运出现有炼油厂的运输成本需要与新炼油厂的运输成本一起考虑？
3. 为什么特赛格工作组发现必须解决六个运输问题而不仅仅是一个运输问题？
4. 除了关于解决六个运输问题的财务分析外，管理者还需要考虑哪些其他因素？

6.6 指派问题的特征

现在我们要研究另一种特殊类型的线性规划问题，称为指派问题（第3.6节中第一次提到这类问题）。顾名思义，这类问题是有关指派的问题。我们经常会遇到指派人员做某项工作的情况。因此，指派问题的许多应用都用来帮助管理者解决如何为一项将要开展的工作指派人员。其他一些应用可能涉及为某项任务安排机器、设备或工厂等。

第3.6节给出的赛尔摩公司问题是一个典型的指派问题。为保持故事的完整性，我们将继续研究这个例子。

例子：赛尔摩公司的问题

赛尔摩公司市场部经理准备不久后为销售区域的经理和员工们召开一次年度销售会议。为了协助会议的管理，他雇了四个临时雇员（安、伊恩、琼和肖恩），他们每人会负责下面这四项任务中的一项：

（1）书面报告的文字处理。
（2）口头和书面报告的电脑绘图。
（3）准备会议袋，包含复印和整理书面材料。
（4）处理会议的提前登记和现场登记。

现在经理需要确定每项任务分别指派给哪一个人。

尽管每个临时工都有完成这四项任务的基本能力，但是他们在处理不同类型工作时的效率也有所不同。表6-21显示了每个人完成不同工作时需要的时间。最右边一列给出了基于他们能力的时薪。

表 6-21 赛尔摩公司问题的数据

临时工	每项任务所需时间（小时）				时薪（美元）
	文字处理	绘图	会议袋	登记	
安	35	41	27	40	14
伊恩	47	45	32	51	12
琼	39	56	36	43	13
肖恩	32	51	25	46	15

建立电子表格模型

图6-18显示了这个问题的电子表格模型。表6-21的数据已列在该图上部。将所需时间和工资结合起来，我们就得到了将一项任务分配给一名临时工的各种可能分配方案的成本（见单元格D15:G18）。在任何指派问题中，成本表都是以这种方式展示的。目标就是要确定使用哪种指派方法可以使相关成本之和最小。

Supply（J24:J27）中的1代表C中所列的每个人有且只能有一项任务。Demand（D30:G30）中的1表明每项任务只能由一个人来完成。这些要求都在Solver对话框给出的约束中进行了指定。

每个可变单元格Assignment（D24:G27）中给定的1表示进行相应的指派，0则表示不指派。因此，目标单元格的Excel公式TotalCost=SUMPRODUCT（Cost，Assignment）给出了进行这种指派产生的总成本。Solver对话框表明问题的目标是要令目标单元格中的数值最小化。

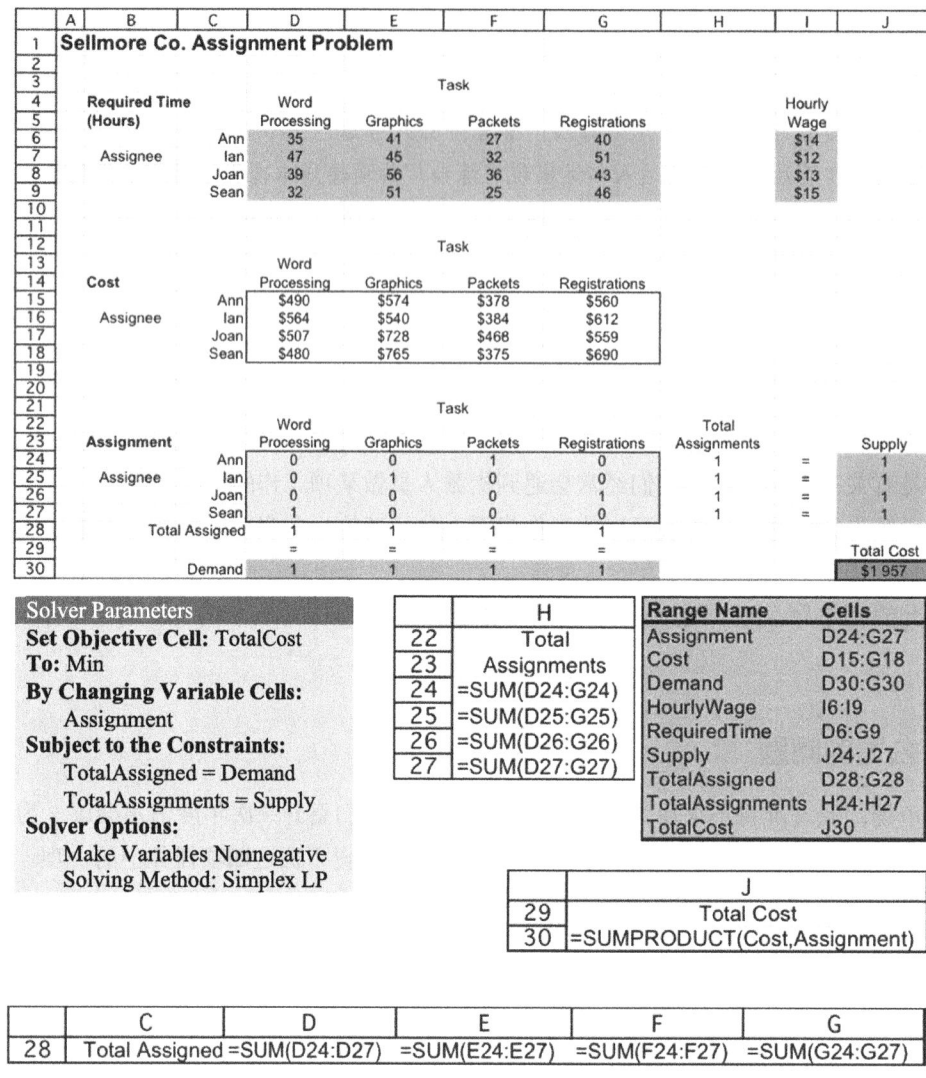

图 6-18 赛尔摩公司问题作为一个指派问题的电子表格模型

注：其中包括目标单元格 TotalCost（J30）和其他输入单元格 Cost（D15:G18），TotalAssignments（H24:H27），TotalAssigned（D28:G28），以及其他建模需要的内容。可变单元格 Assignment（D24:G27）中的数值 1 给出了 Solver 求解后得出的最优指派方案。

通过运行 Solver 后，图 6-18 中的可变单元格显示了最优解。根据最优解得到的指派方案是

- 指派安准备会议袋。
- 指派伊恩进行电脑绘图。
- 指派琼进行登记工作。
- 指派肖恩进行文字处理工作。

单元格 J30 中给出总成本为 1 957 美元。

指派问题的模型

任何一个指派问题都可以用下面的通用术语来描述。给定一系列需要完成的**任务**（tasks）以及一系列可以去完成这些任务的**被指派者**（assignee），需要解决的问题是确定每个人被指派从事哪一项任务。

为了适用指派问题的模型，需要满足下面的这些假设：

（1）被指派者和任务的数量相同。
（2）每一名被指派者只能完成一项任务。
（3）每一项任务都只能由一名被指派者完成。
（4）每一个被指派者和任务的组合都会有一个相关的成本。
（5）问题的目标是要确定如何进行指派才能使总成本最小。

前三个假设是非常严格的。许多潜在的应用并不完全符合这些假设。然而，正如我们将要在第 6.7 节讲到的，这些变形的指派问题仍然可以用 Solver 来解决。

当这些假设都被满足的时候，把一个问题描述成指派问题所需要完成的工作是：①确定被指派者和任务；②构建一个**成本表**（cost table），得到每一个被指派者和每一项任务组合的相关成本。图 6-18 说明了如何运用电子表格对问题进行描述。任何指派问题都包括满足假设（2）和（3）的约束条件。在图 6-18 中，约束条件为：TotalAssignments（H24:H27）=Supply（J24:J27）、TotalAssigned（D28:G28）= Demand（D30:G30），其中，在单元格 Supply（J24:J27）和 Demand（D30:G30）中输入 1。

指派问题的网络表述

除了成本表之外，网络图也为我们提供了一种展示指派问题的替代方法。图 6-19 显示了赛尔摩公司指派问题的网络图。图中，所有的被指派者都依次排列在左边，而所有的任务都依次排列在右边。箭头表示可能的指派。需要从中选择四个箭头，分别从每个被指派者发出，指向每项任务。每个箭头旁的数字代表如果这个指派被选择的话，其成本的大小。

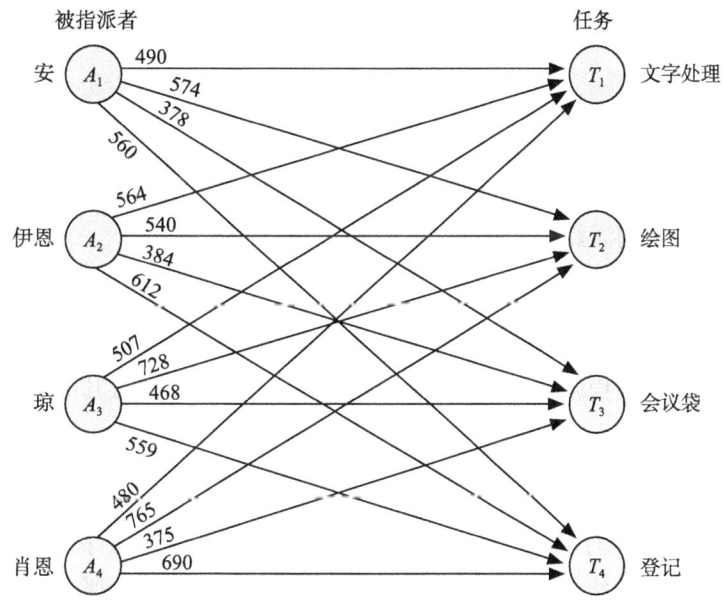

图 6-19　赛尔摩公司指派问题的网络图

注：以图形的方式展示了所有可能的指派情况及其对应的成本。

这种网络表述提供了一种以图形可视化地展示指派问题的方法。在第 7 章中，我们还会看到这种方法被用来阐明指派问题与其他网络优化问题之间的关系。

指派问题是一种特殊的运输问题

你是否注意到图 6-19 中的网络图和图 6-3 中展示的运输问题的网络图很相似呢？让我们来看一看。

这种相似并非巧合。实际上，指派问题恰恰是一种特殊的运输问题，其中，出发地变成了被指派者，目的地变成了任务。另外，与图 6-18 中所示的赛尔摩公司问题一样，每一个出发地的供应量都为 1（因为每一个被指派者都只能被指派一项任务），每一个目的地的需求量都为 1（因为每一项任务都只能由一个被指派者完成）。

因此，第 6.2 节所讲的所有关于运输问题的特性也都适用于指派问题。

指派问题的求解

Solver 使用单纯形法来解决所有线性规划问题，其中包括运输问题和指派问题以及它们的变形问题。对本书中所涉及的问题规模（甚至更大一些的问题规模）来说，这种方法是非常有用的。

然而，正如在第 6.2 节中讨论的那样，无论是运输单纯形法还是网络单纯形法都能提供很有效的方法来解决大型运输问题。因此，既然指派问题是一种特殊的运输问题，相同的算法也适用于迅速解决大型指派问题。

但是，这些特殊的算法不是解决指派问题最快的方法。有很多可行的算法是专门为解决指派问题而设计的，其中最著名的叫作**匈牙利算法**（Hungarian method）。在实践中，这些特殊的算法一般用于解决大型的指派问题。尽管 Solver 中并没有像诸如匈牙利算法这样用于有效解决特殊线性规划问题的方法，但其他的线性规划软件包却可以做到这一点。

问题回顾

1. 请用一句话描述指派问题。
2. 如果想把一个问题视为指派问题，被指派者和所需完成的任务应该满足哪些假设？
3. 把问题构造成指派问题时需要做什么？
4. 当指派问题被描述为特殊的运输问题时，出发地、目的地、供给量以及需求量各是什么？
5. 请说出一个专门为快速解决指派问题而设计的算法的名称。

6.7 对变形的指派问题建模

我们经常会遇到指派问题的变形问题，所谓变形就是指这些问题不满足上一节所讲到的指派问题模型中的一个或多个假设。因此，有时我们需要考虑具有以下特征的问题：

（1）有些被指派者完不成特定的任务。
（2）尽管每个被指派者仍会只做一项任务，但是任务比被指派者多，所以其中某些任务并没有人去做。
（3）尽管每项任务只由一名被指派者完成，但是被指派者比任务多，所以其中某些被指派者没有任务。
（4）可以指派每一名被指派者去完成以上任务中的一项。
（5）每一项任务可以由多名被指派者合作完成。

对于上面提到的这些特征，我们可以通过一个更好的方法对问题进行重新描述使其符合指派问题的要求，然后就可以使用十分高效的特定算法（如匈牙利算法）进行求解。然而，除非那个问题的规模远大于书中所涉及的，否则没有必要那样做。所以，我们将以最直接的方法去建立电子表格模型并用 Solver 求解。

下面的三个例子阐述了上述特征。其中，第一个例子主要集中在特征（1）和（2），第二个综合了特征（3）和特征（4），第三个例子主要说明了特征（5）。

为了说明运输问题和指派问题之间的紧密联系，第二个和第三个例子都是对先前的运输问题进行了变形。

例一：向各地分派机器

乔布车间公司（Job Shop）购买了三种不同类型的新机器。车间里有五个地方可以安装机器，其中某些地点比其他地点更需要某些机器，原因在于它们十分接近流入和流出工作很多的工作中心（新机器之间没有工作流）。因此，该问题的目标是通过把这些机器安装到有效的地点上，使物料处理总成本达到最小。每台机器每小时处理物料的预计成本已经在表 6-22 中给出。地点 2 不能安装机器 2，所以本例中没有给出成本。

表 6-22　乔布车间公司问题中物料处理成本数据

	每小时成本（美元）				
	地点 1	地点 2	地点 3	地点 4	地点 5
机器 1	13	16	12	14	15
机器 2	15	—	13	20	16
机器 3	4	7	10	6	7

建立电子表格模型

这个问题基本上可以看作一个指派问题，因为机器可以被看成被指派者，地点则可以看成任务。然而，它并不完全符合指派问题的各项假设，不满足指派问题模型的假设 1（该问题中的地点数量要比机器数量多两个）、假设 3（该问题中有两个地方没有安装机器）和假设 4（该问题中，当机器 2 安装在地点 2 时没有相关成本）。

图 6-20 显示了这个变形的指派问题的电子表格模型。由于地点 2 不能安装机器 2，所以在 Solver 参数对话框中包含这样的约束：D12=0。通常的供应约束 TotalAssignments（H11:H13）=Supply（J11:J13）保证了每台机器只能安装到一个地点。同时，因为有两个地点不会被用到，我们在需求约束中使用"≤"符号（TotalAssigned（C14:G14）≤ Demand（C16:G16））。

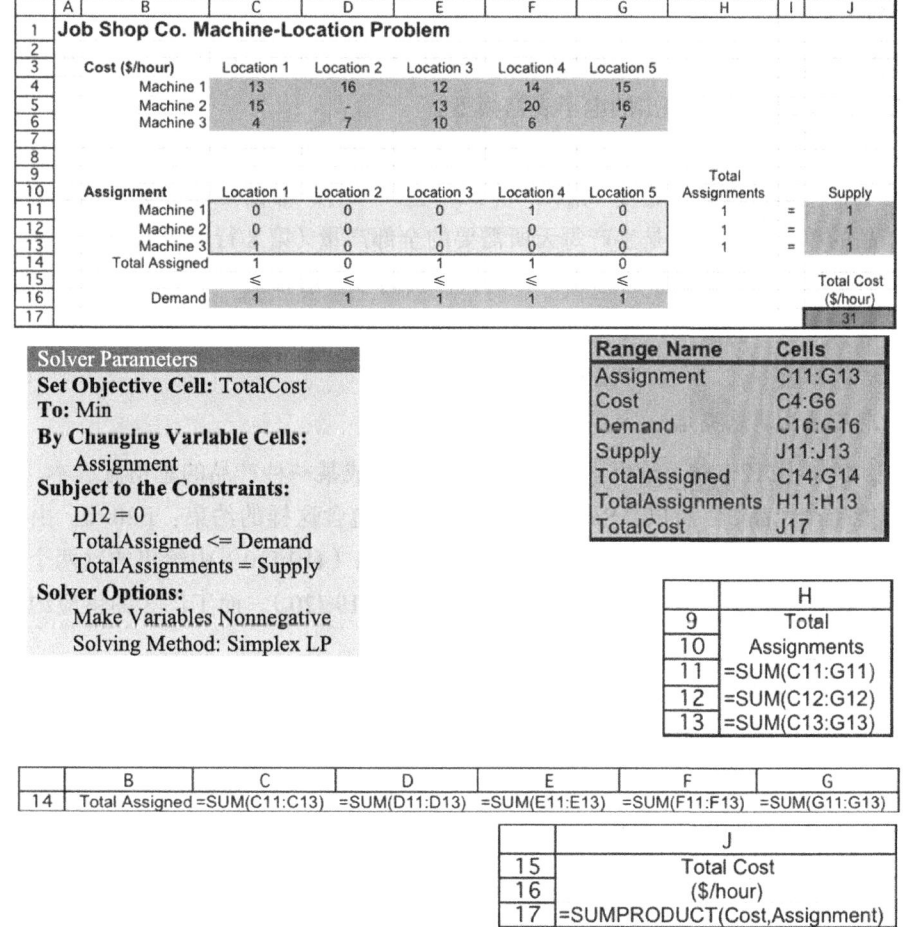

图 6-20　将乔布车间公司问题作为一种变形指派问题的电子表格模型

注：其中包括目标单元格 TotalCost（J17）和其他输出单元格 TotalAssignments（H11:H13）、TotalAssigned（C14:G14）以及其他建立模型需要的内容。可变单元格 Assignment（C11:G13）中的值 1 表示通过 Solver 得到的机器安装地点的最优方案。

可变单元格 Assignment（C11:G13）中显示为 1 的单元格表明了通过 Solver 求解出来的最优方案给出的"指派"。因为地点 2 和地点 5 中没有单元格显示 1，所以没有机器会安装在这两个地方。目标单元格 TotalCost（J17）给出了最佳方案的成本：每小时 31 美元。

例二：指派工厂生产

重新考虑第 6.3 节中的例一，案例中，拜特产品公司需要安排三个工厂来生产四种新产品。相关数据已在表 6-6 中给出。

正如在第 6.3 节中所讲到的，管理人员允许将产品进行生产分解（同样的产品可以在多个工厂进行生产）。然而，由此带来的与产品生产分解相关的隐性成本在表 6-6 中无法体现，包括额外的生产准备、配送和管理成本。因此，现在管理人员决定在禁止产品生产分解发生的情况下，对问题进行分析。

对新问题的描述：数据如表 6-6 所示，在每一个工厂至少生产一种新产品（每一种产品只能在一个工厂里生产）的前提下，最小化总成本。由于我们有三个工厂和四种新产品，所以两个工厂会各生产一种新产品，最后一个工厂生产两种。只有工厂 1 和 2 有生产两种产品的能力。

建立电子表格模型

由于我们想要指派工厂去生产产品，因此在这个变形的指派问题中，可以把工厂当作被指派者，把产品当作要去完成的任务。图 6-21 显示了得出的电子表格模型。

表 6-6 的数据显示在图 6-21 的上方。然而，单元格 C4:F6 给出的单位成本不是变形的指派问题的成本表。为了构建合适的成本表，我们需要确定与"指派一个工厂生产一种产品的全部产量"相关的成本。第 4～6 行显示的只是生产产品的单位成本而不是生产每天所需要的全部产量（第 8 行所示）的总成本。因此，我们必须用单位成本乘以所需要的产量得到指派的总成本。例如，我们考虑指派工厂 1 生产产品 1 的情况。

工厂 1 生产 1 单位产品 1 的成本　　＝41 美元
产品 1 每天需要的产量　　　　　　＝20 件
每天工厂 1 生产产品 1 的总成本　　＝20×41＝820 美元

按照这种方法，Cost（C12:F14）给出了每天指派某工厂完成某一种产品的总指派成本。

由于工厂 2 不能生产产品 3，所以，Solver 参数对话框中包含这样的约束：E20=0。由于要在工厂 1 或者工厂 2 中选择一个（不是都选）来生产两种产品，所以在单元格（I19:I20）中给出的这两个"供应地"的供应量为 2。供应约束中我们使用了"≤"符号，（G19:G20）≤（I19:I20）。而工厂 3 的供应约束和所有的需求约束都是指派问题中的普通约束。

经过 Solver 求解后，可变单元格 Assignment（C19:F21）给出了最优方案：工厂 1 生产产品 2 和产品 3，工厂 2 生产产品 1，工厂 3 则生产产品 4。目标单元格 TotalCost（I24）给出了这个生产计划每天的总成本：3 290 美元。

有趣的是，我们把这个结果和允许生产分解情况下的图 6-4 中给出的每天产量（C11:F12）进行比较，会发现图 6-4 中对工厂 2 和工厂 3 的指派情况跟这里得出的结果大不相同。图 6-4 中显示的每天的生产总成本为 3 260 美元，比图 6-21 中得到的计划要少 30 美元。

然而，这个最初的问题（允许生产分解）作为变形的运输问题进行描述时并没有考虑生产分解带来的隐性成本（额外的生产准备、配送和管理成本），这些成本可能远大于 30 美元／天。因此，管理者将这一新的生产计划问题（不允许产品生产分解）归为变形的指派问题。

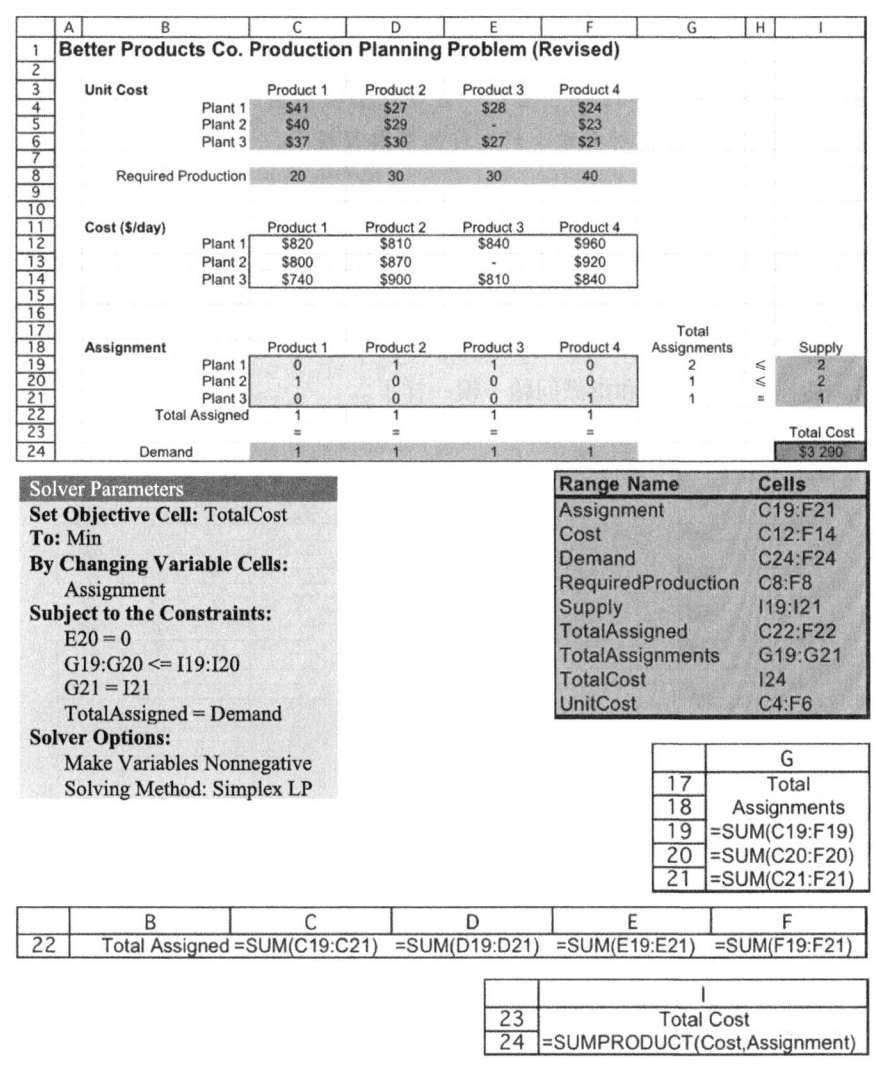

图 6-21 拜特产品公司变形的指派问题的电子表格模型

注：和图 6-4 的不同之处在于，产品不允许分解生产，因此拜特产品公司问题就成了变形的指派问题。目标单元格为 TotalCost（I24），其他输出单元格是 Cost（C12:F14）、TotalAssignments（G19:G21）和 TotalAssigned（C22:F22），单元格的公示显示在表格下方。可变单元格 Assignment（C19:F21）的值 1 表示 Solver 得到的最优方案。

例三：划分学生入学区域

重新考虑第 6.4 节的中心城学区管理人员在设计学区时面临的问题。表 6-12 给出了该问题涉及的数据，图 6-18 给出了该问题作为一种变形的运输问题的模型。

从这个模型中得出最优方案时，有两个问题引起了管理者的关注。第一个问题是把区域 5 分给了两个学校（学校 1 和学校 2）。每个区域内的人都是紧密相连的邻居，在进入高中之前，他们都是一起在同一所学校读书。所以，学区主管和校董事会一致同意在为各区域指派学校时继续保持每个区域都不被分割的原则。第二个问题是最优方案中指派了最少的学生人数（1 200）给了有最大学生容量的学校（学校 1，可容纳 1 800 个学生）。尽管这个数字基本可以接受（学校董事会设定 1 200 为学校 1 的最少指派人数），但是，向这个学校指派更多的学生会更好一些。

因此，学区管理者决定禁止将一个区域分割给多个学校。为了使学生在学校间分布相对均衡，管理者要求每个学校都接收三个区域的学生。

对新问题的描述：已知数据在图 6-12 中，当每个区域完全被划至一个学校（不允许将区域分割），并且每个学校只能接收三个区域的学生时，使所有学生到学校的总路程最小。

建立电子表格模型

由于是把区域指派给学校，这个问题可以看作一个变形的指派问题，其中区域代表被指派者，学校代表任务。因为每个学校要被指派三个区域，而指派问题模型的假设（3）要求每项任务只能指派给一名被指派者，所以这个问题只是一个变形的指派问题。正因为如此，在图 6-22 所示的电子表格模型中，每项任务（学校）的需求量是 3 而不是 1，否则这个模型就和指派问题一模一样了。

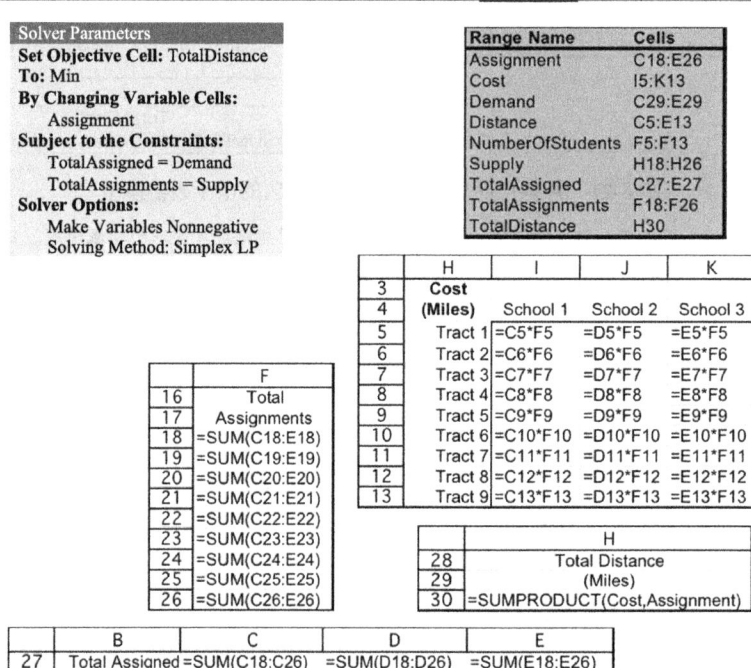

图 6-22 转化为指派问题的变形形式

注：和图 6-8 相比，不同之处在于此处不允许区域分解，因此该中心城学区问题转化为了指派问题的变形形式。目标单元格为 TotalDistance（H30），输出单元格为 TotalAssignments（F18:F26）、TotalAssigned（C27:E27）以及 Cost（I5:K13）。其中，这些单元格中所输入的公式见电子表格下方。可变单元格 Assignment（C18:E26）中显示的数值 1 为 Solver 求解所得到的最优区域方案。

指派问题的目标是要最小化指派产生的所有成本,现在的成本由学生所走的距离代替。因此,现在指派任何一个区域给一所特定学校的成本就变为在这个区域内的学生数量乘以平均每名学生到学校的距离,这两个数值都在图 6-22 中的单元格 Distance(C5:E13)里给出。为具体说明,我们来考虑区域 1 指派给学校 1 的成本。

区域 1 到学校 1 的距离　　　　　= 2.2 英里
区域 1 的学生数量　　　　　　　= 500
将区域 1 指派给学校 1 的成本　　= 500×2.2
　　　　　　　　　　　　　　　= 1 100 英里

Cost(I5:K13)显示了用这种方法计算出的每一个区域和学校组合的成本。

经过 Solver 求解后,最优的指派方案在可变单元格 Assignment(C18:E26)中呈现。正如目标单元格 TotalDistance(H30)中显示的,所有学生需要走的距离为 3 560 英里,平均每个学生为 0.879 英里。

这个方案和允许区域分解的第 6.4 节中所得结果(见图 6-8)很相似。唯一的不同就是先前的计划分解了区域 5 500 个学生中有 150 个被指派到了学校 2 而不是学校 1,从而使得这 150 个学生中每人到学校的距离从 0.9 英里减少到 0.7 英里。然而,学校管理者认为,为了这一点路程上的节省,而把他们和与他们一起上学的邻居分开是不够合理的,所以管理者采用了新的方案。

正如这个例子以及前一个例子中说明的,管理者为了更好地考虑管理问题,经常需要对原始问题的模型进行修改。

问题回顾

1. 当某个特定被指派者无法完成特定的任务,在对这类变形的指派问题建立电子表格模型时,如何体现这种特征?
2. 模型中如何体现一名被指派者要执行以上任务中的一项?
3. 模型中如何体现一项任务需要一个以上的被指派者完成?

本章小结

运输问题和指派问题(以及它们的变形)都是那些具有很多重要应用的线性规划问题的一种特殊类型。

运输问题考虑的是把货物从出发地运送到目的地(字面意或者比喻意)。每个出发地都有一个固定的供给量,每个目的地都有一个固定的需求量。其中基本的假设是运送成本和运输的数量成正比。描述一个运输问题需要确定其中的单位运输成本、供给量和需求量。

如果给定了一系列要完成的任务和可以完成任务的被指派者(每人完成一项任务),指派问题就是要解决哪个被指派者完成哪项任务从而使总成本最小。被指派者可以是人、机器、汽车、工厂等,所以这类问题应用很广泛。对问题进行描述时需要建立一个成本表,用来给出每种可能指派情况下的成本。

有些问题由于具有某些特殊的特征,所以并不完全符合运输问题或指派问题的模型,但仍然可以建立电子表格模型。

本章最主要的目的是,帮助管理者识别哪些问题可以被看作运输问题或指派问题,或者被看成这些问题的变形问题,以便建模求解和分析。

专业术语

assignees 被指派者 当把问题看作指派问题时,去完成任务的实体(人、机器、车辆、工厂等)。

（第6.6节）

cost table 成本表 概括地描述指派问题中每种可能指派所产生成本的表格。（第6.6节）

demand at a destination 目的地的需求 目的地需要从出发地接收到的单位数量。（第6.2节）

destinations 目的地 运输问题中的接收中心。（第6.2节）

Hungarian method 匈牙利算法 为解决指派问题而专门设计的很有效的算法。（第6.6节）

network simplex method 网络单纯形法 单纯形法的流线型表示版本，用来有效解决网络配送问题，包括运输问题和指派问题。（第6.2节）

source 出发地 运输问题中的供给中心。（第6.2节）

supply from a source 出发地的供给量 需要从这个出发地送往目的地的数量。（第6.2节）

tasks 任务 当一个问题被描述为指派问题时，被指派者所需要完成的工作。（第6.6节）

transportation simplex method 运输单纯形法 单纯形法的改进版本，用来有效解决运输问题。（第6.2节）

本章学习辅助材料

材料下载地址：

www.mhhe.com/Hillier6e

本章Excel文件：

P&T公司案例研究（P & T Case Study）

拜特产品公司的例子（Better Products Example）

妮芙迪公司的例子（Nifty Example）

米德罗水管局的例子（Metro Example）

北方航空的例子（Northern Airplane Example）

中心城学区的例子（Middletown Example）

活力能源公司的例子（Energetic Example）

特赛格公司案例研究（Texago Case Study (6 spreadsheets)）

赛尔摩公司的例子（Sellmore Example）

乔布车间公司的例子（Job Shop Example）

修改后的拜特产品公司的例子（Revised Better Products Example）

修改后的中心城学区的例子（Revised Middletown Example）

Excel加载宏：

Analytic Solver

习题

当需要使用Excel时，我们在问题（或其某部分）的左边插入了E*作为提示（除非你的指导老师另外要求）。带星号（*）的习题，书后至少给出了部分答案。

6.1 考虑拥有如下所示参数表的运输问题：

	单位成本（美元）			供给
	目的地1	目的地2	目的地3	
出发地1	9	6	8	4
出发地2	7	12	10	3
出发地3	6	7	6	2
需求	4	2	3	

（1）画出该问题的网络表示图。

E*（2）用电子表格描述这个问题，并使用Solver求出最优解。

6.2 考虑拥有如下所示参数表的运输问题：

	单位成本（美元）				供给
	目的地1	目的地2	目的地3	目的地4	
出发地1	3	7	6	4	5
出发地2	2	4	3	2	2
出发地3	4	3	8	5	3
需求	3	3	2	2	

（1）画出该问题的网络表示图。

E*（2）用电子表格描述这个问题，并使用Solver求出最优解。

6.3 科斯莱斯公司（Cost-Less Corp.）从它的四个工厂向其四个零售店供货，从每个工厂到各个零售店的运输成本如下所示：

	单位成本（美元）			
	零售店 1	零售店 2	零售店 3	零售店 4
工厂 1	500	600	400	200
工厂 2	200	900	100	300
工厂 3	300	400	200	100
工厂 4	200	100	300	200

工厂 1、2、3、4 每个月的产量分别为 10、20、20、10 个单位。零售店每个月所需货物量分别为 20、10、10、20 个单位。

配送经理兰迪·史密斯（Randy Smith）现在要确定"每个月从每个工厂中运多少产品给相应零售店"的最佳方案。兰迪的目标就是要使总运输成本最小。

(1) 通过创建一个包含所有出发地、供给量、目的地、需求量和单位成本的表，把问题描述成运输问题。

E^*（2）用电子表格描述这个问题，并使用 Solver 求出最优解。

6.4 丽童公司（Childfair Company）拥有三个生产折叠婴儿车的工厂，并将产品运往四个配送中心。

工厂 1、2、3 每月的产量分别为 12、17 和 11 个单位。每个配送中心每月需要 10 单位的供给量。从每个工厂到每个配送中心的路程如下表所示：

	到配送中心的距离（英里）			
	配送中心 1	配送中心 2	配送中心 3	配送中心 4
工厂 1	800	1 300	400	700
工厂 2	1 100	1 400	600	1 000
工厂 3	600	1 200	800	900

每单位货物的运输成本为每英里 100.5 美元。每个工厂运多少折叠婴儿车给各个配送中心才能使总运输成本最小？

(1) 通过创建一个包含所有出发地、供给量、目的地、需求量和单位成本的表，把问题描述成运输问题。

E^*（2）用电子表格描述这个问题，并使用 Solver 求出最优解。

E^* 6.5* 汤姆（Tom）想在今天买 3 品脱家酿酒，并在明天再买 4 品脱。迪克（Dick）准备销售最多 5 品脱家酿酒，今天以每品脱 3 美元的价格销售，明天的价格变为每品脱 2.7 美元。哈里（Harry）则准备销售最多 4 品脱家酿酒，今天以每品脱 2.9 美元的价格销售，明天的价格变为每品脱 2.8 美元。

汤姆想知道如何购买才能在满足自己需求的同时支付最少的资金。为这个问题建立电子表格模型并求解。

E^* 6.6 威萨泰公司（Versatech Corporation）决定生产三种新产品。五个附属工厂现在都有额外的生产能力。产品 1 每单位的制造成本在工厂 1、2、3、4、5 中分别为 31、29、32、28、29 美元。产品 2 每单位的制造成本在工厂 1、2、3、4、5 中分别为 45、41、46、42、43 美元。产品 3 每单位的制造成本在工厂 1、2、3 中分别为 38、35、40 美元，而工厂 4 和 5 没有能力生产产品 3。销售预测显示，每天产品 1、2、3 应该分别生产 600、1 000、800 个单位。无论是生产单个产品还是组合产品，工厂 1、2、3、4、5 每天的生产能力分别为 400、600、400、600 和 1 000 个单位。假设拥有生产这些新产品能力的工厂可以在能力范围内以任意组合生产任意数量。

管理人员想知道如何安排生产才能使总产品成本最小，对这个问题进行描述并求解。

E^* 6.7 假设英国、法国和西班牙生产了世界上所有的小麦、大麦和燕麦。这些国家需要种植 1.25 亿英亩小麦、6 000 万英亩大麦和 7 500 万英亩燕麦才能满足全世界的需求。在英国、法国和西班牙三个国家的可耕种面积分别为 7 000 万英亩、1.1 亿英亩和 8 000 万英亩。在这三个国家种植 1 英亩小麦所需要的劳动时间分别为 18 小时、13 小时和 16 小时，种植 1 英亩大麦所需要的劳动时间分别为 15 小时、12 小时和 12 小时，种植 1 英亩燕麦所需要的劳动时间分别为 12 小时、10 小时和 16 小时。在这三个国家，种植小麦每小时的劳动成本分别为 9.00 美元、7.20 美元、9.90 美元，种植大麦每小时的劳动成本分别为 8.10 美元、9.00 美元、8.40 美元，种植燕麦每小时的劳动成本分别为 6.90 美元、7.50 美元、6.30 美元。需要解决的问题就是如何分配使用每个国家的土地，在满足全世界需求的基础上最小化劳动成本。建立电子表格模型并求解。

E^* 6.8 承包商苏珊·梅尔（Susan Meyer）想要向三个建筑工地运沙子。她可以在城市北面的沙矿购买 18 吨沙子，在城市南面的沙矿购买 14 吨沙子。建筑工地 1、2、3 分别需要沙子 10 吨、5 吨、10 吨。两个沙矿购买价格以及运到不同工地的运输价格如下表所示：

	运到每个工地的成本（美元/吨）			每吨价格（美元）
	工地1	工地2	工地3	
北沙矿	30	60	50	100
南沙矿	60	30	40	120

苏珊现在要确定的是分别从每个沙矿购买多少沙子至每个工地，才能使总成本最小。对该问题建立电子表格模型并求解。

E* 6.9 重新考虑在第6.1节和第6.2节中展示的P&T公司案例，并参照图6-2中的电子表格模型（在这个图中已经把该问题描述为运输问题，并显示了最优方案）。你现在知道在运输开始前表格中UnitCost单元格（D5:G7）中的一个或者多个单位成本发生了轻微的改变。

使用Solver求出该问题的一份敏感性分析报告。根据这一报告为每一个单位成本确定在该最优解下的允许变动范围。这些变动范围对管理人员有什么意义？

E* 6.10 重新考虑第6.4节中讲到的米德罗水管局问题，并参照图6-6中的电子表格（在表格中，已经把这个问题规划成为运输问题的变形问题，并显示了最优方案）。但是参数表中的数据都是通过估计得来的，并不准确，所以管理人员希望进行what-if分析。使用Solver生成一份敏感性分析报告。然后根据报告说明下列问题（假设所有提到的变化都是指模型上的变化）：

（1）如果从卡罗里河配送1英亩英尺的水给圣哥的成本是200美元而不是230美元，图6-6中的最优解是否仍成立？

（2）如果从塞科隆河配送1英亩英尺的水给洛斯戴维斯的成本是160美元而不是130美元，图6-6中的最优解是否仍成立？

（3）如果前两个问题中的数值分别变为215美元和145美元，所得到的最优解是否仍成立？

（4）假设从塞科隆河得到的供给量和好莱格拉斯的需求量同时减少相同的数量，如果这个减少量为50万英亩英尺的话，评估这些变化的影子价格是否仍然有效。

E* 6.11 重新考虑第6.4节中提到的米德罗水管局的问题，并参看表6-9中的数据。

表中所给的数字都只是每个城市所需水量的最小值，而不是固定的数字。实际上，每个城市还需要多达200万英亩英尺的水。

因为可以提供的水量要比给出的最小值的和多350万英亩英尺，所以管理层决定要向这些城市供给多出来的水量，但确定每个城市所供额外水量的决策要建立在总成本最小的基础上。管理人员想知道哪个方案可以实现这一目标。对这个问题建立电子表格模型并求解。

E* 6.12 万诺公司（Onenote Company）在三个工厂中生产一种产品，并提供给四个顾客。这三个工厂在下个星期分别可以生产60、80和40单位。公司决定向顾客1售出40单位，向顾客2售出60单位，向顾客3至少售出20单位。顾客3和顾客4都想要尽可能多地购入剩下的产品。从工厂i运输一单位产品卖给顾客j的净利润如下表所示：

	卖给每个顾客的净利润（美元）			
	顾客1	顾客2	顾客3	顾客4
工厂1	800	700	500	200
工厂2	500	200	100	300
工厂3	600	400	300	500

管理人员想知道卖给顾客3和顾客4多少产品以及分别从每个工厂运输给每个顾客多少产品才能使利润最大化。对该问题建立电子表格模型并求解。

E* 6.13 慕远公司（Move-It Company）拥有两个生产叉车的工厂，以及三个配送中心。这两个工厂的生产成本一样，把一辆车从每个工厂运送到每个配送中心的单位成本如下所示：

	运送到配送中心的单位成本（美元）		
	配送中心1	配送中心2	配送中心3
工厂A	800	700	400
工厂B	600	800	500

公司每周总共需要生产并运送60辆叉车。每个配送中心每周都必须接收到20辆叉车。每个工厂每周最多可以生产并运送50辆，所以决定两个工厂分别生产多少就具有很大的灵活性。公司的目标是最小化运输成本。

管理人员的目标是要决定每个工厂分别生产多少叉车，然后采取什么样的运输方案使总运输成本最小。对该问题建立电子表格模型并求解。

E* 6.14 重新考虑习题6.13。如果每个配送中心都拥有每周接收10～30辆叉车的能力，在这三个配送中心的叉车总和仍是60的情况下仍然减少总运输成本。

E* 6.15 毕德发公司（Build-Em-Fast Company）同意向其最好的客户在未来三周每周都提供三个小器具，即使有时候需要加班。相关的生产数据如下所示：

	最大的生产能力（个）		正常时间单位生产成本
	正常时间	加班时间	（美元）
第1周	2	2	300
第2周	3	2	500
第3周	1	2	400

每周加班时间的单位成本要比正常工作时间的多100美元。每周每单位的库存费用为50美元。现在已经有2个器具的存货，但是公司不想在三周后仍有存货。

管理人员想知道在满足需求的情况下，每周生产多少才能使总成本最小。对该问题建立电子表格模型并求解。

E* 6.16 MJK制造公司（MJK Manufacturing Company）在未来三个月必须生产足量的两种产品来履行销售合同。这两种产品使用相同的生产设施，并需要投入相同的生产能力。每个月可使用的生产和存储设备都会变化，所以生产能力、单位生产成本以及单位存储成本每个月都不相同，因此很有必要在某些月中多生产一种或多种产品并存储起来以备不时之需。

对每个月来说，下表前几列给出了在正常时间和加班时间内能够生产的这两种产品的总数。对于每一种产品来说，在后面的几列给出了以下的数据：①按照合同需要生产的数量；②在正常时间内的单位生产成本；③在加班时间内的单位生产成本；④把额外的产品存储到下一个月的存储成本。这两种产品的数字用"/"分开，左边的数字代表产品1，右边的数字代表产品2。

	最大的生产总量		销售	产品1/产品2		
				单位生产成本（美元）		单位存储成本（美元）
月份	正常时间	加班时间		正常时间	加班时间	
第1月	10	3	5/3	15/16	18/20	1 000/2 000
第2月	8	2	3/5	17/15	20/18	2 000/1 000
第3月	10	3	4/4	19/17	22/22	

生产经理想制订一个尽量使用正常时间来生产每一种产品的计划（如果正常时间用完就用加班时间），目标为在履行销售合同的前提下最小化总生产和存储成本。生产开始时没有初始库存，也不希望在三个月后有最终库存。对该问题建立电子表格模型并求解。

6.17 考虑拥有如下参数的运输问题：

	单位成本（美元）				供给
	目的地1	目的地2	目的地3	目的地4	
出发地1	7	4	1	4	1
出发地2	4	6	7	2	1
出发地3	8	5	4	6	1
出发地4	6	7	6	3	1
需求	1	1	1	1	

（1）什么性质保证了该问题一定有可行解？
（2）什么性质保证了该问题对于所有的运输数量一定有数值为1或0的最优解？
（3）请解释为什么这个问题可以被看成指派问题。
（4）画出该指派问题的网络示意图。

E*（5）用电子表格描述这个问题并用Solver求解。

6.18 考虑拥有如下所示成本表的指派问题：

	各工作的成本（美元）		
	工作1	工作2	工作3
人员A	5	7	4
人员B	3	6	5
人员C	2	3	4

最优解是A-3，B-1，C-2，总成本是10美元。
（1）画出这个问题的网络示意图。

E*（2）用电子表格模型描述上述问题并用Solver求出最优解来验证上述答案。

6.19* 考虑拥有如下所示成本表的指派问题：

	各工作的成本（美元）			
	工作1	工作2	工作3	工作4
被指派者A	8	6	5	7
被指派者B	6	5	3	4
被指派者C	7	8	4	6
被指派者D	6	7	5	6

（1）画出这个问题的网络示意图。

E*（2）用电子表格模型描述上述问题并用Solver

求出最优解。

6.20 用四艘货船从一个码头向其他四个码头（标号为1、2、3、4）运货。每艘货船都可以完成四条航线。然而因为船和货物的不同，装船、运输和卸货的成本都不同，如下表所示：

	运往各码头的成本（美元）			
	码头1	码头2	码头3	码头4
货船A	500	400	600	700
货船B	600	600	700	500
货船C	700	500	700	600
货船D	500	400	600	600

目标是要指派不同货船到不同码头并使总成本最小。

（1）解释为什么这个问题符合指派问题模型。

E^*（2）用电子表格模型描述上述问题并求解。

E^* **6.21** 重新考虑习题6.6。假设三个产品的销售预测下降为240、400、320单位。所有工厂都有能力满足任何一种产品的生产。因此，管理人员决定每种产品只由一个工厂来完成（所以三种产品中的1种被指派给了三个工厂的1个，另外两个工厂则不生产该产品）。目标是生产这些数量产品的总成本最小。用电子表格模型描述上述问题并用Solver求解。

6.22* 少年游泳队教练需要指派运动员组成200码游泳接力小组去参加少年奥林匹克运动会预赛。由于其大部分最好的运动员在多个游程中速度都很快，所以他很难确定由哪位运动员来游哪个游程。五名最好的运动员以及他们在各个游程（50码）中所取得的最好成绩如下表所示（单位：秒）：

游程	卡尔	克里斯	戴维	托尼	凯恩
仰泳	37.7	32.9	33.8	37.0	35.4
蛙泳	43.4	33.1	42.2	34.7	41.8
蝶泳	33.3	28.5	38.9	30.4	33.6
自由泳	29.2	26.4	29.6	28.5	31.1

教练要决定如何指派才能取得最好的成绩。

（1）解释为什么这个问题不包含成本但仍符合指派问题模型。是什么取代了成本？

E^*（2）用电子表格模型描述上述问题并求解。

E^* **6.23** 重新考虑习题6.8。现在假设需要雇用卡车以及卡车司机来运输沙子，但是每辆卡车都只能在从沙矿到工地这个过程中使用一次。假设拥有足够多的卡车可以把在沙矿购买的沙子运送到每一个工地。每辆卡车能运送5吨，成本是前面所提到的成本的5倍，而且每辆运送沙子的卡车都要装满。

用电子表格模型描述上述问题并求解。

E^* **6.24** 重新考虑习题6.13。现在配送中心1、2、3每周需要接收的货物分别为10、20和30单位。为了便于管理，管理人员决定一个配送中心完全由一个工厂来供给。于是一个工厂供给一个配送中心，另外一个工厂供给其他两个配送中心。将配送中心指派给工厂的选择要基于总成本最小的原则。

用电子表格模型描述上述问题并求解。

案例 6-1 继续对特赛格案例进行研究

重新考虑第6.5节案例研究中介绍的特赛格公司选址问题。

特赛格公司管理层暂时选定圣路易斯作为新炼油厂的地址。但是，现在管理者需要解决一个新的问题：这个新炼油厂的产能应该多大？

在分析选址问题时，工作小组被告知假设新炼油厂的产能为每年加工1.2亿桶原油。正如表6-16中所示，这会使整个公司的产能从原来的2.4亿桶增加到3.6亿桶。根据市场预测，在建立了新炼油厂后，特赛格公司正好可以卖出所有的产品，但不能再多了。所以，选择1.2亿桶作为新厂的产能不仅能正好用上所有产能，同时也能满足预测的市场需求。

但是为了应对可能出现的需求增长，管理层希望考虑将新炼油厂产能扩大到1.5亿桶。尽管这会使公司在一段时间内有3 000万桶的剩余产能闲置，但是当以后特赛格公司继续扩大市场份额时，就有可用的产能。这样做的另一个合理原因在于：扩大新炼油厂所耗费的资金和运营成本远小于以后重新建造一个年产量为3 000万桶的炼油厂的成本（大约节省40%）。另外，管理者认为这些额外的产能在近几年内就会被用到。

炼油厂扩大3 000万桶产能所需的额外成本估计为12亿美元。根据预期利率，这些额外成本的年成本为1亿美元。如果新炼油厂增加的产能部分被使用时，炼油厂的总运营成本可能会稍大于表 6-19 中的值，但是在其他炼油厂降低的生产率能够以同样的比例降低总运营成本。因为提炼 100 万桶原油的运营成本在所有的炼油厂中（包括新厂）基本一致，所以，选址问题对生产 3.6 亿桶原油的运营成本基本没有什么大的影响。然而，管理层认识到选址的不同影响原油和石油产成品的运输成本。因为表 6-20 显示，如果选择圣路易斯作为炼油厂厂址，原油和石油产成品的年运输成本为 29.2 亿美元，所以，管理者希望通过这样做来大幅降低成本。

图 6-13 和图 6-17 分别显示了当选择圣路易斯作为新炼油厂厂址时最优的原油和成品运输计划。现在管理者要求工作小组分析加工 1.5 亿桶原油的情况。管理者特别希望解决下列问题：在新情况下，图 6-13 中的原油运输计划该如何改变，运输总成本总共可以减少多少？图 6-17 中的成品运输计划该如何改变，运输总成本总共可以减少多少？最后，假设表 6-19 所示的运营成本的差别同样适用于新情况，那么表 6-20 所示 3 个地方的财务状况比较会不会有显著变化？

作为工作小组的领导，你决定按以下几个步骤去解决问题：

（1）建立并求解电子表格模型，找到将 3.6 亿桶原油从产地运往炼油厂（包括圣路易斯的新炼油厂，此时新炼油厂的最大需求为 1.5 亿桶原油）的最优运输计划。在最小化年运输成本的基础上求出每家炼油厂收到的原油数量（不超过其产能）。（提示：你可以使用本章 Excel 文件中的特赛格公司电子表格模型来节省一些时间。）比较最后的结果，年运输成本与图 6-13 所示的建造较小规模炼油厂的结果有什么不同。

（2）假设第（1）问中求出的计划将被采用（包括每个炼油厂收到的原油数量）。在此基础上，建立并求解电子表格模型，找到将产成品从炼油厂运输到配送中心的最优运输计划。比较最后的结果，年运输成本与图 6-17 所示的结果有什么不一样。同样，计算在此计划下运输原油和产成品的总运输成本与表 6-20 所示的 29.2 亿美元的总成本有什么不同。

（3）你意识到运输产成品的成本要比运输原油的成本稍微高一些，所以你决定与其最小化将原油运送到炼油厂的成本（如第（1）问、第（2）问中的情形），还不如最小化运送产成品的运输成本。建立并求解电子表格模型，找出将产成品从炼油厂（包括圣路易斯的新炼油厂）运送到配送中心的最优运输计划，3.6 亿桶原油的运输计划则基于该计划实施。将最后结果与第（1）问、第（2）问中的结果以及图 6-17 中的结果进行比较。

（4）假设第（3）问中得到的计划将被采用（包括每家炼油厂会接收到的原油数量）。在此基础上，建立并求解电子表格模型，以求得将原油从产地运往炼油厂的最优运输计划。将最后的结果与第（1）问、第（2）问中的结果以及表 6-13 中的结果进行比较。计算在此计划下的运输原油和产成品的总运输成本，并比较它与第（2）问中的结果和表 6-20 的结果有什么不同。

（5）至此，你已经意识到你所制定的都是关于整个问题的次优方案，因为每次都只能使其中一部分得到最优，所以我们现在进一步考虑。建立一张电子表格，同时考虑将 3.6 亿桶原油从产地运往炼油厂（包括圣路易斯的新厂）以及将产成品从炼油厂运往配送中心的运输计划。目标是使总运输成本最小。因为炼油厂有 3.9 亿桶的产能，决定每家炼油厂收到的原油数（不能超过每家的产能）时也要考虑此条件。求解模型并将最后得到的结果与第（2）问、第（4）问中的结果以及表 6-20 进行比较。

（6）假设新炼油厂建在洛杉矶（同样规划每年加工 1.5 亿桶的产能），重复第（5）问。再分析如果选址在加尔维斯敦，情况又会怎样。使用表 6-19 提供的三个地点的运营、成本信息，构建如表 6-20 所示的表格对三个地点进行财务比较（如果新炼油厂的产能超过 1.2 亿桶，运营成本将高于表 6-19 提供的数据，但由于管理层要求工作小组假设表 6-19 所示的运营成本差异仍然存在，所以总变动成本间存在差异是合理的）。

（7）现在可以将你的报告（包括电子表格）提交给管理层。写一份备忘录阐述你的建议。

更多案例

关于本章的更多案例，可以查阅西安大略大学毅伟商学院网站 www.cases.ivey.uwo.ca/cases 专为本书设计的 CaseMate 部分。

第 7 章

网络最优化问题

┊学习目标┊

完成本章的学习后，你应该能够：
1. 建立各种网络最优化问题的网络模型。
2. 描述最小费用流问题、最大流问题、最短路线问题的特点。
3. 明确这些问题的应用领域。
4. 了解网络最优化问题中属于最小费用流问题的一些特殊类型。
5. 根据问题描述，针对最小费用流问题、最大流问题和最短路线问题建立电子表格模型并求解。

本章重点介绍如何分析网络，所以我们首先介绍网络是什么。网络可以被定义为具有多个组件（组成部分）的系统，其中多对组件之间存在直接连接。这些连接可能是实际的物理连接，例如电网中的电线；在其他情况下，网络也可能是描绘系统中组件位置的图表，然后在一对对组件之间使用连线来表明这些组件之间的直接关系。例如，如果你返回参考第3.5节，图3-9展示了一个网络，该网络描绘了具有两种类型组件（工厂和客户）的分销系统，通过从工厂到客户的连线可以识别出可行的运输路线。

网络在实际问题中以各种各样的形式存在。交通、电子和通信网络已经遍布我们日常生活的各个方面。网络规划也被广泛应用于解决不同领域中的各种问题，如生产、分配、项目规划、厂址选择、资源管理和财务规划等。由于篇幅有限，我们在此仅仅列举了这几个例子，而实际上，网络规划在描述系统各组成部分之间的关系方面给我们在直观与概念上都提供了很大的帮助，并被广泛应用于科学、社会和经济活动的各个领域。

本章重点介绍如何使用电子表格模型来优化某些特定类型的网络运行问题。所有这些网络都被设计为，从某些起点（出发地）沿着各种允许的路线向某些目的地提供某种类型的流。例如此流可能是通过网络运输货物或资源。而目标可能是确定通过网络的最优路线，在这种情况下，仅沿着该最优路线流动。对于每种类型的网络，我们将介绍如何使用电子表格模型以最佳方式构建和解决网络运营问题。

近几十年来，管理科学在网络最优化问题的方法论和应用方面都取得了令人兴奋的飞速发展。许多从计算机科学领域中的数据结构和高效数据处理所衍生出的算法对管理科学的发展产生了重要的影响。因此，现在我们可以运用这些可行的算法和软件轻而易举地解决大型问题，而在几十年前，要解决这些问题是完全不可能的。然而，在本章我们仅考虑一些小例子。

本章介绍的网络最优化问题在处理管理问题时特别有用。我们将把重点放在这些问题的本质和应用上，而不去详细讲解求解技术的细节和算法。使用电子表格模型和 Solver 能够使我们聚焦于该重点。

第 3 章已经介绍了一些网络最优化问题的例子。例如：运输问题（第 3.5 节中提到）可以通过网络进行表示，如图 3-9 所示。典型的运输问题涉及将某些产品从某些工厂运送给某些客户，其目标是确定运输总成本最小的运输计划。指派问题（第 3.6 节中提到）也可以用相似的网络进行表示，见第 6 章相关内容。因此，运输与指派问题都是网络优化问题的简单类型。

与运输问题和指派问题相似，许多其他网络最优化问题（包括本章提到的所有类型）实质上都是线性规划问题的特殊类型。因此，在针对这些问题建立电子表格模型后，都可以利用 Solver 进行求解。

第 7.1 节将讨论网络最优化问题中的最小费用流问题（minimum-cost flow problem）。一个典型的应用是使通过配送网络的货物运输总成本达到最小。因此，最小费用流问题与前面的运输问题类似，只是现在配送网络中多了一些中间节点（如仓库）。

第 7.3 节将介绍最大流问题（maximum flow problem）。最大流问题涉及的是怎样使得配送网络中的物流量最大。在第 7.2 节中，我们将介绍一个案例作为讨论最大流问题的基础。

第 7.4 节主要讨论最短路线问题（shortest path problem），其本质目标就是找到两地之间的最短路线。

本章的补充部分（见 www.mhhe.com/Hillier6e）讨论了最小生成树问题（minimum spanning-tree），这个问题研究的是怎样以最小的成本为系统中的所有用户建立连接（可以是直接连接或间接连接）。这种网络最优化问题是本书中唯一非特殊类型的线性规划问题。

7.1 最小费用流问题

在描述最小费用流问题的一般特征之前，让我们先看一个例子。为了清晰明白起见，第一个例子非常简单，虽然问题规模很小，却是实践中大型的最小费用流问题的典型代表。

例子：无限配送公司的问题

无限配送公司（Distribution Unlimited Co.）有两个工厂生产产品，这些产品需要被运到两个仓库里。下面是一些具体的信息：

- 工厂 1 生产 80 个单位。
- 工厂 2 生产 70 个单位。
- 仓库 1 需要 60 个单位。
- 仓库 2 需要 90 个单位。

（每个单位相当于一整车产品。）

图 7-1 给出了运输这些产品可利用的配送网络。在图中，F1 和 F2 代表两个工厂，W1 和 W2 代表两个仓库，DC 表示一个配送中心，箭头表示可行的运输线路。特别地，工厂 1 和仓库 1 之间以及工厂 2 和仓库 2 之间各有一条铁路运输轨道（在铁路上的运输量是没有限制的）。除此之外，卡车司机每次总共可以从工厂运输 50 单位产品到配送中心，然后可以从配送中心运输 50 单位到仓库（任何运输到配送中心的产品必须

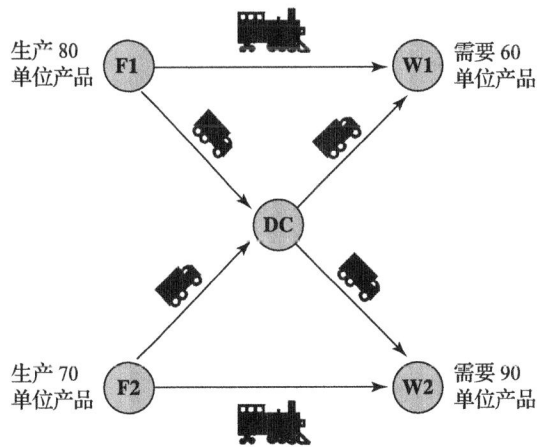

图 7-1 无限配送公司问题的配送网络

注：其中所有可行的运输路线都用箭头表示。

目标是整个配送网络的运输总成本最小。

随后运送到仓库里）。管理层的目标是确定运输方案（即每条路线运送多少单位的产品），使得运输总成本达到最小。

如果你已经阅读了第 3.5 节中关于运输问题的描述（见图 3-9），你将会注意到这种最小费用流问题类似于运输问题。然而，关键区别在于此例子中包括一个中间目的地（配送中心），这不适用于运输问题的定义。许多应用包括这样的中间目的地，使得最小费用流问题成为运输问题的一个有价值的扩展。

不同运输路线的运输成本是不一样的。每条路线的单位运输成本如图 7-2 中箭头上方的数字所示。

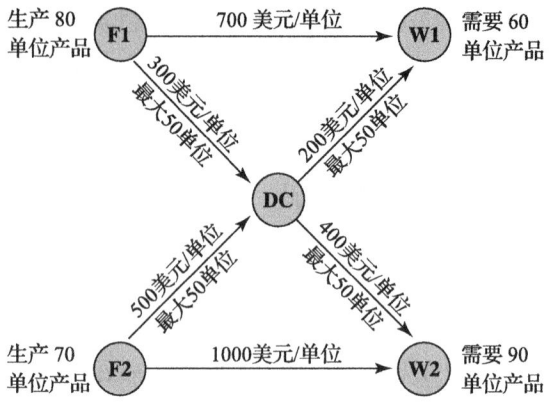

图 7-2　无限配送公司问题的配送网络数据

为了不使网络图显得十分拥挤，通常我们用更加简化的图形来表示，如图 7-3 所示。每一个设施地点旁边方括号里的数字代表净流出单位数（流出减去流入）。因此，每一个末端仓库的产品单位数前都有一个负号。而配送中心的数值总为 0，这是因为运走的产品数量减去运达的产品数量一定等于 0。箭头上方的数字代表了这条运输路线的单位运输成本。任意一个箭头下面带有方括号的数字代表这条运输路线的最大运输量（如果没有方括号和数字，则表明在这条运输路线没有运输容量的限制）。这个网络为我们提供了该问题的完整描述，并包含了必要的数据，所以它构成了最小费用流问题的一个网络模型。

由于这只是一个很简单的问题，所以你也许可以看出该问题的最优解。可以试试看。答案如图 7-4 所示，每条路线中的运输数量都已经在圆括号里标出（为了避免误解，我们在这个图里删除了单位运输成本和运输能力）。结合本图的运输量和图 7-2 与图 7-3 所给出的单位运输成本，此解决方案的总运输成本是（计算成本的顺序为依次以 F1、F2、DC 起点）：

图 7-3 表明了如何使用一个网络完整地表示最小费用流问题。

总运输成本 = 30×700 + 50×300 + 30×500 + 40×1 000 + 30×200 + 50×400 = 117 000（美元）

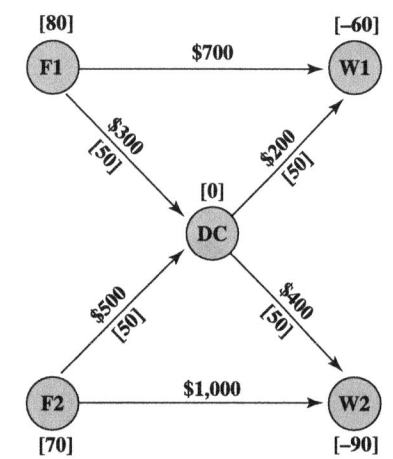

图 7-3　把无限配送公司问题作为最小费用流问题处理的网络模型

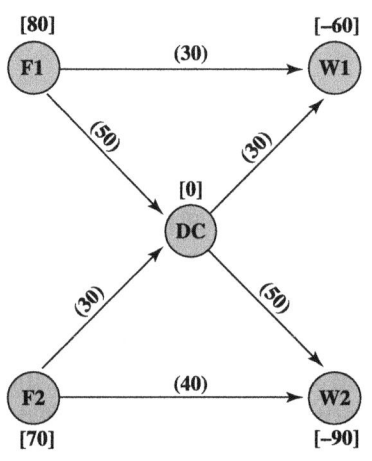

图 7-4　无限配送公司问题的最优解

注：每条路线的运输量标示在箭头上方的圆括号里。

| 应用实例 |

惠普公司（Hewlett-Packard，HP）为满足超过 10 亿用户的不同需求，提供了许多创新产品。其产品帮助公司在很多市场中取得了成功。但是，生产多个相似产品可能会引起一些比较严重的问题：除了会使销售代表和消费者感到困惑外，还会对一些产品的收入和成本产生不好的影响。因此，需要在产品多样性的多与少之间找到一个平衡。

按照这个想法，惠普公司的高层领导将产品多样性管理作为公司发展战略的重点。在近几十年内，惠普公司在有关这个问题的管理科学应用领域一直处于领先地位，公司的很多高层管理人员都致力于解决此问题。

解决这个问题的核心方法就是建立和使用网络最优化模型。在排除一些投资回报率不高的产品后，可以认为网络右侧的部分预计订单流由剩下的产品组成。该模型就是最小费用流问题的一种特殊类型（和下面两节提到的特殊类型相关）。

自 2005 年初实施了最小费用流问题的应用后，惠普公司开始将运营的重点放在其核心产品上。这使得公司在 2005～2008 年利润增加了 5 亿美元，此后的利润每年增加 1.8 亿美元。另外，惠普公司也得到了很多非量化的利益。

这样显著的成果使得惠普公司获得了 2009 年运筹与管理科学领域的弗朗兹·埃德尔曼（Franz Edelman）奖。

资料来源：J. Ward and 20 co-authors, "HP Transforms Product Portfolio Management with Operations Research," *Interfaces* 40, no 1 (January-February 2010), pp.17-32. (A link to this article is provided at www.mhhe.com/Hillier6e).

一般特征

这个例子具备了最小费用流问题的所有一般特征。在归纳这些特征之前，我们先来介绍一些你需要了解的术语。

术语：

（1）所有最小费用流问题都是用有流从中通过的**网络**来表示的。

（2）网络中的圆圈被称为**节点**（node）。

（3）如果节点产生的净流量（流出减去流入）是一个确定的正数，那么这个节点就是**供给点**（supply node）（图 7-3 中的 F1 和 F2 都是供给点）。

（4）如果节点产生的净流量是一个确定的负数，那么这个节点就被称为**需求点**（demand node）（本例中 W1 和 W2 就是需求点）。

供给点有净流出量，需求点有净流入量。

（5）如果节点产生的净流量恒为零，那么这个节点就被称为**转运点**（transshipment node）（本例中 DC 就是转运点）。我们把流出节点的量等于流入节点的量称为**流量守恒**（conservation of flow）。

（6）网络中的箭头称为**弧**（arc）。

（7）允许通过某一条弧的最大流量称为**该弧的容量**（capacity）。

使用这些术语，就可以对最小费用流问题（这类问题的模型）的一般特征进行以下假设。

最小费用流问题的假设

（1）至少有一个节点是供给点，每个供给点产生的净流量指定为一个固定正数。

（2）至少有一个节点是需求点，每个需求点产生的净流量指定为一个固定负数。

（3）剩下的所有节点都是转运点，每个转运点产生的净流量为固定值 0。

（4）通过弧的流只允许沿着箭头的方向流动，通过弧的最大流量取决于该弧的容量（如果流是双向的话，则需要用一对箭头指向相反

因为弧的箭头表明了流的方向，因此双向的箭头表明流可以向两个方向进行。

的弧来表示)。

(5) 网络中有足够的弧提供足够的容量,使得所有在供给点中产生的流都能够到达需求点。

(6) 在流的单位成本已知的前提下,通过每一条弧的流的成本和流量成正比。

(7) 最小费用流问题的目标是在满足给定需求的条件下,使得通过网络供给的总成本最小(换句话说就是使得总利润最大化)。

> 目标是以最小的成本满足需求点的需求。

求解这类问题需要确定通过每一条弧的流量有多大。对于每一个可行解,通过每一条弧的流量都不得超过该弧的容量,且每一个节点产生的净流量必须等于该节点标明的流量。下面的特征说明了该问题有可行解时的情形。

具有可行解的特征(Feasible Solutions Property):基于以上假设,当且仅当供给点所提供的流量总和等于需求点所需要的流量总和时,最小费用流问题有可行解。

我们注意到了无限配送公司问题具备这个特征。因为其供应为 80 + 70 = 150,而需求的总和亦为 60 + 90 = 150。

有时会出现供给点的供给总和不等于需求点的需求总和("不平衡问题")的应用。例如,假设供给总和超过需求总和一定量("额外供给")。在这种情况下,"供给"实际上代表了可以提供的最大数量而不是固定数量,因此该问题的一部分是确定每个供给点应该生产多少以恰好满足需求点的需求。这样的问题不再完全符合最小费用流问题的定义,因为它违反了假设(1)。尽管如此,Solver 仍然可以通过使用相应的电子表格模型来解决问题,该模型包括对每个供给点产生的量的"≤"约束。或者,可以通过向网络添加"虚拟需求节点"将问题转换回最小费用流问题,其中该节点处的需求等于整个网络的"额外供给"。通过从每个供给点向虚拟需求节点添加单位流量成本为零(弧的容量足够大)的弧,该网络即变成最小费用流问题,因为它现在满足具备可行解的特征。

对于很多最小费用流问题的应用,管理者希望所有流量的解都是整数解(例如,每一条运输路线上的满载货车数量为整数)。这个模型没有包含任何使得可行解具备这个特征的限制条件。幸好,由于如下的特征,这些限制条件不是必需的。

具有整数解的特征(Integer Solutions Property):如果所有的供给、需求和弧的容量都是整数值,那么只要最小费用流问题有可行解,对于任何流量值都一定存在整数最优解。

如图 7-3 所示,由于无限配送公司问题具备这一特征,即所有的供给(80 和 70)和所有的需求(60 和 90)以及弧的容量(50)都是整数。因此,在图 7-4 中给出的所有流量的最优解(30、30、30、50、50、40)都是整数解。这就保证了运入和运出配送中心的货车都是满载的(别忘了每一单位代表一整车产品)。

现在,让我们看看如何通过建立电子表格并应用 Solver 求得无限配送公司的最小费用流问题的最优解。

用 Excel 建模并解决最小费用流问题

图 7-5 所示的电子表格模型是根据图 7-3 对该问题的网络描述建立的。B 列和 C 列显示出了网络中的弧,F 列则列出了各弧所对应的容量(没有容量限制的除外),G 列表明了每一个单位流量的成本。可变单元格 Ship(D4:D9)列出了通过弧的流量,目标单元格 TotalCost(D11)提供了通过方程计算得出的流量总成本,这个方程式是:

$$D11 = \text{SUMPRODUCT}(\text{Ship}, \text{UnitCost})$$

Solver 对话框中的第一组约束条件,即 D5:D8 ≤ Capacity(F5:F8),保证了弧的流量不会超过该弧的容量。

	A	B	C	D	E	F	G	H	I	J	K	L
1		Distribution Unlimited Co. Minimum Cost Flow Problem										
2												
3		From	To	Ship		Capacity	Unit Cost		Nodes	Net Flow		Supply/Demand
4		F1	W1	30			$700		F1	80	=	80
5		F1	DC	50	≤	50	$300		F2	70	=	70
6		DC	W1	30	≤	50	$200		DC	0	=	0
7		DC	W2	50	≤	50	$400		W1	−60	=	−60
8		F2	DC	30	≤	50	$500		W2	−90	=	−90
9		F2	W2	40			$1 000					
10												
11			Total Cost	$117 000								

Solver Parameters
Set Objective Cell: TotalCost
To: Min
By Changing Variable Cells:
  Ship
Subject to the Constraints:
  D5:D8 <= Capacity
  NetFlow = SupplyDemand

Solver Options:
  Make Variables Nonnegative
  Solving Method: Simplex LP

Range Name	Cells
Capacity	F5:F8
From	B4:B9
NetFlow	J4:J8
Nodes	I4:I8
Ship	D4:D9
SupplyDemand	L4:L8
To	C4:C9
TotalCost	D11
UnitCost	G4:G9

	J
3	Net Flow
4	=SUMIF(From,I4,Ship)-SUMIF(To,I4,Ship)
5	=SUMIF(From,I5,Ship)-SUMIF(To,I5,Ship)
6	=SUMIF(From,I6,Ship)-SUMIF(To,I6,Ship)
7	=SUMIF(From,I7,Ship)-SUMIF(To,I7,Ship)
8	=SUMIF(From,I8,Ship)-SUMIF(To,I8,Ship)

	C	D
11	Total Cost	=SUMPRODUCT(Ship,UnitCost)

图 7-5 无限配送公司最小费用流问题的电子表格模型

注：包括目标单元格 TotalCost（D11）和其他输出单元格 NetFlow（J4:J8）的公式以及其他需要说明的内容。在可变单元格 Ship（D4:D9）中显示了通过 Solver 得出的最优解。

同理，I 列列出了节点，J 列确定了每个节点所产生的净流量（这些净流量是可变单元格中给定的流），L 列表明每个节点需要产生的净流量。Solver 对话框中的第二组限制条件，即 NetFlow（J4:J8）= SupplyDemand（L4:L8），表明每个节点产生的实际净流量必须等于规定的量。

在 NetFlow（J4:J8）中输入的公式使用了两个 SUMIF 函数的差来计算每个节点产生的净流量（流出减去流入）。对于每一点，第一个 SUMIF 函数计算流出节点的流量，第二个 SUMIF 函数计算流入节点的流量。（如果你以前没有使用过 SUMIF 函数，Excel 小提示解释了这个函数的作用。）

> 在任何最小费用流问题中，如果任何一条弧存在容量限制，那么这些约束都是必要的。
>
> 最小费用流问题的任何一个节点都需要净流量限制。

以 F1 节点（I4）为例，在单元格 J4 中计算该节点的净流量。该节点净流量的计算方程为

$$J4 = \text{SUMIF}(\text{From, I4, Ship}) - \text{SUMIF}(\text{To, I4, Ship})$$

其中 SUMIF（From, I4, Ship）的含义为，当单元格 From（B4:B9）中某些行的值与 I4 的值相同时，就将 Ship（D4:D9）中对应这些行的值加总。因为 I4 = F1 且 From 列中唯一有 F1 的是第 4 行和第 5 行，所以流量列只加总这两行的值，即 D4 + D5。同样，SUMIF（To, I4, Ship）的含义为：当单元格 To（C4:C9）中某些行的值与 I4 的值相同时，就将 Ship（D4:D9）中对应这些行的值加总。因为 F1 没有出现在流入列中，所以和是 0。因此，J4 的公式就是

$$J4 = D4 + D5 - 0 = 30 + 50 - 0 = 80$$

也就是 F1 节点产生的净流量。

看上去使用 SUMIF 函数似乎比直接输入 J4 = D4 + D5、J5 = D8+ D9、J6 = D6 + D7 - D5 - D8 复杂，但实际上是简化了。SUMIF 函

> **Excel 小提示：** SUMIF（A,B,C）的作用为，当 A 中某些行的值与 B 相同时，将所对应 C 的值相加。该函数在计算网络节点净流量时非常有用。

数只要在单元格 J4 中被输入一次,然后就能在 NetFlow(J5:J8)单元格中进行复制。在一个有许多节点的问题中,它更快捷而且不容易犯错(这一点可能更重要)。在一个大型问题中,对每一节点计算净流量时应该在 Ship 列的哪些单元格加上或减去一些数值,这时很容易遗漏一些弧。

第一个 Solver 选项规定流量不能是负数,而第二个选项则表明这个问题仍然是一个线性规划问题。

点击 Solve 按钮后,在图 7-5 中单元格 Ship(D4:D9)就会显示出该问题的最优解。这个最优解和图 7-4 给出的最优解是一样的。

更有效地解决大规模最小费用流问题

最小费用流问题是线性规划问题的一种特殊类型。单纯形法可以解决任何一个线性规划问题,因此也可以通过标准的方法解决最小费用流问题。比如说,Solver 就使用了单纯形法来解决这种类型(或者其他类型)的线性规划问题。这种方法不仅对小型问题来说很有效(如无限配送公司问题就是一个很好的例子),而且对解决大型问题也同样奏效。所以,我们在图 7-5 中阐明的解决方法,对你在本书中以及将来可能遇到的任何最小费用流问题都很有帮助。

但是,我们也要提醒你注意:有时在实际运用中,解决比较大型的问题需要用不同的方法。由于存在一些特殊类型的最小费用流问题,我们可以对单纯形法进行大幅简化以更快地求解。因此,我们不必考虑单纯形法的代数模型,而直接对问题的网络进行求解,这样就可以用同样的步骤更快地得到结果。

网络单纯形法:网络单纯型法能够解决一些 Solver 不能解决的大型的最小费用流问题(有时有几百万个节点和弧)。

这种单纯形法的简化版本被称为**网络单纯形法**(network simplex method)。网络单纯形法可以用来解决那些对单纯形法来说规模太大而无法解决的问题。

和单纯形法一样,网络单纯形法不仅可以找到问题的最优解,而且对第 5 章所提到的 what-if 分析也能提供颇有价值的帮助。

现在,许多公司都使用网络单纯形法来解决其最小费用流问题。有些问题非常庞大,有着数万个节点和弧。有时,弧的数量甚至可能会更多,达到几百万条。

虽然 Solver 软件中没有网络单纯形法,但是其他线性规划的商业软件包通常都包含这种方法。

近些年来,在这方面所取得的重大进展是开发出了用于最小费用流问题建模的精美图形界面。这些界面使得模型设计和对网络单纯形法输出的解释没有了数学公式,变得完全可视,非常直观。这对管理者制定决策具有很大的帮助。

一些实际应用

与图 7-1～图 7-4 关于无限配送公司问题的描述一样,最小费用流问题最重要的应用可能是关于配送网络的运行。正如在表 7-1 的第一行里归纳的那样,这类应用往往包括确定如何把货物从出发地(如工厂等)运到中转站或中间存储设施(如果需要的话),然后再运送给客户的方案。

表 7-1　几类典型的最小费用流问题的应用

应用的类型	供给点	转运点	需求点
配送网络的运行	货源	中间存储设施	客户
固体废弃物管理	固体废弃物源	处理设施	固体废弃物掩埋地
供应网络的运行	供应商	中间仓库	加工设施
工厂协调产品组合	工厂	某一特定产品的生产	某一特定产品的市场
现金流管理	某一特定时间的现金来源	短期投资期权	在特定时间对现金的需求

对于某些最小费用流问题的应用，所有的转运点与其说是中间存储设施，倒不如说是处理设施。表7-1中列出的固体废弃物管理的例子就是如此。在这里，在网络中流动的固体废物流始于固体废弃物源，然后把固体废弃物送到各个固体废弃物掩埋地。然而，这里的目标依然是确定使得总成本最小的流方案。在这个例子中，成本包括运输和处理两个过程的成本。

在其他的应用中，需求点可能是一些处理设施（加工设施）。如表7-1第四行中所举的例子，它的目标是找到一个方案，从各个可能的供应商那里获得供给，然后把所需货物存储在仓库中，最后把它们运输到公司的加工设施（如工厂等）中去，使得方案总成本最低。

表7-1中的另一种应用（工厂协调产品组合）说明，除物料的实物流外，弧还可以代表其他的流。这个应用涉及拥有几个工厂（供给点）的公司，其工厂生产同样的产品，但是成本不一样。从每一个供给点伸出的弧代表在这个工厂里可能生产的某一产品的产量，这条弧指向和这类产品相对应的转运点。因此，转运点既有从每一个能够生产这种产品的工厂伸出的弧，然后也有将产品从该转运点出发到达代表客户的节点（需求点）的弧。这个网络的目的是确定如何分配各个工厂每种产品的产能，从而使得在满足对不同产品的需求的同时达到总成本最低。

表7-1中的最后一个应用（现金流管理）说明不同的节点可以代表发生在不同时间的事件。在这个应用中，每一个供给点代表一个特定的时间（或时期），在这个时间或时期中公司能够获得现金（通过到期账款、应收票据、证券的销售、借款等）。每个节点的供应量就是那时所能得到的现金量。同理，每个需求点代表某个特定时间（或时期）公司所需的现金储备。每个需求点的需求量就是到时所需要的现金量。在这个例子中，我们的目标是使得公司在每个从有现金闲置到有现金需求期间的现金投资所得收入最大。因此，每个转运点代表在特定时间间隔中对一种特定的短期投资期权（如从银行购买存款单）的选择。这样形成的网络将有一个连续流，代表了从有现金闲置，到投资现金，再到投资到期整个过程的现金利用计划。

最小费用流问题的特殊类型

在网络问题中，有五种重要的类型属于最小费用流问题的特殊类型。

第一种类型是第3.5节所讲的**运输问题**。我们回忆一下，一种典型的运输问题涉及从多个出发地（如生产特定产品的工厂）直接向多个目的地（如客户）运送某物（如若干单位的特定产品）的成本达到最小。图3-9就是一种典型的运输问题的网络规划。在我们通用的术语中，运输问题的出发地和目的地就是分别用供给点和需求点来表示的。所以，运输问题就是没有转运点（网络中所有的流直接从供给点到需求点）和没有弧容量限制的最小费用流问题。

第二种类型是在第3.6节中讨论过的**指派问题**。我们回忆一下，这类问题指的是指派一群人（或其他运营单位）完成一组任务，每个人单独完成其中的一项任务。指派问题可以被看成一类特殊的运输问题，它的出发地是人，目的地是任务。这使得指派问题也成为具有前面所述特征的一类特殊的最小费用流问题。除此之外，每一个人都是供给量为1的供给点，而每一项任务都是需求量为1的需求点。

第三类特殊的最小费用流问题是**转运问题**。这类问题有一个附加的特征，即从出发地（供给点）运输到目的地（需求点）的过程中可能也会经过像配送中心这样的中间运输点（转运点）。除此以外，它和运输问题基本上是一样的。与运输问题一样，转运问题的弧也没有容量限制。所以，每一条弧都可以通过任意流量的最小费用流问题都是转运问题。例如，如果改变图7-2的数据，使得任何数量的产品（在生产和需求的范围内）都可以运入和运出配送中心，那么无限配送公司问题就变成了转

> 转运问题是弧容量没有限制的最小费用流问题。

运问题[⊖]。

由于它们和一般的最小费用流问题有着密切的关系，所以我们不再具体对转运问题进行讨论。

另外两类特殊的最小费用流问题是**最大流问题**和**最短路线问题**。在学习完下一节关于最大流问题的案例研究后，我们将分别在第 7.3 节和第 7.4 节中具体讨论这两类问题。

你可能不太理解我们为什么要不辞劳苦地去介绍这五种最小费用流问题的特殊类型。一个非常重要的原因是：网络单纯形法可以用来解决这五种特殊类型的最小费用流问题中的任意大型问题，但是通过单纯形法去解决这些问题可能会很困难，甚至不可能。虽然对于每一类这样的问题，我们也能通过其他有效的特殊算法去解决（如可以用运输单纯形法来解决运输问题），但由于近来网络单纯形法的运用已经非常广泛，以致它在大多数情况下成了其他算法极好的替代。特别是当我们获得的软件包中包括网络单纯形法而不是其他相关特殊算法时，网络单纯形法就更有价值了。不仅如此，即使找到了最优解，正如在第 5 章中论述的那样，网络单纯形法在进行 what-if 分析时依然很有帮助。

> 网络单纯形法可以解决这五种特殊的最小费用流问题中的任意大型问题。

问题回顾

1. 说出最小费用流问题中的三种节点并加以具体描述。
2. 弧的容量是什么意思？
3. 最小费用流问题的目标通常是什么？
4. 为了获得可行解，最小费用流问题需要具备什么样的特征？
5. 什么是最小费用流问题的整数解特征？
6. 用来解决最小费用流问题非常有效的单纯形法的简化版本叫什么？
7. 最小费用流问题的典型应用是什么？
8. 说出最小费用流问题中特殊类型网络最优化问题的五种重要类型。

7.2 案例研究：BMZ 公司的最大流问题

这是怎样的一天啊！首先被叫到老板的办公室里，然后又接到了公司总裁亲自打来的紧急电话。幸好，他都能够处理好，保证情况都在他的掌握之中。

虽然卡尔·施密特（Karl Schmidt）在 BMZ 公司（BMZ Company）的头衔是供应链经理，但是他经常告诉朋友们，他实际上是公司的危机处理经理。公司的紧急事件一个接着一个发生。要么是维持生产线运转所需的零部件没有到货；要么就是虽然到货了，但由于型号不对而不能使用；又或者是延误了向一个重要客户发送货物。下面就是一个很典型的危机事件。公司最重要的配送中心，即位于洛杉矶的那个配送中心，需要从公司紧急增运货物。

由于考虑到卡尔·施密特是冉冉升起的新星，所以公司选择他来担任这个重要的职务。四年前，卡尔在一所一流的美国商学院获得了 MBA 学位，他是全公司高级管理层中最年轻的一员。他在商学院学到的最新管理科学技术在整个公司供应链的改善过程中发挥了无法估量的作用。虽然危机还会出现，但是过去几年中混乱频繁发生的现象已经消失了。

卡尔有一个处理当前危机的方案。这意味着我们又要求助于管理科学了。

⊖ 弧容量有限的最小费用流问题有时也被称为有限容量的转运问题（capacitated transshipment problem）。我们以后不再使用这个术语。

背景

BMZ 公司是欧洲的一家豪华汽车制造商。虽然它生产的汽车在所有发达国家的销量都不错，但是对这家公司来说，出口到美国显得尤其重要。

BMZ 公司因为提供优质的服务而获得了很好的声誉，保持这一声誉的重要秘诀是它有着充裕的汽车配件供应，从而能够随时供货给众多的经销商和授权维修店。这些配件主要存放在公司的配送中心里，一有需求就可以立即送货。卡尔需要优先考虑的是避免这些配送中心发生短缺的状况。

该公司在美国有几个配送中心。但是，离洛杉矶中心最近的配送中心却坐落在 1 000 多英里之外的西雅图。由于 BMZ 的汽车在加利福尼亚越来越受欢迎，所以保证洛杉矶中心良好的供给能力就显得尤为重要。因此，现在洛杉矶的供给量不断减少的现状成了公司高层管理人员真正关心的问题——正如卡尔深切体会到的一样。

该公司大部分汽车配件是在坐落于德国斯图加特的总厂和新车一起生产的，正是这家工厂向洛杉矶中心供应汽车配件。由于其中一些配件体积很大，而且有些配件的需求量很多，这就使得供给的总体积非常庞大——每月要运送超过 30 万立方英尺的配件。下个月需要更多的配件以补充正在减少的库存。

问题

卡尔需要尽快制定一个方案，使得下个月从总厂运送到洛杉矶配送中心的供应配件尽可能多。他已经认识到了这是个最大流问题——使得从总厂运送到洛杉矶配送中心的配件流最大的问题。

因为总厂生产的配件量远远大于能够运送到配送中心的量。所以，可以运送配件数量的上限就是该公司配送网络的容量。

> 要研究的问题是使从德国斯图加特到洛杉矶配送中心的配件流最大。

这个配送网络如图 7-6 所示，在图中，标有 ST 和 LA 的节点分别代表斯图加特的工厂和洛杉矶的配送中心。由于工厂所在地有铁路转运点，所以首先要通过铁路把配件运输到欧洲的三个港口：鹿特丹（节点 RO）、波尔多（节点 BO）和里斯本（节点 LI），然后通过船运把它们送到美国的港口纽约（节点 NY）或新奥尔良（节点 NO），最后用卡车把它们从港口运送到洛杉矶的配送中心。

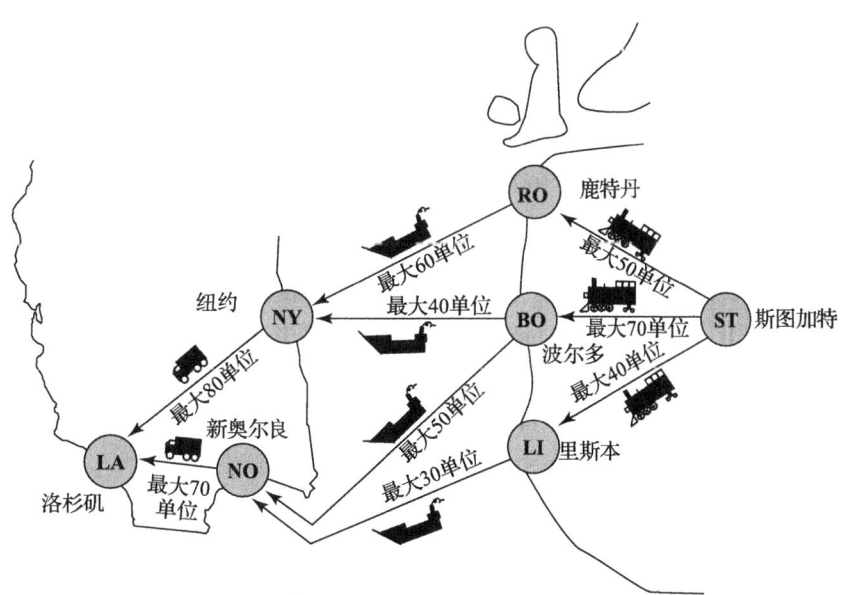

图 7-6　BMZ 公司从德国斯图加特的工厂到洛杉矶的配送中心的配送网络

经营这些铁路、船舶和卡车的组织是独立的公司，这些公司为很多企业运输货物。由于对其老顾客有承诺，所以这些公司不可以在短时间内为任何一个客户大量增加运输空间配额。因此，BMZ 公司只能够保证获得下个月每条运输航线有限的运输空间。图 7-6 已经给出可以获得的空间数量，以 100 立方米为 1 个单位（100 立方米约为 3 500 立方英尺，可见需要运送的货物量很大）。

建立模型

图 7-7 是这个最大流问题的网络模型。这个网络没有显示该配送网络具体的地理分布，而是简单地把各节点（代表不同的城市）均匀地排成几列。节点间的弧代表运输路线，每条弧的容量（弧旁边方括号内的数字）代表了在这条运输路线上所能得到的运输空间的数量。这个问题的目标是确定通过每一条弧发送多少流量（即通过每条运输路线可以运送多少单元的货物），使得从斯图加特工厂到洛杉矶配送中心的运输单位总量最大。

图 7-5 所示的电子表格模型的目标是使得 TotalCost（D11）最小化，而图 7-8 所示的电子表格模型是使得目标单元格 MaxFlow（D14）最大化。

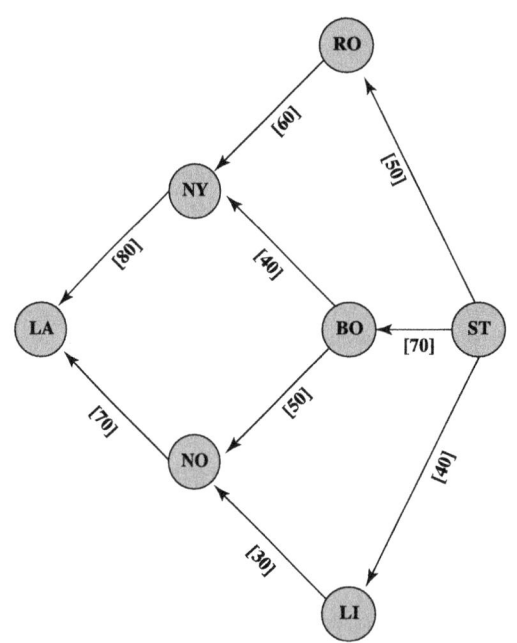

图 7-7　作为最大流问题的 BMZ 问题网络模型

注：图中每条弧旁边方括号里的数字代表该弧的容量。

图 7-8 利用图 7-5 中介绍的形式给出了这个问题相应的电子表格模型。这个模型和图 7-5 所示模型的主要区别是它的目标发生了变化。由于我们的目标不再是使得网络中流的总成本最小，因此我们在图 7-8 中删除了图 7-5 中的 G 列。目标单元格 MaxFlow（D14）里所得的数据是从斯图加特到洛杉矶总流量的单位数。图的下方给出的公式中包括 D14 = I4，其中 I4 给出了从斯图加特到洛杉矶的净流量。像图 7-5 一样，图 7-8 中 NetFlow（I4:I10）的公式同样使用了两个 SUMIF 函数的差来计算每个节点产生的净流量。因为目标是使 MaxFlow（D14）的值最大化，所以在 Solver 对话框指出这个目标单元格的数据要达到最大。点击 Solve 按钮，在可变单元格 Ship（D4:D12）中就得到了 BMZ 公司通过各条路线应该运输多少数量的最优解。

但是，卡尔对这个解还不是十分满意，因为他有办法可以得到更优的解。这需要对另一个最大流问题进行建模并求解（在下一节中，我们还会继续讨论这个案例）。

	A	B	C	D	E	F	G	H	I	J	K
1		BMZ Co. Maximum Flow Problem									
2											
3		From	To	Ship		Capacity		Nodes	Net Flow		Supply/Demand
4		Stuttgart	Rotterdam	50	≤	50		Stuttgart	150		
5		Stuttgart	Bordeaux	70	≤	70		Rotterdam	0	=	0
6		Stuttgart	Lisbon	30	≤	40		Bordeaux	0	=	0
7		Rotterdam	New York	50	≤	60		Lisbon	0	=	0
8		Bordeaux	New York	30	≤	40		New York	0	=	0
9		Bordeaux	New Orleans	40	≤	50		New Orleans	0	=	0
10		Lisbon	New Orleans	30	≤	30		Los Angeles	−150		
11		New York	Los Angeles	80	≤	80					
12		New Orleans	Los Angeles	70	≤	70					
13											
14			Maximum Flow	150							

Solver Parameters
Set Objective Cell: MaxFlow
To: Max
By Changing Variable Cells:
　Ship
Subject to the Constraints:
　I5:I9 = SupplyDemand
　Ship <= Capacity

Solver Options:
　Make Variables Nonnegative
　Solving Method: Simplex LP

Range Name	Cells
Capacity	F4:F12
From	B4:B12
MaxFlow	D14
NetFlow	I4:I10
Nodes	H4:H10
Ship	D4:D12
SupplyDemand	K5:K9
To	C4:C12

	I
3	Net Flow
4	=SUMIF(From,H4,Ship)-SUMIF(To,H4,Ship)
5	=SUMIF(From,H5,Ship)-SUMIF(To,H5,Ship)
6	=SUMIF(From,H6,Ship)-SUMIF(To,H6,Ship)
7	=SUMIF(From,H7,Ship)-SUMIF(To,H7,Ship)
8	=SUMIF(From,H8,Ship)-SUMIF(To,H8,Ship)
9	=SUMIF(From,H9,Ship)-SUMIF(To,H9,Ship)
10	=SUMIF(From,H10,Ship)-SUMIF(To,H10,Ship)

	C	D
14	Maximum Flow	=I4

图 7-8　BMZ 公司最大流问题电子表格模型

注：包括目标单元格 MaxFlow（D14）和其他输出单元格 NetFlow（I4:I10）的公式以及其他需要说明的内容。可变单元格 Ship（D4:D12）显示的是通过 Solver 获得的最优解。

问题回顾

1. BMZ 公司当前面临的危机是什么？
2. 当该问题用网络形式表示时，通过 BMZ 公司配送网络的流是什么？从哪里到哪里？
3. 得到的最大流问题的目标是什么？

7.3　最大流问题

和最小费用流问题一样，最大流问题也与网络中的流有关。但是，现在目标不一样了，不是使流的成本最小化，而是寻找一个方案，使得通过网络的流量最大。这就是卡尔需要找到的流量方案，使得通过 BMZ 公司配送网络从斯图加特工厂运送到洛杉矶配送中心的汽车配件总量达到最大。

一般特征

除了目标（流量最大化和成本最小化）不一样以外，最大流问题的特征与最小费用流问题的特征非常相似。但是，它们之间也有一些细微的差异，关于这一点，我们将在总结其假设后进行讨论。

最大流问题的假设

（1）网络中所有流起源于一个节点，这个节点被称为**源**（source），所有的流终止于另一个节点，这个节点被称为**收点**（sink）（在 BMZ 问题中，源和收点分别代表位于斯图加特的工厂和位于洛杉矶的配送中心，也就是图 7-7 中的节点 ST 和 LA）。

（2）其余所有的节点被称为转运点（在 BMZ 公司问题中，节点 RO、BO、LI、NY 和 NO 都是转运点）。

（3）通过每一条弧的流只允许沿着弧的箭头所指方向流动，每条弧所允许通过的最大流量为弧的容量。由源发出的所有弧背离源，而所有终结于收点的弧都指向收点。

（4）最大流问题的目标是使得从源到收点的总流量最大。这个流量的大小可以用两种等价的方法来衡量，分别被称为从源点发出的流量和进入收点的流量（图 7-8 中的单元格 D14 和 I4 采用的是从源点发出的流量）。

> 最大流问题的目标是使得从源到收点的总流量最大。

最大流问题中的源和收点类似于最小费用流问题中的供给点和需求点。这些节点是这两类问题中唯一不满足流量守恒（流出等于流入）的节点。如同供给点一样，源只产生流；同样，如同需求点一样，收点只接收流。

> 虽然最大流问题中只有一个源和一个收点，但有多个源和收点的最大流问题的变形也有办法解决，下面将对此进行讲解。

然而，最小费用流问题的这些节点和最大流问题中与其对应的节点有两点区别。

第一点区别是：供给点的供给量和需求点的需求量都是固定的，而源和收点则不是。这是因为后两者的目标是使得从源点发出的或进入收点的流量最大，它们的数量不是固定的。

第二点区别是：在最小费用流问题中，不管是供给点的数量还是需求点的数量都可能多于一个，而在最大流问题中只能有一个源和一个收点。不过，有多个源和收点的最大流问题的变形也能用 Solver 软件求解。现在，我们用上一节中介绍的 BMZ 公司的案例来说明这一点。

应用实例

挪威大陆架的天然气运输网络是世界上最大的海底管道网络，大约全长 5 000 英里。盖斯科公司（Gassco）是挪威的一家国有公司，并由国家负责网络的运营。另一家公司国家石油海德罗公司（StatoilHydro）为国家部分持有，且是欧洲地区市场的天然气主要供应商。

盖斯科公司和国家石油海德罗公司都使用了管理科学技术，对网络的结构和天然气的路线进行了优化。此路线优化所使用的模型是一个多物资流的网络模型，多物资流中包括多种烃和天然气中的污染物。该模型的目标是使从供给点（海底钻井平台）到需求点（比如进口终端）的天然气总流量达到最大。然而，除了普通的供给需求约束，该模型还包含压力流关系、最大输送压和管道的压力上限。因此该模型是本节所介绍的最大流问题的一个例子。

管理科学领域的应用对该海底管道网络的高效运营起着很大的作用。1995～2008 年，所节约的成本大约为 20 亿美元。

资料来源：F.Romo, A.Tomasgard, L.Hellemo, M.Fodstad, B.H.Eidesen, and B.Pedersen, "Optimizing the Norwegian Natural Gas Production and Transport," *Interfaces* 39, no.1（January–February 2009）, pp.46-56.（A link to this article is provided at www.mhhe.com/Hillier6e）.

继续分析具有多个供给点和需求点的案例

下面就是卡尔关于如何改善第 7.2 节最后得到的方案（见图 7-8 中 D 列给出的数据）的想法。

在柏林，即斯图加特工厂的北面，公司有一家较小的工厂也生产汽车配件。虽然通常这家工厂用来给北欧、加拿大和美国北部地区的配送中心（包括在西雅图的配送中心）协助供货，但是它也同样可以运输配件到洛杉矶的配送中心去。而且，当洛杉矶配送中心出现库存短缺时，西雅图的配送中心有能力将配件提供给洛杉矶配送中心的客户。

受到这一点的启发,卡尔为解决当前洛杉矶存货短缺的问题开发了一个更好的方案,他认识到与其仅仅使从斯图加特工厂到洛杉矶配送中心的运输量最大,还不如使两个工厂到洛杉矶和西雅图这两个配送中心的运输量最大。

图 7-9 显示的网络模型代表扩展后的配送网络。这个经过扩展的网络包括两个工厂和两个配送中心。除了图 7-6 和图 7-7 的节点以外,节点 BE 代表位于柏林的较小工厂,节点 HA 和节点 BN 分别代表为这家工厂提供服务的汉堡和波士顿的另外两个港口,节点 SE 代表位于西雅图的配送中心。和前面一样,弧代表运输路线,每一条弧旁边方括号里的数字代表该弧的容量,即下个月可以通过这条运输路线运送的最大单位数。

对应的电子表格模型如图 7-10 所示,所用的格式和图 7-8 一样。但是,现在的目标单元格 MaxFlow(D21)得到的数据是从斯图加特和柏林两个工厂运出的总流量。所以 D21 = I4 + I5(见图 7-10 底部目标单元格中的公式)。

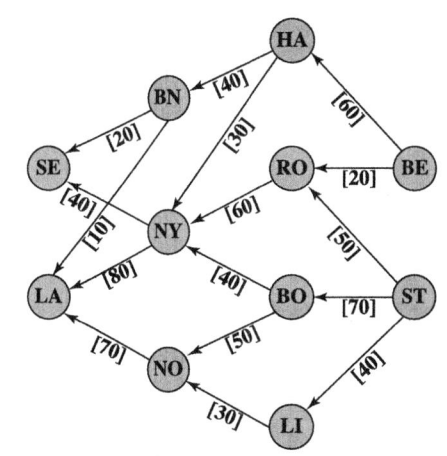

图 7-9 将经过扩展的 BMZ 问题看成最大流问题的网络模型

注:每一条弧旁边方括号里的数字代表该弧的容量。

	A	B	C	D	E	F	G	H	I	J	K
1		**BMZ Co. Expanded Maximum Flow Problem**									
2											
3		From	To	Ship		Capacity		Nodes	Net Flow		Supply/Demand
4		Stuttgart	Rotterdam	40	≤	50		Stuttgart	140		
5		Stuttgart	Bordeaux	70	≤	70		Berlin	80		
6		Stuttgart	Lisbon	30	≤	40		Hamburg	0	=	0
7		Berlin	Rotterdam	20	≤	20		Rotterdam	0	=	0
8		Berlin	Hamburg	60	≤	60		Bordeaux	0	=	0
9		Rotterdam	New York	60	≤	60		Lisbon	0	=	0
10		Bordeaux	New York	30	≤	40		Boston	0	=	0
11		Bordeaux	New Orleans	40	≤	50		New York	0	=	0
12		Lisbon	New Orleans	30	≤	30		New Orleans	0	=	0
13		Hamburg	New York	30	≤	30		Los Angeles	-160		
14		Hamburg	Boston	30	≤	40		Seattle	-60		
15		New Orleans	Los Angeles	70	≤	70					
16		New York	Los Angeles	80	≤	80					
17		New York	Seattle	40	≤	40					
18		Boston	Los Angeles	10	≤	10					
19		Boston	Seattle	20	≤	20					
20											
21			Maximum Flow	220							

Solver Parameters

Set Objective Cell: MaxFlow
To: Max
By Changing Variable Cells:
  Ship
Subject to the Constraints:
  I6:I12 = SupplyDemand
  Ship <= Capacity

Solver Options:
  Make Variables Nonnegative
  Solving Method: Simplex LP

Range Name	Cells
Capacity	F4:F19
From	B4:B19
MaxFlow	D21
NetFlow	I4:I14
Nodes	H4:H14
Ship	D4:D19
SupplyDemand	K6:K12
To	C4:C19

	I
3	**Net Flow**
4	=SUMIF(From,H4,Ship)-SUMIF(To,H4,Ship)
5	=SUMIF(From,H5,Ship)-SUMIF(To,H5,Ship)
6	=SUMIF(From,H6,Ship)-SUMIF(To,H6,Ship)
7	=SUMIF(From,H7,Ship)-SUMIF(To,H7,Ship)
8	=SUMIF(From,H8,Ship)-SUMIF(To,H8,Ship)
9	=SUMIF(From,H9,Ship)-SUMIF(To,H9,Ship)
10	=SUMIF(From,H10,Ship)-SUMIF(To,H10,Ship)
11	=SUMIF(From,H11,Ship)-SUMIF(To,H11,Ship)
12	=SUMIF(From,H12,Ship)-SUMIF(To,H12,Ship)
13	=SUMIF(From,H13,Ship)-SUMIF(To,H13,Ship)
14	=SUMIF(From,H14,Ship)-SUMIF(To,H14,Ship)

	C	D
21	Maximum Flow	=I4+I5

图 7-10 BMZ 公司问题扩展后作为最大流问题变形的电子表格模型

注:有斯图加特和柏林两个源及洛杉矶和西雅图两个收点。用目标单元格 MaxFlow(D21)表示从两个源到收点的最大流量,Solver 获得的最优解在可变单元格 Ship(D4:D19)中显示。

图 7-10 中的可变单元格 Ship（D4:D19）中显示的是下个月通过各条运输路线运送数量的最优解。把这个解和在图 7-8 中得到的解做比较，我们可以看到卡尔扩展配送网络（使其包含第二个工厂和西雅图配送中心）所产生的影响。正如在两张图中的 I 列所示，运送到洛杉矶的单位数由 150 增长到 160，再加上 60 单位运到西雅图作为洛杉矶库存短缺的备份。这个方案不但解决了洛杉矶的危机，也使卡尔赢得了高层管理者的称赞。

一些实际应用

当管理者的目标是使流量最大而不是成本最低时，最大流问题以及经过变形的最大流问题的应用和前面章节中所描述的最小费用流问题有些类似。下面是一些典型的应用。

(1) 使得通过配送网络的流量最大，如 BMZ 公司的问题。
(2) 使得通过从供给商到处理设施的公司供给网络的流量最大。
(3) 使得通过管道运输系统的石油流量最大。
(4) 使得通过输水系统的水流量最大。
(5) 使得交通网络的车流量最大。

求解超大型问题

如图 7-9 所示，扩展的 BMZ 网络有 11 个节点和 16 条弧，但是大多数实际应用中的网络规模要比这大得多。有时极为庞大，节点和弧的数量会达到几十万个。对于大型网络，Solver 可能无法求解如此庞大的最大流问题，即使它们仍然可以如图 7-8 和图 7-10 那样进行表述。

幸好管理科学专家们有其他的技术来建模和求解拥有几十万个节点和弧的大型问题。其中一项技术就是重新构建另一类最大流问题，以应用某种特殊算法，从而能够高效地解决大型问题。另外一项技术是重新构建问题使其合乎最小费用流问题的形式，从而可以应用网络单纯形法。这些特殊的算法可以在某些软件包中获得，但 Solver 软件中是没有的。因此，如果你遇到的最大流问题或其某种变形无法用 Solver 求解（在本书中不会遇到这种情况），那么请你放心，它也许可以通过别的方法来建立模型并得到解决。

问题回顾

(1) 最大流问题的目标和最小费用流问题的目标有什么不同？
(2) 什么是最大流问题的源和收点？对这两种节点而言，它们的弧指向哪个方向？
(3) 有哪两种等价的方法可以用来计算从源流入收点的总流量？
(4) 最大流问题的源和收点与最小费用流问题的供给点和需求点在哪两个方面存在差别？
(5) 典型的最大流问题应用有哪些？

7.4 最短路线问题

顾名思义，最短路线问题最普遍的应用就是寻找两点之间的最短路线。我们举例进行说明。

例子：里特城的消防队问题

里特城（Littletown）是一座农业小镇。它的消防队要为包括许多农场社区在内的大片地区提供服务。这个地区有很多条路，从消防站到任何一个社区都有很多不同路线。因为时间是到达火灾发生点的主

> 目标是找到从消防站到农场社区的最短路线。

要因素，所以消防队队长希望事先能够确定从消防站到每一个农场社区的最短路线。

图 7-11 显示出了连接消防站和其中一个农场社区的道路系统，图中数字代表每条路的英里数。你能够找到从消防站到农场社区最短的路线吗？

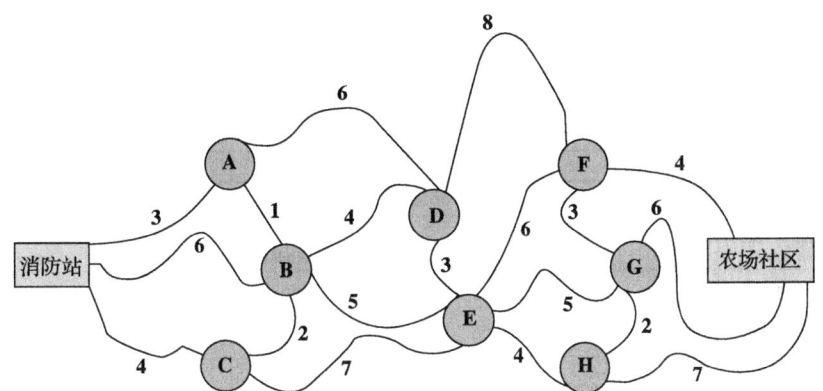

图 7-11　里特城的消防站和某一农场社区间的道路系统

注：其中，A，B，…，H 是岔路口，每条路旁边的数字表示距离（单位：英里）。

为里特城问题建模

图 7-12 给出了该问题的网络规划，图中忽略了地理分布以及弯曲的道路。（当如图所示排列各个节点时，选择哪些节点放在同一列难免有些随意，但这里的选择很好地应用于地理和道路系统。）这个网络模型就是表示最短路线问题的常用方法。岔路口用网络的节点表示，消防站和农场社区是另外两个节点，分别标为 O（表示源）和 T（表示目标地）。由于行进（流）既可以是流入节点，也可以是流出节点，因此连接节点的连线被称为**边**[⊖]（link）而不是弧。两个节点中的边允许双向流动，而弧仅允许沿着箭头指示的方向流动，图 7-12 中的连线是边而不是弧（注意，边的两端都没有箭头）。

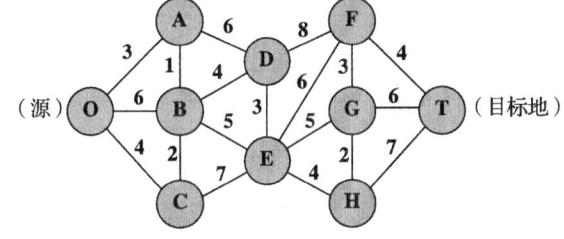

图 7-12　将图 7-11 看成最短路线问题的网络规划

边：在最短路线问题中，路线是从源出发，经过一系列连接两节点的边，到达目标地。

你找到了从源到目标地之间的最短路线了吗？在阅读下面的内容前先试试看。这条最短路线就是

$$O \to A \to B \to E \to F \to T$$

全程共长 19 英里。

这个问题（和任意一个最短路线问题一样）可以认为是最小费用流问题（第 7.1 节）的一种特殊类型。其中，行进的英里数可以解释为网络中的流的成本。从消防站到达某一农场社区可以解释为网络中某个路径的流量为 1。所以，使得该流成本最小就等价于使得该路线的行程英里数最小。消防站可以看成供给量为 1 的供给点，代表此次行程的开始。农场社区可以看成需求量为 1 的需求点，代表此次行程的结束。图 7-12 中的所有其他节点都是转运点，因此它们所产生的净流量为 0。

根据这一解释，图 7-13 给出了电子表格模型。除了没有了弧的容量限制以及用表示距离的列代替表示单位成本的列（以英里为单位）以外，它的形式基本上与图 7-5 构建的最小费用流问题相同。对于每一条被选中的从消防站到农场社区的路，可变单元格 OnRoute（D4：D27）给出的流量为 1，而 0 表示没有被选中。目

⊖　有时候也被称为无向弧（undirected arc），但是我们将不使用这个术语。

标单元格 TotalDistance（D29）给出了该条路线以英里为单位的总距离（见图 7-13 底部该单元格内的公式）。B 列和 C 列将图 7-12 中的所有垂直连接列出了两次，一次为向下的弧，一次为向上的弧，这是因为在所选的路上，两个方向都允许通过。其他连接只列出了从左到右的弧，因为这是唯一符合从源到目标地的最短路线要求的方向。

该电子表格模型与没有弧容量限制的最小费用流问题类似，只是用距离代替了单位成本，沿选定路径行进被解释为通过这条路的流量为 1。

	A	B	C	D	E	F	G	H	I	J	K
1	Littletown Fire Department Shortest Path Problem										
2											
3		From	To	On Route		Distance		Nodes	Net Flow		Supply/Demand
4		Fire St.	A	1		3		Fire St.	1	=	1
5		Fire St.	B	0		6		A	0	=	0
6		Fire St.	C	0		4		B	0	=	0
7		A	B	1		1		C	0	=	0
8		A	D	0		6		D	0	=	0
9		B	A	0		1		E	0	=	0
10		B	C	0		2		F	0	=	0
11		B	D	0		4		G	0	=	0
12		B	E	1		5		H	0	=	0
13		C	B	0		2		Farm Comm.	−1	=	−1
14		C	E	0		7					
15		D	E	0		3					
16		D	F	0		8					
17		E	D	0		3					
18		E	F	1		6					
19		E	G	0		5					
20		E	H	0		4					
21		F	G	0		3					
22		F	Farm Comm.	1		4					
23		G	F	0		3					
24		G	H	0		2					
25		G	Farm Comm.	0		6					
26		H	G	0		2					
27		H	Farm Comm.	0		7					
28											
29			Total Distance	19							

Solver Parameters
Set Objective Cell: TotalDistance
To: Min
By Changing Variable Cells:
　OnRoute
Subject to the Constraints:
　NetFlow = SupplyDemand

Solver Options:
　Make Variables Nonnegative
　Solving Method: Simplex LP

Range Name	Cells
Distance	F4:F27
From	B4:B27
NetFlow	I4:I13
Nodes	H4:H13
OnRoute	D4:D27
SupplyDemand	K4:K13
To	C4:C27
TotalDistance	D29

	I
3	**Net Flow**
4	=SUMIF(From,H4,OnRoute)-SUMIF(To,H4,OnRoute)
5	=SUMIF(From,H5,OnRoute)-SUMIF(To,H5,OnRoute)
6	=SUMIF(From,H6,OnRoute)-SUMIF(To,H6,OnRoute)
7	=SUMIF(From,H7,OnRoute)-SUMIF(To,H7,OnRoute)
8	=SUMIF(From,H8,OnRoute)-SUMIF(To,H8,OnRoute)
9	=SUMIF(From,H9,OnRoute)-SUMIF(To,H9,OnRoute)
10	=SUMIF(From,H10,OnRoute)-SUMIF(To,H10,OnRoute)
11	=SUMIF(From,H11,OnRoute)-SUMIF(To,H11,OnRoute)
12	=SUMIF(From,H12,OnRoute)-SUMIF(To,H12,OnRoute)
13	=SUMIF(From,H13,OnRoute)-SUMIF(To,H13,OnRoute)

	C	D
29	Total Distance	=SUMPRODUCT(OnRoute,Distance)

图 7-13　里特城消防队最短路线问题的电子表格模型

注：包括目标单元格 TotalDistance（D29）和其他输出单元格 SupplyDemand（K4:K13）的公式。其中可变单元格 OnRoute（D4:D27）的值 1 表示通过 Solver 得到的最优解，从消防站到农场社区的最短路线的总距离为 19 英里。

K列显示了每个节点需要产生的净流量。使用该图底部的方程式，将 I 列每一个单元格都加上流出量并减去流入量，得到通过该节点的实际净流量。对应的约束条件，即 Nodes（H4:H13）= SupplyDemand（K4:K13），在 Solver 对话框中进行定义。

OnRoute（D4:D27）给出的解是运行 Solver 后得到的最优解。它与前面的最短路线是相同的。

与最小费用流问题和最大流问题相同，对大型最短路线问题来说，也有特殊的算法进行求解，而且非常有效。但这些算法没有包含在 Solver 中。对里特城问题这种规模和规模稍大一些的问题来说，用电子表格构建并用 Solver 求解是有效的。但是你必须知道，规模更大的问题仍然需要用其他方法来解决。

| 应用实例 |

加拿大太平洋铁路公司（Canadian Pacific Railway, CPR）成立于1881年，它控制着北美第一条洲际铁路。CPR在其超过14 000英里的铁路网络中运送货物，其网络从蒙特利尔延伸到温哥华，并穿越美国的西北部和中西部。与其他运输公司的联盟使CPR的市场延伸到了墨西哥的主要商业中心。

每一天，CPR都会从其客户手中接收大约7 000件新货物，运送到北美各地或出口到国外。公司必须将这些货物装进车厢，按特定路线在其铁路网中进行输送，其间可能还要换几次火车头才能到达目的地。CPR公司必须对其货物和1 600台火车头、65 000节车厢和5 000多名列车乘务员、250个货场的运营计划进行协调。

CPR公司管理层求助于一家名为多模应用系统公司（MultiModal）的管理科学咨询机构，以便同本公司员工共同开发出一种管理科学方法来解决这一问题。在建立新运营战略的过程中使用了多种管理科学技术。但是，这一方法的基础是将车厢流看成网络中的流，其中每一个节点相当于一个位置和一个时间点。这样就可以应用网络最优化技术了。例如，每天都有大量最短路线问题被作为总体解决方法的一部分得到了解决。

此管理科学应用每年为CPR公司节省大约1亿美元。劳动生产率、火车头的生产率、燃料的消耗、火车的速度都得到了非常显著的改善。另外，CPR公司的运送时间十分可靠，并获得了许多服务改善奖。该网络优化技术的应用使得CPR公司获得了2003年运筹与管理科学领域的弗朗兹·埃德尔曼奖。

资料来源：P.Ireland, R.Case, J.Fallis, C.Van Dyke, J.Kuehn, and M.Meketon, "The Canadian Pacific Railway Transforms Operations by Using Models to Develop Its Operating Plans," *Interfaces* 34, no.1（January–February 2004）, pp.5–14.（A link to this article is provided at www.mhhe.com/Hillier6e）.

一般特征

除了超出本书范围的更复杂的变形外，所有最短路线问题都具有里特城问题所具备的特征。下面是基本假设。

最短路线问题的假设

（1）在网络中选择一条路，这条路始于某一节点，该节点被称为**源**（origin），结束于另一个节点，该节点被称为**目标地**（destination）。

（2）连接两个节点的连线通常被称为**边**（允许沿任一个方向行进），但也允许存在弧（只允许沿着一个方向行进）。

（3）和每条边相关的一个非负数，被称为该边的**长度**（length）（注意，在网络中，除了在边的旁边标明其长度的准确数字外，所画的每一条边的长度并不代表其真实长度）。

目标是寻找从源到目标地的最短路线。

（4）目标是寻找从源到目标地的最短路线（总长度最小的路线）。

一些实际应用

不是所有的最短路线问题都涉及寻找从源到目标地的最短行进距离。事实上，它们可能根本不涉及行进。边（或弧）可能代表了其他类型的活动，所以选择网络中的路和选择一系列活动是一样的。例如，表示边的"长度"的数字可能表示活动的成本，在这种情况下，该问题的目标就是确定哪一种活动序列使总成本最小。

下面是最短路线问题的三种应用。

（1）行进的总距离最小，如在里特城的例子中。
（2）一系列活动的总成本最小，如接下来将要讲述的例子。
（3）一系列活动的总时间最少，如稍后提到的奎克公司（Quick Company）的例子。

使总成本最小的例子

萨拉（Sarah）刚刚高中毕业。在毕业典礼上，她的父母给了她21 000美元的汽车基金帮助她购买并保养一辆使用了3年的二手车，以供她上大学使用。由于行驶费用和维修费用随着汽车的老化而快速上涨，所以萨拉的父母告诉她在接下来的三个夏天里，她也可以一次或几次折价将她的汽车置换为其他使用了3年的二手车。如果她觉得这样做可以使她的总净成本最小的话，他们会同意她这样做。他们也告诉萨拉，4年后，他们会送给她一辆新车作为大学毕业的礼物。所以，萨拉到那时肯定要计划把旧车折价卖出。（这样的父母真不错！）

> 萨拉需要为汽车的交易做一个规划，使得她的总净成本最小。

表7-2给出了每一个时期萨拉购买一辆使用了3年的二手车的相关数据。例如，如果她两年后折价卖掉自己的车，那么在三年级时她就对下一辆车有1年的所有权，其他情况以此类推。

表 7-2 萨拉每个时期购买一辆使用了3年的二手车的数据

购买价格	拥有年份的行驶和保养费用（美元）				最后卖出的价值（美元）			
	1	2	3	4	1	2	3	4
12 000	2 000	3 000	4 500	6 500	8 500	6 500	4 500	3 000

在接下来的三个夏天里，萨拉应该在什么时候折价卖掉她的汽车（如果有必要的话）才能使她在大学四年里买车、行驶、保养汽车的总费用最小？

图7-14显示了将这个问题看成是最短路线问题的网络表述。节点1、2、3和4分别代表萨拉上大学的第一年末、第二年末、第三年末和第四年末。节点0表示现在，即上大学以前。从一个节点到另一个节点的每一条弧表示在第一个节点所处时间买车，然后在第二个节点的那个时间把车折价卖出。因为萨拉现在开始买车，在第四年末将把车卖掉，所以节点0是源，节点4是目标地。

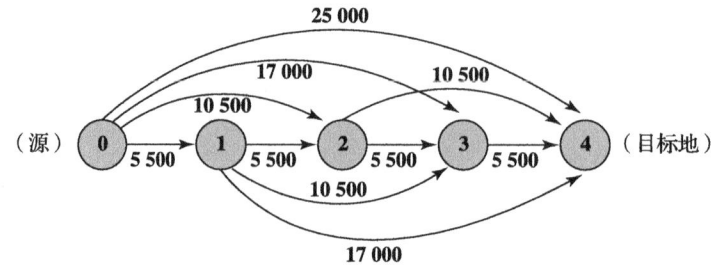

图 7-14 当把折价购车看成一个最短路线问题时，对该问题的描述

注：节点的标号代表从现在开始计算的年份，每一条弧代表了购车后又折价卖出。

从源到目标地所选择的弧的数量表明萨拉将会多少次买车和折价卖车。例如，我们来考虑一下这条路线：

它表示了现在开始购车,然后在第一年末把它折价卖掉去买第二辆车,接着在第三年末又把第二辆车折价卖掉去买第三辆车,最后在第四年又把第三辆车折价卖出。

> 网络中任意一条路线的所有弧加起来的长度之和就是汽车置换计划的总净费用。

由于萨拉希望从现在(节点0)到第四年末(节点4)的总费用最小,因此每一条弧的长度都需要计算买车、保养、折价卖车的净费用。所以有

$$弧长 = 买车的价格 + 使用和保养的费用 - 折价卖出的价值$$

例如,我们来考虑从节点1到节点3的弧。这条弧对应的是在第一年末买车、使用和保养,然后在拥有两年后把它折价卖掉。所以有

$$从①至③的弧长 = 12\,000 + 2\,000 + 3\,000 - 6\,500$$
$$= 10\,500(美元)$$

通过这种方法计算出来的弧长都标在图7-14中弧的旁边。将从节点0到节点4任意一条路的所有弧加起来,就得到了在接下来的四年里汽车置换计划的总净费用。因此,通过寻求从源到目标地的最短路线,我们将得到使得萨拉的总净费用最小的方案。

图7-15给出了相应的电子表格模型。和图7-13相比,除了原来的距离变成了现在的费用以外,这两个模型是一样的。因此,目标单元格TotalCost(D23)现在给出了最小总费用。图中的可变单元格OnRoute(D12:D21)显示的最优解是通过点击Solver按钮后得到的。由于数值1表明了要经过的路径,那么最短路线是

> 现在的目标单元格是总费用,而不是总距离。

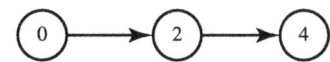

在第二年末把第一辆车折价卖掉。

在第四年末把第二辆车折价卖掉。

	A	B	C	D	E	F	G	H	I	J
1		Sarah's Car Purchasing Problem								
2										
3				Trade-in						
4			Operating & Maint. Cost	Value at End of Year	Purchase Price					
5		Year 1	$2 000	$8 500	$12 000					
6		Year 2	$3 000	$6 500						
7		Year 3	$4 500	$4 500						
8		Year 4	$6 500	$3 000						
9										
10										
11		From	To	On Route	Cost		Nodes	Net Flow		Supply/Demand
12		Year 0	Year 1	0	$5 500		Year 0	1	=	1
13		Year 0	Year 2	1	$10 500		Year 1	0	=	0
14		Year 0	Year 3	0	$17 000		Year 2	0	=	0
15		Year 0	Year 4	0	$25 000		Year 3	0	=	0
16		Year 1	Year 2	0	$5 500		Year 4	-1	=	-1
17		Year 1	Year 3	0	$10 500					
18		Year 1	Year 4	0	$17 000					
19		Year 2	Year 3	0	$5 500					
20		Year 2	Year 4	1	$10 500					
21		Year 3	Year 4	0	$5 500					
22										
23			Total Cost	$21 000						

图7-15 将萨拉的问题作为最短路线问题的电子表格模型

Range Name	Cells
Cost	E12:E21
From	B12:B21
NetFlow	H12:H16
Nodes	G12:G16
OnRoute	D12:D21
OpMaint1	C5
OpMaint2	C6
OpMaint3	C7
OpMaint4	C8
PurchasePrice	E5
SupplyDemand	J12:J16
To	C12:C21
TotalCost	D23
TradeIn1	D5
TradeIn2	D6
TradeIn3	D7
TradeIn4	D8

	E
11	Cost
12	=PurchasePrice+OpMaint1-TradeIn1
13	=PurchasePrice+OpMaint1+OpMaint2-TradeIn2
14	=PurchasePrice+OpMaint1+OpMaint2+OpMaint3-TradeIn3
15	=PurchasePrice+OpMaint1+OpMaint2+OpMaint3+OpMaint4-TradeIn4
16	=PurchasePrice+OpMaint1-TradeIn1
17	=PurchasePrice+OpMaint1+OpMaint2-TradeIn2
18	=PurchasePrice+OpMaint1+OpMaint2+OpMaint3-TradeIn3
19	=PurchasePrice+OpMaint1+OpMaint2-TradeIn2
20	=PurchasePrice+OpMaint1+OpMaint2-TradeIn2
21	=PurchasePrice+OpMaint1-TradeIn1

Solver Parameters
Set Objective Cell: TotalCost
To: Min
By Changing Variable Cells:
 OnRoute
Subject to the Constraints:
 NetFlow = SupplyDemand

Solver Options:
 Make Variables Nonnegative
 Solving Method: Simplex LP

	H
11	Net Flow
12	=SUMIF(From,G12,OnRoute)-SUMIF(To,G12,OnRoute)
13	=SUMIF(From,G13,OnRoute)-SUMIF(To,G13,OnRoute)
14	=SUMIF(From,G14,OnRoute)-SUMIF(To,G14,OnRoute)
15	=SUMIF(From,G15,OnRoute)-SUMIF(To,G15,OnRoute)
16	=SUMIF(From,G16,OnRoute)-SUMIF(To,G16,OnRoute)

	C	D
23	Total Cost	=SUMPRODUCT(OnRoute,Cost)

图 7-15（续）

注：目标是使总费用而不是总距离最小。图的底部标出了目标单元格 TotalCost（D23）和其他输出单元格 Cost（E12:E21）以及 NetFlow（H12:H16）的公式。其中可变单元格 OnRoute（D12:D21）中的数值"1"表示通过 Solver 得到的最优解，显示这条最短（最便宜）路线的总费用结果。

这条路的长度为 10 500 + 10 500 = 21 000。所以，正如目标单元格所给出的结果，萨拉的总净费用为 21 000 美元。回想一下，这个数额恰好等于萨拉的父母给萨拉提供的买车资金。（这样的父母实在是太棒了！）

使总时间最小化的例子

奎克公司（Quick Company）获悉它的一个竞争对手计划将一种很有销售潜力的新产品投放市场。奎克公司也一直在研制一种类似的产品，并计划在 20 个月后投放市场。研究临近结束，奎克公司的管理者希望迅速推出产品去参与竞争。

现在还有四个没有时间重叠的阶段没有完成，包括正在以正常速度进行剩下的研究工作（第一阶段）。然而，每个阶段的实施水平可以从正常水平提高为优先水平或应急水平，使之能够加速完成，但是最后三个阶段必须要提高实施水平。第一阶段可以以正常速度完成，也可以加速完成。表 7-3 列出了在这些不同水平下所需要的时间。

管理层现在已经给这四个阶段拨款 3 000 万美元。每个阶段的费用如表 7-4 所示。

管理层希望确定这四个阶段各自应该采取哪一种水平，从而在 3 000 万美元预算约束内，使得这种产品可以尽早推向市场。

图 7-16 显示了将这个问题作为最短路线问题的网络规划。每一个节点代表那个时间点的情况。除了目标地以外，每个节点由两个数字表示：

（1）已经完成的阶段数目。
（2）剩下阶段剩余的资金量（单位：百万美元）。

表 7-3 奎克公司新产品各准备阶段所需时间
（单位：月）

水平	剩下的研究	研制	制造系统设计	开始生产和分销
正常	5	—	—	—
优先	4	3	5	2
应急	2	2	3	1

表 7-4 奎克公司新产品各准备阶段所需费用
（单位：百万美元）

水平	剩下的研究	研制	制造系统设计	开始生产和分销
正常	3	—	—	—
优先	6	6	9	3
应急	9	9	12	6

源代表现在，即阶段 0 已完成，还余下全部 3 000 万美元的预算。每条弧代表了那个阶段某一特定实施水平（在弧下的圆括号内注明）的选择。在（2, 12）和（3, 3）节点之间不会出现实施水平为"应急"的弧，

因为这种实施水平将使四个阶段的总预算超过 3 000 万美元。在这个实施水平下完成这个阶段所需要的时间（单位：月），用弧的长度（在弧的上方标明）表示。选择时间作为弧长的尺度是因为目标是为了使得所有四个阶段所花费的总时间最短。把网络中某一条路的所有弧的长度加起来就可以得到对应这条路的方案总时间。因此，网络中的最短路线就是使得完成所有阶段总时间最短的方案。

> 目标是使得项目的总时间最短。
>
> 穿过网络的任意路线的弧长之和都是准备新产品计划的总耗时。

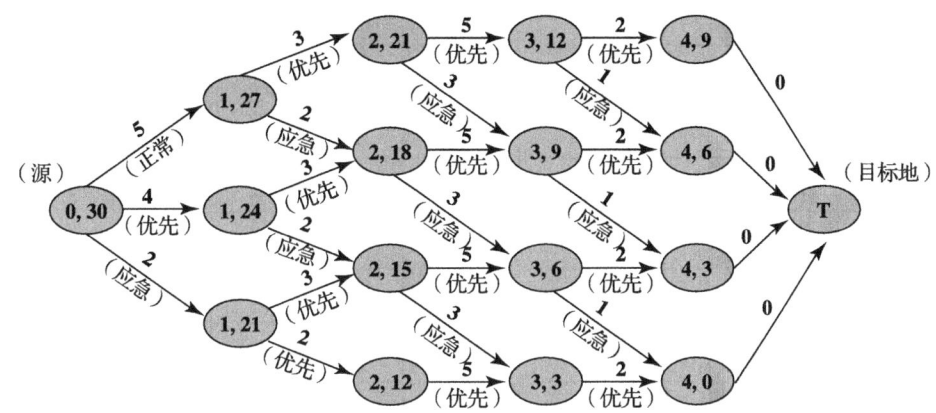

图 7-16 将奎克公司的问题作为最短路线问题的描述

注：除了虚拟目标地以外，弧的标签上第一个数字代表完成的阶段，第二个数字代表剩下阶段的资金剩余（单位：百万美元）。每条弧都给出了完成这个阶段所需要的时间（单位：月）。

当标签上第一个数字为 4 的四个节点中的任何一个达到时，所有四个阶段就完成了。那么为什么这个网络不是终结于这四个节点，而是又从这四个节点各引出一条弧呢？这是因为最短路线问题有且仅有一个目标地。所以，我们在右边加上了一个**虚拟目标地**（dummy destination）。

当网络中的实际路线在多于一个节点结束时，我们在每个这样的节点和**虚拟目标地**之间插入一条长度为 0 的弧，从而使得网络中仍然只有一个目标地。

因为指向虚拟目标地的每一条弧的长度都为 0，所以对网络的这些改动不会影响从源到目标地的总路线长度。

图 7-17 显示了该问题的电子表格模型。它的格式同图 7-13 与图 7-15 是一样的，除了在 F 列和目标单元格 TotalTime（D32）中涉及的数量是时间而不是距离或费用。在运行 Solver 以后，可变单元格 OnRoute（D4:D30）就会显示出哪些弧位于总时间最短的路线上。因此，最短路线为：

> 现在的目标单元格是总时间，而不是总距离。

0, 30 → 1, 21 → 2, 15 → 3, 3 → 4, 0 → T

总长为 2 + 3 + 3 + 2 + 0 = 10（月），如单元格 TotalTime（D32）所示。完成这四个阶段的最终方案如表 7-5 所示。虽然这个方案花费了总预算 3 000 万美元，但是它的确缩短了产品推向市场的时间，从原来计划的 20 个月缩短到仅仅 10 个月。

表 7-5 通过 Solver 获得的奎克公司最短路线问题的最优解

阶段	水平	时间（月）	成本（百万美元）
剩下的研究	应急	2	9
研制	优先	3	6
制造系统设计	应急	3	12
开始生产和分销	优先	2	3
合计		10	30

	A	B	C	D	E	F	G	H	I	J	K
1		Quick Co. Product Development Scheduling Problem									
2											
3		From	To	On Route		Time		Nodes	Net Flow		Supply/Demand
4		(0, 30)	(1, 27)	0		5		(0, 30)	1	=	1
5		(0, 30)	(1, 24)	0		4		(1, 27)	0	=	0
6		(0, 30)	(1, 21)	1		2		(1, 24)	0	=	0
7		(1, 27)	(2, 21)	0		3		(1, 21)	0	=	0
8		(1, 27)	(2, 18)	0		2		(2, 21)	0	=	0
9		(1, 24)	(2, 18)	0		3		(2, 18)	0	=	0
10		(1, 24)	(2, 15)	0		2		(2, 15)	0	=	0
11		(1, 21)	(2, 15)	1		3		(2, 12)	0	=	0
12		(1, 21)	(2, 12)	0		2		(3, 12)	0	=	0
13		(2, 21)	(3, 12)	0		5		(3, 9)	0	=	0
14		(2, 21)	(3, 9)	0		3		(3, 6)	0	=	0
15		(2, 18)	(3, 9)	0		5		(3, 3)	0	=	0
16		(2, 18)	(3, 6)	0		3		(4, 9)	0	=	0
17		(2, 15)	(3, 6)	0		5		(4, 6)	0	=	0
18		(2, 15)	(3, 3)	1		3		(4, 3)	0	=	0
19		(2, 12)	(3, 3)	0		5		(4, 0)	0	=	0
20		(3, 12)	(4, 9)	0		2		(T)	−1	=	−1
21		(3, 12)	(4, 6)	0		1					
22		(3, 9)	(4, 6)	0		2					
23		(3, 9)	(4, 3)	0		1					
24		(3, 6)	(4, 3)	0		2					
25		(3, 6)	(4, 0)	0		1					
26		(3, 3)	(4, 0)	1		2					
27		(4, 9)	(T)	0		0					
28		(4, 6)	(T)	0		0					
29		(4, 3)	(T)	0		0					
30		(4, 0)	(T)	1		0					
31											
32			Total Time	10							

Range Name	Cells
From	B4:B30
NetFlow	I4:I20
Nodes	H4:H20
OnRoute	D4:D30
SupplyDemand	K4:K20
Time	F4:F30
To	C4:C30
TotalTime	D32

Solver Parameters
Set Objective Cell: TotalTime
To: Min
By Changing Variable Cells:
  OnRoute
Subject to the Constraints:
  NetFlow = SupplyDemand

Solver Options:
  Make Variables Nonnegative
  Solving Method: Simplex LP

	I
3	Net Flow
4	=SUMIF(From,H4,OnRoute)-SUMIF(To,H4,OnRoute)
5	=SUMIF(From,H5,OnRoute)-SUMIF(To,H5,OnRoute)
6	=SUMIF(From,H6,OnRoute)-SUMIF(To,H6,OnRoute)
7	=SUMIF(From,H7,OnRoute)-SUMIF(To,H7,OnRoute)
8	=SUMIF(From,H8,OnRoute)-SUMIF(To,H8,OnRoute)
9	=SUMIF(From,H9,OnRoute)-SUMIF(To,H9,OnRoute)
10	=SUMIF(From,H10,OnRoute)-SUMIF(To,H10,OnRoute)
11	=SUMIF(From,H11,OnRoute)-SUMIF(To,H11,OnRoute)
12	=SUMIF(From,H12,OnRoute)-SUMIF(To,H12,OnRoute)
13	=SUMIF(From,H13,OnRoute)-SUMIF(To,H13,OnRoute)
14	=SUMIF(From,H14,OnRoute)-SUMIF(To,H14,OnRoute)
15	=SUMIF(From,H15,OnRoute)-SUMIF(To,H15,OnRoute)
16	=SUMIF(From,H16,OnRoute)-SUMIF(To,H16,OnRoute)
17	=SUMIF(From,H17,OnRoute)-SUMIF(To,H17,OnRoute)
18	=SUMIF(From,H18,OnRoute)-SUMIF(To,H18,OnRoute)
19	=SUMIF(From,H19,OnRoute)-SUMIF(To,H19,OnRoute)
20	=SUMIF(From,H20,OnRoute)-SUMIF(To,H20,OnRoute)

	C	D
32	Total Time	=SUMPRODUCT(OnRoute,Time)

图 7-17 将奎克公司问题作为最短路线问题的电子表格模型

注：目标是使总时间最短，所以目标单元格为 TotalTime（D32），其他输出单元格为 NetFlow（I4:I20）。可变单元格 OnRoute（D4:D30）的数值"1"显示的是通过 Solver 求解得到的最优解。

有了这些信息，奎克公司的管理者现在必须确定这个方案是否提供了最佳的时间–成本平衡。再多花费几百万美元对总时间有什么影响？稍微减少一些开支会有怎样的影响？马上求解预算不是 3 000 万美元的最短路线问题就可以很容易地为管理者提供这些信息。哪个方案提供了最佳的时间–成本平衡，只有管理者能够做出决策。

问题回顾

1. 在里特城消防队的例子中，什么是源和目标地？
2. 弧和边的差别是什么？
3. 当最短路线问题被解释为最小费用流问题时，什么是供给点和需求点？供给什么？需求什么？
4. 三种最短路线问题应用的边（或弧）长度的三种测量方法是什么？
5. 萨拉最短路线问题的目标是什么？
6. 什么时候最短路线问题的构建需要添加虚拟目标地？
7. 在制定加速新产品上市的最终决策时，奎克公司的管理者需要考虑哪种类型的平衡？

本章小结

在各种各样的环境中都会出现某些类型的网络应用。网络在描绘系统中各部分之间的关联上非常有用。在网络中，我们把代表每个部分的点称为节点，把各部分（节点）之间的连线称为弧（单向行进）或边（可双向行进）。

由于在网络中常常要发出某一类型的流，所以需要制定决策，以便能用最好的办法来发出流。本章介绍的几类网络最优化模型为我们制定这些决策提供了强有力的工具。

最小费用流问题的模型在这些网络最优化模型中扮演着重要的角色。一方面是因为它的适用性很广，另一方面则是因为其求解方法简单。Solver 可以求解适当规模的电子表格模型，而网络单纯形法则可以用来求解大规模的问题，包括那些包含有几万个节点和弧的大型问题。通常，最小费用流问题关注将货物从源点（供给点）运送到需要它们的地方（需求点）的网络最优化。它的目标是在通过网络配送货物时，以最小的成本满足需求。其中一种典型的应用就是使得配送网络的运营最优。

最小费用流问题的特殊类型包括运输问题和指派问题（在第 3 章中讨论过的），以及在本章中介绍的两种重要类型：最大流问题和最短路线问题。

在给定弧容量限制的网络中，最大流问题的目标是使得从一个特定的起点（源）到一个特定的终点（收点）的总流量最大。例如，从公司的供应商，通过供应网络到达处理设施的货物流量最大。

最短路线问题也有始点（源）和终点（目标地）。但是，它的目标是从源到目标地寻找一条总长度最短的路线。在一些实际应用中，长度指的是距离，所以最短路线问题的目标就是总行进距离最短。但是，有一些最短路线问题的应用目标则是使得一系列活动的总成本或总时间最少。

专业术语

arc 弧 两点间箭头指向的通道，也就是流可以通过的通道。（第 7.1 节）

assignment problem 指派问题 最小费用流问题的特殊类型，在前面的第 3.6 节介绍过。（第 7.1 节）

capacity of an arc 弧的容量 允许通过弧的最大流量。（第 7.1 节）

conservation of flow 流守恒 流出某一节点的流量等于流入该节点的流量。（第 7.1 节）

demand node 需求点 某一节点中产生的净流量（流出减去流入）是一个确定的负数，也就是流在那里被吸收了。（第 7.1 节）

destination 目标地 在最短路线问题中被假设为网

络行进终点的节点。(第7.4节)

dummy destination 虚拟目标地 在拥有多个可能终点的最短路线问题的描述中,为了满足只有一个目标地的要求而引入的一个虚构目标地。(第7.4节)

length of a link or arc 边或弧的长度 在最短路线问题中,标注在弧或边旁边的数字(通常是距离、成本或时间)。(第7.4节)

link 边 由两点间的线段表示的通路,在这条通路中,流可以沿指向两个节点的任意一个方向流动。(第7.4节)

network simplex method 网络单纯形法 改进的单纯形法,对解决最小费用流问题非常有效。(第7.1节)

node 节点 网络中的连接点,用带有标签的圆圈表示。(第7.1节)

origin 源 在最短路线问题中被假设为网络行进起点的节点。(第7.4节)

sink 收点 在最大流问题的网络中所有流终止的节点(第7.3节)

source 源 在最大流问题的网络中所有流开始的节点。(第7.3节)

supply node 供给点 产生的净流量(流出减去流入)是一个确定正数的节点。(第7.1节)

transportation problem 运输问题 最小费用流问题的特殊类型,在前面的第3.5节介绍过。(第7.1节)

transshipment node 转运点 流出量等于流入量的节点。(第7.1节)

transshipment problem 转运问题 最小费用流问题的特殊类型,它的弧没有容量限制。(第7.1节)

本章学习辅助材料

材料下载地址:
www.mhhe.com/Hillier6e

本章 Excel 文件:
无限配送公司的例子(Distribution Unlimited Example)
BMZ 公司的例子(BMZ Example)
扩展的 BMZ 公司的例子(Expanded BMZ Example)
里特城消防队的例子(Littletown Fire Department Example)
萨拉的例子(Sarah Example)
奎克公司的例子(Quick Example)

附加 Excel 文件:
Analytic Solver

本章补充材料:
最小生成树问题(Minimum Spanning-tree Problems)

已解决的问题

(答案参见 www.mhhe.com/Hillier6e。)

7.S1. 赫比慈公司的配送问题

赫比慈公司(Heart Beats)是一家医疗设备生产商。公司的主要产品是一种在医疗过程中对心脏进行监控的设备。这一设备在公司的两个工厂进行生产,并运送到两个仓库中,然后再根据需求将其配送到四家第三方批发商处。所有货物都是用卡车运送。产品配送网络如下图所示。工厂1和工厂2每年的生产能力分别为400件和250件。批发商1、批发商2、批发商3和批发商4每年的需求分别为200件、100件、150件和200件。每条线路运送1件产品的成本显示在下图的弧上。由于卡车的运载能力有限,每年最多能够从工厂1运送250件产品到仓库1。在电子表格中建立网络最优化模型并求解,以确定每年如何以最低的成本配送产品。

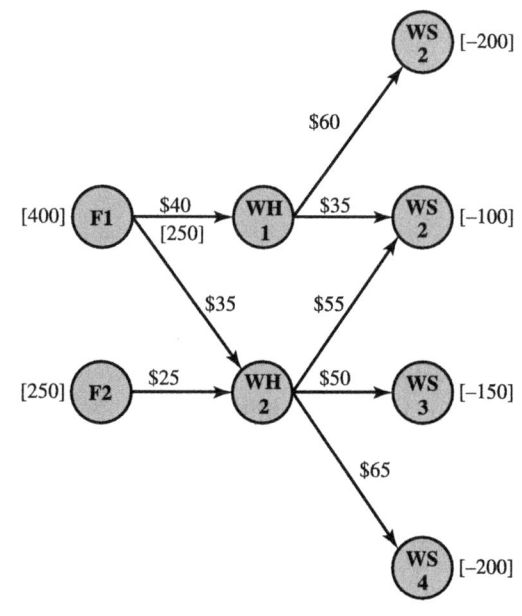

7.S2. 管道网络容量的评估问题

Exxo 76 是一家运营输油管道网络的公司，其运营的网络如下图所示，每一条管道都标有其最大流速，单位为百万立方英尺（MMcf）/天。现在点 A 附近又新建一口油井。公司希望将油从点 A 的油井运送到位于点 G 的冶炼厂。通过建立并求解电子表格模型来得出从点 A 到点 G 的最大流速。

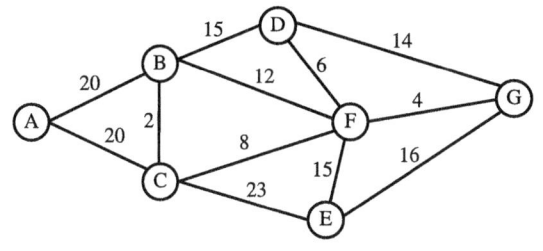

7.S3. 驶往里高城

萨拉（Sarah）和詹妮弗（Jennifer）刚刚从位于西雅图的华盛顿大学毕业，打算去旅行。她们想去位于丹佛的里高城看一看。她们手上的地图显示了不同城市间的驾驶时间（单位为小时），如下图所示。通过建立并求解电子表格模型来得出从西雅图到丹佛最快捷的路线。

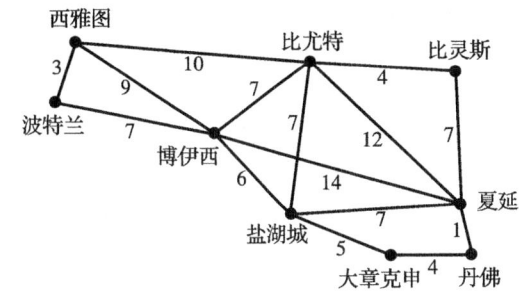

习题

带星号"*"的习题，至少有一部分答案在本书的最后给出。

7.1 认真阅读第 7.1 节中的应用实例，该篇文章对管理科学案例进行了描述。简要概括一下在该案例中是怎样利用模型解决最小费用流问题的。随后列出案例中所获得的经济利益和非经济利益。

7.2* 思考具有如下数据的运输问题。

	目标地			供给
	1	2	3	
源 1	6	7	4	40
源 2	5	8	6	60
需求	30	40	30	

（1）画出一个类似于图 7-3 的网络，把这个问题看成最小费用流问题，用网络模型对其进行描述。

（2）建立这个问题的电子表格模型并求解。

7.3 重新考虑习题 7.2，假设现在每个目标地（目的地）的需求减少了 10，因此目标地 1，2，3 的新需求分别为 20，30，20。引入虚拟目标地以满足可行解特征，然后重复第（1）问和第（2）问以确定在新版本的问题中每个源（出发地）应该为每个目标地提供多少数量。

（1）不引入虚拟目标地，建立这个问题的电子表格模型并求解。

（2）现在引入虚拟目标地并做出适当的其他必要调整，将该问题转化为最小费用流问题。然后为该最小费用流问题画出类似于图 7-3 的网络图。

（3）为第（2）问中得出的最小费用流问题建立电子表格模型并求解。然后将得出的最优流方案（忽略进入虚拟目标地的流）与第（1）问中不引入虚拟目标地得出的最优流方案进行比较。

7.4 迈康塞尔公司（Makonsel Company）是一家集生产与零售于一身的一体化公司。产品生产出来后存放在公司的两个仓库里，直到零售渠道有需求为止。公司用卡车把产品从两个工厂运送到仓库，然后再把产品从仓库运送到零售渠道中。

下表给出了每个工厂每月的产出、从工厂运送到仓库的单位运输成本以及每月从工厂运送到仓库的最大数量（以整车为单位）。

从 \ 到	单位运输成本（美元）		运输能力（车次）		产出
	仓库 1	仓库 2	仓库 1	仓库 2	
工厂 1	425	560	125	150	200
工厂 2	510	600	175	200	300

对于每一个零售点，下表给出了它的月需求、用卡车从仓库运输到零售点的成本以及每月可以从仓库运送到零售点的最大数量。

到 从	单位运输成本（美元）			运输能力（车次）		
	零售点1	零售点2	零售点3	零售点1	零售点2	零售点3
仓库1	470	505	490	100	150	100
仓库2	390	410	440	125	150	75
需求	150	200	150	150	200	150

管理者现在需要确定配送方案（每个月从每个工厂运送到每个仓库以及从每个仓库运送到每个零售点的满载车次数），使得总运输成本最小。

(1) 画出一个网络图，描述该公司的配送网络。确定网络图中的供给点、转运点和需求点。

(2) 通过向第(1)问的网络图中插入所有必要数据，为其建立最小费用流问题的网络模型（按照图7-3所示的格式来注明这些数据）。

(3) 为这个问题建立电子表格模型并求解。

7.5 奥迪发公司（Audiofile Company）生产音箱。但是，管理者已经决定把音箱所需扬声器的生产转包出去。有三个供应商生产这种扬声器，它们每1 000个扬声器的发货价格如下表所示：

	价格（美元）
供应商1	22 500
供应商2	22 700
供应商3	22 300

每次发出的货物将运到该公司的两个仓库里。除了每次发货价格，每个供应商还要根据各自到仓库的英里数利用公式计算出运输费用。这些公式和英里数的数据如下表所示：

	每次发货的收费（美元）	仓库1（英里）	仓库2（英里）
供应商1	$300+0.4x$①	1 600	400
供应商2	$200+0.5x$	500	600
供应商3	$500+0.2x$	2 000	1 000

① x 为距离，单位英里。

该公司每次两个工厂中的任一工厂需要扬声器组装音箱时，它就雇用一个卡车司机从两个仓库中的一个把扬声器运送到工厂。每次运送成本以及每个工厂每月所需运送的次数如下所示：

	单位运输成本（美元）	
	工厂1	工厂2
仓库1	200	700
仓库2	400	500
月需求量	10	6

虽然每个供应商每月能够供货10次，但是由于运输的局限，每个供应商每月最多只能向一个仓库发货6次。同样，每个仓库每月也最多只能向一个工厂运送6次。

管理者现在需要根据货物量的多少（任何可能情况）来制订方案，确定每个月应该向每一个供应商订购多少、向每一个仓库运送多少、从每个仓库运送多少到每个工厂。其目标就是使购买成本（包括运费）以及从仓库到工厂的运输成本最小。

(1) 画出一张网络图描述这个公司的供应网络。确定网络中的供给点、转运点和需求点。

(2) 这个问题只是最小费用流问题的一种变形。因为每个供给商的供给量不是恒为10，而是最大为10。但是，通过增加一个虚拟的需求点，接收（成本为0）所有没有用到的供应商的供给量，本问题可以转化为一个普通的最小费用流问题。通过在第(1)问中画出的网络图中加入所有必要的数据以及在图中补充虚拟需求点，为这个最小费用流问题建立一个网络模型（按照图7-3所示的格式来注明这些数据）。

(3) 为这个问题建立电子表格模型并求解。

7.6* 考虑图7-9（第7.3节），该图描述了BMZ公司从斯图加特工厂和柏林工厂到洛杉矶和西雅图的配送中心的配送网络。该图也在方括号里给出了通过每条运输路线的最大运输量。

在第7.2节中讲到，在危机发生后的几个星期里，洛杉矶的配送中心成功地补充了库存。因此，卡尔·施密特（BMZ公司的供应链经理）断定，今后每月运输130单位到洛杉矶、运输50单位到西雅图就足够了（一个单位是100立方米的汽车配件）。在其总产量中，斯图加特工厂（图中的节点ST）将每月分配130单位，柏林工厂（节点BE）将每月分配50单位，以满足这些发货要求。但是卡尔认为，与其继续过去的供应习惯，即斯图加特工厂为洛杉矶配送中心供货和柏林工厂为西雅图配送中心供货，不如批准任何一个工厂都可以向任何一个配送中心供应配件。他觉得像这种额外的灵活性也许可以减少总运输成本。

下表给出了通过各条运输路线的单位运输成本。

从\到	LI	BO	RO	HA	NO	NY	BN	LA	SE
ST	3 200	2 500	2 900						
BE			2 400	2 000					
LI					6 100				
BO					6 800	5 400			
RO						5 900			
HA						6 300	5 700		
NO								3 100	
NY								4 200	4 000
BN								3 400	3 000

卡尔需要确定使总运输成本最小的运输方案。

(1) 把这个问题看成最小费用流问题，通过向图 7-9 所示的配送网络加入所有必要的数据，为其建立网络模型（按照图 7-3 所示的格式来注明这些数据）。

(2) 为这个问题建立电子表格模型并求解。

(3) 这个最优解的总运输成本是多少？

7.7 重新考虑本章习题 7.6。现在我们假设，为了管理上的方便，管理者决定洛杉矶配送中心每月需要的所有 130 单位配件必须来自斯图加特工厂（节点 ST），而西雅图配送中心每月需要的所有 50 单位配件也必须来自柏林工厂（节点 BE）。卡尔需要为每一个配送中心制定运输方案，使得总运输成本最小。

(1) 把这个问题看作最小费用流问题，通过向图 7-6 所示的配送网络加入所有必要的数据，为洛杉矶配送中心建立网络模型（按照图 7-3 所示的格式来注明这些数据）。

(2) 为第 (1) 问所描述的问题建立电子表格模型并求解。

(3) 为西雅图配送中心建立以柏林工厂（即节点 BE）为出发点的配送网络模型。

(4) 仍按照第 (1) 问的要求，参考第 (3) 问得到的网络，为西雅图配送中心建立网络模型。

(5) 为第 (4) 问建立电子表格模型并求解。

(6) 把第 (2) 问和第 (5) 问的运输成本加起来，将这个结果与本章习题 7.6 第 (3) 问得到的总运输成本相比较（在本书最后给出了习题 7.6 第 (3) 问的答案）。

7.8 考虑一下 BMZ 案例研究中图 7-7 和图 7-8 对最大流问题的描述。重新绘出图 7-7，把最优运输数量（见图 7-8 中单元格 D4:D12）插入到图 7-7 中对应各弧上方的圆括号内。检查弧的容量，解释一下为什么在最大流量不能超过 150 的情况下，弧的容量保证了圆括号内的运输数量一定是最优解。

7.9 认真阅读第 7.3 节中的应用实例，该篇文章对管理科学案例进行了描述。简要概括一下在该案例中是怎样利用模型解决最大流问题的。随后列出案例中所获得的经济利益和非经济利益。

7.10* 为下图给出的最大流问题建立电子表格模型并利用其求解。图中，节点 A 是源，节点 F 是收点，弧的容量如弧旁边方括号里的数字所示。

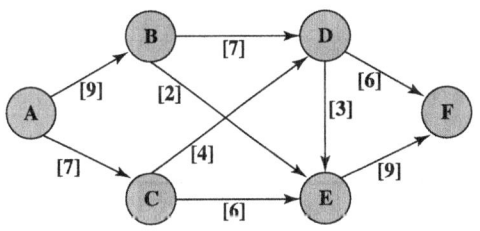

7.11 下图描述了始于三条河（节点 R1、R2 和 R3）而终结于一个主要城市（节点 T）的人工水道系统。图中其他节点是系统中的连接点。

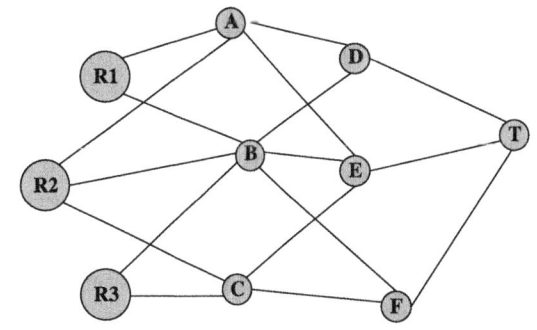

下表显示了每天每条人工水道可以通过的最大水量（单位：1 000 英亩英尺）：

从\到	A	B	C	从\到	D	E	F	从\到	T
R1	75	65	—	A	60	45	—	D	120
R2	40	50	60	B	70	55	45	E	190
R3	—	80	70	C	—	70	90	F	130

城市水利管理者需要确定流量方案，使得到达这个城市的水流量最大。

(1) 把这个问题看成最大流问题，确定源点、收点和转运点，然后画出标有每条弧容量的完整网络。

(2) 为该问题建立电子表格模型并求解。

7.12 特塞格公司（Texago Corporation）有四个油田、四个炼油厂和四个配送中心，其位置如下面两张表格所示。运输行业遭遇到一次严重打击，使得特塞格公司从四个油田到四个炼油厂的输油能力以及把石油制品从炼油厂运送到配送中心的运输能力急剧下降。下面的两个表格分别给出了每天可以从每个油田运输到每个炼油厂，以及从每个炼油厂运输到每个配送中心的最大运输量（单位：1 000桶原油，石油制品采用相同单位）。

		炼油厂			
		新奥尔良	查尔斯顿	西雅图	圣路易斯
油田	得克萨斯	11	7	2	8
	加利福尼亚	5	4	8	7
	阿拉斯加	7	3	12	6
	中东	8	9	4	15

		配送中心			
		匹兹堡	亚特兰大	堪萨斯城	旧金山
炼油厂	新奥尔良	5	9	6	4
	查尔斯顿	8	7	9	5
	西雅图	4	6	7	8
	圣路易斯	12	11	9	7

特塞格公司的管理层现在需要制定一个方案，确定应该从每个油田运输多少原油到每个炼油厂以及从每个炼油厂运送多少石油制品到每个配送中心，使得到达配送中心的总单位数最大。

(1) 画一张草图，显示出特塞格公司的油田、炼油厂和配送中心的分布位置。在网络中用箭头标出原油和石油制品的流的方向。

(2) 将代表油田的所有节点排成第一列，代表炼油厂的所有节点排成第二列，代表配送中心的所有节点排成第三列，重新画出这个配送网络图，然后再添加弧标明可能的流。

(3) 将特塞格公司问题作为最大流问题的变形，利用第（2）问画出的配送网络建立网络模型。

(4) 为这个问题建立电子表格模型并求解。

7.13 认真阅读第7.4节中的应用实例，该短文对管理科学案例进行了描述。简要概括一下在该案例中是怎样利用网络最优化模型（包括最短路线问题）的。随后列出案例中所获得的经济利益和非经济利益。

7.14 重新考虑第7.4节与图7-11介绍的里特城消防队问题。由于节点A与节点B之间有1英里长的路段需要维修，所以必须走一条迂回的道路，这将使两点之间的距离延长到4英里。
为这个经过变形的问题建立电子表格模型并求解，从而找到一条从消防站到农场社区的新的最短路线。

7.15 你将驾驶小汽车进行一次旅行，去往一个你以前从未到过的城市。因此，你需要研究地图，以便为到达这一目的地选择一条最短的路线。无论你选择的是哪一条路线，一路上都会经过五个城市（我们将其称为A、B、C、D、E）。地图上标明了连接两个城市之间公路的长度。它们之间不再有其他城市。这些数据概括在下表中，"—"表示两个城市之间没有道路直接相连，要经过其他城市才能到达。

城市	相邻城市间的距离					
	A	B	C	D	E	目标地
源	40	60	50	—	—	—
A		10	—	70	—	—
B			20	55	40	—
C				—	50	—
D					10	60
E						80

(1) 建立网络模型，并根据这个问题的网络模型求出最短路径。其节点代表这些城市，边代表道路，数字代表每条边的长度（单位：英里）。

(2) 设计这个问题的电子表格模型并求解。

(3) 利用第（2）问找出最短路径。

(4) 如果表格中的数据代表你驾车从一个城市到另一城市的成本（单位：美元），第（3）问得出的答案是否就是你的最低成本路径?

(5) 如果表格中的数据代表你驾车从一个城市到另一城市的时间(单位:分钟),第(3)问得出的答案是否就是你的最短时间路径?

7.16* 在一个不断扩建的小型飞机场里,一家本地航空公司购买了一辆新的牵引车作为拖车,在机场之间搬运行李。因为机场在3年后将安装一个新的机械化行李搬运系统,所以到那时牵引车将被淘汰。然而,由于高负荷工作,其使用与维护成本会随着年份急剧增加。因此使用一两年后进行重置可能更加经济。下面的表格(0表示现在)给出了第 i 年末购买的拖车在第 j 年末卖出的总净折现成本(单位:美元,购买价格减去折价,加上使用与维护费用)。

为了使3年内拖车的总成本最低,管理层希望确定何时(如果可能的话)进行拖车置换是最合理的。

		j		
		1	2	3
	0	8 000	18 000	31 000
i	1		10 000	21 000
	2			12 000

(1) 将这个问题作为最短路线问题,建立网络模型。

(2) 为这个问题建立电子表格模型并求解。

7.17 速达航空公司(Speedy Airline)有一架班机将从西雅图直飞伦敦。由于天气因素,在选择准确的线路时存有一定的灵活性。下面的网络模型提供了所能考虑到的一些可能航线。节点 SE 与 LN 分别代表西雅图与伦敦。其他节点分别代表途经的不同地点。

风力对于飞行的时间(以及燃油的耗用)具有很大影响。根据最新的气象预报,各条航线飞行时间(以小时计算)标注在弧上。因为燃油十分昂贵,速达航空公司的管理层需要制定一套方案,选择飞行时间最短的航线。

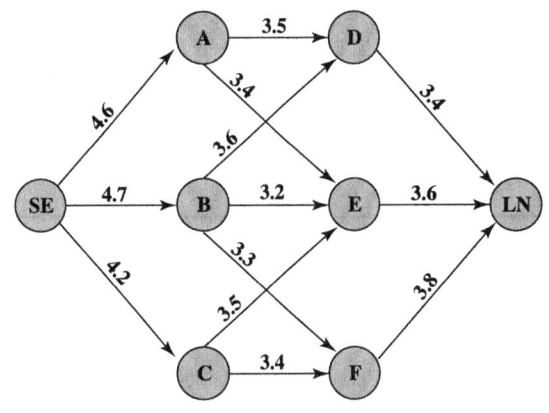

(1) 如果将此问题作为最短路线问题,那么什么代表距离?

(2) 为这一问题建立电子表格模型并求解。

案例 7-1 帮助盟军

在10月的一个寒冷的夜晚,总司令沃塔切夫(Votachev)走到室外,黑暗中他深深吸了口烟,尽情享受着香烟带来的暖意。看着四周的废墟——破碎的窗户、烧毁的建筑和断裂的公路,他笑了。事实证明,他这两年在乌拉尔山脉东部地区的革命很成功。现在,他的军队已经占领了俄罗斯联邦七个具有重要战略意义的城市,它们是:喀山、彼尔姆、叶卡捷琳堡、乌法、萨马拉、萨拉托夫和奥伦堡。即便如此,沃塔切夫的围攻还没有结束。他把矛头又指向了西部。在俄罗斯联邦经济和政治处于混乱的时期里,沃塔切夫知道他的军队很快也将攻占圣彼得堡和莫斯科。

而在太平洋的彼岸,美国最高安全和外交政策顾问正在白宫召开会议。在获悉最近由沃塔切夫总司令策划的革命后,总统正在制定一个行动方案。总统决定美国需要做出反应,速度要快。莫斯科已经向美国军队发出了求助信号,而美国总统也计划立即向莫斯科派遣军队、提供给养。

总统转向兰可雷特(Lankletter)将军,请他描述美国为向俄罗斯联邦派遣必要的部队和物资所做的准备。

兰可雷特将军告诉总统,飞机、轮船和机动车辆以及军队、武器、军火、燃料和给养等正在运往波士顿和杰克逊维尔这两个拥有飞机场的港口城市。飞机和轮船将跨越大西洋把所有的军队和物资运送到欧洲大陆。接着,将军将一张列有这些集中于港口的飞机、轮船和机动车辆的型号以及附有每种型号的明细表递给了总统。明细表如下:

运输工具类型	名称	运载能力（吨）	速度（英里/小时）
飞机	C-17 运输机	150	400
轮船	运输船	240	35
机动车	托盘化装载系统卡车	16	60

所有的飞机、轮船和机动车既可以用来运送军队，也可以用来运送物资。一旦某架飞机或某艘轮船抵达欧洲，它将留下来支援那里的军队。

听完兰可雷特将军的汇报后，总统转向塔比莎·尼尔（Tabitha Neal），塔比莎刚刚和北约国家谈判了几个小时，商讨在驶往俄罗斯联邦的途中使用它们的港口和飞机场作为中转站来给飞机或轮船添加燃料和补给品的问题。她告诉总统，以下北约国家的港口和飞机场可供美国军队使用。

港口	飞机场
那不勒斯	伦敦
汉堡	柏林
鹿特丹	伊斯坦布尔

总统站起身，走到投影在房间中央大屏幕上的世界地图前。他计划把军队和物资从美国运送到俄罗斯联邦还没有被沃塔切夫总司令攻占的三个具有战略性意义的城市。这三个城市是圣彼得堡、莫斯科和罗斯托夫。对此计划，他解释道，军队和物资都将用于防卫俄罗斯的这三个城市，同时发动对沃塔切夫的反攻，夺回最近被他占领的城市（在本案例的最后给出了该地图示意图）。

总统也决定所有的运输机和运输船都将从波士顿或杰克逊维尔出发，所有穿越大西洋的运输船必须在北约三个港口其中一个卸货。货车将把所有在北约港口卸下的军队和物资运送到还没被沃塔切夫占领的具有战略意义的三个城市。所有飞越大西洋的运输机必须在北约三个机场其中一个加油，然后再把所有的军队和物资从北约的机场运送到这三个俄罗斯城市。

（1）画一个网络，标示出从美国把军队和给养运送到俄罗斯联邦的几条可能的线路。

（2）莫斯科和华盛顿不知道沃塔切夫总司令什么时候发起下一次进攻，因此美、俄两个国家的领导人达成一致，军队应该尽快到达俄罗斯这三个战略城市。所以美国总统决定，由于情况紧急，美国将不惜一切代价——利用足够多的运输机、运输船与车辆把军队和物资从美国运送到圣彼得堡、莫斯科和罗斯托夫。因此，任意两个城市之间军队和物资的运输数量没有限制。

总统获得了两个城市之间距离的信息。如下表所示：

从	至	距离（公里）
波士顿	柏林	7 250
波士顿	汉堡	8 250
波士顿	伊斯坦布尔	8 300
波士顿	伦敦	6 200
波士顿	鹿特丹	6 900
波士顿	那不勒斯	7 950
杰克逊维尔	柏林	9 200
杰克逊维尔	汉堡	9 800
杰克逊维尔	伊斯坦布尔	10 100
杰克逊维尔	伦敦	7 900
杰克逊维尔	鹿特丹	8 900
杰克逊维尔	那不勒斯	9 400
柏林	圣彼得堡	1 280
汉堡	圣彼得堡	1 880
伊斯坦布尔	圣彼得堡	2 040
伦敦	圣彼得堡	1 980
鹿特丹	圣彼得堡	2 200
那不勒斯	圣彼得堡	2 970
柏林	莫斯科	1 600
汉堡	莫斯科	2 120
伊斯坦布尔	莫斯科	1 700
伦敦	莫斯科	2 300
鹿特丹	莫斯科	2 450
那不勒斯	莫斯科	2 890
柏林	罗斯托夫	1 730
汉堡	罗斯托夫	2 470
伊斯坦布尔	罗斯托夫	990
伦敦	罗斯托夫	2 860
鹿特丹	罗斯托夫	2 760
那不勒斯	罗斯托夫	2 800

在已知每两个城市间距离和所使用运输工具速度的条件下，总统怎样才能最快地把军队从美国运送到俄罗斯这三个具有战略意义的城市？在网络中标明这些路径。把军队和给养运送到圣彼得堡、莫斯科和罗斯托夫分别需要多少时间？

（3）总统在他的第一个方案中遇到的唯一问题是：他必须说服国会通过这个军事部署。战争法案规定，总统在派遣军队参加战争或派遣军队到将发生战争的地区之前，需要先和议会协商。如果国会不给总统诸如调用军队这样的权力，总统就必须在60天后撤回军队。国会也有权力通过共同决议案缩短60天的期限。

总统知道国会不会批准把一大笔开销花在另一个国家的战争中，特别是当选民对减少国债非常关注的时候。因此，总统需要找到一种办法使将所需军队和给养运送到圣彼得堡、莫斯科和罗斯托夫的成本最小。

每个俄罗斯城市已经和华盛顿联系并提供了维持

和平所需的军队和给养的最少数量。分析了这些需求以后,兰可雷特将军把对军队的数量、汽油的加仑数等转化为先前方案中物资的吨数。需求如下表所示:

城市	需求量(吨)
圣彼得堡	320 000
莫斯科	440 000
罗斯托夫	240 000

在波士顿和杰克逊维尔都已备好所需的500 000吨物资。当美国决定派出飞机、轮船或卡车时,会发生如下几项成本:燃料成本、劳动力成本、维护成本以及港口、机场的适当费用以及关税。下表列出了这些成本。

从	至	成本(美元)
波士顿	柏林	50 000(C-17运输机)
波士顿	汉堡	30 000(运输船)
波士顿	伊斯坦布尔	55 000(C-17运输机)
波士顿	伦敦	45 000(C-17运输机)
波士顿	鹿特丹	30 000(运输船)
波士顿	那波里	32 000(运输船)
杰克逊维尔	柏林	57 000(C-17运输机)
杰克逊维尔	汉堡	48 000(运输船)
杰克逊维尔	伊斯坦布尔	61 000(C-17运输机)
杰克逊维尔	伦敦	49 000(C-17运输机)
杰克逊维尔	鹿特丹	44 000(运输船)
杰克逊维尔	那不勒斯	56 000(运输船)
柏林	圣彼得堡	24 000(C-17运输机)
汉堡	圣彼得堡	3 000(卡车)
伊斯坦布尔	圣彼得堡	28 000(C-17运输机)
伦敦	圣彼得堡	22 000(C-17运输机)
鹿特丹	圣彼得堡	3 000(卡车)
那不勒斯	圣彼得堡	5 000(卡车)
柏林	莫斯科	22 000(C-17运输机)
汉堡	莫斯科	4 000(卡车)
伊斯坦布尔	莫斯科	25 000(C-17运输机)
伦敦	莫斯科	19 000(C-17运输机)
鹿特丹	莫斯科	5 000(卡车)
那不勒斯	莫斯科	5 000(卡车)
柏林	罗斯托夫	23 000(C-17运输机)
汉堡	罗斯托夫	7 000(卡车)
伊斯坦布尔	罗斯托夫	2 000(C-17运输机)
伦敦	罗斯托夫	4 000(C-17运输机)
鹿特丹	罗斯托夫	8 000(卡车)
那不勒斯	罗斯托夫	9 000(卡车)

当总统试图满足这些要求时,遇到了很多限制。俄罗斯北部的早冬带来积雪。因此,兰可雷特将军反对派遣卡车护卫队到这个地区。他说服总统只通过空运对圣彼得堡进行供应。不仅如此,通往罗斯托夫的卡车道路也很有限,因此,从每一个港口最多可派出2 500辆卡车到罗斯托夫。乌克兰政府对美国的飞机飞越其领空非常敏感。它限制美军至多有200架飞机可以从柏林飞往罗斯托夫,至多有200架飞机从伦敦飞往罗斯托夫(由于美军不希望绕乌克兰飞行,所以它必须接受乌克兰的限制条件)。

总统应该怎么做才能以最小的成本满足俄罗斯对军队的需求呢?在网络中标注出从美国到俄罗斯联邦所使用的路线。

(4) 一旦总统公布了运行于美国和俄罗斯联邦之间的飞机、轮船和卡车的数量后,塔比莎将与其中每一个美国城市和北约国家联系,通知将要抵达各个机场的飞机预期数量、抵达各个港口的轮船预期数量和通过公路的卡车预期数量。不幸的是,塔比莎了解到现在有几个附加的限制无法克服。由于机场拥塞并且无法更改航班计划,只有有限的飞机可以在任意两个城市之间承担运输任务。飞机数量的限制如下表所示。

从	至	飞机数量限制
波士顿	柏林	300
波士顿	伊斯坦布尔	500
波士顿	伦敦	500
杰克逊维尔	柏林	500
杰克逊维尔	伊斯坦布尔	700
杰克逊维尔	伦敦	600
柏林	圣彼得堡	500
伊斯坦布尔	圣彼得堡	0
伦敦	圣彼得堡	1 000
柏林	莫斯科	300
伊斯坦布尔	莫斯科	100
伦敦	莫斯科	200
柏林	罗斯托夫	0
伊斯坦布尔	罗斯托夫	900
伦敦	罗斯托夫	100

除此以外,一些国家担心,如果太多的军用卡车行驶在它们的公路上,它们的国民会产生恐慌,所以它们反对太多的军用卡车在其国家内行驶。这些反对意味着只有有限数量的卡车可以在某些港口和俄罗斯的城市之间行驶。这些限制如下表所示。

从	至	卡车数量限制
鹿特丹	莫斯科	600
鹿特丹	罗斯托夫	750
汉堡	莫斯科	700
汉堡	罗斯托夫	500
那不勒斯	莫斯科	1 500
那不勒斯	罗斯托夫	1 400

塔比莎获悉,由于美国控制了大西洋,所以所有的船运航线没有容量限制。

总统认识到，由于所有这些限制，他将不能满足俄罗斯这三个城市对支援部队的所有需求。于是，他决定不考虑成本，使得运送到这些城市的物资最多。那么总统怎样才能达到这个目的呢？在网络中标出在美国和俄罗斯联邦之间使用的线路。

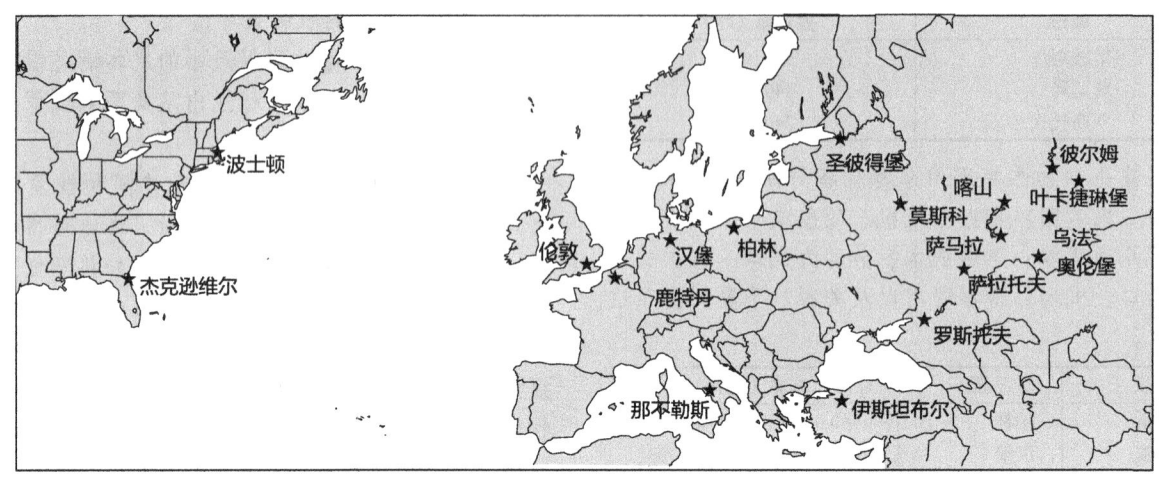

案例 7-2 资金的运作

杰克（Jack）用紧张的手捋了捋本来梳得油光的头发，松开了本来系得整整齐齐的丝绸领带，然后又把冒汗的双手在本来熨得笔挺的裤子上使劲儿地搓。今天真是糟糕的一天。

在过去几个月里，杰克听到了从华尔街传来的流言——这些流言都来自那些以直言不讳而闻名的投资银行家和证券经纪人。他们传言：日本将要面临一次经济危机，发出这个传言的原因是他们相信通过向公众发布这些骇人听闻的消息可以加速经济危机的发生。

而今天，他们所惧怕的事情终于发生了。杰克和同事们聚集在一台专门播放彭博资讯（Bloomberg）频道的小电视机前，当杰克听到在日本市场发生的骇人事件时，他惊呆了，完全不敢相信自己的耳朵。而且，日本市场也引起了东亚其他国家金融市场的恐慌。他开始麻木了。格兰特·希尔协会（Grant Hill Associates）是美国西海岸一家专门从事货币交易的小公司，作为该公司的亚洲海外投资经理，杰克对这次经济危机所带来的负面影响承担着个人责任。而格兰特·希尔协会也将因此而受到负面的影响。

当初，杰克没有理会关于日本经济危机传言的警告。他大幅增加了格兰特·希尔协会在日本市场的投资份额。由于日本市场的行情比去年预计的要好，所以杰克就在上个月把公司在日本的投资由原来的 250 万美元增加到了 1 500 万美元。在那时，1 美元值 80 日元。

好景不长。杰克意识到，日元的贬值导致美元和日元的比率变成 1：125。他如果把投资结算成日元的话，没有任何的损失，但如果现在把所有的投资都兑换成美元，就会带来巨额损失。杰克深深地吸了一口气，闭上双眼，思索着怎样才能控制住这次严重的损失。

杰克的沉思被大办公室角落里传来的呼喊他名字的声音打断了。格兰特·希尔协会的总经理格兰特·希尔（Grant Hill）大声喊道："杰克，你给我滚过来！"

杰克从椅子上跳起来，很不情愿地朝格兰特·希尔的办公室望了望，格兰特正在大发雷霆。理了理自己的头发，系好领带，杰克急忙走进总经理的办公室。

一进门，格兰特·希尔就怒视着杰克，继续吼道："杰克！我不想听你说一句话，你不要给我找任何借口！赶快把这个局面收拾好！把我所有押在日元上的钱都兑换出来！我的直觉告诉我，这仅仅是个开始！赶紧把我所有的资金换成安全的美元债券！现在就去！不要忘了，别把现金头寸放在印度尼西亚和马来西亚，尽快！"

杰克知道现在最好什么也别说。他点了点头，急忙转身，几乎跑着出了办公室。

安全地回到了他的办公桌旁后，杰克开始构思一个方案，以便把投资从日本、印度尼西亚和马来西亚转移出去。过去在外国市场的投资经验告诉他，当从市场上抽回资金时，什么时候该买进数百万的美元和怎样可以把资金从市场上收回来几乎是同等重要的。

格兰特·希尔协会的银行合作伙伴在把一种货币兑换成另一种货币以及在全球进行巨额资金转账时都会收取不同的交易费用。

而现在更糟糕的是，东亚国家的政府对个人或公司把本国货币兑换成某一特定外国货币和把资金从本国抽走的行为施加严格的管制。实施这个严厉的措施，其目的是减少外国投资的流失，从而防止本国地区的经济发生彻底崩溃。由于格兰特·希尔协会持有的现金为 105 亿印度尼西亚卢比和 2 800 万马来西亚林吉特，加上持有的日元现金，所以还不清楚应该如何把这些持有的现金兑换成美元。

杰克需要找到一种最划算的方法来把库存现金转换成美元。在他们公司的主页上，他总能找到世界上绝大多数货币的实时汇率（见表 1）。

表 1 货币汇率

兑 用	日元	印度尼 西亚卢比	马来西亚 林吉特	美元	加拿大元	欧元	英镑	墨西哥比索
日元	1	50	0.04	0.008	0.01	0.006 4	0.004 8	0.076 8
印度尼西亚卢比		1	0.000 8	0.000 16	0.000 2	0.000 128	0.000 096	0.001 536
马来西亚林吉特			1	0.2	0.25	0.16	0.12	1.92
美元				1	1.25	0.8	0.6	9.6
加拿大元					1	0.64	0.48	7.68
欧元						1	0.75	12
英镑							1	16
墨西哥比索								1

表 1 为杰克提供了有关货币汇率的信息，例如，1 日元相当于 0.008 美元。打了几个电话以后，他确定了在这个关键时期公司必须为大笔货币交易支付的交易成本（见表 2）。

表 2 交易成本 （%）

兑 用	日元	印度尼 西亚卢比	马来西亚 林吉特	美元	加拿大元	欧元	英镑	墨西哥比索
日元	—	0.5	0.5	0.4	0.4	0.4	0.25	0.5
印度尼西亚卢比		—	0.7	0.5	0.3	0.3	0.75	0.75
马来西亚林吉特			—	0.7	0.7	0.4	0.45	0.5
美元				—	0.05	0.1	0.1	0.1
加拿大元					—	0.2	0.1	0.1
欧元						—	0.05	0.5
英镑							—	0.5
墨西哥比索								—

杰克注意到，把一种货币兑换成另一种货币的交易成本与逆向操作的交易成本是相等的。最后，他找到了日本、印度尼西亚和马来西亚政府允许把公司的该国货币兑换成其他货币的最大数量（转换成等值的万美元表示）（见表 3）。

表 3 交易限制 （单位：万美元的等值货币）

到 从	日元	印度尼 西亚卢比	马来西亚 林吉特	美元	加拿大元	欧元	英镑	墨西哥比索
日元	—	500	500	200	200	200	200	400
印度尼西亚卢比	500	—	200	20	20	100	50	20
马来西亚林吉特	300	450	—	150	150	250	100	100

（1）把杰克的问题作为最小费用流问题进行描述，画出问题的网络图，并确定网络中的供应点和需求点。

（2）杰克必须执行哪些货币的交易，把投资从日元、印度尼西亚卢比和马来西亚吉林特转换成美元，才能确保格兰特·希尔协会在完成所有交易后的美元数额最大？杰克有多少钱去投资美国国债？

（3）世界贸易组织禁止交易管制（因为交易管制鼓励了保护主义）。如果没有交易管制，杰克应该采取什么方法去把持有的现金从这几种亚洲货币分别兑换为美元？

（4）为了规避世界贸易组织禁止交易限制的要求，印度尼西亚政府引入了新的税制来保护本国货币，这使得卢比交易的成本提高了500%。在已知新的交易成本但没有交易限制的情况下，请问杰克应该完成哪些货币交易，把持有的现金从这几种亚洲货币分别兑换为美元？

（5）杰克认识到他的分析是不全面的，因为这没有包括将会影响其货币兑换计划的所有因素。描述一下杰克在做出最后决定以前还应该考虑哪些因素。

案例 7-3 航线安排

蕾切尔·库克（Rachel Cook）现在非常担忧。之前，她一直都很会赚钱，成功创建了两家公司，从而赚了一大笔钱。但最近，情况却不能再糟糕了。她最近在美国西海岸投资了一条名叫西北通勤的地区航线。一开始运行得还比较正常，共有四架飞机投入运营。由于西海岸的几座城市（西雅图、波特兰、旧金山）之间没有廉价航空公司提供航班，所以公司发展得很好。西北通勤的一大竞争优势就是航班之间的周转时间非常短。但随着飞机燃油成本的增加，公司的运营遇到了困难（当时其他很多航线也遇到了同样的问题）。尽管有一些航线还是盈利的，但是除此之外的一些航线已经有了很大的亏损。幸好，现在燃油费价格下降了。但是蕾切尔很清楚她需要想办法使西北通勤获得更高的利润。她想到了关闭一些不能获利的航线，并在下一年利用这四架飞机组成利润最高的航线组合（包括一些新航线）。

在十年前，蕾切尔是一个顶级MBA班的优秀毕业生。在那个时候，她对所学的管理科学课程非常感兴趣。因此她决定用电子表格建模的方法来解决这个问题。

每架飞机每天的最低成本为30 000美元。每天运营结束后，飞机可以停留在最后一班航行降落的城市，也可以将没有乘客的飞机先开往另一个城市，再于第二天早晨在该城市起飞。而第二种方案将花费5 000美元的费用。

下表表明了所有可以在来年开通的22条航线。最后一列是在考虑了每条航线的预估乘客量情况下的预估净收入（单位：万美元）。

航班号	出发地	到达地	起飞时间	到达时间	预期收入（万美元）
1257	西雅图	旧金山	8:00 AM	10:00 AM	3.7
2576	西雅图	波特兰	9:30 AM	10:30 AM	2.0
8312	西雅图	旧金山	9:30 AM	11:30 AM	2.5
1109	西雅图	旧金山	12:00 PM	2:00 PM	2.7
3752	西雅图	旧金山	2:30 PM	4:30 PM	2.3
2498	西雅图	波特兰	3:00 PM	4:00 PM	1.8
8787	西雅图	旧金山	5:00 PM	7:00 PM	2.9
8423	西雅图	波特兰	6:30 PM	7:30 PM	2.7
7922	波特兰	西雅图	9:00 AM	10:00 AM	2.0
5623	波特兰	旧金山	9:30 AM	11:00 AM	2.3
2448	波特兰	旧金山	11:00 AM	12:30 PM	1.9
1842	波特兰	西雅图	12:00 PM	1:00 PM	2.1
3487	波特兰	西雅图	2:00 PM	3:00 PM	2.2
4361	波特兰	旧金山	4:00 PM	5:30 PM	2.9
4299	波特兰	西雅图	6:00 PM	7:00 PM	2.7
1288	旧金山	西雅图	8:00 AM	10:00 AM	3.2
3335	旧金山	波特兰	8:30 AM	10:00 AM	2.6
9348	旧金山	西雅图	10:30 AM	12:30 PM	2.4
7400	旧金山	西雅图	12:00 PM	2:00 PM	2.7
7328	旧金山	波特兰	12:00 PM	1:30 PM	2.4
6386	旧金山	波特兰	4:00 PM	5:30 PM	2.8
6923	旧金山	西雅图	5:00 PM	7:00 PM	3.2

（1）为简化问题，我们认为航班之间不存在周转时间，也就是说当一个航班结束后下一个航班马上起飞。如果下一个航班不能立刻起飞，机场将等待从该城市起飞的下一个航班。建立一个由上述部分可行航

线所组成的网络。(提示:包含每个城市从 8:00 AM 到 7:30 PM 每半小时的节点。)通过建立和求解电子表格模型来求得航线的最佳组合以实现利润最大化。

(2)为实现规模经济,蕾切尔开始考虑租赁更多的飞机。每架飞机的租赁价格为每天 30 000 美元。请你使用 what-if 分析:使用 5、6 或 7 架飞机是否比 4 架飞机更好。

(3)如果不能忽略航班之间旅客登机与离机的周转时间(30分钟),请重新考虑第(1)问。(大多数飞机的实际周转时间通常更长。)这会改变航线的数量吗?

(4)蕾切尔现在考虑不再让每架飞机以空载的状态飞往另一座城市,而是运送一定的货物。这样一来,非但没有了 5 000 美元的成本,反而会带了 5 000 美元的收益。运用第(3)问中的电子表格找到最优的航线组合使得利润最大化。这会改变飞往另一座城市的航班数量吗?

案例 7-4 转播奥运会

WBC 电视网络的管理层已经庆祝了很多天。在过去的几十年中,几次尝试都没有成功,而这一次他们终于成功了。他们终于战胜了对手,赢得了下届夏季奥运会的转播权。

当然,价格是非常高的。但是,广告收入也会非常高。哪怕公司在此过程中会赔本,转播奥运所带来的声誉也让赔钱是值得的。因为全世界都在密切关注每四年一次的奥运会。这次,全世界都能收到 WBC 电视网络所制作的转播信号,并了解到 WBC 是一个了不起的电视网络。

但是,WBC 公司也面临着现实问题。转播整个奥运会是一个相当复杂的问题。很多体育赛事会在相距很远的地方同时进行,且需要进行的电视直播与互联网直播的数量非常大。

由于要将赛事传回主工作室,就需要很大的带宽。WBC 需要对其计算机网络进行升级,计算机网络的运行情况如下图所示。赛事在节点 A 进行。WBC 的主工作室在节点 G。在高峰时段,从节点 A 到节点 G 传输的赛事将达到 35GB/s。网络图中每一个连接的容量(单位为 GB/s)如下表所示。WBC 可以通过多条路径完成由 A 到 G 的传输,前提是不超过连接的最大容量。

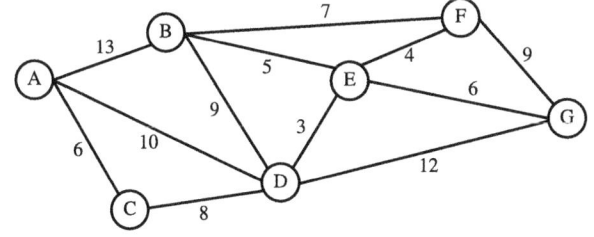

(1)通过整个计算机网络,从奥运会场馆(节点 A)到主工作室(节点 G)的最大可用带宽是多少(单位为 GB/s)?建立并求解线性规划电子表格模型。

(2)WBC 希望扩展网络的容量,以满足从奥运会场馆(节点 A)到主工作室(节点 G)的峰值要求 35GB/s。WBC 可以通过安装光纤电缆来提高计算机网络中每条连接的容量。下表显示了网络中每部分现阶段容量、可增加的最大容量、增加容量的单位成本。为解决此新问题,再建立一个与第(1)问相同的电子表格并做相应修改。

网络部分		现阶段容量 (GB/s)	可增加的最大容量 (GB/s)	增大容量的单位成本(万美元)
从	到			
A	B	13	6	280
A	C	6	4	250
A	D	10	3	280
B	D	9	4	250
B	E	5	5	310
B	F	7	3	160
C	D	8	5	390
D	E	3	2	280
D	G	12	5	160
E	F	4	2	460
E	G	6	4	290
F	G	9	5	180

(提示:在下一章案例 8-4 将会继续讨论此案例,所以建议读者保存第(2)问的电子表格。)

更多案例

关于本章的更多案例,可以查阅西安大略大学毅伟商学院网站 www.cases.ivey.uwo.ca/cases 专为本书设计的 CaseMate 部分。

第 8 章

运用 0-1 整数规划处理是非决策问题

学习目标

完成本章的学习后，你应该能够：
1. 描述如何使用 0-1 决策变量表示是非决策问题。
2. 使用 0-1 决策变量建立互斥方案和相依决策的约束。
3. 使用 0-1 整数规划进行项目的选择。
4. 使用 0-1 整数规划进行设备的选址。
5. 使用 0-1 整数规划进行旅游业的人员规划。
6. 根据对问题的描述，建立 0-1 整数规划模型。
7. 使用混合 0-1 整数规划解决产品生产的初始准备成本问题。

前面几个章节解决的都是有关活动发生量的决策。因此，模型所得到的决策变量表示了相关活动的水平。

与定量决策相对应，我们下面将着眼于另一类常见问题：**是非决策**（yes-or-no decision）。是非决策就是当所考虑问题的答案只有是（采取此选择）与非（不采取此选择）时所做的决策。

是非决策的决策变量是 0-1 变量。**0-1 变量**（binary variables）的可能值只有 0 和 1。因此，在进行是非决策时，当选择"是"时，0-1 决策变量的值为 1；当选择"否"时，0-1 决策变量的值为 0。

使用 0-1 决策变量的线性规划模型称作 **0-1 整数规划**（binary integer programming，在后续章节中将使用简称 BIP）模型。**纯 0-1 整数规划**（pure BIP）指的是所有变量都是 0-1 变量的整数规划，**混合 0-1 整数规划**（mixed BIP）只有一部分变量是 0-1 变量。

BIP 模型可被看作整数规划模型的一个特殊类型。一个普通的整数规划模型就是一个线性规划模型，但要求所有或部分变量必须是整数。BIP 模型则进一步要求这些整数只能是 0 或 1。

但是，BIP 问题和普通的整数规划问题完全不同，因为两者决策的本质不同。对于线性规划问题，普通的整数规划模型用于定量决策，且只有在存在整数解时决策才有实际意义。例如，第 3.2 节中提到的 TBA 航空公司问题就是一个普通的整数规划问题，因为它本质上是一个线性规划问题，只不过所涉及的定量决策（即购买多少架小型飞机和多少架大型飞机）只有存在整数解时才有意义。但纯 BIP 问题涉及的是是非决策，而不是定量决策。混合 BIP 问题则既涉及是非决策，又涉及定量决策。

本章前 4 节将介绍纯 BIP 问题的例子，第 8.5 节则提供了一个混合 BIP 问题的例子。为了表述清楚起见，这些例子都是很小的案例，所以有时可以通过简单地列举和评估选项来求解，甚至不需要使用 BIP。然而，它们是在实践中经常出现且需要使用 BIP 的那些非常大的问题的一个说明。

前面的章节已经介绍了定量决策问题以及如何运用线性规划和整数规划来分析这些问题，而本章将介绍是非决策问题以及如何运用 BIP 模型来对是非决策问题进行分析。

BIP 问题在各类实际应用中经常出现。为了对其进行介绍，我们首先研究案例，然后在后续章节中列举更多的例子。在网站 www.mhhe.com/Hillier6e 上，还有本章 BIP 问题的一些补充案例。

你在本章可以了解到：和线性规划问题一样，BIP 问题也能够很容易地通过电子表格解决。Solver 可以求解较小规模的 BIP 问题。在本书中你会发现 Solver 可以解决各种小型的 BIP 问题，但无法解决大型的 BIP 问题。www.mhhe.com/Hillier6e 网站上名为"关于解决 0-1 整数规划问题的一些观点"（Some Perspectives on Solving Binary Integer Programing Problems）的补充材料介绍了一些关于该问题的看法。解决 BIP 问题的算法（包括 Solver 使用的算法）一般不如线性规划的算法效率高。因此，www.mhhe.com/Hillier6e 上的补充材料对解决大型 BIP 问题所存在的困难进行了讨论。其中一种解决方法是：对于一些符合线性规划问题特征但决策变量被限制为整数值（不只是 0 和 1）的大型问题，可以先忽略整数约束，然后对所得到的最优解四舍五入进行取整，在某些情况下，这个方法是可行的；但在有些情况下，这个方法就不可行。补充材料强调了用这个方法解决 BIP 问题是一条"危险的捷径"。

8.1 案例研究：加利福尼亚制造公司的例子

加利福尼亚制造公司（California Manufacturing Company）的高层管理者希望为公司的规模扩张做一个计划。因此，需要通过管理科学的研究来帮助做出此次决策。公司的总裁阿曼多·奥尔特加（Armando Ortega）将会见公司的首席管理专家史蒂夫·陈（Steve Chan），并讨论要实施的管理计划。下面我们来听一下这次的谈话。

阿曼多·奥尔特加（总裁）：史蒂夫，我们现在面临的情况是这样的：随着业务的发展，我们正在考虑建立一个新工厂，甚至可能需要建两个。新工厂必须靠近大的熟练劳动力群体，因此我们认为洛杉矶和旧金山这两个地点比较合适。此外，我们还考虑建一个仓库，只建一个，如果仓库与工厂设在同一地点的话，可以节省运输费用，所以仓库的地点不是选择洛杉矶就是选择旧金山。但是，如果不准备设立新厂的话，就不需要建任何仓库了，情况就是这样。

史蒂夫·陈（首席管理专家）：是的，阿曼多，我明白了。那你做出这些决策的标准是什么呢？

阿曼多·奥尔特加：所有高层管理者和我一起讨论了这个问题。我们一致同意，在不考虑财务因素时，这两个地点不相上下。因此，我们认为应该在财务分析的基础上制定决策。这次扩张可使用的资金总量为 1 000 万美元，我们希望能通过这一投资获得尽可能多的收益，因此，如何在新厂和仓库之间分配资金，以及将它们建在何处才能给公司带来最大的长期效益，这是需要分析和决策的问题。用你们的话说，就是要使投资的净现值最大化。

史蒂夫·陈：是的，这听起来是一个典型的管理科学问题。

阿曼多·奥尔特加：这就是我让你参与的原因，史蒂夫。我希望你立即组织一次管理科学方面的研究，确定最有利可图的投资组合。同时，我也希望你能够关注可用资金量，以及它对我们能够从这些投资中获得多少收益的影响。1 000 万美元只是一个暂定的金额。这可能会造成我们的资金紧张，因为我们还在投资其他项目，也需要大量资金。因此我

> 哪种投资组合能够取得最大收益？

们倾向于在这个项目上的投资要少于1 000万美元，但前提是少花几百万美元不会让我们损失很多。另外，无论是向洛杉矶还是旧金山扩张，或者同时向这两个关键城市扩张，都是我们的首要工作。它对公司的未来会产生积极影响，因此我们愿意放手大干一场。如果能够获得更多收益，我们也可以筹集更多的资金。因此，我们希望你做一些试算分析，告诉我们如果在500万～1 500万美元的范围内改变资金的数额会有什么影响。

史蒂夫·陈： 当然，阿曼多，我们一直都在做那样的试算分析。我们称之为敏感性分析，因为它涉及检验结果对可用资金数量的敏感性如何。

阿曼多·奥尔特加： 好的。史蒂夫，我需要你在两个星期内拿出结果。你能做到吗？

史蒂夫·陈： 可以，阿曼多，和往常一样，问题之一是我们能否尽快搜集到所需的所有数据。我们要尽量准确估计每一种可能投资组合的净现值，因此我需要很多的帮助来获得这些信息。

阿曼多·奥尔特加： 我就料到你会这么说。我的下属已经在努力获取这些数据，今天下午会一起给你。

史蒂夫·陈： 太好了。我现在就开始工作。

应用实例

美国废物管理公司（Waste Management, Inc.）（《财富》100强企业）的总部位于得克萨斯州的休斯敦，是北美地区综合废旧材料管理服务的主要提供商。该公司的运营网络包括数百个垃圾填埋场、回收工厂、转运站和收集点（仓库），为美国及加拿大地区的2 500多万住宅商业客户提供服务。

公司的收集—转运车辆每天要行驶上万条路线，每辆车每年的运营费用为120 000美元，而该公司的管理层希望建立一个综合路线管理系统对其进行优化，从而使每条路线的利润更大、效率更高。因此，管理科学团队的几名咨询人员开始着手对这个问题进行分析。

该团队建立路线管理系统的核心是一个大型的混合BIP模型，从而对收集—转运车辆的路线进行优化。尽管目标函数考虑了很多因素，但是最主要的目标是使得总行驶时间最短。主要的决策变量是0-1变量，如果车辆的路线中有交叉的地方则取值为1，若没有交叉则取值为0。地理信息系统（GIS）提供了任意两点间的距离以及行驶所需时间。所有数据被嵌入到一个基于网络的Java应用，并与公司的其他系统整合在一起。

据估计，此综合路线管理系统的实施在5年间使公司的现金流提高了6.48亿美元，其中在运营费用上就节约了4.98亿美元。同时，也为顾客提供了更好的服务。

资料来源：S.Sahoo, S.Kim, B.-I. Kim, B.Krass, and A.Popov, Jr., "Routing Optimization for Waste Management," *Interfaces* 35, no.1（January-February 2005），pp.24-36.（A link to this article is provided at www.mhhe.com/Hillier6e）.

背景

加利福尼亚制造公司是一家多元化公司，在整个加利福尼亚地区拥有多个工厂和仓库，但在洛杉矶和旧金山还没有运作设施。随着公司销量和收入的不断上升，管理层认为向其中一个或两个地区扩张的时机已经成熟。首要的问题是决定在哪里建厂。洛杉矶、旧金山，还是在两个城市都建立工厂？管理层也在考虑最多建立一个新的仓库，但是仓库地点限制在新建工厂的城市。

需要制定的决策以是非问题的形式列在表8-1的第二列中。对于每一种情况，如果回答"是"，则代表在相应地点（洛杉矶或旧金山）建立相应设施（工厂或仓库）的投资决策。投资所需要的资金在最右边的一列中列出。管理层已经暂定所有投资可以使用的总资金额为1 000万美元（注意，这些资金对一些投资组合来说是不够的）。第四列显示了如果进行相应投资可以得到的期望净现值（考虑货币时间价值的净长期利润）。如果不进行投资，那么期望净现值为0。史蒂夫·陈通过大量管理科学研究工作（以及来自总裁幕僚们的大量帮助）对一些净现值进行了估计。正如公司总裁阿曼多·奥尔特加所说，现在的目标是找到能够使总净现值最大的可行投资组合。

表 8-1 加利福尼亚制造公司问题的数据

决策序列号	是非问题	决策变量	净现值（万美元）	所需资金（万美元）
1	在洛杉矶建工厂？	x_1	800	600
2	在旧金山建工厂？	x_2	500	300
3	在洛杉矶建仓库？	x_3	600	500
4	在旧金山建仓库？	x_4	400	200
				可用资本：1 000

为是非决策引入 0-1 决策变量

表8-1第二列已经总结出管理层面临的问题是制定四个相关的是非决策。为了建立这个问题的数学模型，史蒂夫·陈需要为每一个决策引入决策变量。由于每一个决策只有两种选择——是或否，因此相应的决策变量也只需要有两个值（一个值对应一种选择）。史蒂夫使用了 0-1 变量。它只有 0 和 1 两个可能的取值，其中，1 表示选择"是"，0 表示选择"否"。

这些决策变量列在表 8-2 的第二列中，最后两列分别给出了 1 和 0 对应的含义。

表 8-2 加利福尼亚制造公司问题的 0-1 决策变量

决策序列号	决策变量	可能的取值	取1的含义	取0的含义
1	x_1	0 或 1	在洛杉矶建厂	不在洛杉矶建厂
2	x_2	0 或 1	在旧金山建厂	不在旧金山建厂
3	x_3	0 或 1	在洛杉矶建仓库	不在洛杉矶建仓库
4	x_4	0 或 1	在旧金山建仓库	不在旧金山建仓库

处理决策间的内在联系

请记住，管理层最多只想建一个仓库。如果使用相应的决策变量 x_3 和 x_4 来表示，这意味着至多只有一个变量可以取值为 1。因此，作为该问题数学模型的一部分，这些变量必须满足约束：

$$x_3 + x_4 \leq 1$$

这两个方案（在洛杉矶建仓库或在旧金山建仓库）被称为**互斥方案**（mutually exclusive alternatives），因为选择一个方案就不会再选择另一个。BIP 问题中经常出现一组选择中含有两个或多个互斥方案的情况。对每一组选择来说，至多只能包含一个方案。相应 0-1 决策变量的约束如上式所示，即这些变量的和必须小于等于 1。对一些互斥方案组来说，管理层必须排除不选择方案的可能性。在这种情况下，该约束将被设置为相应 0-1 决策变量的和等于 1。

对于一组互斥方案，只有一个相应的 0-1 决策变量可以取值为 1。

加利福尼亚制造公司的问题还包含另一个重要的约束：管理层希望仓库建在特定的城市。只有工厂建在那个城市，那里才可以建仓库。以洛杉矶（LA）为例：

如果选择"否"，不在洛杉矶建厂（也就是选择 $x_1 = 0$），那么也不能在洛杉矶建仓库（也就是必须选择 $x_3 = 0$）。

如果选择"是"，在洛杉矶建厂（也就是选择 $x_1 = 1$），那么可以在洛杉矶建仓库，也可以不建（也就是可以选择 $x_3 = 1$ 或 0）。

如何将在洛杉矶建工厂和仓库的决策之间的联系用数学模型的约束条件来表示呢？关键在于无论 x_1 取何值，x_3 可能的取值都小于或等于 x_1。由于 x_1 和 x_3 都是 0-1 变量，因此约束使得在确定 x_1 的值后 x_3 的取值能够满足要求：

$$x_3 \leqslant x_1$$

同理，对于旧金山也有相应的约束：

$$x_4 \leqslant x_2$$

和洛杉矶一样，如果不在旧金山建厂（$x_2 = 0$），旧金山就不会有仓库（$x_4 = 0$）。如果在那里建厂（$x_2 = 1$），就需要制定是否建立仓库的决策（$x_4 = 1$ 或 0）。

对于任何一个城市，仓库决策被称为**相依决策**（contingent decision），因为该决策取决于另一个决策——是否在那里建工厂。一般来说，如果一个是非决策当且仅当另一个是非决策选择"是"时才能够选择"是"，那么这个是非决策相依于另一个是非决策。如上所述，表示这种关系的数学约束要求前者决策的 0-1 变量必须小于等于后者决策的 0-1 变量的值。

> 如果一个是非决策当且仅当另一个是非决策选择"是"时才能够选择"是"，那么这个是非决策相依于另一个是非决策。

表 8-1 最右边一列显示了四个决策之间的另一个联系，也就是所考虑的四个设施所花费的资金不超过可用资金（1 000 万美元）。因此，模型需要包含一个约束：

$$花费资金 \leqslant 1\,000\ 万美元$$

所花费的资金如何用四个 0-1 决策变量来表达？我们从第一个是非决策（是否在洛杉矶建工厂）开始。将表 8-1 最右边一列和表 8-2 第一列的信息综合起来：

$$洛杉矶工厂花费资金 = \begin{cases} 600\ 万美元, & 如果\ x_1 = 1 \\ 0, & 如果\ x_1 = 0 \end{cases}$$
$$= 600x_1\ 万美元$$

同理，其他三个投资机会花费的资金（单位：万美元）分别为 $300x_2$、$500x_3$ 和 $200x_4$。于是得到：

$$花费资金 = 600x_1 + 300x_2 + 500x_3 + 200x_4$$

因此，约束变为：

$$600x_1 + 300x_2 + 500x_3 + 200x_4 \leqslant 1\,000$$

BIP 模型

在阿曼多·奥尔特加和史蒂夫·陈的对话中曾经提到，管理层的目标是找到能够使这些投资总净现值最大的可行的投资组合。因此目标函数的值应当是：

$$NPV = 总净现值$$

如果投资决策是建立一个特定的设施（相应的决策变量等于 1），该决策的期望净现值在表 8-1 第四列中给出。如果决定不投资（决策变量等于 0），净现值就是 0。因此，

$$NPV = 800x_1 + 500x_2 + 600x_3 + 400x_4$$

就是要输入目标单元格且需最大化的量（单位：万美元）。

> **Excel 小提示**
> 在 Solver 选项中，整数最优化的设置（默认为 1%）能够达到这样一个效果：当 Solver 找到一个对应目标函数值在最优比率之内的可行解时，就会停止求解。（在 Analytic Solver 中，这个选项叫作整数容差（Integer Tolerance），该选项可以在"模型"（Model）窗口的"工具"（Engine）选项卡中找到）。这对于解决大型 BIP 问题非常有用，因为当求解所需的时间无法满足时，该方法能够求解出接近最优的解。对于小型问题（例如本书中提到的所有问题），在求解最优解时该选项应当设置为 0。

结合上一节给出的约束，完成的 BIP 模型如图 8-1 所示。这个形式基本上与线性规划相同。一个关键的不同点体现在 Solver 对话框中。每一个决策变量（单元格 C18:D18 和 C16:D16）都被限制为 0-1 变量。我们通过在"添加约束"（Add Constraint）对话框中选择变量的范围作为左端值，然后在弹出的菜单中选择 bin。在 Analytic Solver 中，可以先选定可变单元格范围，然后在 Analytic Solver"限制条件"（Constraints）窗口下，在限制子菜单（Bound submenu）的变量类型（Variable Type）中选择 0-1 变量（Binary）。Solver 对话框显示的其他约束（如图 8-1 左下角所示）通过使用图中右下角给出的区域名称而显得非常直观。为了方便起见，写入输入单元格 E12 和 D20 的公式使用了包含 C17:D17 以及 C11:D11 或 C5:D5 的 SUMPRODUCT 函数，因为这些行中的空格或"≤"符号都将被 Solver 解析为 0。

Excel Solver 在电子表格的 C18:D18 和 C16:D16 中给出了最优解，也就是在洛杉矶和旧金山都建工厂，但是不建仓库。目标单元格（D20）表明建设这两个工厂总净现值的期望值为 1 300 万美元。

注意在解释这个 BIP 电子表格模型时域名的重要性。

> **Excel 小提示**
> 要注意在 Excel 中会出现取整的错误。因此，当你加入某可变单元格为 0-1 变量的约束条件时，Excel 有时会返回一个非常接近整数值的非整数解（如 1.23E-10，也就是 0.000 000 000 123）。当发生这种情况时，你可以用适当的整数值代替所得到的非整数解。

	A	B	C	D	E	F	G
1		California Manufacturing Co. Facility Location Problem					
2							
3		NPV ($millions)	LA	SF			
4		Warehouse	6	4			
5							
6		Factory	8	5			
7							
8		Capital Required					
9		($millions)	LA	SF			
10		Warehouse	5	2	Capital		Capital
11					Spent		Available
12		Factory	6	3	9	<=	10
13							
14					Total		Maximum
15		Build?	LA	SF	Warehouses		Warehouses
16		Warehouse	0	0	0	<=	1
17			<=	<=			
18		Factory	1	1			
19							
20		Total NPV ($millions)		13			

Solver Parameters
Set Objective Cell: TotalNPV
To: Max
By Changing Variable Cells:
　BuildWarehouse?, BuildFactory?
Subject to the Constraints:
　BuildFactory? = binary
　BuildWarehouse? = binary
　BuildWarehouse? <= BuildFactory?
　CapitalSpent <= CapitalAvailable
　TotalWarehouses <= MaxWarehouses
Solver Options:
　Make Variables Nonnegative
　Solving Method: Simplex LP

	E
10	Capital
11	Spent
12	= SUMPRODUCT(CapitalRequired,Build?)
13	
14	Total
15	Warehouses
16	= SUM(BuildWarehouse?)

Range Name	Cells
Build?	C16:D18
BuildWarehouse?	C16:D16
BuildFactory?	C18:D18
CapitalAvailable	G12
CapitalRequired	C10:D12
CapitalSpent	E12
MaxWarehouses	G16
NPV	C4:D6
TotalNPV	D20
TotalWarehouses	E16

	C	D
20	Total NPV ($millions)	=SUMPRODUCT(NPV,Build?)

图 8-1 加利福尼亚制造公司案例研究中 BIP 模型的电子表格形式

注：通过使用 Excel Solver，可变单元格 BuildFactory?（C18:D18）和 BuildWarehouse?（C16:D16）给出了最优解。

敏感性分析

现在，史蒂夫·陈已经使用 BIP 模型确定了当可用资金为 1 000 万美元时应该采取的策略。下一个任务是对这个数量进行敏感性分析。阿曼多·奥尔特加希望他确定资金数量在 500 万～1 500 万美元之间变化的情况下对决策的影响。

在第 5 章中，我们描述了在约束发生变化时使用电子表格进行线性规划敏感性分析的三种不同方法：在电子表格上使用试算法、生成参数分析报告或使用 Excel Solver 敏感性分析报告。前两种方法可以和在线性规划问题中一样应用于整数规划问题，但第三种方法不行。敏感性分析报告不能用在整数规划问题中（会产生错误信息）。这是因为影子价格和可行域在这里不再适用。与线性规划不同，当右边的约束变化时，整数规划的目标函数值不会按照预期的方式变化。

> Excel Solver 敏感性分析报告对于整数规划问题不适用。
>
> 试算法和/或参数分析报告能够用于整数规划问题的敏感度分析。

使用试算法确定可用资金变化的影响是很直接的。在数据单元格 CapitalAvailable（G12）中尝试不同的值，然后利用 Solver 重新求解。但是，进行这一分析的一个更加系统化的方法是使用 Analytic Solver 生成参数分析报告。参数分析报告处理整数规划模型的方法与线性规划模型相同（参见第 5.3 节"运用 Analytic Solver 生成参数分析报告系统进行敏感性分析"的讲解）。

将 CapitalAvailable（G12）定义为参数单元格，限定其取值范围为 500 万～1 500 万美元，图 8-2 经过几个步骤（参见第 5.3 节）生成参数分析报告。请注意图 8-2 如何显示出对最优解的影响，以及不同的可获得资金量对求得的净现值的影响。

	A	B	C	D	E	F
1	CapitalAvailable	BuildWarehouseLA?	BuildWarehouseSF?	BuildFactoryLA?	BuildFactorySF?	TotallNPV
2	5	0	1	0	1	9
3	6	0	1	0	1	9
4	7	0	1	0	1	9
5	8	0	1	0	1	9
6	9	0	0	1	1	13
7	10	0	0	1	1	13
8	11	0	1	1	1	17
9	12	0	1	1	1	17
10	13	0	1	1	1	17
11	14	1	0	1	1	19
12	15	1	0	1	1	19

图 8-2　使用 Analytic Solver 生成的参数分析报告

注：它显示出系统地改变这些投资的可用数量对最优解和净现值的影响。

我们也可以通过相似的方式对其他数据单元格，如 NPV（C4:D6）、CapitalRequired（C10:D12）和 MaxWarehouses（G16）生成参数分析报告（或在电子表格中使用试算法）。由于人们已经很好地估计出每一种投资组合的净现值，而且输入到其他数据单元格中的数值不存在过多的不确定性，因此史蒂夫·陈认为不需要再做更多的敏感性分析。

管理层的结论

史蒂夫·陈的报告在两个星期内交到了阿曼多·奥尔特加的手中。这个报告显示，如果管理层坚持其暂定决策，为这些投资提供 1 000 万美元的支持，那么就推荐如图 8-1 所示的计划（在洛杉矶和旧金山都建工厂但是不建仓库）。这个计划的优点是它只使用了 900 万美元，剩下的 100 万美元提供给了当前其他正在投资的项目。这个报告也强调了图 8-2 中所示的两点结果：一点是如果可用资金的数额下降到 900 万美元以下，公司会遭受重大损失（总净现值将从 1 300 万美元降到 900 万美元）；另一点是如果增加 100 万美元可用资金（从

1 000万美元增长到1 100万美元）将会带来高达400万美元的总净现值增长（从1 300万美元增长到1 700万美元）。但是进一步增加可用资金的数额（从1 100万美元增加到1 200万美元），总净现值的增长幅度会显著变小（从1 700万美元增长到1 900万美元）。

阿曼多·奥尔特加与其他高层管理人员在决策前进行了讨论，并很快得出结论：将投资的金额增加到1 400万美元会使公司的资金来源陷入危险的境地，而获得的收益也并不多。讨论主要集中于投资900万美元还是1 100万美元。由于后者可以带来大量的收益（增加总净现值400万美元），管理层最终决定采用图8-2第8行所示的计划。这样，公司将在洛杉矶和旧金山都建立工厂，并在旧金山建仓库，从而获得期望总净现值1 700万美元。不过由于这项计划需要大量资金，管理层也决定在两个工厂完工后再建设仓库，使工厂获得的利润可以补贴建设仓库所需的资金。

问题回顾
1. 加利福尼亚制造公司需要制定的四个相关决策是什么？
2. 为什么0-1决策变量可以用来代表这些决策？
3. 管理层对这个问题指定的目标是什么？
4. 这个问题中的互斥方案是什么？在BIP模型的约束中采用什么形式来表示？
5. 在这个问题中有哪些相依决策？在BIP模型的约束中采用什么形式来表示？
6. 需要用敏感性分析来检验的暂定管理决策是什么？

8.2 使用BIP进行项目选择：塔尔公司问题

加利福尼亚制造公司案例研究了四个项目：①在洛杉矶建立工厂；②在旧金山建立工厂；③在洛杉矶建立仓库；④在旧金山建立仓库。管理层需要对项目的选择做出是非决策。这是BIP应用问题的典型特点。但是，在不同的应用问题中项目的本质可能完全不同。我们的下一个例子将不再是建筑项目问题，而是研发项目的选择问题。

本例改编自案例3-7，在第15.8节中将研究其扩展问题，下面将给出所有相关信息。

公司问题

塔尔公司是一家医药制造公司，正准备研发一种新型药品。其有如下五种可行的新型药物研发项目：

- UP项目——开发一种不会引起严重情绪波动的抗抑郁药物。
- Stable项目——开发一种能够治疗狂躁和抑郁的药物。
- Choice项目——为妇女开发一种减轻分娩痛苦的药物。
- Hope项目——开发一种预防感染艾滋病病毒的疫苗。
- Release项目——开发一种更有效的降低血压的药物。

和案例3-7不同的是，现在塔尔公司管理层已经表态：公司不可能无限提供资金支持所有的研发项目，最多可以提供12亿美元。而这12亿美元只能支持2或3个项目。表8-3的第一行显示了每个项目的资金需求量（单位：百万美元），第二行为每个项目成功的可能性，第三行表示当该项目研发成功后所能获得的收益。因此，潜在项目的预期收入（在统计意义上）是其第二行和第三行中数字的乘积，而其预期利润则是该预期收入减去第一行中的投资金额，显示在表8-3的最后一行。

> 目标是在满足资金预算限制的情况下，选择适当的项目组合使得利润最大化。

塔尔公司管理层希望对项目的选择做出决策，从而使得利润达到最大化。

0-1 变量的建立

因为这五个研发项目中的每一个都涉及一个是非决策问题,因此其对应的决策变量为 0-1 变量。每一个项目的决策变量及其解释如下:

$$决策变量 = \begin{cases} 1, & 若项目被采纳 \\ 0, & 若项目被拒绝 \end{cases}$$

按照表 8-3 中的顺序,用 x_1、x_2、x_3、x_4、x_5 分别表示每个项目的决策变量。

表 8-3 塔尔公司选择问题的相关数据 （单位：百万美元）

	项目				
	1（UP）	2（Stable）	3（Choice）	4（Hope）	5（Release）
研发投资	400	300	600	500	200
成功概率	9%	35%	35%	20%	45%
成功后所得收益	1 400	1 200	2 200	3 000	600
预期利润	300	120	170	100	70

如果一个项目被拒绝,则既没有利润也没有损失;如果一个项目被采纳,其预期利润如表 8-3 最后一行所示。因此,预期总利润为（单位：百万美元）:

$$P = 300x_1 + 120x_2 + 170x_3 + 100x_4 + 70x_5$$

目标是在满足资金预算限制的情况下,选择适当的项目组合使得利润最大化。

除了要求决策变量为 0-1 变量外,还有一个约束条件为：塔尔公司管理层规定,在选择研发项目时,总的投资预算为 12 亿美元。

结合表 8-3 的第一行,有关决策变量的限制条件可以表示为：

$$400x_1 + 300x_2 + 600x_3 + 500x_4 + 200x_5 \leqslant 1\,200$$

在此基础上,下一步将为该问题建立 BIP 电子表格模型。

| 应用实例 |

中西部电网独立输电系统运行公司（Midcontinent Independent System Operator, Inc., 简称 MISO）是一个非营利组织,成立于 1998 年（2013 年更名）,负责美国中西部电力的生产与输送。该公司通过控制将近 6 万英里长的高压电缆和 1 000 多个发电厂为 4 000 万用户（包括个人和企业）提供电力服务,设施横跨美国中西部和南部各州以及加拿大的曼尼托巴省。

任何一个地区电力输送机构的关键目标都是可靠、高效地向用户输送电能。MISO 公司是通过使用混合 0-1 整数规划,使得提供电能的成本最小。模型中每一个主要 0-1 变量都是一个是非决策变量,表示某特定发电厂在一段特定时间内是否运行。在完成模型的求解后,得到的结果可以代入线性规划模型中,继而制定电力输出水平以及交易价格。

此混合 BIP 模型的规模较大,有 330 万个连续变量、45 万个 0-1 变量和 390 万个约束条件。解决这样的大型问题就需要利用一种特殊技术,即拉格朗日松弛法（Lagrangian relaxation）。

这种管理科学的创新应用在 2007～2010 年共节约了 25 亿美元的费用,到 2020 年预计将节约 70 亿美元。这样显著的成果使 MISO 公司获得了 2011 年运筹与管理科学领域的弗朗兹·埃德尔曼奖。

资料来源：B.Carlson and 12 co-authors, "MISO Unlocks Billions in Savings through the Application of Operations Research for Energy and Ancillary Services Markets," *Interfaces* 42, no.1（January-February 2012）, pp.58-73.（A link to this article is provided at www.mhhe.com/Hillier6e）

塔尔公司问题的 BIP 电子表格模型

图 8-3 显示了该问题的 BIP 电子表格模型。表 8-3 中的数据已被转化到单元格 C5:G8 里。可变单元格为 DoProject?（C10:G10），目标单元格为 TotalExpectedProfit（H8）。约束条件显示在单元格 H5:J5 中。另外，可变单元格 DoProject? 被限制为 0-1 变量，如 Solver 参数框所示。

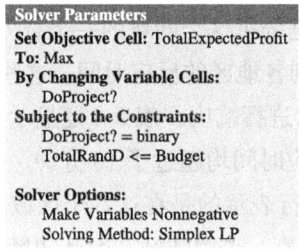

图 8-3　塔尔公司项目选择问题的 BIP 电子表格模型

注：其中可变单元格 DoProject?（C10:G10）显示的是 Solver 得到的最优解。

图 8-3 中的可变单元格 DoProject?（C10:G10）显示了利用 Solver 得到的最优解，即选择 UP 项目、Choice 项目和 Release 项目。

目标单元格显示，所对应的预期总利润为 5.4 亿美元。

问题回顾

1. 如何使用 0-1 变量来进行项目选择决策？
2. 在塔尔问题中考虑的是哪种类型的项目？
3. 该问题的目标是什么？

8.3　运用 BIP 解决紧急服务设施的选址问题：克莱恩特城问题

尽管加利福尼亚制造公司所遇到的问题可以看作项目选择问题（在上一节的开头提到），但该问题也可以被看作选址问题。回忆一下公司的管理层需要为新的工厂以及仓库选择地点（洛杉矶或旧金山）。对新工厂（或新仓库）的每一个可选地点来说，都面临着一个是非决策问题，要决定是否在此处建厂（或仓库）。因此，可以很自然地用 0-1 变量来表示决策。

各种各样的选址问题只是 BIP 众多常见应用中的一种类型。进行选址的设施种类不限。在有些情况下，对于同一类型的若干设施可以选择多个地点；在另一些情况下，只能选择一个地点。

下面我们将集中讨论紧急服务设施的选址问题。这些设施可能是消防站、公安局、急救中心，等等。在任何一种情况下，最主要的考虑因素就是使设施与其服务的地区距离尽可能地近，从而使出现紧急情况时的反应时间充分少。在不考虑紧急服务类型的情况下，BIP 模型的形式大体是一样的。

为了对此进行说明，我们以消防站的选址问题为例。为简化问题，我们将该地区实际应用中的上百个住宅区缩减为八个区域。

克莱恩特城问题

克莱恩特城（Caliente City）位于美国一个温暖又干燥的地区，因而很容易发生火灾。有很多老年人在退休之后选择搬家到这里，因此这座城市的边界一直在扩大。但是，整个城市却依然只有一个消防站，且位于城市的中心拥挤地区。这导致的结果就是：当城市的外侧发生火灾时，消防车要花费很长时间才能到达，和迅速到达相比会造成更大的损失。该城市的居民对此很不满，所以该市的议会带领城市领导层制定了在城市中新建消防站（包括改变现有消防站的位置）的规划，以缩短发生火灾后的反应时间。特别地，城市议会还对最长反应时间（在城市任何一个地点发现火情后，消防车到达该地点所用的时间）做出了规定：

$$反应时间 \leqslant 10 \text{ 分钟}$$

该城市的管理者在大学时学习过管理科学课程，因此她意识到 BIP 是分析这个问题的一个有力工具。首先，她将整个城市划分为八个区域，然后估算在任何一个区域建立的消防站到各地区的反应时间。这些数据如表 8-4 所示。例如，假设决定在区域 1 建立消防站且该消防站对所有区域的火情进行响应，表 8-4 还显示了相应的预估反应时间（因为区域 1 中的消防站对于区域 3、5、6、7 和 8 内火情的反应时间均超过了 10 分钟，因此为了满足城市议会的规定，消防站需要距离这些区域更近一些）。表 8-4 的最后一行表示的是在这八个区域购买土地并建造消防站所需的成本（区域 5 中的成本远低于其他区域，是因为该区域已有一个消防站，因此如果最终的决策为保留区域 5 中的消防站，则只需要适当的整修就可以了）。

现在的目标是对在哪些区域建立消防站做出决策，要保证在每一个区域都至少有一个消防站对其反应时间小于 10 分钟，同时做到总成本最小。

> 目标是在保证反应时间小于 10 分钟的前提下使得总成本最小。

表 8-4 克莱恩特城问题的反应时间和成本数据

		区域中的消防站							
		区域 1	区域 2	区域 3	区域 4	区域 5	区域 6	区域 7	区域 8
对区域中火情的反应时间（分钟）	区域 1	2	8	18	9	23	22	16	28
	区域 2	9	3	10	12	16	14	21	25
	区域 3	17	8	4	20	21	8	22	17
	区域 4	10	13	19	2	18	21	6	12
	区域 5	21	12	16	13	5	11	9	12
	区域 6	25	15	7	21	15	3	14	8
	区域 7	14	22	18	7	13	15	2	9
	区域 8	30	24	15	14	17	9	8	3
消防站成本（万美元）		35	25	45	30	5	40	30	20

建立 0-1 变量

对每一个区域来说，都存在一个是非决策，用以决定该区域是否该建立消防站。因此，我们用 $x_1, x_2, \cdots, x_8$ 表示各个区域的 0-1 变量，其中

$$x_j = \begin{cases} 1, & \text{在区域} j \text{建立消防站} \\ 0, & \text{不在区域} j \text{建立消防站} \end{cases} \quad (j=1,2,\cdots,8)$$

因为现在的目标是在保证反应时间小于 10 分钟的前提下使得总成本最小，所以需要用这些决策变量来表示总成本。结合表 8-4 最后一行的数据，总成本（单位：万美元）为：

$$C = 35x_1 + 25x_2 + 45x_3 + 30x_4 + 5x_5 + 40x_6 + 30x_7 + 20x_8$$

另外我们还需要用决策变量来建立约束条件，以保证消防站的反应时间不超过 10 分钟。例如，考虑区域 1 的情况。当区域 1 中出现火情，从表 8-4 中区域 1 的对应行数据可知：为保证消防站反应时间不超过 10 分钟，符合该条件的只有区域 1、区域 2 与区域 4。因此，这三个区域中至少有一个消防站。该约束条件表示为：

$$x_1 + x_2 + x_4 \geq 1$$

顺便说一句，这个约束条件被称作**集合覆盖约束**（set covering constraint），因为该约束使得区域集合（使得区域 1 的反应时间不超过 10 分钟的所有区域）中至少存在一个消防站的要求得到了满足。一般来说，任意 0-1 变量之和的约束条件都需要"大于"或"等于" 1，都称作集合覆盖约束。

> 该约束条件保证了消防站对区域 1 中火情的反应时间不超过 10 分钟。

将以上对区域 1 的分析推广到所有的区域，可以得到以下约束：

$$
\begin{aligned}
\text{约束 1:} & \quad x_1 + x_2 + x_4 \geq 1 \\
\text{约束 2:} & \quad x_1 + x_2 + x_3 \geq 1 \\
\text{约束 3:} & \quad x_2 + x_3 + x_6 \geq 1 \\
\text{约束 4:} & \quad x_1 + x_4 + x_7 \geq 1 \\
\text{约束 5:} & \quad + x_5 + x_7 \geq 1 \\
\text{约束 6:} & \quad x_3 + x_6 + x_8 \geq 1 \\
\text{约束 7:} & \quad x_4 + x_7 + x_8 \geq 1 \\
\text{约束 8:} & \quad + x_6 + x_7 + x_8 \geq 1
\end{aligned}
$$

这些集合覆盖约束（要求变量为 0-1 变量）保证了每一个区域都至少有一个消防站能够在火情发生后的 10 分钟内到达。

这类 BIP 模型（所有函数约束都是集合覆盖约束且目标为总成本最小）被称作**集合覆盖问题**（set covering problem）。这类问题会经常出现，在第 8.4 节中你还将看到集合覆盖问题的另一个例子。

了解了克莱恩特城问题中约束条件的本质，建立 BIP 电子表格模型就变得非常容易了。

克莱恩特城问题的 BIP 电子表格模型

图 8-4 是克莱恩特城问题的 BIP 电子表格模型。其中，数据单元格 ResponseTime（D5:K12）显示了表 8-4 中所有的反应时间，数据单元格 CostOfStation（D14:K14）显示了表 8-4 中最后一行的成本数据。对每一个区域来说都存在一个是非决策问题，决定在该区域是否建立消防站，因此可变单元格为 StationInTract?（D29:K29）。目标是使得总成本最小，因此目标单元格是 TotalCost（N29）。所有集合覆盖约束显示在单元格 L17:N24。如 Solver 参数框中所示，可变单元格 StationInTract? 被限制为 0-1 变量。

	A	B	C	D	E	F	G	H	I	J	K	L	M	N
1		**Caliente City Fire Station Location Problem**												
2														
3						Fire Station in Tract								
4				1	2	3	4	5	6	7	8			
5			1	2	8	18	9	23	22	16	28			
6		Response	2	9	3	10	12	16	14	21	25			
7		Times	3	17	8	4	20	21	8	22	17			
8		(minutes)	4	10	13	19	2	18	21	6	12			
9		for a Fire	5	21	12	16	13	5	11	9	12			
10		in Tract	6	25	15	7	21	15	3	14	8			
11			7	14	22	18	7	13	15	2	9			
12			8	30	24	15	14	17	9	8	3			
13														
14		Cost of Station		350	250	450	300	50	400	300	200			
15		($thousands)										Number		
16												Covering		
17			1	1	1	0	1	0	0	0	1	1	>=	1
18		Response	2	1	1	1	0	0	0	0	1	1	>=	1
19		Time	3	0	1	1	0	0	1	0	1	1	>=	1
20		<=	4	1	0	0	1	0	0	1	0	1	>=	1
21		10	5	0	0	0	0	1	0	1	0	1	>=	1
22		Minutes?	6	0	0	1	0	0	1	0	1	1	>=	1
23			7	0	0	0	1	0	0	1	1	2	>=	1
24			8	0	0	0	0	0	1	1	1	2	>=	1
25														
26														Total
27						Fire Station in Tract								Cost
28				1	2	3	4	5	6	7	8			($thousands)
29		Station in Tract?		0	1	0	0	0	0	1	1			750

	J	K	L
15			Number
16			Covering
17	=IF(J5<=MaxResponseTime,1,0)	=IF(K5<=MaxResponseTime,1,0)	=SUMPRODUCT(D17:K17,StationInTract?)
18	=IF(J6<=MaxResponseTime,1,0)	=IF(K6<=MaxResponseTime,1,0)	=SUMPRODUCT(D18:K18,StationInTract?)
19	=IF(J7<=MaxResponseTime,1,0)	=IF(K7<=MaxResponseTime,1,0)	=SUMPRODUCT(D19:K19,StationInTract?)

Solver Parameters
Set Objective Cell: TotalCost
To: Min
By Changing Variable Cells:
　StationInTract?
Subject to the Constraints:
　StationInTract? = binary
　NumberCovering >= One

Solver Options:
Make Variables Nonnegative
Solving Method: Simplex LP

Range Name	Cells
CostOfStation	D14:K14
MaxResponseTime	B21
NumberCovering	L17:L24
One	N17:N24
ResponseTime	D5:K12
StationInTract?	D29:K29
TotalCost	N29

	N
26	Total
27	Cost
28	($thousands)
29	=SUMPRODUCT(CostOfStation,StationInTract?)

图 8-4　克莱恩特城问题的 BIP 电子表格模型

注：可变单元格 StationInTract?（D29:K29）显示了 Solver 得出的最优解。

Solver 运行结束之后，得到的最优解显示在图 8-4 的可变单元格 StationInTract?（D29:K29）中，即在区域 2、7、8 建立消防站。

目标单元格 TotalCost（N29）表明最优解所对应的总成本为 75 万美元。

问题回顾

1. 怎样使用 0-1 变量来进行新设施选址问题的决策？
2. 进行选址的紧急服务设施有哪几种类型？

3. 克莱恩特城问题的目标是什么？
4. 什么是集合覆盖约束？什么是集合覆盖问题？

8.4 运用 BIP 解决人员排程问题：西南航空公司问题

在整个旅游业（包括航空、铁路、游轮、旅游公司等），最大的挑战就是如何更高效地在旅途中对员工进行排程，从而为游客提供服务。将一名员工分配给一系列旅游路线时，如果最后一站结束的地方刚好是第一站开始的地方，那将会非常方便。而当有着多名员工和多条旅游路线时，什么是将各个员工分配给各条线路最有效的方法呢？这被称为**人员排程问题**（crew scheduling problem）。

解决人员排程问题的一种方法是先为每个员工识别出多条可行的重复行程序列。然后，目标是为每个员工分配一系列行程并以最低成本去覆盖到所有的行程。因此，对于每个可行的行程序列，关于是否应该将员工分配给该序列就存在一个是非决策，所以可以使用 0-1 决策变量来表示该决策。

多年来，航空公司都是使用 BIP 模型来寻找成本效益最高的人员排程方案。有一些航线通过 BIP 的应用每年可节约上百万美元。因此，旅游业的其他部门也开始以这种方式使用 BIP。比如，本节中的应用实例描述的就是荷兰铁路公司通过在多方面（包括人员排程）应用 BIP 以及相关技术，利润得到了很大的提高。

为了介绍这种方法，我们来分析一下下面这个航线人员排程的例子。

西南航空公司问题

西南航空公司（Southwestern Airways）需要将其机组人员分配给其所有航班。如图 8-5 所示，我们将研究如何将以旧金山（SFO）为基地的三队机组人员分配给 11 个航班，其中，每队机组人员都会被分配到不同的航班序列，每一个序列的起点和终点都是旧金山。同时，三种序列也必须包括了所有的航班。

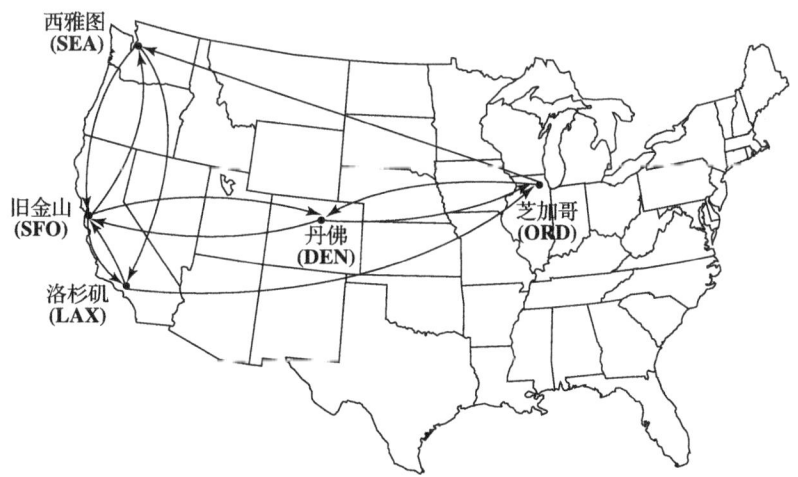

图 8-5　西南航空公司航班示意图

注：箭头表示西南航空公司的 11 个航班，这些航班需要由以旧金山为基地的三队机组人员提供服务。

这 11 趟航班同时显示在表 8-5 的第 1 列中。另外的 12 列表示的是每一队机组人员可能被分配到的航班序列（每一列的数字表示航班的序列）。例如，序列 4 表示一队机组人员从旧金山的 1 号航班出发，先乘坐 4 号航班，然后乘坐 6 号航班，最后再乘坐 8 号航班返回旧金山。该序列覆盖了 11 个航班中的 4 个，因此，其他两队机组人员的航班序列需要覆盖其余 7 个航班。

问题的关键要求是必须选择三种分配序列，每队机组人员对应一种，但三种序列必须包括所有的航班（允许一个航班上有超过一队的机组人员，多出的机组人员作为乘客，但是工会合同规定公司必须为这些人付出的时间支付与其工作相应的报酬）。表8-5的最底部给出了将某一队机组人员分配到某一特定的航班序列所需要支出的成本（单位：1 000美元）。问题的目标是使所有的航班都分配到机组人员，并且三队机组人员的总成本最小。

表8-5 西南航空公司问题的数据

航班	可行的航班序列											
	1	2	3	4	5	6	7	8	9	10	11	12
1. 旧金山 – 洛杉矶（SFO-LAX）	1			1			1			1		
2. 旧金山 – 丹佛（SFO-DEN）		1			1			1			1	
3. 旧金山 – 西雅图（SFO-SEA）			1			1			1			1
4. 洛杉矶 – 芝加哥（LAX-ORD）				2			2			3	2	3
5. 洛杉矶 – 旧金山（LAX-SFO）	2					3				5	5	
6. 芝加哥 – 丹佛（ORD-DEN）					3	3			4			
7. 芝加哥 – 西雅图（ORD-SEA）							3	3		3	3	4
8. 丹佛 – 旧金山（DEN-SFO）		2		4	4				5			
9. 丹佛 – 芝加哥（DEN-ORD）						2		2				
10. 西雅图 – 旧金山（SEA-SFO）			2				4	4				5
11. 西雅图 – 洛杉矶（SEA-LAX）						2			2	4	4	2
成本（1 000美元）	2	3	4	6	7	5	7	8	9	9	8	9

用0-1变量建模

由于有12个可行的航班序列，因此相应地需要有12个是非决策：

是否应该将 j 序列的航班分配给某一队特定的机组人员？（$j=1,2,\cdots,12$）

因此，我们用12个0-1变量来分别表示这些决策：

$$x_j = \begin{cases} 1, & 序列\ j\ 指派给机组人员 \\ 0, & 其他 \end{cases}$$

因为目标是使得三队机组分配的总成本最小，所以我们需要利用这些0-1变量来表示总成本。利用表8-5中最后一行的数据，总成本（单位：1 000美元）为：

$$C = 2x_1 + 3x_2 + 4x_3 + 6x_4 + 7x_5 + 5x_6 + 7x_7 + 8x_8 + 9x_9 + 9x_{10} + 8x_{11} + 9x_{12}$$

因为只有三队机组可用，我们还有一个约束条件为：

$$x_1 + x_2 + \cdots + x_{12} \leqslant 3$$

每一个约束条件都保证有机组人员分配到相应的航班，这可以说是这个建模问题最有趣的一步。例如，看一下表8-5中最后一个航班（西雅图 – 洛杉矶）。该航班一共有5个序列号（6，9，10，11，12），要求必须为其选择其中的一个序号，因此，就形成如下的约束条件：

$$x_6 + x_9 + x_{10} + x_{11} + x_{12} \geqslant 1$$

对于所有11条航线中的每一条，为保证该航线被覆盖，可以通过要求"包含该航线的航线序列至少分配到一个机组"来实现。因此，需要以下11个约束条件：

航线 1：$x_1 + x_4 + x_7 + x_{10} \geqslant 1$

航线 2：$x_2 + x_5 + x_8 + x_{11} \geqslant 1$

$\qquad\qquad \vdots$

航线 11：$x_6 + x_9 + x_{10} + x_{11} + x_{12} \geqslant 1$

> 这些约束条件和第8.3节中克莱恩特城问题中的约束条件相似，都是集合覆盖约束。

我们注意到这些约束与第8.3节中克莱恩特城问题的约束条件形式很类似（都是0-1变量之和大于等于1），因此它们都是集合覆盖约束。所以，这个人员排程问题是集合覆盖问题的又一个例子（此集合覆盖问题还包含一个边际约束：$x_1 + x_2 + \cdots + x_{12} \leq 3$）。

现在已经认识到了这些约束条件的本质，下面将为这个问题建立BIP电子表格模型。

西南航空公司问题的BIP电子表格模型

图8-6显示的是该问题的一个完整的BIP电子表格模型。可变单元格FlySequence?（C22:N22）中显示的是12个0-1决策变量的值。IncludesSegment?（C8:N18）和Cost（C5:N5）中的数据直接来自表8-5。电子表格的最后三列用于显示集合覆盖约束（Total ≥ AtLeastOne）和边际约束（TotalSequence ≤ NumberOfCrews）。最后，可变单元格FlySequence?被约束为0-1变量，如Solver参数框所示。

FlySequence?（C22:N22）显示了Solver求得的最优解。以x_j为变量，最优解为：

$x_3 = 1$（将编号为3的航班次序分配给一组机组人员）

$x_4 = 1$（将编号为4的航班次序分配给一组机组人员）

$x_{11} = 1$（将编号为11的航班次序分配给一组机组人员）

而其他所有的$x_j = 0$，TotalCost（Q24）显示总成本为18 000美元（该问题的另一个最优解为$x_1 = 1$，$x_5 = 1$，$x_{12} = 1$，而其他所有的$x_j = 0$）。

我们需要指出的是，和实际应用中的BIP模型相比，这里建立的BIP模型规模非常小。涉及上千个可能航班的问题也能够通过类似的模型来求解，只不过它涉及上千个0-1变量，而不是只有12个变量。

许多航空公司正在不断求解这种大型的BIP模型。

问题回顾

1. 旅游业中的公司遇到了什么样的人员排程问题？
2. 在处理人员排程问题时需要使用哪些是非决策？
3. 在西南航空公司的问题中，每一航班都有一个约束以保证分配到一组机组人员，写出这一约束的数学表达式，然后解释一下具体的含义。

| 应用实例 |

荷兰铁路公司（Nederlandse Spoorwegen Reizigers）是荷兰铁路客运的主要运营商。在荷兰这个人口众多的国家，目前，平均每个工作日都有约5 500次客运列车负责运送约110万乘客。该公司每年的运营收入大约为15亿欧元（约合20亿美元）。

荷兰铁路网络的乘客运输量在近几年不断增加，2002年的一项全国范围内的调查研究结果认为，荷兰铁路公司应当对三项主要的基础设施进行扩建。因此，为了重新规划每次列车的发车时间与到达时间，荷兰铁路系统在全国范围内制定了一个新的时刻表。荷兰铁路公司的管理层希望在未来几年内运用管理科学进行研究，从而根据新的时刻表与可用资源（列车数和乘务人员数量）制定新的整体规划。该项研究的工作小组包括公司物流部门的几名成员以及来自欧洲高校、软件公司的几名优秀的管理科学学者。

新的时刻表于2006年12月颁布，同时也根据车辆分布（各种客运列车与其他类型）的协调建立了新的系统来适应新的时刻表。新的系统负责对乘务人员（包括驾驶员以及每组人员的管理者）进行排程。在此过程中，运用了0-1整数规划以及相关技术。例如，在人员排程方面运用了BIP模型，与本节中西南航空公司的人员排程问题相似（但规模要大得多）。

	A	B	C	D	E	F	G	H	I	J	K	L	M	N	O	P	Q
1		Southwestern Airways Crew Scheduling Problem															
2																	
3							Flight Sequence										
4			1	2	3	4	5	6	7	8	9	10	11	12			
5		Cost ($thousands)	2	3	4	6	7	5	7	8	9	9	8	9			At
6																	Least
7		Includes Segment?													Total		One
8		SFO–LAX	1	0	0	1	0	0	1	0	0	1	0	0	1	≥	1
9		SFO–DEN	0	1	0	0	1	0	0	1	0	0	1	0	1	≥	1
10		SFO–SEA	0	0	1	0	0	1	0	0	1	0	0	1	1	≥	1
11		LAX–ORD	0	0	0	1	0	0	1	0	1	1	0	1	1	≥	1
12		LAX–SFO	1	0	0	0	0	1	0	0	0	1	1	0	1	≥	1
13		ORD–DEN	0	0	0	1	1	0	0	0	1	0	0	0	1	≥	1
14		ORD–SEA	0	0	0	0	0	0	1	1	0	1	1	1	1	≥	1
15		DEN–SFO	0	1	0	1	1	0	0	0	1	0	0	0	1	≥	1
16		DEN–ORD	0	0	0	0	1	0	0	1	0	1	0	0	1	≥	1
17		SEA–SFO	0	0	1	0	0	0	0	1	0	0	0	1	1	≥	1
18		SEA–LAX	0	0	0	0	0	1	0	0	1	1	1	1	1	≥	1
19																	
20															Total		Number
21			1	2	3	4	5	6	7	8	9	10	11	12	Sequences		of Crews
22		Fly Sequence?	0	0	1	1	0	0	0	0	0	0	1	0	3	≤	3
23																	
24														Total Cost ($thousands)			18

	A	B
25		Flight Sequence Key
26	1	SFO-LAX
27	2	SFO-DEN-SFO
28	3	SFO-SEA-SFO
29	4	SFO-LAX-ORD-DEN-SFO
30	5	SFO-DEN-ORD-DEN-SFO
31	6	SFO-SEA-LAX-SFO
32	7	SFO-LAX-ORD-SEA-SFO
33	8	SFO-DEN-ORD-SEA-SFO
34	9	SFO-SEA-LAX-ORD-DEN-SFO
35	10	SFO-LAX-ORD-SEA-LAX-SFO
36	11	SFO-DEN-ORD-SEA-LAX-SFO
37	12	SFO-SEA-LAX-ORD-SEA-SFO

Solver Parameters
Set Objective Cell: TotalCost
To: Min
By Changing Variable Cells:
　FlySequence?
Subject to the Constraints:
　FlySequence? = binary
　Total >= AtLeastOne
　TotalSequences <= NumberOfCrews
Solver Options:
　Make Variables Nonnegative
　Solving Method: Simplex LP

Range Name	Cells
AtLeastOne	Q8:Q18
Cost	C5:N5
FlySequence?	C22:N22
IncludesSegment?	C8:N18
NumberOfCrews	Q22
Total	O8:O18
TotalCost	Q24
TotalSequences	O22

	O
7	Total
8	=SUMPRODUCT(C8:N8,FlySequence?)
9	=SUMPRODUCT(C9:N9,FlySequence?)
10	=SUMPRODUCT(C10:N10,FlySequence?)
11	=SUMPRODUCT(C11:N11,FlySequence?)
12	=SUMPRODUCT(C12:N12,FlySequence?)
13	=SUMPRODUCT(C13:N13,FlySequence?)
14	=SUMPRODUCT(C14:N14,FlySequence?)
15	=SUMPRODUCT(C15:N15,FlySequence?)
16	=SUMPRODUCT(C16:N16,FlySequence?)
17	=SUMPRODUCT(C17:N17,FlySequence?)
18	=SUMPRODUCT(C18:N18,FlySequence?)
19	
20	Total
21	Sequences
22	=SUM(FlySequence?)

	P	Q
24	Total Cost ($thousands)	=SUMPRODUCT(Cost,FlySequence?)

图 8-6　西南航空公司人员排程第（2）问 BIP 电子表格模型

注：其中 FlySequence?（C22:N22）显示了由 Solver 求得的最优解，单元格（A25:D37）列出了可供选择的航班序号。

管理科学的应用给该公司额外带来了约 6 000 万美元的年利润，并且这一额外利润预计将在未来几年内增加到每年 1.05 亿美元左右。这一巨大的变化使得荷兰铁路公司获得了 2008 年运筹与管理科学领域的弗朗兹·埃德尔曼奖。

资料来源：L.Kroon, D.Huisman, E.Abbink, P.-J.Fioole, M.Fischetti, G.Maroti, A.Schrijver, A.Steenbeck, and R.Ybema, "The New Dutch Timetable: The OR Revolution," *Interfaces* 39, no.1（January–February 2009）, pp.6–17.（A link to this article is provided at www.mhhe.com/Hillier6e）

8.5 利用混合 BIP 处理投入生产的安装成本问题：韦恩德公司问题的变形

本章截至现在给出的许多例子都是纯 BIP 问题（决策变量都是 0-1 变量）。但是，混合 BIP 问题（只有一部分决策变量是 0-1 变量）也很常见。在混合 BIP 问题中，一部分决策是是非决策，其他决策都是定量决策。

第 2 章中介绍的产品组合问题就是混合 BIP 问题的一个例子，但是情况变得复杂了一些：每次开始生产一种产品前要付出一定的准备成本。因此，除了每种产品生产多少的定量决策外，在这之前还有一个是非决策，决定是否要完成相关的安装以进行该种产品的生产。

为对这类问题进行说明，我们将分析韦恩德公司问题的变形版本。韦恩德公司问题曾在第 2.1 节中提出，并且第 2 章的大部分内容都在分析该问题。

存在准备成本的韦恩德公司问题变形

假设现在韦恩德公司每个月只用一周的时间生产第 2.1 节中提到的特殊种类的门和窗，因此现在的问题是在一周的生产运营中要产出多少门和窗。由于现在要做的决策已经不再是门和窗的生产率，而是在单个生产周期中生产门和窗的数量，因此这些数字必须是整数（这一要求意味着现在这些数量不再用取值范围在 0～1 的变量表示，而是用一般整数变量表示，但这在使用 Solver 处理时不会使问题变得复杂）。

每当韦恩德公司将生产计划从其他产品转换到特殊类型的门和窗，都需要付出一定的准备成本：

$$门的准备成本 = 700\ 美元$$

$$窗的准备成本 = 1\ 300\ 美元$$

另外，表 2-2 中的原始数据依然适用，包括门的单位利润为 300 美元，窗的单位利润为 500 美元（不考虑准备成本）。

表 8-6 显示了生产各种可能数量的门和窗能产生的净利润。这里需要注意，如果产量少于 3 个单位，就不足以抵掉最开始的准备成本。

图 8-7 的各点表示的是问题的各个可行解，将表 8-6 中的相应内容在图上画出，可以得出每个角点的总利润 P，最优解变为：

表 8-6 韦恩德公司问题变形的利润

产量	净利润（美元）	
	门	窗
0	0 × 300 − 0 = 0	0 × 500 − 0 = 0
1	1 × 300 − 700 = −400	1 × 500 − 1 300 = −800
2	2 × 300 − 700 = −100	2 × 500 − 1 300 = −300
3	3 × 300 − 700 = 200	3 × 500 − 1 300 = 200
4	4 × 300 − 700 = 500	4 × 500 − 1 300 = 700
5	不可行	5 × 500 − 1 300 = 1 200
6	不可行	6 × 500 − 1 300 = 1 700

$$(D,\ W) = (0,\ 6)\ 且\ P = 1\ 700$$

相比之下，原始解

$$(D,\ W) = (2,\ 6)\ 且\ P = 1\ 600$$

得到的利润比较小。这个原始解（在原来的问题中，这个解为 $P = 3\ 600$）不再是最优解的原因是准备成本降低了总利润：

$$P = 3\ 600 − 700 − 1\ 300$$
$$= 1\ 600$$

因此，线性规划的图解法不能用于求解考虑准备成本的最优解。

那么，如何将该问题标准化，建立模型并用原有的算法求解呢？从表 8-6 中可以看出，每种产品的利润不再与产量成比例，也就是说，这一问题不再是线性规划或整数规划问题。在原问题中，目标函数为 $P = 300D + 500W$，在改动之后，必须在产品的利润中减去相应的准备成本。但是，如果并没有生产这一产品，就无须减去其准备成本。这样看来似乎不能用线性规划来求解这一问题（也不能用整数规划），在这种情况下，就必须使用 0-1 变量了。

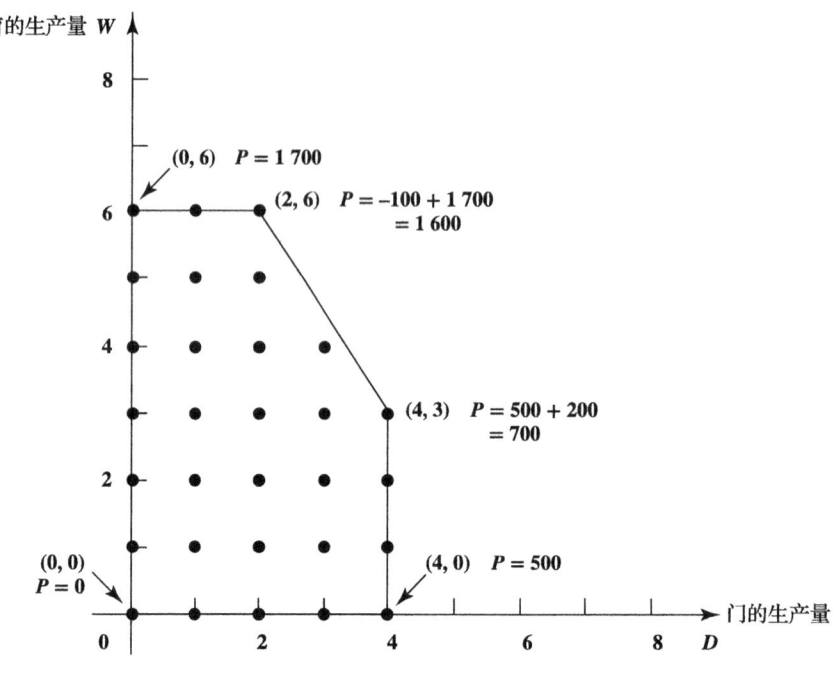

图 8-7　图中的点是韦恩德公司问题变形的可行解

注：同时该图也显示了表 8-6 给出的每一个角点的总利润 P。

用 0-1 变量建模

对于每一种产品，都有一个是非决策，即生产或者不生产。而只有决定生产时，才会产生准备成本。因此，我们可以为每个准备成本定义一个 0-1 决策变量，分别以 0 和 1 两个值来表示两种情况。具体来说：

$$y_1 = \begin{cases} 1, & \text{为生产门做准备} \\ 0, & \text{不为生产门做准备} \end{cases}$$

$$y_2 = \begin{cases} 1, & \text{为生产窗做准备} \\ 0, & \text{不为生产窗做准备} \end{cases}$$

这些 0-1 变量只有在存在准备成本的情况下才能够减去每一次的准备成本。

因此，目标函数就可以表示为：

$$P = 300D + 500W - 700y_1 - 1\,300y_2$$

这样就符合混合 BIP 模型的要求了。

因为生产某一产品就会有相应的准备成本，所以可将辅助 0-1 变量与产量直接联系在一起，如下所示：

$$y_1 = \begin{cases} 1, & D > 0\ (\text{生产门}) \\ 0, & D = 0\ (\text{不生产门}) \end{cases}$$

$$y_2 = \begin{cases} 1, & W > 0\ (\text{生产窗}) \\ 0, & W = 0\ (\text{不生产窗}) \end{cases}$$

我们必须在模型中加入约束条件，以保证这些关系成立（模型的算法只能识别目标函数和函数约束，而不会判别变量的定义）。

那么，在变化 1 中模型的约束条件是什么呢？原模型的约束要全部保留，并且还要加入约束条件，将 D 和 W 限制为整数（考虑变化 2），将 y_1 和 y_2 限制为 0-1 变量。此外，我们必须使用一些基本的线性规划约束，以保证下面的关系：

$$如果\ y_1 = 0，则\ D = 0;$$

$$如果\ y_2 = 0，则\ W = 0。$$

（如果 $y_1 = 1$ 或 $y_2 = 1$，则不会对 D 或 W 加以其他的限制。）

Excel 可以用 IF 函数表示例如 y_1 和 D 以及 y_2 和 W 这样的关系。但如果使用 IF 函数，就不符合线性规划的假设了，Solver 不能求解含有该函数的电子表格模型。因此，为了表示这些关系，就需要引入一些一般的线性规划约束。

由于其他的约束条件将 D、W 限制在 $0 \leqslant D \leqslant 4$ 和 $0 \leqslant W \leqslant 6$ 的范围内，所以下面这些常规的线性规划约束条件保证了这些关系：

$$D \leqslant 4y_1$$

$$W \leqslant 6y_2$$

> 如果无法满足这些约束条件，模型会选择拒绝生产。

注意，如果 $y_1 = 0$，则 $D \leqslant 0$，因为 D 只能为非负值，所以 $D = 0$；而如果 $y_1 = 1$，则 $D \leqslant 4$，这样就允许 D 在其他约束的范围内取任何值。对 W 来说，$y_2 = 0$ 和 $y_2 = 1$ 时也有同样的结论。

在该应用实例中并不一定要取 4 和 6 作为 y_1 和 y_2 的系数，比 4 和 6 大的所有数都可以实现这一效果，只要不取小于 4 和 6 的数就可以，因为如果小于 4 和 6，在 $y_1 = 1$ 和 $y_2 = 1$ 时，就会对 D 和 W 施加额外的非期望的限制。

在规模更大的问题中，有时很难为这些 0-1 决策变量确定最小可接受系数，因此，通常是用一个比最小可接受系数大的安全合理的数（一般是 99）来建立模型。

> 如果定量决策 x（如 $x > 0$）只有在是非决策 y（如 $y = 1$）确定后才能得出，就可以用一个比较大的数值来进行限制（如 $x \leqslant 99y$）。若 $y = 0$，则 $x \leqslant 0$；若 $y = 1$，则 $x \leqslant 99$。该数值的选择应该足够大以保证其比 x 的可能值大。

在此背景下，我们现在可以为这个问题建立一个混合 BIP 电子表格模型，并在约束条件中用数字 99。

韦恩德公司问题变形的混合 BIP 电子表格模型

图 8-8 显示了在取值为 99 时解决该问题的一种模型描述方法，前面 14 行与初始模型一模一样，区别在于后面的 15~17 行。0-1 变量 y_1 和 y_2 的值出现在新的可变单元格 Setup?（C17:D17）中。图底部表示的是输入在 16 行的输出单元格中的公式，C16 = 99*C17 以及 D16 = 99*D17。因此，约束 UnitsProduced（C14:D14）$\leqslant$ OnlyIfSetup（C16:D16）所约束的关系式为：$D \leqslant 99y_1$，$W \leqslant 99y_2$。

电子表格中的可变单元格表示的是在运用 Solver 求解之后得出的最优解。最优解为不生产门（$y_1 = 0$，$D = 0$），安装生产窗的生产设施并生产 6 个单位的窗（$y_2 = 1$，$W = 6$），得到总利润为 1 700 美元。

注意，在上面的模型中，最优解确实满足了当 $y_1 = 0$ 时，$D = 0$ 成立或者当 $y_2 = 1$ 时，$W > 0$ 能够成立的需求。约束条件允许准备生产一种产品，而实际上却不生产（$y_1 = 1$ 时 $D = 0$ 或 $y_2 = 1$ 时 $W = 0$）。但是，在求解目标函数最优解的过程中，会自动排除这种白白交付准备成本的愚蠢做法。

	A	B	C	D	E	F	G	H
1		**Wyndor Glass Co. Product-Mix with Setup Costs**						
2								
3			Doors	Windows				
4		Unit Profit	$300	$500				
5		Setup Cost	$700	$1 300				
6								
7					Hours		Hours	
8			Hours Used per Unit Produced		Used		Available	
9		Plant 1	1	0	0	≤	4	
10		Plant 2	0	2	12	≤	12	
11		Plant 3	3	2	12	≤	18	
12								
13			Doors	Windows				
14		Units Produced	0	6				
15			≤	≤	Big Number		Production Profit	$3 000
16		Only if Set Up	0	99	99		−Total Setup Cost	$1 300
17		Setup?	0	1			Total Profit	$1 700

Solver Parameters
Set Objective Cell: TotalProfit
To: Max
By Changing Variable Cells:
  UnitsProduced, Setup?
Subject to the Constraints:
  Setup? = binary
  UnitsProduced = integer
  HoursUsed <= HoursAvailable
  UnitsProduced <= OnlyIfSetup

Solver Options:
  Make Variables Nonnegative
  Solving Method: Simplex LP

Range Name	Cells
BigNumber	E16
HoursAvailable	G9:G11
HoursUsed	E9:E11
HoursUsedPerUnitProduced	C9:D11
OnlyIfSetUp	C16:D16
ProductionProfit	H15
Setup?	C17:D17
SetupCost	C5:D5
TotalProfit	H17
TotalSetupCost	H16
UnitProfit	C4:D4
UnitsProduced	C14:D14

	E
7	Hours
8	Used
9	=SUMPRODUCT(C9:D9,UnitsProduced)
10	=SUMPRODUCT(C10:D10,UnitsProduced)
11	=SUMPRODUCT(C11:D11,UnitsProduced)

	B	C	D
16	Only if Set Up	=BigNumber*C17	=BigNumber*D17

	G	H
15	Production Profit	=SUMPRODUCT(UnitProfit,UnitsProduced)
16	−Total Setup Cost	=SUMPRODUCT(SetupCost,Setup?)
17	Total Profit	=ProductionProfit − TotalSetupCost

图 8-8 韦恩德问题变形的电子表格模型

注：其中 Solver 求得的最优解显示在可变单元格 C14:D14 与 C17:D17 中。

问题回顾

1. 混合 BIP 问题和纯 BIP 问题有什么区别？
2. 为什么考虑了初次生产的准备成本之后，产品组合问题就不能用线性规划建模？
3. 在考虑生产某一产品的准备成本时，如何定义相应的辅助 0-1 变量？
4. 引起韦恩德公司问题变形的最优解与原问题最优解不同的原因是什么？

应用实例

在 2010 年与美国联合航空公司合并之前，大陆航空公司（Continental Airlines）是美国航空业中运送旅客、货物、邮件的重要成员。该公司每天的起飞次数超过 2 000 次，飞往超过 100 个国内目的地以及大约 100 个国外目的地。

由于一些不可预测的情况（如恶劣天气、飞机机械故障、机组人员短缺等），大陆航空公司每天都会遇到一些排程上的突发中断。这种突发状况还有一个后果就是机组人员可能不能在余下的航线上进行服务。航空公司必须在遵守政府规定、履行合同义务、保证基本生命质量要求的情况下快速高效地将机组人员分配到运行的航线上并将机组人员送回到原来的行程中。

为解决这样的问题，大陆航空公司的管理科学团队研发了一个混合 BIP 模型，以便当紧急事件发生后能够尽可能快地将机组人员分配到航班中。因为整个航空公司有上千名机组人员，每天有上千个航班在运行，所以如果考虑到所有航班与人员的组合，这将是一个非常庞大的模型。因此，这个模型将有上百万个决策变量以及几千个约束条件（大部分决策变量是 0-1 变量，其他的决策变量为普通的整数变量）。这个系统在投入使用的第一年（2001 年），共进行了 4 次主计划发生变动后的恢复工作（包括两次暴风雪、一次洪灾以及"9·11"恐怖袭击），共节约了大概 4 000 万美元。在后来的使用过程中也解决了很多小的日常变动。

尽管随后其他航空公司也用相似的方式运用了管理科学的方法，但和其他航空公司相比，大陆航空公司的优势在于从计划变动中恢复的速度更快，取消的航班更少，从而在 21 世纪的头几年中，当其他航空公司都处于经营困难中时，大陆航空公司处于相当强势的地位。该创新技术使得大陆航空公司获得了 2002 年运筹与管理科学领域的弗朗兹·埃德尔曼奖。

资料来源：G.Yu, M.Arguelio, C.Song, S.M.McGowan, and A.White, "A New Era for Crew Recovery at Continental Airlines," *Interfaces* 33, no.1 (January-February 2003), pp.5-22. (A link to this article is provided at www.mhhe.com/hillier6e)

本章小结

管理者经常会遇到一些是非决策问题。该类问题仅有两种可能选择：对于其中的某一选择是拒绝还是接受。每个 0-1 整数规划（BIP）模型都可以同时考虑多个选项，一个 0-1 决策变量对应一个选项，而混合 BIP 模型还可以包含一些连续的决策变量。

加利福尼亚制造公司的案例研究涉及了是否应该在某些城市建立新工厂、新仓库的是非决策。这个案例研究还介绍了互斥方案和相依决策的建模方法，以及 BIP 模型的敏感性分析。

许多公司因为使用 BIP 模型来规划问题而节省了大量的开支，这些应用包括项目选择（研发项目）、厂址选择（紧急服务设施，如消防站）、旅游业的人员排程问题（航线）。我们还讨论了如何利用混合 BIP 模型来解决包含有准备成本的生产组合问题。

专业术语

binary decision variable 0-1 决策变量 一个 0-1 决策变量表示一个是非决策，其中 1 值表示"是"，0 值表示"否"。（本章引言）

binary integer programming 0-1 整数规划 一种使用 0-1 决策变量的线性规划问题或模型。（本章引言）

binary variable 0-1 变量 取值只能为 0 或 1 的变量。（本章引言）

BIP 0-1 整数规划的缩写。（本章引言）

contingent decision 相依决策 如果一个是非决策只能在另一是非决策为"是"的情况下才能为"是"，那么这一决策就是相依决策。（第 8.1 节）

mixed BIP model 混合0-1整数规划模型 只有部分变量被限制为0-1变量的BIP模型。（本章引言）

mutually exclusive alternatives 互斥方案 在一种方案中，选择了其中的任何一个就排除了选择其他任何方案的可能性。（第8.1节）

pure BIP model 纯0-1整数规划模型 所有变量均为0-1整数变量的BIP模型。（本章引言）

set covering constraint 集合覆盖约束 要求某些0-1变量之和大于等于1的约束。（第8.3节）

set covering problem 集合覆盖问题 目标为使得总成本最小且所有函数约束都是集合覆盖约束的BIP模型。（第8.3节）

yes-or-no decision 是非决策 这种决策只能选"是"（以1表示），或选"非"（以0表示）。（本章引言）

本章学习辅助材料

材料下载地址：
www.mhhe.com/Hillier6e

本章Excel文件：
加利福尼亚制造公司的案例研究（California Mfg. Case Study）
塔尔公司的例子（Tazer Corp. Example）
克莱恩特城的例子（Caliente City Example）
西南航空公司的例子（Southwestern Airways Example）
修改后的韦恩德公司的例子（Revised Wyndor Example）

Excel加载宏：
Analytic Solver

本章的补充内容：
0-1整数规划的高级建模技术（Advanced Formulation Techniques for Binary Integer Programming）
关于如何求解0-1整数规划问题的一些看法（Some perspectives on Solving Binary Integer Programming Problems）

已解决的问题

（答案参见 www.mhhe.com/Hillier6e）

8.S1. 考虑附加约束的资本预算

一家公司正在为未来几年做资本预算。现有八个项目可供选择，并已经计算出了每个项目的净现值以及各项目未来四年中所需的现金流。下表给出了上述数据和公司每年的可用资金。另外还有以下几个附加条件：①项目1、2和3中至少完成一个；②项目6和项目7不能同时完成；③只有项目6完成的情况下项目5才能完成。建立并求解BIP模型来对项目的选择做出决策，使得总的预期净现值最大。

	所需现金流出量（万美元）								可用现金
	项目1	项目2	项目3	项目4	项目5	项目6	项目7	项目8	（万美元）
第一年	100	300	0	300	300	700	200	500	2 000
第二年	200	200	200	200	200	300	300	400	2 000
第三年	200	300	400	200	300	300	600	200	2 000
第四年	200	100	0	500	400	200	100	200	2 000
净现值（万美元）	1 000	1 200	1 100	1 500	2 400	1 700	1 600	1 800	

8.S2. 搜救队的分布

华盛顿州议会试图为基层搜救队的分布位置进行选址。这些搜救队的成本非常高，所以议会希望在达到的所需服务水平的情况下启用尽可能少的搜救队。因为反应时间非常重要，因此议会认为每个县最好都有自己的搜救队，或者至少在相邻的县有搜救队。各县的位置与名称如下图所示。针对搜救队的分布问题，建立BIP电子表格模型并求解。

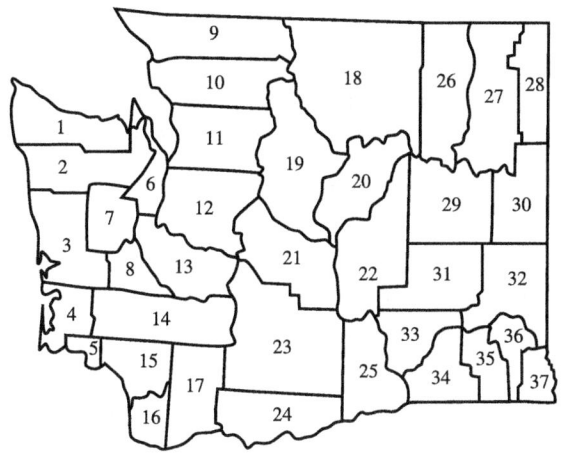

县

1. 克拉勒姆县
2. 杰斐逊县
3. 格雷斯港县
4. 太平洋县
5. 沃凯亚库姆
6. 基策普县
7. 梅森县
8. 瑟斯顿县
9. 霍特科姆县
10. 斯卡吉特县
11. 斯诺霍米什县
12. 金县
13. 皮尔斯县
14. 刘易斯县
15 考刑茨县
16. 克拉克县
17. 斯卡梅尼亚县
18. 奥卡诺根县
19. 奇兰县
20. 道格拉斯县
21. 基蒂塔斯县
22. 格兰特县
23. 亚基马县
24. 克利基塔特县
25. 本顿县
26. 费里县
27. 史蒂文斯县
28. 庞多雷县
29. 林肯县
30. 斯波坎县
31. 亚当斯县
32. 惠特曼县
33. 富兰克林县
34. 沃拉沃拉县
35. 哥伦比亚县
36. 加菲尔德县
37. 阿索廷

8.S3. 仓库选择

一家小公司,由两个工厂生产同一种产品,并向五个地区的消费者进行销售。

该公司采用按订单生产MTO策略(make-to-order),根据不同地区的订单量来生产产品。但是,因为这样的生产计划非常随机,所以管理层希望生产计划能够稳定下来,并将产品运送到一个或多个仓库中,利用这些库存来满足一些地区的订单。现在有三处地点可供选择。对于每一个仓库,每月都会产生一笔固定费用,用以支付仓库的租金以及维持仓库运营。另外,由于各仓库的货码头数量有限,所以每一个可选的仓库都有每月的运输容量上限。工厂1和工厂2的生产成本分别为400美元和300美元。从两个工厂到各可选仓库的运输费用如下面的第一个表格所示。每个可选仓库的固定费用与运营费用、运输费用、容量(每月最大运输量)如下面的第二个表格所示。各销售区域的每月需求分别为200、225、100、150和175单位。分析该公司应选择哪些仓库,以及如何将产品从工厂分配到各仓库与消费者。建立BIP电子表格模型并求解。

工厂的运输成本和容量

	每单位运输成本(美元)			容量(单位/月)
	仓库1	仓库2	仓库3	
工厂1	25	50	75	500
工厂2	50	75	25	400

仓库的固定费用、运输成本和容量

	每月固定费用(美元)	每单位运输成本(美元)					容量(单位/月)
		地区1	地区2	地区3	地区4	地区5	
仓库1	50 000	30	70	75	55	40	700
仓库2	30 000	55	30	45	45	70	500
仓库3	70 000	70	30	50	60	55	1 000

习题

对于那些需要用来解决的问题,我们在这些问题的左边插入记号"AS"。带星号(*)的问题至少有一部分答案将在本书最后给出。

8.1 认真阅读第8.1节中的应用实例,该篇文章对管理科学案例进行了描述。简要概括一下在该案例中是怎样运用混合BIP模型的,列出案例中所获得的经济利益和非经济利益。

8.2 重新考虑第8.1节中加利福尼亚制造公司的例子,圣迭戈市长与公司总裁阿曼多·奥尔特加联系,希望能够在该城市建新厂,或者再建一个仓库。由于税收上的优惠，阿曼多的员工估计在圣迭哥建厂可获得的净现值为 700 万美元，而投资的金额为 400 万美元。建仓库的净现值为 500 万美元，需要投资 300 万美元（只有在建厂的基础上才会考虑在该地建仓库）。

阿曼多要求史蒂夫·陈在原来的管理科学分析中加入这一选择，对问题进行修正，并重新求解。问题的目标仍然是在 1 000 万美元投资资金总额的限制下，找出能获得最大净现值的投资组合。

（1）为该问题建立一个代数形式的 BIP 模型。

（2）将上面的模型用电子表格表示，并求解。

8.3* 一对年轻的夫妇伊夫（Eve）和史蒂芬（Steven）想分摊家务，希望能在最短的总时间内完成所有的家务，这些家务包括购物、做饭、洗碗和洗衣服。两人做各种家务的效率是不同的，每一工作所需的时间如下表所示：

	每周所需时间（小时）			
	购物	做饭	洗碗	洗衣服
伊夫	4.5	7.8	3.6	2.9
史蒂芬	4.9	7.2	4.3	3.1

（1）为该问题建立一个代数形式的 BIP 模型。

（2）将上面的模型用电子表格表示，并求解。

8.4 认真阅读第 8.2 节中的应用实例的参考文章，这篇文章对管理科学案例进行了描述。简要概括一下在该案例中是怎样应用混合 BIP 模型的，列出案例中所获得的经济利益和非经济利益。

8.5 房地产开发商彼特森－约翰逊公司（Peterson and Johnson）正在考虑五个投资项目，下表的数据表明了各项目所需的投资资金以及估计的长期收益（净现值，单位：万美元）。

	开发项目（万美元）				
	项目 1	项目 2	项目 3	项目 4	项目 5
估计利润	100	180	160	80	140
所需资金	600	1 200	1 000	400	800

该公司的老板戴夫·彼特森（Dave Peterson）和罗恩·约翰逊（Ron Johnson）为这些投资募集了 2 000 万美元资金，他们希望能够在 2 000 万美元的投资限额内，组合各种投资项目，以获得最大的长期收益。

（1）为该问题建立一个代数形式的 BIP 模型。

（2）将上面的模型用电子表格表示，并求解。

AS（3）在下列投资金额（单位：万美元）的条件下，通过使用 Analytic Solver 对模型进行求解，以对各开发项目可用资金数量进行敏感性分析：1 600、1 800、2 000、2 200、2 400、2 600、2 800 和 3 000。在参数分析报告中将可变单元格和目标单元格都作为输出单元格。

8.6 通用车轮公司（General Wheels Co.）的董事会正在考虑 7 个大型的投资项目，每个项目只能投资一次，且各项目所需的投资金额与能够产生的长期收益（净现值）是不同的，如下表所示：

投资项目	估计利润（万美元）	所需资金（万美元）
项目 1	1 700	4 300
项目 2	1 000	2 800
项目 3	1 500	3 400
项目 4	1 900	4 800
项目 5	700	1 700
项目 6	1 300	3 200
项目 7	900	2 300

总投资金额为 1 亿美元，其中投资项目 1 和项目 2 是互斥的，项目 3 与项目 4 也是互斥的。此外，除非选择前两个机会中的一个，否则就不能选项目 3 或项目 4。项目 5、项目 6、项目 7 没有附加约束。问题的目标是通过组合各种投资，使得估计的长期收益（净现值）最大。

（1）为该问题在电子表格上建立 BIP 模型。

AS（2）通过使用 Analytic Solver 针对投资金额为 8 000、9 000、10 000、11 000，…，20 000（单位：万美元）时，对投资项目可供使用的资金数额进行敏感性分析。在参数分析报告中将可变单元格和目标单元格都作为输出单元格。

8.7 富莱特飞机制造公司（Fly-Right Airplane Company）将小型喷气式飞机出售给各大公司，供各公司的高管使用。因此，公司的客户有时会要求定制飞机。这样一来，制造这些飞机就需要很高的准备成本。

富莱特公司最近接到了三个客户的紧急订单，但是，因为公司的生产设备几乎完全被以前的订单占用，所以公司不能接受全部三个客户的订单，必须要做出决定选择接受哪几个客户的订单，以及生产的数量各是多少。

相关的数据在下表中给出。第二行表示的是为三个客户生产产品的准备成本；如果生产某一产品，其边际净收益（购买价减去边际生产成本）如下表的第三行所示；第四行表示的是生产某一产品占生产能力的百分比；最后一行是各客户需要的最大数量的产品（少于该数值也可以接受）。

	客户1	客户2	客户3
准备成本（万美元）	300	200	0
边际净收益（万美元）	200	300	80
每架飞机利用的产能	20%	40%	20%
最多订购飞机数（架）	3	2	5

富莱特公司现在想要确定到底要为各客户生产多少数量的飞机，才能获得最大的总收益（总收入减去成本）。为该问题建立一个同时包含整数变量和0-1变量的电子表格模型并求解。

8.8* 考虑下面特殊形式的最短路径问题（在第7.4节中讨论过），节点按列给出，而我们考虑的每条路径总是每次向前移动一列。连线上的数字表示的是距离（单位：英里），问题是找到从原点到目的地的最短路径。

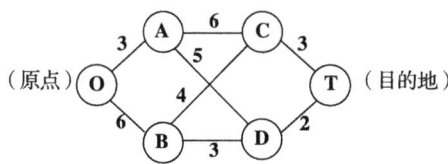

该问题也可以表示成一个BIP模型，包含互斥选项和相依决策。在电子表格上建立BIP模型并求解，判别哪些是互斥选项，哪些是相依决策。

8.9 认真阅读第8.4节中的应用实例的参考文章，该篇文章对管理科学案例进行了描述。简要概括一下在该案例中是怎样利用BIP模型和相关技术的，然后列出案例中所获得的经济利益和非经济利益。

8.10 斯比迪速递公司（Speedy Delivery）提供美国境内的大包裹快递服务，所有的包裹两天内都能送到。包裹在晚上达到各集散中心，并于第二天早上装上送往各地区的几辆卡车。因为快递行业的竞争加剧，为了缩短平均送货时间，必须根据目的地的地理位置对各包裹进行分类，并分装到不同的卡车上。

一天早上，蓝色河谷集散中心（Blue River Valley Collection Center）的调度员莎伦·洛夫顿（Sharon Lofton）正在忙碌地工作，她管理的三辆卡车将会在1小时内到达。总计有9个包裹需要送出，而且都要送往几英里以外的地方。与往常一样，莎伦将这些目的地输入电脑，她使用的是公司的一种名为Dispatcher的特殊软件，这是一种决策支持系统。软件第一步就是根据输入的地点，找出各辆卡车可能的运输路线。这些路线如下表所示（其中各列的数字表示送货的先后次序），表中同时给出了各路线预计所需的运输时间。

目的地	可行的路线									
	1	2	3	4	5	6	7	8	9	10
A	1				1				1	
B		2		1		2			2	2
C			3	3			3		3	
D	2					1		1		
E			2	2		3				
F		1			2					
G	3						1	2		3
H			1		3					
I		3	1	4			2			
运输时间（小时）	6	4	7	5	4	6	5	3	7	6

Dispatcher是一种互动式的软件，其将各种路线显示给莎伦，要求她同意或修正（例如，计算机可能不知道近期的水灾会使得一些路线不能通行）。在莎伦同意了各种可能的路线以及所需时间的估计值之后，Dispatcher会建立并求解BIP模型，为每辆卡车选出一条路线，以最短的总时间完成各地的送货工作，即每个地点都在并且只在一条路线上。

（1）运用表中所给的数据，说明Dispatcher是如何在电子表格上建立BIP模型并求解的。

（2）描述第（1）问中的解决方法和第8.4节中人员排程问题的解决方法在哪些方面是相似的。

8.11 越来越多的美国人选择在退休后迁往比较暖和的地方。为了利用这一趋势，艳阳公司（Sunny Skies Unlimited）准备开发一项大型房地产项目。该项目要建造一个占地数平方英里的全新的退休社区，社区名为朝圣天堂（Pilgrim Haven）。需要制定决策的问题之一是如何在社区内布局2个医疗站，以应对相关的紧急医疗情况。为了便于规划，整个社区划分为5个区域，每个区域最多只能有1个医疗站。每个医疗站必须负责处理所处区域以及分配给该站的其他区域发生的所有医疗紧急情况。这样，要制定的决策就包括：医疗站设在哪个区域；将其他区域分配给哪些医疗站。问题的目标是发生医疗紧急情况之后平均反应时间最短。

下表说明的是将医疗站设在各区域（行）的情况下，对每个区域（列）医疗紧急情况反应的平均时间，表中最后一列给出的是各区域每天估计会发生医疗紧急情况的平均次数。

		医疗站假设所在区域					每天平均发生医疗紧急情况次数
		区域1	区域2	区域3	区域4	区域5	
各区发生医疗紧急情况后的反应时间（分钟）	区域1	5	20	15	25	10	2
	区域2	12	4	20	15	25	1
	区域3	30	15	6	25	15	3
	区域4	20	10	15	4	12	1
	区域5	15	25	12	10	5	3

为该问题在电子表格上建立BIP模型并求解，判别哪些约束对应于互斥选项，哪些对应于相依决策。

8.12 重新考虑习题8.11，艳阳公司的管理层现在认为应该基于成本来决定各个医疗站所处的区域。在各区域建医疗站的成本分别为：区域1为20万美元，区域2为25万美元，区域3为40万美元，区域4为30万美元，区域5为50万美元。管理层的目标是，确定医疗站应建在的区域，要求总成本最小，并且保证每个区域出现医疗紧急情况后，至少有一个医疗站的反应时间不超过15分钟（平均数）。与原问题相比，这里不再有医疗站总数的限制，此外，如果对于某一个区域，有几个医疗站的反应时间都在15分钟之内，那就需要只将这个区域分配给其中的一个医疗站。

(1) 为该问题建立代数形式的纯BIP模型，模型中包含5个0-1变量。

(2) 将模型显示在电子表格上并求解。

8.13 重新考虑第8.4节中的西南航空公司人员排程问题。由于芝加哥地区的暴风雪，所有进出芝加哥的航班（包括表8-5中的航班4，6，7，9）暂时全部取消。因此，需要对表8-5中余下的航线重新进行人员排程。

12条可行的航线序列依然如表8-5所示，但是要去掉那些已经取消的航线。当某个序列中含有进出芝加哥的航线时，机组人员可以在西南航空公司的航线上作为乘客飞往序列中的下一个航班。例如：航班序列4应调整为旧金山—洛杉矶—丹佛—旧金山。在其中，机组人员将作为乘客从洛杉矶飞往丹佛，目的是为丹佛—旧金山的航班提供服务（因为原先的序列5中含有丹佛与芝加哥的往返航班，所以分配到此航班序列的机组人员只需停留在丹佛来等待从丹佛飞往洛杉矶的航班即可）。向每一个序列分配机组人员的成本与表8-5底部所示的相同。目标依然是使得覆盖所有航班的机组人员成本最小。但事实是只需要覆盖7个航班，而不是11个，这就意味着有可能只需要不到三组机组人员就可以覆盖所有航班（机组人员作为乘客的这类航班不需要被覆盖，因为这类航班已经分配给了基地不是洛杉矶的机组人员）。

(1) 为该问题建立BIP模型的代数形式。

(2) 在电子表格中建立BIP模型并解决该问题。

8.14 亚基马建筑公司（YCC）正在考虑多个不同的发展项目。下表为完成每个项目所需的现金流情况以及每个项目的预期净现值（单位：万美元）。

	项目				
	项目1	项目2	项目3	项目4	项目5
第一年	800	1 000	1 200	400	1 400
第二年	600	800	600	300	600
第三年	300	700	600	200	500
第四年	0	500	600	0	700
净现值（NPV）	1 200	1 500	2 000	900	2 300

对于每一个项目，要么完整完成（满足四年中所有要求的现金流），要么完全不做。另外，还需要满足一些附加的条件，比如：在项目2实施的前提下项目1才能实施；项目3和项目4是竞争关系，所以这两个项目不能同时被选中。YCC对其所投资项目的可用资金情况如下：第一年4 000万美元，第二年2 500万美元，第三年1 600万美元，第四年1 200万美元。在某一年投入的资金如果当年没花完可以转入下一年继续使用。YCC采取的策略是选择那些使得总预期净现值（NPV）最大的项目。

(1) 为该问题建立BIP模型的代数形式。

(2) 在电子表格中建立并求解该问题的BIP模型。

8.15 认真阅读第8.5节中的应用实例的参考文章，

该篇文章对管理科学案例进行了描述。简要概括一下在该案例中是怎样利用混合 BIP 模型和相关技术的。随后列出案例中所获得的财务利益和非财务利益。

8.16 一个发电站每天需要产生 6 500 兆瓦的电力，共有 5 台发电机。如果电力是由某一台发电机产生的，该发电机要发动且要支付固定的启动费用。每台发电机每产生 1 兆瓦电力还要付出相应的额外费用。所有这些费用以及每台发电机的最大发电量如下表所示。目标就是在满足每天电力需要的前提下使得费用最小。

	发电机				
	A	B	C	D	E
固定启动费用（美元）	3 000	2 000	2 500	1 500	1 000
每兆瓦/天的成本（美元）	5	4	6	6	7
最大发电量（兆瓦/天）	2 100	1 800	2 500	1 500	3 000

（1）为该问题建立 BIP 模型的代数形式。
（2）在电子表格中建立该问题的 BIP 模型并求解。

8.17 贝尔维学园（Bellevue School District）的校园董事会已经决定为该区所有学校的计算机房购买 1 350 台苹果电脑。根据以前的经验，校园董事会已经做出指示：所有这些电脑从三家公司（育康公司、麦克文公司和麦电公司）组合购买。这三家公司对于学区的订单都是收取电脑单价乘以数量的可变总价，再加上固定的运输和安装费用。这些费用情况以及最大销售量（由于库存所限，各公司所能提供的计算机最大数量）如下表所示。

	育康	麦克文	麦电
最大销售量（台）	700	700	1 000
固定费用（美元）	45 000	35 000	50 000
每台价格（美元）	750	775	700

校园董事会希望在满足其计算机需求的基础上实现支出的费用最少。
（1）为该问题建立 BIP 模型的代数形式。
（2）在电子表格中建立并解决该问题的 BIP 模型。
AS（3）现在假设麦克文公司没有提交最终的报价单，因此每台计算机的价格也不得而知。请用 Analytic Solver 生成参数分析报告，分析麦克文公司每台计算机价格为 680 美元、690 美元、700 美元、710 美元、…、790 美元、800 美元时，最优订货量与最优解的总成本分别为多少。

8.18 诺布亚公司（Noble Amazon）在网上经营着图书销售业务，其管理层希望为公司的仓库选址。可供选择的五个地点如下表的第一列所示。该公司的消费者大部分来自美国。下表中也列出了美国各地区的每周需求均值、每个仓库到各地区的平均运费、各仓库运转情况下的固定费用、每个仓库的最大容量。在电子表格中建立混合 BIP 模型并求解，为诺布亚公司应当选择哪些仓库地址以及怎样将书从仓库分配到各地区的问题做出决策，且要实现总成本费用最小。

仓库地点	平均运输费用（美元/本）					每周固定费用（美元）	仓库每周最大容量（本）
	西北部	西南部	中西部	东南部	东北部		
华盛顿州斯波坎市	2.40	3.50	4.80	6.80	5.75	40 000	20 000
内华达州雷诺市	3.25	2.30	3.40	5.25	6.00	30 000	20 000
内布拉斯加州奥马哈市	4.05	3.25	2.85	4.30	4.75	25 000	15 000
宾夕法尼亚州哈里斯堡	5.25	6.05	4.30	3.25	2.75	40 000	25 000
佛罗里达州杰克逊维尔	6.95	5.85	4.80	2.10	3.50	30 000	15 000
消费者每周需求（本）	8 000	12 000	9 000	14 000	17 000		

8.19 阿伯丁计算机公司（Aberdeen Computer Corp., ACC）位于华盛顿的阿伯丁地区。该公司已经开发了 Jeeves（一种语音激活的家用互联网辅助设备）。该产品由四个工厂生产，这四个工厂分别位于亚特兰大、堪萨斯城、阿伯丁和奥斯汀。生产完成后，这款互联网辅助设备被运往三个仓库，这些仓库分别位于纳什维尔、圣何塞和休斯敦。ACC 公司通过零售渠道销售这款设备，且有五个零售商正在进行销售，分别是西尔斯、百思买、弗莱、美国康普和 Office Max⊖。ACC 每周从自己的三个仓库向这五个零售商的主要仓库运输产品。从每个工厂到各个仓库的运输费用、每个工厂的生产费用、每个工厂每周最大产能如下表所示。

⊖ 英文原书中是"Walmart and Office Depot"，根据下表进行了修订。——译者注

工厂	运输费用（美元/单位）			生产费用（美元/单位）	每周最大容量（单位）
	纳什维尔	圣何塞	休斯敦		
亚特兰大	30	40	50	208	200
堪萨斯城	25	45	40	214	300
阿伯丁	45	30	55	215	300
奥斯汀	30	50	30	210	400

从每个仓库到消费者的运输费用、可变费用（运往零售商仓库的单位费用乘以数量）、各零售商仓库的容量（每周运往零售商仓库的商品最大量）、消费者的每周需求如下表所示。

仓库	运输费用（美元/单位）					可变费用（美元/单位）	每周最大容量（单位）
	西尔斯	百思买	弗莱	美国康普	Office Max		
纳什维尔	40	45	30	25	20	4	300
圣何塞	15	30	25	15	40	5	500
休斯敦	50	35	15	40	50	5	500
消费者每周需求（单位）	100	50	75	300	150		

（1）在电子表格中建立并求解线性规划模型，以制订每周的生产计划以及从各工厂到各仓库再到消费者的分配方案，同时达到总成本最小。

（2）现在假设ACC在考虑通过关闭其中一些生产设备或仓库来节省费用。假如运营每个工厂以及每个仓库都有一个固定费用，如右边的两个表所示。在第（1）问的基础上加入0-1变量，来做出各工厂与仓库是否运营的决策。

工厂	每周固定费用（美元）
亚特兰大	8 000
堪萨斯城	9 000
阿伯丁	9 000
奥斯汀	10 000

仓库	每周固定费用（美元）
纳什维尔	4 000
圣何塞	5 000
休斯敦	5 000

案例 8-1 分配艺术品

这一切对旧金山的落魄艺术家阿什·布里格斯（Ash Briggs）来说真像是一场梦。在一个星期五的傍晚，他到附近的百货店买牛奶，并随手买了一张加利福尼亚彩票，结果几个星期之后，他成了大富豪。

阿什并不想将这些钱大肆地挥霍在物质生活中，相反，他想用这些钱来支持他的艺术追求。阿什很清楚在这个科技化的后现代社会里，艺术家想要得到人们的认同是多么不容易，因为很少有人具有艺术欣赏能力，并且对艺术的财力支持也是少之又少。因此，他决定用这笔钱在旧金山博物馆举办一次现代艺术展。

阿什向博物馆的负责人说明这一事情之后，他们都欣喜若狂，因为，阿什除了支持展览外还将另外捐助100万美元。博物馆的负责人之一克雷斯特·麦肯泽（Celeste McKenzie）将与阿什一起策划这次展览。展览将在一年后举办，并会连续展出两个月。

阿什开始着手从各个现代艺术协会中筛选出可供展出的艺术品及其作者，之后，他将一张写明了艺术家、作品以及作品价格的清单交给克雷斯特[⊖]。

阿什对这次展览提出了一些要求。因为他相信现在大多数美国人都缺少关于艺术和艺术风格的基本知识，所以，他希望能够通过这一展览使参观者受到教育和启发，并且能够意识到抽象艺术也是一种艺术的形式。但由于他个人并不完全赞同抽象的艺术风格，所以只在展览上展出一件抽象派的作品。此外，阿什希望参观者能够比较一下用三维金属线做成的雕像与电脑生成的二维图片中的精细线条，因此，他要求如果有电脑图展出的话，必须至少同时展出一件金属线雕像。另外，阿什希望能够展出所有艺术风格的绘画作品，但是，为了使绘画与其他艺术品在数量上保持

⊖ 展览的价格包括到展览馆展览而支付给艺术家的费用、将展品运到旧金山的运输成本、展览布置费用、保险费用和将展品运送回原地的运输成本。

平衡，又不能展出太多的绘画。因此，他决定至少展出一幅写真画、一幅立体派绘画、一幅表现派绘画、一幅水彩画以及一幅油画。同时，绘画作品的总数不能超过其他作品的2倍。

阿什希望将自己的作品在展览上展出，一方面因为他是这次展会的赞助者，另一方面他的画在当地还是很受欢迎的。

阿什对某些艺术家还有一些个人的偏好。最近，他与坎迪·泰特（Candy Tate）正处于热恋当中，因此，坎迪的两件作品都将展出。戴维·莱曼（David Lyman）和里克·罗尔斯（Rick Rawls）是阿什的两个最好的朋友，他不想对两人区别对待，因此，两人参展的作品数量相等，每人至少一件。尽管齐格（Ziggy）在艺术圈内很受欢迎，但阿什认为他的作品是对艺术的一种嘲弄，因此他的作品最多只能展出一件。

克雷斯特自己也对展览有所要求。作为博物馆的负责人，她希望能够展出多种多样的作品，这样可以吸引大批的参观者，增加展览会的知名度。为了推动女性意识，她认为每展出两件男艺术家的作品，必须同时展出一件女艺术家的作品。为了宣传环保，她认为至少应该展出《变老的地球》（Aging Earth）和《浪费的资源》（Wasted Resources）这两件作品中的一件。为了宣扬平等意识，必须有一件贝尔·凯通（Bear Canton）的作品。为了促进科学，在《混沌领域》（Chaos Reigns）、《谁在掌控》（Who Has Control）和《先锋》（Pioneer）三件作品中至少选出一件进行展出。

克雷斯特知道博物馆的空间是有限的，最多只能容纳4件雕像作品和20幅绘画作品。

最后，克雷斯特认为，如果《自恋》（Narcissism）展出的话，《沉思》（Reflection）也必须展出，因为《沉思》也反映了一种自恋的含义。

请独立分析下面几个问题：

（1）阿什给这次展览提供的总资金为400万美元，在已获得作品以及阿什和克雷斯特提出的要求的基础上，建立一个0-1整数规划模型并求解，在资金预算内，使尽可能多的作品能够展出。那么最多可以展出多少作品，是哪些作品？

（2）为了使展览得到大众的关注，克雷斯特认为必须至少展出20件作品，在满足阿什和克雷斯特提出的要求，以及至少展出20件作品的基础上，建立0-1整数规划模型，使展览的总成本最小。该展览的总成本为多少？将会展出哪些作品？

（3）利塔·罗斯基（Rita Losky）作品的赞助者是博物馆的负责人之一，他得知阿什在展览中至少需要展出20件作品。于是，为了确保可以展出20件作品，他愿意支付超出原预算的部分，但要展出利塔所有的作品。这一赞助人需要支付多少金额？将会展出哪些作品？

艺术家	作品	作品描述	价格（美元）
柯林·齐维尔	《完美》	金属丝人体塑像	300 000
	《负担》	金属丝骡塑像	250 000
	《伟大的平衡者》	金属丝枪塑像	125 000
利塔·罗斯基	《混沌领域》	一系列电脑制作的图画	400 000
	《谁在掌控》	计算机代码生成的电脑图画	500 000
	《居家》	房子的钢笔画	400 000
	《无辜》	小孩的钢笔画	550 000
诺姆·马森	《变老的地球》	大球上盖满垃圾的塑像	700 000
	《浪费的资源》	各种包装材料的拼贴画	575 000
坎迪·泰特	《宁静》	蓝色水彩画	200 000
	《暴风雨前的平静》	蓝底色黑色中心的水彩画	225 000
罗伯特·拜耳	《虚空》	黑色油画	150 000
	《太阳》	黄色油画	150 000
戴维·莱曼	《店头的窗户》	珠宝店橱窗的写真画	850 000
	《哈雷》	哈雷摩托车的写真画	750 000
安吉·奥德曼	《消费主义》	杂志广告的拼贴画	400 000
	《沉思》	镜子的塑像	175 000
	《特洛伊·维多利亚》	木雕安全套	450 000
里克·罗尔斯	《里克作品》	写真自画像	500 000
	《里克作品2》	立体自画像	500 000
	《里克作品3》	表现主义自画像	500 000

(续)

艺术家	作品	作品描述	价格（美元）
比尔·雷诺兹	《超越》	描绘火星殖民地的科幻油画	650 000
	《先锋》	描绘三名飞行员登上航天飞机的油画	650 000
贝尔·凯通	《智慧》	阿派区酋长的钢笔画	250 000
	《超级力量》	美洲原住民的求雨舞钢笔画	350 000
	《生存的土地》	大峡谷的油画	450 000
海伦·罗	《小提琴习作》	小提琴的立体画	400 000
	《水果盆习作》	一盆水果的立体画	400 000
齐格·利特	《以我之名》	齐格卡通形象的拼贴画	300 000
	《自恋》	自画像的拼贴画	300 000
阿什·布里格斯	《所有的闪光》	金门桥的水彩画	50 000①
	《岩石》	恶魔岛的水彩画	50 000
	《蜿蜒之路》	伦巴蒂街道的水彩画	50 000
	《梦想成真》	旧金山现代艺术馆的水彩画	50 000

① 阿什并不想要个人报酬，并且将他的画从家里拿到旧金山博物馆的费用很低。因此，阿什自己作品的展出成本只包括陈列和保险费。

案例 8-2　存货布置

丹尼尔·霍尔布鲁克（Daniel Holbrook）是一家家具城仓库的发货人。他一边叹着气，一边将货箱从货架上搬下来，因为货架上有他要找的货物。他趴在地上，查看货架最底层货箱上的号码，但并没有找到他要找的东西。他沿着货架一直往上，直到找到订单上要求的货物。运气太差了，要找的货物居然在货架的最顶层。丹尼尔跨过地上散乱着的货箱，走出仓库去找梯子。但是，当他最终爬上梯子想要把货箱搬下来的时候，他怒火万丈，他所需的货物居然已经没有库存了，库存号码的位置上仅仅覆盖着一层积灰。

丹尼尔艰难地走出仓库去打电话。他拨通了家具城厨房家具展一楼的电话，找到了售货员布伦达·西姆斯（Brenda Sims），通知她客户所要的灯具固定装置没有库存了，并询问她是否需要其他的厨房用具。布伦达说要与客户联系之后，再给他回电话。

布伦达挂了电话，皱起了眉头，她的客户戴维森（Davidson）会很生气的。从地区仓库订货到收到货物至少需要两个星期。

布伦达回想了一下近一个月的业务，由于一些配件在当地仓库中没有存货，厨房用具80%以上的订单都无法完成。也正是因为库存的问题，家具城在逐渐失去顾客和业务。家具大商场一贯以服务慢、交货延误而名声不佳，顾客已经开始转向一些可以直接交货的小型家具零售商。

布伦达决定调查一下当地仓库的具体情况。因为仓库就在家具城附近，所以她直接走了过去。一踏进仓库的大门，她就倒吸了一口冷气。简直是一团糟，一些地方被货物挤得满满的，把过道都堵塞了，而另一些地方则什么都没有。她走到放着一大堆货物的地方，想看一下到底是些什么货。她简直不能相信自己的眼睛，至少有30卷绿色墙纸。她记得自从2013年以来，还从来没有一个顾客订购过这种颜色的墙纸。

布伦达走到丹尼尔跟前，要他解释一下。丹尼尔说，早在一年前，他刚来的时候，库存就已经是这么乱了。他认为仓库的这一问题是管理政策不当造成的。管理层要求展厅里所有的商品都必须在当地的库存中有相应的存货。库存每三个月补充一次，而且每种产品都会得到补充，不管仓库中的存货是否已经售出。丹尼尔曾经向管理层提起过这个问题，他说仓库中有大量过时的产品，却没有紧俏产品，但是管理层并没有听他的话，毕竟他只是一个发货员。

布伦达现在知道了，家具城需要重新制定新的库存政策，因为不仅交货不及时导致顾客流失会使公司利润受损，而且浪费大量的仓库空间也会使公司效益降低。增加畅销产品，及时补充紧俏商品，不仅能保证顾客及时收到货物，而且还可以有效地利用仓库空间。

布伦达必须向管理层提出建议，根据销售经验，她认为最有效的销售策略是将这一新的库存政策运用到厨房家具部。她能确定85%的顾客订单将是厨房家具。在给定的仓库空间的基础上，她可以确定为最大限度地满足顾客需求而必须库存的货物。这样，她就可以计算出因满足顾客需求而增加的收入，并以取得的切实收益去说服管理层接纳这一新的库存政策。

布伦达分析了过去3年的记录，发现20种厨房家具组合的货物就可以满足85%的顾客订单，这20种家具组合款式各异，其中有些款式的特点多达8个。

随后，布伦达绘制了一种表格，表中列出了20种家具组合，以及每一组合的特点。为了简化表格，她用下表括号中的符号表示各种特点和款式。例如，家具组合1包括地砖T2、墙纸W2、灯具L4、厨具C2、工作台O4、洗碗机D2、水槽S2、煤气灶R2。注意，组合14～20中没有包含洗碗机。

地砖	墙纸	灯具	厨具
（T1）白色花纹砖	（W1）普通象牙色纸	（L1）一大矩形磨砂	（C1）浅色木质
（T2）象牙色花纹砖	（W2）深褐色条纹象牙纸	（L2）三小方形磨砂	（C2）黑色木质
（T3）白色蓝边砖	（W3）大理石纹蓝纸	（L3）一大椭圆磨砂	（C3）浅色木质玻璃门
（T4）白色黄边砖	（W4）大理石纹黄纸	（L4）三小椭圆磨砂	（C4）黑色木质玻璃门

工作台	洗碗机	水槽	煤气灶
（O1）普通浅色木质	（D1）白色节能型	（S1）独立冷热水龙头	（R1）白色电灶
（O2）彩色木质	（D2）象牙色节能型	（S2）独立冷热水龙头及排水口	（R2）象牙色电灶
（O3）白色上漆		（S3）冷热水龙头并用	（R3）白色煤气灶
（O4）象牙色上漆		（S4）冷热水龙头及排水口并用	（R4）象牙色煤气灶

	T1	T2	T3	T4	W1	W2	W3	W4	L1	L2	L3	L4	C1	C2	C3	C4	O1	O2	O3	O4	D1	D2	S1	S2	S3	S4	R1	R2	R3	R4
组合 1		X				X						X		X						X		X		X				X		
组合 2		X					X			X					X				X			X			X		X			
组合 3	X					X					X		X					X			X				X				X	
组合 4			X			X					X				X				X			X			X					X
组合 5				X			X			X						X				X		X		X			X			
组合 6				X			X				X			X					X			X			X					X
组合 7	X						X					X		X			X				X					X				X
组合 8		X			X					X			X					X				X	X						X	
组合 9		X					X				X			X			X				X			X				X		
组合 10	X					X			X						X				X			X				X	X			
组合 11			X					X			X				X					X		X		X				X		
组合 12		X						X		X						X		X			X					X			X	
组合 13			X				X					X	X						X			X			X			X		
组合 14			X			X			X					X				X						X						X
组合 15		X					X			X					X				X						X		X			
组合 16		X				X					X					X	X						X					X		
组合 17	X						X					X		X						X						X			X	
组合 18		X			X						X		X					X						X						X
组合 19				X				X		X					X					X			X						X	
组合 20	X					X		X			X					X			X					X						X

布伦达知道分配给厨房家具部的库存空间是很有限的，仓库的货柜里可以存放50平方英尺的地砖和12卷墙纸。而仓库的货架上可以放置两个灯具、两个厨具、三个工作台、两个水槽。洗碗机与煤气灶的大小相近，可以放在一起，仓库的地上可以放置四个洗碗机或煤气灶。

每一家具组合通常都包括20平方英尺的地砖、5卷墙纸。因此，必须在仓库中保存20平方英尺的某一款式的地砖，以及5卷某一款式的墙纸。

（1）为了在家具城的仓库中存入最多数量的各种款式的家具，请建立0-1整数规划模型并求解。假设当一个顾客订购了一套家具组合之后，该组合的所有配件都能够立即得到补充。

（2）家具城的库存中应该储存多少各种特点与款式的家具？库存中有多少种不同的家具组合？

（3）家具城决定停止销售托儿所用具，因此，将原先分配给这一产品的库存空间分摊给剩下的所有商品，厨房家具部得到的额外空间可以存储两种款式的洗碗机和四种款式的煤气灶中的三种。在加入这一额外存储空间之后，该厨房家具部的最优库存策略会发生怎样的变化？

（4）布伦达说服管理层以厨房家具部作为这一新的库存政策的实验点，为了给这一试验提供足够的库存空间，管理层决定将因撤销托儿所用具而空出的库存空间全部分配给厨房部。这些增加的库存空间不仅可以存放第（3）问中的洗碗机和煤气灶，还可以存放所有款式的水槽、工作台，四种灯具中的三种和四种厨具中的三种。这些额外的库存空间会带来怎样的影响?

（5）如果组合家具中的配件不能及时得到补充，会产生怎样的影响？在怎样的条件下，及时补充存货的假设才会成立？

案例 8-3　将学生分配到各个学校（续）

重新考虑案例3-5，斯普林菲尔德学校的董事会现在决定不能将同一个居住区的学生分配到不同的学校，这样，6个居住区中的任一个区的学生都必须指派给同一所学校。

（1）如果学校为居住地距离学校超过1英里的所有学生提供校车服务，建立该问题的BIP模型并求解。

（2）参见案例3-5的第（3）问部分，计算由于董事会不允许将同一个居住区的学生分配到不同学校而增加的校车支出。

（3）在本题新政策的限制下，重新分析案例3-5中的第（4）、（5）、（6）、（7）问。

案例 8-4　转播奥运会（续）

重新考虑案例7-4，利用当时建立的电子表格模型，并使其包含以下信息。

案例7-4中并没有考虑节点C和F处的路由器已经到达了极限。如果节点C或F再有额外的流入或流出，那么就不得不对这两个节点处的路由器进行升级。其中升级节点C需要200万美元，升级节点F需要300万美元。为了满足从奥林匹克场馆A到主工作室G之间传输的最高速度35GB/s，应该对网络中哪部分进行扩容，扩容多少？

更多案例

关于本章的更多案例，可以查阅西安大略大学毅伟商学院网站 www.cases.ivey.uwo.ca/cases 专为本书设计的 CaseMate 部分。

第 9 章 非线性规划

学习目标

完成本章的学习后，你应该能够：
1. 说明非线性规划模型和线性规划模型的区别。
2. 明确何时需要使用非线性规划模型来解决问题。
3. 根据问题描述建立一个非线性规划模型。
4. 为非线性规划模型建立非线性公式。
5. 区分容易求解的非线性规划模型和难以求解（但可求解）的非线性规划模型。
6. 利用 Nonlinear Solver 求解简单的非线性规划问题。
7. 利用 Solver 的多起始点特征来尝试求解一些较复杂的非线性规划问题。
8. 使用 Evolutionary Solver 来尝试求解一些复杂的非线性规划问题。
9. 明确何时可以运用可分离规划技术对非线性目标函数进行线性规划建模。
10. 在合适的情况下应用可分离规划技术。
11. 利用 Analytic Solver 来分析模型并选出最合适的解决方法。

前面几章已经介绍了许多种管理科学的模型，包括各种线性规划和整数规划。但是，所有这些线性规划和整数规划模型都有一个共同的特征，即它们全部都是线性模型，也就是说，模型中所有相关函数的数学关系都是线性的。

在电子表格中建立一个线性模型，意味着输出单元格公式所使用的 Excel 函数仅仅包含了求和（如 C1+C2 或 SUM（C1:C2）或 C1-C2），或一个数值（数据单元格）和可变单元格的乘积（如 2*C4 或数据单元格和可变单元格的 SUMPRODUCT）。如果输出单元格包含可变单元格的乘法或除法（如 C4*C5 或 C3/C6 或 C4^2），又或者使用了除 SUM 和 SUMPRODUCT 之外的其他任何 Excel 函数（如 ROUND、ABS、IF、MAX、MIN、SQRT 等），那么这样产生的模型就不是线性的。

> 如果一个可变单元格与另一个可变单元格相乘或相除，或者进行次数计算（次数为 1 除外），那么公式自然就会成为非线性的。

表 9-1 提供了输入到输出单元格中的不同公式的例子，它假设数据单元格在 D 列，可变单元格在 C 列。位于表左侧的所有公式都是线性的，而右侧的公式都是非线性的。两侧的前四个例子都非常简单。你能看出

为什么左侧的公式都是线性的，而右侧的是非线性吗？区别两者的关键在于：在线性公式中，数据单元格可以进行任何计算，但是可变单元格只允许进行最基本的算术运算，包括加法、减法以及与常数的乘法和除法。相比之下，请注意表9-1右侧的公式如何对可变单元格进行了更加复杂的运算，这些运算既包括像 ROUND、MAX、MIN、ABS 这样的 Excel 常用操作，又包括 IF 和 SUMIF（涉及可变单元格的 IF 部分）等条件函数。

表 9-1 给出了线性公式和非线性公式的例子。假设电子表格的 D 列都是数据单元格，C 列都是可变单元格。

表 9-1 线性公式和非线性公式

线性公式	非线性公式
SUMPRODUCT（D4:D6,C4:C6）	SUMPRODUCT（C4:C6,C1:C3）
[(D1+D2)/D3]*C4	[(C1+C2)/D3]*C4
IF（D2>=2,2*C3,3*C4）	IF（C2>=2,2*C3,3*C4）
SUMIF（D1:D6,4,C1:C6）	SUMIF（C1:C6,4,D1:D6）
SUM（D4:D6）	ROUND（C1）
2*C1+3*C4+C6	MAX（C1,3）
C1+C2+C3	MIN（C1,C2）
	ABS（C1）
	SQRT（C1）
	C1*C2
	C1/C2
	C1^2

注：D1:D6 为数据单元格，C1:C6 为可变单元格。

虽然线性模型具有多种应用，但是经理们有时会碰到一些无法应用线性模型解决的问题，因为在这些问题中的输出单元格中存在非线性公式。通常，出现这种情况要么是因为目标单元格中的公式必须是非线性的，要么是因为一个或多个输出单元格需要使用非线性公式来表示函数约束条件的左侧部分（约束条件的右侧部分通常为常数）。如果一个线性规划模型中至少有一个输出单元格（如目标单元格）的公式是非线性的，那么就称为非线性规划模型（nonlinear programming model）。

为简单起见，本章主要讨论一种常见情形，即只有目标单元格中含有非线性公式。然而，需要注意的是，这种方法也可以延伸到输出单元格中含有非线性约束条件的模型。建立和求解非线性规划模型通常比建立和求解线性规划模型更具挑战性。但是，这些挑战是可以克服的，有时方法很简单。本章将会集中讨论相对简单的非线性规划问题，这些问题只需要进行常规的电子表格建模并利用 Nonlinear Solver 进行求解。这就是经理（或未来的经理）需要了解有关非线性规划的全部内容。而管理科学专家则要能够解决更加复杂的非线性规划问题。

由于线性规划和非线性规划的关系非常密切。因此应当采用何种技术来分析一个管理问题有时候并不十分明确。当目标单元格的公式为非线性，但又非常接近线性时，就会出现这种问题。在这种情况下，一种解决方法是对公式采用线性近似法，以便可以使用线性规划方法。线性规划方法的优点是建模和求解比较容易。但由于此时模型只是真实问题的理想化展示，因此如果线性近似十分恰当，这种方法就是合理的。然而另一种方法是采用非线性规划，其最大优势在于其精确性，能够针对实际问题找出最佳解决方案。如果非线性规划模型的建模和求解不过于复杂，那么使用该模型就是可行的。如果需要，线性规划模型也可以用来进行快速的初步分析，包括 what-if 分析，但在进行最终分析时还是需要利用非线性规划的精确性解决问题。

第 9.1 节将讨论使用非线性规划所面临的挑战并介绍 Nonlinear Solver。所幸我们常见的非线性规划问题大多是一些比较简单的类型，而第 9.2 节和第 9.3 节将分别介绍两种较为简单的非线性规划问题。第 9.4 节将介绍如何基于多个初始解通过多次使用 Nonlinear Solver 求解一些复杂的非线性规划问题。但是，有一些非线性规划问题是 Nonlinear Solver 所不能解决的。但 Excel Solver（Excel 2010 及以后的版本）和 Analytic Solver 都提供了一个附加程序 Evolutionary Solver 来解决类似的问题。第 9.5 节将介绍 Evolutionary Solver 的使用方法。最后，第 9.6 节介绍了在已建立模型的基础上如何运用 Analytic Solver 来对该模型进行分析以及如何选择最合适的解决方法。

9.1 非线性规划的挑战

从各方面来看，非线性规划问题和线性规划问题很难区分。在两种模型中，需要制定若干活动水平的决策，这些活动水平可以是满足这些约束条件的任意数值（包括分数）。关于活动水平的决策将以衡量一个总体绩效度量指标为基础。在电子表格中建模的时候，可变单元格显示活动水平，输出单元格协助表示约束条件，而目标单元格则显示总体绩效度量指标。

区分非线性规划模型和线性规划模型的唯一方法是检查输出单元格中的公式。如果这些公式中有一个或多个是非线性的，那么这个模型就是一个非线性规划模型。在很多时候，这样的模型只有一个非线性公式，那就是目标单元格中的公式（这正是我们在本章中关注的情况）。

除了在形式上有上述微小的差别之外，这两种模型在应用上也有以下三个方面不同：

（1）非线性规划用于模拟活动水平和总体绩效度量指标之间的非比例关系，而线性规划呈现的是比例关系。

（2）为一个非线性规划模型建立非线性公式比在线性规划中建立线性公式更复杂。

> 除了至少在一个输出单元格内有一个非线性公式（通常在目标单元格中）之外，非线性规划模型在形式上与线性规划模型相似。

（3）非线性规划模型的求解（如果可以求解的话）比线性规划模型更复杂。

正如以上这些比较所指出的，使用非线性规划比线性规划具有更大的挑战。让我们来更仔细地分析这些挑战。

非比例关系的挑战

当在电子表格中建立一个线性规划模型或非线性规划模型时，目标单元格需要显示当可变单元格取到所示活动水平时的总体绩效度量指标。然而，在非线性规划中活动水平和总体绩效度量指标之间的关系比起在线性规划中更为复杂。

在线性规划的情况下，这种关系相当简单。举例来说，考虑第 2.1 节介绍过并在第 2.2 节中建模的韦恩德玻璃制品公司的问题。在这个问题中，活动是特殊新型门和窗的生产，这些活动水平定义为：

$$D = 每周生产门的数量$$
$$W = 每周生产窗的数量$$

总体绩效度量指标是每周这些门和窗的生产销售所产生的总利润。每扇门的单位利润估计为 300 美元，而窗的单位利润估计为 500 美元。图 9-1 的图形显示了各活动水平（D 和 W）及其对总体绩效度量指标的贡献之间的关系。图中的直线表明了一种**比例关系**（proportional relationship），因为每个产品每周的利润与该产品的生产率是成比例关系的。这些直线同时也说明目标函数是线性的。目标单元格中输入的公式是线性的，这使得整个模型成为一个线性规划模型。

$$利润 = 300D + 500W$$

正如韦恩德公司问题说明的，每一个线性规划问题都假设在每个活动和总体绩效度量指标之间存在比例关系。接下来，我们对重要的假设进行概括。

线性规划的比例性假设（proportionality assumption of linear programming）：各种活动对目标函数值的贡献与活动水平成比例⊖。换句话说，目标函数中有关某活动的一项是由一个系数与该决策变量的乘积组成的，其

⊖ 在每个约束函数式的左侧各活动的贡献也做出同样的假设。但在这一章中，我们将重点讲解如何处理目标函数不服从比例性假设的问题。

中系数是每单位活动的贡献，而决策变量是各活动的水平（例如，对韦恩德公司问题中的每个产品而言，系数是单位产品的利润，而决策变量是产品的生产率）。

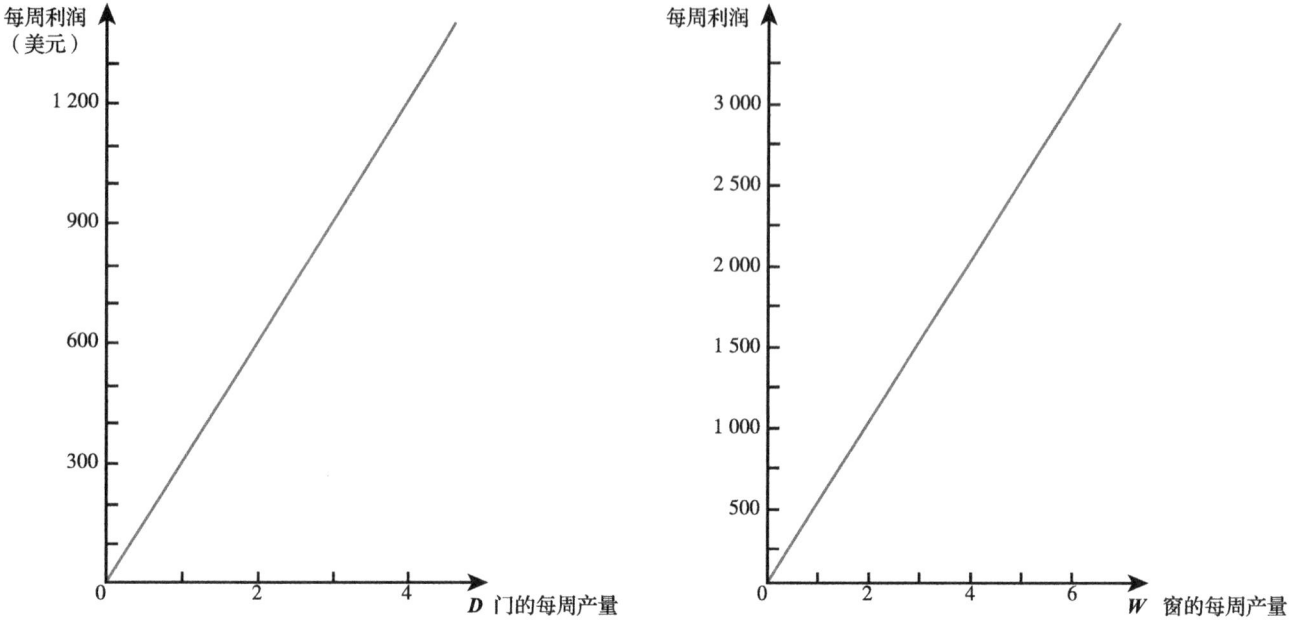

图9-1 韦恩德玻璃制品公司的利润图

注：图中显示了每个产品每周的利润与该产品生产率的关系曲线。

当比例性假设不能得到满足时，非线性规划问题就产生了。只要任何活动与总体绩效度量指标之间存在**非比例关系**（nonproportional relationship），就会产生非线性规划问题，因为活动水平与其对总体绩效度量指标的贡献之间的关系是非比例的。

图9-2显示了非比例关系的四个不同例子（这些图形假设总体绩效度量指标是利润，也可以使用其他的最大化绩效度量指标）。

> 当线性规划不能满足比例性假设时，非线性规划问题就产生了。

图9-2a所示的第一个例子展示了边际收益递减的利润曲线。

对于活动收益随活动水平变化的曲线图，如果图中曲线的斜率从不增加，有时候反而随着活动水平的增加而逐渐变小，那么该活动就可以认为是**边际收益递减**（decreasing marginal returns）。

同样，在一些问题中，其目标是使成本最小化，如果成本曲线的斜率不变小，有时候反而随着活动水平的增加而逐渐变大，那么这个活动也被认为是边际收益递减。⊖

通常，当一种活动水平变得很高时，要保持利润按照原来的增长率继续增加是很困难的，因此边际收益递减的活动是非常正常的。例如，要想增加产品销量就要降低产品价格；或者，如果想要保持价格不变，增加的营销成本有可能高于销量增加所带来的收入（下一节开头例子中的营销成本就属于类似的情况）。另外，当没有足够的设备和人员被用于提高活动水平时，边际收益递减的情况也同样会出现。

> 有许多活动遵从边际收益递减。

图9-2b展示了分段利润曲线，它由一系列连接的线段组成。在每条线段上，当活动水平增加时，利润曲线的斜率保持不变；但是到了另一个线段开始处的折点时，斜率就变小了。这条曲线在活动水平增加时，斜率始终没有变大，而且在折点之后斜率变小，因此也符合边际收益递减的定义。这种类型的曲线可能出现的情形

⊖ 按照数学术语，边际收益递减的利润曲线被称为凹函数，而边际收益递减的成本曲线被称为凸函数。我们建议使用经济术语，用边际收益递减来概括这两种情况（包括多决策变量的函数）。

例如，在第一个折点后，为了提高生产力水平，需要采用加班的方式；接着，为了进一步提高生产力水平，在第二个折点之后，采用了成本更高的周末加班。

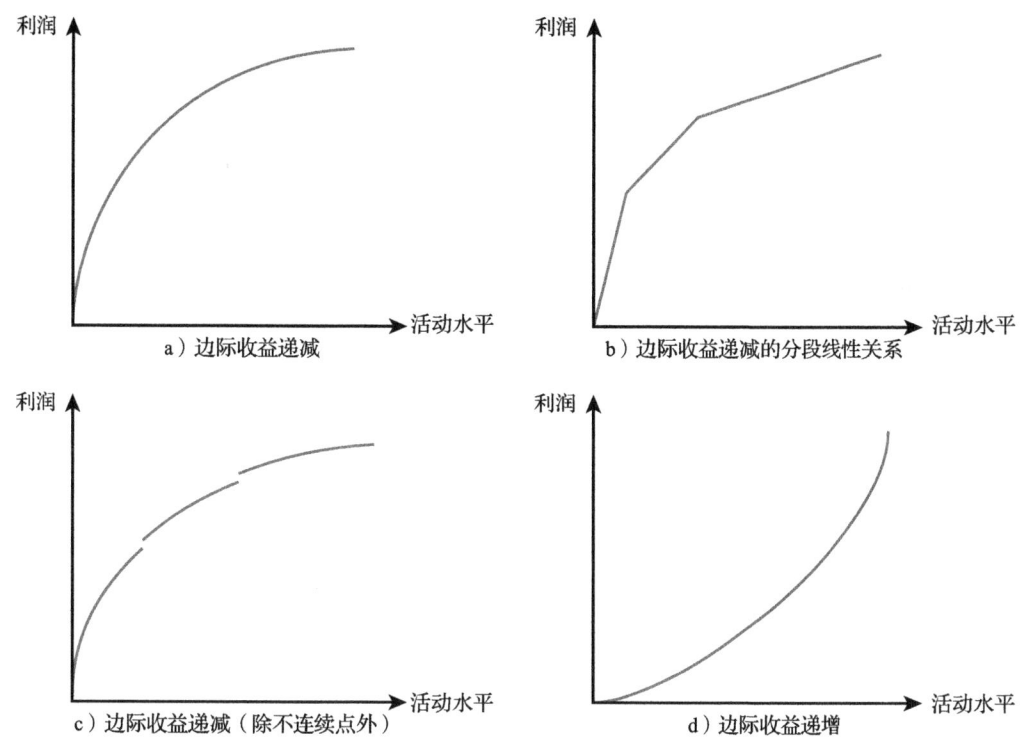

图 9-2　非比例关系利润曲线的例子

图 9-2c 展示了一个不完全边际收益递减的非比例关系的例子。该曲线之所以是不完全边际收益递减，是因为这条利润曲线上存在一些**不连续点**（discontinuity），在这些点处利润曲线是不连贯的，曲线会突然上升或下降。在某些情况下，这些不连续点可能会出现，例如，当产品的生产水平超过某个上限时，可以获得购买产品部件的数量折扣，此时利润曲线就会产生不连续点。

活动的边际收益递减并不是违背线性规划比例性假设的唯一情况。例如，如图 9-2d 所示的边际收益递增是违背比例性假设的另一种形式。在这种情况下，利润曲线的斜率没有变小，而是随着活动水平的增加而变大（同样，当成本曲线的斜率从来不变大，而是随着活动水平的增加而逐渐变小时，那么该成本曲线的边际收益递增）。当活动水平提高后，活动的效率也随之提高，就会出现边际收益递增的情况。

> 如果随着活动水平的提高，效率也提高，那么该活动的边际收益递增。

当总体目标是使所有活动的总利润最大时，可以使用利润曲线。而当总体目标是使所有活动的总成本最小时，则需要使用成本曲线。如果某种活动的成本曲线具有如图 9-3 所示的各种情况时，那么该活动就会像图 9-2 所对应的各种情况一样不满足比例性假设。然而，与利润曲线不同，当面对成本曲线时，对于任何给定的曲线形状，边际收益递增与边际收益递减的定义都是相反的（因为成本曲线和利润曲线方向相反）。尤其是成本曲线中斜率增加反映边际收益递减，斜率减少反映边际收益递增。（除了总成本最小化的情况外，这一结论还适用于目标是使某种总体绩效度量指标最小化的曲线。）图 9-3 显示了符合满足图 9-2 的四条利润曲线定义的成本曲线的形状。

图 9-2 和图 9-3 只是显示了一些可能的非比例关系。还有可能存在其他样子的活动，比如，它既不是边际

收益递减，也不是边际成本递增，其曲线斜率随着活动水平的提高有时变小，有时变大。

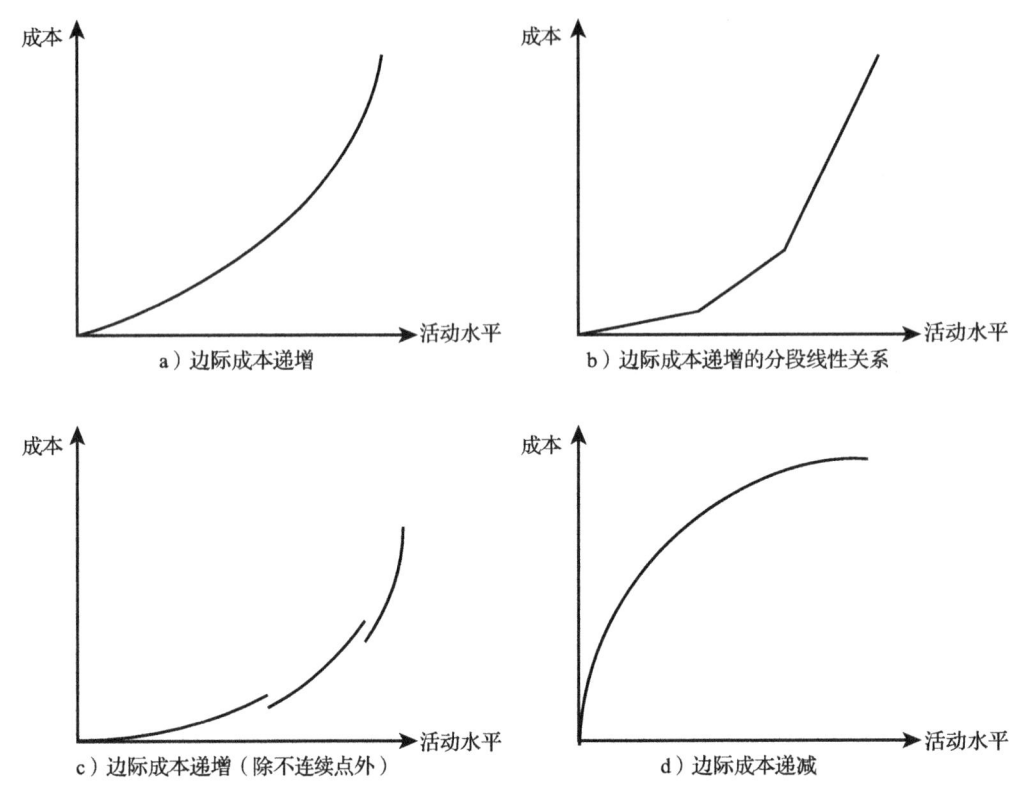

图 9-3 非比例关系成本曲线的例子

此外，有时活动之间的相互作用也会导致（或间接影响）目标函数是非线性的。以韦恩德公司问题为例，如果两种产品进行单独生产，则各需要一个大型广告活动来推销新产品。但如果两种产品同时生产，则只需要一个广告活动就可以同时对两种新产品进行推销。由于第二种节约了大部分成本，因此两种产品的总利润要超过单独生产时的利润之和。具体而言，我们假设目标函数是：

$$利润 = 300D + 500W + 100D \cdot W$$

其中，$D \cdot W$ 代表 D 和 W 的乘积。由于存在交叉乘积 $100D \cdot W$，即使当 D 或 W 中的一个为固定值，而另一个仍然保持比例性假设时，这个目标函数仍是非线性的。

当活动之间存在相互作用时，所有活动的总利润有时仍会是边际收益递减的（常用的技术术语是目标函数为凹函数）。边际收益递减的直观解释，即从不向上弯曲而有时向下弯曲的利润曲线，在此仍然适用。我们在这里不必对复杂的技术定义感到疑惑。

> 即使比例性假设得到满足，活动之间的相互作用仍会产生一个非线性规划模型。

建立非线性公式的挑战

对一个线性规划模型来说，利用 SUMPRODUCT 函数输入目标单元格的公式是一件相对容易的事。例如，当目标单元格是所有活动的总利润时（如韦恩德公司问题），求和的乘积是每个活动的单位利润（在数据单元格中给出）和活动水平（在可变单元格中给出）的乘积。

然而，对一个非线性规划问题来说，就需要做更多的工作。即使不存在活动之间的相互作用，也有必要为每个活动建立非线性公式，来表示该活动对目标单元格中的目标函数的贡献。例如，当目标是总利润最大化时，每个活动的非线性公式应当与该活动的利润曲线相对应。

将非线性公式拟合为曲线的一种有效方法是首先假设公式的一般形式。对边际收益递减的利润曲线而言，通常假设其为二次形式，例如：

$$活动的利润 = ax^2 + bx + c$$

其中 x 代表活动水平，a 是一个负数，b 是一个正数，c 是任意常数。也可以假设其为对数形式，如：

$$活动的利润 = a\ln(x) + b$$

> 利润曲线（或成本曲线）的二次形式使用很广泛。

其中，$\ln(x)$ 是 x 的自然对数。

对于任何一种形式，接下来的步骤是找出合理的参数值（即 a、b、c 的数值）。Excel 拥有嵌入式**曲线拟合方法**（curve fitting method）来寻找最能拟合已有数据的参数值。例如，如图 9-4 的电子表格所示，假定可以获得在活动取到不同水平时相应利润的先验数据（至少是估计值）。

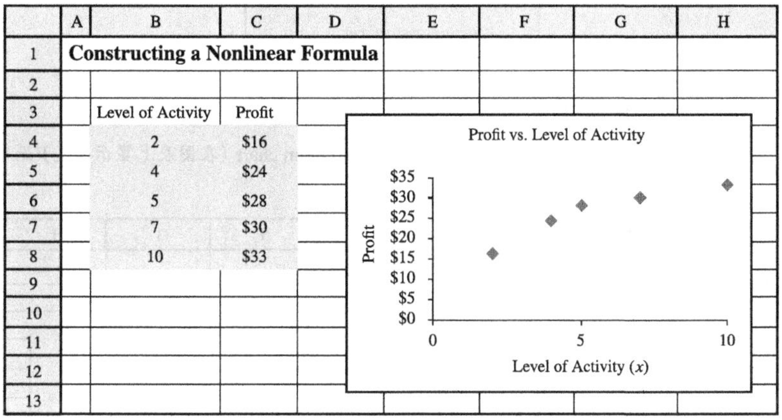

图 9-4 曲线拟合

注：图中给了一个例子，我们可以从中获得不同活动水平的先验利润数据，从而可以用 Excel 的曲线拟合方法。

运用 Excel 曲线拟合方法的第一个步骤是利用 X–Y 散点图来描出利润数据图（利润和活动水平的关系曲线）。（要创建这个 X–Y 散布图，请选择 B3:C8 中的单元格，在"插入"（Insert）选项卡中选择散点图选项。）接着，通过点击鼠标选中图形，然后在弹出的菜单中选择"添加趋势线"（Add Trendline）。这样就会弹出如图 9-5 所示的对话框。使用这个对话框来选择你希望 Excel 以哪种公式形式对数据进行拟合。例如，若想使用二次等式对数据进行拟合，就在"多项式"（Polynomial）选项下填入次数 2。

> 一个多项式中次数值最高的项的次数就是这个多项式的次数。一元二次多项式的次数为 2。

接着，勾选"**在图表上显示公式**"（Display Equation on chart）选项，然后点击"确定"（OK），Excel 就会为选定的等式形式给出参数值，以最好地拟合曲线。例如，最符合图 9-4 中数据的二次等式是：

$$利润 = -0.300\,2x^2 + 5.661x + 6.147\,7$$

如图 9-6 所示，这个等式直接在利润和活动水平的关系曲线图上显示出来，并用曲线将图上的点连接起来。

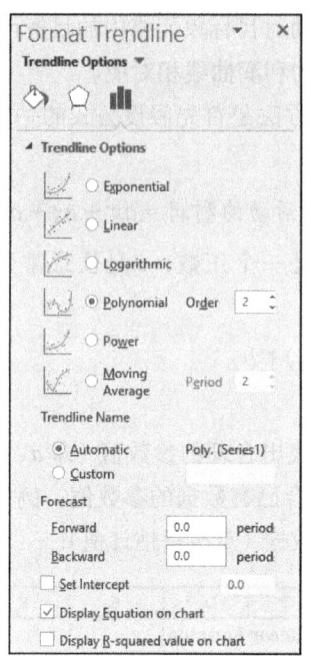

图 9-5　在 Excel 中使用 Format Trendline 对话框对曲线进行拟合

注：在本例中，选择多项式的次数为 2（二次等式），勾选 Display Equation on chart（在图表上显示公式）选项。

	A	B	C	D	E	F	G	H
1	**Constructing a Nonlinear Formula**							
2								
3		Level of Activity	Profit					
4		2	$16					
5		4	$24					
6		5	$28					
7		7	$30					
8		10	$33					
9								
10								
11								
12								
13								

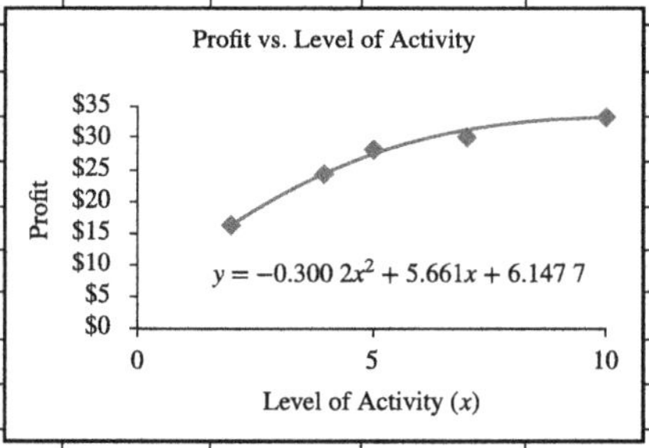

图 9-6　Excel 找到的二次方程式

注：该方程式能够最好地拟合图 9-4 中利润和活动水平关系曲线。

如图 9-6 所示，这个等式直接在利润和活动水平的关系曲线图上显示出来，并用曲线将图上的点连接起来。

二次方程式为许多利润曲线提供了合理的近似，因此经常被使用。但是，从谨慎角度考虑，需要对该拟合在所有活动上的合理性进行检查。除了在曲线拟合方法中使用过的数据，我们还需要对其他一些不同活动水平的利润进行评估，检查这些活动水平的利润是否与公式给出的解所对应利润相接近。如果答案是否定的，其解决方法之一是收集更多的数据，并再次运用曲线拟合方法来找到更好的整体拟合。另一种方法是采用不同形式的公式（如对数形式或者高于 2 次的多项式），然后再应用相应的曲线拟合方法。

求解非线性规划模型的挑战

通过使用 Solver 或者其他软件包，我们可以很容易地对线性规划模型进行求解。我们每天都要解决许多大型问题。事实上，最先进的软件包现在已经能够成功地解决许多超大型的问题，而且得到的解被证明是最优的。

人们已经开发出许多程序用来解决（或至少尝试去解决）各种问题，尤其是非线性规划问题。例如，Nonlinear Solver 就是 Solver 提供的一种最好的处理非线性规划问题的程序之一。（Nonlinear Solver 的调用方法：在 Excel Solver 对话框中将求解方法选择为"GRG Nonlinear"，或在 Analytic Solver 模型窗口的工具表中选择"GRG Nonlinear"。）

尽管可以使用 Nonlinear Solver，但处理非线性规划问题仍然不是一件轻松的事。与求解线性规划模型相比，非线性规划模型的求解要困难得多。而且，即使获得一个解，有时也不能保证它是最优的。

幸运的是，有一些非线性规划模型的求解相对容易一些。图 9-2（最大化）和图 9-3（最小化）中（a）、（b）所示的情况（即活动的边际收益递减）就是比较简单的非线性规划的例子。只要所有的活动符合其中任何一种情况（除了满足比例性假设的活动），那么在电子表格中建立模型也并不特别困难，而且只要模型的规模不是特别大，Solver 就能够对其进行求解——使用 Nonlinear Solver 求解情况（a）。第 9.2 节将集中讨论情况（a），第 9.3 节将讨论情况（b）。

然而不幸的是，其他类型的非线性规划求解就非常困难。例如，图 9-2 和图 9-3 中的情况（c），虽然除了曲线中的不连续点之外的其他部分都符合边际收益递减，但正是由于这些不连续点的存在，我们无法确保 Nonlinear Solver 能够成功地利用模型求解。在情况（d）中，活动的边际收益递增也会大幅提高复杂性。

除了图 9-2 和图 9-3 中列出的那些模型外，还有更加复杂的非线性规划模型。例如，考虑下面的代数形式的模型：

最大化　利润 $= 0.5x^5 - 6x^4 + 24.5x^3 - 39x^2 + 20x$

约束条件：　　$x \leqslant 5$

　　　　　　　$x \geqslant 0$

在这个例子中，只有唯一的一个活动，其中 x 代表活动的水平。而且，除了非负这个约束之外，只有一个函数约束（$x \leqslant 5$）。然而，从图 9-7 中我们可以看出用 Nonlinear Solver 对这个问题进行求解是多么麻烦。在电子表格中建立这个模型非常简单，x（单元格 C5）作为可变单元格，Profit（单元格 C8）作为输入利润公式的目标单元格，如图 9-7 左下方所示。注意，在图 9-7 右下方所示的求解对话框（Solver Parameters）中，解决方法（Solver Method）选择为 GRG Nonlinear（这一选项在 Excel Solver 的 Solver 对话框中，或者在 Analytic Solver 模型窗口的工具栏中）。用 Nonlinear Solver 来尝试处理这个模型时，要选择 GRG Nonlinear 命令。若用线性规划中的单纯形法（Simplex LP 或 Standard LP 或 Analytic Solver 中的二次型工具）来处理，就会出现错误。因为正如本例所提到的，这个模型是非线性的。

当 $x=0$ 作为初始值输入可变单元格时，如图 9-7 左边的电子表格所示，Nonlinear Solver 得出 $x = 0.371$ 是最优解，最优利润 = 3.19 美元。然而，当 $x = 3$ 作为初始值时，如图 9-7 中间的电子表格所示，Nonlinear Solver 得出 $x = 3.126$ 是最优解，最优利润 = 6.13 美元。在右边的电子表格中尝试输入 $x = 4.7$ 为初始值，此时 Solver 显示 $x = 5$ 是最优解，最优利润为 0 美元。为什么会出现这种情况呢？

画出如此复杂的目标函数的利润曲线非常困难，但如图 9-8 所示，绘制出该利润曲线有助于解释 Nonlinear Solver 出现的问题。从 $x = 0$ 开始，利润曲线确实在 $x = 0.371$ 处达到顶点，就如同图 9-7 左边电子表格所指出的一样。然而从 $x = 3$ 开始，利润曲线在 $x = 3.126$ 处又达到一个顶点，这就是中间那个电子表格得出的解。当使用右边电子表格的初始值 $x = 4.7$ 时，利润曲线在达到约束条件 $x \leqslant 5$ 时达到顶点。这三个顶点被称为**局部极大值**（local maxima，或 local optima），因为每一个顶点在该点的邻域内都是曲线的最大值。但是，只有这些局部极大值中的最大值可以作为**全局最大值**（global maximum），也就是整个曲线上最高的一点。因此，图 9-7 中间的电子表格成功地找到了最优解，即 $x = 3.126$，最优利润 = 6.13 美元。

	A	B	C	D	E
1		Solver Solution			
2		(Starting with $x = 0$)			
3					
4					Maximum
5		$x =$	0.371	?	5
6					
7		Profit = $0.5x^5-6x^4+24.5x^3-39x^2+20x$			
8		=	$3.19		

	A	B	C	D	E
1		Solver Solution			
2		(Starting with $x = 3$)			
3					
4					Maximum
5		$x =$	3.126	?	5
6					
7		Profit = $0.5x^5-6x^4+24.5x^3-39x^2+20x$			
8		=	$6.13		

	A	B	C	D	E
1		Solver Solution			
2		(Starting with $x = 4.7$)			
3					
4					Maximum
5		$x =$	5.000	?	5
6					
7		Profit = $0.5x^5-6x^4+24.5x^3-39x^2+20x$			
8		=	$0.00		

	B	C
7		Profit = $0.5x^5-6x^4+24.5x^3-39x^2+20x$
8		=0.5*x^5-6*x^4+24.5*x^3-39*x^2+20*x

Range Name	Cell
Maximum	E5
x	C5
Profit	C8

Solver Parameters
Set Objective Cell: Profit
To: Max
By Changing Variable Cells:
　x
Subject to the Constraints:
　x <= Maximum
Solver Options:
　Make Variables Nonnegative
　Solving Method: GRG Nonlinear

图 9-7　一个复杂的非线性规划模型的例子

注：在这个模型中，当输入三个不同的初始值时，Nonlinear Solver 给出了三个不同的最终解。

Nonlinear Solver 用于求解非线性规划问题的算法可以看成一个爬山的过程。它从输入可变单元格的初始值出发开始爬山，直到到达顶点（或者由于到达了约束条件规定的边界而停止进一步攀登）。整个过程在到达顶点（或边界）时终止，并且报告结果。它没有办法测试在利润曲线其他部分是否还有更高的山。

当需要最小化而不是最大化目标单元格时，这个算法就转变方向，向山下走，直到到达谷底（或者被边界所阻止）。同样，它也没有办法检测在成本曲线的其他部分是否还有更低的谷底。

之所以将所有的边际收益递减活动（除任何满足比例性关系的活动）都称为简单型非线性规划问题，是因为其利润曲线（要求最大化时）只有一个山峰。因此，山峰（或边界）顶点的局部极大值也是全局最大值，于是 Nonlinear Solver 得到的解必然是最优的。例如，图 9-6 中二次方程式的利润

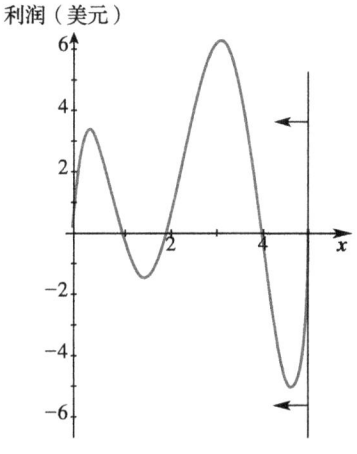

图 9-8　图 9-7 所示例子的利润曲线

曲线是边际收益递减的，因此它只有唯一的山峰，而它的顶点（正好在 $x=9.43$）是全局最大值。同样地，当需要最小化边际收益递减的成本曲线时，也只有一个山谷，所以底部（或边界）的局部极小值就是全局最小值。

图 9-7 指出，处理有几个局部极大值的复杂非线性规划问题的方法之一就是重复应用 Nonlinear Solver，用不同的初始值进行测试，然后选择得到的解中最优的一个。虽然这个方法仍然不能保证找到全局最优值，但它毕竟提供了一种找到较好的解的方法。因此，对一些规模相对比较小的问题而言，这是一个合理的方法，特别是当有一个系统的程序协助提供全面的、有代表性的初始解时更是如此。Solver 可以自动地提供初始解（这一点将在第 9.4 节中进行介绍）。

然而，这种方法对于那些有许多决策变量的问题并不适用，因为需要大量的初始解才能全面地描述这一问题。此时我们需要一种算法，它有时会在利润图上从当前的山跳到另一个更有可能的山，因此这种

> 当要求最大化时，Nonlinear Solver 只能到达局部极大值，然后停止。这个局部极大值可能是全局最大值，也可能不是。
>
> 边际收益递减的非线性规划才能确保 Nonlinear Solver 软件得出的解是最优解。

算法可能会最终自动地到达最高的山，而与输入可变单元格的初始解无关。Solver 提供了一种这样的算法，我们称之为 Evolutionary Solver。虽然，Evolutionary Solver 也有其局限性，但它为 Nonlinear Solver 提供了一个非常好的补充，使我们能够解决许多非线性规划问题。第 9.5 节中将介绍 Evolutionary Solver 及其使用。

问题回顾

1. 非线性规划和线性规划的共同特征是什么？
2. 非线性规划模型和线性规划模型在形式上有什么不同？
3. 非线性规划模型和线性规划模型的应用主要存在哪三方面不同？
4. 非线性规划问题所违背的线性规划的比例性假设是什么？
5. 当活动的边际收益递减时，它的利润曲线的斜率是怎样的？
6. 什么情况可以导致活动的利润曲线变成分段线性的边际收益递减曲线？
7. 当运用曲线拟合方法时，有关活动利润的公式形式有哪些普遍的假设？
8. 相对容易求解的非线性规划模型有哪几种？
9. 当给出初始解之后，Nonlinear Solver 如何进一步解决有几个局部极大值的最大化问题？
10. 对于有几个局部极大值的最大化问题，怎样才能使 Nonlinear Solver 有机会获得一个最优解（或者至少一个相当好的解）？

9.2 边际收益递减的非线性规划

在本节中，我们将集中讨论具有以下特征的非线性规划问题：

（1）其约束条件与线性规划模型的约束条件相同。

（2）目标函数为非线性函数。

（3）每一个违背线性规划比例性假设的活动为边际收益递减（如上一节定义，且如图 9-2a 和图 9-3a 所示）。

这是非线性规划问题中比较简单的类型。只要这些问题的规模不是非常大，利用 Nonlinear Solver 就可以解决，且能保证得到的解就是此类问题的最优解。

> 使用 Nonlinear Solver 可以解决这类问题，因为它获得的解能保证是该类问题的最优解。

在这种类型的问题中，有一些问题的目标函数含有两个或多个决策变量的交叉乘积。在这种情况下，当除一个决策变量之外，所有决策变量都被固定为某一数值时，随着该决策变量值的增加，目标函数的值无论何时都必须满足比例性假设或者边际收益递减的要求，以保持第三个特征（在数学上对第三个特征的精确描述是：要求最大化的目标函数应当是凹函数，而要求最小化的目标函数应当是凸函数）。

正如上节所述，随着活动水平的提高，活动的收益越来越少，这是很正常的，这就是活动的边际收益递减。因此，边际收益递减的非线性规划问题出现得很频繁。我们将通过两个例子的详细讨论来说明边际收益递减是如何发生的，然后讨论如何建立公式和求解。

在某些情况下，非线性目标函数与线性目标函数非常相似，因此可以将问题近似为线性规划模型来进行初步分析，之后再使用更精确的非线性规划模型来进行更细致的分析。以下进一步展开的韦恩德公司案例研究正属于这种情况。

韦恩德公司案例再研究

如第 2.1 节所述，韦恩德公司生产高质量的玻璃制品，其不同的配件在三个工厂中进行加工。现在，公司打算生产两种新产品（一种特殊类型的门和一种特殊类型的窗），两种新产品估计单位利润分别为 300 美元和 500 美元。第 2.2 节讨论了如何根据估计的单位利润和有关约束条件建立线性规划模型，该模型中需要最大化的目标函数是：利润 = $300D + 500W$，其中 D 是每周门的产量，W 是每周窗的产量。

为了帮助你回忆，图 9-9 列出了第 2.2 节中就该问题建立的电子表格模型。点击 Solver 按钮，可变单元格 UnitsProduced（C12：D12）给出了最优解 $(D, W) = (2, 6)$，目标单元格 TotalProfit（G12）显示出了根据模型得出的每周产生的利润为 3 600 美元。

	A	B	C	D	E	F	G
1		Wyndor Glass Co. Product-Mix Problem					
2							
3			Doors	Windows			
4		Unit Profit	$300	$500			
5					Hours		Hours
6			Hours Used per Unit Produced		Used		Available
7		Plant 1	1	0	2	≤	4
8		Plant 2	0	2	12	≤	12
9		Plant 3	3	2	18	≤	18
10							
11			Doors	Windows			Total Profit
12		Units Produced	2	6			$3 600

Solver Parameters
Set Objective Cell: Profit
To: Max
By Changing Variable Cells:
　UnitsProduced
Subject to the Constraints:
　HoursUsed <= HoursAvailable
Solver Options:
　Make Variables Nonnegative
　Solving Method: Simplex LP

	E
5	Hours
6	Used
7	=SUMPRODUCT(C7:D7,UnitsProduced)
8	=SUMPRODUCT(C8:D8,UnitsProduced)
9	=SUMPRODUCT(C9:D9,UnitsProduced)

	G
11	Total Profit
12	=SUMPRODUCT(UnitProfit,UnitsProduced)

Range Name	Cells
HoursAvailable	G7:G9
HoursUsed	E7:E9
HoursUsedPerUnitProduced	C7:D9
TotalProfit	G12
UnitProfit	C4:D4
UnitsProduced	C12:D12

图 9-9　第 2.2 节韦恩德公司问题最初的电子表格模型

这个模型假设每个新产品的利润与该产品的生产率成比例。然而，这个假设是有争议的。因此，在最终决定生产率之前，韦恩德公司的管理层希望进行更加精确的分析，下面是两个管理层成员之间的对话。

约翰·希尔（总裁）：安，随着两个新产品的推出，你的营销计划进行得怎么样？需要花很多钱吗？

安·李斯特（副总监）：这要看我们想销售多少产品。我们的市场调研显示，如果不打广告，我们只能销售少量的新门窗。同时，它也告诉我们，如果我们按工厂生产能力进行生产，那么就需要进行大量的广告活动。关于生产率，有最终决定了吗？

约翰：还没有，事实上，这也是我找你来的原因。我们希望得到你的帮助。

安：没问题。我可以做些什么？

约翰：我们需要你更新输入信息，也就是当生产率被设置在某几个值时，每周售完这些产品所需要的营销成本各是多少。

安：好的。管理科学团队在开始分析之前，也要求我估计每扇门和窗的营销成本。我告诉他们每扇门 75 美元，每扇窗 200 美元。这些估计在那时候看来是挺合理的。

约翰：是的。当管理科学团队对每扇门和窗的利润估计分别是300美元和500美元时，那些成本估计被考虑在内。你现在的成本估计还一样吗？

安：不，不大一样。我认为从每扇门和每扇窗来说明营销成本不再有意义。正如我之前所说的，在生产率较低的情况下我们的成本将很少，但是在生产率较高的时候将需要大量的营销成本。因此，每扇门75美元、每扇窗200美元的成本在生产率较低时显得太高了，在生产率中等时还差不多，而在生产率较高时就显得太低了。

> 线性公式已经不再适用于营销成本估计。

约翰：是的，这正是我所怀疑的。这也是我们现在希望你不要基于每扇门或每扇窗来估计的原因。你需要估计当生产率被设定在某几个数值时每种产品的周营销成本分别是多少。这将有助于管理科学团队对生产率进行更精确的分析。

安：有道理。我马上给出新的营销成本估计。

在得到这些估计之后，管理科学团队画出了每个产品的周营销成本和产品生产率之间的关系曲线。这些曲线表明，当生产率很高时，周营销成本随生产率提高而发生平方级的增长。因此，对每一条曲线利用Excel进行二次形式的曲线拟合过程。

该曲线拟合过程假定，不管D的值是整数还是分数，只要符合生产约束，用以维持D扇门的生产率的周营销成本大概是：

$$门的营销成本 = 25D^2$$

不考虑营销成本，每扇门的毛利润为375美元。因此，周净利润大概是：

> 对门和窗营销成本的最新估计导致它们均为边际收益递减。

$$门的净利润 = 375D - 25D^2$$

窗户的每周相应估计值为：

$$窗的营销成本 = 66\frac{2}{3}W^2$$

$$窗的毛利润 = 700W$$

$$窗的净利润 = 700W - 66\frac{2}{3}W^2$$

图9-10显示了两种产品的利润曲线，两者均为边际收益递减，而其中窗的边际收益减少量在W值很大时更为显著。

将门和窗的净利润结合起来，就可以得到需要最大化的新目标函数：

$$利润 = 375D - 25D^2 + 700W - 66\frac{2}{3}W^2$$

其约束条件与前面一样。由于目标函数中包含D^2和W^2这种决策变量的次数不为1的项，所以该目标函数是非线性函数。因此，整个问题就是一个非线性规划问题。而且，因为这个目标函数是一个二次方程式（且该问题具有本节开始时提出的非线性规划问题的所有三个特征），因此整个问题是一个特殊类型的非线性规划问题，我们称之为**二次规划问题**（quadratic programming problem）。这是非线性规划问题的常见类型，也是一类比较容易建立公式和求解的问题。人们已经开发出特殊的算法，专门用于有效求解二次规划问题，所以商业管理科学软件包通常都包括这样一个算法，以求解这种类型的大型问题。Analytic Solver有一种特殊的算法来处理二次规划问题，而Excel的Nonlinear Solver仅使用一般运算法则来求解所有边际收益递减的非线性规划问题。

> 二次线性规划问题具有线性的约束条件，并具有二次形式和边际收益递减的目标函数。

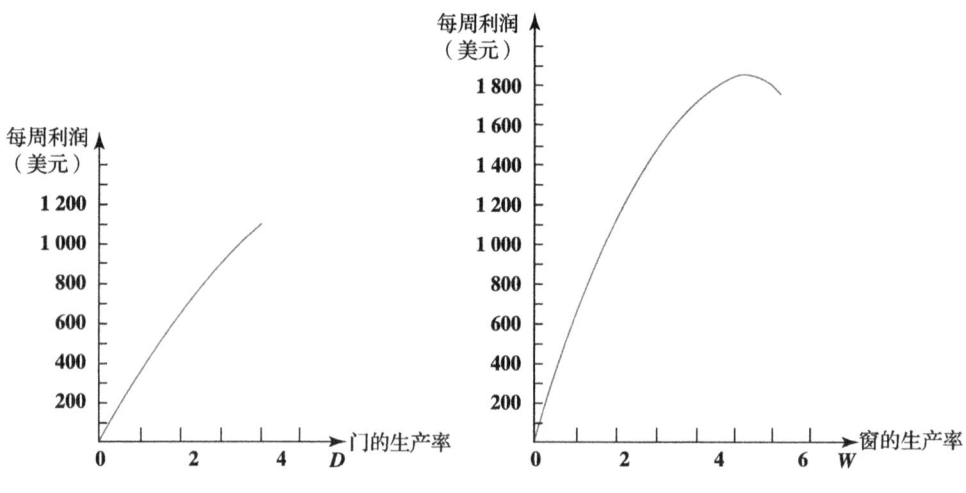

图9-10 韦恩德公司门、窗的利润曲线

注：该问题考虑了非线性增加的营销成本。

电子表格建模

图 9-11 显示了这个问题的电子表格模型描述。将该模型与图 9-9 所示的韦恩德公司问题的原始模型进行对比，你会发现十分有趣的地方。如果不仔细看，你会觉得这两个模型几乎完全一样，然而，仔细观察一下，就会发现两者之间有四个显著的差别。

第一个差别：图 9-9 第四行的"单位利润"（Unit Profit）改为了不包含营销成本的"单位毛利润"（Unit Profit(Gross)）。

第二个差别：在计算目标单元格 TotalProfit（H16）时，为了将营销成本考虑在内，图 9-11 的电子表格增加了几个输出单元格：GrossProfitFromSales（H12）、MarketingCost（C14:D14）和 TotalMarketingCost（H14）。

第三个差别：这一基本差别存在于目标单元格的公式中。在图 9-9 中，TotalProfit（G12）的公式使用了 SUMPRODUCT 函数，该函数是线性规划的主要特征，每个乘积项都是数据单元格和可变单元格的乘积。在图 9-11 中，因为目标函数中营销成本部分是非线性的，所以需要使用其他方法来计算总利润中的营销成本。例如，考虑目标函数中包含 D^2 的次数项。因为 D 值出现在单元格 DoorsProduced（C12）中，所以 Excel 用 DoorsProduced^2 表示 D^2，其中 ^ 表示跟着该符号后面的数值（2）是 DoorsProduced 的次数。在表示 W^2 时也采用了这种方法。因此，总营销成本的公式为：

Excel 小提示：当在可变单元格中的公式需要表示次数时，只需要把符号 ^ 设置在可变单元格和次数之间。

$$\text{总营销成本} = \text{SUM}(\text{DoorsProduced})$$
$$= 25 \times (\text{DoorsProduced}^2) + 66.667 \times (\text{WindowsProduced}^2)$$

而目标单元格的公式为：

$$\text{TotalProfit}(H16) = \text{GrossProfitFromSales}(H12) - \text{TotalMarketingCost}(H14)$$

第四个差别：这一差别出现在图 9-9 和图 9-11 底部的 Solver 选项中。与图 9-9 不同，在图 9-11 中，求解方法选择的是 GRG Nonlinear（也就是 Nonlinear Solver，在 Analytic Solver 工具下就要选择 Standard LP/Quadratic Engine）。在求解任何非线性规划问题之前，涉及这些选项的设置（包括第 9.5 节中讨论的 Evolutionary Solver 方法）都是需要选择的。

	A	B	C	D	E	F	G	H
1		**Wyndor Problem with Nonlinear Marketing Costs**						
2								
3			Doors	Windows				
4		Unit Profit (Gross)	$375	$700				
5					Hours		Hours	
6		Hours Used per Unit Produced			Used		Available	
7		Plant 1	1	0	3.214	≤	4	
8		Plant 2	0	2	8.357	≤	12	
9		Plant 3	3	2	18	≤	18	
10								
11			Doors	Windows				
12		Units Produced	3.214	4.179			Gross Profit from Sales	$4 130
13								
14		Marketing Cost	$258	$1 164			Total Marketing Cost	$1 422
15								
16							Total Profit	$2 708

Solver Parameters
Set Objective Cell: Profit
To: Max
By Changing (Variable) Cells:
 UnitsProduced
Subject to the Constraints:
 HoursUsed <= HoursAvailable
Solver Options:
 Make Variables Nonnegative
 Solving Method: GRG Nonlinear
  or Quadratic (Analytic Solver)

	E
5	Hours
6	Used
7	=SUMPRODUCT(C7:D7,UnitsProduced)
8	=SUMPRODUCT(C8:D8,UnitsProduced)
9	=SUMPRODUCT(C9:D9,UnitsProduced)

	G	H
12	Gross Profit from Sales	=SUMPRODUCT(UnitProfit,UnitsProduced)
13		
14	Total Marketing Cost	=SUM(MarketingCost)
15		
16	Total Profit	=GrossProfitFromSales−TotalMarketingCost

	B	C	D
14	Marketing Cost	=25*(DoorsProduced^2)	=66.667*(WindowsProduced^2)

Range Name	Cells
DoorsProduced	C12
GrossProfitFromSales	H12
HoursAvailable	G7:G9
HoursUsed	E7:E9
HoursUsedPerUnitProduced	C7:D9
MarketingCost	C14:D14
TotalMarketingCost	H14
TotalProfit	H16
UnitProfit	C4:D4
UnitsProduced	C12:D12
WindowsProduced	D12

图 9-11　考虑非线性营销成本的韦恩德非线性规划问题的电子表格模型

注：其中，可变单元格 UnitsProduced（C12：D12）显示了最优的生产量，而目标单元格 TotalProfit（H16）给出了相应的每周总利润。

对于这一模型，按下 Solver 按钮后，就可以在 UnitsProduced（C12:D12）中显示出最优解，即：

$D = 3.214$（每周平均生产 3.214 单位门）

$W = 4.179$（每周平均生产 4.179 单位窗）

其中，TotalProfit（H16）显示出由此产生的每周总利润为 2 708 美元。（请记住，这些要生产的门窗的分数仍然有意义，因为这些数字是每周生产率，而不是要生产的门窗的总数。）D 和 W 的值显然很不直观，因此图 9-12 给出了一些直观的图形，帮助理解为什么会得出这样的解。该图中的可行域与第 2 章中最初的韦恩德公司问题的例子完全相同，但是，与前面通过目标函数线（直线）直接寻找最优解不同，这里我们将具有相同的非线性目标函数值的点连成线，得到的是一条目标函数曲线。因此，在利用目标函数计算各种（D, W）的可行解和不可行解的利润时，图中的各条曲线都显示了取得某个固定利润值时所对应的所有 (D, W) 值（画出这些点并连接成曲线是一个相当烦琐的过程，这里就不再详细介绍）。从图中可以看出，随着利润值的增大，目标函数曲线不断右移。在穿过可行域中任意点的目标函数曲线中，最大利润值为 2 708 美元。因此，利润为 2 708 美元的曲线穿过的可行解是最优解，用分数形式表示为：

$$(D, W) = \left(3\frac{3}{14}, 4\frac{5}{28}\right)$$

因为使用这些分数来制订生产计划很不方便，所以必须先做出些调整。图 9-12 中利润为 2 708 美元的曲线显示，可行域边界上与最优解相近的点所提供的利润都非常接近 2 708 美元，例如：

$$(D, W) = \left(3\frac{1}{3}, 4\right)$$

其每周创造的利润为 2 706 美元，因此管理层更倾向于使用这个更加简单的生产计划。

相反，看一下图 9-9 中的线性规划的解，$(D, W) = (2, 6)$，它并没有考虑营销成本的非线性特征。如果使用考虑营销成本非线性特征的目标函数，$(D, W) = (2, 6)$ 得出的每周利润只有 2 450 美元。这说明用更精确的非线性规划模型取代近似的线性模型可以改善目标值。

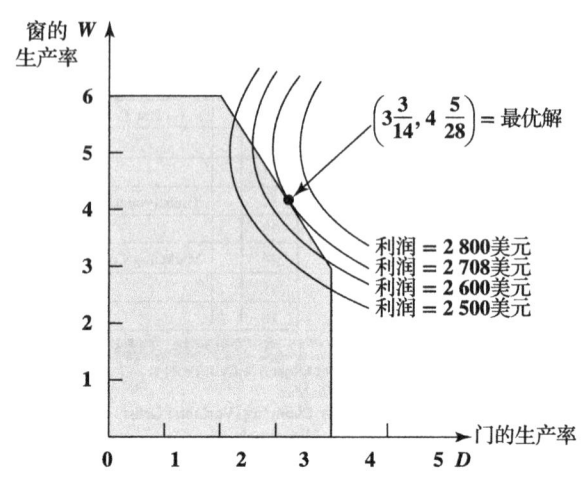

图 9-12 考虑非线性营销成本的韦恩德问题非线性规划模型

注：所示曲线为对应于不同利润值的目标函数曲线，其中一条（利润 =2 708 美元）穿过最优解 $(D, W) = \left(3\frac{3}{14}, 4\frac{5}{28}\right)$。

利用非线性规划对投资组合进行选择

管理大量证券投资组合的职业经理都习惯于用部分基于非线性规划的计算机模型来指导其工作。因为投资者不仅关心预期回报，还关注投资带来的风险，所以非线性规划经常被用来确定投资组合，该投资组合在特定假设条件下可以获得收益和风险的最佳平衡。这种方法主要来自哈里·马科维茨（Harry Markowitz）和威廉·夏普（William Sharpe）的开创性研究，他们因为该项研究而获得了 1990 年诺贝尔经济学奖。

描述这种方法的方式之一，是将第 3.3 节介绍的成本收益平衡问题非线性化。在这种情况下，成本就是与投资相关的风险，收益是投资组合的预期回报。因此，该模型的一般表达形式为：

最小化　风险

约束条件：

预期回报 ≥ 最低可接受水平

在这里，风险以概率论中的一个基本量（方差）来衡量。利用概率论中的标准公式，目标函数就可以表示为一个关于决策变量的非线性函数（决策变量是指各种股票占总投资的比例），其边际收益是递减的。在非负约束和各个股票投资占总投资比例相加为 1 这一约束的基础上，再加上对预期回报的约束，我们就得到了一个用于最优化投资组合的简单的非线性规划模型。

为了说明这一方法，我们将集中讨论一个简单的量化实例，其中考虑的投资组合中仅包括三种证券，相应的决策变量为：

$$S_1 = 股票 1 占总投资的比例$$
$$S_2 = 股票 2 占总投资的比例$$
$$S_3 = 股票 3 占总投资的比例$$

| 应用实例 |

以色列工人银行集团（Bank Hapoalim Group）是以色列最大的银行集团，由数百家分行、几个区域性商业中心和多个国内子公司组成的网络系统在以色列境内提供服务。它也在全世界范围内运作，并在美国和欧洲北部和南部的主要金融中心有数十家分支机构、办事处和子公司。

以色列工人银行的主要业务包括为客户提供投资咨询。为了领先于竞争对手，管理层着手启动一个重构计划，以便为这些投资顾问提供最优秀的方法和技术。公司成立了一个管理科学团队来负责完成这项任务。

该团队决定为投资顾问们开发一套灵活的决策支持系统，该系统可以通过调整来适应每一位顾客的不同需求。系统要求客户提供各类需求信息，包括其投资目标、投资期限、对保守还是激进的选择、对流动性和货币的偏好等。还要通过一系列问题确定客户风险承受类型。

运行该决策支持系统（被称为Opti-Money系统）的模型本质是本节所描述的投资组合非线性规划模型，经修改，包含了个体客户的所有需求信息。该模型生成了投资组合中股票和债券60种可能资产类型中的最优权重，投资顾问会和客户一起在其中选择具体的股票和债券。

在某一年，该银行的投资顾问利用这一决策支持系统与客户进行咨询会议的次数高达十万余次。采纳该系统投资建议的客户年收益与基准客户相比增加了2.24亿美元，同时银行的年收入也增加了3 100万美元。

资料来源：M. Avriel, H. Pri-Zan, R. Meiri, and A. Peretz, "Opti-Money at Bank Hapoalim: A Model-Based Investment Decision-Support System for Individual Customers," *Interfaces* 34, no. 1 (January–February 2004), pp. 39–50. (A link to this article is provided at www.mhhe.com/Hillier6e.)

这个模型的约束条件之一为，这些比例相加必须等于1：

$$S_1 + S_2 + S_3 = 1$$

表9-2给出了三种股票所需要的数据。其中第二列给出了每种股票的预期收益，因此，整个投资组合的预期收益为：

$$预期收益 = (21S_1 + 30S_2 + 8S_3)\%$$

投资者当前选择的最低可接受水平为：

$$最低可接受预期收益 = 18\%$$

因为股票1和股票2的预期收益都超过18%，所以只要这两只股票在投资组合中占据足够大的比例，就能达到最低可接受水平。

然而，股票1和股票2的风险要远远高于股票3。而且，表9-2中所显示的预期收益并不一定能够达到，而且股票1和股票2的不确定性要比股票3高很多。每种股票都有一个潜在的收益概率分布。分布的标准差（即方差的平方根）为我们提供了一种度量概率分布的方法，因为收益位于预期收益的一个标准差之内的概率大致为2/3。表9-2的第三列给出了每种股票的风险。

> 这项工作的挑战在于找到高风险高回报的股票1、股票2和低风险低回报的股票3之间的平衡。

表9-2 投资组合例子中股票的相关数据

股票	预期收益	风险（标准差）	投资组合	每个股票交叉风险（协方差）
股票1	21%	25%	股票1与股票2	0.040
股票2	30%	45%	股票1与股票3	−0.005
股票3	8%	5%	股票2与股票3	−0.010

但是，由于第三列只给出了单独考虑每只股票时的风险，所以不能从该列获得投资组合的风险。投资组合

的风险还受到下列因素影响：各种股票的价格是否会同时上涨或下跌（增加风险），抑或是反向变动（降低风险）。在表9-2最右边的一列中，股票1和股票2的交叉风险为正，说明这两种股票价格同向变动。而另两组股票的交叉风险为负，说明当股票1、股票2的价格下跌时，股票3的价格上涨；反之亦然（在概率论的术语中，每两只股票的交叉风险是其收益的协方差，如表9-2中最右边一列所示，所以两种股票的总交叉风险是协方差的2倍）。

表9-2中的数据来自前几年股票收益的样本以及这些样本的平均值、标准差和协方差。当人们对某只股票的预期与前几年相比有所改变时，至少要对该股票预期收益做出调整。利用概率论中的公式根据单个方差和协方差计算总方差，整个投资组合的风险为：

风险 = $(0.25S_1)^2 + (0.45S_2)^2 + (0.05S_3)^2 + 2\times(0.04)S_1S_2 + 2\times(-0.005)S_1S_3 + 2\times(-0.01)S_2S_3$

因此，该例子的非线性规划模型的代数形式为：

最小化风险 = $(0.25S_1)^2 + (0.45S_2)^2 + (0.05S_3)^2 + 2\times(0.04)S_1S_2 + 2\times(-0.005)S_1S_3 + 2\times(-0.01)S_2S_3$

约束条件：

$$21S_1 + 30S_2 + 8S_3 \geqslant 18$$

$$S_1 + S_2 + S_3 = 1$$

且

$$S_1 \geqslant 0 \quad S_2 \geqslant 0 \quad S_3 \geqslant 0$$

所幸这个模型的目标函数是边际收益递减的（这一点不太明显，但事实证明，对任何投资组合来说，由整个投资组合收益的方差来衡量的边际收益总是递减的）。另外，由于该目标函数是二次的，所以这是一个二次规划问题（二次函数允许包含由系数乘以两个变量乘积组成的项），而且该模型具有本节开始处列出的所有三个特征，因此需要求解的是一个比较简单的非线性规划模型。

> 这种二次函数模型被投资组合经理广泛使用。

图9-13显示了用Solver求解之后得到的电子表格模型。为了便于说明，可变单元格Portfolio（C14:E14）以百分比而不是分数的形式给出了S_1、S_2、S_3的值。这些单元格显示出问题的最优解为：

$S_1 = 40.2\%$，投资组合的40.2%分配给股票1

$S_2 = 21.7\%$，投资组合的21.7%分配给股票2

$S_3 = 38.1\%$，投资组合的38.1%分配给股票3

尽管股票3的收益率较低，但是可以抵消股票1和股票2的高风险，因而在投资组合中包含大量股票3是值得的。ExpectedReturn（C19）表明，这个投资组合仍然可以获得18%的预期收益，与最低可接受水平相同。目标单元格Variance（C21）给出了投资组合的风险，即整个投资组合收益的方差，为0.023 8。为了说明这个数值，StandDev（C23）计算出了投资组合收益的相应标准差，$\sqrt{0.023\,8} = 0.154 = 15.4\%$。标准差小于预期收益，这个结果令人高兴，因为这说明投资组合最终获得的实际收益不大可能为负。尽管StockStandDev（C6:E6）给出的股票1和股票2的收益标准差比较大，由于股票3的标准差很小，且Covar13（E9）和Covar23（E10）为负值，所以投资组合的标准差可以很小。

这个问题涉及寻找成本（风险）和收益（预期收益）之间的最佳平衡，所以是一个成本收益平衡问题的例子。除了目标函数的形式，它与第3.3节中的成本收益平衡问题类似。正如在第5章中的进一步讨论所示，对这种问题的分析很少会在初始模型找到一个最优解后就停

> 投资者需要根据图9-14中的图表来决定哪种组合提供了预期收益和风险之间的最佳平衡。

下来。模型中规定的有关收益的最低可接受水平是一个测试性的政策决策。在获得相应的成本之后，需要进一步对成本和收益之间的最佳平衡进行分析。这个分析包括改变收益的最低可接受水平，然后观察对成本的影响。一方面，如果增加相对较少的成本就能获得更多的收益，那么就可以提高最低可接受水平；另一方面，如果减少一点收益就能节约很多成本，那么就可能需要降低最低可接受水平。

	A	B	C	D	E	F	G	H
1		Portfolio Selection Problem (Nonlinear Programming)						
2								
3			Stock 1	Stock 2	Stock 3			
4		Expected Return	21%	30%	8%			
5								
6		Risk (Stand. Dev.)	25%	45%	5%			
7								
8		Joint Risk (Covar.)	Stock 1	Stock 2	Stock 3			
9		Stock 1		0.040	−0.005			
10		Stock 2			−0.010			
11		Stock 3						
12								
13			Stock 1	Stock 2	Stock 3	Total		
14		Portfolio	40.2%	21.7%	38.1%	100%	=	100%
15								
16					Minimum			
17					Expected			
18				Portfolio	Return			
19		Expected Return	18%	≥	18%			
20								
21		Risk (Variance)	0.0238					
22								
23		Risk (Stand. Dev.)	15.4%					

Range Name	Cells
Covar12	D9
Covar13	E9
Covar23	E10
Covariance	C9:E11
ExpectedReturn	C19
MinExpectedReturn	E19
OneHundredPercent	H14
Portfolio	C14:E14
SD1	C6
SD2	D6
SD3	E6
StandDev	C23
Stock1	C14
Stock2	D14
Stock3	E14
StockExpectedReturn	C4:E4
StockStandDev	C6:E6
Total	F14
Variance	C21

Solver Parameters
Set Objective Cell: Variance
To: Min
By Changing Variable Cells:
  Portfolio
Subject to the Constraints:
  ExpectedReturn >= MinExpectedReturn
  Total = OneHundredPercent

Solver Options:
  Make Variables Nonnegative
  Solving Method: GRG Nonlinear
    or Quadratic (Analytic Solver)

	F
13	Total
14	=SUM(Portfolio)

	B	C
19	Expected Return	=SUMPRODUCT(StockExpectedReturn,Portfolio)
20		
21	Risk (Variance)	=((SD1*Stock1)^2)+((SD2*Stock2)^2)+((SD3*Stock3)^2)+2*Covar12*Stock1*Stock2+2*Covar13*Stock1*Stock3+2*Covar23*Stock2*Stock3
22		
23	Risk (Stand. Dev.)	=SQRT(Variance)

图 9-13　非线性规划投资组合选择的电子表格模型

注：其中可变单元格 Portfolio（C14:E14）给出了最优解，而目标单元格 Variance（C21）显示了相应的风险。

在本例中运用上述方法的一种方法是使用第 5 章中介绍的 Analytic Solver 生成一个表格，表中给出了该模型中不同最低可接受收益所对应的最优预期收益和风险。图 9-14 显示出了这样一个表格。按照金融学的评述，F 列和 G 列的两组数值被称为**效率前缘**（efficient frontier）上的点。事实上，图 9-14 右边显示了效率前缘曲线。在对这类点进行充分测试后，投资者就可以制定关于哪一种组合在预期收益和风险之间提供了最佳平衡的决策。

	A	B	C	D	E	F	G
1	MinExpected Return	Stock 1	Stock 2	Stock 3	Variance	St. Deviation	Return
2	10.0%	8.1%	4.3%	87.6%	0.0015	3.9%	10.0%
3	12.0%	16.2%	8.6%	75.2%	0.0032	5.6%	12.0%
4	14.0%	24.2%	13.0%	62.8%	0.0074	8.6%	14.0%
5	16.0%	32.2%	17.3%	50.5%	0.0143	12.0%	16.0%
6	18.0%	40.2%	21.7%	38.1%	0.0238	15.4%	18.0%
7	20.0%	48.2%	26.1%	25.7%	0.0359	18.9%	20.0%
8	22.0%	56.2%	30.4%	13.4%	0.0506	22.5%	22.0%
9	24.0%	64.2%	34.8%	1.0%	0.0680	26.1%	24.0%
10	26.0%	44.4%	55.6%	0.0%	0.0946	30.8%	26.0%
11	28.0%	22.2%	77.8%	0.0%	0.1394	37.3%	28.0%
12	30.0%	0.0%	100.0%	0.0%	0.2025	45.0%	30.0%

图 9-14　参数分析结果报告

注：它显示了当改变图 9-13 所示模型中预期收益的最低可接受水平时，预期收益与风险之间的平衡。

问题回顾

1. 能够用 Nonlinear Solver 求解的简单非线性规划问题的三个显著特征是什么？
2. 对于简单的非线性规划问题，其包含两个决策变量的图形显示与线性规划的相应图形显示有何区别？
3. 要想使简单非线性规划问题成为二次规划问题，还需要有哪些其他特征？
4. 利用非线性规划处理投资组合问题，要在哪两个因素之间求得平衡？

9.3 可分离规划

第 9.1 节描述了一个问题中活动和总体绩效度量指标之间存在的几种非比例关系。其中一种关系是边际收益递减，而第 9.2 节集中讨论了所有活动均为边际收益递减的非线性规划问题。现在，我们将注意力转到另一种类型的非比例关系，其中所有的活动仍然是边际收益递减。区别在于：现在每个活动的利润或成本曲线是分段线性的，因为它是由一系列连接在一起的直线段组成的。第 9.1 节中图 9-2b 列出了这样一条利润曲线（或者其他需要最大化的曲线），图 9-3c 列出了成本曲线（或者其他含有最小值的曲线）。

有一种特殊的技术被称为**可分离规划**（separable programming），专门用来处理此类非线性规划问题。因此，总利润（或总成本）只不过是直接来自各个活动的分段线性利润（或成本）曲线获得的利润（或成本）之和（不允许有交叉乘积项，而且每条曲线必须边际收益递减）。由于每条利润或成本曲线都是直线段，所以这一技术将模型转换为线性规划模型。这有助于有效地求解模型，并且可以对线性规划运用 what-if 分析这一强大的工具。

> 对利润或成本曲线是分段线性关系且边际收益递减的非线性规划问题，可分离规划技术可将问题转换成等价的线性规划问题。

在韦恩德玻璃制品公司案例的下一部分中说明了这一技术。

需要加班的韦恩德公司问题

公司现在将根据第 2 章、第 5 章和第 9.2 节所描述的计划，开始生产特殊类型的新门和新窗。由于存在第 9.2 节中曾讨论过的非线性营销成本，当前计划的生产率是：

$$(D, W) = \left(3\frac{1}{3}, 4\right)$$

其中，D 和 W 分别是每周门和窗的产量。

然而，现在有一个新的变化，有可能会改变最初 4 个月的生产计划。

具体来说，公司接到了一份特别的订单，要求在接下来的 4 个月内在工厂 1 和工厂 2 生产手工艺品。为了完成这一订单，必须从原产品的生产中调出一部分工人，因此，为了能够最大限度地利用每个工厂的机器和设备的产能，剩下的工人就必须加班工作。

为了应对这个新的变动，公司管理层已经要求管理科学团队尽快更新模型，并检查当前的生产计划在最初的 4 个月是否仍然是最优的。为了能够迅速处理问题，管理科学团队决定暂时忽略营销成本的非线性特征，而只是修改图 9-9（前面一节）所示的原始电子表格模型，并将加班因素考虑在内。（在讨论了这个简单版本的问题之后，营销成本的非线性将会在后续分析中考虑进来。）

模型原来的约束条件 HoursUsed（E7:E9）≤ HoursAvailable（G7:G9）仍然有效，加班时间可以部分弥补单元格 G7 和 G8 给出的工厂 1 和工厂 2 可使用生产时间。但是，因为加班的额外成本降低了单位产品利润，所以目标函数不再有效。

> 不需要考虑非线性营销成本的估计值，应如何修改韦恩德问题最初的模型以考虑加班的影响？

表9-3给出了工厂1和工厂2每周在正常工作时间和加班时间生产门、窗的最大数量。工厂3不需要加班，约束条件也不用改变，因此在表格底部的括号内给出了原来的约束条件。第四列是第二列和第三列的数据之和，这些数据可以通过工厂1和工厂2最初的约束条件得到（$D \leqslant 4$ 和 $2W \leqslant 12$，所以 $W \leqslant 6$）。最后两列给出了在正常时间和加班时间生产的单位产品的估计利润（在工厂1和工厂2中），其中考虑的是营销成本的原始估计值，而不是第9.2节中经过调整的营销成本。

表9-3 需要加班的韦恩德公司问题的数据

产品	每周最大产量			产品的单位利润（美元）	
	正常工作时间	加班时间	总计	正常工作时间	加班时间
门	3	1	4	300	200
窗	3	3	6	500	100
	($3D + 2W \leqslant 18$)				

图9-15画出了每种产品的周利润与生产率的关系曲线。从中可以看出，当生产率提高到需要加班时，利润曲线的斜率（陡峭程度）会下降，这是因为在表9-3所示的加班时间所生产产品的单位利润比正常时间所生产的产品要少。因此，这两种产品的边际收益递减。

管理层曾经考虑过使用临时工来避免加班造成的额外费用，但是，由于工人缺乏经验，会导致生产效率降低，同时会产生培训费用。因此，由于这只是短期情况，4个月之后工厂就可以恢复正常生产，管理层决定采取加班的措施。

但是，管理层坚持认为，只有当每种产品的生产人员在正常工作时间被充分利用时，才可以加班。另外，他们认为，只要能够增加总利润，可以暂时调整目前新产品的生产计划。

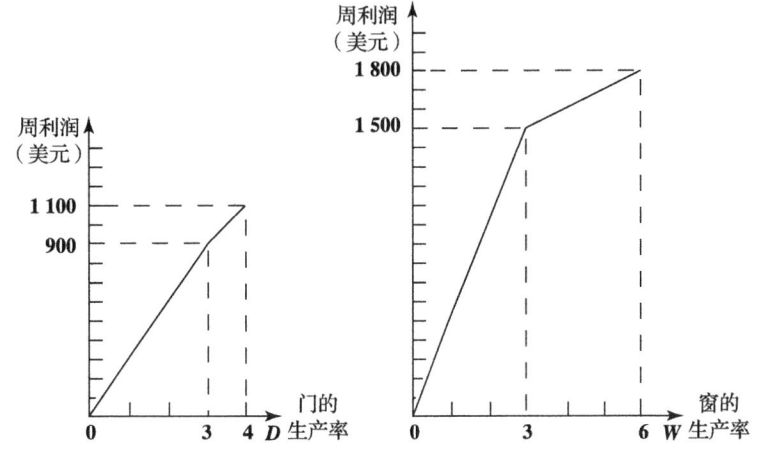

图9-15 韦恩德公司的利润曲线

注：本图显示了当每周生产率超过3个单位而需要加班时，每种产品利润与每周产量间的关系。此时，这些利润曲线是根据营销成本的原始估计，而不是基于第9.2节中经过调整的非线性营销成本。

对这一问题应用可分离规划

由于图9-15中每条利润曲线都不是直线，所以每种产品的利润与生产率不是比例性的，这就违背了线性规划的比例性假设（在第9.1节中讨论过）。然而，每条利润曲线都是由两条在斜率改变处连接起来的直线（线段）组成，因此，在每一条线段之内，利润曲线仍然符合比例性假设。这为我们带来以下关键思路。

可分离规划技术（separable programming technique）：对于违背比例性假设的任一活动，将其利润曲线划分成多段，使得每一段都为直线线段；为活动利润曲线上的每一条直线段引入新的可分决策变量，以代替原来用单一决策变量代表的活动水平。因为每一条直线段的新决策变量仍然遵循比例性假设，因此可以为这些变量建立线性规划模型。

对于韦恩德公司问题，这些新的决策变量为：

> 模型需要提供一种只有当生产某种产品的正常时间被充分利用后才会使用加班的解决方案。

> 关键思路是为利润（或成本曲线）的每个线段给出一个分离的决策变量。

D_R = 正常工作每周门的产量
D_O = 加班工作每周门的产量
W_R = 正常工作每周窗的产量
W_O = 加班工作每周窗的产量

与这些变量相对应的单位利润如表 9-3 最后两列所示,这些数据是目标函数的系数。第二列和第三列表示的是这些变量的最大值,因此在模型中引入相应的约束。韦恩德公司问题最初模型中的三个函数约束还是有效的,只需要用 (D_R+D_O) 代替 D,以 (W_R+W_O) 代替 W。第 2.3 节给出了原始韦恩德模型(其中 P 表示生产两种产品每周的总收益,单位为美元)的代数表达式。现在,我们从正常生产和加班生产两方面来分别考虑两种产品的生产率,这个模型引申为选择四个新决策变量的问题:

$$\text{Max } P = 300D_R + 200D_O + 500W_R + 100W_O$$

约束:

$$D_R \leq 3, D_O \leq 1, W_R \leq 3, W_D \leq 3$$

$$D_R + D_O \leq 4$$

$$2(W_R + W_O) \leq 12$$

$$3(D_R + D_O) + 2(W_R + W_O) \leq 18$$

且

$$D_R \geq 0, D_O \geq 0, W_R \geq 0, W_O \geq 0$$

(第二行和第三行的约束条件可以省略,因为第一行的约束条件已经确保它们是成立的。)可分离规划的关键是这个线性规划模型正好和原始的非线性规划问题相匹配。

由此生成的电子表格模型如图 9-16 所示。可变单元格 UnitsProduced(C14:D15)包含了四个决策变量对应的单元格。新的约束条件即 UnitsProduced(C14:D15)≤ Maximum(F14:G15),符合表 9-3 第二列和第三列指出的这些决策变量的上限。新的输出单元格 TotalProduced(C16:D16)是每种产品在正常工作时间和加班时间生产的产品数量之和。于是可以通过等式来计算使用的小时数,HoursUsed(E8:E10)=SUMPRODUCT(HoursUsedPerUnitProduced,TotalProduced)。其他方面,该模型基本上与图 9-9 所示的原始线性规划模型相一致。注意在求解过程中选择了"Simplex LP"这一选项,因为该方法建立的新模型是线性的。新的决策变量符合线性规划的比例性假设。

线性规划模型通常比非线性规划模型更容易求解,此外,比起非线性规划模型,what-if 分析在线性规划模型上更容易运用。可分离规划可以将原始模型重新建模以适合线性规划,因此,是一种很有价值的技术。

但是,在建模中还有很重要的一点没有考虑到。回忆一下,管理层坚持在正常生产时间没有被充分利用之前,不能进行加班。而该模型中没有体现这一约束条件。因此,在模型中当 $D_R < 3$ 时,$D_O > 0$,或者 $W_R < 3$ 时,$W_O > 0$,这些都是可行的。

值得庆幸的是,这样的解在模型中可行,但绝不会是最优的。因为每种产品的加班单位利润小于正常单位利润,所以活动(生产两种产品)的边际收益递减。因此,为了使总利润最大化,最优解肯定会先自动地用完正常的工作时间,才开始采取加班的措施。

问题的关键是活动的边际收益递减。如果缺少这一条件,采用这种方法的线性规划模型就无法求得合理的最优解。这就是为什么可分离规划仅适用于活动边际收益递减的情况(不包括满足比例性假设的那些活动)。

使用可分离规划技术时需要满足边际收益递减。

图 9-16 中的可变单元格 UnitsProduced（C14:D15）显示出在用 Solver 求解之后得到的最优解：

$$D_R = 3, D_O = 1: 每周生产 4 扇门$$
$$W_R = 3, W_O = 0: 每周生产 3 扇窗$$

目标单元格 TotalProfit（D18）给出了每周的总利润，为 2 600 美元。而在之前的生产计划中（每周生产 $3\frac{1}{3}$ 扇门，4 扇窗），即在没有使用加班时间的情况下，每周的总利润为 2 567 美元。

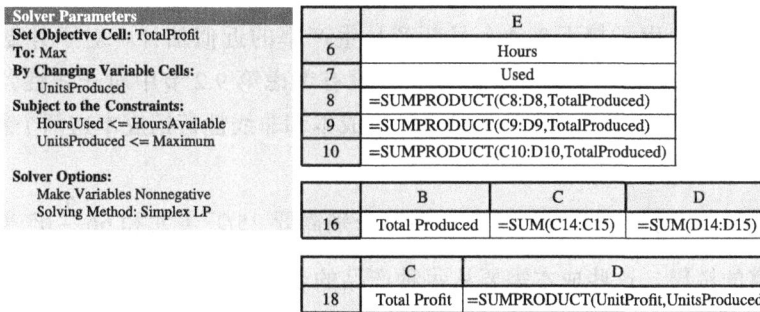

图 9-16　在需要加班的情况下，韦恩德可分离规划问题的电子表格模型

注：其中可变单元格 UnitsProduced（C14:D15）给出了 Solver 产生的最优解，而目标单元格 TotalProfit（D18）显示出了相应的每周总利润。这个模型是根据图 9-15 的利润曲线建立的，并没有包含第 9.2 节调整后的非线性营销成本。

对光滑利润曲线应用可分离规划

在可分离规划的一些应用中，利润线是一条曲线而非一系列直线段。在这种情况下，活动的边际收益不是在特定的几个点减少，而是连续减少。

例如，图9-17中的实线显示了这样一条利润曲线，为了能够应用可分离规划，这条曲线可以近似为一系列直线段，如图中的虚线所示。为每一条直线段引入一个新变量（并对其他具有该类型利润曲线的活动重复这一操作），原先应用到韦恩德公司例子中的方法也可以将这个问题转换为线性规划问题。

这并不是解决如图9-17所示该类利润曲线问题的唯一方法。第9.2节讨论的问题就属于这种类型。通过求解一个使用利润曲线公式的非线性规划模型，Nonlinear Solver就可以解决类似的问题。这种方法的好处是不需要近似，而可分离规划需要使用如图9-17所示的近似。

不过，可分离规划也有其特定的优势。首先，可分离规划将问题转换为线性规划问题，可以加快求解速度，这对大型问题来说是很有帮助的。其次，线性规划模型可以使用Solver敏感性分析报告，这是what-if分析的补充，敏感性分析指出了何时使用非线性规划模型几乎是没用的。最后，可分离规划只需要估计每个活动在某些点上的利润，就像图9-17上的几个点一样。因此，它无须使用曲线拟合方法估计利润曲线的公式，这种估计会在过程中引入近似。

接下来，我们用韦恩德故事的结尾来说明这两种方法的应用。

图9-17中的近似只需要估计三个点上的利润曲线，不需要为整个例子的曲线估计一个公式。

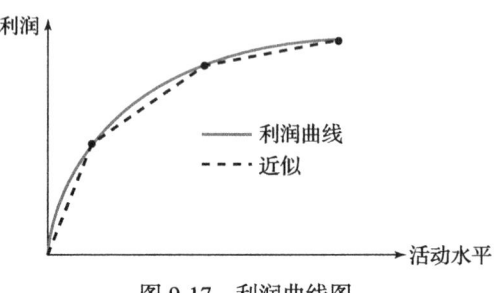

图9-17 利润曲线图

注：实线表示的是某一边际收益连续减少的活动利润曲线，虚线表示使用可分离规划的近似。

存在加班成本和非线性营销成本的韦恩德公司问题

图9-16的电子表格模型给出了接下来4个月新产品生产率的近似估计。对于计划目的而言，这个结果是有用的，但这个模型只是一个粗略的模型，因为它并没有考虑第9.2节中对非线性营销成本的新估计。因此，韦恩德公司管理科学团队接下来要做的就是结合加班成本和非线性营销成本这两个新的估计，进一步完善模型。

回想一下，韦恩德公司营销副总监安·莱斯特估计分别需要$25D^2$美元和$66\frac{2}{3}W^2$美元的营销成本来维持每周对D扇门和W扇窗的销售。这些成本需要从每种产品的毛利润（没有包含营销成本的利润）中扣除以获得该产品的利润。因为在此前的表9-3中，估计单位利润时采用的营销成本是每扇门75美元、每扇窗200美元，所以，现在管理科学团队需要使用表9-4中所示的数据。

表9-4 存在加班成本和非线性营销成本的韦恩德公司问题的数据

产品	每周最大产量			单位毛利润		营销成本 (美元)
	正常工作时间	加班时间	总计	正常工作时间（美元）	加班时间（美元）	
门	3	1	4	375	275	$25D^2$
窗	3	3	6	700	300	$66\frac{2}{3}W^2$

根据这些数据，表9-5的第四列列出了当每周生产D扇门时，为D分别赋予不同的值可以获得的周利润。用第二列的毛利润减去第三列的营销成本就可以得出第四列的利润。最右边一列给出了当D的值每增加1时增加的利润值。因此，将当前行的利润减去上一行的利润就可以计算得出增加的利润。注意，因为在D超过3时必须要使用加班时间，因此当$D=4$时，增加的利润大幅下降。

表9-6给出了对窗的相应计算。本例中，当$W=4$、$W=5$、$W=6$时，由于W超过3时需要支付大量的额外加班成本，所以增加的利润是负的。

表 9-5 每周生产 D 扇门时，韦恩德公司周利润的计算

D	毛利润（美元）	营销成本（美元）	利润（美元）	增加的利润（美元）
0	0	0	0	—
1	375	25	350	350
2	750	100	650	300
3	1 125	225	900	250
4	1 400	400	1 000	100

表 9-6 每周生产 W 扇窗时，韦恩德公司周利润的计算

W	毛利润（美元）	营销成本（美元）	利润（美元）	增加的利润（美元）
0	0	0	0	—
1	700	$66\frac{2}{3}$	$633\frac{1}{3}$	$633\frac{1}{3}$
2	1 400	$266\frac{2}{3}$	$1\ 133\frac{1}{3}$	500
3	2 100	600	1 500	$366\frac{1}{3}$
4	2 400	$1\ 066\frac{2}{3}$	$1\ 333\frac{1}{3}$	$-166\frac{1}{3}$
5	2 700	$1\ 666\frac{2}{3}$	$1\ 033\frac{1}{3}$	-300
6	3 000	2 400	600	$-433\frac{1}{3}$

图 9-18 的实线分别显示门和窗的利润曲线。随着产量的增加，每条曲线的斜率都是下降的，因此两个活动的边际收益递减。当产量很小时，几乎看不出斜率的下降，当产量很大时，斜率下降比较明显。在 $D = 3$ 和 $W = 3$ 时两条曲线上分别有一个折点，因为此时进一步增加产量需要利用加班时间。

现在，管理科学团队将使用可分离规划来决定采用什么样的生产率使总利润最大化。出于这个目的，团队使用图 9-18 中虚线线段来获得与实际利润曲线非常近似的分段线性曲线。窗的利润曲线中，从 $W = 3$ 利润为 1 500 美元到 $W = 6$ 利润为 600 美元这一段，近似值并不十分接近（每单位窗平均下降 300 美元）。其原因在于，当 W 大于 3 时，利润开始下降，所以不需要将 W 提高到那么大。因此，对这段利润曲线不需要进行非常接近的近似，在 $W = 3$ 和 $W = 6$ 之间只使用了唯一的一条线段来近似。

> 在可分离规划中，通过使用利润曲线的分段线性近似曲线的斜率来计算利润曲线不同部分的单位利润。

图 9-19 显示了基于图 9-18 中分段线性利润曲线的可分离规划电子表格模型。这个模型与图 9-16 中没有考虑新估计的非线性营销成本的可分离规划电子表格模型十分相似。后者是基于图 9-15 中分段线性利润曲线做出的，图 9-15 的两条利润曲线都是由两条直线线段构成。因此，两组单元格，UnitProfit（C4:D5）和 UnitsProduced（C14:D15）都只有两行。由于图 9-18 中的每条分段利润直线都有四条线段，所以相应的图 9-19 中的两组单元格 UnitProfit（C4:D7）和 UnitsProduced（C17:D20）都有四行。UnitProfit（C4:D7）中的数值就是图 9-18 中相应直线线段的斜率。这些斜率可以直接根据表 9-5 和表 9-6 给出的增加的利润获得，除了单元格 D7 之外。D7 这个单元格的数值是根据图 9-18 中 $W = 3$ 和 $W = 6$ 之间的线段确定的，由于随着 W 每增加一个单位，利润下降 300 美元，所以该线段斜率为 -300。这个 -300 的斜率其实是表 9-6 最后三个增加的利润的平均值。图 9-18 中所有其他线段只涵盖了一个单位的 D 或 W，因此这些线段的斜率等于表 9-5 或表 9-6 中相应增加的利润。

图 9-19 中的可变单元格 UnitsProduced（C17:D20）通过 Solver 给出了最优解。TotalProfit（C21:D21）= SUM（UnitsProduced）给出了相应的总生产率，即：

$$D = 4，每周生产 4 扇门，其中加班生产 1 扇门$$

$$W = 3，每周生产 3 扇窗$$

目标单元格 TotalProfit（D23）指出相应的周利润为 2 500 美元。

为了检验这些结果，管理科学团队也为图 9-18 中的光滑曲线创立了公式，并建立和运行了相应的非线性规划模型。图 9-20 显示了该电子表格模型。这个模型几乎与图 9-11 中不包含加班成本的电子表格模型一样。一个区别是，图 9-11 中 UnitProfit（C4:D4）和 UnitsProduced（C12:D12）都只有一行，而现在为了区分正常工作时间和加班时间已经分成了两行，分别是（C4:D5）和（C15:D16）。由于利润曲线在 $D = 3$ 和 $W = 3$ 时存在折点，所以这两行需要为利润曲线折点两边的部分分别创立公式。TotalProduced（C17:D17）给出了与图 9-19 可分离规划模型相同的最优解，即 $(D, W) = (4, 3)$，总利润为 2 500 美元。

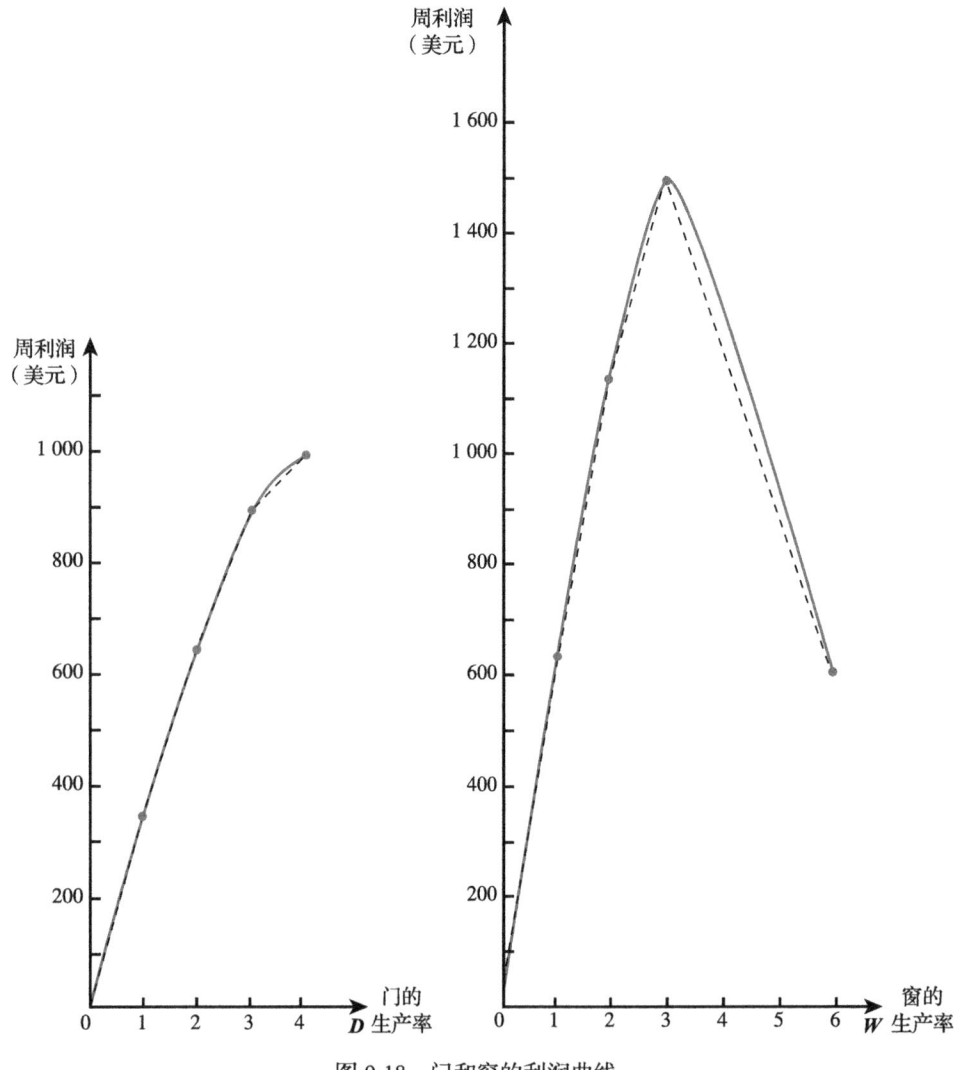

图 9-18 门和窗的利润曲线

注：实线表示的是同时考虑加班成本和非线性营销成本时韦恩德公司门和窗的利润曲线。虚线段显示的是近似曲线，在图 9-19 的可分离规划模型中将会使用到。

	A	B	C	D	E	F	G
1		**Wyndor with Overtime and Marketing Costs (Separable)**					
2							
3		Unit Profit	Doors	Windows			
4		Regular (0–1)	$350.00	$633.33			
5		Regular (1–2)	$300.00	$500.00			
6		Regular (2–3)	$250.00	$366.67			
7		Overtime	$100.00	-$300.00			
8							
9					Hours		Hours
10			Hours Used per Unit Produced		Used		Available
11		Plant 1	1	0	4	≤	4
12		Plant 2	0	2	6	≤	12
13		Plant 3	3	2	18	≤	18
14							
15			Units Produced			Maximum	
16			Doors	Windows		Doors	Windows
17		Regular (0–1)	1	1	≤	1	1
18		Regular (1–2)	1	1	≤	1	1
19		Regular (2–3)	1	1	≤	1	1
20		Overtime	1	0	≤	1	3
21		Total Produced	4	3			
22							
23			Total Profit	$2 500			

Solver Parameters
Set Objective Cell: TotalProfit
To: Max
By Changing Variable Cells:
　UnitsProduced
Subject to the Constraints:
　HoursUsed <= HoursAvailable
　UnitsProduced <= Maximum

Solver Options:
　Make Variables Nonnegative
　Solving Method: Simplex LP

	E
9	Hours
10	Used
11	=SUMPRODUCT(C11:D11,TotalProduced)
12	=SUMPRODUCT(C12:D12,TotalProduced)
13	=SUMPRODUCT(C13:D13,TotalProduced)

	B	C	D
21	Total Produced	=SUM(C17:C20)	=SUM(D17:D20)

	C	D
23	Total Profit	=SUMPRODUCT(UnitProfit,UnitsProduced)

Range Name	Cells
HoursAvailable	G11:G13
HoursUsed	E11:E13
HoursUsedPerUnitProduced	C11:D13
Maximum	F17:G20
TotalProduced	C21:D21
TotalProfit	D23
UnitProfit	C4:D7
UnitsProduced	C17:D20

图 9-19　当需要加班和考虑非线性营销成本时，韦恩德可分离规划问题的电子表格模型

注：通过将可变单元格 UnitsProduced（C17:D20）的各列加总，TotalProduced（C21:D21）给出了求解后的最优解。目标单元格 TotalProfit（D23）显示相应的周利润为 2 500 美元。

根据这些结论，韦恩德公司管理层对接下来需要加班的 4 个月采取了 $(D, W) = (4, 3)$ 的生产率。4 个月之后，根据第 9.2 节中得到的结果，生产计划将变为 $(D, W) = \left(3\frac{1}{3}, 4\right)$。

韦恩德公司案例研究到此就结束了。一个关键的经验就是，有时为了说明一个问题，管理科学研究可能需要建立一个以上的模型。随着研究的不断深入以及相关问题的出现，原先的模型通过一系列调整、完善，逐渐变成了一个相当复杂的模型，例如，最初的线性规划模型

图 9-19 和图 9-20 提供了可分离规划模型和第 9.2 节中讨论的非线性规划模型之间的对比。

这是从韦恩德公司案例中得到的关键经验。

最后可能成为一个非线性规划模型。

	A	B	C	D	E	F	G	H
1		**Wyndor With Overtime and Marketing Costs (Nonlinear Programming)**						
2								
3		Unit Profit (Gross)	Doors	Windows				
4		Regular	$375	$700				
5		Overtime	$275	$300				
6								
7					Hours		Hours	
8			Hours Used per Unit Produced		Used		Available	
9		Plant 1	1	0	4	≤	4	
10		Plant 2	0	2	6	≤	12	
11		Plant 3	3	2	18	≤	18	
12								
13							Maximum	
14		Units Produced	Doors	Windows			Doors	Windows
15		Regular	3	3	≤		3	3
16		Overtime	1	0	≤		1	3
17		Total Produced	4	3				
18							Gross Profit from Sales	$3 500
19		Marketing Cost	$400	$600			Total Marketing Cost	$1 000
20							Total Profit	$2 500

Solver Parameters
Set Objective Cell: TotalProfit
To: Max
By Changing Variable Cells:
　UnitsProduced
Subject to the Constraints:
　HoursUsed <= HoursAvailable
　UnitsProduced <= Maximum

Solver Options:
　Make Variables Nonnegative
　Solving Method: GRG Nonlinear
　or Quadratic (Analytic Solver)

Range Name	Cells
DoorsProduced	C17
GrossProfitFromSales	H18
HoursAvailable	G9:G11
HoursUsed	E9:E11
HoursUsedPerUnitProduced	C9:D11
MarketingCost	C19:D19
Maximum	F15:G16
TotalMarketingCost	H19
TotalProduced	C17:D17
TotalProfit	H20
UnitProfit	C4:D5
UnitsProduced	C15:D16
WindowsProduced	D17

	E
7	Hours
8	Used
9	=SUMPRODUCT(C9:D9,TotalProduced)
10	=SUMPRODUCT(C10:D10,TotalProduced)
11	=SUMPRODUCT(C11:D11,TotalProduced)

	B	C	D
17	Total Produced	=SUM(C15:C16)	=SUM(D15:D16)
18			
19	Marketing Cost	=25*(DoorsProduced^2)	=66.667*(WindowsProduced^2)

	G	H
18	Gross Profit from Sales	=SUMPRODUCT(UnitProfit,UnitsProduced)
19	Total Marketing Cost	=SUM(MarketingCost)
20	Total Profit	=GrossProfitFromSales−TotalMarketingCost

图 9-20　当需要加班和考虑非线性营销成本时，韦恩德非线性规划问题的电子表格模型

注：TotalProduced（C17:D17）给出了使用 Solver 求解后的最优产量，目标单元格 TotalProfit（H20）显示了相应的周利润。注意这个非线性规划模型给出了与图 9-19 中可分离规划模型相同的结论。

问题回顾

1. 对于违背比例性假设的活动，为了应用可分离规划，其利润曲线必须是怎样的形状（或者必须对利润曲

线进行怎样的近似）？

2. 在运用可分离规划时，最终建立的是哪一类型的数学模型？

3. 对于活动的利润曲线形状类似图9-17所示的曲线问题，利用图中所示的近似来应用可分离规划有什么好处？

4. 对于同样的问题，直接使用含有利润曲线公式的非线性规划有什么好处？

9.4 复杂的非线性规划问题

在第9.2节中我们看到，即使是含有非线性目标函数的模型，只要其具有某些特征（如具有线性约束条件、边际收益递减的最大化问题），Nonlinear Solver 就可以很容易地找到最优解。另外，在第9.3节中我们发现，在某些情况下，可分离规划可以用来对一个非线性规划问题进行建模（或近似），以此来利用线性规划迅速找到最优解。

然而，非线性规划问题有多种形式。例如，对于目标函数是最大化总利润的问题，其某些活动的边际收益可能是递增的。有些问题的约束条件是非线性函数，有些利润曲线可能是由几段不连续的曲线组成，这些其他类型的非线性规划问题即使能够求解也非常困难，原因就是存在许多不是整体最优值的局部最优解。在图9-7和图9-8中我们可以看到，Nonlinear Solver 求出了很多局部最优解，却没找到全局最优解。

求解含有多个局部最优解问题的一种方法是多次运行 Nonlinear Solver，每次将不同的初始解输入电子表格中的可变单元格。每次运行时，Nonlinear Solver 都会从给出的初始解（初始点）开始搜索，朝着提高目标函数值的方向前进，直到找到一个局部最优值。通过尝试多个初始点，我们的目标是找到大部分或所有的局部最优解。然后，我们从所有的试算值中找到最好的解。这样我们至少可以得到一个比直接选择 Nonlinear Solver 找到的第一个局部最优值更好的解。如果幸运的话，其中一个初始点就会产生整体最优解。

> 如果约束条件是非线性的，或者任何活动的利润曲线不是光滑的或者是边际收益递增的，那么 Nonlinear Solver 通常很难求解这类非线性规划模型。

例如，考虑图9-7中的模型，相应的利润曲线如图9-8所示。只要 x 是从任何一个小于1.5的初始点开始，目标函数就不断增加，朝着 $x = 0.371$ 时的局部最优值移动（利润 = 3.19美元）。这样，对于任何小于1.5的初始点（包括了图9-7电子表格最左边尝试的 $x = 0$ 的初始点），Nonlinear Solver 的搜索都会朝着局部最优值移动并最终收敛到这一点。同样，对于任何位于1.5和4.6之间的初始点 x（如图9-7所示电子表格中间所尝试的 $x = 3$ 这一初始点），Nonlinear Solver 会收敛到 $x = 3.126$ 处的局部（整体）最优值（利润 = 6.13美元）。最后，对于任何大于4.6的 x 的初始点（如图9-7所示电子表格最右边尝试的 $x = 4.7$ 这一初始点），Nonlinear Solver 会收敛到 $x = 5$ 处的局部最优值（利润 = 0美元）。通过尝试不同的初始点，我们找到了三个不同的局部最优值。这些局部最优值中最大的一个是当 $x = 3.126$ 时，相应的利润为6.13美元。

Nonlinear Solver 有一种自动尝试不同初始点的方法。在 Excel 的 Solver 中，点击 Solver 里的 Option 选项，然后选择 GRG Nonlinear 就会出现如图9-21左侧所示的 Nonlinear Solver Options 对话框。选中 Use Multistart 选项就会使 Nonlinear Solver 随机选择100个不同的初始点。（初始点的数目可以通过 Population Size 选项来设置。）在 Analytic Solver 中，多起点（Multistart）选项（以及群体大小（Population Size））位于模型（Model）窗口下的工具（Engine）标签上，如图9-21右侧所示。当 Multistart 运行后，Nonlinear Solver 就会给出尝试过这些不同初始点之后的最优解。

> 如果存在多个局部最优解，从不同的初始点开始多次运行 Nonlinear Solver 有时能够找到全局最优解。

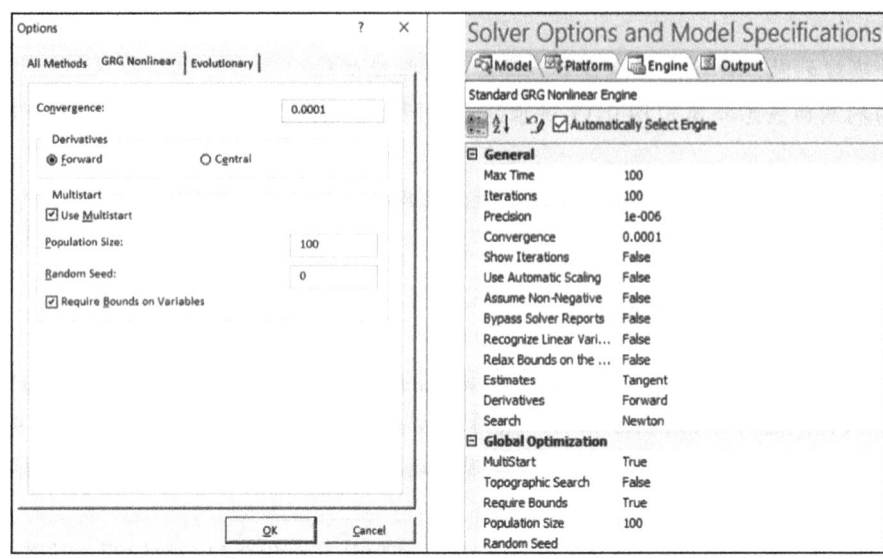

图 9-21　Nonlinear Solver 选项对话框

注：图的左侧，Excel 的 Nonlinear Solver 选项对话框提供了 Nonlinear Solver 包含的各种参数。多起点（Multistart）选项使得 Nonlinear Solver 随机尝试许多初始点。（初始点的个数可以在群体大小（Population Size）中设置。）图的右侧，同样的选项在 RSPE 里"模型窗口"下"工具标签"中的 Global Optimization 下面列出。

不幸的是，不管尝试多少不同的初始点，都不能保证找到一个整体最优解。而且，如果利润曲线不是光滑的（如它们是不连续的或有折点），特别是使用了 IF、ABS、MAX 或 ROUND 等函数之后，此时 Solver 就可能连局部最优值也找不到。不过幸好还有另外一种方法可以用来求解这些复杂的非线性问题。在下一节中我们将探讨这个新方法。

这个方法存在一些严重的局限。

|应用实例|

德国邮政 DHL（Deutsche Post DHL）是全球最大的物流服务提供商。公司有来自全球 220 多个国家超过 50 万的员工每天通过 150 000 多辆交通工具递送着 300 万件物料和超过 7 000 万信件。DHL 能够实现如此庞大且引人注意的规模，原因之一就在于它将开明的管理模式、创新的市场营销活动和非线性规划的应用结合起来优化营销资源的使用。

DHL 建立初始只是一个德国邮政服务公司，后来其高层管理者制订了一个十分有远见的计划，就是在 21 世纪初始，将公司转化为真正的全球物流服务提供商。计划的第一步是收购和整合世界上其他地区已经发展稳定的大量同类公司。因为在消费者需要进行全球规模的运作时，更希望只选择一个服务提供商。第二步是依据大量的市场调查结果制订一个积极的营销计划，将 DHL 重新定位为一个能够充分满足全球客户需求的真正优质的全球化企业。这些营销活动在四大洲的 20 多个大国蓬勃开展起来。

这类营销计划的费用是相当高的，所以要尽可能充分利用有限的市场资源。因此，管理科学家们制定了一个品牌选择模型，模型的目标函数就是测量资源使用的有效性。非线性规划便用来在不超过全部营销预算的情况下最大化目标函数。

市场营销理论和非线性规划的创新应用使得 DHL 公司的全球品牌价值大幅上涨，居于市场领先地位。在头五年，品牌价值增长了 13.2 亿美元（增长了 32%），相应的投资回报率为 38%。

资料来源：M. Fischer, W. Giehl, and T. Freundt, "Managing Global Brand Investments at DHL," *Interfaces* 41, no. 1 (January–February 2011), pp. 35–50. (A link to this article is provided at www.mhhe.com/Hillier6e.)

问题回顾

1. 对于具有某些特征的非线性规划问题，很难用 Solver 来求解。请列出三种这样的特征。
2. 用来求解有多个局部最优解问题的方法是什么？

9.5 Evolutionary Solver 软件和遗传算法

Excel Solver 中包含许多重要的求解器。2010 版 Excel 之后，这些求解器中最有用的（也可以用于 Analytic Solver）是一种名为 Evolutionary Solver 的搜索程序。

在寻找一个非线性规划模型的最优解时，Evolutionary Solver 所用的搜索方法和 Nonlinear Solver 完全不同。Evolutionary Solver 运用了遗传学、进化论和适者生存的原理。因此，这种类型的算法有时也被称为**遗传算法**（genetic algorithm）。

> Evolutionary Solver 运用了遗传学、进化论和适者生存的原理。

在处理非线性规划问题时，Nonlinear Solver 从单独一个解（初始点）开始，朝着优化解的方向移动。对所有的点来说，Nonlinear Solver 只追踪一个唯一的解（目前为止找到的最好的解）。相反，Evolutionary Solver 从随机产生的大量候选解开始，这些候选解被称为"**群体**"（population）。在求解过程中，Evolutionary Solver 追踪候选解的整个群体。这与 Nonlinear Solver 尝试不同的初始点十分类似，关注众多候选解有助于避免被一个局部最优解所困扰。

在生成了群体之后，Evolutionary Solver 接着对群体创造了新的**一代**（generation），存在的候选解群体结对创造下一代的子孙。借鉴遗传学的原理，这些子孙后代结合了每对父母的一些因子。例如，一个后代可能兼有父母双方的一些可变单元格值和另一方的一些值，而其他可变单元格可能是在父母双方之间均分。

> 每对父母产生的下一代都和自己非常像。

在任何一代解的群体中，有些解是好的（或合适的），有些是不好的（或不合适的）。我们通过计算群体中候选解的目标函数来确定解的合适度。对那些不满足一个或多个约束条件的解的惩罚就是将它们排除在外。接着，借鉴进化论和适者生存的原理，群体中"合适"的成员被允许频繁地繁殖（创造许多后代），而"不合适"的成员不允许繁殖。如此下去，群体最终将变得越来越合适。

遗传算法的另一个关键特征是**变异**（mutation）。与生物学中的基因突变一样，Evolutionary Solver 有时会对群体中的成员进行随机的改变。例如，一个可变单元格的数值可能会被一个新的随机值取代。这种变异可以创造出与其余群体无关的后代。这是非常重要的，因为当困在局部最优值附近时它可以帮助算法解脱出来。

> 只有"合适"的成员，才被允许频繁地繁殖后代。

> 后代中有时会产生随机变异。

Evolutionary Solver 将不断创造新一代的解，直到连续几代都没有改进。然后算法就结束了，并报告到目前为止找到的最佳解。

现在让我们来看一个需要使用 Evolutionary Solver 进行求解的例子。

选择高于市场收益的投资组合

在第 9.2 节中，我们建立了一个模型来寻找风险（投资组合的收益方差）最低并满足最低预期收益的股票投资组合。这类问题可以用 Nonlinear Solver（或 Analytic Solver 中的 Quadratic Solver）解决，因为其约束条件是线性的，并且目标函数是光滑的、边际收益递减的。

现在来考虑投资组合经理的另一个普遍目标——高于市场收益。图 9-22 显示了一个电子表格模型，该模型展示了如何从纽约证券交易所（NYSE）上市的 5 只大型股票中选择投资组合来实现这一目标，这 5 只股票是：迪士尼（DIS）、波音（BA）、通用电气（GE）、宝洁（PG）和麦当劳（MCD）。StockData（D4:H27）显示了这些股票 6 年中（2011～2016 年）的季度表现。第 K 列显示了由纽约证券交易所综合指数（NYSE Composite Index）衡量的市场整体表现。

	A	B	C	D	E	F	G	H	I	J	K
1		Beating the Market (Evolutionary Solver)									
2										Beat	Market
3		Quarter	Year	DIS	BA	GE	PG	MCD	Return	Market?	(NYSE)
4		Q4	2016	13.10%	19.08%	7.47%	−5.59%	6.34%	8.08%	Yes	3.13%
5		Q3	2016	−4.38%	2.28%	−5.17%	1.32%	−3.39%	−1.87%	No	2.21%
6		Q2	2016	−1.50%	3.14%	−0.23%	9.35%	−3.55%	1.44%	No	2.77%
7		Q1	2016	−5.49%	−11.39%	2.87%	4.55%	7.19%	−0.45%	No	0.63%
8		Q4	2015	3.47%	11.10%	24.46%	11.37%	20.84%	14.25%	Yes	3.51%
9		Q3	2015	−9.94%	−4.99%	−4.25%	−7.30%	4.55%	−4.39%	Yes	−9.31%
10		Q2	2015	8.82%	−6.98%	8.03%	−3.75%	−1.58%	0.91%	Yes	−0.86%
11		Q1	2015	11.37%	16.18%	−0.94%	−9.41%	4.90%	4.42%	Yes	0.55%
12		Q4	2014	7.14%	2.63%	−0.42%	9.61%	−0.30%	3.73%	Yes	1.27%
13		Q3	2014	3.83%	0.72%	−1.67%	7.41%	−5.07%	1.05%	Yes	−2.52%
14		Q2	2014	7.08%	1.96%	2.30%	−1.71%	3.59%	2.64%	No	4.29%
15		Q1	2014	4.81%	−7.54%	−6.83%	−0.25%	1.89%	−1.58%	No	1.23%
16		Q4	2013	19.93%	16.59%	18.33%	8.53%	1.70%	13.02%	Yes	8.10%
17		Q3	2013	2.12%	15.23%	3.80%	−1.08%	−2.04%	3.61%	No	5.58%
18		Q2	2013	11.18%	19.93%	1.08%	0.65%	0.09%	6.59%	Yes	0.06%
19		Q1	2013	14.07%	14.66%	11.06%	14.42%	13.92%	13.63%	Yes	7.86%
20		Q4	2012	−3.29%	8.94%	−6.74%	−1.31%	−2.99%	−1.08%	No	2.33%
21		Q3	2012	7.78%	−5.76%	9.81%	14.22%	4.46%	6.10%	Yes	5.76%
22		Q2	2012	10.80%	0.49%	5.01%	−8.10%	−9.05%	−0.17%	Yes	−4.94%
23		Q1	2012	16.74%	1.99%	13.05%	1.56%	−1.53%	6.36%	No	9.76%
24		Q4	2011	26.43%	21.99%	18.83%	6.45%	15.11%	17.76%	Yes	10.09%
25		Q3	2011	−22.76%	−17.60%	−18.56%	0.19%	4.84%	−10.78%	Yes	−18.36%
26		Q2	2011	−9.39%	0.54%	−5.13%	4.07%	11.64%	0.35%	Yes	−1.02%
27		Q1	2011	14.87%	13.94%	10.39%	−3.55%	−0.06%	7.12%	Yes	5.54%
28											
29				0%	0%	0%	0%	0%			
30				<=	<=	<=	<=	<=	Sum		
31			Portfolio	20.0%	20.0%	20.0%	20.0%	20.0%	100%	=	100%
32				<=	<=	<=	<=	<=			
33				100%	100%	100%	100%	100%			
34									Number of Quarters		
35									Beating the Market		
36									16		

图 9-22　为选择在最近几个季度频频战胜市场的投资组合而建立的电子表格模型

注：这是使用 Solver 对话框之前的模型。初始点被输入到可变单元格 Portfolio（D31:H31）。目标单元格是 NumberBeatingTheMarket（J36）。

如果我们假设过去的表现能够在一定程度上预测未来，那么选择在过去 6 年中高于市场收益的投资组合很可能可以获得在未来高于市场收益的投资组合。因此，图 9-22 中模型的目标是选择在这个阶段中高于市场收益的季度数量最多的投资组合。

> 我们的目标是找到最频繁地击败市场的投资组合。

模型中的可变单元格为 Portfolio（D31:H31），代表对每只股票的投资占投资组合的比例。I 列计算了给定的投资组合在每个季度的收益。J 列比较了投资组合收益与市场收益，利用图 9-22 电子表格下方显示的 IF 函数确定投资组合收益是否高于市场收益。目标单元格 NumberBeatingMarket（J36）计算了投资组合收益高于市场收益的季度数量。从图中可以看到，在 5 只股票之间平分的投资组合（每只占 20%）在 6 年的 24 个季度中有 16 个季度收益高于市场。

Nonlinear Solver 几乎不可能用这个模型求解。由于投资组合的变化会在目标单元格中（投资组合收益高于市场收益的季度数）产生瞬间（不光滑）的跳动，所以目标函数是不光滑的。但是，对于可变单元格的一些小变动，目标单元格仍可以保持不变，直到这种变化大到足以引起 J 列中季度从"是"变到"否"（或从"否"变到"是"）。这就会产生一个非常不好的结果：因为投资组合非常小的变化不会导致目标单元格发生改善，所以几乎每个解都是局部极大值。因此，Nonlinear Solver 通常会立即停止搜索，并报告初始解即局部极大值。由于 Nonlinear Solver 不能求解这个模型，所以我们将会尝试使用 Evolutionary Solver。

> Nonlinear Solver 几乎不可能解决此类问题。

应用 Evolutionary Solver 来选择高于市场收益的投资组合

图 9-23 显示了用 Excel 解决图 9-22 中所示模型需要进入的 Solver 对话框。其中目标单元格是 NumberBeatingMarket（单元格 J36），可变单元格是 Portfolio（D31:H31）。它也必须包括下列约束条件：①投资组合相加为 100%；②每只股票占到投资组合的比例在 0% ～ 100%。

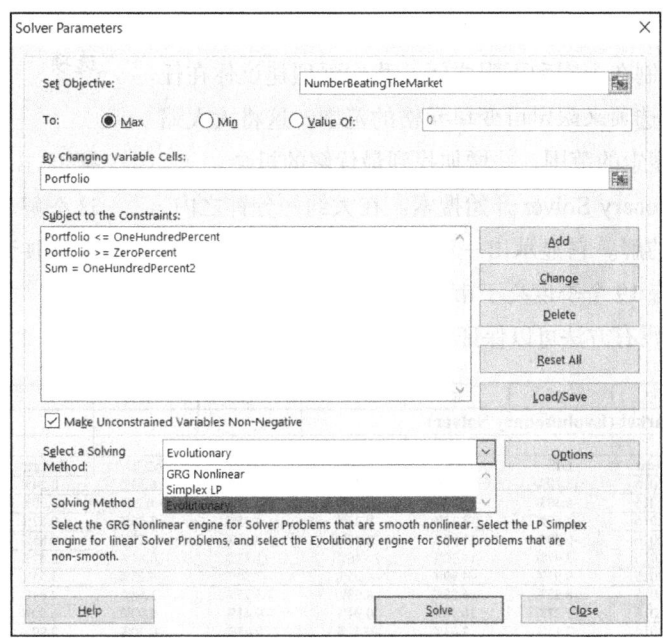

图 9-23　解决图 9-22 所示电子表格模型需要使用的 Excel Solver 对话框

注：选择下拉菜单中的 Evolutionary 选项用来指定 Evolutionary Solver 解决这个问题。

Excel 的 Solver 中有一个下拉菜单，给出了求解方法（Solving Method）的选项。图 9-23 列出了该模型所对应的 Evolutionary Solver 对话框。在 Analytic Solver 中，Solving Method 需要在模型（Model）窗口下的工具（Engine）标签选择，如图 9-24 右侧所示。

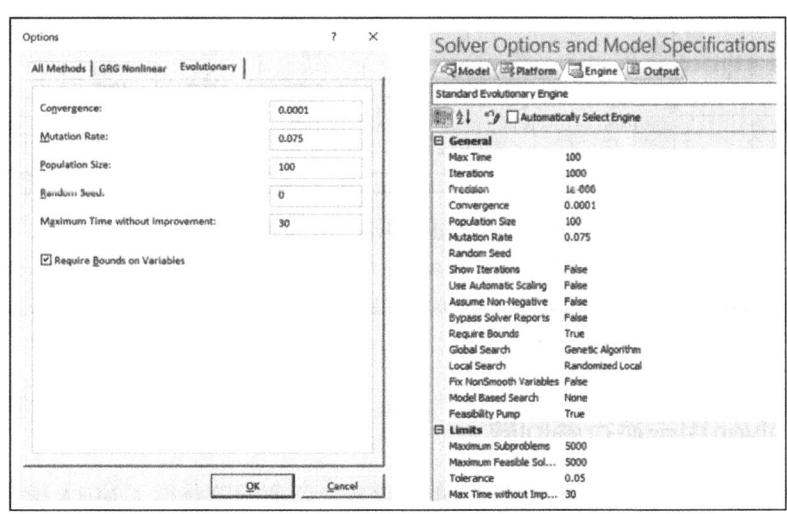

图 9-24　Evolutionary Solver 选项对话框

注：左侧，Excel 的 Evolutionary Solver 选项对话框列出了 Evolutionary Solver 的一些参数。其中显示的初始值对于大多数小型应用问题都是合理的。右侧，在 Analytic Solver 模型（Model）窗口的工具（Engine）标签中列出了同样的选项。

在使用 Excel Solver 时，点击"选项"（Options）按钮，就会产生如图 9-24 所示的 Evolutionary Solver 选项对话框。该对话框使我们可以改变搜索的参数，比如允许搜索持续的最长时间、群体的大小和突变率。Analytic Solver 模型（Model）窗口下工具（Engine）标签同样列出了这些参数，如图 9-24 右侧所示。图 9-24 显示了参数的默认值，对大部分小型应用来说这是合理的。不过，你可以随意尝试不同的参数。例如，增加群体大小或突变率可以解决搜索受阻的问题。

默认选中"变量的要求范围"（Require Bounds on Variables）选项。这就将所有的可变单元格限制在上限和下限之间。我们强烈建议你在任何可能的情况下都使用这一选项来限定可变单元格的范围。这将大大缩小 Evolutionary Solver 需要搜索的范围，并增加找到最优解的机会。

> 请尽量选中"变量的要求范围"选项。

运行 Solver，使 Evolutionary Solver 开始搜索。在大约一分钟之内，就会显示出如图 9-25 所示的解。它显示出一种投资组合，该投资组合收益在 6 年的 24 个季度中有 19 个季度高于市场收益。这个解是最优的吗？也许不是。不幸的是，没有方法可以保证我们找到最优解。然而，它可能是一个较好的解（接近最优解）。

> 通过 Evolutionary Solver 发现的这个解不能保证是最优的，但它至少接近最优。

	A	B	C	D	E	F	G	H	I	J	K
1		Beating the Market (Evolutionary Solver)									
2										Beat	Market
3		Quarter	Year	DIS	BA	GE	PG	MCD	Return	Market?	(NYSE)
4		Q4	2016	13.10%	19.08%	7.47%	−5.59%	6.34%	8.24%	Yes	3.13%
5		Q3	2016	−4.38%	2.28%	−5.17%	1.32%	−3.39%	−3.20%	No	2.21%
6		Q2	2016	−1.50%	3.14%	−0.23%	9.35%	−3.55%	−0.87%	No	2.77%
7		Q1	2016	−5.49%	−11.39%	2.87%	4.55%	7.19%	0.85%	Yes	0.63%
8		Q4	2015	3.47%	11.10%	24.46%	11.37%	20.84%	12.47%	Yes	3.51%
9		Q3	2015	−9.94%	−4.99%	−4.25%	−7.30%	4.55%	−3.55%	Yes	−9.31%
10		Q2	2015	8.82%	−6.98%	8.03%	−3.75%	−1.58%	2.84%	Yes	−0.86%
11		Q1	2015	11.37%	16.18%	−0.94%	−9.41%	4.90%	6.00%	Yes	0.55%
12		Q4	2014	7.14%	2.63%	−0.42%	9.61%	−0.30%	3.99%	Yes	1.27%
13		Q3	2014	3.83%	0.72%	−1.67%	7.41%	−5.07%	0.38%	Yes	−2.52%
14		Q2	2014	7.08%	1.96%	2.30%	−1.71%	3.59%	4.33%	Yes	4.29%
15		Q1	2014	4.81%	−7.54%	−6.83%	−0.25%	1.89%	2.12%	Yes	1.23%
16		Q4	2013	19.93%	16.59%	18.33%	8.53%	1.70%	11.36%	Yes	8.10%
17		Q3	2013	2.12%	15.23%	3.80%	−1.08%	−2.04%	0.61%	No	5.58%
18		Q2	2013	11.18%	19.93%	1.08%	0.65%	0.09%	5.40%	Yes	0.06%
19		Q1	2013	14.07%	14.66%	11.06%	14.42%	13.92%	13.91%	Yes	7.86%
20		Q4	2012	−3.29%	8.94%	−6.74%	−1.31%	−2.99%	−2.77%	No	2.33%
21		Q3	2012	7.78%	−5.76%	9.81%	14.22%	4.46%	6.92%	Yes	5.76%
22		Q2	2012	10.80%	0.49%	5.01%	−8.10%	−9.05%	0.33%	Yes	−4.94%
23		Q1	2012	16.74%	1.99%	13.05%	1.56%	−1.53%	7.28%	No	9.76%
24		Q4	2011	26.43%	21.99%	18.83%	6.45%	15.11%	19.25%	Yes	10.09%
25		Q3	2011	−22.76%	−17.60%	−18.56%	0.19%	4.84%	−9.05%	Yes	−18.36%
26		Q2	2011	−9.39%	0.54%	−5.13%	4.07%	11.64%	0.84%	Yes	−1.02%
27		Q1	2011	14.87%	13.94%	10.39%	−3.55%	−0.06%	6.72%	Yes	5.54%
28											
29				0%	0%	0%	0%	0%			
30				<=	<=	<=	<=	<=	Sum		
31			Portfolio	41.5%	3.0%	5.3%	11.3%	39.0%	100%	=	100%
32				<=	<=	<=	<=	<=			
33				100%	100%	100%	100%	100%			
34										Number of Quarters	
35										Beating the Market	
36										19	

图 9-25　点击 Solver 后生成的解

注：点击 Solver 后，Evolutionary Solver 找到了图 9-22 和图 9-23 中所建模型的解，显示在可变单元格 Portfolio（D31:H31）中。目标单元格 NumberBeatingMarket（J36）说明这个投资组合的收益在 24 个季度中有 19 个季度高于市场收益。再次点击 Solver 按钮，可能会产生一个至少存在一点点不同的投资组合解。

将 Evolutionary Solver 用于旅行商问题

贝基·托马斯（Becky Thomas）刚刚在西雅图的华盛顿大学商学院获得了 MBA 学位，并准备在夏天以驾车游美国的方式来庆祝一下，这段行程还包括前往加盟了棒球大联盟的城市观看棒球赛。然后，她将在秋季回到西雅图开始工作。她正在规划自己的路线以最小化旅行距离。

这个例子是管理科学中的一个著名问题，叫作**旅行商问题**（traveling-salesman problem）。这个问题的常见版本是：一名销售人员需要制定一个销售路线规划，以某种顺序在一系列城市旅行。从一个特定的地点（家）出发，最后再回到家，其目标是找到一条路径使旅行的总距离（或时间）最小化。

图9-26显示了加盟美国棒球大联盟的15个城市。贝基旅行的出发地和终点是西雅图。在按字母顺序列出了将要游览的城市后，每座城市都标上了一个数字（1～14的一个整数）和一个字母代码，如图9-27中的B6:C19单元格和E3:R4单元格所示。数据单元格是Distance（D5:R19），给出了每个城市对之间的旅行距离。需要制定的决策是在回到西雅图前游览各城市的顺序。因此，相应的可变单元格Route（D23:Q23）显示出旅行各阶段游览的不同城市（通过其数字标号引用）。换句话说，在西雅图之后第一座城市的数字标号将在单元格D23中显示出来，第二座城市将在单元格E23中显示出来，依此类推。图9-27所示的电子表格显示了按字母顺序（Anaheim1、Baltimore2、Boston3，等等）游览各个城市的路径。这条路线的总长度为20 990英里。

图9-26　标注出建有美国棒球大联盟球场的15座城市的美国地图（另外还有加拿大的多伦多）

	A	B	C	D	E	F	G	H	I	J	K	L	M	N	O	P	Q	R
1		Tour of the American League Ballparks																
2																		
3		Distance			1	2	3	4	5	6	7	8	9	10	11	12	13	14
4		(miles)		SEA	ANA	BAL	BOS	CHI	CLE	DET	HOU	KC	MIN	NY	OAK	TB	TEX	TOR
5			SEA	0	1134	2708	3016	2052	2391	2327	2309	1858	1653	2841	810	3077	2131	2564
6		1	ANA	1134	0	2647	3017	2048	2382	2288	1532	1577	1857	2794	387	2490	1399	2523
7		2	BAL	2708	2647	0	427	717	358	514	1446	1070	1113	199	2623	950	1357	457
8		3	BOS	3016	3017	427	0	994	657	799	1848	1435	1390	222	3128	1293	1753	609
9		4	CHI	2052	2048	717	994	0	348	279	1083	542	410	809	2173	1160	921	515
10		5	CLE	2391	2382	358	657	348	0	172	1297	819	758	471	2483	1108	1189	296
11		6	DET	2327	2288	514	799	279	172	0	1302	769	685	649	2399	1184	1156	240
12		7	KC	1858	1577	1070	1435	542	819	1302	0	742	1176	1628	1917	981	256	1530
13		8	HOU	2309	1532	1446	1848	1083	1297	769	742	0	443	1233	1681	1171	505	1006
14		9	MIN	1653	1857	1113	1390	410	758	685	1176	443	0	1217	1979	1573	949	906
15		10	NY	2841	2794	199	222	809	471	649	1628	1233	1217	0	2930	1150	1559	516
16		11	OAK	810	387	2623	3128	2173	2483	2399	1917	1861	1979	2930	0	2823	1752	2627
17		12	TB	3077	2490	950	1293	1160	1108	1184	981	1171	1573	1150	2823	0	1079	1348
18		13	TEX	2131	1399	1357	1753	921	1189	1156	256	505	949	1559	1752	1079	0	1435
19		14	TOR	2564	2523	457	609	515	296	240	1530	1006	906	516	2627	1348	1435	0
20																		
21																		
22		Tour	Start	1st	2nd	3rd	4th	5th	6th	7th	8th	9th	10th	11th	12th	13th	14th	End
23		Route		1	2	3	4	5	6	7	8	9	10	11	12	13	14	
24		City	SEA	ANA	BAL	BOS	CHI	CLE	DET	HOU	KC	MIN	NY	OAK	TB	TEX	TOR	SEA
25		Miles Traveled		1134	2647	427	994	348	172	1302	742	1176	1217	2930	2823	1079	1435	2564
26																		
27															Total Miles Traveled	20,990

	B	C	D	E	Q	R
24	City	SEA	=INDEX($C$6:$C$19,D23)	=INDEX($C$6:$C$19,E23)	=INDEX($C$6:$C$19,Q23)	SEA
25	Miles Traveled	=INDEX(D6:D19,D23)	=INDEX($E$6:$R$19,D23,E23)	=INDEX($E$6:$R$19,P23,Q23)	=INDEX(D6:D19,Q23)

	Q	R
27	Total Miles Traveled	=SUM(D25:R25)

图9-27　游览各个城市的路径

注：确定了从西雅图到其他加盟美国大联盟的14座城市然后再回到西雅图的最短路径。可变单元格为Rout（D23:Q23），目标单元格为TotalMilesTraveled（R27）。

第24行利用Excel的INDEX函数，将第23行中各城市的数字编码转化为相应的字母代码。第25行利用INDEX函数查询出了路径中每座城市与前一座城市之间的距离。目标单元格TotalMilesTraveled（R27）将路径中的总行驶距离加总在一起。

由于各个城市只需要浏览一次，这一模型中的一个约束条件是所有的可变单元格都必须是1～14中的一个整数，不能重复。Excel中的Solver和Analytic Solver都包含了一个约束类型，被称为alldifferent，能够满足我们的要求。当n个可变单元格选择从1～n的整数时，将这些可变单元格限制为alldifferent可以使得它们的取值为1～n之间整数且不重复。为了利用Excel Solver实现alldifferent这一约束条件，在Solver中选择Add按钮，弹出Add Constraint对话框，在对话框的左边选择可变单元格（Route），在对话框中间的下拉菜单中选择dif，如图9-28所示。在Analytic Solver中，选择可变单元格（Route），然后在约束菜单中选择Variable Type或Bound子菜单。

INDEX（Range,i）返回的是Range（Range为一块单元格区域）中的第i个元素。INDEX（Range,a,b）返回的是Range中第a行第b列的元素。

进行这样的操作后，得到的模型是非线性的，因为INDEX函数被用来计算距离和alldifferent约束。但是，可以用Evolutionary Solver来找到一条好的路径。利用Evolutionary Solver求解后，得到的解显示在图9-29中的Route（D22:Q22）和单元格D24:R24中。这条路径比图9-27所示的路径改善了很多，总长度为9 105英里，而不是20 990英里。在这个例子中，Evolutionary Solver成功地找到了最优解。

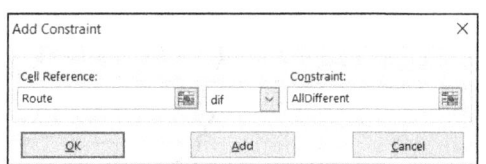

图9-28 Excel Solver中显示alldifferent约束的Add Constraint对话框

	A	B	C	D	E	F	G	H	I	J	K	L	M	N	O	P	Q	R
1		Tour of the American League Ballparks																
2																		
3			Distance		1	2	3	4	5	6	7	8	9	10	11	12	13	14
4			(miles)	SEA	ANA	BAL	BOS	CHI	CLE	DET	HOU	KC	MIN	NY	OAK	TB	TEX	TOR
5			SEA	0	1134	2708	3016	2052	2391	2327	2309	1858	1653	2841	810	3077	2131	2564
6		1	ANA	1134	0	2647	3017	2048	2382	2288	1532	1577	1857	2794	387	2490	1399	2523
7		2	BAL	2708	2647	0	427	717	358	514	1446	1070	1113	199	2623	950	1357	457
8		3	BOS	3016	3017	427	0	994	657	799	1848	1435	1390	222	3128	1293	1753	609
9		4	CHI	2052	2048	717	994	0	348	279	1083	542	410	809	2173	1160	921	515
10		5	CLE	2391	2382	358	657	348	0	172	1297	819	758	471	2483	1108	1189	296
11		6	DET	2327	2288	514	799	279	172	0	1302	769	685	649	2399	1184	1156	240
12		7	HOU	2039	1532	1446	1848	1083	1297	1302	0	742	1176	1628	1917	981	256	1530
13		8	KC	1858	1577	1070	1435	542	819	769	742	0	443	1233	1861	1171	505	1006
14		9	MIN	1653	1857	1113	1390	410	758	685	1176	443	0	1217	1979	1573	949	906
15		10	NY	2841	2794	199	222	809	471	649	1628	1233	1217	0	2930	1150	1559	516
16		11	OAK	810	387	2623	3128	2173	2483	2399	1917	1861	1979	2930	0	2823	1752	2627
17		12	TB	3077	2490	950	1293	1160	1108	1184	981	1171	1573	1150	2823	0	1079	1348
18		13	TEX	2131	1399	1357	1753	921	1189	1156	256	505	949	1559	1752	1079	0	1435
19		14	TOR	2564	2523	457	609	515	296	240	1530	1006	906	516	2627	1348	1435	0
20																			
21		Tour	Start	1st	2nd	3rd	4th	5th	6th	7th	8th	9th	10th	11th	12th	13th	14th	End
22		Route		11	1	13	7	12	2	10	3	14	5	6	4	8	9	
23		City	SEA	OAK	ANA	TEX	HOU	TB	BAL	NY	BOS	TOR	CLE	DET	CHI	KC	MIN	SEA
24		Miles Traveled		810	387	1399	256	981	950	199	222	516	296	172	279	542	443	1653
25																			
26																Total Miles Traveled		9 105

Solver Parameters
Set Objective Cell: TotalMilesDriven
To: Min
By Changing Variable Cells:
　Route
Subject to the Constraints:
　Route = alldifferent
Solver Options:
　Solving Method: Evolutionary

Range Name	Cells
CityName	C5:C19
Distance	D5:R19
MilesTraveled	D24:Q24
Route	D22:Q22
TotalMilesTraveled	R26

图9-29 最优解路径

注：在加入alldifferent约束后，Route（D22:Q22）和（D24:R24）显示出了Evolutionary Solver求解出的从西雅图到加盟美国大联盟的其他14座城市再回到西雅图的路径（原书数据疑有误）。

Evolutionary Solver 的优点和缺点

在求解复杂的非线性规划问题时，与 Nonlinear Solver 相比，Evolutionary Solver 有两个重要的优点。第一，目标函数的复杂性不会影响 Evolutionary Solver。只要函数可以根据给定的候选解进行计算（为了确定适合的水平），那么函数是否有折点、不连续或者有许多局部最优值都没有关系。第二，通过估计所有候选解群体（这些候选解不一定与当前最优解在同一邻域内），Evolutionary Solver 可以避免将局部最优值当作整体最优解。另外，即使整个群体最终向着只是局部最优的解前进，突变仍然可以帮助避免搜索被困在一点上。事实上，由于随机突变的存在，如果一直运行下去，Evolutionary Solver 就可以保证最终找到任何一个最优化问题的最优解。但是，这当然是不切实际的。

> Evolutionary Solver 可以处理目标函数较复杂且有许多局部最优值的问题。

另一方面，我们必须指出，Evolutionary Solver 不是万能的。首先，为了找到最优解，它比 Nonlinear Solver 花费的时间长得多。选择了某些限制性选项后，搜寻更优解的过程可能会持续几个小时甚至几天。其次，Evolutionary Solver 对于有许多约束条件的模型来说，效果不是很好。例如，对于第 2 章到第 6 章中所讨论的许多模型，Linear Solver 能够即刻进行求解，但 Evolutionary Solver 却不能很好地完成任务。再次，Evolutionary Solver 是一个随机过程。在同一个模型上再次运行 Evolutionary Solver 通常会产生一个不同的最终解。最后，找到的最优解通常不是最优的（虽然它可能非常接近最优值）。Evolutionary Solver 最优化的意义与 Solver 中的其他方法是不一样的。在获得一个局部最优值后，它才会继续寻找更好的解。Evolutionary Solver 更像一个聪明的搜索引擎，它尝试不同的随机解。它很可能在一个非常接近最优值的解的地方结束，对于大部分类型的非线性规划问题，它几乎不可能获得精确的最优解（不过，对类似"高于市场收益问题"这类的目标单元格只取整数值的问题来说，Evolutionary Solver 找到最优解的可能性比较高）。因此，可以在运行 Evolutionary Solver 之后再使用 Nonlinear Solver，从 Evolutionary Solver 找到的最优解开始，通过在该解的邻域内进行搜索，看看能否改善这个解。

> Evolutionary Solver 也存在一些局限性。

问题回顾

1. 为什么 Evolutionary Solver 使用的算法被称为遗传算法？
2. Evolutionary Solver 用来选择一代中合适的成员和不合适的成员的标准是什么？
3. 变异对 Evolutionary Solver 有何帮助？
4. 对于求解复杂的非线性规划问题来说，相比 Solver 中的其他求解方法，Evolutionary Solver 有哪两个优势？
5. 与 Solver 中的其他求解方法相比，Evolutionary Solver 有哪三个不足之处？

9.6 利用 Analytic Solver 分析模型并选择求解方法

对某些类型的管理科学问题而言，Solver 是一个强大的工具。因为它可以为需要求解的问题提供最适合的解决方法。现在，你已经了解了所有这些求解方法，分别是：

1. Simplex LP（The Linear Solver）。在前面章节中出现的线性规划和 BIP 问题以及第 9.3 节中，都运用了这一方法。
2. GRG Nonlinear（The Nonlinear Solver）。在第 9.1、9.2 和 9.4 节中出现的某些非线性规划问题都可以用这一方法去解决或尝试去解决。
3. 二次规划（Quadratic）。（Quadratic Solver 只在 Analytic Solver 的 Solver 求解器中才有。）这一方法用来

求解二次规划问题，如第 9.2 节中的第一个例子。

4. 遗传算法（The Evolutionary Solver）。利用这一方法来求解第 9.5 节中出现的某些相对复杂的非线性规划问题。

当求解方法与正在考虑的问题相匹配的时候，这些求解方法会十分有效。当电子表格模型是一个线性规划问题时，Linear Solver 中有一些很好的功能可以处理这类问题。它可以非常快地找到最优解（同样的问题，Linear Solver 要比 Nonlinear Solver 快很多，甚至比 Evolutionary Solver 快几个数量级）。当结果求出后，它同样会给出一份信息量非常丰富的敏感性分析报告，便于进行 what-if 分析，正如第 5 章所述。除此之外，如第 9.3 节所述，Linear Solver 还可以对非线性规划问题进行求解，做法是运用分离规划将非线性规划问题转化为等价的线性规划问题后进行求解。

但是，求解速度非常快的 Linear Solver 不能求解其他类型的非线性规划问题。而如果这类问题具有某些好的特征（如，目标函数是平滑的且其边际收益递减），那么 Nonlinear Solver（如果目标函数是二次函数，就使用 Quadratic Solver）通常可以非常有效地解决这类问题。如果目标函数更加复杂（比如有许多峰值，如图 9-8 所示的例子），Nonlinear Solver 的多起始点特征能够（但不保证）成功找到最优解。如果利润或成本曲线不是平滑的，如有一些不连续的点或结（使用 IF、ABS、MAX 或 ROUND 函数经常会出现这种情况），那么只有 Evolutionary Solver 能够有效解决。

利用 Analytic Solver 选择求解方法

以上一般性的指导准则可以让我们更容易判断应该用哪种方法解决正在面临的问题。但是，有时候确实很难看出应该使用哪种方法，尤其在模型非常大、很难判断目标函数特征的情况下。幸运的是，Analytic Solver 中有一项功能可以帮助你辨别所建模型的类型，因此，你可以根据 Analytic Solver 提供的模型类型选择最合适的求解方法。如果可以，Analytic Solver 中有一项功能可以自动地为模型选出最合适的求解方法。最后，如果你想建立某种类型的模型，但分析表明所建的模型并非你想要的类型，Analytic Solver 就会产生一个报告，指出所建模型的哪部分不符合你之前的期望。（Analytic Solver 提供的这种分析模型的功能在 Excel 的标准 Solver 中没有提供。）

> Analytic Solver 允许你分析模型并确定它的类型，进而选择最合适的求解方法。它甚至可以自动地为你所建的模型选择最适当的求解方法。如果所建模型并非最初想建的类型，Analytic Solver 会产生一个报告，分析原因。这些功能在 Excel 的标准 Solver 中是没有的。

为了展示 Analytic Solver 的这些功能，请重新考虑图 9-13 中提出的投资组合问题。在 Analytic Solver 中的 Optimize 菜单下选择 Analyze without Solving 选项，或点击 Analyze without Solving 按钮（位于 Analytic Solver 中模型（Model）窗口的模型（Model）标签右上方带有复选标识的电子表格图标按钮），就可以对模型进行分析，并在模型（Model）窗口中的模型诊断（Model Diagnosis）下面产生一份报告，如图 9-30 所示。

模型诊断（Model Diagnosis）显示出该模型的类型为 QP Convex。其中 QP 表示该模型是一个二次规划模型（第 9.2 节中描述的一种特殊类型的非线性规划问题），Convex 表示目标函数是边际收益递减的（与图 9-3a 所示相同且同样求最小化）。因此，Nonlinear Solver（或 Analytic Solver 中的 Quadratic Solver）可以很容易地解决这类问题（Quadratic Solver 在求解二次规划问题时比 Nonlinear Solver 的效率更高）。如果模型诊断（Model Diagnosis）显示模型的类型为 NLP Convex，那么，可以用 Nonlinear Solver 求解，此时 Quadratic Solver 就不适用了。

图 9-30 中模型诊断（Model Diagnosis）的 Variables-Functions-Dependencies 下面给出了更具体的模型分析结果。Vars 下面的分析结果列出了模型中决策变量的数量（三个），其中有几个是平滑地出现在目标函数中

的（三个），有几个在目标函数中是线性的（零个）。Fcns 列给出了同样的信息，但这些信息是关于模型中所有函数的——共三个函数，其中一个是平滑的（不是线性的），另外两个是线性的。目标函数（计算投资组合的方差）是平滑但非线性的，而另外两个函数（期望收益和投资组合权重的总和）是线性的。Dpns 列计算了所有变量在所有函数中一共被使用的次数——总共被使用了九次，即有九种从属关系，因为三个函数中每个函数都运用了三个变量。其中，目标函数中的三个变量都是平滑（但非线性）的，剩下的六个出现在另外两个函数中的从属关系是线性的。

如果将这种分析应用于最初的韦恩德公司问题（见图 9-9）或者图 9-28 中建立的旅行商问题，相应的模型诊断（Model Diagnosis）分析结果如图 9-31 左侧部分和右侧部分所示。图 9-31 左侧部分表明最初的韦恩德公司问题属于 LP Convex 类型（一种线性规划模型），其中所有变量和函数都是线性的，因此可以用 Linear Solver 求解。图 9-31 的右侧部分表明旅行商问题属于 NSP 类型（一种非线性规划问题），因此只可以用 Evolutionary Solver 有效地进行求解。

在 Analytic Solver 模型（Model）窗口下的工具（Engine）标签中（见图 9-21），有一个自动选择工具（Automatically Select Engine）选项。选择这个选项后，Analytic Solver 就会使用 Solver engine 自动地根据正在求解的模型的类型寻找最合适的求解方法。如果 Analytic Solver 分析得出某模型是线性的，它便会选择 Linear Solver 进行求解。如果分析得出某函数属于非线性凸函数，它便会选择 Nonlinear Solver 或者 Quadratic Solver（如果目标函数是二次的）进行求解。如果 Analytic Solver 分析得出某模型不是平滑的，那么，它就会选择 Evolutionary Solver 进行求解。

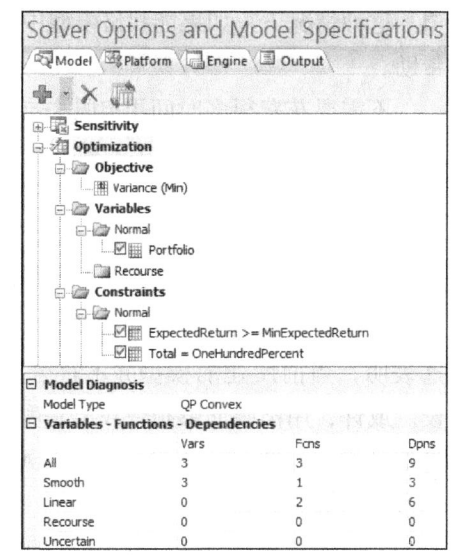

图 9-30　模型分析之后显示出的报告

注：在点击 Analyze Model without Solving 后，模型（Model）窗口的模型（Model）标签部分就会显示模型的信息。对于图 9-13 的投资组合问题，结果表明这是一个凸的二次规划模型。

选择 Automatically Select Engine 选项后，Analytic Solver 会自动地为模型选择最合适的求解方法（线性、非线性、二次或遗传算法）。

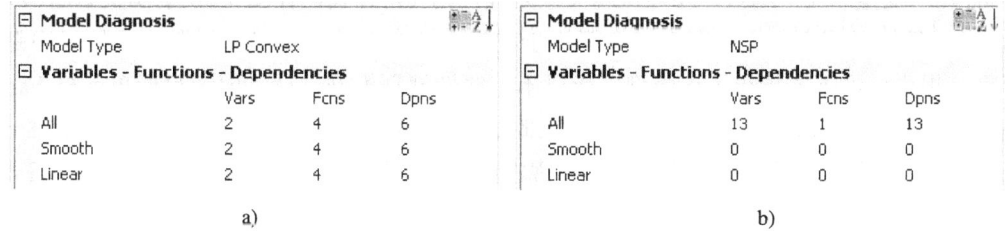

图 9-31　模型诊断的分析结果

注：a 为图 9-9 中原始韦恩德公司问题的模型诊断结果，b 为图 9-28 中旅行商问题的模型诊断结果。结果表明两种模型分别属于线性类型和不平滑类型。

利用 Analytic Solver 进一步分析模型

在一些应用中，我们希望根据实际问题建立的模型最好属于或至少非常接近我们所期望的某种类型（如线性规划模型），且针对这种类型的模型有一种非常有效的求解方法。但是，在为模型建立初始公式后，模型诊断结果（见图 9-30 和图 9-31）可能会显示所建模型并不是之前我们所期望的类型（如 NSP，一个不平滑的问题）。这种情况可能是因为建立的公式中出现了错误。也许，只需要对模型中的某一小点进行修改或进行近似处理就可以使其符合之前我们的期望。另一种原因可能是根据实际问题所建的模型确实不符合我们的期望。这种情况下，如果能找出模型中的哪部分出现了问题而导致它不符合我们之前的期望，将会对我们非常有帮助。

不需要花费很多时间用肉眼去寻找是哪里出现了问题，Analytic Solver 提供了一种方法可以自动且非常快速地找到问题点。为了演示如何实现这一功能，我们假设最初希望建立的是一个线性规划模型。

在为模型建立了初始公式之后，假设 Solver 给出了报错对话框："Solver 工具要求的线性条件不能被满足。"这表明，当前所建的模型并不符合线性规划的线性假设。或许，用肉眼能够很快找出是哪里出现了问题，但是如果找不到的话，让我们看一下 Analytic Solver 是如何帮我们找到的。

重新考虑图 9-13 中已经建立的投资组合问题。我们知道不是一个线性模型，因为风险（Risk）是用方差（Variance）计算的。但是，如果我们没有意识到这一点，Analytic Solver 会给出一个结构报告，指出为什么这个模型不是线性的。首先，在 Analytic Solver 中点击选项（Option）按钮，然后选择最优化（Optimization）标签，就会出现如图 9-32 所示的对话框。在预期的模型

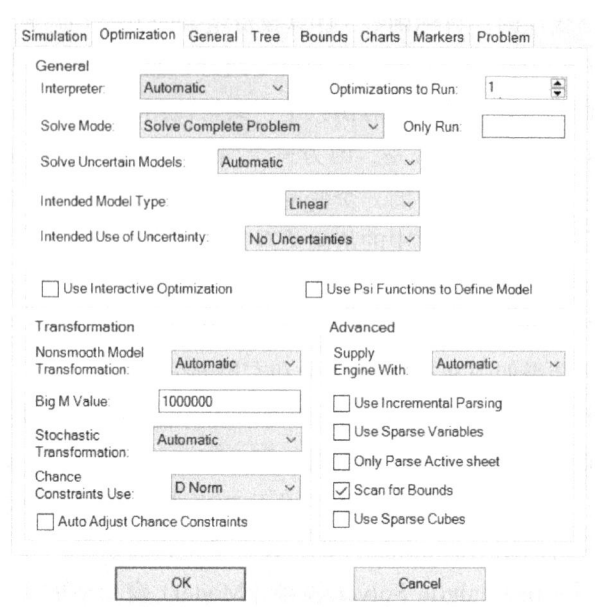

图 9-32　选项对话框中的最优化标签

注：用选项（Options）对话框中的最优化（Optimization）标签详细说明最初想要建立的模型类型。本例中，想要建立的模型（Intended Model Type）是线性（Linear）模型。

（Intended Model Type）下，选择线性（Linear），表明你想要建立线性模型。然后在优化（Optimize）菜单下选择分析模型而不求解（Analyze Model without Solving）。正如我们在图 9-30 中看到的，分析结果表明这个模型不是线性的，因为它属于 QP Convex（二次规划问题）类型。最后，在 Analytic Solver 的报告（Reports）菜单下，选择最优化（Optimization）下的结构（Structure），就会产生如图 9-33 所示的结构报告（Structure Report）。除了显示一共有几个变量、几个函数、几种从属关系是线性的（正如我们在图 9-30 中模型诊断部分看到的）之外，报告还会指出具体是哪个变量或哪个函数不属于我们之前想要建立的类型（在这个例子中是线性规划类型）。具体而言，报告的左下方指出了该模型之所以不是线性规划模型，就是因为目标单元格 Variance（C21）中的函数。右下方进一步指出在这个函数中有三个部分导致函数是非线性的——可变单元格 Stock1（C14）、Stock2（D14）和 Stock3（E14）都以非线性方式出现在函数中。因此，Analytic Solver 的结构报告详细具体地指出了是哪些因素导致该模型不是线性的。

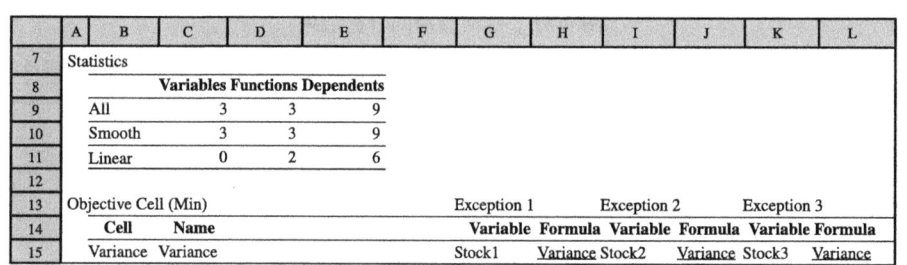

图 9-33　投资组合问题的结构报告

注：当想要建的模型是线性类型时，图 9-13 中投资组合问题的结构报告。报告指出目标单元格（Variance）是非线性的，且三个可变单元格（Stock1、Stock2 和 Stock3）均以非线性方式出现在目标函数中。

在这个例子中，恰当的结论应该是，这个问题的模型不能被建为线性规划模型，因为目标单元格中的函数必须是二次形式的。但是在其他应用中，由于模型的初始规划中出现了错误或者需要将模型重新建立或近似为线性规划问题，结论也可能是模型需要被修改为线性规划模型。

> 利用结构报告，Analytic Solver 可以指出模型的哪些地方是非线性的。

问题回顾

1. 当运用 Excel 中的 IF、MAX、ABS 或 ROUND 函数后，最终的模型属于哪种类型？
2. 如果 Analytic Solver 分析并得出某一模型属于 QP Convex 类型，应该使用哪种求解方法？
3. 如果 Analytic Solver 分析并得出某一模型属于 NLP Convex 类型，应该使用哪种求解方法？
4. 如果 Analytic Solver 分析并得出某一模型属于 NSP（不平滑）类型，应该使用哪种求解方法？
5. 如果想要建立的模型是线性的（线性规划），但是 Solver 给出了错误报告，指出模型是非线性的，Analytic Solver 中的哪种报告可以指出模型的哪些地方是非线性的？

本章小结

除了一个关键的不同，非线性规划模型与线性规划模型拥有同样的特征。在线性规划模型中，所有的数学表达（包括目标函数）都是线性的，但在非线性规划模型中至少有一个数学表达（通常只是目标函数）是非线性的。在电子表格建模时，这意味着如果需要在目标单元格（或其他输出单元格）中输入一个非线性公式，则这个模型就变成了非线性规划模型。本章重点讨论了非线性规划问题的常见类型，即只有在目标单元格中输入非线性公式的情况。只要问题的各活动水平和总体绩效度量指标之间存在非比例关系，目标单元格就需要建立非线性公式。这种关系违背了线性规划的比例性假设。

建立和求解非线性规划模型通常比建立和求解线性规划模型更困难。例如，一些非线性规划模型有许多局部最优解，而当中只有一个解是全局最优解，大部分和最优解相差很多。在电子表格中输入一个初始解后，Nonlinear Solver 只能找到众多局部最优解中的一个，而且无法指出这个解是整体最优，还是只是一个比最优解差很多的解。能够找到哪个局部最优解完全取决于初始解的选择。

然而，当非线性规划模型的边际收益递减时，则这一模型的求解就相对容易。对于这类问题，局部最优解同时也是整体最优解。因此，Nonlinear Solver 找到的解一定是模型的最优解（或者至少是最优解中的一个）。

一些边际收益递减的非线性规划模型还可以用更简单的方法求解，用于活动的利润曲线（或成本曲线）是分段线性的（或至少可以被分段线性近似）情形。在这种情况下，可分离规划可以用来将问题转化为线性规划问题，而线性规划问题对 Solver 来说是最容易求解的问题。

对于更复杂的非线性规划问题，如有许多局部最优值的问题，一种方法是多次运行 Solver，每次将一个不同的初始解输入电子表格的可变单元格。Solver 中有一个选项可以自动尝试多个不同的初始解。

但是，这一处理复杂问题的方法有两个严重的局限。首先，对于有很多个可变单元格的问题，这种方法是行不通的。其次，对于目标函数非常复杂因而导致 Solver 无法找到局部最优值的问题，它是无效的。如果这些问题没有很多约束条件，那么另一种被称为 Evolutionary Solver 的搜索程序可能比较有效。利用遗传学、进化论和适者生存的概念，这个程序可以逐步朝着最佳局部最优值移动。如果有足够的搜索时间（这段时间可能很长），它通常能成功地找到非常接近最优值的解。

因为 Solver 提供了很多求解不同类型非线性规划模型的方法，所以有时，针对一个特定的问题，很难决定选择哪种求解方法。针对一个问题建立电子表格模型后，Analytic Solver 中有一项功能可以对这个模型进行分析，辨别它的类型，进而给出适用的解决方法。如果要求 Analytic Solver 自动选择解决方法，它同样可以做到。如果你想建立某一具体类型的模型（包括线性规划模型），但是 Analytic Solver 告诉你，现在建立出来的模型并非你之前想要建的类型（可能因为公式中出现了错误），Analytic Solver 同样会精确地指出，模型中哪里出现了问题而导致它不是你之前想要建立的类型。

专业术语

curve fitting method 曲线拟合方法 利用利润曲线或成本曲线上已知数值来找到能够最好地拟合这些数据的曲线公式的一种方法。（第9.1节）

decreasing marginal returns 边际收益递减 如果随着活动水平的增加，利润曲线的斜率（陡峭程度）从不增加，反而有时会变小，那么这一活动（利润曲线所表示的）的边际收益递减。（第9.1节）

discontinuity 不连续点 曲线上的某一点，在该点处曲线是不连续的，而是会突然上升或下降。（第9.1节）

Evolutionary Solver Solver 中的一种搜索程序，运用了遗传学、进化论和适者生存的原理。（第9.5节）

generation 代 一组新的候选解，由 Evolutionary Solver 将已出现候选解群体的成员进行配对并创造出下一代的子孙而形成。（第9.5节）

genetic algorithm 遗传算法 一种应用了遗传学观念的算法。（第9.5节）

global maximum 全局最大值 整个曲线上最高的一点。（第9.1节）

local maximum 局部极大值 曲线上的某一点，在该点处曲线达到其局部邻域内的最大值。（第9.1节）

mutation 变异 与生物学中的基因变异类似，这是 Evolutionary Solver 偶尔对当前群体中某个成员做出的随机改变。（第9.5节）

nonlinear solver 非线性规划解决方法 Solver 提供的一种用来解决或尝试去解决非线性规划问题的解决方法。（第9.1节）

nonproportional relationship 非比例关系 如果活动对绩效的贡献与活动水平不成比例，那么某一问题的活动与总体绩效度量指标为非比例关系。（第9.1节）

piecewise linear 分段线性 如果曲线由一系列连接的直线段组成，那么该曲线就是分段线性的。（第9.1节）

population 群体 Evolutionary Solver 随机产生的大量候选解。（第9.5节）

proportional relationship 比例关系 如果活动对绩效的贡献与活动水平成比例，那么某一问题的活动与总体绩效度量指标为比例关系。（第9.1节）

proportional assumption 比例性假设 线性规划问题的一个最基本的假设是每种活动对目标函数的贡献与该活动的水平成比例。（第9.1节）

quadratic programing 二次规划 非线性规划的一种特殊类型，其中目标函数既是二次形式又是边际收益递减，同时所有的约束条件都是线性的。（第9.2节）

本章学习辅助材料

材料下载地址：
www.mhhe.com/Hillier6e

本章 Excel 文件：
建立非线性公式（Constructing a Nonlinear Formular）
多个局部极大值的例子（An Example with Multiple Local Maxima）
初始的韦恩德问题（Original Wyndor Problem）
存在非线性营销成本的韦恩德问题（Wyndor Problem with Nonlinear Marketing Costs）
投资组合的例子（Portfolio Selection Example）
需要加班的韦恩德问题（Wyndor Problem with Overtime）
需要加班并存在营销成本的韦恩德问题（可分离规划）（Wyndor Problem with Overtime and Marketing Costs（Separable Programming））
需要加班并存在营销成本的韦恩德问题（非线性规划）（Wyndor Problem with Overtime and Marketing Costs（Nonlinear Programming））

高于市场收益的例子（Beating the Marketing Example）

在美国棒球大联盟加盟城市之间旅行（Tour of American League Ballparks）

Excel 加载宏：

Analytic Solver

已解决的问题

（答案参见 www.mhhe.com/Hillier6e）

9.S1. 航空机票定价模型

与休闲旅行者相比，商务旅行者的价格敏感性通常较低。知道这一点后，航空公司发现，通过对这两种类型的顾客进行区别定价可以获得额外的利润。例如，航空公司通常对一周中间几天的航班（主要是商务旅客）收取较高的价格，而对包括周六晚住宿的旅行收取较低的价格（主要是休闲旅客）。

假设航空公司估计出了一周中间几天的旅行（主要是商务旅客）以及包括周六住宿的旅行（主要是休闲旅客）的需求与价格的关系，如下表所示。这次飞行由波音777完成，这架飞机能够容纳300名旅客。这一飞行的固定成本为3万美元，变动成本（食品和燃料）为每位旅客30美元。

价格（美元）	需求		
	一周中间几天的旅行	周六住宿的旅行	总计
200	150	465	615
300	105	210	315
400	82	127	209
500	63	82	145
600	49	60	109
700	35	45	80
800	27	37	64

（1）我们可以用一个线性需求函数 $D = a - bP$ 来表示需求（D）关于价格（P）的函数。对于正数 a 和 b，当价格较高时，需求将下降。但是，非线性函数通常能够更好地拟合数据。例如，**固定弹性需求函数**（constant elasticity demand function）就是这样一个函数，如 $D = aP^b$。对于正数 a 和负数 b，当价格较高时，这一函数同样也会得出需求下降的结果。根据上述数据绘制图形，并利用Excel的添加趋势线（Add Trendline）功能找出固定弹性需求函数，使得该函数能够最好地拟合上表中的数据（一周中间几天的旅行需求、周六住宿的旅行需求以及总需求）。

（2）假设航空公司对所有顾客收取单一价格。利用在第（1）问中得到的总需求函数，在电子表格中建立一个非线性规划模型并求解，以确定如何制定价格才能使航空公司的利润最大化。

（3）现在假设航空公司对一周中间几天的旅行和周六住宿旅行的机票收取不同的价格。利用在第（1）问中得到的一周中间几天旅行的需求函数和周六住宿旅行的需求函数，建立一个非线性规划电子表格模型并求解，以确定如何制定这两种类型的机票价格才能使航空公司的利润最大化。

（4）通过对一周中间几天旅行的机票收取较高的价格（与周六住宿旅行的票价相比），航空公司能够得到多少额外利润？

习题

如果以下各题（或题的一部分）的左边加入了 AS 的标志，说明该题应当使用 Analytic Solver（除非你的老师给出不同的指示）。带星号（*）的问题至少有一部分答案会在书后给出。

9.1 阿特金斯公司（J.P. Atkins Company）不久将推出一种新产品。根据该产品四种不同的月产量，对该产品带来的月利润的估计如下表所示：

产量	利润（美元）
200	9 500

（续）

产量	利润（美元）
500	22 500
800	34 000
1 000	40 000

（1）绘制出四种不同产量时的利润，并手工将四点连成一条光滑的曲线（从产量为0和利润为0时开始）。

（2）这个产品是否很好地满足了线性规划的比例

性假设?

(3) 在某种程度上利润并不是严格与产量成比例,那么该产品的边际收益是递减、递增,还是两种都不是?

(4) 利用 Excel 的曲线拟合方法完成:①获得该利润曲线的二次形式的非线性公式;②绘出曲线。

9.2 考虑以下三种情形下活动的利润是如何随活动水平的变化而变化的:

活动水平	利润(美元)		
	情形 1	情形 2	情形 3
0	0	0	0
1	9	6	5
2	16	14	6
3	21	24	3
4	24	36	4
5	25	50	7

(1) 对于每种情况,绘制出不同活动水平时的利润,并手工将点连成一条光滑的曲线,绘制出利润曲线。

(2) 对于每种情况,指出活动的边际收益是递增、递减,还是两者都不是。

(3) 如果第(1)问中的曲线是成本曲线而不是利润曲线,那么你会如何回答第(2)问?

(4) 对每种情况,利用 Excel 的曲线拟合方法完成:①获得该利润曲线的二次形式的非线性公式;②绘出曲线。对于既非边际收益递减也非边际收益递增的活动,评论一下使用二次形式的拟合情况如何。

9.3 芯乐公司(Chiplet Corporation)打算对一种新的微芯片进行生产和销售,这种微芯片比当前市场上任何芯片的功能都强大。毫无疑问,这种微芯片的收益率取决于这个高度竞争和快速发展的市场对产品的接受度。如果销售量较低,公司仍可以获得可观的利润,因为公司当前的设备有足够的生产能力来生产这种微芯片。然而,如果销售量再高一些,公司就需要增加其生产设备,此时如果销售量处于中间水平,微芯片的利润就会下降(完全满足需求仍然是值得的,因为最高管理层的主要目标之一就是不断提高公司的市场份额,而且下一代微芯片已经处在研发之中)。幸运的是,当销售达到相当高的水平时,微芯片的利润将非常丰厚。下面的表格显示了在该微芯片短暂的生命周期中不同销售水平情况下的利润估计。

销量	利润(万美元)
0	0
100 000	1 500
200 000	1 800
300 000	1 300
400 000	400
500 000	100
600 000	600
700 000	3 000
800 000	7 000

(1) 绘制出不同销售水平下的利润,并手工将这些点(或非常接近的点)连成一条光滑的曲线,绘出该利润曲线。

(2) 微芯片的边际收益是递增、递减还是两者都不是?

(3) 利用 Excel 的曲线拟合方法完成:①得出该利润曲线的二次形式的非线性公式(二次多项式);②绘出曲线。

(4) 使用 Excel 选项用三次多项式替代二次多项式,重复第(3)问。

(5) 第(3)问和第(4)问中的 Excel 选项哪一种更好地使利润曲线拟合了数据?

9.4 下表给出了一种新产品在不同生产水平下每天可获得的利润估计。

生产率(R)	每天的利润(P)(美元)
0	0
1	95
2	184
3	255
4	320

因为随着产量的增加,利润并没有成比例地增加(边际收益递减),所以管理科学团队分析了该产品应有的产量(以及其他产品的产量),决定用一个关于生产率 R 的简单非线性函数来近似利润 P。

(1) P 的一种近似表达式为 $P = 100R - 5R^2$(美元)。这一非线性函数求得的 P 值与上面列表中五个 P 值的近似程度如何?

(2) 设 $P = 104R - 6R^2$(美元),重复第(1)问。

(3) 上面哪个非线性函数对所有数据拟合得更好。

(4) 对每种情况，利用 Excel 的曲线拟合方法完成：①得出该利润曲线的二次形式的非线性公式；②绘出曲线。

9.5 阅读第 9.2 节的应用实例的参考文章，文中详细介绍了一项管理科学研究。简单描述非线性规划是如何应用于这项研究的。然后列出由这项研究产生的各种财务和非财务收益。

9.6 重新考虑投资组合的例子，以及第 9.2 节中图 9-13 给出的电子表格模型。在表 9-2 中可以看出，股票 2 具有最大的预期收益，而股票 3 的预期收益最小。但是，可变单元格 Portfolio（C14:E14）显示的最优解要求购买股票 3 的数量比购买股票 2 多得多。虽然购买这么多的股票 3 确实大大降低了投资组合的风险，但一个积极的投资者可能不愿意拥有这么多预期收益较低的股票。

按照这位投资者的要求，我们需要为模型增加一个约束条件，即股票 3 所占份额不能超过投资者指定的比例数值。于是当股票 3 在投资组合中的比例上限为以下数值时，将最优投资组合的预期收益和风险（收益的标准差）与图 9-13 中的进行比较。

(1) 20%

(2) 0%

(3) 利用 Analytic Solver，从 0% ~ 50%，以 5% 为间隔尝试不同的百分比，建立一份参数分析报告。

9.7 股票经纪人理查德·史密斯（Richard Smith）刚刚接到重要客户安·哈蒂（Ann Hardy）的电话。安现在有 50 000 美元资金可以投资，打算用来购买两种股票。股票 1 是具有大的发展潜力且风险较小的蓝筹股。相比而言，股票 2 的投机性要高得多，有两份投资简讯都称该股具有很大的发展潜力，同时风险很高。安希望她的投资能够带来可观的利润，但又相当厌恶风险。因此，她要求理查德分析一下如何在两种股票上分配投资对她将比较有利。她也告诉理查德她计划持有股票三年后再出售。

在研究了这两种股票过去的业绩以及公司前景之后，理查德做出了如下估计。如果现在将全部 50 000 美元投资于股票 1，三年后出售该股票获得的利润预期为 12 500 美元，标准差为 5 000 美元。如果现在将全部 50 000 美元投资于股票 2，三年后出售该股票获得的利润预期为 20 000 美元，标准差为 30 000 美元。两种股票在市场上表现十分独立，因此理查德根据历史数据计算的结果是两种股票利润的协方差为 0。

理查德现在准备利用电子表格模型来确定如何将 50 000 美元分配到两种股票上，并使风险最小，同时至少满足安的最低可接受水平。于是他要求安确定其最低可接受的水平。

(1) 在不存在最低可接受预期收益分配数值的情况下，建立该问题的代数形式的二次规划模型。

(2) 利用电子表格表示上述模型。

(3) 当最低可接受预期收益分别取 13 000 美元、15 000 美元、17 000 美元和 19 000 美元时，对模型进行求解。

(4) 安在大学的专业是统计学，因此她非常了解模型中的预期收益和风险分别代表对应股票投资组合中利润概率分布上的估计平均值和标准差。安以 μ、σ 表示平均值和标准差。另外，她还想起来在一些经典的概率分布中，收益超过 $\mu-\sigma$ 的概率相当高（约为 0.8 或 0.9），而收益超过 $\mu-3\sigma$ 的概率极高（接近 0.999）。计算出第（3）问中四种投资组合的 $\mu-\sigma$、$\mu-3\sigma$ 值。比较在 $\mu-\sigma \geq 0$ 的条件下，哪一种投资组合给安带来的 μ 值最高？

9.8 重新考虑第 9.2 节中的投资组合选择例子，现在找到了第四种股票（股票 4），可以很好地平衡预期收益和风险。单位与表 9-2 的相同，预期收益为 17%，风险为 18%。它与股票 1、2、3 的交叉风险分别为 -0.015、-0.025 和 0.003。

(1) 最低可接受预期收益为 18%，建立该问题的代数形式的修正二次规划模型。

(2) 用电子表格表示上述模型并求解。

AS (3) 根据修正后的问题对图 9-14 中的参数分析报告进行修改。

9.9 阿尔伯特汉森公司（Albert Hanson Company）的管理层正在考虑两种新产品的组合问题，因为两种产品使用同样的设备，而两种产品每小时的组合产量不可能超过 2 个单位。由于这两种产品的销售情况存在不确定性，随着生产率的提高，生产两种产品的边际利润递减。对于产品 1，若每小时的产量为 R_1，估计每小时的利润将

为 $200R_1 - 100R_1^2$（美元），对于产品 2，若每小时的产量为 R_2，估计每小时的利润则为 $300R_2 - 100R_2^2$（美元）。

(1) 为该产品组合问题建立代数形式的二次规划模型，使得每小时的利润最大化。

(2) 在电子表格上建立模型并求解。

AS (3) 利用 Analytic Solver 的 Analyze without Solving 功能来验证该模型是一个二次凸函数模型。

AS (4) 使用适当的方法对该模型进行求解。

9.10 詹森公司（B.J.Jensen Company）生产家用电锯和电动钻孔机。除了圣诞节前后销量会大幅增加外，一年中的销量大致平均。因为这两种产品的生产要求较高的工艺和经验，所以公司一直都维持着稳定的员工水平，只在 11 月加班以增加产量。员工也很支持这种做法，因为他们可以通过加班为假期积攒一些额外的收入。

公司目前的总裁詹森正在考虑即将来临的 11 月生产计划，他手上有如下数据：

	最大月产量①		单位产品利润（美元）	
	正常时间	加班时间	正常时间	加班时间
电动锯	3 000	2 000	150	50
电动钻孔机	5 000	3 000	100	75

① 假设公司的供应商可以提供足够的原材料。

但是，詹森现在意识到，除了员工人数不足之外，还有两个因素制约着 11 月的生产。第一个约束是公司的供电商在 11 月最多只能提供 10 000 单位的电力（只比平常月份多出 2 000 单位），而加工 1 部电锯和电动钻孔机都需要消耗 1 单位电力。第二个约束是齿轮配件的供应商在 11 月只能提供 15 000 单位产品（比平时每月多出 4 000 单位）。每 1 单位的电锯需要 2 单位的齿轮配件，而 1 单位电动钻孔机需要 1 单位该种配件。

詹森现在需要确定 11 月生产多少数量的电锯和电动钻孔机，才能实现公司总利润最大化。

(1) 画出两种产品的利润曲线。

(2) 用可分离规划在电子表格上为该问题建立线性规划模型。求解该模型，并说明最优解表示应该在 11 月生产多少电锯和电动钻孔机。

9.11* 多文公司（Dorwyn Company）生产两种新产品——特种门和窗，并用这两种产品与第 2.1 节中描述的韦恩德玻璃制品公司竞争。公司建立了下面的线性规划模型，以确定利润最大化的产品组合（单位：美元）。

最大化　利润 $= 4D + 6W$

约束条件：
$$D + 3W \leqslant 8$$
$$5D + 2W \leqslant 14$$

且　　　$D \geqslant 0 \quad W \geqslant 0$

但是，因为来自韦恩德公司的强大竞争，多文公司管理层现在意识到需要开展大规模的市场营销才能提高产品的销量。据估计，要保持每周 D 单位的销量，相应的每周营销成本需求为 $D^3 \times 100$ 美元（即 $D=1$，营销成本为 100 美元；$D=2$，营销成本为 800 美元；$D=3$，营销成本为 2 700 美元；以此类推）。而窗的相应营销成本为 $2W^2 \times 100$ 美元。因此，模型的目标函数可表述为：

利润 $= 4D + 6W - D^3 - 2W^2$

(1) 在电子表格上建立该非线性规划模型并求解。

(2) 求出产量为 0、1、2、3 时的利润数值，并建立数据表。

(3) 将上面求得的各点在产量利润图上画出，连续两点之间用直线段（虚线）连接起来。

(4) 在所给数据的基础上，用可分离规划在电子表格上建立该问题的近似线性规划模型。求解模型，并说明多文公司管理层应采取什么样的产品组合。

(5) 将第（4）问中基于可分离规划近似求得的解与第（1）问中线性规划模型获得的解进行比较，看有何区别。

9.12 MFG 公司（MFG Corporation）正计划生产和销售三种新产品，分别用 x_1、x_2、x_3 表示各产品的产量。初步估计三种产品的盈利能力如下。前 15 单位产品 1 的单位利润大约为 360 美元，但是，超过这一数量之后，产品 1 的单位利润就只有 30 美元。前 20 单位产品 2 的利润约为 240 美元，而接下来的 20 个单位产品的单位利润为 120 美元，更后面的产品，单位利润就只有 90 美元。对于产品 3，前 10 单位产品，单位利润为 450 美元，接下来 5 单位产品的单位利润为 300 美元，再增加产品，就只能获得 180 美元的单位利润。

三种产品的生产还受到所需资源的限制，具体约束条件为：
$$x_1 + x_2 + x_3 \leq 60$$
$$3x_1 + 2x_2 \leq 200$$
$$x_1 + 2x_3 \leq 70$$

管理层希望能够了解当 x_1、x_2、x_3 为何值时，可以实现最大利润。

（1）画出三种产品的利润曲线。

（2）利用可分离规划为该问题在电子表格上建立线性规划模型。求解模型，并说明有关 x_1、x_2、x_3 的值，模型结果带给管理层的建议是什么。

9.13 假设运用可分离规划将某一问题（原问题）转化为如下所示等价的代数形式的线性规划模型：

最大化 利润 $= 5X_{11} + 4X_{12} + 2X_{13} + 4X_{21} + X_{22}$

约束条件：
$$3X_{11} + 3X_{12} + 3X_{13} + 2X_{21} + 2X_{22} \leq 25$$
$$2X_{11} + 2X_{12} + 2X_{13} - X_{21} - X_{22} \leq 10$$

且
$$0 \leq X_{11} \leq 2 \quad 0 \leq X_{21} \leq 3$$
$$0 \leq X_{12} \leq 3 \quad 0 \leq X_{22} \leq 1$$
$$0 \leq X_{13}$$

原问题的数学模型是怎样的？请通过画出每个原活动的利润曲线以及用原决策变量写出原问题的约束条件来回答这一问题。

9.14 尼克尔公司（J.R.Nickle Company）的营销副总裁吉姆·马修斯（Jim Matthews）正在为两种不相关的产品策划广告活动，这两种活动需要使用一些相同的资源。因此，吉姆知道在制定这两种广告活动的活动水平决策时，要在资源约束中将两种活动水平一起考虑。具体而言，让 X_1 和 X_2 分别代表广告1和广告2的活动水平，相应的约束条件为 $4X_1+X_2 \leq 20$，且 $X_1+4X_2 \leq 20$。

在面对这些决策时，吉姆清楚地知道，如果一种广告的活动水平太高，会导致收益的下降。在这种情况下，额外的广告费用将会大于由广告带来的净利润（不包括广告费用）的增加值。经过仔细分析之后，他和员工估计，当第一种产品的广告活动水平为 X_1 时，这种产品因广告产生的净利润（包括广告成本）为 $3X_1 - (X_1-1)^2$（单位为100万美元，后面的单位也是如此）。同样地，第二种产品为 $3X_2 - (X_2-2)^2$。

用 P 代表总的净收益，通过下面的非线性规划模型来分析如何确定两种广告活动的活动水平。

最大化 $P = 3X_1 - (X_1-1)^2 + 3X_2 - (X_2-2)^2$

约束条件 $4X_1 + X_2 \leq 20$
$X_1 + 4X_2 \leq 20$

且 $X_1 \geq 0 \quad X_2 \geq 0$

（1）当广告活动的活动水平分别为 $X_1=0, 1, 2, 2.5, 3, 4, 5$（第一种产品）或 $X_2=0, 1, 2, 3, 3.5, 4, 5$（第二种产品）时，为每种产品建立表示其利润值的表格。

（2）利用这些利润值为每种产品手画一个大致的利润曲线图。（注意，当 $X_1=0$ 或 $X_2=0$ 时，利润值为负数，因为在不进行广告宣传的情况下，会损失资金。）

（3）在第一个产品的利润曲线图中，$X_1=0$ 和 $X_1=2$ 的利润点之间、$X_1=2$ 和 $X_1=4$ 的利润点之间、$X_1=4$ 和 $X_1=5$ 的利润点之间画出近似的虚线段。然后在第二个产品的利润图上按同样的规则画出虚线段。

（4）根据第（3）问中得到的近似利润曲线图，并运用分离规划为吉姆·马修斯的问题在电子表格中建立一个近似的线性规划模型，然后求解。模型求解出的两种广告的活动水平会是怎样的？两种产品总的净收益又会是多少？

（5）令 $X_1=0, 2, 2.5, 3, 5$，$X_2=0, 3, 3.5, 4, 5$，重复第（3）问和第（4）问。（这些特殊的数值会使吉姆·马修斯的问题出现最优解。）

（6）直接利用 Excel Solver 对初始非线性规划模型进行建模和求解。并将结果与第（5）问得到的结果进行比较。

（7）利用微积分知识找出使第一个产品的净利润 $3X_1 - (X_1-1)^2$ 取最大值时的 X_1，同样，利用微积分知识找出使第二个产品的净利润 $3X_2 - (X_2-2)^2$ 取最大值时的 X_2。确定这两个值满足非线性规划模型的约束条件。然后将这两个值与第（5）问和第（6）问中得到的结果进行比较。

9.15 阅读第9.4节的应用实例的参考文章，文中详细介绍了一项管理科学研究。简单描述非线性规划是如何应用于这项研究中的。然后列出该项研究产生的各种财务和非财务收益。

9.16 考虑如下非线性规划问题：

最大化　利润 $= x^5 - 13x^4 + 59x^3 - 107x^2 + 61x$
约束条件：$0 \leq x \leq 5$

(1) 在电子表格中为该问题建模，并用 Nonlinear Solver 和 Multistart 功能对模型进行求解。

AS (2) 利用 Analytic Solver 的 Analyze without Solving 功能来确定该模型属于哪种类型。

(3) 利用 Evolutionary Solver 求解该问题。

9.17 考虑如下非线性规划问题：
最大化　利润 $= 100X^6 - 1\,359X^5 + 6\,836X^4 - 15\,670X^3 + 15\,870X^2 - 5\,095X$
约束条件：$0 \leq X \leq 5$

(1) 在电子表格中为该问题建模，并用 Nonlinear Solver 和 Multistart 功能对模型进行求解。

AS (2) 利用 Analytic Solver 的 Analyze without Solving 功能来确定该模型属于哪种类型。

(3) 利用 Evolutionary Solver 求解该问题。

9.18 由于人口的增长，华盛顿州在众议院得到了一个额外的席位，席位总数为10。目前由共和党人执政的州议会需要制定一个方案重新将华盛顿州分区。华盛顿州有18个主要城市需要被分配为10个选举区。下面的表格给出了每个城市登记的选民数量。每个地区必须有150 000～350 000 的注册选民。利用 Evolutionary Solver 将每个城市分配到10个选举区中的某一个，并使选举区内登记共和党人的数量超过登记民主党人数量的选举区的个数最大化（提示：使用 SUMIF 函数）。

城市	民主党人（万）	共和党人（万）
1	15.2	6.2
2	8.1	5.9
3	7.5	8.3
4	3.4	5.2
5	6.2	8.7
6	3.8	8.7
7	4.8	6.9

（续）

城市	民主党人（万）	共和党人（万）
8	7.4	4.9
9	9.8	6.2
10	6.6	7.2
11	8.3	7.5
12	8.6	8.2
13	7.2	8.3
14	2.8	5.3
15	11.2	9.8
16	4.5	8.2
17	9.3	6.8
18	7.2	9.8

9.19 重新考虑第9.5节中的投资组合优化问题，其目标是选择在过去六年中高于市场收益的季度最多的股票组合。

(1) 将每个股票投资20%作为初始点，仅考虑前三年的数据（从2011年第一季度到2013年第四季度）。

(2) 同一个投资组合在未来三年中（从2014年第一季度到2016年第四季度）有几个季度是高于市场收益的？

(3) 评论第(1)问和第(2)问的结论。

9.20 重新考虑第9.5节中的投资组合优化问题，其目标是选择在过去六年中高于市场收益的季度最多的投资组合。

(1) 利用 Evolutionary Solver 找到过去六年中不赔钱的季度最多的投资组合。

(2) 利用 Evolutionary Solver 找到过去六年中收益至少达到10%的季度最多的投资组合。

9.21 重新考虑第2.1节中的韦恩德玻璃公司的问题。

(1) 利用 Linear Solver 求解该问题。

(2) 以生产0扇门和0扇窗为初始点，利用 Evolutionary Solver 求解该问题。

(3) 评论两种方法的结果。

案例 9-1　超级食品公司案例研究续篇

重新考虑第3.1节中讨论的超级食品公司案例研究以及第3.4节中的后续研究。在G&J 广告公司的帮助下，超级食品公司的营销副总裁克莱尔·希文森正在计划为公司的新早点谷类食品"脆始"进行一次广告活动。这次活动将使用三种广告媒体：星期六上午儿童节目电视上的广告；食品与家庭导向杂志上的广告；主要报纸星期天增刊上的广告。需要解决的问题是确定三种广告的最佳组合。

图 3-7 所示的电子表格显示了该问题对应的修改后的线性规划模型。这个模型约束条件包含了广告费用、规划费用、优惠券使用以及管理层的目标即广告所覆盖的孩子和家长的数量。可变单元格 NumberOfAds（C19：E19）显示出根据模型得出的每个媒体上应投放的最优广告数量。目标单元格 TotalExposures（H19）给出了相应的总曝光次数的估计值，受众每看一次广告都被当成广告的一次曝光。

广告活动的最终目标是使公司从广告中获得的销售利润最大化。然而，直接将广告费用和利润联系起来非常困难。因此，我们用总曝光次数来代表利润。这也是为什么图 3-7（以及图 3-1）的目标单元格给出了总曝光次数，而不是总利润。

克莱尔对这样做感到很不安。因为她意识到她的假设——"脆始"推出带来的总利润与广告活动的总曝光次数成比例——仅仅是一个粗略的近似。最重要的原因是在某个广告媒体投放太多广告将会达到一个饱和水平，再多投放一个广告带来的影响大大小于在该媒体上投放的第一个广告。但是，当目标单元格给出曝光次数时，在饱和之后一个人再多看一次广告的计算也与第一次看广告相同（多一次广告曝光）。

为了检验图 3-7 的结论，克莱尔决定尝试将利润直接作为绩效度量指标计入目标单元格。她仔细地将利润定义为由于广告活动而产生的"脆始"第一次销售获得的总利润。那些没有看过广告的消费者由于受到放在货架上的新谷物早点醒目的外包装所吸引而购买所产生的利润被排除在外，因为这些销售与评价广告活动无关。对"脆始"的重复购买也不在考虑之内，因为这些销售主要依赖于第一次购买谷物早点获得的体验，而不是广告活动。

克莱尔要求 G&J 公司的高级合伙人希德为每种媒体上不同数量的广告而引起的对"脆始"第一次购买的数量做出估计。下表显示了希德的估计。

电视广告投放数	销售量	杂志广告数	销售量	周日增刊广告数	销售量
1	1 000 000	5	700 000	2	1 200 000
2	1 750 000	10	1 200 000	4	2 200 000
3	2 450 000	15	1 550 000	6	3 000 000
4	2 800 000	20	1 800 000	8	3 500 000
5	3 000 000	25	2 000 000	10	3 750 000

希德还报告说，可以合理地假设由某种媒体的广告引起的销售应当不会受到在其他媒体上的广告数量的影响，因为不同媒体的受众是不一样的。

据估计，公司从"脆始"产品获得的毛利润为每单位 75 美分。但是，这个毛利润还没包括广告活动的广告成本和规划成本。因此，克莱尔希望在总利润的定义中包括这些成本，以通过考虑总利润来确定最佳广告组合。

（1）对于每一个广告媒体，通过描绘出希德提供的五个点的销售量并连成一条光滑的曲线，画出销售量与广告数量的关系曲线。

（2）对于每一个广告媒体，利用 Excel 的曲线拟合方法完成：①求销售曲线的非线性公式；②绘出曲线。每种情况对曲线的形式尝试三种不同的 Excel 选项——次数为 2 的多项式（二次形式）、次数为 3 的多项式以及对数形式，然后选择你认为最合适的选项。

（3）利用从第（2）问中获得的结论，根据每种广告数量写出总利润（如克莱尔所定义）的表达形式。

（4）利用第（3）问的结论，修改图 3-7 的电子表格模型（可以从 www.mhhe.com/Hillier6e 上获得），使得总利润最大化而不是总受众人数最大化，然后求解模型。

（5）利用希德提供的销售表格，对最大化总利润问题应用可分离规划。

（6）将第（4）问、第（5）问中获得的结论与图 3-7 进行比较，给出你对最佳广告组合的建议（进行简单解释）。你觉得是否值得为了改善图 3-7 使用的线性规划模型而引入非线性利润函数？

案例 9-2 精通股票的选择

在高中上了第一堂经济课之后，莉迪娅（Lydia）就开始考虑她父母的理财行为。他们努力赚钱以维持舒适的中产阶级生活水平，但是他们从来不知道如何有效地使用手上的钱。他们仅仅是将辛苦赚得的工资存入银行，取得微薄的利息（所幸的是还有足够的钱支付莉迪娅的大学学费）。莉迪娅下定决心，一旦她成人，绝对不会像她父母那样保守地理财。

莉迪娅实践着她的誓言，她选修了大学里面所有的财务课程，毕业后在华尔街从事一项令人羡慕的工作，她养成了每天早上看 CNN 财经报道的习惯。她通过网络进行投资，以最小的风险获取尽可能多的收益。她也经常阅读《华尔街日报》和《金融时报》。

莉迪娅同时关注着各种金融期刊上的投资建议，她决定采纳她最喜欢的两个专栏作家的投资建议。乔纳森·泰勒（Jonathan Taylor）在其专栏中推荐了三只股票，他认为这三只股票的收益会远远高于市场平均水平。而共同基金权威唐娜·卡特（Donna Carter）在其专栏中推荐了另外三只股票，她认为这三只股票的收益在明年会超过市场平均水平。

Bigbell 公司（在证券交易所中的股票代号是 BB）是全国最大的电信公司之一，该公司股票的市盈率远低于市场平均水平。过去 8 个月的大量投资使得该股票的收益大幅下降。但是，由于拥有最前沿的新技术，该公司有望大幅提高边际利润。泰勒估计该公司的股票将会在明年从现在的每股 60 美元上涨到 72 美元。

Lotsofplace 公司（LOP）是世界上主要的硬盘驱动器生产商之一。经过几年激烈的价格战，许多公司倒闭了，或被 LOP 之类的公司和其竞争对手收购，该行业目前正经历着大规模的重整。由于硬盘驱动器市场的竞争减少，该行业的收益在下一年有望大幅增加。泰勒估计该公司的股票将会在今年每股 127 美元的基础上上涨 42%。

Internetlife 公司（ILI）在网络公司的多年沉浮中存活下来。随着下一次网络热潮即将来临，泰勒预测该公司的股票价格在一年内会上涨 1 倍，从现在的每股 4 美元涨到 8 美元。

Healthtomorrow 公司（HEAL）是一家领先的生物技术公司，即将获得食品药品监督管理局对几种新药的正式批准。这些新药将会使公司的收入在今后几年增长 20%，其中一种治疗心脏病的药物更是有望赢得高额收益。同时，公司开发的几种口感很好的儿童药物为该公司树立了很好的大众形象，其公共关系的成功肯定会有助于其非处方药的销售。卡特相信该公司的股票可能会在一年内从现在的每股 50 美元提高到每股 75 美元。

Quicky 公司（QUI）是一家快餐连锁店，其分店网络遍布美国。自从该公司 15 年前上市以来，卡特就一直关注它。该公司上市的时候，仅在美国西海岸有几家餐馆，而现在，美国的各州都有它的分店。因为公司一贯注重食品健康，导致其市场份额不断上升。卡特相信该公司股票的表现将继续高于市场的表现，一年内，其股价会在现在每股 150 美元的基础上提高 46%。

Automobile Alliance 公司（AUA）是底特律地区的一家主要汽车制造商，该公司最近推出了两种新车型。新产品的前期销售状况极佳。因此，预计该公司的股票明年会从现在的 20 美元上涨到 26 美元。

莉迪娅在网络上搜索到了这几家公司股票的投资风险，这 6 只股票收益的方差和协方差历史数据如下两个表所示：

公司	BB	LOP	ILI	HEAL	QUI	AUA
方差	0.032	0.1	0.333	0.125	0.065	0.08

协方差	LOP	ILI	HEAL	QUI	AUA
BB	0.005	0.03	−0.031	−0.027	0.01
LOP		0.085	−0.07	−0.05	0.02
ILI			−0.11	−0.02	0.042
HEAL				0.05	−0.06
QUI					−0.02

（1）一开始，莉迪娅希望忽视所有投资风险。在这种情况下，她的最优投资组合决策是什么？也就是她在 6 只不同股票上应分别投资多少，该投资组合总的风险是多少？

（2）莉迪娅认为不能在一种股票上投入超过总额 40% 的资金，在不考虑风险并加入这一约束的情况下，她的最优投资组合是什么？该投资组合的总风险又是多少？

（3）现在莉迪娅将投资风险考虑在内。为了便于在下面几个问题中使用，建立一个二次规划模型，使得她的风险（用投资组合收益的方差来衡量）最小，同时保证她的预期收益不低于她所选择的最低可接受水平。

（4）莉迪娅希望能够获得至少为 35% 的预期收益，同时又要保持最低的投资风险，在这种情况下，最优投资组合该如何？

（5）如果莉迪娅要获得至少为 25% 的预期收益，最低风险是多少？如果预期收益至少为 40%，情况又如何？

（6）在莉迪娅的投资策略中，是否存在任何问题或不足？

案例 9-3　跨国投资

查尔斯·罗森（Charles Rosen）躺在火炉旁的躺椅上，享受着一周假期最后的悠闲生活。作为德国一家大型跨国投资公司的财务分析师，他很少有机会过这种不被打扰的生活。他总是飞来飞去，劳碌奔波，评估各地的投资机会。查尔斯拍了一下躺在他脚下的忠诚的猎狗，喝了一口白兰地，享受着酒的温暖，不由得叹了一口气，他意识到即使在度假的时候，也不得不考虑自己的财务问题。他打开一大堆文件上的一个文件夹，这个文件夹中的资料是关于四年前他大学刚毕业时所进行的一项投资。

查尔斯清楚地记得毕业典礼那一天。他获得了工商管理学位，脑子里装满了学习期间积累的无数的投资想法。在大学期间，查尔斯就一直从事一项收入不菲的工作，从而节省下了一大笔父母为他提供的教育基金。

一毕业，查尔斯就想把这笔钱投到更有利可图的地方。因为他被派到德国工作，所以他开始评估这个国家的投资机会。最后，他决定将 30 000 欧元投在一种 7 年期的 B 债券上。查尔斯是在四年前的上一周（本文中出现的"第 1 年"的 1 月初）购进这一债券的。他认为这个债券是一个很好的投资机会，因为利率很高（如表 1 所示），且会在后面几年有所增加，而且在第 1 年之后，可能随时出售债券。他计算了一下如果在 7 年当中任何一年的年底售出最初价值为 100 欧元的债券可以获得的收益（如表 2 所示），这里的收益包括了本金和利息。例如，假如他将最初价值 100 欧元的债券在第 6 年的 12 月 31 日售出，他可以获得 163.51 欧元（本金 100 欧元，加上利息为 63.51 欧元）。

表 1　7 年的利率

年序号	利率（%）	年获利百分比（%）
1	7.50	7.50
2	8.50	8.00
3	8.50	8.17
4	8.75	8.31
5	9.00	8.45
6	9.00	8.54
7	9.00	8.61

表 2　100 欧元的总收益

年序号	欧元
1	107.50
2	116.64
3	126.55
4	137.62
5	150.01
6	163.51
7	178.23

在前面四年中，查尔斯没有出售任何债券。但是去年德国联邦政府对利息收入加收了资本利得税。德国政府规定每年个人从利息中获得的前 6 100 欧元是不用缴税的，超过 6 100 欧元部分的税率为 30%。例如，若查尔斯的利息收入为 10 100 欧元，他就必须支付 4 000（= 10 100 − 6 100）欧元的 30%，即 1 200 欧元的税款。他的税后收入将为 8 900 欧元。

因为去年新开征的利息税，查尔斯决心重新评估这项投资。他知道，资本利得税会影响 B 债券的潜在收益，但也可能存在着能使收益最大化的方案。如果在不同年份将部分债券售出的话，他可以减少需要交的资本利息税。查尔斯认为这一计划是可行的，因为政府只要求投资者在出售时才支付利息收入的税款。例如，若查尔斯在第 6 年底售出 1/3 的债券，那么他要交的税额为（6 351 − 6 100=）251 欧元的 30%。

查尔斯问了自己几个问题。是否应该将所有的债券持有到第 7 年底？这样的话，他可以在利息上收入 30 000×0.782 3 欧元，但是那一年就必须付出高额的税款。考虑到税款的支出，他想是否可以在今年（第 5 年）年底或者明年年底售出部分债券。

若查尔斯售出债券，他现在的投资选择是有限的。他可以购买利息为 4% 的可转让存单（certificate of deposit，CD），因此他将考察这一投资的回报情况。他碰到一位当地银行的投资顾问，顾问建议他继续持有 B 债券到第 7 年底再出售。她说虽然最后一年在原来 9% 的利率（见表 1）上还要支付 30% 的利息税，总的净利率仍为 6.30%，比存款 4% 的收益率要高很多。

查尔斯决定将其所有的债券都在各年底 12 月 31 日售出。由于在第 7 年的秋季他要进入美国的商学院深造，因此他希望用他的投资支付第二、三、四学期的学费，所以他不会将在德国的投资保持到 7 年以后。

（在前三问中，假设查尔斯售出部分债券后，得到的资金将不再进行投资，因而该部分资金的利息为0。在接下来的后四问中，假设他将获得的资金投入到可转让存单中去。）

（1）建立可以用于下面几题的可分离规划模型。

（2）查尔斯的最优投资策略是什么？

（3）银行投资顾问给查尔斯提供的建议中有一个最基本的错误，是什么？

（4）现在，查尔斯考虑投资可转让存单，最优投资策略又是什么？

（5）如果他最初投资了50 000欧元，那么第5、6、7年的最优投资策略是什么？

（6）查尔斯和他的未婚妻计划在他读商学院的第一年之后结婚。但是查尔斯得知，对于已婚夫妇，每年利息收入的免税点是12 200欧元。如果查尔斯在这一年（投资的第五年）结婚的话，可以为他最初的30 000欧元节省多少支出？

（7）由于德国经济萧条，利率很低并且低利率会持续下去。而美国经济正处于繁荣时期，利率有望上升。利率的提高将会导致美元对欧元升值。查尔斯所在的投资银行的分析家认为目前（第5年）美元对欧元的汇率将保持在1美元兑0.75欧元，而在第7年末将会上升为1美元兑0.9欧元。因此查尔斯打算在第6年初投资于一种两年期的美国政府债券，利率为3.6%，且免税，他打算以此支付学费。为了这项投资，他应该将多少B债券售出换成美元？

更多案例

关于本章的更多案例，可以查阅西安大略大学毅伟商学院网站 www.cases.ivey.uwo.ca/cases 专为本书设计的 CaseMate 部分。

第 10 章 决策分析

学习目标

完成本章的学习后,你应该能够:
1. 确定进行决策分析时所必需的决策环境。
2. 描述运用决策分析组织问题的逻辑。
3. 根据问题的描述构建收益表。
4. 描述并评价基于收益表制定决策的几个可选准则。
5. 应用贝叶斯决策准则求解决策分析问题。
6. 通过构建决策树并求解来处理一系列决策问题。
7. 使用 Analytic Solver 来构建决策树并求解。
8. 应用贝叶斯决策准则进行敏感性分析。
9. 在制定决策之前决定是否值得获取更多的信息。
10. 根据新的信息更新自然状态的概率。
11. 当处理一系列决策问题时使用数据表进行敏感性分析。
12. 用效用来更好地反映收益的价值。
13. 描述决策分析在实际应用中的一些共同特征。

前面几章主要讨论的管理决策问题,是在各种可选决策的结果较为确定的情况下进行的。这种制定决策的环境使得我们能够建立具有目标函数的数学模型(线性规划、整数规划、非线性规划等),来有效描述任何决策组合的预测结果。尽管我们通常无法完全准确地预测这些结果,但至少足以准确到证明选择这些模型(包括 what-if 分析等)是恰当的。

然而,管理人员经常需要在具有更多不确定性的环境中制定决策。下面是一些例子:

1. 制造商向市场推出新产品。这时潜在顾客将会做出怎样的反应?制造商应当生产多少产品?在决定进行全面分销前是否需要在一个小区域中进行试销?为了成功推出产品,制造商需要打多少广告?
2. 一家金融公司投资有价证券。哪些市场板块和单个有价证券的前景最好?经济趋势如何?利率会如何变化?这些因素如何影响投资决策?
3. 政府项目承包商投标一项新的项目。项目的实际成本是多少?其他哪些公司会投标?它们的投标价可能是多少?

4. 农业公司为下一季度选择农作物和家畜的组合。天气状况如何？价格趋势如何？成本会是多少？
5. 石油公司决定是否在特定地点钻探石油。那里有石油的可能性有多大？会有多少石油？需要钻探多深？在钻探前是否需要地质学家进行进一步的勘查？

这样的例子不胜枚举，因为有太多，乃至一系列的决策都需要在巨大的不确定性下制定。而这些商业和生活中的决策制定都可以通过理性决策制定的科学和艺术来大大优化。这就是为什么近几个世纪以来，决策分析领域得到了用心发展。当结果不确定时，决策分析为理性决策提供了一种框架和方法。

第 10.1 节介绍的案例将会贯穿本章，阐明涉及决策分析应用的各个阶段。第 10.2 节着重于选择适当的决策准则。第 10.3 节描述了如何使用决策树来构造和分析决策分析问题。第 10.4 节讨论了如何在决策树的辅助下高效地进行敏感性分析。接下来的四节将讨论是否值得获取更多的信息，以及当值得获取更多信息时，如何使用这些信息来制定一系列决策。第 10.9 节描述了如何在分析问题的同时，对可能的结果进行校准，以反映它们对决策者真正的价值。最后，第 10.10 节讨论了决策分析的实际应用。

另外，作为本章的补充内容，在 www.mhhe.com/Hillier6e 上对多种决策准则进行了详细的描述和评估。

10.1 案例研究：高富布鲁克公司的难题

马克斯·弗雷尔（Max Flyer）是高富布鲁克公司（Goferbroke Company）的创始人和唯一所有者。该公司在未经证实一定存在石油的地区钻探石油。马克斯的朋友们亲切地称他为投机家（wildcatter），但他更愿意称自己为企业家。他将一生的积蓄都花在了公司上，并希望通过发现大型油田使公司壮大起来。

现在他的机会可能来了。因为他的公司购买了大量土地。尽管这些地靠近一些大型油田，但是大型石油公司认为这些土地下面没有石油。现在马克斯得到了关于其中一块土地的比较令人兴奋的报告。一位咨询地质学家刚刚告诉马克斯，他认为这块土地有石油的概率为 1/4。

马克斯已经从惨痛的经验中吸取了教训，他必须对咨询地质学家关于有石油概率的报告持怀疑态度。在这块土地钻探石油大约需要 100 000 美元的投资。如果这块地是干涸的（没有石油），这个投资将会全部损失。因为他的公司没有多少资金，所以这个损失将会非常严重。

另一方面，如果这块地蕴含石油，咨询地质学家估计这些石油能够为公司带来约 800 000 美元的净营收。因此，粗略估计如下：

$$发现石油的利润 = 发现石油的收入 - 钻探成本$$
$$= 800\ 000 - 100\ 000$$
$$= 700\ 000（美元）$$

尽管这不是马克斯一直等待的大发现，但还是会给公司带来相当可观的资金流入，使得公司能够维持运转，直到发现真正的大油田。

此时还有另一个选择。有一家石油公司同样听到了该咨询地质学家的报告，决定出价 90 000 美元来购买这块土地。这是非常诱人的。因为这也可以为公司带来可观的现金流入，而且无须承担损失 100 000 美元的巨大风险。

马克斯会选择将土地卖出而放弃钻探石油吗？

表 10-1 总结了马克斯面临的决策选择和预期收益，所以马克斯进退两难。幸运的是，帮手就在眼前。马克斯的女儿詹妮弗刚刚从一所不错的商学院拿得了学位，开始为她引以为豪的父亲工作。马克斯让女儿应用她所受的商业培训来帮助自己分析这个问题。由于在大学里学过管理科学，詹妮弗建议应用决策分析。马克斯为女儿接受良好教育支付了大量的费用，所以他同意试一试女儿的建议。

表 10-1 高富布鲁克公司可能的利润

土地状况 备选方案	利润	
	有石油	干涸
钻探石油（千美元）	700	−100
出售土地（千美元）	90	90
概率	1/4	3/4

詹妮弗与父亲关于这个问题的对话开始了。

詹妮弗：你认为咨询地质学家对于这块地"有 1/4 的概率有石油"的估计有多大的可信度？

马克斯：可信度不大。这些人有时好像在凭空夸大数据。他们总是想让我们相信那里有石油，但是概率可能是 1/3，或者 1/5。实际上他们自己并不确定。

詹妮弗：有没有途径能获得更多的信息来降低不确定性呢？这是使用决策分析方法的一个重要选择。

马克斯：有的。我们可以安排在这块土地上进行详细的地震勘探，这会在一定程度上提高有石油概率的确定性。但是我们不会百分之百确定是否有石油，除非进行钻探。而且这些地震勘探花费巨大。我得到了对这块土地进行勘探的报价：3 万美元！而结果可能只告诉我们"很可能有石油"。所以如果我们进行了钻探，也可能什么都找不到。除了钻探成本 10 万美元外，又要损失 3 万美元的勘探成本。总共损失 13 万美元几乎会使我们破产。

詹妮弗：好。让我们先把地震勘探放在一边。还有一个关键的问题需要考虑。好像我们不能仅仅局限于用钱来分析可能带来的后果。损失 13 万美元带来的伤害远远超过获得 13 万美元带来的帮助。

马克斯：没错！

詹妮弗：决策分析有一种通过效用概念来考虑这一问题的方法。一个结果的**效用**（utility）衡量的是这个结果对你的真实价值而不是货币价值。

> 结果的效用衡量的是这个结果对决策者的真实价值。

马克斯：听起来不错。

詹妮弗：这是我建议我们要做的工作。我们先从简单的开始，不考虑地震勘探的选择，也不用效用。我会向你介绍决策分析如何组织我们的问题，以及它提供的用于制定决策的准则。你可以选择你认为合适的准则，然后我们看一看是否值得进行地震勘探。如果值得，如何以最佳的方式使用这些信息。在此之后，我们要仔细分析这个问题，包括使用效用。我想当我们完成了这个过程，并且制定了决策后，你会对你选择的最佳决策感到满意。

马克斯：好。那我们就开始吧。

下面就是詹妮弗为他父亲提供的使用决策分析组织问题的逻辑方法。

决策分析术语

决策分析有一些专门的术语。

决策者（decision maker）是对正在考虑制定的决策（或一系列决策）负责的个人或团体。对于高富布鲁克公司的问题，决策者是马克斯。詹妮弗（管理专家）能够协助进行分析，其目的是帮助决策者找出从决策者视角出发的最佳决策。

备选方案（alternatives）是决策者在制定决策时的选择。马克斯的备选方案是钻探石油或出售这块土地。

决策的结果会受到决策者无法控制的随机因素的影响。这些随机因素决定了决策执行中的各种情况。每一种可能的状况被称为一种可能的**自然状态**（state of nature）。对于高富布鲁克公司的问题，可能的自然状态为这块土地有石油或没有石油。

决策者通常会拥有一些关于"特定自然状态出现可能性"的信息。这些信息可能仅仅是基于个人经验或直觉的主观估计，或是某种程度的确凿证据（如咨询地质学家的报告）。这些估计用概率的形式表达出来就被称为特定自然状态的**先验概率**（prior probabilities）。对于高富布鲁克公司的问题，咨询地质学家提供了如表10-2所示的先验概率。尽管这可能不是基于更多信息（如地震勘探）所得到的真实概率，但这是在获得更多信息之前所能得到的最好的概率估计（在本章的后面，我们将会分析是否值得进行地震勘探，所以当前的问题是不进行地震勘探时该做什么，将作为高富布鲁克公司的首要考虑问题）。

表 10-2　高富布鲁克公司问题的先验概率

自然状态	先验概率
有石油	0.25
干涸	0.75

任何一种决策的"备选方案及自然状态的组合"都会导致某种结果。**收益**（payoff）是衡量决策结果对决策者价值的量化指标。在大多数情况下，收益以货币价值表示，比如利润。如表10-1所示，高富布鲁克公司目前的收益就是利润（见第10.9节，公司的收益将会以效用的形式重新表述）。

收益表

当对问题进行系统描述时，明确所有的备选方案及可能的自然状态非常重要。在从决策者的视角确定了适当的收益度量方法后，下一步就是要估计每一种备选方案和自然状态的组合所对应的收益。这些收益显示在**收益表**（payoff table）中。

表10-3显示了高富布鲁克公司问题的收益表。收益的单位是千美元。注意在最下面一行显示了自然状态的先验概率，来源于表10-2。

表 10-3　高富布鲁克公司问题的收益表

备选方案	自然状态	
	有石油	干涸
钻探石油（千美元）	700	−100
出售土地（千美元）	90	90
概率	0.25	0.75

问题回顾

1. 马克斯正在考虑哪些决策备选方案？
2. 咨询地质学家估计的那块地有石油的概率是多少？
3. 马克斯在多大程度上相信咨询地质学家关于那块地有石油的概率估计？
4. 通过什么方法可以获得关于出油概率的更多信息？
5. 什么是可能的自然状态？
6. 什么是先验概率？
7. 收益表里的收益代表什么？

10.2　决策准则

表10-3给出了高富布鲁克公司问题的收益表，当要决策是钻探石油还是出售土地时应该采用什么准则呢？对于该问题并没有唯一正确

> 没有一个决策准则在所有的决策情景下都是最合适的。

的答案使其适用于任何决策者。决策准则的选取主要取决于决策者自己的性格和对决策的态度，以及制定决策的环境。马克斯作为高富布鲁克公司的所有人，需要最终决定哪一个决策准则最适合自己的处境。

几十年（甚至几个世纪）以来，人们提出了大量的决策准则来指导当收益表提供了多种信息时应如何制定决策。所有这些准则都在某种程度上考虑了收益，有一些准则还考虑了自然状态的先验概率，另一些准则却没有在任何程度上使用概率。虽然每个准则都有其合理性和缺陷，但是最近几十年来，绝大多数管理科学家都得出结论，这些准则中的**贝叶斯决策准则**特别适合大多数决策者在大多数情况下使用。因此，在这一节描述并讨论贝叶斯决策准则后，剩余的章节将会集中讨论如何在各种不同情况下运用这一准则。

> 贝叶斯决策准则是大多数情况下推荐使用的决策准则。

不过，在讨论贝叶斯决策准则前，我们先简要介绍三种最重要的备选决策准则。这三种备选准则都特别简单和直观。同时，每个准则在某种程度上又都很肤浅，因为它们只关注了收益表中的一条信息，而不考虑其余的信息（包括其余两种准则所考虑的信息）。但是，许多人在现实生活中经常非正式地使用这些准则中的一个或多个。前两个准则没有使用先验概率，在难以获得或根本就无法获得相对可靠的先验概率值时，这两种准则更合理些。贝叶斯决策准则与这些决策准则有很大的不同，因为它采用了一种更加结构化的决策方法从而充分利用了收益表中的所有信息。

在 www.mhhe.com/Hillier6e 上包含标题为"决策准则"（Decision Criteria）的补充材料，该材料提供了对这三种决策准则以及其他三种更复杂准则的详细讨论和评价。（补充材料中其他三种决策准则包括：**等可能性准则**（equally likely criterion），即为每种自然状态分配相同的概率；**极小极大后悔准则**（minimax regret criterion），即将决定产生的不良后果导致的后悔值最小化；**现实主义准则**（realism criterion），即基于决策者的悲观及乐观程度指标进行决策。）

不使用概率的决策准则：乐观准则

乐观准则（maximax criterion）是完全乐观主义者的决策准则。它只关注可能发生的最好情况。下面介绍如何使用这一准则：

1. 对每一种备选方案，确定其每一个自然状态下的最大收益。
2. 找出这些最大收益中最大的那个，选出相应的备选方案。

这种决策准则的基本原理是：它为"最好的可能结果"（在整个收益表中最大的收益）的出现提供了机会。乐观主义者相信最有可能出现的自然状态会是结果最好的状态。

> 乐观准则总是选择能够带来最大可能收益的备选方案。

表 10-4 给出了针对高富布鲁克公司问题应用这一准则的过程。首先从收益表（表 10-3）开始，不使用先验概率（因为这一准则忽略了先验概率）。右边多出的一列给出了每个备选方案的最大收益。既然这些备选方案的最大收益中的最大者 700（千美元）必定是整个收益表中的最大收益，那么在这个准则下，相应的备选方案（钻探石油）就会被选择。

> 这一准则忽视了先验概率。

表 10-4 对高富布鲁克公司问题应用乐观准则

备选方案	自然状态		行中最大值
	有石油	干涸	
钻探石油（千美元）	700	−100	700←最大的最大值
出售土地（千美元）	90	90	90

这个准则最大的缺陷就是它完全忽视了先验概率。例如，即使发现石油的机会微乎其微，它也会始终认为高富布鲁克公司应该钻探石油。另一个缺陷是它忽视了除了最大收益以外的其他所有收益。例如，即使出售这块土地的收益是 699（千美元），它仍然会认为高富布鲁克公司应该钻探石油。

不使用概率的决策准则：悲观准则

悲观准则（maximin criterion）是完全悲观主义者的决策准则。与乐观准则相反，它只关注可能发生的最差情况。下面介绍如何使用这一准则：

1. 对每一个备选方案，确定其每种自然状态下的最小收益。
2. 找出这些最小收益中最大的那个，选择相应的备选方案。

> 悲观准则总是选择能够为最小可能收益提供最大保证的备选方案。

这种决策准则的基本原理是：它为不幸的结果提供了最好的可能保护。即使每种备选方案下都认为最坏的自然状态将要发生，即完全悲观主义者所认为有可能发生的那种情况，由这种准则做出的选择还是可以给出在这种情况下最好的可能收益。

表 10-5 给出了高富布鲁克公司问题应用这一准则的过程。它和表 10-4 最基本的不同在于：最右边的那列数字是所在行的最小值而不是最大值。因为 90（千美元）是"行中最小值"这一列数字中最大的一个，所以被选定的备选方案是出售土地。

表 10-5　对高富布鲁克公司问题应用悲观准则

备选方案	自然状态		行中最小值
	有石油	干涸	
钻探石油（千美元）	700	−100	−100
出售土地（千美元）	90	90	90 ←最大的最小值

这个准则的缺陷与乐观准则相似，它也完全忽视了先验概率，即使几乎可以肯定钻探会发现石油，这个准则也会坚持认为高富布鲁克公司应该出售土地。此外，它忽视了除"最大的最小值"以外的所有收益，哪怕钻探并成功发现石油的收益为 10 000（千美元），它也同样会认为公司应该出售土地。

> 这个准则也忽视了先验概率。

使用概率制定决策：最大可能性准则

最大可能性准则（maximum likelihood criterion）着眼于最可能出现的自然状态，下面介绍如何使用这一准则：

1. 找出先验概率最大的自然状态。
2. 选择在这种自然状态下收益最大的备选方案。

这一决策准则的基本原理是假设最有可能出现的自然状态将会出现。与假设出现任何其他自然状态相比，这样的假设给我们提供了一个更好的机会来获得我们希望的结果。而且，只需要确定最有可能出现的自然状态，不用对次可能出现的自然状态的先验概率进行近似估计。

> 最大可能性准则假设最有可能出现的自然状态会出现，并选择这个状态。

表 10-6 给出了该准则在高富布鲁克公司第一个问题中的应用过程。它和前面给出的表 10-3 所示的收益表相同，但标明了应用此准则的第一步（选取干涸的自然状态）和第二步（选取出售土地这个备选方案）。因为干涸是具有较大先验概率的自然状态，所以我们只考虑干涸这一列的收益（−100 和 90）。这两个收益中较大的一个是 90，所以我们选择相应的备选方案，即出售土地。

表 10-6 对高富布鲁克公司问题应用最大可能性准则

备选方案	自然状态		
	有石油	干涸	
钻探石油（千美元）	700	−100	
出售土地（千美元）	90	90	←第二步：最大值
先验概率	0.25	0.75	
		↑第一步：最大值	

这个准则也存在着一些缺陷。一个是在多种自然状态下，最可能发生的状态可能有相对较低的先验概率，在这种情况下，单独基于这种状态的决策就没有什么意义了。另一个更严重的缺陷是它只考虑了整个收益表中唯一最有可能出现的自然状态的收益，而完全忽视了其他收益（包括任何巨大的收益或致命的损失）。例如，不管发现石油的收益是多么巨大，只要干涸比有石油的先验概率高一点点，它就会自动地认为高富布鲁克公司应该出售土地，而不应该去钻探石油。

> 这一准则忽视了除最大可能自然状态外的所有收益。

使用概率制定决策：贝叶斯决策准则

贝叶斯决策准则（Bays' decision rule）直接使用可能出现的自然状态的先验概率：

1. 对于每一种备选方案，将每一个收益乘以相应自然状态的先验概率，再把乘积相加就得到了收益的加权平均值。在统计上，这一加权平均值被称为这个备选方案的**期望收益**（expected payoff，EP）。
2. 贝叶斯决策准则选择期望收益最大的备选方案。

图 10-1 给出了该准则在高富布鲁克公司第一个问题中的应用（单位：千美元）。B 列、C 列和 D 列显示了表 10-3 给出的收益表。单元格 F5 和 F6 利用输入到这两个单元格的公式执行了第一步，即：

F5 = SUMPRODUCT（PriorProbability，DrillPayoff）= 0.25×（700）+ 0.75×（−100）= 100

F6 = SUMPRODUCT（PriorProbability，SellPayoff）= 0.25×（90）+ 0.75×（90）= 90

	A	B	C	D	E	F
1		Bayes' Decision Rule for the Goferbroke Co.				
2						
3		Payoff Table	State of Nature			Expected
4		Alternative	Oil	Dry		Payoff
5		Drill	700	−100		100
6		Sell	90	90		90
7						
8		Prior Probability	0.25	0.75		

Range Name	Cells
DrillPayoff	C5:D5
ExpectedPayoff	F5:F6
PriorProbability	C8:D8
SellPayoff	C6:D6

	F
3	Expected
4	Payoff
5	=SUMPRODUCT(PriorProbability,DrillPayoff)
6	=SUMPRODUCT(PriorProbability,SellPayoff)

图 10-1 用贝叶斯决策准则求解高富布鲁克公司第一个问题的 Excel 模板

注：其中对单元格 F5 和 F6 中的期望收益的比较表明，应该选用钻探石油这一备选方案，因为它的期望收益最大。

由于钻探的期望收益等于100（单元格F5），大于出售这块土地的收益90（单元格F6），因此这个准则建议进行钻探。

同其他准则一样，这个准则不能保证所选择的方案在实际情况发生时会成为最佳方案，但它提供了另一个保证，如下所述：

特定备选方案的期望收益可以被理解为在相同的情况下重复足够多的次数所出现的平均收益。因此，从平均的角度来说，重复使用贝叶斯决策准则制定决策会比使用其他准则带来更大的长期收益（假设先验概率是有效的）。

> 一般来说，贝叶斯决策准则在长期提供了比其他准则更大的收益。

因此，如果高富布鲁克公司拥有许多具有同样收益表的土地，则在所有的土地上钻探石油的平均收益大约为100千美元，而出售这些土地得到的平均收益大约是90千美元。下面的计算表明，每四块土地中有一块有石油（如先验概率所示）的情况下进行钻探所带来的平均收益为（单位：千美元）：

$$在一块土地上发现石油：收益 = 700$$
$$三块土地是干涸的：收益 = 3 \times (-100) = -300$$
$$总收益 = 400$$
$$平均收益 = \frac{400}{4} = 100$$

然而，在"平均规则"下，获得这样一个平均收益要求钻探很多块干涸的土地才能够说明这些土地下有25%的概率蕴藏着石油。如果没有足够的资金，那么公司在走了一长串霉运之后仍然能够生存下来的可能性不大。

这个准则也受到了一些批评。下面是对它的一些主要批评：

1. 在确定先验概率时，仍然有相当大的不确定性，因此将这些数据作为先验概率并不能体现可能出现结果的真实概率（第10.4节将讨论如何在这种情况下使用敏感性分析解决问题）。
2. 先验概率在很大程度上是主观的，然而合理的决策应当基于客观的数据和程序来制定（第10.6节将描述如何获得新的信息来改进先验概率以使它们更加客观）。
3. 通过关注平均结果，期望（货币上的）收益忽视了结果的变动对决策的影响。例如，由于高富布鲁克没有足够的资金承受巨大的损失，出售土地以保证90千美元的收益可能比进行钻探得到100千美元的期望收益更可取。如果土地是干涸的，出售土地可以避免钻探带来的巨大损失风险。（第10.9节将讨论如何使用效用更好地反映收益的价值。）

> 贝叶斯决策准则仅考虑了期望收益，而没有特别考虑出现灾难性损失的可能性。

那么，为什么这个准则通常被称为贝叶斯决策准则呢？因为这个准则是18世纪的一位以哲学家和数学家的身份闻名于世、不喜欢循规蹈矩的英国大臣——贝叶斯提出的，尽管同样的基本思想早已在经济领域中存在（确实是这样，一些管理科学技术都拥有很古老的根源）。贝叶斯的决策理念在今天仍然有相当大的影响，许多管理学家深信贝叶斯的哲学，他们甚至将自己称为贝叶斯学派。

最近，流行将这一准则称为"**预期货币价值（EMV）准则**"（expected monetary value criterion），原因是收益表中的收益是用货币表示的（如，收益是多少美元），这种情况下，每种备选方案的期望收益也就是其预期货币价值。但是，在那些不使用货币来衡量收益的情况下，用这个词是不恰当的（如第10.9节）。因此，在所有情况下，我们都只使用"贝叶斯决策准则"来表示这一准则。

由于这个准则应用广泛，所以本章其余部分的决策过程将以这个准则为基础进行分析。

马克斯的反应

马克斯：这告诉了我们什么？

詹妮弗：现在你要决定，在目前情况下哪一个准则更适合你。

马克斯：我对任何一个准则都不是很满意，但听起来好像最后这个准则应用很广。

詹妮弗：是的。

马克斯：为什么？

詹妮弗：有两个原因。第一，这是一个使用所有可用信息的准则。先验概率可能不如我们期望的那样准确，但它们大致让我们知道了每一种可能的自然状态出现的概率。许多管理科学专家认为使用这些关键的信息能够制定出较好的决策。

马克斯：我不太同意这个看法。第二个原因是什么？

詹妮弗：第二，我们之前提过，这个准则关注的是在相同的情况下重复足够多的次数所出现的平均收益，我们称之为期望收益。从长期来看，连续选择最佳期望收益的备选方案能够使公司获得最大的利益。而做出最有利于公司长期发展的决策，对管理人员来说是理性决策。

> 贝叶斯决策利用了收益表中提供的所有信息。

问题回顾

1. 乐观准则如何选择备选方案？哪一类人会觉得这个准则有吸引力？
2. 对乐观准则的批评有哪些？
3. 悲观准则如何选择备选方案？哪一类人会觉得这个准则有吸引力？
4. 对悲观准则的批评有哪些？
5. 最大可能性准则关注哪种可能出现的自然状态？
6. 对最大可能性准则的批评有哪些？
7. 贝叶斯决策准则如何选择备选方案？
8. 备选方案的期望收益如何计算？
9. 对贝叶斯决策准则的批评有哪些？

10.3 决策树

图 10-1 中的电子表格提供了一种很有用的采用贝叶斯决策准则进行决策分析的方法。另一种采用此准则的方法是**使用决策树**（decision tree），以图形的方式表示和分析问题。高富布鲁克公司第一个问题的决策树如图 10-2 所示。从左向右，该图显示了整个事件的渐进过程。首先，需要制定的决策是：是在这块地上钻探石油，还是将这块土地出售。如果决策是进行钻探，下一个事件是了解这块土地下面是否有石油。最后，便会得出各种事件所对应的收益。

在决策术语中，交会点称为**节点**（node）（或**分岔**（fords）），从节点出发的线称为**分支**（branch）。节点有两种类型：**决策节点**（decision node）用方块表示，表明在这一点上需要进行决策。**事件节点**（event node）（或**机会节点**（chance node））用圆圈表示，表明在这一点上会发生随机事件。

由于要制定钻探还是出售的决策，图 10-2 的节点 A 是一个决策节点，而节点 B 是一个事件节点，因为某种可能出现的自然状态即随机事件将在那里发生。两条分支都是从事件节点中分出来的，代表了可能出现的随

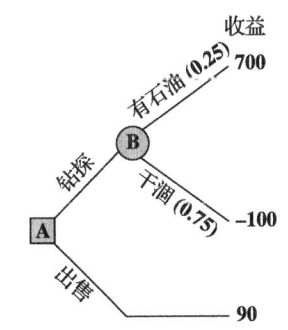

图 10-2 表 10-3 描述的高富布鲁克公司问题的决策树

机事件。分支上括号中的数字代表这个事件发生的概率。

决策树在使问题可视化并对问题进行分析时很有用。对如图10-2所示的小问题来说，在分析过程中可以选择性地使用决策树。然而，决策树一个非常好的特点是，它还可以用于分析需要制定一系列决策的更加复杂的问题。在第10.7节和第10.9节中，你将会看到它在高富布鲁克公司决定钻探还是出售前，决定是否进行地震勘探时的应用。

决策树的电子表格软件

我们将说明并展示如何应用Analytic Solver在Excel中构建决策树并分析。软件安装的指导信息在本书的网站www.mhhe.com/hillier5e上均可找到。如果你使用的是Mac版本的Excel（Analytic Solver和Mac版本的Excel是不兼容的），或者你的导师或你倾向于使用不同的软件，在本书网站上都有关于TreePlan（Excel中另一个被广泛用来构建和分析决策树的插件）的介绍。

使用Analytic Solver创建决策树之前，在DecisionTree/Node菜单选择Add Node，就会出现图10-3所示的对话框（单位：千美元）。在这里你可以选择节点的类型（决策型或事件型），为每个分支命名，并为每个分支赋值（该分支所对应的收益）。Analytic Solver中决策节点后的分支名字默认为决策1和决策2。可以通过双击分支的名字，来对其进行修改并输入新的名字。如果需要增加决策节点下的分支数，也可以通过双击下一个空白行来添加。高富布鲁克公司第一个问题的初始节点（图10-2中的节点A）是一个包含两个分支的决策节点——钻探和出售。钻探对应的收益为-100（钻探的成本为100千美元），出售对应的收益为90（出售的价格为90千美元）。将所有这些信息输入后，如图10-3所示，点击OK，就会出现图10-4所示的决策树（单位：千美元）。

Analytic Solver 小提示：节点的类型、分支的名称和值（该分支对应的收益）都可以在Analytic Solver的决策树对话框中输入。同样地，在这之后可以通过直接在电子表格中输入的方式来修改名称和值。

Analytic Solver 小提示：如果需要在决策树的末端创建新节点，选择包含末端节点的单元格，然后在Analytic Solver的DecisionTree/Node菜单选择Add Node。最后，选择节点的类型并输入节点的名称、值和每个分支对应的概率（如果节点是事件节点的话）。

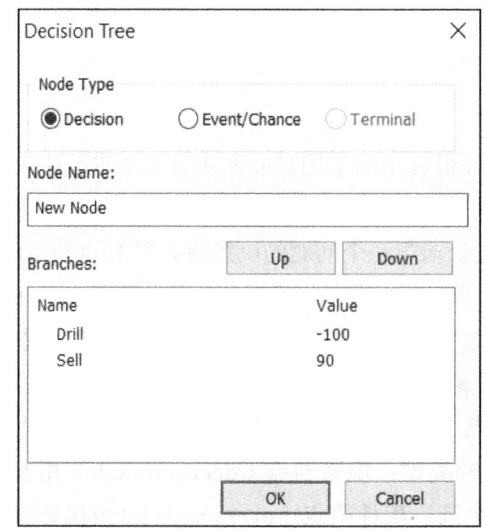

图10-3 决策树对话框

注：用来详细说明高富布鲁克公司第一个问题的初始节点包含两个分支的决策，两个分支分别为钻探和出售，对应的值（该分支对应的收益）分别为-100和90。

	A	B	C	D	E	F	G
1							
2				钻探			
3							−100
4				−100	−100		
5			2				
6		90					
7				出售			
8							90
9				90	90		

图 10-4　在 Analytic Solver 的 DecisionTree/Node 菜单选择 Add Node，然后对该决策树进行初始化

注：初始化时，要求该决策树展示一个包含两个分支的决策节点，这两个分支分别是钻探和出售，对应的收益分别为 −100 和 90。

如果决策是钻探，下一个事件就是了解这块土地是否有石油。需要创建一个事件节点，点击钻探分支末端包含结束节点的那个单元格，即那条水平线的右端（图 10-4 中的单元格 F3），然后选择 Analytic Solver 中 DecisionTree/Node 菜单里的 Add Node 选项。就会弹出如图 10-5 所示的对话框。该节点是一个包含两个分支（有石油和没有石油）的事件节点，其中有石油的可能性为 0.25，没有石油的可能性为 0.75，对应的值（该分支所对应的收益）分别为 800 和 0，如图 10-5 中所输入的。点击 OK 后，出现最终的决策树，如图 10-6 所示（单位：千美元）。（需要指出的是，Analytic Solver 中对可能性的赋值默认为百分数，如 H1 和 H6 单元格中的 25% 和 75%，而不是 0.25 和 0.75。）

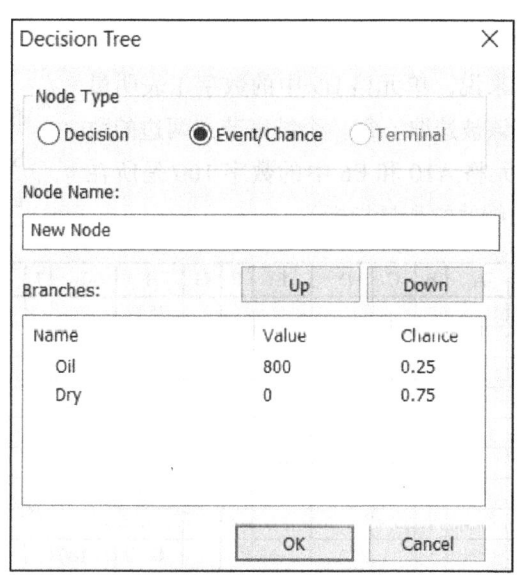

图 10-5　决策树对话框

注：用来说明高富布鲁克公司第一个问题的第二个节点是包含两个分支的事件节点，其中两个事件为有石油和干涸，对应的值（该分支所对应的收益）为 800 和 0，相应的概率分别为 0.25 和 0.75。

任何时候，你都可以通过点击已经存在的节点或分支，来使用 Analytic Solver 中决策树菜单下的各种选项对节点或分支的情况进行修改。例如，在节点子菜单下，你可以选择添加节点、更改节点、复制节点或剪切节点。在分支子菜单下，你可以选择添加分支、更改分支或删除分支。

Analytic Solver 小提示：如果需要对节点进行修改，选中该节点，然后在 Analytic Solver 的决策树菜单下选择相应的选项即可。

> **应用实例**
>
> 加拿大英属哥伦比亚（British Columbia）工人薪酬委员会（Workers' Compensation Board，WCB）负责该行政区工人和雇主的职业健康与安全、康复和薪酬福利。WCB为英属哥伦比亚的20多万雇主服务，这些雇主聘用了230万员工。该委员会每年要支出将近10亿美元用于工人与雇主的薪酬和康复。
>
> 控制WCB成本的一个关键途径是确定那些可能会造成很高财务风险的短期伤残索赔，如果不在早期及时开展索赔管理干预来提供必要的治疗和康复服务，它们很有可能转化为成本极高的长期伤残索赔。所以，问题就是要如何准确地找出这些高风险的索赔，以最小化索赔和干预的预期总成本。
>
> 该委员会成立了管理科学团队，利用决策分析研究这一问题。对于每一种伤残，根据伤害的特点、性别和工人年龄确定该伤残属于哪种索赔类别，并利用决策树来评估这一类别应该归为低风险（不需要干预）还是高风险（需要干预），高低风险的判别取决于伤害的严重程度。对于每一个类别，都要计算触发索赔管理干预的索赔金额临界值，以最小化索赔和干预的预期总成本。
>
> 利用决策树进行决策分析为WCB每年节省约400万美元，同时也使一些受伤的工人更早地返回了工作岗位。
>
> 资料来源：E. Urbanovich, E. E. Young, M. L. Puterman, and S. O. Fattedad, "Early Detection of High-Risk Claims at the Workers' Compensation Board of British Columbia," *Interfaces* 33, no. 4 (July–August 2003), pp. 15–26. (A link to this article is provided at www.mhhe.com/Hillier6e.)

在构建决策树的每一个步骤中，Analytic Solver使用贝叶斯决策准则自动完成决策树最佳策略的求解。每个决策节点内的数字表明了哪一条分支应该被选取（假设对从那个节点分出来的分支按从上到下的顺序编号）。这样，对图10-6中最终的决策树来说，单元格B9中的数字1表明最上面那条分支（钻探备选方案）应该被选取。每一个结束节点两边的数字是到达那个节点时的收益。单元格A10和E6中的数字100是所在步骤的期望收益（贝叶斯决策准则绩效的衡量指标）。

> 根据贝叶斯决策准则，Analytic Solver总是能够找到现有决策树的最优策略。

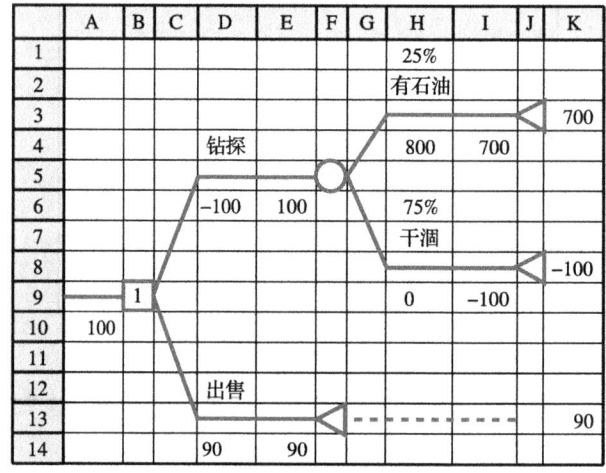

图10-6 决策树图

注：用Analytic Solver建立并求解的高富布鲁克公司第一个问题（如表10-3所示）的决策树。其中B9中的数字1表明，应该选择最上面这条分支（即选择钻探）。

对Analytic Solver的描述看上去有些复杂，但我们认为当你使用计算机时就会发现这个过程非常直观。在使用Analytic Solver一段时间后，你还会发现它有许多本书尚未提及的有用特点。

马克斯的反应

马克斯：我喜欢决策树，它把所有事情变得很清晰。

詹妮弗：很好。

马克斯：但是仍然有一个问题困扰着我。

詹妮弗：我想我能够猜到。

马克斯：是的。我已经说得很清楚了，我不想将我的决策建立在咨询地质学家的数据基础上。有石油的概率是 1/4。哈！这仅仅是基于经验的猜测。

詹妮弗：好，让我来看看这一点。在决定钻探石油还是出售土地时什么是关键因素呢？

马克斯：那里有石油的可能性有多大。

詹妮弗：难道咨询地质学家不能帮助确定这一点吗？

马克斯：当然可以。没有他提供的信息，我不可能进行钻探。

詹妮弗：那么用于决定是否进行钻探的准则难道不应该直接基于这些信息吗？

马克斯：当然应该。

詹妮弗：那我不明白你为什么一直拒绝使用咨询地质学家的数据。

马克斯：我没有拒绝他的信息。这些信息对我的决策极其重要。我所拒绝的是将 1/4 的出油概率作为绝对真理使用，而这似乎就是贝叶斯决策准则所做的。我们看到钻探和出售的结果非常接近，100 和 90。如果他的数据与真实概率有出入（这很有可能），会发生什么情况？这个决策太重要了，不能只依靠这些很大程度上被夸大的数据。

詹妮弗：我明白了。他说那里有 1/4 的机会有石油，25% 的概率。你认为这是一个合理的粗略估计吗？如果不是 25%，那么会低多少或高多少？

马克斯：我通常在咨询地质学家所说的基础上加减 10%。因此我估计这个概率是介于 15% 到 35% 之间的某个值。

詹妮弗：好的。现在我们有了进展。我想我知道下一步该怎么做了。

马克斯：怎么做？

詹妮弗：有一种管理科学技术专门用来处理这类情况，它被称为敏感性分析。它能够让我们研究当咨询地质学家的数据偏离正确值时会发生什么情况。

马克斯：太棒了！让我们现在就开始吧。

问题回顾

1. 什么是决策树？
2. 什么是决策树中的决策节点？什么是事件节点？
3. 代表决策节点和事件节点的符号各是什么？

10.4 使用决策树的敏感性分析

敏感性分析（sensitivity analysis）是第 5.1 节介绍的 what-if 分析中的一种重要类型，广泛应用于多种管理科学实践，它可以用来分析如果数学模型中的一些数据不正确，会对结果产生怎样的影响。在这个案例中，数学模型用图 10-6 所示的决策树表示。决策树中最值得怀疑的数据是单元格 H1 和 H6 中的先验概率，所以我们首先要对这些数据进行敏感性分析。

通过把图 10-7 中决策树下面的电子表格中的数据和结果相结合来开始这个过程是很有效的。正如图底部的公式所示，给出结果的单元格（E24 和 E26）和决策树中相对应的输出单元格（B9 和 A10）相关联。同样，决策树中的数据单元格（D6、D14、H1、H4 和 H9）现在也与相应的决策树下面的数据单元格（E18:E22）相关。因而，用户可以在下面的数据单元格中对多个备选值进行试验，决策树和其下面结果部分中的结果会同时改变以反映新数据造成的影响。

> **Excel 小提示**：电子表格中的数据和结果相结合使得敏感性分析更加容易，也使得模型和结果更容易解释。

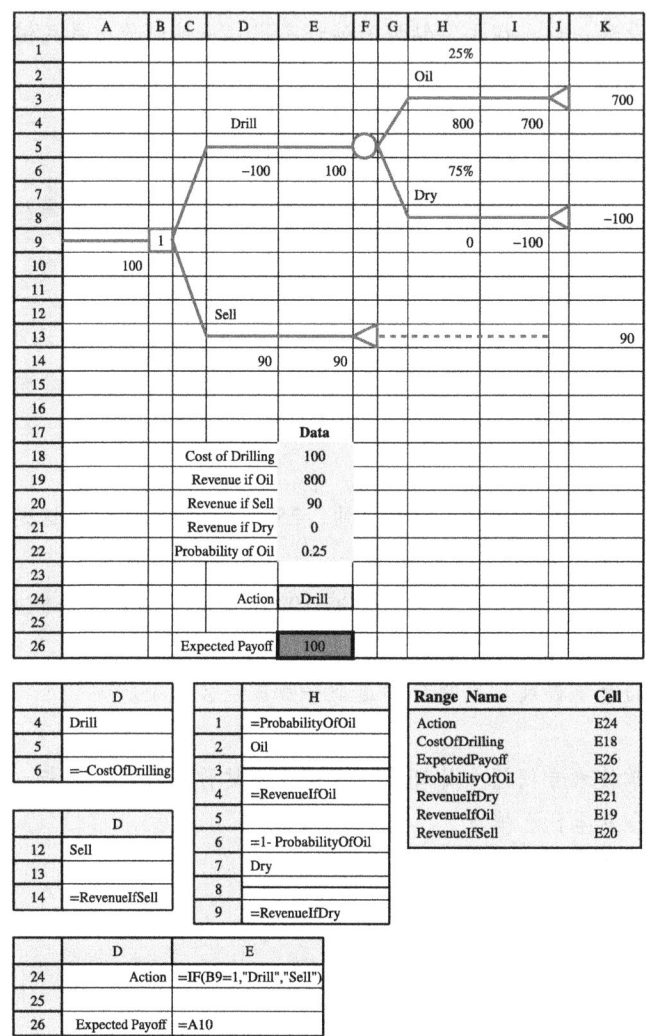

图 10-7 高富布鲁克公司问题的决策树

注：为准备对高富布鲁克公司问题进行敏感性分析，数据和结果已经合并于决策树下面的电子表格中。

数据和结果相结合的方式具有多个优点。它至少保证了每个数据只有唯一的位置。每当决策树需要一个数据时，只需要引用这一个数据单元格，这就大大简化了敏感性分析。为了改变一个数据，也只需改变一处单元格而不必搜寻整个决策树来查找和改变与那个数据相关的位置。⊖ 数据和结果相结合的第二个优点是它使得向任何人解释这个模型变得非常容易，你不必了解 Analytic Solver 以及如何阅读决策树，就可以理解模型中使用

⊖ 在这个非常简单的决策树中，这个优点并不是很明显，因为每条数据在决策树中都只被使用了一次。但是，在后面的章节里，当考虑到地震勘探的可能性时，决策树中的某些数据会被多次使用，此时，这个优点就会变得非常明显。

了什么数据以及建议的行动和期望收益是什么。

两个先验概率的和必须等于1，因此一个概率的上升会自动使得另一个概率以相同的数量下降，反之亦然。这在图10-7所示的决策树中被单元格H6中的一个公式执行——干涸的概率 = H6 = 1 − Probability of Oil (E22)。马克斯已经得出结论：这块土地上有石油的真实概率在15%～35%，也就是说，有石油的真实先验概率在0.15～0.35，所以，相应的土地干涸概率在0.65～0.85。

我们可以通过尝试不同的有石油的先验概率值来开始敏感性分析。如图10-8所示，首先是先验概率的下限（0.15），然后是上限（0.35）。当有石油的先验概率为0.15时，由于收入差额很大，决策变为出售土地（其期望收益为90，钻探的期望收益仅为20）。然而，当这个概率为0.35时，收入差额使得决策变为钻探（其期望收益为180，出售土地的期望收益仅为90）。因此，决策对于有石油的先验概率非常敏感。这个敏感性分析表明，如果可能的话，很有必要再多进行一些工作来确定有石油的真实概率是多少。

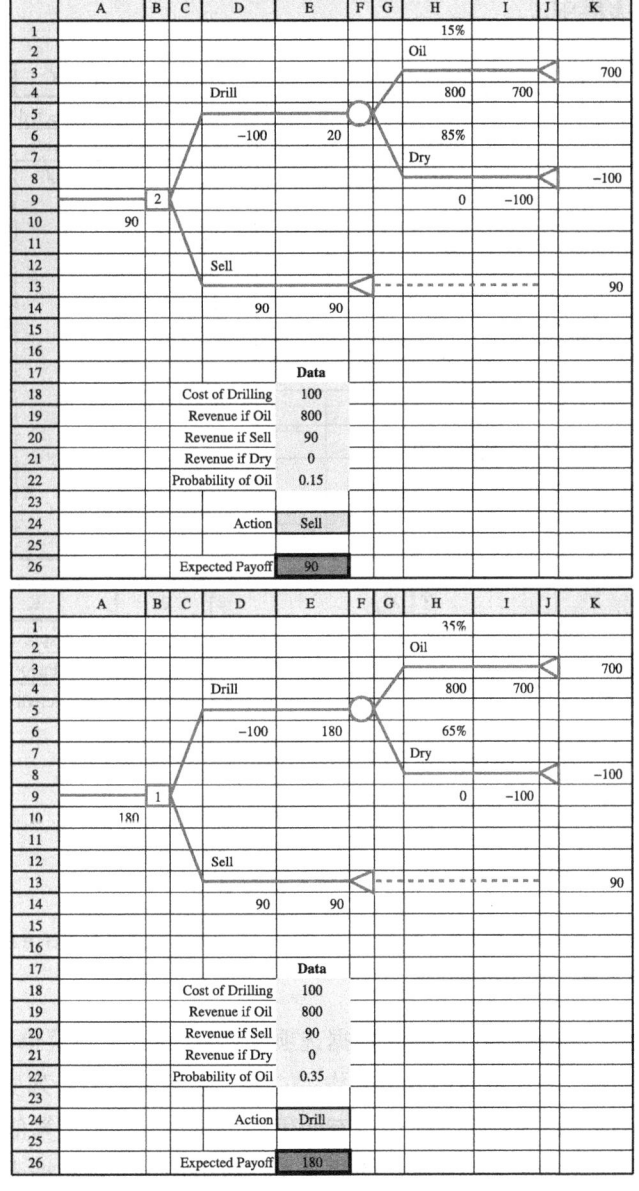

图10-8　敏感性分析图解

注：通过尝试使用有石油的先验概率为0.15和0.35时，进行高富布鲁克公司问题的敏感性分析。

用数据表进行系统的敏感性分析

为了确定决策在有石油的概率为何值时发生变化，我们应该继续随机选择新的有石油的先验概率值进行试算。但是，一个比较好的方法是系统地考虑数值的变化范围。Excel 中内置了被称为**数据表**（data table）的功能可以执行此类分析。数据表用来表示特定输出单元格的结果，它们对应于数据单元格中的各个试算值。

> 数据表显示了选中的输出单元格的结果，这些单元格对应数据单元格中的各试算值。

为了使用数据表，首先需要在电子表格中创建一张表，标题如图 10-9 中的第 I、J 和 K 列所示。表的第一列（I19:I29）列出了数据单元格的各个试算值（有石油的先验概率），除了第一行为空。后面两列的标题清晰地表明了要估计哪一个输出单元格。对于后面两列，使用数据表（J18:K18）的第一行，输入公式使之与相关的输出单元格相关联。这样，目标单元格就是 Action（E24）和 ExpectedPayoff（E26），所以单元格 J18:K18 中的公式如图 10-9 下面的电子表格所示。

	A	B	C	D	E	F	G	H	I	J	K	L	M
16									Probability		Expected		
17				**Data**					of Oil	Action	Payoff		
18				Cost of Drilling	100					Drill	100	Select these	
19				Revenue if Oil	800				15%			cells	
20				Revenue if Sell	90				17%			(I18:K29),	
21				Revenue if Dry	0				19%			before	
22				Probability of Oil	0.25				21%			choosing	
23									23%			Data Table	
24				Action	Drill				25%			from the	
25									27%			What-If	
26				Expected Payoff	100				29%			Analysis is	
27									31%			menu of the	
28									33%			Data tab	
29									35%				

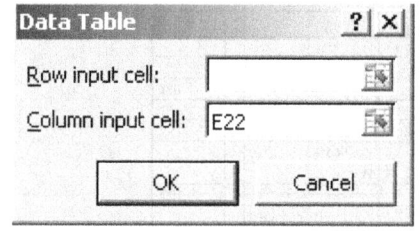

	J	K
16		Expected
17	Action	Payoff
18	=Action	=ExpectedPayoff

Range Name	Cell
Action	E24
ExpectedPayoff	E26

图 10-9　准备生成数据表

注：对图 10-7 中的电子表格进行扩展，来准备生成一张数据表，其中，在数据表对话框里选择 E22 作为列输入单元格，表明这是一个数据单元格，可以在数据表的第一列中改变它的值。

接下来，选中整个数据表（I18:K29），然后在数据选项卡的 what-if 分析菜单中选择"数据表"。在数据表对话框中（如图 10-9 左下表所示）显示了列输入单元格（E22），它与表中第一列变化的数据单元格相对应。在行输入单元格中没有任何输入值，因为这个案例中没有使用行来显示数据的试算值。

点击 OK 按钮之后，就会出现如图 10-10 所示的数据表。对于每一个在数据表第一列数据单元格中的试算值，都有相应的被计算出来的输出单元格值，并显示在数据表的另一列中（数据表第一列的值是在对电子表格进行初始化时输入的）。

	I	J	K
16	Probability		Expected
17	of Oil	Action	Payoff
18		Drill	100
19	15%	Sell	90
20	17%	Sell	90
21	19%	Sell	90
22	21%	Sell	90
23	23%	Sell	90
24	25%	Drill	100
25	27%	Drill	116
26	29%	Drill	132
27	31%	Drill	148
28	33%	Drill	164
29	35%	Drill	180

图 10-10　生成数据表

注：完成图 10-9 中的准备工作后，点击 OK 生成一张数据表，该数据表给出了与各种有石油的先验概率试算值相对应的最优决策和期望收益。

图 10-10 说明了最优决策从出售土地转为钻探石油的前提是，有石油的先验概率为 0.23 和 0.25 之间的某个值。试错法（或代数法）可以用来找出这个先验概率的确切值——0.237 5。

对于有不只两种可能自然状态的问题，最直接的方法（正如前面所讲的）是每次只进行两种自然状态的敏感性分析。这同样需要研究在其他自然状态的先验概率不变的前提下，当一种状态的先验概率上升而另一种状态的先验概率以相同数量下降时会发生什么。然后，这个过程可以根据需要对任意两种自然状态重复应用。

马克斯的反应

马克斯：数据表已经描绘了一幅非常清晰的图像。我想我已经对这个问题有了更好的把握。

詹妮弗：很好。

马克斯：当有石油的概率低于 23.75% 时，我应该出售这块土地。如果概率大一些，我就应该进行钻探。它证实了我一直怀疑的事情。这是一个很好的决策依据，它完全取决于有石油的概率。我希望除了咨询地质学家的数据外，还能够得到更多的信息。

詹妮弗：前面你谈到过可能花 3 万美元对这块土地进行细致的地震勘探。

马克斯：是的，我可能会那样做。但是这 3 万美元！我不确定是否值得。

詹妮弗：我有一个快捷的方法来解决这个问题。这是我在管理科学课程中学到的另一种方法，它被称为**全情报价值**（expected value of perfect information，EVIP）。全情报价值是指如果地震勘探能够很肯定地告诉你那里是否有石油的话，你所得到的期望收益会增加多少。

马克斯：但是地震勘探并不能肯定地告诉你。

詹妮弗：是的，我知道。不过找出那里是否一定有石油就是我们所说的全情报。因此，你得到的这一确定信息所带来的期望收益的增加值就是全情报价值。这个信息要好于实际进行地震勘探所提供的信息。

马克斯：没错。

詹妮弗：好，假设我们发现全情报价值低于 3 万美元。由于全情报比我们进行地震勘探得到的信息要好，但它的收益却低于进行地震勘探的成本。因此这就明确告诉我们进行地震勘探是不值得的。

马克斯：我懂了。但是如果全情报价值高于 3 万美元呢？

詹妮弗：这时你就无法知道是否值得进行地震勘探了，除非进行进一步的分析。这个分析将会花费一些时间，但是它能够很快计算出

下一节将会介绍如何找出并利用**全情报价值**。

全情报价值。检查一下全情报价值是否低于 3 万美元是很值得的，这将会节省大量工作。

马克斯： 好，那我们开始吧。

问题回顾

1. 为什么使用贝叶斯决策准则进行敏感性分析会有帮助？
2. 当准备进行敏感性分析时，将包含决策树的电子表格中的数据和结果相结合的优点有哪些？
3. 当数据表被用来进行敏感性分析时，它会显示哪些内容？
4. 我们从高富布鲁克公司的第一个问题（关于决策如何取决于有石油的先验概率）中得出了什么结论？

10.5 检查是否需要获得更多的信息

先验概率是对自然状态真实概率在某种程度上不精确的估计。为了获得更好的估计，马克斯是否值得花钱进行地震勘探？解答这个问题最快捷的方法是假设找出真实的自然状态（全情报）需要花费的钱与进行勘探需要花费的钱相等，然后再决定是否值得为这些信息花费这个数目的钱。如果不值得获取全情报，显然花钱找出更多关于某种自然状态出现概率的信息就是不值得的。

> 显然，找出真正的自然状态被称为全情报。这是寻求更多信息时出现的最好结果。

进行分析所需要的关键数据为（单位：千美元）：

$$EP（无更多信息）= 根据原始的先验概率通过贝叶斯决策准则得到的期望收益$$
$$= 100（见图 10-7）$$
$$EP（拥有全情报）= 知道真实的自然状态后制定决策得到的期望收益$$
$$EVPI = 全情报价值$$
$$C = 获取更多信息的成本$$
$$= 30（进行地震勘探的成本）$$

全情报价值计算为：

$$EPVI = EP（拥有全情报）- EP（无更多信息）$$

在计算出 EP（拥有全情报）和 EVPI 后，最后一步是比较 EVPI 和 C：

如果 $C >$ EVPI，则不值得获取更多的信息

如果 $C \leq$ EVPI，则或许值得获取更多的信息

为了计算 EP（拥有全情报），我们假设在了解到真实的自然状态后再进行决策。给定了真实的自然状态，我们会自动地选择具有最大收益的备选方案。这样，如果有石油我们就进行钻探，如果没有石油我们则会出售土地。先验概率仍然提供了每一种自然状态真实发生概率的最佳估计。因此，EP（拥有全情报）就是每种自然状态最大收益的加权平均，即各个状态的最大收益乘以相应自然状态的先验概率。因此，有

$$EP（拥有全情报）= 0.25 \times 700 + 0.75 \times 90$$
$$= 242.5$$

Analytic Solver 也可用图 10-11 所示的形式构建决策树求解来计算 EP（拥有全情报）。这里的技巧是以一个事件节点来开始决策树，其分支为各种自然状态（有石油或者干涸）。由于每一条分支后都是决策节点，因此决策就在考虑真实自然状态的全情报下进行。所以，Analytic

> 以一个事件节点来开始决策树，其分支为各种自然状态，相当于在真实自然状态的全情报下进行。

Solver 中单元格 A11 给出的 242.5 的期望收益就是全情报下的期望收益。

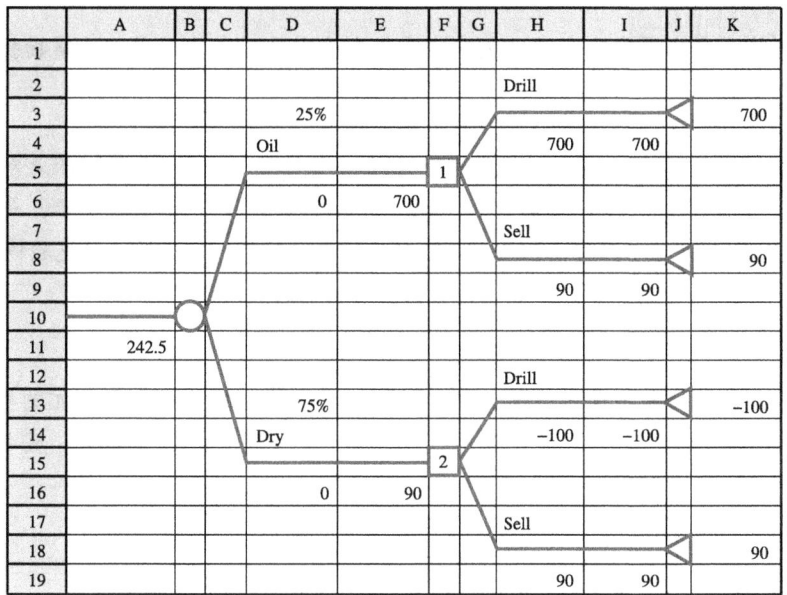

图 10-11　构建决策树

注：通过从一个包含自然状态的事件节点开始，Analytic Solver 使用这个决策树获得高富布鲁克公司第一个问题在全情报下的期望收益。

由于 EP（拥有全情报）= 242.5，我们现在可以通过下面的步骤来计算全情报价值：

$$EVPI = EP（拥有全情报）- EP（无更多信息）$$
$$= 242.5 - 100$$
$$= 142.5$$

结论：由于 142.5 > 30，故 EVPI > C。因此，或许值得进行地震勘探。

马克斯的反应

马克斯：那么，你是说，如果地震勘探可以确定那里是否有石油的话，进行这样的勘探可以使我的平均收益增加大约 142 500 美元。

詹妮弗：是的。

马克斯：那么减去 3 万美元的勘探费用，我还可以得到 112 500 美元。但是，地震勘探并不那么令人满意。事实上，它们并不完全可靠。

詹妮弗：请告诉我勘探结果的可信度。

马克斯：这取决于地震探测回波的次数。如果回波的次数可观，那么很有可能有石油。如果不可观，很有可能没有石油。但是都不能确定。

詹妮弗：好吧。假设土地有石油，你有多少次得到了可观的回波次数？

马克斯：我无法给你确切的数据，大概有 60% 的情况吧。

詹妮弗：很好。现在假设土地是干涸的，你有多少次仍然得到了可观的回波次数？

马克斯：很多次！地震勘探告诉我那里有石油而实际上什么也没有，我已经因为这个损失了很多钱。这就是我不愿意再花 30 000 美元的原因。

詹妮弗：明白了。也就是说在 100 次勘探中，有接近 50 次它都告诉你应该钻探，而实际上你并不应该？

马克斯：不，没有那么严重。但经常如此。

詹妮弗： 你能给我一个百分比吗？

马克斯： 大约 20%。

詹妮弗： 好的，谢谢。我想现在我们可以做一些分析来确定是否真值得进行地震勘探了。

马克斯： 你将如何分析？

詹妮弗： 我很快就会详细介绍这个过程。但是总的思路是这样的：我们将计算地震探测回波次数可观的情况下，有石油的概率到底是多少；然后计算地震探测回波次数不可观的情况下，有石油的概率又是多少。我们将咨询地质学家提供的数据称为先验概率，因为它们是在得到更多信息之前获得的。这些经过改进的数据则被称为**后验概率**。

> 后验概率是对自然状态出现可能性的修正，是在进行检测或调查后，对先验概率的完善。

马克斯： 好的。

詹妮弗： 然后我们用这些后验概率来计算，如果进行地震勘探，在减去 3 万美元的费用后，我们的平均收益会是多少。如果这个收益大于不进行地震勘探的收益，我们就应当进行地震勘探。反之就不要进行。

马克斯： 很好。

问题回顾

1. 一种自然状态的全情报表示什么意思？
2. 在拥有全情报时如何从收益表中计算期望收益？
3. 如何构建决策树并求解拥有全情报时的期望收益？
4. 计算全情报价值的公式是什么？
5. 如果获得更多信息的成本高于全情报价值，结论会是什么？
6. 如果获得更多信息的成本低于全情报价值，结论会是什么？
7. 在高富布鲁克公司的问题中出现了以上哪种情况？

10.6　使用新信息更新概率

可能出现的自然状态的先验概率通常带有很大的主观性，因此它们只是对真实自然状态非常粗略的估计。幸运的是，很多情况下有可能通过进一步的测试或勘探（以一定的代价）来改进这些估计。这些经过改进的估计被称为**后验概率**（posterior probability）。

在高富布鲁克公司的案例中，改进的估计值可以通过花费 3 万美元进行细致的地震勘探来获得。勘探的可能结果如下：

地震勘探的可能结果

FSS：检测到可观的地震探测回波次数（勘探结果好），很有可能有石油。

USS：没有检测到可观的地震探测回波次数（勘探结果不好），很可能没有石油。

为了使用各种结果来计算有石油（或干涸）的后验概率，估计出在每一种自然状态下出现地震勘探结果的概率就非常必要了。在上一节对话快要结束时，詹妮弗从马克斯处得到了这些估计值，如表 10-7 所示（马克斯实际上仅仅估计了出现可观的地震探测回波次数的概率，通过用 1 减去这个概率就可以得到没有出现可观的地震探测回波次数的概率）。表中使用的表示这些估计概率的符号是：

$$P(勘探结果 | 自然状态) = 在给定自然状态下出现特定勘探结果的概率$$

这种概率形式被称为**条件概率**（conditional probability），因为它有给定的自然状态的限制。

表 10-7　高富布鲁克公司的问题，给定自然状态下地震勘探可能的结果的概率

自然状态	P（勘探结果｜自然状态）	
	好（FSS）	不好（USS）
有石油	P（FSS｜有石油）= 0.6	P（USS｜有石油）= 0.4
干涸	P（FSS｜干涸）= 0.2	P（USS｜干涸）= 0.8

回想一下，之前的先验概率为：

$$P（有石油）= 0.25$$
$$P（干涸）= 0.75$$

接下来是使用这两个概率以及表 10-7 所示的概率得到的一个组合概率，称为**联合概率**（joint probability）。任何一种自然状态和勘探结果的组合都可以得到一个由如下公式计算出的联合概率：

$$P（自然状态 \cap 勘探结果）= P（自然状态）P（勘探结果｜自然状态）$$

如，有石油且勘探结果好（FSS）的概率是：

$$P（有石油 \cap FSS）= P（有石油）P（FSS｜有石油）$$
$$= 0.25 \times 0.6$$
$$= 0.15$$

所有这些联合概率的计算结果都显示在图 10-12 所示的**概率树图**（probability tree diagram）的第三列中。所有可能出现的情况写在了分支的下方，概率写在了分支的上方。第一列给出了先验概率，表 10-7 中的概率写在了第二列中。第一列和第二列相乘得到第三列所示的联合概率（此概率树图中的后续计算将在接下来的几段中讨论）。

> 概率数图中第三列的每一个联合概率是前两列概率的乘积。

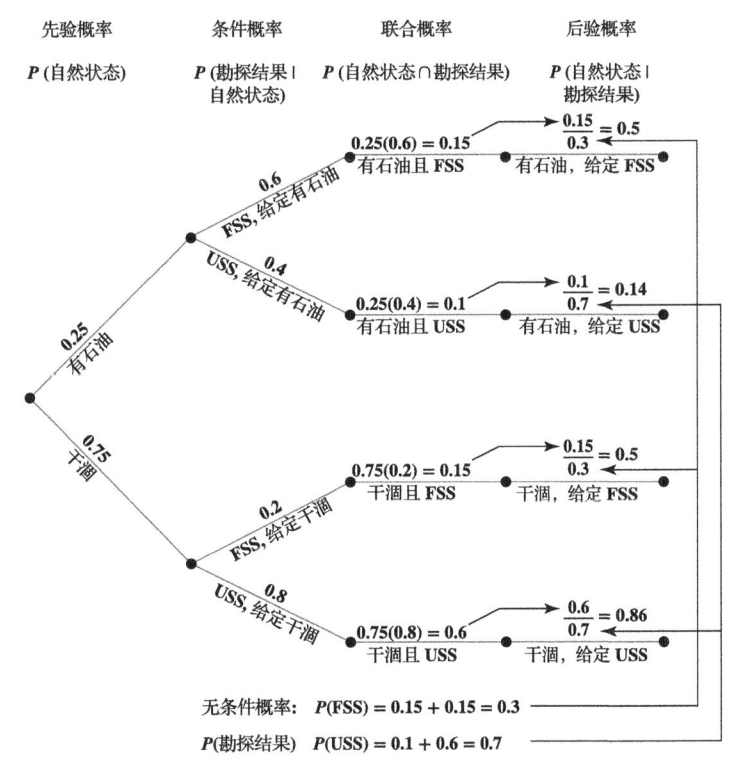

图 10-12　高富布鲁克公司问题的概率树图

注：它显示了在给定地震勘探结果的情况下，用于计算自然状态后验概率的所有概率。

在找到了特定的自然状态和地震勘探结果组合的每一个联合概率后，下一步是用这些概率找出在没有确定哪种自然状态出现的情况下特定地震勘探结果出现的概率。由于在任何自然状态下所有地震勘探结果都可能会发生，因此特定的勘探结果出现概率的计算公式为：

$$P(勘探结果) = P(有石油 \cap 勘探结果) + P(干涸 \cap 勘探结果)$$

例如，勘探结果好（FSS）的概率是：

$$P(FSS) = P(有石油 \cap FSS) + P(干涸且FSS)$$
$$= 0.15 + 0.15$$
$$= 0.3$$

其中，等式右边的两个联合概率是在概率树图第三列的第一条和第三条分支上出现的。$P(FSS)$和$P(USS)$的计算结果列在图的底部。（它们被称为无条件概率，用以区别第二列所示在给定自然状态下的条件概率。）

> 勘探结果的概率是概率树图第三列中相应联合概率的和。

最后，我们就可以计算在给定勘探结果后，出现特定自然状态的后验概率。这个计算公式包含了第三列的联合概率和图底部的无条件概率，如下所示：

$$P(自然状态 | 勘探结果) = \frac{P(自然状态 \cap 勘探结果)}{P(勘探结果)}$$

例如，在勘探结果好（FSS）的情况下，实际自然状态是有石油的后验概率为：

$$P(有石油 | FSS) = \frac{P(有石油 \cap FSS)}{P(FSS)} = \frac{0.15}{0.3} = 0.5$$

概率树图的第四列显示了所有后验概率的计算结果。箭头所指的分子来自第三列相应的联合概率，分母来自图底部相应的无条件概率。

> 概率树图中的箭头指出了计算后验概率数值的来源。

通过使用前面给出的联合概率和无条件概率的公式，每一个后验概率都可以直接从先验概率（第一列）和条件概率（第二列）中计算得到，如下所示：

$$P(自然状态 | 勘探结果) = \frac{P(自然状态)P(勘探结果|自然状态)}{P(有石油)P(勘探结果|有石油) + P(干涸)P(勘探结果|干涸)}$$

例如，在给定勘探结果好（FSS）的情况下，有石油的后验概率为：

$$P(有石油 | FSS) = \frac{P(自然状态)P(勘探结果|自然状态)}{P(有石油)P(勘探结果|有石油) + P(干涸)P(勘探结果|干涸)}$$
$$= \frac{0.25 \times 0.6}{0.25 \times 0.6 + 0.75 \times 0.2}$$
$$= 0.5$$

这个用于计算后验概率的公式被称为**贝叶斯定理**（Bayes' theorem），以此来纪念其发现者雷弗兰·贝叶斯（Reverend Bayes）。聪明的贝叶斯发现，任何决策分析问题的后验概率都可以通过这种方法得到，无论该问题有多少种自然状态。公式的分母包含了所有这些自然状态。需要注意的是，概率树图也是应用了贝叶斯定理，只不过是用简单一些的形式表述而不是用很长的公式罢了。

表 10-8 对图 10-12 的后验概率进行了总结。

表10-8 高富布鲁克公司问题中,在给定地震勘探结果的情况下各自然状态的后验概率

勘探结果	P（勘探结果 | 自然状态）	
	有石油	干涸
好（FSS）	P（有石油 | FSS）= 1/2	P（干涸 | FSS）= 1/2
不好（USS）	P（有石油 | USS）= 1/7	P（干涸 | USS）= 6/7

在学会计算后验概率的方法后,我们建议你使用计算机来进行这些冗长的计算。在本章管理科学课件（可从 www.mhhe.com/Hillier6e 获取）的 Excel 文件中,我们提供了一个 Excel 模板（标记为后验概率（posterior probability））来完成这项任务。图 10-13 显示了将这个模板应用于高富布鲁克公司问题的情况。你需要做的所有工作就是将图 10-12 前面两列的先验概率和条件概率输入到模板的上半部分（也就是第 6 行和第 7 行）。后验概率就会立即显示在下半部分中,如 D15:E6 所示（E 列到 H 列单元格中的公式与图底部 D 列中的类似）。

	A	B	C	D	E	F	G	H
1		**Template for Posterior Probabilities**						
2								
3		**Data:**			P(Finding I State)			
4		State of	Prior		Finding			
5		Nature	Probability	FSS	USS			
6		Oil	0.25	0.6	0.4			
7		Dry	0.75	0.2	0.8			
8								
9								
10								
11								
12		Posterior			P(State I Finding)			
13		Probabilities:			State of Nature			
14		Finding	P(Finding)	Oil	Dry			
15		FSS	0.3	0.5	0.5			
16		USS	0.7	0.14286	0.85714			
17								
18								
19								

	B	C	D
12	Posterior		P(State I Finding)
13	Probabilities:		State of Nature
14	Finding	P(Finding)	=B6
15	=D5	=SUMPRODUCT(C6:C10,D6:D10)	=C6*D6/SUMPRODUCT(C6:C10,D6:D10)
16	=E5	=SUMPRODUCT(C6:C10,E6:E10)	=C6*E6/SUMPRODUCT(C6:C10,E6:E10)
17	=F5	=SUMPRODUCT(C6:C10,F6:F10)	=C6*F6/SUMPRODUCT(C6:C10,F6:F10)
18	=G5	=SUMPRODUCT(C6:C10,G6:G10)	=C6*G6/SUMPRODUCT(C6:C10,G6:G10)
19	=H5	=SUMPRODUCT(C6:C10,H6:H10)	=C6*H6/SUMPRODUCT(C6:C10,H6:H10)

图 10-13 后验概率模板

注:管理科学课件（可于 www.mhhe.com/ Hillier6e 获得）中的后验概率模板可以用来高效地计算后验概率,就像高富布鲁克公司的问题中所展示的这样。

马克斯的反应

马克斯: 这说明即使地震勘探的回波次数可观,我也只有一半的机会可以发现石油。难怪过去我得到好的地震勘探结果后再进行钻探,会经常失望。我原以为这些勘探会可靠得多。现在我更不愿意花 30 000 美元进行这项勘探了。

詹妮弗：但是有 1/2 的概率有石油。这已经相当不错了。

马克斯：是的。但是我很可能花费 30 000 美元换来一个不好的勘探结果。

詹妮弗：根据我的计算，这种情况有 70% 的可能性发生。

马克斯：这下你明白我的意思了吧？

詹妮弗：但即使是不好的勘探结果也会告诉你很多信息。如果有石油的概率是 1/7，这可能导致不进行钻探石油。因此，地震勘探确实进一步确定了有石油的概率，无论是 1/2 的概率还是 1/7 的概率，都要比咨询地质学家提供的 1/4 的粗略估计更科学。

马克斯：是的，我同意。我确实想对咨询地质学家提供的数据进行改进。听起来你建议我们进行地震勘探。

詹妮弗：实际上我也不是十分确定。我们需要做的是画出决策树，先表示出是否进行地震勘探的决策，然后表示出是进行钻探还是出售土地的决策。最后我们就能在决策树上计算出这些决策的平均收益。

马克斯：好的，那我们就开始吧，我想尽快定出决策。

问题回顾

1. 什么是自然状态的后验概率？
2. 高富布鲁克公司进行地震勘探的可能结果是什么？
3. 为了计算后验概率，除了先验概率还需要估计哪些概率？
4. 概率树图讨论了哪五种概率？
5. 计算 $P($自然状态 $\cap$ 勘探结果$)$ 的公式是什么？
6. 计算 $P($勘探结果$)$ 的公式是什么？
7. 用 $P($自然状态 $\cap$ 勘探结果$)$ 以及 $P($勘探结果$)$ 计算后验概率 $P($自然状态 $|$ 勘探结果$)$ 的公式是什么？
8. 计算后验概率的著名定理是什么？

10.7 用决策树分析系列决策问题

现在，在决策树的帮助下，我们要把注意力转向完整的高富布鲁克公司问题。整个问题面临着两个系列决策：首先，是否应该进行地震勘探？其次，在获得地震勘探的结果后（如果进行地震勘探的话），公司应该钻探石油还是出售土地？

决策分析的应用通常类似于完整的高富布鲁克公司问题，因为它们需要做出一系列的决策，在某些情况下，甚至需要做出两个以上的决策。决策树提供了一种便捷的方法来组织和分析这些问题。（也有其他用于系列决策的强大技术，但是这超出了本书讨论的范围。）

正如第 10.3 节所述，决策树用图形向我们展示了问题的决策顺序和问题中可能出现的随机事件。图 10-2 显示了高富布鲁克公司第一个问题的决策树，其唯一的决策是进行钻探还是出售土地。图 10-6 显示了用 Analytic Solver 构建决策树并求解的情形。现在我们将专注于扩展此决策树，以考虑完整的高富布鲁克问题所需要的决策顺序。

构建决策树

现在，首先需要制定是否进行地震勘探的决策，这个问题的原始决策树与图 10-14（未写入数据）的形式相同，但是，它需要被扩展。回想一下，决策树中的每一个方块表示一个决策节点，表示需要在这里制定决策。每一个圆圈表示一个事件节点，表示在这里会发生随机事件。

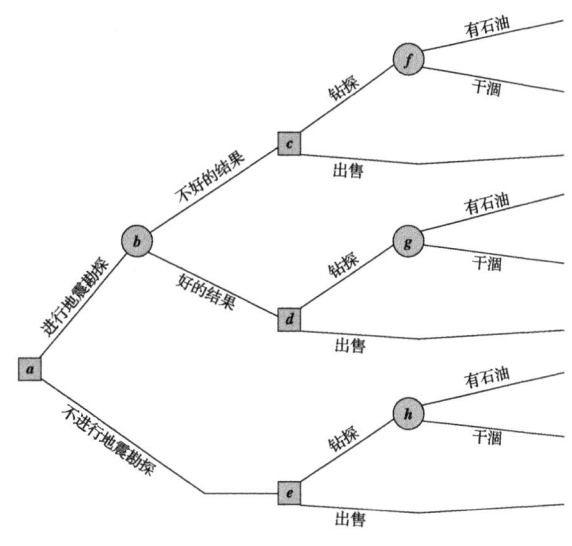

图 10-14 完整决策树

注：当第一步是决定是否进行地震勘探时，完整的高富布鲁克公司问题的决策树（未写入任何数字）。

因此，第一个决策（是否应当进行地震勘探）用图 10-14 中的决策节点 a 表示，从此节点伸展出的两条分支对应两个备选方案，节点 b 是一个事件节点，表示地震勘探出现的随机结果。从节点 b 伸展出的两条分支代表勘探的两种可能结果。接下来是第二个决策节点（节点 c、d 和 e），这个节点有两个可能的选择。如果决策是进行钻探，我们将转向另一个事件节点（节点 f、g 和 h），其两条分支对应两种可能的自然状态。

下一步是在决策树上添加数据（见图 10-15），分支上面或下面不在括号中的那个数据是在每条分支上发生的现金流（单位：千美元）。对于从节点 a 到最终分支的每一条路径，在分支的末端用粗体字添加数据，这些数据表示每条路径最终获得的总收益。要插入决策树的最后一组数据是随机事件的概率。特别地，从事件节点伸出的每一条分支代表了可能的随机事件，因而在这个节点上发生的事件的概率写在分支的括号中。从事件节点 h 开始，由于没有用地震勘探来获取更多的信息，其概率为自然状态的先验概率。但是，事件节点 f 和 g 来自进行地震勘探的决策（然后进行钻探）。因此，在给出地震勘探结果的基础上，这些事件节点给出的概率是所表示的自然状态的后验概率，可以从表 10-8 或者图 10-13 的单元格 D15:E16 中得到。

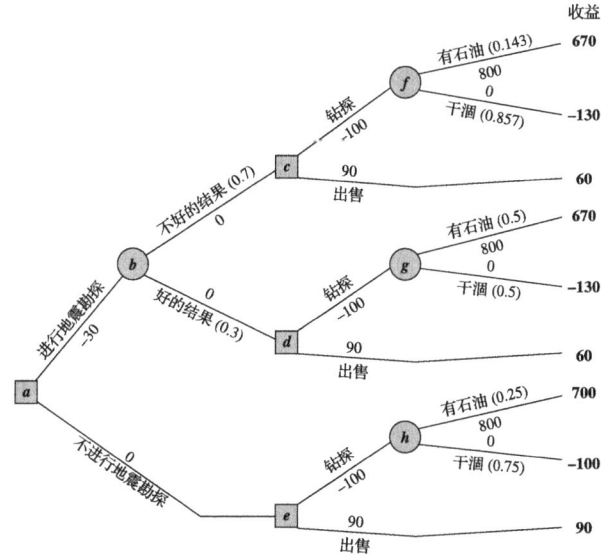

括号中的数据是概率值。

图 10-15 图 10-14 中加上随机事件的概率和收益后的决策树

最后，我们得到了从事件节点 b 伸展出的两条分支。分支上的概率是地震勘探结果（好（FSS）或不好（USS））的概率，如图 10-12 中概率树图下方或图 10-13 中单元格 C15:C16 所示。

应用实例

脊髓灰质炎（也被叫作小儿麻痹症）是一种严重的传染病，可导致永久性的肌肉无力（特别是腿部），甚至死亡。孩子尤其容易感染，成年人也会被侵袭。但是目前还没有治愈的方法，所以在20世纪上半叶这是一种极其可怕的疾病。幸运的是，相对有效的脊髓灰质炎疫苗最终在20世纪50年代被开发出来了，尽管仍然有一小部分接种者无法获得免疫力。

然而，尽管开展了广泛的疫苗接种和再接种，但是脊髓灰质炎疫情依然发生。脊髓灰质炎病毒通过人与人之间的接触，从感染者传播到易感人群。这种接触是无法避免的，因为一些感染者并没有表现出任何症状，而且有一部分易感者可能因为以前接种过疫苗而疏忽。所以到1988年为止，全世界共报告了大约35万例麻痹性脊髓灰质炎病例。

因此，全球根除脊髓灰质炎倡议于1988年开始，致力于从地球表面完全根除脊髓灰质炎。美国疾病控制与预防中心（Centers for Disease Control and Prevention, CDC）是这项运动的先锋伙伴之一。

这一倡议在实行初期，取得了相当大的进展。但是后来，很明显需要加大力度来完成在困难地区的工作，这些地区的内战、内乱以及对外部人员的敌意极大地限制了卫生工作者的工作。鉴于这些挑战，根据需要制定相互关联决策的最优序列已经变得比以往任何时候都更困难（在何时何地进行常规免疫、补充免疫、应对疫情、储存疫苗、监测可能感染地区等）。因此，在整个21世纪初期，CDC 管理依赖于各种管理科学工具来确定如何尽可能最好地利用其有限的资源。这些管理科学技术中最重要的便是决策分析。为了识别相互关联决策的最优序列，CDC 管理反复构建和求解了非常大的决策树。

这种方法是根除脊髓灰质炎运动持续成功的一个非常重要的因素。全球每年确诊的病例从最初的数十万例减至2015年的不足100例。这项运动已经为那些仍致力于彻底根除这种疾病的国家，实现了400亿～500亿美元的净收益，同时保护那些阻止了脊髓灰质炎传播的国家所享有的更大的净收益。由于管理科学对这一极其重要运动的突出贡献，美国疾病控制与预防中心于2014年获得了久负盛名的弗朗茨·埃德尔曼运筹学和管理科学成就一等奖。

资料来源：K. M. Thompson, R. J. Duintjer Tebbens, M.A. Pallansch, S. G. F. Wassilak, and S.L. Cochi, "Polio Eradicators Use Integrated Analytical Models to Make Better Decisions," *Interfaces* 45, no. 1 (January-February 2015), pp. 5–25. (A link to this article is provided at www.mhhe.com/Hillier6e.)

进行分析

在构建决策树并添加数据后，我们就可以按照下面的步骤对问题进行分析了。

1. 从决策树的右侧开始，每次向左移动一列。对于每一列，根据节点是事件节点还是决策节点来决定是进行步骤2还是进行步骤3。

2. 对每一个事件节点，将每一条分支的期望收益（在分支的右边用粗体字显示）和其概率相乘后的乘积相加得到节点的期望收益。用黑体字在事件节点的旁边记下这个期望收益，并将这个量作为指向这个节点的分支的期望收益。（注意：收益与这些期望收益是决策树中唯一用粗体字显示的数字。）

> 要计算每一个事件节点的期望收益。

3. 对于每一个决策节点，比较其分支的期望收益，选择期望收益最大的备选方案。对于每一种情况，在决策树上记录下这个选择。

为了启动这个过程，首先要考虑最右边的节点，也就是事件节点 f、g、h。应用步骤2，计算其期望收益（EP）：

$$\text{对于节点} f \quad \text{EP} = \frac{1}{7}(670) + \frac{6}{7}(-130) = -15.7$$

$$\text{对于节点} g \quad \text{EP} = \frac{1}{2}(670) + \frac{1}{2}(-130) = 270$$

$$\text{对于节点} h \quad \text{EP} = \frac{1}{4}(700) + \frac{3}{4}(-100) = 100$$

然后将这些期望收益写在节点的上方,如图 10-16 所示(接下来的几段将讨论导致图中显示额外结果的分析)。

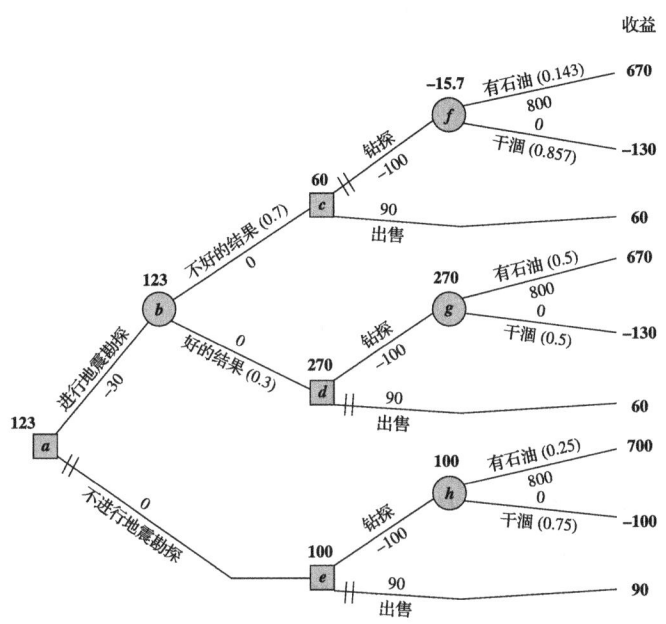

双划线表示该备选方案被拒绝使用。

图 10-16 使用货币收益记录并分析完整高富布鲁克公司问题的最终决策树

接下来,我们向左移一列,这一列包括决策节点 c、d、e。指向事件节点的分支上的期望收益用粗体字记录在事件节点的上方。因此,步骤 3 的应用如下:

节点 c:备选方案钻探的 EP = -15.7
　　　备选方案出售的 EP = 60
　　　60 > -15.7,因此选择备选方案出售

节点 d:备选方案钻探的 EP = 270
　　　备选方案出售的 EP = 60
　　　270 > 60,因此选择备选方案钻探

节点 e:备选方案钻探的 EP = 100
　　　备选方案出售的 EP = 90
　　　100 > 90,因此选择备选方案钻探

每一种选择的备选方案的期望收益用粗体字记录在其决策节点的上方,如图 10-16 所示。还可以通过在被拒绝的分支上画上双划线,从而显示出被选中的备选方案。

接下来,再向左移一列到节点 b。因为这是一个事件节点,所以要使用步骤 2。每一条分支的期望收益被记录在接下来的决策节点的上方。因此期望收益为:

$$\text{对于节点} b \quad \text{EP} = 0.7 \times (60) + 0.3 \times (270) = 123$$

显示在图 10-16 这个节点的上方。

最后，我们向左移到节点 a，这是一个决策节点。应用步骤 3：

节点 a：进行地震勘探的 EP = 123

不进行地震勘探的 EP = 100

123 > 100，因此选择进行地震勘探

现在这个期望收益 123 记录在节点的上方，并且将双划线划在被拒绝的分支上，如图 10-16 所示。

这个过程是从右往左进行分析。但以这种方式完成决策树后，决策者现在可以从左到右阅读决策树来分析事件的实际过程。双划线去掉了不能使人满意的途径。因此，通过给出右边显示的最终结果，贝叶斯决策准则告诉我们只有从左到右的通路能够实现最大可能期望收益。

> 通路（无双划线）提供了每个节点上的最优决策。

根据贝叶斯决策准则，图 10-16 中从左到右的通路给出了如下的最佳决策：

最佳决策
- 进行地震勘探。
- 如果勘探结果不好，则出售土地。
- 如果勘探结果好，则钻探石油。
- 期望收益（包括地震勘探费用）是 123（千美元）。

样本信息的期望价值

到目前为止，我们假设高富布鲁克公司问题的地震勘探成本是预先已知的——30 000 美元。但是，假设这一成本存在着不确定性。这一变化将如何影响上述分析呢？

这种不确定性将提出一个新的关键问题，即进行地震勘探会增加多少价值？换句话说，当地震勘探的成本为多大时，将不值得再进行勘探。这个数量称为**样本信息的期望价值**（expected value of sample information, EVSI），这里的"样本信息"指的是地震勘探的信息。

确定 EVSI 首先需要确定两个关键量：

EP（有更多信息）= 完成勘探时的预期收益（扣除勘探成本）

EP（无更多信息）= 没有完成勘探时的预期收益

此处应用了贝叶斯决策准则来找出这两个数值。EP（有更多信息）的分析过程如下：图 10-16 所示决策树中节点 a 指向节点 b（进行勘探）这一条分支的预期收益为 123，但地震勘探成本（未知的）不应该被包括在内，因而那里显示的预期收益需要加上 30（最初假定的地震勘探成本）。所以：

EP（有更多信息）= 123+30 =153

第 10.5 节开始时描述了无更多信息时的 EP，来作为应用贝叶斯决策准则和最初的先验概率（不进行地震勘探）时的预期收益，图 10-1（和图 10-7 中的单元格 A10）显示这个预期收益为 100。所以：

EP（无更多信息）= 100

现在，我们可以利用下面的公式计算样本信息的期望价值：

EVSI = EP（有更多信息）- EP（无更多信息）

= 153-100

= 53

令

C = 地震勘探成本的最佳可用估计值（单位：千美元）

分析的最后一步是比较 C 和 EVSI。

$$如果\ C < \text{EVSI}, 则进行地震勘探$$
$$如果\ C \geqslant \text{EVSI}, 则不进行地震勘探$$

使用 Analytic Solver

通过应用第 10.3 节中描述的步骤，Analytic Solver 的决策树工具可以在电子表格上构建和求解图 10-16 中的决策树。图 10-17 显示了使用 Analytic Solver 得到的决策树。尽管形式有所不同，但请注意，这个决策树与图 10-16 的决策树是完全等价的。除了在电子表格上直接构建决策树的便利外，Analytic Solver 还提供了一个重要的优点——能够自动求解决策树。与图 10-16 中依靠手工计算有所不同，Analytic Solver 在构建决策树的同时就同步地计算出决策树相应步骤的期望收益，如图 10-17 所示就显示在每个节点的左侧。Analytic Solver 不使用双划线，而是在每个决策节点里面生成一个数字，它代表了应该选择哪一条分支（假设对从这个节点出发的分支按从上到下的顺序连续编号）。

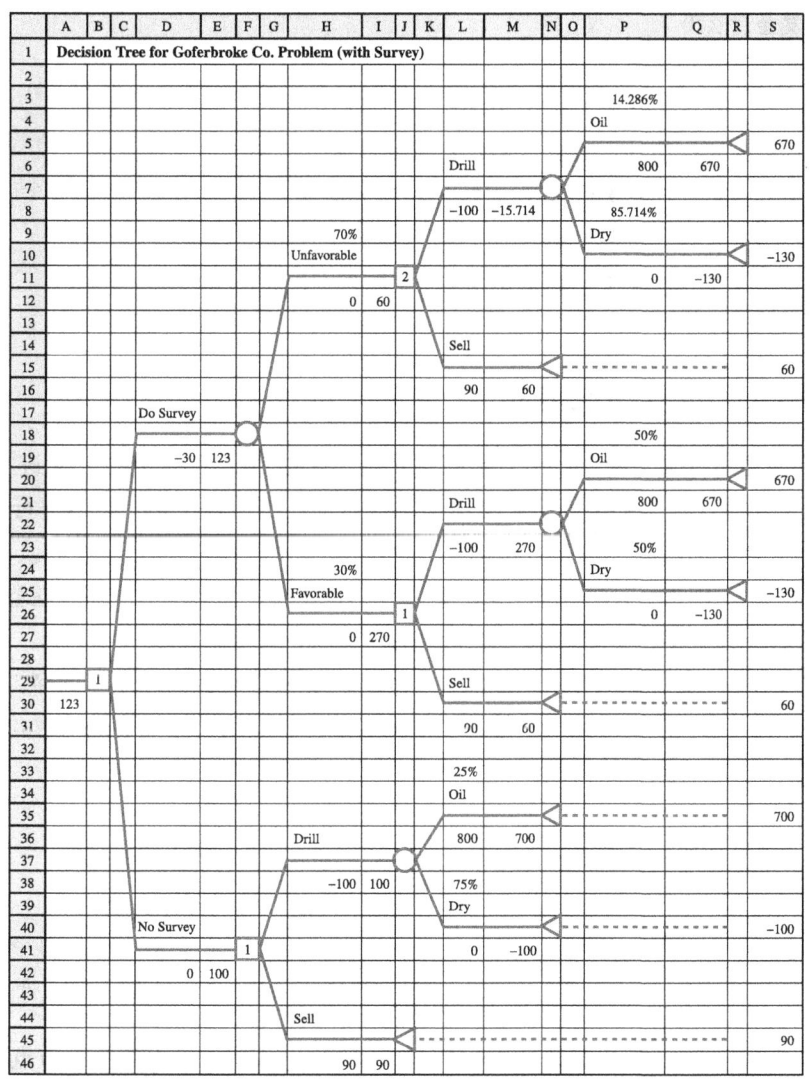

图 10-17　Analytic Solver 决策树

注：通过 Analytic Solver 对完整的高富布鲁克问题进行构建和求解的决策树，其中包括了是否进行地震勘探。

马克斯的反应

马克斯： 我看到这种决策树为我提供了一些数据来比较备选方案，但是这些数据的可靠性有多高呢？

詹妮弗： 你一定要记住，决策节点处备选方案的平均收益是以右边的收益和事件节点处的概率为基础的。相应地，这些概率又是建立在咨询地质学家的数据和你给我的数据（土地有石油或干涸情况下你获得可观的回波次数的频率）的基础上。

马克斯： 听起来好像不那么好。你知道我对咨询地质学家的数据的看法，而且我给你的数据只不过是相当粗略的估计。

詹妮弗： 的确是这样。因此决策树中显示的平均收益仅仅是大概值。这正是敏感性分析可以大显身手的地方，就像前面我们考虑是否要进行地震勘探时所做的一样。

马克斯： 好的，那我们开始做吧。

问题回顾

1. 决策树显示了哪些信息？
2. 决策节点处会发生什么？
3. 事件节点处会发生什么？
4. 在进行分析前，决策树中应该输入哪些数据？
5. 当进行分析时，从决策树的什么地方入手？处理节点时应该向哪个方向移动？
6. 每个事件节点需要进行什么计算？
7. 每个决策节点需要进行哪些比较？
8. 样本信息的期望价值是什么意思？如何应用？

10.8 系列决策问题的敏感性分析

第10.4节介绍了如何用Analytic Solver创建的决策树（见图10-6和图10-7）来进行高富布鲁克公司问题的敏感性分析，这个问题仅有一个决策，即决定是钻探石油还是出售土地（在不进行地震勘探的情况下）。我们的注意力集中于一个特别重要的数据，即有石油的先验概率，所以分析过程涉及当先验概率的初始值（0.25）变为各种不同的试算值时，是否应该改变决策。我们首先通过试错的方式来考虑这些新的试算值（见图10-8），然后通过构建数据表（见图10-10）来对它们进行更系统的研究。

既然马克斯·弗雷尔要决定是钻探石油还是出售土地前需要考虑是否进行地震勘探，那么相应的决策树也就由图10-6变为图10-17。这一系列决策以及由此引发的对获得和应用后验概率的需求，使得敏感性分析变得更加复杂。接下来，让我们看看应该如何做。

组织电子表格

正如我们在第10.4节中所做的一样，先以图10-18的形式建立电子表格，将所有的数据和结果相结合。这样决策树中的数据单元格与这个决策树右边的数据单元格（V4:V11）相关联。同样，决策树右边的总结结果与决策树中的输出单元格相关联（单元格B29、F41、J11和J26中的决策节点，还有单元格A30中的期望收益）。

> 在电子表格中将数据和结果相结合对于敏感性分析是非常重要的。

决策树中的概率数据十分复杂，因为任何一个先验概率数据发生变化时，后验概率都需要被更新。幸运的

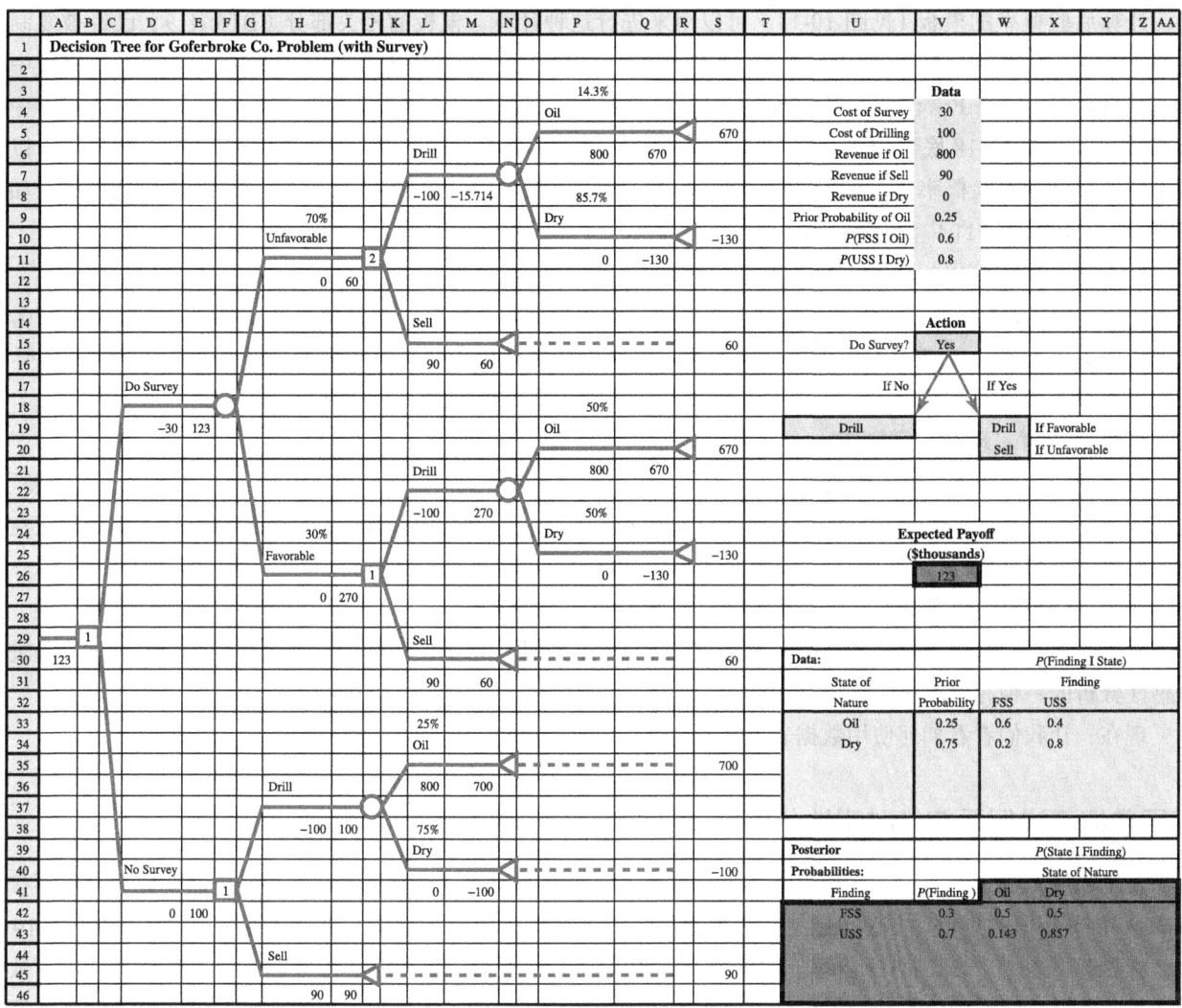

图 10-18 后验概率模板和决策树

注：为准备对完整的高富布鲁克公司问题进行敏感性分析，数据和结果已经在决策树右边的电子表格中相结合。

是，计算后验概率的模板（见图10-13）可以用来进行这种计算。模板的相关部分（B13:H19）已经被复制到（用编辑菜单中的复制和粘贴命令）图10-18所示的电子表格中（现在出现在单元格U30:AA46中）。模板中的数据来自数据单元格PriorProbabilityOfOil（V9）、ProbFSSGivenOil（V10）和ProbUSSGivenDry（V11）中的概率数据，如图10-18底部的单元格V33:X34中的公式所示。模板会自动计算每种勘探结果下的概率，以及基于这些数据的后验概率（单元格V42:X43）。当需要这些数据时，决策树可以调用这些计算出的概率，如图10-18的单元格P3:P11中的公式所示。

尽管将数据和结果相结合需要花费时间和努力，包括必要的**交叉关联**（cross-referencing），但是这一步对于进行敏感性分析是非常重要的。很多数据会在决策树中的多个位置被使用。例如，高富布鲁克公司发现石油的收益在单元格P6、P21和L36中显示，在对这一数据进行敏感性分析时，现在只需要在一个地方（单元格V6）改变其数值，而不是改变三个单元格（P6、P21和L36）中的数值。将数据和结果相结合的好处对于概率数据就更加重要了。改变任何一个先验概率可能会导致所有的后验概率发生变化。通过使用包含后验概率的模板，我们可以只在一个地方改变先验概率的数值，然后所有其他的概率就可以被正确地计算和更新。

> 组织电子表格，以使任何需要改变的数据只需要在一个地方进行修改。

在图10-18中的成本数据、收益数据或者概率数据发生变化后，电子表格都可以很好地总结新的结果，这个结果可以通过后验概率模板和决策树被迅速计算出来。因此，用试错法利用可供选择的数据值来试验是进行敏感性分析的一种有效方法。

现在，让我们看看如何使用数据表更系统地进行敏感性分析。

使用数据表进行系统的敏感性分析

为了系统地确定决策和期望收益是如何随着有石油的先验概率（或其他数值）的变化而变化的，需要按照第10.4节中介绍的过程用Excel建立一个数据表。首先在电子表格中建立一张带有标题的表，如图10-19所示，标题显示在列Y到列AD之间。在表的第一列（Y5:Y15）中，除了第一行空白外，其他地方列出了数据单元格（有石油的先验概率）的试算值。后面几列的标题详细说明了哪些输出值需要被估计，且这些列的第一行（Y4:AD4）用来输入与相应输出单元格对应的公式。本例中，利润单元格是：①是否需要进行勘探（V15），②如果进行勘探，当勘探结果好或不好时，是否进行钻探（W19和W20），③如果不进行勘探，是否要进行钻探（U19），④期望收益值（V26）是多少。单元格Y4:AD15中与相应输出单元格对应的公式显示在图10-19下方的电子表格中。

接下来，选中整个表（Y4:AD15），然后选择数据标签中what-if分析里的"数据表"选项。在数据表对话框中（如图10-19左下角所示），给出了列输入单元格（V9），该单元格代表了表的第一列中需要改变的数据单元格。

点击"确定（OK）"就会出现图10-19所示的表。对于表的第一列数据单元格中的每个试算值，相应的输出单元格的输出值被计算并显示在表的其他列中。数据表中的有些单元格并不是相对应的。例如，Z列的决策是不进行勘探，那么AA和AB列（如果勘探结果好或不好时，如何决定）出现的结果就不是与之相对应的结果。同样地，如果Z列的决策是进行勘探，那么AC列（如果不进行勘探，该怎样做）出现的结果也不是与之对应的结果。为了和这些不是相对应的结果进行区分，我们将那些对应的结果进行了加粗，以使其更明显。

图10-19显示，当有石油的先验概率为0.1～0.2的某个值时，最优的初始决策从不进行勘探直接出售变为进行勘探。然后，当有石油的概率为0.3～0.4的某个值时，最优决策又变为钻探但不进行勘探。利用图10-18的电子表格，这种试错的方法可以很快使我们得出下面关于最优策略如何依赖于这一概率的结果。

	Y	Z	AA	AB	AC	AD
1	Prior					Expected
2	Probability	Do	If Survey	If Survey	If No	Payoff
3	of Oil	Survey?	Favorable	Unfavorable	Survey	($thousands)
4		Yes	Drill	Sell	Drill	123
5	0	No	Sell	Sell	Sell	90
6	0.1	No	Drill	Sell	Sell	90
7	0.2	Yes	Drill	Sell	Sell	102.8
8	0.3	Yes	Drill	Sell	Drill	143.2
9	0.4	No	Drill	Drill	Drill	220
10	0.5	No	Drill	Drill	Drill	300
11	0.6	No	Drill	Drill	Drill	380
12	0.7	No	Drill	Drill	Drill	460
13	0.8	No	Drill	Drill	Drill	540
14	0.9	No	Drill	Drill	Drill	620
15	1	No	Drill	Drill	Drill	700

	Y	Z	AA	AB	AC	AD
1	Prior					Expected
2	Probability	Do	If Survey	If Survey	If No	Payoff
3	of Oil	Survey?	Favorable	Unfavorable	Survey	($thousands)
4		=V15	=W19	=W20	=U19	=ExpectedPayoff

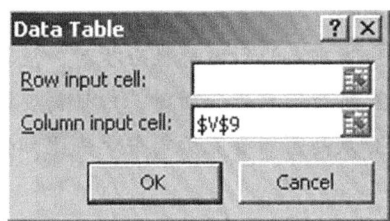

图 10-19 各种先验概率与数据表

注：该数据表显示了不同的有石油的先验概率的试算值所对应的最优决策和产生的期望收益。

最优策略

设 P = 有石油的先验概率

如果 $P \leqslant 0.168$，则出售土地（不进行地震勘探）

如果 $0.169 \leqslant P \leqslant 0.308$，则进行地震勘探：结果好则钻探，结果不好则出售土地

如果 $P \geqslant 0.309$，则钻探石油（不进行地震勘探）

马克斯的反应

马克斯：非常有趣。我尤其喜欢我们能够使用敏感性分析电子表格来立即显示出当一些数据发生改变时可能出现的情况，而且我发现有一件事特别令人鼓舞。

詹妮弗：是什么？

马克斯：当我们改变有石油的先验概率到最合理的邻近值时，结果始终相同：进行地震勘探，并在勘探结果好的情况下进行钻探，否则就卖掉这块土地。咨询地质学家的数据起的作用大大降低，而我们始终在做应该做的事。

詹妮弗：是的，这就是一个关键的发现，不是吗？那么，这是否意味着你对"先进行地震勘探，然后根据勘探结果决定是钻探石油还是出售土地"的决定比较满意呢？

马克斯：不是。还有一件事困扰我。

詹妮弗：什么事情？

马克斯： 假设地震勘探结果好，于是我们进行了钻探。但如果钻探结果表明土地是干涸的，我会损失 130 000 美元！就像我开始时所说的，这会把我们推向破产的边缘，这实在让我担心。目前，我拥有的运营资金比正常情况下要少，因此，现在损失 130 000 美元会比正常情况下带来更大的伤害。这种方法似乎没有认真考虑这一因素。

詹妮弗： 你说得对，确实没有考虑。这个方法提供的是平均货币价值。在处理如此大的金额时这样做并不太好，你不想用抛硬币的方式来决定你会赢还是会损失 130 000 美元，对吧？

马克斯： 当然不想。

詹妮弗： 那么好，这有一个秘诀。就像我们第一次谈论这个问题时我说的，我觉得现在的情况表明，我们不能仅仅用钱的多少来看待可能的结果。幸运的是，决策分析通过引入"效用"这个概念为解决这个问题提供了一种方法。其基本思想是，一种结果的效用可以衡量这种结果对你的真实价值而不是货币价值。因此通过用效用表示收益，决策树分析会找出每一个节点的平均效用来替代平均货币价值。这样，决策的基础变成为你提供最大的可能平均效用。

> 当面临可能发生的巨大损失时，只考虑平均货币价值不够理想。

问题回顾

1. 当准备进行敏感性分析时，应该如何组织含有决策树的电子表格？
2. 进行敏感性分析时，如果需要改变某一数据，应该在电子表格中的几个位置进行修改？
3. 从高富布鲁克公司关于决策如何依赖于有石油的先验概率的完整问题中，我们得出了什么结论？

10.9 用效用更好地反映收益的价值

到目前为止，在使用贝叶斯决策准则时，我们一直假设货币形式的期望收益是衡量一种行动所产生后果的一个恰当指标。然而，在许多涉及大量资金的情况下，这个假设是不恰当的。

例如，假设一个人有如下选择：①有 50% 的概率获得 100 000 美元；②确定会获得 40 000 美元。尽管 50% 的概率获得 100 000 美元的期望收益是 50 000 美元，还是会有很多人选择 40 000 美元。如果有投资受损并导致破产的风险，一家公司就不会愿意在新产品上投入很多的资金，尽管期望收益非常可观。再比如，即使从期望收益的角度看保险是很不划算的投资，人们仍然会购买保险。

这些例子是否使得贝叶斯决策准则失效了呢？幸运的是，答案为"不是"，因为有一种方法可以将货币价值转化为恰当的标度来反映决策者偏好。这个标度被称为**货币效用函数**（utility function for money）。

货币效用函数

图 10-20 显示了货币 M 的一个典型**效用函数 U (M)**(utility function U (M) for money M)。直观的解释是：它表明具有这种效用函数的人得到 30 000 美元的效用是得到 10 000 美元的 2 倍，得到 100 000 美元的效用是得到 30 000 美元的 2 倍。这反映了一个事实，即这个人最高优先级的需求会由第一个 10 000 美元满足。随着货币数量的增加，函数的斜率递减，这被称为货币边际效用递减。这样的人被称为**风险厌恶者**（risk averse individual）。

然而，并不是所有人都是递减的货币边际效用。一些人是**风险偏好者**（risk seeker）而不是风险厌恶者。他们用一生去追求成为"大赢家"的梦想。他们的效用函数的斜率随着货币数量的增加而增大，因此他们具有递增的货币边际效用。

> 不同的两个人对货币可能会有完全不同的效用函数。

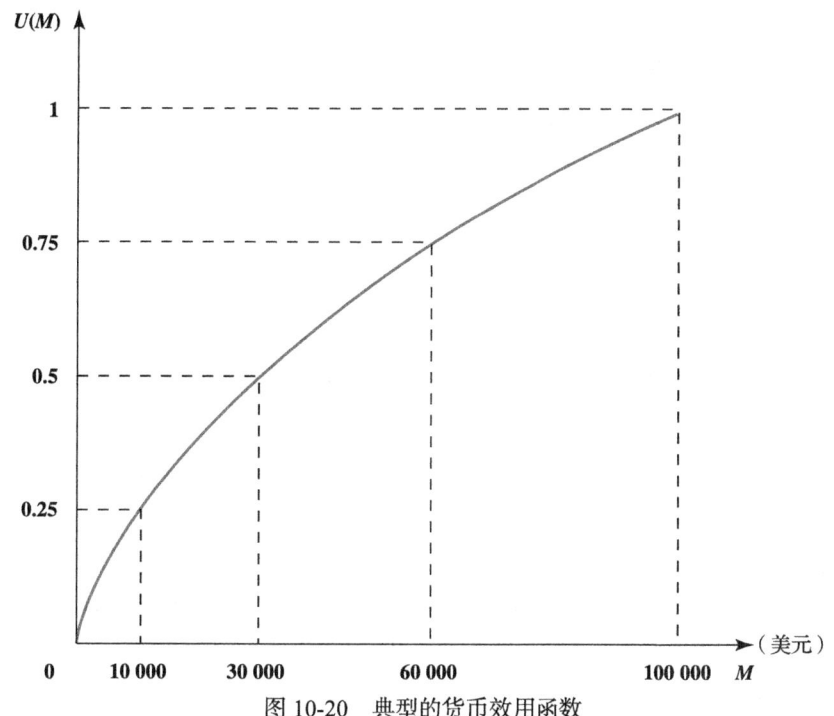

图 10-20 典型的货币效用函数

注：这里 $U(M)$ 是获得 M 数量货币的效用。

图 10-21 比较了货币风险厌恶者和风险偏好者效用函数曲线的形状，同时显示了中间类型的**风险中性者**（risk-neutral）的效用函数，他们认为钱的价值等同于货币价值。这些人的货币效用与货币的数量成线性正比关系。尽管一些人在涉及少量的金钱时会表现出风险中性，但在涉及大量货币时很少表现出真正的风险中性。

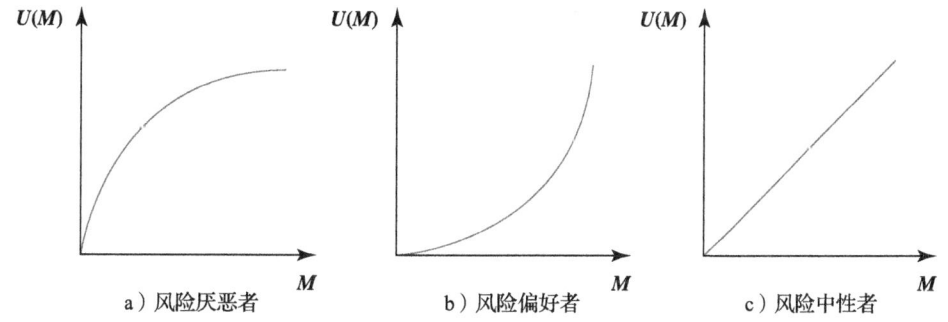

图 10-21 风险厌恶者、风险偏好者和风险中性者的货币效用函数图

有时还会出现同时具有这几种行为的人。比如，在涉及少量金钱的时候一个人可能基本上是风险中性的，在对待中等数量的金钱时是风险偏好的，在对待大量金钱时是风险厌恶的。另外，一个人对待风险的态度在长期中会随着环境的变化而变化。

在制定管理决策时，企业管理人员需要考虑企业的环境和高层管理人员的集体理念，以确定对待风险的恰当态度。

不同的人具有不同的货币效用函数，这个事实对不确定性下的决策制定具有重要意义。

当用货币效用函数解决决策分析问题时，这个效用函数必须以符合决策者的偏好和价值的方式来构建（决策者可以是个人或集体）。

构建适合决策者的货币效用函数的关键是遵循效用函数的下列基本属性：

基本属性（fundamental property）：在效用理论的假设下，决策者的货币效用函数具有这样的属性：如果两个备选方案具有相同的期望效用，则决策者在对待这两个备选方案上是无差异的。

为了说明这一点，我们假设决策者拥有如图10-20所示的效用函数。进一步假设决策者面临着以下机会：

提供的机会（offer）：以概率p获得100 000美元（效用 = 1）或以概率（$1-p$）什么也得不到（效用 = 0）。

于是，将概率作为两个可能效用（1和0）的权重，这个机会的期望效用是：

$$E（效用）= 1 \times p + 0 \times (1-p)$$

因此，对于下面三对备选方案来说，上面的基本属性表明决策者在对待第一个和第二个备选方案上是无差异的。

1. 第一个备选方案：提供的机会$p = 0.25$，因此E（效用）= 0.25
   第二个备选方案：肯定获得10 000美元，因此效用 = 0.25
2. 第一个备选方案：提供的机会$p = 0.5$，因此E（效用）= 0.5
   第二个备选方案：肯定获得30 000美元，因此效用 = 0.5
3. 第一个备选方案：提供的机会$p = 0.75$，因此E（效用）= 0.75
   第二个备选方案：肯定获得60 000美元，因此效用 = 0.75

> 在这三组案例中，具有如图10-20所示货币效用函数的决策者，由于他们具有相同的期望效用，因此在对待两个备选方案上是无差异的。

这个例子还展示了构建决策者货币效用函数的一种方法。假定决策者通过相同的方式——以概率p获得大量金钱（如100 000美元），有（$1-p$）的概率什么也得不到（效用为0）。然后对于每一种较少数量的金钱（如10 000美元、30 000美元和60 000美元），决策者要选择一个使得他在对待提供的机会和获得确定数量的金钱上是无差异的p值。较少数量的钱的效用是用p乘以较多数量的钱的效用。当较多数量的钱的效用设定为1时，如图10-20所示，这可以很方便地使较少数量钱的效用等于p。图10-20中的效用值表示当决策者的货币$M=10\,000$时他选择了$p=0.25$，当$M=30\,000$时选择了$p=0.5$，当$M=60\,000$时选择了$p=0.75$，用这种方法构建效用函数是本节后面所描述的**等价博彩法**的一个例子。

效用函数的标度是无关紧要的。换句话说，不管图10-20中虚线所指示的效用值$U(M)$是0.25、0.5、0.75（如图10-20所示）还是10 000、20 000、30 000、40 000或其他，这并不重要。所有的效用值可以乘以任何正数，而不会影响到哪个决策备选方案具有最大的期望效用。将一个常数（正的或负的）加到所有的效用上，也不会影响哪个决策备选方案具有最大的期望效用。

由于这些原因，我们可以任意为两个M值设定$U(M)$的值，只要较高的货币值有更高的效用即可。对于我们正在考虑的最小M值，设定其$U(M) = 0$，而对于最大的M值，设定其$U(M) = 1$，这样做非常方便，正如图10-20所示。通过指定最差的结果效用为0，最好的为1，并确定相应其他结果的效用，我们很容易看出从最差到最好的每一种结果的相对效用。

> 现在的目标是使期望效用最大，而不是期望货币收益最大。

现在我们就可以总结效用函数在决策分析中的基本作用了：

当决策者的货币效用函数被用来衡量各种可能货币结果的相对价值时，贝叶斯决策准则将货币收益替换为相应的效用。因此，最优决策（或系列决策）是使得期望效用最大的决策。

这里只讨论了货币效用函数，然而我们必须指明，当决策备选方案的一些或全部重要结果实质上不是货币时，有时仍可以构造效用函数（如医生的一系列治疗决策备选方案的结果涉及患者以后的健康）。由于它要求对相关的无形结果的满意度进行价值判断，因此建立效用函数并不是那么容易的。不过，在这些情况下，将价值判断引入决策过程是很重要的。

处理高富布鲁克公司的问题

回想一下，由于高富布鲁克公司现在并没有大量资金，因此 100 000 美元的损失将会非常严重。作为公司的所有人，马克斯已经负债累累。最差的情况是花费 30 000 美元进行地震勘探，然后进行钻探，但结果没有石油，再损失 100 000 美元。这个情况不会使公司破产，但很明显将会使公司在财务上捉襟见肘。

另一方面，发现石油则是一件令人兴奋的事，因为获得 700 000 美元可以使公司的财务状况相当稳健。

马克斯是这个问题的决策者。因此为了准备使用效用来分析问题，我们必须构建马克斯的货币效用函数 $U(M)$，这里货币量 M 的单位为千美元。

最初，我们分别指定最小和最大可能收益的效用为 0 和 1。由于最小可能收益为 $M = -130$（损失 130 000 美元），最大可能收益为 $M = 700$（收入 700 000 美元），因此，$U(-130) = 0$，$U(700) = 1$。

要确定其他可能的货币收益的效用，我们必须调查马克斯对风险的态度。特别重要的是他对最糟糕的可能损失（130 000 美元）和最好的可能收益（700 000 美元）的感受，以及他如何比较这些结果。让我们听听詹妮弗对马克斯这些感受的调查。

与马克斯面谈

詹妮弗：现在，我们将用效用来反映这些可能收益的实际价值带给你的感受。因此，为了得到你的效用，我们需要讨论一下你对这些收益的感受和它们会给公司带来的后果。

马克斯：好的。

詹妮弗：考虑最好和最坏的可能情况是非常好的着手点，即考虑获得 700 000 美元或损失 130 000 美元的可能性。

马克斯：这是很大一笔钱。

詹妮弗：好，假设你不花钱做地震勘探就开始钻探石油，并且发现了石油，你的利润大概是 700 000 美元。这会对公司产生什么影响？

马克斯：影响非常大。这将会带来我所需要的资金，使我成为行业内更重要的竞争者，然后我会致力于发现大油田，也就是我之前提到的大发现。

詹妮弗：好的。现在让我们谈谈如果你遭受了最大可能损失会产生什么后果。假设你花钱做地震勘探，然后钻探石油，结果却发现那块地没有石油。这样你将会损失 130 000 美元。这将会糟糕到什么程度？公司未来会面临怎样的状况？

马克斯：我可以这样来解释。这将会使公司面临相当困难的财务状况。我们将要付出极大的努力来获得更多的融资。然后，我们需要更谨慎地作业，找一些合伙人进行一些低风险、低产出的钻探，以走出困境。但我想我们可以支持下来。过去我们已经多次经历了这种状况，但我们还是熬过来了。不会有事的。

詹妮弗：听起来你不会过分担心这种损失，只要你有机会获得很大的收益来证明这种风险是合理的。

马克斯：是的。

詹妮弗：现在我们来谈谈这些机会。我要做的是假设一种比较简单的情况。假设你有下面的选择：一个是钻探。如果发现石油，你可以获得 700 000 美元。如果这块地是干涸的，你就会损失 130 000 美元。另一个选择是以 90 000 美元的价格卖掉这块土地。我知道这不是你的实际情况，因为 700 000 美元中并没有包含勘探成本，而 130 000 美元中包含了，但让我们假设这些是你的选择。

马克斯：我不明白为什么你要谈论这些与我们所面临的情况不同的情况。

詹妮弗：请相信我。考虑这些假设的情况能够使我们确定你的效用。

马克斯：好吧。

詹妮弗：可以假定，如果你有50%的概率获得700 000美元或损失130 000美元，你将会选择钻探。

马克斯：当然。

詹妮弗：如果你获得700 000美元的概率较小，比如说25%，而损失130 000美元的概率为75%，你是选择钻探还是选择以90 000美元的价格卖掉这块土地？

马克斯：这差不多就是在进行地震勘探前我们要制定的初始决策。但有一个很大的不同。现在你让我假定如果没有石油将损失130 000美元，而不是100 000美元。更大的损失会让人更加痛苦。在获得700 000美元的概率只有25%的情况下，我不愿意承担这一风险。

詹妮弗：好，现在我们知道那个使你决定是否继续钻探的**无差异点**（point of indifference）了，它落在获得700 000美元而不是损失130 000美元的概率为25%~50%的区间内。看看我们能不能在25%~50%的区间内找到你的无差异点。让我们试试1/3，在获得700 000美元的概率是1/3、损失130 000美元的概率是2/3的情况下，你是会继续进行钻探，还是选择以90 000美元的价格卖掉这块土地？

> 无差异点就是决策者认为假设的两种备选方案没有差异的那一点。

马克斯：嗯，不是很清楚。这种情况下平均收益会是多少？

詹妮弗：大概是147 000美元。

马克斯：还不错。有1/3的可能得到700 000美元，有点诱惑力。但问题是有2/3的概率会损失130 000美元。而卖掉这块土地一定能得到90 000美元。我不知道，这很难抉择。

詹妮弗：好，那我们这样做。假设获得700 000美元的概率略高于1/3，你会钻探吗？

马克斯：我想会的。

詹妮弗：如果略低于1/3呢？

马克斯：我想我不会去钻探。

詹妮弗：好的。这就证明你的无差异点是1/3。这正是我想知道的。

寻找 $U(90)$

事实上，马克斯为詹妮弗提供了确定$U(90)$所需的信息，即马克斯获得90（获利90 000美元）的效用所需的信息。回想一下，$U(-130)$已经被设定为0，$U(700)$已经被设定为1。下面是詹妮弗用来寻找$U(90)$的步骤：

决策者面临着两种备选方案：A_1和A_2。

A_1：以p的概率获得700的收益。

以$(1-p)$的概率获得-130的收益。

A_2：肯定能够获得90的收益。

决策者面临的问题是：概率p为多少时两种备选方案对他来说无差异？回想一下，马克斯选择了$p=1/3$。

对于给定的p，A_1的期望效用是：

$$E(A_1\text{的效用}) = p*U(700) + (1-p)*U(-130)$$
$$= p*(1) + (1-p)*(0)$$
$$= p$$

如果在对待两种备选方案时决策者是无差异的，那么效用函数的基本属性表明，两种备选方案必须具有同样的期望效用。因此，A_2 的效用也必须是 p。由于马克斯选择的无差异点是 1/3，A_2 的效用必须是 1/3，因此 $U(90)=1/3$。

用等价博彩法确定效用

上述寻找 $U(90)$ 的步骤表明，对于任何收益 M，寻找效用的关键是令决策者找到两个备选方案的无差异点，其中一个备选方案（A_1）涉及**博彩问题**（lottery），需要在最大收益和最小收益之间进行选择，而另一个备选方案（A_2）则是可以获得确定的收益 M。在无差异点上，从具有相同的期望效用来说，博彩与确定的收益是等价的（equivalent），因此这一过程被称为**等价博彩法**（equivalent lottery method）。下面简要介绍这一过程。

等价博彩法

1. 确定最大的潜在收益，并指定其效用为 1：

$$U(最大潜在收益)=1$$

2. 确定最小的潜在收益，并指定其效用为 0：

$$U(最小潜在收益)=0$$

3. 为确定另一种潜在收益 M 的效用，决策者面临着下列两种假设的备选方案：

A_1：以概率 p 获得最大收益；以概率 $(1-p)$ 获得最小收益。

A_2：获得确定收益 M。

决策者面临的问题是：概率 p 为多少时两种备选方案对他来说无差异？则此时 $U(M)=p$。

构造马克斯的货币效用函数

现在我们已经找到了高富布鲁克公司 3 个可能收益（-130、90、70）的效用。将这些数据与货币收益 M 描绘在效用 $U(M)$ 图上，然后通过这些点画一条光滑的曲线，如图 10-22 所示。

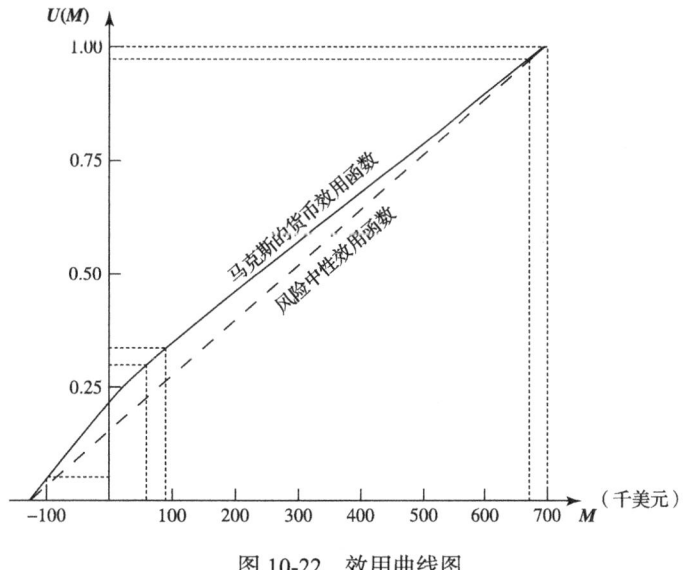

图 10-22 效用曲线图

这条曲线是我们对马克斯的货币效用函数的估计。要获得其他可能收益（-100、60、670）的效用值，马克斯可以针对 $M=-100$、$M=60$ 和 $M=670$ 重复等价博彩法的第三个步骤。但是，由于 -100 和 -130 很接近、

60与90很接近、670与700很接近，所以我们可以利用 $M = -100$、$M = 60$ 和 $M = 670$ 在图 10-22 中曲线上对应的值来估计这些效用。按照图中相应的点线，我们可以得到 $U(-100) = 0.05$、$U(60) = 0.30$、$U(670) = 0.97$。表 10-9 列出了可能收益及其对应的效用。

表 10-9 高富布鲁克公司问题的效用

货币收益 M	效用 $U(M)$
−130	0
−100	0.05
60	0.30
90	0.333
670	0.97
700	1

为了便于比较，图 10-22 中的虚线显示了如果马克斯是完全风险中性者时的效用函数。从本质上说，马克斯是一个风险偏好者，但在面对迫切需要改变的财务困境而制定当前决策时，他不得不选择风险厌恶立场。

使用决策树分析包含效用的问题

在表 10-9（以及图 10-22）中，我们构造出了马克斯的货币效用函数。将这个信息使用在决策树中，总结如下：

用决策树来分析问题的过程与第 10.7 节介绍的过程相同，只是用效用来代替货币收益。因此，现在用于评估决策树中每一个节点值的是期望效用而不是期望（货币）收益。同样地，贝叶斯决策准则得到的最优策略将使得整个问题的期望效用最大。

因此，再次使用 Analytic Solver，如图 10-23 所示，我们得到的最终效用的决策树与第 10.7 节中图 10-17 中的决策树类似。节点和分支以及从事件节点伸展出的分支的概率都完全相同。然而，与图 10-17 的关键不同点在于每一个结束节点上的货币收益被表 10-9 中相应的效用代替了（这通过在 Analytic Solver 中最后的分支上用相同的效用作为"现金流"，并在前面的分支上将"现金流"改为 0 实现）。Analytic Solver 就是使用这些效用来计算节点后面所有的期望效用的。

> 在每一条末端分支上，输入对应结果的效用值作为其"现金流"，而不用改变前面分支上默认值为 0 的"现金流"。

除了底部单元格 F41 中的节点外，这些期望效用导致在所有其他决策节点上的决策与图 10-17 相同。这个节点上的决策现在变为出售土地而不是进行钻探。然而，就像单元格 B29 中"1"表示的一样，求解的过程还是使得这个节点处于断路上。因此，总体最优策略与图 10-17 得到的结果相同（进行地震勘探；结果不好则出售土地，结果好则进行钻探）。

前面几节中所使用的期望货币收益最大化的方法与假设决策者为风险中性是等价的。通过采用适当的效用函数来应用效用理论，最佳方案体现了决策者对风险的态度。因为马克斯选择了适度的风险厌恶态度，所以最优策略没有发生改变。对于一些更加具有风险厌恶性的决策者来说，最优策略可能变为不进行地震勘探立即出售土地。

> 之前最大化期望收益的求解方法假设了决策者是风险中性的。

马克斯和詹妮弗对引入效用对这个问题进行决策分析感到很满意。效用为面对不确定性的决策提供了一个理性的方法。然而，许多管理者不能很好地理解相对抽象的效用概念，或在用概率的方式构建效用函数时有困难，这使得他们不愿意使用这种方法。因此，效用不像本章介绍的其他决策分析技术，如贝叶斯决策准则（考虑货币收益）和决策树那样在实践中被广泛应用。

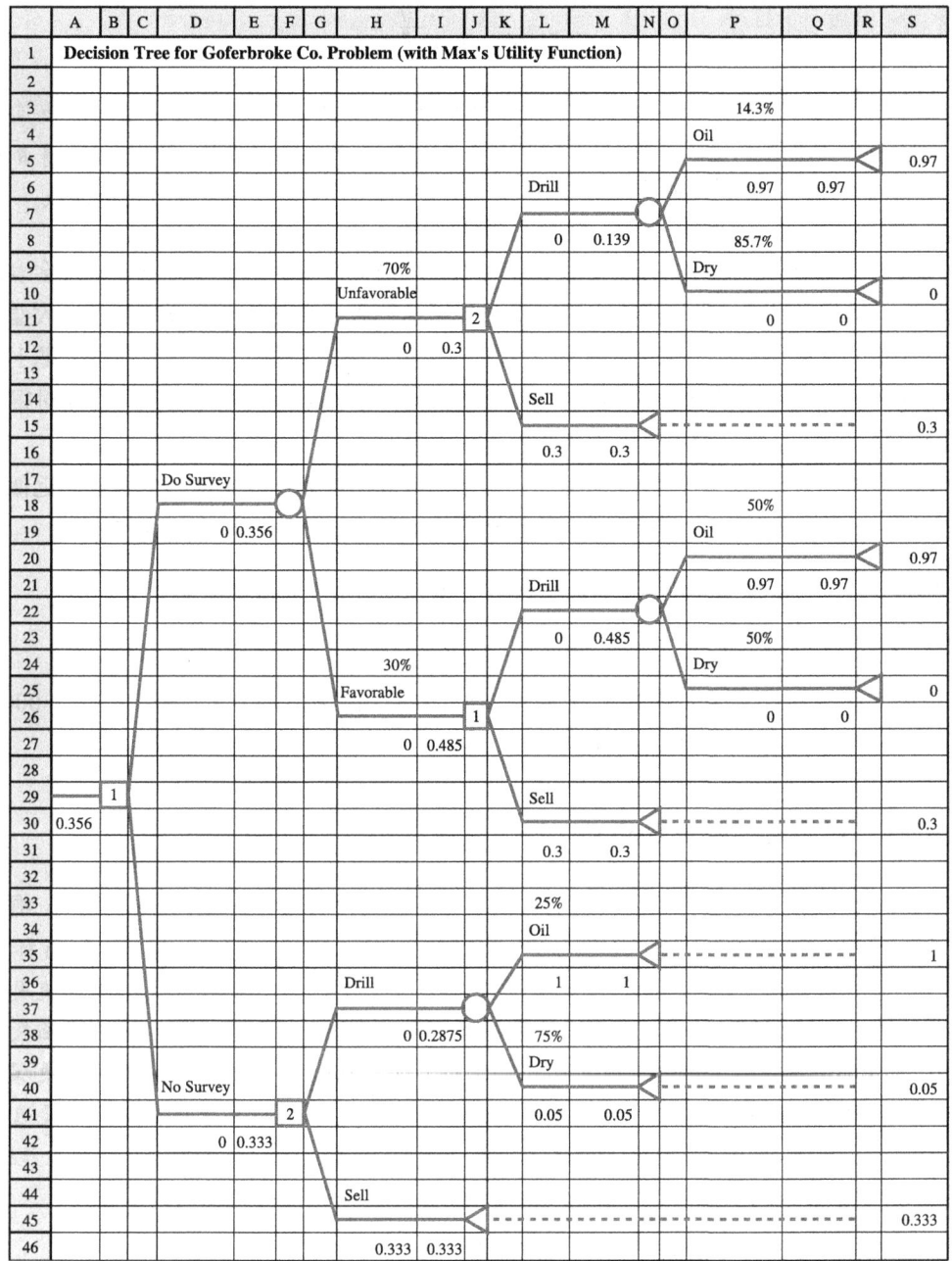

图 10-23 最终决策树图

注：当使用马克斯的货币效用函数来最大化期望效用时，用 Analytic Solver 构建和求解的完整高富布鲁克公司问题的最终决策树。

估计 $U(M)$ 的另一种方法

以上构建 $U(M)$ 的步骤需要决策者反复使用等价博彩法。这就要求他每次都确定一个概率，使得两个选择对他来说无差异。这个决定很难做出。许多管理者不太喜欢做出这样的决定。因此，有时需要使用另一种方法来估计货币效用函数。

这个方法是假设效用函数有一个特定的数学形式，然后通过调整其形式使其尽可能准确地反映决策者对待风险的态度。例如，一个广泛使用的形式（因为它相对比较简单）是**指数效用函数**（exponential utility function）：

$$U(M) = 1 - e^{-\frac{M}{R}}$$

其中，R 是决策者的风险承受能力。这个效用函数拥有图 10-21a 所示的形状，因此它被用来反映风险厌恶者的情况。较高的风险厌恶性对应较小的 R 值（这会使得图中的曲线急剧弯曲），同样，较低的风险厌恶性对应较大的 R 值（这会使得图中的曲线更平缓地弯曲）。

> 因为 R 衡量的是决策者的风险承受能力，所以随着 R 的增加，风险厌恶程度会降低。

决策者的风险承受能力会因他所拥有财富的不同而不同。当他拥有的财富相对较多时，会表现出更高的风险承受能力。然而，给定其目前的财富拥有水平，指数效用函数假设其在从做出决策到潜在收益实现的整个过程中都有固定不变的风险承受能力，这通常是一个合理的假设。但不幸的是，在马克斯的问题上，这个假设是有问题的，因为他在面对最差的可能收益（损失 130 000 美元）时表现出风险厌恶，但在面对很大的潜在收益时却表现出风险偏好。这正是詹妮弗不使用指数效用函数的原因。

在其他潜在损失的结果并不那么严重的情况下，假定指数效用函数可以提供一个合理的近似。这时，有一个简单的方法来估计适当的 R 值。决策者要确定使他在下面的两个选择中无差异的 R 值：

- A_1：一个五五开的投机行为，以 0.5 的概率获得 R 美元，以 0.5 的概率损失 $R/2$ 美元。
- A_2：没得到什么也没损失什么。

举个例子，如果决策者对于什么都不做和进行一种五五开的投机（有 0.5 的概率获得 1 000 美元，有 0.5 的概率损失 500 美元）是无差异的，那么 $R=1\,000$。

在指数效用函数下使用 Analytic Solver

Analytic Solver 包含了使用指数效用函数的选项。在 Analytic Solver 中点击选项按钮，然后选择"树"（Tree），就会出现图 10-24 所示的窗口。在"Certainty Equivalents 部分"给出了两个选择——期望收益和指数效用函数。选择后者，会使决策树与指数效用函数相对应。在"决策点 EV/CE"部分也有两个选择，最大化和最小化，可以让你指定你的目标是要选择最大化绩效衡量值（在本例中为期望效用）还是最小化绩效衡量值。（正如本章中自始至终所使用的一样，默认选项是最大化。）当需要建立指数效用函数时，"风险承受能力"部分用来输入 R 的某个值。（这些选项在 Analytic Solver 的模型窗口中的 Platform 标签同样可以找到。）

为了说明问题，假设风险承受能力 $R = 1\,000$ 的指数效用函数被用来作为分析高富布鲁克公司问题的一个粗略估计值（由于该问题以千美元为单位来说明收益，因此，这里的 $R = 1\,000$ 等价于以美元为单位的 $R = 1\,000\,000$）。生成的决策树如图 10-25 所示。在每个节点的下面和左边都有两个期望收益。位置较低的数值代表决策树中该阶段的期望效用值，上面的数字代表等价于期望效用值的相应收益。例如，单元格 A31 表示的是指数效用函数的期望效用值为 0.093 2，这等价于单元格 A30 中显示的期望收益为 98 000 美元。

> Analytic Solver 小提示：Model 窗口中的 Platform 标签的决策树部分让你选择是使用期望货币收益还是指数效用函数来应用贝叶斯决策准则。"决策点 EV/CE"部分让你指定是要选择最大化绩效衡量值（期望收益或期望效用）还是将其最小化。

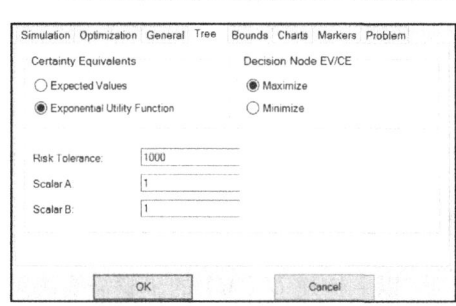

图 10-24 "树"（Tree）标签示意图

注：Analytic Solver 选项对话框的 Tree 标签为你提供了决策树如何解决的一些选项。在这里选择指数效用函数，最大化收益选项，且 R 值为 1 000。

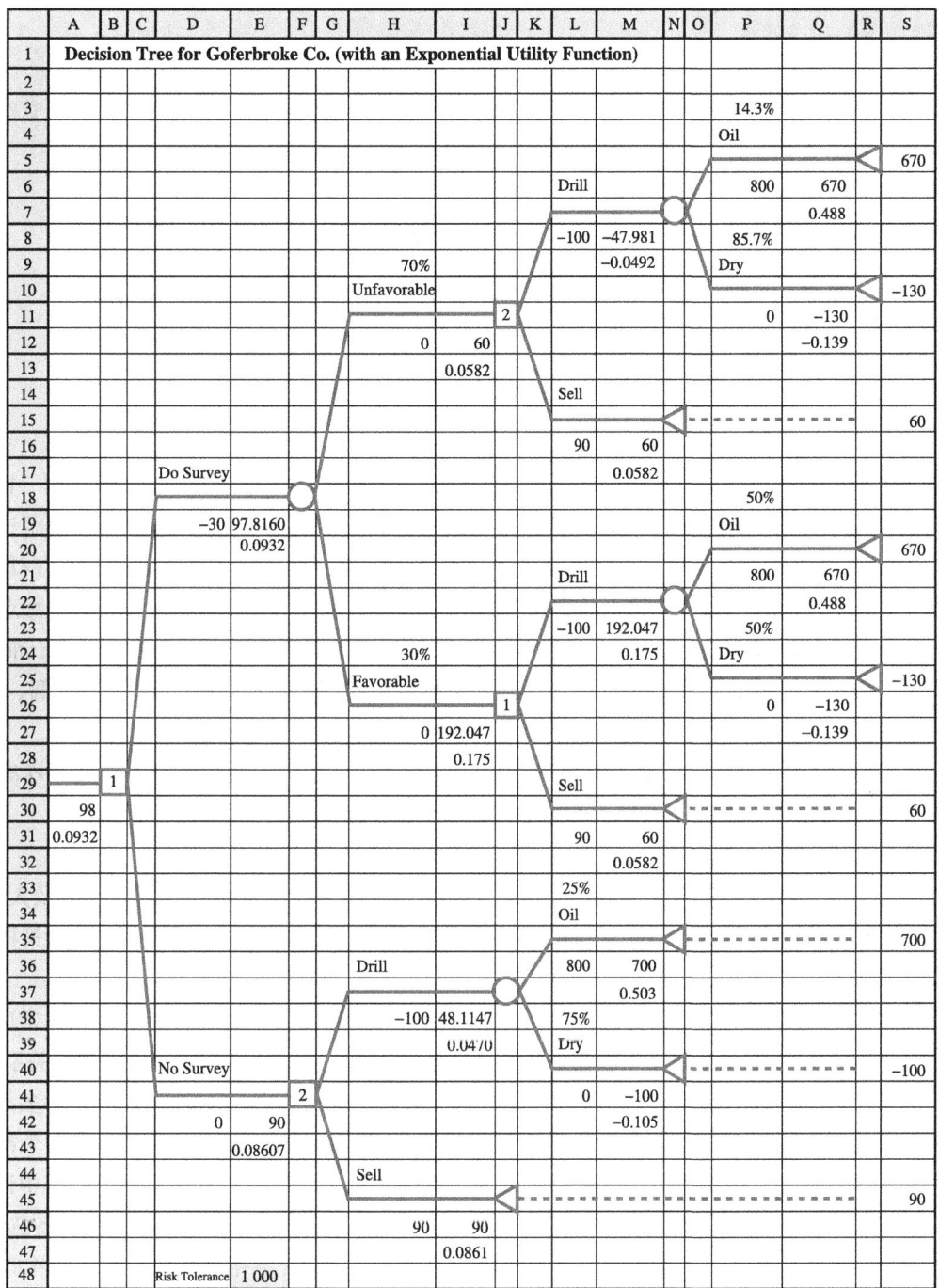

图 10-25　最终决策树

注：当使用指数效用函数且 $R=1\,000$ 时，由 Analytic Solver 构建和求解的完整高富布鲁克公司问题的最终决策树。

指数效用函数得出了与图 10-23 所示相同的决策。总体最佳策略是进行地震勘探，如果勘探结果不好就出售土地，如果结果好就进行钻探。然而，当 R 值减小到一定程度后，最佳策略会发生变化。当 R 值小于 728 时，最佳策略就会转向不进行地震勘探而直接出售土地。因此，一个偏向于风险厌恶的决策者将会对高富布鲁克公司制定一个更加安全的决策——出售土地来确保获得 90 000 美元的收益。

问题回顾

1. 效用反映了什么？
2. 对于风险厌恶者，其货币效用函数图是什么形状？对于风险偏好者呢？对于风险中性者呢？
3. 效用函数的基本属性是什么？
4. 等价博彩法中的"博彩"指的是什么？
5. 给定两个假设的选择，其中一个具有概率 p，那么这两个选择的无差异点表明了什么？
6. 在决策树中使用效用时，什么值被用来评估决策树中的每一个节点？
7. 对于完整的高富布鲁克公司问题，马克斯制定了怎样的决策？

10.10 决策分析的实际应用

从某种意义上说，高富布鲁克公司的问题是决策分析的一个十分典型的应用。与其他应用一样，马克斯要在面对巨大不确定性的情况下制定决策（是否要进行地震勘探，钻探石油还是出售土地）。制定这些决策非常困难，因为它们的收益是无法预测的。其结果取决于马克斯无法控制的因素（这块土地是否有石油）。在这种不确定的情况下，他需要一种进行理性决策的框架和方法。这些正是决策分析应用通常具有的特点。

然而，高富布鲁克问题又不是一个特别典型的应用。由于只包含两种可能的自然状态（有石油或干涸），这个问题过于简单，而通常情况下决策分析要考虑很多不同的可能性。例如，实际状况可能是干涸、有少量石油、有中等数量的石油、有大量的石油、有极大量的石油，再加上油层的深度、土壤状况等影响钻探成本的因素，这些都具有不同的可能性。马克斯在两次决策中都只考虑了两个备选方案。通常，实际应用涉及更多的决策，每次决策都有更多的备选方案，还有很多种可能的自然状态。

> 高富布鲁克问题可以有更多可能的自然状态。

像高富布鲁克公司问题这样小规模的问题都可以手工分析并求解，而典型的实际应用涉及大型的决策树，需要使用软件包（如本章介绍的 Analytic Solver）来构建模型并进行分析。在一些应用中，决策树有上千条末端分支，需要开发特殊的代数方法并将其结合到软件中来处理如此大规模的问题。

其他的图形方法也可以用来在描述和解决决策分析问题时对决策树进行补充，其中应用非常广泛的一种是**影响图**（influence diagram），它也提供了一种表示决策者的备选方案、不确定性和收益之间相互关系的有效方法。

虽然高富布鲁克公司问题只涉及一名分析师（詹妮弗）协助一名决策者（马克斯），但是许多战略性问题是由管理层集体做出的。有一种群体决策技术称为**决策讨论会**（decision conferencing）。这是一个群体在一名分析师和一名协调人员的帮助下制定决策的过程。协调人员直接和群体合作，帮助他们组织和集中讨论、创造性地思考问题、提出假设以及阐述所有相关的议题。分析师使用决策分析来帮助群体考察各种备选方案的效果。在计算机化的群体决策支持系统的帮助下，分析师构建各种模型并求解，并用敏感性分析来回答群体的"what-if 问题"。

决策分析的应用通常涉及管理决策者（个人或组织）和经过管理科学培训的分析师（个人或组织）之间的合作关系。一些管理人员不像马克斯这样幸运，有一名詹妮弗那样的工作人员（更别说是女儿）有能力作为分析师进行工作。因此，人们建立了大量从事决策分析的管理咨询公司来提供这类服务。

如果你想阅读更多关于决策分析实际应用方面的文章，一个很好的入手点是《决策分析》（*Decision Analysis*）期刊 2004 年第一期开篇的文章[⊖]，这期主要刊登了决策分析实际应用方面的文章，这篇文章对多篇介绍决策分析实际应用的文章进行了总结和分析。

⊖ D.L.Keefer, C.W.Kirkwood, and J.L.Corner, "Perpective on Decision Analysis Applications," *Decision Analysis* 1 (2004), pp.4-22.

问题回顾

1. 高富布鲁克公司问题与决策分析的典型应用相比怎么样？
2. 影响图的目的是什么？
3. 决策讨论会的主要参与者有哪些？
4. 如果员工中没有合格的分析师，管理人员应该去哪里寻找专业人员来帮助进行决策分析？

本章小结

在面临很大不确定性时，决策分析是一种很有价值的决策方法。当结果不确定时，它为制定理性决策提供了框架和方法。

在典型的应用中，决策者需要制定单个或一系列的决策（在各个决策之间可能会有附加的信息）。每一个决策者有若干备选方案。不可控的随机因素影响了从所选方案中获得的收益。随机因素可能出现的结果被称为可能的自然状态。

实际会发生哪种自然状态只有在决策后才知道。但是，在决策前通常可以估计出各个自然状态的先验概率。

在制定决策时有大量可供选择的决策准则。一种广泛应用的决策准则是贝叶斯决策准则，它使用先验概率确定每一种备选方案的期望收益，并从中选出具有最大期望收益的方案。这一准则（连同敏感性分析）是实践中最常用的，因此是本章讨论的重点。

在处理问题时，敏感性分析对于评估数据（包括概率、收入、成本）的不准确估计产生的影响是非常有帮助的。我们可以使用数据表来系统地改变这些数据的值，并以此分析这些改变会对最佳决策或期望收益产生怎样的影响。

有时候可以通过花钱进行测试或调查，来获得更多关于各种自然状态出现概率的信息。计算全情报价值可以帮助我们快速检查这样做是否值得。

当拥有了更多信息时，更新过的概率称为后验概率，而概率树图有助于计算这些概率。

对于涉及一系列决策的问题（可能包括是否要获得更多信息的决策），我们经常使用决策树以图形的方式显示决策和随机事件的演进过程。然后，在决策树上直接应用贝叶斯决策准则，一次处理一个事件节点或决策节点。电子表格软件包（如 Analytic Solver）对构建和求解决策树非常有帮助。

当问题涉及产生巨大损失的可能性时，效用提供了一种将决策者对待风险的态度纳入分析的方法。然后，我们可以用效用代替货币价值作为收益，应用贝叶斯决策准则。

决策分析的应用十分广泛，基于个人计算机的大量软件包已经成为决策分析实践应用中一个不可分割的组成部分。

专业术语

alternatives 备选方案 决策者在制定决策时所考虑的可供使用的选择。（第 10.1 节）

Bayes' decision rule 贝叶斯决策准则 一种应用广泛的决策准则，先使用概率来计算每一个决策备选方案的期望收益，然后选择期望收益最大的方案。（第 10.2 节）

Bayes' theorem 贝叶斯定理 一种计算自然状态后验概率的公式。（第 10.6 节）

branch 分支 一条从决策树节点伸展出来的线。（第 10.3 节）

decision conferencing 决策讨论会 一个群体决策的过程。（第 10.10 节）

decision maker 决策者 负责制定决策的人或群体。（第 10.1 节）

decision node 决策节点 决策树上需要进行决策的点。（第 10.3 节）

decision tree 决策树 对所考虑的决策和随机事件过程的图形表示。（第 10.3 节和第 10.7 节）

equivalent lottery method 等价博彩法 通过比较两种假设（其中一种涉及投机）的选择，寻找等价于特定数量的货币的效用的过程。（第 10.9 节）

event node 事件节点 决策树中表示随机事件发生的

点。（第 10.3 节）

expected monetary value (EMV) criterion 预期货币价值准则 当收益拥有货币价值时，贝叶斯决策准则的代替名称。（第 10.2 节）

expected payoff, EP 期望收益 对于一种备选方案，将自然状态的概率作为权重计算出的加权平均收益。（第 10.2 节）

expected value of perfect information, EVPI 全情报价值 如果能够在决策前知道实际的自然状态，所带来的期望收益的增加量。（第 10.4 节和第 10.5 节）

expected value of sample information, EVSI 样本信息的期望价值 通过测试样本以获得更多信息从而得到的期望收益的增加值，不包括测试的成本。（第 10.7 节）

exponential utility function 指数效用函数 适合于风险厌恶者的效用函数。（第 10.7 节）

influence diagram 影响图 为表示和分析决策树问题而对决策树进行补充的图表。（第 10.10 节）

maximax criterion 乐观准则 一种非常乐观的决策准则，它没有使用先验概率，只是简单地选择能提供最大可能收益的决策备选方案。（第 10.2 节）

maximin criterion 悲观准则 一种非常悲观的决策准则，它没有使用先验概率，只是简单地选择提供最小可能收益的决策备选方案。（第 10.2 节）

maximum likelihood criterion 最大可能性准则 一种使用概率并聚焦于最有可能出现的自然状态的决策准则。（第 10.2 节）

node 节点 决策树上的交会点。（第 10.3 节）

payoff 收益 用于衡量由决策备选方案和自然状态导致的结果的定量值。（第 10.1 节）

payoff table 收益表 给出了每一种决策选择和自然状态的组合收益的表。（第 10.1 节）

point of indifference 无差异点 在等价博彩法中，决策者在两种假设选择上表现出无差异的点。（第 10.9 节）

posterior probability 后验概率 为了改进先验概率，在做了测试或调查后得到的自然状态的修正概率。（第 10.5 节和第 10.6 节）

prior probability 先验概率 在测试或调查以获得额外信息前估计的自然状态概率。（第 10.1 节）

probability tree diagram 概率树图 有助于计算自然状态后验概率的图表。（第 10.6 节）

risk-averse individual 风险厌恶者 货币效用函数的斜率随货币数量上升而下降的人。（第 10.9 节）

risk-neutral individual 风险中性者 货币效用与货币数量成比例的人。（第 10.9 节）

risk-seeker 风险偏好者 货币效用函数的斜率随货币数量上升而同步上升的人。（第 10.9 节）

sensitivity analysis 敏感性分析 关于自然状态（或收益）的概率变化如何对建议的决策选择产生影响的研究。（第 10.4 节和第 10.8 节）

state of nature 自然状态 影响备选方案获得收益的随机事件可能结果。（第 10.1 节）

utility 效用 一种结果的效用用于衡量这个结果对决策者的真实价值。（第 10.1 节和第 10.9 节）

utility function for money $U(M)$ 货币效用函数 效用与获得的货币量相对应的图。（第 10.9 节）

本章学习辅助材料

材料下载地址：
www.mhhe.com/Hillier6e

本章 Excel 文件：
高富布鲁克第一个问题的贝叶斯决策准则（Bayes' Decision Rule for First Goferbroke Problem）
高富布鲁克第一个问题的决策树（Decision Tree for First Goferbroke Problem）
高富布鲁克第一个问题的数据表（Data Table for First Goferbroke Problem）
全情报下高富布鲁克第一个问题的期望收益（EP with Perfect Info for First Goferbroke Problem）
全情报下高富布鲁克第一个问题期望收益的决策树（Decision Tree for EVPI for First Goferbroke Problem）
后验概率的模板（Template for Posterior Probabilities）
完整高富布鲁克问题的决策树（带有数据表）（Decision Tree for Full Goferbroke Problem（with Data Table））
使用马克斯效用函数的完整高富布鲁克问题的决策树（Decision Tree for Full Goferbroke Problem with Max's Utility Function）
使用指数效用函数的完整高富布鲁克问题的决策树（Decision Tree for Full Goferbroke Problem with Exponential Utility Function）

Excel 加载宏：
Analytic Solver

本章补充材料：
决策准则（Decision Criteria）
使用 TreePlan 软件建立决策树的决策准则（Using TreePlan Software for Decision Tree）

本章补充 1 中的 Excel 文件：
乐观准则模板（Template for Maximax Criterion）
悲观准则模板（Template for Maximin Criterion）
现实主义准则模板（Template for Realism Criterion）
极小极大后悔准则模板（Template for Minimax Regret Criterion）
最大可能性准则模板（Template for Maximum Likelihood Criterion）
等可能性准则模板（Template for Equally Likely Criterion）

已解决的问题

（答案参见 www.mhhe.com/Hillier6e。）

10.S1. 新车发布

GFMC 公司（The General Ford Motors Corporation）正在计划推出一种全新的 SUV——维克特（Vector）。现在有两种生产选择，一种是在公司位于印第安纳州的现有工厂中进行生产，与目前正在那里生产的小型货车共用生产时间。如果维克特的销量一般，这一选择是可行的，因为那家工厂有充足的生产能力来生产这两种车。但是如果维克特的销量很大，这一选择就需要第三个班次，这会使得成本显著提高。

另一种选择是在美国佐治亚州建立一家新工厂。这一工厂将拥有充足的生产能力，可以满足维克特最大的预计销量。但是，如果销量一般的话，这家工厂的生产能力将不能被充分利用，因而会造成效率低下。

由于这是一种新型车，因此销量很难预测。但是 GFMC 公司预计大约有 60% 的概率销量很大（每年销售 100 000 辆），有 40% 的概率销量一般（每年销售 50 000 辆）。每售出一辆维克特的平均收益为 30 000 美元。在两种生产选择中，每辆车的生产成本取决于销售量，如下表所示：

每辆维克特的预期生产成本

（单位：千美元）

	销量一般	销量很大
共享印第安纳工厂	16	24
佐治亚的专用工厂	22	20

佐治亚工厂的工程修建年摊销成本和其他相关固定成本为每年 4 亿美元（与销量无关）。在印第安纳工厂中增加维克特生产的固定成本为每年 2 亿美元（与销量无关）。

（1）构建决策树，以确定哪一种生产选择使期望年利润最大化（考虑固定成本、生产成本和销售收入）。

（2）由于维克特的预期销量存在着不确定性，GFMC 公司正在考虑进行一次市场调研来确定顾客对维克特的态度，以便更好地预测销量很大的可能性。市场调研将带来以下两种结果中的一种——对这一新产品持积极态度或消极态度。GFMC 公司曾经为其他产品进行过市场调研，对于那些销量最终很大的汽车，市场调研有 70% 的人持积极态度，有 30% 的人持消极态度。对于销量最终保持在一般水平的汽车，市场调研有 20% 的人持积极态度，有 80% 的人持消极态度。假设 GFMC 公司进行了这一调研，构建决策树以决定下一步应该如何做，以及预期年利润将会是多少（忽略调研成本）。

（3）第（2）问中样本信息的期望价值是什么？它说明当市场调研成本达到多高时就不再值得进行市场调研？

10.S2. 和解还是上法庭

梅勒迪思·德尔加多（Meredith Delgado）拥有一家小型公司，开发计算机上管理和播放音乐的软件。她的软件中包含很多已申请专利的独特功能，因此公司看起来有着光明的前途。

然而，事情却朝着不乐观的方向发展。软件中很多已申请专利的功能被乐曼软件公司（MusicMan Software）的同类软件模仿了。乐曼公司是一家庞大的软件公司，年销售收入超过 10 亿美元。梅勒迪思非常难过。乐曼软件公司剽窃了自己的创意，而这家公司的市场支配力很可能使其占领这一市场，从而将梅勒迪思赶出市场。

梅勒迪思开始反击，她以专利侵权起诉乐曼软件公司。把律师费用和其他费用计算在内，上法庭的成本（无论输赢）预期为 100 万美元。她估计打赢官司的概率为 60%，且打赢后将获得 500 万美元的赔偿。

如果官司输了，她不但什么也得不到，法官还有50%的可能要求梅勒迪思支付法庭费用和乐曼软件公司的律师费用（额外支付100万美元的成本）。乐曼软件公司提出向梅勒迪思支付150万美元进行庭外和解。

（1）构建并使用决策树来确定梅勒迪思应该上法庭还是接受和解，假设她希望最大化期望收益。

（2）为了利用等价博彩法确定这一问题中所有可能收益的适当效用值，应该向梅勒迪思询问哪些问题？

（3）假设梅勒迪思对风险的态度如下：什么都不做与进行投机（有50%的概率获得100万美元，有50%的概率输掉50万美元）是无差别的。利用指数效用函数重新求解第（1）问中的决策树。

习题

在下列一些问题的左边，我们插入了符号"A"表示可以使用 Analytic Solver 求解。符号"T"表示计算后验概率的 Excel 模板会有帮助。几乎所有的习题都可以非常方便地使用电子表格规划求解，所以没有对此用符号说明。带星号（*）的习题，在书后至少给出了部分答案。

10.1 考虑下面决策分析问题（无论概率）的收益表（单位：千美元）：

备选方案	自然状态		
	S_1	S_2	S_3
A_1	6	2	4
A_2	3	4	3
A_3	8	1	5

（1）使用乐观准则，应该选择哪种备选方案？
（2）使用悲观准则，应该选择哪种备选方案？

10.2 如果习题10.1中的收益表变成下面的表格，结果会如何变化？

备选方案	自然状态			
	S_1	S_2	S_3	S_4
A_1	25	30	20	24
A_2	17	14	31	21
A_3	22	22	22	22
A_4	29	21	26	27

10.3 简·克拉克（Jean Clark）是中城赛威杂货铺（Midtown Saveway Grocery Store）的经理。她现在需要补充草莓的供应。她需要多少草莓，固定的供应商就可以提供多少。但是这些草莓已经熟透了，她要在明天把所有草莓卖出，否则，剩下没有卖出的草莓将全部被扔掉。简估计明天她可以卖掉10箱、11箱、12箱或13箱。她可以以每箱3美元的价格买进草莓，以8美元的价格卖出。简现在需要决定应该买进多少箱草莓。

她已经检查过了店里的草莓日销售量记录。在此基础上，她估计明天销售10箱、11箱、12箱、13箱草莓的先验概率为0.2、0.4、0.3、0.1。

（1）用备选方案、自然状态和收益表对这个问题的决策分析进行表述。

（2）如果简对这些先验概率的准确性表示怀疑，并选择忽略它们而使用乐观准则，那她应该购买多少箱草莓？

（3）如果简使用悲观准则，她应该购买多少箱草莓？

（4）如果简使用最大可能性准则，她应该购买多少箱草莓？

（5）根据贝叶斯决策准则，应该购买多少箱草莓？

（6）简认为销售10箱和13箱的先验概率是正确的，但不知道应该如何在11箱和12箱之间分配先验概率。当11箱和12箱的先验概率为以下数值时，重新使用贝叶斯决策准则进行决策：①0.2和0.5；②0.3和0.4；③0.5和0.2。

10.4* 沃伦·巴菲（Warren Buffy）是一个非常富有的投资家，他用其传奇般的投资智慧获得了大量的财富。现在他有三个主要的投资项目，并且想选择其中之一。第一个是保守投资，在经济上升时会有较好的表现，而在经济下滑时也只会遭受很小的损失。第二个是投机投资，在经济上升时会表现得特别好，但在经济下滑时会非常糟糕。第三个是反周期投资，在经济上升时会遭受一些损失，在经济下滑时会表现得很好。

沃伦相信在这些潜在投资的生命周期中，

会出现三种可能的情形：①经济上升；②经济稳定；③经济下滑。他对经济发展趋势持有悲观态度，因此他将这三种情形的先验概率分别设置为 0.1，0.5，0.4。他还估计这三种情形下他的收益如下表所示（金额单位：100 万美元）：

	经济上升	经济稳定	经济下滑
保守投资	30	5	−10
投机投资	40	10	−30
反周期投资	−10	0	15
先验概率	0.1	0.5	0.4

根据以下几种准则，沃伦应该分别选择哪种投资？
（1）乐观准则。
（2）悲观准则。
（3）最大可能性准则。
（4）贝叶斯决策准则。

10.5 重新考虑习题 10.4，沃伦认为贝叶斯决策准则是最可靠的决策准则。他觉得 0.1 是经济上升的恰当先验概率，但是他不能确定如何在经济稳定和经济下滑中分配剩下的概率。因此，他希望对后两个先验概率进行敏感性分析。

（1）当经济稳定的先验概率为 0.3，经济下滑的先验概率为 0.6 时，再次使用贝叶斯决策准则进行决策。
（2）当经济稳定的先验概率为 0.7，经济下滑的先验概率为 0.2 时，再次使用贝叶斯决策准则进行决策。
（3）以原始的先验概率用手工绘制这个问题的决策树。
A（4）以原始的先验概率用 Analytic Solver 构建和求解这个问题的决策树。
A（5）准备进行敏感性分析，在与第（4）问构建的决策树相同的电子表格中将数据和结果相结合（如案例研究中的图 10-7 所示）。
A（6）使用由第（4）问、第（5）问得到的含有决策树的电子表格完成第（1）问和第（2）问。
A（7）根据需要对电子表格进行扩展，生成一张数据表，其中要显示出当经济稳定的先验概率分别是 0、0.1、0.2、0.3、0.4、0.5、0.6、0.7、0.8、0.9 时，沃伦应该选择哪种投资，以及这种投资带来的期望收益。
（8）对于这三种投资中的每一种，找到经济稳定的先验概率在 0 和 0.9 时它们各自的期望收益（经济上升的先验概率保持 0.1 不变）。绘制一张单一的期望利润图，以期望利润为纵轴，经济稳定的先验概率为横轴。画一条线段连接图中的两点以显示期望利润如何随着经济稳定的先验概率的变化而变化。使用这张图来描述投资选择如何取决于经济稳定的先验概率。

10.6 阅读第 10.3 节应用实例的参考文献，文中详细介绍了一项管理科学研究。简单描述决策分析是如何应用于这项研究中的。然后列出由这项研究产生的各种财务和非财务收益。

10.7* 决策分析问题的收益表如下所示（金额单位：千美元）。

备选方案	自然状态	
	S_1	S_2
A_1	80	25
A_2	30	50
A_3	60	40
先验概率	0.4	0.6

（1）在乐观准则下，应选择哪种方案？
（2）在悲观准则下，应选择哪种方案？
（3）在最大可能性准则下，应选择哪种方案？
（4）在贝叶斯决策准则下，应选择哪种方案？
A（5）使用 Analytic Solver 构建和求解这个问题的决策树。
A（6）根据需要对包含决策树的电子表格进行扩展，当 S_1 的先验概率是 0.2 和 0.6 时，用决策树进行敏感性分析。
A（7）现在请通过生成一张数据表系统地进行敏感性分析，表中要显示出当 S_1 的先验概率从 0.2 到 0.6 以 0.04 的增量变化时的最佳策略（根据贝叶斯决策准则）和结果的期望收益。

10.8 一个决策分析问题的收益表如下所示（金额单位：千美元）。

备选答案	自然状态		
	S_1	S_2	S_3
A_1	220	170	110
A_2	200	180	150
先验概率	0.6	0.3	0.1

（1）在乐观准则下，应选择哪种方案？
（2）在悲观准则下，应选择哪种方案？

(3) 在最大可能性准则下，应选择哪种方案？
(4) 在贝叶斯决策准则下，应选择哪种方案？
(5) 手工绘制这个问题的决策树。
A(6) 使用 Analytic Solver 构建和求解这个问题的决策树。
A(7) 现在请通过生成一张数据表用决策树进行敏感性分析，表中要显示出当 S_1 的先验概率从 0.3 到 0.7 以 0.05 的增量变化而 S_3 的先验概率保持初始值不变时会发生什么情况。然后使用试错的方法求解 S_1 的先验概率值，当这个先验概率值变为何值时，最佳策略会发生变化。
A(8) 当保持初始值不变的是 S_2 的先验概率时，重复第（7）问。
A(9) 当 S_1 的先验概率保持不变而 S_2 的先验概率从 0 到 0.4 以 0.05 的增量变化时重复第（7）问。
(10) 如果你感觉自然状态的真实概率应该在给定的先验概率基础上 ±10% 的范围内波动，你会选择哪种备选方案？

10.9 德怀特·穆迪（Dwight Moody）是一个拥有 1 000 英亩可耕地的大农场经理。为了实现更高的效率，德怀特一次只在这块农场上种植一种作物。现在他需要决定在即将来临的生产季节种植四种作物中的哪一种。对于每一种作物，德怀特已经得到了在各种天气状况下作物产量和每蒲式耳净收入的估计，如下表所示：

天气	期望产量（蒲式耳/英亩）			
	作物 1	作物 2	作物 3	作物 4
干旱	20	15	30	40
温和	35	20	25	40
湿润	40	30	25	40
每蒲式耳净收入（美元）	1.00	1.50	1.00	0.50

在参考了历史气象数据后，德怀特还估计了生长季节天气状况的先验概率，如下所示：

干旱　　0.3
温和　　0.5
湿润　　0.2

(1) 用备选方案、自然状态和收益表来对该问题的决策分析进行表述。
A(2) 为这个问题构建决策树，并使用贝叶斯决策准则决定该种植哪种作物。
A(3) 在贝叶斯决策准则下，当温和天气的先验概率为 0.2、0.3、0.4、0.6 时，使用温和天气和湿润天气的先验概率进行敏感性分析（不改变干旱天气的先验概率）。

10.10 芭芭拉·米勒（Barbara Miller）根据贝叶斯决策准则进行决策。对于当前的问题，芭芭拉建立了下面的收益表（金额单位：百美元）。她现在希望使期望收益最大化。

备选方案	自然状态		
	S_1	S_2	S_3
A_1	$2x$	50	10
A_2	25	40	90
A_3	35	$3x$	30
先验概率	0.4	0.2	0.4

x 的值是 50，但现在可以多花钱来提高 x 的值。假如将 x 提升到 75，芭芭拉最多需要花多少钱？

10.11 一个决策分析问题的收益表如下所示（金额单位：千美元）。

备选方案	自然状态		
	S_1	S_2	S_3
A_1	4	0	0
A_2	0	2	0
A_3	3	0	1
先验概率	0.2	0.5	0.3

(1) 根据贝叶斯决策准则，应该选择哪种备选方案？
(2) 求全情报价值。
A(3) 利用决策树重新计算第（2）问，检验第（2）问的结果。
(4) 你有机会花 1 000 美元来获得更多关于哪种自然状态发生的可能性较大的信息。根据第（2）问的结果，是否值得花这笔钱？

10.12* 贝齐·皮策（Betsy Pitzer）根据贝叶斯决策准则进行决策。对于目前的问题，她构建了如下收益表（单位：美元）。

备选方案	自然状态		
	S_1	S_2	S_3
A_1	50	100	−100
A_2	0	10	−10
A_3	20	40	−40
先验概率	0.5	0.3	0.2

（1）贝齐应该选择哪种备选方案？
（2）求全情报价值。
A（3）利用决策树重新计算第（2）问，检验第（2）问的结果。
（4）关于花钱得到哪种自然状态更可能出现的更多信息，贝齐最应当考虑什么因素？

10.13 使用贝叶斯决策准则，考虑具有如下收益表的决策分析问题（金额单位：千美元）。

备选方案	自然状态		
	S_1	S_2	S_3
A_1	-100	10	100
A_2	-10	20	50
A_3	10	10	60
先验概率	0.2	0.3	0.5

（1）应该选择哪种方案？期望收益是多少？
（2）你有一个机会，能够知道第一种自然状态 S_1 是否会出现的信息。你最多为这个信息付多少钱？假设你得到了这个信息，你将如何用它来选择方案？期望收益是多少？（不包括获得信息的费用。）
（3）如果信息是关于 S_2 而不是 S_1 的，重复第（2）问。
（4）如果信息是关于 S_3 而不是 S_1 的，重复第（2）问。
A（5）现在假设你有机会得到一个信息，这个信息将明确告诉你哪种自然状态会出现（全情报）。为了得到这个信息你最多会支付多少钱？假设你已经得到了这个信息，你将会如何使用它选择方案？期望收益是多少？（不包括获得信息的费用。）
（6）如果你有机会进行一些测试，这将为你提供关于自然状态的部分信息（非全情报），为了获得这一信息你最多会支付多少钱？

10.14 重新考虑高富布鲁克公司的案例研究中第 10.6 节和第 10.7 节的分析过程。在咨询地质学家的帮助下，詹妮弗·弗雷尔现在有了一些历史数据，与马克斯提供的关于在类似土地上得到可观的地震探测回波次数的可能性相比，这些数据提供的信息更加准确。具体来说，当这片土地含有石油时，获得可观的地震探测回波次数的概率是 80%。当没有石油时，这个概率变为 40%。

（1）修改图 10-12，找到新的后验概率。
T（2）使用相应的 Excel 模板检验第（1）问的结果。
（3）修改图 10-16，生成新的决策树。得到的最优策略是什么？
A（4）使用 Analytic Solver 构建并求解这个新的决策树。

10.15 阅读第 10.7 节应用实例的参考文献，文中详细介绍了一项管理科学研究。简单描述决策分析是如何应用于这项研究的。然后列出由这项研究产生的各种财务和非财务收益。

10.16* 文森特·科莫（Vincent Cuomo）是精良织造厂（Fine Fabrics Mill）的信用部经理。他现在面临着一个问题：是否给潜在的新客户（一家服装生产企业）100 000 美元的赊账。文森特将公司的信用度划分为三类——低、中、高，但是他不知道哪一类适合这个潜在的客户。经验表明，类似的服装生产企业 20% 具有低信用度，50% 具有中等信用度，30% 具有高信用度。如果允许赊账，低信用度的期望收益是 -15 000 美元，中等信用度为 10 000 美元，高信用度为 20 000 美元。如果不允许赊账，这家服装生产企业将转向另一家公司。文森特可以花 5 000 美元向一个信用等级评定组织咨询一家公司的信用情况。对于信用记录在上述三个类别之中的企业，下表显示出了由信用评级机构给出的三种可能信用度评级的百分比。

信用度评级	实际信用记录（%）		
	低	中	高
低	50	40	20
中	40	50	40
高	10	10	40

（1）如果不借助信用评级机构，用备选方案、自然状态和收益表对该问题的决策分析进行表述。
（2）假设不借助信用评级机构，使用贝叶斯决策准则决定采用哪种选择。
（3）求出全情报价值。这个结果是否表明应当借助信用评级机构？
（4）假设使用信用评级机构提供的信息。建立一张概率树图，对这个潜在客户的每一种可能信用评级，分别找出各种自然状态的后验概率。

T（5）使用相应的 Excel 模板得到第（4）问的答案。

（6）手工绘制整个问题的决策树，并使用这个决策树确定文森特的最优策略。

A（7）使用 Analytic Solver 构建并求解这个决策树。

A（8）找出样本信息的期望价值。如果利用信用评级机构的成本是可以谈判的，那么这一费用为多少时利用信用评级机构是值得的？

10.17 你有如下所示的收益表（金额单位：美元）。

备选方案	自然状态	
	S_1	S_2
A_1	400	−100
A_2	0	100
先验概率	0.4	0.6

你有一个选择，可以花 100 美元进行一项调查，以更好地预测哪种自然状态会出现。当真实自然状态是 S_1 时，这项调查有 60% 的概率准确估计到 S_1 会出现（但有 40% 的概率预测 S_2 会出现）。当真实自然状态是 S_2 时，这项调查有 80% 的概率准确估计到 S_2 会出现（但有 20% 的概率预测 S_1 会出现）。

（1）如果没有进行这一调查，使用贝叶斯决策准则确定应当选择哪一个方案。

A（2）在决策树的帮助下，找出全情报价值。这个结果是否表明值得进行这一调查？

（3）如果进行了这一调查，对于下面每一种组合求出联合概率：①自然状态是 S_1，调查预测为 S_1；②自然状态是 S_1，调查预测为 S_2；③自然状态是 S_2，调查预测为 S_1；④自然状态是 S_2，调查预测为 S_2。

（4）分别求出调查预测为 S_1 和 S_2 的无条件概率。

（5）如果进行了这一调查，用第（3）问和第（4）问的结果确定对于调查的每一种可能预测，出现各种自然状态的后验概率。

T（6）使用相应的 Excel 模板得到第（5）问的结果。

（7）如果调查估计 S_1 会出现，用贝叶斯决策准则确定应当选择哪一个方案，并求出期望收益。

（8）如果调查估计 S_2 会出现，重复第（7）问。

（9）如果做了这一调查，当使用贝叶斯决策准则的时候，期望收益是多少？

（10）使用以上结果，对是否要进行调查和选择哪个备选方案制定最优策略。

A（11）构建并求解决策树来体现对整个问题的分析（可以使用 Analytic Solver）。

10.18 体育联盟对其运动员进行药检，10% 的运动员服用药物。然而这个药检只有 95% 的可靠度，也就是说一名服用药物的运动员只有 0.95 的概率被检测出呈阳性，0.05 的概率被检测出呈阴性。没有服用药物的运动员有 0.95 的概率被检测出呈阴性，0.05 的概率被检测出呈阳性。

用一张概率数图求出下面每一种药检结果的后验概率。

（1）运动员服用药物，药检呈阳性。

（2）运动员没有服用药物，但药检呈阳性。

（3）运动员服用药物，但药检呈阴性。

（4）运动员没有服用药物，药检呈阴性。

T（5）使用相应的 Excel 模板检验上面的结果。

10.19 特利莫尔公司（Telemore Company）的管理层正在考虑开发并销售一种新产品。据估计，成功的可能性是不成功的 2 倍。如果成功，期望收益为 1 500 000 美元。如果不成功，期望损失为 1 800 000 美元。可以花 100 000 美元进行一次市场调查，预测产品是否会成功。过去的调查经验表明，成功的产品有 80% 的概率被预测到成功，不成功的产品有 70% 的概率被预测到不成功。

（1）当不进行市场调查时，用备选方案、自然状态和收益表来对这个决策分析进行表述。

（2）假设不进行市场调查，使用贝叶斯决策准则确定选择哪一个方案。

（3）求出全情报价值。其结果是否表明应当进行市场调查？

T（4）假设进行市场调查。对于市场调查的每一种可能结果，分别找出各种自然状态的后验概率。

A（6）使用 Analytic Solver 为整个问题构建决策树并求解。

10.20 H&M 制作公司（Hit-and-Miss Manufacturing Company）生产一种不合格率为 p 的产品，并以 150 单位的批量进行生产。过去的经验表明，对于整批产品，p 是 0.05 或者是 0.25。另外，在生产的 80% 的批次中 p 等于 0.05（因此在 20% 的批次中 p 等于 0.25）。随后，这些产品被送到流水线上进行质量检验。公司可以以每件 10 美元的成本对每一个产品进行筛选，找出不合格产品并进行替换。或者直接使用这些产品进行质量检查。如果选择后一种做法，返工的成本是每一件不合格产品 100 美元。由于筛选需要安排检验员和设备，因此进行筛选或不进行筛选的决策需要提前两天做出。然而，可以从一个批次中抽取一件产品送到实验室进行检验，其质量报告（合格或不合格）可以在筛选/不筛选决策前给出。这种初始检验的费用是 125 美元。

(1) 如果没有提前检验单个产品，用备选方案、自然状态和收益表来对这个问题的决策分析进行表述。

(2) 假设没有提前检验单个产品，使用贝叶斯决策准则确定选择哪一种方案。

(3) 求出全情报价值。其结果是否表明应当提前进行单个产品的检验？

T（4）假设提前检验单个产品。对于检验的每一种可能结果，分别找出各种自然状态的后验概率。

A（5）为整个问题构建决策树并求解。

A（6）找出样本信息的期望价值。如果使用实验室提前检验单件产品的成本是需要协商的，那么这一费用高到多少时使用实验室仍然是值得的？

10.21* 硅谷动力公司（Silicon Dynamics）开发了一种新的计算机芯片，公司如果愿意的话可以制造并销售个人电脑。另一种选择是公司可以将计算机芯片的所有权作价 1 500 万美元卖出。如果公司选择制造计算机，其盈利能力取决于公司在第一年销售计算机的能力。公司有一个能够保证 10 000 台计算机销售量的零售渠道。另一方面，如果这种计算机适销对路，公司可以卖出 100 000 台。为了进行分析，两种水平的销售量将作为两种可能的销售结果，但不知道它们的先验概率。建立生产线的费用是 600 万美元。每一台计算机的销售价格和变动成本之差为 600 美元。

(1) 用备选方案、自然状态和收益表来对这个问题的决策分析进行表述。

(2) 手工绘制这个问题的决策树。

A（3）假设两种销售水平的先验概率都是 0.5，用 Analytic Solver 构建并求解这个决策树。根据这一分析，回答应该选择哪种方案？

10.22* 重新考虑习题 10.21。硅谷动力公司的管理层现在考虑进行成本为 100 万美元的完全合格的市场调研，来预测两种需求水平中哪种可能出现。以前的经验说明，这种市场调研的正确性是 2/3。

(1) 求出该问题的全情报价值。

(2) 第（1）问的结果说明值得进行市场调研吗？

(3) 构建概率树图来求取每种市场调研结果对应的两种需求水平的后验概率。

T（4）使用相关的 Analytic Solver 模板检验第（3）问的结果。

A **10.23*** 重新考虑习题 10.22。硅谷动力公司的管理层现在想用决策树来表示整个问题。

(1) 请使用 Analytic Solver 构建该问题的决策树并求解。

(2) 找出样本信息的期望价值。进行完全合格的市场调研的成本高到多少时进行这项调查仍然值得？

(3) 假设进行完全合格的市场调研的成本为 100 万美元这一估计是正确的，但习题 10.21 中给出的财务数据（1 500 万美元、600 万美元、600 美元）具有某种程度的不确定性，都有可能在基本值上下 10% 的范围内波动。对于这三个数据中的每一个，分别进行敏感性分析，以确定当其数值位于波动范围的两端时（其他两个数据不变）会出现什么情况。然后对三个数据同时在其两端变化的 8 种情况进行同样的分析。

10.24 有如下决策树。括号内的数字表示概率，右边的数字是末端的收益。
(1) 请分析这个决策树，找出最优策略。
A(2) 请使用 Analytic Solver 构建并求解相同的决策树。

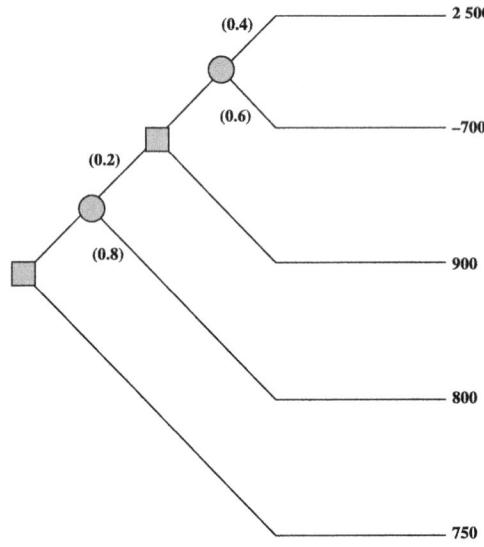

10.25 有如下决策树。括号中显示了事件节点的概率，末端的收益显示在右边。分析这个决策树，找出最优策略。

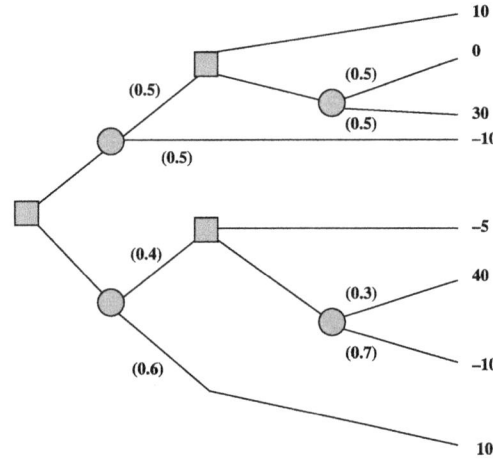

10.26* 利兰大学（Leland University）体育系正考虑是否要在明年举办一场大型活动，为新的运动场募集资金。人们对活动的响应在很大程度上取决于今年秋天橄榄球队能否获胜。过去，橄榄球队在60%的赛季中获得了胜利。如果今年秋天橄榄球队在这个赛季获胜（W），则会有许多校友捐资，这个活动将筹集到300万美元。如果球队在这个赛季失利（L），则几乎没有人会捐资，这个活动将损失200万美元。如果不开展活动，则不会有任何费用发生。在9月1日赛季开始前，体育系需要对是否在明年举办这次活动进行决策。

(1) 请用备选方案、自然状态和收益表来对该问题的决策分析进行表述。
(2) 根据贝叶斯决策准则，是否应当举办这次活动？
(3) 全情报价值是多少？
(4) 一位著名的橄榄球教练威廉·沃尔什（William Walsh）将协助评估这个赛季球队是否会获胜。他将通过春训和赛季前的工作仔细评估这支队伍，为此他将得到100 000美元。然后，威廉将在9月1日提供这个赛季的预测——获胜或失利。过去评估在50%的赛季中获胜了的队伍时，他估计的准确率为75%。考虑到这支球队获胜的次数较多，如果威廉预测这个赛季将获得胜利，那么这支球队会赢得这个赛季的后验概率是多少？这个赛季失利的后验概率是多少？如果威廉预测这个赛季球队将失利，获得胜利的后验概率是多少？失利的后验概率是多少？如何从概率树图中得到这些问题的答案？
T(5) 请使用相应的 Excel 模板求第（4）问的答案。
(6) 请手工绘制整个问题的决策树。分析这个决策树，找出是否雇用威廉和是否举办活动的最优策略。
R(7) 请使用 Analytic Solver 构建决策树并求解。
R(8) 请找出样本信息的期望价值。如果雇用威廉·沃尔什的费用可以协商，那么这一费用高到多少时雇用威廉仍然值得？

10.27 宏软公司（Macrosoft Corporation）的审计员发现有多余的1亿美元资金可供投资。有人建议她将所有资金投资于股票或债券一年（只选择一种），然后将所有资金在股票或债券（只有一种）上再投资一年。目标是在第二年末使得这些资金的期望货币价值最大化。这些投资的年回报率取决于经济环境，如下表所示。

经济环境	回报率（%）	
	股票	债券
增长	20	5
衰退	−10	10
萧条	−50	20

第一年经济增长、衰退、萧条的概率分别是 0.7、0.3、0。如果第一年经济增长，那么第二年这些概率保持不变。但是，如果第一年经济衰退，那么第二年这些概率将分别为 0.2、0.7、0.1。

(1) 请手工绘制这个问题的决策树，然后分析决策树找出最优策略。

(2) 请使用 Analytic Solver 构建并求解决策树。

10.28 星期一，某股票以每股 10 美元收盘。星期二开盘前，你预期股票以每股 9 美元、10 美元、11 美元收盘的概率分别为 0.3、0.3 和 0.4。星期三，你预计收盘时股票价格下跌 10%、不变或上涨 10% 的概率如下表所示：

星期二的收盘价格	下跌 10%	不变	上涨 10%
9 美元	0.4	0.3	0.3
10 美元	0.2	0.2	0.6
11 美元	0.1	0.2	0.7

星期二，有人建议你在星期四之前买进 100 股该股票。因为所有的买进活动都发生在收盘时，所以你知道那一天的收盘价，因而你的选择只有两个：在星期二收盘时买进或在星期三收盘时买进。在知道了星期二收盘价的情况下，你需要确定是在星期二买进还是在星期三买进，以使得期望买入价格最低。

(1) 手工绘制决策树并求解，找出最优策略。

A (2) 使用 Analytic Solver 构建决策树并求解。

A **10.29** 在加利福尼亚的圣何塞，何塞·莫拉莱斯（Jose Morales）管理着一个大型室外水果摊。为了补充供应，莫拉莱斯每天早晨从圣何塞南部的种植者那里成箱买进水果。大约有 90% 的水果有着令人满意的质量，10% 不令人满意。在令人满意的一箱中有 80% 的水果是佳品，能够为莫拉莱斯带来 200 美元的利润。在不令人满意的一箱中只有 30% 的水果是佳品，会使莫拉莱斯遭受 1 000 美元的损失。在莫拉莱斯决定购买一箱水果时，他有机会从一箱中抽出一个，检验是不是佳品。虽然他只从某箱中抽出了一个水果，但他可以基于检验结果，决定是否付钱购买这箱水果。莫拉莱斯想要知道以下事情：① 是否要继续从这个种植者手中购买；② 如果是这样，仅从一箱中抽出一个水果进行检验是否值得；③ 如果值得，在检验结果的基础上，他应当购买还是不购买这一箱水果。

使用 Analytic Solver（以及后验概率的 Excel 模板）构建这个问题的决策树并求解。

10.30* 莫顿·沃德公司（Morton Ward Company）正在考虑推出一种新产品，这种新产品有 50% 的概率取得成功。一种选择是在决定推出前以 200 万美元的成本在实验市场试销这种产品。过去的经验表明，最终成功的产品有 80% 的概率被实验市场接受，而不成功的产品只有 25% 的概率被市场接受。如果产品成功，会为公司带来 4 000 万美元的净利润，如果失败则会给公司带来 1 500 万美元的损失。

(1) 不进行市场试销时，用备选方案、自然状态和收益表来对该问题的决策分析进行表述。然后使用贝叶斯决策准则找出最优策略。

(2) 求出全情报价值。

A (3) 现在考虑进行产品试销，使用 Analytic Solver（以及后验概率的 Excel 模板）为这个问题构建决策树并求解。

A (4) 找出样本信息的期望价值。在实验市场中试销产品的成本高到多少时试销仍然值得进行？

A (5) 假设在实验市场中试销产品的成本为 200 万美元这一估计是正确的，但利润和损失（4 000 万美元和 1 500 万美元）有一定的不确定性，都有可能在基本值上下 25% 的范围内变动。对于这两个财务数据中的每一个，当其数值位于波动范围的两端时（不改变另一个财务数据），进行敏感性分析以查看第 (3) 问的结果如何变化。然后对两个财务数据同时在其两端变化的四种情况进行同样的分析。

A **10.31** 切尔西·布什（Chelsea Bush）正在争取成为她所在政党的美国总统候选人。现在她考虑是否要冒高风险参加"超级星期二"（Super

Tuesday，S.T.）候选人选拔会。如果她参加"超级星期二"候选人选拔会，她和顾问们认为会分别有 0.4 和 0.6 的概率表现得好（成为第一候选人或第二候选人）或不好（第三或更差）。在"超级星期二"表现得好，候选人竞选活动会得到大约 1 600 万美元的新资助，表现不好会因为支付巨额电视广告费而损失 1 000 万美元。她也可以选择不参加超级星期二候选人选拔会，那么将不会产生任何成本。

切尔西的顾问们意识到在"超级星期二"候选人选拔会上胜出的机会受到"超级星期二"前三个星期的一个规模较小的新罕布什尔（N.H.）候选人选拔会结果的影响。政治分析家们感到新罕布什尔候选人选拔会有 2/3 的概率可以正确预测"超级星期二"候选人选拔会的结果。在切尔西的顾问中有一位决策分析专家，他使用这个信息计算出了下面的概率：

- P（在 N.H. 候选人选拔会表现好的情况下，切尔西在 S.T. 候选人选拔会中也表现良好）= 4/7
- P（在 N.H. 候选人选拔会表现不好的情况下，切尔西在 S.T. 候选人选拔会中表现良好）= 1/4
- P（在 N.H. 候选人选拔会表现好）= 7/15

参加新罕布什尔候选人选拔会的费用估计为 160 万美元。

切尔西觉得获得提名的机会很大程度上取决于在"超级星期二"候选人选拔会后获得大量资金支持，以便开展各种竞选活动。因此她需要进行战略选择（是否参加超级星期二候选人选拔会），以使得在这些候选人选拔会后，她的期望资金量最大化。

（1）为这个问题构建决策树并求解。
（2）能否获得 1 600 万美元或损失 1 000 万美元的估计存在一些不确定性，这取决于在"超级星期二"上的表现。它们都会在估计值上下 25% 的范围内变动。对于这两个财务数据中的每一个，当其数值位于波动范围的两端时（不改变另一个财务数据），对其进行敏感性分析以查看第（1）问的结果如何变化，然后对两个财务数据同时在其两端变化的四种情况进行同样的分析。

A 10.32 猎头公司为西部银行（Western Bank）寻找高管的工作即将有结果了。空缺的职位是一个关键岗位——信息处理副总裁，因为这个人将负责建立一套专业级的管理信息系统，而这个系统要可以将西部银行的许多支行连接起来。猎头公司感到他们已经找到了合适的人选，他就是马修·芬顿（Matthew Fenton）。他在纽约一家中等规模的银行中供职于类似的职位，并有出色的记录。

经过一轮面试，西部银行的总裁认为马修有 70% 的机会成功地设计这个管理信息系统。如果马修成功了，公司将会获得 2 000 000 美元的利润（除去马修的工资、培训费、招聘成本和费用）。如果不成功，公司将会损失 600 000 美元。

如果再支付 40 000 美元，猎头公司将进行更加细致的调查（包括进一步的背景调查、专业知识和心理测试等）来进一步查明马修取得成功的潜力。这一调查有 90% 的可信度。也就是说，能够成功设计管理信息系统的候选人将有 0.9 的概率通过测试，不能成功设计系统的候选人会有 0.9 的概率无法通过测试。

西部银行的最高管理层要对是否雇用马修以及是否在制定决策前要求猎头公司进行详细调查做出决定。

（1）构建这个问题的决策树并求解，以找出最优策略。
（2）现在假设猎头公司为进行细致的调查所收取的费用是可以协商的。西部银行最多愿意支付多少？

10.33 重新考虑高富布鲁克公司的案例研究，包括第 10.9 节的效用应用。马克斯·弗雷尔现在认为由于公司资金紧张，需要在这个问题上采取更多规避风险的做法。因此他修改了表 10-9 中的效用，如下所示：$U(-130) = 0$，$U(-100) = 0.07$，$U(60) = 0.40$，$U(90) = 0.45$，$U(670) = 0.99$，$U(700) = 1$。

（1）分析手工修改过的如图 10-23 所示的决策树，以获得新的最优策略。
A（2）使用 Analytic Solver 构建修改后的决策树并求解。

10.34* 假设你生活在可能发生强烈地震的地区，因此你考虑为你的房子购买地震保险，年保险费用为 180 美元。一年中地震毁坏你的房子的概率为 0.001。如果发生这种情况，你估计毁坏赔付将为 160 000 美元（全额赔付）。你的所有财产（包括房子）价值 250 000 美元。

(1) 应用贝叶斯决策准则进行决策（是否买保险），使得一年后你的财产期望价值最大。

(2) 你构建了一个效用函数，以衡量拥有总资产 x 美元（$x \geq 0$）的价值。这个效用函数是 $U(x) = \sqrt{x}$。比较为明年购买地震保险带来的总资产下降的效用和不购买地震保险的期望效用。你是否应当购买保险？

10.35 为了祝贺你大学毕业，你的父母给你提供了两个选择：一个选择是将 19 000 美元作为礼物送给你；另一个选择是以你的名义进行一项投资。这个投资很快会有如下两种可能的结果：

结果	概率
得到 10 000 美元	0.3
得到 30 000 美元	0.7

得到 M 千美元的效用由效用函数 $U(M) = \sqrt{M+6}$ 给定。为了使期望效用最大化，你将做出何种选择？

10.36 重新考虑习题 10.35，你现在不能确定得到一定数量金钱的真实效用，因此你打算利用等价博彩法构建一个效用函数（单位：千美元）。你认为父母为你提供的两种选择是无差异的。我们设定 $U(10) = 0$，$U(30) = 1$，利用这些信息找出 $U(19)$。

10.37 你希望构建得到 M 千美元的效用函数。设定 $U(0) = 0$ 后，你又设定 $U(10) = 1$ 作为得到 10 000 美元的效用。下一步你想找出 $U(1)$ 和 $U(5)$。

(1) 你为自己提供了下面的两个假定选择：
- A_1：以概率 p 获得 10 000 美元。
  以概率 $(1-p)$ 获得 0 美元。
- A_2：一定能获得 1 000 美元。

然后，问自己这样一个问题：什么样的 p 值使得这两个选择对你来说无差异？你的回答是 $p = 0.125$。利用等价博彩法求出 $U(1)$。

(2) 然后，将第二个选择改为确定能获得 5 000 美元，重复第（1）问。现在使得两种选择无差异的 p 值为 $p = 0.562\ 5$，求出 $U(5)$。

(3) 使用你个人对 p 的选择，重复第（1）问和第（2）问。

10.38 你有如下收益表：

备选方案	自然状态	
	S_1	S_2
A_1	25	36
A_2	100	0
A_3	0	49
先验概率	p	$1-p$

(1) 假设你的收益效用函数为 $U(x) = \sqrt{x}$。在一张图中画出不同 p 值对应的每一种备选方案的期望效用。对于每一种备选方案，找出使这个方案的期望效用最大化的 p 值范围。

A (2) 现在假设你的效用函数是指数效用函数，风险承受能力为 $R=50$。以 $p=0.25$、$p=0.5$、$p=0.75$ 使用 Analytic Solver 构建决策树并求解。

A 10.39 斯威策医生（Dr. Switzer）有一位病情严重的患者，但是查不出是什么病。医生已经将病症的范围缩小到两个情况：疾病 A 和疾病 B。基于目前所拥有的证据，她认为这两种情况的可能性相同。

除了之前做过的测试表明这个病可能是疾病 B 外，没有其他测试可以进一步证明这个病是疾病 B。有一个可以检测疾病 A 的方法，但是有两个主要问题：第一，这个测试成本很高；第二，这个测试具有一定的不可靠性，只有 80% 的准确度。因此，对于疾病 A 患者，他有 80% 的概率得到阳性（表明患有疾病 A）的检测结果。对于实际上的疾病 B 患者，他有 20% 的概率得到阳性的检测结果。疾病 B 是一种非常严重的疾病，没有已知的治疗方法，有时是致命的，而那些幸存下来的人也因为糟糕的身体状况而忍受痛苦的折磨。如果疾病 A 未经治疗，预诊后也和疾病 B 差不多。对疾病 A 患者来说，治疗并脱离险情的费用十分昂贵。这种治疗可以使他们恢复健康。不幸的是，这是一种相对激进的疗法，如果实际患有疾病 B，这种疗法通常会导致死亡。

这个患者预诊的每一种结果的概率分布如下表所示。每一列的标题（除了第一列）表示患有的疾病：

结果	概率			
	不治疗		接受对疾病 A 的治疗	
	A	B	A	B
死亡	0.2	0.5	0	1.0
幸存，但身体糟糕	0.8	0.5	0.5	0
恢复健康	0	0	0.5	0

患者对于各种可能结果的效用如下：

结果	效用
死亡	0
幸存，但身体糟糕	10
恢复健康	30

另外，如果进行对疾病 A 的检测，效用增量为 -2。如果患者（或代理人）进行对疾病 A 的治疗，效用增量为 -1。

使用完整的决策树进行决策分析，确定患者是否应该进行对疾病 A 的检测以及如何采取下一步措施（是否接受对疾病 A 的治疗），使得患者的期望效用最大。

10.40 考虑下面的决策树，括号中的数字显示了每一个事件节点的概率：

每一条分支旁的数值是这条分支产生的现金流，这些中间的现金流相加得到末端分支右边的总净现金流（其中，最上面的分支的总净现金流用未知数 x 表示）。决策者的效用函数为：$U(y) = \sqrt[3]{y}$，其中 y 是末端分支后面的总净现金流。由此得到的各末端分支的效用显示在决策树的右边。

用这些效用分析决策树。然后找出 x 为多少时决策者在备选方案 A_1 和 A_2 上是无差异的。

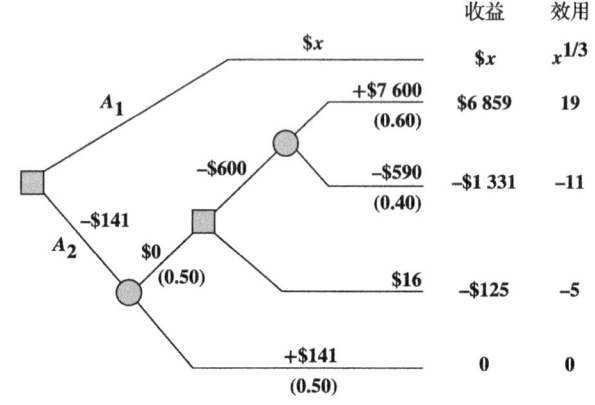

A 10.41 重新考虑第 10.9 节中利用效用对高富布鲁克公司案例进行的分析。

（1）从图 10-23 所示的决策树开始（可在本章的 Excel 文件中找到），按下面的要求扩展并组织电子表格以准备进行敏感性分析：①将数据和结果相结合；②使用后验概率的 Excel 模板（和图 10-18 中的做法相似）。

（2）当有石油的先验概率为 0.15、0.2、0.3、0.35 时，通过重新求解决策树（在使用后验概率的 Excel 模板对这些概率进行修改后）进行敏感性分析。

案例 10-1 谁想做百万富翁

你参加了一场《谁想做百万富翁》的竞赛。你已经答对了 25 万美元的问题，现在必须决定是否要回答 50 万美元的问题。你可以选择现在就带着 25 万美元奖金离开，或者决定回答 50 万美元的问题。如果你答对了 50 万美元的问题，你就要决定是带着 50 万美元离开，还是继续尝试回答 100 万美元的问题。如果你答对了 100 万美元的问题，那么游戏结束，你赢得了 100 万美元。如果你没有答对 50 万美元的问题，或者没有答对 100 万美元的问题，游戏马上结束，你只能带走 3.2 万美元。

《谁想做百万富翁》这个游戏的一个特色是你有三条"生命线"，即五五开、问观众和给朋友打电话。此时（答对 25 万美元的问题后），你已经使用了这些生命线中的两条，还保留着"给朋友打电话"这条生命线。利用这一选择，你可以给一位朋友打电话，以便在回答问题前获得对于这一问题正确答案的提示。你可以使用一次这条生命线（即你可以在回答 50 万美元的问题时使用，或在回答 100 万美元问题时使用，但不能两次都使用）。由于你的一些朋友比你更聪明，"给朋友打电话"能够显著提高你正确回答问题的概率。如果不给朋友打电话，并选择回答 50 万美元的问题，那么你有 65% 的概率回答正确；你选择回答 100 万美元的问题，有 50% 的概率回答正确（问题越来越难）。如果给朋友打电话，你有 80% 的概率回答正确 50 万美元的问题，有 65% 的概率回答正确 100 万美元的问题。

（1）使用 Analytic Solver 构建决策树并求解，以确定怎样做决策。假设你的目标是最大化自己的期望奖金，最佳行动方案是什么？

（2）利用等价博彩法确定你的个人效用函数（尤其是这一游戏中所有可能收益的效用值）。

（3）重新求解决策树，用你的效用值代替收益，以最大化你的期望效用。这时最佳行动方案会不会改变？

案例 10-2　大玩玩具公司与商学院教授可动人偶

大玩玩具公司（University Toys）开发出了一条全新的产品线——一系列商学院教授可动人偶（Business Professor Action Figures，BPAF），仿照当地商学院知名教授的形象进行制作。管理层需要决定如何销售这些玩偶。

其中一个选择是立即强化生产，同时在大学的报纸上展开广告攻势。这一选择将花费 1 000 美元。根据以往的经验，新的可动人偶或迅速成功，或悲惨失败。因此，预测将会有下面的两种结果——总共销售 2 500 单位，或者仅销售 250 单位。每销售 1 单位，大玩玩具公司就可以获得 2 美元的收入。管理层认为，产品销量良好（售出 2 500 单位）的概率为 50%，销量不好（售出 250 单位）的概率也为 50%。

另一个选择是对产品进行试销。公司可以少量生产一些人偶，在校园书店里进行展示，以观察不进一步做广告时销售情况如何。这将需要较少的生产资金且不需要广告费。对于试销，预测同样也会有下面两种可能的结果，即产品销售良好（售出 200 单位），或销量不好（售出 20 单位）。这一选择的成本估计为 100 美元。在试销中，每售出 1 单位人偶，大玩玩具公司同样获得 2 美元的收益。公司经常以这种方式进行试销。全面销售时销量好的产品有 80% 的可能在试销时销量也很好，全面销售时销量不好的产品有 60% 的概率在试销时销量也不好。

但是，这一试销选择面临着一个难题。据说另一家玩具生产商正在考虑开发法学院教授可动人偶（Law School Professor Action Figures，LSPAF）。进行试销后，如果大玩玩具公司决定继续加快生产并全面销售 BPAF，这一做法的成本将仍然为 1 000 美元。但是，销售前景取决于 LSPAF 是否上市。如果 LSPAF 还没有上市，那么销售预期与上面讲的一样（即 BPAF 销量好则售出 2 500 单位，如果销量不好则售出 250 单位，高于试销时的任何一个销售量）。然而，如果 LSPAF 已经上市，加剧的竞争将减弱 BPAF 的销售。在本例中，管理层期望，如果销量好则售出 1 000 单位，如果销量不好则售出 100 单位（高于试销时的任何一个销量）。请注意，BPAF 销量好的概率或销量不好的概率不受 LSPAF 的影响，而只与每种可能性的最终销量有关。LSPAF 在试销结束前进入市场的概率为 20%。另一方面，如果大玩玩具公司马上生产 BPAF，将很可能会打败 LSPAF（因而不必考虑 LSPAF 这一因素）。

（1）假设试销已完成，利用后验概率模板确定如果进行全面销售，BPAF 销售好的可能性。先假设试销时销量良好，再假设试销时销量不好。

（2）利用 Analytic Solver 构建一个决策树并求解，以帮助大玩玩具公司决定最佳行动方案和期望收益。

（3）现在假设在试销完成前（如果进行的话），大玩玩具公司不能确定 LSPAF 进入市场的概率。随着 LSPAF 进入市场概率的变化，你预计期望收益将如何变化？

（4）生成一份数据表，以显示随着 LSPAF 进入市场的概率从 0 到 100% 变化（以 10% 为单位增加）时，期望收益与试销决策会如何变化。

（5）在何种概率下试销决策会改变？

案例 10-3　明智的选择

当厄尔尼诺正在加州北部倾泻大雨时，瑟拉布罗软件公司（Cerebrosoft）的创始人、主要股东及 CEO 夏洛特·罗斯坦（Charlotte Rothstein）坐在她的办公室里，考虑公司新产品 Brainet 的决策问题。这是一个非常困难的决策。Brainet 可能会成为焦点并热销。然而，夏洛特担心其中的风险。在这个竞争激烈的市场，营销Brainet也可能导致巨大的损失，不管怎样，她应该继续前进，组织营销攻势，还是放弃这个产品？或者在决定推出产品前从当地的市场调查公司购买更多的市场调查信息？她必须尽快制定决策，因此，当她慢慢地喝着高蛋白能量的复合维生素果汁时，她想起了过去几年的事。

从商学院毕业后，夏洛特和两个朋友成立了瑟拉布罗软件公司。这个公司位于硅谷中心。夏洛特和她的两个朋友在经营公司的第二年就开始盈利并且保持到现在。瑟拉布罗软件公司是第一批在互联网上销售软件并为多媒体领域开发基于PC的软件工具的公司之一。公司的两种产品——Audiatur和Videatur，创造了80%的收入。去年，每一种产品的销售量都超过了100 000个单位。用户可以下载软件的试用版，在试用后如果用户对他们所看到的感到满意，他们就会购买产品。这两种产品的售价都为75.95美元，并且全部在网上销售。

詹尼·科恩（Jeannie Korn）的到来打断了夏洛特的思路。詹尼负责管理在线营销，并且从一开始她就对Brainet特别关注。她非常乐意为夏洛特提供必要的建议。"夏洛特，我认为我们真的应当推出Brainet。软件工程师们已经使我确信现在的版本非常有用，我们需要尽可能快地抢占市场！从过去两年我们推出产品的有关数据来看，我们可以相当可靠地估计出市场对新产品的反应。你不这样认为吗？看看这个。"她拿出一些幻灯片。"在那个时期我们总共推出了12种新产品，其中4种产品的销售量在前6个月就超过了30 000个单位！还有更好的：我们推出的最后两种产品的销售量在前两个季度甚至超过了40 000个！"夏洛特和詹尼一样清楚这些数据。毕竟这些产品中有两种是在她的亲自帮助下开发推出的。但她对Brainet的推出没有把握。过去三年公司快速发展，财务方面已经相当紧张。Brainet的推出失败会使公司损失大量金钱，考虑到瑟拉布罗软件公司最近所做的投资，这样的损失是公司无法承受的。

下午晚些时候，夏洛特与生产经理雷吉·鲁芬（Reggie Ruffin）进行了会晤，雷吉是一个万事通。雷吉在他的领域有相当不错的成绩，夏洛特想知道他对Brainet项目的看法。

"夏洛特，坦白地说，我认为这个项目的成功与三个主要因素有关：竞争、销售量和成本——啊，当然还有我们的定价。你已经定好价格了吗？"

"我还在考虑三种战略中哪一种可以为我们带来最大的收益。以50美元的价格销售，使收入最大化；以30美元的价格销售，使市场份额最大化；当然还有第三个选择，以40美元销售，使二者兼得。"

这时，雷吉正聚精会神地看着他面前的一张纸。"我们仍然认为以40美元的价格销售是最好的选择。考虑到成本，我查了一下记录。我们必须在销售中分摊我们花在Brainet上的开发费用。到目前为止，我们已经花费了800 000美元，我们估计每年还需要花费50 000美元用于技术支持。"接着，雷吉把一份报告交给夏洛特。"我们有一些关于这个行业的数据。我昨天才得到，刚刚发表的。让我们看看能从行业数据中得到什么启示。"他让夏洛特看了其中的重要部分。然后雷吉同意将这份报告中最相关的信息整理出来，第二天早上给夏洛特。他一直忙到深夜，从这份报告中搜集数据。最后他总结出三个表格，每一个表格用于一种定价策略。每一个表格都显示出了在其他公司的竞争影响下（激烈、中等、温和）不同的销售量对应的概率。

表1 高价格（50美元）时销售量的概率分布

销售量	竞争水平		
	激烈	中等	温和
50 000单位	0.20	0.25	0.30
30 000单位	0.25	0.30	0.35
20 000单位	0.55	0.45	0.35

表2 中等价格（40美元）时销售量的概率分布

销售量	竞争水平		
	激烈	中等	温和
50 000单位	0.25	0.30	0.40
30 000单位	0.35	0.40	0.50
20 000单位	0.40	0.30	0.10

表3 低价格（30美元）时销售量的概率分布

销售量	竞争水平		
	激烈	中等	温和
50 000单位	0.35	0.40	0.50
30 000单位	0.40	0.50	0.45
20 000单位	0.25	0.10	0.05

第二天早上，夏洛特正在喝一种能量饮料。詹尼和雷吉马上就会到办公室来。在他们的帮助下，她将要为如何处理Brainet制定决策。是否应该推出这个产品？如果推出，价格应该定在什么水平？

一走进办公室，詹尼就说："伙伴们，我刚刚联系过我们的市场调查公司。他们说他们能够在一星期内为我们提供关于推出Brainet面临的竞争状况和销售结果的研究报告。"

"他们为这项研究开价多少？"

"我知道你要问这个，雷吉。他们要 10 000 美元。我认为这是一笔合算的交易。"

这时，夏洛特问道："我们有这家市场调查公司的工作质量数据吗？"

"是的，我这里有一些报告。通过对它们的分析，我得出结论，这家市场调查公司的预测相当不错：对于激烈竞争的情况，他们有 80% 的概率能够准确预测，有 15% 的概率预测为中等竞争，有 5% 的概率预测为温和竞争。对于中等竞争的情况，他们有 80% 的概率能够准确预测，有 15% 的概率预测为激烈竞争，有 5% 的概率预测为温和竞争。最后，对于温和竞争的情况，他们有 90% 的概率能够准确预测，有 7% 的概率预测为中等竞争，有 3% 的概率预测为激烈竞争。"

夏洛特对这些数据感到厌烦。"我们就没有一个关于市场反应的简单估计吗？"

"你是说一些简单的先验概率？当然有，从我们过去的经验来看，面对激烈竞争的可能性是 20%，70% 的可能性是中等竞争，10% 的可能性是温和竞争。"詹尼总是能够在需要的时候提供数据。

现在请你坐下来完成下面的工作：

（1）对于原始分析，不考虑雇用市场调查公司获得更多的信息。明确备选方案和自然状态，构建收益表。然后，用决策树将这个决策问题表示出来，明确区分决策节点和事件节点并包含所有的相关数据。

（2）如果夏洛特使用最大可能性准则，她的决策是什么？

（3）如果夏洛特使用贝叶斯决策准则，她的决策是什么？

（4）现在考虑进行市场调查的可能性。绘制出相应的决策树，计算相关的概率并分析决策树。瑟拉布罗软件公司是否应当花 10 000 美元进行市场调查？总的最优策略是什么？

案例 10-4　智能辅助驾驶系统

5 月的一个阳光明媚的早晨，BAAG 公司（Bay Area Automobile Gadgets）的 CEO 马克·宾顿（Marc Binton）步入位于旧金山的 Gates 大厦 40 层的会议室。BAAG 公司的办公室都在这栋大楼内。公司其他的执行官都已经到了。会议的日程上只有一项：规划新辅助驾驶系统（DSS）的开发项目。研发经理布莱恩·黄（Brian Huang）正不安地走来走去。他要向众人汇报他为 DSS 制定的研发战略。马克已经意识到 DSS 是公司的战略新产品。营销副总裁朱莉·阿克（Julie Aker）会在布莱恩之后发表意见。她将给出关于 DSS 的目标市场、期望销售量和营销成本的详细信息。

BAAG 公司是由斯坦福的一群毕业生建立的，该公司为豪华轿车制造非音频类电子设备。几年前公司卖出了它的第一批产品——一种基于全球定位卫星（GPS）的汽车导航系统。这种导航系统利用卫星来确定汽车的确切位置，帮助驾驶员找到通往目的地的道路。为了跟上技术的发展和满足顾客的需求，公司在过去几年里为其导航设备添加了许多新的功能。结合 GPS 的最新发展和语音识别与显示技术，DSS 将成为一种全新的产品。马克坚决支持这种产品，因为它将给 BAAG 公司带来更大的竞争优势，从而超越亚洲和欧洲的竞争者。

二十多年来，人们对辅助驾驶系统已经进行了大量研究。这些系统为驾驶员提供了广泛的信息，如方向、路况、最新交通流量等。信息的交换可以通过语音进行，也可以将信息文本投射到挡风玻璃上。其他一些功能可以帮助驾驶员躲避前面的汽车发现的道路障碍物（前面的汽车将信息传递给后面的汽车）。马克想将这些功能和其他技术结合到一个辅助系统中，然后把这个系统出售给汽车行业中 BAAG 公司的顾客。

在所有的与会者就座后，布莱恩开始了他的陈述："马克要求我向你们汇报辅助驾驶系统的开发情况，特别是道路扫描设备。众所周知，这个设备是 DSS 的关键，现在我们需要决定是继续还是停止开发。我们已经集成了其他设备，如基于 GPS 的定位导航系统。我们需要解决的问题是，是否为道路扫描设备的基础研究提供资金。如果这项研究成功，接着我们要决定是否要以研究结果为基础开发一种产品，或者我们只是销售技术而不开发产品。如果我们决定自己开发产品，产品开发过程有可能失败。在那种情况下，我们仍然可以将这项技术卖掉。在产品开发成功的情况下，我们还要决定是否向市场推出这个产品。

"如果我们决定不向市场推出开发的新产品,我们至少还可以将产品概念作为我们成功开发的结果卖掉。这样做可以比仅仅卖出不成熟的技术获得更多的收益。另一方面,如果我们决定推出辅助驾驶系统,我们将会面临产品能否被顾客接受的不确定性。"

"你完全把我弄糊涂了。"马克说。

朱莉的助手马克斯摇了摇头,嘀咕道:"这些技术狂……"

"很抱歉让你困扰,"布莱恩解释道,"我再说一遍,一步一步来。"

"好想法——不过在每一步都请少讲一点!"朱莉明显不喜欢布莱恩的陈述方式。

"好的,我们面临的第一个决策是,是否为道路扫描设备的研究提供资金。"

"研究要花费多少钱?"马克问道。

"我们估计的预算为30 000美元。如果我们投入这些钱,研究的结果也不太确定。我们的工程师估计研究成功的概率为80%。"

"这是一个相当乐观的成功率,你不这样认为吗?"朱莉的评价带有一些讽刺。她仍然记得布莱恩在上一个项目中(一种指纹识别轿车安全系统)中的惨重失败。在花费了50万美元后,开发工程师得出结论:不可能以一个吸引人的价格生产出这种安全系统。

布莱恩感觉到了朱莉的敌意,于是进行了回击:"在工程上,这种成功率很平常——可是在营销上,这种成功率却不常见……"

"下一步是什么?"马克打断了这一话题。

"噢,对不起。如果研究不成功,我们只能以现在的形式销售DSS。"

"这种情况下利润估计为200万美元。"朱莉插话说。

"然而,如果研究成功,我们需要制定另一项决策,即是否进入开发阶段。"

"如果那时我们不想开发产品,是否意味着我们只能销售现在这样的DSS?"马克斯问道。

"是的,马克斯。将研究成果卖给通用汽车(GM),我们将获得大约200 000美元。他们的研究部门对我们的工作很感兴趣,他们为我们的发现开出了这个价。"

"啊,这是一个好消息。"朱莉评论道。

布莱恩继续说:"然而,如果在成功完成了研究阶段后我们决定开发新产品,我们将需要为这项任务再投资800 000美元,失败的概率为35%。"

"你是否在告诉我们要花费800 000美元买一张有35%的概率不中奖的彩票?"朱莉问。

"朱莉,不要关注损失,要关注潜在收益!你所说的中彩票的概率是65%。我认为这个概率比普通的彩票高得多。"马克说。

"谢谢,马克。"布莱恩说,"当我们将那笔钱用于开发后,我们有两种可能的结果:或者我们能成功开发出道路扫描设备,或者失败。如果我们失败了,我们仍然将以目前的形式销售DSS并将研究结果以200 000美元卖给GM。如果开发成功,我们需要决定是否向市场推出新产品。"

"如果产品开发成功,我们为什么不将其推向市场呢?"马克问。

"这是个很好的问题。我的意思是我们可以决定自己不销售这个产品,而将销售权卖给其他公司,例如GM。他们将为此付给我们100万美元。"

"我喜欢这些数据。"朱莉评论道。

"如果我们决定生产并销售这个产品,我们将会面对市场的不确定性。我想朱莉已经为我们准备了相关数据。谢谢。"

布莱恩坐了下来,而朱莉走上前进行陈述。马克斯操作计算机,一些彩色幻灯片立即投射到朱莉背后的墙上。

"谢谢布莱恩。这是我们从营销调查中整理出来的数据。我们的新产品在市场中的接受程度可以分为高、中、低三种情况。"朱莉指着投射到墙上的一些数据说,"我们的估计表明高接受水平会带来800万美元的利润,中接受水平会带来400万美元的利润。而如果不走运,我们的顾客接受水平比较低,我们仍然能预期得到220万美元的盈利。需要指出的是,这些利润不包括营销和研发的附加费用。"

"你是说在最差的情况下我们还是可以获得比目前的产品更多的收益?"布莱恩问道。

"是的。这就是我要说的。"

"你需要多少预算来推出带有道路扫描设备的DSS?"马克问。

"为此我们需要在利润估计中已包含费用的基础上再加200 000美元。"朱莉回答道。

"新的DSS的接受水平为高、中、低的概率分别是多少?"布莱恩问道。

"我们可以从幻灯片的底部看到这些数据。"朱莉一边说一边转向身后的投影,"市场接受水平高的概率为30%,市场接受水平低的概率为20%。"

这时,马克问:"根据所有这些数据和信息,你们建议我们该怎么做?"

（1）用一个表格将费用和利润的估计数据组织起来。

（2）用决策树表述这个问题。将决策节点和事件节点清楚地区分开来。

（3）计算决策树中每一个节点的期望收益。

（4）根据贝叶斯决策准则，BAAG 的最优策略是什么？

（5）研究结果的全情报价值是多少？

（6）产品开发结果的全情报价值是多少？

（7）马克是风险厌恶型的决策者。许多采访表明，他仅仅愿意考虑要么赚 120 万美元，要么亏 60 万美元的五五开投机。基于马克的风险厌恶水平，利用指数效用函数确定 BAAG 的最优策略。

更多案例

关于本章的更多案例，可以查阅西安大略大学毅伟商学院网站 www.cases.ivey.uwo.ca/cases 专为本书设计的 CaseMate 部分。

第 11 章

预 测

┊学习目标┊

完成本章的学习后，你应该能够：
1. 描述预测应用的一些重要类型。
2. 掌握两种常用的衡量预测准确性的方法。
3. 在考虑季节性因素的情况下，调整预测数据。
4. 描述一些使用历史数据来预测未来值的预测方法。
5. 手工或通过软件使用这些预测方法。
6. 比较这些方法，明确每一种方法的适用条件。
7. 描述并应用"将要预测的数值与其他一个或几个数值联系起来"的预测方法。
8. 描述运用专家判断的几种预测方法。

下一年的经济将增长多少？股市走势如何？利率将会是多少？消费者偏好将会发生怎样的变化？畅销的新产品会是什么？

预测可以回答以上所有问题。但不幸的是，这些预测结果极有可能是错误的。没有人能够在任何时候都准确地预测未来。

尽管如此，企业在未来能否取得成功，很大程度上取决于企业管理层在识别趋势和制定恰当战略方面的领悟能力。最优秀企业的领导者似乎常常对何时改变策略以保持竞争优势具有第六感，但是实际上，经常使用最先进的预测技术才使得他们有这种第六感，这些企业很少会由于对产品需求的错误估计而陷入困境。但很多其他企业却常常陷入这一境地。这种差异是由预测准确性的不同造成的。

预测产品未来销量的能力对于许多公司来说是尤其重要的。当我们可以获得历史销售数据时，便可以借助这些数据并利用那些已被证明正确的**统计预测方法**（statistical forecasting methods）对未来的需求进行预测。这种方法假设历史趋势会持续，因此，管理者需要针对当前市场的变化进行一些调整。

还有一些仅利用专家判断的**判断预测方法**（judgmental forecasting methods）。在只有很少或没有历史销售数据可用，或市场的变动过大导致我们无法利用这些数据进行准确预测时，这些方法将会非常有用。

对产品需求的预测只是所有预测方法中的一个重要应用。在其他应用领域，可能需要对各种不同的数据进行预测，如备件的数量、生产量以及员工的配置等。在预测一个地区、一个国家甚至国际经济趋势时，也大量应用了预测技术。

本章第 11.1 节介绍了一些最简单的预测技术。第 11.2 节介绍了一个案例，这个案例会贯穿本章的大部分篇幅，用来说明在通常情况下如何根据实际情况（如需求的季节性）选择并运用适当的预测方法。第 11.3 节至第 11.5 节主要讨论了统计预测方法，第 11.6 节讨论了判断预测方法。各种预测方法的 Excel 模板都可以在网站 www.mhhe.com/Hillier6e 下载。

11.1 预测方法概述

为了介绍不同的预测方法，请考虑下面的问题。

预测问题

快芯公司（Fastchips）是一家领先的微处理器生产商。6 个月前，该公司开始销售其最新的微处理器。最初 6 个月的销售量如下（单位：千）：

$$17 \quad 25 \quad 24 \quad 26 \quad 30 \quad 28$$

在这一竞争激烈的市场中，销售量变化得相当快，这在很大程度上取决于竞争对手何时推出其最新版本的微处理器。因此，通过预测下个月的销售量来为生产提供指导将是非常重要的。

让我们看一看可以获得预测的几种方法。

一些预测方法

最直接的方法是**上期值预测法**（last-value forecasting method，有时也被称为天真的方法（naive method）），该方法是指简单地用上个月的销量作为下个月销量的预测。对快芯公司来说：

$$预测值 = 28$$

当情况变化很快，上个月之前的销量不能作为未来销售的可靠性指标时，这是一种合理的预测方法。

平均值预测法（averaging forecasting method）是指利用到今天为止所有月份的销售数据的平均值作为下个月的预测值，对快芯公司来说：

$$预测值 = \frac{17+25+24+26+30+28}{6} = 25$$

当情况保持稳定以至于最早的销售数据也能够可靠地预测未来销量时（这一假设对快芯公司来说是值得商榷的），这是一种合理的预测方法。

移动平均预测法（moving-average forecasting method）是对上期值预测方法和平均值预测方法的一个折中，该种方法只利用最近几个月销量的平均值作为下个月的预测值。使用的月份数必须明确说明。例如，快芯公司 3 个月的移动平均预测值为：

$$预测值 = \frac{26+30+28}{3} = 28$$

当情况偶尔发生改变但变化不大时，这是一种合理的预测方法。

指数平滑预测法（exponential smoothing forecasting method）是一种更精确的移动平均法，这种方法更加重视最近月份的销售情况。特别的是，它没有为最近月份的销售赋予相同的权重，而是为上个月的销量赋予了最大的权重，越往前推，权重越低（这一方法的公式将在第 11.3 节中给出）。在适用移动平均方法的条件下，这种预测方法也是合理的。

通过使用**趋势性指数平滑**（exponential smoothing with trend），可以使指数平滑预测法更加完善。这种方法通过直接考虑当前销量的任何波动对指数平滑法进行了调整（公式在第 11.3 节中给出）。

如果销售数据在某一方向上显示出相对稳定的趋势，那么**线性回归**（linear regression）也是一种合适的预测方法。这一方法使用了一个二维图形，纵坐标表示销量，横坐标表示时间。在画出各月的销售数据点后，这种方法可以找出一条穿过这些数据的直线，或各个数据点离这条直线尽可能近。将这条直线延伸到未来月份，我们就得到了对未来月份销量的预测。

第 11.5 节全面介绍线性回归方法。前面提到的其他预测方法也在第 11.3 节中进行详细讲解，然后在第 11.4 节中从更广阔的角度评价它们。这三节的讨论都是在第 11.2 节中介绍的案例背景下进行的。

快芯公司应该使用哪种预测方法呢？以目前的销售数据为基础，移动平均预测法和指数平滑预测法似乎都是合理的。但是，随着时间的推移，应该进行更深入的分析，来找出哪种预测方法造成的**预测误差**（forecasting errors，实际销量与预计销量的差别）最小。

在确定了各种预测方法在各个月份的预测误差后，衡量预测准确性的一个常用指标是这些预测误差的平均值——该平均值是指**平均绝对偏差**（mean absolute deviation），缩写为 MAD，但是通常我们称它为平均预测误差。有一种较为合理的精确性度量为，预测误差的严重性与误差大小成正比。

然而，有时候并不成比例，有些情况下较大的误差会导致比想象中严重得多的结果。这种情况下，另一种度量预测方法准确性的常用指标是预测误差平方的平均值（该指标被称为平均预测误差方差，简称**均方差**（mean square error），缩写为 MSE）。本章中，我们将使用 MAD 和 MSE 值来协助分析案例研究中应该使用哪种预测方法。

对于某些类型的产品，在特定月份中，其预计的销量会因一年中时间的不同而不同。例如，作为圣诞礼物的产品，其在 12 月的销量可能是 1 月销量的 2 倍。对于受季节性因素影响的产品，将季节性因素引入预测是非常重要的。这在本章的案例研究中扮演着重要的角色。

我们已经介绍了预测快芯公司逐月销量的各种方法，但是预测在其他方面的应用可能会有些不同。需要预测的数量可能不是销售量，预测的时间段也可能是季度或年，而不是月。例如，本章的案例研究包括预测一个呼叫中心每季度打进电话的数量。

在使用任何预测方法时，了解这一预测数字的影响因素也是非常重要的，这样才能选择适当的方法调整预测的数据。这是通过案例研究分析得到的重要经验。当某些影响因素导致被预测的数值发生变化时，第 11.6 节中介绍的判断预测方法就可以发挥作用。

以上介绍的所有预测方法（以及本章其他各节所介绍的方法）的公式都会在本章最后做总结。

问题回顾

1. 什么是上期值预测法？这种方法适用于哪些情况？
2. 什么是平均值预测法？这种方法适用于哪些情况？
3. 什么是移动平均预测法？这种方法适用于哪些情况？
4. 指数平滑预测法与移动平均预测法有哪些不同？
5. 趋势性指数平滑与指数平滑预测法有哪些不同？
6. 线性回归预测法如何获得预测值？
7. 衡量一种预测方法准确性的两个主要指标是什么？

11.2　案例研究：计算机俱乐部仓库的问题

计算机俱乐部仓库（Computer Club Warehouse，CCW）通过接收电话订单（以及网上订单和传真订单）以低价销售各类计算机产品，其产品包括台式计算机、笔记本电脑、外围设备、附属硬件、备用品、软件（包括游戏软件）以及与电脑相关的器件。公司每年会多次将产品目录寄给用户和大量的潜在客户，还会通过电脑杂志发行微型目录。这些目录明确地告诉用户可以拨打 800 免费电话下订单。这些电话将被接入公司的呼叫中心。

CCW 的呼叫中心

呼叫中心保持 24 小时开通。在繁忙的时间段，呼叫中心有很多员工，他们的唯一工作就是通过电话接收并处理顾客订单（实际上还有一个规模较小的呼叫中心，通过另一个 800 号码来接听咨询电话或反映问题的电话，本案例中只分析主要的呼叫中心）。

新的客服人员在正式开始工作前要接受一周的培训，培训的主要内容是如何高效、全面地处理订单。每名客服人员处理一个电话的平均期望时间不超过 5 分钟。所有的服务过程都会被记录下来，在试用期末未达到标准的客服人员将不再被续聘。尽管客服人员的工资很高，但时间压力和对工作的厌倦造成了相当高的人员流失率。

呼叫中心为接入电话提供了大量的电话线路。如果在电话到来时，客服人员正在忙，电话便会进入等待队列，同时响起录音信息和音乐。如果所有线路都在使用中（即饱和），电话会给出"线路忙"的语言提示。

尽管一些用户在遇到"线路忙"或等待时间过长而挂断电话后，会再次拨打电话直至有人接听，但是大部分用户不会这样做。因此，配备足够的客服人员来减少这种情况的发生次数是非常重要的。另一方面，由于客服人员的劳动成本非常高，如果客服人员过多，而呼叫次数相对较少，就会有很多在岗客服人员一直处于闲暇状态，CCW 也希望想办法避免这种情况。

因此，得到客服人员需求量的预测值成为该公司的当务之急。

呼叫中心经理莉迪娅·魏格尔特

目前呼叫中心的经理是莉迪娅·魏格尔特（Lydia Weigelt），作为商学院毕业的高才生，她在选择 CCW 之前曾被多家顶级公司看中。由于莉迪娅·魏格尔特非常聪明又很勤奋，目前她正在接受培训，以便将来进入 CCW 的高级管理层任职。

三年多之前，莉迪娅受雇时，她被指派到现在的岗位上工作，从最基层开始学习业务。呼叫中心被认为是整个 CCW 的神经中枢。

在莉迪娅到来之前，呼叫中心遇到了严重的管理问题。订单处理效率低下，有些甚至出现错误。人员配置水平一直都不恰当。管理层对雇员数量的调整总是出现与目标相反的结果，且有助于解决人员配置水平问题的数据也没有保留。员工士气非常低落。

莉迪娅到来后，一切都改变了。她最初的行动之一是制定了各种程序，以便为制定与人员配备水平相关的决策收集数据。关键数据包括详细的通话记录以及每一位客服人员所处理的呼叫量，工作效率得到了大幅提高。尽管公司财务控制严格，但莉迪娅还是对表现出色的员工进行了表扬和奖励，员工士气也大大提高。

尽管莉迪娅为呼叫中心运作效率的大幅提高感到满意，但仍有一件事困扰着她。在每个季度末，当她知道有多少客服人员在试用期末将不再续聘时，她需要决定雇用多少新的客服人员进入下一轮的培训（培训在每季度初开始）。她开发了一个不错的程序来估计处理不同数量的通话量所需要配备的人员水平，但当她每次在预测呼叫量的基础上使用这个程序确定下一季度雇员数量时，这个预测总是有很大偏差。因此，她仍然无法获得正确的雇员数量水平。

莉迪娅认为，下一个项目应当是开发更好的预测模型以取代目前的模型。

需要对通话量有更准确的预测。

莉迪娅目前的预测模型

多亏莉迪娅来公司不久后就制定了数据搜集程序,现在公司已经拥有过去三年呼叫量的可靠数据。图 11-1 显示了这些年来每个季度日平均接到的电话数。图的右边以图表的方式显示了这些数据。该图通过选中 D4 至 D15 的数据,然后在插入选项或图表选项中选择折线图的方式得到。

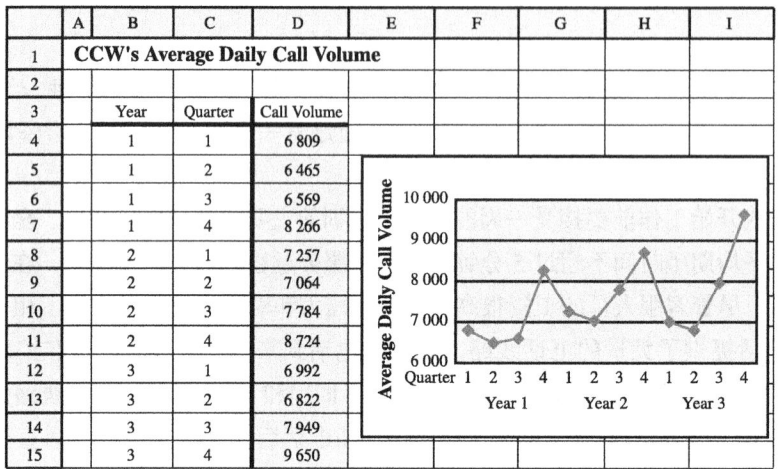

	A	B	C	D
1		CCW's Average Daily Call Volume		
2				
3		Year	Quarter	Call Volume
4		1	1	6 809
5		1	2	6 465
6		1	3	6 569
7		1	4	8 266
8		2	1	7 257
9		2	2	7 064
10		2	3	7 784
11		2	4	8 724
12		3	1	6 992
13		3	2	6 822
14		3	3	7 949
15		3	4	9 650

图 11-1 过去三年中每个季度 CCW 每天接到的平均电话数

需要注意的是,每年第四个季度的业务量都会由于圣诞采购而跃升到一个很高的水平。莉迪娅加入 CCW 时,总裁告诉她有一个"25% 规则",公司一直用这个规则来预测呼叫量(以及销售量)。

> 预测时需要考虑由于圣诞节的到来,第四季度销量增加而产生的季节性因素。

25% 规则(the 25 percent rule):除了圣诞节期间业务量猛增之外,其他时间的业务量相对稳定。假设每个季度的呼叫量与上一个季度相同,但第四季度有 25% 的上升。于是:

$$第二季度的呼叫量 = 第一季度的呼叫量$$
$$第三季度的呼叫量 = 第二季度的呼叫量$$
$$第四季度的呼叫量 = 1.25 \times 第三季度的呼叫量$$

下一年第一季度的预测量将根据本年度第四季度的呼叫量得到:

$$下一年第一季度的预测量 = \frac{第四季度的呼叫量}{1.25}$$

应用实例

里昂比恩公司(L.L.Bean, Inc.)是著名的高品质户外用品和服装零售商,年销售额超过 20 亿美元。每年,公司主要通过邮寄上百万册的目录来推销其产品。因此,大多数销售是通过公司的呼叫中心接收订单来实现的,该呼叫中心全天候开放。产品的销售呈现季节性,圣诞节期间销量特别大。在一周中,从周一到周日的销售量逐渐降低,在假期中销量锐减,而当目录到达消费者手中时,销量又迅速上升。

在不同的日子按适当的水平为呼叫中心配备人员对公司来说至关重要。人员配备不足会导致顾客因打不通电话而放弃,从而损失订单。人员配备过剩又会导致人力成本过高。因此,准确预测每天的呼叫量是很有必要的。

由于以前使用的主观预测方

法不能令人满意，因此里昂比恩公司聘用了一个管理科学咨询团队来改善预测过程。在里昂比恩呼叫中心经理全面收集了35个可能影响呼叫量的因素后，这个小组开发出一个非常复杂的时间序列预测法（the Box and Jenkins autoregressive/integrated/moving average method）。这一方法综合考虑了所有重要的因素，包括季节性因素、节假日的影响、目录到达的影响等。每一周都会获得接下来三周每天电话呼叫量的预测，然后利用对这三周中最后一周的预测来提前两周确定呼叫中心的工作日程。

通过对预测方法准确性的改善，准确性的提高每年大概为里昂比恩公司节省了30万美元。这一方法的计算机化也极大地降低了每周用于准备预测而产生的劳动力成本。

虽然这项研究发生在20世纪90年代，但里昂比恩公司不断有效使用预测方法并持续改善效果，从而获得了更多利润。事实上，呼叫中心的应用实例令人印象深刻，所以我们将CCW的案例研究写在本章中。

资料来源：B. H. Andrews and S. M. Cunningham, "L.L. Bean Improves Call-Center Forecasting," *Interfaces* 25, no. 6 (November–December 1995), pp. 1–13. (A link to this article is provided at www.mhhe.com/Hillier6e.)

这就是莉迪娅一直使用的预测模型。（第11.1节介绍了预测方法，25%规则是一个带圣诞节季节调整的上期值预测法。）

图11-2显示了莉迪娅使用这种方法得到的预测结果。F列给出了对应的**预测误差**（forecasting error），即实际呼叫量与预测值之差。由于10个预测数值的总误差为4 662，所以平均误差为：

$$\text{平均预测误差} = \frac{4\ 662}{11} \approx 424$$

	A	B	C	D	E	F	G	H	I	J	K	L
1		Lydia's Current Forecasting Method for CCW's Average Daily Call Volume										
2												
3						Forecasting						
4		Year	Quarter	Data	Forecast	Error		Mean Absolute Deviation				
5		1	1	6 809				MAD =	424			
6		1	2	6 465	6 809	344						
7		1	3	6 569	6 465	104		Mean Square Error				
8		1	4	8 266	8 211	55		MSE =	317 815			
9		2	1	7 257	6 613	644						
10		2	2	7 064	7 257	193						
11		2	3	7 784	7 064	720						
12		2	4	8 724	9 730	1 006						
13		3	1	6 992	6 979	13						
14		3	2	6 822	6 992	170						
15		3	3	7 949	6 822	1 127						
16		3	4	9 650	9 936	286						
17		4	1		7 720							
18		4	2									
19		4	3									
20		4	4									

Range Name	Cells
Data	D5:D20
Forecast	E5:E20
ForecastingError	F5:F20

	E	F
3		Forecasting
4	Forecast	Error
5		
6	=D5	=ABS(D6-E6)
7	=D6	=ABS(D7-E7)
8	=1.25*D7	=ABS(D8-E8)
9	=D8/1.25	=ABS(D9-E9)
10	=D9	=ABS(D10-E10)
11	:	:
12	:	:

	H	I
5	MAD =	=AVERAGE(ForecastingError)

	H	I
8	MSE =	=SUMSQ(ForecastingError)/ COUNT(ForecastingError)

图11-2 生成预测结果的电子表格

注：这个电子表格记录了对过去三年的数据应用"25%规则"来预测下一季度呼叫量的结果。

正如第 11.1 节中提到的，平均预测误差通常被称为 MAD，是 mean absolute deviation 的缩写。其公式为：

$$MAD = \frac{预测误差之和}{预测次数}$$

> MAD 是平均预测误差的简写。

因此，在本例中，单元格 I5 给出了：

$$MAD = 424$$

现在考虑 MAD = 424，需要注意的是 424 超过了多数季度日平均呼叫量的 5%，且最高的预测误差达到了 1 127，有两处误差超过了 10%。尽管这样的误差对一般的预测应用来说是很正常的，但对这个特定的应用来说需要更高的精度，5%～10% 的误差使得企业不可能设置每季度合适的雇员数量水平，难怪莉迪娅对 25% 规则的预测结果忍无可忍。因此公司需要更好的预测方法。

另一个衡量预测准确性的指标是**均方差**（MSE）。其公式为：

$$MSE = \frac{预测误差的平方和}{预测次数}$$

因此，在图 11-2 中：

$$MSE = \frac{(344)^2 + (104)^2 + \cdots + (286)^2}{11} = 317\ 815$$

> MSE 是预测误差平方的平均值。

正如单元格 I8 所示。使用预测误差平方的好处在于它相对地增加了较大误差的权重。即使最好的预测方法也不能避免小误差的存在，由于这些小误差不会带来严重的后果，因此减少它们的权重是合理的。造成严重后果的是较大的误差，所以，对那些偶尔会导致较大预测误差的预测方法给予惩罚，而对那些一般情况下保持小误差的预测方法给予奖励是合理的。在比较这两种方法时，一些 MAD 值小的方法，其 MSE 值反而可能较大。因此，通过提供"一种预测方式能否始终避免出现严重的大预测误差"方面的额外信息，MSE 成为 MAD 的一个很好的补充。但是，与 MAD 相比，MSE 的不足之处在于，对于一种预测方法来说，MSE 值的大小不能说明什么问题。（比如，上面得到的 MSE=317 815，我们很难从中得到直观的意义。）因此，莉迪娅（她对这两种方法都很熟悉）将会着重使用 MAD 方法，同时也不会忘记使用 MSE 方法。

> 严重的预测误差将会大大地增加 MSE 的值。

寻找一个更好的预测方法的计划

莉迪娅在大学学习过管理科学的课程，她想起课程中有一个专题是预测。于是她决定看看关于这个专题的课本和课堂笔记。

通过复习，她了解到自己正在处理的是一个时间序列的问题。

时间序列（time series）是指某感兴趣的量在一段时间里的一系列观察值。如图 11-1 所示的最近 12 个季度日平均呼叫量的系列观察值就组成了一个时间序列。

她还想起有很多统计方法可以用时间序列的历史数据预测序列中的下一个值。这些统计方法被称为**时间序列预测法**（time-series forecasting methods）。她现在的任务就是复习一下这些方法，并评估哪种方法适合她的特定预测问题。

为使自己能在几个星期内完成这项任务，莉迪娅获得了 CCW 总裁的同意，与一位专门从事预测的管理科学咨询公司的咨询员（她以前的同学）签订了服务合同。

下一节将介绍她们解决这个问题的方法。

问题回顾

1. CCW 公司是如何运作的？
2. 当 CCW 呼叫中心的值班人员不足时会出现什么后果？如果人数太多又会出现什么后果？
3. 莉迪娅目前遇到的最大困难是什么？
4. CCW 的 25% 规则是什么？
5. 什么是 MAD？
6. 什么是 MSE？
7. 什么叫时间序列？

11.3 使用时间序列预测方法进行分析

正如上节最后提到的，时间序列预测法是一种统计预测方法，它通过利用时间序列中的历史数据（某感兴趣的数量的一系列历史数据观察值）来预测序列中的下一个值。第 11.1 节中介绍了此类型的多种方法。本节中我们将继续深入介绍这些方法并将它们应用到案例研究中，案例中需要预测的量是下季度平均每天接到的呼叫量。

上节中的图 11-1 体现了 CCW 公司呼叫量的季节性变化模式，由于圣诞采购，第四季度呼叫量猛增。因此在考虑特定的预测模型前，莉迪娅和咨询工作者首先讨论了如何处理季节性因素带来的影响。

考虑季节性因素

很多年来，CCW 公司一直有一个传统观念，即一年中前三个季度的呼叫量（销售量）非常稳定，在第四季度会上升 25%。这就是 25% 规则的基础。

为了检验这一传统观念与现实的接近程度，咨询员使用图 11-1 中的数据计算了过去三年中每个季度的平均日呼叫量。例如，第一季度的平均日呼叫量为：

$$平均日呼叫量（第一季度）= \frac{6\ 809 + 7\ 257 + 6\ 992}{3} = 7\ 019$$

四个季度的平均日呼叫量如表 11-1 第二列所示。表底部显示出四个季度的总平均值为 7 529。用每个季度的平均数除以这个总平均值就可以得到第三列所示的季节性因子。

表 11-1 计算 CCW 问题中的季节性因子

季度	三年的平均值	季节性因子
1	7 019	$\frac{7\ 019}{7\ 529} = 0.93$
2	6 784	$\frac{6\ 784}{7\ 529} = 0.90$
3	7 434	$\frac{7\ 434}{7\ 529} = 0.99$
4	8 880	$\frac{8\ 880}{7\ 529} = 1.18$

$$总计 = 30\ 117$$
$$平均值 = \frac{30\ 117}{4} = 7\ 529$$

一般来说，一年中任何一个时期（一个季度、一个月等）的**季节性因子**（seasonal factor）表示了将该期的平均数与整个年份的总平均数相比较的结果。利用历史数据时，季节性因子用如下公式计算：

$$季节性因子 = \frac{该期平均数}{总平均数}$$

> Excel 模板以月份或季度为基础计算季节性因子。

www.mhhe.com/Hillier6 上包含了一个 Excel 模板，可以用来计算季节性因子。图 11-3 显示了如何将这个模板应用于 CCW 问题。

	A	B	C	D	E	F	G
1		Estimating Seasonal Factors for CCW					
2							
3				True			
4		Year	Quarter	Value		Type of Seasonality	
5		1	1	6 809		Quarterly	
6		1	2	6 465			
7		1	3	6 569			
8		1	4	8 266			Estimate for
9		2	1	7 257		Quarter	Seasonal Factor
10		2	2	7 064		1	0.932 3
11		2	3	7 784		2	0.901 0
12		2	4	8 724		3	0.987 3
13		3	1	6 992		4	1.179 4
14		3	2	6 822			
15		3	3	7 949			
16		3	4	9 650			

Range Name	Cells
SeasonalFactor	G10:G21
TrueValue	D5:D41
TypeOfSeasonality	F5

	G
8	Estimate for
9	Seasonal Factor
10	=AVERAGE(D5,D9,D13)/AVERAGE(TrueValue)
11	=AVERAGE(D6,D10,D14)/AVERAGE(TrueValue)
12	=AVERAGE(D7,D11,D15)/AVERAGE(TrueValue)
13	=AVERAGE(D8,D12,D16)/AVERAGE(TrueValue)

图 11-3 为 CCW 预测季节性因子

注：将 www.mhhe.com/Hillier6e 上用于计算季节性因子的 Excel 模板应用于 CCW 问题。

需要注意，前三季度季节性因子存在显著差异，第三个季度的季节性因子明显高于前两个季度。这一点引起了莉迪娅的注意。她一直猜测学生开学前的采购会为第三季度的销售带来一个小幅度的增长。

与 25% 规则相比，第四季度季节性因子仅比第三季度高 19 个百分点（但是，第四季度的季节性因子比前三季度的平均值 0.94 高出大约 25%）。

结论：表 11-1 给出的季节性因子准确地体现了季节之间细微而又重要的差异。因此这些季节性因子将取代 25% 规则，用于对季节性因素影响的估计，直到将来数据表明季节性因素的影响发生了变化为止。

经季节因素调整的时间序列

如果先对数据进行处理以去除季节性因素的影响，那么分析销售量数据并探索新的趋势就会容易得多。为了消除图 11-1 中所示时间序列的季节性影响，每一个日平均呼叫量都需要除以表 11-1 和图 11-3 给出的季节性因子。其公式为：

$$去除季节性因素影响的呼叫量 = \frac{实际呼叫量}{季节性因子}$$

将这个公式应用于图 11-1 所示的 12 个呼叫量，我们就可以得到图 11-4 所示的 Excel 模板中第 F 列给出的去除季节性因素影响的呼叫量。

	A	B	C	D	E	F	G	H	I	J
1		Seasonally Adjusted Time Series for CCW								
2										
3				Seasonal	Actual	Seasonally Adjusted				
4		Year	Quarter	Factor	Call Volume	Call Volume				
5		1	1	0.93	6 809	7 322				
6		1	2	0.90	6 465	7 183				
7		1	3	0.99	6 569	6 635				
8		1	4	1.18	8 266	7 005				
9		2	1	0.93	7 257	7 803				
10		2	2	0.90	7 064	7 849				
11		2	3	0.99	7 784	7 863				
12		2	4	1.18	8 724	7 393				
13		3	1	0.93	6 992	7 518				
14		3	2	0.90	6 822	7 580				
15		3	3	0.99	7 949	8 029				
16		3	4	1.18	9 650	8 178				

	F
3	Seasonally Adjusted
4	Call Volume
5	=E5/D5
6	=E6/D6
7	=E7/D7
8	=E8/D8
9	:
10	:

图 11-4　去除季节性影响的时间序列

注：通过用图 11-1 的实际日平均呼叫量除以图 11-3 中相应的季节性因子得到 CCW 问题的去除季节性因素影响的时间序列。

实际上，去除季节性因素影响的呼叫量表示了如果将一年中特定时间（如圣诞采购、开学前采购等）的呼叫量平均分配到整个年度时，呼叫量将会是多少。比较图 11-4 及图 11-1 的折线图，我们首先注意到图 11-4 的折线图的纵向刻度变小，我们还可以看到，在去除了季节性因素影响后，图 11-4 中折线图的波动比图 11-1 小得多。然而，这个折线图形还远未达到水平的程度，因为呼叫量的波动除了季节性因素外还受其他因素影响。例如，新产品热销会引起呼叫量的骤升，寄出产品目录后呼叫量也会上升。还有一些没有明显原因的随机波动。图 11-4 可以使我们看到并分析去除季节性因素影响情况下销售量的波动。

> 去除季节性因素影响后，会得到一个更加清晰的趋势图。

经季节因素调整的时间序列（seasonally adjusted time series）的波动形式（尤其是最近时期的数据点的）对于预测下一个数据点落在什么位置非常有用。在图 11-4 中，所有数据点都落在 6 635 ～ 8 178，它们的平均数为 7 529。而最后一些数据有高于平均数向上的趋势，最后一点是整个时间序列中最高的一点。这表明即将到来的下一个季度的数据点会高于平均数 7 529，并可能出现在最后一点 8 178 附近甚至比 8 178 更高的位置。

不同的时间序列预测方法采用不同的方式得出经季节因素调整的时间序列的趋势，以预测下一个数据点。本节将介绍几种主要的方法。

正如下面所描述的，在得到经季节因素调整的预测之后，所有这些方法将会把预测结果重新转化为实际呼叫量的预测值（未经季节因素调整）。

呼叫量预测过程概述

1. 选择一种时间序列预测方法。

2. 将此方法用于经季节因素调整后的时间序列，得到下一个季度去除季节性因素影响的预测呼叫量。[1]
3. 将该预测值乘以表 11-1 中相应的季节性因子，得到实际的呼叫量预测值（未去除季节性因素影响）。

下面对预测方法的描述集中在如何实现步骤 2，也就是如何根据给定的时间序列预测下一个数据点。我们还在每种方法中使用了电子表格，通过过去三年的数据完成步骤 2 和步骤 3，并计算 MAD（平均预测误差）和 MSE（均方差）。莉迪娅和咨询员特别关注 MAD 的值，因为这个数值可以用来评估哪一种方法最适合于预测 CCW 的呼叫量。

> 如果不需要进行季节性调整，你可以省去步骤 3，从原始的时间序列直接获得预测。

上期值预测法

上期值预测法（last-value forecasting method）忽略了时间序列上最后一个数据点之外的所有数据点。它使用最后一个值作为下一个数据点的预测值，因此公式为：

$$预测值 = 上期值$$

图 11-5 显示出了将该方法应用到过去三年 CCW 的数据中会发生怎样的情况（假设使用表 11-1 给出的季节性因子）。E 列给出了图 11-4 中 F 列去除季节性因素影响后的实际呼叫量。每个呼叫量的数值都成为下一个季度去除季节性因素影响后的预测值，如 F 列所示。

第 22 行到第 33 行显示了 E 和 F 两列数据的折线图。需要注意的是，经季节性因素调整后预测值的折线图与经季节性因素调整后呼叫量的折线图几乎完全相同，只是向右移动了一个季度。所以，每一次呼叫量出现大幅波动的时候，预测值要晚一个季度才能跟上这个变动。

用 K 列中相应的季节性因子乘以 F 列中经季节性因素调整的预测值，就得到 G 列所示的实际呼叫量预测值（考虑季节性因素影响）。H 列显示了预测值与 D 列中的实际呼叫量的差异。

因此，G 列使用了如下公式：

$$实际预测值 = 季节性因子 \times 经季节因素调整后的预测值$$

图的底部也显示了该公式。例如，单元格 K9 给出了第一季度的季节性调整因子为 0.93，G10 中第二年第一季度的呼叫量实际预测值为：

$$实际预测值 = 0.93 \times 7\,005 = 6\,515$$

由于呼叫量的实际值为 7 257，故单元格 H10 显示该季度预测误差为：

$$预测误差 = 7\,257 - 6\,515 = 742$$

将所有 10 个季度的预测误差相加得到的总和为 3 246，因此单元格 K23 中给出的平均预测误差为：

$$\text{MAD} = \frac{3\,246}{11} = 295$$

这一结果与莉迪娅使用 25% 规则（如上节介绍）时得到的 MAD = 424 相比有很大的改善。

同样地，单元格 K26 利用如下公式计算出平均预测误差的方差：

$$\text{MSE} = \frac{124^2 + 543^2 + \cdots + 175^2}{11} = 145\,909$$

---

[1] 预测也可以延伸到以后几个季度，但我们仅关注下一个季度的情况。

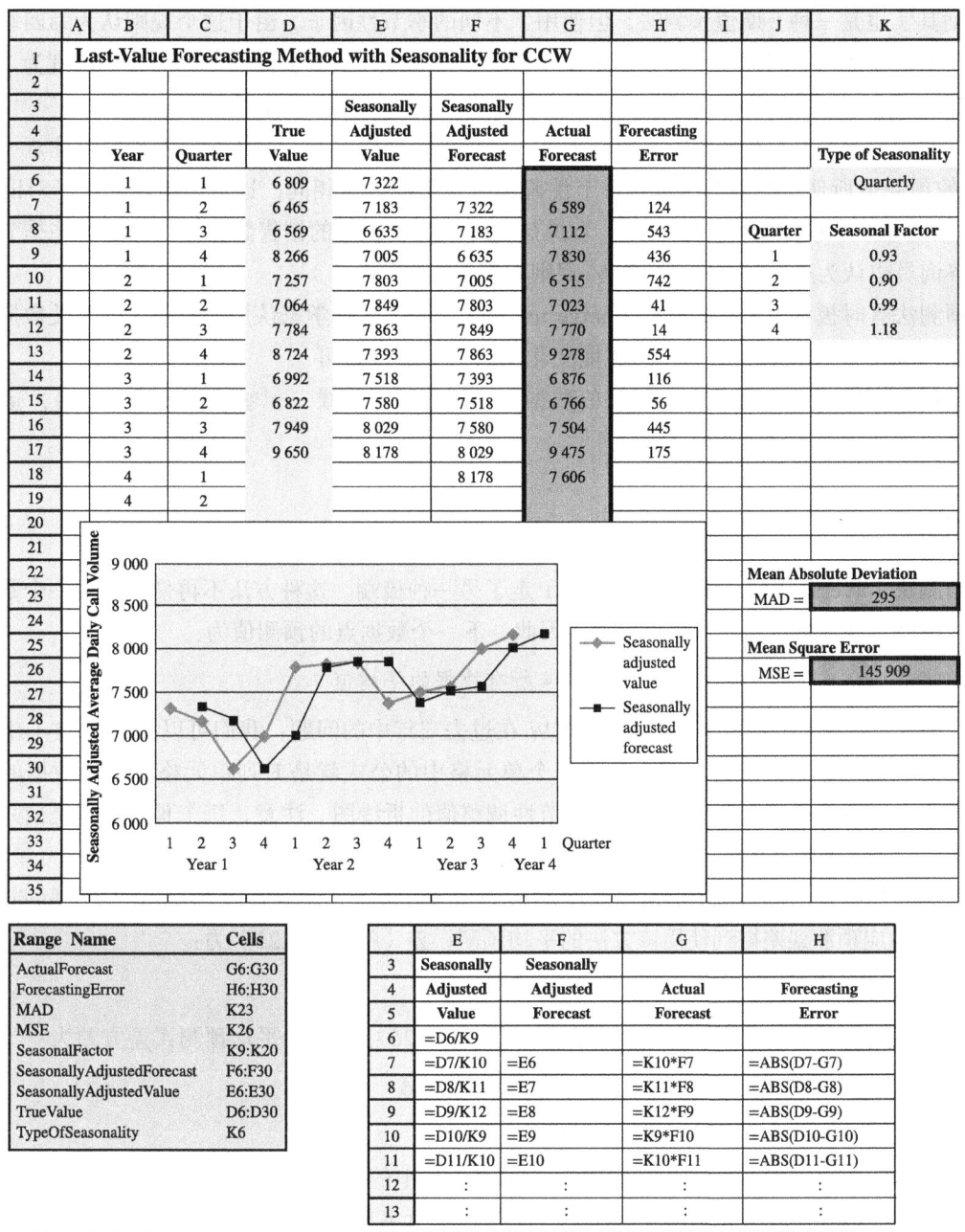

图 11-5 将上期值预测法应用于 CCW 问题

注：www.mhhe.com/Hillier6e 中应用于 CCW 问题的带有季节性因素调整的上期值预测法的 Excel 模板。

这个值同样也小于图 11-2 中利用 25% 规则计算出的 MSE 值 317 815。

除了画出图形，图 11-5 还显示了本章 Excel 文件中的一个模板。实际上，在 www.mhhe.com/Hillier6e 网站上，本节介绍的每一种预测方法都包含两种 Excel 模板。一种模板完成不需要进行季节性因素调整情况下的所有计算，另一种模板完成需要进行季节性因素调整情况下的所有计算，如该图所示。在使用第二种类型的模板时，你可以完全自由地决定季节性因子是多少。一种选择是以历史数据为基础计算出这些季节性因子（正如图 11-3 所示的另一个 Excel 模板），另一种选择是以过去的经验为基础估计季节性因子，就像 25% 规则一样。

25%规则其实也是一种上期值预测法,但使用了不同的季节性因子。由于这个规则认为第四季度的电话量平均比前三个季度多25%,因此其季节性因子在一季度、二季度、三季度为0.94,而第四季度为1.18(比0.94多25%)。因此,图11-5所示较低的MAD值完全取决于表11-1得到的季节性因子。

莉迪娅看到仅通过调整季节性因子就能带来巨大改进后,非常兴奋。但咨询员却提醒她注意一个问题,计算图11-5中的预测值所使用的数据与进行季节性调整所使用的数据相同,这会使得这些因子对旧数据的表现要比新数据(未来的呼叫量)好。幸运的是,莉迪娅已经查验了更早的销售数据,来确定这些季节性因子是相当准确的。咨询员也认为这些因子应该比25%规则好得多。

上期值预测法有时被称为**天真的方法**(naive method),因为统计学家认为当有更多的相关数据可用时,仅仅选择单样本的做法非常天真。然而,当环境变化迅速时,上期值可能是在目前状况下预测下一个值的唯一相关的数据点。因此,有时候一些并不天真的经理的确会使用这种方法。

> 当环境变化迅速时,该方法是一个非常不错的方法。

平均值预测法

平均值预测法(averaging forecasting method)走了另一种极端。这种方法不再使用其中一个数据,而是使用了时间序列中的全部数据点,并求出平均值。因此,下一个数据点的预测值为:

预测值 = 所有数据的平均值

使用相应的Excel模板将这种方法应用于CCW在过去三年中的问题,我们可以得到图11-6中F列所示的经季节性调整预测值。在图的底部,写入F列每个单元格中的公式就是E列单元格前几行数据的平均值。图的中部显示了三个经季节性调整预测值与实际季节性调整值的折线图。注意,每个预测值都是前几个呼叫量的平均数。因此,每当呼叫量有大的波动时,预测值跟上这个变化的速度非常慢。

将F列经季节性因素调整的预测值乘以K列对应的季节性因子,便得到G列所示的实际呼叫量的预测值。通过H列给出的相应预测误差得到使用该方法的平均预测误差(单元格K23)为:

MAD = 400

这远大于用上期值预测法得到的295。同样地,单元格K26中显示的平均预测误差方差为:

MSE = 242 876

这同样远大于用上期值预测法得到的145 909。

莉迪娅非常惊讶,因为她认为平均数应当比只利用样本中的一个数据更好。咨询员也认为平均数在时间序列中,环境稳定的情况下应该表现得更好一些。不过,在过去三年中影响CCW呼叫量的环境变化巨大。第二年的呼叫量比第一年大一些,第三年有一个跳跃式的上升,显然是广受欢迎的新产品投放到市场引起的。因此,在第二年、第三年情况发生变化的条件下,第一年的数据对预测来说没有什么相关性。在总平均中包含第一年的数据会使得每一次对第二年、第三年的预测都偏低,有时偏低的幅度会非常大。

> 在环境相对稳定的情况下,平均值预测法非常有用。但CCW的案例不是这种情况。

移动平均预测法

与使用无关的旧数据不同,**移动平均预测法**(moving-average forecasting method)仅对最近一段时期的数据进行平均。

n = 被认为与预测下一个时期相关性高的最近期的时期数

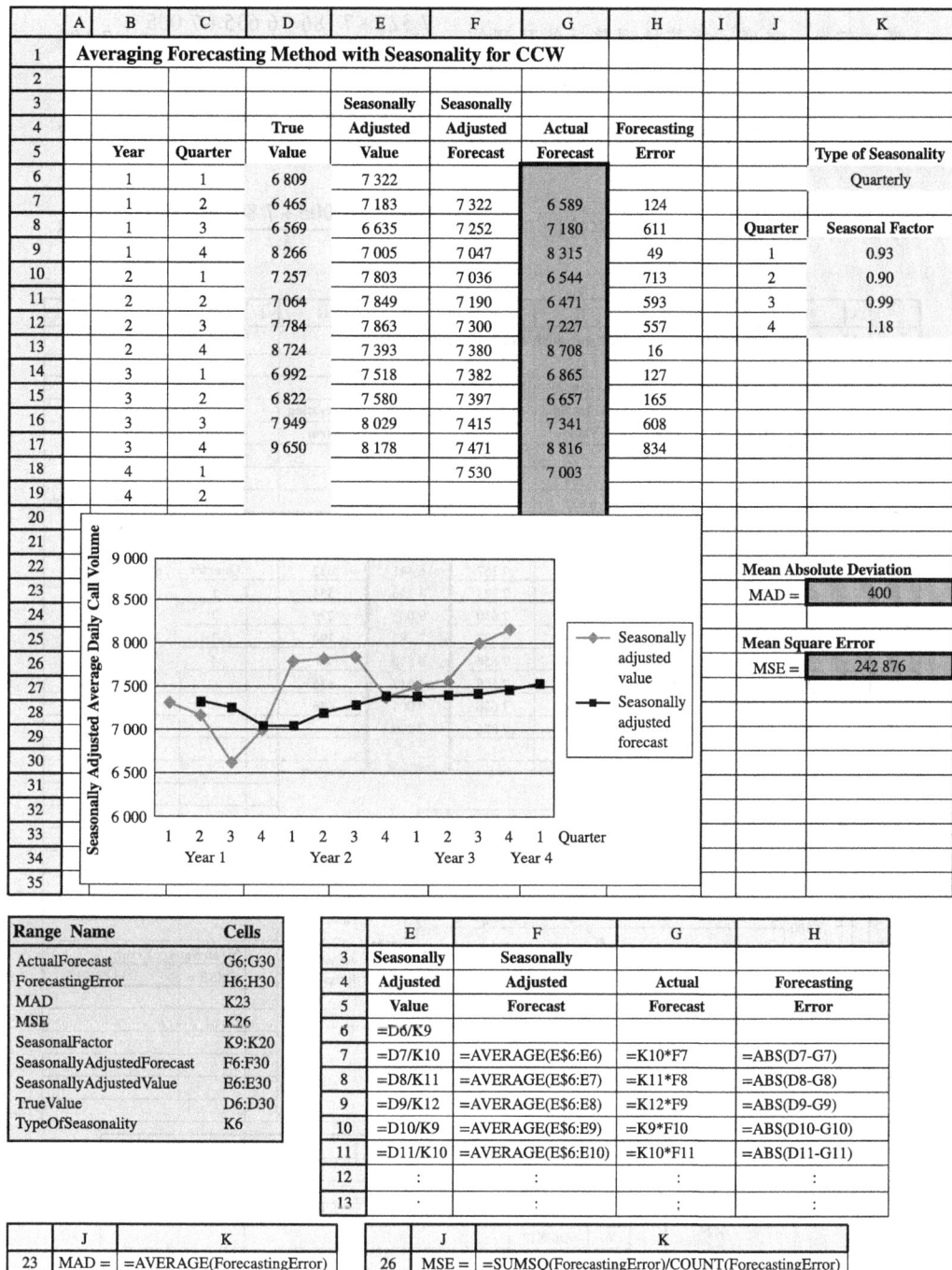

图 11-6　将平均值预测法应用于 CCW 问题

注：www.mhhe.com/Hillier6e 上应用于 CCW 问题的经季节性因素调整的平均值方法的 Excel 模板。

因此，下一个时期的预测值为：

$$预测值 = 最后 n 个值的平均值$$

莉迪娅和咨询员决定取 $n=4$，因为环境看起来在 4 个季度（一年）里保持相对稳定。

由于 $n=4$，所以在得到 4 个季度的呼叫量后才能进行第一次预测。因此，图 11-7 中单元格 F10:F12 的初始季节性调整预测值为：

第二年第一季度：季节性调整后的预测值 $= \dfrac{7\,322 + 7\,186 + 6\,635 + 7\,005}{4} = 7\,306$

第二年第二季度：季节性调整后的预测值 $= \dfrac{7\,188 + 6\,635 + 7\,005 + 7\,803}{4} = 7\,157$

第二年第三季度：季节性调整后的预测值 $= \dfrac{6\,635 + 7\,005 + 7\,803 + 7\,849}{4} = 7\,323$

	A	B	C	D	E	F	G	H	I	J	K
1		Moving-Average Forecasting Method with Seasonality for CCW									
2											
3					Seasonally	Seasonally					
4				True	Adjusted	Adjusted	Actual	Forecasting		Number of previous	
5		Year	Quarter	Value	Value	Forecast	Forecast	Error		periods to consider	
6		1	1	6 809	7 322					n =	4
7		1	2	6 465	7 183						
8		1	3	6 569	6 635					Type of Seasonality	
9		1	4	8 266	7 005					Quarterly	
10		2	1	7 257	7 803	7 036	6 544	713		Quarter	Seasonal Factor
11		2	2	7 064	7 849	7 157	6 441	623		1	0.93
12		2	3	7 784	7 863	7 323	7 250	534		2	0.90
13		2	4	8 724	7 393	7 630	9 003	279		3	0.99
14		3	1	6 992	7 518	7 727	7 186	194		4	1.18
15		3	2	6 822	7 580	7 656	6 890	68			
16		3	3	7 949	8 029	7 589	7 513	436			
17		3	4	9 650	8 178	7 630	9 004	646			
18		4	1			7 826	7 279				
19		4	2								

Mean Absolute Deviation	
MAD =	437

Mean Square Error	
MSE =	238 816

Range Name	Cells
ActualForecast	G6:G30
ForecastingError	H6:H30
MAD	K26
MSE	K29
NumberOfPeriods	K6
SeasonalFactor	K12:K23
SeasonallyAdjustedForecast	F6:F30
SeasonallyAdjustedValue	E6:E30
TrueValue	D6:D30
TypeOfSeasonality	K9

	E	F	G	H
3	Seasonally	Seasonally		
4	Adjusted	Adjusted	Actual	Forecasting
5	Value	Forecast	Forecast	Error
6	=D6/K12			
7	=D7/K13			
8	=D8/K14			
9	=D9/K15			
10	=D10/K12	=AVERAGE(E6:E9)	=K12*F10	=ABS(D10-G10)
11	=D11/K13	=AVERAGE(E7:E10)	=K13*F11	=ABS(D11-G11)
12	=D12/K14	=AVERAGE(E8:E11)	=K14*F12	=ABS(D12-G12)
13	=D13/K15	=AVERAGE(E9:E12)	=K15*F13	=ABS(D13-G13)
14	=D14/K12	=AVERAGE(E10:E13)	=K12*F14	=ABS(D14-G14)
15	=D15/K13	=AVERAGE(E11:E14)	=K13*F15	=ABS(D15-G15)
16	:	:	:	:
17	:	:	:	:

	J	K
26	MAD =	=AVERAGE(ForecastingError)

	J	K
29	MSE =	=SUMSQ(ForecastingError)/COUNT(ForecastingError)

图 11-7　将移动平均预测法应用于 CCW 问题

注：www.mhhe.com/Hillier6e 上应用于 CCW 问题的带有季节性调整的移动平均法的 Excel 模板。

| 应用实例 |

塔可钟（Taco Bell）公司在美国拥有 6 400 多家快餐厅，其国际市场的份额也在不断增加。公司每年约提供 20 亿份快餐，年销售收入超过 50 亿美元。塔可钟公司也与世界 500 强企业百胜餐饮集团合作，并在此基础上与肯德基和必胜客合作。

在塔可钟的每家餐厅里，每天不同时间（以及各天之间）的业务量波动都非常大，且业务主要集中在正式用餐时间。因此，在给定的时间安排多少员工去完成餐厅里的哪些职能是一个复杂又令人头痛的问题。

为了解决这个问题，塔可钟公司的管理层指示一个由管理科学专家（包括一些咨询人员）组成的小组开发一套新的劳动力管理系统。这个小组认为，该系统需要 3 个主要组成部分：①一个能够预测各个时间段内顾客交易量的模型；②一个将顾客交易量转化为劳动力需求的仿真模型（如本书中将在第 13 章和第 14 章介绍的模型）；③一个对员工进行排班以满足劳动力需求并最小化工资支出的整数规划模型。

为了使每家餐厅都能使用该预测模型，还需要一个持续收集顾客交易数据的过程，该过程每隔 15 分钟收集一次数据。因此，管理科学团队开发并使用了一个滚动的数据库，该数据库包含了 6 周内在餐厅内和免下车服务餐厅中的交易数据，分别存放在各家餐厅的计算机中。在对一些预测方法进行测试后，团队认为 6 周移动平均的预测方法是最佳的，即在一周中某一天特定的 15 分钟期间内对交易数量的预测结果应该是前 6 周相应期间交易数量的平均值。但是，如果出现突发事件使得正在使用的数据出现偏差，餐厅经理有权修正这些预测。

这一预测过程的实施，再加上劳动力管理系统的其他组成成分，使得塔可钟公司每年可以节省 1 300 万美元。劳动力管理系统的效果尤其明显，因为虽然它是在 20 世纪 90 年代建立的，但在随后的很多年里，它都为塔可钟、肯德基和必胜客公司节省了劳动成本。

资料来源：J. Hueter and W. Swart, "An Integrated Labor–Management System for Taco Bell," *Interfaces* 28, no. 1 (January–February 1998), pp. 75–91. (A link to this article is provided at www.mhhe.com/Hillier6e.)

需要注意预测值是怎样通过去掉一个观察值（最旧的一个）并加上一个新值（最近的观察值）而得到的。

图 11-7 中的 F 列显示了用图形底部的方程求得的所有经季节因素调整后的预测值。对于每一个预测值，注意在折线图中它是前 4 个呼叫量（经过季节性调整）的平均数。因此，每当呼叫量有一个大的变动时，预测要经过 4 个季度才能够跟上这个变化（这时另一个变动可能已经发生了）。H 列显示的 8 个预测误差的平均值为：

$$MAD = 437$$

该 MAD 是目前为止所有方法中（甚至包括 25% 规则在内）最高的一个。平均预测误差方差要好一些：

$$MSE = 238\ 816$$

这一数值比用平均值法得出的结果略低，比用 25% 规则低更多，但是仍然明显高于上期值预测法。

莉迪娅对这个高得令人吃惊的 MAD 值感到十分困惑。移动平均方法应该是一种不错的预测方法啊？它应该比前面的方法更合理（它仅使用近期的历史数据，并使用多个观察值），那么为什么它会表现得这么差呢？

咨询员解释说，当环境在多个时期内（本案例中为 4 个季度）保持不变时，这确实是一种非常好的预测方法。例如，季节性调整后的呼叫量在第 2 年及第 3 年上半年相当稳定，因此预测误差在 6 个季度后降至 68（单元格 H15）。然而，当环境变化很大时，如第 2 年初和第 3 年中期的大幅度波动，接下来的几个预测误差就会变得非常大。

因此，移动平均法对环境的变化反应较慢。其中一个原因是：尽管与新的观察值相比，较老的数据在当前情况下缺乏代表性，但这种方法为时间序列中过去的 n 个值赋予了相同的权重。

下一种方法弥补了权重上的缺陷。

指数平滑预测法

指数平滑预测法（exponential smoothing forecasting method）是对移动平均法的改进，它对时间序列中最近的值赋予最大的权重，对较旧的值赋予较小的权重，这种方法不需要每次都计算加权平均，它使用一个简单的公式即可获得结果。

> 当环境在几个时期内保持不变时，移动平均法是一种很好的预测方法。

计算时间序列中下一个值的公式是将上期值和上期预测值（对上期值的预测值）结合起来：

$$预测值 = \alpha \times 上期值 + (1-\alpha) \times 上期预测值$$

其中，α（希腊字母 alpha）是介于 0 和 1 之间的一个常数，即**平滑常数**（smoothing constant）。例如，当时间序列中上期值（不是 CCW 时间序列）为 24，最后一次预测值为 20，$\alpha = 0.25$ 时：

$$预测值 = 0.25 \times 24 + 0.75 \times 20 = 21$$

确定了 α 值后，www.mhhe.com/Hillier6e 中的两种 Excel 模板（经季节因素调整的和没有经季节因素调整的）可以利用该公式产生时间序列的一系列预测值（逐期预测值）。

平滑常数 α 的选取对预测结果有很大影响，因此在选取 α 的值时需要慎重思考。较小的 α 值（如 $\alpha = 0.1$）适合于相对稳定的情况，较大的 α 值（如 $\alpha = 0.3$）则适合于环境变化相对较快的情况。由于 CCW 季节性调整时间序列变动频繁，莉迪娅和咨询员认为取 $\alpha = 0.5$ 是个恰当的值（大多数情况下 α 取值为 0.1～0.3，但是在目前情况下可以使用更大的值）。

当开始预测时，我们发现没有上期预测值可以代入上述等式的右边。因此，在开始的时候，我们可以对时间序列的平均值进行初始估计。这个初始估计值被用来作为第一个预测值，然后就可以利用公式来进行下一个值的预测。

> 环境变化越大，平滑常数 α 取值就越大（但不能超过 1）。

CCW 的呼叫量在过去三年中平均超过 7 500，且与第一年之前的业务量有显著不同，因此莉迪娅和咨询员决定：

$$初始估计值 = 7\ 500$$

以此值代表过去三年的预测值。回想一下，前几个季节性调整后的呼叫量为 7 233、7 183 和 6 635。因此以 $\alpha = 0.5$ 代入上述公式对下一个季度进行预测。前几个季节性调整预测值为：

第 1 年第 1 季度：季节性调整预测值 = 7 500
第 1 年第 2 季度：季节性调整预测值 = 0.5 × 7 322 + 0.5 × 7 500 = 7 411
第 1 年第 3 季度：季节性调整预测值 = 0.5 × 7 183 + 0.5 × 7 410 = 7 297
第 1 年第 4 季度：季节性调整预测值 = 0.5 × 6 635 + 0.5 × 7 297 = 6 966

为弄清楚为什么这些预测值是时间序列值的加权平均，请看对第 2 季度、第 3 季度的预测值的计算。由于：

$$0.5 \times 7\ 322 + 0.5 \times 7\ 500 = 7\ 411$$

对第 3 季度的预测可写为：

$$\begin{aligned}经季节因素调整预测值 &= 0.5 \times 7\ 183 + 0.5 \times 7\ 411 \\ &= 0.5 \times 7\ 183 + 0.5 \times (0.5 \times 7\ 322 + 0.5 \times 7\ 500) \\ &= 0.5 \times 7\ 183 + 0.25 \times 7\ 322 + 0.25 \times 7\ 500\end{aligned}$$

$$= 7\,297$$

同样，第 4 季度的预测值为：

$$\begin{aligned}
\text{经季节因素调整预测值} &= 0.5 \times 6\,635 + 0.5 \times 7\,297 \\
&= 0.5 \times 6\,635 + 0.5 \times (0.5 \times 7\,183 + 0.25 \times 7\,322 + 0.25 \times 7\,500) \\
&= 0.5 \times 6\,635 + 0.25 \times 7\,183 + 0.125 \times 7\,322 + 0.125 \times 7\,500 \\
&= 6\,966
\end{aligned}$$

这样，后面的预测值对上期值赋予 0.5 的权重，为倒数第二个值赋予 0.25 的权重，为再前一期（第一个）的值赋予 0.125 的权重，剩下的权重值便给了初始估计值。在随后的季度中，越来越多的值会被考虑在时间序列中，同样地，时间越靠前的值被赋予的权重越低。因此，对于任意的 α，初始预测值之前的权重分别为 α、$\alpha(1-\alpha)$、$\alpha(1-\alpha)^2$ 等。

因此，使用这个方法时，选取 α 值就相当于选择赋予时间序列的权重。在频繁变动的时间序列中，对最近的值赋予较大的权重，而较远期的值的权重迅速下降。但是在相对稳定的时间序列中，将权重分配给许多值以获得大样本量是不错的做法。

> 指数平滑预测法对最近的值赋予较大的权重，而较远期的值赋予较小的权重。

为进一步理解 α 值，我们对预测公式进行变形：

$$\begin{aligned}
\text{预测值} &= \alpha \times \text{上期值} + (1-\alpha) \times \text{上次预测值} \\
&= \alpha \times \text{上期值} + \text{上次预测值} - \alpha \times \text{上次预测值} \\
&= \text{上次预测值} + \alpha \times (\text{上期值} - \text{上次预测值})
\end{aligned}$$

其中，（上期值－上次预测值）的绝对值是上次预测的误差，因此公式的最终形式表明，每一个新的预测是用加上或减去 α 倍的上次预测误差的方法对上次预测进行调整。如果预测误差主要来自时间序列值的随机波动，则调整时应该使用较小的 α 值。当预测误差主要来自突然剧烈变动时，就应该使用较大的 α 值来进行快速调整。

取 $\alpha = 0.5$，图 11-8 所示的 Excel 模板提供了用该方法对 CCW 进行预测的结果。第 22 行至第 32 行显示了季节性调整预测值和呼叫量的季节性调整实际值的折线图。注意，每个预测值都介于上一次的呼叫量与预测值之间，因此每当呼叫量有较大波动时，预测能够很快跟上这个波动。单元格 K28 显示出 H 列中的平均预测误差为：

$$\text{MAD} = 324$$

这明显小于先前的预测方法（除了上期值预测法得出的 MAD = 295 以外）。同样，对平均预测误差方差的数值进行比较，单元格 K31 中显示出：

$$\text{MSE} = 157\,836$$

莉迪娅对这一结果感到失望。她需要一种方法使得平均预测误差大大低于 295。她知道上期值预测法被称为"天真的方法"，因此她曾经期望这个被广泛接受而又复杂的指数平滑预测方法能够很容易实现这一点。

咨询员也感到奇怪，但他指出，指数平滑的 MAD = 324 与上期值预测的 MAD = 295 之间的差异太小，在统计上不具有显著性。如果在以后三年中同时使用这两种方法，指数平滑预测法可能会表现出优越性。莉迪娅对此并未在意。

咨询员没有打算告诉莉迪娅他正开始研发一种新的预测方法以满足莉迪娅对预测精确度的要求，在此之前他还要介绍一种时间序列预测法。

在说明这种方法之前，咨询员首先解释了为什么在这个案例中指数平滑预测的效果不佳。图 11-8 所示的是经季节性因素调整后呼叫量的折线图。注意前3个季度有明显的下降趋势,而后面2个季度有急剧上升的趋势,最后5个季度又有一个大的上升趋势。同时,需要注意的是,2条折线在每一个趋势末尾的巨大差异(即较大的预测误差)。产生这些较大误差的原因是指数平滑预测并未跟上这些趋势,因为它为初始值赋予了较大的权重。尽管令 α = 0.5,但是与上期值预测相比,指数平滑预测仍较明显地表现出落后于趋势变化的情况。

下一种方法通过评估当前趋势并对这个趋势进行延伸来协助预测时间序列中的下一个值,对指数平滑预测法进行调整。

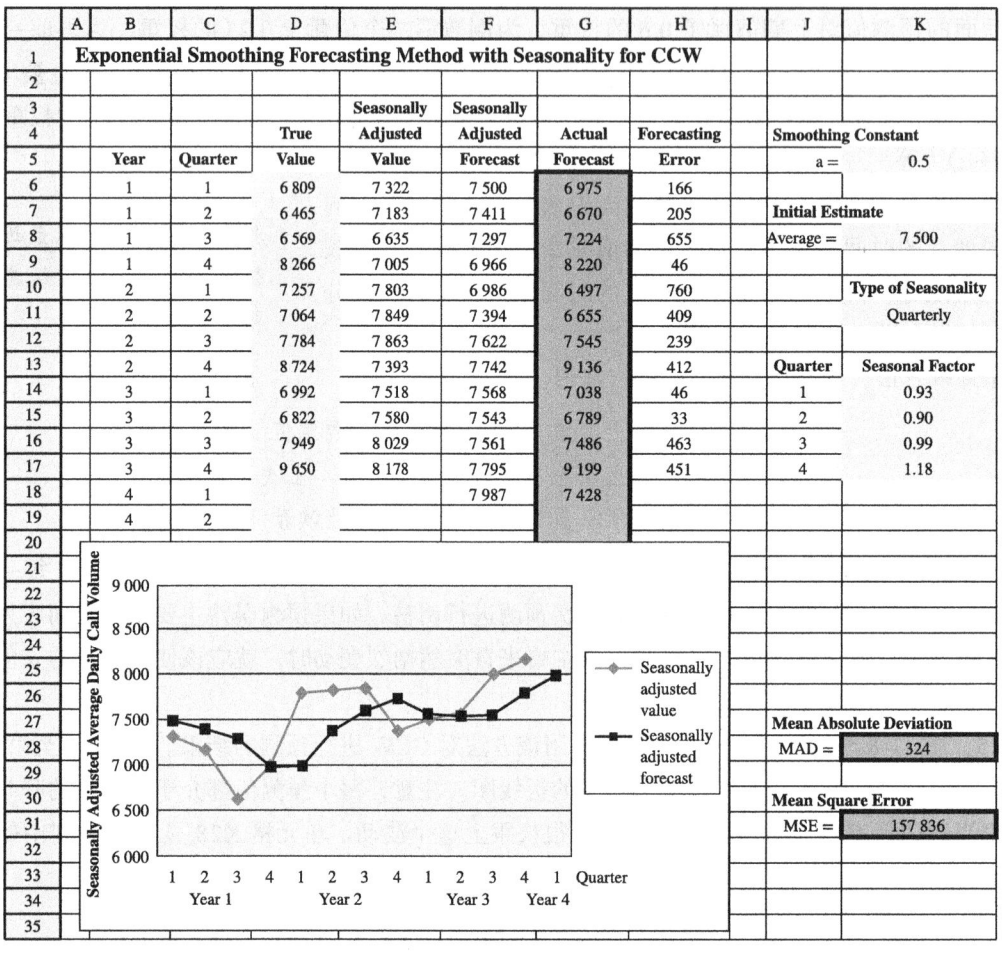

图 11-8 将指数平滑预测法应用于 CCW 问题

注:www.mhhe.com/Hillier6e 上应用于 CCW 问题的经过季节性因素调整的指数平滑法的 Excel 模板。

趋势性指数平滑

趋势性指数平滑(exponential smoothing with trend)使用时间序列中最近期的数据来估计当前向上或向下的**趋势**(trend)。该方法使用如图11-9所示的时间序列,其中在多个时期中(不一定是无限期的)上升(或下降)的趋势会持续。该图显示出了某个州在几年的年中(mid-year)人口的估计值。图中的直线通常被称为**趋势线**(trend line),显示出了时间序列遵循的基本趋势,但在线的两侧有波动。由于案例中的趋势线是向上的,任何基于前面几种预测方法进行的预测结果都将会偏低。然而,通过对这条趋势线目前斜率的估计并用这个斜率对预测进行调整,我们便可以获得更加精确的预测值。这就是趋势性指数平滑的基本思想。

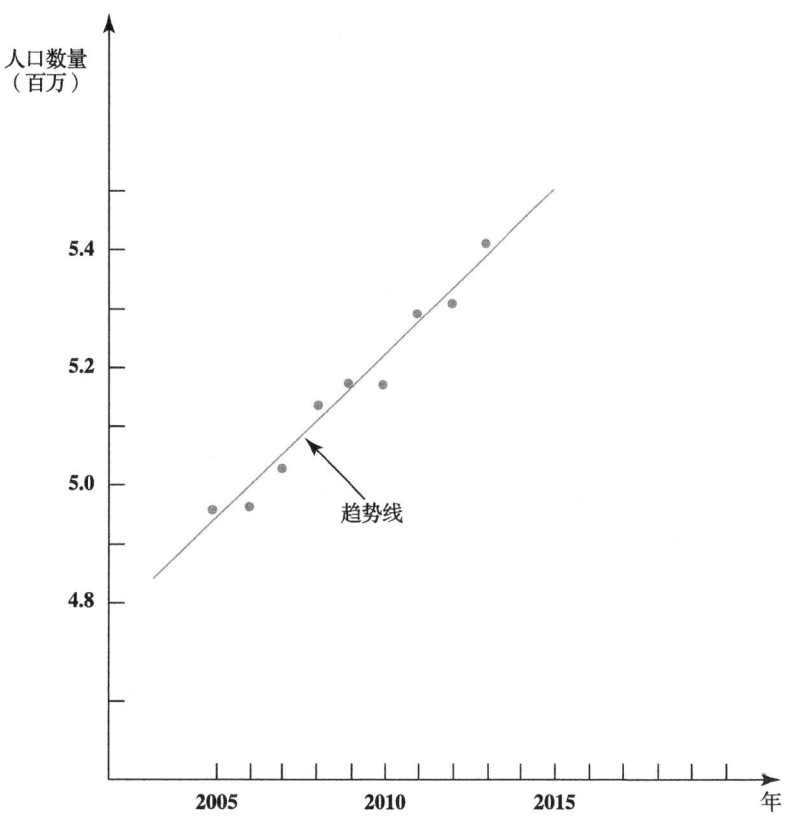

图 11-9 时间序列给出了多年中美国某个州人口数量的估计值

注:趋势线显示出了人口数量总体向上的趋势。

趋势的定义:

　　趋势 = 假设目前的模式会持续下去,从一个时间序列值到下一个时间序列值的平均变化值

加入趋势估计后,对时间序列中下一个值的预测公式变为:

　　预测值 = α × 上期值 + $(1-\alpha)$ × 上期预测值 + 趋势估计

(下面介绍了如何修改这个公式来预测超过一个时期的时间序列值。)

对未来多个时期进行预测

到目前为止,我们主要讨论了关于预测下一个时期(CCW案例中是季度)情况的方法。然而,管理者有时候需要为更远的未来的情况进行预测。怎样运用各种时间序列预测方法来完成这项工作呢?

在上期值、平均值、移动平均、指数平滑方法中,对下一个时期的预测方法也是预测以后一系列时期

的很好的方法。但当数据存在一定趋势时，在长期预测中将这个趋势考虑在内非常重要。趋势性指数平滑法为此提供了一个途径。在确定趋势估计后，对未来 n 个时期的预测为：

从现在开始的 n 个时期的预测 = α × 上期值 + $(1-\alpha)$ × 上期预测值 + n × 趋势估计

指数平滑也用来获得或更新趋势估计。其公式为：

趋势估计 = β × 最新趋势 + $(1-\beta)$ × 上期趋势估计

> 加入趋势估计能够使预测结果与最新数据的趋势保持一致。

其中，β（希腊字母 beta）是**趋势平滑常数**（trend smoothing constant），像 α 一样，β 也介于 0 和 1 之间。最新趋势是指基于时间序列的最后两个值及最后两个预测值的趋势。公式为：

> 趋势平滑常数 β 应用指数平滑来估计趋势。

最新趋势 = α × (上期值 − 倒数第二期值) +
$(1-\alpha)$ × (上次预测值 − 倒数第二期预测值)

在开始预测前，先要对时间序列的两个状态进行初始估计。这两个初始估计分别为：

1. 在开始预测前环境保持不变、没有趋势的情况，对时间序列平均值进行初始估计。
2. 在开始预测前对时间序列趋势进行初始估计。

第一期的预测值为：

第一期预测值 = 平均值的初始估计值 + 趋势的初始估计值

第二期预测值可以从以上若干公式中求得，其中，趋势的初始估计值用趋势估计公式中的上期趋势估计值进行表示，平均值的初始估计值利用最新趋势公式中的倒数第二期值和倒数第二期预测值进行表示。然后，利用以上公式就可以直接得到一系列接下来的预测值。

此方法的计算是相互关联的，所以我们通常可以用计算机完成计算。www.mhhe.com/Hillier6e 上可以下载包含两个该方法的 Excel 模板（经季节性因素调整和未经季节性因素调整）。

趋势平滑常数 β 的选取与 α 的选取类似。较大的 β 值（如 $\beta = 0.3$）对趋势的最新变化比较敏感，而较小的 β 值（如 $\beta = 0.1$）则更注重趋势的估计。

> 该方法的 Excel 模板给出了计算公式。

在 CCW 问题中，试用了多组 α 值和 β 值之后，咨询员认为，令 $\alpha = 0.3$、$\beta = 0.3$ 最好。这两个值都位于常用范围（0.1～0.3）的上限，但是 CCW 时间序列的频繁变化要求两者取更大的值。因为在分析中考虑趋势能够使得预测对变化的响应更快，所以减小了前面方法中使用的 α（$\alpha = 0.5$）是合理的。

在以前不考虑趋势而使用指数平滑时，莉迪娅和咨询员选择 7 500 作为季节性调整后呼叫量平均值的初始估计。现在他们注意到，在第二年以前的预测中，呼叫量没有明显的趋势，因此在进行趋势性指数平滑预测时，他们决定：

平均值的初始估计 = 7 500
趋势的初始估计 = 0

利用前面几个图形中给出的经季节性因素调整后的呼叫量，这些初始估计值使我们得到了以下季节性调整预测：

第一年第一季度：季节性调整预测值 = 7 500 + 0 = 7 500
第一年第二季度：最新趋势 = 0.3 × (7 322 − 7 500) + 0.7 × (7 500 − 7 500) = −53.4
　　　　　　　趋势估计 = 0.3 × (−53.4) + 0.7 × 0 = −16
　　　　　　　季节性调整预测值 = 0.3 × 7 322 + 0.7 × 7 500 − 16 = 7 431

第一年第三季度：最新趋势 = 0.3×(7 183－7 322)+ 0.7×(7 431－7 500) = －90

趋势估计 = 0.3×(－90)+ 0.7×(－16) = －38.2

季节性调整预测值 = 0.3×7 183 + 0.7×7 431－38.2 = 7 318

图 11-10 所示的 Excel 模板显示了过去三年 12 个季度以及即将到来的下一个季度的计算结果。图的中部显示了所有经季节性因素调整后的呼叫量及季节性调整预测值的折线图。注意每一个呼叫量向上或向下的趋势是如何使得预测值以相同的方向逐渐变化的。但是，当呼叫量的趋势突然转变方向时，预测趋势用了两个季度才改变方向。J 列的预测误差给出了平均预测误差（单元格 M30）：

> 当趋势的方向突然发生改变时，预测的趋势要过一段时间才能改变方向。

MAD = 345

	A	B	C	D	E	F	G	H	I	J	K	L	M
1				Exponential Smoothing with Trend Forecasting Method with Seasonality for CCW								
2													
3					Seasonally			Seasonally					
4				True	Adjusted	Latest	Estimated	Adjusted	Actual	Forecasting		Smoothing Constant	
5		Year	Quarter	Value	Value	Trend	Trend	Value	Forecast	Error		a =	0.3
6		1	1	6 809	7 322		0	7 500	6 975	166		b =	0.3
7		1	2	6 465	7 183	－54	－16	7 430	6 687	222			
8		1	3	6 569	6 635	－90	－38	7 318	7 245	676		Initial Estimate	
9		1	4	8 266	7 005	－243	－100	7 013	8 276	10		Average =	7 500
10		2	1	7 257	7 803	－102	－100	6 910	6 427	830		Trend =	0
11		2	2	7 064	7 849	167	－20	7 158	6 442	622			
12		2	3	7 784	7 863	187	42	7 407	7 333	451		Type of Seasonality	
13		2	4	8 724	7 393	179	83	7 627	9 000	276			Quarterly
14		3	1	6 992	7 518	13	62	7 619	7 085	93			
15		3	2	6 822	7 580	32	53	7 642	6 877	55		Quarter	Seasonal Factor
16		3	3	7 949	8 029	34	47	7 670	7 594	355		1	0.93
17		3	4	9 650	8 178	155	80	7 858	9 272	378		2	0.90
18		4	1			176	108	8 062	7 498			3	0.99
19		4	2									4	1.18

（中部为折线图，显示 Seasonally adjusted value 和 Seasonally adjusted forecast，横轴为 Year 1 至 Year 4 的各季度，纵轴为 Seasonally Adjusted Average Daily Call Volume，范围 6 000 – 9 000）

Mean Absolute Deviation
MAD = 345

Mean Square Error
MSE = 180,796

	E	F	G	H	I	J
3	Seasonally			Seasonally		
4	Adjusted	Latest	Estimated	Adjusted	Actual	Forecasting
5	Value	Trend	Trend	Value	Forecast	Error
6	=D6/M16		=InitialEstimateTrend	=InitialEstimateAverage+InitialEstimateTrend	=M16*H6	=ABS(D6-I6)
7	=D7/M17	=Alpha*(E6-InitialEstimateAverage)+(1-Alpha)*(H6-InitialEstimateAverage)	=Beta*F7+(1-Beta)*G6	=Alpha*E6+(1-Alpha)*H6+G7	=M17*H7	=ABS(D7-I7)
8	=D8/M18	=Alpha*(E7-E6)+(1-Alpha)*(H7-H6)	=Beta*F8+(1-Beta)*G7	=Alpha*E7+(1-Alpha)*H7+G8	=M18*H8	=ABS(D8-I8)
9	=D9/M19	=Alpha*(E8-E7)+(1-Alpha)*(H8-H7)	=Beta*F9+(1-Beta)*G8	=Alpha*E8+(1-Alpha)*H8+G9	=M19*H9	=ABS(D9-I9)
10	=D10/M16	=Alpha*(E9-E8)+(1-Alpha)*(H9-H8)	=Beta*F10+(1-Beta)*G9	=Alpha*E9+(1-Alpha)*H9+G10	=M16*H10	=ABS(D10-I10)
11	=D11/M17	=Alpha*(E10-E9)+(1-Alpha)*(H10-H9)	=Beta*F11+(1-Beta)*G10	=Alpha*E10+(1-Alpha)*H10+G11	=M17*H11	=ABS(D11-I11)

Range Name	Cells
ActualForecast	I6:I30
Alpha	M5
Beta	M6
ForecastingError	J6:J30
InitialEstimateAverage	M9
InitialEstimateTrend	M10
MAD	M30
MSE	M33
SeasonalFactor	M16:M27
SeasonallyAdjustedForecast	H6:H30
SeasonallyAdjustedValue	E6:E30
TrueValue	D6:D30
TypeOfSeasonality	M13

	L	M
30	MAD =	=AVERAGE(ForecastingError)

	L	M
33	MSE =	=SUMSQ(ForecastingError)/COUNT(ForecastingError)

图 11-10 带有季节性因素调整的趋势性指数平滑法

注：www.mhhe.com/Hillier6e 上应用于 CCW 问题的带有季节性因素调整的趋势性指数平滑法的 Excel 模板。

这一数值略高于一般指数平滑的 324 及上期值预测的 295。同样，单元格 M33 计算出了平均预测误差方差的值：

$$MSE = 180\ 796$$

同样比其他两种预测方法的 MSE 值略高。

表 11-2 总结了目前为止所有预测方法的 MAD 值和 MSE 值。下面是莉迪娅对趋势性指数平滑拥有较大 MAD 值的反应。

表 11-2 预测 CCW 呼叫量的各种时间序列预测法的平均预测误差（MAD）和平均预测误差方差（MSE）

预测方法	MAD	MSE
25% 规则	424	317 815
上期值法	295	145 909
平均值法	400	242 876
移动平均法	437	238 816
指数平滑法	324	157 836
趋势性指数平滑法	345	180 796

莉迪娅：我非常失望。这些时间序列预测方法并没有满足我的要求。我原以为这个方法能行，它看起来是个相当不错的方法，能够处理我们一直面对的趋势性问题。

咨询员：是的，在适当的情况下这确实是一种非常好的方法。当你面对的趋势在长期中偶尔发生变化时，它确实会处理得非常好。

莉迪娅：那么，哪里出了问题呢？

咨询员：现在，我们看看这个季节性因素调整时间序列的趋势。在开始的三个季度中出现了急剧下降的趋势，随后两个季度出现了急剧上升的趋势，在第八个季度突然下降前，趋势一直平稳，以后它又一次突然上升。要跟上变化如此剧烈的趋势的确很难。这种方法更适用于变化比较平缓的趋势。

莉迪娅：好。但是，就没有其他方法了吗？这些方法都不适用。

咨询员：还有一种重要的时间序列预测方法，叫作**自回归整体移动平均法**（Auto Regressive Integrated Moving Average，ARIMA），有时也以其发明者的名字命名为博克斯－詹金斯（Box-Jenkins）方法。这是一种非常复杂的方法，但已经有一些优秀的软件可以实现这种方法。这种方法还有一个不错的特点是非常适用于处理季节性剧烈变化的问题。

莉迪娅：听起来不错。我们为什么不试试这种 ARIMA 方法呢？

咨询员：现在还不行。这种复杂的方法需要大量的历史数据，大概最少需要 50 个时间段的数据。现在我们还没有这么多的数据。

莉迪娅：真遗憾。那我们该怎么办呢？我还没有看到任何解决问题的迹象。

咨询员：振作一点。我有一个主意，我们可以换其他方式来使用这些时间序列预测方法，也许能解决你的问题。

> ARIMA 方法是另一种很好的预测方法，但是它要求更多的数据，目前 CCW 不能提供这些数据。

莉迪娅：真的吗？讲给我听听。

咨询员：我们先把细节部分放在一边，等我们能够判断这一方法是否可行后再说。我要你和 CCW 的营销经理联系一下，为我们三个人安排一次会议。将你近三年的呼叫量数据给他，让他找出相同时期的销售数据，并与你的数据进行比较。

莉迪娅：好的，我该告诉他这次会议的目的是什么呢？

咨询员：告诉他我们正在努力预测呼叫量，并告诉他我们现在正试图找出呼叫量突然变动的原因。他比任何人都清楚销售量上升或下降的原因。我们想得到他的帮助。

莉迪娅：好的，我去办。

与营销经理的会晤

会晤发生在几天后。如你所听到的（在初步工作之后），你会发现将呼叫量数据导入最近的电子表格中（比如图11-10）是很有用的。

莉迪娅：你收到我发给你的呼叫量数据了吗？

营销经理：收到了。

咨询员：这些数据与你在这三年收集的销售量数据相比如何？

营销经理：你的数据和我的数据非常吻合。我从这两组数据中看到了同样的上升和下降趋势。

莉迪娅：应该是这样的。因为是打进呼叫中心的电话产生了这些销售。

营销经理：是的。

咨询员：现在让我来分析一下导致这些上升和下降的原因是什么。三年前（在我们的数据中标记为第一年），在这一年的大部分时间里有一个明显的下降趋势。这是什么原因引起的呢？

营销经理：是的。我清楚地记得那一年的情况。那一年不是很顺利。新的克鲁格曼（Klugman）操作系统原计划在那一年推出，但上市时间一再推迟，人们也一直在等待。直到下一年的年初它才被推向市场，因此我们错过了在圣诞进行销售的机会。

莉迪娅：但那个时期，我们的呼叫量比平常确实有所增加啊。

营销经理：销售量也是这样。我记得我们采用了新的网络工具，拥有了更快的数据传输速度，并正好赶上假期。在几个月的时间里，它非常受欢迎。它的确帮我们撑过了那个不景气的时期。

咨询员：然后，克鲁格曼操作系统上市，销售量在下一年出现了突然的增长。

营销经理：是的。

莉迪娅：那年年底又发生了什么呢？我们没有像预期的那样忙。

营销经理：我估计大多数人那时候已经更新了他们的操作系统。在那个时期我们的产品组合没有什么大的变化。

咨询员：下一年，也就是去年，销售量又上升了。

营销经理：是的。去年相当不错。我们有两种新产品卖得很好。一种是年初推出的新的数据存储设备，非常便宜。另一种是7月份上市的一种彩色打印机。我们能够以非常有竞争力的价格进行销售。顾客也争相购买我们的产品。

咨询员：谢谢。现在我们弄清了我们正在处理的那些呼叫量数据的背景。但我还有一个关键问题。当你观察销售量数据并做出自己的预测时，你认为使总销售量上升或下降的关键因素是什么？

营销经理：只有一个重要因素——我们是否有新的热销产品。我们有100多种产品，但大多数产品仅在市场上占有很少的份额。这些产品已经过时了，经过多次改进仍在市场上销售。所有这些产品占据了我们大部分的销售量，具有较为稳定的市场基础。另外，我们还有三四种主要的新产品，其中大概有两种产品已经推出几个月了，但仍然可热销一段时间。还有一两种刚推出的产品，我们希望能够有不错的销量。

咨询员：我明白了。一个大的市场基础加上三到四种主要的新产品。

营销经理：这就是我们的努力目标。

> 使得总销量上升或下降的最大原因在于该公司近期是否有刚上市的热销产品。

咨询员：你能预测一种新产品的销量如何吗？

营销经理：我曾尝试过进行预测，现在已经熟练多了。我通常能够比较准确地预测最初的市场反应，但要预测一种产品能够热销多长时间却很难。我希望能够更好地掌握这种技能。

咨询员：谢谢你提供的信息。这也证实了我的猜测。

莉迪娅：是什么？

咨询员：我们的确需要直接协调驱动销售的因素，使得我们能够更好地预测呼叫量。

莉迪娅：好想法！

咨询员：你们是否愿意一起合作为预测销售量和呼叫量开发更好的程序？

> 更好地预测呼叫量需要直接对驱动销售的因素进行协调。

莉迪娅：没问题。

营销经理：听起来不错。

我们将在接下来的两节中继续讨论这个案例。就像上面所说的，这种计算需要更复杂的预测方法，这是相当烦琐的。因此，像 CCW 这样的预测问题通常需要软件来解决。让我们来简单介绍一下预测软件的用法。

预测软件

由于预测软件的广泛使用，2016 年 6 月 *ORMS Today* 期刊（INFORMS 的出版物之一）的一篇文章发表了一份对预测软件的详细调查。这篇文章指出，当时有 19 个供应商售卖 26 种预测软件包并提供了这些软件的详细信息。

前线系统公司销售其中四种软件，该公司也是 Analytic Solver 软件的发行商。这四种软件现在已经基本被整合到 Analytic Solver 中了。这些预测方法包含在"数据挖掘"标签下（其中还包括一些本书中没有介绍的数据挖掘工具）。除了本章中所介绍的预测方法，Analytic Solver 还包括一种先进的预测方法——ARIMA（回忆一下在与销售经理沟通之前，咨询员和莉迪娅的谈话中关于 ARIMA 的部分。）

ARIMA 能够基于大量的数据来进行详细的预测。然而，这是一种复杂的预测方法，它要求使用者有很强的统计学背景，所以我们将不再讨论它。除此之外，由于 Analytic Solver 中已经包含了这几种软件，我们不会详细讨论如何使用软件。在 www.mhhe.com/Hillier6e 上，我们为本章中所提到的每一个预测方法提供了一个方便的 Excel 模板。

问题回顾

1. 季节性因子衡量什么？
2. 用季节性因子和实际呼叫量计算季节性调整呼叫量的公式是什么？
3. 用季节性因子和季节性调整预测值计算实际呼叫量预测值的公式是什么？
4. 为什么上期值预测法有时被称为天真的方法？
5. 为什么平均值预测法在案例研究中表现得不好？
6. 用移动平均预测法代替平均值预测法的原理是什么？
7. 指数平均预测法对移动平均预测法进行了怎样的修改？
8. 在指数平滑预测法中，较小的平滑常数适用于哪些情况？较大的呢？
9. 用指数平滑得到下一个预测值的公式是什么？当运用趋势指数平滑时，需要在公式中加入什么？
10. 营销经理所说的影响销售量上升或下降的一个主要因素是什么？

11.4　正确认识时间序列预测方法

第11.3节基于CCW案例研究背景,介绍了几种预测时间序列中下一个值的方法。现在我们要回过头来介绍一下这些方法能用来解决什么样的问题。在介绍完之后,咨询员会针对预测系统建立给出一些建议。

预测方法的目标

实际上,讨论预测时间序列中的下一个观察值(如CCW下一个季度的呼叫量)是不恰当的。因为要想准确预测这个值是不可能的,它会是某个范围内的任何值,而具体是多少,将取决于我们无法控制的未来环境变化。

换句话说,时间序列中下一个值是一个随机变量,它具有某种概率分布。例如图11-11,CCW下一季度呼叫量服从典型的概率分布,其均值为7 500。这个分布体现了呼叫量各种可能值之间的关系,没有人可以确定它会是哪个值。

那么,时间序列中下一个"预测值"的数据有什么意义呢?如果可能的话,我们会将这个数据作为分布的均值。其原因在于概率分布的随机观察值都会聚集在概率分布的均值附近,因此,用均值作为预测值可使平均预测误差最小。

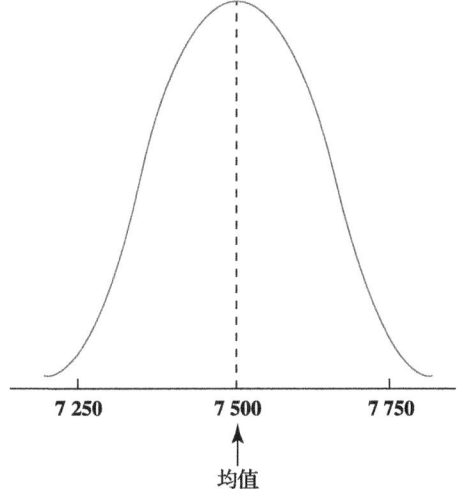

图11-11　当均值为7 500时,CCW一个季度日平均呼叫量的概率分布

但不巧的是,我们并不知道这个概率分布,因此,也就不知道它的均值。我们能做的就是用所有的可用数据(时间序列中过去的值)来尽可能准确地估计均值。

时间序列预测方法的目的是尽可能准确地预测时间序列中下一个值的概率分布的均值。

给定一个概率分布的一些随机观察值,对均值进行估计的最好方式是样本均值(所有观察值的平均数)。因此,如果一个时间序列在每一时期都有一个相同的分布,那么平均值预测法是均值最好的估计方法。

> 不可能准确预测时间序列中的下一个值,因为它是一个随机变量,而不是一个确定会发生的固定值。

然而,因为分布有可能随时间而变化,因此我们常常是用其他方法来进行预测。

概率分布变动引发的问题

第11.3节从考虑季节性影响开始,使我们对第1～4季度CCW季节性因子的估计分别为0.93、0.90、0.99和1.18。

如果一年中总的日平均呼叫量为7 500,那么这些季节性因子表明那一年四个季度的概率分布如图11-12所示。由于这些分布有不同的均值,我们不能简单地对四个季度的随机观察值(观察到的呼叫量)求平均数来估计这些分布中的任何一种分布的均值。

这就是上一节中对时间序列进行季节性调整的原因。将每一季度的呼叫量除以季节性因子,便得到经季节因素调整后的呼叫量的分布,如图11-11所示,其均值为7 500。这就使得我们可以用取经季节因素调整的平均数的方法来对均值进行估计。

不幸的是,尽管对时间序列进行了调整,每一年(甚至每一季度)的概率分布也不一定会相同。如CCW的营销经理所说,总销售量在第二年初新的克鲁格曼操作系统上市时有一个大的提升,这同样使得日平均呼叫量上升了大约 10%，从第一年的 7 000 多增加到第二年的 7 700 以上。图 11-13 对两年中典型的季度分布（经季节因素调整后）进行了比较。

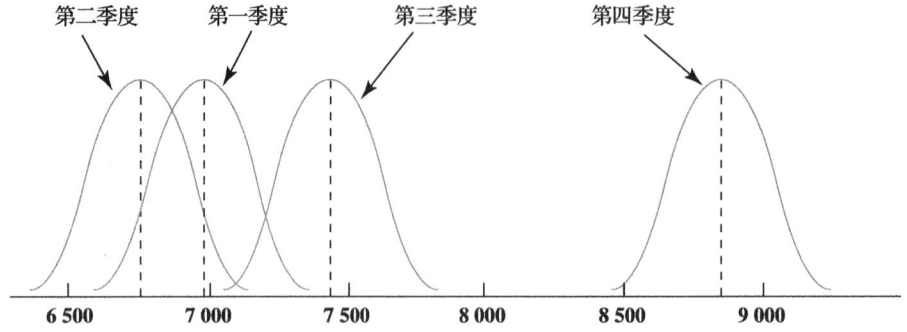

图 11-12　当总平均值为 7 500 时，CCW 四个季度日平均呼叫量的概率分布

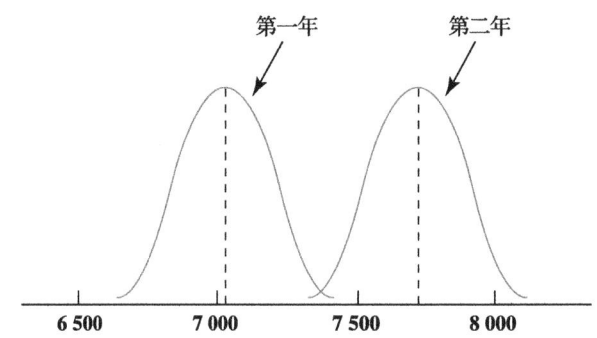

图 11-13　第一年和第二年 CCW 日平均呼叫量（经过季节性调整后）概率分布的比较

图 11-13 中第一年分布的随机观察值不足以用来估计第二年分布的均值，因此，除了上期值预测法外，上一节介绍的每一种预测方法都至少在第一年的观察值上加了权重，来估计第二年每一季度的均值。这就是这些方法的日平均预测误差（MAD）和平均预测误差方差（MSE）都大于上期值预测法的主要原因。

> 当时间序列的概率分布变动频繁时，用于预测的最新的数据也会很快过期。

从营销经理提供的信息来看，从一个季度到下一个季度，分布也会发生一些变化，这就进一步增大了预测误差。

预测方法的比较

第 11.3 节中介绍了预测时间序列中下一个值的五种方法。每种方法的适用情况在很大程度上取决于时间序列的稳定性程度。

当时间变化而概率分布保持不变时，则时间序列是**稳定**（stable）的（任何分布的变动只是偶尔发生且微小的）。当分布变动频繁且变动幅度较大时，时间序列是**不稳定**（unstable）的。

如图 11-4（以及后面的许多图形）所示，CCW 公司经季节性因素调整后的时间序列在分布上有多次变化，包括一次幅度很大的变动，如图 11-13 所示。因此，这个时间序列是一个不稳定的序列。

下面对各时间序列类型适合哪种预测方法进行了总结。

上期值预测法：适用于十分不稳定的时间序列，甚至倒数第二个值对预测下一个值也没有显著的相关性。

> 选择预测方法的关键因素是时间序列的稳定性程度。

平均值预测法：适用于十分稳定的时间序列，甚至最初的几个数据对预测下一个值也是显著相关的。

移动平均预测法：适用于中度稳定的时间序列，最近几个数据对预测下一个值具有相关性。移动平均中所包含数据的个数反映了时间序列的稳定性程度。

指数平滑预测法：适用于从不太稳定到十分稳定的时间序列，为适应不同程度的稳定性，平滑常数需要进行调整。它在移动平均方法的基础上为最近的数据赋予最大的权重。但这种方法不如移动平均方法那样容易被管理者所理解。

趋势性指数平滑：适用于概率分布的均值有向上或向下变动趋势的时间序列。趋势的变化只是偶然情况且变化是逐渐发生的。

不幸的是，对CCW公司来说，除了上期值预测法外，其经过季节性调整的时间序列相对其他任何预测方法来说都过于不稳定。但事实上，上期值预测法经常被看成最没有说服力的预测方法。甚至在使用趋势性指数平滑时，CCW公司时间序列的趋势变化也过于频繁且剧烈。

针对这种情况，咨询员现在可以向莉迪娅提出他所推荐的新预测方法了。

咨询员推荐的方法

（1）预测应该在每月而不是每季度进行，这样可以对环境变化做出更快的反应。

（2）对新客服人员的聘用和培训也要每月而不是每季度进行，从而能够很好地控制雇员数水平以适应变化的需求。

（3）可以向近期退休的客服人员提供兼职的机会，来更好地满足对雇员的需求。

（4）由于销售量驱动了呼叫量，预测过程应当从预测销售量开始。

（5）为了进行预测，总销售量应当按照营销经理所说，分成几个主要的部分：①大量不重要的产品形成相对稳定的市场基础；②少数几种（可能是三种或四种）主要的新产品中，每一种产品的成功或失败都会对销售量的上升或下降产生严重影响。这些主要的新产品能够在推广中被营销经理所识别。

（6）建议用平滑常数相对较小的指数平滑法来预测大量不重要的产品形成的市场基础。然而，在最后决定所使用的预测方法前，应当对之前的数据进行检验，以检查这种特定的方法对过去三年预测值的有效性如何。这个检验也应当作为选择平滑常数的参考。

> 在开始预测呼叫量时，应该对总销售量中主要组成部分进行单独预测。

（7）建议用平滑常数相对较大的趋势性指数平滑法来预测每一种主要新产品的销售量。同样地，要对过去的预测进行检验以检查决策的正确性并为选择平滑常数做指导。营销经理应当提供新产品在第一个月销售量的初始估计。他还应当检验接下来的指数平滑预测，并根据他对市场反应的经验进行他认为最合适的调整。

（8）因为销售具有很强的季节性，因此，在每一种预测方法的实施中都应该使用经季节性因素调整的时间序列。

（9）在分别获得了（5）所划分的总销售量各主要组成部分的实际预测结果后，应当对这些预测数据进行汇总来获得对总销量的预测。

> 下一节介绍了如何根据总销量的预测值来得到呼叫量的预测值。

（10）使用**线性回归因果预测**（causal forecasting with linear regression，下一节将详细介绍），以总销售量的预测为基础获得呼叫量的预测。

莉迪娅非常热情地接受了这些建议。她还同意与营销经理一同合作来完成这项工作。

请继续往下读，看看最后一项建议是如何得以实施的。

问题回顾

1. 时间序列中即将发生的下一个值是什么变量？
2. 时间序列预测法的目标是什么？
3. CCW 公司每个季度日平均呼叫量的概率分布是否都是相同的？
4. 其他时间序列预测方法的预测平均误差大于被认为是最不具有说服力的上期值方法的原因是什么？
5. 稳定和不稳定的时间序列的区别是什么？
6. 对于在预测开始阶段用什么代替预测呼叫量，咨询员的建议是什么？
7. CCW 总销售量的主要组成部分是什么？

11.5 线性回归因果预测

目前为止，我们一直在讨论时间序列预测方法，这些方法是用以前的数据来预测时间序列中的下一个值。在第 11.3 节中，这些方法是以过去的呼叫量为基础预测 CCW 下一季度的呼叫量。

因果预测

咨询员的最后一条建议提出了要使用另一种新方法进行预测。销售量带动了呼叫量，对销售量的预测能够比呼叫量的预测更准确。因此，可以通过将呼叫量与销售量的预测直接联系起来以获得对呼叫量更准确的预测。这种方法就是**因果预测**（causal forecasting）。

因果预测通过将被预测量（**因变量**（dependent variable））与驱动被预测量的一个或多个量（**自变量**（independent variable））直接联系起来以获得对因变量的预测。

表 11-3 列出了一些使用因果预测的例子。在前四种情况中因变量会随着最右端列出的自变量上升或下降。最后一种情况，即一些变量（如产品销售量）随时间（驱动因变量的自变量）有稳定的上升（或下降）趋势时，也可使用因果预测。

对 CCW 问题来说，呼叫量是因变量，销售量是自变量。

表 11-3 采用因果预测的可能情况

预测类型	可能的因变量	可能的自变量
销售量	产品销售量	广告数量
备件数量	备件需求量	设备使用率
经济趋势	国内生产总值	各种经济因素
CCW 的呼叫量	呼叫量	销售量
任意数量	同一数量	时间

线性回归

应莉迪娅的要求，营销经理在最近的会晤中给出了过去三年的销售数据。这些数据显示在图 11-14 中。特别地，D 列给出了 12 个季度每个季度的日平均销售量（单位：千美元），E 列给出了日平均呼叫量。这些数据都未进行季节性调整。

通过选中 D5:E16 的数据，然后选择插入标签下的 XY 散点图或图表标签，就会得到图 11-14 右侧所示的图形。该图给出了 D 列、E 列数据点的二维分布。因此，图中 12 个点中的每一个点分别表示了 12 个季度中这个季度的销售量与呼叫量的关系（不需要明确是哪个季度）。

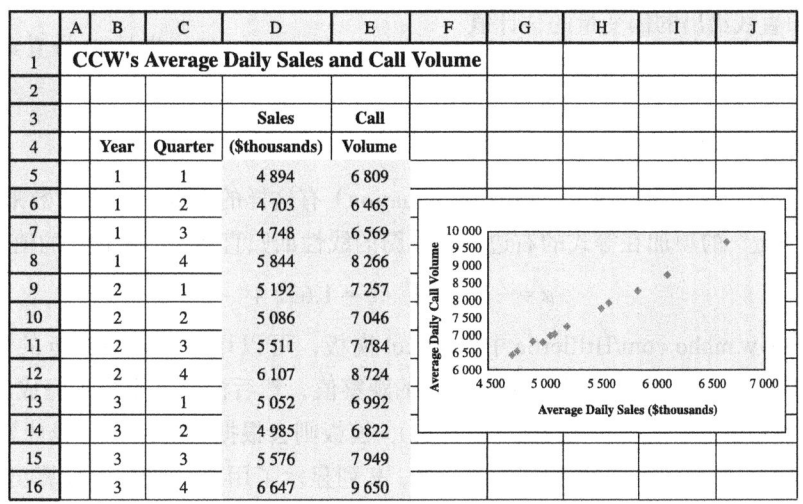

图 11-14　将呼叫量与销售量联系起来用因果预测分析 CCW 问题所需的数据

该图显示了呼叫量与销售量的紧密联系。每一次销售量的上升或下降都伴随着呼叫量大致成比例地上升或下降。由于销售是通过呼叫中心的电话进行的，所以这并不奇怪。

从图中可以看出，呼叫量与销售量的关系可以近似用一条直线表示。图 11-15 画出了这条直线。为画出这条直线，可以选中图 11-14 中的一个数据点，右击，选择"添加趋势线"（Add Trendline），进而选择"线性趋势"（Linear Trend）。直线上方的等式是通过选取"选项"（Option）下方的"显示公式"（Display）得到的。这条线称为**线性回归直线**（linear regression line）。

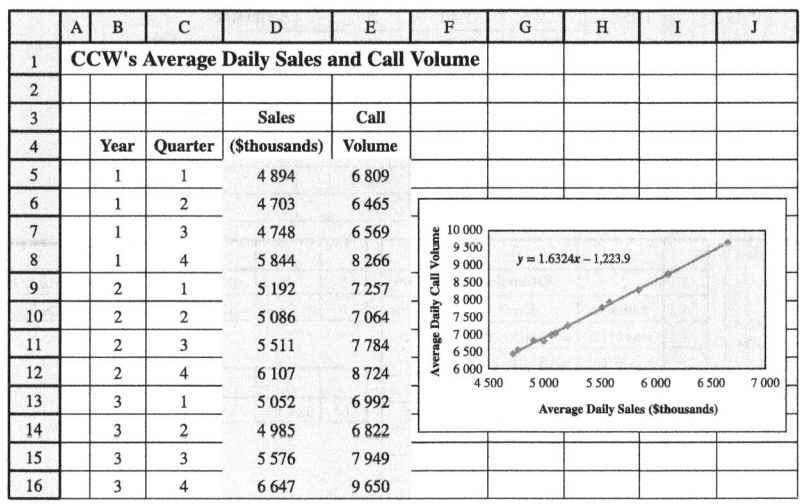

图 11-15　通过添加趋势线对图 11-14 进行的修改

当进行单一自变量的因果预测时，**线性回归**（linear regression）通过一条直线近似体现因变量（CCW 的呼叫量）与自变量（CCW 的销售量）之间的关系。这条线性回归直线画在以自变量为横轴、因变量为纵轴的图上。这条线通过在图上描出一系列点来画出，这些点由自变量值与相应的因变量值决定。

因此，图 11-15 所示的线性回归直线可用来估计一定的销售量所对应的呼叫量。一般情况下，线性回归直线方程的形式为：

$$y = a + bx$$

> 线性回归直线估计了特定自变量值所决定的因变量值。

式中　y——线性回归直线给出的因变量的估计值

　　　a——线性回归直线在y轴上的截距

　　　b——线性回归直线的斜率

　　　x——自变量的值

如果自变量不止一个，则**回归方程**（regression equation）有这样的形式：一个常数乘以一个变量，然后将所有这些"常数乘以变量"的项加在等式的右边。在本图的线性回归直线中，a 和 b 的值为：

$$a = -1\,223.9 \quad b = 1.632\,4$$

> 线性回归直线的等式称为回归方程。

图 11-16 显示了 www.mhhe.com/Hillier6e 中的 Excel 模板，可以用它来求 a 和 b 的值。你需要在 C 列和 D 列中分别写入自变量（销售量）和因变量（呼叫量）的观察值，然后根据这个模板完成所有的计算。请注意，你可以在右边选择在单元格 J10 中填入 x 的值（销售量），模板则会根据线性回归直线计算出相应的 y 值（呼叫量）。这个计算可以根据 x 的取值任意重复多次。此外，E 列显示了用 C 列的 x 值计算出的结果，所以 E 列的每一个单元格给出了根据 C 列相应销售量水平由线性回归直线得出的呼叫量的估计值。估计值与 D 列中实际值的差异就是 F 列的估计误差。G 列显示了这个误差的平方。

	A	B	C	D	E	F	G	H	I	J
1		**Linear Regression of Call Volume vs. Sales Volume for CCW**								
2										
3		Time	Independent	Dependent		Estimation	Square		Linear Regression Line	
4		Period	Variable	Variable	Estimate	Error	of Error		$y = a + bx$	
5		1	4 894	6 809	6 765	43.85	1 923		$a =$	−1 223.86
6		2	4 703	6 465	6 453	11.64	136		$b =$	1.63
7		3	4 748	6 569	6 527	42.18	1 780			
8		4	5 844	8 266	8 316	49.93	2 493			
9		5	5 192	7 257	7 252	5.40	29		Estimator	
10		6	5 086	7 064	7 079	14.57	212		if $x =$	5 000
11		7	5 511	7 784	7 772	11.66	136			
12		8	6 107	8 724	8 745	21.26	452		then $y =$	6 938.18
13		9	5 052	6 992	7 023	31.07	965			
14		10	4 985	6 822	6 914	91.70	8 408			
15		11	5 576	7 949	7 878	70.55	4 977			
16		12	6 647	9 650	9 627	23.24	540			

Range Name	Cells
a	J5
b	J6
DependentVariable	D5:D34
Estimate	E5:E34
EstimationError	F5:F34
IndependentVariable	C5:C34
SquareOfError	G5:G34
x	J10
y	J12

	E	F	G
3		Estimation	Square
4	Estimate	Error	of Error
5	=a+b*C5	=ABS(D5-E5)	=F5^2
6	=a+b*C6	=ABS(D6-E6)	=F6^2
7	=a+b*C7	=ABS(D7-E7)	=F7^2
8	=a+b*C8	=ABS(D8-E8)	=F8^2
9	=a+b*C9	=ABS(D9-E9)	=F9^2
10	:	:	:
11			

	I	J
5	$a =$	=INTERCEPT(DependentVariable,IndependentVariable)
6	$b =$	=SLOPE(DependentVariable,IndependentVariable)

	I	J
12	then $y =$	=a+b*x

图 11-16　管理科学课件中应用于 CCW 问题的带有线性回归的因果预测的模板

得到 a 值和 b 值的过程被称为**最小二乘法**（method of least squares）。用这个方法确定 a 值和 b 值时，图 11-16 的 G 列给出的"估计误差平方和"最小。因此 G 列中各值的和（22 051）是所有可能情况中最小的。任何其他 a 和 b 的值所得出的误差估计都会比这个值大。

G 列中显示的预测误差平方的平均值（1 838）也有一个有趣的解释。假设一个季度的销售量能够事先得知（可能是以前的订单或准确的预测）。这种情况下，用线性回归直线预测呼叫量，就会得到平均预测误差方差（MSE）1 838。最小二乘法所做的就是将线性回归直线置

> 最小二乘法通过使 G 列中各值的和是所有可能情况中的最小值，来选择 a 和 b。

于能使 MSE 值最小的位置。需要注意的是，MSE 的最小值 1 838 大约是第 11.3 节表 11-2 中各种时间序列预测方法 MSE 值的 1%。

F 列的数据也非常有意思。将这些数据求平均，12 个季度的平均估计误差仅为 35。这表明如果可以提前知道（确切地说是预测到）一个季度的销售量，使用线性回归直线预测呼叫量只会带来 35 的平均预测误差（MAD）。这大约仅为第 11.3 节中各种时间序列预测方法 MAD 值的 10%。

对一些因果预测的应用，自变量的值需要预先知道。在本案例情况下是做不到的，这里的自变量是下一个时期的销售量。然而，咨询员相信用他建议的方法可以很好地预测销售量。这个预测值可以作为线性回归直线中获得的呼叫量预测的自变量值。

CCW 公司问题新的预测步骤

1. 通过采用在第 11.4 节最后咨询员提出的建议获得下个月总销售量（日均销售量）的预测。
2. 用这个销售量的预测值，根据图 11-15、图 11-16 的线性回归直线预测下一个月的日均呼叫量。

在这个过程中，季节性调整只在步骤 1 中起作用，在步骤 2 中不起作用。根据前一节最后咨询员提出的建议（参见建议（8）），季节性调整应该用于每一个预测方法的第 1 步中。但是，第 2 步的实际使用中，经过季节性调整的预测要转换为实际销售的预测。在第 2 步中根据线性回归直线得到的呼叫预测量是实际呼叫量，而不是经过季节性调整的呼叫量。

多元线性回归

在本章讲述完 CCW 公司的故事之前，让我们停下来看看之前提到的线性回归方法的一种重要扩展。

> 线性回归的很多应用都包含多个自变量。

对 CCW 公司问题应用线性回归，该问题只包含了一个自变量（销售量），驱动一个因变量（呼叫量）。然而，线性回归在某些因果问题的应用中，涉及多个自变量，它们同时驱动因变量。这种线性回归就叫**多元线性回归**（multiple linear regression）。

自变量通常有多个，所以多元线性回归是一种广泛使用的预测方法。我们生活在一个复杂的商业世界，经常会需要用到这种方法。经济预测经常用到多元线性回归。例如，用线性回归预测国家下一季度的国内生产总值（因变量）时，自变量可能包括一系列表示未来经济状况的指标，如当前股票市场的水平、消费者信心指数以及商业活动指数（衡量订单数量）等。

如果有两个自变量，回归方程的形式为：

$$y = a + b_1 x_1 + b_2 x_2$$

其中，x_1 和 x_2 是自变量，b_1 和 b_2 分别是它们的系数（每增加一个自变量将在回归方程中增加类似的项）。当存在两个自变量时，相应的线性回归直线现在位于一个三维图形中，y 轴作为纵轴表示因变量，x_1 和 x_2 作为两个方向的横轴。不管自变量的数量多少，最小二乘法始终能找到 a、b_1 和 b_2 的值使预测误差的平方和最小。如前所述，这些估计误差是各数据点处的因变量值与回归方程给出的估值的差。

统计学教材里有关于多元线性回归的详细描述。这里，我们就不详细论述了。

CCW 案例研究一年后

在实施咨询员建议的一年后，莉迪娅给他打了一个电话。

莉迪娅：我想告诉你现在的情况，并对你为我们所做的一切表示感谢。你还记得 25% 规则超过 400 的 MAD 值以及各种时间预测方法的糟糕表现吗？

咨询员：记得啊。那时你有点泄气。

莉迪娅：确实如此。但现在好多了。我刚刚计算了在使用你的新方法一年后的 MAD 值，是 120，只有 120！

咨询员：太棒了。这就是我们要看到的改进。你认为是什么带来了如此大的差异呢？

莉迪娅：我认为最主要的是我们将预测转向对销售量的预测。我们弄不清楚呼叫量的趋势，但我们对销售量有较好的把握，因此在营销经理的帮助下，我们可以看到是哪些因素引起了变动。

咨询员：是的。这是预测成功的关键所在。你看，如果简单地将时间序列预测方法应用于历史数据，而不明白是哪些因素引起了变动，我们就会得到很多无效预测值。你必须深入调查这些数据，弄清楚到底是怎么回事，然后设计预测程序，在变动发生时识别它们。就像我们所做的那样，让营销经理找出主要影响销售量的新产品，然后对它们分别进行预测。

> 预测成功的关键是掌握哪些因素引起了变动，从而能在变动发生时识别它们。

莉迪娅：对。让营销经理介入这个问题是一个了不起的举措。顺便说一句，他现在是新方法的忠实支持者。他说这也给他提供了很有价值的信息。

咨询员：很好。他是否像我提议的那样根据他对市场状况的了解调整统计预测呢？

> 一个好的预测方法是"构建良好的统计预测方法"和"知道这些数据的驱动因素的经理（从而可以针对预测结果进行适当的调整）"之间的桥梁。

莉迪娅：是的。在我们这里，你都有一些粉丝了。我们真诚地感谢你为我们所做的一切。

问题回顾

1. 什么是因果预测？
2. 当在 CCW 公司问题中使用因果预测时，什么是自变量，什么是因变量？
3. 在进行单一自变量因果预测时，线性回归包含了哪些内容？
4. 一元线性回归直线方程的形式是什么？多元的呢？
5. 求得线性回归直线常数 a 和 b 的方法是什么？
6. CCW 公司新的预测方法与使用 25% 规则的预测方法相比，MAD 值有何变化？

11.6 判断预测方法

到目前为止，我们一直在关注基于历史数据的**统计预测方法**（statistical forecasting methods）。然而，这些方法在没有可用的数据或数据不能体现当前情况时是没有用的。在这种情况下，我们就要使用**判断预测方法**（judgmental forecasting methods）。

> 判断预测法利用专家的建议进行预测。

即使存在可用的数据，一些管理者也更愿意使用判断预测方法，而不是正规的统计预测方法。在很多情况下，管理者会综合使用这两种方法。例如 CCW 公司案例研究中，营销经理在他的长期经验和对市场变化的了解的基础上，根据其判断对用时间序列预测方法获得的销售量预测进行了调整。

下面对一些主要的判断预测方法进行简要介绍。

1. **经理意见法**（manager's opinion）：这是最不正规的方法，因为它仅仅涉及一个经理，用经理个人的判断能力进行预测。在有些情况下，有一些数据可以辅助进行预测。在其他情况下，经理可能仅依靠经验和对当前情况的熟悉程度来进行量化的预测。

2. **各部门主管集体讨论法**（jury of executive opinion）：这种方法与第一种方法类似，不同的是，这里涉及多个高层管理者，他们各自用自己的判断能力集体进行预测。这种方法用于对比较关键的问题的预测。几名管理者共担责任，提供多种不同的专业知识。

3. **销售人员意见汇集法**（salesforce composite）：这种方法经常用于当公司聘用销售团队进行营销时对销售量的预测。这是一种自下而上的方法，每名销售人员提供各自区域的销售估计。

> 销售人员意见汇集法是一种自下而上的方法。

4. **消费者市场调查法**（consumer market survey）：这种方法比上一种方法更进一步，它对销售量进行地毯式预测。其中包括对消费者和潜在消费者的未来购买计划及对各种产品新特点反应的调查。这对于新产品设计以及接下来开展初期销量预测非常有帮助，同时，对规划营销活动也很有帮助。

5. **德尔菲方法**（Delphi method）：这种方法需要一组处于不同地区的专家，他们各自独立地完成一系列问卷调查。每一份调查问卷的结果都随同下一份问卷同时送出，然后由各位专家评估这些信息，在下一份问卷中调整他的反应。其目的是使得大多数专家的结论都集中在一个相对集中的范围里。决策者评估这些专家提供的结论，来进行预测。一般情况下，这种方法仅用于公司最高层或政府对整体趋势的长期预测。

问题回顾

1. 在哪些情况下不能使用统计预测方法？
2. 是不是只有在不能使用统计预测方法时才可以使用判断预测方法？
3. 各部门主管集体讨论法与经理意见法有哪些不同之处？
4. 销售人员意见汇集法是怎样开始的？
5. 在哪些情况下消费者市场调查法非常有用？
6. 在哪些情况下可能要使用德尔菲方法？

应用实例

南美轮船（Compañia Sud Americana de Vapores，CSAV）是世界上最大的船运公司之一，也是智利全球化程度最高的公司，该公司在四大洲都建有区域性办公室。它在全球使用2 000多个码头和仓库在100多个国家开展业务。公司的主要业务是利用集装箱和集装箱船进行货物运输。该集装箱船队对大约70万个20英尺集装箱进行运输。

装载着货物的集装箱到达目的地并卸货后，将空集装箱快速送到接下来能使其最大程度被利用的地方是非常重要的。因此，CSAV公司和智利大学的研究者们开始了一项计划，即如何利用管理科学的方法在全球范围内实现高效快速的决策。这项计划的成果就是建立了"空集装箱物流优化系统"（ECO）。

ECO运用了先进的网络优化模型和复杂的库存模型。然而，这两种模型都需要相对精确地对空集装箱数量的需求进行预测。产生这些预测的方法包含了特定的时间序列预测方法（移动平均和趋势性季节调整移动平均）以及两种判断预测方法。两种判断预测方法之一是"销售人员意见汇集法"——一种共识预测模型，在模型中，全球的销售代理记录下他们的需求预期。另一种方法是"经理意见法"——据此，在预测时必须将物流规划人员提供的信息考虑在内。

管理科学的广泛应用，包括对预测方法的综合运用，使得该公司在第一年节省了8100万美元。成本的降低主要是因为空箱库存降低了50%且集装箱周转率提升了60%。

资料来源：R. Epstein and 14 co-authors, "A Strategic Empty Container Logistics Optimization in a Major Shipping Company," *Interfaces* 42, no. 1 (January–February 2012), pp. 5–16. (A link to this article is provided at www.mhhe.com/Hillier6e.)

本章小结

一个企业未来的成功与否，在很大程度上取决于其准确预测能力的高低。许多领域都需要预测，如销售量、备件的需求、产品合格率、经济趋势和员工数量需求等。

计算机俱乐部仓库案例研究中介绍了多种预测方法，在该案例中，有些方法不大令人满意。因此，找出呼叫中心呼叫量的影响因素，对于建立较为准确的预测系统是非常必要的。

时间序列是某些数量在一段时间里的一系列观察值。一些统计预测方法以某种方式利用这些观察值，从而预测下一个值将会是多少。这些方法包括上期值法、平均值法、移动平均法、指数平滑法及趋势性指数平滑法。

这些方法的目的是尽可能准确地估计时间序列中下一个值的概率分布均值。这可能需要利用季节性因子对时间序列进行季节性调整，并找出当时间变化时引起概率分布变动的因素。

另一种统计预测方法被称为因果预测法。该方法通过将要预测的量（因变量）与一个或多个驱动该变量的自变量直接联系，来获得预测值。这种方法经常使用线性回归以一条直线来表示因变量和自变量的关系。

本书附带的软件（见 www.mhhe.com/Hillier6e）包括各种统计预测方法的 Excel 模板。

另外，还有一大类主要的预测方法，就是判断预测法。这种方法通过经理意见法、各部门主管集体讨论法、销售人员意见汇集法、消费者市场调查法及德尔菲方法来获得预测值。

专业术语

ARIMA 自回归整体移动平均法 一种复杂的时间序列预测方法，通常被称为博克斯-詹金斯方法（Box-Jenkins）。（第11.3节）

average forecasting method 平均值预测法 一种将过去观察值的平均值作为预测值的预测方法。（第11.3节和第11.4节）

causal forecasting 因果预测 将因变量直接与一个或多个自变量相联系以获得预测值的方法。（第11.5节）

consumer market survey 消费者市场调查法 一种利用对消费者和潜在消费者的调查结果进行预测的判断预测方法。（第11.6节）

Delphi method 德尔菲方法 利用在不同地域的一组专家的意见进行判断预测的方法。（第11.6节）

dependent variable 因变量 进行因果预测时我们所感兴趣的量。（第11.5节）

exponential smoothing forecasting method 指数平滑预测法 一种使用带有权重的时间序列的上期值和上次预测值来获得预测值的方法。（第11.1节和第11.3节）

exponential smoothing with trend 趋势性指数平滑 指数平滑预测法的调整，将当前趋势向前投影，以帮助预测时间序列的下一个值（也可能是后续值）。（第11.1节和第11.3节）

forecasting error 预测误差 预测值与实际值之间的差异。（第11.1节和第11.2节）

independent variable 自变量 在因果预测中驱动因变量的变量。（第11.5节）

judgmental forecasting methods 判断预测方法 使用判断进行预测的方法。（本章引言和第11.6节）

jury of executive opinion 各部门主管集体讨论法 一些高层管理人员用他们的最佳判断进行集体预测的判断预测方法。（第11.6节）

last-value forecasting method 上期值预测法 一

种使用时间序列中最后一个值进行预测的方法。（第 11.1 节和第 11.3 节）

linear regression 线性回归 用一条直线来近似自变量与因变量的关系。（第 11.1 节和第 11.5 节）

linear regression line 线性回归直线 用因果预测方法时近似表示自变量与因变量的关系的直线。（第 11.5 节）

MAD 平均绝对偏差的缩写 平均预测误差。（第 11.1 节和第 11.2 节）

manager's opinion 经理意见法 以一个经理的最佳判断进行预测的判断预测方法。（第 11.6 节）

mean absolute deviation（MAD）平均绝对偏差 平均预测误差。（第 11.1 节和第 11.2 节）

mean square error（MSE）平均预测误差方差 平均预测误差平方的平均值。（第 11.1 节和第 11.2 节）

method of least squares 最小二乘法 在线性回归中求得公式中的常数的方法。（第 11.5 节）

moving-average forecasting method 移动平均预测法 用时间序列中之前 n 期的平均值预测下期值的方法。（第 11.1 节和第 11.3 节）

MSE 平均误差方差的缩写 平均预测误差方差。

multiple linear regression 多元线性回归 有多个自变量的线性回归。（第 11.5 节）

naive method 天真的方法 上期值预测法的别名。（第 11.3 节）

regression equation 回归方程 线性回归的直线方程。（第 11.5 节）

salesforce composite 销售人员意见汇集法 将销售人员对各自区域的预测汇总起来的判断预测方法。（第 11.6 节）

seasonal factor 季节性因子 一年中某一个时期衡量当期值与整个年度平均值的差异的因子。（第 11.3 节）

seasonally adjusted time series 经季节因素调整的时间序列 对原始的时间序列进行调整以去除季节性影响。（第 11.3 节）

smoothing constant 平滑常数 指数平滑预测方法中的一个参数，结合了时间序列最后一个值的权重。（第 11.3 节）

stable time series 稳定时间序列 随着时间的改变而概率分布不变的时间序列。（第 11.4 节）

statistical forecasting methods 统计预测方法 使用历史数据进行预测的方法。（本章引言和第 11.1～11.5 节）

time series 时间序列 某一个感兴趣的量在一段时间内的观察值。（第 11.2 节）

time-series forecasting methods 时间序列预测法 使用时间序列中过去的观察值进行预测的方法。（第 11.2 节和第 11.3 节）

trend 趋势 如果当前的模式能够持续，时间序列值发生变动的平均数。（第 11.3 节）

trend smoothing constant 趋势平滑常数 当使用趋势性指数平滑方法进行预测时用于估计趋势的平滑的常数。（第 11.3 节）

unstable time series 不稳定时间序列 概率分布变动频繁且幅度大的时间序列。（第 11.4 节）

主要公式小结

预测误差 = 预测值与实际值的差异（第 11.2 节）

$$\text{MAD} = \frac{\text{预测误差之和}}{\text{预测次数}} \quad (\text{第 11.2 节})$$

$$\text{MSE} = \frac{\text{预测误差的平方和}}{\text{预测次数}} \quad (\text{第 11.2 节})$$

$$\text{季节性因子} = \frac{\text{该期平均数}}{\text{总平均数}} \quad (\text{第 11.3 节})$$

$$\text{去除季节性因素影响的值} = \frac{\text{实际值}}{\text{季节性因子}} \quad (\text{第 11.3 节})$$

上期值法：

预测值 = 上期值（第 11.3 节）

平均值法：

预测值 = 目前为止所有数据的平均值（第 11.3 节）

移动平均法：

预测值 = 最后 n 个值的平均值（第 11.3 节）

指数平滑法：

预测值 = α（上期值）+ $(1-\alpha)$（上期预测值）（第 11.3 节）

趋势性指数平滑：

预测值 = α（上期值）+ $(1-\alpha)$（上期预测值）+ 趋势估计

趋势估计 = β（最新趋势）+ $(1-\beta)$（上期趋势估计）

最新趋势 = α（上期值 − 倒数第二期值）+

$(1-\alpha)$（上次预测值—倒数第二期预测值）
（第 11.3 节）

线性回归直线（只有一个自变量）：（第 11.5 节）
$$y=a+bx$$

本章学习辅助材料

材料下载地址：
www.mhhe.com/Hillier6e

本章 Excel 文件：
季节性因子模板（Template for Seasonal Factors）
上期值方法模板（考虑及不考虑季节性因素）
(Templates for Last-Value Method)
平均值方法模板（考虑及不考虑季节性因素）
(Templates for Averaging Method)
移动平均方法模板（考虑及不考虑季节性因素）
(Templates for Moving-Average Method)
指数平滑方法模板（考虑及不考虑季节性因素）
(Templates for Exponential Smoothing Method)
趋势性指数平滑模板（考虑及不考虑季节性因素）
(Templates for Exponential Smoothing With Trend)
线性回归模板（Templates for Linear Regression）

Excel 插件：
Analytic Solver

已解决的问题

（答案参见 www.mhhe.com/Hillier6e）。

11.S1. 联合使命公司（Union Mission）对慈善捐款的预测。

2015～2017 年联合使命公司的捐款如下表所示（单位：千美元）：

季度	捐款	季度	捐款	季度	捐款
2015 年第一季度	242	2016 年第一季度	253	2017 年第一季度	270
2015 年第二季度	282	2016 年第二季度	290	2017 年第二季度	286
2015 年第三季度	254	2016 年第三季度	262	2017 年第三季度	271
2015 年第四季度	345	2016 年第四季度	352	2017 年第四季度	378

（1）忽略季节性影响，比较上期值法、平均值法、移动平均法（基于最近的 4 个季度）、指数平滑法（初始估计值为 275，平滑常数 $\alpha=0.2$）和趋势性指数平滑法（平均值的初始估计值为 275，趋势为 2，平滑常数 $\alpha = 0.2$，$\beta = 0.2$）对 2015～2017 年计算得到的 MAD 及 MSE 值。

（2）确定 4 个季度的季节性因子。

（3）考虑季节性影响，重复第（1）问。

（4）使用第（1）问或第（3）问中找出的 MAD 值最低的预测方法，对 2018 年各季度的慈善捐款进行长期预测。

习题

手工完成前 18 道题，不使用本章提供的 Excel 模板。在其他习题（或习题的一部分）中，我们使用 E（代表 Excel）进行提示，表明可能会用到 Excel 模板。带星号（*）的习题，书后至少给出了部分答案。

11.1* 如下是哈美克公司（Hammaker Company）新产品在最初 5 个月的销量：5，17，29，41，39。销售经理现在需要对下个月的销售量进行预测。

（1）使用上期值法进行预测。

（2）使用平均值法进行预测。

（3）用最近 3 个月的数据使用移动平均法进行预测。

（4）对于所给定的销售量，以上几种方法中是否有不适当的方法？为什么？

11.2 超值（Good-Value）百货公司的炉灶产品销售一直很好。过去 5 个月的销售量为 15，18，12，17，13。使用如下方法对下一个月的销售量进行预测。

(1) 上期值法。

(2) 平均值法。

(3) 3个月的移动平均法。

(4) 如果你认为影响下个月销售量的因素与5个月前的一样，以上几种方法中你更愿意使用哪一种？为什么？

11.3* 你已经预测了过去4个季度的销售量。预测值与实际值如下所示：

季度	预测值	实际值
1	327	345
2	332	317
3	328	336
4	330	310

计算每个季度的预测误差，然后计算MAD和MSE。

11.4 阿尔瓦雷斯贝恩斯公司（Alvarez-Baines Company）的销售经理莎伦·约翰逊（Sharon Johnson）一直想从过去5个月所使用的两种预测销售量的方法中选择一种。在这几个月里，两种预测方法对公司最重要的产品的预测如下所示，右端显示的是实际销售量：

月份	预测值		实际值
	方法1	方法2	
1	5 324	5 208	5 582
2	5 405	5 377	4 906
3	5 195	5 462	5 755
4	5 510	5 414	6 320
5	5 762	5 549	5 153

(1) 计算两种方法的MAD和MSE并比较。

(2) 在这么少的数据的基础上莎伦很难从两种方法中进行选择，但她又不想再耽误下去。她还有这5个月前的前3年类似的销售量数据。这些比较旧的数据将如何帮助她对这两种方法进行评价并选择其一呢？

11.5 阅读第11.2节的应用实例的参考文章，文中详细介绍了一项管理科学研究。简单描述预测是如何在这项研究中应用的。然后列出由这项研究产生的各种财务和非财务收益。

11.6 图11-1显示了CCW公司过去3年每一季度的日平均呼叫量，图11-4给出了经季节性因素调整后的呼叫量。莉迪娅想知道，如果她在两年前就开始使用这些季节性因子，那么这些经过季节性因素调整后的呼叫量将会是多少。

(1) 仅使用第1年的呼叫量数据，确定第2年的季节性因子（这时每个季度的"平均"呼叫量就是第1年相应季度的实际呼叫量）。

(2) 使用这些季节性因子求出第2年的季节性调整呼叫量。

(3) 使用第1年和第2年的呼叫量求出第3年的季节性因子。

(4) 使用第（3）问得到的季节性因子求出第3年经季节性因素调整后的呼叫量。

11.7 即使当经济情况保持稳定时，失业率也会因为季节的不同而发生变化。例如，由于学生（包括应届毕业生）进入劳动力市场，第3季度的失业率通常会上升。第4季度，当学生返回学校且公司在为圣诞节雇用临时工时，失业率就趋于下降趋势。因此，使用季节性因子获得经季节性调整的失业率，对真实反映经济趋势是很有帮助的。

在过去10年中，一个州的第1、2、3和4季度的平均失业率（未经季节性因素调整）为6.2%、6.0%、7.5%、5.5%。总平均值为6.3%。

(1) 计算4个季度的季节性因子。

(2) 下一年4个季度的失业率（未经季节性因素调整）为7.8%、7.4%、8.7%、6.1%。计算4个季度的季节性调整失业率。失业率的变动是否表明这个州的经济状况在改善？

11.8 拉尔夫·比雷特（Ralph Billett）是一家房地产公司的经理。他希望预测下一年公司房产的销售量。过去3年公司各季度销售数据如下表所示：

季度	第1年	第2年	第3年
1	23	19	21
2	22	21	26
3	31	27	32
4	26	24	28

(1) 计算4个季度的季节性因子。

(2) 在考虑季节性因素影响的情况下用上期值法预测下一年第1季度的销售量。

(3) 假设每一个季度的预测都是正确的，用上期值法预测下一年4个季度的销售量。

(4) 基于他对目前房产市场状况的评估，拉尔夫认为，公司将会在明年销售100套住房。给定这个预测，根据季节性因子，每个季度的预测值是多少？

11.9* 基于过去4个观察值使用移动平均预测法。当进行最后一个时期的预测时，4个观察值中最早的一个是1 945，预测值是2 083，实际值是1 977。下一个时期新的预测值是多少？

11.10 你正在根据前3个月的销售数据用移动平均预测法预测下个月的销售量。进行预测时，3个月前的销售量为805，上个月的预测值为782，实际值为793。这个月新的预测值是多少？

11.11 在获得数理统计学位后，安·普雷斯顿（Ann Preston）被蒙蒂沃德公司（Monty Ward Company）雇用，从事用统计方法预测公司销售量的工作。在最近10个月中，她一直在用移动平均法对公司的一种产品的销量进行预测。安的第1个任务是更新上个月的预测来获得本月的预测。她了解到上个月的预测值是1 551，实际值是1 532，10个月前的销售量是1 632，安在本月的预测值为多少？

11.12 邦尼公司（J.J.Bone）使用指数平滑法来预测呼叫中心的日平均呼叫量。上月的预测值为782，实际值为792。分别令平滑常数 $\alpha=0.1$、$\alpha=0.3$、$\alpha=0.5$ 来预测本月的呼叫量。

11.13* 你正在使用指数平滑法预测某产品的月销售量。上月的预测值为2 083，实际销售量为1 973。分别令平滑常数为 $\alpha=0.1$、$\alpha=0.3$、$\alpha=0.5$ 来预测本月的呼叫量。

11.14 阅读第11.3节的应用实例的参考文章，文中详细介绍了一项管理科学研究。简单描述预测是如何在这项研究中被应用的。然后列出由这项研究产生的各种财务和非财务收益。

11.15 三年前，常春藤学院（Ivy College）入学办公室开始用平滑常数为0.25的指数平滑预测每年申请入学者的数量。根据以前的经验，预测过程的初始估计为5 000名申请者。第一年实际申请者为4 600人。由于在全国调查中排名较好，这个数字在第二年上升到了5 300人，去年为6 000人。

（1）计算过去3年每年的预测值。

（2）计算这3年的MAD和MSE值。

（3）对下一年进行预测。

11.16 重新考虑习题11.15。注意，这个数字过去3年有着稳定的上升趋势——从4 600到5 300再到6 000。假如常春藤学院入学办公室预见到了这个趋势，并已经决定使用趋势性指数平滑来进行预测。假设过去三年的初始估计的平均值=3 900，趋势=700。对于任何平滑常数，用这种预测方法得到的三年的预测将绝对正确。

用平滑常数 $\alpha=0.25$、趋势平滑常数 $\beta=0.25$ 进行计算来验证这一结论。

11.17* 在一个时间序列的预测中，使用平滑常数为 $\alpha=0.2$、趋势平滑常数 $\beta=0.3$ 的趋势性指数平滑方法。最近两期实际值为535和550，最近两期预测值为535和540，上次趋势估计为10。使用这些信息对时间序列中的下一个值进行预测。

11.18 康慧公司（Healthwise Company）生产大量的运动器材。公司管理层对新型运动自行车不断增长的销售非常满意。上两个月的销售量为4 655和4 935。

每次管理层都使用平滑常数 $\alpha=0.1$、趋势平滑常数 $\beta=0.2$ 的趋势性指数平滑法预测下一个月的销售量。上两个月的预测值为4 720和4 975，上次趋势估计为240。

请计算下个月的销售量预测值。

11.19* 斯万森百货公司（Swanson's Department Store）的所有者和经理本·斯万森（Ben Swanson）决定使用统计预测方法来获得对其主要产品需求量更好的把握。然而，本现在需要确定每一类产品最适合于哪一种预测方法。其中一类产品是主要的家用电器，如洗衣机，有着相对稳定的销售水平。去年洗衣机的月销售量如下：

月份	销量	月份	销量	月份	销量
1月	23	5月	22	9月	21
2月	24	6月	27	10月	29
3月	22	7月	20	11月	23
4月	28	8月	26	12月	28

（1）由于销售水平相对较稳定，你认为哪种最基本的预测方法（上期值法、平均值法或移动平均法）最适合于预测未来的销售量？并说明原因。

E（2）使用上期值预测法预测过去 11 个月的销售量，MAD 值、MSE 值分别为多少？

E（3）使用平均值预测法预测过去 11 个月的销售量，MAD 值和 MSE 值分别为多少？

E（4）使用 $n=3$ 的移动平均预测方法预测过去 10 个月的销售量，MAD 值和 MSE 值分别为多少？

（5）使用 MAD 值对这 3 种方法进行比较。

（6）使用 MSE 值对这 3 种方法进行比较。

（7）3 种方法中哪种对未来进行的预测最准确，你能否基于这 12 个月的数据得出一个明确的结论？

E 11.20 重新考虑习题 11.19。本现在打算使用指数平滑方法对洗衣机的未来销量进行预测，但他要确定平滑常数是多少。设初始估计为 24，将 $\alpha=0.1$、0.2、0.3、0.4、0.5 应用于去年 12 个月的数据。对 5 个不同 α 产生的 MAD 值和 MSE 值进行比较。

11.21 杰克逊制造公司（Jackson Manufacturing Corporation）的管理层想选择一种统计预测方法来预测公司的总销售量。去年的每月总销售量如下表所示（单位：百万美元）：

月份	销量	月份	销量	月份	销量
1月	126	5月	153	9月	147
2月	137	6月	154	10月	151
3月	142	7月	148	11月	159
4月	150	8月	145	12月	166

（1）注意每月的销量变化相当大——开始有上升的趋势，而后下降，随后又上升。假设这种方式会持续，请对第 11.3 节介绍的 5 种预测方法进行评价，哪种方法更适合该公司的预测问题。

E（2）分别使用上期值法、平均值法和移动平均法（$n=3$）预测去年的销售量并比较 MAD 和 MSE 值。

E（3）设初始估计为 120，使用指数平滑法以 $\alpha=0.1$、0.2、0.3、0.4、0.5 分别预测去年的销售量，并比较 5 个不同 α 产生的 MAD 和 MSE 值。

E（4）设平均值的初始估计为 120，趋势的初始估计为 10，使用趋势性指数平滑方法以平滑常数 $\alpha=0.1$、0.3、0.5，$\beta=0.1$、0.3、0.5 的所有组合预测去年的销售量。比较这 9 种组合产生的 MAD 和 MSE 值。

（5）你会向管理者推荐以上哪种预测方法？运用这种方法，下一年 1 月份的销售量预测值为多少？

11.22 重新考虑习题 11.21。使用从 CCW 案例研究中学到的知识回答下列问题：

（1）什么原因使得去年月总销量的观察值发生了剧烈变动？

（2）在回答了第（1）问的基础上，怎样对预测总销售量的统计方法进行改进？

（3）请描述一下第（2）问中管理判断对统计方法的改进作用。

E 11.23 对应用指数平滑方法来说，选择适当的平滑常数 α 是非常重要的。当相关历史数据存在时，其中一种选择方法是将不同的 α 值应用于历史数据，然后选取使得 MAD 值最小的 α 值。用这种方法选择下列销售量的时间序列的 α 值。初始估计为 50，比较 $\alpha=0.1$、0.2、0.3、0.4、0.5 时的情况。

（1）51，48，52，49，53，49，48，51，50，49

（2）52，50，53，51，52，48，52，53，49，52

（3）50，52，51，55，53，56，52，55，54，53

E 11.24 在使用趋势性指数平滑时，平滑常数 α、β 的选取对预测精度有很大影响。对于下列每一个时间序列，设 $\alpha=0.2$，比较 $\beta=0.1$、0.2、0.3、0.4、0.5 时的 MAD 值。平均值的初始估计为 50，趋势的初始估计为 2。

（1）52，55，55，58，59，63，64，66，67，72，73，74

（2）52，55，59，61，66，69，71，72，73，74，73，74

（3）52，53，51，50，48，47，49，52，57，62，69，74

11.25 安第斯矿业公司（Andes Mining Company）开采并运输铜矿石。公司销售经理胡安妮塔·瓦尔德斯（Juanita Valdes）以 3 年的销售量数据为基础，采用移动平均法预测下一年的销售量。然而，她对这种方法的预测精度不满意。

过去10年铜矿石的年需求量（单位：吨）为382、405、398、421、426、415、443、451、446、464。

E（1）请解释为什么在此种需求形式下采用移动平均方法会不可避免地导致预测不精确。

E（2）在使用移动平均法时，过去7年的预测值为多少？MAD值和MSE值为多少？明年的预测值为多少？

E（3）在使用初始估计为380、平滑常数为$\alpha=0.5$的指数平滑方法时，过去10年的预测值为多少？MAD值和MSE值为多少？明年的预测值为多少？

E（4）在使用平均值的初始估计为370、趋势的初始值为10、平滑常数$\alpha=0.25$、$\beta=0.25$的趋势性指数平滑方法时，过去10年的预测值为多少？

E（5）基于MAD和MSE值，你会建议今后使用哪种方法？

E 11.26* 潘特尔微处理器公司（Pental Microchip Company）开始生产新的芯片。生产的第一步是晶片制造。由于制造合格的晶片很困难，许多小晶片会被淘汰掉，因此管理层非常强调晶片制造的持续改进以提高合格品率（当前批次中可以满足制造芯片质量要求的晶片的百分比）。

目前为止，各批次的合格品率分别为15%、21%、24%、32%、37%、41%、40%、47%、51%、53%。使用趋势性指数平滑法预测下一批的合格品率。平均值的初始估计为10%，趋势的初始估计为5%，平滑常数$\alpha=0.2$、$\beta=0.2$。

11.27 森特威利水利局（Centerville Water Department）为整个镇及外围地区供水。过去3年每1个季节的用水量如下所示（单位：英亩英尺）：

季节	第1年	第2年	第3年
冬季	25	27	24
春季	47	46	49
夏季	68	72	70
秋季	42	39	44

E（1）计算4个季节的季节性因子。

E（2）考虑季节影响，使用上期值法预测明年冬季的用水量。

（3）假设3个季节的预测是正确的，采用上期值法对明年4个季节的用水量进行预测。

E（4）考虑季节影响，使用平均值法预测明年冬季水的消费量。

E（5）考虑季节影响，使用基于4个季节的移动平均法预测明年冬季水的消费量。

（6）考虑季节影响，使用初始估计为46、平滑常数为$\alpha=0.1$的指数平滑方法预测明年冬季的用水量。

E（7）将4种方法应用于3年前的数据时，使用MAD和MSE值比较它们的优劣。

11.28 重新考虑习题11.8。拉尔夫意识到上期值方法被认为是天真的预测方法，因此他对是否要使用另一种方法感到很困扰。他决定用带有季节性调整的现有Excel模板将不同的预测方法应用于过去3年的数据，并比较它们的MAD值和MSE值。

E（1）求出4个季度的季节性因子。

E（2）使用上期值方法。

E（3）使用平均值方法。

E（4）基于最近4个季度的数据使用移动平均法。

E（5）使用指数平滑法。初始估计为25，平滑常数$\alpha=0.25$。

E（6）使用趋势性指数平滑方法。平均值的初始估计值为25，趋势的初始估计值为0，平滑常数$\alpha=0.25$、$\beta=0.25$。

E（7）比较这些方法的MAD值和MSE值，并用MAD值最小的方法预测明年第1季度的销量。

（8）使用第（7）问中的预测值以及季节因子对明年接下来几个季度进行长期预测。

E11.29 洲际航空公司（Transcontinental Airlines）拥有一套计算机化的预测系统，用来预测每架飞机上各费率等级的乘客数量，以恰当地在不同等级中分配预定的座位。例如，考虑在星期三的中午从纽约飞往洛杉矶的经济舱乘客，下面的表格显示了所调查年度每个月这类旅客的平均数。该表格也显示出了每个月基于历史数据的季节性因子。

月份	平均数	季节性因子	月份	平均数	季节性因子
1月	68	0.90	7月	94	1.17
2月	71	0.88	8月	96	1.15
3月	66	0.91	9月	80	0.97
4月	72	0.93	10月	73	0.91
5月	77	0.96	11月	84	1.05
6月	85	1.09	12月	89	1.08

（1）考虑季节性影响后，将上期值法、平均值法、移动平均法（基于最近的三个月）及指数平滑法（初始估计为80，平滑常数 $\alpha=0.2$）应用于去年的数据，并比较几种方法的 MAD 值和 MSE 值。

（2）用 MAD 值最小的预测方法预测新一年1月的平均乘客数。

11.30 重新考虑习题 11.29。由于经济进入增长时期，洲际航空公司的管理层预计这一年乘坐飞机的人数（经季节性因素调整之后）会稳步上升，而不像去年那样比较平稳。由于习题 11.29 中使用的方法跟上趋势的速度比较慢，所以考虑使用趋势性指数平滑法。

结果，一年以后，管理层的料想被证明是正确的。下面的表格显示了新的一年中平均乘客数。

月份	平均数	月份	平均数	月份	平均数
1月	75	5月	85	9月	94
2月	76	6月	99	10月	90
3月	81	7月	107	11月	106
4月	84	8月	108	12月	100

E（1）用两年的数据重复习题 11.29 中的第（1）问。

E（2）在考虑了季节性因素后，使用趋势性指数平滑对新的一年进行预测。平均值的初始估计为80，趋势的初始估计为2，平滑常数为 $\alpha=0.2$、$\beta=0.2$。比较这种方法与第（1）问中的 MAD 值和 MSE 值。

（3）从第一年初开始，用趋势性指数平滑法重复第（2）问，然后应用到这两年中（如同第（1）问中的其他预测方法一样）。使用相同的初始估计和平滑常数，但将趋势的初始估计改为0。

（4）以这些结果为基础，你会建议洲际航空公司今后使用哪种预测方法？

11.31 品质自行车公司（Quality Bikes）是一个专门分销自行车的批发商。过去，公司拥有大量的自行车库存，可以立即满足订货需求，因此非正规的、不算精确的需求预测就足以决定何时补充库存。然而，公司的新总裁玛西娅·赛尔格（Marcia Salgo）准备加强管理。公司将采用科学的库存管理方法来降低库存水平并使得总可变库存成本最小。与此同时，玛西娅下令开发考虑季节性影响的计算机统计预测系统。这个系统将产生三个预测结果——基于移动平均的结果、基于指数平滑的结果、基于趋势性指数平滑的结果。三个预测结果的平均值将被作为每月库存管理的目标。

下面的表格给出了过去三年中"10速"自行车的月销售量。最后一列显示出了这一年的月销售量，这是第一年使用新的预测系统的结果。

月份	过去的销售量			今年的销售量
	第一年	第二年	第三年	
1月	352	317	338	364
2月	329	331	346	343
3月	365	344	383	391
4月	358	386	404	437
5月	412	423	431	458
6月	446	472	459	494
7月	420	415	433	468
8月	471	492	518	555
9月	355	340	309	387
10月	312	301	335	364
11月	567	629	594	662
12月	533	505	527	581

E（1）计算以上12个月销售数据的季节性因子。

E（2）在考虑了季节性因素影响后，应用最近3个月数据，利用移动平均法预测这一年中每一个月的销售量。

E（3）在考虑了季节性影响后，使用指数平滑法预测这一年的销售量。初始估计为420，平滑常数 $\alpha=0.2$。

E（4）在考虑了季节性影响后，使用趋势性指数平滑预测这一年的月销售量。平均值的初始估计为420，趋势为0，平滑常数 $\alpha=0.2$、$\beta=0.2$。

（5）比较第（2）问、第（3）问、第（4）问中得到的 MAD 值和 MSE 值。

(6) 通过将第(2)问、第(3)问、第(4)问中得到的预测值求平均，计算每个月销量的组合预测（combined forecast），并计算其 MAD 值。

(7) 基于以上结果，你会建议使用哪种预测方法？

11.32* 斯拜尔曼公司（Spellman Corporation）在重型机械制造领域长期占据主导地位。目前，公司的一种新型车床的销售量稳步上升。过去10 个月的销售量如下所示：

月份	销量	月份	销量
1月	430	6月	514
2月	446	7月	532
3月	464	8月	548
4月	480	9月	570
5月	498	10月	591

由于销量稳步上升，经理决定采用因果预测法预测未来销量，月份作为自变量，销量作为因变量。

(1) 在二维图中画出这些数据的折线图，以月份为横轴，销量为纵轴。

E(2) 找出适合这些数据的线性方程。

(3) 在第(1)问构造的图中画出这条直线。

(4) 用这条直线预测第 11 个月的销量。

(5) 用这条直线预测第 20 个月的销量。

(6) 线性回归方程表明月销量有怎样的平均增长？

11.33 重新考虑习题 11.15 和习题 11.16。由于常春藤学院申请入学的人数以一个稳定的增长率不断增长，因此可以使用因果预测法来预测未来几年的申请人数，年份为自变量，申请人数为因变量。

(1) 以年份为横轴，申请人数为纵轴，在二维图上绘出第 1 年、第 2 年、第 3 年的散点图。

(2) 图中三个点在一条向上的直线上，这条直线就是线性回归直线，画出这条直线。

E(3) 找出这条直线的线性回归方程。

(4) 用这条直线预测后 5 年（第 4 年到第 8 年）的申请人数。

(5) 5 年过去了，常春藤学院的状况急转直下。以申请人数增长率为指标的最受欢迎大学的全国调查排名表明，人们对常春藤学院的兴趣正在下降。第 4 年申请人数为 6 300，第 5 年为 6 200，随后申请人数大幅下降，第 6 年为 5 600，第 7 年为 5 200。仍用第(4)问中得到的预测结果作为第 8 年的结果是否可行？为什么？

E(6) 画出 7 年来的数据散点图。找出基于这 7 年数据的线性回归方程并画出直线。用这个方程预测第 8 年的申请人数量。线性回归直线是否与原始数据吻合良好？你是否对第 8 年的预测数据很有信心？这是否表明在环境变化导致数据的趋势有较大变动时仍可继续使用线性回归直线？

E(7) 运用趋势性指数平滑法，基于前 7 年的数据预测第 8 年的申请人数。平均值的初始估计为 3 900，趋势的初始估计为 700，平滑常数为 $\alpha=0.5$、$\beta=0.5$。如果这样的趋势持续下去，因果预测将会提供最佳的可能线性回归直线（使用最小二乘法）来进行预测。然而，当环境变化引起趋势变动时，趋势性指数平滑会比因果预测具有哪些优势？

11.34 重新考虑习题 11.25。不考虑各年需求量的波动，请注意在过去 10 年中铜矿石的年需求量有一个大体上升的趋势。因此，将这个趋势忽略，我们可以用因果预测法来预测未来几年的销量，以年份为自变量，需求量为因变量。

(1) 在二维图中画出过去 10 年（从第 1 年到第 10 年）数据的散点图。以年份为横轴，需求量为纵轴。

E(2) 为适合这些数据的线性回归直线找到线性回归方程。

(3) 将这条直线画在第(1)问构造的图中。

(4) 用这条直线预测下一年（第 11 年）的销售量。

(5) 用这条直线预测第 15 年的销售量。

(6) 根据线性回归直线方程得到的年需求平均增长量说明了什么？

11.35 豪华巡航线公司（Luxury Cruise Lines）拥有一支船队，于每年夏季往返于阿拉斯加（其他时间往返于其他地方）。每个冬天，公司会做大量的广告来为夏季招揽足够的旅客。新的冬季即将到来，公司需要为做多少广告制定决策。

下面的表格中显示了过去5年的广告量（单位：千美元）和销售量（已经预定的旅客数，单位：千人）。

广告量（千美元）	225	400	350	275	450
销售量（千人）	16	21	20	17	23

（1）当用现在给出的数据运用因果预测法进行预测时，什么做自变量？什么做因变量？

（2）画出这些数据的散点图。

E（3）找到适合这些数据的线性回归方程。在第（2）问构造的图中画出这条直线。

（4）预测广告费用为30万美元时的销售量。

（5）预计要获得22 000名乘客的订单，需要花费多少广告费用。

（6）根据线性回归直线，每增加1 000美元的广告会带来多少销售量的增长？

11.36 为了维持其庞大的机队，北美航空公司（North American Airlines）拥有一个巨大的零备件（包括翼襟）库存。由于使用时间的增长，损坏率会提高，为了每月更换损坏的翼襟，库存中备有的翼襟数部分取决于那个月整个机队的飞行小时数。

下面的表格给出了整个机队最近几个月每月需要更换的翼襟数量和飞行时数（千小时）。

飞行时数（千小时）	162	149	185	171	138	154
所需翼襟数	12	9	13	14	10	10

（1）找出在给定的飞行时数和所需翼襟数的基础上进行因果预测时的自变量和因变量。

（2）基于以上数据画出散点图。

E（3）找出线性回归方程。

（4）在第（2）问构造的图中画出这条直线。

（5）预测计划飞行时间为15万小时的月平均翼襟需求量。

（6）假设飞行时间为20万小时，重复第（5）问。

E 11.37 乔·巴恩斯（Joe Barnes）是ST公司（Standing Tall，城镇中主要的屋顶制造企业之一）的所有者。公司大量的业务来自为新的房屋建造屋顶。乔了解到新房屋的总承包商会在建造开始后两个月将屋顶的建造工程进行外包。因此，为了给他的工作人员提供一个长期的安排，乔决定用乡镇每月允许建造的房屋数量记录来预测下两个月为新房屋建造屋顶的工程数量。

现在乔收集了过去一年中每个月的数据，如下表所示，第二列给出了在那个月所允许建造的房屋数，第三列给出了在那个月为新房屋建造屋顶的工程项目数量。运用因果预测方法为乔开发一个预测程序。

月份	许可数	项目数	月份	许可数	项目数
1月	323	19	7月	446	34
2月	359	17	8月	407	37
3月	396	24	9月	374	33
4月	421	23	10月	343	30
5月	457	28	11月	311	27
6月	472	32	12月	277	22

11.38 阅读第11.6节的应用实例的参考文章，文中详细介绍了一项管理科学研究。简单描述预测是如何在这项研究中应用的。然后列出由这项研究产生的各种财务和非财务收益。

案例 11-1 预测方法的改进

马克·劳伦斯（Mark Lawrence）已经用两年多的时间来追求一个美好的愿景。这个愿景自从他当上顶尖公司（Cutting Edge，一家大型计算机外围设备制造企业）的人力资源部经理就开始了。那时，他领导的人力资源部为分布在全美国的60 000名员工提供记录和收益管理。公司在全美国招聘员工，在全国有35个"记录及收益管理中心"，雇员通过与记录及收益管理中心进行沟通，从而获得关于收入计划与股票期权、税收变动表格及个人信息、请假及退休报批过程的信息。这些管理中心分散在全国各地，这令马克非常头疼。由于各个中心对公司政策提供的解释各不相同，导致员工得到的答案不一致，因此马克经常会收到员工的抱怨。而且，由于同时运营35个分散中心的效率很低，所以他的部门也面对着高成本的问题。

那么他的美好愿景是什么呢？那就是通过建立唯一的管理中心将记录及收益管理集中起来。这个集中化的记录及收益管理中心有两个功能：数据管理和顾客服务。数据管理功能包括在员工绩效测评之后更新员工记录以及维护人力资源管理系统。顾客服务功能包括建立一个呼叫中心，解答员工关于记录和收入的问题，并通过电话处理记录和收入的变动。

在向管理层提出建议一年后，马克得到了公司管理层的同意。他列出了一系列要做的事情——明确对计算机及电话系统的要求、配备硬件及软件、将35个分散的管理中心的数据进行汇总、将记录保存及应答过程标准化，并为管理中心配备工作人员。马克将明确系统要求、配备软硬件和汇总工作委托给一批有能力的技术专家。他负责过程标准化和管理中心员工的配备工作。

马克在人力资源领域工作了很多年，因此在处理记录保存和应答过程标准化方面几乎没有任何困难。但是，在决定配备给中心的服务人员的数量时他遇到了困难，而且，他意识到为呼叫中心配备员工十分棘手，因为服务人员将直接回答来自顾客，也就是公司的60 000名员工的电话。服务人员要接受大量的培训，以便使他们知道过去和将来的记录及收入政策，从而能够准确地回答问题并高效地处理各类情况。员工过多会使马克支付过高的培训费，并要向多余的员工支付高薪。员工不足会使得马克继续为顾客的抱怨而头疼，这也是他要极力避免的情况。

马克所需要的顾客服务人员数取决于记录及收益管理中心接到的电话数。因此，马克需要预测新的集中化中心将接到的电话数。他原来使用判断预测法来解决这个问题。通过分析35个分散的管理中心之一的数据，他发现分散的管理中心向15 000个顾客提供服务，每月接到2 000个电话。于是他得出结论：由于新的集中化中心的顾客数量是这一数字的4倍——60 000位顾客，每月他会接到4倍的呼叫量，即8 000个电话。

马克慢慢地逐一删掉其待办事项清单中的条目，在他得到公司批准的一年后，集中化的记录及收益管理中心开始运行了。

新的中心运行了13个星期后，事实证明，马克的预测极不准确。中心接到的电话数是马克预计的每日8 000个电话的3倍。由于需求过量，这个呼叫中心慢慢地走向崩溃。在顾客打电话给中心时平均必须等待5分钟才能够与服务人员通话。马克收到了大量的抱怨。与此同时，服务人员也有意见。因为需求过多，工作压力过大，他们已经处于辞职的边缘。就连公司管理层也意识到员工和中心提供服务不足的问题。执行官们已经警告过马克进行改进。

马克需要帮助，他向你求助，以求获得关于呼叫中心需求的更准确的预测。

幸运的是，在马克开始建立呼叫中心时，他意识到了保存数据的重要性。他向你提供了过去13个星期中每一天接到的呼叫量。数据从去年的第44周开始，到今年的第5周结束。

	星期一	星期二	星期三	星期四	星期五
第44周	1 130	851	859	828	726
第45周	1 085	1 042	892	840	799
第46周	1 303	1 121	1 003	1 103	1 005
第47周	2 652	2 825	1 841	0	0
第48周	1 949	1 507	989	990	1 084
第49周	1 260	1 134	941	847	714
第50周	1 002	847	922	842	784
第51周	823	0	0	401	429
第52周/第1周	1 209	830	0	1 082	841
第2周	1 362	1 174	967	930	853
第3周	924	954	1 346	904	758
第4周	886	878	802	945	610
第5周	910	754	705	729	772

马克提示说，没有接入电话的几天是假期。

（1）马克首先要求你用过去13周的数据预测下周每天的需求量。你现在（第5周周末）要对下周进行预测。你应当将每天的预测值作为实际呼叫量，对这一周的每一天进行预测。

① 通过对记录及收益管理中心工作的了解，你发现一周中需求量具有"季节性"趋势。例如在一周开始时会有较多的员工打进电话，因为这时他们比在周四周五规划周末计划时更有活力和积极性。因此你意识到，你必须对马克给你的数据进行季节性调整。过去13周经过季节性调整后的呼叫量是多少？

② 用经过季节性调整的呼叫量数据，用上期值预测法预测下周每天的需求量。

③ 用经过季节性调整的呼叫量数据，用平均值预测法预测下周每天的需求量。

④ 用经过季节性调整的呼叫量数据，用移动平均法预测下周每天的需求量。你决定以最近5天的数据为准。

⑤ 用经过季节性调整的呼叫量数据，用指数平滑法预测下周每天的需求量。你决定将平滑常数设置为0.1，因为你认为没有季节性因素影响的需求量是相对

稳定的。以过去13周的日平均呼叫量作为初始值。

（2）一周之后，你进行预测的时期过去了。你意识到现在可以判断你的预测方法是否准确，因为你现在拥有了你所预测的这个星期的实际呼叫量。实际呼叫量如下所示：

	星期一	星期二	星期三	星期四	星期五
第6周	723	677	521	571	498

对于每一种预测方法，计算各方法的平均绝对误差，并评价该方法的优劣。在计算平均绝对误差时，你应当使用第（1）问得到的实际预测值，而不应该在实际预测值的基础上重复计算预测值。在你评价的过程中，说出某种方法有效或无效的原因。

你意识到你所使用的预测方法准确度不高，于是决定发挥创造力并结合统计和判断预测方法进行预测。你了解到马克使用了35个分散的记录和收益管理中心之一的数据进行最初的预测。你怀疑这个分散中心是否保存了呼叫量数据。因为分散中心具有与集中化中心相同的功能，你认为来自分散中心的呼叫量数据会给你预测集中化中心的呼叫量提供帮助。你只需要弄清楚分散中心的数据与新的集中化中心的数据间的关系是什么。找到这个联系之后，就可以用分散中心的数据来预测集中化中心的呼叫量。

你问马克是否有分散中心的数据，马克回答说是有的，但不是你所期望的形式。保存的数据是事件数据而非呼叫量数据。你不知道其中的区别，于是马克继续向你解释，他说有两种需求量数据：事件量数据和呼叫量数据。事件量数据记录了呼叫中心的服务人员所采取的行动。呼叫量数据记录了呼叫中心员工应答的电话数。一个事件可能要通过一个或多个电话解决，因此事件数总是小于或等于呼叫量。

你只有分散中心的事件量数据，而你当然不愿意拿"苹果"和"橘子"做比较。于是你询问是否有新的集中化中心的事件量数据。马克对你笑了笑，点了点头。他明白了你将会如何预测，所以他告诉你他将在一个小时内将数据交给你。

（3）一个小时以后，马克来到你的桌前，给了你两套数据：分散中心的周事件量和集中化中心的周事件量。你问马克是否有日事件量数据，他说没有。因此你不得不首先预测下一周的周需求，然后将这个周需求转化为日需求。

去年在新的集中化中心开始运作时，分散化中心就关闭了。于是你拥有分散中心从两年前的第44周到去年第5周的事件量数据。你对这些分散化中心的数据与集中化中心去年第44周到今年第5周的数据进行了比较。周事件量数据如下表所示：

	分散化中心数量	集中化中心数量
第44周	612	2 052
第45周	721	2 170
第46周	693	2 779
第47周	540	2 334
第48周	1 386	2 514
第49周	577	1 713
第50周	405	1 927
第51周	441	1 167
第52周/第1周	655	1 549
第2周	572	2 126
第3周	475	2 337
第4周	530	1 916
第5周	595	2 098

① 找出分散化中心事件量数据与集中化中心事件量数据间的数量联系。

② 现在你有了分散化中心和集中化中心周事件量数据的联系，你可以对下一周新的中心事件量进行预测。不幸的是，你要的不是周事件量数据，而是呼叫量数据。为了从事件量数据中计算出呼叫量，你进行了深入分析，发现每一个事件平均产生了1.5个电话。为了从周呼叫量中计算出日呼叫量，你决定使用季节性因子进行转换。在给出了分散中心去年第6周的事件量数据后，预测新的中心今年第6周的呼叫量数据。

	第6周
分散情况下数量	613

③ 使用第（2）问给出的实际呼叫量，计算平均绝对误差，并评价这个预测方法的有效性。

④ 你会向马克推荐哪种预测方法？为什么？在呼叫中心继续运行的前提下，你会为改进预测程序提供什么建议？

更多案例

关于本章的更多案例，可以查阅西安大略大学毅伟商学院网站 www.cases.ivey.uwo.ca/cases 专为本书设计的 CaseMate 部分。

第 12 章
排队模型

学习目标

完成本章的学习后,你应该能够:
1. 描述排队模型的要素。
2. 知道排队模型中经常使用的概率分布的特点。
3. 能列举一些经常遇到的排队系统的例子。
4. 知道排队系统的关键绩效度量指标以及它们之间的关系。
5. 描述几类主要的基本排队模型。
6. 为排队系统选择最适当的排队模型。
7. 应用排队模型测定排队系统的关键绩效度量指标。
8. 描述在有优先权的排队模型中,顾客的不同重要级别是如何体现出来的。
9. 描述排队模型为设计排队系统提供的一些关键信息。
10. 应用经济分析来确定在排队系统中应该提供多少服务台。

排队是日常生活中的一个组成部分。我们都会在电影院排队买票、在银行排队存款、在邮局排队邮寄包裹、在咖啡屋排队购买食品、在游乐园排队骑马等。尽管我们对此已经习以为常了,但仍会为排长队而恼怒。

在英国,排队经常被称为 queue,因此,管理科学专家沿用了这种说法。

然而排队不仅仅会引起个人的恼怒,整个国家的人浪费在排队上的时间也是影响生活质量和国家经济效率的一个主要因素。

其他类型的等待也会造成严重的无效率,例如:设备停机修理会造成生产损失;运输工具(包括轮船和卡车)会因为等待卸货而耽误后面的运输;飞机等待起飞或降落会打乱后面的飞行计划;由于线路饱和造成的远程通信传输中的延迟会致使数据失真;制造过程的等待会扰乱后续制造过程;服务的延误超过规定期限可能会导致丧失未来的获利机会。

让人或事在队列中等待很长时间,对任何工作来说都会造成严重的影响。

排队论(queueing theory)研究的是所有这些情况下的等待。它使用**排队模型**代表现实中各种类型的排队(涉及某种类型的排队系统)。每一个模型的公式都表示在不同情况下相应的排队系统如何工作,包括系统中会出现怎样的平均等待量。

这些排队模型对于决定如何以最经济的方式控制排队系统是很有帮助的。提供过多的服务能力来运行这个系统会造成过高的成本，但是提供服务的能力不足会导致过多的等待，并造成各种不好的结果。这些模型使我们找到服务成本和等待量之间的适当平衡成为可能。

> 排队模型通常用来确定为系统提供多少服务能力，以避免系统中大量的等待。

本章前三节描述了排队模型的要素，列举了各种可以使用这些模型的排队系统实例，并提供了衡量这些排队系统绩效的方法。第12.4节介绍了一个案例，这个案例将会贯穿于本章的大部分内容。接下来的三节介绍了与案例研究有关的三个最重要的排队模型。第12.8节从队列设计的案例研究中总结出了一些要点。第12.9节描述了用来确定排队系统服务台数量的经济分析。另外，在 www.mhhe.com/Hiller6e 网站中也讲述了一些排队模型。

12.1 排队模型的要素

本章我们从介绍排队模型所假设的基本排队系统开始。

基本排队系统

图12-1显示了一个典型的**排队系统**（queueing system）。**顾客**（customer）一个接一个到来，接受某种服务。如果一个到达的顾客不能立刻接受服务，这个顾客便加入一个**队列**（queue/waiting line）（这个队列不包括正在接受服务的顾客）。在服务机构中由一个或多个**服务台**（server）提供服务。每一个顾客都单独由其中一个服务台提供服务，然后离开。

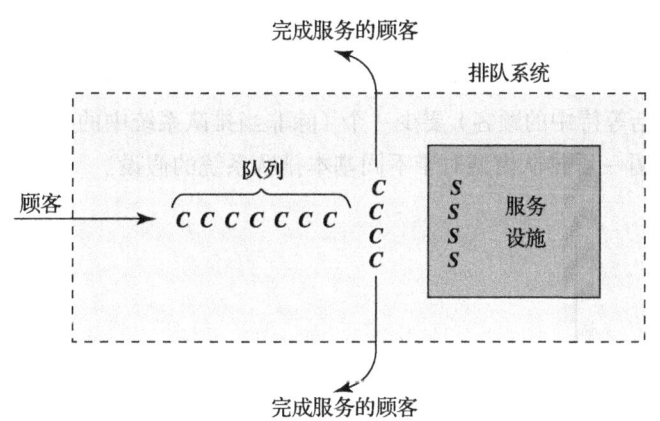

图12-1 基本的排队系统

注：每一位顾客用C表示，每一个服务台用S表示。虽然这里有4个服务台，但是一些服务系统（包括本节中的例子）只有一个服务台。

对于一些系统，顾客是人。然而，在其他情况下，顾客可能是运输工具（如飞机等待降落到跑道上）、机器设备（如设备等待维修处理）或其他类型（如生产过程中的工作等待）。

一个服务台通常是一个人，但是也有可能是一群人一起工作，为每一位顾客提供服务。服务台可能是机器设备、运输工具、电子设备等。

> 来到排队系统的顾客可以是汽车、设备或者工作，不仅仅指人。

大多数情况下，队列可能就是一个普通的等待队列。然而，对顾客来说，并不是一定要在一个含有服务设施的实体服务台前站成一队。事实上，他们可以坐在等待室里，也有可能分散在一个区域中等待服务者前去服务（如位置固定的设施需要修理）。

下一节将介绍更多符合图12-1和如上所述的重要排队系统的例子。本章所有的排队模型也都基于这张图。

然而，还应当指出的是，在实际中有时会有更复杂的排队系统。例如，一个服务台可以为一群顾客提供服务。顾客也可能成群进入而不是一个个地到来。不耐心的顾客可能会在接受服务前离开。排队系统可能包含多个队列，一个队列对应一个服务台，顾客会偶然从一个队列转到另一个队列。它还可能包括多个服务设施，一些顾客需要经过多个服务设施才能得到全部所需的服务（最后这种排队系统被称为排队网络）。这样的排队系统也十分重要，但是我们不会深入研究用于处理这些情况的排队模型。接下来的两章我们介绍另一种经常用于分析复杂排队系统的技术（计算机仿真）。

一个例子

卡特先生（Herr Cutter）是一个德国理发师，他开了一家单人理发店。因此，他的理发店是一个基本的排队系统，只有他一名服务者。

卡特先生在每个工作日早上8点开始营业。表12-1显示了某天早上他的排队系统的运作。该表告诉我们他的前5名顾客什么时候到达、什么时候开始理发、需要多长时间，以及什么时候理发完毕。

表12-1　卡特先生最先到达的5位顾客的数据

顾客	到达时间	理发开始时间	理发时间（分钟）	理发结束时间
1	8:03	8:03	17	8:20
2	8:15	8:20	21	8:41
3	8:25	8:41	19	9:00
4	8:30	9:00	15	9:15
5	9:05	9:15	20	9:35
6	9:43	—	—	—

图12-2标示出了在开始的100分钟里排队系统中的顾客数。这个数量包括等待理发和正在理发的顾客，因此队列中的顾客数（只包括等待中的顾客）要少一个（除非当排队系统中的顾客数为0时这个数字是0）。

参考这个例子，让我们看一看排队模型对于不同基本排队系统的假设。

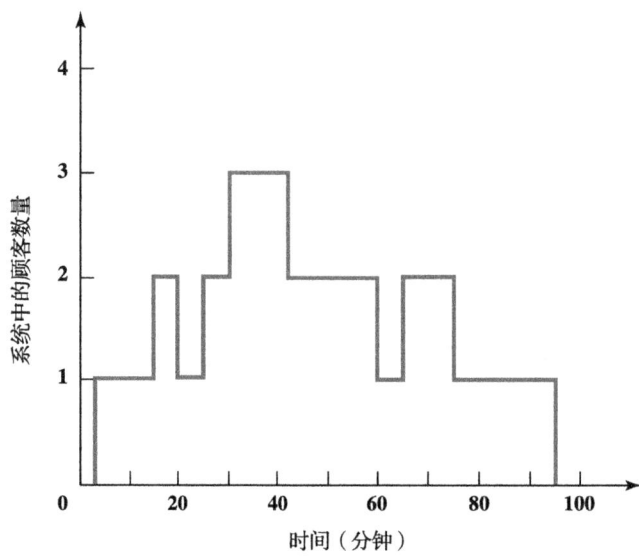

图12-2　排队系统中的顾客数

注：根据表12-1的数据，卡特先生的理发店在开门100分钟（从8:00到9:40）内顾客数的变化情况。

到达

连续两个顾客到达排队系统的时间间隔称为**到达间隔时间**(interarrival times)。对卡特先生的理发店来说,表 12-1 第二列表明了这个早上顾客的到达间隔时间分别为 12 分钟、10 分钟、5 分钟、35 分钟和 38 分钟。

到达间隔时间的巨大差异对排队系统来说是正常的。对卡特先生来说,通常不可能预测要过多长时间下一个顾客才会到来。

> 顾客到达排队系统的间隔时间(到达间隔时间)通常非常随机。

然而,在搜集了像表 12-1 第二列那样更多的数据后,我们可以做下面两件事:

1. 估计单位时间内顾客到达的**期望数**(excepted number)。这个数量通常被称为**平均到达率**(mean arrival rate)(用希腊字母 λ 表示)。
2. 估计时间间隔的概率分布形式。

这个分布的均值实际上可以直接从第一步所求得的数据中得到。由于:

$$\lambda = 顾客到达排队系统的平均到达率$$

时间间隔的概率分布均值是:

$$\frac{1}{\lambda} = 期望到达间隔时间$$

例如,在收集了更多的数据之后,卡特先生发现在 100 个小时里有 300 个顾客到达。[○] 因此 λ 的估计是:

$$\lambda = \frac{300\ 位顾客}{100\ 小时} = 平均每小时3个顾客$$

相应的期望到达间隔时间估计为:

$$\frac{1}{\lambda} = 顾客到达平均间隔\frac{1}{3}小时$$

大多数的排队模型假设到达间隔时间的概率分布形式是指数分布,其原因将在后面进行解释。

到达间隔时间的指数分布

图 12-3 显示了指数分布的形状,其中不同的时间相对应的曲线高度代表了这些时间出现的相对可能性。注意,在曲线最高点的时间非常短,随着时间变长,曲线以"指数形式"下降。这表明到达时间间隔低于均值的可能性较大,而分布向右延伸很长,表明比均值大得多的到达时间间隔出现的概率很小。所有这些到达时间间隔的特征都能在现实中观察到。一些顾客会很快到达,然后又过了很长时间,下一个顾客才到来。

到达时间间隔的剧烈变动使我们不可能预测下一个顾客何时到达。当变动程度像指数分布一样大时,我们就称它具

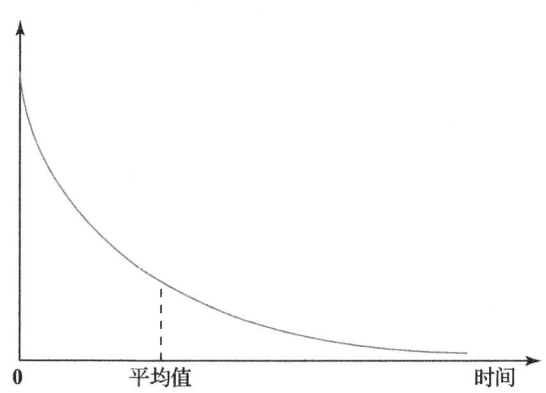

图 12-3 排队论模型中到达时间(服务时间)常用的指数分布曲线

[○] 300 人到达,包括进入理发店但由于等待时间过长而决定离开的顾客,这些顾客立即离开的影响将在 www.mhhe.com/Hillier6e 上本章补充材料中进行分析。

有**随机到达**（random arrivals）的特征。

随机到达的本质：对大多数排队系统来说，服务台无法控制顾客何时到达。在这种情况下，顾客通常是随机到达的。随机到达意味着到达时间是完全无法凭感觉预测的，下一分钟有顾客到达的概率和其他分钟相同（不多也不少）。从上一次到达发生经过了多长时间并不重要。唯一符合随机到达的到达间隔时间分布是指数分布。

下一分钟的到达概率完全不受上一分钟的影响，这一事实被称为**无记忆特性**（lack-of-memory property），也被称为马尔科夫特性（Markovian property）。这是一个奇怪的特性，因为它表明从现在到下一次到达之前的剩余时间的概率分布总是相同的，不管下一次到达发生在现在还是很长一段时间以后。因此，从现在开始的剩余时间的概率分布与图 12-3 中总到达时间间隔的分布是相同的（这就是为什么下一分钟到达的概率总是相同的原因）。虽然无记忆特性概念的概念需要一段时间进行适应，但它是随机到达的一个基本组成部分。

> 当顾客随机到达时，到达间隔时间服从指数分布。这种情况下，下一个顾客的到达，与上一次顾客到达的时间完全没有关系（称为无记忆特性）。

队列

队列是顾客在接受服务前等待的地方。对于卡特先生的理发店，队列中的顾客坐在椅子上（除了理发用的椅子）等待理发。

因为统计顾客数量的方法有两种，所以排队模型将它们用下面的术语分开：

队列中的顾客人数（number of customers in the queue）（或简称队列大小）是等候服务的顾客数量。**系统中的顾客数**（number of customers in the system）是队列中的顾客数加上正在接受服务的顾客数量。

> 队列中的顾客数并不包括正在接受服务的顾客数。

例如，图 12-1 显示了队列中有 7 个顾客，加上正在接受服务的 4 个顾客，在系统中总共有 11 个顾客。既然卡特先生是如图 12-2 所示的排队系统中唯一的服务者，队列中的顾客数比系统中的顾客数少一个（除非系统中的顾客数和队列中的顾客数都为 0）。

队列容量（queue capacity）是队列所能容纳的顾客最大数量。**无限队列**（infinite queue）是指可以容纳无限数量顾客的队列。当队列容量小到需要纳入考虑范围时，这个队列就被称为**有限队列**（finite queue）。当有限队列已满时，任何新来的顾客会马上离开。

卡特先生的队列实际上是有限队列。因为他只准备了三把椅子（除了理发用的椅子），这个队列的容量是 3（他发现当已经有 3 个顾客在等待的时候，新来的顾客就不再愿意等待理发了）。

> 本章中所有的队列都假设为无限队列，到达系统的顾客数量不被限制。

除了特别说明的情况，排队模型通常假设队列是无限队列（本章所有的模型都有这个假设，但是 www.mhhe.com/Hillier6e 网站上本章补充材料介绍了一个模型，这个模型假设为有限模型，它可以用来分析卡特先生理发店的情况）。

顾客服务规则（queue discipline）是指选择队列中成员接受服务的顺序。最常见的规则是先到先服务（FCFS，first-come first-served）。然而，其他可能的规则包括随机服务、有优先权的服务甚至后到先服务（例如，当在一台机器上处理的工作是将后到的工作放到先到的工作上面堆积起来的时候，机器操作工将会从最上面开始处理这些工作）。

第 12.7 节将讨论有优先权的排队模型。本章的其他排队模型都遵循先到先服务的传统假设。

服务

对于一个基本的排队系统，每一个顾客单独接受一个服务者提供的服务。拥有多于一个服务台的系统被称为**多服务台系统**（multiple-server system），**单服务台系统**（single-server system）只有一个服务台（就像卡特先生的理发店那样）。

当一个顾客接受服务时，从服务开始到结束经过的时间被称为**服务时间**（service time）。每一位顾客的服务时间是不同的。然而，基本的排队模型假设服务时间遵循一个特定的概率分布，与哪一个服务台正在提供服务无关。

用来表示服务时间分布均值的符号是：

$$\frac{1}{\mu} = \text{期望服务时间}$$

其中 μ 是一个希腊字母，对 μ 的解释是：

$$\mu = \text{一个连续工作的服务台在单位时间内完成服务量的期望值}$$

这个数量被称为**平均服务率**（mean service rate）。例如，卡特先生理发的期望时间是：

$$\frac{1}{\mu} = 20 \text{ 分钟} = \text{每位顾客} \frac{1}{3} \text{小时}$$

因此他的平均服务率为：

$$\mu = 3 \text{ 位顾客 / 小时}$$

正如下面所述的，不同的排队模型提供了服务时间分布的不同选择。

一些服务时间的分布

应用最多的服务时间概率分布是**指数分布**（exponential distribution），其图形已经在图 12-3 中介绍过。使用这种分布的主要原因是这种分布比其他分布更容易分析。尽管这种分布在大多数情况下非常适合于到达间隔时间，但是对于服务时间就不那么适用了。对于具有不同特性的排队系统，指数分布对于实际服务时间可能是一个相当不错的近似，但也可能大相径庭，必须加以注意。

如图 12-3 所示的指数分布表明，很多服务的时间很短（大大低于均值），但有时候服务时间会非常长（远高于均值）。这准确地描述了这样一个排队系统，许多顾客只有少量的事情需要到服务台处理，偶尔也会有一些顾客有很多事情。例如，服务台是银行的出纳，许多顾客只有一笔存取业务，但偶尔会有一些顾客有很多笔业务。

有些排队系统的服务时间不像指数分布那样容易变动，所以应该考虑使用其他分布的排队模型。

然而，有些排队系统中有固定的服务流程，这些服务流程所需时间相差无几，每个接受服务的顾客所花费的时间大致相同。对这类排队系统的描述，指数分布就不大合适了。例如，当服务台是 ATM 机时就是这样的情况。尽管不同顾客的服务时间会有一些细微的差别，但这些时间从总体来看是大致相同的。

对于后一种类型的服务系统，一个更好的近似是**固定服务时间**（constant service time），也就是说对于每一位顾客有相同的服务时间，这也被称为服务时间具有**退化分布**（degenerate distribution）。

其他类型的概率分布也能够用来描述服务时间。例如，**爱尔朗分布**（Erlang distribution）允许服务时间的波动量处于指数分布和退化分布之间。www.mhhe.com/Hillier6e 网站上本章补充材料里详细介绍了爱尔朗分布。

但用于描述服务时间的其他分布（比如爱尔朗分布）都不如指数分布和退化分布便于计算。

排队模型的符号表示

为了表述服务时间（以及到达间隔时间）服从什么概率分布，基本排队系统的排队模型通常用如下的符号表示：

$$\underset{\uparrow}{\_}/\underset{}{\overset{\swarrow}{\_}}/\_ \leftarrow 服务台数量$$

服务时间的分布

到达间隔时间的分布

用于表示可能的分布符号是（服务时间以及到达间隔时间）：

$$M = 指数分布（马尔科夫）$$
$$D = 退化分布（固定时间）$$

例如，$M/M/1$ 模型是单服务台模型，它假设到达间隔时间和服务时间都服从指数分布。$M/M/2$ 模型是有两个服务台的模型。用 s 代表服务台的数量，$M/M/s$ 模型能够对应于有任意数量服务台的模型。同样，$M/D/s$ 模型具有到达间隔时间服从指数分布、固定服务时间和任意数量的服务台。（例如，如果服务台是为每个客户提供完全相同服务的机器，则可能会出现固定服务时间。）

除了指数分布外，到达间隔时间也可以是退化分布。$D/M/s$ 模型具有固定到达间隔时间、指数分布的服务时间、任意数量的服务台。（例如，如果客户按照均匀间隔的时间及时到达，则可能会出现持续的到达间隔时间。）

> 第一个符号表示间隔时间的分布，第二个符号表示服务时间的分布。

本章接下来的内容中会对上面所有的排队模型进行简要的介绍，并介绍这些排队模型的使用效果。

还有一些排队模型（有限数量）允许选择任意的概率分布来描述到达时间间隔和服务时间。这种情况下使用的符号是：

$$GI = 到达间隔时间的一般分布（允许任意类型的分布）$$
$$G = 服务时间的一般分布（允许任意类型的分布）$$

因此，$GI/M/s$ 模型允许任意的到达间隔时间分布（到达间隔时间是独立的），服务时间服从指数分布，有任意数量的服务台。$M/G/1$ 模型具有服从指数分布的到达间隔时间，一个服务台，但是允许服务时间是任意分布（我们将会在后面讨论后一种模型）。

模型假设的总结

我们在下面列出了基本排队系统中对排队模型的假设。除非另加说明，所有假设都适用于每一个模型。

（1）到达间隔时间是独立的，服从一种特定的概率分布。
（2）所有到达的顾客都进入排队系统，直到服务结束才离开。
（3）排队系统的队列是无限队列，可以容纳无限量的顾客（出于应用原因）。
（4）顾客服务规则是先到先服务。
（5）排队系统有特定数量的服务台，每一个服务台能够为任意顾客提供服务。
（6）每一位顾客由一个服务台单独提供服务。

（7）每个服务台一旦完成对当前顾客的服务，即可开始为另一个顾客服务。

（8）服务时间是独立的，服从特定的概率分布。

问题回顾

1. 除了人之外，排队系统的顾客还可能是什么？
2. 除了单个的人，排队系统的服务台还可能是什么？
3. 平均到达率和到达间隔时间概率分布均值之间有什么关系？
4. 指数分布的形状是什么？
5. 如何描述指数分布给出的时间变化量？
6. 顾客随机到达表示什么意思？怎样的到达间隔时间对应于随机到达？
7. 队列中的顾客数和系统中的顾客数有什么区别？
8. 对大多数排队模型的队列容量有什么传统假设？服务规则呢？
9. 服务时间分布的均值和一个连续服务的服务台的平均服务率有什么联系？
10. 两种最重要的服务时间分布是什么？
11. 排队模型符号的三个部分为我们提供了什么信息？

12.2 排队系统的一些例子

上一节中对排队系统的描述比较抽象，只适合于一些非常特殊的情况，实际上排队论在现实中有着惊人的广泛应用。为了增加大家对排队模型应用的了解，让我们看一看实际中排队系统的各种例子。

商业服务系统（commercial service systems）是我们日常生活中经常遇到的一种很重要的排队系统，在该系统中，外部顾客接受商业机构的服务。表 12-2 中的第一列列出了典型的商业服务系统的例子。每个例子都是一个排队系统，第二列和第三列列出了其顾客和服务台。

> 商业服务系统是一种商业组织从组织外部向客户提供服务的排队系统。

表 12-2 商业服务系统中排队系统的例子

系统类型	顾客	服务台	系统类型	顾客	服务台
理发店	人	理发师	加油站	汽车	加油泵
银行出纳服务	人	出纳	订货呼叫中心	人	电话接线员
ATM 机服务	人	ATM 机	技术支持呼叫中心	人	技术代表
商店收银台	人	收银员	旅游代理	人	旅游代理人
管道维修服务	阻塞的管道	管道工	汽车维修厂	汽车所有者	机修工
电影院售票窗口	人	售票员	自动售货服务	人	自动售货机
机场检票处	人	航空公司客服代表	医治牙病服务	人	牙医
经纪人服务	人	股票经纪人	屋顶维修服务	屋顶	屋顶维修工人

这些例子中大多数顾客到一个位置固定的服务台接受服务。如果开始服务前顾客需要等待，这就形成了一个实际的队列。然而，在管道维修和屋顶维修的例子中，服务人员会为顾客提供上门服务，因此队列中的顾客在地理上是分散的（在这种情况下，服务人员花在路上的时间被认为是服务时间的一部分）。在其他的一些例子中，服务是通过电话提供的，一些等待服务的顾客不会把电话挂掉，这时他们就进入了等待队列。

一些组织有自己的**内部服务系统**（internal service system），顾客在组织内部接受服务。如表 12-3 所示，这些也是排队系统。在一些情况

> 内部服务系统是组织内部顾客接受服务的排队系统。

下，顾客是组织的雇员。在其他情况下，顾客是需要搬运的货物、等待修理的机器、等待检查的项目、等待进行的工作等。

运输服务系统（transportation service system）提供了另一类重要的排队系统。表12-4中给出了一些例子。在一些例子中，涉及的交通工具是顾客，另一些例子里，每一台运输工具就是一个服务台。上一节中已经描述过一些不同于基本排队系统的例子。特别地，航班和电梯可以由一个服务台同时为多个人提供服务。停车位的队列容量为零，因为若停车位已经被占据（所有服务台都处于繁忙的状态），到达的汽车（顾客）就会到别的地方去。

> 运输服务系统是涉及运输的排队系统，所以顾客或服务台就是运输工具。

表12-3 内部服务系统中的一些排队系统的例子

系统类型	顾客	服务台
秘书服务	雇员	秘书
复印服务	雇员	复印机
计算机编程服务	雇员	程序员
大型计算机	雇员	计算机
急救中心	雇员	护士
传真服务	雇员	传真机
物料处理服务	货物	物料处理单元
维护服务	设备	维修工人
质检站	物件	质检员
制造系统	工作	设备
半自动设备	设备	操作工
工具架	设备操作	管理员

表12-4 运输服务系统中的一些排队系统的例子

系统类型	顾客	服务台
公路收费站	汽车	收费员
卡车装货地	卡车	装货工人
港口卸载区	轮船	卸货工人
等待起飞的飞机	飞机	跑道
等待降落的飞机	飞机	跑道
航班服务	人	飞机
出租车服务	人	出租车
电梯服务	人	电梯
消防部门	火灾	消防车
停车场	汽车	停车空间
急救车服务	人	急救车

还有一些重要的排队系统，它们不符合上面任何一种类型的特征。例如司法系统是一个排队网络，法庭是服务设施，法官（或陪审团）是服务台，等待审理的案件是顾客。一些医疗系统如医院的急救室也是排队系统。例如X射线设备和病床可以看作排队系统的服务台。排队论最初应用在电话工程中，后来，通信领域逐渐成了排队论应用的重要领域。此外，我们都有自己的队列——家庭作业、要读的书等。排队系统遍及社会的许多领域。

问题回顾

1. 什么是商业服务系统？给出一个这种系统的例子（除了表12-2中的例子外），并指出其中的顾客和服务台。
2. 什么是内部服务系统？给出一个这种系统的例子（除了表12-3中的例子外），并指出其中的顾客和服务台。
3. 什么是运输服务系统？给出一个这种系统的例子（除了表12-4中的例子外），并指出其中的顾客和服务台。

12.3 排队系统的绩效度量指标

检查排队系统的管理人员主要考虑两种绩效度量指标：

（1）排队系统中有多少顾客在等待？
（2）这些顾客要等待多少时间？

由于顾客的等待时间部分取决于当这个顾客到来时已经有多少位顾客在等待，因此这两个度量指标在某种程度上是有联系的。哪一个度量指标更重要取决于实际情况。

选择绩效度量指标

当顾客是提供服务的组织（内部服务系统）的内部顾客时，第一个度量指标比较重要。在这种情况下，让顾客等待会使顾客成为组织中不具有生产力的成员。比如当机器操作员工在等待机器或者工具维修时，就会出现这种情况。让这些顾客等待会损失生产力。损失生产力的量与等待顾客数量直接相关。组织中活跃的成员可以代替一两个空闲人员，但是不能代替所有人工作。

> 让组织内部的顾客等待会损失生产力。

商业服务系统（外部顾客接受商业组织的服务）会认为第二个度量指标更为重要。对于这样的排队系统，一个重要的目标是保持顾客满意从而让他们再次光临。与已经有多少人等待相比，顾客更关心的是他们自己会等待多久。使顾客等待时间过长会导致未来业务利润的损失。

> 让商业服务系统的顾客等待会造成未来业务利润的损失。

定义绩效度量指标

这两种绩效度量指标通常以期望值（从统计学角度）的形式表示。为此，有必要弄清楚我们统计的是队列中的顾客数量（等待服务开始的顾客数量），还是系统中的顾客数量（在队列中的以及正在接受服务的顾客数量）。在这两种情况下定义两个绩效度量指标，我们得到了四种定义方法。这四种方法以及它们的符号表示如下：

- L = 系统中顾客数（number of customers in the system）期望值，包括正在接受服务的顾客（L 来自排队长度（line length））
- L_q = 队列中的顾客数（number of customers in the queue）期望值，不包括正在接受服务的顾客数。
- W = 一个顾客在系统中等待时间（waiting time in the system）期望值（包括服务时间）（W 来自等待时间（waiting time））
- W_q = 一个顾客在队列中的等待时间（waiting time in the queue）期望值（不包括服务时间）

> 任何排队系统都具有这四个关键绩效度量指标。

这些定义假设排队系统处于**稳态**（steady-state condition）中，也就是说系统处于已经工作了一段时间后的正常运行状态。在排队系统开始运行的阶段，系统中没有顾客，需要经过一段时间后系统中的期望顾客数才会达到正常水平。达到这个水平后，则称系统处于稳态（这个条件排除了短时间内平均到达率突然上升的非正常情况）。

选择整个排队系统（L 和 W）还是队列（L_q 和 W_q）取决于排队系统本身。对于医院的急诊室和消防部门，队列（距离服务开始的时间）可能更重要。对于一个内部服务系统，整个排队系统（组织中所有空闲人员的数量）更加重要。

L、L_q、W、W_q 之间的关系

W 和 W_q 之间的唯一区别是 W 包括期望服务时间，而 W_q 不包括，由于 $1/\mu$ 代表期望服务时间（其中 μ 代表平均服务率），因此：

$$W = W_q + 1/\mu$$

例如，如果：

W_q = 队列中的平均等待时间为 3/4 小时

$1/\mu$ = 平均服务时间为 1/4 小时

那么：
$$W = 3/4 \text{ 小时} + 1/4 \text{ 小时} = \text{排队系统平均等待时间 1 小时}$$

或许，排队论中最为重要的公式能为我们提供 L 和 W 之间的直接关系。这个公式为：
$$L = \lambda W$$

这里，λ = 排队系统顾客的平均到达率。

为了纪念杰出的管理科学家约翰·利特尔（John D.C Little，麻省理工学院终身教授），这一公式被称为利特尔公式（Little's Formula）。利特尔在1961年第一次给出了这个公式的严格证明。

> 该公式能够迅速、便捷地进行 L 与 W 的相互推算。

为了解释这个公式，假设：
$$W = \text{排队系统的平均等待时间 1 小时}$$
$$\lambda = \text{平均每小时到达 3 位顾客}$$

则：
$$L = (3 \text{ 位顾客}/\text{小时})(1 \text{ 小时}) = \text{排队系统中平均有 3 位顾客}$$

这里有一个对利特尔公式的直观解释。由于 L 是任意时间排队系统中的顾客期望数量，所以一个顾客在服务完成后回头看这个系统时，应该看到 L 个顾客。在先到先服务的顾客服务优先原则下，这个顾客在排队系统中等待的时候，会有 L 位顾客到来。平均等待时间是 W。由于 λ 是单位时间内到达顾客数量的期望值，λW 就是这个顾客在系统中等待的时间内到达系统的期望顾客数量。因此，$L = \lambda W$。（这个推断仍需要更严格的实证分析。）

利特尔教授证明 $L = \lambda W$ 也适用于 L_q 与 W_q 的关系。因此利特尔公式的另一个形式是：
$$L_q = \lambda W_q$$

例如，如果：
$$W_q = \text{排队系统的平均等待时间 3/4 小时}$$
$$\lambda = \text{平均每小时到达 3 位顾客}^{\ominus}$$

则：
$$L_q = (3 \text{ 位顾客}/\text{小时})(3/4 \text{ 小时}) = \text{队里中平均有 } 2\frac{1}{4} \text{ 位顾客}$$

结合上面的联系，我们得到如下 L 和 L_q 的直接关系：
$$L = \lambda W = \lambda(W_q + 1/\mu) = L_q + \lambda/\mu$$

例如，如果 $L_q = 2\frac{1}{4}$，$\lambda = 3$，$\mu = 4$，那么：
$$L = 2\frac{1}{4} + \frac{3}{4} = \text{系统中平均 3 位顾客}$$

这些联系极为重要，因为这几个公式使得所有四个基本量——L、L_q、W、W_q——在确定了一个量后就可以立即得到其他量。这些关系非常有用，因为当用基本规则求解排队模型时，这些基本量中有一些比其他量更容易确定。

> 这些公式显示了四个绩效度量指标之间的关系。

用概率作为绩效度量指标

通常管理人员不仅仅满足于了解排队系统中各种指标的平均值。除了希望 L、L_q、W、W_q 不超过目标值外，

$\ominus$ 英文原文数据有误，原文中为 "¼ customers per hour arrive on the average"。——译者注

他们还关心最坏的情况。在一小部分时间内（小概率）系统（或队列）中最多的顾客数是多少？在一小部分时间内到达系统（或队列）的顾客最长等待时间是多少？管理人员可能希望以最大数量不超过特定值的方式来设计排队系统。

为了达到这个目标，就得用到这些数量（顾客数和等待时间）的平均概率分布。例如，假设目标是在95%的时间里系统中的顾客数不超过3个。使用下面这个符号：

$$P_n = 系统中有 n 个顾客的稳态概率 (n=1, 2, \cdots)$$

目标要求：

$$P_0 + P_1 + P_2 + P_3 \geq 0.95$$

类似地，假设另一个目标是至少95%的顾客在系统中的等待时间不超过2小时。让随机变量 $\mathscr{W}$ 作为系统下一个顾客在稳态系统中的等待时间（W 是这个随机变量的期望值）。使这个随机变量的概率分布达到目标要求：

$$P(\mathscr{W} \leq 2 \text{小时}) \geq 0.95$$

如果目标是以队列中的等待时间表述的，那么就用另一个随机变量 $\mathscr{W}_q$ 来表示等待时间并进行相同的处理。

本章后面的一部分排队模型可以用公式来计算概率，www.mhhe.com/Hillier6e 网站上的 Excel 模板能帮助进行这些计算。

> 由于每个顾客的等待时间不同，$\mathscr{W}$ 的取值服从一个概率分布，W 是这个分布的平均数。

问题回顾

1. 当顾客是组织中的内部顾客时，排队系统中的哪个绩效度量指标比较重要？
2. 对于商业服务系统，哪个绩效度量指标比较重要？
3. 四个基于期望值的基本绩效度量指标分别是什么？它们的符号是什么？
4. 排队系统处于稳态是什么意思？
5. 将 W 和 W_q 联系在一起的公式是什么？
6. 关于 L 和 W 的利特尔公式是什么？关于 L_q 和 W_q 的公式呢？
7. 将 L 和 L_q 联系在一起的公式是什么？
8. 哪些类型的概率也可以用来衡量排队系统的绩效？

12.4 案例研究：杜皮特公司问题

杜皮特公司（Dupit）在办公复印市场上长期处于领导地位，公司为消费者提供的个性化服务是使公司处于领先地位的原因之一。杜皮特公司已经树立了优质服务的声誉，并希望持续保持这一声誉。

背景

杜皮特公司有一个服务部门专门为顾客提供高质量的服务支持，在需要的时候为客户公司维修设备。这项工作由公司的技术服务代表在顾客所在地进行。

每一名技术服务代表负责一个特定的地区。每次顾客拨打服务电话后，都会见到同一名技术服务代表，这使公司为顾客提供个性化服务成为可能。技术服务代表则感觉自己是一名区域经理，他们为这一角色感到自豪。

> 目前，每一名技术服务代表为各自负责的区域提供服务。

约翰·菲塞特（John Phixitt）是杜皮特公司负责服务部门的高级副总裁。他从公司的技术服务代表做起，一直都在这家公司工作。在还是一名技术服务代表时，约翰经过几年的夜校学习获得了商学院的学位。从那以后，他稳步上升到公司的高级管理层。他凭借良好的判断力和对公司业务的全面理解而受到尊重。

多年的技术服务代表工作使他深深地体会到技术服务代表作为公司代表人的重要性。他一直在强调这点。他确立了技术服务代表的高标准，并相应提高了技术服务代表的薪酬。在他的努力下，部门士气高涨。

约翰还强调定期从公司的顾客那里获得对服务质量的反馈。他将此称为"倾听顾客的声音"。顾客的反馈是技术服务代表和公司管理层获得信息的一个重要途径。

约翰喜欢强调的另一点是不能使技术服务代表的工作过于繁重。在他自己担任技术服务代表时，公司的制度是为每一名技术服务代表分配足够多的设备，以使他们90%的时间（8小时工作制）都用于维修设备。这个制度的目标是提供少量休息时间，从而充分利用成本高昂的劳动力，这样顾客就不会等待很长时间。但是根据个人经验，约翰认为这样做效果并不好。他的确有10%的空闲时间，这段时间对他完成文书工作和维护保养自己的设备很有帮助。然而，由于有很多维修任务要求，他经常很忙，并且仍有大量不满的客户等待设备维修。

> 技术服务代表需要空出一些时间来确保为顾客提供了满意的服务。

因此，约翰走上现在工作岗位的第一件事就是向公司的高级管理层反映这一情况。技术服务代表需要更多的空闲时间以确保为顾客提供及时的服务。他认为，顾客的反馈表明，公司没有做到以下承诺中的第（2）点和第（3）点：

（1）高质量的产品。
（2）高质量的服务。
（3）及时交货。

多年来，公司总裁一直在推广这三个承诺，因此他的建议得到了重视。除了继续降低成本外，约翰关于改变技术服务代表制度的意见得到了肯定，总结如下：

目前的制度：每一名技术服务代表所负责的区域内应该有足够多的设备，使得他们大约75%的时间在从事维修工作（或在到维修地点的路上）。连续工作时，一名技术服务代表平均一天应当能够维修4台设备（平均每台设备2小时，包括路上的时间）。因此，为了使顾客的等待时间最短，技术服务代表每一个工作日应平均接到3个维修电话。由于公司的设备每50个工作日就要进行一次维修，因此要为每一名技术服务代表负责的区域指定大约150台设备（包括新复印机和公司中办公用的其他打印复印机）。

在这一制度下，该公司目前拥有10 000名技术服务代表，每年总共需要支付薪水6亿美元（包括奖金）。

> 目前，每名技术服务代表负责的区域大约有150台设备，设备的维修工作占用了技术服务代表75%的时间。

高级管理层面临的问题

多年来，产品的成功使杜皮特公司一直保持着市场领先的地位，其最新产品尤为成功。这是一款彩色打印复印一体机，具有整理、装订以及传真的功能，是一种现代办公的高端一体机，其性能和价格优于所有其他公司销售的同类产品。这款产品的销售量已经超过了营销副总裁的乐观估计。

然而，产品的成功也带来了一些问题。以前的技术代表一直忙于维修公司办公室的其他复印机，现在这种新产品大大增加了他们的工作量。由于设备具有多种功能，它成了购买者办公室里的重要设备。一旦需要停机修理时，哪怕短短几个小时，客户都将难以开展工作。不幸的是，技术代表进行维修的平均等待时间大约需要 6 小时，而且一些等待时间甚至更长。因此，即使技术服务代表提供相同水平的服务，消费者也会产生抱怨。

为了应对这次危机，高级管理层召开了紧急会议，当事人约翰也参加了这次会议。他让同事们相信服务质量至少没有恶化。大家达成了共识：这是公司成功的代价。这种新设备对购买者的价值很大，因此它需要更高水平的服务。

> 公司新推出的打印－复印机成为了购买者办公室的重要工具，因此需要更高水平的服务来减少设备的故障时间。

在对如何满足客户需求进行了大量的讨论后，杜皮特公司的总裁建议采用以下四个步骤来解决这个问题：

（1）探索服务水平的新标准。
（2）开发一些满足这一标准的提案。
（3）让管理科学团队与约翰合作，详细分析这些提案，评估每一种方案的有效性和成本。
（4）组织高层管理人员再次开会讨论，确定最终方案。

大家都表示同意。

随后，议题转向了应当为服务水平设置怎样的新标准。约翰建议，针对该标准，首先要明确技术服务代表对顾客的维修需求做出反应之前顾客的平均等待时间，这个时间不应该超过一个最大值。客户关系经理同意这个建议，并认为这个平均等待时间不应超过 2 小时（制定标准前是 6 小时）。大家同意试一试 2 小时这个标准，最终标准在管理科学团队进行进一步分析后确定。

> 会议提出的建议是将服务开始之前的顾客等待时间从 6 小时降低到 2 小时。

建议的新服务标准：在技术服务代表开始前往顾客所在地修理设备之前，顾客的平均等待时间不应超过 2 小时。

可供选择的问题解决方案

在对如何达到服务标准进行了进一步的讨论后，会议做了总结。公司总裁要求那些提出建议的与会者继续思考他们的建议，他们如果认为自己的想法对解决这个问题特别有效，就可以提交一份支持其想法的备忘录。

最后，总裁收到了四份备忘录，分别如下：

约翰的提议：修改目前的政策，降低技术服务代表进行维修的期望工作时间所占百分比，包括减少分配给每一位技术服务代表的设备数量以及增加更多的技术服务代表。因此，每个技术服务代表将继续全权负责为特定区域提供服务，但现在每个这样的个人负责区域都是较小的区域。这样就可以保持过去运行良好的服务部门的工作方式，同时还可以提高服务水平满足市场上的新需求。

工程副总裁的提议：为技术服务代表提供新的装备，这样可以大大缩短所需的维修时间。尽管这样做成本很高，但是可以显著缩短平均维修时间。更重要的是，这样做能大大减小维修时间的波动，缩短维修的平均等待时间。

首席财务官的提议：将现在由一个技术代表负责的小区域变成由几个技术代表负责的大区域，在繁忙的时段通过团队支持可以大大缩短平均维修等待时间而不需要雇用新的技术服务代表。

营销副总裁的提议：给这种新的打印复印一体机的所有者优先接受维修服务的权利。服务不及时的抱怨主要来自这些设备的所有者，这种做法可能能够为他们提供所需的服务，同时也能满足其他顾客的需求。

总裁对现有的四种可选解决方案感到高兴。根据前面达成的决议，下一步将组建一个管理科学团队（三个公司内部成员以及一个外

> 管理科学团队将用排队模型来分析这四个建议。

部咨询顾问）与约翰协作，详细分析这些做法。他们将在六个星期后向高管层提供一份报告并推荐采用哪种做法。

在继续阅读之前，我们建议你思考一下这四种做法中哪种做法最可能成功，然后将你的结果与运用管理科学方法研究得到的结果进行比较。

管理科学团队的观点

管理科学团队很快发现排队论是分析这个问题的关键技术。每一名技术服务代表负责的区域可以被看作如下所述的基本排队系统。

每一名技术服务代表的排队系统
（1）**顾客**：需要修理的设备（新的复印机和公司其他的办公室照片复印机）。
（2）**顾客到达**：打给每一名技术服务代表的报修电话。
（3）**队列**：顾客所在地等待修理的设备。
（4）**服务者**：技术服务代表。
（5）**服务时间**：技术服务代表花在一台设备上的总时间，包括前往设备所在地的时间和维修时间（当技术服务代表开始前往设备所在地时，就视为这台设备离开队列进入服务系统）。

根据首席财务官提供的建议（扩大区域，每个区域由多名技术服务代表负责），这个单服务台系统就变为多服务台排队系统。

管理科学团队现在要决定哪一种排队模型能够适用于所有这四种做法的分析。在接下来几节中，我们将会介绍各种重要的排队模型。

问题回顾
1. 目前，公司的技术服务代表制度是什么？
2. 高级管理层面临的问题是什么？
3. 建议的新服务标准是什么？
4. 对于高级管理层面临的问题，有多少可供选择的解决方案？
5. 在对这个问题的排队系统表述中，什么是顾客？什么是服务台？

12.5 几种单服务台排队模型

利用第 12.1 节中介绍的排队模型要素的背景知识，本节主要讨论只有一个服务台的基本排队模型。本节（以及接下来的内容）将继续使用第 12.1 节介绍的主要符号：

$$\lambda = 到达排队系统的顾客平均到达率$$
$$= 单位时间期望到达顾客数$$
$$\mu = 平均服务率（对一个连续服务的服务台来说）$$
$$= 单位时间内期望服务完成量$$

另外，$1/\lambda$ 是期望到达间隔时间（连续两位顾客到达的平均间隔时间），$1/\mu$ 是对每一位顾客的期望服务时间。本节引入了一个新的符号：

$$\rho = \frac{\lambda}{\mu}$$

其中，ρ 是希腊字母。这个 ρ 值被称为**有效因子**（utilization factor），因为它代表了服务台用于服务顾客的平均时间比例。

在杜皮特公司的案例中，在目前的公司政策下，对于一名技术服务代表：

> 有效因子对排队系统的效率起着关键的作用。

λ = 每天平均到达 3 位顾客（需要修理的设备）

μ = 当技术服务代表连续工作时，平均每天完成 4 项服务（修理完成）

由于

$$\rho = \frac{3}{4} = 0.75$$

所以技术服务代表将 75% 的时间用于修理设备。

对于每一种排队模型，我们将考虑第 12.3 节中介绍的绩效度量指标。根据四个基本度量指标（L、L_q、W、W_q）之间的关系，包括利特尔公式，只要知道了四个值中的一个就能很容易地计算出其他三个值。因此，对于下面的模型，我们有时只集中讨论四个值中的一个。

$M/M/1$ 模型

使用第 12.1 节结尾处介绍的排队模型符号，$M/M/1$ 中的第一个符号（M）表示到达间隔时间服从的概率分布，第二个符号（M）表示服务时间服从的概率分布，第三个符号（1）给出了服务台的数量。由于 M 用来表示指数分布，$M/M/1$ 模型具有如下假设。

假设

（1）到达间隔时间服从均值为 $1/\lambda$ 的指数分布（参见图 12-3 以及第 12.1 节对该分布的介绍）。

（2）服务时间服从均值为 $1/\mu$ 的指数分布。

（3）排队系统只有一个服务台。

正如第 12.1 节所讨论的那样，第一个假设表示顾客随机到达。因此这个假设对实际排队系统通常是有效的。

第二个假设对于大多数服务时间很短（大大低于均值）而偶尔服务时间很长的排队系统也是恰当的。一些排队系统符合这个假设，但是有些系统却与之相差甚远。

与多服务台排队模型相比（将在第 12.6 节讨论）。$M/M/1$ 模型是应用最广泛的排队模型（有时甚至用于不满足第二个假设的情况），这主要是因为该模型提供了很多有用的结论。由于公式相对简单，我们将在下面给出所有的绩效度量指标。（这些度量指标都假设排队系统处于稳态。）

> 尽管第二个假设有时不太合理，但由于该模型提供了许多有用的结论，模型仍被广泛应用。

$M/M/1$ 模型的公式

根据公式 $\rho=\lambda/\mu$，系统中期望顾客数量的两个等价方程是：

$$L = \frac{\rho}{1-\rho} = \frac{\lambda}{\mu-\lambda}$$

根据利特尔公式（$L=\lambda W$），系统中的期望等待时间是：

$$W = \frac{1}{\lambda}L = \frac{1}{\mu - \lambda}$$

因此，队列中的期望等待时间（不包括服务时间）是：

$$W_q = W - \frac{1}{\mu} = \frac{1}{\mu - \lambda} - \frac{1}{\mu} = \frac{\mu - (\mu - \lambda)}{\mu(\mu - \lambda)} = \frac{\lambda}{\mu(\mu - \lambda)}$$

使用另一种形式的利特尔公式（$L_q = \lambda W_q$），队列中的期望顾客数（不包括正在接收服务的顾客）是：

$$L_q = \lambda W_q = \frac{\lambda^2}{\mu(\mu - \lambda)} = \frac{\rho^2}{1 - \rho}$$

即便是各种概率的公式也相对简单。系统中有 n 个顾客的概率是：

$$P_n = (1-\rho)\rho^n \quad n=0, 1, 2, \cdots$$

于是：

$$P_0 = (1-\rho)$$
$$P_1 = (1-\rho)\rho$$
$$P_2 = (1-\rho)\rho^2$$
$$\vdots$$

假设队列规则是先来先服务，系统中的等待时间超过时间 t 的概率是：

$$P(\mathscr{W} > t) = e^{-\mu(1-\rho)t}, t \geq 0$$

这里的 e（约等于 2.718）是数学中经常用到的一个特殊数值。

相应地，队列中的等待时间超过 t 的概率是：

$$P(\mathscr{W}_q > t) = \rho e^{-\mu(1-\rho)t}, t \geq 0$$

当一个顾客到达，而系统中没有其他顾客时，这个队列的等待时间是 0，所以：

$$P(\mathscr{W}_q = 0) = P_0 = 1 - \rho, t \geq 0$$

所有这些公式都假设服务台有一个可控的有效因子（$\rho = \lambda/\mu$）：

$$\rho < 1$$

（第 12.1 节中所有单服务台的基本排队系统模型都有这个假设。）如果 $\rho > 1$，平均到达率 λ 超过平均服务率 μ，则这个服务台无法跟上到达顾客的数量，那么这个排队系统永远无法达到稳态（当 $\rho = 1$ 时也是这样）。

一个有用的 Excel 模板

尽管 $M/M/1$ 模型的公式相对简单，但是其应用非常广泛。管理科学课件中有一个 $M/M/s$ 模型的 Excel 模板可用于计算这些绩效度量指标，包括计算等待时间的概率。如案例研究图 12-4 所示，你需要做的就是设置 $s=1$，然后确定 λ 和 μ 的值（如果你想要计算等待时间的概

> $M/M/s$ 模型的 Excel 模板设置 $s=1$，就可以应用于 $M/M/1$ 模型。

率，还需要设置 t 的值）。由于 λ 和 μ 是平均到达率和平均服务率的估计值，你可以使用各种可能的取值多次使用这个模板进行敏感度分析。仅需要几秒钟，你就可以获得所有你想要的结果。

应用 M/M/1 模型研究案例的当前制度

杜皮特公司的管理科学团队首先收集了一些技术服务代表的经验数据。他们将杜皮特公司目前对技术服务代表的工作量制度（期望他们在 75% 的时间里从事维修设备工作）作为要达到的目标。尽管不同的技术服务代表数据可能有波动，但一般情况下他们会在一天里接到 3 个维修电话。每一个维修任务平均花费 2 小时（包括到达服务地点的时间）。如果持续工作，他们能在一个 8 小时工作日中平均完成 4 个修理任务。这意味着在目前的制度下，对技术服务代表排队系统的最好估计（技术服务代表是服务台，待修设备是顾客）为平均到达率 $\lambda=3$ 位顾客 / 天，平均服务率 $\mu=4$ 位顾客 / 天（因此，$\rho=\dfrac{\lambda}{\mu}=0.75$）。其他的时间单位（如小时）也可以用于 λ 和 μ，但重要的是要使用统一的单位。

> 在目前的制度下，技术服务代表是排队系统中的服务台，顾客为待维修的设备。

工作组还得出结论，顾客到达（打维修电话）是随机发生的，因此 M/M/1 模型（到达间隔时间服从指数分布）的第一个假设在这种情形下是合理的。工作组对第二个假设（服务时间服从指数分布）不太肯定，因为总服务时间（维修时间加上到服务地点的时间）并不像指数分布所要求的那样短。但是，许多服务时间还是相当短的（低于平均值），只是偶尔会有服务时间非常长的情况。这十分符合指数分布的要求，因此工作组认为可以使用 M/M/1 模型来代表目前制度下的技术服务代表排队系统。

> 用 $\lambda=3$、$\mu=4$ 的 M/M/1 排队模型代表目前制度下的技术服务代表排队系统。

图 12-4 中的 Excel 模板显示了将这个模型中的各种公式应用于排队系统的结果。首先，让我们看一看 G 列顶端的结果。需要维修的设备的期望数量为 $L=3$。不包括正在维修的设备，等待维修的设备期望数量 $L_q=2.25$。一台设备的期望等待时间（从服务请求到维修结束）为 $W=1$ 天。不包括维修时间，服务开始前的期望等待时间是 $W_q=0.75$ 天，按照一天工作 8 小时计算，就是 6 小时（当技术服务代表开始前往设备所在地时，设备从队列进入服务台）。

在收集数据时，管理科学团队发现，在开始维修损坏的机器之前，顾客平均等待时间大约是 6 小时（也就是 3/4 个工作日，8 小时工作制）。这个时间符合由模型算出的 W_q 值，进一步证明了这个模型的有效性。

现在看一下 G 列中给出的 P_n（系统中有 n 位顾客的概率）的结果。当 $P_0=0.25$ 时，技术代表只会在 75% 的时间里忙于修理设备（正如有效因子 $\rho=0.75$ 所表明的那样）。由于 $P_0+P_1+P_2=0.58$，技术代表在超过一半的时间里不会有多于两台的设备需要修理（包括正在维修的设备）。然而，有些时候技术服务代表的工作量会很大。例如，$P_0+P_1+P_2+\cdots+P_7=0.9$，在这种情况下，技术服务代表需要在 10% 的时间里至少维修 8 台设备（大约是两天或更多天的工作量）。在各种随机因素的影响下（到达间隔时间和服务时间的巨大波动），尽管技术服务代表的有效因子为 0.75，大量的积压（以及众多不满意的顾客）还是会偶尔出现。

最后来看单元格 C8:C12 中的结果。设置 $t=1$，顾客在损坏的设备能够继续工作之前需要等待超过一天（8 小时）的概率为 $P(\mathcal{W}>1\text{ 天})=0.368$，维修前的等待时间超过一天的概率是 $P(\mathcal{W}_q>1\text{ 天})=0.276$。

根据上面这些结果，约翰深切地理解了为什么会产生这些抱怨。任何一个将这种新式打印复印一体机作为重要设备的顾客都不希望在设备得到维修前等待一天（甚至大半天）的时间。

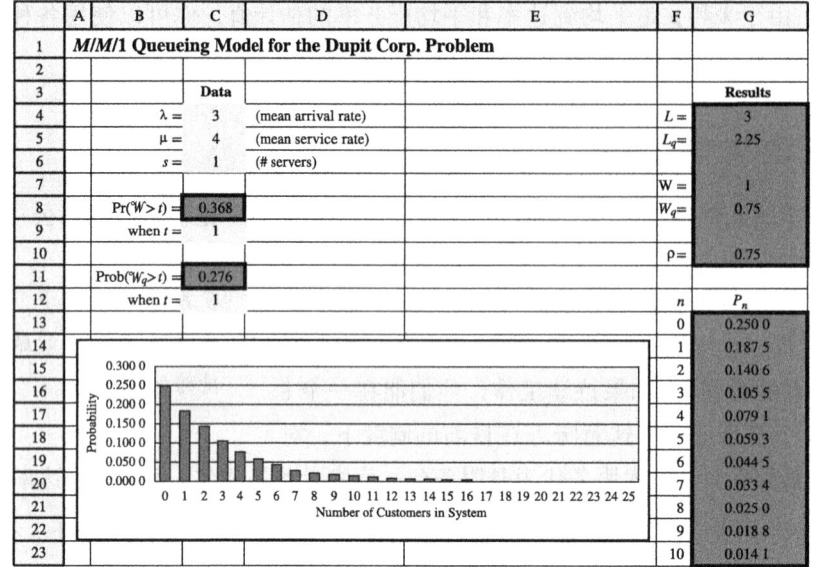

图 12-4 杜皮特公司案例的结果

注：图中的 Excel 模板显示了将 M/M/1 模型用于杜皮特公司案例的研究结果，其中 $\lambda=3$、$\mu=4$、$s=1$。M/M/1 模型的公式写在相应的输出单元格中，如该图底部所示。

应用 M/M/1 模型研究约翰建议的制度

现在，管理科学团队可以开始研究各种提议，以使每一次服务开始前的平均等待时间减少到 2 小时（0.25 个工作日）。因此，新的约束为：

$$W_q \leqslant 0.25$$

由约翰提出的第一个建议是修改目前的制度，降低技术服务代表的有效因子以适应新的服务标准。这就需要将指派给技术服务代表的大约 150 台设备减少到一个更小的数目。由于每一台设备平均每 50 个工作日需要修理一次，降低技术服务代表负责区域内的设备数量将导致平均到达率 λ 从 3 减少到：

$$\lambda = \frac{\text{指定给每一位技术代表的设备数}}{50}$$

μ 仍然为 4，λ 值的降低将导致有效因子 $\rho=\lambda/\mu$ 降低。

由于 λ 值的降低将导致 W_q 的降低，这使得 $W_q \leqslant 0.25$ 的最大 λ 值是使 $W_q=0.25$ 天的 λ 值。找出这个值的最容易的方法是用 Excel 模板进行试算，尝试各种 λ 值，直到找到一个使 $W_q=0.25$ 的值。图 12-5 显

为了满足新的标准，即 $W_q \leqslant 0.25$ 天，约翰建议将指派给技术服务代表的设备数从大约 150 台降低到一个较小的数目。

示了设置 $\lambda=2$ 后，由模板计算得到的 W_q 值（也可以使用 W_q 的公式代数求得 $\lambda=2$）。

	A	B	C	D	E	F	G
1		M/M/1 Queueing Model for John Phixitt's Approach (Reduce Machines/Rep)					
2							
3			Data				Results
4		$\lambda =$	2	(mean arrival rate)		$L =$	1
5		$\mu =$	4	(mean service rate)		$L_q =$	0.5
6		$s =$	1	(# servers)			
7						$W =$	0.5
8		Pr($W > t$) =	0.135			$W_q =$	0.25
9		when $t =$	1				
10						$\rho =$	0.5
11		Prob($W_q > t$) =	0.067 7				
12		when $t =$	1			n	P_n
13						0	0.5
14						1	0.25
15						2	0.125
16						3	0.062 5
17						4	0.031 3
18						5	0.015 6
19						6	0.007 81
20						7	0.003 91
21						8	0.001 95
22						9	0.000 98
23						10	0.000 49

图 12-5 用模板计算 W_q 值

注：对图 12-4 中的 Excel 模板的这一应用显示，当 $\mu=4$ 时（λ 从 3 变为 2），M/M/1 模型计算得到的开始服务之前的等待时间为 $W_q=0.25$ 天（这一结果满足杜皮特公司新服务标准的最大允许值）。

为了将 λ 从 3 降到 2，需要将指派给每一位技术服务代表负责的设备数量从 150 台减少到 100 台。100 台是满足 $W_q \leqslant 0.25$ 的最大值。在 $\lambda=2$、$\mu=4$ 的情况下，每一位技术服务代表的有效因子为：

$$\rho = \frac{\lambda}{\mu} = \frac{2}{4} = 0.5$$

> M/M/1 模型表明，使用约翰的方法，分配给每个技术代表的机器数量需要减少到 100 个。

前面介绍过，公司每年为将近 10 000 名技术服务代表提供接近 6 亿美元的工资（包括奖金）。若将指派给每名技术服务代表负责的设备从 150 台减少到 100 台，就要求公司再雇用大约 5 000 名技术服务代表，才能完成维修所有的设备。因此而增加的工资大约是每年 2.7 亿美元（略少于当前工资的一半，因为新的技术服务代表相比现有技术服务代表，资历较浅）。然而，根据管理科学团队的估计，雇用和培训新的技术服务代表、报销工作花费、提供工作设备以及增加更多的区域服务经理来管理这些技术服务代表的额外费用大约是每年 3 亿美元。

约翰的建议导致增加的总成本：每年大约 3 亿美元。

M/G/1 模型

这个模型与 M/M/1 模型的不同之处仅仅在于模型的第二个假设。

假设

（1）到达间隔时间服从均值为 $1/\lambda$ 的指数分布。

（2）服务时间可能服从任意形式的概率分布。你甚至不需要了解概率分布的具体形式，而仅仅估计出这个分布的均值（$1/\mu$）和标准差（σ）。

（3）排队系统是一个服务台。

由此可见，这是一个极为灵活的模型，只需要随机到达这一条件（等价于第一个假设）以及一个服务台，外加 λ、μ 和 σ 的估值。

> 你还需要估计 σ 的值，即服务时间的标准差。

M/G/1 模型的公式

根据公式 $\rho=\lambda/\mu$，可以得到该模型的如下公式：

$$P_0 = (1-\rho)$$

$$L_q = \frac{\lambda^2\sigma^2 + \rho^2}{2(1-\rho)}$$

$$L = L_q + \rho$$

$$W_q = \frac{L_q}{\lambda}$$

$$W = W_q + \frac{1}{\mu}$$

这些稳定状态下的绩效度量指标要求 $\rho<1$，从而保证排队系统达到稳定状态。

为了解释这些公式，假设服务时间服从均值为 $1/\mu$ 的指数分布，进而标准差为：

$$\sigma = 均值 = \frac{1}{\mu} \quad 适用于指数分布$$

代入计算 L_q 的计算公式：

$$L_q = \frac{\lambda^2\left(\frac{1}{\mu^2}\right) + \rho^2}{2(1-\rho)} = \frac{\rho^2 + \rho^2}{2(1-\rho)} = \frac{\rho^2}{1-\rho}$$

与 M/M/1 模型的结果一样。设定 $\sigma=1/\mu$，也可以将 L、W、W_q 的公式化简为 M/M/1 模型中给出的形式。事实上，M/M/1 模型是 M/G/1 模型在 $\sigma=1/\mu$ 时的一个特例（然而，M/M/1 模型能够得到一些不能由 M/G/1 模型得到的结论）。

M/G/1 模型的启示

M/G/1 模型的另一个重要特例是 M/D/1 模型，它假定服务时间分布是退化分布（固定服务时间）。因此：

$$\sigma=0 \quad 适用于退化分布$$

代入计算 L_q 的计算公式得：

$$L_q = \frac{\lambda^2(0) + \rho^2}{2(1-\rho)} = \frac{1}{2}\frac{\rho^2}{1-\rho}$$

该结果是 M/M/1 模型的一半。可以看出，从具有高变动性的服务时间分布（指数分布）到没有变动性的时间分布（退化分布）会使 L_q 显著减小。

L_q 的公式是一个极具启发性的公式，因为它比表格更清楚地反映了服务时间分布的波动对绩效度量指标的影响。在 λ、μ、ρ 不变的情况下，降低波动性（减小 σ）会显著降低 L_q。相同的情况也发生在 L、W、W_q 上。因此，服务台提供服务的稳定性对排队系统的表现有着关键影响。若要在两个平均服务速度相同（都为 $1/\mu$）的服务台中选一个，显然波动性较小（σ 值较小）的一个要好于另一个（我们将在第 12.8 节中进一步探讨这一问题）。

考虑到对允许任意服务时间分布的模型分析的复杂性，用这样一个简单的公式获得 L_q 是很了不起的。M/G/1 模型计算简便，在现实中

> 降低服务时间的波动性，会使 L_q、L、W 以及 W_q 的值明显降低。

广泛应用，使得这个公式成为排队论在现实中最重要的结论之一。计算 L_q（以及对应的 W_q）的公式通常被称为波拉克查克－辛特查尼（Pollaczek-Khintchine）公式，以两位排队论先驱的名字命名，他们在 20 世纪 30 年代分别独立地推导出了这个公式。

应用 M/G/1 模型研究工程副总裁提出的建议

杜皮特公司的工程副总裁建议为技术服务代表提供新设备，从而更快地完成原本需要较长时间的维修工作。这么做会使平均维修时间有所降低，也会大大减小维修时间的波动性。

管理科学团队从这位工程副总裁那里获得了更多的信息并进行了进一步分析后，对这种方法给服务时间分布带来的影响进行了如下估计：

平均值将从 1/4 工作日减少到 1/5 工作日

标准差将从 1/4 工作日减少到 1/10 工作日

从而，标准差将会从之前的平均值（对于指数分布）下降到只有新平均值的一半。由于 $\mu=1/$ 均值，我们用 $\mu=5$ 替代 $\mu=4$。

> 工程副总裁建议的新设备将会明显的减小服务时间分布的标准差。
>
> M/G/1 模型表明，这种方法很容易满足拟议的新服务标准。

图 12-6 显示了当 $\sigma=0.1$ 的情况下，管理科学课件中的 M/G/1 模型的 Excel 模板计算的结果。注意到 $W_q=0.188$，与当前政策下的 $W_q=0.75$ 相比，这一巨大的下降很大程度上归功于 σ 的大幅下降。如果服务时间分布还是指数分布，将 μ 从 4 上调到 5，将会使 W_q 从 0.75 减少到 0.3。从 0.3 到 0.188 的进一步减小归因于服务时间波动的大幅降低。

	A	B	C	D	E	F	G
1		**M/G/1 Model for VP of Engineering's Approach (New Equipment)**					
2							
3			**Data**				**Results**
4		$\lambda=$	3	(mean arrival rate)		$L=$	1.163
5		$1/\mu=$	0.2	(expected service time)		$L_q=$	0.563
6		$\sigma=$	0.1	(standard deviation)			
7		$s=$	1	(# servers)		$W=$	0.388
8						$W_q=$	0.188
9							
10						$\rho=$	0.6
11							
12						$P_0=$	0.4

Range Name	Cell
L	G4
Lambda	C4
L_q	G5
OneOverMu	C5
Rho	G10
s	C7
Sigma	C6
W	G7
W_q	G8

	F	G
4	$L=$	=L_q+Rho
5	$L_q=$	=((Lambda^2)*(Sigma^2)+(Rho^2))/(2*(1-Rho))
6		
7	$W=$	=W_q+OneOverMu
8	$W_q=$	=L_q/Lambda
9		
10	$\rho=$	=Lambda*OneOverMu
11		
12	$P_0=$	=1-Rho

图 12-6 M/G/1 模型应用的结果

注：图中显示了将 M/G/1 模型的 Excel 模板应用于杜皮特公司工程副总裁的建议而得到的结果。

回忆一下建议的新服务标准是 $W_q \leq 0.25$。因此，工程总裁建议的做法能够满足这个标准。不幸的是，管理科学团队认为这一做法的成本同样很高，总结如下：

工程副总裁的建议导致增加的总成本：一次性成本大约是 5 亿美元（为每一名技术服务代表提供价值大约为 5 万美元的新装备）。

问题回顾

1. 符号 λ 和 μ 表示什么，$1/\lambda$ 和 $1/\mu$ 呢？ρ 呢？
2. $M/M/1$ 模型有哪些假设？
3. $M/M/1$ 模型可以得到哪些绩效度量指标（包括预期值和概率）的公式？
4. 什么样的 ρ 值是能够使单服务台排队系统达到稳态的可控有效因子？
5. 在杜皮特公司目前的状态下，从设备损坏到维修开始的顾客平均等待时间有多长？
6. 若通过减少每一位技术服务代表负责的设备数来使平均等待时间降低到 1/4 天，杜皮特公司将为此花费多少钱？
7. $M/G/1$ 模型与 $M/M/1$ 模型有哪些区别？
8. $M/G/1$ 模型假设服务时间服从什么分布？
9. 对于 $M/G/1$ 模型，降低服务时间的标准差对 L、L_q、W、W_q 有什么影响？
10. 杜皮特公司工程副总裁提出的建议会使总成本增加多少？

应用实例

多年来，通用汽车公司一直占据着世界最大汽车生产商的地位。然而，20 世纪 80 年代末以来，通用汽车的生产率在这一产业中几乎是最低的，公司的地位也因为来自国外竞争者日益激烈的竞争而持续受到侵蚀。

为了应对来自国外的竞争，通用汽车管理层在多年前就启动了一项长期的管理科学研究，以预测并改善公司在全球的数百条生产线的生产绩效，从而大幅提高公司的生产运作效率，并因此为通用汽车带来战略竞争优势。

这一项目中使用的最重要的分析工具便是复杂的排队模型，该模型使用单服务台作为基础。总体模型从一个两工作站生产线开始，其中每个工作站都被看成一个单服务台排队系统，具有不变的到达时间间隔和不变的服务时间，但存在着以下例外。每一个工作站的服务台（通常是一台机器）偶尔会出现故障，在维修完成前不能恢复服务。当第一个工作站的服务台完成服务但两个工作站之间的缓冲库存满了之后，第一个工作站的服务台也会停止服务。当第二个工作站的服务台完成服务但没有收到来自第一个工作站的任务时，第二个工作站的服务台也会停止工作。

分析的下一步是将两个工作站生产线的排队模型扩展成为拥有任意数量工作站的排队模型。然后用这个更大的排队模型来分析如何设计生产线以使其产量最大化（后面两章介绍的计算机仿真技术可以对相对复杂的生产线进行这种分析）。

排队论（以及计算机仿真）的这一应用，再加上辅助性的数据收集系统，为通用汽车公司带来了相当大的收益。根据一些权威的产业研究报告，通用汽车公司中那些曾经生产率最低的工厂现在名列前茅。1991～2004 年，分布在 10 个国家的 30 多家汽车厂生产率的提高每年为通用汽车公司带来了 21 亿美元的成本节约以及收入增长（每年平均超过 1.5 亿美元）。在 2009 年的大萧条时期，通用公司几近破产，然而其工厂的卓越生产能力正是其在 2011 年重新成为世界最大汽车制造商的重要因素。

通用汽车公司对管理科学的这一创新应用使其在 2005 年荣获弗朗兹·埃德尔曼奖一等奖（该奖项用以表彰在运筹学与管理科学领域的成就）。

资料来源：J.M.Alden, L.D.Burns, T. Costy, R.D.Hutton, C.A.Jackson, D.S.Kim, K.A.Kohls, J.H.Owen, M.A.Turnquist, and D.J.Vander Veen, "General Motors Increases Its Production Throughput," Interfaces36, no.1 (January–February 2006), pp.6–25. (A link to this article is provided at www.mhhe.com/Hillier6e)

12.6 几种多服务台排队模型

许多排队系统有不止一个服务台，所以现在让我们将注意力转移到多服务台排队模型。我们将讨论上一节中介绍的单服务台模型的哪些结论仍适用于多服务台模型。

回忆一下，排队模型中的第三个符号代表服务台的个数。例如 $M/M/2$ 模型有两个服务台。$M/M/s$ 模型允许选择任意数量的服务台，这里的 s 代表服务台的数量。

此外，我们介绍过 $\rho = \dfrac{\lambda}{\mu}$ 是单服务台模型中的有效因子。在多服务台的情形下，该符号的公式变成了：

$$\rho = \frac{\lambda}{s\mu} \quad \text{（有效因子）}$$

其中，λ 仍然是平均到达率（$1/\lambda$ 仍是期望到达间隔时间），μ 仍然是一个连续工作的服务台平均服务率（$1/\mu$ 仍是期望服务时间）。这些模型假设所有服务台都具有相同的服务时间分布，所以对于所有的服务台来说 μ 是相同的。由于

λ = 单位时间期望到达顾客数

$s\mu$ = 当所有 s 个服务台都连续工作时，单位时间期望服务完成量

$\rho = \lambda/s\mu$ 是每一个单独的服务台都为顾客提供服务时花在服务上的平均时间。

为了使服务台都有一个可控的有效因子，我们仍然要求：

$$\rho < 1$$

> 和单服务台排队系统一样，有效因子 ρ 仍是每个服务台用来服务顾客的平均时间。

第 12.1 节中介绍的所有基本的多服务台排队模型都具有这个假设，以使排队系统能够达到稳态。

在前面介绍的三种单服务台排队模型（$M/M/1$、$M/G/1$、$M/D/1$）中，只有 $M/G/1$ 模型对应的多服务台模型没有任何有实用价值的分析结论。而且将多服务台模型与允许任意服务时间分布结合起来分析处理会过于复杂。

我们从 $M/M/s$ 模型开始，并将其应用到杜皮特公司的案例研究中，然后介绍一些关于 $M/D/s$ 模型的有限结论。

$M/M/s$ 模型

除了最后一个假设外，所有假设都与 $M/M/1$ 相同。

假设

（1）到达间隔时间服从均值为 $1/\lambda$ 的指数分布。
（2）服务时间服从均值为 $1/\mu$ 的指数分布。
（3）排队系统可以选择任意数量的服务台（用 s 表示）。

$M/M/1$ 模型的所有绩效度量指标（包括概率）的公式都可以外推应用于 $M/M/s$ 模型。然而，当 $s>1$ 时，公式过于复杂，很难手工计算。因此你应当使用 $M/M/s$ 模型的 Excel 模板（如图 12-4 和图 12-5 所示）来计算所有的结果。

另一个选择是使用图 12-7，图中显示了不同的 s 值对应的 L 和有效因子之间的关系（注意，图中纵轴使用的是对数坐标，你需要根据刻度确定数轴上的值）。通过估计图中 L 的值，你可以根据利特尔公式（$L=\lambda W$ 和 $L_q=\lambda W_q$）以及 $W=W_q+1/\mu$ 来计算 W、W_q 和 L_q。

> Excel 模板提供了 $M/M/s$ 模型的绩效度量指标，如同第 12.5 节中对 $M/M/1$ 模型的描述一样。

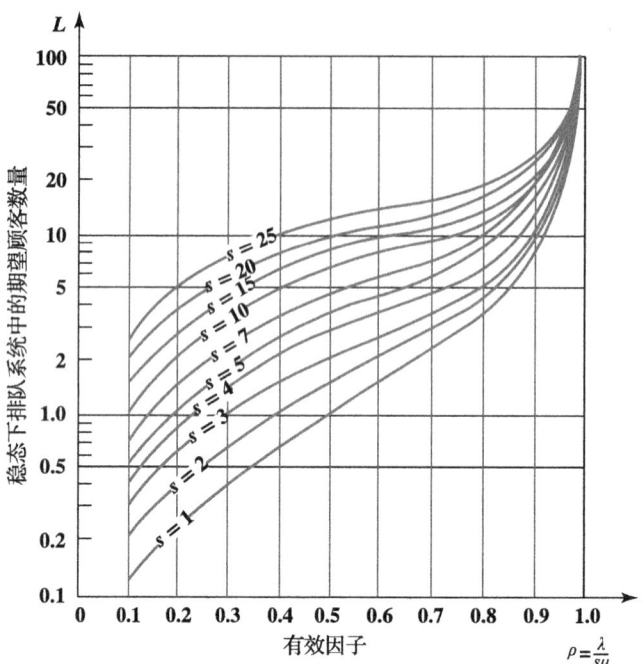

图 12-7 $M/M/s$ 模型中，不同服务台数量 s 对应的 L 值

应用这些模型研究首席财务官的提议

杜皮特公司的首席财务官建议将目前由单人负责的服务区域合并成一些较大的区域，由多名技术服务代表一起提供服务。这样做的目的是在不改变目前技术服务代表人数的情况下，将目前的 W_q 值（W_q=0.75 天）降低到可以满足新服务标准的水平（$W_q \leq 0.25$ 天）。

首先，让我们考虑为每个区域配备两名技术服务代表的情况。

有两名技术服务代表的区域

设备数：300（原来是 150）

平均到达率：λ=6（原来 λ=3）

平均服务率：μ=4（与原来相同）

服务台数：s=2（原来 s=1）

有效因子：$\rho = \dfrac{\lambda}{s\mu} = 0.75$（与原来相同）

将这些数据应用于 $M/M/s$ 模型的 Excel 模板，得到的结果如图 12-8 所示，包括 W_q=0.321 天。（图中没有给出输出单元格内的公式，因为它们非常复杂，但你可以在本章的 Excel 文件中看到这些公式。）

这大大改善了 W_q 的值（原来 W_q=0.75 天），但还没有满足 $W_q \leq 0.25$ 天的服务标准。所以，下面让我们看看为每个区域配备三名技术服务代表会出现什么情况。

有三名技术服务代表的区域

设备数：450（原来是 150）

平均到达率：λ=9（原来 λ=3）

平均服务率：μ=4（与原来相同）

服务台数：s=3（原来 s=1）

有效因子：$\rho = \dfrac{\lambda}{s\mu} = 0.75$（与过去相同）

	A	B	C	D	E	F	G
1		$M/M/s$ Model for CFO's Approach (Combine into Teams of Two)					
2							
3			Data				Results
4		$\lambda =$	6	(mean arrival rate)		$L =$	3.429
5		$\mu =$	4	(mean service rate)		$L_q =$	1.929
6		$s =$	2	(# servers)			
7						$W =$	0.571
8		$\Pr(W > t) =$	0.169			$W_q =$	0.321
9		when $t =$	1				
10						$\rho =$	0.75
11		$\text{Prob}(W_q > t) =$	0.087				
12		when $t =$	1			n	P_n
13						0	0.142 9
14						1	0.214 3
15						2	0.160 7
16						3	0.120 5
17						4	0.090 4
18						5	0.067 8
19						6	0.050 9
20						7	0.038 1
21						8	0.028 6
22						9	0.021 5
23						10	0.016 1

图 12-8 两名技术服务代表的 Excel 模板

注：图中显示了将 M/M/s 模型的 Excel 模板应用于杜皮特公司首席财务官的建议，为每个区域配备两名技术服务代表的结果。

在这个有效因子下，图 12-7 表明 L 的值非常接近 4。将 4 作为近似值，使用第 12.3 节中的公式（包括利特尔公式）得到：

$$W = \frac{L}{\lambda} = \frac{4}{9} = 0.44 \text{天}$$

$$W_q = W - 1/\mu = 0.44 - 0.25 = 0.19 \text{天}$$

图 12-9 中的 Excel 模板给出了更精确的结果，$L=3.953$，$W_q=0.189$ 天。由于一个工作日是 8 小时，因此期望等待时间是 1 小时 30 分钟。

> $M/M/s$ 模型表明，通过将三个单人区域合并为一个由三个人负责的大区域可以很容易地满足建议的新服务标准。

	A	B	C	D	E	F	G
1		$M/M/s$ Model for CFO's Approach (Combine into Teams of Three)					
2							
3			Data				Results
4		$\lambda =$	9	(mean arrival rate)		$L =$	3.953 3
5		$\mu =$	4	(mean service rate)		$L_q =$	1.703 3
6		$s =$	3	(# servers)			
7						$W =$	0.439 3
8		$\Pr(W > t) =$	0.089 8			$W_q =$	0.189 3
9		when $t =$	1				
10						$\rho =$	0.75
11		$\text{Prob}(W_q > t) =$	0.028 3				
12		when $t =$	1			n	P_n
13						0	0.074 8
14						1	0.168 2
15						2	0.189 3
16						3	0.141 9
17						4	0.106 5
18						5	0.079 8
19						6	0.059 9
20						7	0.044 9
21						8	0.033 7
22						9	0.025 3
23						10	0.018 9

图 12-9 三名技术服务代表的 Excel 模版

注：将图 12-8 中每个区域的技术服代表数设置为三名后，Excel 模板计算的结果。

由此可见，三人区域可以容易地满足新的服务标准 $W_q \leq 0.25$ 天（2 小时）。即使这种大区域可能会增加技术服务代表的在途时间，它仍可以轻松地满足标准。

表 12-5 总结了每一个区域有一名、两名、三名技术服务代表的数据。注意到，在不改变有效因子的情况下，W_q 的值随着技术服务代表（服务台）数量的增加而快速下降。$s=2$ 时的 W_q 值比 $s=1$ 时的一半还小，而 $s=3$ 时的 W_q 值大约是 $s=1$ 时的 1/4。

表 12-5　杜皮特公司问题各种服务区域对应 W_q 值的比较

技术服务代表数	设备数	λ	μ	s	ρ	W_q
1	150	3	4	1	0.75	0.75 工作日（6 小时）
2	300	6	4	2	0.75	0.321 工作日（2.57 小时）
3	450	9	4	3	0.75	0.189 工作日（1.51 小时）

这些结果表明，为每一个区域配备四名甚至更多的技术服务代表将会进一步降低 W_q 的值。然而，增大服务区域的做法也有不足之处。一是可能大大增加技术服务代表前往设备所在地花费的平均在途时间。但只合并两名或三名技术服务代表的区域时，由于技术服务代表可以根据维修地点的位置分配维修任务，进行有效合作，因此平均在途时间并不会增加多少。然而对于更大的服务区域中更多的技术服务代表而言，这种工作方式会比较困难。因为前往维修地点的时间也是维修时间的一部分，当技术服务代表的数量多于三个时，平均服务率 μ 会比图 12-5 中显示的 4 台设备有所下降。对于任何给定的技术服务代表数量，减少 μ 会增加 W_q。因此，并不能确定将每一个区域的技术服务代表增加到三名以上时，W_q 的值会进一步下降多少。

> 将过多的技术服务代表所负责的区域合并会引起其他问题。

在一个区域分配大量技术服务代表也是有很多缺点的。技术服务代表之间的协调变得更加困难。当顾客面对那么多不同的技术服务代表时，也会失去接受个性化服务的感觉。并且技术服务代表也丧失了管理各自的区域以及面对他们"自己的"顾客的自豪感。技术服务代表之间个人或工作上的摩擦也会因为他们在同一个区域工作而产生。在更大的团队中，这种摩擦出现的概率会增大。

由于所有这些原因，约翰得出结论：通常情况下，为每一个区域指派三名技术服务代表是一种折中方案，可以达到最小化大区域的缺点与降低 W_q 值满足新标准要求之间的折中。

结论：当把三个相邻的单个技术服务代表负责的区域合并为一个大区域，由三名技术服务代表共同提供服务时，首席财务官建议的做法将能够满足新服务标准的要求（$W_q \leq 0.25$ 天）。由于技术服务代表的总量不变，这个做法不会增加成本。为了使不利影响降到最低程度，每个区域的技术服务代表不应超过三名。

M/D/s 模型

一些排队系统中的服务时间并不像 M/M/s 模型假设的那么长。在一些情形中，服务时间是固定的（或者几乎没有波动）。M/D/s 模型就是为这种情形设计的。

假设：除服务时间为固定值外，其他所有假设与 M/M/s 模型相同。固定的服务时间为 $1/\mu$（即具有退化时间分布，模型中用 D 表示）。

当为每一位顾客服务的时间相同时，服务时间就是固定值。当服务台是机器设备时，服务时间就可能完全没有波动。当服务台是人，为所有顾客提供相同的常规服务时，服务时间也可以合理地近似为固定值。

> 如同单服务台一样，减小服务时间的波动能够大大提高多服务台排队系统服务效率。

在前面的小节中，我们发现当 $s=1$ 时，M/D/1 模型的 L_q 值仅是 M/M/1 模型的一半。当 $s>1$ 时，两个多服务台模型之间也有着类似的 L_q 值的差异（特别是在有效因子 ρ 较大的时候）。这两个模型的 L、W、W_q 值也有很大差异。

这些明显的差异意味着使用恰当的排队系统模型十分重要。由于 $M/M/s$ 模型是最简单的一种，因此在大多数情况下人们会使用这个模型。然而，在服务时间没有波动或者波动很小的情况下使用这个模型会引起一些绩效度量指标的显著误差。

计算 $M/D/s$ 模型的各种绩效度量指标要比 $M/M/s$ 模型复杂得多，因此在 $s>1$ 的情况下没有可以使用的 Excel 模板。然而，一些特定的方法可以用来计算这些指标。图 12-10 显示了许多 s 值对应的 ρ 和 L 的关系。其他的主要指标（L_q、W、W_q）可以通过利特尔公式根据 L 计算得到（第 12.3 节介绍的公式）。

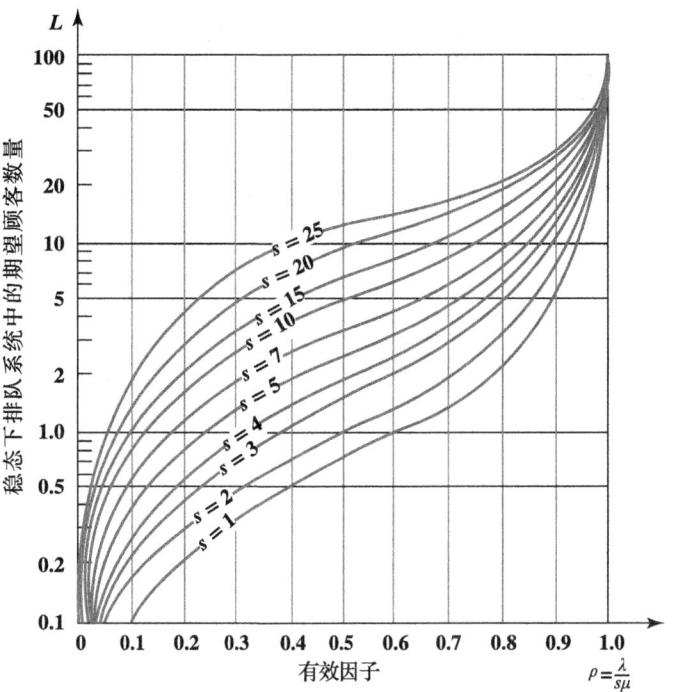

图 12-10 $M/D/s$ 模型中不同服务台数 s 对应的 L 值

问题回顾

1. 多服务台模型中计算有效因子 ρ 的公式是什么？从服务台利用时间的角度解释 ρ 的含义？
2. 什么样的 ρ 值对应的服务台具有可控的能够使系统达到稳态的有效因子？
3. 是否有一些只适用于 $M/M/1$ 模型而不适用于 $M/M/s$ 模型的绩效度量指标？
4. 为了满足杜皮特公司新的服务标准，需要将多少个由单个技术服务代表负责的区域合并为一个较大的区域？
5. 比较 $M/M/s$、$M/D/s$ 模型服务时间的波动。

12.7 有优先权的排队模型

到目前为止，我们介绍的所有排队模型都假设顾客遵从"先到先服务"的原则，但并不是所有的排队系统都是这样运作的。在一些系统中，比较重要的顾客可以在已经等待了很长时间的其他顾客之前得到服务。管理层可能会给特定的顾客相对较高的优先权。在一些情况中，排队系统中的顾客是要完成的工作，而不同工作的不同截止期限决定了顾客接受服务的顺序，紧急工作需要在常规工作之前进行。

> 当高优先级客户的服务优先于等待更长时间的其他客户时，使用优先级排队模型。

医院的急诊室是一个自动使用优先权的排队系统的例子。情况危急的患者将在已经等候多时的普通患者之前接受治疗。

这种排队系统的模型一般具有以下假设。

> 有优先权的排队模型用于比较重要的顾客可以在已经等待了很长时间的其他顾客之前得到服务的情况。

一般假设

（1）有两类或更多类型的顾客。每一类顾客都具有一个**优先级**（priority class）。优先级 1 的顾客将比优先级 2 的顾客先接受服务。如果优先级多于两个，优先级 2 的顾客可优先于优先级 3 的顾客获得服务，以此类推。

（2）除了让较高优先级的顾客优先接受服务外，同一优先级内的顾客服从"先到先服务"的规则。因此，在一个优先级内接受服务的优先权是以已经在排队系统中花费的等待时间为基础的。

如下所述，有两种类型的优先权：

无强制优先规则（nonpreemptive priorities）：当一个服务台开始为一个顾客提供服务时，服务必须在不被打断的情况下完成，即便在服务过程中有更高优先级的顾客到来也是如此。然而，这个服务一旦完成，如果队列中有顾客，将根据优先级从中选出一个顾客进行服务。被选中的顾客是具有最高优先级的顾客中等待时间最长的一个。

强制优先规则（preemptive priorities）：当一个具有优先权的顾客进入排队系统时，正在接受服务的最低优先级的顾客被挤出（退回到队列中）。于是一个服务台空闲，可以为这个新到达的顾客提供服务。当一个服务台成功完成了一次服务后，选择下一个接受服务的顾客的规则与上面无强制优先规则描述的相同（被挤出的顾客成为具有相同优先级的顾客中等待时间最长的一个，因此他有希望再次接受服务，可能在经过被挤出后最终完成此次服务）。

下面将分别介绍每种优先级的一个基本排队模型。

强制优先规则的排队模型

除了上面给出的一般假设外，这个模型还做出了如下假设。

附加假设

（1）强制优先级如上所述（用 n 来表示优先级数）。
（2）对于优先级 i ($i=1, 2, \cdots, n$)，这个级别顾客到达的间隔时间服从均值为 $1/\lambda$ 的指数分布。
（3）不管优先级为多少，所有服务时间都服从均值为 $1/\mu$ 的指数分布。
（4）排队系统有一个服务台。

因此除了强制优先级使问题变得复杂外，其他假设都与 M/M/1 模型相同。

> 该模型除了使用强制优先级外，其余的与 M/M/1 模型相同。

由于 λ_i 是优先级为 i ($i=1, 2, \cdots, n$) 的顾客的平均到达率，$\lambda=\lambda_1+\lambda_2+\cdots+\lambda_n$ 是所有顾客的总平均到达率。因此，这个服务台的有效因子为：

$$\rho = \frac{\lambda_1 + \lambda_2 + \cdots + \lambda_n}{\mu}$$

与前面的模型一样，为了使所有优先级的排队系统都可以达到稳态，要求 $\rho<1$。

使用优先级是为了缩短高优先级顾客的等待时间，这样做的代价是增加了低优先级顾客的等待时间。

假设 $\rho<1$，可以通过公式计算出每一个优先级的主要绩效度量指标（L、L_q、W、W_q）。你可以通过 www.mhhe.com/Hillier6 网站上的 Excel 模板快速地计算出这些结果。

无强制优先规则的排队模型

除了上面给出的一般假设外，该模型还具有如下假设。

附加假设

（1）无强制优先级如前所述（同样用 n 来表示优先级数）。
（2）与强制优先排队模型第二个假设相同。
（3）与强制优先排队模型第三个假设相同。
（4）排队系统可以有任意数量的服务台。

除了无强制优先级外，模型的其他假设与 $M/M/s$ 模型相同。

服务台的有效因子为：

$$\rho = \frac{\lambda_1 + \lambda_2 + \cdots + \lambda_n}{s\mu}$$

> 该模型除了无强制优先级外，其余的与 $M/M/s$ 模型相同。

同样需要 $\rho<1$ 以使所有优先级的排队系统都可以达到稳态。

与前面一样，我们可以使用 www.mhhe.com/Hillier6 网站上的 Excel 模板计算每一个优先级的主要绩效度量指标。

将无强制优先规则的排队模型应用于营销副总裁的提议

现在让我们来介绍杜皮特公司管理科学团队讨论的第四种提议。营销副总裁建议给予打印复印一体机高于其他设备的接受服务优先权。换句话说，当一名技术服务代表完成一项修理任务后，若同时有打印复印一体机和其他设备等待修理，技术代表将选择打印复印一体机（其中等待时间最长的一台）进行维修，即便其他的设备等待的时间更长。

这个建议的根据是打印复印一体机拥有很多关键功能，如果这台设备的停机维修时间和其他设备一样长，对于其拥有者来说也是不可忍受的。事实上，当和其他设备等待维修时间一样长时，关于超时维修等待的抱怨几乎都来自这些设备的拥有者。因此，营销副总裁认为只需将建议的新服务标准（$W_q \leq 2$ 小时）应用于打印复印机一体机。使这种设备优先接受服务，有希望在满足新服务标准的同时仍为其他设备提供满意的服务。

> 营销副总裁建议，只将新的服务标准应用于打印复印一体机，给予它们优先维修权。

为了分析这个建议，管理科学团队使用了无强制优先规则的排队模型。设置两个优先级：

优先级 1：新的打印复印一体机。
优先级 2：其他机器（旧的打印机）。

这就体现出了每一名技术服务代表负责区域内的排队系统中的两类顾客（需要修理的设备）的区别。为了确定两个优先级的顾客平均到达率（由 λ_1、λ_2 表示），工作小组了解到目前分配给技术服务代表的设备中大约有 1/3 是打印复印一体机。每一台一体机需要维修服务的频率与其他设备大致相同（约每 50 个工作日一次）。由于单个技术服务代表负责的区域中所有设备的总平均到达率是每天 3 台设备，故：

$\lambda_1 =$ 每个工作日 1 位顾客（打印复印一体机）　　（现在）
$\lambda_2 =$ 每个工作日 2 位顾客（其他机器）　　（现在）

然而，几年内打印复印一体机的比例会逐渐上升到顶峰，增加量为现在的一半左右。在这种情况下，平均到达率会变为：

$\lambda_1 =$ 每个工作日 1.5 位顾客（打印复印一体机）　　（以后）
$\lambda_2 =$ 每个工作日 1.5 位顾客（其他机器）　　（以后）

采用优先级制度后，每一名技术服务代表的平均服务率不变，因此对其最好的估计仍是 $\mu=4$ 位顾客。在目前公司的制度下，每一个区域的排队系统有一个服务台（$s=1$）。不论现在还是以后（$\lambda_1+\lambda_2$）=3，有效因子的值始终是：

$$\rho = \frac{\lambda_1 + \lambda_2}{s\mu} = \frac{3}{4}$$

图 12-11 展示了针对目前的排队系统应用 Excel 模板计算出的结果（$\lambda_1=1$、$\lambda_2=2$）。图 12-12 展示了这个系统预期以后情况的计算结果（$\lambda_1=1.5$、$\lambda_2=1.5$）。

	A	B	C	D	E	F	G
1		**Nonpreemptive Priorities Model for VP of Marketing's Approach**					
2		(Current Arrival Rates)					
3							
4		$n =$	2	(# of priority classes)			
5		$\mu =$	4	(mean service rate)			
6		$s =$	1	(# servers)			
7							
8							
9			λ_i	L	L_q	W	W_q
10		Priority Class 1	1	0.5	0.25	0.5	0.25
11		Priority Class 2	2	2.5	2	1.25	1
12							
13							
14							
15							
16		$\lambda =$	3				
17		$\rho =$	0.75				

图 12-11　无强制优先规则的 Excel 模板的结果

注：图中显示的 Excel 模板将无强制优先规则排队模型应用于杜皮特公司营销副总裁的建议，赋予打印复印一体机优先权之后的结果。

	A	B	C	D	E	F	G
1		**Nonpreemptive Priorities Model for VP of Marketing's Approach**					
2		(Future Arrival Rates)					
3							
4		$n =$	2	(# of priority classes)			
5		$\mu =$	4	(mean service rate)			
6		$s =$	1	(# servers)			
7							
8							
9			λ_i	L	L_q	W	W_q
10		Priority Class 1	1.5	0.825	0.45	0.55	0.3
11		Priority Class 2	1.5	2.175	1.8	1.45	1.2
12							
13							
14							
15							
16		$\lambda =$	3				
17		$\rho =$	0.75				

图 12-12　将相同的模型应用于未来的杜皮特公司问题后，对图 12-11 的修改

管理科学团队对 W_q 的值（系统中的期望等待时间）非常感兴趣。这些值在两张图的最后一列给出，在表 12-6 中进行了总结。表的第一列来自图 12-11，第二列来自图 12-12。

对于打印复印一体机来说，现在 $W_q=0.25$ 工作日能够勉强满足建议的新服务标准 $W_q \leq 0.25$ 工作日。但是，以后这个期望等待时间将会变为 0.3 个工作日。因此，这种做法将不能满足要求。而且，对其他设备服务开始前的期望等待时间现在是 $W_q=1$ 工作日，以后会变成 $W_q=1.2$ 工作日。平均等待时间比目前政策下的 $W_q=0.75$ 工作日（见图 12-4）长很多，可能会招致大量顾客的不满。

表 12-5 表明，将单个技术服务代表负责的区域合并为一个较大的区域对缩短期望等待时间有很大作用。因此管理科学团队决定在无强制优先规则下将两种方法结合起来。

> 由于强制优先规则并没有起到很大的作用（特别是在未来），我们尝试一下合并单个技术服务代表负责的区域。

将由两名技术服务代表分别负责的两个区域合并为一个由两名技术服务代表共同负责的区域,将使新区域内每一个优先级(λ_1、λ_2)的平均到达率翻倍。由于技术服务代表的人数也是原来的2倍(从 $s=1$ 到 $s=2$),而 μ(每一个服务台的平均服务率)没有发生变化,因此有效因子 ρ 也没变。这些现在和以后的值显示在表12-6的第三列和第四列中。然后,使用无强制优先规则排队模型得到最后两列的期望等待时间。

表12-6 无强制优先规则应用于杜皮特公司问题时的期望等待时间 *

s	时间	λ_1	λ_2	μ	ρ	打印复印机的 W_q	其他设备的 W_q
1	现在	1	2	4	0.75	0.25 工作日(2 小时)	1 工作日(8 小时)
1	以后	1.5	1.5	4	0.75	0.3 工作日(2.4 小时)	1.2 工作日(9.6 小时)
2	现在	2	4	4	0.75	0.107 工作日(0.86 小时)	0.429 工作日(3.43 小时)
2	以后	3	3	4	0.75	0.129 工作日(1.03 小时)	0.512 工作日(4.11 小时)
3	现在	3	6	4	0.75	0.063 工作日(0.50 小时)	0.252 工作日(2.02 小时)
3	以后	4.5	4.5	4	0.75	0.076 工作日(0.61 小时)	0.303 工作日(2.42 小时)

注:* 这些时间的单位是工作日,每个工作日8小时,然后将工作日转化为小时。

从 $s=1$ 到 $s=2$,W_q 值大幅下降,得到了一个合理的等待时间。无论是现在还是以后,打印复印一体机的 W_q 值大约仅为建议的新服务标准($W_q \leq 2$ 小时)最大值的一半。尽管现在和以后,其他设备的 W_q 值在某种程度上大于这个最大值,但这些等待时间也短于目前的平均等待时间(6小时),而现在这个优先级的成员也没有发出很多抱怨。约翰对此很满意。他感到打印复印机一体机 $W_q \leq 2$ 小时的服务水平实际上是通过头脑风暴提出的,其他高层管理人员可能也会对表12-6 第三列和第四列中使 $W_q \leq 2$ 的值感到满意。

> 具有优先级的两人服务区域将维修等待时间降低到满足新服务标准的水平。

由于在无优先级的情况下对三名技术服务代表负责区域的分析结果非常好(见表12-5),所以管理科学团队决定对具有优先级的情况进行分析。表12-6 最后两列显示了这种情况下的结果。注意 $s=3$ 对应的 W_q 值甚至小于 $s=2$ 时的值。实际上,其他设备的 W_q 值也大致满足了新服务标准的要求。然而,约翰指出,与两人负责区域相比,三人负责区域有许多不足之处。第一个不足是前往设备所在地的时间较长。第二个不足是当顾客看到三名不同的技术服务代表(而不是两名)来修理设备时,他们会感觉服务相当缺乏个性化。第三个不足可能更重要,即三名技术服务代表要比两名技术服务代表更难协调工作。约翰认为,$s=3$ 带来的 W_q 值的下降无法补偿这些(以及相关的)不足。

> 由三人负责具有优先级的区域能够进一步降低等待时间,然而该做法相比两人负责区域有潜在的不利因素。

结论:由于改进打印复印一体机的服务是较高优先级的需求,所以应当首先考虑为这些较高的优先级提供服务。然而,如果继续沿用目前的方式(即由单个技术服务代表负责一片区域),打印复印一体机和其他设备的等待时间将无法达到需求(尤其是将来)。将这个区域扩大到两个人负责的区域将缩短等待时间,使其达到要求,而不会大量增加(货币)成本。因为大区域存在一定的不足,所以有时扩大区域会显得不值得。

管理层的结论

应杜皮特公司总裁的要求,管理科学团队和约翰要在六个星期之内对四项提案进行研究,并向高级管理层报告工作结果。现在,他们将报告提交给各位管理层成员。这份报告包含了对四种做法的分析结论(如上面以及前几节所述),还包含了对这些方法的绩效测度结果(见表12-5和表12-6)。

表12-7 对经过管理科学团队提炼后的四种做法进行了总结。

表 12-7 杜皮特公司管理层考虑的四种方法

建议人	建议	增加的成本
约翰	保持单人负责区域,但是将每个区域指派的设备数从 150 台减少到 100 台	每年 3 亿美元
工程副总裁	保持现在的单人负责区域,但为技术服务代表提供新式的装备	一次性成本 5 亿美元
首席财务官	变为三人负责区域	没有,但较大的区域存在不足
营销副总裁	变为两人负责区域,给打印复印一体机优先维修权	没有,但较大的区域存在不足

这时,总裁再次召集其高级管理层成员(包括约翰)开会。会议开始时,管理科学团队的负责人首先对工作小组的分析和结论做了简短而充分的总结,在陈述过程中经常被其他人的评论和提问打断。总裁接下来要求约翰提出他的建议。

约翰以强调目前单人负责单一区域这一制度的众多优点开始。表 12-7 的前两个建议继续沿用这个制度,但是成本很高。随后,他得出结论,经过认真地思考他认为该成本过高,对时间的要求迫使公司必须对系统进行修改,以满足现在市场对高效服务的要求(一个短暂的讨论表明工作小组在这一点上是一致的)。

还有表 12-7 中的第三种和第四种做法可供考虑。约翰再次考虑了先前对管理科学团队说过的两人负责区域比三人负责区域优越的地方,然后他指出,第四个建议不仅只需要两个人负责区域,而且还会使打印复印一体机的平均维修等待时间更短一些(与第三个建议相比)。当顾客关系经理指出其他设备的平均等待时间没有达到新服务标准(不多于 2 小时)时,约翰强调这些等待时间仍然会大大低于现在的水平,而这些设备的拥有者现在也没有抱怨。在总结时,约翰建议采纳第四种做法。

> 尽管前两种做法保持了单人负责区域的优点,但是其成本太高了,最终的决策在第三和第四种方法中选出。

在随后的讨论中,人们提出了一些次要的问题,包括其他设备的拥有者有可能会认为自己被当成了二等顾客。然而,约翰表示,新的制度将不会被公开,如果顾客有所察觉,公司可以很容易地做出解释。讨论组一致同意约翰的建议。

决策:采纳表 12-7 中的第四个建议。

最后,约翰指出,由于一些单人负责区域的人口分散,而由两个人负责一个较大的区域会让技术服务代表在路上花费更长的时间。这种情况会造成新制度目标无法实现,因此他认为应在这些区域采用第二个建议,然后根据使用新设备的经验来制定未来的决策,以使所有技术服务代表都能应对未来需求的增长。管理层同意了。

决策:作为新制度的例外,表 12-7 中的第二个建议将用于目前人口特别分散的单人负责区域。公司将密切关注使用新设备的经验,以指导未来为所有技术服务代表采购装备的决策。

由于约翰和管理科学团队指出了解决公司棘手问题的好办法,总裁对他们的出色工作表示感谢。约翰谦虚地说真正的关键在于管理科学团队通过有效使用合理的排队模型认识到一些问题。总裁笑了,约翰的工作给他留下了深刻的印象,他表示会更多地向约翰咨询。

问题回顾:

1. 先到先服务和给予顾客优先权有何不同?
2. 无强制优先规则与强制优先规则有何不同?
3. 除了使用强制优先级,强制优先规则模型的假设与哪一种基本排队模型相同?
4. 除了使用无强制优先级,无强制优先级规则模型的假设与哪一种基本排队模型相同?
5. 对于这些模型,什么样的有效因子可以使得每一个优先级的排队系统达到稳态?
6. 当使用无强制优先规则排队模型分析杜皮特公司案例时,两个优先级是什么?
7. 在这个案例中,为了缩短维修等待时间以达到满意水平,每一个区域所需的技术服务代表最少是多少?
8. 杜皮特公司高级管理层对采用四种建议中的哪一种制定的决策是什么(除了人口特别分散的区域外)?

12.8 关于设计排队系统的一些启示

杜皮特公司的案例研究为我们提供了一些关键的启示，让我们通过排队模型了解了如何设计排队系统。本节将要用较大的篇幅来强调这些启示。

这里我们将介绍四个启示，在分析杜皮特公司问题的四种建议时，这些启示都出现过。在对每一个启示总结后，我们将简单地重温一下它在案例研究中的应用。然后以一般的形式表述这些启示。

启示1：设计一个单服务台排队系统时，要注意，相对较高的服务台有效因子（工作强度）将使系统的绩效度量指标大幅降低。⊖

这个启示来自第 12.5 节，在那一节中，我们分析了约翰提出的建议：通过大幅度降低每一位技术服务代表的有效因子 ρ 来达到新服务标准（最大维修平均等待时间为 2 小时）。当前的 $\rho=0.75$，这使得平均等待时间为 6 小时，与新标准相差甚远。有必要将 ρ 降低到 $\rho=0.25$ 以满足这个标准。

为了进一步说明这个启示，我们用 $M/M/s$ 模型的 Excel 模板（见图 12-8、图 12-9），使得 $s=1$、$\mu=1$（因此有效因子 ρ 等于 λ），得到如图 12-13 所示的数据表。步骤如下：第一步，建立一张表格，列标题与图 12-13 中的 I、J、K 列的标题一样。在表格的第一列（I5:I16）列出数据单元格的试算值（平均到达率或者相应的有效因子），第一行空白。接下来的列的标题标明这里会算出结果。在每一列的第一行（J4:K4）输入各输出单元格的公式。在这个例子中，我们感兴趣的单元格是预计系统中的顾客数（L）和队列中的顾客（L_q），J4:K4 中的公式如图 12-13 中电子表格的底部所示。

第二步，选择整张表（I4:K16），然后在数据选项卡下的 what-if 分析菜单中选择数据表（Data Table）。在数据表对话框中（如图 12-13 左下角所示）标明输入单元格（λ 或 C4），表示表格第一列中变动的数据单元格。没有数据被输入到输入单元行，因为在这个例子中没有用来列出试算值的行。

按下"确定"（OK）按钮，就会生成图 12-13 所示的数据表格。对表格中第一列列出的每一个试算值，表格的另外两列就计算并显示了相应的输出单元格值（表格中第一列的数据来自电子表格的初始解）。

注意，在 ρ 存在小幅增长的情况下，L_q 和 L 的增长会很快。例如，当 ρ 从 0.5 增长到 0.75 时，L 翻了 3 倍。当 ρ 从 0.75 增长到 0.9 时，L_q 和 L 的值又增长了 3 倍。当 ρ 增长到 0.9 以上时，L_q 和 L 的增长速度极快。（虽然这张表格是在 $\mu=1$ 的情况下生成的，第一列的数据是有效因子 $\rho=\lambda/\mu$ 时，在 μ 取任何其他值的情况下也是同样的。）

> 有效因子 ρ 很小的增长也会带来排队系统中平均顾客数 L 的快速增长，因此 ρ 要保持远小于 1。

管理人员通常会使其雇员、设备、装备等保持高利用率。这是公司高效运作的重要一环。公司希望有效因子达到 0.9 或更高。然而，当雇员、设备或装备在单服务台排队系统中、服务时间和到达间隔时间有很大波动时（如 $M/M/1$ 系统），情况就会大不一样。对大部分排队系统来说，一名优秀的管理人员不会接受系统中平均有 9 个顾客在等待的情况（在 $\rho=0.9$ 时，$L=9$）。如果出现这种情况，将需要一个低于 0.9（可能是大大低于）的有效因子。例如，我们之前提到了用约翰建议的将有效因子降低到 $\rho=0.5$ 的方法达到公司建议的新服务标准。

启示2：降低服务时间的波动（不改变均值）可以大幅改进单服务台排队系统的绩效（对于多服务台排队系统也是这样，特别是具备较高有效因子的系统）。

⊖ 一个例外是具有固定（或近似固定）的到达间隔时间和服务时间的排队系统。这样的系统在有效因子很大的情况下表现得非常好。

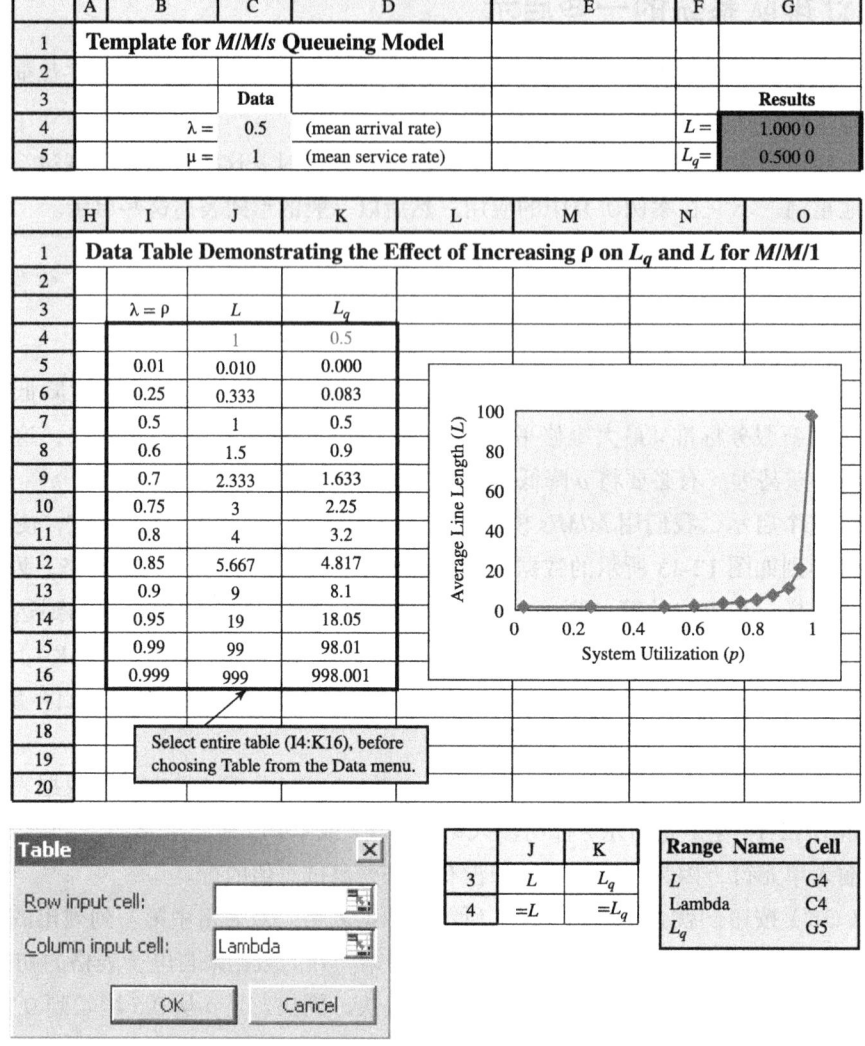

图 12-13　第 12.8 节启示 1 的数据表

这个启示是在分析工程副总裁提出的为所有技术服务代表提供新式装备的建议时得到的。正如第 12.5 节结尾所描述的，这种做法将同时降低服务时间分布的均值和标准差。降低均值意味着降低有效因子，也就会使期望等待时间 W_q 降低。降低标准差 σ（衡量波动的参数）将会使 W_q 再降低 37.5%。启示 2 指的是后一种情况（以及其他绩效度量指标的改进）。

图 12-14 中的二维数据表（C19:F23）显示了 $M/G/1$ 排队系统服务时间分布的标准差 σ 降低对 L_q 的影响（该表由第 12.6 节中介绍的 $M/G/1$ 模型的 Excel 模板得到）。

为了建立这样一张二维表，需要将表的行与列的名字按照图 12-14 的 19～23 行所示列出。在表格的左上角（C19）写出输出单元格的公式，也就是你感兴趣的结果值（=L_q 或 G5）。在表格的第一列（C 列，在单元格 C19 的公式下面）输入第一个可变单元格（λ）的所有试算值。在表格的第一行（第 19 行，在单元格 C19 的公式右面）输入第二个可变单元格（σ）的所有试算值。

然后，选择整张表格（C19:F23），在数据选项卡的 what-if 分析菜单下选择数据表。在数据表对话框中（如图 12-14 左下角所示），指明同时变化的单元格。输入列表示表格第一列中变动的数据单元格（L 或 C4）。输入行表示表格第一行中变动的数据单元格（σ 或 C6）。

按下"确定"（OK）按钮，就会自动生成如图 12-14 所示的数据表。对于表格中每一对在第一列和第一行中列出的试算值，Excel 相应的输出单元格值在表格的左上角中列出。这些数值随后被填入表格中。

	A	B	C	D	E	F	G	H	I
1			Template for the *M/G*/1 Queueing Model						
2									
3			Data				Results		
4		$\lambda =$	0.5	(mean arrival rate)		$L =$	0.812 5		
5		$1/\mu =$	1	(expected service time)		$L_q =$	0.312 5		
6		$\sigma =$	0.5	(standard deviation)					
7		$s =$	1	(# servers)		$W =$	1.625		
8						$W_q =$	0.625		
9									
10						$\rho =$	0.5		
11									
12						$P_0 =$	0.5		
13									
14		Data Table Demonstrating the Effect of Decreasing σ on L_q for *M/G*/1							
15									
16				Body of Table Shows L_q Values					
17									
18					σ				
19			0.3125	1	0.5	0			
20			0.5	0.500	0.313	0.250			
21		$\rho(=\lambda)$	0.75	2.250	1.406	1.125			
22			0.9	8.100	5.063	4.050			
23			0.99	98.010	61.256	49.005			

Select entire table (C19:F23), before choosing Table from the Data menu.

Table
Row input cell: Sigma
Column input cell: Lambda
OK Cancel

	C
19	$=L_q$

Range Name	Cell
Lambda	C4
L_q	G5
Sigma	C6

图 12-14　第 12.8 节启示 2 的数据表

在生成这张数据表之前，在单元格 C5 中规定了服务时间分布的均值 $1/\mu=1$（这使得 $\rho=\lambda$），所以标题列 $\sigma=1$、$\sigma=0.5$、$\sigma=0$ 分别对应于 $\sigma=$ 平均值、$\sigma=0.5$ 平均值、$\sigma=0$。因此，从左向右看这个表格中的 L_q 值，从分布均值（*M/M*/1 模型）降低到均值的一半，然后到 $\sigma=0$（*M/D*/1 模型）。如果均值不等于 1，只要 σ 的值在相应列中是 $\sigma=$ 平均值、$\sigma=0.5$ 平均值、$\sigma=0$，对应 C20:C23 中列出的每一个有效因子 $\rho=\lambda/\mu$，都会获得相同的 L_q 值。

在这个表的每一行中，$\sigma=0$ 列中的值仅是 $\sigma=1$ 列中的一半，因此，完全消除服务时间的波动带来了巨大的改进。然而，$\sigma=0.5$ 列的值仅是 $\sigma=1$ 列的 62.5%，因此降低一半的波动产生的改进占完全消除波动带来的改进的大部分。降低波动性（甚至是部分降低）可以大大提高系统的绩效。

> 如果服务时间波动很大，降低这种波动性可以使 L_q 值降低一半。

启示 3：具有较高有效因子的多服务台排队系统能够表现得比单服务台排队系统更令人满意。例如，通过将分立的单服务台排队系统组合为一个多服务台排队系统（不改变有效因子）产生的联合服务台大大改善了系统的绩效。

这个启示是在分析首席财务官提出的将单人负责区域组合为由多个技术服务代表共同提供服务的较大区域这一建议时获得的。第 12.6 节的表 12-5 总结了这种说法对改善开始维修的平均等待时间（W_q）产生的巨大影响。两人负责区域的 W_q 值低于单人负责区域的一半，三人负责区域的 W_q 大约是单人负责区域的 1/4，而在这些情况下的有效因子相同。

这种显著的改进并不是巧合。实际上，下面所描述的联合服务台（pooling servers）总是能提供类似的改进。

联合服务台的影响：假设你有一定数量（以 n 表示）的符合 M/M/1 模型的单服务台排队系统，顾客会随机加入其中一个系统，再假设你将这 n 个系统组合为一个符合 M/M/s 模型的排队系统（不改变有效因子），服务台数为 $s=n$。这种变化对 W_q 的改善总是会比通过 W_q 除以 n 得到的改善更大：

> 这里介绍了一个大幅度减少等待时间的方法。

$$W_q(\text{组合后的系统}) < \frac{W_q(\text{每一个单服务台系统})}{n}$$

尽管这个不等式对于不符合 M/M/1 和 M/M/s 模型的排队系统不一定成立，但对其他模型来说，组合系统对 W_q 值的改进也非常显著。

在杜皮特公司案例中，一个不寻常的特点是研究从服务台（技术代表）到客户（需要维修的机器），而不是从客户到服务台。由于路途上的时间包括在服务时间内，从单人区域到两人或三人区域的缺点会导致路途上的时间增加，从而服务时间增加，导致预计等待时间增加。因此从研究中可以得到的一个重要结论是，当服务台需要向客户移动时，只要联合服务台的时间节约优势不会被路途时间过长而预期等待时间增加的劣势抵消，那么联合服务台策略就是有优势的。幸运的是，在研究中没有出现路途时间长到令人担忧的情况。

当客户需要前往服务台时，此时路途上的时间包含在等待时间里，该分析会发生什么？如果服务台彼此相隔较远，那么客户通常会前往最近的服务台，结论类似于前一段中所描述的。联合服务台对减少预期等待时间有很大作用。然而，这种作用只有在没有出现由于路途时间增加造成的超时等待而导致的订单取消时才有意义。

当客户需要前往服务台时，服务台大多都很接近（想想这样的情况，例如服务台是银行柜员、商店结账员、邮局服务员等）。现在的分析与前一段完全不同，因为联合服务台不会显著增加客户的路途时间。在这种情况下，要考虑的两个主要选择是：

- 选项 1：每个服务台都把自己的队列作为单服务台排队系统的一部分。
- 选项 2：将服务台进行联合，以便所有客户组成一个队列，队列中的第一个客户将前往下一个空闲的服务台。

对于上面提到的汇集客户能够很好地减少预期等待时间，选项 2 似乎是更好的选择。然而，也很难清楚地去说明哪个选项会更好。对于选项 1，到达的客户可以实时看到所有队列，因此通常会加入最短的队列而不是随机选择队列。此外，如果后来另一个队列变短，那么客户可能会尝试切换到较短的队列（这在英文中叫作 jockeying）。因此，客户几乎是同时到达服务台的（并且队列中的等待时间几乎相同），就像客户已加入选项 2 下的一个长队列一样。此外，最近对排队系统行为的一些研究发现，相比一个联合队列对应多个服务台，具有各自队列的人工服务台往往工作效率更高。因此，我们在实践中观察到一些排队系统适合选项 1，而另一些排队系统适合选项 2，这可能取决于物理布局是否能够容纳单个长队列。对客户而言，这一长队列可能看起来更加公平，而选项 2 可能确实会更有效率，但预期等待时间的减少可能不会像上述联合服务台的结果所表现得那样明显。

启示 4：根据优先级选择顾客进行服务可以大幅改善高优先级顾客服务的绩效度量指标。

这个启示在分析营销副总裁提出的给打印复印一体机设置比其他设备更高的维修服务优先级（无强制）中

得到了证实。表 12-6 给出了在这个建议下，打印复印一体机和其他设备的 W_q 值。将这些值与表 12-5 中无优先级的数据比较，我们得到了给打印复印一体机优先权可以大幅缩短其维修等待时间（但同时也会增加其他设备的等待时间）的结论。以后，当对打印复印一体机的服务占有更大的比例时（从 1/3 增长到一半），缩短其等待时间的幅度就不会这么大了。

对于其他排队系统，使用优先权的影响取决于各个优先级顾客的比例。如果最高优先级的顾客所占比例小，对这些顾客服务的绩效度量指标会大大改善；如果比例大，改善会比较平缓。

> 应用优先级可以大幅缩短高优先级顾客的等待时间，但会增加低优先级顾客的等待时间。

对高优先级的顾客来说，在杜皮特公司问题中使用强制优先规则比无强制优先规则更加有利。因此，使用强制优先规则比使用无强制优先规则能够带来高优先级顾客服务绩效度量指标更大的改善。

问题回顾

1. 给某单服务台排队系统赋予一个相对较大的有效因子（工作强度）有什么影响？
2. 当 ρ 增长到超过 0.9 时，$M/M/1$ 模型的 L_q 和 L 值会出现什么情况？
3. 降低服务时间的波动（不改变均值）对单服务台排队系统的绩效有什么影响？
4. 对于 $M/G/1$ 排队系统，将服务时间的波动（标准差）降低一半带来的改进是否占完全消除波动带来的改进的大部分？
5. 将分立的单服务台排队系统组合为一个多服务台排队系统（不改变有效因子），会产生什么影响？
6. 提供服务时根据优先级选择顾客会产生什么影响？
7. 强制优先规则和无强制优先规则相比，哪一个能够为高优先级顾客服务的绩效度量指标带来更大的改进？

12.9 服务台数量的经济分析

在设计排队系统时，一个关键的问题是，需要提供多少个服务台。服务台过多会造成成本过高，太少会造成顾客的过度等待。因此，选择服务台数量涉及服务台成本和顾客等待量之间的平衡。

在许多情况下，一个组织让顾客等待的后果可以用**等待成本**（waiting cost）来表述。当顾客是组织的内部顾客（如公司雇员）时，这种表述尤其恰当。使一个雇员等待（在等待服务开始和服务期间）会造成生产力损失，这将导致利润损失。损失的利润就是等待成本。

即使顾客是组织外部人员时，如果需要等待很长时间才能接受服务，也会造成严重的后果。这些顾客会非常不满甚至不会再回来。在这种情况下，等待成本就是由于损失了未来业务而导致损失的未来利润。这个成本很难去估计，但确实是一个损失。

管理人员对最小化总成本很感兴趣。设：

$$TC = 单位时间期望总成本$$
$$SC = 单位时间期望服务总成本$$
$$WC = 单位时间期望等待成本$$

目标是选择服务台的数量，以满足：

$$最小化 \quad TC = SC + WC$$

当各服务台成本相同时，则**服务成本**（service cost）是：

$$SC = C_s s$$

其中，

$$C_s = 单位时间服务台成本$$
$$s = 服务台数量$$

当等待成本与等待数量成比例时（包括服务期间），等待成本可以表达为：

$$WC = C_w L$$

其中，

C_w = 排队系统中每一位顾客的单位时间等待成本
L = 排队系统中的期望顾客数

因此，在估计出常数 C_s 和 C_w 后，目标就成为选择一个 s 值使得：

$$最小化 \quad TC = C_s s + C_w L$$

通过选择适合排队系统的排队模型，可以求得当 s 取不同值时的 L 值，增加 s 将降低 L，其变化趋势开始很快，以后逐渐变慢。

图 12-15 显示出服务台数量 s 取不同值时，SC、WC、TC 曲线的一般形状（尽管可行的 s 值是 $s = 1, 2, \cdots$，但为了更好地理解这一概念，我们将这些曲线绘制成光滑的曲线）。通过以连续的 s 值计算 TC，直到 TC 停止下降并开始上升，可以很直观地找到使得总成本最小的服务台数量。下面的例子说明了这个过程。

通过连续的 s 值计算 TC 值，直到 TC 停止下降，便可以找到最优服务台数量。

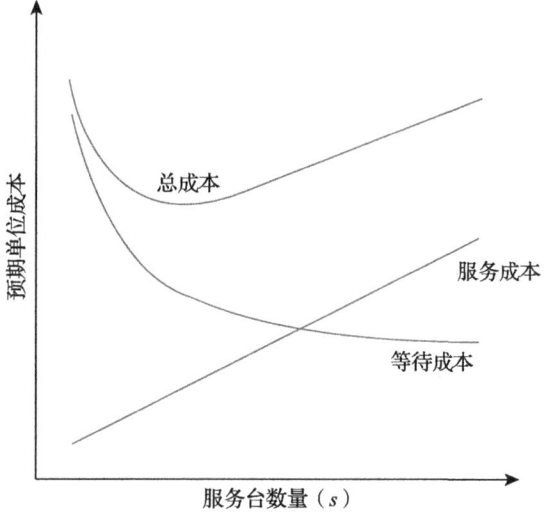

图 12-15　用于决定服务台提供数量的成本曲线

一个例子

Acme 机械制造厂有一个工厂机械师存放所用工具的工具架。有两个管理员在管理这个工具架。当机械师来要工具时，管理员将工具交给他们。当不再需要工具时，他们将工具还给管理员。主管人员抱怨他们的机械师不得不经常在工具架前等待服务而浪费了大量的时间，认为需要更多管理员。另一方面，管理层正在施加压力降低工厂的开支，而这将会使工具管理员的数量更少。为了解决这些相互矛盾的压力，他们决定利用管理科学研究来确定由多少名管理员来管理工具架。

工具架是一个排队系统，管理员是服务台，机械师是顾客。在获得了更多的到达间隔时间和服务时间的数量后，管理科学团队得出结论，最适合于这个排队系统的模型是 M/M/s 模型。平均到达率 λ 和平均服务率 μ（每个服务台）为：

$$\lambda = 每小时 120 位顾客$$
$$\mu = 每小时 80 位顾客$$

两个管理员的有效因子为：

$$\rho = \frac{\lambda}{s\mu} = \frac{120}{2(80)} = 0.75$$

每一名工具架管理员给公司带来的总成本大约是每小时 20 美元，因此 $C_s = 20$ 美元。当机械师很忙时，他为公司带来的产出价值平均为每小时 48 美元，故 $C_w = 48$ 美元。因此，管理科学团队现在需要找到服务台（管理员）数量 s 使得：

$$\text{最小化} \quad TC = 20s + 48L$$

www.mhhe.com/Hillier6e 网站上的 M/M/s 模型的 Excel 模板可以用来计算这些成本。你所要做的就是为模型输入数据，包括单位服务成本 C_s、单位等待成本 C_w 以及你想要尝试的服务台数量 s。继而模板会计算出 SC、WC 和 TC 的值。图 12-16 显示出了 s=3 的结果。通过反复代入不同的 s 值，这个模板可以在很短的时间内找到那一个值使 TC 最小。

> 你可以使用 www.mhhe.com/Hillier6e 网站上的 Excel 模板来计算 TC 的值。

	A	B	C	D	E	F	G
1		Economic Analysis of Acme Machine Shop Example					
2							
3			Data				Results
4		$\lambda =$	120	(mean arrival rate)		$L =$	1.736 842 105
5		$\mu =$	80	(mean service rate)		$L_q =$	0.236 842 105
6		$s =$	3	(# servers)			
7						$W =$	0.014 473 684
8		Pr($W > t$) =	0.025 817 32			$W_q =$	0.001 973 684
9		when $t =$	0.05				
10						$\rho =$	0.5
11		Prob($W_q > t$) =	0.000 587 07				
12		when $t =$	0.05			n	P_n
13						0	0.210 526 316
14		Economic Analysis:				1	0.315 789 474
15		$C_s =$	$20.00	(cost/server/unit time)		2	0.236 842 105
16		$C_w =$	$48.00	(waiting cost/unit time)		3	0.118 421 053
17						4	0.059 210 526
18		Cost of Service	$60.00			5	0.029 605 263
19		Cost of Waiting	$83.37			6	0.014 802 632
20		Total Cost	$143.37			7	0.007 401 316

	B	C
18	Cost of Service	= C_s *s
19	Cost of Waiting	= C_w *L
20	Total Cost	= CostOfService+CostOfWaiting

Range Name	Cell
CostOfService	C18
CostOfWaiting	C19
C_s	C15
C_w	C16
L	G4
s	C6
TotalCost	C20

图 12-16　Excel 模板用来选择 M/M/s 模型的服务台数

注：利用经济分析来选择 M/M/s 模型中服务台数的 Excel 模板，以 s=3 为例，求解 Acme 机械制造厂的问题。

令 s=1，2，3，4，5，我们可以得到如图 12-17 所示的数据表（关于生成数据表的更多信息，请参见第 12.8 节）。由于 s=1 时有效因子为 ρ=1.5，所以一名管理员将无法跟上顾客到来的速度（在单元格 K6、M6:N6 中显示 #N/A），因此这个选择被排除。其他较大的 s 值是可行的，但是 s=3 总成本最小。而且，每小时的总成本在 s=3 时会比当前 s=2 时降低 62 美元。因此，尽管管理层现在正在着手降低管理费用（包括工具架管理员费用），管理科学团队还是建议增加第三名工具架管理员。注意，这个建议将使管理员的有效因子从已经处于中等水平的 0.75 降低到 0.5，但通过缩短机械师浪费在等待上的时间，机械师（他们比管理员的成本更高）的生产率大为提高，因此管理层接受了这个建议。

> 较低的有效因子 0.5 对工具架管理员来说是最佳值，因为这会大大缩短机械师浪费在工具架前的等待时间。

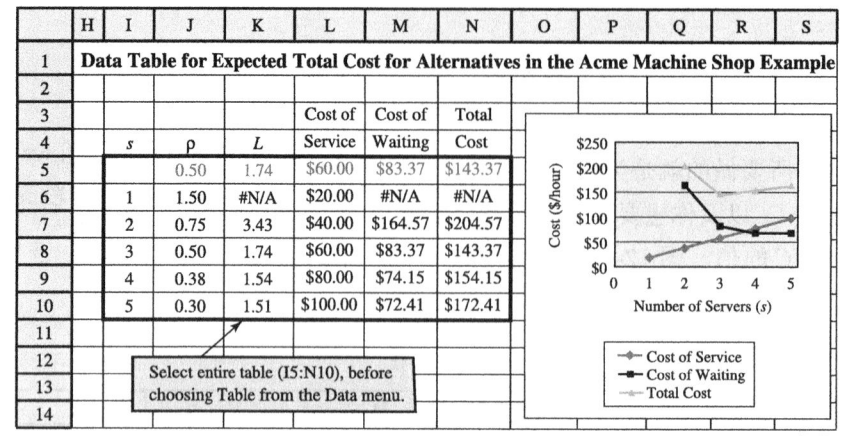

图 12-17　不同管理员数对应生成的数据表

注：该数据表对 Acme 机械制造厂不同工具架管理员数的期望小时成本进行了比较。

问题回顾

1. 选择排队系统的服务台数量时需要对哪些因素进行平衡？
2. 当排队系统的顾客是公司自己的雇员时，等待成本实际上是什么？
3. 当等待成本与等待量成比例时，等待成本如何表示？
4. 在一个排队系统中始终保持一个相对较高的服务台有效因子是否明智，Acme 机械制造厂的例子说明了什么？

本章小结

排队系统在社会上应用广泛。这些系统的应用恰当与否会对我们的生活质量和经济生产力产生重要影响。

排队系统的主要组成部分包括到达的顾客、他们等待服务的队列以及提供服务的服务台。描述一个排队系统的排队模型时需要明确服务台数、到达间隔时间的分布和服务时间的分布。通常选择指数分布作为到达间隔时间的分布，因为这符合到达事件随机发生的现象。有时指数分布也符合服务时间的分布，在简化分析中这是一个特别方便的选择。其他用于服务时间分布的概率分布还有退化分布（服务时间固定）。

排队系统的主要绩效度量指标是队列中或系统中顾客数的期望值（后者包括正在接受服务的顾客）和队列中或系统中顾客的等待时间的期望值。这些期望值的一般联系（包括利特尔公式）使得我们可以利用四个值中的任何一个来确定所有的值。除了这些期望值，这些量的概率分布有时也被当成绩效度量指标。

本章的案例研究描述了杜皮特公司的高级管理层如何处理一个难题。公司的顾客现在要求更高的服务水平，及时维修从公司购买的打印机（特别是打印复印一体机）。杜皮特公司每年花费 6 亿美元为这些设备提供服务。每一个技术服务代表负责的区域包含了一个技术服务代表作为服务台，待维修机器作为顾客的排队系统。M/M/1 模型、M/G/1 模型、M/M/s 模型和无强制优先规则模型可以用来分析如何重新设计这个排队系统。这一分析导致高级管理层决定将两个单独的技术服务代表负责的区域合并为一个由两人共同负责的区域，并赋予维修打印复印一体机较高的优先级。这样做在没有显著增加成本的基础上达到了要求的服务水平。

本章讨论的其他排队模型包括 M/D/1 和 M/D/s 模型、强制优先规则模型。www.mhhe.com/Hillier6e 网站上本章补充材料还介绍了有限队列变化和有限呼叫人数变化的 M/M/s 模型，以及使用爱尔朗分布作为服务时间概率分布的模型，该分布允许的服务时间波动的大小在指数分布和退化分布之间。

第12.8节陈述了排队模型提供的关于如何设计排队系统的四个关键启示。每一个启示都在杜皮特案例研究中得到了体现。

设计排队系统时的一个关键问题是应该设计多少个服务台来提供服务。第12.9节描述了如何确定使排队系统期望总成本（包括服务成本和顾客等待成本）最小的服务台数量。

专业术语

commercial service system 商业服务系统 一个商业组织向组织外的顾客提供服务的排队系统。（第12.2节）

constant service times 固定服务时间 每一位顾客有相同的服务时间。（第12.1节）

customers 顾客 到达排队系统接受服务的任何一种实体（人、交通工具、设备、物体等）的一般称谓。（第12.1节）

exponential distribution 指数分布 到达间隔时间和服务时间最常用的概率分布。图12-3显示了其形状。（第12.1节）

finite queue 有限队列 只能容纳有限数量顾客的队列。（第12.1节）

infinite queue 无限队列 能容纳无限数量顾客的队列。（第12.1节）

interarrival time 到达间隔时间 连续两个顾客到达排队系统的间隔时间。（第12.1节）

internal service system 内部服务系统 一种排队系统，其接受服务的顾客是提供服务的组织的内部成员。（第12.2节）

lack-of-memory property 无记忆特性 指的是下一个顾客到达的时间完全不受上一个顾客到达时间的影响。（第12.1节）

Little formula 利特尔公式 公式 $L=\lambda W$，或 $L_q=\lambda W_q$。（第12.3节）

mean arrival rate 平均到达率 单位时间到达一个排队系统的期望顾客数。（第12.1节）

mean service rate 平均服务率 单位时间内一个连续工作的服务台完成的期望服务数。（第12.1节）

nonpreemptive priorities 无强制优先规则 当服务台空闲时用于选择下一个顾客以开始服务的优先级规则。然而，这些优先级不影响已经开始服务的顾客。（第12.7节）

number of customers in the queue 队列中的顾客数 正在等待服务开始的顾客数。（第12.1节和第12.3节）

number of customers in the system 系统中的顾客数 系统中的顾客总数，包括正在等待服务的顾客和正在接受服务的顾客。（第12.1节和第12.3节）

preemptive priorities 强制优先规则 为顾客提供服务（时采用）的优先级规则，包括为刚刚进入排队系统的较高优先级的顾客提供服务而将正在服务的低优先级的顾客挤出队列。（第12.7节）

priority classes 优先级 拥有不同的接受服务优先权的顾客类别。（第12.7节）

queue 队列 系统中等待队伍，队列不包括正在接受服务的顾客。（第12.1节）

queue capacity 队列容量 队列可以容纳的最大顾客数量。（第12.1节）

queue discipline 顾客服务优先规则 决定选择队列中的顾客一开始接受服务的顺序的规则。（第12.1节）

queuing system 排队系统 顾客从服务台接受某种服务的地方，可能还要在队列中等待一段时间。（第12.1节）

server 服务台 为进入排队系统的顾客提供服务的实体。（第12.1节）

service cost 服务成本 为一个排队系统提供服务台的成本。（第12.9节）

service time 服务时间 服务从开始到结束的时间段。（第12.1节）

steady-state condition 稳态 一个排队系统在运作了一段时间后有效因子固定在一个小于1的值时这个排队系统所处的正常状态。（第12.3节）

tech rep 技术服务代表 杜皮特案例研究中技术服务代表的缩写名称。（第12.4节）

transportation service system 运输服务系统 一

个涉及运输的排队系统，顾客或者服务台是运输工具。（第12.2节）

utilization factor 有效因子 服务台用于为顾客提供服务的平均时间比率。（第12.5节和第12.6节）

waiting cost 等待成本 使顾客在排队系统中等待产生的成本。（第12.9节）

waiting time in the queue 队列中的等待时间 一个顾客在队列中花费于等待服务开始的时间。（第12.3节）

waiting time in the system 系统中的等待时间 在服务开始前以及在服务过程中顾客在排队系统中花费的时间。（第12.3节）

主要符号

λ = 平均到达率（第12.1节）
L_q = 队列中的期望顾客数（第12.3节）
μ = 平均服务率（第12.1节）
W = 系统中的期望等待时间（第12.3节）
s = 服务台数（第12.1节）
W_q = 队列中的期望等待时间（第12.3节）
L = 系统中的期望顾客数（第12.3节）
ρ = 服务台的有效因子（第12.5节和第12.6节）

本章学习辅助材料

材料下载地址：
www.mhhe.com/Hillier6e

本章Excel文件：
$M/M/s$ 模型模板（Template for M/M/s Model）
$M/G/1$ 模型模板（Template for M/G/1 Model）
$M/D/1$ 模型模板（Template for M/D/1 Model）
无强制优先规则模型模板（Template for Nonpreemptive Priorities Model）
强制优先规则模型模板（Template for Preemptive Priorities Model）

$M/M/s$ 模型服务台数的经济分析模板（Template for M/M/s Economic Analysis of Number of Servers）

本章补充材料：
补充的排队模型（Additional Queueing Models）

本章中的补充Excel文件：
有限队列变化的 $M/M/s$ 模型模板（Template for Finite Queue Variation of M/M/s Model）
有限呼叫人数变化的 $M/M/s$ 模型模板（Template for Finite Calling Population Variation of M/M/s Model）
$M/E_k/1$ 模型模板（Template for M/E_k/1 Model）

已解决的问题

（答案参见 www.mhhe.com/Hillier6e 网站。）

12.S1. 西雅图第一银行对排队的管理

萨利·戈登（Sally Gordon）刚刚获得MBA学位，并获得了西雅图第一银行客户服务副总裁的职位。她的责任之一是管理出纳员如何为顾客提供服务，因此她正在密切关注这一领域的运作。需要出纳员提供服务的客户以平均每小时30人的速率随机到达，在单一列队中等待。客户到达队列最前面时，由下一个空闲的出纳员提供服务。每一次服务花费的时间可变（假设为指数分布），但平均起来可以在3分钟内完成。出纳员的平均工资为每小时18美元。

（1）如果使用2名出纳员，那么客户在获得出纳员服务前的平均等待时间是多少？平均来说，银行内会有多少名客户（包括那些正在接受服务的人）？

（2）公司的制度是：顾客在接受出纳员服务前等待5分钟以上的概率不得超过10%。为了达到这一标准，需要多少名出纳员？

（3）萨利感到让顾客等待会造成客观的成本，因为未来有可能失去业务。萨利估计一位客户花费在银行的每1分钟的成本为0.05美元（包括等待时间和服务时间）。考虑到这一成本，萨利应该雇用多少名出纳员？

（4）第一银行有两类客户：商业客户和普通客户。每类客户的平均到达率为每小时15个。当前，两类客户在同一队列中等待，由同样的出纳员提供服务，平均服务时间也一样。但是，萨利想改变这一状况。她正在考虑，系统可以配备两个队列：一个队列是商业客户，另一个队列是普通客户。每个队列由一名出纳员提供服务。在获得服务前，每类客户的平均等待时间是多少？平均来说，银行中的总客户数是多少（包括正在接受服务的人）？与第（1）问相比，其结果如何？

（5）萨利认为，如果将出纳员划分为商业客户出纳员和普通客户出纳员，他们的效率会很高，客户服务的平均时间将为2.5分钟，而不是3分钟。利用这一新的平均服务时间回答第（4）问。

习题

在下面的习题（或习题的一部分）中，我们使用符号"E"（Excel）表示上面介绍的模板可能会有用，这些模板可在 www.mhhe.com/Hillier6e 网站查阅。带星号（*）的习题，书后至少给出了部分答案。

12.1 考虑一个典型的医院急诊室。
(1) 解释为什么它是一个排队系统。
(2) 在此问题中什么是队列？你认为应当用哪一种顾客服务优先规则来运作。
(3) 你是否认为存在随机到达？
(4) 这里什么是服务时间？你认为服务时间是否有很大的波动？

12.2 找出下列情况中排队系统的顾客和服务台。
(1) 杂货店的收银台。
(2) 消防队。
(3) 桥梁的收费站。
(4) 自行车修理店。
(5) 船坞。
(6) 指派给一名操作工的一组半自动设备。
(7) 工厂的物料处理设备。
(8) 一个铅制品工厂。
(9) 一个按订单生产的企业。
(10) 一个文字处理中心。

12.3* 对于以下关于使用指数分布作为到达间隔时间概率分布的说法，标出哪些是对的，哪些是错的，然后根据本章的有关论述检验你的答案是否正确。
(1) 这是唯一符合随机到达的到达间隔时间的分布。
(2) 由于它无法知道下一个顾客何时到达，因此它具有无记忆特性。
(3) 在大多数情况下它非常适合用来描述到达间隔时间。

12.4 对于以下关于使用指数分布作为服务时间概率分布的说法，标出哪些是对的，哪些是错的，然后根据本章的有关论述检验你的答案是否正确。
(1) 一般情况下，它对实际的服务时间分布进行了相当好的近似。
(2) 它的均值和方差总是相等。
(3) 它代表一种服务时间的波动量的极端情况。

12.5 对于以下关于排队系统中队列的说法，标出哪些是对的，哪些是错的，然后根据本章的有关论述检验你的答案是否正确。
(1) 队列是顾客在排队系统中等待直到服务结束为止的地方。
(2) 排队模型通常假设队列只能容纳有限数量的顾客。
(3) 最普通的顾客服务优先规则是先到先服务。

12.6 中城银行（Midtown Bank）一直有两名出纳员。顾客以每小时40人的平均速度进入银行接受出纳员的服务。一个出纳员平均要用2分钟为一位顾客提供服务。当两名出纳员都忙时，新到来的顾客进入一个单列的队伍等待服务。经验表明，顾客在服务开始前平均在队伍中要等待1分钟。
(1) 解释为什么这是一个排队系统。
(2) 确定这个系统的基本绩效度量指标——L、L_q、W、W_q（提示：我们不知道这个排队系统的到达间隔时间和服务时间的概率分布，因此你需要根据这些指标间的关系来找出答案）。

12.7 M&P（Mom-and-Pop）食品杂货店附近有一个小型停车场，可以为顾客提供三个停车位。在营业的时候，当停车场未满时，汽车驶入停车场使用停车位，平均每小时占用两个。当停车场已满时，到达的车辆会离开而且不再回来。对于 $n=0, 1, 2, 3$，n 个停车位被占用的概率 P_n 是 $P_0=0.2$、$P_1=0.3$、$P_2=0.3$、$P_3=0.2$。
(1) 解释为什么这个停车场可以看成是一个排队系统，找出顾客和服务台。停车场提供了什么服务？什么是服务时间？队列容量是多少（提示：参考表12-4）？
(2) 确定这个系统的基本绩效度量指标——L、L_q、W、W_q（提示：你可以用给出的概率确定被占用的停车位的平均数）。
(3) 使用第（2）问的结果确定一辆车在一个停车位的平均逗留时间。

12.8* 内维尔和杰夫是两个理发师，他们共同拥有并经营着一家理发店。他们为等待理发的顾客提供了两张椅子，因此理发店里的顾客数在 0～4 之间。对于 $n=0, 1, 2, 3, 4$，理发店里有 n 个顾客的概率是 $P_0=P_1=1/16$，

$P_2=6/16$，$P_3=4/16$，$P_4=1/16$。

(1) 使用公式 $L=0P_0+1P_1+2P_2+3P_3+4P_4$ 计算 L 值。你将如何向内维尔和杰夫解释 L 的含义？

(2) 对于排队系统中每一个可能的顾客数量，确定有多少顾客在队列中。将队列中每一个可能的顾客数量乘以它的概率，然后再将结果相加计算 L_q 值。你将如何向内维尔和杰夫解释 L_q 的含义？

(3) 已知平均每小时有 4 位顾客到达并等待理发，确定 W 和 W_q 值。将这两个量的含义解释给内维尔和杰夫。

(4) 已知内维尔和杰夫为客人理发的速度是相同的，理发的平均时间是多少？

12.9 请解释为什么单服务台排队系统服务台的有效因子 ρ 必须等于 $1-P_0$，其中 P_0 是系统中有 0 个顾客的概率。

12.10 请阅读第 12.5 节中描述管理科学研究的应用实例。简要总结该实例是如何应用排队模型的，然后列出该研究带来的经济效益和非经济效益。

12.11 好邻居杂货店有一个由全职收银员负责的收银台。顾客随机到达收银台，平均到达率是每小时 30 人。服务时间服从指数分布，均值 1.5 分钟。这种情况有时会导致很长的队伍以及大量顾客的抱怨。由于没有地方可以再增加一个收银台，经理考虑雇用一个人帮助这个收银员将商品打包。这样可以使为一个顾客提供服务的期望时间缩短到 1 分钟，但是分布仍然是指数分布。

经理想将收银台前有多于两个顾客的时间控制在 25% 以内。她还希望开始服务前等待时间超过 5 分钟或结束服务前等待时间超过 7 分钟的顾客不超过 5%。

(1) 使用 $M/M/1$ 模型的公式计算目前运作方式下的 L、L_q、W、W_q、P_0、P_1、P_2 值。收银台前有多于两个顾客的概率是多少？

E(2) 使用这个模型的 Excel 模板对第 (1) 问进行求解。求出开始服务前等待时间超过 5 分钟的概率以及结束服务前等待时间超过 7 分钟的概率。

(3) 对于经理考虑的方案，重新计算第 (1) 问。

E(4) 根据这个方案重复第 (2) 问。

(5) 为了尽可能达到她的标准，应当怎样做？

12.12* 4M 公司有一个六角车床，是车间的一个关键的工作中心。零件以平均每天两个的到达率随机到达这个工作中心。加工一个零件的时间服从均值为 1/4 天的指数分布。由于零件很大，没有加工的零件暂时被存放在离机器有一段距离的房间里。为了节省搬运时间，生产经理建议在六角车床前增加足够大的在制品存放地，除了正在加工的一个零件外再排列三个零件（多余的零件仍然暂时存放在远处的房间里）。在这个建议下，这个六角机床旁的存放地足够放置所有的等待加工的零件的时间比例是多少？

(1) 使用已有的公式计算结果。

E(2) 使用 Excel 模板来获得解决这个问题的相关信息。

12.13 杰里·詹森是卡斯帕-爱迪生公司（Casper-Edison Corporation）新工厂的物料处理经理，他要决定购买小型拖车还是重型叉车，以便在工厂的固定制造中心之间运输很重的货物。要求物料处理单元运送一批货物的电话为平均每小时 4 个，是随机打进来的。运送一批货物的总时间服从指数分布，小型拖车的期望时间是 12 分钟，重型叉车的期望时间是 9 分钟。每小时总成本（资本回收成本加上运作成本）为：小型拖车 50 美元，重型叉车 150 美元。由于在制品库存的增加，空闲货物（等待搬运或运输的货物）的成本估计为每小时 20 美元。

杰里还建立了物料处理单元需要满足的特定标准，以尽可能地保持生产按计划进行。他希望在收到要求搬运的电话后，搬运平均完成时间不超过半小时。他还希望搬运平均完成时间不超过一小时的概率达到 80%。最后，他希望至少在 80% 的时间里，等待搬运的货物不超过三批。

E(1) 如果选择小型拖车，计算各项绩效度量指标。评价这些指标是否满足上面的标准。

E(2) 如果选择重型叉车，重复第 (1) 问。

(3) 根据每小时的期望总成本（包括空闲货物）比较这两个选择。

(4) 你认为杰里应当选择哪种方案？

E 12.14 假设一个排队系统符合 $M/M/1$ 模型，$W=120$ 分钟，$L=8$ 位顾客。利用这些条件（以及计算 W 的公式）求出 λ 和 μ 的值，然后计算出这个排队系统的其他度量指标。

12.15* S&R 公司在南加利福尼亚有一个大型的仓库存放货物，这个区域的许多家具商店需要这些货物。一个由 4 名工人组成的工作队负责为每 1 辆到达仓库装卸地的卡车装卸货物。管理层现在正在削减成本，因此需要对未来工作队的规模进行决策。

卡车以平均每小时 1 辆的速度随机到达装卸地。工作队装卸一车货物的时间服从指数分布（与工作队大小无关）。四人工作队的均值是 15 分钟。如果改变工作队的大小，估计工作队的平均服务率与其规模成正比（现在是 $\mu=4$ 辆卡车/小时）。

向这个工作队每增加一位成员的成本是每小时 20 美元。卡车未被使用（也就是卡车停在装卸地）的成本估计为每小时 30 美元。

(1) 找出这个排队系统的顾客和服务台。目前有多少个服务台？

E (2) 求出工作队中有 4 个成员时这个排队系统的绩效度量指标（在 Excel 模板中的等待时间概率模块中设置 $t=1$ 小时）。

E (3) 当有 3 个成员时，重复第（2）问。

E (4) 当有 2 个成员时，重复第（2）问。

(5) 是否要考虑单个成员工作队？请解释。

(6) 根据前面的结果，你认为管理层应当选择什么样的工作队规模？

(7) 使用成本数据确定多大的工作队规模能够使每小时的期望总成本最小。

12.16 杰克家族机械制造工厂有一个打磨设备切削工具的砂轮。现在需要决定将砂轮的转速设置为多少。

设备操作工要求的切削工具打磨时间服从指数分布，均值 $1/\mu$ 可以为 1 分钟、1.5 分钟或 2 分钟，这取决于砂轮的转速。打磨设备的运行和维护成本随着砂轮转速的上升增加很快，估计的每分钟成本如下：1 分钟为 1.60 美元，1.5 分钟为 0.90 美元，2 分钟为 0.40 美元。

设备操作工随机到达来打磨其工具，平均每两分钟有一个人到达。操作工离开他的设备到打磨设备的成本估计为每分钟 0.80 美元。

E (1) 求出三种打磨设备转速的各项绩效度量指标（将 Excel 模板中的等待时间概率设置为 $t=5$ 小时）。

(2) 使用成本数据确定哪一种打磨设备转速使得每小时的期望总成本最小。

E 12.17 森特维力（Centerville）国际机场有两条跑道。一条专门用于起飞，另一条专门用于降落。平均每小时有 10 架飞机到达森特维力机场上空请求降落。一架飞机从收到允许降落指令到完成降落的时间服从均值为 3 分钟的指数分布，并且这个过程必须在另一架飞机得到降落指令前完成。等待指令的飞机必须在机场上空盘旋。

联邦航空管理局有一套关于等待降落的飞机拥挤程度安全水平的标准，这个标准取决于机场的一些因素，如可供降落的跑道数。对森特维力国际机场来说，这些标准是：① 等待允许降落指令的飞机数平均不能超过 1 架；② 实际等待允许降落指令的飞机数不超过 4 架的概率达到 95%；③ 99% 的飞机在接收到允许降落指令前在机场上空盘旋的时间不能超过 30 分钟（因为超过这个时间通常要求飞机在油料耗完之前转飞另一个机场紧急降落）。

(1) 评价目前的状况是否满足这些标准。

(2) 一家大型航空公司考虑将这个机场增添为它的一个中枢。这将会使平均到达率增加到每小时 15 架飞机。如果出现这种情况，评估上述这些标准是否能被满足。

(3) 为了吸引更多的业务（包括第（2）问中提到的航空公司），机场管理层考虑增加一条降落用的跑道。据估计，这样可以使得平均到达率达到每小时 25 架飞机。如果出现这种情况，评估上述这些标准是否被满足。

12.18* 考虑 $M/G/1$ 模型，$1/\lambda$、$1/\mu$、σ 值都降低一半对 L_q 和 W_q 值有什么影响？

12.19 考虑 $\lambda=0.2$ 和 $\mu=0.25$ 的 $M/G/1$ 模型。

E (1) 当 σ 的值分别为 4，3，2，1，0 时，使用这个模型的 Excel 模板计算主要绩效度量指标 L、L_q、W、W_q。

(2) 当 σ 从 4 变为 0 时，L_q 值的变化幅度是

（3）计算当 σ 从4到3、从3到2、从2到1、从1到0时，L_q 值的减少量最大是多少？最小是多少？

E（4）使用模板进行试算，观察 $\sigma=0.4$ 时，μ 需要增加多少才能获得 $\mu=0.25$ 和 $\sigma=0$ 时相同的 L_q 值。

E（5）在 μ 从 0.25 增加到 0.35（每次增加 0.01）的情况下，利用模板生成一个数据表，显示 $\sigma=4$ 时的 L_q 值。

E（6）用模板生成一个二维数据表格，在不同的 μ 和 σ 的组合下，求 L_q 的值，其中 $\mu=0.22, 0.24, 0.26, 0.28, 0.3$，$\sigma=4, 3, 2, 1, 0$。

12.20 考虑以下关于 $M/G/1$ 排队模型的说法，其中 σ^2 是服务时间的方差。标出哪些是对的，哪些是错的，然后根据本章的有关论述检查你的答案是否正确。

（1）增加 σ^2（λ 和 μ 不变）将会使 L 和 L_q 值上升，但 W 和 W_q 值不变。

（2）当在乌龟（μ 和 σ^2 较小）和兔子（μ 和 σ^2 较大）之间选择一个作为服务台时，乌龟总会以较小的 L_q 值胜出。

（3）λ 和 μ 不变，服务时间服从指数分布的 L_q 值是固定服务时间的 L_q 值的两倍。

12.21 玛莎开了一家咖啡店，顾客以平均每小时 30 人的速度随机到达。玛莎向一位顾客提供服务的时间服从均值为 75 秒的指数分布。

E（1）使用 $M/G/1$ 模型的 Excel 模板和计算 L、L_q、W、W_q 值。

E（2）假设用一台咖啡机代替玛莎为每一位顾客提供服务，其服务时间固定为 75 秒，计算 L、L_q、W、W_q 值。

（3）从第（2）问到第（1）问，L_q 的变化幅度是多少？

E（4）使用模板进行试算，大概确定玛莎需要将期望服务时间缩短到多少才能获得与咖啡机相同的 L_q 值。

E（5）当玛莎的期望服务时间分别为 75、70、65、64、63、62、61、60 秒时，用模板生成数据表求出 L_q 值。

12.22* 吉姆巴克公司（Jim Buck Company）生产拖拉机的过程中先要生产一些装配件，然后将装配件与其他零件在装配线上装配成拖拉机。以这种方法每天大约生产三台拖拉机。公司配备了一个生产过程质检站以便在装配件进入装配线前对其进行检查。现在质检站中有两名质检员一起检查每一个装配件。检查时间服从均值为 15 分钟的指数分布。这个检查过程的成本是每小时 40 美元。

现在有一项简化检查过程的建议，只需要一名质检员。质检员首先检查装配件的外观，然后使用新式高效设备进行全面检查。尽管这个只有一名质检员的过程会使检查时间分布的均值从 15 分钟增长到 16 分钟，但它可以使分布的方差降低到目前值的 40%。成本是每小时 30 美元。

装配件以平均每小时 4 个的速度随机到达质检站。装配件在质检站的等待成本（增加了在制品库存，并有可能干扰后面的生产过程）估计是每个装配件每小时 20 美元。

管理层现在需要决定保持现状还是采纳这个建议。

E（1）计算当前排队系统的主要绩效度量指标 L、L_q、W、W_q。

E（2）对于建议的排队系统，重复第（1）问。

（3）根据第（1）问和第（2）问的结果，你认为管理层应当怎样做？

（4）计算并比较在目前状况下和建议检查过程下的每小时期望总成本。

E 12.23 证券信托银行有 4 个出纳为顾客提供服务，顾客以平均每分钟 2 人的速度随机到达。然而，业务量不断增长，管理层预测 1 年后平均到达率将是每分钟 3 个人。出纳和顾客之间的交接时间服从均值为 1 分钟的指数分布。为了向顾客提供满意的服务，管理层确定了以下指标：在队伍中等待服务开始的平均顾客数不超过 1 个。至少在 95% 的时间里，在队伍中等待的顾客数不超过 5 个，对于至少 95% 的顾客，花在等待上的时间不超过 5 分钟。

（1）使用 $M/M/s$ 模型评估当前是否满足这些指标。

（2）如果出纳数不变，评估 1 年后是否能够满足这些指标。

(3) 为了完全满足这些指标，确定 1 年后需要多少出纳。

E 12.24 考虑 $M/M/s$ 模型。对以下第（1）问和第（2）问两种情况，分别生成数据表格，求平均到达率为每分钟 0.5、0.9 和 0.99 名顾客时的 L、L_q、W、W_q 和 $P\{\mathscr{W}>5\}$ 值。

(1) 假设有一个服务台，期望服务时间是 1 分钟。比较平均到达率为每分钟 0.5、0.9 和 0.99 名顾客时的 L 值。对 L_q、W、W_q 和 $P\{\mathscr{W}>5\}$ 进行同样的分析。对于有效因子 ρ 从较小的值（如 ρ=0.5）到较大的值（如 ρ=0.9）甚至更接近 1 的值（如 ρ=0.99）产生的影响，你能够得出什么结论？

(2) 现在假设有两个服务台，期望服务时间为 2 分钟，按第（1）问的要求进行求解。

E 12.25 考虑平均到达率为每小时 10 人和期望服务时间为 5 分钟的 $M/M/s$ 模型。当服务台数是 1、2、3、4、5 时，使用这个模型的 Excel 模板计算出各个绩效度量指标（t=10 和 t=0，分别对应于两种等待时间概率），然后对于下面每一种可能令人满意的服务水平（时间单位为分钟），确定需要多少个服务台来达到这个标准。

(1) $L_q \leqslant 0.25$
(2) $L < 0.9$
(3) $W_q \leqslant 0.1$
(4) $W < 6$
(5) $P\{\mathscr{W}_q > 0\} \leqslant 0.01$
(6) $P\{\mathscr{W}_q > 10\} \leqslant 0.2$
(7) $\sum_{n=0}^{s} P_n \geqslant 0.95$

12.26 格雷格（Greg）正在计划开一家快餐店。他估计在每天最高峰的时候顾客以每小时 150 人的速度随机到达，他计划雇用 3 名员工直接为顾客提供服务。现在他需要决定如何组织这些员工。

方案 1 是 3 名雇员每人负责一台收款机接受订单、取食物和饮料。这种情况下，估计为每一个顾客提供服务的平均时间是 1 分钟，服务时间服从指数分布。

方案 2 是由一个收款机和 3 个雇员一起工作为顾客提供服务。一个人接收订单，一个人取食物，一个人取饮料。格雷格估计这将会使每位顾客的平均服务时间缩短到 20 秒，服务时间同样服从指数分布。

格雷格想要找到一个能够为顾客提供最佳服务的方案。然而，由于方案 1 有 3 台收款机，当每一个人都忙于工作时，每一种方案每分钟平均都可以为 3 位顾客提供服务，因此并不清楚哪一种方案较好。

E (1) 使用主要的绩效度量指标——L、L_q、W、W_q——比较这两个选择。

(2) 解释这些比较有什么意义。

(3) 你认为哪一个指标对格雷格的顾客最重要？为什么？根据这个指标，选择哪一个方案比较好？

E 12.27* 在蓝芯（Blue Chip）保险公司，一个特定投资产品的存入和取出是分别由两个职员完成的。存入单以每小时 16 份的平均速率随机到达克拉拉的桌前，取出单的到达速率为每小时 14 份。进行交易的时间服从均值 3 分钟的指数分布。为了缩短存入单和取出单在系统中的期望等待时间，保险精算部门提供了以下建议：①培训每一名员工，使他们每个人都能够处理存入和取出业务；②将存入单和取出单放入一个队列，由两名职员一起处理。

(1) 在目前分别处理一种单据的情况下，计算系统中的期望等待时间，然后将这些结果组合起来（对于存入单，用 16/30 乘以 W，对于取出单，用 14/30 乘以 W，然后将两个结果相加），计算任意一种随机到达的单据在系统中的期望等待时间。

(2) 如果建议被采纳，计算到达的单据在系统中的期望等待时间。

(3) 现在假设采纳建议导致了期望处理时间有一个小幅增长。使用这个模型的 Excel 模板通过试算确定期望处理时间（误差在 0.01 分钟以内），使得在当前程序下和建议下系统中随机到达单据的期望等待时间相同。

E 12.28 人民软件公司（People's Software）刚刚建立一个呼叫中心为新的软件包提供技术支持。两名技术代表接电话，每一名代表回答顾客问题的时间服从均值为 8 分钟的指数分布。

电话以平均每小时10个的速度随机打来。明年，电话的平均到达率估计会降到每小时5个电话，因此公司计划将技术代表的数量降到1名。确定在目前的排队系统下和明年的系统下L、L_q、W、W_q的值。对于每一个绩效度量指标，哪一个系统提供了较小的值？

12.29 南方铁路公司（Southern Railroad）一直将列车车厢上漆的工作转包出去。但是，管理层发现自己完成这项工作可以为公司节省一笔开支。现在需要面临两个选择。

选择1是提供两个上漆车间，其中的上漆工作手工完成（每个车间每次处理一节车厢），每小时总成本是70美元，一节车厢的上漆工作需要6小时完成。选择2是提供一个喷漆车间，每小时成本是100美元。在这种情况下，一节车厢的上漆工作（一次为一节车厢上漆）是3小时。对于两种选择，列车车厢都以每5小时一节的速度随机到达。每一节车厢的空闲等待时间损失是每小时100美元。

(1) 使用图12-10估计选择1的L、L_q、W、W_q值。

E (2) 求出选择2与第(1)问同样的绩效度量指标值。

(3) 确定并比较这两个选择的每小时总期望成本。

12.30* 东南航空公司（Southeast Airlines）是一个小型航空公司。在其一个机场的售票处有一个售票员。买票的队伍有两列：一列是头等舱乘客；另一列是经济舱乘客。当售票员准备好为下一个顾客提供服务时，如果头等舱顾客队列中有人，则向头等舱顾客提供服务。如果没有，则向下一个经济舱乘客提供服务。两类顾客的服务时间都服从均值为3分钟的指数分布。在每天12小时的营业时间里，头等舱乘客以每小时2人的速度随机到达，经济舱为每小时10人。

(1) 什么样的排队模型适合这个排队系统？

E (2) 求出对于头等舱乘客和经济舱乘客服务的绩效度量指标L、L_q、W、W_q。

(3) 头等舱乘客在服务开始前的期望等待时间是经济舱乘客的几分之几？

(4) 确定售票员平均每天工作的小时数。

12.31 县医院的急救室总是有一名医生值班。在过去，有一名医生已经足够了。然而，由于人们在紧急情况下去医院而不找私人医生的情况有上升的趋势，要求急救的人数稳步上升。到明年，估计高峰时间（黄昏期）患者将以每小时2名的速度随机到达，因此有人建议明年在这个时段里为急救室增加一名医生。医院管理层（HMO）拒绝了这个建议，但是聘请了一位管理科学家（就是你）来分析，到明年一名医生是否够用。

患者不是先到先服务。护士将患者分成三类：①病危，需要立即进行抢救；②严重，早期治疗对于防止病情恶化很重要；③稳定，治疗可以推迟，不会有不利情况发生。然后，患者以这个优先顺序接受治疗。在同一类患者中，还是采用通常的先到先服务。如果高优先级的患者到来，医生将会暂停对一个患者的治疗。大约10%的患者属于第一类，30%属于第二类，60%属于第三类。因为病情更加严重的患者在接受紧急治疗后还会在医院做进一步治疗，急救室中一名医生的平均治疗时间在这三类患者之间没有很大差异。治疗时间可以看成服从均值为20分钟的指数分布。

管理层确定了如下标准。治疗开始前，各类患者在急救室中的平均等待时间如下：病危情况不超过2分钟，严重情况不超过15分钟，稳定情况不超过2小时。

(1) 什么样的排队模型适合这个排队系统？

E (2) 使用这个模型确定如果明年保持1名医生值班，管理层的标准是否能够得到满足。

(3) 使用$M/M/1$模型中W_q的公式确定如果采用先到先服务的原则是否能够满足这个标准。

E (4) 明年高峰时段平均到达率为每小时2名患者只是一个估计值。如果平均到达率为每小时2.25个患者，重复第(2)问，进行敏感性分析。

E 12.32 贝克公司（Becker Company）工厂中由于六角机床部的工作能力不足，工作耽误时间很长。部门领导认为需要5台机床，而不是现在的3台。然而，由于公司管理层减少资本投入的压力，除非有足够证据证明需要添加 2 台机床，否则公司只会授权增加 1 台。

这个公司完成三类工作：政府的任务、商业任务、标准产品生产任务。当 1 台六角机床完成一项工作后，如果有等待中的政府任务就去完成这些任务。如果没有政府的任务，但是有商业任务在等待，则完成商业任务。否则，生产正在等待的标准产品。相同类型的工作实行先到先服务。

尽管当前需要大量的加班，但管理层希望六角机床部能够以每星期 5 天、每天 8 小时为基础运作。1 台六角机床完成一项工作的时间服从均值为 10 小时的指数分布。工作以政府任务每周 6 项、商业任务每周 4 项、标准产品生产任务每周 2 项的速度随机到达（这些数据以后仍然保持不变）。

管理层认为，六角机床部工作开始前的平均等待时间为：政府任务不能超过 0.25 个工作日、商业任务不能超过 0.5 个工作日、标准产品生产任务不能超过 2 个工作日。

（1）确定为了达到这个标准，需要增添多少台六角机床。

（2）政府任务、商业任务、标准产品生产任务耽误 1 个工作日的成本分别是 750 美元、450 美元、150 美元。每 1 台六角机床的平均资本成本估计是每一个工作日 250 美元。请确定为了使期望总成本最小，需要增添多少台六角机床。

E 12.33 在对一个排队系统提供的服务台数量进行经济分析时，第 12.9 节引入了一个成本模型，目标是使 $TC=C_sL+C_wL$ 最小。分析这个问题的目的是让你发现 C_s 和 C_w 的相关大小对最佳服务台数量的影响。

假设所考虑的排队系统符合 $\lambda=8$ 位顾客/小时和 $\mu=10$ 位顾客/小时的 M/M/s 排队模型。使用 M/M/s 模型找出下面情况中的最佳服务台数。

（1）C_s=100 美元，C_w=10 美元
（2）C_s=100 美元，C_w=100 美元
（3）C_s=10 美元，C_w=100 美元
（4）对上述三种情况，生成数据表比较在不同数量服务台的情况下的每小时预期成本。

E 12.34* 麦堡快餐汉堡店（McBurger）的经理杰姆·麦克唐纳（Jim McDonald）意识到提供快速服务是餐馆成功的关键。等待时间很长的顾客下一次会到另一家快餐店就餐。他估计让顾客在服务完成前等待 1 分钟，就会使他在以后的业务中平均损失 50 美分。因此他想要确保总是有足够的收银台以使等待时间降低到最短。每一个收银台由一名兼职的雇员操作，他接收每一位顾客的食品订单并收钱。每一名雇员每小时的总成本是 15 美元。

午饭时间，顾客以每小时 66 人的速度随机到达。汉堡店为一位顾客提供服务的时间估计服从均值为 2 分钟的指数分布。

在午饭时间，杰姆应该开放多少个收银台以使每小时期望总成本最小？

E 12.35 加勒特-汤普金斯公司（Garrett-Tompkins Company）在其复印室中为雇员提供了 3 台复印机。然而，最近出现了一些关于因等待复印机而浪费大量时间的抱怨，管理层正在考虑增加 1 台或更多台复印机。

在每年的 2 000 个工作小时中，雇员以平均每小时 30 人的速度随机到达复印室。每一位雇员的复印时间服从均值为 5 分钟的指数分布。雇员由于在复印室花费时间而损失的生产力会给公司造成每小时 25 美元的损失。一台复印机一年的租赁费用是 3 000 美元。

确定为了使每小时的期望总成本最小，公司应当拥有多少台复印机。

案例 12-1 排队窘境（案例 11-1 续篇）

"从不枯燥！"这就是你对自己在顶尖公司（一家大型计算机及外国设备制造商）的集成记录和收益管理中心所做工作的评价。自从 6 个月前中心开始运作起，你和人力资源部经理马克·劳伦斯就好像经历了一次长距离的过山车之旅。获得管理层的同意并建立了集成记录和收益管理中心是一次成功，由于对记录和收益管理中心的需求过大而受到顾客（顶尖公司的所有雇员）的指责则是一次挑战，准确预测人们对呼叫中心的需求又是一次挑战。

现在你又面临着一次挑战。马克面带愁容地走到

你的桌前。

他马上开始了抱怨："我真是不明白，2个月前你为我们做的预测工作已经让我们了解了中心的周需求量，但是我们还是没有解决雇员的问题。我们使用了历史数据和你预测的计算呼叫中心周平均需求。我们将这个周平均需求量除以一周的工作小时数转化为每个小时平均需求量。然后，我们通过考虑客户服务代表平均每小时可以处理的电话量，为中心配备员工以满足平均每小时的需求量。"

"但是情况很糟糕。运作数据显示超过35%的顾客等待服务代表接听电话的时间超过4分钟！大批顾客仍然向我抱怨，公司管理层的执行官还在向我施加压力！我需要帮助！"

你让马克平静下来，向他解释你知道出现了什么问题：由于需求的随机性，某个特定小时内接收到的电话数远远大于（或远远小于）平均数。而且，由于电话类型不同，顾客服务代表每小时所能处理的电话数有可能远远大于（或远远小于）平均数。

接着，你告诉他不用担心，你可以解决这个问题。你已经阅读过将排队模型成功应用于呼叫中心运作的例子。你认为在学校里学过的排队模型将帮助你确定适当的雇员数水平。

（1）你要马克描述需求量和服务率。他告诉你呼叫中心随机接到电话，平均每小时接到70个电话。回应和保持电话不挂断的计算机系统很先进，其容量足以满足需求。由于接到的电话是随机的，因此处理一个电话的时间也是随机的，时间通常很短，但有时会相当长。然而，平均来说，一名客户服务代表每小时可以处理6个电话。什么样的排队模型适合于这种情况？在超过35%的顾客在服务代表接听电话前要等待超过4分钟的情况下，请使用这个模型估计目前马克应雇用多少个顾客服务代表。

（2）马克告诉你，除非95%的顾客等待客户服务代表接听电话的时间是1分钟或更短，否则他是不会满意的。根据这一顾客服务水平和第（1）问给出的平均到达率及平均服务率，马克应当雇用多少客户服务代表？

（3）每一名顾客服务代表的年薪是42 000美元（包括福利），马克告诉你他没有资源来雇用足够的员工来实现第（2）问的服务水平。他要求你进行敏感性分析。在保证80%的顾客等待时间不超过1分钟的前提下，他需要雇用多少名顾客服务代表？在保证95%的顾客等待时间不超过90秒的前提下，他需要雇用多少名客户服务代表？你会向马克建议达到什么样的服务水平？如果马克的呼叫中心为外部顾客（与公司无关）而不是内部顾客（雇员）提供服务，决策标准是否会有所不同？

（4）马克告诉你，他对为了维持较高服务水平所需要的客户服务代表数不满意，因此想要找出一些除了简单地增加客户服务代表外的方案。他所考虑的一个方案是建立一个培训计划，来培训客户服务代表更加高效率地使用计算机等工具来应答电话。他相信这可以让客户服务代表每小时处理的电话数从6个增加到8个。由于每年雇员需要知识更新培训，因此这个培训计划每年在每位雇员上花费3 500美元。为了达到第（2）问的服务水平，马克需要雇用并培训多少客户服务代表？在这个方案以及增加客户服务代表的方案中你会选择哪一个？为什么？

（5）马克意识到在决定所需要的客户服务代表人数方面，排队论只能提供这么多的帮助。他发现如果模型的输入数据不准确，排队模型将无法提供准确的答案。你认为哪些输入量需要重新评估？你会怎样估计这些输入量？

案例 12-2　降低在制品库存

北方飞机制造公司（Northern Airplane Company）副总裁吉姆·威尔士（Jim Wells）被激怒了。今天早上他参观了公司最重要的制造厂后，情绪非常糟糕。但是现在他将脾气发泄到这个工厂的生产经理杰里·卡斯塔斯（Jerry Carstairs）身上。杰里刚刚被吉姆叫进办公室。

"杰里，我刚刚从工厂那里回来，我非常失望。"

"出了什么问题，吉姆？"

"你知道我一直在强调削减在制品库存。"

"是的，我们也一直在努力。"杰里回答道。

"还不够！"吉姆提高了嗓门，"你知道我在走过冲压机时看到了什么吗？"

"不知道。"

"有5张金属薄板还在等待加工成机翼组件。而旁边的质检站放着13套机翼组件！一个质检员正在检查其中的一套，其他12套却躺在那里。你也知道每一套机翼组件占用了我们几十万美元的资金，也就是说在冲压机和质检站间，有几百万美元的贵重金属躺在那里。我绝对不允许这样的！"

委屈的杰里回答道："是的，吉姆，我已经意识到了质检站是一个瓶颈。它通常不像你早上看到的那样糟，但是它的确是一个瓶颈。早上你看到的的确是较差的情况。"

"希望如此，"吉姆反驳道，"但是你应当防止这种情况发生，哪怕是偶然发生也不行。你准备怎么做？"

杰里说："事实上，我已经在处理这个问题了。我现在有一些方案，并且已经要求员工中的管理科学专家们分析这些建议，然后提出最佳的方案。"

"很好，"吉姆回应道，"很高兴这个问题在你的掌握之中。你要把这件事列为首要的事情去做，尽快向我汇报。"

"没问题。"杰里保证。

杰里和他的管理科学家所遇到的问题是这样的。工厂中有 10 台同样的冲压机，都用于将经过特殊处理的金属薄板冲压成机翼组件。金属薄板以每小时 7 张的速度随机到达。冲压机冲压出机翼组件的时间服从均值为 1 小时的指数分布。完成冲压后，机翼组件以相同的到达率随机到达质检站（每小时 7 套）。一名全职质检员负责检查这些机翼组件，以确保它们符合标准。每次检查花费 7.5 分钟的时间，因此每小时他可以检查 8 套机翼组件。除了在冲压机那里已有的在制品库存外，这个检查率也导致了质检站存在大量的在制品库存（等待完成检查的机翼组件的平均数量相当大）。

每一张在冲压机处的金属薄板或每一套在质检站的机翼组件造成的在制品库存成本增加为每小时 8 美元。因此，杰里提出了两个方案以降低在制品库存的平均水平。

方案 1 是略微降低冲压机的生产强度（这会导致冲压一套机翼组件的平均时间增加 1.2 小时），这样质检员可以更好地跟上它们的产出速度。这还会将每一台冲压机的成本（运作成本加折旧成本）从每小时 14 美元降低到 13 美元（相反，增大到最高生产率会使生产成本上升到每小时 15 美元，但冲压一套机翼组件的平均时间缩短到 0.8 小时）。

方案 2 是由一名年纪较轻的质检员完成这项工作。他的工作速度比较快（尽管由于缺少经验，检查时间会有些波动），因此能够更好地跟上冲压机的产出速度（他的检查时间分布的均值为 7.2 分钟、标准差为 5 分钟）。这样的质检员的工作等级要求每小时的收入为 38 美元（包括和奖金），现在的质检员由于工作等级较低，工资每小时为 34 美元（同一个工作等级中质检员的检查时间相同）。

作为管理科学专家，杰里要求你对这个问题进行分析。他要求你"用最先进的管理科学技术分析每一个方案能够降低多少在制品库存，然后提出你的建议"。

（1）请首先评价现在的状态以便找到一个用来比较的基准，确定在冲压机处和质检站的在制品期望库存量，然后计算在制品库存、冲压机、质检员每小时的期望成本。

（2）方案 1 会产生什么影响？为什么？将得到的结果与第（1）问的结果进行细致的比较。向杰里解释这些结果。

（3）方案 2 产生有什么影响？为什么？将得到的结果与第（1）问的结果进行细致的比较。向杰里解释这些结果。

（4）对于降低在冲压机处和质检站的在制品期望库存量，提出你的建议方案，详细解释你的方案，并像第（1）问一样进行量化分析以便为你的方案提供支持。将得到的结果与第（1）问的结果进行细致的比较，并说明你建议的方案将产生的改进效果。

更多案例

关于本章的更多案例，可以查阅西安大略大学毅伟商学院网站 www.cases.ivey.uwo.ca/cases 专为本书设计的 CaseMate 部分。

第 13 章
用 PERT/CPM 进行项目管理

学习目标

完成本章的学习后,你应该能够:
1. 描述 PERT/CPM 能够为项目管理者提供哪种类型的帮助。
2. 明确建立 PERT/CPM 项目网络需要的信息类型。
3. 运用这些信息为特定项目建立项目网络。
4. 运用项目网络建立完整的日程安排,包括每个活动开始与结束的最早和最迟时间。
5. 识别关键路径活动,也就是为了不延误项目工期一定不能延迟的活动。
6. 得出在最后期限内完成项目的近似概率。
7. 找出为了在目标完成期限内完成项目且成本最低的方法。
8. 运用系统的程序协助制定规划、日程安排以及控制项目成本。
9. 从管理角度评价 PERT/CPM。
10. 了解一些现有的 PERT/CPM 的扩展。

对任何管理者来说,最具有挑战性的工作之一就是对大规模的项目进行管理,这需要在整个组织的范围内协调大量活动。在规划如何协调所有的活动、编制实际日程安排以及监控项目进度时,需要考虑大量的细节。

幸运的是,**计划评审技术**(program evaluation and review technique,PERT)和**关键路径法**(critical path method,CPM)这两种密切相关的管理科学技术可以帮助项目管理者完成这些任务。这两种技术大量使用了第 7 章介绍的网络来帮助我们规划并展示所有活动的协调。这两种技术通常使用一个软件包来处理必要的数据,以制定日程并对整个项目的进度进行监控。项目管理软件对于完成这些工作非常有用。

PERT 和 CPM 被广泛应用于各种各样的项目之中,包括下面列举的项目:

(1)新工厂的建造。
(2)新产品的研制和开发。
(3)美国国家航空航天局的太空探险计划。
(4)电影的制作。
(5)船舶的制造。

（6）政府资助的新武器系统研制项目。
（7）重大设施的重新布置。
（8）核电站的维修和保养。
（9）管理信息系统的安装。
（10）广告活动的实施。

PERT 技术和 CPM 技术在 20 世纪 50 年代晚期被分别开发出来。从那以后，它们就成了应用最广泛的管理科学技术。

初始版本的 PERT 技术和 CPM 技术有很大不同，这一点我们将在本章后面进行说明。尽管如此，这两种技术也拥有许多共同点。而且，这些年来这两种技术在不断地相互融合。事实上，今天的软件包往往包含了这两种技术初始版本的所有重要功能。

因此，这些技术的使用者在使用这两个名字时往往并不加区分，甚至把它们合并缩写为 PERT/CPM，我们就经常这样做。只有当描述它们各自的特性时，我们才会去区分它们之间的差异。

下一节我们将要介绍一个贯穿整章的案例研究，以此来说明使用 PERT/CPM 进行项目分析的各种方法。

13.1 案例研究：科信建筑公司项目

科信建筑公司（Reliable Construction Company）从一家大型制造商那里成功中标了价值 540 万美元的新工厂建设项目。制造商要求这个新工厂在一年之内投入使用。因此，合同中包含了下面列出的一些条款：

- 如果科信建筑公司从现在起 47 周内不能完成这个建设任务，就要赔偿 30 万美元。
- 如果这个项目能在 40 周内完成，科信建筑公司就会获得 15 万美元的奖金，作为对快速建造的奖励。

为了确保工程能按照进度进行，科信建筑公司安排最好的建筑管理人员大卫·佩蒂（David Perty）参与到这个项目的管理中来。佩蒂先生在公司中拥有多年的工作经验和骄人的工作成绩，管理层对他非常信任。佩蒂先生刚从社区学院毕业时只是一个木匠，但不久就成为公司中最年轻的领班，因此他完全了解整个建筑业务。在他当领班的时候，他利用晚上业余时间上课学习并取得工商管理学位。5 年的学习十分艰辛，但佩蒂先生发现他十分喜欢工商管理这一学科，并且学得很棒。他最喜欢的课是研究生阶段的选修课——项目管理，也就是在这个课程中，他熟练掌握了 PERT/CPM。荣获工商管理学位不久以后，他很快就晋升为建筑部经理。到目前为止，他已经在这个职位上为公司工作了 14 年之久。有传言说，在一年内，公司董事长的退休会造成一些高层管理职位的空缺，按照职位排序他将会进入最高管理层。虽然佩蒂先生十分愿意接受这次机会，但是他并不急于升职。尽管建筑部这份工作的压力很大，但是他依然非常享受作为一个建筑管理人员所面临的挑战，以及应用最新的项目管理技术的机会。

在如此重要的项目之中，佩蒂先生十分愉快地接受了项目经理的任命。他对于按进度完成项目这项挑战非常期待，而且他有可能在这一过程中获得升职。然而，他对在不增加额外成本的情况下于 40 周内完成项目表示非常怀疑，所以他最初的计划主要关注在 47 周内完成项目。

佩蒂先生需要安排全体员工在不同的时间里完成不同的施工任务。表 13-1 向我们展示了不同活动的列表。第三列为我们提供了用于协调员工进度的一些重要附加信息。

对于任何一个给定的活动，表 13-1 中第三列所给出的**紧前活动**（immediate predecessor）就是那些在给定活动开始前必须完成的活动。显然，这里提到的给定活动被称为其紧前活动的**紧后活动**（immediate successor）。

表 13-1　科信建筑公司项目的活动列表

活动	活动说明	紧前活动	估计工期（周）	活动	活动说明	紧前活动	估计工期（周）
A	挖掘	—	2	H	外部上漆	E、G	9
B	打地基	A	4	I	电路铺设	C	7
C	承重墙施工	B	10	J	竖墙板	F、I	8
D	封顶	C	6	K	铺地板	J	4
E	安装外部管道	C	4	L	内部上漆	J	5
F	安装内部管道	E	5	M	安装外部设备	H	2
G	外墙施工	D	7	N	安装内部设备	K、L	6

例如，第三列最上面的几个条目表明：

（1）开始挖掘之前并不需要等待任何其他活动的完成。
（2）挖掘工作必须在开始打地基之前完成。
（3）打地基必须要在承重墙施工之前完成，以此类推。

如果给定的活动拥有多个紧前活动，那么其紧前活动必须全部完成后才能开始这项活动。

为了给这些活动制定进度，佩蒂先生和全体领班进行协商，以便估计出每一项活动正常情况下的完成时间。表 13-1 中最右边一列给出了这些估计值。

把所有这些时间加起来总共是 79 周。这个数字已经远远超出了这个项目的工期。幸好，这些活动中有些能够同时进行，这就可以大大缩短完成项目所需要的时间。

在了解表 13-1 提供的各种信息之后，佩蒂先生需要解决下面几个问题：

（1）如何用图形方式来表示这个项目，以更直观地展示活动流？（第 13.2 节）
（2）如果没有延误的话，完成这个项目总共需要多少时间？（第 13.3 节）
（3）各个活动最晚什么时候必须开始，什么时候必须完成，才能赶上工程的完工日期？（第 13.3 节）
（4）如果没有延误，每一个单项活动最早什么时候可以开始，最早什么时候可以完成？（第 13.3 节）
（5）为了不耽误工程的完工日期，不允许任何延误的关键瓶颈活动是什么？（第 13.3 节）
（6）在不影响项目完工时间的基础上，其他活动延误多长时间是可以接受的？（第 13.3 节）
（7）由于准确估计每项活动的工期存在不确定性，项目在期限（47 周）内完成的概率是多少？（第 13.4 节）
（8）如果要用额外的资金来加速工程进度的话，怎样才能以最低的成本达到目标完成时间（40 周）？（第 13.5 节）
（9）如何对成本进行实时监控，以使项目成本控制在预算之内？（第 13.6 节）

由于经常使用 PERT/CPM，佩蒂先生知道这种技术在解答这些问题中将起到不可估量的作用（你会在上面括号中所标明的章节内了解到这一点）。

问题回顾

1. 在科信建筑公司中标的项目合同中，有哪些财务方面的条款？
2. 佩蒂先生努力要达到的最后完工期限是什么？
3. 一个活动的紧前活动是什么意思？紧后活动又是什么意思？
4. 针对这个项目，佩蒂先生收集了哪三种类型的信息？

13.2　用网络图直观显示项目

在第 7 章中，我们说明了如何用这些极有价值的网络图来表示并帮助分析各种各样的问题。同样，网络图在解决项目问题时也起着重要的作用。它们能够表示出活动之间的各种关系并展示未来的前景。它们可以用来协助进行项目分析，并解答上一节末尾提出的问题。

项目网络

表示整个项目的网络图称为**项目网络**（project network）。项目网络包括许多节点（一般用小圆圈或是长方形表示）和连接这些节点的弧（用箭头表示）（如果先前没有学习第7章讨论节点和弧的内容，那么在本章中，你可以把它们当成是在网络中给圆圈或长方形以及箭头所起的名字。）

如表13-1所示，描述一个项目需要三方面的信息：

（1）活动的信息：把整个项目分成多个单独的部分（根据所需的详细程度）。
（2）活动次序关系：确定每一个活动的紧前活动。
（3）时间信息：估计每一个活动所需要的时间。

项目网络需要传递所有这些信息。我们有两种类型的项目网络可以满足这些要求。

第一种是用弧表示活动（activity-on-arc）的项目网络，简称**AOA项目网络**。每一个活动都用一段弧来表示。节点用来区分一个活动（一条离开该节点的弧）和它的紧前活动（一条指向该节点的弧）。这些弧的先后次序就代表了活动之间的先后关系。

第二种是用节点表示活动（activity-on-node）的项目网络，简称**AON项目网络**。在这个网络中，每一个活动都用一个节点来表示，弧用来表示活动之间的先后关系。值得注意的是，对于拥有紧前活动的节点来说，它的每一个紧前活动都各有一条弧指向它。

在PERT和CPM的最初版本中使用了AOA项目网络，因此在很多年里它就成了一种常规类型。然而，与AOA项目网络相比，AON项目网络在传达完全相同的信息时有着十分重要的优势：

（1）AON项目网络比AOA项目网络容易建立。
（2）对于那些没有经验的使用者（包括许多管理者在内）来说，AON项目网络要比AOA项目网络更容易理解。
（3）如果项目有变动的话，AON项目网络要比AOA项目网络更容易修改。

基于这些原因，AON项目网络越来越受到实际应用者的欢迎。看起来它似乎要成为我们的常规类型。因此，在这里我们主要介绍AON项目网络。

图13-1显示了科信建筑公司的项目网络图[⊖]。同样，本图参照了表13-1中的第三列，请注意图中一条弧是如何从每一个活动的紧前活动指向该活动的。因为活动A没有紧前活动，所以就有一条弧从**始点**（start node）指向了活动A。同样，因为活动M和N没有紧后活动，所以弧就从这些活动指向了**终点**（finish node）。这样，项

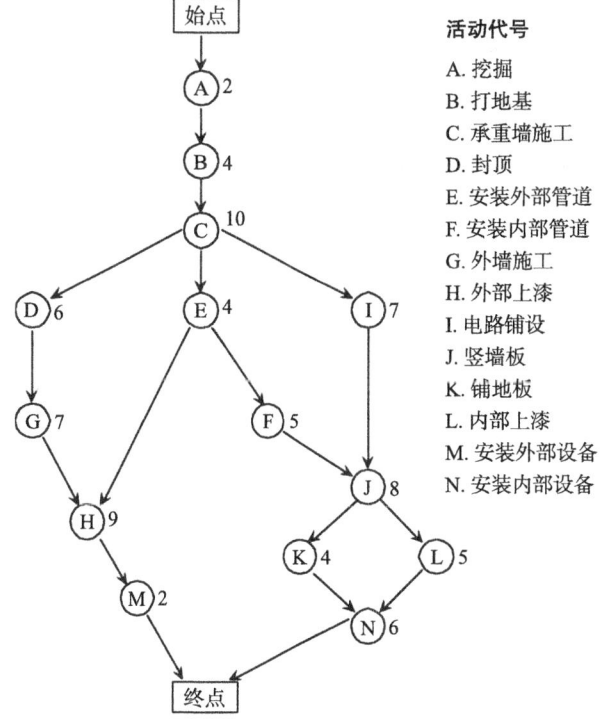

活动代号
A. 挖掘
B. 打地基
C. 承重墙施工
D. 封顶
E. 安装外部管道
F. 安装内部管道
G. 外墙施工
H. 外部上漆
I. 电路铺设
J. 竖墙板
K. 铺地板
L. 内部上漆
M. 安装外部设备
N. 安装内部设备

图13-1 科信建筑公司项目的项目网络

⊖ 虽然项目网络图通常都是从左向右绘制的，但是在原书中我们自上而下地绘制网络图，以便更好地适应原书的印刷页面。

目网络就明确地显示出了所有活动的次序关系（包括该项目的开始和结束）。根据表13-1最右边一列，代表每一个活动的节点旁边的数字记录了完成这个活动所需要的估计工期（以周为单位）。

问题回顾

1. 项目网络需要传达哪三种信息？
2. 用弧表示活动的项目网络（AOA）与用节点表示活动的项目网络（AON）有什么区别？在本书中我们采用了哪种类型？

13.3 用 PERT/CPM 进行项目排程

在第13.1节结尾处，我们提到科信建筑公司的项目经理佩蒂先生想要寻求一系列问题的答案，而解决问题最好的方法就是使用PERT/CPM。在上一节中，我们已经回答了他的第一个问题。在这一节中我们要回答接下来五个问题：

- **问题2**：如果没有延误发生，完成这个项目需要的总时间是多少？
- **问题3**：为了达到项目完工时间的要求，各个活动最晚何时开始、何时结束？
- **问题4**：如果没有延误发生，每一项活动最早什么时候开始，最早什么时候可以完成？
- **问题5**：为了不耽误工程的完工日期，不允许任何延误的关键瓶颈活动是什么？
- **问题6**：在不影响项目完工时间的情况下，其他活动延迟多长时间是允许的？

图13-1中的项目网络向我们提供了两类至关重要的信息：完成特定活动必须遵循的次序和每一个活动的（预计）工期。有了这些信息，我们就可以回答所有问题。那么现在我们重点来看一看问题2和问题5。

关键路径

完成这个项目需要多长时间？前面我们讲到，把所有活动的时间加起来是79周。然而，这并不是问题的答案。因为这些活动中有些可以同时进行或几乎同时进行。重要的是网络图中路径的长度。

网络图的**路径**（path）是指沿着箭头（弧）方向从始点到终点所有线路中的一条线路。**路径的长度**（length of path）是指沿着路径所有活动的（预计）工期之和。

表13-2给出了图13-1所示网络图的六条路径，同时还给出了这些路径中工期相加所得的路径长度。这些路径的长度范围从31周到最长的44周（表中的第四条路径）。

表13-2 科信建筑公司项目网络中的路径和路径的长度

路径	长度（周）
始点→A→B→C→D→G→H→M→终点	2+4+10+6+7+9+2=40
始点→A→B→C→E→H→M→终点	2+4+10+4+9+2=31
始点→A→B→C→E→F→J→K→N→终点	2+4+10+4+5+8+4+6=43
始点→A→B→C→E→F→J→L→N→终点	2+4+10+4+5+8+5+6=44
始点→A→B→C→I→J→K→N→终点	2+4+10+7+8+4+6=41
始点→A→B→C→I→J→L→N→终点	2+4+10+7+8+5+6=42

给定这些路径的长度，你认为（预计）项目工期（项目所需要的总时间）应该是多少呢？让我们来推算一下。

因为任何给定路径中的活动都只能一个接一个按照顺序进行而不能重叠，所以项目工期就不可能比路径的长度更短。然而项目工期也有可能变得长一些，因为路径中有些活动拥有多个紧前活动，这就有可能需要等待那些不在这条路径中的紧前活动完成，显然这比等待在路径中的紧前活动完成要花费更多的时间。例如，考虑一下表 13-2 中的第二条路径，注意活动 H。这个活动拥有两个紧前活动，其中一个（活动 G）不在路径中，而另一个（活动 E）在路径中。当活动 C 完成以后，活动 E 只需要另外 4 周的时间，而活动 D 及后续活动 G 的完成却需要 13 周的时间。因此，项目工期要比表中第二条路径长得多。

但是，项目工期永远不会比一条特定的路径长，这条路径就是网络图中的**最长路径**。在这条路径中的活动可以顺序执行而不需要任何停顿（否则它就不是最长的路径了）。因此，到达终点所需要的时间正好等于该路径的长度。从其他路径到达终点的时间不会长于这条路径。

于是，我们就得出了一个重要的结论：

（预计）项目工期等于项目网络中最长路径的长度。这条最长的路径被称为**关键路径**（critical path）。（如果最长路径不止一条，则它们都是关键路径。）

因此，对科信建筑公司的项目来说，我们可以得到：

关键路径：始点→A→B→C→E→F→J→L→N→终点

（预计）项目工期 = 44 周

现在我们就解答了在本节开始时提到的佩蒂先生的问题 2 和问题 5。如果不发生意外事故耽误工期的话，完成整个项目所需要的总时间大约为 44 周。而且，在这条关键路径上的活动都是关键的瓶颈活动，这就要求在施工中不能有任何拖延。这些对佩蒂先生来说是很有价值的信息。因为现在他知道了，要想让整个项目按照日程进行，就必须把注意力集中于确保这些关键活动能够按日程进行。而且，如果他想要缩短工期的话（别忘了，如果在 40 周之内完工就会有奖金），就应该在这些关键活动上面做文章，减少它们的工时。

对像图 13-1 这样的小型项目网络来说，找出所有的路径并确定最长的路径是找出关键路径的一种简便方法。但是，对于那些较大且复杂的项目网络来说，这却不是一个简便的方法。PERT/CPM 使用了一种效率更高的方法来完成这一任务。

PERT/CPM 方法不仅对于大型项目十分有效，与寻找所有路径的方法相比，它还能够提供更多的信息。尤其是它可以解答在本节开始时提出的全部五个问题，而不仅仅是其中的两个。这些答案向我们提供了一些关键的信息，我们可以根据这些信息为所有的活动安排日程，并评估任何一个活动不按照进度进行所产生的后果。

这种方法的组成要素将在本节的后半部分进行说明。

为每一项活动安排日程

PERT/CPM 安排日程的方法从回答第四个问题开始：如果不发生延误，各项活动最早的开始和结束时间是什么？"不发生延误"的意思是：①每项活动的实际完成时间和预计工期正好吻合；②一旦一项活动的紧前活动完成，这个活动就要马上开始进行。如果在整个工程中都不发生延误的话，那么每一项活动的开始时间和结束时间被称为**最早开始时间**（earliest start time，ES）和**最早结束时间**（earliest finish time，EF）。这些时间用以下符号表示：

ES = 一项特定活动的最早开始时间

EF = 一项特定活动的最早结束时间

其中，

EF = ES +（预计）活动工期

按照惯例，我们从项目开始的时间起以时间周期（如在科信建筑公司项目中的星期数）为单位进行计数，而不是给这些时间标注具体的日历时间。因此：

项目的开始时间 = 0

因为科信建筑公司项目是从活动 A 开始的，所以我们有：

活动 A：ES = 0

EF = 0 + 活动工期（2 周）

= 2

在图 13-1 中活动 A 旁边的数字标出了它的工期。因为活动 A 一结束紧接着就进行活动 B，所以有：

活动 B：ES = 活动 A 的 EF

= 2

EF = 2 + 活动工期（4 周）

= 6

活动 B 的 ES 计算过程体现了计算 ES 第一条规则：

如果某个活动只有一个紧前活动，那么这个活动的 ES = 其紧前活动的 EF

用这条规则（以及各 EF 的计算）很快就可以求出活动 C 的 ES 和 EF。然后是活动 D、E、I，一直到 G、F。

图 13-2 列出了每一项活动的 ES 和 EF，并标注在节点的右边。例如：

活动 G：ES = 活动 D 的 EF

= 22

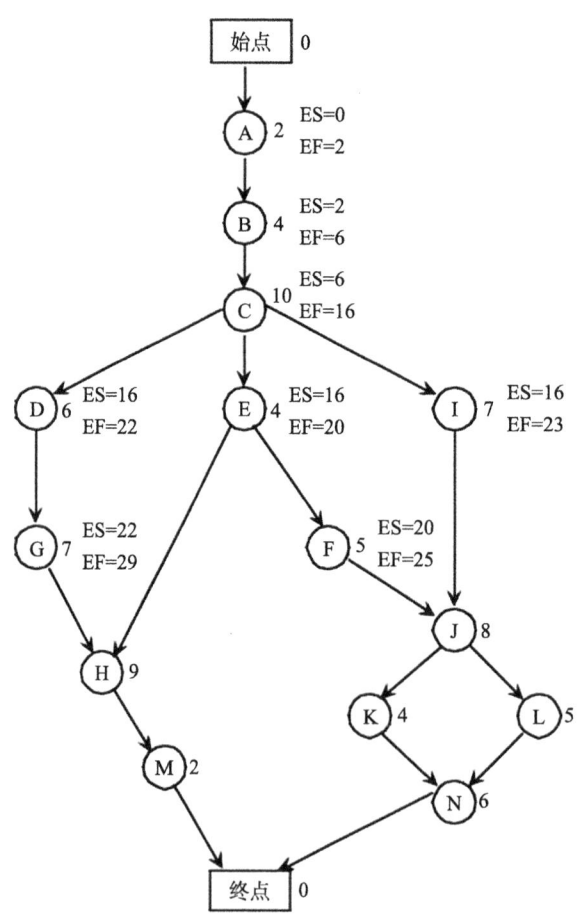

图 13-2 列出的所有活动的 ES 和 EF

注：图 13-1 中具有唯一紧前活动的初始活动最早开始时间（ES）和最早结束时间（EF）的计算。

$$EF = 22 + 活动工期（7周）$$
$$= 29$$

这就是说，这项活动从项目启动算起的第 22 周开始进行并在第 29 周完成。

现在我们来讨论一下活动 H 的情况，因为它拥有两个紧前活动——活动 G 和活动 E。想要开始进行活动 H，就必须要等活动 G 和活动 E 都完成了才行。于是就有下面的计算过程。

活动 H 的紧前活动：

$$活动 G 的 EF = 29$$
$$活动 E 的 EF = 20$$
$$其中较大的一个 EF = 29$$

因此可以得出：

$$活动 H 的 ES = 上面两个 EF 之中较大的一个$$
$$= 29$$

这个计算过程体现了计算任何一个活动最早开始时间的一般规则。

最早开始时间规则（earliest start time rule）

一个活动的最早开始时间就是所有紧前活动的最早结束时间中最大的一个时间。可以表示为：

$$ES = 其紧前活动的 EF 中最大的一个$$

如果活动只有一个紧前活动，那么这条规则和前面给出的第一条规则是一样的。但是，第二条规则同样适用于拥有很多个紧前活动的活动。以此类推，把这条规则应用到图 13-2 的其他活动中，就可以得到图 13-3 所给出的 ES 和 EF 的数值。

请注意，图 13-3 还提供了始点和终点的 ES 和 EF 数值。这是因为我们通常把它们看成时间为零的虚拟活动。对始点来说，显然有 ES = 0 = EF。对终点而言，就像我们在下文中要讲到的一样，一般按照最早开始时间规则来计算。

终点的紧前活动为：

$$活动 M 的 EF = 40$$
$$活动 N 的 EF = 44$$
$$其中较大的 EF = 44$$

因此：

$$终点的 ES = 较大的 EF$$
$$= 44$$
$$终点的 EF = 44 + 0$$
$$= 44$$

最后的计算表明：如果项目中的每一项活动都按照图 13-3 中所示的开始时间和结束时间（问题 2 的答案）严格进行而没有任何延误的话，那么项目就能够在 44

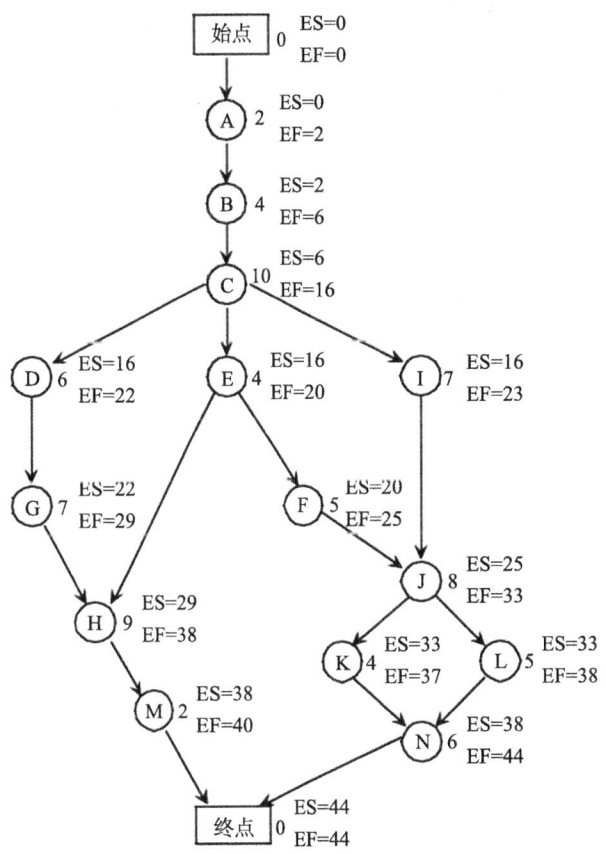

图 13-3 科信建筑公司所有活动的 ES 和 EF

注：科信建筑公司项目中所有活动的最早开始时间（ES）和最早结束时间（EF）的计算（包括始点和终点）。

周之内完成。现在，佩蒂先生就可以利用这个日程表通知负责各项活动的员工来规划其活动的开始时间和结束时间。

现在我们总结一下为任何一个项目建立这样一个日程表的完整步骤。

获得所有活动最早开始时间的步骤

（1）对于每一个启动项目的活动（包括始点），设置它的最早开始时间为 ES = 0。

（2）对于已经得到 ES 数据的活动，使用下面的公式计算它的最早结束时间：

$$EF = ES + （预计）该活动的工期$$

（3）对于已经得到其紧前活动 EF 数据的活动来说，可以应用最早开始时间规则来计算其 ES。然后重复第（2）步得到其 EF。

（4）重复第（3）步，求出所有活动的 ES 和 EF（包括终点）。

这种从最初的活动开始一直到最后活动结束的过程被称为通过这个网络图的**前向追溯**（forward pass）。

要记住，从这个过程中得到的日程表建立在假设每一活动的实际用时和预计工期相一致的基础之上。如果其中某个活动的工期比预计的要长，会出现什么情况呢？这会不会耽误项目的完成日期呢？也许会，但并不是必然的。这取决于是哪个活动发生了延误以及延误的时间。

接下来会重点说明在不影响项目总工期的情况下，活动的开始或者结束时间和图 13-3 中相比可以推迟多少。

在不耽误项目完工期限的情况下存在时间推迟的计划进度

在找到活动的最早开始时间和最早结束时间后，下一步我们将要回答问题 3。我们将在保证项目于 44 周内完工的前提下，通过找到最迟开始时间和最迟结束时间来回答这一问题。

活动的最迟开始时间（latest start time for an activity, LS）是指假设项目的后续活动没有延误，在不影响项目完成总时间的前提下该活动最迟可能开始的时间（对终点来说，仍然是最早结束时间）。对完成活动来说，**活动的最迟结束时间**（latest finish time for an activity, LF）的定义与之对应。

用符号表示如下：

$$LS = 活动的最迟开始时间$$
$$LF = 活动的最迟结束时间$$

其中，

$$LS = LF - （预计）活动工期$$

为了得到 LF，我们使用如下规则：

最迟结束时间规则（latest finish time rule）

活动的最迟结束时间等于其所有紧后活动最迟开始时间中最小的一个。

用符号表示：

$$LF = 紧后活动的 LS 中最小的一个$$

因为一个活动的紧后活动一直要等到这个活动结束后才能开始，因此这个规则也就意味着必须及时完成这个活动，以确保这个活动的所有紧后活动都能够按照它们的最迟开始时间开始进行。

以图 13-1 中的活动 M 为例，其唯一的紧后活动就是终点。必须在 44 周时到达这个节点，才能确保项目在 44 周之内完成，因此我们为这一节点指定如下数值：

$$\text{终点：LF = 其 EF = 44}$$
$$\text{LS} = 44 - 0 = 44$$

现在我们把最迟结束时间规则应用到活动 M 上。

$$\text{活动 M：LF = 终点的 LS}$$
$$= 44$$
$$\text{LS} = 44 - 活动工期（2 周）$$
$$= 42$$

（因为活动 M 是项目的最后一个活动，所以我们可以很自然地设定它的 LF 等于终点的最早结束时间，而不必使用最迟结束时间规则。）

由于活动 M 是活动 H 的唯一紧后活动，所以我们可以把最迟结束时间规则应用到活动 H 上。

$$\text{活动 H：LF = 活动 M 的 LS}$$
$$= 42$$
$$\text{LS} = 42 - 活动工期（9 周）$$
$$= 33$$

我们注意到，上文中举例说明的这个计算过程是从最后一个活动开始进行的，依次回溯到最初的活动。这样，与寻找最早开始时间和最早结束时间的前向追溯相对照，我们把这一过程称为通过网络图的**逆向追溯**（backward pass）。下面我们对这个过程进行归纳。

得到所有活动最迟时间的步骤

（1）对项目中所有结束项目的活动（包括终点）来说，我们设定其最迟结束时间（LF）等于终点的最早结束时间。

（2）对于已经得到 LF 数据的任一活动，我们可以通过下面的公式来计算它的最迟开始时间：

$$\text{LS} = \text{LF} -（预计）活动工期$$

（3）对已知其紧后活动 LS 数据的活动来说，可以通过应用最迟结束时间规则得到其 LF，然后应用第二步计算出它的 LS。

（4）重复步骤三，直至得到所有活动的 LF 和 LS（包括始点）。

图 13-4 显示了应用这一规则得到的结论。以拥有三个紧后活动的活动 C 为例。活动 C 的紧后活动：

$$\text{活动 D 的 LS} = 20$$
$$\text{活动 E 的 LS} = 16$$
$$\text{活动 I 的 LS} = 18$$
$$\text{最小的 LS} = 16$$

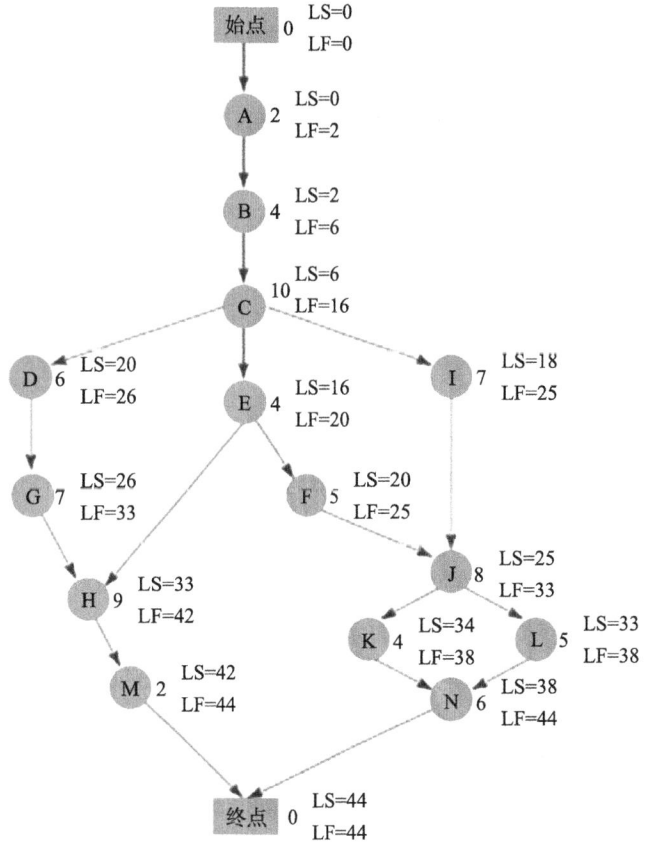

图 13-4 科信建筑公司所有活动的 LS 和 LF

注：科信建筑公司项目中所有活动最迟开始时间（LS）和最迟结束时间（LF）的计算（包括始点和终点）。

因此：

$$\text{活动 C 的 LF} = \text{上面的 LS 数值中最小的一个} = 16$$

佩蒂先生现在明白了，图 13-4 给出的进度安排代表着他"最后机会的进度安排"。即使一个活动的开始和结束时间像图 13-4 中所示的那么晚，他仍然能够在规定的 44 周工期内完成这个项目，但前提是不存在后续延误。为了允许一些意料之外的延误发生，他更愿意尽可能地采用图 13-3 所示的最早时间计划表。

如果图 13-4 中某一活动的开始和结束时间比图 13-3 中的相应时间晚的话，那么在这个活动的时间安排中就存在**时差**（slack）。用来为一个项目建立日程的 PERT/CPM 程序的最后一部分就是要找出这些时差并用这些信息来寻找关键路径（这样就可以回答问题 5 和问题 6 了）。

确定进度时间表中的时差

把图 13-4 中的最迟时间和图 13-3 中的最早时间合并到一张图中就能够很容易地找到这些时差。以活动 M 为例，我们可以通过下面的方式显示出这些信息。

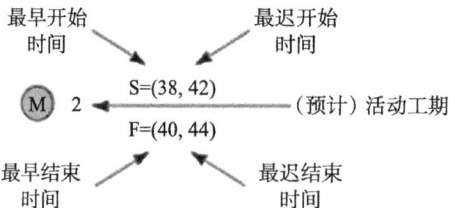

（注意，每一个小括号前面的 S 和 F 是用来区分开始时间和结束时间的。）图 13-5 显示了整个项目的信息。该图使我们更容易看出每一个活动中有多少时差。

活动的时差（slack of an activity）是指这个活动的最迟结束时间和最早结束时间之差。用符号表示：

$$\text{时差} = LF - EF$$

（因为 $LF - EF = LS - ES$，所以这两个差值都可以用来计算时差。）

举例来说：

$$\text{活动 M 的时差} = 44 - 40 = 4$$

这意味着在最早时间日程安排下活动 M 最多可以延误 4 周的时间而不会耽误整个项目的完成时间（44 周）。这是合理的，因为活动 M 和活动 N 完成以后整个项目也就完成了，而活动 N 的最早结束时间（44）要比活动 M 的最早结束时间（40）晚 4 周。只要活动 N 按照计划的进度安排进行，活动 M 在开始执行时（原因可能是前面的活动用的时间比预计的要多）和在执行中的延误不超过 4 周，那么项目仍然可以在 44 周之内完成。

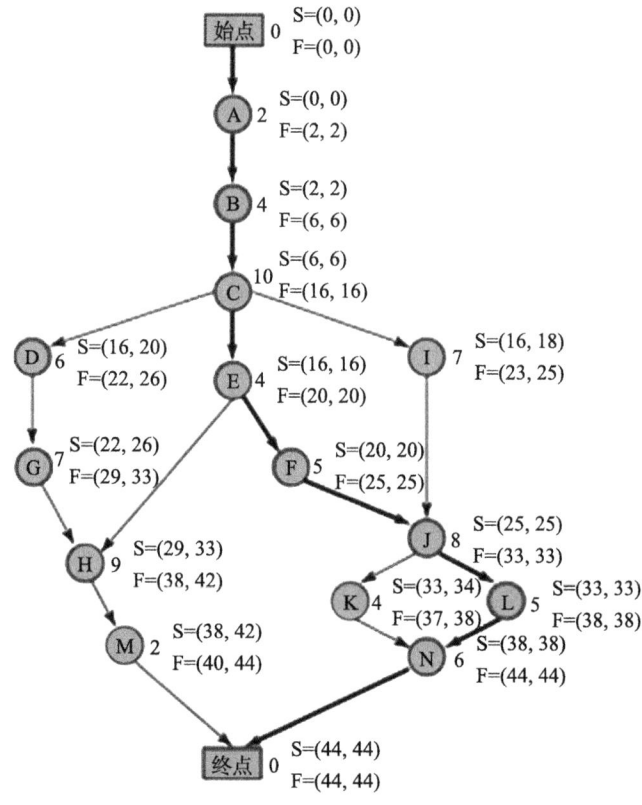

图 13-5 科信建筑公司项目完整的项目网络

注：其中在上面的小括号中标明了 ES 和 LS，在下面的小括号中标明了 EF 和 LF，粗黑箭头标明了项目网络中的关键路径。

表 13-3 列出了每一个活动的时差。我们注意到一些活动的时差为零，这就意味着在这些活动中的任何延误都会影响到整个项目的完成时间。这就是 PERT/CPM 识别关键路径的方法。

表 13-3　科信建筑公司项目中活动的时差

活动	时差（LF - EF）	是否处于关键路径上	活动	时差（LF - EF）	是否处于关键路径上
A	0	是	H	4	否
B	0	是	I	2	否
C	0	是	J	0	是
D	4	否	K	1	否
E	0	是	L	0	是
F	0	是	M	4	否
G	4	否	N	0	是

拥有零时差的活动都在项目网络的关键路径上，所以这一路径中的任何延误都会影响整个项目的完成时间。因此，关键路径是：

$$始点 \to A \to B \to C \to E \to F \to J \to L \to N \to 终点$$

这和我们在本节开始时使用另外一种方法得到的结果完全一致。这条路径在图 13-5 中用粗黑箭头表示了出来。佩蒂先生需要认真监控关键路径上的活动，以保证按时完成项目。

回顾

现在让我们回顾一下在本章开始的时候佩蒂先生的问题，并看一看这些问题是如何通过 PERT/CPM 排程过程得到解决的。

- 问题 2：如果不发生延误，完成这个项目需要的总时间是多少？这就是终点的最早结束时间（EF = 44 周），如图 13-3 和图 13-5 的底部所示。
- 问题 3：各项活动最晚什么时候必须开始和什么时候必须完成，才能保证工程按期完成？这些时间就是在图 13-3 和图 13-5 中给出的最迟开始时间（LS）和最迟结束时间（LF）。如果没有其他延误发生的话，它们就是在 44 周内完成项目的"最后机会的时间计划表"。
- 问题 4：如果没有延误的话，每一个单项活动最早什么时候开始，最早什么时候完成？这些时间就是图 13-3 和图 13-5 中给出的最早开始时间（ES）和最早结束时间（EF）。这些时间一般用来建立项目的最初日程安排（随后出现的延误可能会迫使日程安排做出调整）。
- 问题 5：为了不耽误工程的完工日期；不允许任何延误的关键"瓶颈"活动是什么？这些活动就是图 13-5 中用粗黑箭头显示的关键路径上的活动。为了确保项目按进度完成，佩蒂先生需要花费大部分精力确保这些活动能够按进度完成。
- 问题 6：在不影响项目完工时间的基础上，其他活动延误多长时间是允许的？这些允许的延误就是时差，如表 13-3 中间一列所示。

利用计算机来解答这些问题

如果你喜欢使用电子表格来解答这些问题，请参见图 13-6。图的上半部分提供了答案。为了得到这些答案，我们必须应用本节阐述的方法将恰当的公式输入到不同的单元格中（如图下半部分所示）。E 列的公式直接建立在最早开始时间规则的基础之上。F 列应用了下面的公式：EF = ES + 活动工期，所有活动的工期在单元格时间（D4:D17）中给出。类似地，G 列应用了下面的公式：LS = LF − 活动工期。H 列直接应用了最晚结束时间规则。I 列应用了"时差 = LF − EF"这一公式。如果时差等于零，那么 J 列就会显示"是"（Yes），否则就会显示"否"（No）。

	A	B	C	D	E	F	G	H	I	J
1		Reliable Construction Co. Project Scheduling Problem								
2										
3		Activity	Description	Time	ES	EF	LS	LF	Slack	Critical?
4		A	Excavate	2	0	2	0	2	0	Yes
5		B	Foundation	4	2	6	2	6	0	Yes
6		C	Rough Wall	10	6	16	6	16	0	Yes
7		D	Roof	6	16	22	20	26	4	No
8		E	Exterior Plumbing	4	16	20	16	20	0	Yes
9		F	Interior Plumbing	5	20	25	20	25	0	Yes
10		G	Exterior Siding	7	22	29	26	33	4	No
11		H	Exterior Painting	9	29	38	33	42	4	No
12		I	Electrical Work	7	16	23	18	25	2	No
13		J	Wallboard	8	25	33	25	33	0	Yes
14		K	Flooring	4	33	37	34	38	1	No
15		L	Interior Painting	5	33	38	33	38	0	Yes
16		M	Exterior Fixtures	2	38	40	42	44	4	No
17		N	Interior Fixtures	6	38	44	38	44	0	Yes
18										
19				Project Duration		44				

	E	F	G	H	I	J
3	ES	EF	LS	LF	Slack	Critical?
4	0	=ES+Time	=LF-Time	=MIN(G5)	=LF-EF	=IF(Slack=0,"Yes","No")
5	=MAX(F4)	=ES+Time	=LF-Time	=MIN(G6)	=LF-EF	=IF(Slack=0,"Yes","No")
6	=MAX(F5)	=ES+Time	=LF-Time	=MIN(G7,G8,G12)	=LF-EF	=IF(Slack=0,"Yes","No")
7	=MAX(F6)	=ES+Time	=LF-Time	=MIN(G10)	=LF-EF	=IF(Slack=0,"Yes","No")
8	=MAX(F6)	=ES+Time	=LF-Time	=MIN(G9,G11)	=LF-EF	=IF(Slack=0,"Yes","No")
9	=MAX(F8)	=ES+Time	=LF-Time	=MIN(G13)	=LF-EF	=IF(Slack=0,"Yes","No")
10	=MAX(F7)	=ES+Time	=LF-Time	=MIN(G11)	=LF-EF	=IF(Slack=0,"Yes","No")
11	=MAX(F8,F10)	=ES+Time	=LF-Time	=MIN(G16)	=LF-EF	=IF(Slack=0,"Yes","No")
12	=MAX(F6)	=ES+Time	=LF-Time	=MIN(G13)	=LF-EF	=IF(Slack=0,"Yes","No")
13	=MAX(F9,F12)	=ES+Time	=LF-Time	=MIN(G14,G15)	=LF-EF	=IF(Slack=0,"Yes","No")
14	=MAX(F13)	=ES+Time	=LF-Time	=MIN(G17)	=LF-EF	=IF(Slack=0,"Yes","No")
15	=MAX(F13)	=ES+Time	=LF-Time	=MIN(G17)	=LF-EF	=IF(Slack=0,"Yes","No")
16	=MAX(F11)	=ES+Time	=LF-Time	=ProjectDuration	=LF-EF	=IF(Slack=0,"Yes","No")
17	=MAX(F14,F15)	=ES+Time	=LF-Time	=ProjectDuration	=LF-EF	=IF(Slack=0,"Yes","No")
18						
19	Project Duration	=MAX(EF)				

Range Name	Cells
Activity	B4:B17
Critical?	J4:J17
Description	C4:C17
EF	F4:F17
ES	E4:E17
LF	H4:H17
LS	G4:G17
ProjectDuration	F19
Slack	I4:I17
Time	D4:D17

图 13-6　针对这些问题的电子表格

注：下面的公式说明了如何在电子表格中为科信建筑公司的项目进行排程。

与直接通过项目网络图进行计算相比，也许建立电子表格并把公式都输入到表格中计算所花费的时间会多一些。但是，你如果对自己的直接计算能力有所怀疑的话，就可以依靠 Excel 准确地完成这项工作，而且，这种电子表格也会以一种很直观的形式显示出计算结果。

问题回顾：

1. 解释下面几个术语是什么意思：①项目网络的路径；②路径的长度；③关键路径。
2. 怎样做才能实现以最早开始时间和最早结束时间为基础的日程安排？

3. 什么是最早开始时间规则？
4. 什么是项目网络中的前向追溯？
5. 为什么在最迟开始时间和最迟结束时间基础之上建立的时间进度表被称为"最后机会的时间计划表"？
6. 什么是最迟结束时间规则？
7. 项目网络中的逆向追溯和前向追溯有什么区别？
8. 关键路径对于项目管理人员有什么重要意义？
9. 通过项目网络寻找关键路径的两种方法是什么？

13.4 应对活动工期不确定的情况

现在我们来讨论佩蒂先生的下一个问题，也就是在第 13.1 节最后提到的第七个问题。

- **问题 7**：假设在准确估计活动工期时存在不确定性的情况下，项目在期限内（47 周）完成的概率是多少？

如果科信建筑公司不能在最后期限前完成项目，就会被罚 30 万美元。因此，佩蒂先生必须知道在最后期限前完成工作的概率是多少。如果这个概率不高的话，佩蒂先生就要考虑采用代价昂贵的方法（比如说加班等）来缩短一部分活动的工期。

虽然在上一节中 PERT/CPM 排程得出的 44 周项目总时间能够使人稍微放心一些，但是佩蒂先生十分清楚这个估计结果是建立在每一项活动的实际工期都与预计工期相一致的基础上的，至少对于那些在关键路径上的活动是这样。因为公司在运作这类项目方面没有太多经验，所以每一活动实际需要多少时间存在着许多不确定性。在实际操作中，每一项活动的工期都是具有某种概率分布的随机变量。

PERT 的最初版本将这些不确定性考虑在内，通过使用三种类型的活动时间估计以获得一些概率分布的基本信息。我们将在下面进行讲解。

PERT 的三种估计方法

利用 **PERT 三种估计方法**（PERT three-estimate approach），对于每一项活动，需要得到的三种估计是：

最大可能估计（m）= 最可能的工期估计
乐观估计（o）= 在最有利条件下的工期估计
悲观估计（p）= 在最不利条件下的工期估计

三种估计概率分布图形的位置如图 13-7 所示。

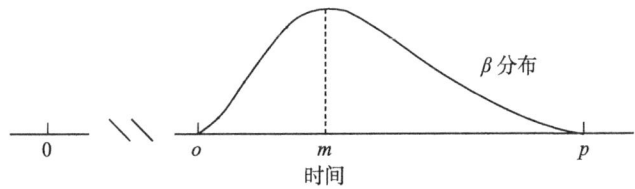

图 13-7　三种估计的位置

注：对于某一活动的 PERT 三种估计方法的概率分布模型：m = 最大可能估计；o = 乐观估计；p = 悲观估计。

从图中我们可以得到，乐观估计和悲观估计位于概率分布曲线上可能出现的极端位置，而最大可能估计位于概率分布曲线的最高点。为了计算概率分布的均值和方差，PERT 还假设这种概率分布形式为 β 分布。如

图 13-7 所示，β 分布提供了合理的活动时间分布的形状，包括两个端点（o 和 p）以及一个最高点（m），正好对应于三个时间估计。

令：

$$\mu = 概率分布的均值$$
$$\sigma^2 = 概率分布的方差$$

因此，如果每一个活动都重复进行很多次并把每一次的工时都记录下来，μ 就是这些工时的均值，σ^2 则衡量这些工时的差异。如果 $\sigma^2 = 0$，那么所有的这些工时都相同。而如果 σ^2 的数值很大，则说明这些工时有很大的差异。标准差 σ（σ^2 的平方根）也有助于衡量这种差异。这些工时大部分分布在 $(\mu - \sigma)$ 到 $(\mu + \sigma)$ 之间，但也有一些工时不在这个范围之内。然而，对于大多数概率分布如 β 分布来说，几乎所有的工时数据都位于 $(\mu - 3\sigma)$ 到 $(\mu + 3\sigma)$ 的范围之内（例如，对一个正态分布来说，99.73% 的工时数据分布在这个范围之内）。换句话说，最大工时和最小工时之间的差是 6σ。于是我们得到计算 σ^2 的近似公式为：

$$\sigma^2 = \left(\frac{p-o}{6}\right)^2$$

同样，μ 的近似公式为：

$$\mu = \frac{o + 4m + p}{6}$$

显然，这一公式对最大可能估计赋予了最大的权重，而其他两种估计的权重较小且相等。

需要注意的是，这些计算 μ 和 σ^2 的公式近年来引发了一些争议。第 13.7 节的进一步讨论表明，一些研究对这些估计的准确性提出了质疑，并建议选择其他估计方法。但是，就目前来说，这些公式仍是标准 PERT 过程的一部分。

佩蒂先生和负责各个活动的小组负责人进行了接触并要求对每一个活动的工期都做出这三种估计。结果如表 13-4 的前四列所示。

表 13-4 科信建筑公司项目中每一个活动的均值和方差

活动	乐观估计 o	最大可能估计 m	悲观估计 p	均值 $\mu = \dfrac{o+4m+p}{6}$	方差 $\sigma^2 = \left(\dfrac{p-o}{6}\right)^2$
A	1	2	3	2	1/9
B	2	3.5	8	4	1
C	6	9	18	10	4
D	4	5.5	10	6	1
E	1	4.5	5	4	4/9
F	4	4	10	5	1
G	5	6.5	11	7	1
H	5	8	17	9	4
I	3	7.5	9	7	1
J	3	9	9	8	1
K	4	4	4	4	0
L	1	5.5	7	5	1
M	1	2	3	2	1/9
N	5	5.5	9	6	4/9

例如，活动 C 的三种估计为：

活动 C: $o = 6 \quad m = 9 \quad p = 18$

应用上面所介绍的公式，这个活动的工期均值和方差近似如下：

$$\mu = \frac{6+4\times 9+18}{6} = 10$$

$$\sigma^2 = \left(\frac{18-6}{6}\right)^2 = 4$$

请注意，活动时间的均值（μ）和最大可能时间估计（m）并不一致。这是很正常的情况（此例中更长工期出现的可能性使均值上升），但是一般来说 μ 至少很接近 m。

表 13-4 最后两列给出了每一个活动的均值和方差，计算方法和前面的一样。在这个例子中，每一个活动工期的均值都与第 13.1 节中表 13-1 中所预计的相同。因此，如果每一个活动的工期都和它的均值相同的话，那么整个项目仍然可以在 44 周之内完成，这比规定的最后期限 47 周要早 3 周（图 13-5 表明，关键路径的长度为 44 周）。

但是，得到了这些结果以后，佩蒂先生还是不太放心。因为他知道每一个活动的工期都会围绕着它们的均值发生变化。显然，其中有些活动的工期不可避免要比均值大很多，甚至等于悲观估计的时间，这就会大大影响整个项目的完成时间。

为了分析一下最坏的情形，佩蒂先生把悲观估计（如表 13-4 中第四列所示）代入到每一个活动完成的工期之中，对整个项目网络进行重新计算。表 13-5 显示了应用悲观估计后项目网络的六条路径以及它们的长度（见表 13-2）。第四条路径在图 13-5 中本来是一条关键路径，可是现在它的长度从 44 周增加到了 69 周，而第一条路径的长度最初是 40 周（见表 13-2），现在迅速增加到了 70 周。因为它是最长的路径，所以成了悲观估计下的关键路径，使得整个项目的完成时间变成了 70 周。

表 13-5 当每一个活动的工期都设为悲观估计时，科信建筑公司项目中的路径以及路径长度

路径	长度（周）
始点→A→B→C→D→G→H→M→终点	3 + 8 + 18 + 10 + 11 + 17 + 3 = 70
始点→A→B→C→E→H→M→终点	3 + 8 + 18 + 5 + 17 + 3 = 54
始点→A→B→C→E→F→J→K→N→终点	3 + 8 + 18 + 5 + 10 + 9 + 4 + 9 = 66
始点→A→B→C→E→F→J→L→N→终点	3 + 8 + 18 + 5 + 10 + 9 + 7 + 9 = 69
始点→A→B→C→I→J→K→N→终点	3 + 8 + 18 + 9 + 9 + 4 + 9 = 60
始点→A→B→C→I→J→L→N→终点	3 + 8 + 18 + 9 + 9 + 7 + 9 = 63

考虑到这种最坏的情形（尽管不太可能出现）之后，佩蒂先生意识到这离 47 周的最后期限相差甚远，那么出现这一情况的概率是多少？

PERT/CPM 使用了三个简化的近似来帮助计算这个概率。

三个简化近似

为了计算出项目工期不超过 47 周的概率，有必要获得下列关于项目工期概率分布的信息：

项目工期的概率分布

（1）这个分布的均值（用 μ_p 来表示）是多少？
（2）这个分布的方差（用 σ_p^2 来表示）是多少？
（3）这个分布是哪种类型的分布？

前面我们已经讲过，整个项目的工期（总的时间）等于项目网络中最长路径的长度。但是，对表 13-5 中所示的 6 条路径来说，每一条都有成为最长路径（也就是关键路径）的可能。这取决于每一个活动的工期在乐观估计和悲观估计之间的变化。由于处理全部路径十分复杂，因此 PERT/CPM 只关注下面这条路径。

均值关键路径（mean critical path）是指在每一个活动的工期都等于其均值的情况下，项目网络中将成为关键路径的那一条路径。

为了找到科信公司的均值关键路径，注意在表 13-4 的第五列所列出的平均工期正好等于表 13-1 最右列所列的估计工期。因此，在这个案例中，根据平均工期计算的关键路径与前面根据估计工期计算的关键路径是一样的。如图 13-5 中所示，科信建筑公司项目中的均值关键路径为：

$$\text{始点} \rightarrow A \rightarrow B \rightarrow C \rightarrow E \rightarrow F \rightarrow J \rightarrow L \rightarrow N \rightarrow \text{终点}$$

简化近似 1：假设均值关键路径是项目网络中最长的一条路径。这只是一个很粗略的近似，因为这个假设并不适用于一般情况。而在一般情况下，有些活动的工期并不等于它们的均值。幸好当这个假设不成立的时候，项目网络中真正的最长路径通常并不会比均值关键路径长多少（见表 13-5）。

虽然这个近似可以帮助我们计算出 μ_p，但是我们还需要另外一个近似来计算 σ_p^2。

简化近似 2：假设在均值关键路径上的活动工期具有统计独立性。即使我们知道了其他一些活动的工期，这个活动工期的三种估计也不会变化。只有当这些活动在进行中是完全独立的时候，这个假设才会成立。但是如果一个活动的工期偏离它的均值，其他一些活动也产生类似的偏离，那么这个假设就将成为一个粗略的近似。

现在我们就可以通过一个简单的方法来计算 μ_p 和 σ_p^2 了。

根据简化近似 1，项目工期的概率分布均值近似为：

$$\mu_p = \text{在均值关键路径上的活动工期均值之和}$$

根据简化近似 1 和简化近似 2，项目工期概率分布的方差近似为：

$$\sigma_p^2 = \text{在均值关键路径上的活动工期方差之和}$$

由于在科信建筑公司项目中所有活动的均值和方差已经在表 13-4 给出，我们只需要把在均值关键路径上的这些活动的数据记录下来，如表 13-6 所示，把第二列和第三列的数据分别整列相加，我们就可以得到：

$$\mu_p = 44 \qquad \sigma_p^2 = 9$$

表 13-6 科信建筑公司项目中和的计算

均值关键路径上的活动	均 值	方 差	均值关键路径上的活动	均 值	方 差
A	2	1/9	J	8	1
B	4	1	L	5	1
C	10	4	N	6	4/9
E	4	4/9	项目的工期	$\mu_p = 44$	$\sigma_p^2 = 9$
F	5	1			

接下来只需要再确定这个项目工期近似的概率分布形式就可以了。

简化近似 3：假设项目工期的概率分布为正态分布，具有如图 13-8 所示的钟形分布曲线。如果处在均值关键路径上活动的数目不是太少（至少 5 个）的话，通过应用简化近似 1 和简化近似 2，统计学定理（中心极限定理）证明这个假设是一个合理的近似。随着活动数目的增加，这个近似将越来越准确。

现在可以（近似地）确定科信建筑公司项目在 47 周内完成的概率了。

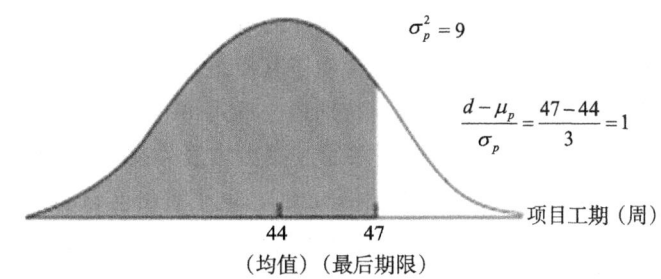

图 13-8 科信建筑公司项目工期的概率分布

注：从三个简化近似得出科信建筑公司项目工期的概率分布大致为正态分布。阴影部分的面积就是能够在 47 周内完成整个项目的概率。

最后期限内完成项目的概率的近似计算

设：

$$d = \text{项目的最后期限}$$
$$= 47 \text{ 周}$$

$P(T \leq d) =$ 项目工期（T）不超过截止日期的概率（给定三种简化近似）

为了求出 $P(T \leq d)$，首先要计算项目工期的标准差：

$$\sigma_p = \sqrt{\sigma^2} = \sqrt{9} = 3$$

然后计算：

$$\frac{d - \mu_p}{\sigma_p} = \frac{47 - 44}{3} = 1$$

$$= d \text{ 超出 } \mu_p \text{ 的标准差次数}$$

最后，应用后一个刚刚求出的结果，从表 13-7 中读出相应的 $P(T \leq d)$ 的值。于是，我们得到：

$$P(T \leq d) = 0.84$$

（这个表是本章末附录中所给出的正态分布表格的简化版。）

表 13-7 项目在最后期限前完成的近似概率

$\dfrac{d-\mu_p}{\sigma_p}$	$P(T \leq d)$	$\dfrac{d-\mu_p}{\sigma_p}$	$P(T \leq d)$	$\dfrac{d-\mu_p}{\sigma_p}$	$P(T \leq d)$	$\dfrac{d-\mu_p}{\sigma_p}$	$P(T \leq d)$
-3.0	0.001 4	-1.0	0.16	0.25	0.60	1.75	0.960
-2.5	0.006 2	-0.75	0.23	0.5	0.69	2.0	0.977
-2.0	0.023	-0.5	0.31	0.75	0.77	2.5	0.993 8
-1.75	0.040	-0.25	0.40	1.0	0.84	3.0	0.998 6
-1.5	0.067	0	0.50	1.25	0.89		
-1.25	0.11	0	0.50	1.5	0.933		

注意：这个 $P(T \leq d)$ 的结果只是一个很粗略的近似值，而不是在最后期限前完成项目的真实概率。由于使用了简化近似 1，实现目标的概率经常被夸大。因此，在不使用高成本的方法来缩短某些活动工期的情况下，项目管理人员只能把 $P(T \leq d)$ 当成是在最后期限前完成项目的准确概率的一个粗略指导。

这个 $P(T \leq d)$ 的值只是一个很粗略的近似值，而不是在最后期限前完成项目的真实概率。因此我们经常使用另一种管理科学技术（计算机仿真）来获得更好的近似。我们会在第 15.3 节回到这个例子来讲述该技术。

为了帮助你计算 $P(T \leq d)$，我们在本章管理科学课件的电子表格中给出了一个 Excel 电子表格。图 13-9 以这个电子表格在科信建筑公司项目中的应用为例，说明了其使用方法。电子表格中的浅色区域输入问题的有关数据。输入完成后，计算结果会显示在其他区域。特别地，输入每一个活动的三个时间估计后，电子表格会自动在 G 栏和 H 栏计算出相应的均值和方差。接下来通过找出均值关键路径（在 F 列输入"*"表示处于均值关键路径上的活动）并给出项目的最后期限（单元格 K12），电子表格会自动计算出均值关键路径长度的均值和方差（在单元格 K7:K8 中），以及能够在最后期限前完成项目的概率（在单元格 K10 中）。如果你不能确定哪一条路径是均值关键路径，那么就可以在 F 列中给同一条路径的活动标记上"*"，然后求出这条路径的平均长度。比较这些平均长度（单元格 K7），其中最长的就是均值关键路径。

	A	B	C	D	E	F	G	H	I	J	K
1		**Template for PERT Three-Estimate Approach**									
2											
3			Time Estimates			On Mean					
4		Activity	o	m	p	Critical Path	μ	σ²			
5		A	1	2	3	*	2	0.1111			Mean Critical
6		B	2	3.5	8	*	4	1			Path
7		C	6	9	18		10	4		μ =	44
8		D	4	5.5	10	*	6	1		σ² =	9
9		E	1	4.5	5	*	4	0.4444			
10		F	4	4	10	*	5	1		P(T<=d) =	0.8413
11		G	5	6.5	11		7	1		where	
12		H	5	8	17	*	9	4		d =	47
13		I	3	7.5	9		7	1			
14		J	3	9	9		8	1			
15		K	4	4	4		4	0			
16		L	1	5.5	7	*	5	1			
17		M	1	2	3		2	0.1111			
18		N	5	5.5	9	*	6	0.4444			

	J	K
5		Mean Critical
6		Path
7	μ =	=SUMIF(OnMeanCriticalPath,"*",ActivityMean)
8	σ² =	=SUMIF(OnMeanCriticalPath,"*",ActivityVariance)
9		
10	P(T<=d) =	=NORMDIST(d,CriticalPathMean,SQRT(CriticalPathVariance),1)
11	where	
12	d =	47

	G	H
4	μ	σ²
5	=IF(o="","",(o+4*m+p)/6)	=IF(o="","",((p-o)/6)^2)
6	=IF(o="","",(o+4*m+p)/6)	=IF(o="","",((p-o)/6)^2)
7	=IF(o="","",(o+4*m+p)/6)	=IF(o="","",((p-o)/6)^2)
8	=IF(o="","",(o+4*m+p)/6)	=IF(o="","",((p-o)/6)^2)
9	⋮	⋮
10	⋮	⋮

Range Name	Cells
Activity	B5:B18
ActivityMean	G5:G18
ActivityVariance	H5:H18
CompletionProbability	K10
CriticalPathMean	K7
CriticalPathVariance	K8
d	K12
m	D5:D18
o	C5:C18
OnMeanCriticalPath	F5:F18
p	E5:E18

图 13-9　科信建筑公司项目应用的模板

注：本图以科信建筑公司项目为例，说明这个 Excel 模板可以高效应用 PERT 的三个估计。

佩蒂先生意识到我们所求出的概率 $P(T \leq d) = 0.84$ 很有可能是一个乐观的近似，他有些沉不住气，因为他认为按照当前的计划，在最后期限前完成整个项目的概率也许只有 60%～80%（第 15.3 节中由计算机仿真得到的更精确估计显示，按照当前计划在最后期限前完成项目的概率实际只有 60%）。因此，为了避免公司以很大的概率无法在最后期限前完成项目而遭受多达 30 万美元的损失，佩蒂先生决定研究一下需要花费多少钱才能把项目的完成时间控制在 40 周之内。如果这么做对时间–成本平衡是有利的，那么公司就有可能因为在 40 周之内完成项目而获得 15 万美元的奖励。

下一节我们将讨论这个问题。

问题回顾

1. PERT 三种估计的名称分别是什么？
2. 在一个活动的工期概率分布曲线中，这三种时间估计分别处在什么位置？
3. 对于哪一条路径是项目网络中最长路径这一问题进行了何种简化近似？
4. 在关于活动之间关系的问题上进行了何种简化近似？
5. 求项目的工期概率分布均值（μ_p）的公式是什么？
6. 求项目的工期概率分布方差（σ_p^2）的公式是什么？
7. 对于项目工期概率分布的形式进行了何种简化近似？
8. 所求得的在最后期限前完成项目的近似概率，通常比真实概率大一些还是小一些？

13.5 考虑时间 – 成本平衡

佩蒂先生现在需要研究一下为了把项目的工期缩短到 40 周之内（公司可以因为提前完成而获得 15 万美元奖励）所需要花费的额外支出是多少。这就要对第 13.1 节最后所提出的问题 8 进行解答。

- **问题 8**：如果要用额外的资金来加速工程进度的话，怎样才能以最低的成本达到目标完成时间（40 周）？

佩蒂先生知道 CPM 提供了使用线性规划研究这类时间 – 成本平衡问题的极佳方法，所以他将使用这种方法来解决这个问题。

首先，我们对一些概念进行说明。

各项活动的时间 – 成本平衡

这种方法的第一个关键概念是**应急处理**（crashing）。

应急完成一项活动（crashing an activity）是指通过某种高成本的特殊途径，把活动的完成时间缩短到正常水平之下。这些特殊的方法包括加班、雇用一些临时工、使用特殊的省时材料以及使用特殊设备等。**应急完成项目**（crashing the project）指的是对其中一些活动进行应急处理从而把工期缩短到正常值以下。

时间 – 成本平衡的 CPM 方法（CPM method of time-cost trade-offs）就是确定应该对每个活动进行什么程度的应急处理，以使项目的预计工期缩短到希望的水平。

决定一个活动需要什么程度的应急处理所需的数据由这个活动的时间 – 成本曲线给出。图 13-10 显示了一个典型的时间 – 成本图。我们注意到在这张图中的两个关键点分别标有"正常"和"应急"。

这个曲线中的**正常点**（normal point）表示在正常情况下，通过正常的途径完成这个活动所需要的时间和成本。而**应急点**（crashing point）则表示这个活动在全应急状况下所需要的时间和成本，即不考虑成本地加速活动的执行以尽可能缩短活动的工期。

在大多数实际应用中，我们一般假设某种程度下的部分应急活动可以得到一个时间和成本的组合，这个组合位于这

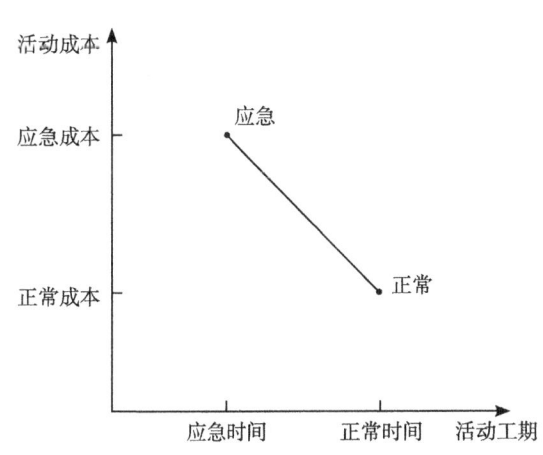

图 13-10 某一个活动典型的时间 – 成本图

两点（正常点和应急点）连线的某一点上（例如，如果我们假设活动的应急程度是全应急的一半，那么这个点就位于正常点和应急点连线的中点）。这种简化近似可以减少我们进行评估时所需要的数据。我们只要知道两种情况下的时间和成本就可以了。这两种情况分别是正常情况（对应于正常点）和应急情况（对应于应急点）。

通过这种方法，佩蒂先生和他的下属以及各个活动的领班一起计算出科信建筑公司项目中每一个活动的相关数据。例如，负责竖墙板的领班通过计算得出：增加两个临时工以及加班可以使这一活动的工期由原来的8周下降到6周，6周是最短时间。佩蒂先生和他手下的工作人员随后估计出对这一活动进行全应急处理的成本，并与正常的8周时间安排进行了对比，具体如下所示。

活动 J（竖墙板）

$$正常点：时间 = 8 周，成本 = 43 万美元$$
$$应急点：时间 = 6 周，成本 = 49 万美元$$
$$时间最大减少量 = 8 - 6 = 2 周$$
$$缩短 1 周的应急成本 = (49 - 43)/2$$
$$= 3 万美元$$

表 13-8 列出了用这种方法得出的各个活动的数据。

表 13-8 科信建筑公司项目中各个活动的时间 – 成本平衡数据

活动	时间（周）		成本（万美元）		时间的最大缩短量（周）	缩短1周的应急成本（万美元）
	正常	应急	正常	应急		
A	2	1	18	28	1	10
B	4	2	32	42	2	5
C	10	7	62	86	3	8
D	6	4	26	34	2	4
E	4	3	41	57	1	16
F	5	3	18	26	2	4
G	7	4	90	102	3	4
H	9	6	20	38	3	6
I	7	5	21	27	2	3
J	8	6	43	49	2	3
K	4	3	16	20	1	4
L	5	3	25	35	2	5
M	2	1	10	20	1	10
N	6	3	33	51	3	6

哪一个活动需要进行应急处理

把表 13-8 中正常成本和应急成本列中的数据依次相加得到：

$$总正常成本 = 455 万美元$$
$$总应急成本 = 615 万美元$$

我们已经知道，为了完成这个项目，公司的预算为 540 万美元（这个数值并不包括在 40 周内完成所得到的奖金 15 万美元以及由于没有在 47 周之内完成而应付的罚金 30 万美元）。这个预算必须覆盖管理费用和表中所列活动的成本，并要为公司带来合理的利润。在成功以 540 万美元中标的时候，科信建筑公司的管理层相信只要这些活动的总成本能够控制在接近正常成本 455 万美元的水平，公司就可以得到一笔可观的利润。佩蒂先生知道现在他的责任就是要使项目在资金预算和时间进度两个方面都尽可能按照计划进行。

如图 13-5 所示，如果项目正常进行，预计项目完成时间就是 44 周（如果其中没有任何延误的话）。然而，如果对这些活动都进行完全应急处理，通过类似的计算，我们就会发现所需要的时间只有 28 周。但是这样做所需要的成本是 615 万美元，这个代价太高昂了。显然，对所有活动都进行应急处理并不是一个很好的选择。

然而，佩蒂先生仍然希望计算出半应急处理（或者完全应急处理部分活动）将完成项目所需要的时间缩短到 40 周之内的概率。

- 问题：要把项目完成时间缩短到 40 周之内，对一些活动进行应急处理最省的方法是什么？

解决这个问题的方法之一是**边际成本分析**（marginal cost analysis），这种方法使用了表 13-8（还有第 13.3 节的图 13-5）最后一列的数据，以确定使项目完成时间缩短且成本最低的途径（以 1 周为单位时间长度进行计算）。进行这样的分析最简单的方法就是建立一张如表 13-9 所示的表格，表中列出了项目网络中所有的路径以及这些路径的长度。这些数据也可以直接从表 13-2 中得到。

表 13-9 对科信建筑公司项目进行边际成本分析时最初的表格

应急处理的活动	应急成本	路径的长度					
		ABCDGHM	ABCEHM	ABCEFJKN	ABCEFJLN	ABCIJKN	ABCIJLN
		40	31	43	44	41	42

因为在表 13-9 中第四条路径的长度最长（44 周），所以将项目完成时间缩短 1 周的唯一途径就是将这条路径上的活动完成时间缩短 1 周。比较表 13-8 最后一列所给出的每周应急成本，成本最小的是活动 J，为 3 万美元（注意，虽然活动 I 有着相同的成本，但是它并不在这条路径上）。因此，第一个改变就是要对活动 J 进行完全应急处理，以缩短它的完成时间（以周为单位）。

如表 13-10 第二列所示，这个改变导致了包含活动 J 在内的每一条路径的长度都缩短了 1 周（表 13-9 中的第三条至第六条路径）。因为第四条路径仍然是最长的一条路径（43 周），重复相同的过程，在这条路径上找到成本最低的活动以缩短这个路径。因为在表 13-8 的倒数第二列中我们可以得出活动 J 的最大可能减少时间为 2 周，所以我们得到的仍然是活动 J。表 13-10 中第三行显示出第二次缩短活动 J 的完成时间所得到的结果。

表 13-10 对科信建筑公司项目进行边际成本分析的最终表格

应急处理的活动	应急成本（万美元）	路径的长度					
		ABCDGHM	ABCEHM	ABCEFJKN	ABCEFJLN	ABCIJKN	ABCIJLN
		40	31	43	44	41	42
J	3	40	31	42	43	40	41
J	3	40	31	41	42	39	40
F	4	40	31	40	41	39	40
F	4	40	31	39	40	39	40

这时，第四条路径仍然是最长的一条路径（42 周），但是活动 J 的完成时间却不能再缩短了。正如表 13-8 中最后一列所示，在这条路径上的其他活动中，活动 F 就成了缩短时间成本最低的活动（每周 4 万美元）。因此，为得到图 13-10 的第四行，活动 F 缩短了 1 周。为得到最后一行，该活动又缩短了 1 周（该活动最多可以缩短 2 周）。

现在最长的路径（第一、四、六条路径）为 40 周，所以我们不再需要任何应急活动。（如果我们需要继续缩短路径，下一步就需要在这三条线路中寻找缩短一周时间所花费成本最少的路径。）将活动 J 和活动 F 作为应急活动，使整个项目的完成时间缩短到 40 周的总成本计算很简单，只要把表 13-10 第二列的数据相加即可，得出的结果是 14 万美元。图 13-11 显示了由此得出的网络图。

因为 14 万美元要比在 40 周之内完成项目所得到的 15 万美元奖金稍微少一些，所以看起来佩蒂先生就应该按照这个结果行事。然而，实际上他认为他可能不应该进行任何应急处理，这一点我们将在后面进行论述（由于上一节中所讲到的活动完成时间具有不确定性，所以他得出的结论是合乎情理的）。

图 13-11 表明，对活动 J 和活动 F 进行应急处理，使得它们的工期达到应急时间，导致在这个网络图中出现了三条关键路径。就像我们在表 13-10 中所看到的，这三条路径拥有相同的路径长度 40 周，都是最长路径。

在一个比较大的网络中，边际成本分析法可能会变得非常烦琐。因此我们需要找到一种更有效的方法来分析大型网络问题。

出于这些原因，标准的 CPM 方法使用了线性规划（通常带有一个定制的软件包）。

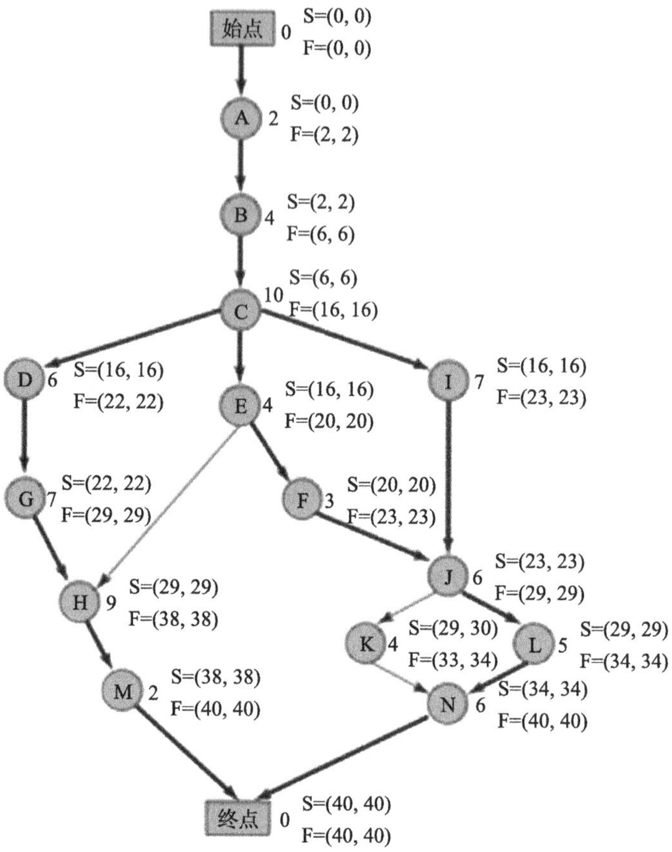

用线性规划来制定应急决策

寻找以最低成本对活动进行应急处理的问题可以用如下我们更熟悉的线性规划形式进行重新表述。

问题的重述：考虑项目的总成本，包括应急活动的额外成本。那么，问题就变成了在项目工期小于或等于项目管理者希望的水平这一约束条件下，使总成本最小化。

需要制定的决策包括：

（1）每一个活动的开始时间。
（2）每一个活动进行应急处理后的工期缩短量。
（3）项目的完成时间（不能超出 40 周）。

图 13-11 应急处理的情况下的网络图

注：活动 J 和活动 F 完全应急处理（其他的活动正常处理）情况下科信建筑公司项目的网络图。较粗的黑色箭头表示在网络图中三条不同的关键路径。

图 13-12 显示出如何在电子表格中以线性规划的方式描述这个问题。需要制定的决策显示在可变单元格 StartTime（I6:I19）、TimeReduction（J6:J19）和 ProjectFinishTime（I22）中。B 栏到 H 栏的内容和表 13-8 中的内容是一一对应的。如图 13-8 下半部分的公式所示，G 栏和 H 栏中的数据被直接计算出来。K 栏中的等式表示每一个活动的结束时间等于这个活动的开始时间加上完成活动的正常时间，再减去由于应急处理而缩短的时间。目标单元格 TotalCost（I24）中的公式表示所有的正常成本加上由于应急处理所增加的成本就得到了总成本。

Solver 对话框中的最后一组约束条件 TimeReduction（J6:J19）≤ MaxTimeReduction（G6:G19）说明了每一个活动缩短的时间不能够超出在 G 列中所给出的这个活动时间的最大减少量。前面的两个约束条件，即 ProjectFinishTime（I22）≥ MFinish（K18）和 ProjectFinish Time（I22）≥ NFinish（K19）表明，只有当这两个紧前活动（活动 M 和 N）都完成后，整个项目才算完成。ProjectFinishTime（I22）≤ MaxTime（K22）是一个很关键的约束条件，它说明项目必须要在 40 周之内完成。

	A	B	C	D	E	F	G	H	I	J	K
1		Reliable Construction Co. Project Scheduling Problem with Time-Cost Trade-offs									
2											
3							Maximum	Crash Cost			
4			Time		Cost		Time	per Week	Start	Time	Finish
5		Activity	Normal	Crash	Normal	Crash	Reduction	saved	Time	Reduction	Time
6		A	2	1	$180 000	$280 000	1	$100 000	0	0	2
7		B	4	2	$320 000	$420 000	2	$50 000	2	0	6
8		C	10	7	$620 000	$860 000	3	$80 000	6	0	16
9		D	6	4	$260 000	$340 000	2	$40 000	16	0	22
10		E	4	3	$410 000	$570 000	1	$160 000	16	0	20
11		F	5	3	$180 000	$260 000	2	$40 000	20	2	23
12		G	7	4	$900 000	$1 020 000	3	$40 000	22	0	29
13		H	9	6	$200 000	$380 000	3	$60 000	29	0	38
14		I	7	5	$210 000	$270 000	2	$30 000	16	0	23
15		J	8	6	$430 000	$490 000	2	$30 000	23	2	29
16		K	4	3	$160 000	$200 000	1	$40 000	30	0	34
17		L	5	3	$250 000	$350 000	2	$50 000	29	0	34
18		M	2	1	$100 000	$200 000	1	$100 000	38	0	40
19		N	6	3	$330 000	$510 000	3	$60 000	34	0	40
20											
21											Max Time
22							Project Finish Time	40	<=	40	
23											
24							Total Cost	$4 690 000			

Solver Parameters
Set Objective Cell: TotalCost
To: Min
By Changing Variable Cells:
  StartTime, TimeReduction, ProjectFinishTime
Subject to the Constraints:
  BStart >= AFinish   CStart >= BFinish
  DStart >= CFinish   EStart >= CFinish
  FStart >= EFinish   GStart >= DFinish
  HStart >= EFinish   HStart >= GFinish
  IStart >= CFinish   JStart >= FFinish
  JStart >= IFinish   KStart >= JFinish
  LStart >= JFinish   MStart >= HFinish
  NStart >= KFinish   NStart >= LFinish
  ProjectFinishTime <= MaxTime
  ProjectFinishTime >= MFinish
  ProjectFinishTime >= NFinish
  TimeReduction <= MaxTimeReduction
Solver Options:
  Make Variables Nonnegative
  Solving Method: Simplex LP

Range Name	Cells
AFinish	K6
AStart	I6
BFinish	K7
BStart	I7
CFinish	K8
CrashCost	F6:F19
CrashCostPerWeekSaved	H6:H19
CrashTime	D6:D19
CStart	I8
DFinish	K9
DStart	I9
EFinish	K10
EStart	I10
FFinish	K11
FinishTime	K6:K19
FStart	I11
GFinish	K12
GStart	I12
HFinish	K13
HStart	I13
IFinish	K14
IStart	I14
JFinish	K15
JStart	I15
KFinish	K16
KStart	I16
LFinish	K17
LStart	I17
MaxTime	K22
MaxTimeReduction	G6:G19
MFinish	K18
MStart	I18
NFinish	K19
NormalCost	E6:E19
NormalTime	C6:C19
NStart	I19
ProjectFinishTime	I22
StartTime	I6:I19
TimeReduction	J6:J19
TotalCost	I24

	K
4	Finish
5	Time
6	=StartTime+NormalTime-TimeReduction
7	=StartTime+NormalTime-TimeReduction
8	=StartTime+NormalTime-TimeReduction
9	=StartTime+NormalTime-TimeReduction
10	:
11	:

	G	H
3	Maximum	Crash Cost
4	Time	per Week
5	Reduction	saved
6	=NormalTime-CrashTime	=(CrashCost-NormalCost)/MaxTimeReduction
7	=NormalTime-CrashTime	=(CrashCost-NormalCost)/MaxTimeReduction
8	=NormalTime-CrashTime	=(CrashCost-NormalCost)/MaxTimeReduction
9	=NormalTime-CrashTime	=(CrashCost-NormalCost)/MaxTimeReduction
10	:	:
11	:	:

图 13-12　用线性规划描述这个问题

注：电子表格显示了时间-成本平衡的 CPM 方法在科信建筑公司项目中的应用，其中 I 列和 J 列给出了运用 Solver 得出并显示在 Solver 参数对话框中的最优解。

在单元格 StartTime（I6:I19）中的约束条件都是开始时间约束，说明这个活动在其紧前活动完全完成之前不能开始进行。例如，第一个约束 BStart（I7）⩾ AFinish（K6）说明活动 B 在活动 A（它的紧前活动）完成之后才能开始进行。当一个活动拥有多个紧前活动时，对每一个紧前活动都有这样的约束。例如，活动 H 拥有活动 E 和活动 G 两个紧前活动，因此，活动 H 就有两个开始时间约束：HStart（I13）⩾ EFinish（K10）和 HStart（I13）⩾ GFinish（K12）。

你可能已经注意到，开始时间约束中的"⩾"允许一个活动在所有紧前活动都完成的情况下经过一段延迟再开始进行。虽然在模型中这种延迟是可行的，但由于这种延迟会增加总成本（需要进行额外的应急处理来满足项目完成时间约束），所以它并不适合关键路径上的活动。因此，这种模型的最佳解决方法是关键路径上的任何活动都不能有任何的延迟，不在关键路径上的活动允许有部分延迟。

图 13-12 中 I 栏和 J 栏显示出了运行 Solver 后得到的最优解（我们注意到这里有一个延迟，活动 K 在 30 周时开始，而它的唯一紧前活动却在 29 周时结束，但是这无关大局，因为活动 K 并不在关键路径上）。这里得出的结果和在图 13-11 中使用边际成本分析得出的结果完全一致。

佩蒂先生的结论

佩蒂先生总是非常关注底线。因此，当他的下属把上述对项目进行应急处理使其完成时间从 44 周缩短到 40 周的计划交给他时，他首先关注的是预计总成本 469 万美元。由于按照正常情况进行而不进行应急处理的总成本是 455 万美元，所以由于进行应急处理而增加的成本大约是 14 万美元。而如果公司在 40 周之内完成这个项目所得到的奖励是 15 万美元，两者相减还有 1 万美元的剩余。

然而，多年的实践让佩蒂先生明白，在计算完成各个活动所需时间以及整个项目完成所需时间的过程中存在着许多不确定因素，就像我们在上一节中所讨论的。我们知道 PERT 中的三个近似导致了我们只能得到项目完成时间的概率分布。在不进行应急处理的情况下，这个概率分布均值为 44 周，但是有一个很大的方差，以至于不能在 47 周之内完成项目（这将要付出 30 万美元的罚金）的概率很大（大约为 0.2）。在进行应急处理使项目完成时间均值缩短到 40 周时，我们同样既有可能在 40 周之内完成项目，也有可能超出 40 周，而且两者的概率相同，都是 50%。那么，为什么我们还要花费额外 14 万美元去争取那只有 50% 概率的 15 万美元奖金呢？

结论 1：对项目进行应急处理的计划只有 50% 的概率使得在 40 周之内完成整个项目。因此计划的额外费用（14 万美元）是不合理的。在这种情况下佩蒂先生反对进行任何应急处理。

佩蒂先生注意到计划进行应急处理的两个活动（活动 F 和活动 J）发生在项目进行到大约一半的时候。因此，如果项目在活动 F 之前都很好地按照进度进行，那时再贯彻这个应急计划就很有可能使项目完成时间不超过 40 周。而且，佩蒂先生知道早日完成这个项目对公司的声誉很有好处（当然对他自己也有好处）。

结论 2：如果这个应急计划的确能够使项目在 40 周之内完成并带来 15 万美元的奖金，那么它在执行中的额外成本就很合理了。因此，佩蒂先生将这个计划当成预备计划，只有当项目在活动 F 之前进展顺利并且比日程安排提前的情况下，才会使用这个计划。

佩蒂先生其实更关心无法在 47 周之内完成项目因而要支付 30 万美元罚金的概率是多少。在不进行应急处理的情况下，这种情况很有可能发生。佩蒂先生知道通过对活动 J 进行应急处理（缩短 1 周时间的成本是 3 万美元）就有可能避免这种情况的发生。如果有必要的话，对活动 F 也应进行应急处理（缩短 1 周时间的成本是 4 万美元）。只要这些活动在延迟发生后依然位于关键路径上，这种想法就是正确的。

结论 3：如果半应急计划和完全应急计划能够避免在 47 周之内未能完成项目而要付出 30 万美元赔偿金的情况发生，那么我们可以很容易地判断应急计划的额外成本是合理的。如果项目在活动 F 或者活动 J 之前大幅落后于日程安排，佩蒂先生就会部分地或者是完全采用这个计划。

除了要严格监控项目进度（以及制定进行应急处理的决策）之外，佩蒂先生还要密切关注项目的成本，一定要尽量使成本保持在预算之内。本章接下来将介绍他是如何做到这一点的。

问题回顾

1. 对一项活动进行应急处理有哪些方法？
2. 在活动时间 – 成本图上最关键的两个点是什么？这两个点显示了什么？
3. 对一项活动进行应急处理是否总是能够缩短项目的完成时间？为什么？
4. 当对项目进行边际成本分析时，所检查的成本是什么？
5. 当使用线性规划制定应急决策时，应制定什么决策？
6. 在线性规划的公式中，描述每一个开始时间约束的含义。
7. 为什么在额外成本低于提前完成所得奖金的情况下，佩蒂先生仍然决定不使用应急处理项目的计划？

13.6 项目成本的安排和控制

任何一位像佩蒂先生这样出色的项目经理都会在项目的完成时间和成本两个方面进行认真的规划和监控。由此可见，项目的进度和成本都是很重要的。

第13.3和第13.4节描述了PERT/CPM在制定进度表时如何处理时间方面的问题，并考虑了活动或项目持续时间的不确定性。第13.5节把重点同时放在了时间和成本两个方面，向我们介绍了时间 – 成本平衡的CPM方法。

佩蒂先生现在把他的注意力都集中到成本上来。我们也就可以回答在第13.1节结尾处提出的最后一个问题。

- **问题9**：如何进行成本实时监控，以将项目成本控制在预算之内？

佩蒂先生记得被称为PERT/Cost的PERT/CPM技术就是专门为这个目的而开发的。

PERT/Cost 是一个帮助项目管理人员对项目成本进行规划、安排和控制的系统化程序（一般是计算机程序）。

PERT/Cost程序首先对各项活动按计划的方式（包括应急处理）完成的工期进行估计。在这一阶段，佩蒂先生没有考虑进行应急处理，所以这个项目中各项活动的估计成本就是上一节表13-8中正常成本一栏所给出的成本。这些成本同样显示在表13-11的预计成本一列中。这个表格还向我们展示了完成每一项活动所需要的时间（在表13-1、图13-1～图13-6，以及表13-8的正常时间列中已经给出）。用每一项活动的成本除以活动时间得到表13-11最右边一列所示的数据。

假设：使用PERT/Cost时，我们通常假设完成一个活动所需成本在整个活动的工期内以固定比率产生。佩蒂先生做出了这样的假设，所以在表13-11中最右边一栏中列出了活动工期内每一周的成本估计。

当把这种技术应用到拥有许多活动、规模较大的项目中时，我们通常把这些活动中有关联的活动合并成一个"工作包"，我们在这些工作包而不是单个活动的基础之上进行项目预算以及项目成本安排。佩蒂先生选择不这样做，因为这个项目只有14项活动。

表 13-11 科信建筑公司的项目预算

活动	预计所用时间（周）	预计成本（万美元）	工期内每周成本（美元）	活动	预计所用时间（周）	预计成本（万美元）	工期内每周成本（美元）
A	2	18	90 000	H	9	20	22 222
B	4	32	80 000	I	7	21	30 000
C	10	62	62 000	J	8	43	53 750
D	6	26	43 333	K	4	16	40 000
E	4	41	102 500	L	5	25	50 000
F	5	18	36 000	M	2	10	50 000
G	7	90	128 571	N	6	33	55 000

安排项目成本

佩蒂先生必须清楚在项目的进行过程中需要多少钱才能维持项目的开支。在每一个活动都按照最早开始时间进行的情况下，PERT/Cost 使用表 13-11 中最右边一列所示的数据建立一个每周项目开支安排。同时，在所有活动按其最晚开始时间进行的情况下，使用 PERT/Cost 技术重复相同的步骤，就可以找出项目在延迟支出方面的灵活性。

为了完成这项工作，在本章管理科学课件学习辅助材料的 Excel 文件中包含了一个用于生成 45 个时段项目成本安排的 Excel 模板（标记为 PERT Cost）。针对科信建筑公司项目的开始阶段，图 13-13 以图 13-3 第一次得到的最早开始时间（E 列）为基础向我们展示了这个 Excel 模板（包括输出单元格中的公式）。B 列、C 列和 D 列都直接来自表 13-11。图 13-14 则显示出了 17～25 周的模板。由于活动 D、E 和 I 都有相同的最早开始时间 16 周（从项目开始算起第 16 周），因此它们从 17 周开始进行，而活动 F 和 G 开始得迟一些。就像图 13-13 中 F 栏一样，图 13-14 中从 W 列到 AE 列给出了每一个活动的周成本（单位：美元）以及活动完成所需要的时间（根据 C 列）。第 21 行显示出每周的总活动成本。

	A	B	C	D	E	F	G	H	I	J
1	Template for PERT/Cost									
2										
3			Estimated							
4			Duration	Estimated	Start	Cost Per Week	Week	Week	Week	Week
5		Activity	(weeks)	Cost	Time	of Its Duration	1	2	3	4
6		A	2	$180 000	0	$90 000	$90 000	$90 000	$0	$0
7		B	4	$320 000	2	$80 000	$0	$0	$80 000	$80 000
8		C	10	$620 000	6	$62 000	$0	$0	$0	$0
9		D	6	$260 000	16	$43 333	$0	$0	$0	$0
10		E	4	$410 000	16	$102 500	$0	$0	$0	$0
11		F	5	$180 000	20	$36 000	$0	$0	$0	$0
12		G	7	$900 000	22	$128 571	$0	$0	$0	$0
13		H	9	$200 000	29	$22 222	$0	$0	$0	$0
14		I	7	$210 000	16	$30 000	$0	$0	$0	$0
15		J	8	$430 000	25	$53 750	$0	$0	$0	$0
16		K	4	$160 000	33	$40 000	$0	$0	$0	$0
17		L	5	$250 000	33	$50 000	$0	$0	$0	$0
18		M	2	$100 000	38	$50 000	$0	$0	$0	$0
19		N	6	$330 000	38	$55 000	$0	$0	$0	$0
20										
21						Weekly Project Cost	$90 000	$90 000	$80 000	$80 000
22						Cumulative Project Cost	$90 000	$180 000	$260 000	$340 000

	F	G	H
4	Cost Per Week	Week	Week
5	of Its Duration	1	2
6	=EstimatedCost/EstimatedDuration	=IF(AND(Week>StartTime,Week<=StartTime+EstimatedDuration),CostPerWeek,0)	...
7	=EstimatedCost/EstimatedDuration	=IF(AND(Week>StartTime,Week<=StartTime+EstimatedDuration),CostPerWeek,0)	...
8	=EstimatedCost/EstimatedDuration	=IF(AND(Week>StartTime,Week<=StartTime+EstimatedDuration),CostPerWeek,0)	...
9	=EstimatedCost/EstimatedDuration	:	
10	=EstimatedCost/EstimatedDuration	:	

	F	G	H	I	J
21	Weekly Project Cost	=SUM(G6:G19)	=SUM(H6:H19)	=SUM(I6:I19)	...
22	Cumulative Project Cost	=G21	=G22+H21	=H22+I21	...

Range Name	Cells
Activity	B6:B19
CostPerWeek	F6:F19
CumulativeProjectCost	G22:AY22
EstimatedCost	D6:D19
EstimatedDuration	C6:C19
StartTime	E6:E19
Week	G5:AY5
WeeklyProjectCost	G21:AY21

图 13-13　管理科学课件中应用 PERT/Cost 程序的 Excel 模板

注：这里显示的是使用最早开始时间的科信建筑公司项目的开始阶段。

模板第 22 行显示了从第一周到指定第几周的总项目成本。例如，考虑 17 周的情况。在 17 周之前，活动 A、B、C 已经完成，但其他活动还没有开始，所以前面 16 周的项目成本（来自表 13-11 第三列）就是 180 000 + 320 000 + 620 000 = 1 120 000 美元，再加上第 17 周的项目成本得到 1 120 000 + 175 833 = 1 295 833 美元。

因此，图 13-14（以及前面和后面的几周）能够让佩蒂先生知道：假设项目能够始终以最早开始时间日程进行，每周的成本以及总成本是多少。

	A	B	E	F	W	X	Y	Z	AA	AB	AC	AD	AE
1		Reliable's Early Start Schedule of Costs											
2													
3													
4			Start	Cost Per Week	Week	Week	Week	Week	Week	Week	Week	Week	Week
5		Activity	Time	of Its Duration	17	18	19	20	21	22	23	24	25
6		A	0	$90 000	$0	$0	$0	$0	$0	$0	$0	$0	$0
7		B	2	$80 000	$0	$0	$0	$0	$0	$0	$0	$0	$0
8		C	6	$62 000	$0	$0	$0	$0	$0	$0	$0	$0	$0
9		D	16	$43 333	$43 333	$43 333	$43 333	$43 333	$43 333	$43 333	$0	$0	$0
10		E	16	$102 500	$102 500	$102 500	$102 500	$102,500	$0	$0	$0	$0	$0
11		F	20	$36 000	$0	$0	$0	$0	$36 000	$36 000	$36 000	$36 000	$36 000
12		G	22	$128 571	$0	$0	$0	$0	$0	$0	$128 571	$128 571	$128 571
13		H	29	$22 222	$0	$0	$0	$0	$0	$0	$0	$0	$0
14		I	16	$30 000	$30 000	$30 000	$30 000	$30,000	$30 000	$30 000	$30 000	$0	$0
15		J	25	$53 750	$0	$0	$0	$0	$0	$0	$0	$0	$0
16		K	33	$40 000	$0	$0	$0	$0	$0	$0	$0	$0	$0
17		L	33	$50 000	$0	$0	$0	$0	$0	$0	$0	$0	$0
18		M	38	$50 000	$0	$0	$0	$0	$0	$0	$0	$0	$0
19		N	38	$55 000	$0	$0	$0	$0	$0	$0	$0	$0	$0
20													
21				Weekly Project Cost	$175 833	$175 833	$175 833	$175 833	$109 333	$109 333	$194 571	$164 571	$164 571
22				Cumulative Project Cost	$1 295 833	$1 471 667	$1 647 500	$1 823 333	$1 932 667	$2 042 000	$2 236 571	$2 401 143	$2 565 714

图 13-14　对图 13-13 进行扩展后得到的电子表格

注：显示的为第 17 周到第 25 周。

接下来考虑活动按照最迟开始时间进行的情况，PERT/Cost 执行相同的程序可以得到相应的信息。这些最迟开始时间最早出现在图 13-4 中，现在在图 13-15 中 E 列再重复一次。该表其他部分的生成过程和图 13-14 完全相同。例如，由于活动 D 的最迟开始时间是第 20 周（最早开始时间是第 16 周），所以它从 21 周开始才有了每周 43 333 美元的成本，而不是从第 17 周开始就有。与之相类似，因为活动 G 的最迟开始时间是第 26 周，所以在该图考虑的几周内没有将对应的成本输入进去。

图 13-15（以及前面和后面的几周）显示了在不影响项目完成时间的前提下尽可能推迟每一项活动时，每周的成本以及总成本是多少。对比图 13-14 与图 13-15 的第 22 行可以看出，这种延迟确实可以暂时节省相当数额的成本。当公司资金短缺的时候，这会很大（然而，这种延迟只有在迫不得已的情况下才使用，因为任何一个活动发生意料之外的延误都可能会给整个项目的完成带来延误）。

	A	B	E	F	V	W	X	Y	Z	AA	AB	AC	AD	AE
1		Reliable's Late Start Schedule of Costs												
2														
3														
4			Start	Cost Per Week	Week	Week	Week	Week	Week	Week	Week	Week	Week	Week
5		Activity	Time	of Its Duration	16	17	18	19	20	21	22	23	24	25
6		A	0	$90 000	$0	$0	$0	$0	$0	$0	$0	$0	$0	$0
7		B	2	$80 000	$0	$0	$0	$0	$0	$0	$0	$0	$0	$0
8		C	6	$62 000	$62 000	$0	$0	$0	$0	$0	$0	$0	$0	$0
9		D	20	$43 333	$0	$0	$0	$0	$0	$43 333	$43 333	$43 333	$43 333	$43 333
10		E	16	$102 500	$0	$102 500	$102 500	$102 500	$102 500	$0	$0	$0	$0	$0
11		F	20	$36 000	$0	$0	$0	$0	$0	$36 000	$36 000	$36 000	$36 000	$36 000
12		G	26	$128 571	$0	$0	$0	$0	$0	$0	$0	$0	$0	$0
13		H	33	$22 222	$0	$0	$0	$0	$0	$0	$0	$0	$0	$0
14		I	18	$30 000	$0	$0	$0	$30 000	$30 000	$30 000	$30 000	$30 000	$30 000	$30 000
15		J	25	$53 750	$0	$0	$0	$0	$0	$0	$0	$0	$0	$0
16		K	34	$40 000	$0	$0	$0	$0	$0	$0	$0	$0	$0	$0
17		L	33	$50 000	$0	$0	$0	$0	$0	$0	$0	$0	$0	$0
18		M	42	$50 000	$0	$0	$0	$0	$0	$0	$0	$0	$0	$0
19		N	38	$55 000	$0	$0	$0	$0	$0	$0	$0	$0	$0	$0
20														
21				Weekly Project Cost	$62 000	$102 500	$102 500	$132 500	$132 500	$109 333	$109 333	$109 333	$109 333	$109 333
22				Cumulative Project Cost	$1 120 000	$1 222 500	$1 325 000	$1 457 500	$1 590 000	$1 699 333	$1 808 667	$1 918 000	$2 027 333	$2 136 667

图 13-15　PERT/Cost 程序的应用

注：当使用最迟开始时间时，在科信项目第 17 周到第 25 周 PERT/Cost 程序的应用。

为了使图 13-14 第 22 行和图 13-15 第 22 行的内容对比更加直观，我们最好把整个 44 周项目中的这两行数据画在同一张图上，如图 13-16 所示。由于对最初 16 周的三个活动 A、B、C 来说，最早开始时间和最迟开始时间是相同的，所以在这段时间内，这两种不同开始时间类型的累计项目成本是相同的。在 16 周之后，我们通过把图 13-14 和图 13-15 第 22 行的数据（以及后面几周的数据）以描点法在坐标上画出来，就可以得到两条完全不同的曲线。由于不管是使用最早开始时间还是最迟开始时间，最后项目都能够在 44 周之内完成，所以在曲线图上它们最后又重合到一点。这一点的总成本是 455 万美元。任何一条曲线上的点都表示周项目的成本发生了变化。

实际上，在图 13-16 中所用的开始时间和活动成本都只是实际开始时间和实际成本的估计值。但是不管使用哪种开始时间，当按照进度进行时，这个图都可以向我们提供每一周累计项目成本的最佳预测。如果选择了其中的一种开始时间进度安排，最佳预测就变成需要今后在执行过程中严格遵守的预算。在两条成本曲线之间阴影部分的预算也可以通过选择工作安排（要求活动在最早开始时间和最迟开始时间之间的一个时间点开始）来获得。安排项目在第 44 周末完成的唯一可行预算就是这两条成本曲线之一或位于这两条曲线之间的阴影部分（不包括任何应急处理）。

科信建筑公司在收到支付款后才有足够的资金来应对支出。因此，佩蒂先生选择了使用最早开始时间来建立工作日程，以便能够有机会尽快完成这个项目（他仍然很担心在 47 周之内不能完成项目而支付 30 万美元罚金的概率会很大）。因此，他对该项目的预算就是图 13-16 中上面的那条成本曲线。

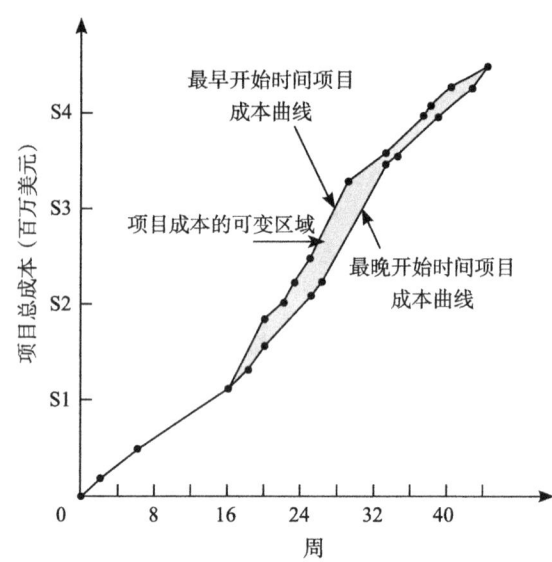

图 13-16 最早开始时间与最晚开始时间的项目成本曲线

注：当所有活动都按照最早开始时间（上面的成本线）或者最迟开始时间（下面的成本线）开始时，项目累计成本的安排情况。

项目成本的控制

项目一旦启动，佩蒂先生就必须对实际成本进行认真监控并采取适当的措施来避免严重超支。监控成本的一个重要途径就是每天将实际成本与图 13-16 中上面的那条预算曲线进行比较。

然而，由于可能出现实际工作进度和计划工作进度不一致的情况，仅用这种方法还不够。例如，假设单个活动的成本超过计划成本，而一些延迟使得某些活动不能按照日程开始。这些延迟可能会导致截至那时的总成本低于预算累计项目成本，因此造成了成本控制良好的假象。而且，不管项目的成本情况从总体上来说是否令人满意，佩蒂先生还是需要一些关于单个活动成本状况的信息，以便找出哪些地方需要进行修正。

因此，PERT/Cost 会定期生成一份反映每一个活动成本情况的报表。表 13-12 展示了项目进行 22 周（正好是项目完成时间的一半）后的成本情况。第一列给出了所有在 22 周之前已经开始进行的活动。第二列给出了每一项活动的预算总成本（同表 13-11 第三列所示的一样）。第三列表示到此时为止活动完成的百分比。第二列与第三列相乘得到第四列，表示这个活动已完成工作的预算值。

佩蒂先生希望对第四列与第五列（到此时为止的实际成本）进行比较。用第五列减去第四列就得到了到此时为止每一项活动的成本超支，如表格最右边一列所示（若成本超支为负，表示低于成本预算）。

佩蒂先生特别注意报表中那些还没有完成的活动，因为这些活动他还可以调整（他使用早些时候的报表在活动 A、B、C、E 正在进行时进行监控，使得四个活动的总成本达到了预算要求）。活动 D 略高于预算（不到 3%），但佩蒂先生对到此时为止产生了大量成本超支的活动 F 和活动 I 更为担心。因此接下来他要对这两项活动进行研究，并和其他领班一起降低成本。

表 13-12 科信建筑公司项目 22 周后的 PERT/Cost 报表

活动	预算成本（美元）	完成比例（%）	完成金额（美元）	实际成本（美元）	成本超支（美元）
A	180 000	100	180 000	200 000	20 000
B	320 000	100	320 000	330 000	10 000

(续)

活动	预算成本（美元）	完成比例（%）	完成金额（美元）	实际成本（美元）	成本超支（美元）
C	620 000	100	620 000	600 000	−20 000
D	260 000	75	195 000	200 000	5 000
E	410 000	100	410 000	400 000	−10 000
F	180 000	25	45 000	60 000	15 000
I	210 000	50	105 000	130 000	25 000
合计	2 180 000		1 875 000	1 920 000	45 000

我们注意到表 13-12 最下面一行中，到 22 周为止的累计项目成本为 192 万美元。这个数字显然大大低于在图 13-14 中单元格 AB22 所给出的项目累计成本预算（204.2 万美元）。如果没有其他信息的话，这个对比表明到目前为止项目成本控制良好。然而，项目成本在预算之内的真正原因是当前的活动都晚于项目日程安排，计划在早些时候发生的成本还没有发生。PERT/Cost 报表提供了一些很有价值的附加信息，来描述到此时为止更为准确的成本状况。通过关注每一个单独的活动而不是整个项目，这份报表有助于我们找出目前有问题的点（活动 F 和活动 I），并需要佩蒂先生立刻解决。因此，这份报表使得他能够及时采取修正行动。

问题回顾

1. PERT/Cost 的目的是什么？
2. PERT/Cost 程序是如何开始的？
3. 对于在活动进行期间成本如何分布，通常要做出什么假设？
4. 什么是工作包？
5. PERT/Cost 使用哪两种工作安排作为开发成本规划的基础？
6. 对于每一个时间段的项目成本，PERT/Cost 提供了哪两种信息？
7. 关于每一个活动的成本状况，PERT/Cost 报表提供了什么信息？
8. 项目管理人员已经能够通过比较到当时为止的实际成本和预算累计成本来评估整个项目的成本状况，那为什么还需要使用 PERT/Cost 报表？

13.7 从管理的视角评价 PERT/CPM

PERT/CPM 经受住了时间的考验。尽管已经被使用了 50 年，它仍然是管理科学领域中应用最为广泛的技术之一。它是项目管理者的标准工具。

PERT/CPM 的价值

PERT/CPM 的价值很大程度上源于它为规划一个项目提供了基本框架。我们回忆一下制订计划的步骤：①找出项目中需要执行的活动；②估计每一个活动所需要的时间；③找出每一活动的紧前活动；④建立项目网络，直观地展现出这些活动间的关系。严格执行这些步骤就能够制订所需的计划。

由 PERT/CPM 所产生的日程信息对项目管理者来说也是很重要的。在没有任何延误的情况下，每一个活动何时开始？在不影响整个项目完成时间的前提下，一个活动可以容许多长时间的延迟？关键路径（其中的活动不允许有任何延迟）是哪一条？活动完成时间的不确定性有什么影响？在当前计划下，能够在最后期限之前完成整个项目的概率是多少？PERT/CPM 可以回答这些问题。

PERT/CPM 还可以在其他方面为项目管理人员提供帮助。建立日程和项目预算是关键的问题。时间 - 成本平衡的 CPM 方法使得我们能够寻找使用额外成本缩短项目工期的途径。PERT/Cost 向我们提供了一个对项目成本进行规划、安排和控制的系统化程序。

PERT/CPM 以各种方式举例说明了管理科学的应用。它的建模方法着眼于问题的主要特征（活动、紧前关系、时间和成本），从而不至于陷入那些无足轻重的细节的泥淖之中。最后得到的模型（项目网络和可选择的线性规划模型）非常容易理解和应用。它解决了对于管理人员非常重要的问题（制订计划、安排进度、处理不确定性、建立时间－成本平衡以及控制成本）。它能够协助项目管理人员及时有效地处理这些问题。

使用计算机

为了满足新的要求，PERT/CPM 不断进化。在 50 年前刚出现的时候，它主要依靠手工来执行。有时项目网络非常庞大，记录规划的修改就成为一项重要的任务。当然，把这些修改通知负责各项活动的领班也是一件十分令人厌烦的事情。但是，计算机改变了所有这一切。

这些年来，PERT/CPM 已经高度计算机化了。在个人计算机以及工作站上运行的 PERT/CPM 软件包无论在数量上还是质量上都取得了十分显著的进步。项目管理软件现在已经成为项目管理者的标准工具。这使得 PERT/CPM 可以应用于涉及巨额资金、可能包含成千上万个活动的项目。如今，对项目规划的修改几乎可以同步得到结果并进行研究。日程安排中的实际修改及其导致的计划更新等都可以毫不费力、直观地记录下来。通过计算机网络和通信系统把这些结果传递给相关的小组也已经变得十分快捷。

但是，PERT/CPM 不是万能药，无法解决所有问题，在某些应用中存在着一些重要的不足之处。接下来我们将简要介绍每一个不足之处，以及 PERT/CPM 的改进和拓展研究是如何弥补这些不足之处的。

工期均值和方差的近似处理

在第 13.4 节中我们讲到了 PERT 的三个近似。它们简化了每一个活动工期概率分布均值和方差的计算。我们知道使用这种方法只能得到最大可能估计时间、乐观估计时间和悲观估计时间。得到了这三个估计值，再通过简单的公式计算就可以得到近似均值和近似方差。使用各个活动的近似均值和近似方差就可以计算出指定时间段内能够完成项目的概率。

然而，很多后续研究表明，这种方法只能得到均值和方差的相当粗略的近似值。部分困难在于这种方法是针对概率分布两端的乐观估计和悲观估计的。这两个点代表小概率事件（可能发生的最好和最坏的情形），这通常超出了估计人员的经验范围。这些估计的准确性和可靠性都不如那些不处于概率分布两端的点。例如，研究表明，如果把概率的范围定位于 10%～90%，就可以得到一个比较好的估计。那么，乐观估计和悲观估计就被描述成各有 10% 的概率做得更好或者做得更坏。中间估计也就可以通过定位于概率分布为 50% 的点而得到改进。

这样修改三种估计的定义导致在计算活动的工期均值和方差时要使用复杂得多的公式才行。然而，由于现在分析过程都可以通过计算机进行，因此这并不是什么难事。重要的是通过这种方式可以对均值和方差进行更好的近似。[⊖]

最后期限内完成项目概率的近似

在 PERT/CPM 所做的所有假设和简化近似中，有一个特别地引起了争议。这就是第 13.4 节所讲到的简化

⊖ 如果希望获得更多的信息，请参见如 D.L.Keefer 和 W.A.Verdini 的 "Better Estimation of PERT Activity Time Parameters," Management Science 39（September 1993），PP.1086-91. 另见 A.H-Laue, H-S.Lau 和 Y.Zhang 的 "A Simple and Logical Alternative for Making PERT Time Estimate," IIE Transactions 28（March 1996）. pp.183-92.

近似1，它假设在项目网络中均值关键路径是最长的一条路径。这个近似大大简化了在指定工期内完成项目近似概率的计算过程。但实际上，另一条或几条路径比均值关键路径还要长这种情况出现的概率相当大。结果，与实际概率相比，计算出来的在最后期限前完成项目的概率通常在某种程度上被夸大了。PERT/CPM 没有告诉我们这种错误的规模有多大（研究发现，这类错误通常都不太大，但有时也会变得很大）。因此，项目管理人员如果依赖计算出的概率，往往被严重误导。

为了找到对这个概率更加准确（尽管也会更加复杂）的近似方法，管理科学家进行了大量的研究工作。其中一个方法提供了概率的上限和下限。[⊖]

另一种方法是使用将在第14章和第15章中介绍的计算机仿真技术来近似得到这个概率。在实际应用中我们经常使用这种方法对 PERT/CPM 的近似加以改进。在第15.3节中我们将详细讲述在科信公司项目中如何做到这一点。

处理重叠的活动

PERT/CPM 另外一个十分重要的假设是一个活动只有在它的紧前活动全部完成之后才能够开始。虽然这个假设看起来完全合理，但有些时候它也只是现实情况的一个粗略近似。

例如，让我们看一看科信建筑公司项目中的活动 H（外部上漆）和它的紧前活动 G（外墙施工）。显然，在外墙还没有建好时是不能够进行油漆工作的。但是，也完全有可能当一面墙建起来后马上刷油漆，同时继续建其他面的墙。因此，在活动 G 完成之前实际上可以开始活动 H。虽然这其中需要进行认真的协调，但这种重叠的活动可以大大缩短 PERT/CPM 预测的项目完成所需时间。

作为 PERT/CPM 的一个重要补充，**优先日程图示法**（precedence diagramming method，PDM）就是专门用来处理重叠活动的。[⊖]对于一个活动和其任何一个紧前活动之间的关系，PDM 方法提供了四种选择：

- **选择1**：一个活动只有在其紧前活动已经进行一段时间之后才可以开始。
- **选择2**：一个活动只有在其紧前活动已经完成一段时间之后才能够完成。
- **选择3**：一个活动只有在其紧前活动开始一段时间之后才能够完成。
- **选择4**：一个活动只有在其紧前活动已经完成一段时间之后才可以开始（我们注意到这种选择不是使活动重叠，而是在活动之间制造延迟。例如：上漆活动完成后，先等油漆干，然后再进行漆后活动）。

另外，上面各个选择中所讲到的"一段时间"也可以表述为紧前活动工作量的某一比例。

考虑到这些选择之后，PDM 就可以像 PERT/CPM 一样用于确定最早开始时间、最迟开始时间、关键路径以及研究时间–成本平衡等方面。

虽然 PDM 为 PERT/CPM 增加了相当大的灵活性，但是 PDM 技术在应用范围和知名度方面都不如 PERT/CPM。

考虑为活动分配资源

PERT/CPM 假设每一个活动在正常情况下（或是在应急情况下）都能够获得充足的资源（资金、人员、设备等）。但实际上，许多项目的资源都很有限，各项活动必须竞争这些资源。因此，在规划项目时很大的挑战

⊖ 参见 J.Kamburowski, " Bounding the Distribution of Project Duration in PERT Networks", Operations Research Letters 12（July 1992）, pp.17-22。另见 T.Ida," Computing Bounds on Project Duration Distributions for Stochastic PERT Networks," Naval Research Logistics 47（October 2000）, pp.559-80。

⊖ 如果希望获得有关 PDM 的介绍，请参见 A. B. Badim and P. S. Pulat, Comprehensive Project Management:Integrating Optimization Models, Management Principles, and Computers（Englewood Cliffs, NJ:Prentice-Hall, 1995）, PP 136-44。

就是如何为各项活动分配资源。

分配完资源后，就可以用通常的方式使用 PERT/CPM。但是，若将资源分配和通过 PERT/CPM 获得规划与日程安排结合起来，从而努力实现期望的目标，这样会更好一些。例如，一个常见的目标就是对资源进行分配，以使项目工期最短。

管理科学专家在开发使项目资源配置和进度安排能同时进行的方法方面已经开展了许多研究（而且还将继续进行下去），这个主题超出了本书的讨论范围，不过讨论这一问题的书籍很多。[⊖]

发展前景

尽管有一些不足，但毫无疑问，PERT/CPM 将在可预见的未来继续得到广泛应用。它为项目管理人员提供了他们需要的大部分信息：结构、日程、控制进度的工具（最迟开始时间、时差、关键路径等）、成本控制（PERT/Cost），同时还提供了时间–成本平衡的灵活性。

虽然 PERT 三种估计方法的一些近似值存在问题，但是这些问题最终可能并不特别重要。正是对项目完成所需时间进行估计这一过程促进了项目管理人员和下属之间的有效交流，促使他们共同设定开始时间、活动所用时间以及项目完成所需时间的目标。尽管背后的算法不太精确，但共同努力朝这些目标迈进使他们充满了自信。

同样，尽管 PERT/CPM 的假设只能应用在活动没有重叠的情况下，但适量活动重叠可能并不会改变 PERT/CPM 生成的日程安排的有效性。事实上，拥有少量活动重叠恰恰可以提供一些时差，来补偿项目进行中通常无法避免的"意外"延迟。即使需要对活动分配资源，对一些项目来说，只要先根据常识进行分配，然后使用 PERT/CPM 就可以获得满意的结果。

尽管本节所述的对 PERT/CPM 的改进和拓展目前还不能应用到实践中，但是有效的老方法还在发挥作用，学习并信任新方法也需要时间。我们希望这些改进和扩展能够证明其价值，并逐渐扩大应用范围。我们也希望对项目管理和排程技术的研究（多在欧洲）能够继续进行下去，并在未来取得更大的进步。

问题回顾

1. 在管理项目时，PERT/CPM 提出了哪些重要的管理问题？
2. 在最近几年之中，PERT/CPM 由最初的手工操作转变为由计算机处理，这带来了哪些好处？
3. 在 PERT 的三种估计方法中，活动工期概率分布中的点的选择是如何影响悲观估计和乐观估计的准确性的？
4. 改进 PERT/CPM 得到的项目在期限内完成概率的近似值有哪些方法？
5. 拓展了 PERT/CPM 使得活动和它们的紧前活动可以重叠的方法叫什么？
6. PERT/CPM 对正常完成每一项活动所需资源的可得性做了哪些假设？
7. 除了估计值本身，对活动完成所需时间进行估计还有哪些其他的好处？
8. 考虑到 PERT/CPM 已经是一项非常成熟的管理科学技术，新的改进和拓展是否仍然会出现？

本章小结

自从 20 世纪 50 年代初露端倪以来，PERT（计划评审技术）和 CPM（关键路径法）得到了广泛应用。它们帮助项目管理人员对项目进行规划、安排和控制。随着时间的推移，这两种技术逐渐合二为一，所

⊖ 例如，参加同上第 162-209 页，另见 L.Ozdamar 和 G.Ulusay,"A survey on the Resource-Constrained Project Scheduling Problem" IIE transactions 27（October 1995），pp.574-86; S.S.Erenguc, T.Ahn 和 D.G.Conway,"The Resource Constrained Project Scheduling Problem with Multiple Crashable Models: An Exact Solution Method," Naval Research Logistics 48（March 2001），pp.107-27。

以现在我们所说的 PERT/CPM 指的是整合了两种原始技术所有功能的合并技术。

PERT/CPM 首先把一个项目分成多个独立的活动，找出每一项活动的紧前活动，估计每一项活动的工期。接下来就是要绘制项目网络图以直观地表示出所有这些信息。对这一目的来说，应用越来越广泛的网络是用节点表示活动的项目网络（AON），也就是每一个活动都用一个节点表示。

PERT/CPM 还为项目管理人员提供了进行日程安排的信息，包括最早开始时间、最迟开始时间以及每一个活动的时差。它还可以找出关键路径，在这条关键路径上的任何活动的任何延误都会对整个项目的工期产生影响。由于关键路径是项目网络图中最长的一条路径，如果所有的活动都严格按照日程进行的话，关键路径的长度就是整个项目的完成时间。

然而，让所有活动都严格按照日程进行非常困难。因为每一项活动实际完成花费的时长经常有许多不确定性。PERT 三种估计法通过对每一项活动所需时间进行三种不同的估计（最大可能估计、乐观估计、悲观估计）来解决这个问题。我们用这些数据计算活动所需时间概率分布的近似方差和近似均值。这样我们就可以近似得到项目在规定期限内完成的概率。

时间-成本平衡的 CPM 方法使得项目管理人员能够研究项目完成所需时间改变时总成本的变化情况。完成这一工作所需的数据是在正常情况下和在全应急情况下完成各项活动所需的时间和成本。边际成本分析和线性规划这两种方法都可以用来确定对每一项活动要进行何种程度的应急处理（如果需要的话）才能使得在指定期限内完成项目的成本最小。

PERT/CPM 中的 PERT/Cost 技术为项目管理人员提供了系统的程序来进行项目规划、进度安排和项目成本控制。不管活动是按照最早开始时间还是按照最迟开始时间算，它都会生成一个完整的各时间段活动成本安排。它还可以定期生成报表，评估每一个活动的成本情况，以及找出出现成本超支的地方。

PERT/CPM 确实有一些很重要的不足。其中一个不足是，估计活动所用时间的均值和方差以及估计项目在最后期限内完成的概率时使用了不太准确的近似值。另外一个不足是，即使有时候活动的重叠是可行的，它也只允许一项活动在其紧前活动全部完成之后再开始进行。另外，PERT/CPM 也没有解决如何把有限的资源分配给各项活动的问题。

总的来说，PERT/CPM 可以向项目管理人员提供他们所需要的大部分帮助，这一点在长期实践中已经得到了证实。另外，我们需要对 PERT/CPM 进行不断改进和拓展以弥补那些不足（如在处理活动重叠问题中使用 PDM 技术）。

附录 13A 正态分布表

此附录中的表格可以用来查找正态分布的任一概率值。你需要通过下面的两个分布参数来查找相关数据。

μ = 正态分布的均值

σ = 正态分布的标准差

当 $\mu = 0$ 且 $\sigma = 1$ 时查找概率值

当 $\mu = 0$ 且 $\sigma = 1$ 时，可以从表格中很快地找到对应值。对于任意一个 z 值（$z \geq 0$），假如你想知道在该分布中数值小于等于 z 的概率，你可以通过表中与 z 有关的数据来读取该概率：

$$F(z) = \text{Prob}\{\text{Value} \leq z\}$$

例如：$z = 1.25$，找到 1.2 行与 0.5 列所对应的概率值 "0.894 4"。因此，F（1.25）= Prob{Value ≤ 1.125}= 0.894 4。

因为正态分布曲线关于均值是对称的且曲线下方的总面积为 1，所以能够很容易地得到关于其他数值的概率。比如：

Prob{Value > 1.25} = 1 − F（1.25）= 1 − 0.894 4 = 0.105 6

Prob{Value < −1.25} = Prob{Value > 1.25} = 0.105 6

Prob{−1.25 ≤ Value ≤ 1.25} =

Prob{Value ≤ 1.25} − Prob{Value < −1.25}

= 0.894 4 − 0.105 6 = 0.788 8

根据 μ 与 σ 的其他数值查找概率值

当不能达到 $\mu = 0$ 且 $\sigma = 1$ 时，在使用该表格前需要进行一个简单的计算。对 x 的某一特定值，假如你想知道在该分布中数值小于等于 x 的概率。第一步需要计算：

$$z = \frac{x - \mu}{\sigma}$$

接下来，要计算的概率就变成：Prob{Value ≤ x} = $F(z)$，其中，$F(z)$ 为按照常规方法从表中读取的数值。

举个例子，假设 $\mu = 10$，$\sigma = 4$，$x = 15$。

因为

$$z = \frac{15-10}{4} = 1.25,$$

所以相应的概率为

$$\text{Prob}\{\text{Value} \leq 15\} = F(1.25) = 0.8944$$

同理，

$$\text{Prob}\{\text{Value} > 15\} = 1 - F(1.25) = 1 - 0.8944 = 0.1056$$

如果 $x = 5$，那么

$$Z = \frac{5-10}{4} = -1.25$$

所以相应的概率为

$$\text{Prob}\{\text{Value} \leq 5\} = F(-1.25) = 1 - F(1.25)$$
$$= 1 - 0.8944 = 0.1056$$

因此

$$\text{Prob}\{5 \leq \text{Value} \leq 15\} = \text{Prob}\{\text{Value} \leq 15\} -$$
$$\text{Prob}\{\text{Value} < 5\}$$
$$= 0.8944 - 0.1056 = 0.7888$$

当 μ、σ、x 取得其他数值时，可以按照相同的方法来得到概率值。

正态分布表
在标准正态分布曲线下方的区域面积（从 $-\infty$ 到 z）

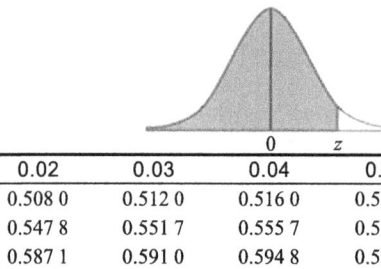

z	0.00	0.01	0.02	0.03	0.04	0.05	0.06	0.07	0.08	0.09
0.0	0.5000	0.5040	0.5080	0.5120	0.5160	0.5199	0.5239	0.5279	0.5319	0.5359
0.1	0.5398	0.5438	0.5478	0.5517	0.5557	0.5596	0.5636	0.5675	0.5714	0.5753
0.2	0.5793	0.5832	0.5871	0.5910	0.5948	0.5987	0.6026	0.6064	0.6103	0.6141
0.3	0.6179	0.6217	0.6255	0.6293	0.6331	0.6368	0.6406	0.6443	0.6480	0.6517
0.4	0.6554	0.6591	0.6628	0.6664	0.6700	0.6736	0.6772	0.6808	0.6844	0.6879
0.5	0.6915	0.6950	0.6985	0.7019	0.7054	0.7088	0.7123	0.7157	0.7190	0.7224
0.6	0.7257	0.7291	0.7324	0.7357	0.7389	0.7422	0.7454	0.7486	0.7517	0.7549
0.7	0.7580	0.7611	0.7642	0.7673	0.7703	0.7734	0.7764	0.7794	0.7823	0.7852
0.8	0.7881	0.7910	0.7939	0.7967	0.7995	0.8023	0.8051	0.8078	0.8106	0.8133
0.9	0.8159	0.8186	0.8212	0.8238	0.8264	0.8289	0.8315	0.8340	0.8365	0.8389
1.0	0.8413	0.8438	0.8461	0.8485	0.8508	0.8531	0.8554	0.8577	0.8599	0.8621
1.1	0.8643	0.8665	0.8686	0.8708	0.8729	0.8749	0.8770	0.8790	0.8810	0.8830
1.2	0.8849	0.8869	0.8888	0.8907	0.8925	0.8944	0.8962	0.8980	0.8997	0.9015
1.3	0.9032	0.9049	0.9066	0.9082	0.9099	0.9115	0.9131	0.9147	0.9162	0.9177
1.4	0.9192	0.9207	0.9222	0.9236	0.9251	0.9265	0.9279	0.9292	0.9306	0.9319
1.5	0.9332	0.9345	0.9357	0.9370	0.9382	0.9394	0.9406	0.9418	0.9429	0.9441
1.6	0.9452	0.9463	0.9474	0.9484	0.9492	0.9505	0.9515	0.9525	0.9535	0.9545
1.7	0.9554	0.9564	0.9573	0.9582	0.9591	0.9599	0.9608	0.9616	0.9625	0.9633
1.8	0.9641	0.9649	0.9656	0.9664	0.9671	0.9678	0.9686	0.9693	0.9699	0.9706
1.9	0.9713	0.9719	0.9726	0.9732	0.9738	0.9744	0.9750	0.9756	0.9761	0.9767
2.0	0.9772	0.9778	0.9783	0.9788	0.9793	0.9798	0.9803	0.9808	0.9812	0.9817
2.1	0.9821	0.9826	0.9830	0.9834	0.9838	0.9842	0.9846	0.9850	0.9854	0.9857
2.2	0.9861	0.9864	0.9868	0.9871	0.9875	0.9878	0.9881	0.9884	0.9887	0.9890
2.3	0.9893	0.9896	0.9898	0.9901	0.9904	0.9906	0.9909	0.9911	0.9913	0.9916
2.4	0.9918	0.9920	0.9922	0.9925	0.9927	0.9929	0.9931	0.9932	0.9934	0.9936
2.5	0.9938	0.9940	0.9941	0.9943	0.9945	0.9946	0.9948	0.9949	0.9951	0.9952
2.6	0.9953	0.9955	0.9956	0.9957	0.9959	0.9960	0.9961	0.9962	0.9963	0.9964
2.7	0.9965	0.9966	0.9967	0.9968	0.9969	0.9970	0.9971	0.9972	0.9973	0.9974
2.8	0.9974	0.9975	0.9976	0.9977	0.9977	0.9978	0.9979	0.9979	0.9980	0.9981
2.9	0.9981	0.9982	0.9982	0.9983	0.9984	0.9984	0.9985	0.9985	0.9986	0.9986
3.0	0.9987	0.9987	0.9987	0.9988	0.9988	0.9989	0.9989	0.9989	0.9990	0.9990
3.1	0.9990	0.9991	0.9991	0.9991	0.9991	0.9992	0.9992	0.9992	0.9993	0.9993
3.2	0.9993	0.9993	0.9994	0.9994	0.9994	0.9994	0.9994	0.9995	0.9995	0.9995
3.3	0.9995	0.9995	0.9995	0.9996	0.9996	0.9996	0.9996	0.9996	0.9996	0.9997
3.4	0.9997	0.9997	0.9997	0.9997	0.9997	0.9997	0.9997	0.9997	0.9997	0.9998

专业术语

activity 活动 一个项目中需要完成的单个任务。(第13.1节)

activity-on-arc (AOA) project network 用弧表示活动 (AOA) 的项目网络 在一个项目网络之中用弧来表示每一个活动。(第13.2节)

activity-on-node (AON) project network 用节点表示活动 (AON) 的项目网络 在一个项目网络之中用节点(圆圈或矩形)来表示每一个活动。弧表示活动之间的先后关系。(第13.2节)

arc 弧 项目网络图中的箭形曲线。(第13.2节)

backward pass 逆向追溯 在一个项目网络图中从项目的末尾向前移动,以确定每一个活动的最迟结束时间和最迟开始时间。(第13.3节)

CPM 关键路径法 关键路径法的缩写,一种帮助项目管理者承担责任的技术。(本章引言)

CPM method of time-cost trade-offs 时间-成本平衡的 CPM 方法 当使用不同程度的应急措施来缩短工期时,对项目的总成本和工期进行平衡的方法。(第13.5节)

crash point 应急点 某一活动的时间-成本曲线上的一个点,显示该活动在全应急处理情况下的时间(工期)和成本,即不考虑成本地加速活动的执行以尽可能缩短活动的工期。(第13.5节)

crashing an activity 应急完成一项活动 使用一些成本高昂的方法来缩短项目工期,使其低于正常水平。(第13.5节)

critical path 关键路径 项目网络中最长的路径。在这条路径上的活动都是项目的瓶颈活动,这些活动的任何延误都会拖延整个项目的完成时间。(第13.3节)

earliest finish time for an activity 活动最早结束时间 当项目进行过程中没有任何延误时活动结束的时间。(第13.3节)

earliest start time for an activity 活动最早开始时间 当项目进行过程中没有任何延误时活动开始的时间。(第13.3节)

EF 活动最早结束时间 活动最早结束时间的缩写。(第13.3节)

ES 活动最早开始时间 活动最早开始时间的缩写。(第13.3节)

finish node 终点 在项目网络图中表示项目结束的节点(用方框表示)。(第13.2节)

forward pass 前向追溯 在一个项目网络图中从项目开始向后移动,以确定每一个活动的最早结束时间和最早开始时间。(第13.3节)

immediate predecessor 紧前活动 一个活动的紧前活动就是指这个活动开始进行之前必须要完成的活动。(第13.1节)

immediate successor 紧后活动 如果给出了一个活动的紧前活动,那么这个活动就是它所有紧前活动的紧后活动。(第13.1节)

latest finish time for an activity 活动最迟结束时间 在不影响项目工期的情况下(假设在项目进行过程中没有后续的延误),一个活动允许的最迟结束时间。(第13.3节)

latest start time for an activity 活动最迟开始时间 在不影响项目工期的情况下(假设在项目进行过程中没有后续的延误),一个活动允许的最迟开始时间。(第13.3节)

length of path 路径的长度 在一条路径上所有活动(估计)工期的总和。(第13.3节)

LF 活动最迟结束时间 活动最迟结束时间的缩写。(第13.3节)

LS 活动最迟开始时间 活动最迟开始时间的缩写。(第13.3节)

marginal cost analysis 边际成本分析 利用对当前关键路径上的活动进行应急处理的边际成本,来确定将工期缩短到期望水平的成本最低的方法。(第13.5节)

mean critical path 均值关键路径 在项目网络中每一个活动的工期都等于其均值的情况下,会成为关键路径的那条路径。(第13.4节)

most likely estimate 最大可能估计 对活动工期最有可能取值的估计。(第13.4节)

node 节点 在项目网络图中作为连接点的小圆圈或小方框。(第13.2节)

normal point 正常点 当项目正常进行的时候,时间-成本曲线上表示一种活动的时间(工期)和成本的点。(第13.5节)

optimistic estimate 乐观估计 在最乐观的情形下对活动工期的估计。(第13.4节)

path 路径 在项目网络图中沿着箭头方向从起始点到

结束点的一条道路。（第 13.3 节）

PERT 计划评审技术 计划评审技术的缩写，一种帮助项目管理者承担责任的技术。（本章引言）

PERT/Cost PERT/Cost 程序 一种帮助项目管理者规划、安排和控制项目成本的系统性程序（通常是计算机化的程序）。（第 13.6 节）

PERT/CPM PERT/CPM 方法 PERT 和 CPM 两种技术的结合体。（本章引言）

PERT three-estimate approach PERT 三种估计方法 通过对每一个活动的工期进行三种估计（最大可能估计、乐观估计和悲观估计）来处理工期不确定性的一种方法。（第 13.4 节）

pessimistic estimate 悲观估计 在最悲观的情形下对活动工期的估计。（第 13.4 节）

precedence diagramming method (PDM) 优先日程图示法 PERT/CPM 的一种扩展，用来处理活动重叠。（第 13.7 节）

project network 项目网络 用来直观展示项目的网络。（第 13.2 节）

slack for an activity 活动的时差 在不影响项目工期的前提下，此活动能够延迟的时间总量（假设在项目进行之中没有后续延误发生）。通过计算活动最迟结束时间和最早结束时间之间的差值得到。（第 13.3 节）

start node 始点 在项目网络中表示项目开始的节点（用小方框表示）。（第 13.2 节）

本章学习辅助材料

本章 Excel 文件：
科信建筑公司案例（Reliable Project Schedule）
PERT 三种估计方法的模板（PERT）
科信建筑公司案例（Reliable CPM Time-Cost）
PERT/Cost 模板（PERT Cost）
科信建筑公司案例 ES 的成本安排（Reliable ES Cost Schedule）
科信建筑公司案例 LS 的成本安排（Reliable LS Cost Schedule）

Excel 加载宏：
Analytic Solver

习题

我们将在可以使用 Excel 解决的问题左边插入一个 E 作为标识。在这个标识上标记有星号"*"表示必须要使用 Excel（除非你的指导老师不允许你使用）。带星号（*）的习题，至少有部分答案已经在本书的后面给出。

13.1 克里斯廷·菲利浦斯负责为其公司规划和协调明年春天的营销管理培训项目。她已经列出了这个项目的各个活动，如下表所示：

活动	活动内容	紧前活动	估计时间（周）
A	选址	—	2
B	获得发言人名单	—	3
C	制订发言人交通计划	A、B	2
D	准备和邮寄宣传册	A、B	2
E	接受预定	D	3

（1）构建这个项目的项目网络。
（2）找出该项目网络中的所有路径以及路径长度，并指出哪一条路径是关键路径。
（3）找出每一个活动的最早时间、最迟时间以及时差，并利用这些数据来确定关键路径。
（4）如果克里斯廷在一周内就找到了开会地点，比计划中提前了一周的时间，是否会缩短整个项目完成所需的时间？为什么？

13.2* 让我们重新考虑习题 13.1。克里斯廷为这个项目制订出了更为详细的计划，于是就有了如下表所示扩展的活动列表：

活动	活动内容	紧前活动	估计时间（周）
A	选址	—	2
B	获得主要发言人名单	—	1
C	获得其他发言人名单	B	2
D	为主讲人制订交通计划	A、B	2
E	为其他发言人制订交通计划	A、C	3
F	安排食品	A	2

活动	活动内容	紧前活动	估计时间（周）
G	商谈住宿价格	A	1
H	准备宣传册	C、G	1
I	邮寄宣传册	H	1
J	接受预定	I	3
K	准备讲义	C、F	4

在这种情况下，按习题 13.1 的要求回答问题。

13.3 考虑拥有下表所示活动的项目：

活动	紧前活动	估计时间（月）
A	—	1
B	A	2
C	B	4
D	B	3
E	B	2
F	C	3
G	D、E	5
H	F	1
I	G、H	4
J	I	2
K	I	3
L	J	3
M	K	5
N	L	4

（1）为这个项目构建项目网络图。
（2）找出每一个活动的最早开始时间和最早结束时间。
（3）找出每一个活动的最迟开始时间和最迟结束时间。
（4）找出每一个活动的时差，并确定哪一条路径是关键路径。

13.4 你和你的几个朋友计划要吃一次意大利式晚餐。需要执行的任务、任务的紧前活动以及完成它们所需要的时间如下表所示：

活动	活动内容	紧前活动	时长（分钟）
A	购买意大利干酪	—	30
B	把意大利干酪切成片	A	5
C	打两个鸡蛋	—	2
D	混合鸡蛋	C	3
E	把洋葱和蘑菇切成丝	—	7
F	做番茄汁	E	25
G	烧开大量的水	—	15
H	煮意大利面条	G	10
I	除去面条中的水	H	2
J	把这些原料混合在一起	I、F、D、B	10
K	预热烤箱	—	15
L	烘烤意大利面条	J、K	30

（1）构建项目网络图。
（2）找出该项目网络中的所有路径以及路径长度，并指出哪一条路径是关键路程。
（3）找出每一个活动的最早开始时间和最早结束时间。
（4）找出每一个活动的最迟开始时间和最迟结束时间。
（5）找出每一个活动的时差，并找出关键路径。
（6）由于在你们准备切洋葱和蘑菇的时候正好有一个电话，你们被打断了 6 分钟，那么这份晚餐将会延误多久？如果你们使用了食品粉碎机，这将使你们切洋葱和蘑菇的时间由 7 分钟缩短到 2 分钟，那么晚餐还会延误吗？

13.5* 肯·约翰斯顿是士丹利摩根（Stanley Morgan）银行的数据处理管理人员，他正在规划一个安装新的管理信息系统的项目。现在他准备启动这个项目，并且想要在 20 周之内完成。在他确认了项目所需要执行的 14 个独立活动以及它们的紧前关系和估计完成时间（以周为单位）之后，肯构建了如下图所示的项目网络图。

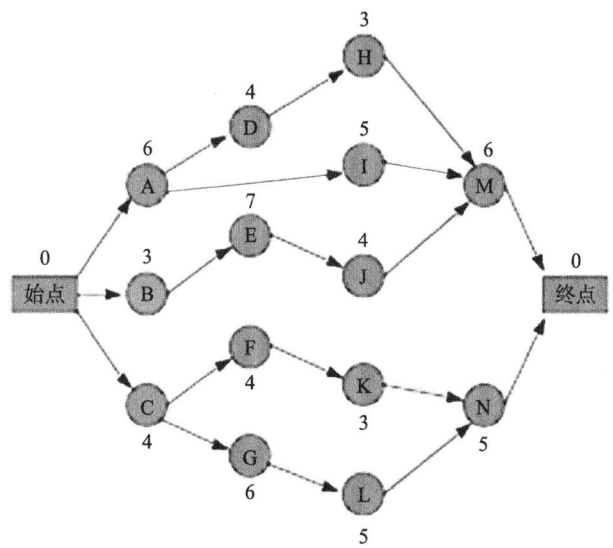

（1）找出这个项目网络中的所有路径以及路径的长度，并指出关键路径。

（2）找出每一个活动的最早时间、最迟时间和时差。如果没有延误的话，肯是否能够在预定的时间内完成这个项目？

（3）请使用从第（2）问中得到的信息确定哪一条路径是关键路径。为了使项目能够按照计划进行，肯需要着重注意哪些活动？

（4）如果活动I多用了两周的时间，请使用从第（2）问中得到的信息确定项目完成需要的时间是多少。如果活动H多用了两周，项目完成需要多少时间？如果活动J多用了两周，项目完成需要多少时间？

13.6 一个项目包含六个活动，其基本情况如下表所示：

活动	紧前活动	估计工期（月）
A	—	5
B	—	1
C	B	2
D	A、C	4
E	A	6
F	D、E	3

（1）构建这个项目的网络图。

（2）找出每一个活动的最早时间、最迟时间以及时差，并指出哪一条路径是关键路径。

（3）如果其他所有的活动都按照日程进行，在不影响完成项目所用时间的基础上，活动D的最长工期是多少？

13.7 重新考虑第13.1节中介绍的科信建筑公司的案例，并参考第13.3节末尾图13-5所示的完整项目网络。我们注意到，当使用PERT的三个估计时，这个表中活动的估计工期和表13-4（第13.4节）中所得到的均值是相同的。现在如果我们使用表13-4中得到的悲观估计来代替图13-5中的估计工期，找出这个项目网络中所有新的最早时间、最迟时间和时差，指出关键路径并确定项目的总估计工期（表13-5提供了一些线索）。

13.8* 在习题13.7中，如果使用表13-4给出的乐观估计，结果将会怎样？

13.9 在习题13.7中，如果使用表13-8（第13.5节）给出的应急时间，结果将会怎样？

13.10* 使用PERT的三种估计，做出一个活动的三个估计如下所示：乐观估计为30天；最大可能估计为36天；悲观估计为48天。那么活动工期的均值和方差的估计值是多少？

13.11 阿尔弗雷德·罗文斯顿是一家大型医药公司——康健公司（Better Health Company）研发部的负责人。他正要进行一个非常重要的项目（发明一种抵抗艾滋病的新药）。他把机构中的所有人员分成10个小组，分别负责这个研发项目的不同阶段。我们把需要做的工作标记为A，B，⋯，J，执行它们的小组也就被标为A，B，⋯，J组。下面的项目网络图给出了这些活动的紧前关系。

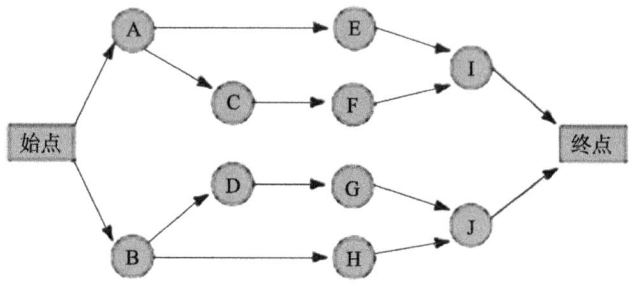

为了应对竞争，公司的首席执行官告诉阿尔弗雷德，如果可能的话，他希望在22个月内把这种药研制出来。

阿尔弗雷德非常清楚，每一个小组完成工作所需要的时间具有相当大的不确定性。使用PERT的三种估计，每一组的经理对本组工作时间做出了最大可能估计、乐观估计和悲观估计。使用PERT公式，这些估计被转化为每一组活动时间概率分布的均值和方差的估计，如下表所示（经过取整）：

活动	工期（月）	
	估计均值	估计方差
A	4	5
B	6	10
C	4	8
D	3	6
E	8	12
F	4	6
G	3	5
H	7	14
I	5	8
J	5	7

（1）找出这个项目的均值关键路径。

（2）使用这条均值关键路径和表13-7，找出项目在22个月内完成的近似概率。

(3) 现在考虑这个项目网络的其他三条路径。对于这些路径中的每一条，利用表 13-7 找出这条路径在 22 个月内完成的近似概率。

(4) 对于药物在 22 个月内研制成功的可能性，阿尔弗雷德应当对首席执行官说什么？

E* 13.12 让我们重新考虑习题 13.11。习题 13.11 中各项活动工期均值和方差的三种时间估计如下表所示：

活动	需要的时间（月）		
	乐观估计	最大可能估计	悲观估计
A	1.5	2	15
B	2	3.5	21
C	1	1.5	18
D	0.5	1	15
E	3	5	24
F	1	2	16
G	0.5	1	14
H	2.5	3.5	25
I	1	3	18
J	2	3	18

（我们注意到，由于这些研究活动所需时间存在高度不确定性，每一个活动的悲观估计都要比乐观估计和最大可能估计长好几倍。）

现在，使用管理科学课件中的 Excel 模板（见图 13-9）重新求解习题 13.11 中的问题。输入这些活动所用时间的三种估计值之后，我们立即就会得到活动所用时间的均值和方差。在指明每一条感兴趣的路径后，这个模板还将显示出该项目在 22 个月之内完成的近似概率。

13.13 比尔·弗雷德伦德是林肯·劳格建筑公司（Lincoln Log Construction）的总裁，他正在考虑投标一个建设项目。比尔已经确定了项目中需要完成的 5 个活动，并使用 PERT 的三种估计得到每一个活动的三种估计值。这些活动以及它们的紧前关系如下表所示：

活动	需要的时间（周）			紧前活动
	乐观估计	最大可能估计	悲观估计	
A	3	4	5	—
B	2	2	2	A
C	3	5	6	B
D	1	3	5	A
E	2	3	5	B、D

如果项目没有在 11 周之内完成，公司要支付 500 000 美元的罚金。比尔非常关心这个项目有多大的概率能够在规定时间内完成。

(1) 构建这个项目的项目网络。

E (2) 找出各活动工期的均值和方差的估计值。

E (3) 找出均值关键路径。

E (4) 求出项目在 11 周之内完成的近似概率。

(5) 比尔认为，如果这个项目能够在 11 周之内完成，则这个很有可能中标的项目将会给公司带来大约 250 000 美元的利润。如果项目不能在 11 周内完成，考虑到罚金，公司将会损失大约 250 000 美元。因此，只有当在规定期限内完成项目的概率至少有 50% 的时候，他才能进行投标。对此你有何建议？

13.14* 莎伦·罗维是电子玩具公司（Electronic Toys）的营销副总裁。她正打算启动一个项目，为新电子玩具设计广告活动。她希望这个项目能够在 57 天之内完成，以便能够赶在圣诞季之前及时推出这一广告活动。

莎伦找出了在这个项目中需要完成的 6 个活动（分别标记为 A，B，…，F）。考虑到这些活动开始的顺序，她还构建了如下所示的项目网络。

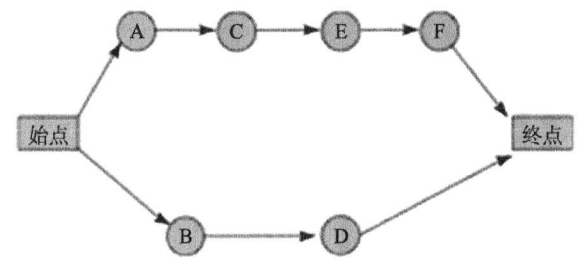

使用 PERT 的三种估计方法之后，莎伦得到了如下表所示的每一个活动工期估计：

活动	需要的时间（天）		
	乐观估计	最大可能估计	悲观估计
A	12	12	12
B	15	21	39
C	12	15	18
D	18	27	36
E	12	18	24
F	2	5	14

E (1) 找出每一个活动的均值和方差的估计值。

(2) 找出均值关键路径。

E（3）使用均值关键路径求出在57天之内完成项目的近似概率。

E（4）考虑另外一条路径，求出这条路径在57天之内完成的近似概率。

（5）由于这些路径并没有重叠，所以可用下面讲述的方法得到项目在57天之内完成概率的一个更好的估计值。如果这两条路径都在57天之内完成，那么这个项目就可以在57天之内完成。因此，项目在57天之内完成的概率就等于上面所得到的两个概率的乘积。计算出结果，并回答这个结果对于在第（3）问中求出的概率的准确性有什么启示？

13.15 洛克黑德飞机制造公司（Lockheed Aircraft Co.）正在着手进行一个为美国空军开发新型战斗机的项目。公司和美国国防部的合同中规定，这个项目一定要在100周之内完成，否则公司就要为延误支付罚金。这个项目拥有10个活动（分别标记为A，B，…，J）。这些活动以及它们之间的紧前关系如下面的项目网络所示。

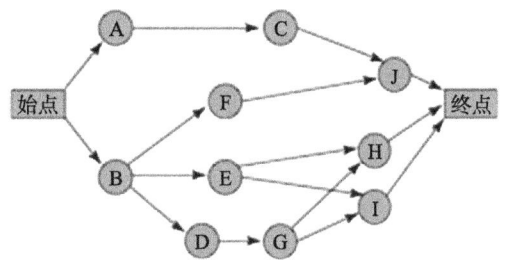

使用PERT的三种估计，得到每一个活动工期的三种估计，如下表所示：

活动	需要的时间（周）		
	乐观估计	最大可能估计	悲观估计
A	28	32	36
B	22	28	32
C	26	36	46
D	14	16	18
E	32	32	32
F	40	52	74
G	12	16	24
H	16	20	26
I	26	34	42
J	12	16	30

E（1）找出每一个活动工期的均值和方差的估计值。

（2）找出均值关键路径。

E（3）求出在100周之内完成项目的近似概率。

（4）上面求得的概率比实际概率大一些还是小一些？

13.16 判断下面有关PERT三种估计的说法是否正确，并用本章中的结论（标出引用页码）来验证你的判断。

（1）活动工期不比乐观估计时间长，也不比悲观估计时间短。

（2）活动工期呈正态分布。

（3）均值关键路径是项目网络图所有路径之中所用时间最少的一条路径。

13.17 亭科建筑公司（Tinker Construction Company）正在着手进行一个项目，并要求在12个月之内完成。这个项目有四个活动，项目网络图如下所示：

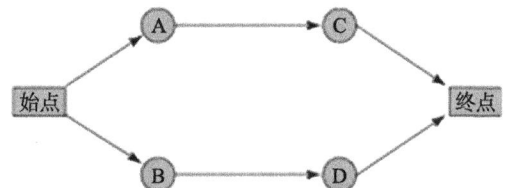

项目经理肖恩·墨菲觉得在正常的情况下他不可能在最后期限内完成这个项目，因此他决定使用时间-成本平衡的CPM方法，来确定对项目进行应急处理的最经济的方法。他收集了这四个活动的有关数据，如下所示：

活动	正常时间（月）	应急时间（月）	正常成本（美元）	应急成本（美元）
A	8	5	25 000	40 000
B	9	7	20 000	30 000
C	6	4	16 000	24 000
D	7	4	27 000	45 000

使用边际成本分析方法来解决这个问题。

13.18 重新考虑习题13.17中讲到的亭科建筑公司问题。在上大学的时候，肖恩学习了管理科学课程。这门课用一个月的时间讲授了线性规划。于是，肖恩想用线性规划来分析这个问题。

（1）研究项目网络图中上面的那条路径。规划一个拥有两个变量的线性规划模型（用代数形式），使得在12月之内完成这个项目的成本最小。然后使用图解法来求解这个问题。

(2) 使用同样的方法来研究项目网络中下面的那条路径。

(3) 把在前面两问中得到的线性规划模型合并成为一个完整的线性规划模型（用代数形式），使得在12月之内完成这个项目的成本最小，并指出这个模型的最优解。

E*(4) 以图13-14的形式为这个问题构造电子表格模型并求解。

E*(5) 如果把最后期限分别定为11个月和13个月，请在这两种情况下使用这个模型对问题重新求解。

13.19 重新考虑习题13.14中讲到的电子玩具公司的问题。莎伦认为项目无法在57天之内完成的可能性很大。因此，为了确保项目能够在最后期限内完成，她决定对整个项目进行应急处理，使用时间-成本平衡的CPM方法确定如何用最经济的方式来实现目标。

莎伦收集了应用这种方法所需的数据，如下表所示：

活动	正常时间（天）	应急时间（天）	正常成本（美元）	应急成本（美元）
A	12	9	210 000	270 000
B	23	18	410 000	460 000
C	15	12	290 000	320 000
D	27	21	440 000	500 000
E	18	14	350 000	410 000
F	6	4	160 000	210 000

表中的正常时间是从习题13.14的原始数据中得到的均值的估计值。均值关键路径给出了这样一个估计：这个项目能够在51天之内完成。但是，莎伦知道，根据前面的分析，有些悲观估计的数值可能要远远大于平均值，因此项目的完成时间很有可能要大大超出51天。为了确保项目能够在57天之内完成，她要求（使用CPM分析得到的）基于平均值的项目完成时间必须要控制在47天之内。

(1) 研究项目网络中下面的那条路径，使用边际成本分析方法确定把这条路径减少到47天的最经济的方法。

(2) 用上面的方法重新研究项目网络中上面的那条路径。对项目进行应急处理使项目工期缩短到47天的最优方法的总应急成本是多少?

E*(3) 把这个问题构建成符合线性规划的电子表格模型并求解。

13.20* 好家建筑公司（Good Homes Construction Company）正在着手进行一个大型新家居项目。公司的总裁迈克尔·迪恩正在安排这个项目的日程。迈克尔找出了五个主要的活动（分别标记为A，B，…，E）。这些活动以及它们之间的紧前关系如下图所示。

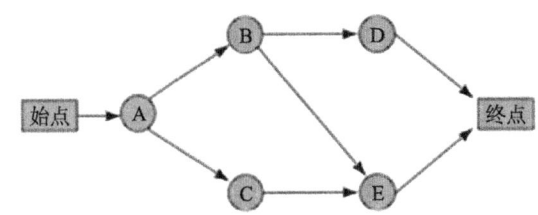

他还收集了每一个活动的正常点和应急点的数据，如下表所示：

活动	正常时间（周）	应急时间（周）	正常成本（美元）	应急成本（美元）
A	3	2	54 000	60 000
B	4	3	62 000	65 000
C	5	2	66 000	70 000
D	3	1	40 000	43 000
E	4	2	75 000	80 000

这些成本包含了在活动执行过程中原料、设备和劳动成本等直接成本，还包含了监督管理、其他的公司日常开支以及资金的利息等间接成本。迈克尔估计这些间接成本为每周5 000美元。他想使整个项目的成本达到一个最小值。因此，为了节省一些间接成本，迈克尔决定要对项目进行适当的应急处理，但每缩短一周的应急成本不能超过5 000美元。

(1) 为了分析应急处理的影响，找出正常状态下每一个活动的最早时间、最迟时间和时差，并指出相应的关键路径和项目工期。

(2) 使用边际成本分析方法确定哪些活动需要进行应急处理以及可以使项目的总成本减少多少。在这个计划安排下，每一个活动的工期和成本是多少?

E*(3) 构建符合线性规划的电子表格模型，并通过从第（1）问得到的项目工期开始缩短项目的最后期限，每次缩短一周，用电子表格对第（2）问求解。

E* 13.21* 21世纪电影制片公司正在着手开始拍摄其年度最重要（也是最贵）的影片。影片制片人达斯迪·霍夫默决定使用PERT/CPM来规划和控制这个关键项目。他找出了八个主要活动（分别标记为A，B，…，H）。这些活动以及它们之间的紧前关系如下图所示。

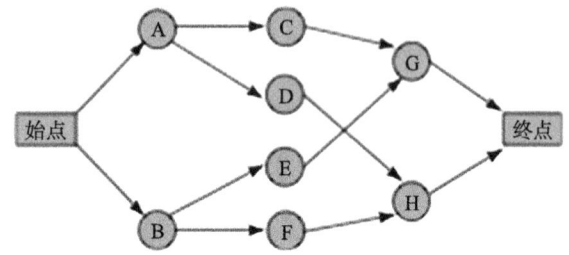

达斯迪现在得知，另外一部将会在夏季中期上映并能够引起很大轰动的影片正在拍摄。而他的影片也将要在夏季中期上映，这真是不幸。

因此，他和21世纪电影制片公司的高级管理层决定要加快影片的拍摄速度，争取在夏初上映（离现在只有15周）。虽然这样做会大大增加预算，但是管理人员觉得这部影片将会在国内和国际市场上赢得丰厚的利润。

达斯迪现在想要找出在15周之内完成影片的最经济的方法。他使用了时间-成本平衡的CPM方法，并得到了如下数据：

活动	正常时间（周）	应急时间（周）	正常成本（百万美元）	应急成本（百万美元）
A	5	3	20	30
B	3	2	10	20
C	4	2	16	24
D	6	3	25	43
E	5	4	22	30
F	7	4	30	48
G	9	5	25	45
H	8	6	30	44

针对这个问题，构建一个符合线性规划的电子表格模型并求解。

E* 13.22 重新考虑在习题13.15中提出的洛克黑德飞机制造公司的问题，这是一个为美国空军开发新型战斗机的项目。管理人员认为，这个项目的当前计划有超出国防部规定的100周最后期限的可能性（大概在50%）。公司在超时违约方面有着很不好的记录，所以管理人员很担心再次超时违约会影响今后从国防部获得采购合同。而且，管理人员也很想避免在目前的合同中因超时违约而遭受到惩罚。因此，他们决定对项目进行应急处理，并使用时间-成本平衡的CPM方法确定如何用最经济的方法做到这一点。使用这种方法所需要的数据如下表所示：

活动	正常时间（周）	应急时间（周）	正常成本（百万美元）	应急成本（百万美元）
A	32	28	160	180
B	28	25	125	146
C	36	31	170	210
D	16	13	60	72
E	32	27	135	160
F	54	47	215	257
G	17	15	90	96
H	20	17	120	132
I	34	30	190	226
J	18	16	80	84

这些正常时间是从习题13.15所示原始数据中得到的均值估计。相关的均值关键路径提供了这个项目将在100周之内完成的估计。然而，管理人员非常了解活动工期的巨大波动意味着实际活动工期可能要比估计的长许多。因此，管理人员制定决策，规定基于均值（在CMP分析方法的整个过程中都要用到）的预计项目工期不能超过92周。

针对这个问题，构建符合线性规划的电子表格模型并求解。

13.23 重新考虑习题13.20，好家建筑公司计划启动建造一个大型居住区的新项目。迈克尔现在得出了一个关于如何对这个项目进行应急处理的计划（参见本书后面所给的答案）。由于这个计划使得所有三条路径都成了关键路径，所以每一个活动的最早开始时间就是它们的最迟开始时间。

迈克尔现在想要使用PERT/Cost来对项目的成本进行安排和控制。

（1）找出每一个活动的最早时间、最迟时间和时差。

(2) 构建一个像表 13-11 一样的表格，来表示这个项目的预算。

(3) 构建一个像图 13-14 一样的表格（手工完成），来表示项目进行的 8 周内基于每个活动最早时间的成本安排。

E*(4) 使用相关的 Excel 模板在电子表格上完成第（2）问和第（3）问。

(5) 在项目开始四周之后，活动 A 已经完成（实际花费为 65 000 美元），活动 B 刚刚完成（实际花费为 55 000 美元），但活动 C 只完成了 33%（到目前为止已经花费了 44 000 美元）。制作一份项目开始四周之后的 PERT/Cost 报表。迈克尔需要特别注意改善哪些活动的成本状况？

13.24* P-H 微处理器公司需要着手开展一个重大的维护和修理项目，对其制造晶片的设备进行检查和更新。这个项目包含六个活动（标记为 A，B，…，F）。这些活动以及它们之间的紧前关系如下图所示：

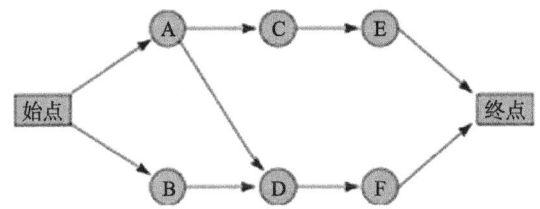

估计的活动工期以及成本如下表所示：

活动	估计的工期（周）	估计的成本（美元）
A	6	420 000
B	2	180 000
C	4	540 000
D	5	360 000
E	7	590 000
F	9	630 000

(1) 找出每一个活动的最早时间、最迟时间和时差，以及整个项目的最早完成时间。

E*(2) 使用管理科学课件中 PERT/Cost 的 Excel 模板，在电子表格中显示基于最早开始时间的预算和成本安排。

E*(3) 在最迟开始时间的基础之上重新完成第（2）问。

(4) 在最早开始时间或最迟开始时间的基础上，使用这些电子表格画出一张像图 13-16 一样的图，显示项目累计成本的安排情况。

(5) 在四周之后，活动 B 已经完成（实际花费 200 000 美元），而活动 A 只完成了 50%（实际花费 200 000 美元），活动 D 也只完成了 50%（实际花费 210 000 美元）。制作项目开始四周之后的 PERT/Cost 报表。管理人员需要特别注意改善哪些活动的成本状况？

13.25 重新考虑习题 13.5。该习题讨论了士丹利摩根银行建立新的管理信息系统项目的问题。肯·约翰斯顿已经得到了每一个活动的最早时间、最迟时间和时差。现在他要使用 PERT/Cost 对项目的成本进行安排和控制。每一个活动估计所用时间以及成本如下表所示：

活动	估计工期（周）	估计成本（美元）
A	6	180 000
B	3	75 000
C	4	120 000
D	4	140 000
E	7	175 000
F	4	80 000
G	6	210 000
H	3	45 000
I	5	125 000
J	4	100 000
K	3	60 000
L	5	50 000
M	6	90 000
N	5	150 000

E*(1) 使用管理科学课件中 PERT/Cost 的 Excel 模板，在一个电子表格中显示基于最早开始时间的预算和成本安排。

E*(2) 在最迟开始时间的基础之上重新完成第（1）问。

(3) 在最早开始时间或最迟开始时间的基础上，使用这些电子表格画出一张如图 13-16 一样的图，显示累计项目成本的安排情况。

(4) 8 周过去之后，活动 A、B 和 C 已经完成，它们的成本分别是 190 000 美元、70 000 美元和 150 000 美元。活动 D、E、F、G 和 I 正在进行，它们完成的比例分别为 40%、50%、60%、25%、20%。这几个活动到目前为止分别实际花费 70 000 美元、100 000 美元、45 000

美元、50 000 美元和 35 000 美元。制作出 8 周后 PERT/Cost 报表。请问肯应该改善哪些活动的成本状况？

案例 13-1　迈向成功之路

珍尼特·理查德注视着她的搭档吉尔伯特·贝克的眼睛，坚定地说："好吧，让我们开始吧！"

说完这些话后，英特猫公司（InterCat）就将公开上市（IPO）了。英特猫是一家由珍尼特·理查德和吉尔伯特·贝克创建的专门为小规模消费品生产企业设计和维护互联网目录的公司。这家公司拥有 30 名员工，其中大部分是计算机程序员。许多职员都密切关注着高技术市场，他们断定，既然高科技公司在美国比在其他国家更为人所接受和看重，那么公司就应该只在美国发行股票。这次预计要发行 500 万股。

公司面临的任务非常艰巨。珍尼特和吉尔伯特知道在 IPO 的过程中需要完成许多步骤。她们也知道必须在 28 周之内完成所有工作，因为她们急需新的资金来确保公司能够从竞争对手那里获得一些有价值的新业务并继续发展下去。她们对加速 IPO 十分重视，因为她们相信目前有非常高的可能性卖个好股价——公众对网络购物非常疯狂，而且还没有几个提供网页设计服务的公司上市。

由于 28 周转瞬即逝，珍尼特和吉尔伯特决定绘制出 IPO 过程的步骤。她们列出了需要完成的每一个主要活动、每一个活动的紧前活动、完成每一个活动所需时间以及每一个活动的成本。这些情况如下表所示：

活动	紧前活动	时间（周）	成本（美元）
评估每个潜在承销商的声誉		3	8 000
选择一个承销辛迪加	评估每个潜在承销商的声誉	1.5	4 500
协商辛迪加每一个成员的责任	选择一个承销辛迪加	2	9 000
协商辛迪加每一个成员的佣金	选择一个承销辛迪加	3	12 000
准备申请上市登记表（包括融资计划以及公司历史、现有业务以及未来规划）	协商辛迪加每一个成员的责任和佣金	5	50 000
把申请上市登记表提交给证券交易委员会	准备申请上市登记表	1	1 000
向机构投资者进行介绍并激发潜在购买者的兴趣	把申请上市登记表提交给证券交易委员会	6	25 000
分发招股说明书以及有吸引力的证券说明书	把申请上市登记表提交给证券交易委员会	3	15 000
计算发行价格	把申请上市登记表提交证券交易委员会	5	12 000
从证券交易委员会接到材料不足备忘录	把申请上市登记表提交证券交易委员会	3	0
修改申请上市登记表并把它提交给证券交易委员会	从证券交易委员会接到材料不足备忘录	1	6 000
从证券交易委员会得到注册确认	修改申请上市登记表并提交证券交易委员会	2	0
确认发行遵守"蓝天法"的所有条款	向机构投资者进行介绍并激发潜在购买者的兴趣，分发招股说明书以及有吸引力的证券说明书，计算发行价格，从证券交易委员会得到登记确认	1	5 000
指定一个负责登记股票的信托公司	从证券交易委员会得到登记确认	3	12 000
指定一个过户代理	从证券交易委员会得到登记确认	3.5	13 000
发行最终的招股说明书，其中包括通过邮件向所有股票认购者说明的最后价格和所做的修改	确认发行遵守"蓝天法"的所有条款	4.5	40 000
打电话给有兴趣的购买者	指定一个负责登记股票的信托公司，指定一个过户代理，确认发行遵守"蓝天法"的所有条款，指定一个过户代理	4	9 000

珍尼特和吉尔伯特向公司所有员工展示这些步骤。财务部主管，莱斯利·格雷不久前刚从商学院毕业。她记得在大学里她曾经学过各种不同的项目管理工具，于是建议珍尼特和吉尔伯特使用 PERT/CPM 分析方法来进行分析，以便知道应该优先考虑哪些方面。

（1）为英特猫公司股票的 IPO 过程构建一个项目网络图。整个项目过程会花费多少时间？在此过程之中的关键活动是什么？

（2）出现如下所示的情况，会对完成这些活动所需要的时间产生怎样的影响？请分别评估每一种情况：

① 辛迪加的一些成员态度强硬，所以用于协商各成员责任的时间从 2 周增加到了 3 周。

② 承销商在数学方面很有天赋，所以计算股票发行价格的时间从 5 周缩短到了 4 周。

③ 证券交易委员会在最初的申请上市登记表中找到了很多不足之处，所以承销商要多花 2.5 周的时间来修改登记表并把它重新提交给证券交易委员会。

④ 在新股票的发行过程中有一些条款与"蓝天"法并不一致。为了保证一致，对条款的修改时间增加到 4 周。

（3）有消息说，公司的主要竞争对手软销公司也正在计划上市。她们担心如果软销公司抢先上市，会对公司的股票价格产生很大的影响。想要投资英特猫公司的股票投资者就会减少，因为投资者会认为软销公司是一个更强大、管理更好的公司。于是，珍尼特和吉尔伯特决定必须要在 22 周之内完成这个项目。她们认为，如果向某些活动投入更多的资源——人力和财力，她们的目标是可以实现的。她们列出了所有可能被缩短的活动、全面缩短后活动所需的时间以及缩短活动所需要的成本。她们得出结论，在某种程度上缩短如下表所示活动的工时是可以做到的，而且当全面缩短时，缩短的时间和成本的增加成比例。

活动	时间（周）	成本（美元）
评估每个潜在承销商的声誉	1.5	14 000
选择一个承销辛迪加	0.5	8 000
准备申请上市登记表（包括融资计划和公司历史、现有业务以及未来规划）	4	95 000

（续）

活动	时间（周）	成本（美元）
向机构投资者进行介绍并激发潜在购买者的兴趣	4	60 000
分发招股说明书以及有吸引力的证券说明书	2	22 000
计算发行价格	3.5	31 000
修改申请上市登记表并把它提交给证券交易委员会	0.5	9 000
确认发行完全符合"蓝天法"的条款	0.5	8 300
指定一个负责登记股票的信托公司	1.5	19 000
指定一个过户代理	1.5	21 000
发行最终的招股说明书，其中包括通过邮件向所有股票认购者说明最后价格和所做的修改	2	99 000
打电话给有兴趣的购买者	1.5	20 000

英特猫怎样做才能满足由珍尼特和吉尔伯特设定的新的最后期限？

（4）珍尼特和吉尔伯特知道投资银行家都是脚踏两只船的无赖。他们也是软销公司新股发行的牵头认购人。为了保住和英特猫的这笔买卖，这些银行投资家同意透露一点点机密给珍尼特和吉尔伯特。软销公司由于记账紊乱且不完整，不得不推迟上市。获得这条新信息后，珍尼特和吉尔伯特认为她们的 IPO 时间框架可以更宽松一些。现在，她们将在 24 周内而不是 22 周内完成新股发行的整个程序。假设完成"指定信托公司和过户机构"的时间与成本和第（3）问所示的一样，那么英特猫怎样做才能满足由珍尼特和吉尔伯特设定的新的最后期限？

案例 13-2 学校的生活结束了

布伦特·波宁在充满兴奋和担忧的心情之中开始了大学最后一个学年的生活。兴奋是因为同教授、考试、习题、分数、小组会议、通宵工作等有关的事情都马上可以结束了；担忧是因为将要面对这样一个事实：他将在 12 月份毕业，只有 4 个月的时间找工作。

布伦特不太确定如何找工作。大二和大三的时候，他就经常听到大四学生谈论如何找到一份好工作。他知道要解决这个问题，首先要拜访一下学校就业指导中心，得到一个找工作的计划。

在开学的第一天——9 月 1 日，他走进了学校就业指导中心，遇上了刚刚毕业的伊丽莎白。她看起来精力充沛，脸上带着令人愉快的笑容。布伦特向伊丽莎白介绍了自己的情况：由于他将在 12 月毕业并想在 1 月份开始工作，所以他想把 11 月和 12 月整整两个月的时间留出来进行面试。这样的计划意味着在 10 月 31 日之前他就应该把所有的资料都准备好，包括求职信和简历，并把它们交给自己想要入职的公司。

伊丽莎白意识到，如果布伦特要在 60 天之内完成目标，时间是非常紧迫的。于是她建议布伦特和她一起找出在找工作的过程中需要完成的关键事件。布伦特和伊丽莎白列出了 19 个关键事件。对于每一个事件，他们确定了在开始进行这个关键事件之前必须要完成的事件。他们还对完成每一个事件所用的时间进行了评估。结果如下表所示：

关键事件	每一个事件的紧前事件	完成每一个事件所需要的时间
（1）完成网上注册表格并提交给就业中心	没有	2天（其中包括就业中心处理注册表格的时间）
（2）留意就业中心动向，了解中心能够提供的资源和校园招聘过程	没有	5天（其中包括布伦特等待就业中心张贴就业信息的时间）
（3）写最初的简历，包括所有学术和工作经历	没有	7天
（4）在网上寻找校园招聘以外的工作机会	没有	10天
（5）参加公司的秋季说明会，了解公司文化并和公司代表进行沟通	没有	25天
（6）查看就业中心的行业信息，了解每一个行业的工作和发展机会。参加就业测试，找到最适合自己的工作。与就业中心手册中列出的校友进行交流，询问各种工作的实质	完成网上注册表格并提交给就业中心；留意就业中心的动向	7天
（7）参加由就业中心举办的模拟面试来练习如何面试并学习有效的面试技巧	完成网上注册表格并提交给就业中心；留意就业中心的动向；写最初的简历	4天（其中包括从布伦特答应参加面试到面试开始进行的一段时间）
（8）向就业中心提交最初的简历，以获得反馈	完成网上注册表格并提交给就业中心；留意就业中心的动向；写最初的简历	2天（其中包括就业中心检查简历的时间）
（9）与简历专家进行交流，获得最初简历的修改意见	向就业中心提交最初的简历以获得反馈	1天
（10）对最初的简历进行修改	与简历专家进行交流，获得最初简历的改进意见；对最初的简历进行修改	4天
（11）参加招聘会，收集公司简介，与公司代表进行沟通并向公司提交简历		1天
（12）搜寻校园工作信息，找到适合自己资历和兴趣的工作	查看行业介绍，进行就业测试，与校友交流	5天
（13）在从因特网、招聘会和学校就业信息表得到的工作机会中，确定自己想要从事的工作	在因特网、学校招聘信息表中搜索，参加学校的招聘会	3天
（14）努力获得参加校园招聘会和拥有开放式面试计划①的公司的面试机会	确定自己想要从事的工作	3天
（15）给不参加校园招聘会的公司以及参加校园招聘会但采用封闭式面试方式②的公司写求职信，并根据每个公司的文化调整求职信内容	确定自己所要从事的工作。参加公司的招聘会	10天
（16）向就业中心提交求职信以获得反馈	写求职信	4天（其中包括就业中心检查求职信的时间）
（17）修改求职信	向就业中心提交求职信以便进行评估	4天
（18）对于那些没有参加校园招聘会的公司，向招聘部门邮寄求职信和简历	修改求职信	6天（其中包括打印申请材料并进行包装的时间以及这些材料在邮寄过程中所用的时间）
（19）对于那些参加了校园招聘会但是采用了封闭式面试的公司，把求职信和简历交给就业中心	修改求职信	2天（其中包括打印和包装申请材料的时间）

① 开放面试方式：公司并不对想要进行面试的报名者事先进行筛选。任何一个报名者都能够进行面试。但是由于公司只有有限的面试人员，所以感兴趣的报名者都必须要用积点来竞争（从他们所有的积点总数中分配出来），拥有最高积点的报名者就可以进入到面试阶段。

② 封闭面试方式：公司需要报名者提交他们的求职信、简历以及考试分数，这样公司就可以对想要进行面试的报名者事先进行筛选。

在布伦特与伊丽莎白进行讨论后的那个晚上，布伦特在学校的咖啡屋里遇到了他的朋友们，并互相交流了最近的努力。布伦特还把自己和伊丽莎白的讨论过程告诉了他的朋友们。布伦特介绍了自己和伊丽莎白共同制作出来的长长的关键事件列表，并说自己担心是否能够完成所有这些关键事件并找到工作。其中一个朋友提醒他说，他们曾经在大三第一个学期学习过管理科学课程，并学到了一些如何组织大型项目的技术。布伦特想起这门课就感到高兴，因为他现在可以用在这门课程中学到的许多方法来处理找工作的问题了。

(1) 画出在面试开始之前完成所有关键事件的项目网络图。如果一切按照日程进行的话，布伦特需要多长时间就能开始进行面试？在此过程之中的关键步骤是什么？

(2) 布伦特意识到完成每一个关键事件所需要的时间具有许多不确定性。这个学期他将非常忙，因为他要学习一门要求极其严格的课程，而且，有时候学生需要等上很长时间才能预约到学校就业中心的顾问。所以除了前面列出的每一个步骤最有可能使用的时间，布伦特还建立了完成每一个步骤所需时间的乐观估计和悲观估计。请问在最糟糕的情形下完成所有步骤需要多长时间？在最好的情形下完成所有这些步骤需要多长时间？

关键事件	乐观估计（天）	悲观估计（天）
A	1	4
B	3	10
C	5	14
D	7	12
E	20	30
F	5	12
G	3	8
H	1	6
I	1	1

（续）

关键事件	乐观估计（天）	悲观估计（天）
J	3	6
K	1	1
L	3	10
M	2	4
N	2	8
O	3	12
P	2	7
Q	3	9
R	4	10
S	1	3

(3) 为布伦特找工作的过程确定一条均值关键路径。项目所用时间的方差是多少？

(4) 布伦特在60天之内完成这个项目的概率的粗略估计是多少？

(5) 布伦特意识到在他的计算中犯了一个很严重的错误，因为他当时并不确定学校招聘会的举行日期。布伦特从校报上得知，招聘会在24天之后也就是9月25日召开。这使问题更加复杂，对其进行认真考虑，画出修改后的项目网络图。

(6) 在这个新的网络图中，均值关键路径是什么？布伦特在60天之内完成这个项目的概率是多少？

更多案例

关于本章的更多案例，可以查阅西安大略大学毅伟商学院网站 www.cases.ivey.uwo.ca/cases 专为本书设计的 CaseMate 部分。

第 14 章

计算机仿真：基本概念

学习目标

完成本章的学习后，你应该能够：
1. 描述计算机仿真的基本概念。
2. 描述计算机仿真在许多管理科学研究中的作用。
3. 使用随机数来产生一个简单离散分布的随机事件。
4. 用 Excel 进行基本的计算机仿真。
5. 使用队列仿真器对基本的排队系统进行计算机仿真并解释结果。
6. 描述并应用一个随机系统的仿真模型。
7. 列出计算机仿真研究的主要步骤。

在这一章里，我们将重点介绍管理科学的最后一项关键技术——计算机仿真（通常被简称为仿真）。在管理科学的众多技术中，计算机仿真是运用最为广泛的技术之一。另外，由于计算机仿真功能强大、直观灵活，它的应用将会越来越广泛。现在，许多管理者已经把它看成是最有价值的决策工具之一。

计算机仿真运用计算机模拟整个流程或系统的运作。例如，通过计算机来反复模拟交易的过程，以产生不同结果，从而对整个财务过程的风险进行分析。计算机仿真也同样广泛应用于分析具有无限过程特征的系统。对于这种系统，计算机随机产生并记录各种事件的结果，就像该系统在现实中真实运作一般。由于计算机运行速度极快，因此它能够在数秒钟之内模拟某个系统几年内的运作情况。通过记录系统在不同设计方案或操作程序下的运作情况，人们可以在最终做出决定之前评估或比较这些不同的决策方案。对于大多数过程和系统，这些工作都可以在电子表格上完成。

> 通过模仿特定系统的运行，计算机可以在几秒内模拟系统几年的运行并记录运行数据。

计算机仿真的应用范围非常广泛。本章中的案例研究展示了它如何应用于排队系统的设计与运行。计算机仿真还可以用于制造系统以及配送系统的设计与运行。一些更特殊的应用领域包括管理库存系统并估计在截止日期完成项目的概率。计算机仿真在财务风险分析以及保健领域的应用也十分广泛。这些应用全部列出来的话会很长。

本章第 14.1 节举例说明了计算机仿真的本质。在第 14.2 节和第 14.3 节中我们将讨论并分析一个案例（对在前面章节提到过的卡特理发店的案例进行进一步的分析）。接下来的一节将简述应用计算机仿真的整个过程。

第15章将通过描述如何应用解析求解器（Analytic Solver）来进一步扩展计算机仿真的应用，从而可以在电子表格上高效地解决一些比较复杂的计算机仿真问题。（在网站 www.mhhe.com/Hillier6e 上，补充章节里的第20章介绍了一个同样功能的 Excel 加载宏 Crystal Ball。）

14.1 计算机仿真的本质

长久以来，仿真一直是设计师的一个重要工具。例如，在设计新型飞机的过程中，模拟飞行的风洞试验是一个不可缺少的标准程序。从理论上来说，当设计改变一些重要参数时，应用相应的物理定律能够推算出飞机在性能表现上的变化，然而，在实验操作中，这样的推理计算将会变得非常复杂以至于不可能完成。另一种做法就是根据不同设计建造真实的样机进行试飞，在实践中选择一个最优的设计方案，但是这样做的成本很高，而且也不安全。因此，在经过一些初步的理论分析完成粗略的设计之后，飞机的风洞实验就成了对特定设计进行实验的不可或缺的工具。这种仿真实验旨在模拟一架真实飞机在某种特定条件下的飞行，从而估计其在未来实际中的表现。在应用这种方法完成各个细节的设计之后，就可以制造出原型机进行实际飞行试验，并不断加以调整、改进直至最后设计定型。

计算机仿真的作用

计算机仿真在许多管理科学研究中起到了同样的作用。然而，管理科学关心的是系统设计或系统程序的构建，而不是设计飞机。在很多情况下，这种系统是一个随机系统，定义如下：

随机系统（stochastic system）是这样的一种系统，随着时间的推移，它服从一种或多种概率分布，不断变化。例如，在第12章中描述的排队系统就是一种随机系统，因为在该系统中无论是到达间隔时间还是服务时间都是服从概率分布的。

计算机仿真通过随机地生成符合某种概率分布的不同事件模拟一个随机系统的运行（如排队论模型中的人员到达和服务完成）。在这种情况下，计算机与其说是操作了一个真实的物理系统，倒不如说是记录了模拟事件的发生以及被模拟系统的相应表现。

在将计算机仿真技术应用到管理科学时，具体的操作与模拟过程与前面提到过的飞机设计步骤基本相同。首先要进行一些基础理论分析（可能是用粗略的数学模型进行分析），以便对系统以及系统的运行过程有一个粗略的设计方案。然后，运用计算机仿真检验各个具体的设计方案，以评估不同方案的优劣。在完成细节设计方案后，最后，将进入实际测试阶段，并对系统进行优化以完成最终设计。

> 计算机仿真使用概率分布来随机产生发生在系统中的不同事件。

在处理一个较为复杂的系统时，计算机仿真是一种相对来说成本较高的处理手段。首先，我们要设计出一个详细的模型以描述目标系统的运行并考虑该系统应如何被仿真。其次，我们要花相当长的时间在仿真程序的开发和调试上。然后，就是长时间的上机运行以获得能够对各个备选方案的设计效果做出正确评估的充分数据。最后，在我们得出结论前，还必须对获得的数据进行仔细分析。整个过程将会耗费大量的时间和精力，因此，如果存在其他能够提供相同信息的较为简便的方法，计算机仿真就不是最佳选择。

在处理非常复杂的随机系统时，如果我们在前面几个章节提到的所有数学模型（比如排队模型）都难以对该系统做出令人满意的分析，往往就要采用计算机仿真技术。数学模型的长处主要在于能够抽象出问题的实质及其潜在结构，这无疑对洞察整个系统运作的因果关系起

> 计算机仿真可以用于预测那些太复杂以至于不能应用其他数学模型进行分析的系统的表现。

到很大作用。因此，如果建模者能够找到一种数学模型，并且该模型既是对问题的合理抽象，又有可能找到解决方案，那么建模的方法将明显优于计算机仿真。然而，许多问题实在太复杂而不可能采用建模的方法。在这种情况下，计算机仿真技术就成为解决问题的唯一实际而有效的方法。

现在让我们来看一些例子，通过这些例子可以说明计算机仿真的一些基本概念。为了突出这些概念，所举的例子都比实际问题简单得多。正因为这些例子都很简单，所以我们可以比较一下系统性能的解析解与通过计算机仿真获得的估计值。

例1：掷币游戏

假设你幸运地赢得了一场大赛的第一名，奖品是全额免费的拉斯维加斯豪华旅游，包括一些在赌城娱乐场内下注所需要的筹码。

到了赌城，你发现除了一些传统的游戏（21点、轮盘赌等）之外，他们还提供一种非常有趣的新游戏，规则如下。

游戏规则

（1）游戏双方可以反复掷币，直到"正面"出现的次数与"反面"出现的次数之间相差为3。
（2）决定参加比赛的任何一方必须为每次掷币付1美元。在一局游戏中不许退出。
（3）你将会在游戏结束时获得8美元。

这样，如果你投币的次数少于8，你就赢钱，否则输钱。这里有一些例子（H代表正面，T代表反面）。

HHH	3次	赢5美元
THTTT	5次	赢3美元
THHTHTHTTTT	11次	输3美元

你应该如何来决定是否参与比赛呢？

许多人会用基于仿真的方法来做决定，虽然他们并不一定会用这个名字来称呼它。在这种情况下，无非是反复投掷硬币直到弄清是否值得花钱去玩儿这个游戏。用半个小时来掷币，也许就足以计算出可能的得失。这就是真正的仿真，因为你在模拟实际游戏的场景而没有真正地赢钱或输钱。

由于这一章的主题是计算机仿真，所以让我们来看看计算机是如何进行这一场模拟实验的。虽然计算机不能投掷硬币，但它可以模拟这样做。计算机通过产生一系列如下定义的随机数来完成这一任务。

如果一个数是在0和1之间以相同的概率出现的任意数，那么这个数就是**随机数**（random number）。例如，如果使用4位小数，那么位于0.0000和0.9999之间的10 000个数字中的任意一个都有相同的概率出现。这样，一个位于0和1之间的随机数就是随机观察到的平均分布在0和1之间的任意数（今后，我们在提到这些随机数时，将省略掉"0和1之间的"这一定语）。

产生随机数的一种很简单的方法就是使用Excel软件中的RAND()函数。例如，图14-1左下角表明=RAND()函数已经被输入C13单元格，然后复制到C14:C62一系列单元格中（该函数的圆括号必须保留，但括号中不允许插入任何成分）。这样，Excel软件就可以在空白表格的C13:C62单元格中产生随机数（隐藏了27～56行以节省图表空间）。

尽管单元格C13:C62中的数据具有随机数的所有重要特性，但实际上Excel使用了一个固定的公式根据前一个数字来计算每一个随机数，开始时利用一个**种子值**（seed value）来初始化这一过程。由于可以利用同样的种子值再现这些数字（有时候这对于比较系统的设计是有利的），因而随机数的顺序是可预测的，所以这些数据有时候被称为**伪随机数**（pseudo-random number）。

	A	B	C	D	E	F	G
1		Coin-Flipping Game					
2							
3			Required Difference	3			
4			Cash at End of Game	$8			
5							
6				Summary of Game			
7			Number of Flips	11			
8			Winnings	−$3			
9							
10							
11			Random		Total	Total	
12		Flip	Number	Result	Heads	Tails	Stop?
13		1	0.303 9	Heads	1	0	
14		2	0.791 4	Tails	1	1	
15		3	0.854 3	Tails	1	2	
16		4	0.690 2	Tails	1	3	
17		5	0.300 4	Heads	2	3	
18		6	0.038 3	Heads	3	3	
19		7	0.388 3	Heads	4	3	
20		8	0.605 2	Tails	4	4	
21		9	0.223 1	Heads	5	4	
22		10	0.425 0	Heads	6	4	
23		11	0.372 9	Heads	7	4	Stop
24		12	0.798 3	Tails	7	5	NA
25		13	0.234 0	Heads	8	5	NA
26		14	0.008 2	Heads	9	5	NA
57		45	0.753 9	Tails	26	19	NA
58		46	0.298 9	Heads	27	19	NA
59		47	0.642 7	Tails	27	20	NA
60		48	0.282 4	Heads	28	20	NA
61		49	0.212 4	Heads	29	20	NA
62		50	0.642 0	Tails	29	21	NA

Range Name	Cells
CashAtEndOfGame	D4
Flip	B13:B62
NumberOfFlips	D7
RandomNumber	C13:C62
RequiredDifference	D3
Result	D13:D62
Stop?	G13:G62
TotalHeads	E13:E62
TotalTails	F13:F62
Winnings	D8

	C	D
6		Summary of Game
7	Number of Flips	=COUNTBLANK(Stop?)+1
8	Winnings	=CashAtEndOfGame−NumberOfFlips

	C	D	E	F
11	Random		Total	Total
12	Number	Result	Heads	Tails
13	=RAND()	=IF(RandomNumber<0.5,"Heads","Tails")	=IF(Results="Heads",1,0)	=Flip-TotalHeads
14	=RAND()	=IF(RandomNumber<0.5,"Heads","Tails")	=E13+IF(Results="Heads",1,0)	=Flip-TotalHeads
15	=RAND()	=IF(RandomNumber<0.5,"Heads","Tails")	=E14+IF(Results="Heads",1,0)	=Flip-TotalHeads
16	:	:	:	:
17	:	:	:	:

	G
12	Stop?
13	
14	
15	=IF(ABS(TotalHeads-TotalTails)>=RequiredDifference,"Stop","")
16	=IF(G15="",IF(ABS(TotalHeads-TotalTails)>=RequiredDifference,"Stop",""),"NA")
17	=IF(G16="",IF(ABS(TotalHeads-TotalTails)>=RequiredDifference,"Stop",""),"NA")
18	:
19	:

图 14-1　掷硬币游戏的计算机仿真电子表格模型（例 1）

掷币游戏结果的概率是：

$$P（正面）=1/2 \qquad P（反面）=1/2$$

因此，为了模拟掷币游戏，计算机可以让一半的随机数对应于正面，另一半对应于反面。确切地说，我们可以利用下面的对应关系：

> 随机数在进行计算机仿真时起到了非常重要的作用，Excel 使用 RAND() 函数来产生随机数。

$$0.000\,0 \text{ 到 } 0.499\,9 \quad \text{代表正面}$$
$$0.500\,0 \text{ 到 } 0.999\,9 \quad \text{代表反面}$$

通过对图 14-1 中 D 列的单元格使用下面公式：

$$=IF(\text{Random Number} < 0.5, "\text{Heads}", "\text{Tails}")$$

当随机数小于 0.5 时，Excel 插入正面，反之则插入反面。结果，在 C 列中生成的前 11 个随机数如下：

HTTTHHHTHHH

当正面次数（7 次）超过反面次数（4 次）的差为 3 时，游戏就结束了。单元格 D7 和 D8 记录了投掷的总次数（11 次）以及最后的输赢结果（8-11 = -3 美元）。

这样，图 14-1 记录了完成一整场掷币游戏的计算机仿真过程。为保证游戏能够完成，假设投币 50 次。E 列和 F 列记录每次投掷之后正反面的累计数。G 列中的公式只对正面与反面的次数相差 3 的单元格填入"停止"（Stop）。如果超过 3，则插入 NA（不适用），反之，则空白。

这样的游戏仿真可以在这张表格上重复任意次。按下 F9 键，Excel 会重新计算整张表，包括产生 C13:C62 中的新随机数。事实上，改变 Excel 表上的任何数据都会导致 Excel 重新计算，包括产生新的随机数。如果你想要保存一系列已经给定的随机数，例如保存游戏的某一特定结果，选择你想要的数字范围后，用"复制"（Copy）命令复制这个范围，在"编辑"（Edit）菜单中点击"选择性粘贴"（Paste Special），再选择"数值"（Values）选项即可。

为了获得更可靠的平均结果的估值，往往需要进行多次计算机仿真。投币游戏中，在同一张 Excel 电子表格上进行 14 次模拟实验，得到的结果如图 14-2 中的数据所示。首先，你要选定 J、K 和 L 列来生成一个数据表。数据表中的第一列（J7:J20）用来标明 14 次游戏的序号，第一行保持空白。后面的两列用来指明要评估的输出结果。对于这两列中的任何一列，在其第一行（单元格 K6:L6）中填入和相应输出单元格关联的公式。这样，目标单元格就是投掷的次数和输赢情况，K6:L6 中的公式如图 14-2 中电子表格右侧所示。

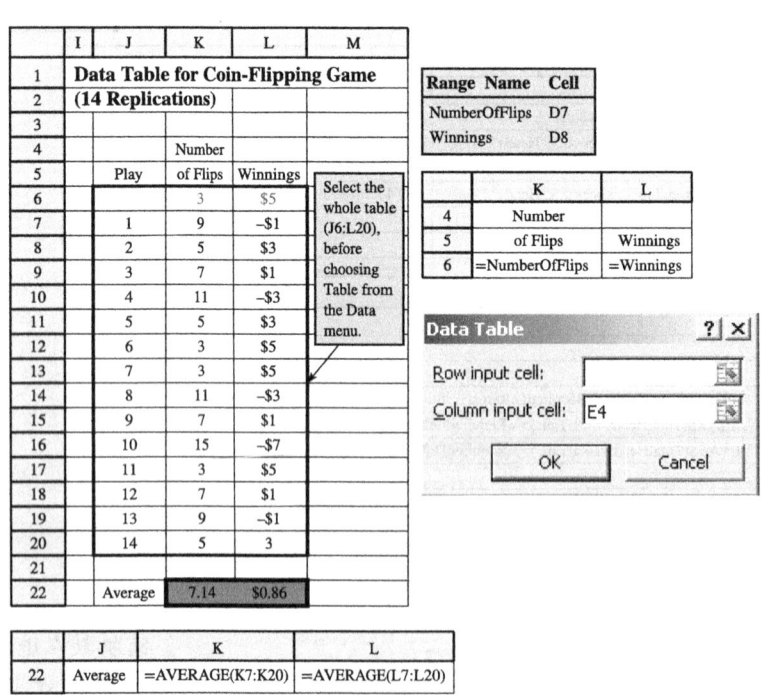

图 14-2　在图 14-1 所示的电子表格上进行 14 次仿真实验

注：仿真的结果显示在该数据表中。

下一步就是选择整个数据表（J6:L20），然后从数据选项卡的 what-if 分析菜单中选择数据表。在弹出的数据表对话框中（如图 14-2 右侧所示），选择任意一个空白单元格作为列输入单元格（如 E4），但不要输入行输入单元格。点击 OK 就会产生如图 14-2 所示的数据表。

生成数据表时，Excel 要做的第一件事情是将表的第一列（J7:J20）中的数字输入单元格 E4 中，一次输入一个，这些数字不会直接影响仿真。每次在列输入单元格中输入一个新的数字，Excel 就会重新计算单元格区域 C13:G62 中的初始电子表格（见图 14-1），然后将输出单元格——NumberofFlips（D7）、Winnings（D8）——中的结果数据输入数据表的相关行。实际上，我们是让 Excel 重复了 14 次仿真，每次都会在 C 列中产生新的随机数从而进行一次完整的新仿真。

单元格 K22 显示出了这 14 场游戏的平均投掷次数是 7.14。这个平均次数为我们提供了玩这种游戏所需投掷次数的潜在概率分布估计值。因此，平均数 7.14 可以看成是每玩一次这种游戏平均可以赢 0.86 美元（单元格 L22）。所以，如果你不是极端厌恶风险的话，应该选择玩这个游戏，而且选择多玩几次。

但是要小心！运用计算机仿真常见的错误是根据过少的样本数据得出结论，因为这会使统计分析不充分甚至完全扭曲。因此，让合格的统计分析员来设计计算机仿真所需要的试验是至关重要的。在这种情况下，细致的统计数据分析（利用置信区间等）表明，在得出任何结论之前，必须进行上百次仿真试验。只有这样才能说明在反复参加这种游戏的情况下，你最终是输还是赢。

实际上，参加一次游戏所需要的平均投掷次数是 9（这个平均数可以通过数学分析得出，但是相当不易）。这样，长久来看，实际上你每玩一次游戏平均输掉 1 美元。上述计算机仿真未能得出这一结果的部分原因在于：在任何一次游戏中，你输很多钱的概率很小，不过也永远不能一场赢 5 美元以上。然而，14 次仿真游戏不足以获得判断输赢数据的概率分布，因为其中只有一场仿真游戏损失了 3 美元以上，损失数为 7 美元。

图 14-3 给出了进行 1 000 次仿真试验的结果（第 17～1 000 行没有显示出来）。单元格 K1008 记录了平均投掷次数是 8.97，非常接近 9。在重复这么多次后，在 L1008 单元格中得到平均收益数为 -0.97 美元，这一结果比前面的更可靠，因此可以说，从长期来看，这个游戏不会让你赢钱（可以肯定，赌场已经事先用计算机仿真证明了这一情况）。

例 2：故障检修和预防性维修

重型机械公司（Heavy Duty Company）刚刚为新的生产流程购买了一台大型机器设备。这台机器由一台发动机提供动力，但由于重负荷，这台发动机有时会出现故障，需要进行大规模的检修。所以这台机器的生产商同时提供了备用发动机。这两台发动机可以轮流使用，每台发动机都被放置在该大型设备中，直到发动机被检修时（可能是因为它刚好出现故障）才会被另一台发动机替代。

给定机器的计划使用情况，其生产商向公司提供了有关机器耐用性的信息（出现故障前可以使用的天数）。这些信息在表 14-1 中的前两栏里给出。第一栏列出了机器使用的日期，第二栏给出了在当天出现故障的概率。由于除了第四天、第五天、第六天外，其余日期出现故

> 至少要进行上百次仿真才能得到可信的平均收益估计值。

I	J	K	L	M
1	Data Table for Coin-Flipping Game			
2	(1,000 Replications)			
3				
4			Number	
5	Play	of Flips	Winnings	
6		5	$3	
7	1	3	$5	
8	2	3	$5	
9	3	7	$1	
10	4	11	-$3	
11	5	13	-$5	
12	6	7	$1	
13	7	3	$5	
14	8	7	$1	
15	9	3	$5	
16	10	9	-$1	
1001	995	5	$3	
1002	996	27	-$19	
1003	997	7	$1	
1004	998	3	$5	
1005	999	9	-$1	
1006	1,000	17	-$9	
1007				
1008	Average	8.97	-$0.97	

图 14-3 将仿真次数从 14 次增加到 1 000 次的数据表

注：该数据表提高了图 14-2 中计算机仿真的可信度。

障的概率为0，所以故障总是会发生在第四天、第五天、第六天。第三列提供了一种简单的分配随机数的方法来分别对应这三种可能性。

幸运的是，检修发动机的时间从不超过3天，所以当一台发动机出现故障时，备用发动机已经准备就绪。当这种情况发生时，该天的其余时间（加上所需的加班时间）被用于卸下故障发动机，并装上备用发动机，所以第二天一早机器就可以正常运行了。每个替换周期（开始替换一台发动机到需要替换另一台发动机之间的时间）发生的平均成本总结如下：

表 14-1　重型机械公司所买发动机出现故障的概率分布和相关随机数

日期	出现故障的概率	相应的随机数
1、2、3	0	
4	0.25	0.000 0～0.249 9
5	0.5	0.250 0～0.749 9
6	0.25	0.750 0～0.999 9
7 或往后	0	

从出现故障开始的一个替换周期成本（美元）	
替换一台发动机	2 000
替换过程中产生损失	5 000
检修一台发动机的费用	4 000
总计	11 000

现在重型机械公司的管理层需要制定何时更换发动机的决策。一种方案（称为故障检修）是直到故障发生时才移除和更换发动机。另一种方案（称为预防性维修）是在发生故障之前尝试更换发动机。后一种方案的三种可能性是在3天后、4天后，或5天后更换发动机。下面先分析故障检修方案，然后分析预防性维修方案。

故障检修方案的计算机仿真

可以用计算机仿真来估计在必要时更换发动机的平均每日成本。这需要用随机数来确定模拟过程中故障发生的时间。使用表14-1第二栏中的概率，有25%的随机数与第四天出现故障有关，50%的随机数与第五天出现故障有关，其余25%与第六天有关。表14-1最右边一列给出了表示这一概率最常用的方法。

Excel为随机数与相关事件的联系提供了一个简单的函数VLOOKUP。图14-4说明了这一函数如何发挥作用。第一步，建立一个如I栏、J栏和K栏所示的表，其中K栏和I栏的数据直接来自表14-1的前两栏。J栏给出了K栏所示天数时的累积概率值，所以J8=I7，J9=I7+I8。单元格J7:K9为VLOOKUP函数建立了一张查找表（lookup table）。图的底部显示了VLOOKUP命令如何被输入到D列的单元格中。函数的第一个自变量表明，和RandomNumber(C5:C34)在同一行的单元格提供了使用的随机数。第二个自变量确定了查找表的范围。第三个自变量"2"表明，查找表的第2列（本例中为K7:K9）提供了D列单元格中的数据。查找表第2列中的数字选择依据是：其中的随机数位于查找表第一列各自行数据的哪一区间之中。三种可能的选择分别为：

如果 $0 \leqslant \text{RAND}() < 0.25$　　选择第四天
如果 $0.25 \leqslant \text{RAND}() < 0.75$　　选择第五天
如果 $0.75 \leqslant \text{RAND}() < 1$　　选择第六天

这就是表14-1中显示出的关系。

通过这种方式在图14-4的D列中生成30个模拟故障，E列、F列和G列分别显示出了相应的累积天数、每次替换周期估计成本以及相应的累积成本（在更详细的计算机仿真过程中，可以利用随机数计算出每次故障的成本）。由于这个仿真过程的总天数为153（单元格E34），累积成本（单元格G34）是330 000美元，平均每天的成本可以通过下列公式计算出来（显示在单元格J34中）：

> VLOOKUP (a, B, c) 函数在 B（单元格区域）的第一列中搜索等于或小于 a 的最大值，然后将该行的值返回到 c 列中。

> 单元格J7:K9中的查找表提供了随机数和故障发生时间的相关性。

$$\text{平均每天的成本} = \frac{330\,000}{153} = 2\,157 \text{美元}$$

	A	B	C	D	E	F	G	H	I	J	K
1		Heavy Duty Company Corrective Maintenance Simulation									
2											
3			Random	Time since Last	Cumulative		Cumulative		Distribution of		
4		Breakdown	Number	Breakdown	Day	Cost	Cost		Time between Breakdowns		
5		1	0.714 2	5	5	$11 000	$11 000				Number
6		2	0.454 6	5	10	$11 000	$22 000		Probability	Cumulative	of Days
7		3	0.314 2	5	15	$11 000	$33 000		0.25	0	4
8		4	0.172 2	4	19	$11 000	$44 000		0.5	0.25	5
9		5	0.093 2	4	23	$11 000	$55 000		0.25	0.75	6
10		6	0.364 5	5	28	$11 000	$66 000				
11		7	0.163 6	4	32	$11 000	$77 000		Breakdown Cost	$11 000	
12		8	0.757 2	6	38	$11 000	$88 000				
13		9	0.306 7	5	43	$11 000	$99 000				
14		10	0.952 0	6	49	$11 000	$110 000				
30		26	0.854 8	6	131	$11 000	$286 000				
31		27	0.746 4	5	136	$11 000	$297 000				
32		28	0.978 1	6	142	$11 000	$308 000				
33		29	0.658 4	5	147	$11 000	$319 000		Average Cost per Day		
34		30	0.882 9	6	153	$11 000	$330 000			$2 157	

	C	D	E	F	G
3	Random	Time Since Last	Cumulative		Cumulative
4	Number	Breakdown	Day	Cost	Cost
5	=RAND()	=VLOOKUP(RandomNumber,$J$7:$K$9,2)	=TimeSinceLastBreakdown	=BreakdownCost	=Cost
6	=RAND()	=VLOOKUP(RandomNumber,$J$7:$K$9,2)	=E5+TimeSinceLastBreakdown	=BreakdownCost	=G5+Cost
7	=RAND()	=VLOOKUP(RandomNumber,$J$7:$K$9,2)	=E6+TimeSinceLastBreakdown	=BreakdownCost	=G6+Cost
8	:	:	:	:	:
9	:	:	:	:	:

Range Name	Cells
AverageCostPerDay	J34
Breakdown	B5:B34
BreakdownCost	J11
Cost	F5:F34
CumulativeCost	G5:G34
CumulativeDay	E5:E34
RandomNumber	C5:C34
TimeSinceLastBreakdown	D5:D34

	J
33	Average Cost per Day
34	=CumulativeCost/CumulativeDay

图 14-4 对重型机械公司的发动机进行故障检修的计算机仿真电子表格模型

与例 1 进行比较

与投掷硬币游戏的计算机仿真相比，例 2 的计算机仿真显示出一些有意思的区别。第一个区别是在掷硬币游戏中，IF 函数利用随机数来模拟每一次掷硬币（参见图 14-1 中 D 列单元格中的公式），而在例 2 中，则是用 VLOOKUP 函数来产生模拟的结果。实际上，VLOOKUP 函数也可以用来模拟掷硬币，但 IF 函数更方便一些。反之，IF 函数也可以用在例 2 中，但 VLOOKUP 函数更方便些。一般来说，当概率分布只有两个可能值时，我们喜欢用 IF 函数来生成其随机观察值，而当分布有两个以上可能值时，我们选择使用 VLOOKUP 函数。

第二个区别是两种计算机仿真记录重复运行结果的方法不同。对掷币游戏来讲，模拟一次游戏需要使用如图 14-1 中所示的 62 行的电子表格。在同一张电子表格上生成了图 14-2 的数据表以将多次运行的结果记录下来，数据表的一行显示一次重复运行的结果。而例 2 则不需要这种单独的数据表，因为每次重复运行的记录都可以在如图 14-4 所示的原始表格中的单独一行里显示出来。

然而，两个例子也有相似之处：我们有意对这两个例子进行了简化，这样就可以相对容易地对仿真结果与求出的解析解进行比较。实际上，对当前的重型机械公司问题来说，我们可以很容易地求出解析解。运用表

14-1 给出的概率，故障发生的期望天数是：

$$E(到故障发生为止的时间) = 0.25 \times 4 + 0.5 \times 5 + 0.25 \times 6 = 5 天$$

所以，每天的期望成本（从统计学角度看）是：

$$E(每天的成本) = \frac{11\,000}{5} = 2\,200 美元/天$$

利用计算机仿真得到的每日平均成本 2 157 美元（见图 14-4 中的单元格 J34）是对这个实际期望值的估计。

事实上，在重型机械公司的案例中，并不需要用计算机仿真进行分析，这说明了这种技术可能存在的缺陷。计算机仿真的使用相当简单，这使人们有时候会迫不及待地使用这种技术，而不去仔细思考问题，实际上，在处理一些问题时，只要先仔细地考虑和分析一下，就可以获得比计算机仿真更精确的信息，可能还会更快。在其他一些问题中，先用一个简单的分析模型进行分析有时候能够获得很重要的认识，再对问题进行更准确的描述并利用计算机仿真来优化对问题的分析时，这些认识可以提供一个基础。

一些预防性维护方案

到目前为止，我们一直假设该公司使用**故障检修**（corrective maintenance）制定，这意味着只有在设备中的发动机出现故障后才被检修。然而，许多公司会进行**预防性维护**（preventive maintenance）。在本例中，这种制度包括，在故障尚未发生时，定期卸下并更换发动机进行检修，其目的是提前进行维护以防止故障发生。制订机器检修计划还可以让人们在机器不使用的时候进行检修和更换，从而不会中断生产。比如可以在正常的工作结束之后，支付加班费用拆下发动机进行检修，第 2 天早上开工的时候，发动机已经检修好并安装上。可以选择在第 3 天正常工作结束后完成这项工作，也可以选择在第 4 天、第 5 天（如果故障尚未发生）拆下发动机进行检修，以防在不久的将来出现故障而中断生产。在无法获得问题解析解的情况下，我们可以利用计算机仿真来估测、比较这些选择和故障检修政策。

> 预防性维护的目的是提前进行维护以防止故障发生。

让我们考虑在第 3 天末拆下发动机进行检修的方案。每次的平均成本如下所示：

故障尚未发生时即开始一个替换周期的成本（美元）	
加班替换发动机	3 000
替换期间的生产损失	0
故障发生前检修发动机	3 000
总计	6 000

由于每隔 3 天就会有 6 000 美元的总计成本发生，因此该选择的每日期望成本为：

$$E(每天的成本) = \frac{6\,000}{3} = 2\,000 美元/天$$

由于该成本是通过分析得到的，因此在本例中不需要进行计算机仿真。

现在考虑余下的两种拆卸并更换方案，即在机器尚未发生故障的情况下，在第 4 天或第 5 天后进行检修。对于这两种选择，由于我们很难通过分析方法找出每日期望成本，因而要使用计算机仿真。对于任何一种情况，一个替换周期的平均成本都取决于是在故障发生之前还是之后进行检修。根据前面的介绍，平均成本分别是：

出现故障后开始一个替换周期的成本 = 11 000 美元
没有出现故障时开始一个替换周期的成本 = 6 000 美元

图 14-5 显示出了 4 天后对发动机进行更换这一方案的计算机仿真。在不更换发动机的情况下直到连续出现 30 次发动机故障所需的时间可以从 D 列中获得（第 15～29 行被隐藏了）。这一时间为 4 的情况（表示在第四天发生故障）对应于在发动机被更换前出现了故障（这种情况发生在第 6 行、第 9 行、第 13～14 行，在隐藏的行出现了 5 次）。第一个更换周期以在 4 天后更换第一台发动机结束，如第 5 行所示。G 列给出了每次周期结束时的累积天数。F 列显示出了每个周期是以出现故障结束，还是在故障出现前更换发动机而结束。H 列给出了相应的成本。I 列对前面的成本进行累加。由于这 30 次循环持续了 120 天时间（单元格 G34），总成本为 225 000 美元（单元格 I34），因此，仿真产生的结果如下：

$$每天的平均成本 = \frac{225\,000}{120} = 1\,875 美元/天$$

这是在该检修方案下每天期望成本的估计值（实际上每天的成本为 1 812 美元）。

	A	B	C	D	E	F	G	H	I	J	K	L	M
1		**Heavy Duty Company Preventive Maintenance Simulation (Replace After 4 Days)**											
2													
3			Random	Time until	Scheduled Time	Event That	Cumulative		Cumulative		Distribution of		
4		Cycle	Number	Breakdown	until Replacement	Concludes Cycle	Day	Cost	Cost		Time between Breakdowns		Number
5		1	0.786 1	6	4	Replacement	4	$6 000	$6 000				of Days
6		2	0.067 9	4	4	Breakdown	8	$11 000	$17 000		Probability	Cumulative	4
7		3	0.929 6	6	4	Replacement	12	$6 000	$23 000		0.25	0	5
8		4	0.443 0	5	4	Replacement	16	$6 000	$29 000		0.5	0.25	6
9		5	0.122 3	4	4	Breakdown	20	$11 000	$40 000		0.25	0.75	
10		6	0.453 0	5	4	Replacement	24	$6 000	$46 000				
11		7	0.397 2	5	4	Replacement	28	$6 000	$52 000		Breakdown Cost	$11 000	
12		8	0.928 9	6	4	Replacement	32	$6 000	$58 000		Replacement Cost	$6 000	
13		9	0.219 5	4	4	Breakdown	36	$11 000	$69 000				
14		10	0.070 6	4	4	Breakdown	40	$11 000	$80 000		Replace After	4	days
30		26	0.872 0	6	4	Replacement	104	$6 000	$201 000				
31		27	0.890 2	6	4	Replacement	108	$6 000	$207 000				
32		28	0.383 9	5	4	Replacement	112	$6 000	$213 000				
33		29	0.740 4	5	4	Replacement	116	$6 000	$219 000			Average Cost per Day	
34		30	0.726 4	5	4	Replacement	120	$6 000	$225 000			$1 875	

	C	D	E	F
3	Random	Time until	Scheduled Time	Event That
4	Number	Breakdown	until Replacement	Concludes Cycle
5	=RAND()	=VLOOKUP(RandomNumber,$L$7:$M$9,2)	=ReplaceAfter	=IF(TimeUntilBreakdown<=ScheduledTimeUntilReplacement,"Breakdown","Replacement")
6	=RAND()	=VLOOKUP(RandomNumber,$L$7:$M$9,2)	=ReplaceAfter	=IF(TimeUntilBreakdown<=ScheduledTimeUntilReplacement,"Breakdown","Replacement")
7	=RAND()	=VLOOKUP(RandomNumber,$L$7:$M$9,2)	=ReplaceAfter	=IF(TimeUntilBreakdown<=ScheduledTimeUntilReplacement,"Breakdown","Replacement")
8	:	:	:	:
9	:	:	:	:

Range Name	Cells
AverageCostPerDay	L34
BreakdownCost	L11
Cost	H5:H34
CumulativeCost	I5:I34
CumulativeDay	G5:G34
Cycle	B5:B34
Event	F5:F34
RandomNumber	C5:C34
ReplaceAfter	L14
ReplacementCost	L12
ScheduledTimeUntilReplacement	E5:E34
TimeUntilBreakdown	D5:D34

	G	H	I
3	Cumulative		Cumulative
4	Day	Cost	Cost
5	=MIN(D5,E5)	=IF(Event="Breakdown",BreakdownCost,ReplacementCost)	=Cost
6	=G5+MIN(D6,E6)	=IF(Event="Breakdown",BreakdownCost,ReplacementCost)	=I5+Cost
7	=G6+MIN(D7,E7)	=IF(Event="Breakdown",BreakdownCost,ReplacementCost)	=I6+Cost
8	:	:	:
9	:	:	:

	L
33	Average Cost per Day
34	=CumulativeCost/CumulativeDay

图 14-5 重型机械公司的发动机预防性维护的计算机仿真电子表格模型

图 14-6 显示出了计划在 5 天后替换发动机的计算机仿真。这样，如果故障发生的时间是第 6 天（如 D 列中所示），更换发动机就可以防止故障的发生（如 F 列所示）。由于 D 列中的大多数时间是 4 天或 5 天，所以多数更换周期是以发生故障开始的。这就造成了 30 次周期的总成本更高，达 300 000 美元，而且总时间也相对更长，共 141 天。所以这一方案每天的期望成本是：

$$\text{每天的成本} = \frac{300\,000}{141} = 2\,128 \text{美元/天}$$

（实际上每天的成本为 2 053 美元）。

	A	B	C	D	E	F	G	H	I	J	K	L	M
1		Heavy Duty Company Preventive Maintenance Simulation (Replace After 5 Days)											
2													
3			Random	Time until	Scheduled Time	Event That	Cumulative		Cumulative		Distribution of		
4		Cycle	Number	Breakdown	until Replacement	Concludes Cycle	Day	Cost	Cost		Time between Breakdowns		Number
5		1	0.055 8	4	5	Breakdown	4	$11 000	$11 000		Probability	Cumulative	of Days
6		2	0.069 0	4	5	Breakdown	8	$11 000	$22 000		0.25	0	4
7		3	0.188 9	4	5	Breakdown	12	$11 000	$33 000		0.5	0.25	5
8		4	0.947 1	6	5	Replacement	17	$6 000	$39 000		0.25	0.75	6
9		5	0.917 3	6	5	Replacement	22	$6 000	$45 000				
10		6	0.354 1	5	5	Breakdown	27	$11 000	$56 000				
11		7	0.703 5	5	5	Breakdown	32	$11 000	$67 000		Breakdown Cost	$11 000	
12		8	0.035 0	4	5	Breakdown	36	$11 000	$78 000		Replacement Cost	$6 000	
13		9	0.575 5	5	5	Breakdown	41	$11 000	$89 000				
14		10	0.891 0	6	5	Replacement	46	$6 000	$95 000		Replace after	5	days
30		26	0.738 6	5	5	Breakdown	122	$11 000	$261 000				
31		27	0.264 8	5	5	Breakdown	127	$11 000	$272 000				
32		28	0.623 9	5	5	Breakdown	132	$11 000	$283 000				
33		29	0.998 8	6	5	Replacement	137	$6 000	$289 000		Average Cost per Day		
34		30	0.006 1	4	5	Breakdown	141	$11 000	$300 000		$2 128		

图 14-6　5 天后替换发动机的电子表格模型

根据上述结果，成本最低的方案就是在第 4 天后替换发动机，因为其每天的期望成本只有 1 875 美元。这一成本是图 14-5 所示的电子表格模型仿真产生的估计值，虽然这一数值比实际值高出 63 美元，但这个方案仍然是成本最低的。

在实际应用中，为了获得所选方案更精确的估计值，与本书的图 14-4、图 14-5 和图 14-6 相比，计算机仿真模型的运行时间通常要长得多。模型通常会包括更多的细节，例如故障在一天中的哪段时间发生以及当天的生产损失。

> 通常进行更长时间和更详细的仿真运行。

例 1 和例 2 都是用服从离散概率分布的随机数来产生随机的观察结果。然而，许多计算机仿真要求使用服从连续概率分布的随机数来产生随机的观察结果。下面我们将介绍由连续或离散概率分布的随机数产生随机观察结果的一般方法。

根据概率分布产生随机观察结果

例 1 和例 2 从一个离散概率分布中产生了随机观察数。如例 2 所示，对任何离散分布来说，Excel 的 VLOOKUP 函数都有助于实现这一功能。

但是，许多计算机仿真需要从连续分布中产生随机观察数。从离散或连续分布中产生随机观察数的一种通用的数学方法被称为**反向转化法**（inverse transformation method）。该方法的详细步骤在本章补充材料中介绍，见 www.mhhe.com/Hillier6e。

然而，对于相对复杂的连续分布，很难运用反向转化法进行分析。正态分布函数就是例子之一。由于正态分布函数非常重要，所以人们开发出了针对这种函数产生随机观察数的更简便的方法。Excel 使用下面的函数来解决这个问题：

$$\text{NORMINV}(\text{RAND}(), \mu, \sigma)$$

其中 μ 代表均值，σ 表示分布的标准差。接下来一节将讲述如何从其他两种重要的连续分布（均匀分布和指数分布）中产生随机观察数。

> 这是一个非常方便的 Excel 函数，用于产生服从正态分布的随机观察数。

人们已经开发出了几种加载宏来扩展 Excel 的仿真能力，包括一些从各种概率分布中立即产生随机观察数的特殊函数。例如，下一章将演示 Analytic Solver 是如何完全包含本章描述的所有功能。（另一个有相同功能的加载宏 Crystal Ball，在第 20 章介绍，参见 www.mhhe.com/Hillier6e。）

问题回顾

1. 计算机仿真是如何模拟随机系统运作的？
2. 为什么计算机仿真是一个成本相对较高的过程？
3. 在什么情况下即使计算机仿真运行成本较高，但仍然会使用这种方法？
4. 什么是随机数？使用随机数的目的是什么？

14.2　案例研究：卡特理发店（再次研究）

如果你已经学习了前面的章节，那么你一定还记得在第 12.1 节中简要描述的卡特理发店的案例，它是排队问题中的一种基本类型（排队系统是指顾客等待从服务台获得服务时，可能需要在队列中等待一段时间）。如果你没有学习过前面的章节，那也没关系。本章不假定你对第 12 章的知识有预先了解，因此将多讲一些有关排队系统的一些必要信息。你不需要去了解第 12 章的内容，但需要知道以下信息：卡特先生是一名理发师，他独自经营一家理发店，从周一至周五的每天早上 8 点开始营业，顾客以平均每小时两名的速度随机到达，每次理发平均需要 20 分钟。

本案例研究关注的问题如下。

卡特要制定的决策

卡特理发店已经在同一地点经营了将近 25 年了，虽然他的父母曾经希望他继承父业当一名医生，但他从来没有后悔选择理发师这一中庸的职业发展路径，他喜欢这种轻松的工作环境和有规律的作息时间，而且有机会到他的顾客家里聊天。

经过这些年，他已经建立了一个忠实的顾客群，他是一个以自己的职业为荣的好理发师。随着生意的发展，顾客现在经常要等候一段时间（有时要超过半小时）才能开始理发。尽管如此，他的老顾客们还是愿意等待。

理发店所在的城市发展迅速，人们的生活节奏也在加快，卡特已经注意到新顾客的回头率已远不如从前，尤其当他们不得不等候很长时间的时候。他认为这是由于人们对等待的容忍不断降低所致。由于没有吸引更多的新顾客，所以他的生意一直维持在每小时两名顾客的水平上。

随着年龄的增长，卡特越来越多地考虑是否需要增加一名助手来分担工作量。当然他自己也喜欢有人相伴。增加一名理发师可以大大缩短客户的等待时间，因此而增加的业务量将会产生额外的收益。

> 卡特要考虑的决策是，是否需要为理发店增加一个助手。

但是，害怕个人收入下降一直是卡特不敢增加助手的原因。他需要为退休以后的生活积攒一大笔钱，况且他也不能承受原本就不算丰厚的收入严重减少。考虑到需要付给一位助手的工资和佣金，生意量要增加到现在的两倍才能保持自己当前的收入水平（我们将在下一节的具体分析中说明财务上的细节问题）。卡特对生意量能否增加这么多表示怀疑。

但是，现在机会已经送上门了。一位在这座城市的同行（也是朋友）决定退休并且关掉自己的理发店。这位朋友身边有位小伙子几年来一直是他的助手，现在他建议卡特雇用这个年轻人，这位朋友极力推荐他，并且指出这个助手可以为卡特带来许多生意。

现在，卡特左右为难，不知道是否应该雇用这位助手。

幸运的是，制定决策的帮手就在他身边。卡特的那位朋友给他看了最近刊登在《理发师杂志》上的一篇文章，文章讲述了针对理发店的一次研究，指出了在理发店中顾客愿意等候的时间，并总结了两条实际经验：

- **实际经验一**：在一家拥有长期顾客群、经营不错的理发店中，那些忠实的顾客一般愿意等20分钟。卡特感到这条经验正适合自己的情况，虽然他从来没有估计过顾客等待的时间，但是他认为平均20分钟是符合实际情况的。
- **实际经验二**：在一家经营良好的理发店里，新顾客一般愿意等待10分钟左右（如果超过这个时间，他们以后会另找一家）。

    卡特感到这条经验也符合自己的情况。

第二条经验为卡特考虑其决定提供了很好的帮助。以他现有的顾客量，增加一名助手势必将他们的等待时间缩短到10分钟以内。这种快捷的服务会逐渐吸引和留住新的顾客，包括那位助手以前店里的一些顾客。按照这条经验，当每位顾客平均的等待时间缩短到10分钟左右时，生意量就会增加。预计在那样的营业水平下，理发店和卡特的收入都会达到一个新水准。但他现在的困境是不知怎样估计出这个新的营业水平。

> 若雇用一个助手，卡特理发店的业务量应该可以使顾客在服务开始之前等待10分钟左右。

卡特向他的侄子弗里茨（Fritz，一名主修商科的大学生）征求意见，以便走出这个困境。弗里茨兴奋地告诉他，自己知道解决这个问题的正确方法——计算机仿真。

弗里茨最近在学习管理科学课程，他有管理科学课件的拷贝，包括用来模拟理发店排队系统的排队仿真器（可以在 www.mhhe.com/Hillier6e 上找到）。尽管这一仿真器不像有些进行计算机仿真的昂贵商业软件那样复杂，但弗里茨一样可以运用这一仿真器进行仿真，从而向他叔叔解释增加一名助手后营业水平会达到怎样的估计值。

弗里茨提议和他的叔叔一起花些时间来收集数据，并设计了一个仿真模型，为执行计算机仿真做准备。他的第一项仿真是对于当前经营模式下（没有助手）的理发店，估计出当前的平均等待时间。将仿真结果与理发店实际情况进行比较，有助于验证仿真模型的有效性。如有需要，将对模型进行调整，以更好地代表实际情况。接下来仿真的是理发店有了一位助手之后的经营情况，这一仿真假设该助手的理发速度与卡特相同。用不同顾客到达时间的分布进行仿真试验，以测试出怎样的均值（即何种营业水平）可以使理发前的平均等待时间达到10分钟。

弗里茨询问他叔叔上述计划如何，卡特催促他立即开始执行。

本节下面的部分将描述这一计划是如何实施的，包括仿真运行的机理，下一节会给出实际的计算机仿真结果以及卡特是如何进行分析的。

> 可以运用计算机仿真来估计在雇用助手的情况下，理发店应该达到的业务量。

收集数据

和其他基本的排队系统一样，这家理发店的主要事件就是服务（理发）结束和顾客到达。表12-1（在第12.1节中）记录了在一个特定的早上这些事件的发生时间。图12-2通过把系统中顾客的数量绘制成曲线（一种基本的绩效度量指标），将这一天早上获得的这些数据以一种不同的形式表现出来。

通过对理发店进行更长时间的考虑，我们可以收集到更广泛的同类型数据，以便对当前经营模式下理发店的各种绩效指标进行估计。然而，我们并不需要用几个月或几年的时间来收集这些数据。因为一旦建立起计算机仿真模型，我们就能在几秒钟内获得原来需要很长时间才能采集到的数据。尽管如此，要执行计算机仿真，首先还需要收集一些其他数据。

特别要指出的是，估计一些随机事件（理发结束和顾客到达时间）的概率分布是有必要的。这些概率分布包括服务时间的分布（一次理发需要的时间）和顾客相继到达时间的分布（前后两个顾客到达的间隔时间）。

卡特发现为每位顾客理发所需时间根据头发数量、所需的发型不同，为 15～25 分钟不等。此外，他的最佳估计是 15～25 分钟的时间是等可能的，这表明了以下分布：

估计服务时间的分布：在 15～25 分钟之间均匀分布。

理发店的顾客随机到达，在第 12.1 节中已经指出理发店的顾客到达时间服从指数分布。

估计顾客到达间隔时间的分布：均值为 30 分钟的指数分布（见第 12.1 节中描述）。

根据概率分布产生随机观察数

理发店运营的计算机仿真要求根据上面所述的概率分布产生一系列随机观察数。一般来说，我们使用随机数来实现这一点。但是，由于这些概率分布是连续的，所以用例 1 和例 2（分别使用 Excel 中的 IF 和 VLOOKUP 函数）中描述的产生离散分布随机数的方法并不方便。

幸运的是，采用任何均匀分布来产生随机观察值是相当便捷的。事实上，位于 0～1 的随机数是 0～1 均匀分布上的随机观察值。因此，Excel 函数 RAND() 可以产生这样的观察值。类似地，10*RAND() 可以产生 0～10 的均匀分布上的随机观察值。在这个分布上加 15，就得到了位于 15～25 的均匀分布上的随机观察值。

因此，为卡特理发店建立 Excel 仿真模型时，表示根据均匀分布获得随机观察数的单元格需要输入以下公式：

$$= 15 + 10*\text{RAND}()$$

对于范围在 15～25 的均匀分布，用于该公式的最低界限是 15，两者之间的差距是 10。（这是一个利用反向转换法根据一个概率分布产生随机观察值的简单例子。在 www.mhhe.com/Hillier6e 上，本章补充材料详细描述了这种方法。）

> 来自 (a, b) 区间均匀分布的随机观察数的 Excel 公式为 = a + (b−a)RAND()。

虽然指数分布要比均匀分布更复杂，但仍可利用一个 Excel 公式来求得均值为 30 分钟的指数分布（卡特理发店到达间隔时间的分布）的随机观察值。网站 www.mhhe.com/Hillier6e 上本章补充材料描述了反向转换法是如何使用 Excel 中的 LN() 公式来得到随机观察值的。

特别地，电子表格中产生服从指数分布随机数的单元格需要输入公式：

$$= -30*\text{LN}(\text{RAND}())$$

对于一个均值不同的指数分布，只需在这个公式中用它的均值来代替 30。

> 通过用其他的均值来代替 30，这个 Excel 公式可以用来生成任何一个指数分布的随机观察数。

Analytic Solver 也提供根据 46 种概率分布来产生随机数的函数功能。通过 Analytic Solver 工具栏中的分布菜单可以选择分布，然后会显示一个对话框，可以在对话框中指定分布参数，然后将公式输入到单元格中，来产生相应的随机数。（这里讨论的两种分布的公式分别为 =PsiUniform（15，25）和 =PsiExponential（30）。）下一章将会详细地讨论 Analytic Solver 的应用。本章的案例十分简单，可以不用 Analytic Solver 进行仿真。

| 应用实例 |

美国联邦航空管理局（The U.S. Federal Aviation Administration, FAA）负责管理国家空域的空中交通。交通管理人员管理各独立航班，以确保它们与其他航班安全分离。此外，FAA 控制航

班总量，使每个机场的抵达人数保持在可控的水平，并根据需要调整交通路线，以适应恶劣的天气条件。当出现恶劣天气或交通堵塞时，交通管理人员需要决定哪些航班应该停留在地面，哪些已经起飞的航班应该改道。

当雷暴天气阻断了主要航线时，交通管理人员就会遇到一个特别困难的问题。大范围的这种恶劣天气可能导致严重的系统瘫痪，每年为航空公司带来数十亿的运营成本增加和收入损失，也为公众乘飞机出行带来巨大的不便。因此，在2005年，FAA委托管理科学团队进行为期一年的仿真研究，以便在这种情况下为交通管理人员开发更好的操作程序。

由此产生的仿真模型非常复杂，其中包含了由FAA基础设施控制的成百上千个航班的运行和相互关系。几个月来，该模型用于测试典型恶劣天气条件下的各种备选操作程序，以确定这些程序的最佳状态。然后将这些结论纳入计算机决策支持系统，交通管理人员将在此后使用这些系统来指导他们在这样的天气条件下进行决策。

据估计，在头十年的使用中，这项创新通过减少航班延误和取消，可以为航空公司节省10亿～30亿美元的运营成本。而且估计每年可减少超过100万小时的乘客延误时间。

资料来源：V.P.Sud, M.Tanino, J.Wetherly, M.Brennan, M.Lehky, K.Howard, and R.Oiesen, "Reducing Flight Delays through Better Traffic Management," *Interfaces* 39, no.1 (January–February 2009), pp.35–45. (A link to this article is provided at www.mhhe.com/Hillier6e)

随机系统仿真模型的主要组成部分

回忆一下第14.1节开头介绍的随机系统，它是一个包含一个或多个概率分布的系统。卡特理发店是一个随机系统，因为它的运行依据两个概率分布。

多种概率分布使该案例展示了在计算机仿真随机系统的过程中会遇到的一些复杂问题。在处理相对复杂系统的计算机仿真问题时，建立一个正规的仿真模型会非常有用。

仿真模型（simulation model）是对模拟系统的表述，同时也表明了仿真是如何进行的。

以下是典型的随机系统计算机仿真模型的组成部分：

（1）描述系统的主要组成，包括它们如何运行及其相互关系。
（2）仿真时钟。
（3）系统状态的定义。
（4）随机产生模拟事件的方法。
（5）当某一事件发生时，改变系统状态的方法。
（6）推进仿真时钟的过程。

下面我们会用具体案例来解释每一个步骤。

第12.1节中叙述的卡特理发店问题是一种基本的随机系统，即单服务台排队系统。系统的组成元素是到达的顾客、已经在店里的顾客（等待或正在接受理发）和作为服务台的卡特。前面分别描述了假设的服务时间和顾客相继到达时间的分布。

一旦计算机仿真开始执行，就有必要记录系统运行的时间。由零开始计时，令：

$$t = 当前的仿真时间$$

计算机程序中的变量 t 即**仿真时钟**（simulation clock）。随着仿真程序的运行，仿真时钟的值不断推进。由于现在计算机功能强大，它所模拟的时间要比现实中的时间快上百万倍。

在卡特这个案例中，仿真时钟记录了从早上8点开始营业到现在为止的时间（以分钟计算）。每过新的一天仿真程序就会重新模拟理发店的运营情况（下一节将描述弗里茨在这一点上进行的简化假设）。只需很短的运行时间就可以仿真几年的运营情况。

系统状态（state of the system）是定义当前系统状况的主要信息。就卡特理发店而言，系统的状态是

$$N[t] = \text{时刻 } t \text{ 卡特理发店内的顾客数}$$

计算机仿真程序一般会记录系统用于每一状态的累计时间量，包括其他绩效度量指标（如顾客的等待时间）。

对于卡特理发店这样的系统，主要事件是顾客的到达和服务（理发）的完成。上面已经介绍过如何根据顾客到达间隔时间和服务时间的分布来确定随机观察数。

> 每当顾客到达或理发完成时，计算机程序就以这种方式调整理发店中的顾客数量。

两种事件都会改变系统的状态，调整系统状态的依据是

$$\text{重置 } N[t] = \begin{cases} N[t]+1 & \text{如果在 } t \text{ 时刻有一位顾客到达} \\ N[t]-1 & \text{如果在 } t \text{ 时刻完成一次服务} \end{cases}$$

推进仿真时钟的主要程序被称为**下一事件推进程序**（next-event time advance），以下是其运作过程。

下一事件推进程序

（1）观察仿真时钟现在的时间 t、随机产生的下一事件的类型以及该事件发生的时间。确定哪一个事件先发生。

（2）把仿真时钟提前到下一事件发生的时间。

（3）通过确定该事件导致的新系统状态，以及在该状态下随机产生的下一任意类型事件发生的时间（如果先前没有产生的话），来更新系统。并记录下所需的系统运行的信息。然后再回到第一步。

反复运行这个过程直到计算机仿真达到所需的时间。

解释计算机仿真过程

图 14-7 所示的 Excel 电子表格显示了无助手时 100 个顾客到达理发店接受服务的计算机仿真运行状况。每一行包含了一个顾客的相关信息（第 11～95 行隐藏）。所有时间都以分钟计算。如图底部的公式所示，运用反向转换法根据 C 列和 F 列顾客到达间隔时间及服务时间的概率分布产生随机观察数。根据这两项时间就能够依次计算出每个顾客的其他相关时间。H 列记录每个顾客理发前的等待时间，I 列给出顾客在理发店（包括理发时间）的总等待时间。

用来推进该计算机仿真的是下一事件推进程序。该程序主要关心两个事件——到达事件和服务结束事件——分别记录在 D 列和 G 列，然后按照这两个事件的先后顺序推进程序。开始时，$t=0$，$N(t)=0$（理发店刚营业时没有顾客到来），因此没有服务可以完成。之后，唯一可能发生的事件是顾客到达，所以将时间推进到 $t=0.5$ 分钟（单元格 D16），此时第一个顾客到达。然后是 $t=22.3$ 分钟（单元格 G16 表明这个顾客在这一时间完成理发），然后是

> 下一事件推进程序根据所发生的顾客到达和理发完成事件的先后顺序推进程序。

$t=46.0$ 分钟（根据单元格 D17，第二个顾客到达）。然后 $t=48.6$ 分钟，接着是 $t=50.1$（根据单元格 D18 和 D19，第三个和第四个顾客到达），然后是 $t=67.9$（根据单元格 G17，第二个顾客理发服务完成），依次类推。

图 14-8 显示了在仿真的前 100 分钟里这个系统的状态改变的过程（理发店中的顾客数）。可见，在这一段时间里，店中的顾客主要是在 0～3 之间波动。

	A	B	C	D	E	F	G	H	I
1		**Herr Cutter's Barber Shop**							
2									
3				(exponential)					
4		Mean Interarrival Time		30	minutes				
5									
6				(uniform)					
7		Min Service Time		15	minutes				
8		Max Service Time		25	minutes				
9									
10		Average Time in Line (W_q)		12.8	minutes				
11		Average Time in System (W)		33.0	minutes				
12									
13				Time	Time		Time	Time	Time
14		Customer	Interarrival	of	Service	Service	Service	in	in
15		Arrival	Time	Arrival	Begins	Time	Ends	Line	System
16		1	0.5	0.5	0.5	21.9	22.3	0.0	21.9
17		2	45.6	46.0	46.0	21.9	67.9	0.0	21.9
18		3	2.6	48.6	67.9	20.8	88.8	19.4	40.2
19		4	1.5	50.1	88.8	18.9	107.7	38.7	57.6
20		5	27.6	77.7	107.7	17.2	124.9	30.0	47.2
21		6	29.2	106.9	124.9	16.3	141.2	18.0	34.3
22		7	18.6	125.5	141.2	24.6	165.8	15.7	40.3
23		8	21.8	147.4	165.8	22.7	188.6	18.5	41.2
24		9	7.4	154.8	188.6	24.3	212.9	33.8	58.1
25		10	12.1	166.9	212.9	18.4	231.3	46.0	64.4
111		96	48.8	3 132.8	3 132.8	22.2	3 155.0	0.0	22.2
112		97	12.3	3 145.1	3 155.0	25.0	3 180.0	9.9	34.9
113		98	82.7	3 227.7	3 227.7	19.0	3 246.7	0.0	19.0
114		99	4.0	3 231.8	3 246.7	20.1	3 266.8	14.9	35.0
115		100	85.2	3 317.0	3 317.0	19.5	3 336.5	0.0	19.5

Range Name	Cells
AverageTimeInLine	D10
AverageTimeInSystem	D11
InterarrivalTime	C16:C115
MaxServiceTime	D8
MeanInterarrivalTime	D4
MinServiceTime	D7
ServiceTime	F16:F115
TimeInLine	H16:H115
TimeInSystem	I16:I115
TimeOfArrival	D16:D115
TimeServiceBegins	E16:E115
TimeServiceEnds	G16:G115

	C	D
10	Average Time in Line (W_q)	=AVERAGE(TimeInLine)
11	Average Time in System (W)	=AVERAGE(TimeInSystem)

	C	D	E	F
13		Time	Time	
14	Interarrival	of	Service	Service
15	Time	Arrival	Begins	Time
16	=-MeanInterarrivalTime*LN(RAND())	=InterarrivalTime	=TimeOfArrival	=MinServiceTime+(MaxServiceTime-MinServiceTime)*RAND()
17	=-MeanInterarrivalTime*LN(RAND())	=D16+InterarrivalTime	=MAX(G16,D17)	=MinServiceTime+(MaxServiceTime-MinServiceTime)*RAND()
18	=-MeanInterarrivalTime*LN(RAND())	=D17+InterarrivalTime	=MAX(G17,D18)	=MinServiceTime+(MaxServiceTime-MinServiceTime)*RAND()
19	:	:	:	:
20	:	:	:	:

	G	H	I
13	Time	Time	Time
14	Service	in	in
15	Ends	Line	System
16	=TimeServiceBegins+ServiceTime	=TimeServiceBegins-TimeOfArrival	=TimeServiceEnds-TimeOfArrival
17	=TimeServiceBegins+ServiceTime	=TimeServiceBegins-TimeOfArrival	=TimeServiceEnds-TimeOfArrival
18	=TimeServiceBegins+ServiceTime	=TimeServiceBegins-TimeOfArrival	=TimeServiceEnds-TimeOfArrival
19	:	:	:
20	:	:	:

图 14-7　卡特理发店 100 个顾客到达的计算机仿真模型（无助手）

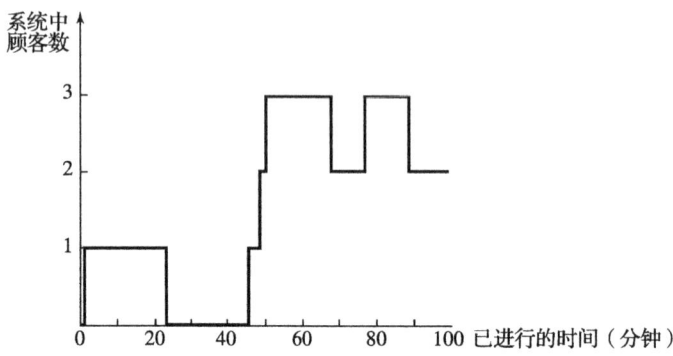

图 14-8　图 14-7 中的仿真前 100 分钟，卡特理发店内顾客数量的变化

绩效度量指标的估计

对一个系统进行计算机仿真的目的是估计这个系统的绩效度量指标。在卡特理发店这一案例中,最重要的绩效度量指标是顾客在理发前等待的时间。图 14-7 中的 H 列和 D10 单元格给出了顾客等待时间的估计平均值为 12.8 分钟。类似地,单元格 D11 对 I 列中的时间求平均值,得到的期望总等待时间为 33.0 分钟(包括理发时间)。

利用该仿真还可以估计出许多其他绩效度量指标。例如,顾客等待时间超过 20 分钟的概率是根据 H 列中的数据获得的。该列中等待时间超过 20 分钟的顾客比例就是这一概率。系统中顾客人数的估计是将 I 列中的数值(包括正在接受理发师服务的顾客)加总起来再除以总仿真时间。预计等待理发的顾客数也可以在 H 列中通过同样的方法计算出来。

> H 列和 I 列中的数字还提供了绩效度量指标的许多种其他衡量方法。

系统中顾客数的概率分布状况也值得研究。如图 14-8 所示,系统中存在任何特定顾客数的概率可以由仿真系统在该状态所用的时间占整个仿真时间的比例计算出来。

图 14-7 所示的计算机仿真时间很短,所以只能够粗略地计算出系统绩效度量指标的估计值。为了获得更精确的值,计算机仿真必须模拟数年的运行状况(下一节将详细论述)。

有助手的理发店的计算机仿真

图 14-7 和图 14-8 描述的是无助手时理发店的运行状况。在大多数情况下,有助手的仿真过程与之类似。每次顾客到达(或理发店开门)后,下一次顾客到达时间必须随机产生。同样,顾客开始理发时,服务时间也需要随机产生。

唯一的不同之处在于下一事件的时间推进程序是如何确定接下去要发生的事件。与前面只有两种可能性不同,此处有三种可能性:

> 增加第二个服务台时,除了要记录第二个服务台的理发结束时间外,仿真程序仍然保持不变。

(1)在卡特完成服务时离开理发店。
(2)在助手完成服务时离开理发店。
(3)顾客到达。

除了需要分别记录上述两种离店情况的时间外,其他仿真过程基本相同。

下一节将要展示对理发店进行长时间计算机仿真的结果,包括有助手和没有助手两种情况。

问题回顾

1. 卡特需要制定的决策是什么?
2. 帮助制定决策的两条实际经验是什么?
3. 为了在这个案例中运用计算机仿真,需要估计哪些概率分布?
4. 什么是仿真时钟?
5. 用来推进仿真时钟的主要程序被称为什么?
6. 卡特理发店案例的系统状态是什么?
7. 卡特理发店中有无助手的仿真过程的基本区别是什么?

14.3 案例研究

回忆一下卡特在决定是否要在其理发店中增加一名助手的情景。最基本的问题是在他增加一个助手后,能否保持现在的个人收入水平。

经济因素

以下是与决策有关的主要经济因素（已将德国马克兑换成美元）：

$$收入 = 15 \text{ 美元}/次$$
$$平均小费 = 2 \text{ 美元}/次$$
$$维持理发店的费用（有无助手是一样的）= 50 \text{ 美元}/工作日$$
$$助手的工资 = 120 \text{ 美元}/工作日$$
$$助手的佣金 = 5 \text{ 美元}/次$$

除了工资和佣金外，助手还可以保留小费，除此之外的收入都归卡特。

理发店上午8点至下午5点营业，向顾客开放9小时。卡特和其助手中午只吃三明治，在没有顾客的时间才休息。这样，任何顾客在营业的任何时间来到理发店都会受到理发师的热情接待。

没有助手的情况分析

如前一节所述，目前顾客到达时间间隔的分布均值为30分钟。这样，卡特每小时平均有2个顾客，每个工作日平均有18个顾客。再减去维持理发店所需的成本后，每个工作日的净收入为：

$$每天净收入 = (15+2) \times 18 - 50$$
$$= 306 - 50$$
$$= 256（美元）$$

卡特的侄子弗里茨用管理科学课件中的排队仿真器（可在 www.mhhe.com/Hillier6e 上找到）来进行理发店系统的计算机仿真，帮助他的叔叔制定决策。该仿真器是专门为各种排队系统设计的、能够进行长时间有效模拟运行的计算机仿真器。它的基本运行方式如图14-7所示，同时它具有更大的灵活性来处理许多其他类型的系统，并可获得更多的结果，简述如下。

> 该仿真器在 www.mhhe.com/Hillier6e 上本章的一个 Excel 文件中。

排队仿真器的特点
（1）能够对第12.1节中所描述的各种基本排队系统进行计算机仿真。
（2）服务台的数量可以多达25个。
（3）能够使用下面任意一个到达时间或服务时间的概率分布：
　①固定时间（也被称为退化分布）
　②指数分布（如第12.1节所述）
　③转换指数分布（固定时间和服从指数分布时间的结合）
　④均匀分布
　⑤爱尔朗分布（见第12章的补充材料）
（4）为排队系统提供了第12.3节所述的各种关键绩效度量指标的估计值。

$$L = 系统中的期望顾客数，包括正在接受服务的顾客$$
$$L_q = 队列中的期望顾客数，不包括正在接受服务的顾客$$
$$W = 系统中单个顾客的期望等待时间（包括服务时间）$$

W_q = 队列中单个顾客的期望排队等待时间（不包括服务时间）

P_n = 系统中有 n 个顾客的概率（n = 0, 1, 2, …, 10）

为了测试仿真模型的有效性（如前一节所述），弗里茨开始模拟理发店目前的运作状况。虽然图 14-7 已经进行了大致一星期的仿真（100 名顾客），但弗里茨仍然希望能够模拟理发店数年的运作情况（100 000 名顾客）。

图 14-9 显示了弗里茨从计算机仿真中获得的结果。如有必要，你可以用排队仿真器来模拟这个仿真。你会得到非常相近的结果，当然每次的结果会由于随机数的不同而有微小的差别。

E 列中的绩效度量指标与上面定义的一样。F 列给出了**点估计**（point estimate），这个数字就是从这次模拟中得出的最好估计值。G 列、H 列利用统计学理论，为每一个度量指标提供了 95% 的**置信区间**（confidence interval）。因此，实际值在置信区间内的概率为 95%。因为模拟的数量众多（100 000 名顾客），所以每一个置信区间相当狭窄。

> 置信区间是绩效度量指标有可能存在的区间。

	A	B	C	D	E	F	G	H
1		Queueing Simulator for Herr Cutter's Barber Shop						
2								
3		Number of Servers	1			Point	95% Confidence Interval	
4						Estimate	Low	High
5		**Interarrival Times**			$L =$	1.358	1.332	1.385
6		Distribution	Exponential		$L_q =$	0.689	0.666	0.712
7		Mean	30		$W =$	40.582	39.983	41.180
8					$W_q =$	20.577	19.980	21.174
9								
10		**Service Times**			$P_0 =$	0.330	0.326	0.335
11		Distribution	Uniform		$P_1 =$	0.310	0.307	0.313
12		Minimum	15		$P_2 =$	0.183	0.180	0.185
13		Maximum	25		$P_3 =$	0.094 2	0.092 0	0.096 3
14					$P_4 =$	0.045 1	0.043 3	0.046 9
15		**Length of Simulation Run**			$P_5 =$	0.020 6	0.019 2	0.022 0
16		Number of Arrivals	100 000		$P_6 =$	0.009 50	0.008 49	0.010 5
17					$P_7 =$	0.004 32	0.003 60	0.005 03
18					$P_8 =$	0.002 19	0.001 63	0.002 74
19		**Run Simulation**			$P_9 =$	0.000 876	0.000 540	0.001 21
20					$P_{10} =$	0.000 372	0.000 165	0.000 579

图 14-9 仿真器输出数据

注：用排队仿真器（可在 www.mhhe.com/Hillier6e 上本章的一个 Excel 文件中找到）仿真卡特理发店系统 1 000 000 名顾客到达的情况而获得的输出数据（没有助手）。

测试仿真模型的有效性

当开始用计算机仿真的方式进行管理科学研究时，一种比较好的方式是首先运行可求得解析解的简化仿真模型（假如有这样的简化模型存在）。比较仿真所得的结果和解析所得的结果，可以很好地判断仿真模型的有效性。

弗里茨回忆起在第 12.5 节中提到的 $M/G/1$ 排队模型为图 14-9 所示的模型提供了一些准确的分析结果。这一排队模型使用了四个参数：

> 既然有单服务台的排队模型，弗里茨用它的结果来检验仿真模型的有效性。

λ = 平均到达率

= 每分钟 1/30 位顾客

μ = 平均服务率

= 每分钟 1/20 位顾客

$$\rho = \frac{\lambda}{\mu} = \frac{1/30}{1/20} = \frac{2}{3}$$

σ = 服务时间分布的标准差

因为 0-1 均匀分布的标准差为 $\frac{1}{\sqrt{12}}$，所以服务时间分布（15～25 的均匀分布）的标准差为：

$$\sigma = \frac{10}{\sqrt{12}} = 2.887$$

在键入 λ、$1/\mu$ 和 σ 的值后，管理科学课件中 M/G/1 模型的 Excel 模板（第 12 章中的一个 Excel 模板，可在 www.mhhe.com/Hillier6e 上找到）将产生如图 14-10 所示的结果。注意每一个绩效度量指标是否确实落在图 14-9 相应的 95% 置信区间中。这在某种程度上保证了仿真模型和计算机仿真能够按预期运行。

为了进一步测试仿真模型的有效性，弗里茨把图 14-9 中 F 列的结果给卡特看，并且询问这些数字是否符合他在理发店里工作的经验。虽然卡特没有记录这些数据，但他感觉这些数字是对的。他还指出，每一次理发之前平均 20 分钟的等待时间是《理发师杂志》中提到的第一条实践经验（在前面的章节中提到过）。

> 为了确保构建仿真模型时不犯大的错误，应该让一个熟悉被仿真的系统的人来检验模型的合理性。

	A	B	C	D	E	F	G
1		**Analytical M/G/1 Queueing Results for Herr Cutter**					
2							
3			Data				**Results**
4		λ =	0.0333	(Mean arrival rate)		L =	1.344
5		$1/\mu$ =	20	(Expected service time)		L_q =	0.678
6		σ =	2.887	(Standard deviation)			
7		s =	1	(# servers)		W =	40.356
8						W_q =	20.356
9							
10						ρ =	0.666
11							
12						P_0 =	0.334

Range Name	Cell
L	G4
Lambda	C4
L_q	G5
OneOverMu	C5
Rho	G10
s	C7
Sigma	C6
W	G7
W_q	G8

	F	G
4	L =	=L_q+Rho
5	L_q =	=((Lambda^2)*(Sigma^2)+(Rho^2))/(2*(1-Rho))
6		
7	W =	=W_q+OneOverMu
8	W_q =	=L_q/Lambda
9		
10	ρ =	=Lambda*OneOverMu
11		
12	P_0 =	=1-Rho

图 14-10　M/G/1 模型的 Excel 模板

注：这一用于 M/G/1 模型的 Excel 模板显示出在没有雇用的情况下卡特理发店的基本绩效测试指标。

不幸的是，在处理两个服务台的排队系统（对应于卡特理发店聘用一名助手）的情况时，我们还没有一种可以求得解析解的排队模型（在第 12 章中列举的多服务台排队系统中，没有一种服务时间分布与这家理发店的情况接近）。因此，虽然对于卡特理发店没有助手的情况不需要使用计算机仿真，但是为了获得有助手情况下更好的估计值，没有助手的情况仍然有必要使用计算机仿真。另外，根据上面的仿真模型有效性的测试结果，弗里茨相信，这个模型将会提供较为准确的估计值。

弗里茨同时也很清楚，他模拟理发店运营的仿真模型（如 M/G/1 排队模型）中有两个简化假设（这些假设被包括在排队仿真器中),因此获得的仿真模型只是理发店实际运营情况的近似。

简化假设

(1) 系统(理发店)有一个无限队列,所以不管当时有多少顾客已经在系统中,到达的顾客总是能够进入系统(在真实的情况下,卡特发现,当店里已有3名顾客在等候理发时,到达的顾客将不会在此等候,所以他只为等候的顾客提供3把椅子)。

(2) 系统一旦开始运行,将会连续工作,甚至不考虑上班与下班(实际上,理发店在每个工作日的早上8:00开门,下午5:00关门)。

为估计第一种假设的影响,弗里茨注意到图14-9的估计结果为:

$$P_0+P_1+P_2+P_3+P_4=0.330+0.310+0.183+0.094+0.045=0.962$$

这样,理发店中的顾客数超过最多可接待人数——4个人(1个人在接受理发,3个人在等待)——的运行时间不到总时间的4%。因为系统中顾客数超过最多接待数的概率很小,所以对L、L_q、W和W_q估计值的影响也很小,只可能会使这些估计值略微增大,而不会影响到对理发店真实的评价。因此,图14-9所提供的估计值是保守的(这总比极度乐观的估计要好)。如果卡特雇用一名助手,他将为等候着的顾客多提供三把椅子。这样的话,等待时间将比以前要短,到达的顾客不等待而离开的情况就很少会出现。因此,在考虑雇用一名助手的情况下,第一种简化假设是十分合理的。

> 简化假设相对于极度乐观的估计更为合理。

第二种简化的假设也只会轻微影响L、L_q、W和W_q的估计值,使估计值比实际值稍微大一点。原因是理发店每天早上开门时都没有顾客,而是逐渐达到稳定状态;而仿真模型除了在模型开始运行的时候之外,所有的时间里系统都处于稳定的状态。幸运的是,增加一名助手将会使理发店中顾客的数量保持在最少的水平上,即使是在稳定的状况下(每天都能够在很短的时间内到达稳定状态)。因此,这个假设的估计误差也将会处于合理的范围之内。

在获得价格不菲的计算机仿真软件包进行更多准备的时候,弗里茨不做上述两个假设也能较好地仿真理发店真实的运营情况。计算机仿真的一个重要优点就是可以随时将实际系统的特征加入仿真模型。

但是,就像在管理学科学技术中运用其他数学模型一样,在增加模型的真实性和模型的易用性上需要有一个权衡。仿真模型不必是真实世界的完全反映。许多仿真模型出错,往往不是因为过分理想化,而是因为过分追求真实性。过分追求真实性的模型往往会包含一些不重要的细节,而如此复杂的模型通常很难调试,甚至无法调试成功。这就好像是编制庞大的程序、花费大量的计算时间去获得很少的信息。我们的目标是要在仿真模型中加入系统的重要特征,从而得到适度精确的估计值以指导管理者及时制定基于全面判断的决策。弗里茨认为他目前的仿真模型就达到了这一目标。

> 尽管一些软件包可以为模型添加更多实际特征,但是应该避免添加那些不重要的特征以免使模型太过复杂。

雇用一名助手后的情况分析

正如第12.2节开始处所述,卡特和他的侄子弗里茨对同意增加一名助手的计划进行分析。他们假设助手的服务时间分布(给一位顾客的理发时间)与卡特一样。基于第14.2节所提到的第二条规则,他们还假设①增加一名助手后,可以将顾客在理发前的平均等待时间缩短到10分钟以内,②然后逐渐吸引新的业务直到平均等待时间为10分钟。这种业务水平(每天来理发的平均顾客数)决定了顾客到达的间隔时间的分布。因此,基于一系列不同的时间分布运行计算机仿真程序,以判断在怎样的顾客到达时间分布情况下,所产生的平均等待时间为 10 分钟。之后就可以进行财务分析了。

当前没有助手时顾客到达时间分布的均值为 30 分钟。因此经过不断试验、发现错误并改正，弗里茨尝试了表 14-2 第一列所示的一系列均值。为了能够较快地接近实际均值，他用计算机仿真排队模型时只采用了适中的仿真时间——10 000 名顾客到达的时间（粗略估计为半年）。在第二列中，W_q（理发前的平均时间）的点估计表明，当 W_q 的实际值为 10 分钟时，W_q 的仿真估计值接近 14.3 分钟的某一数值。在最右列的 95% 的置信区间进一步表明这个均值降落在 14.3 分钟前后半分钟的范围内。

> 期望的营业水平是能够使顾客开始理发前等待 10 分钟，用计算机仿真来估计这一营业水平。

表 14-2　用仿真器求得的 W_q 的估计值

平均到达时间（分钟）	W_q 的点估计（分钟）	W_q 的 95% 置信区间（分钟）
20	3.33	3.05～3.61
15	8.10	6.98～9.22
14	10.80	9.51～12.08
14.2	9.83	8.83～10.84
14.3	9.91	8.76～11.05

注：增加助手、不同顾客到达间隔时间分布均值、100 000 次顾客到达的情况下，使用卡特理发店排队仿真器所获得 W_q 的估计值。

为了进一步进行检验，弗里茨接下来对均值为 14.3 分钟的顾客到达时间分布进一步仿真，增加仿真时间（100 000 名顾客的到达时间）。所有绩效度量指标的完整结果显示在图 14-11 中。W_q 的点估计（以及 W_q 的 95% 的置信区间）略高于 10。弗里茨同时也想到了前面提到的两个简化假设，这两个假设使得 W_q 的估计值略微高于实际值。因此，他推断对平均时间为 10 分钟而言，14.3 分钟是到达时间间隔均值的可行估计值。

	A	B	C	D	E	F	G	H
1	Queueing Simulator for Herr Cutter's Barber Shop with an Associate							
2								
3		Number of Servers	2			Point	95% Confidence Interval	
4						Estimate	Low	High
5	**Interarrival Times**				$L=$	2.126	2.090	2.163
6		Distribution	Exponential		$L_q=$	0.719	0.689	0.748
7		Mean	14.3		$W=$	30.212	29.833	30.591
8					$W_q=$	10.211	9.834	10.588
9								
10	**Service Times**				$P_0=$	0.163	0.160	0.166
11		Distribution	Uniform		$P_1=$	0.266	0.262	0.270
12		Minimum	15		$P_2=$	0.233	0.230	0.235
13		Maximum	25		$P_3=$	0.154 1	0.151 8	0.156 4
14					$P_4=$	0.087 7	0.085 5	0.089 8
15	**Length of Simulation Run**				$P_5=$	0.046 7	0.044 8	0.048 7
16		Number of Arrivals	100 000		$P_6=$	0.024 17	0.022 64	0.025 7
17					$P_7=$	0.012 82	0.011 62	0.014 01
18					$P_8=$	0.006 34	0.005 46	0.007 22
19		Run Simulation			$P_9=$	0.003 208	0.002 530	0.003 89
20					$P_{10}=$	0.001 546	0.001 076	0.002 017

图 14-11　用排队仿真器求得的结果

注：增加助手、100 000 次顾客到达时，使用排队仿真器进行卡特理发店的计算机仿真所获得的结果。

弗里茨意识到他可以用略微偏离 14.3 分钟的均值，花更多的时间运行这一仿真程序，以使估计值更加准确。但他也知道，从表 14-2 所示的置信区间中可以看出，14.3 分钟已经十分接近实际值了。另外，已知两个简化假设在仿真模型中只会引起微小偏差，再试图获得比该模型更精确的均值估计值是没有意义的。所以 14.3 分钟这一数据对目标分析提供的充分且保守的估计令他感到很满意。

基于这样的估计，弗里茨得出结论，当他叔叔增加一名助手后，将会逐渐提高理发店的营业水平，一直到平均到达间隔时间为下面的情况：

$$平均到达时间间隔 = 14.3 \text{ 分钟}$$

我们可以得到：

> 对营业水平的保守估计是顾客以14.3分钟的间隔时间陆续到达。

$$平均到达率 = \frac{60}{14.3} \text{ 位顾客／小时}$$
$$= 4.2 \text{ 位顾客／小时}$$
$$= 4.2 \text{ 位顾客／小时} \times 9 \text{ 小时／天}$$
$$= 37.8 \text{ 位顾客／天}$$

这种营业水平将是原来每天18位顾客的2倍。卡特计划和他的助手平分这些顾客，每人平均每天为18.9位顾客提供服务。

因此，根据这一节前面提及的成本因素，卡特现在平均每个工作日的净收入变为：

$$
\begin{aligned}
每日净收入 =\ & 37.8 \times 15 && （理发店的收入）\\
& + 18.9 \times 2 && （小费）\\
& - 50 && （理发店的日常维护）\\
& - 120 && （助手的工资）\\
& - 18.9 \times 5 && （助手的佣金）\\
=\ & 567 + 37.80 - 50 - 120 - 94.50 \\
=\ & 340.30 \text{（美元）}
\end{aligned}
$$

这与卡特目前的每日净收入256美元存在着很大的区别。增加一名助手后每日净收入的改变量为：

$$每日净收入改变量 = 340.30 - 256$$
$$= 84.30 \text{（美元）}$$

因此，卡特的收入明显增加了。

当弗里茨把分析结果给他叔叔看时，他强调84.30美元只是当营业水平逐渐达到新水平时的估计值。那需要假以时日，甚至要到1～2年后，才能到达新的水平。而且卡特的收入在营业额开始增长前将会减少。另外，关于收入真实增长的乐观估计在很大程度上是基于《理发师杂志》上的第二条经验有效并且适用于卡特理发店的情况。在这些前提下，弗里茨才最终得出营业额增长1倍的结果。只有在助手可以将他原先服务的理发店的顾客带进来，并且卡特理发店由于增加了这一助手而吸引到更多新顾客的情况下，理发店的业务量才能大幅度增长。

卡特有信心很快实现这一设想，因为他的朋友竭力推荐这一助手。另外，他感觉如果不是像现在这样忙不过来的话，凭他的理发技能肯定可以吸引到更多的顾客。在这个不断发展的城市里，到处都充满着机会。他也希望在增加一名助手后，可以减少老顾客在理发之前等待的时间，以此来提高理发店的服务水平。最后，他也看到了许多由于有了一名助手之后无法用金钱衡量的好处。他并不在意收入暂时减少，因为一两年后他的收入就不会比现在少。实际上，快乐也是一种无形的收入。

> 对收入增长的估计应该谨慎地解读。

> 卡特先生决定雇用一名助手。

经过这些分析之后，卡特决定雇用一名助手。他也十分感谢他的侄子利用计算机仿真的方法帮助他制定了决策。

问题回顾

1. 弗里茨在第一次计算机仿真运行中仿真了什么？目的是什么？
2. 从排队仿真器中获得的一个绩效度量指标的两类估计值是什么？
3. 弗里茨测试仿真模型有效性的两种方法是什么？
4. 弗里茨的仿真模型有没有做任何简化的假设？仿真模型是否有必要完全体现现实系统的所有特征？
5. 弗里茨的分析最后估计出雇用一名助手后卡特的收入与现在的水平相比是增加还是减少？

| 应用实例 |

Sasol 公司是一个综合能源和化学品公司，其总部位于南非，在 38 个国家运营。它的市值在 2015 年超过了 180 亿美元。

从过去来看，石油化学工业决策基于其所有生产过程的平均结果。然而，Sasol 公司的管理科学小组认识到，这些生产过程实际上是涉及大量可变特征和动态交互的随机系统。因此，对于这一产业，科学小组建议使用计算机仿真，从而更充分地考虑所有这些变化的影响和动态交互。

公司开发了三大计算机仿真模型来满足 Sasol 公司的需求。天然气工厂模型涉及从原材料到生产出的合成原油。液体工厂模型是模拟合成原油的炼油和化工生产相关流程。燃料混合模型使多个等级的汽油和柴油等这些不同的燃料成分相混合。

这是一个需要设施和生产流程频繁变化的行业，因为政府管理燃油规格、可用原料、原料价格等存在很多变化。Sasol 公司在必要时需要利用一种或多种计算机仿真模型来评估可行方案从而改变设施和生产流程。

行业领先的计算机仿真的应用使 Sasol 公司从根本上改善了决策，并使公司每年的估值增值超过 2 300 万美元。

资料来源：M.Meyer and 11 other co-authors, "Innovative Decision Support in a Petrochemical Production Environment," *Interfaces* 41, no.1（January–February 2011）, pp.79–92.（A link to this article is provided at www.mhhe.com/Hillier6e）

14.4 计算机仿真学习总结

到现在为止，本章主要讲述了计算机仿真过程以及运用计算机仿真的一些案例。下面将总结一下计算机仿真的主要步骤，从而在更大的范围内概括运用计算机仿真的管理科学研究的基本步骤（其他管理科学技术的研究也同样适用此步骤）。

第一步：描述问题并制订研究计划

管理科学小组需要首先与管理层会面，就下列问题进行讨论：
（1）管理层想要研究的问题是什么？
（2）该项研究的总体目标是什么？
（3）要解决的问题是什么？
（4）可选的系统结构类型是什么？
（5）对管理层而言有意义的绩效度量指标是什么？
（6）研究的时间限制是什么？

> 管理层启动管理科学研究时应当回答的一些关键问题。

除此之外，小组还必须与工程师和操作人员会晤，请教系统运行的细节问题。小组通常也会包括一到两名具有专业系统知识的员工。

第二步：收集数据和建立仿真模型

数据的类型取决于被模拟系统的性质。对卡特理发店来说，主要数据是客户到达时间间隔的分布和服务（理发）的时间分布。对于大多数其他情况，也同样需要相关数量的概率分布。一般来说，我们只可能估计这些分布。但这一点很重要，为了真实地模拟系统运行状况，计算机仿真必须根据相关的概率分布来产生随机观察数而不是使用平均数。

> 计算机仿真应该用相关数值的概率分布而不是平均值。

第三步：检验计算机仿真模型的准确性

在设计计算机程序前，管理科学小组应该邀请对系统运作情况相当熟悉的人员，来检查仿真模型的准确性。使用投影仪，向所有关键人员介绍整个建模思路，然后听取他们的意见。在完成这样的讨论之后，管理科学小组会发现并纠正一些模型的错误，加入一些新的假设，并进一步确定模型的不同部分需要考虑多少细节问题。

第四步：选择软件编写计算机程序

有几种主要的软件可用于计算机仿真。一是电子表格软件。第 14.1 节已经介绍了 Excel 如何在电子表格上进行基本的计算机仿真。此外，一些 Excel 加载宏进一步强化了电子表格的这一功能。第 13 章已介绍其中一个加载宏（Analytic Solver）的用法。（另一个有相同功能的加载宏叫 Crystal Ball，在第 20 章介绍，参见 www.mhhe.com/Hillier6e。）

其他类型的计算机仿真软件适用于不便使用电子表格的、更加复杂的应用。一种类型是通用程序语言，如 C++、Visual Basic、Java 等语言。早期由于这些语言具有很大的灵活性，因而被广泛应用于设计仿真程序。但是，由于编程耗时太长，现在已经不常用。

许多不使用电子表格的商业软件包也专门用于执行计算机仿真。从历史上看，这些仿真软件包分为两类，**通用仿真语言**（General-purpose simulation languages）和**面向应用的仿真器**（Application-oriented simulators）。通用仿真语言有效提供了编制计算机仿真程序所需的许多功能。面向应用的仿真器（或简称仿真器）被设计用于仿真特定类型的系统。然而，随着时间的推移，这两种类型之间的区别越来越模糊。通用仿真语言现在可能包括一些特殊功能，使它们几乎与仿真器一样适用于某些特定类型的应用。相反，现在的仿真器往往比以前具有更多的灵活性以处理更广泛类型的系统。

对仿真软件包进行分类的另一种方法是，依据它们是使用**事件调度方法**（event-scheduling approach）还是使用**过程方法**（process approach）来进行离散事件仿真建模。第 14.2 节中描述的下一事件时间提前过程就是事件调度方法。而过程方法仍然在后台使用下一事件时间提前过程，但是将建模的重点放在描述生成事件的过程上。大多数现代仿真软件包现在都使用过程方法。

目前，仿真软件越来越普遍地包含动画功能，能够以活动的方式展示计算机仿真。在动画系统中，系统的主要元素以图标表示，这些图标会根据计算机仿真系统状态的改变而改变形状、颜色或位置。动画功能之所以流行，主要是由于它使管理者和其他人员能够就计算机仿真模型的要素进行有效的交流。

> 展示计算机仿真的动画功能对向管理层以及其他关键人员汇报十分有用。

第五步：验证计算机仿真模型的有效性

在编制好计算机程序并进行调试之后，下一步就是测试计算机仿真模型是否能够为系统提供有效的结果。

尤其是，计算机仿真模型生成的绩效度量指标是否接近现实系统的绩效指标？

在这些情况下，可以用数学模型来求解较为简单的系统模型，然后将这些结果与计算机仿真模型获得的结果进行比较。

例如，在理发店这个案例中，卡特是唯一的一位理发师。因此，如第14.3节所述，弗里茨对模型产生的结果与现实中的数据进行比较。

当无法获得真实系统的数据与仿真结果进行比较时，则可以通过现场实验来获取这些数据。这涉及构建系统的小型原型，然后让它实际运行。在仿真研究结束后且真实系统准备就绪前，这一原型还可以用来对系统设计进行微调。

> 有时会通过小型的现场试验来收集数据，从而与计算机仿真的结果进行比较，以优化仿真模型的设计。

另一种测试有效性的方法是由有经验的操作人员来检查计算机仿真的结果。改变仿真系统来观察仿真的变化。观察计算机仿真动画也可以作为一种检验方法。

第六步：规划要进行的仿真

现在，你需要开始决定对哪一种结构的系统进行仿真。这通常是一个循序渐进的过程，通过仔细观察，初始结论会帮助你确定哪一种结构的系统能够获得有效的数据。

在运行计算机仿真时，必须首先确定一些事项，如运行时间。要知道，计算机仿真不可能为系统生成一个完全准确的绩效度量指标数值。每次计算机仿真运行只能看成是一次统计上的试验，通过这一试验得到关于仿真系统的绩效指标的估计值。增加系统运行的时间可以提高这些估计值的准确性。

这种计算机仿真的统计试验所遵循的统计学原理与为观察现实系统而进行实际实验所遵循的原理几乎没有什么不同。所以，专业的统计师或者至少具有统计背景的计算机仿真分析员在这一步中是至关重要的。

> 每次仿真运行都会产生对仿真系统性能的统计观察，因此应该用统计理论指导运行计划。

第七步：执行仿真和结果分析

计算机仿真运行的结果为每个系统的绩效度量指标提供了统计上的估算值。除了每个指标的点估计外，还需要求得其置信区间来判断指标数值可能变动的区间范围（如前面的案例研究所做的那样）。

这些结果可以清楚地显示出一个系统是否比其他系统更好。大多数情况下，我们可以根据这些结果找出一些较具优势的系统以供选择。在后面的例子中，我们将进行更长时间的计算机仿真，以便对这些候选系统更好地进行比较统计。另外，我们可能还需要进行额外的仿真以对系统进行微调。

> 在识别出少数的最优系统结构后，应该设置更长的仿真周期，然后从中选择出一个最优的结构。

第八步：向管理层推荐决策建议

在完成分析之后，管理科学小组需要向管理层推荐决策建议。通常需要以书面报告或正式口头陈述的方式，向负责制定相关决策的管理人员进行汇报。

报告或陈述应该总结研究的进行情况，包括说明计算机仿真模型有效性的文件。计算机仿真的动画展示可能会更好地演示计算机仿真

> 报告和口头陈述都应该被用来向管理层提出建议并解释这些建议的原因。

过程并增加其可信度。另外，他们还需要提供证明建议合理性的数字结果。

在执行新系统的初期，管理层通常会让一些管理科学小组人员参与实施，因为要通过他们向相关员工灌输新系统的知识。

问题回顾

1. 当开始计算机仿真研究时，管理科学小组需要与谁一起研究要解决的主要问题以及获得关于系统运行的详细资料？
2. 谁应该参与检验计算机仿真模型的准确性？
3. 通用仿真语言和面向应用的仿真器的差别是什么？
4. 当用动画来动态地显示计算机仿真时，系统的要素是怎样被表示出来的？
5. 在测试计算机仿真模型的有效性时，需要讨论的特定问题是什么？
6. 计算机仿真模型可以被看成是什么类型的统计试验？
7. 计算机仿真可以获得什么类型的估算值？
8. 通常管理科学小组向管理层展示其建议的两种方法是什么？

本章小结

计算机仿真是当今最常用的管理科学技术之一，因为它是一个灵活的、功能强大的且直观的工具。它用计算机模拟一个完整的过程或系统的运行。对一个长期根据某一种或几种概率分布而变化的随机系统来说，要根据这些概率分布产生随机观察数，以模拟系统中事件的发生。这提供了一种相对快速的方法来研究系统的性能，而不会产生构建和运营实际系统的巨大费用。因此，在选择一个系统前，人们可以对多种系统选择方案（包括备选操作程序）进行调查和比较，以找到最佳方案。

卡特理发店的案例说明了如何用计算机仿真来确定是否需要增加一名助理理发师。这是一个随机系统的案例，就像许多类似的案例一样，这个随机系统是排队系统，但却很难简单地用排队模型来分析。

这个案例也展示了一个代表实际系统的仿真模型，并描述了该系统是如何运行的。模型中仿真时钟是一个关键性的模块，它是计算机程序中的变量，记录着到目前为止所有过程的总仿真时间。下一事件推进程序通过反复地将当前事件移到下一事件，推动系统中的仿真时钟。

在短短的几秒钟或几分钟内，一个计算机仿真系统就能够模拟某一特定系统运行几年的情况。每次运行仿真，都会产生一系列关于仿真期间系统绩效度量指标的统计观察数。然后，我们可以利用这些观察数来估计系统的绩效度量指标。通过仿真还可以获得这些指标值的点估计和置信区间。

一些计算机仿真的研究可以由个人很快完成，这些个人或许就是公司的管理者。对于更广泛的研究，管理者也许会指派代表甚至全职的管理科学小组进行项目研究。在管理科学小组进行计算机仿真前，还要完成一系列关键的步骤。他们必须与管理者进行探讨，以了解管理者对研究项目中一些问题的观点。收集有效数据通常是一项既累人又耗时的工作。另一项大任务是建立计算机仿真模型，检测它的准确性，然后再测试它的有效性。管理科学小组的另一个重要决策是选择何种软件来进行计算机仿真。他们可以采用一些通用仿真语言，而且用来仿真特定类型的仿真器还可以在市面上买到。多数计算机仿真软件的开发商为计算机仿真软件提供了动画功能，对于给管理者及主要决策者演示仿真结果，动画功能很有帮助，它为计算机仿真提供了更高的可信度。

即使在计算机仿真程序已经开发完成之后，管理科学小组仍需要设计计算机仿真的统计实验，然后才能进行计算机仿真，并对结果进行分析。最后，研究小组通常要准备一份书面报告以及正式的口头说明，将结果汇报给管理层。

专业术语

animation 动画 以动态的图标表示计算机仿真的运行过程。（第14.4节）

confidence interval 置信区间 某一绩效指标最有可能落在这一区间范围内。（第14.3节）

inverse transportation method 反向转化法 根据某一概率分布产生随机观察数的方法。（第14.1节）

next-event time advance 下一事件推进程序 在仿真系统中，通过不断地从当前的事件移动到下一个将要发生的事件，从而不断地推进时钟的方法。（第14.2节）

point estimate 点估计 某一系统性能指标最佳的单个数值的估计。（第14.3节）

random number 随机数 根据0-1区间上的均匀分布产生的随机观察数。（第14.1节）

simulation clock 仿真时钟 计算机程序中用来记录仿真时间的变量。（第14.2节）

simulation model 仿真模型 模拟系统以及系统运行状况的一种模型。（第14.2节）

state of the system 系统状态 描述系统当前状态的关键信息。（第14.2节）

stochastic system 随机系统 根据一种或几种概率分布运行的系统。（第14.1节）

本章学习辅助材料

材料下载地址：
www.mhhe.com/Hillier6e

本章Excel文件：
掷币游戏的例子（Coin-Flipping Game Example）
重型机械公司的例子（3）（Heavy Duty Co. Examples (3)）
卡特理发店的案例研究（Herr Cutter's Barber Shop Case Study）

排队仿真器（Queueing Simulator）
M/G/1排队模型的模板（Template for M/G/1 Queueing Model）

Excel加载宏：
Analytic Solver（下一章中重点介绍）

本章补充材料
产生随机观察数的反向转换法（The Inverse Transformation Method for Generating Random Observations）

已解决的问题

（答案参见www.mhhe.com/Hillier6e）

14.S1. 估计保险索赔的成本

通用制造公司（General Manufacturing Corp.）的员工通过Wellnet发布的团体计划接受健康保险。在过去一年中，40%的员工没有提出任何健康索赔，40%的员工提出了小额索赔，20%的员工提出了大额索赔。小额索赔的数据均匀地分布在0～2 000美元，而大额索赔则均匀地分布在2 000～20 000美元。

基于这一经验，Wellnet开始与通用制造公司谈判下一年度每位员工的保险费计划。你是保险公司的管理科学研究员，受命估计公司员工的保险责任范围的平均成本。

（1）利用随机数0.407 1、0.522 8、0.818 5、0.580 2和0.019 3模拟5位员工是否提出索赔、提出小额索赔或提出大额索赔，然后利用随机数0.982 3、0.018 8、0.877 1、0.987 2和0.412 9模拟索赔的是多少（包括0，即没有提出索赔）。计算这些索赔的平均值以估计员工健康保险索赔规模的总体分布均值。

（2）构建并应用电子表格模型模拟300名员工健康保险索赔的成本。计算这些随机观察值的平均值。

（3）一位员工健康保险索赔规模的总体概率分布的真实平均数为2 600美元。将在第（1）问和第（2）问中获得的均值的估计与这一分布的真实平均数进行比较。

习题

一些问题左边的符号含义如下：E表示使用Excel；Q表示使用排队仿真器。带星号（*）的习题，至少有一部分答案在后面给出。

14.1* 运用图 14-1 单元格 C13:C18 中的随机数为下面几种情况产生 6 个随机观察数：
（1）投掷一枚硬币。
（2）一个投篮手 60% 的时间命中，而 40% 的时间投空。
（3）随机时间到达的一辆汽车发现交通灯的颜色为绿色的时间为 40%，黄色 10%，红色 50%。

14.2 重新考虑第 14.1 节中的掷币游戏，用计算机仿真分析图 14-1、图 14-2 和图 14-3。
（1）模拟这一游戏，投掷硬币直到游戏结束。将每次投掷的结果记录在图 14-1 的 B、D、E、F 和 G 列中。如果这是一次实际比赛的话，你会赢或输多少？
E（2）修改图 14-1 节的电子表格模型，通过使用 Excel 的 VLOOKUP 函数而不是 IF 函数来产生随机的观察结果，然后用计算机仿真来模拟这一游戏。
E（3）运用修正过的电子表格模型产生如图 14-2 所示的重复 14 次的数据表。
E（4）重复第（3）问的内容，迭代次数为 1 000（见图 14-3）。

14.3 每组将硬币投掷 3 次，正面在上的次数为 0、1、2、3 的概率分别为 1/8、3/8、3/8 和 1/8。这样投掷 8 组后，平均下来，有 1 组没有正面朝上的，3 组有一个正面朝上，3 组有两个正面，而另外 1 组有三个正面。
（1）投掷硬币共 24 次，每 3 次一组，将之分为 8 组，记下没有正面朝上和 1、2、3 个正面朝上的组数。
（2）按顺序使用图 14-4 中 C 列给出的随机数，以及图 14-5 中 C5:C13 单元格里的数据，对第（1）问中的投掷硬币游戏进行仿真，并记录仿真结果。
E（3）在电子表格上为投掷 3 次硬币进行计算机仿真，记录正面朝上的次数，做 1 次仿真。
E（4）利用电子表格做 8 次仿真，生成数据表。将获得的正面朝上的概率分布与投掷 3 次的概率分布进行比较。
E（5）重复第（4）问，迭代仿真次数为 800。

14.4 天气可以看成是一个随机系统，因为每天的天气是随机变化的。假设某一地方的天气变化服从下面的分布：
假如今天下雨，明天也下雨的概率为 0.6。假如今天也晴朗（不下雨），明天也晴朗的概率为 0.8。
（1）使用图 14-1 中 C17:C26 单元格里的数据，模拟 10 天的天气变化情况，第一天天气晴朗。
E（2）利用 Excel 产生随机数，在电子表格上将第（1）问中的内容模拟出来。

14.5* 掷骰子的游戏要求游戏者一次或多次投掷两枚骰子，直到最后确定输赢。如果第一次掷出的点数之和为 7 或 11，或者第一次掷出的点数之和为 4、5、6、8、9 或 10，并且在掷出 7 点（点数之和）之前重复出现上述点数之和，则赢。相反，如果第一次掷出的点数之和为 2、3、12，或者第一次掷出的点数之和为 4、5、6、8、9 或 10，并且在上述点数之和再次出现之前出现 7 点（点数之和），则输。
E（1）在电子表格上为这一掷骰子游戏建立仿真模型，运行一次。
E（2）运行 25 次。
（3）分析 25 次仿真的结果，判断游戏者获胜的次数。

14.6 杰斯卡·威廉（Jessica Williams）是一家百货店厨房用品部的经理，他感到炉子的库存超过了实际需要。在调整库存水平之前，他记录每天售出的炉子数量，25 天的记录如下所示：

出售数量	2	3	4	5	6
天数	4	7	8	5	1

（1）利用这些数据估计出每天销售量的概率分布。
（2）计算第（1）问中概率分布的均值。
（3）描述如何利用随机数仿真每天的销售量。
（4）使用随机数 0.447 6、0.971 3 和 0.062 9 来模拟三天的销售量，将获得的均值与第（2）问中求得的均值进行比较。
E（5）为每日销售量建立电子表格的仿真模型，仿真 300 次运行的结果，得到 300 天销售量的均值。

14.7 按下面的要求运用反向转化法，通过使用 0.096 5、0.569 2、0.665 8 这三个随机数，利用（−10,40）区间内的均匀分布产生 3 个随机观察值。

14.8 阅读第 14.2 节中的应用实例，简要描述计算机

14.9 艾迪自行车店（Eddie's Bicycle Shop）的自行车修理业务不断扩大。特里莎（Trisha）在接待台工作，负责接待前来修理和取回自行车的顾客并收款。她总结出接待每个顾客的时间服从3～8分钟的均匀分布。

（1）通过使用0.650 5、0.074 0、0.844 3、0.497 5、0.817 8这5个随机数，模拟5名顾客的服务时间。

（2）计算出5个服务时间的平均数，并与服务时间分布的均值进行比较。

E（3）运用Excel产生500个随机观察数，计算平均值，并与服务时间分布的均值进行比较。

14.10* 重新考虑习题14.9中提到的艾迪自行车店的例子。40%的自行车仅需要进行小规模修理，修理时间服从0～1小时的均匀分布。60%的自行车需要大修，修理时间服从1～2小时的均匀分布。使用下面的方法估计所有自行车修理时间的概率分布均值。

（1）运用随机数0.725 6、0.081 7、0.439 2进行仿真，确定三辆自行车中哪些需要大修，哪些需要小修，然后运用随机数0.224 3、0.950 3、0.610 4模拟这三辆自行车的修理时间，计算出平均时间以估计修理时间概率分布的均值。

（2）用第（1）问中随机数的互补数重复求解第（1）问，即新的随机数为0.274 4、0.918 3、0.560 8、0.775 7、0.049 7、0.389 6。

（3）结合第（1）问和第（2）问中的随机数，计算6个观察值的平均值，以估计总体分布均值。这种方法被称为增补随机数法（method of complementary random numbers）。

（4）修理时间概率分布的实际均值为1.1，将这一均值与第（1）问、第（2）问、第（3）问中求得的均值相比较，解释为什么会得到如此准确的答案。

E（5）在电子表格中建模，应用第（3）问中介绍的增补随机数法。使用600个随机数以及它们的增补数产生600个随机观察数，计算这些随机观察数的平均值，并与实际均值比较。

14.11 威廉·格雷厄姆娱乐公司（William Graham Entertainment Company）将开设一个订票办公室，在娱乐节目开始之前，顾客可以先订票。利用计算机仿真来确定该办公室需要一名还是两名工作人员。

在模拟该订票办公室第一天的运营状况时，第一位顾客在开门之后的5分钟到达，接下来4位顾客到达的时间间隔按先后次序为3分钟、9分钟、1分钟和4分钟。之后经过很长时间等待才有顾客到来。前5位顾客的服务时间按先后次序分别为8分钟、6分钟、2分钟、4分钟和7分钟。

（1）对于只有一位工作人员的情况，画出如图14-8所示的图形，显示在这一段时间内订票处的顾客数。

（2）利用这一图形估计出排队系统通常的绩效指标L、L_q、W、W_q和P_n（参见第12.3节和第14.3节中的介绍）。

（3）在有两名工作人员的情况下重复第（1）问。

（4）在有两名工作人员的情况下重复第（2）问。

14.12 纳斯贝特制造公司（Rustbelt Manufacturing Company）雇用员工负责机器的维修，管理层想要通过计算机仿真来确定员工的数量，可供考虑的人数为2名、3名和4名。该修理组修理一台机器的时间服从0到2倍均值间的均匀分布，而均值的大小取决于修理组员工的数量。在2名员工的情况下，均值为4小时；3名员工为3小时；4名员工为2小时。机器出现故障的时间服从均值为5小时的指数分布。当一台机器出现故障时，必须进行修理，管理层要求修理之前的平均等待时间不能超过3小时，管理层还要求机修小组的员工数不要多于必需的数量。

（1）通过描述第14.2节中介绍的仿真模型的6个基本组成部分，为这个问题开发仿真模型。

E（2）在电子表格上建模，进行计算机仿真，以估计机器修理前的平均等待时间。假设机修组的员工数可以是1名、2名和3名，分别仿真模拟在出现100次机器故障时间内的运行状况。其结果表明最好多少名员工？

Q（3）设定机修组的员工数分别为 1 名、2 名和 3 名，运用排队仿真器分别模拟在出现 1 000 次机器故障时间内运行状况。

E（4）设定机修组的员工数可以是 1 名、2 名和 3 名，分别运用本章 Excel 文件中的 $M/G/1$ 排队模型的 Excel 模板来解释等待时间的期望值。应雇用多少员工？

14.13 考虑在卡特理发店不聘用助手的仿真模型中前 100 分钟的计算机仿真情况，如图 14-7 和图 14-8 所示。现在加入一名助手，使用图 14-7 同样的间隔时间（同样的次序），以及同样的服务时间（同样的次序）模拟这一情况下的运营状况。

（1）对于前 100 分钟进来的 5 位顾客，重新计算这些顾客的等待时间，并利用这些结果来估计理发前的期望等待时间 W_q。

（2）在这种情况下，重新绘制图 14-8，显示出在这 100 分钟内理发店顾客人数的变动情况。

14.14 在运行单个服务台的排队系统的计算机仿真时，在前 10 分钟，系统中的顾客数为 0，接下来的 17 分钟有 1 名，随后的 24 分钟有 2 名，15 分钟后有 1 名，再 16 分钟后有 2 名，再 18 分钟后有 1 名。在 100 分钟之后，顾客人数又变为 0，基于这些数据进行下面的分析（使用第 12.3 节和第 14.3 节介绍的排队模型）。

（1）绘制如图 14-8 所示的图形，表现系统中顾客数的变化。

（2）估计 P_0、P_1、P_2、P_3 的值。

（3）估计 L 和 L_q 的值。

（4）估计 W 和 W_q 的值。

14.15 阅读第 14.4 节中的应用实例，简要描述计算机仿真是如何应用在该案例中的。列出该研究带来的经济效益和非经济效益。

14.16 百斯特银行（Best Bank）是一家大型银行，它想要在一个小镇开一个支行办公室。初步分析表明，支行需要两名出纳（两个服务窗口），但是这一结果还要进一步分析。

市场调查表明，这一新支行将会吸引大量的银行业务，平均每分钟 1 位顾客。因此，顾客到达时间的平均间隔可以认为是 1 分钟。因为银行周围没有停车场，所以必须提供一个仅供银行顾客停车的停车场。而停车场必须有一位服务员负责检查来客是否可以在此停车。检查过程至少为 0.5 分钟，因此顾客进入银行的时间间隔至少为 0.5 分钟，而时间间隔超过 0.5 分钟的估计服从均值为 0.5 的指数分布。这样，总的时间间隔服从转换的指数分布（translated exponential distribution），均值为（0.5+0.5）=1.0 分钟（转换的指数分布是在一般的指数分布上加一个常数）。

根据过去的经验，出纳的服务时间因顾客的不同而有很大差异，但是均值大致为 1.5 分钟。服务时间近似地服从均值为 1.5 的爱尔朗分布（一个比指数分布变异性小的特殊分布），形状系数为 $k=4$，标准差为 0.75 分钟（是具有同样均值的指数分布的一半）。

这些数据表明，两个出纳员应该能够很好地满足顾客的要求。但是，管理人员希望确保客户在接受服务之前不会经常遇到排长队和等待时间过长的情况。因此需要运用计算机仿真来测试这一系统的绩效度量指标。

Q（1）运用排队仿真器，仿真模拟在两名出纳的情况下，5 000 名顾客到达时间内系统的绩效度量指标。（排队仿真器支持使用各种不同的到达时间和服务时间的分布，包括这个问题所需的分布。）

Q（2）在有三名出纳的情况下重复考虑第（1）问。

Q（3）进行敏感性分析，确定如果业务量比预计的要多很多时会产生怎样的后果。假设顾客到达的平均时间间隔仅为 0.9 分钟（0.5 分钟加上均值 0.4 分钟），评估在这种情况下使用两名出纳和三名出纳的系统运行状况。

（4）假设你是银行经理，利用仿真结果作为决策的依据，你将会聘用多少名出纳，为什么？

14.17* 休记修理店（Hugh Repair Shop）专门修理德国和日本生产的汽车，店内有两台机器，一台用于修理德国汽车，一台用于修理日本汽车。修理一辆汽车的时间服从均值为 0.2 天的指数分布，该店的修理业务不断增长，特别是德国汽车。休预计，到明年，德国车将以平均每天 4 辆的速度随机到达，因此，德国车到达的时间间隔服从均值为 0.25 天的指数分布。而日本车预计每天到达2辆，即到达的时间间隔服从均值为0.5天的指数分布。对于这两种车，休希望修车前在店里的平均等待时间不超过0.5天。

E（1）建立电子表格模型，进行计算机仿真，以估计下一年每种车在修理之前的平均等待时间。

E（2）仿真模拟有100辆德国车到达时间段的系统状况。

E（3）仿真模拟有100辆日本车到达时间段的系统状况。

Q（4）运用排队仿真器仿真第（2）问和第（3）问中分别有10 000辆车到达的情形。

Q（5）休正在考虑是否要再雇用一名修理德国车的技工，这样两辆德国车就可以同时得到修理（一位技工修理一辆车），运用排队仿真器仿真10 000辆德国车到达的时间段内系统的运行状况。

Q（6）另一种方法是将现在的两名技工培训成为能够修理两辆车的多面手，这样，修理时间会增加10%，从0.2增加到0.22天。运用排队仿真器仿真两种车型各20 000辆到达的时间段内系统的运行状况。

E（7）因为到达时间和服务时间均为指数分布，所以可以用第12.5节和第12.6节中介绍的$M/M/1$和$M/M/s$排队模型解析上面的各种情况。运用第12章Excel文件中提供的$M/M/s$（$s=1$或2）排队模型计算第（2）问至第（6）问中各种情况下等待时间的期望值W，并将解析解与计算机仿真得到的期望值进行比较，这说明了运用计算机仿真时，应该模拟多少车辆的到达？

（8）基于上面的分析结果，如果你是休的话，你会选择哪一种方案，为什么？

14.18 维斯塔机器公司为电脑厂商生产显示器和打印机。过去，公司只对产品进行抽样检查，而现在要求在产品完工之后，对所有的产品都进行检查。在这一计划下，所有的显示器和打印机在完工之后，都必须拿到检验台。显示器的到达时间在区间（10，20）分钟服从均匀分布，打印机的到达时间间隔为15分钟。

检验台有两名检验员，分别检验显示器和打印机。检验时间均服从均值为10分钟的指数分布。

在实施新计划之前，管理层希望能够知道显示器和打印机在检验之前的估计等待时间是多长。

E（1）建立电子表格模型，仿真估计显示器和打印机（在检验开始之前和检验完成后）的平均等待时间。

E（2）仿真模拟100个显示器到达时间段内的情况。

E（3）对于打印机，重复考虑第（2）问。

Q（4）运用排队仿真器重复考虑第（2）问和第（3）问，要求分别有10 000台到达检验台。

Q（5）管理层打算给检验员配备新的检验设备，该设备不会改变检验时间的均值，但是会减少时间分布的方差。两种产品的检验时间都服从均值为10分钟的爱尔朗分布（爱尔朗分布是一种比指数分布变异性小的特殊分布），形状系数$k=4$。在这一方案下，运用排队仿真器（可以使用爱尔朗分布），重复考虑第（4）问，并与第（4）问的结果进行比较。

14.19 考虑第14.2节中引入的案例。在观测了卡特理发店的运营状况后，弗里茨认为他叔叔估计的服务时间服从（15，25）分钟之间的均匀分布是很不合理的。基于收集到的数据，弗里茨认为这一服务时间的最佳分布是均值为20分钟的爱尔朗分布，形状参数$k=8$（爱尔朗分布是一种特殊的分布，$k=8$意味着它的变异性比指数分布小得多）。

（1）代入新的服务时间分布，重复前面弗里茨用来产生图14-9（均值为30分钟的到达时间间隔分布）的仿真过程。

（2）代入新的服务时间分布，重复前面弗里茨用来产生图14-11（均值为14.3分钟的到达时间间隔分布）的仿真过程。

14.20 对于第12.4节引入的杜皮特公司案例，通过运用下面的简化近似，管理科学小组就可以应用一系列排队模型。除了工程副总裁提出的方法外，小组假设修理一台机器的总时间（包括到机器所在地的时间）服从均值为2小时（1/4工作日）的指数分布。但是，小组对这一分布持怀疑态度，因为修理的时间通常都不会太短。在正式修理开始之前，还需要包括前往设备所在地的时间以及一定的准备时间，大约为40分钟（1/12工作日）。

计算机仿真优于数学模型的一个显著特征是不需要进行这些假设。例如，在排队仿真器中，可以使用转换的指数分布，该分布包含最小时间以及符合某一均值的指数分布的附加时间（商业版计算机仿真软件包所包含的选项更多）。

使用计算机仿真来优化通过排队模型得到的结论（由问题中的图形所示的Excel模板给出）。修理时间服从转换的指数分布，最小值为1/12工作日，附加的时间服从均值为1/6工作日（80分钟）的指数分布。通过仿真25 000次到达事件，比较点估计W_q值（该案例的关键绩效指标）和排队模型求得的W_q值。

Q（1）图12.4 (Figure 12.4)。

Q（2）图12.5 (Figure 12.5)。

Q（3）图12.8 (Figure 12.8)。

Q（4）图12.9 (Figure 12.9)。

（5）关于排队系统计算机仿真结果相对于服务时间概率分布假设的敏感性，你可以得出怎样的结论。

案例 14-1 刨床的规划

这是卡尔·席林（Carl Schilling）第一次被重要人物召见，他希望以后再也不会被召见了，因为他不喜欢这种压力。作为工厂刨工的领班，他已经承受了足够大的压力，上个月的事情现在回想起来还像是一场噩梦。

值得庆幸的是，事情并没有卡尔想象得那么糟。公司的大人物实际上很和善，他们说希望听一听卡尔对一个问题的看法（这个问题会影响整个工厂）。问题的起源是因为刨床车间跟不上工作的进度，通常有许多工件等待一个空闲的刨床。这种等待严重影响了后面的生产进度，增加了在制品库存以及设备闲置和开工不足的成本。他们知道这不是卡尔一个人的责任。他们想知道他对如何调整刨床车间这一瓶颈的建议。想象一下，高等商业学府毕业的那么多大人物居然要请他这个几乎高中都没毕业的人提供建议，这真是太不可思议了，他急不可待地想要回去告诉他的妻子。

这次与高层管理者的会面使他有机会解决他一直头痛的两个问题。第一个问题是他一直想增加一台刨床，他已经多次向他的老板提出这一申请，但毫无结果。老板总是跟他说：原来的刨床还没有被百分之百利用，怎么可以再增加刨床呢？他的老板难道不知道在工作任务繁重的时候存在多少滞后问题吗？

令他头痛的第二个问题是工作的不稳定性，工作量的最高峰和最低谷都出现在他的部门中。有时候大量的工作被同时安排下来造成处理不及，而有时候又没有工作可做。如果其他部门能够保持工作量的稳定供给，许多滞后问题就不会存在。

在卡尔说明这些问题时，管理人员都点着头，似乎他们都同意他的看法，这令卡尔很高兴。他们似乎很理解卡尔，也真诚地向他表示感谢。或许这次会采取一些办法来解决问题了。

卡尔和高层管理者讨论的详细内容如下。公司有两台刨床，它们负责大型铸件的平面加工。现在刨床主要有两个用途：一是加工大型水压机压板的上表面，二是加工大型推土机减速器壳的活动表面。每一种工作的加工时间根据所加工产品的不同而不同。每件产品的加工时间服从转换的指数分布，最少是10分钟，超过10分钟的时间服从指数分布，均值为10分钟（本章Excel文件中的排队仿真器中可以选择这一分布方式）。

两种铸件每次一件到达刨床车间，水压机压板铸件以每小时平均2件的速度随机到达，减速器壳铸件也是以每小时2件的速度随机到达。

根据卡尔的建议，管理层要求管理科学小组（也就是你）分析下面两个解决刨床车间瓶颈的方案。

方案1：增加一台刨床。所增加的成本估计为（包括资金成本）每小时30美元（这一估计考虑到在增加一台刨床后所有刨床的总工作时间保持不变这一事实）。

方案2：减少加工件到达的随机性，这样压板铸件和减速器壳铸件以平均每15分钟一个的速度交替到达。这需要调整原来的工作流程，增加的成本为每小时60美元。

这两个方案不是互斥的，因此可以综合使用。

据估计，在等待时间不是过长的情况下（包括加工时间），压板铸件每等待一小时的成本为200美元，而水压机铸件为每小时100美元。为了避免等待时间过长，刨床遵循先到先加工的原则。

管理层的目标是要尽可能地降低每小时的总成本。

运用计算机仿真，估计各种可能的方案，包括现行的做法以及提案的各种组合，然后向管理层提出你的建议。

是否还有其他可供考虑的选择呢？

案例 14-2　减少在制品库存（再次研究）

重新考虑案例 12-2。在本例中，我们要在排队模型的辅助下分析当前推荐的排队系统，以确定如何最大限度地减少在制品库存。然而，利用本章 Excel 文件（见 www.mhhe.com/Hillier6e）中的排队仿真器进行计算机仿真，也可以对这些排队系统进行有效分析。

使用计算机仿真来完成这个案例中所有的分析。

更多案例

关于本章的更多案例，可以查阅西安大略大学毅伟商学院网站 www.cases.ivey.uwo.ca/cases 专为本书设计的 CaseMate 部分。

第 15 章

使用 Analytic Solver 进行计算机仿真

:学习目标:

完成本章的学习后，你应该能够：
1. 描述 Analytic Solver 在进行计算机仿真时起到的作用。
2. 使用 Analytic Solver 执行标准 Excel 软件包无法完成的各种基本计算机仿真。
3. 进行计算机仿真时，解释由 Analytic Solver 仿真所生成的输出结果。
4. 利用 Analytic Solver 的特性，当达到预期的精度时使其能够终止仿真的运行。
5. 描述使用 Analytic Solver 时能够运用于计算机仿真的多种概率分布的特点。
6. 在使用 Analytic Solver 时，找出能够最好地拟合历史数据的连续型分布函数。
7. 使用 Analytic Solver 生成可辅助决策的参数分析报告和趋势图。
8. 使用 Analytic Solver 的 Solver 工具自动搜寻仿真模型的最优解。

前一章介绍了计算机仿真的一些基本概念，主要强调了使用电子表格模型来进行基本的计算机仿真。除了使用排队仿真器来处理排队系统的问题外，在第 14 章中所有的计算机仿真都只用了标准的 Excel 软件包来执行。

尽管标准的 Excel 软件包具有一些基本的仿真功能，但近年来开发出的一些强大的 Excel 加载宏大大增强了其软件的仿真能力，这一进展令人振奋。其中一个比较流行的加载宏是前线系统公司开发的产品 Analytic Solver 平台。你在前几章接触到的是该产品的学生版本 Analytic Solver，且已被用于多种应用中。在本章中你也可以看到，Analytic Solver 在进行计算机仿真时同样具有强大的功能（本书对应的网站 www.mhhe.com/Hillier6e 上的第 20 章也介绍了一种具有相似功能的 Excel 加载宏，被称为 Crystal Ball。网站还提供了 Analytic Solver 的安装说明）。

本章重点在于描述和展示 Analytic Solver 为电子表格仿真建模带来的好处。其他用于电子表格仿真建模的 Excel 加载宏，包括第 20 章介绍的 Crystal Ball，也提供了一些相同的功能。第 15.1 节首先介绍了一个案例，这一案例在第 15.7、第 15.8 节会再次分析。第 15.2～第 15.5 节中提出了几个可以使用 Analytic Solver 进行计算机仿真的重要商业问题。第 15.6 节集中讨论了如何使用正确的概率分布函数作为计算机仿真的输入。第 15.7 节则描述了如何构建参数分析表，并将其应用在仿真问题决策的制定中。最后，第 15.8 节讨论并展示了如何使用 Analytic Solver 中的 Solver 工具结合计算机仿真寻找最优解。

15.1 案例研究：报童弗瑞迪问题

这个案例关注的是一个位于大城市闹市区的书报摊。这个书报摊存在已久，以至于人们已经想不起来它是什么时候出现在那里的。它由一个名叫弗瑞迪（Freddie）的人经营（没有人知道他姓什么）。许多顾客都亲切地称他为报童弗瑞迪，尽管他的年纪比大多数顾客还要大。

弗瑞迪出售各种各样的报纸和杂志。其中，最昂贵的报纸是一份名为《金融日报》的大型全国性日报。我们的案例也涉及这份日报。

弗瑞迪问题

每天一大早，分销商就会把当天的《金融日报》送到书报摊，当天未销售出去的报纸又会在第二天早上退还给分销商。然而，为了鼓励书报摊多订报纸，分销商会对未出售的报纸给予小额的退款。

下面是弗瑞迪的成本数据：

- 弗瑞迪为每份报纸支付 1.50 美元的成本费用。
- 弗瑞迪以 2.50 美元的价格出售每份报纸。
- 对于每份未出售的报纸，弗瑞迪可以得到 0.50 美元的退款。

考虑到退款以及其他因素，弗瑞迪总是会多订购一些报纸。然而，他已经开始注意到自己为那些卖不出去而不得不退掉的报纸花费了太多的钱，特别是近日来这种退还报纸的情况几乎天天发生。现在他认为，如果订购最小数量的报纸并节省额外的费用，经营状况可能会有所好转。

为了进一步对这个想法进行分析，弗瑞迪一直在记录他的日销售额。下面是他的发现：

- 弗瑞迪每天的报纸销量一般在 40～70 份之间。
- 40～70 之间的数字出现的频率大致上相同。

弗瑞迪需要决定每天向分销商订购多少份报纸。他的目标是使得自己的日均利润最大化。

> 弗瑞迪问题涉及确定能使其日均利润最大化的订购数量。

如果你之前已经在运营管理课程中学习过库存管理，那么你可能会意识到这个问题是一个报童问题（Newsvendor Problem）的例子。实际上，我们使用一个基本的库存模型就可以分析第 19 章（本书补充章节）中该案例的一个简化版本（www.mhhe.com/Hillier6e 上提供的一个补充章节）。但在本章中，我们将使用计算机仿真来分析这个问题。

该问题的电子表格模型

图 15-1 显示了该问题的一个电子表格模型。给定数据单元格 C4:C6，决策变量就是要输入单元格 C9 中的订购数量（随机数字 60 已经作为第一个合理值输入到了这个单元格中）。这张图的底部则给出了输出单元格 C14:C16 的计算公式。然后，用这些输出单元格来计算输出单元格 Profit（C18）的值。

> 《金融日报》的日需求量显示为 40～70 之间的离散均匀分布。

在这个电子表格中唯一不确定的输入量就是单元格 C12 中的日需求量。这个数量可以是 40～70 的任意数值。由于 40～70 的数值出现的频率大致相同，所以日需求量的概率分布可以合理地假设为 40～70 的整数均匀分布（即假设 40～70 的所有整数值出现的概率均是相同的），如单元格 D12:F12 所示。并不是在 Demand（C12）中恒定不变地输入一个单一的数值，Analytic Solver 所做的就是在这个单元格中输入概率分布函数。通过使用 Analytic Solver 根据这个概率分布函数产生一个随机观察数值，电子表格就可以按正常的方式来计算输出单元格的值。每一次运行都被称为 Analytic Solver 的一次**试算**（trial）。按照用户指定的试算次数运行（通常是几百次或者几千次），计算机仿真就可以生成同样数量的输出单元格中的随机观察数值。Analytic Solver 记录下这些输出单元格的信息（弗瑞迪的日利润），最后就可以以相应的表格形式显示出弗瑞迪在这个基本的概率分布函数下所得到的日利润估计值（接下来会进行进一步的详细说明）。

	A	B	C	D	E	F
1		Freddie the Newsboy				
2						
3			Data			
4		Unit Sale Price	$2.50			
5		Unit Purchase Cost	$1.50			
6		Unit Salvage Value	$0.50			
7						
8		Decision Variable				
9		Order Quantity	60			
10					Lower	Upper
11		Simulation			Limit	Limit
12		Demand	44	Integer Uniform	40	70
13						
14		Sales Revenue	$110.00			
15		Purchasing Cost	$90.00			
16		Salvage Value	$8.00			
17						
18		Profit	$28.00			
19						
20		Mean Profit	$46.45			

	B	C
12	Demand	=PsiIntUniform(E12,F12)
13		
14	Sales Revenue	=UnitSalePrice*MIN(OrderQuantity,Demand)
15	Purchasing Cost	=UnitPurchaseCost*OrderQuantity
16	Salvage Value	=UnitSalvageValue*MAX(OrderQuantity-Demand,0)
17		
18	Profit	=SalesRevenue-PurchasingCost+SalvageValue + PsiOutput()
19		
20	Mean Profit	=PsiMean(C18)

Range Name	Cell
Demand	C12
MeanProfit	C20
OrderQuantity	C9
Profit	C18
PurchasingCost	C15
SalesRevenue	C14
SalvageValue	C16
UnitPurchaseCost	C5
UnitSalePrice	C4
UnitSalvageValue	C6

图 15-1　应用计算机仿真求解报童弗瑞迪问题的电子表格模型

注：不确定的可变单元格是 Demand(C12)，结果单元格是 Profit(C18)，统计单元格是 MeanProfit(C20)，决策变量是 OrderQuantity(C9)。

Analytic Solver 的应用

根据图 15-1 中的电子表格，使用 Analytic Solver 进行计算机仿真一共需要经历五个步骤，如下所示：

（1）定义不确定的可变单元格。
（2）定义结果单元格。
（3）定义描述的任意统计单元格（如，平均利润）。
（4）设定仿真选项。
（5）运行仿真。

接下来我们具体描述每一个步骤。

定义不确定的可变单元格

不确定的可变单元格（Uncertain Variable Cell）是一个具有随机值的单元格（比如《金融日报》的日需求

量)。因此，必须在这个单元格中输入一个假设的概率分布函数，而不是一成不变地输入一个单一数值。在图 15-1 中唯一不确定的可变单元格是 Demand（C12）。

我们可通过下面的步骤来界定不确定的可变单元格。

定义不确定可变单元格的步骤

（1）单击选择一个单元格。

（2）如图 15-2 所示，在 Analytic Solver 功能区找到分布菜单（Distributions menu），从分布菜单栏中选择一个分布输入单元格。

（3）使用分布对话框为该分布输入参数，最好是引用电子表格中含有这些参数值的单元格。

（4）点击保存。

在上面的第二步中提到的**分布菜单**提供了 47 种概率分布，它们被划分为几个子菜单，点击子菜单才可以选择相应所属子菜单下的概率分布。图 15-2 展示了离散子菜单下的 8 个概率分布，而其他子菜单包含了更多的概率分布（第 15.6 节会着重介绍如何选择正确的概率分布）。

分布菜单中包含 47 种概率分布。

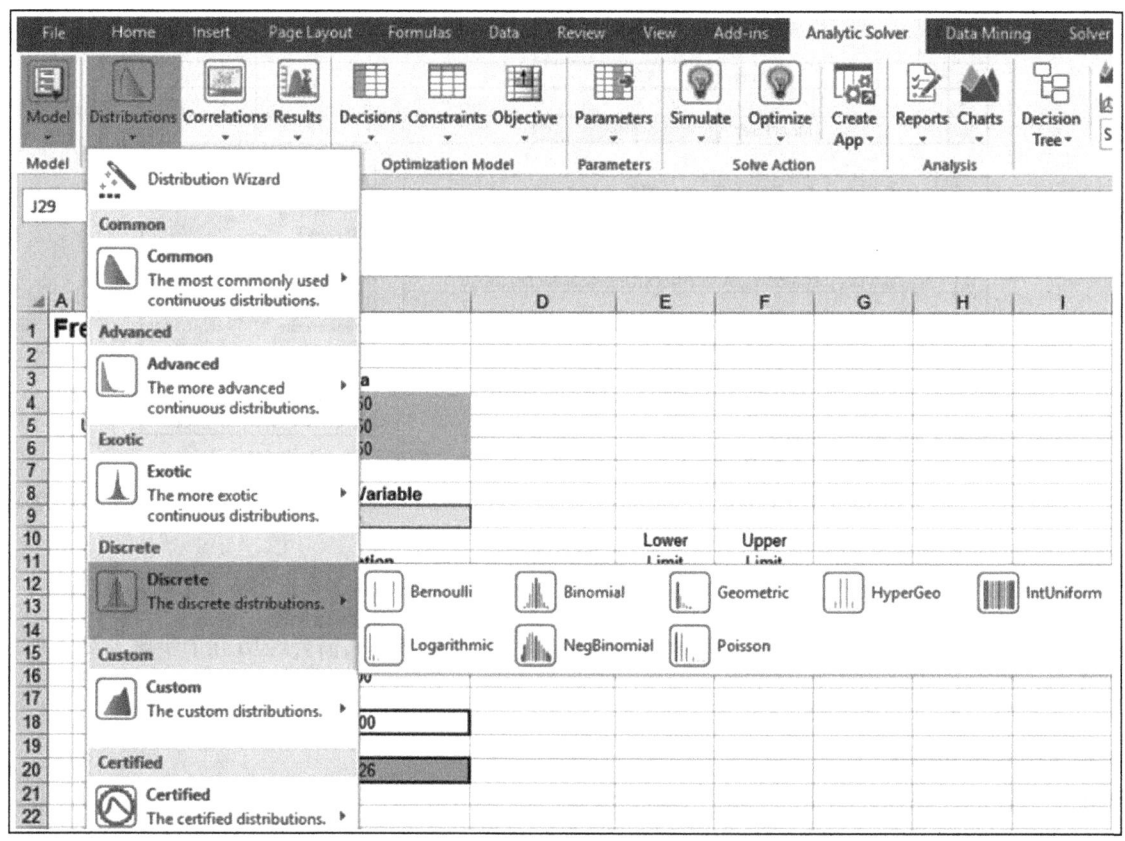

图 15-2 离散子菜单可用的概率分布

注：Analytic Solver 功能区下的分布菜单显示了离散子菜单下的可用概率分布。除了此处显示的 8 个概率分布外，在其他子菜单中还有 39 个概率分布。

哪种概率分布适用于弗瑞迪的案例呢？由于报纸的销量总是整数，因此从离散子菜单下选择概率分布更为适合（其他子菜单下的各种连续型概率分布中假设可以存在分数值）。由于销量在 40～70 出现的频率大致相等，因此整数均匀分布（IntUniform distribution）是最好的选择。整数均匀分布假设所有整数值在最小值和最大值之间任何一点出现的概率均是相等的。

在分布菜单中选择整数均匀分布，就会生成如图 15-3 所示的对话框，可在其中输入分布函数的参数。对于每一个参数（最小值和最大值），我们可以引用电子表格中的数据单元格 E12 和 F12 来设置两个参数的值。点击保存后，Analytic Solver 会向单元格中输入一个公式用于计算概率分布得出的随机值。对于单元格 Demand（C12）中的均匀分布，输入的公式为 =PsiIntUniform（E12，F12）。这个公式根据参数最小值 =E12 以及最大值 =F12 的均匀分布计算出一个随机值。同 Excel 的其他功能一样，这个公式可被复制和粘贴（我们会在第 15.2 节的例子中这个功能的强大作用）。

> **Analytic Solver 小提示**：不要输入原始数值，而在定义分布参数时引用单元格来表示（如输入 E12 和 F12）。这样在改变参数值时，就可以直接在电子表格中修改而不用再在 Analytic Solver 对话框中修改。

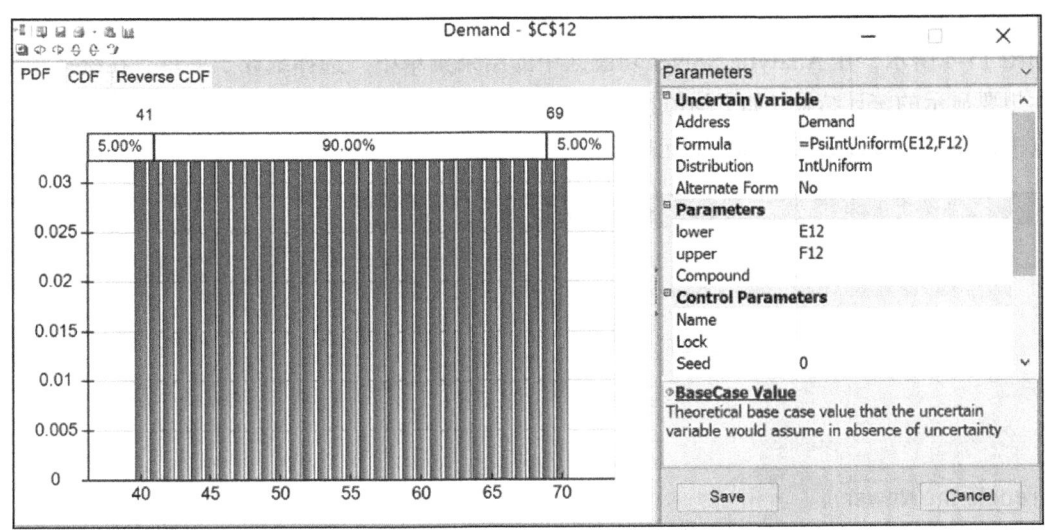

图 15-3　不确定的可变单元格参数对话框

注：该对话框用于定义图 15-1 电子表格模型中，不确定的可变单元格 Demand（C12）整数均匀分布的参数。整数均匀分布的两个参数，最小值和最大值，分别通过引用单元格 E12（40）和 F12（70）来输入对话框。

定义结果单元格

计算机仿真时用来预测绩效度量指标的每一个输出单元格都被称为**结果单元格**（Results Cell）。计算机仿真的电子表格模型中一般并不包含目标单元格，但是结果单元格可以大致发挥同样的作用。

报童弗瑞迪问题的绩效度量指标就是销售《金融日报》的日利润，所以图 15-1 中唯一的结果单元格就是 Profit（C18）。如下步骤可以用来定义这个结果单元格。

定义结果单元格的步骤

（1）单击选择一个单元格。

（2）在 Analytic Solver 功能区的结果菜单（Results menu）中选择 Output/In Cell。

在图 15-1 中，结果单元格（C18）显示利润值为 28 美元。需要注意的是，它只是当前显示在电子表格不确定的可变单元格中一个特殊随机值（需求量为 44）的一个结果，并不是整个仿真运行得到的结果，

> 结果单元格中的值只是显示出仿真根据当前不确定可变单元格中的一个特殊随机值试算一次得到的一个可能结果，并不是整个仿真运行的结果。鼠标悬浮在结果单元格上可以出现一个图表显示其对完整仿真结果的总结。

它甚至不是整个运行得到的平均利润，它只是一个单一的随机结果（一次试算）。为了获得整个仿真运行的结果，将鼠标悬浮在单元格上就会出现一个图表，显示出所有的仿真结果（稍后会对此做进一步说明）。

定义统计单元格

由于结果单元格中的数值只能给出仿真试算一次得到的结果（在鼠标悬浮在单元格上以显示更多结果之前），因此，在电子表格上直接显示统计信息（绩效测量）以总结整个仿真运行的结果是非常有用的。Analytic Solver 将这样的单元格称为**统计单元格**（statistic cells）。在图 15-1 中，单元格 C20 被定义为用于显示平均利润（46.45 美元）的一个统计单元格。Analytic Solver 使用如下过程来定义一个统计单元格。

定义统计单元格的过程

（1）单击选中你想要显示其统计结果的结果单元格。

（2）如图 15-4 所示，在 Analytic Solver 功能区中的结果菜单中，选择统计子菜单，在统计子菜单下选择你想要显示的统计结果（如平均值）。

（3）点击你想显示统计结果的统计单元格。

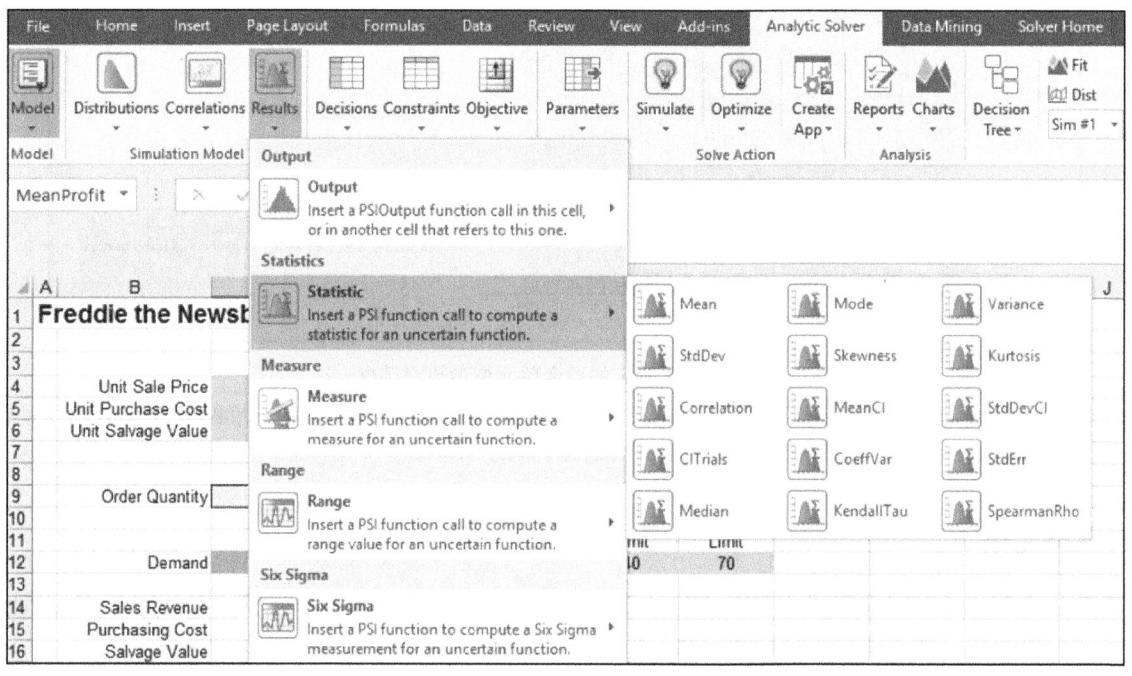

图 15-4　结果菜单下的统计子菜单

注：Analytic Solver 功能区中结果菜单下的统计（Statistic）子菜单，显示了可用的统计功能。从该子菜单下选择一个统计功能就能够计算当前仿真运行的相应统计结果。统计结果的值会显示在一个特定的统计单元格中。

设定仿真选项

计算机仿真的第四步——设定仿真选项，主要是为了选择仿真运行的次数，并确定其他与运行计算机仿真相关的选项。首先通过在 Analytic Solver 功能区中点击选项按钮（Options Button）并选择仿真标签（Simulation Tab）。接下来就会出现如图 15-5 所示的仿真选项对话框。其中最重要的选项可能就是仿真运行的次数。图中指明系统会运行 1 000 次。其他的选项允许你改变 Analytic Solver 所使用的抽样方法或随机数字生成器。我们在此保留其默认值的设置。

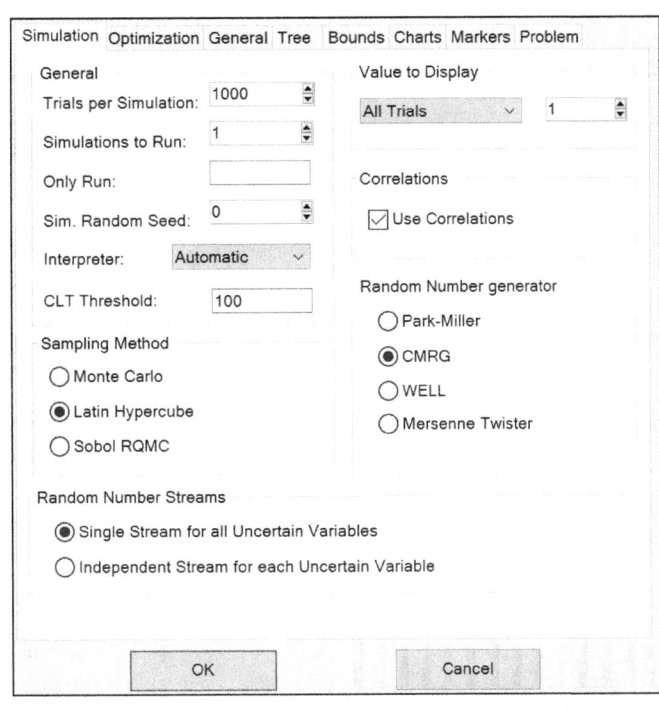

图 15-5　Analytic Solver 选项对话框里仿真标签的内容

运行仿真

到这一步，就可以运行计算机仿真了。事实上，仿真可能已经在后台开始运行了。在图 15-2 或图 15-4 中都可以看到，Analytic Solver 功能区中的仿真按钮有一个灯泡。如果灯泡是亮的（看起来是黄颜色的），这意味着 Analytic Solver 正处于交互仿真模式。在这个模式下，每次改动模型时，仿真都将在后台自动运行，并立即更新结果。因此，如果灯泡是亮的，那么这说明仿真已经在运行中，可以立即查看结果。对于小型或中等规模的模型，仿真运行的速度非常快以至于你甚至无法注意到其在后台工作的过程。

如果灯泡没亮（看起来是灰色的），那么 Analytic Solver 只在被指示运行的时候才会运行仿真。要运行仿真的话，你可以通过点击仿真按钮来打开交互式仿真，或者也可以点击仿真按钮来显示其菜单，选择"运行一次"（Run Once）来让仿真仅运行一次。

在交互式仿真模式开启时，统计单元格会一直显示最新的仿真运行结果。例如，在图 15-1 中，统计单元格 MeanProfit（C20）显示出弗瑞迪的日利润平均值为 46.45 美元。为了看到更多的扩展结果，将鼠标悬浮在结果单元格 Profit（C18）上，这会产生一个图表，显示出对所有结果的一个简要总结。图表旁边有一个标有 *Click here to open full chart*（点击查看完整图表）的按钮，点击这个按钮就可以得到如图 15-6 所示的结果。

Analytic Solver 小提示： 如果仿真模型非常大或是运行的仿真次数非常多，在建立模型时，交互式仿真可能会引起延迟。在这个情况下，可以暂停交互式仿真直到模型完全建好为止。

系统默认视图中左边显示频率图，右边显示统计表。频率图中垂直线的高度是指仿真过程中所获得的各种利润值的相对发生频率。例如 60 美元处的垂直线，图的右边显示发生频次为 350，也就意味着 1 000 次的试算中，有 350 次所获得的利润为 60 美元。因此，图的左边显示了获得 60 美元利润的估计概率为 350/1 000=0.35。这是当需求等于或超过订单数量 60 时产生的利润。而其他的情况，利润都是分布在 20 ~ 58 美元之间。这些利润值对应于需求处在 40 ~ 59 个单位之间的试算，当需求接近 40 时利润会较低，当需求接近

60时利润会较高。

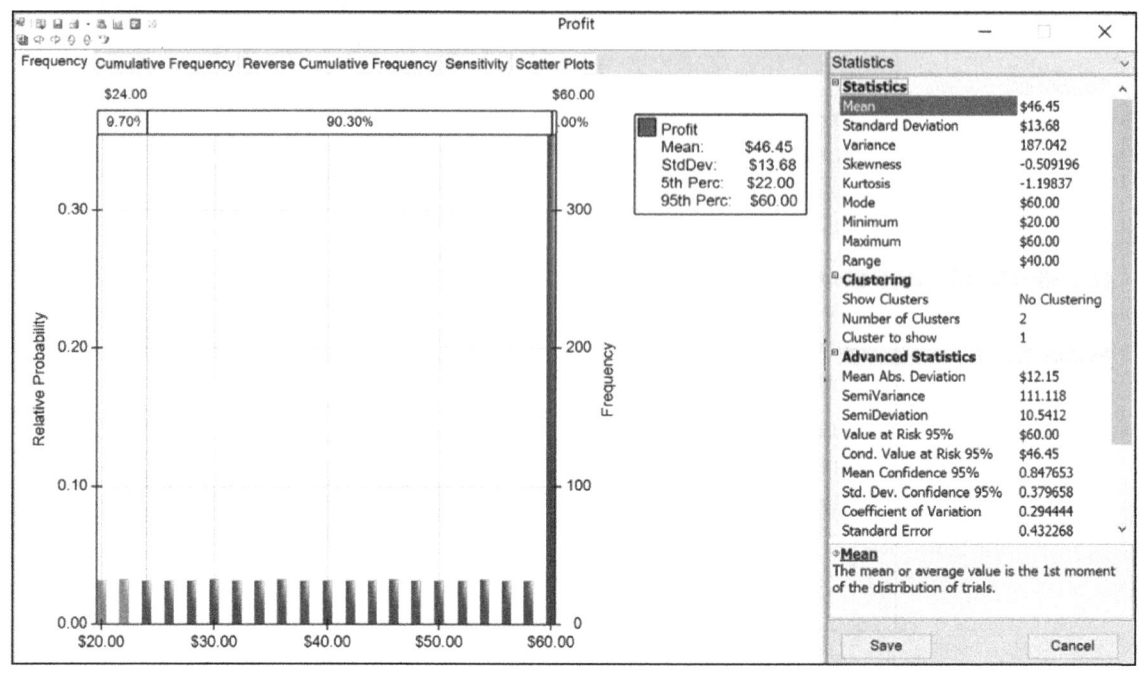

图15-6 Analytic Solver提供的频率图和统计表

注：它们总结了运行图15-1中仿真模型的结果。

图15-6右边的统计表总结了1 000次计算机仿真试算后的结果。这1 000次试算提供了对于弗瑞迪每日的销售利润，满足其潜在概率分布的随机观察量的1 000次抽样。此表提供了有关这次抽样最令人感兴趣的统计结果，包括平均利润（Mean）46.45美元、标准差（Standard Deviation）13.68美元（对试算得到的利润值变动程度的测量）、众数（Mode）60美元（表示发生频率最多的利润值）。在表的底部所示的最大利润和最小利润的信息也非常有用。

除了图15-6所示的频率图和统计表外，还有一些其他有用的方式来显示仿真运行的结果。通过点击频率图顶部的适合标签（Appropriate Tab），可以显示一个累计频率图（Cumulative Frequency Chart）、逆向累计频率图（Reverse Cumulative Frequency Chart）、灵敏度分析图（Sensitivity Chart）或散点图（Scatter Plot Chart）。而且，统计表上的菜单允许你选择是否显示统计表或百分比表（Percentiles Table）（也提供改变图表不同选项的功能选择）。图15-7显示了当前仿真运行得到的结果，图的左边是累计频率图，右边是百分比表。百分比表基于由1 000次仿真所产生的由小到大排列的利润值，把这个排列分成了100个相等的部分（每10个值即一部分），然后记录每一部分的最后一个数值。这样，位于整个队列的5%的值是22美元，位于整个队列的10%的值是26美元，以此类推（例如，对于位于整个队列10%的值是26美元的直觉理解就是在1 000次的试算中，有10%的实验获得的利润值小于或等于26美元，相应地，其他90%的实验获得的利润值大于或等于26美元，因此26美元是把最小的10%的值和最大的90%的值区分开来的分界线）。图15-7左边显示的累计频率图也提供了相似的（但更详细）从小到大的利润值排列信息。横轴显示了从最小的可能利润值（20美元）到最大的可能利润值（60美元）的整个取值变动范围。在这个范围内的每一个数值，该图都累积计算了1 000次仿真试算中，所发生的实际利润值小于或等于这个数值的次数。这个数值等于右边所示的频率，或者，当其除以整个试算次数时，等于左边显示的可能性值。

一般来说，$x\%$的百分位数是区分最小的百分之x的值和其余值的划分线。

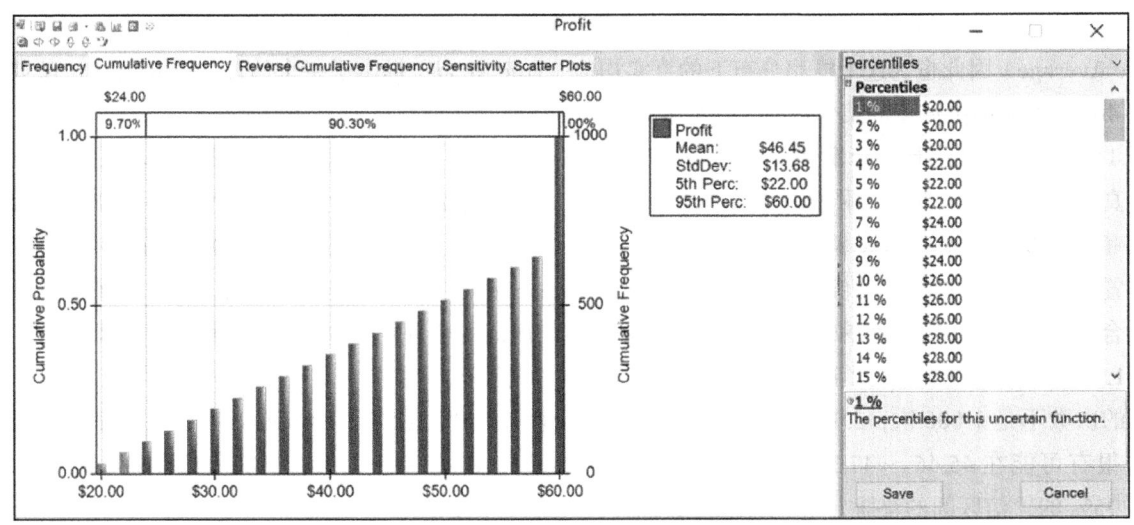

图 15-7　仿真模型的运行结果

注：Analytic Solver 对于图 15-1 中报童弗瑞迪问题的仿真模型的运行结果的另外两种显示方式（累计频率图和百分比表）。

Analytic Solver 还可以提供结果值落在指定范围内的可能性的估计值。在图 15-6 中，有两条截止线（垂直浅色虚线）指定了在 24 ～ 60 美元（60 美元的截止线很难看到，因为它被 60 美元的边线略微模糊了）之间的一系列值。图表顶部显示的百分比表明，9.7% 的结果低于 24 美元，90.3% 的结果落在 24 ～ 60 美元，0% 的结果超过 60 美元。因此，这表明报童弗瑞迪将有大约 90.3% 的机会获得至少 24 美元的利润。可以向左或向右拖动这些截止线以确定任何值范围的可能性。

报童弗瑞迪认为如果他当天销售《金融日报》的利润不低于 40 美元，那么他这一天的经营就是成功的。所以，他想知道如果他继续采用目前的订购量（60），那么达到他所期望的这种利润状况的百分比是多少。为了使用 Analytic Solver 来获得对这个百分比的估计，可以将左边的截止线拉到 40 美元处，或者通过单击截止线顶部的旧值（图 15-6 中的 24）并输入新值（40）来实现。图 15-8 显示，弗瑞迪预计可以在 64.5% 的日子里获得至少 40 美元的利润。

> 可能性方框给出了仿真试算可能得到的利润在最低值和最高值之间出现的概率。

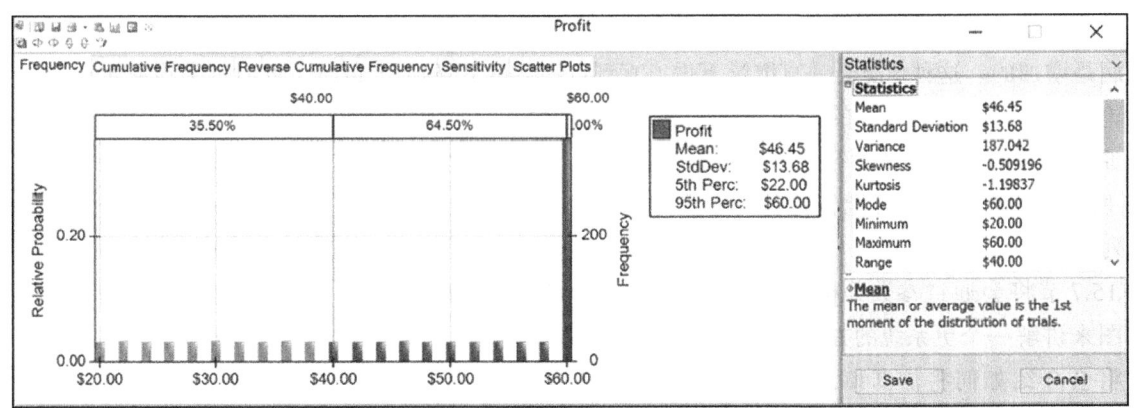

图 15-8　仿真运行显示的至少 40 美元利润的可能性

注：设定最低期望利润限定为 40 美元后，可能性对话框中显示弗瑞迪问题的仿真运行有 64.5% 的试算能够提供至少 40 美元这么高的利润。

仿真结果的精确度如何

图 15-6 所提供的一个重要数字就是平均值 46.45 美元。这个数字是在对潜在的概率分布的 1 000 次随机观

察下，运行了 1 000 次报童弗瑞迪问题的计算机仿真模型所产生的日利润的平均值。这 46.45 美元的样本均值（Sample Average）因此也为这个概率分布下的真实均值（True Mean）提供了一个估计（Estimate）。真实均值可能是在 46.45 美元周围波动的某个数值。那么我们期望的估计值能达到何种精确度呢？

图 15-6 中统计表底部的**标准差**（Standard Error）0.43 美元可以为这个关键问题提供答案。需要特别指出的是，真实均值会在样本均值附近以超过均值标准差的某一数值波动，但是大部分情况（大概 68% 的情况下），它不会超过均值标准差的波动范围。这样，这个从 46.45−0.43=46.02 美元到 46.45+0.43=46.88 美元的波动区间就是置信度为 68% 的真实均值的置信区间（Confidence Interval），一个较大的置信区间可以通过使用均值标准差的合理倍数加减样本均值来获得。例如，95% 的置信区间的合理倍数是 1.965，所以置信区间的范围是从 46.45−1.965×0.43=45.60 美元到 46.45+1.965×0.43=47.30 美元。（如果试算的次数不是 1 000 次，1.965 的倍数可能会略有变化。）因此，真实均值很有可能在 45.46～47.3 美元之间。Analytic Solver 提供了一个计算 95% 的置信区间的快捷方法。统计表中显示了 95% 置信度的均值为 0.85 美元，95% 置信区间是在 46.45−0.85=45.60 美元到 46.45+0.85=47.30 美元之间。

> 标准差说明了仿真运行得到的均值与真实均值的接近程度。

如果需要更高的精确度，则可以通过增加仿真运行的试算次数来减小均值标准差。但是，除非试验次数大幅增加，否则标准差的减少量一般都会非常小。例如，使均值标准差减少一半大概需要将试验次数增加 2 倍。因此，为了获得期望的精确度，试算次数可能大得惊人。

弗瑞迪的结论

图 15-6 给出的结果来自一次仿真运行，假设将弗瑞迪每天订购的《金融日报》数量限定为 60 份（如图 15-1 电子表格中的单元格 C9 所示）。弗瑞迪首先试算了这个订购数量，因为在大部分时间（大概 2/3 的时间）内，这个订购数量能够在充分满足需求和避免剩下大量未售出报纸之间取得合理的折中。然而，仿真得到的结果并不能说明 60 份是不是使其日平均利润最大化的最优订购量。我们需要对其他订购量进行更多的仿真来确定（至少是估计）最优订购量。使用 Analytic Solver 的交互式仿真模式，试错法（trial-and-error）简单易行。在模型的 OrderQuantity（C9）中输入一个新的值，如图 15-9 所示，（当交互式仿真模式处于开启状态时）新的仿真会立即运行，几乎同时，在统计单元格 MeanProfit（C20）中就会出现一个新的平均利润值。只需要改变一个决策变量，试错法就可以快速地找出最优订购数量。（试一试！）从 60 开始每次减少一个单位订购量，平均利润是增加的。这种情况会一直继续下去，直到订购数量下降到 55 以下，此时，平均利润开始减少。（记住，无论如何，仿真运行计算的平均利润只是一个估计值，由于随机错误的原因，方向的改变可能不一定精确地发生在 55 上）。因此，如图 15-9 所示，反复的试算可能告诉我们，当订购量为 55 时，根据当前一系列仿真运行的结果显示，平均利润达到了最大值 47.26 美元。

> 当交互式仿真模式处于开启状态时，使用试错法来寻找最优解是非常方便的。只要简单地在决策单元格中尝试不同的数值并观察统计单元格中自动计算的仿真结果即可。

第 15.7 节将会通过参数分析表（曾用于第 5 章的最优化模型中）和趋势图来讲解一个更系统的方法，以比较不同订购数量的方法。第 15.8 节将会介绍如何将仿真和 Analytic Solver 中的 Solver（在第 2 章到第 8 章中都讨论过）结合起来搜索最优订购量，从而结束了对整个案例的研究。

尽管还可以考虑其他订购量，但弗瑞迪已经从图 15-6 中了解到，订购数量为 60 时能够获得不错的日平均利润，大概是 46.45 美元。这也只是一个估计值，但是弗瑞迪也从 95% 的置信区间了解到日平均利

> 弗瑞迪现在具有 95% 的信心认为 60 份的订购量能够在长期提供 45.60～47.30 美元的日平均利润。

润很有可能是在 45.60 美元和 47.30 美元之间的某个数值。弗瑞迪也从图 15-9 中了解到，较小的订购数量 55 反而能够带来一个更高的日平均利润，大约是 47.26 美元。

	A	B	C	D	E	F
1		Freddie the Newsboy				
2						
3			Data			
4		Unit Sale Price	$2.50			
5		Unit Purchase Cost	$1.50			
6		Unit Salvage Value	$0.50			
7						
8			Decision Variable			
9		Order Quantity	55			
10					Lower	Upper
11			Simulation		Limit	Limit
12		Demand	40	Integer Uniform	40	70
13						
14		Sales Revenue	$100.00			
15		Purchasing Cost	$82.50			
16		Salvage Value	$7.50			
17						
18		Profit	$25.00			
19						
20		Mean Profit	$47.26			

图 15-9　试错法的应用

注：这个图可以说明利用试错法使决策变量 OrderQuantity（C20）的值改变时，统计单元格 MeanProfit（C20）观察到的结果。当订购数量是 55 时，平均利润 MeanProfit（C20）达到最大值 47.26 美元。

然而，这些由计算机仿真所得到的利润数值是基于电子表格模型（如图 15-1 中的单元格 D12:F12 所示）的假设，即需求服 40～70 之间的整数均匀分布。因此，只有当这一假设有效时，这些利润数值才是正确的。我们需要更多的工作来证实假设的分布是恰当的，或者找出另一种能够更好地符合弗瑞迪实际经营的日需求数据的概率分布。这一问题将会在第 15.6 节中进一步深入讨论。

对计算机仿真来说，Analytic Solver 是一个用途非常广泛的工具，它可以解决许多管理上的难题。所以在第 15.6～第 15.8 节继续研究这一案例之前，我们先看一看应用 Analytic Solver 进行计算机仿真的其他四个案例。

问题回顾

1. 报童弗瑞迪需要做出什么决策？
2. 使用 Analytic Solver 时，什么是不确定的可变单元格？
3. 使用 Analytic Solver 时，什么是结果单元格？
4. 在弗瑞迪问题的电子表格模型里，结果单元格中输入了什么？
5. 使用 Analytic Solver 时，什么是统计单元格？
6. 使用 Analytic Solver 时，频率图能够提供哪些信息？
7. 使用 Analytic Solver 时，统计表能够提供的关键统计数据是什么？
8. 计算机仿真得到的结果的标准差有什么重要意义？
9. 到现在为止报童弗瑞迪对其订购数量有什么了解？

15.2　建筑工程投标：科信建筑公司案例研究初探

管理者经常需要制定决策，其结果会受到竞争对手公司管理者做出的相应决策的极大影响。例如，市场营销决策就属于这一类型的决策。为了说明这一点，考虑这样的一个例子：一位管理者必须为一种要投放市场的新产品定价进行决策。这一决策的成功与否在很大程度上取决于竞争对手新产品的定价策略，而这些决策几乎是同时做出的。同样，正在开发的新产品上市时机的决策是否成功也主要取决于是否能够抢在其他企业的竞争性产品投放市场之前进入市场。

当管理者必须在不了解竞争对手的相关决策的情况下制定自己的决策时，他们就需要通过分析来考虑竞争者决策的不确定性。通过使用不确定的可变单元格来表示竞争者的决策，计算机仿真为解决这种问题提供了标准方法。

如下案例说明了一个竞标的过程，当一家公司正准备投标一个建筑项目时，其他三个公司同时也在准备它们的标书。

科信建筑公司投标问题

这个案例研究贯穿了第 13 章（案例在 www.mhhe.com/Hillier6e 上提供），涉及科信建筑公司以及与之相关的一家大型制造商的工厂建造工程。第 13 章描述了工程项目经理大卫·佩蒂大量使用 PERT/CPM 模型来辅助指导项目管理的过程。

正如第 13.1 节开篇所言，对于这个案例的研究是从公司刚刚以 540 万美元赢得了这个项目的竞标开始的。我们现在返回到投标阶段，来看一下公司管理层是如何使用 Analytic Solver 进行计算机仿真以指导他们将 540 万美元作为其投标价格的。在这里你不需要再翻回到第 13 章回顾案例了。

> 这一节说明了公司如何选择以 540 万美元作为投标价格，从而赢得合同。

在这个投标过程中，科信建筑公司的第一步是估算接下这个项目后的总成本是多少。这一成本已经被确定为 455 万美元（这个数字没有包括不能按时完成项目的罚金以及提前完美完成项目的奖励，这是因为管理层认为两种情况都几乎不可能发生）。其中还包含竞标所需的约 5 万美元的额外准备成本，包括估计项目成本、分析竞争者投标策略的费用。

还有三家建筑公司也应邀参加了这个项目的投标。这三家建筑公司都是科信建筑公司的长期竞争对手，因此公司对它们的投标策略都非常了解。竞标筹备办公室一位经验丰富的分析师负责对每个竞争对手的投标价进行估计。由于在这个过程中存在着太多的不确定性因素，所以分析师决定用概率分布的形式来表示这些估计值。现已获知，竞争者 1 在设定其投标价格时，会在总（直接）成本的基础上加上 30% 的利润率。然而竞争者 1 也是一个难以捉摸的投标者，因为它对项目真实成本估计的精确度实在不高。在过去的投标中，它的实际利润率在 5%～60% 波动。竞争者 2 采用了 25% 的利润率，而且它在估计项目成本的精确度方面比竞争者 1 好一些，但是在过去的投标中，其实际利润率在 ±15% 的范围内波动。而另一方面，竞争者 3 在估计项目成本方面非常精确（科信建筑公司也是如此）。竞争者 3 善于调整其投标策略，因此它很有可能将利润率设定在 20%～30%，这取决于它对竞争对手的估计、当前工作的积压以及其他各种因素。

有关竞争者的信息是非常有价值的，但是搜集并整理好这些信息的分析师认为她的工作到现在为止还没有完全完成。基于这些数字，她还需要为每位竞争者的投标估计一个概率分布。

对于竞争者 3，这个工作非常简单。由于分析师估计竞争者 3 很有可能将其利润率设定在 20%～30% 之间，因此，它的投标价很可能是总成本的 120%～130% 的区间内的任意一个数值，其概率分布满足在 120%～130% 的均匀分布。

然而，在考虑竞争者 1 和竞争者 2 的概率分布时，这项工作就不那么简单了。不过幸运的是，分析师已经能够估计出每个竞争者的边际利润以及投标价占总项目成本的百分比的三个关键数字——最小值（Minimum）、最可能值（Most Likely）、最大值（Maximum）。例如，分析师估计竞争者 1 的投标价格（以总项目成本的百分比表示）具有最小值 95%，最可能值 130%，最大值 160%；竞争者 2 的相应数值分别为 110%、125%、140%。有一个特别方便的概率分布被称为**三角分布**（Triangular Distribution）是同样基于这三种数值的。图 15-10 显示了三角分布的形状。它的三个参数是 min（最小值）、likely（最可能值）和 max（最大值）（图 15-10 显示的最可能值相对于最大值，与最小值更接近，但是它实际上可能在最小值和最大值之间的任意一点上）。由于这三个参数完美匹配竞争者 1 和竞争者 2 的概率分布，因此分析师选择三角分布作为对它们概率分布的最优估计（这并不令人惊奇，是因为三角分布在进行计算机仿真时极为常用）。

所以，三个竞标者提交的投标价格的估计概率分布以科信建筑公司对项目总成本估计值（455 万美元）的百分比表示如下：

- **竞争者 1**：三角分布，最小值是 95%，最可能值是 130%，最大值是 160%。
- **竞争者 2**：三角分布，最小值是 110%，最可能值是 125%，最大值是 140%。
- **竞争者 3**：在 120%～130% 的均匀分布。

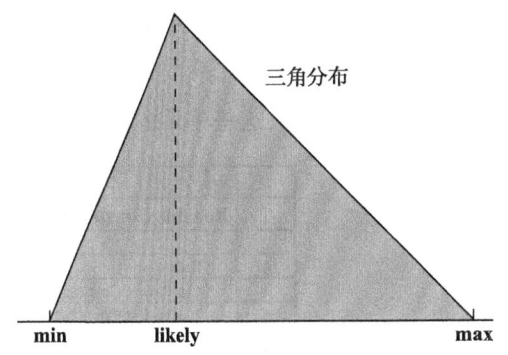

图 15-10　三角分布

注：三角分布的形状以及其三个参数的位置：① min（最小值）、② likely（最可能值）和 ③ max（最大值）。最可能值可以在最小值和最大值之间的任意一点上。

应用计算机仿真的电子表格模型

图 15-11 给出了一个电子表格模型，用来评估科信建筑公司可能提交的任何投标价格。既然这一过程中竞争者投标价格存在不确定性，那么在这个模型中就需要将 CompetitorBids（C8:E8）作为**不确定的可变单元格**（Uncertain Variable Cells），将上述概率分布输入这些单元格。正如前一节所述，完成这一过程的步骤如下：依次选择每一个单元格，在 Analytic Solver 功能区分布菜单下的"Common"子菜单中选择合适的概率分布，就会弹出所选分布的对话框。图 15-12 显示了三角分布（Triangular Distribution）对话框，可以用来为竞争者 1 设定参数值（最小值、最可能值、最大值），竞争者 2 也以同样的方式处理。竞争者 1 的参数值来自单元格 C18:C20，以百分比表示的参数（单元格 C13:C15）通过乘以 OurProjectCost（C4）转换成美元形式。均匀分布（Uniform Distribution）对话框用来为单元格 E8 中的竞争者 3 设定参数值。

> 其他竞争者的投标价是不确定的，因此这些投标需要作为不确定的可变单元格。

MinimumCompetitorBids（C23）记录了每次计算机仿真试算的竞争者最低投标价。当且仅当输入 OurBid（C25）单元格的数值小于竞争者投标价的最小值时，公司才会在给定试算值的条件下赢得投标。如果赢得投标，则 WinBid?（C27）中的 IF 函数就会返回数值 1，反之就返回数值 0。

由于管理层希望在确定投标价格（如果赢得投标）的整个过程中最大化其期望利润，然后再继续这个项目，所以在这个模型中结果单元格是 Profit（C29）。在给定试算中获得的利润取决于公司是否赢得了投标。如果没有，利润实际上就是损失 5 万美元（投标成本）。然而，

> 目标是确定投标价格，使得到的平均利润最大化。

如果赢得投标，利润就是投标价格减去项目成本和投标成本后的剩余部分。不管是哪种情况，输入到 Profit（C29）中的公式都可以用来进行这一计算。定义 Profit（C29）为结果单元格，可以通过点击单元格，然后从 Analytic Solver 功能区结果菜单中选择"Output/In Cell"实现。最后，定义 MeanProfit（C31）为统计单元格，可以通过选择单元格 Profit（C29），从结果菜单中选择统计子菜单下的平均值（Mean），然后点击单元格 C31 实现。仿真运行后就会显示出利润的平均值。

以下是对这一模型中关键单元格的总结。

不确定的可变单元格（Uncertain Variable Cells）：	CompetitorBids（C8:E8）
决策变量（Decision Variable）：	OurBid（C25）
结果单元格（Result Cell）：	Profit（C29）
统计单元格（Statistic Cell）：	Mean Profit（C31）

（关于如何定义这些单元格的详细信息，请参见第 15.1 节的介绍。）

	A	B	C	D	E
1		**Reliable Construction Co. Contract Bidding**			
2					
3		**Data**			
4		Our Project Cost ($million)	4.550		
5		Our Bid Cost ($million)	0.050		
6					
7		**Competitor Bids**	Competitor 1	Competitor 2	Competitor 3
8		Bid ($million)	6.810	5.931	5.771
9					
10		Distribution	*Triangular*	*Triangular*	*Uniform*
11					
12		Competitor Distribution Parameters (Proportion of Our Project Cost)			
13		Minimum	95%	110%	120%
14		Most Likely	130%	125%	
15		Maximum	160%	140%	130%
16					
17		Competitor Distribution Parameters ($millions)			
18		Minimum	4.323	5.005	5.460
19		Most Likely	5.915	5.688	
20		Maximum	7.280	6.370	5.915
21					
22		**Minimum Competitor**			
23		Bid ($million)	5.771		
24					
25		**Our Bid ($million)**	5.4		
26					
27		Win Bid?	1	(1=yes, 0=no)	
28					
29		**Profit ($million)**	0.800		
30					
31		**Mean Profit ($million)**	0.487 2		

Range Name	Cells
CompetitorBids	C8:E8
MeanProfit	C31
MinimumCompetitorBid	C23
OurBid	C25
OurBidCost	C5
OurProjectCost	C4
Profit	C29
WinBid?	C27

	B	C	D	E
7	**Competitor Bids**	Competitor 1	Competitor 2	Competitor 3
8	Bid ($million)	=PsiTriangular(C18,C19,C20)	=PsiTriangular(D18,D19,D20)	=PsiUniform(E18,E20)

	B	C	D	E
18	Minimum	=OurProjectCost*C13	=OurProjectCost*D13	=OurProjectCost*E13
19	Most Likely	=OurProjectCost*C14	=OurProjectCost*D14	
20	Maximum	=OurProjectCost*C15	=OurProjectCost*D15	=OurProjectCost*E15

	B	C
22	**Minimum Competitor**	
23	Bid ($million)	=MIN(C8:E8)
24		
25	**Our Bid ($million)**	5.4
26		
27	Win Bid?	=IF(OurBid<MinimumCompetitorBid,1,0)
28		
29	**Profit ($million)**	=WinBid?*(OurBid-OurProjectCost)-OurBidCost + PsiOutput()
30		
31	**Mean Profit ($million)**	=PsiMean(C29)

图 15-11 投标问题电子表格模型

注：应用计算机仿真的科信建筑公司投标问题的电子表格模型。不确定的可变单元格是 CompetitorBids（C8:E8），结果单元格是 Profit（C29），统计单元格是 MeanProfit（C31），决策变量是 OurBid（C25）。

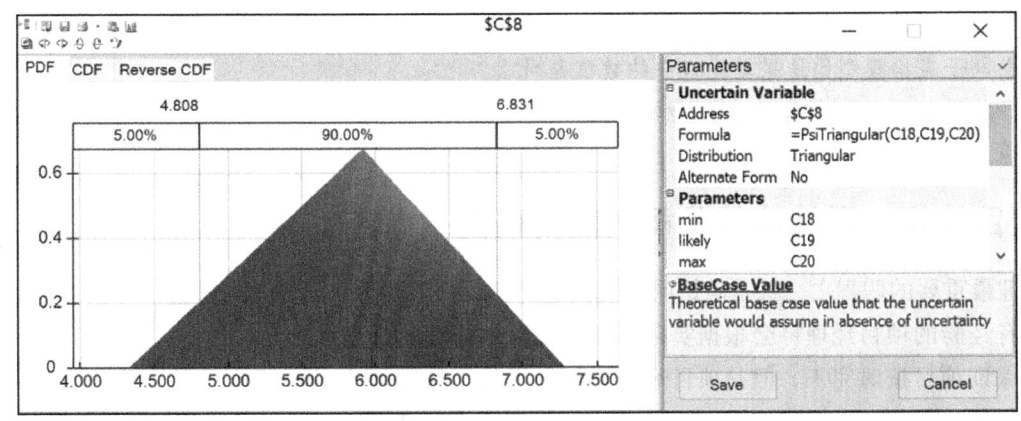

图 15-12 三角分布对话框

注：在图 15-11 的电子表格模型中，该对话框被用于将具有参数为最小值 min=C18（4.323），最可能值 likely=C19（5.915），最大值 max=C20（7.280）的三角分布输入不确定的可变单元格 C8。

仿真结果

该计算机仿真模型运行了 1 000 次来估计输入到 OurBid（C25）中的可能投标价 540 万美元。图 15-13 以频率图和统计表的形式给出了运行结果。以百万美元为单位，每次试算的利润仅仅有两个可能值，即 0.050 的损失（如果竞标失败），或者是 0.800 的利润（如果竞标成功）。频率图说明，损失 5 万美元的情况在 1 000 次试算中发生了 368 次，相应地，获得 80 万美元利润的情况发生了 632 次。这样，1 000 次试算的结果是平均利润为 0.487（487 000 美元），而其他统计数据则记录在统计表中。

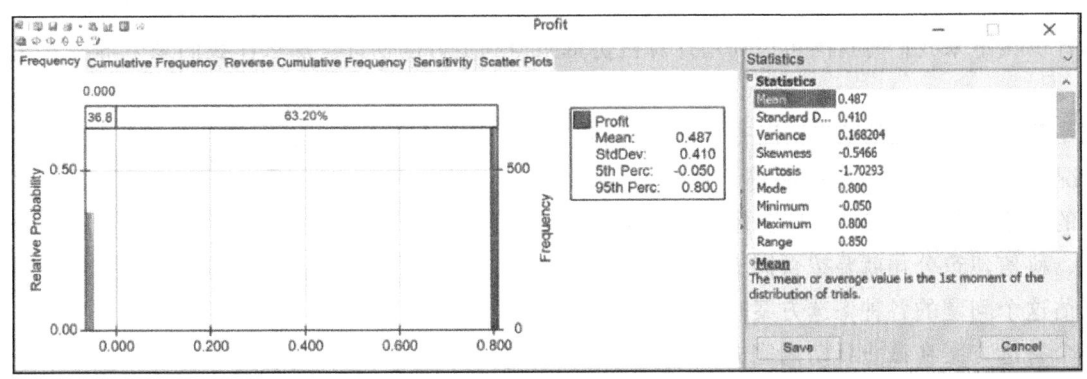

图 15-13 以频率图和统计表为形式的运行结果

注：总结运行图 15-11 中为科信建筑公司投标问题建立的计算机仿真模型结果的频率图和统计表。

这些数据结果本身并不能说明 540 万美元就是最佳的投标价格。我们仍然需要进行更多的仿真来估计是否存在能够获得更高期望利润的其他竞标价格。正如在上一节所讲到的那样，这可以通过试错法实现。第 15.7 节将会描述如何利用参数分析表来帮助选择 540 万美元作为投标价。事后证明，这一投标价格使科信建筑公司赢得了投标，也使得我们能够进行第 13 章的案例研究。

我们将在第 15.7 节继续讨论这个案例。

问题回顾

1. 科信建筑公司正在竞标的项目是什么？
2. 竞争者的投标价是以什么形式估算的？

3. 在本案例应用计算机仿真的电子表格模型中，不确定的可变单元格中的数值是什么？
4. 在这个电子表格模型的结果单元格中的数值是什么？
5. 这个计算机仿真中每次试算的可能结果有哪些？

15.3 项目管理：科信建筑公司案例再研究

项目经理最重要的职责之一就是满足项目被设定的最后期限要求。所以，一个有经验的项目经理将会根据实际需要修正项目管理的计划来最大限度保证项目按时完工。但是项目经理如何根据任一特定的计划估计来满足最后期限的可能性？第13.4节描述了一种由PERT提供的方法。现在我们将讲解计算机仿真提供的一种更好的方法。

> 计算机仿真在PERT方法的基础上改善了对在最后期限之前完成项目可能性的估计。

这个案例说明了计算机仿真的一个共同作用——对利用近似数学模型获得的初步粗略的解析解进行提炼。你还会看到不确定的可变单元格，其中输入的数值是次数（Times）。这个案例另一个有趣的特点就是它使用了Analytic Solver中的一种特殊图表，被称为**敏感性图**（Sensitivity Chart）。这个图会为如何修改项目计划提供重要见解。

要解决的问题

如同前一节的案例一样，这个问题也是围绕着第13.1节引入并贯穿第13章的科信建筑公司案例（在网站www.mhhe.com/Hillier6e上可查看案例）展开的。然而，这个问题与第13章的故事的前面部分无关，而是产生于案例的中间部分。特别的是，第13.4节讨论了如何使用PERT来得到对科信建筑公司按时完成项目概率的大概估计。接下来我们将指出可以利用计算机仿真来得到更好的估计。那么让我们来了解一下这是如何实现的。

下面是关于当前问题的基本情况（不需要参考第13章的详细情况）。科信建筑公司刚刚赢得了为一家大制造商建造新厂房的投标。但是，如果从现在开始，工程不能在47周内完成，科信建筑公司就要按合同支付高额违约金。因此，在评估这个问题的各种备选方案时，必须考虑的关键因素是每个备选方案在截止日期内完成任务的可能性。这个建筑项目共有14个主要活动，如图15-14的右边所示（为了方便起见，该图重复了图13-1的内容）。图中的项目网络描述了各个活动之间的先后顺序。可见有6条活动路径（网络中的路径），为了完成整个项目，所有的活动都必须完成。这6条路径如下所示。

路径1： 始点→A→B→C→D→G→H→M→终点
路径2： 始点→A→B→C→E→H→M→终点
路径3： 始点→A→B→C→E→F→J→K→N→终点
路径4： 始点→A→B→C→E→F→J→L→N→终点
路径5： 始点→A→B→C→I→J→K→N→终点
路径6： 始点→A→B→C→I→J→L→N→终点

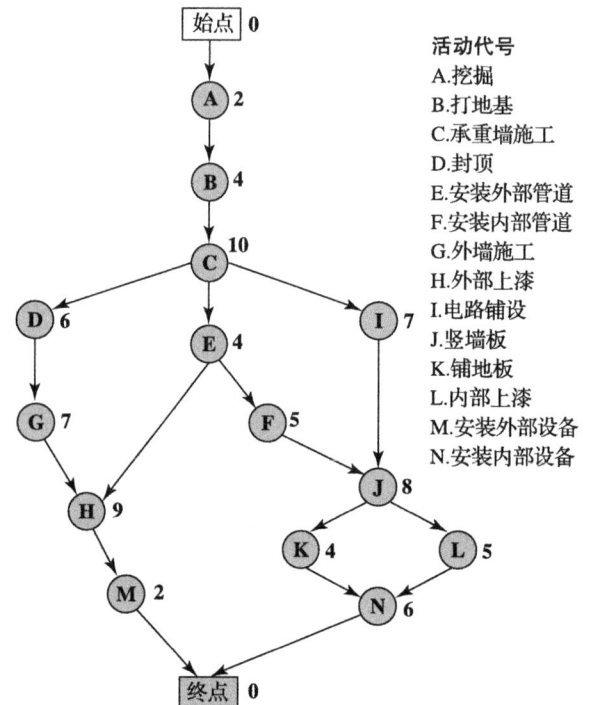

图15-14 科信建筑公司项目的活动网络图

项目网络中活动旁边的数值表示了以正常方式按照通常的员工数量完成每个活动所需时间（以周为单位）的估计值。将每条路径上的时间加在一起（见表 13-2）可以看出，路径 4 的时间最长，共需要 44 周。只要最长的路径完成了，项目也就结束了，因此，这说明项目可以用 44 周的时间完成，比截止期限提前 3 周。

> 完成项目的截止期限是从现在起第 47 周。

让我们来研究一下问题的关键部分。图 15-14 中所示的活动时间只是估计值，每个活动的可能持续时间具有很大的不确定性。所以，整个项目的完成时间可能会与估计值 44 周相差甚远，还有可能会超过 47 周的最后期限。那么超过截止期限的概率又是多少呢？为了估计这个概率，我们需要进一步了解满足项目持续时间的概率分布。

这就是我们在第 13.4 节中介绍的 PERT 过程的原因。这种方法涉及要获得每个活动持续时间的三种估计值——最大可能估计（most likely estimate）、乐观估计（optimistic estimate）和悲观估计（pessimistic estimate）（表 13-4 列出了对这一项目 14 个活动的相关估计值）。这三个数量被分别用来估计最可能的持续时间、最短持续时间以及最长持续时间。使用这三个数量，PERT 假设（有些武断）每个活动持续时间的概率分布形式是 β 分布（Beta distribution）。通过三个近似简化（见第 13.4 节），我们可以近似估计出按时完成任务的概率为 0.84。

计算机仿真的一个关键优点是它不需要使用近似简化，而使用解析方法时必须使用近似简化。另一个优点就是它可以灵活地运用各种概率分布，而不必选择一种便于分析的概率分布。

> 与 PERT 等分析方法相比，计算机仿真有两个关键优点。

在处理活动的持续时间时，计算机仿真常常使用三角分布作为持续时间的概率分布。三角分布非常适合 PERT 的三种估计方法，这是因为三角分布的三个参数与 PERT 的三个估计值可以自然地对应起来。图 15-10 给出了三角分布的形状以及它的三个参数——min（最小值）、likely（最可能值）、max（最大值）。因此，活动的持续时间被假设是一个三角分布，其中 min= 乐观估计、likely= 最大可能估计、max= 悲观估计。对于包含这种分布的每个不确定的可变单元格，三角分布的对话框（如前面章节中的图 15-12 所示）用于在 min、likely 和 max 方框中输入这三个估计值所对应的单元格从而输入这三个值。

应用计算机仿真的电子表格模型

图 15-15 显示了用来仿真科信建筑公司项目持续时间的电子表格模型。D、E、F 列中的 O、M、P 值直接来自于表 13-4。G 列和 I 列单元格中的公式给出了每个活动的开始时间和结束时间。对于每一次仿真试算，最后两个活动（M 和 N）完成时间的最大值给出了项目的持续时间（以周为单位），而这个值将被输入到结果单元格 ProjectCompletion（I21）中。

由于活动时间一般来说是可变的，因此单元格 H6:H19 都得是不确定的可变单元格。图 15-16 给出了三角分布对话框，它已被用于指定记录活动 A 的时间的第一个不确定的可变单元格 ATime（H6）中的

> 可变的活动时间需要用不确定的可变单元格来表示。

参数。图 15-16 的右边显示 Analytic Solver 已经自动在 ATime（H6）中输入了一个公式（=PsiTriangular（D6，E6，F6））来计算这个分布的一个随机值。对于其他不确定的可变单元格，不必再重复这个设置过程，只要简单快速地复制并粘贴相对应的参数即可。为了将 H6 中的公式粘贴到单元格 H7:H19 中，选中单元格 H6，拉着单元格右下角的小十字一直到 H19 即可。这样它就将 H6 中的公式复制到单元格 H7:H19 中。由于单元格 H6 中的参数（D6、E6 和 F6）都是相对引用，参数中的列数字会在复制、粘贴过程中根据援引的正确的列数据进行自动更新。例如，单元格 H7 中的公式中会被更新为 =Psitriangular（D7，E7，F7）。

	A	B	C	D	E	F	G	H	I
1	Simulation of Reliable Construction Co. Project								
2									
3									Activity	
4			Immediate	Time Estimates			Start	Time	Finish
5	Activity	Predecessor	o	m	p	Time	(triangular)	Time
6	A	—	1	2	3	0	2.28	2.28
7	B	A	2	3.5	8	2.28	3.52	5.80
8	C	B	6	9	18	5.80	15.37	21.17
9	D	C	4	5.5	10	21.17	6.86	28.04
10	E	C	1	4.5	5	21.17	4.18	25.35
11	F	E	4	4	10	25.35	5.44	30.80
12	G	D	5	6.5	11	28.04	6.80	34.83
13	H	E, G	5	8	17	34.83	7.33	42.16
14	I	C	3	7.5	9	21.17	3.55	24.72
15	J	F, I	3	9	9	30.80	6.64	37.44
16	K	J	4	4	4	37.44	4.00	41.44
17	L	J	1	5.5	7	37.44	5.45	42.89
18	M	H	1	2	3	42.16	2.47	44.63
19	N	K, L	5	5.5	9	42.89	5.77	48.67
20									
21							Project Completion		48.67
22									
23							Mean Project Completion		46.25

Range Name	Cell
AFinish	I6
AStart	G6
ATime	H6
BFinish	I7
BStart	G7
BTime	H7
CFinish	I8
CStart	G8
CTime	H8
DFinish	I9
DStart	G9
DTime	H9
EFinish	I10
EStart	G10
ETime	H10
FFinish	I11
FStart	G11
FTime	H11
GFinish	I12
GStart	G12
GTime	H12
HFinish	I13
HStart	G13
HTime	H13
IFinish	I14
IStart	G14
ITime	H14
JFinish	I15
JStart	G15
JTime	H15
KFinish	I16
KStart	G16
KTime	H16
LFinish	I17
LStart	G17
LTime	H17
MFinish	I18
MeanProjectCompletion	I23
MStart	G18
MTime	H18
NFinish	I19
NStart	G19
NTime	H19
ProjectCompletion	I21

	G	H	I
3		Activity	
4	Start	Time	Finish
5	Time	(triangular)	Time
6	0	=PsiTriangular(D6,E6,F6)	=AStart+ATime
7	=AFinish	=PsiTriangular(D7,E7,F7)	=BStart+BTime
8	=BFinish	=PsiTriangular(D8,E8,F8)	=CStart+CTime
9	=CFinish	=PsiTriangular(D9,E9,F9)	=DStart+DTime
10	=CFinish	=PsiTriangular(D10,E10,F10)	=EStart+ETime
11	=EFinish	=PsiTriangular(D11,E11,F11)	=FStart+FTime
12	=DFinish	=PsiTriangular(D12,E12,F12)	=GStart+GTime
13	=MAX(EFinish,GFinish)	=PsiTriangular(D13,E13,F13)	=HStart+HTime
14	=CFinish	=PsiTriangular(D14,E14,F14)	=IStart+ITime
15	=MAX(FFinish,IFinish)	=PsiTriangular(D15,E15,F15)	=JStart+JTime
16	=JFinish	=PsiTriangular(D16,E16,F16)	=KStart+KTime
17	=JFinish	=PsiTriangular(D17,E17,F17)	=LStart+LTime
18	=HFinish	=PsiTriangular(D18,E18,F18)	=MStart+MTime
19	=MAX(KFinish,LFinish)	=PsiTriangular(D19,E19,F19)	=NStart+NTime
20			
21		Project Completion	=MAX(MFinish,NFinish) + PsiOutput()
22			
23		Mean Project Completion	=PsiMean(I21)

图 15-15　将计算机仿真应用于科信建筑公司项目规划问题的电子表格模型

注：不确定的可变单元格是单元格 H6:H15，结果单元格是 Project Completion（I21），统计单元格是 Mean Project Completion（I23）。

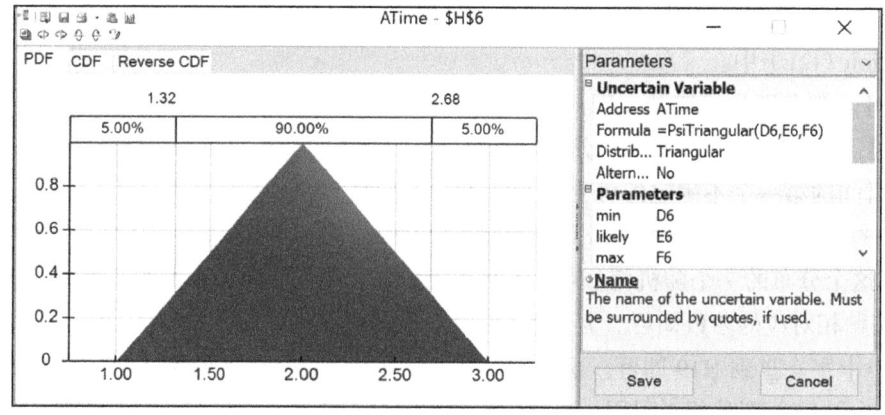

图 15-16　三角分布对话框

注：参数为 D6（=1）、E6（=2）、F6（=3）的三角分布被输入到图 15-15 所示电子表格模型中的第一个不确定的可变单元格 ATime（H6）中。

下面是对这个模型中关键单元格的总结。

不确定的可变单元格（Uncertain Variable Cells）：单元格 H6:H15
结果单元格（Result Cell）：Project Completion（I21）
统计单元格（Statistic Cell）：Meanproject Completion（I23）

（关于如何定义不确定的可变单元格、结果单元格和统计单元格的详细信息，请参见第 15.1 节的介绍。）

仿真结果

我们现在已经准备好进行图 15-15 所示电子表格模型的计算机仿真。在运行 1 000 次仿真试算后，图 15-17 分别以频率图和统计表的形式列出了这些结果。这些结果显示项目持续时间的波动范围很大。在 1 000 次仿真试算中，统计表显示出有一次项目最短完成时间是 35.44 周，有一次项目最长完成时间是 58.00 周。频率图显示在 1 000 次试算中出现最频繁的项目完成时间接近 47 周（项目的截止期限），但长于或短于截止期限完成项目的频率也相当高。平均值为 46.25 周，这个数值非常接近截止期限 47 周，因而在进度上没有多少延误的余地。

科信建筑公司的管理层特别感兴趣的一个统计值是在目前项目计划下能够在 47 周的最后期限内准时完成项目的概率。图 15-17 显示出，截止线为 47 周时，有 59.9% 的试验满足了最后期限。

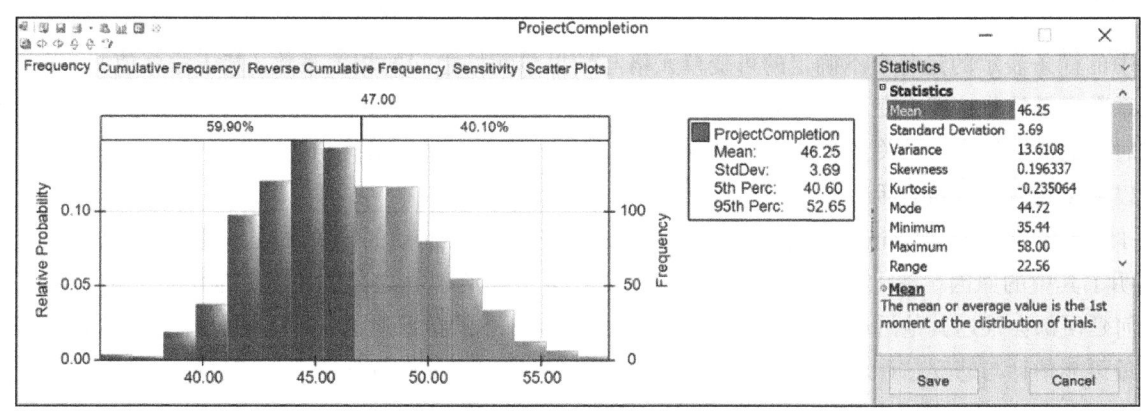

图 15-17 仿真模型运行结果

注：总结了图 15-15 所示科信建筑公司项目进度问题仿真模型运行结果的频率图和统计表。

如果仿真运行再重复 1 000 次，这个百分数概率可能会略有变动。不过，在这么大的试算次数下，百分数的变动会很小。所以，图 15-17 中由可能性方框所提供的 0.599 的概率估计值非常接近图 15-15 电子表格模型假设能够满足截止期限的真实概率。需要指出的是，这个相对精确的估计值比本节前面用 PERT 近似分析方法所得到的 0.84 的估计值小了很多。因此，在确定是否应该对项目计划进行改变以提高满足最后期限要求的概率方面，仿真估计为管理层提供了更好的指导。这证明了计算机仿真在对粗略的解析解进行优化方面具有很大的用处。

> 计算机仿真提供了满足项目截止期限概率的近似估计值（0.599），这比 PERT 的粗糙估计值（0.84）小了很多。

敏感性图提供的重要见解

由于在最后期限之前完成项目的概率很低（0.599），科信建筑公司的项目经理佩蒂希望通过修改项目计划以提高准时完成项目的概率。Analytic Solver 还有另外一个工具，叫作敏感性图（Sensitivity Chart），可以为在帮助寻找项目计划实现有利可图的有效途径方面提供强大的指导。

为了在运行一次仿真后查看一张敏感性图，你需要在结果单元格的图上点击"敏感度"（Sensitivity）标签。这会打开一张敏感性图，如图 15-18 所示。图的左侧使用区域名称标出了图 15-15 所示电子表格模型中 H 列的所有不确定的可变单元格（活动时间）。

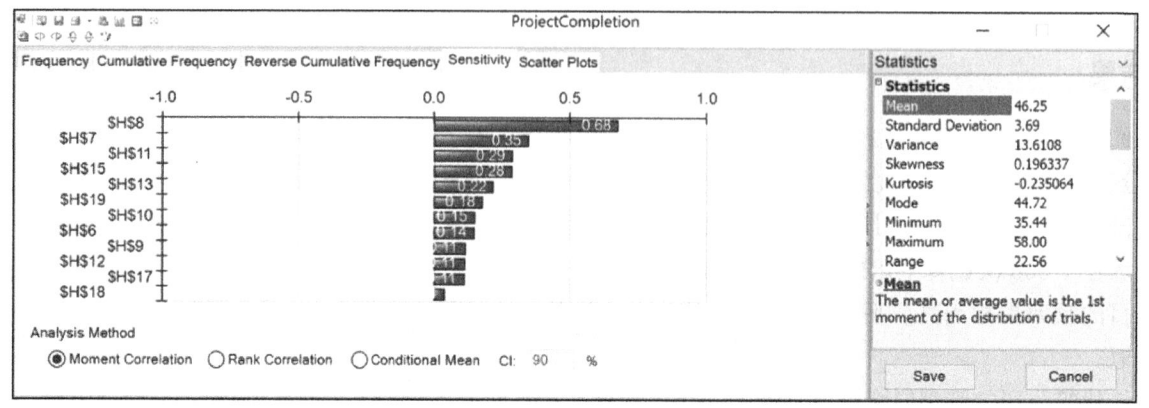

图 15-18　敏感性图

注：敏感性图显示科信建筑公司项目中各种不同的活动时间对项目完成时间的影响程度。

图中的横条表示的是每个不确定的可变单元格与结果单元格之间的相关系数（基于排序值）。两个变量间的相关系数衡量的是这两个变量之间关系的强度。因此，图 15-18 中的每一个相关系数都度量了活动时间对项目完成时间的影响程度。相关系数越高，这种影响就越大。因此，具有最高相关系数的活动就是那些需要尽最大努力以缩短其活动时间的活动。

图 15-18 表明，H8（CTime）的相关系数远高于其他任何一个活动的相关系数。对图 15-14 和图 15-15 的分析说明了其中的原因。图 15-14 表明，活动 C 在除活动 A 和活动 B 之外的所有其他活动之前，因此，活动 C 的任何延误都会推迟其他活动的开始时间。此外，图 15-15 中的单元格 D8:F8 表明，CTime 具有很高的变动性，其最可能估计与悲观估计之间相差了 9 周，因此项目时间有可能会延误并大大超过最可能估计时间。

CTime 如此高的相关系数表明，减少项目完成时间（以及降低项目完成时间的波动性）的最佳方法是缩减这一活动时间（以及降低其波动性）。这可以通过修改项目计划以便为活动 C 指派更多的人员、更好的设备、更强的监督管理等来实现。Analytic Solver 的敏感性图清楚地指出了项目计划的哪些环节需要进行修改。

> 敏感性图说明通过缩减活动 C 的时间能够最大限度地提高按时完成项目的可能性。

问题回顾

1. 本节案例中考虑的项目是什么？
2. PERT 只能得到某一关键数量的大概估计值，所以要应用计算机仿真来获得更接近于这个数量的估计值。那么这个数量是什么？
3. 计算机仿真通常使用哪种概率分布作为活动持续时间的分布？
4. 给出了一个活动持续时间的概率分布的 PERT 三种估计方法所提供的三个估计值是什么？
5. 在只使用了第一个活动持续时间概率分布的对话框后，采取什么方法可以迅速把这些参数值输入所有不确定的可变单元格？
6. 在这个案例的电子表格模型的结果单元格中会得到什么数值？

7. 为了找出能够满足项目完成最后期限的计算机仿真次数的确切百分比，需要怎样做？

8. 我们可以用哪种图来找出项目计划需要进行修改的部分以最大限度地提高按时完成项目的可能性？

15.4 财务风险分析：梦大发展公司案例再研究

追溯到 20 世纪 60 年代，计算机仿真最早的应用领域之一是**财务风险分析**（financial risk analysis）领域，目前这仍是其最重要的应用领域之一。

当评估任何一个金融投资（或投资组合）时，我们都要在投资收益（return）和与投资相关联的风险（risk）之间进行权衡。在这两个数量中，比较容易确定的是一切按预期进行时获得的收益，而评估风险相对难一些。幸运的是，计算机仿真很适用于进行基于**风险概况**（risk profile，即投资收益的频率分布）的风险分析。其中反映不利收益的频率分布清晰地描绘了与投资相关的风险。

下面的例子说明了如何在房地产投资中使用这种方法。你将会看到如何利用计算机仿真来优化由线性规划得到的初步分析，这是因为线性规划的初步分析并没有把未来现金流的不确定性考虑在内。

梦大公司财务风险分析问题

在第 3.2 节中已有所介绍，梦大发展公司是一家大型商业房地产开发投资商。该公司正在考虑投资三个大型建筑项目，这三个项目分别为摩天办公楼、酒店和购物中心。每个项目的合作者都需要花费 3 年的时间进行项目建设，在项目完成后的前 3 年可拥有项目的所有权，然后在第 7 年将项目的所有权售出。通过估计预期现金流，第 3.2 节介绍了如何运用线性规划来分析梦大公司应该在各个项目中持有多少股份，并获得了如下建议：

建议

- 不投资摩天办公楼建设项目。
- 投资酒店建设项目的 16.5%。
- 投资购物中心建设项目的 13.11%。

据估计，这个建议可以为梦大公司创造 1 811 万美元的净现值（Net Present Value，NPV）。（净现值通过未来现金流量贴现来计算总利润。它考虑货币的时间价值，将所有未来现金流量贴现后加到原始现金流量中，其中流入量为正，流出量为负。）

然而，梦大公司的管理层非常明白，不考虑风险的话是无法做出决策的。由于很难预测在数年后将房产推向市场时市场的竞争状况如何，所以这些项目都具有很大的风险。尽管项目前 3 年的建筑成本可以进行粗略估计，但接下来 3 年运营的净收入就很难确定了。最后，在第 7 年时，每个项目的售价都可能会在很大的范围内波动。因此，管理层想要以常用的方法使用计算机仿真进行风险分析，以获得此建议的实际净现值的风险概况。

> 管理层需要对提案进行风险评估，以此判断是否能够获得一定规模利润的概率来弥补可能遭受很大损失的风险。

为了进行风险分析，梦大公司的员工花费了大量的时间来估计未来 7 年中各个项目现金流的不确定性。这些数据总结在表 15-1 中，假设对每个项目都进行 100% 份额的投资。因此，当持有更小份额的股份时，表中梦大公司所获得的数据也应该成比例地减少。对每个项目来说，假设第 1 年到第 6 年其现金流的概率分布服从正态分布（normal distribution），括号中显示的第一个数字是估计的均值（mean），第二个数字是估计的这一分布的标准差（standard deviation）（注意：标准差是对一个分布中的变化量的度量）。在第 7 年，假设在第一个数字到第二个数字之间的范围内，售出地产的收入服从均匀分布（uniform distribution）。

表 15-1 对酒店和购物中心进行 100% 投资时的估计现金流

酒店项目		购物中心项目	
年份	现金流（百万美元）	年份	现金流（百万美元）
0	−80	0	−90
1	正态分布（−80, 5）	1	正态分布（−50, 5）
2	正态分布（−80, 10）	2	正态分布（−20, 5）
3	正态分布（−70, 15）	3	正态分布（−60, 10）
4	正态分布（+30, 20）	4	正态分布（+15, 15）
5	正态分布（+40, 20）	5	正态分布（+25, 15）
6	正态分布（+50, 20）	6	正态分布（+40, 15）
7	均匀分布（+200, 844）	7	均匀分布（160, 600）

为了计算净现值，假定每年的资金成本为 10%。因此，要用第 n 年的现金流除以 $(1.1)^n$，然后将这些折现现金流加到第 0 年的直接现金流中，得到净现值。

应用实例

自 1914 年成立以来的一个世纪里，美林公司（Merrill Lynch）一直是一家领先的全方位金融服务公司，它致力通过使每个人都理解金融市场从而将华尔街的服务带给大众。它于 2008 年被美国银行收购，改名为美林财富管理（Merrill Lynch Wealth Management），成为新兴企业以及投资银行美国美林银行（Bank Of America Merrill Lynch）的一部分。

在合并之前，美林公司在美国等 36 个国家聘用超过 15 000 名经过良好培训的销售人员。作为《财富》100 强企业，2005 年，公司的净收入为 260 亿美元，管理的客户资产总计超过 1.7 万亿美元。合并后企业变化不大。2015 年，美林公司依旧聘用超过 15 000 名财务顾问，管理的客户资产增加至 2.2 万亿美元。

面对来自折扣经纪商和电子经纪商的不断加剧的竞争，美林公司是如何成功地将财富管理行业领导地位保持到 21 世纪的呢？一个最重要的答案就是管理科学团队的贡献，该团队的成立就是为了推荐产品或服务以应对市场的挑战。管理科学团队负责为客户详细分析两种潜在的新的定价选择。一种选择是不再对交易进行单独收费，而是以顾客在美林的资产为基础收取固定比例的费用，并允许顾客进行不限次数的自由交易，并能够得到财务顾问的全力协助。另一种选择是自我管理的投资者直接进行在线投资，但每次交易都要缴纳一笔较低的固定费用，且不能咨询财务顾问。

管理科学团队面临的一个重大挑战是为这些选择制定恰当的价格，这样既能使企业的业务增长，实现收入增加，同时也要使企业最大限度地降低收入损失的风险。解决这一问题的关键工具就是计算机仿真。为了开始进行一次重要的计算机仿真研究，管理科学团队广泛收集并评估了公司 500 万名客户的资产与交易行为的数据。对于每一类客户群，管理科学团队利用管理层的判断、市场调研以及与客户的经验对其报价采纳行为进行了仔细分析。利用这一信息，小组建立并运行了一个计算机仿真模型，对不同定价情景进行仿真，以找到最佳的价格。

结果的实施对美林的竞争地位产生了深远的影响，使其重新成为这一行业的领导者。在新的激烈竞争中，美林公司没有退却，管理的客户资产增加了 220 亿美元，18 个月内的收入增加了 8 000 万美元。美林的 CEO 称这种新战略为"最近 20 年来企业制定的最重要的决策"。

资料来源：S.Altschuler, D.Batavia, J.Bennett, R.Labe, B.Liao, R.Nigam, and J.Oh, "Pricing Analysis for Merrill Lynch Integrated Choice," *Interfaces* 32, no.1 (January–February 2002), pp.5–19. (A link to this article is provided at www.mhhe.com/Hillier6e)

应用计算机仿真的电子表格模型

	A	B	C	D	E	F	G	H
1	Simulation of Think-Big Development Co. Problem							
2								
3				Project Simulated				
4				Cash Flow				
5	Hotel Project			($millions)				
6		Construction Costs	Year 0	−80				
7			Year 1	−79.057	Normal	−80	5	(mean, st. dev.)
8			Year 2	−80.343	Normal	−80	10	(mean, st. dev.)
9			Year 3	−73.063	Normal	−70	15	(mean, st. dev.)
10		Revenue per Share	Year 4	14.059	Normal	30	20	(mean, st. dev.)
11			Year 5	29.746	Normal	40	20	(mean, st. dev.)
12			Year 6	81.373	Normal	50	20	(mean, st. dev.)
13		Selling Price per Share	Year 7	395.247	Uniform	200	844	(lower,upper)
14								
15	Shopping Center Project							
16		Construction Costs	Year 0	−90				
17			Year 1	−42.329	Normal	−50	5	(mean, st. dev.)
18			Year 2	−15.124	Normal	−20	5	(mean, st. dev.)
19			Year 3	−54.653	Normal	−60	10	(mean, st. dev.)
20		Revenue per Share	Year 4	21.923	Normal	15	15	(mean, st. dev.)
21			Year 5	10.122	Normal	25	15	(mean, st. dev.)
22			Year 6	14.780	Normal	40	15	(mean, st. dev.)
23		Selling Price per Share	Year 7	494.378	Uniform	160	615	(lower,upper)
24								
25				Think-Big's				
26				Simulated Cash Flow				
27				($millions)				Share
28			Year 0	−24.999			Hotel	16.50%
29			Year 1	−18.594		Shopping Center		13.11%
30			Year 2	−15.239				
31			Year 3	−19.221		Cost of Capital		10%
32			Year 4	5.194				
33			Year 5	6.235				
34			Year 6	15.364				
35			Year 7	130.029				
36								
37		Net Present Value ($millions)		13.879				
38								
39		MeanNPV ($millions)		18.120				

	C	D
3		Project Simulated
4		Cash Flow
5		($millions)
6	Year 0	-80
7	Year 1	=PsiNormal(F7,G7)
8	Year 2	=PsiNormal(F8,G8)
9	Year 3	=PsiNormal(F9,G9)
10	Year 4	=PsiNormal(F10,G10)
11	Year 5	=PsiNormal(F11,G11)
12	Year 6	=PsiNormal(F12,G12)
13	Year 7	=PsiUniform(F13,G13)
14		
15		
16	Year 0	-90
17	Year 1	=PsiNormal(F17,G17)
18	Year 2	=PsiNormal(F18,G18)
19	Year 3	=PsiNormal(F19,G19)
20	Year 4	=PsiNormal(F20,G20)
21	Year 5	=PsiNormal(F21,G21)
22	Year 6	=PsiNormal(F22,G22)
23	Year 7	=PsiUniform(F23,G23)

	C	D
25		Think Big's
26		Simulated Cash Flow
27		($millions)
28	Year 0	=HotelShare*D6+ShoppingCenterShare*D16
29	Year 1	=HotelShare*D7+ShoppingCenterShare*D17
30	Year 2	=HotelShare*D8+ShoppingCenterShare*D18
31	Year 3	=HotelShare*D9+ShoppingCenterShare*D19
32	Year 4	=HotelShare*D10+ShoppingCenterShare*D20
33	Year 5	=HotelShare*D11+ShoppingCenterShare*D21
34	Year 6	=HotelShare*D12+ShoppingCenterShare*D22
35	Year 7	=HotelShare*D13+ShoppingCenterShare*D23
36		
37	Net Present Value ($millions)	=CashFlowYear0+NPV(CostOfCapital,CashFlowYear1To7)+PsiOutput()
38		
39	Mean NPV ($millions)	=PsiMean(D37)

Range Name	Cells
CashFlowYear0	D28
CashFlowYear1To7	D29:D35
CostOfCapital	H31
HotelShare	H28
MeanNPV	D39
NetPresentValue	D37
ShoppingCenterShare	H29

图 15-19　应用计算机仿真处理梦大发展公司财务风险分析问题的电子表格模型

注：不确定的可变单元格是 D7:D13 和 D17:D23，结果单元格是 NetPresentValue（D37），统计单元格是 MeanNPV（D39），决策变量是 HotelShare（H28）和 ShoppongCenterShare（H29）。

我们在图 15-19 中建立了这个问题的电子表格模型。出现在单元格 D6 和 D16 中的当前（第 0 年）现金流不存在不确定性，所以它们是数据单元格。不过，由于第 1～7 年存在不确定性，包含这些年的仿真现金流的单元格 D7:D13 和 D17:D23 都需要是不确定的可变单元格（在图 15-19 中，这些单元格中的数字代表了一个可能的随机结果——仿真运行最后一次试算的结果）。表 15-1 指出了对现金流进行估计的概率分布和相应的参数，因此概率分布的形式已经被记录到单元格 E7:E13 和 E17:E23 中，对应的参数被输入到单元格 F7:G13 和 F17:G23 中。图 15-20 所示的正态分布对话框用于输入第一个不确定的可变单元格 D7 的正态分布参数（均值和标准差），它引用了单元格 F7 和 G7。然后 D7 中的公式被复制粘贴到单元格 D8:D12 和 D17:D22 中来定义这些不确定的可变单元格。均匀分布对话框（与图 15-3 所示的整数均匀分布类似）以同样的方式把这类分布的参数（最小值和最大值）输入到不确定的可变单元格 D13 和 D23 中。

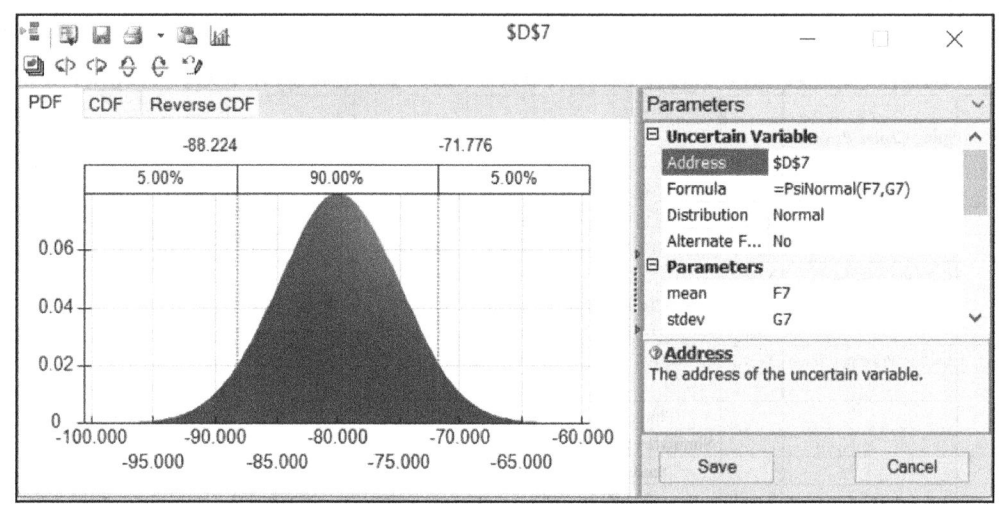

图 15-20　正态分布对话框

注：在图 15-19 所示电子表格模型中，参数为 F7（=-80）和 G7（=5）的正态分布被输入到第一个不确定的可变单元格 D7 中。

在单元格 D6:13 和 D16:D23 中的仿真现金流分别是对酒店项目和购物中心项目进行 100% 投资时的现金流，所以梦大公司要根据其在这些项目中所占的股份份额按比例减少其现金流。需要分析的建议是单元格 H28:H29 中所示的份额。已经输入到单元格 D28:D35 中（见图 13-19 的底部）的公式给出了梦大公司在其两个项目所占份额下的年总现金流。

梦大公司的管理层希望获得关于这个建议的总净现值的风险概况。所以，结果单元格是 Net Present Value（D37）。为了显示仿真运行得到的平均净现值，Mean NPV（D39）被定义为统计单元格。

下面是对这个模型中重要单元格的总结：

不确定的可变单元格：单元格 D7:D13 和 D17:D23
决策变量：HotelShare（H28）和 ShoppingCenterShare（H29）
结果单元格：Net Present Value（D37）
统计单元格：Mean NPV（D39）

> **Excel 小提示**：NPV（贴现率），现金流函数计算一系列未来现金流的净现值，这些现金流以有规则的间隔（如每年）出现并显示在一系列单元格中，使用指定的每段时间的贴现率来进行计算。

关于如何定义不确定的可变单元格、结果单元格和统计单元格的详细信息，请参见第 15.1 节的介绍。

仿真结果

通过使用仿真选项对话框来指定系统进行 1 000 次的试算，图 15-21

> 频率图为建议提供了风险概况。

显示出了对图15-19所示的电子表格模型进行计算机仿真的结果。图15-21的频率图提供了采用建议后的风险概况，因为它显示了各种净现值发生的可能性（包括净现值为负的情况）。平均值是1 812万美元，这非常诱人。但是，在这1 000次的实验中，净现值的波动范围很大，从-3 000万美元到6 500万美元。这就存在着发生巨额损失的可能性。设定截止线为0美元时，可能性方框中显示出有82.1%的试算获得了利润（正净现值）。这也给我们带来了一个坏消息，即有大约18%的可能会出现某种程度的亏损。图中0左边浅灰色的区域说明，试算中大部分亏损都大于1 000万美元，但是其中也有一些试算其亏损额度介于1 000万美元和3 000美元之间。

有了这些信息后，管理层就可以制定管理决策了：获得可观利润的可能性是否与遭受亏损（甚至巨额亏损）的巨大风险相称。这样，计算机仿真的作用就是提供制定正确决策所需要的信息，但这些决策需要由管理层通过正确的判断来做出。

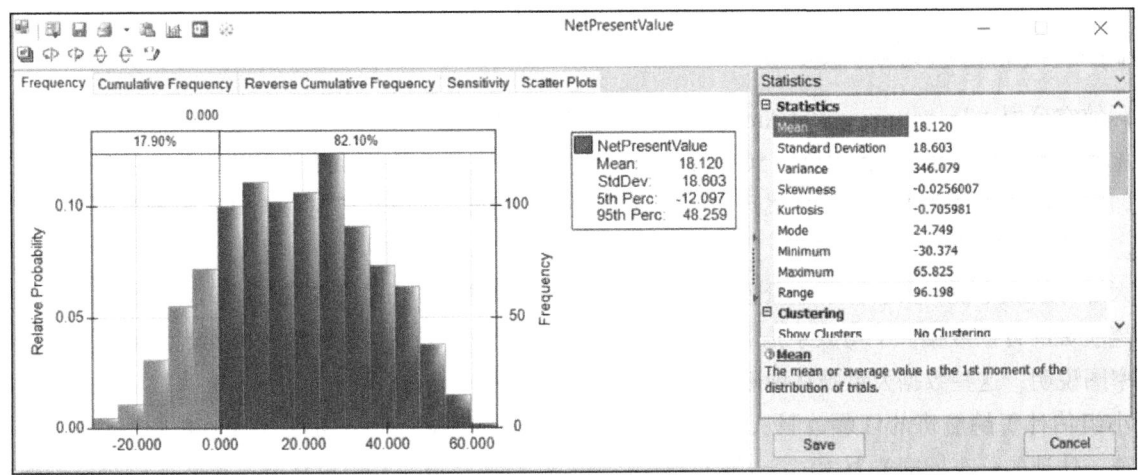

图15-21　计算机仿真结果

注：总结了图15-19中梦大发展公司财务风险分析问题的计算机仿真模型运行结果的频率图和统计表。在统计表的可能性方框中显示有82.1%的试算获得了正的净现金流。

问题回顾

1. 投资（或者投资组合）的风险概况是什么？
2. 梦大发展公司管理层需要评估的投资方案是什么？
3. 对这个案例进行计算机仿真所需要的估计值是什么？
4. 这个案例的电子表格模型中，不确定的可变单元格里出现的数量是什么？
5. 这个案例的结果单元格中出现了什么数字？
6. 计算机仿真能够显示出梦大公司管理层同意这个投资建议的话其发生损失的概率吗？

15.5　旅游业中的收益管理

近年来，管理科学最引人注目的应用领域之一是改善旅游业的收益管理。**收益管理**（revenue management）涉及通过各种方式来增加收益流，比如为不同类别的顾客设定不同的费率等级。其目标是通过将价格设定为不同的细分市场愿意支付的最高费率，然后根据不同的费率等级适当地分配座位从而最大化收益。

正如本节的案例将要说明的，收益管理的一个关键领域就是**超额订票**（overbooking）问题，即所接受的预订票数略大于现有可用的座位数。通常会有一小部分人不来，所以超额订票可以增加收益，因为它可以充分利用现有座位。但是，如果到达的顾客数目大于可用的座位数，则同样会产生成本。所以，超额订票的数量需要认真设定，以便在填补空座和避免订票的顾客被拒载之间取得平衡。

美国航空公司（American Airlines）是广泛应用管理科学来改善其收益管理的先驱者，其座右铭是"在合适的时间把合适的机票卖给合适的顾客"。这一应用获得了1991年的弗朗兹·埃德尔曼奖，成为当年全球范围内管理科学的年度最佳应用，同时也使美国航空公司的年收入增加了5亿多美元。增加的收益中几乎有一半来自超额订票模型的应用。

随着美国航空公司取得重大突破，其他航空公司也紧随其后，开始以同样的方式应用管理科学。收益管理的应用在全球范围内迅速扩展到旅游业的其他细分市场中（包括铁路旅行、邮轮、汽车出租、酒店等）。下面我们介绍的例子就是关于另一家航空公司的超额订票问题。

> 新的超额订票模型使美国航空公司的年收入又增加了约2.25亿美元。

洲际航空公司的超额订票问题

洲际航空公司（Transcontinental Airlines）有一趟航班每天（除周末）往返于旧金山和芝加哥，它主要服务于商务旅客。其每架飞机的机舱中有150个座位。每个座位的平均价格是300美元。这是可退票的价格，不来乘机的顾客可以获得全额退款，一次飞行的固定成本是3万美元，所以在任何一天订票数量都需要超过100才能盈利。

对大部分航班来说，要求订票数量远远超过现有的可用座位数。公司的管理科学团队一直在收集过去几个月中每趟航班的订票数据。平均数字是195，但在每趟航班之间这个平均值的波动是相当大的。为这些数据绘制的频率图说明，这些数据大致服从**钟形曲线分布**（bell-shape curve）。所以，小组估计每趟航班的订票数服从正态分布，均值是195。根据数据计算，估计的分布标准差为30。

> 高达20%的缺席率表明，需要针对这一航班开发一个特别的超额订票策略。

公司的策略是：几乎所有的航班都可以接受超过其座位数10%的超额订票，这是因为大概10%已预定的乘客最终会缺席。但是，如果某次航班与这种情况大不相同，则需要作为例外处理，并召集管理科学团队来分析对这一航班应该采取哪种超额订票策略。上面提到的从旧金山到芝加哥的航班就属于这种情况。即使全额预定数达到165，对大多数的航班来说，通常也会有很多空座位。在收集数据时，管理科学团队发现了其中的原因。平均而言，在预定这次航班的顾客中，只有80%会前来乘坐，其余20%的人（或者说，大多数情况下是他们这些商务旅客的公司）会获得全额退款，因为他们的计划已经改变。

既然已经收集了数据，管理科学团队决定通过将这趟航班的接受预定数提高到190来开始其分析。之所以选择190这个值，是因为如果某一天这一航班的接受预定数达到了这个水平的话，那么这一数字应该足够大，以避免存在过多空座位；同时，这个数字也应该足够小，以免许多顾客因为实际订票数超过座位数（150）而不得不改乘另一航班的情况经常发生。因此，190似乎是首选值，它能够在避免存在许多空座位和迫使许多乘客改变航班这两种情况之间取得平衡。

当一位乘客因为超员而需要改乘另一航班时，洲际航空公司必须将乘客安排到下一次飞往芝加哥的航班上。公司这种安排的平均成本是150美元。除此之外，公司会为顾客提供一张价值200美元的代金券用于将来的飞行。同时，公司还认为对于这部分改机的顾客每人还存在100美元的隐形商誉损失成本。因此，安排改机顾客的总成本估计为每人450美元。

管理科学团队现在想通过使用计算机仿真来生成有关每天航班情况的三个绩效指标的频率图，从而研究接受预定数为190的可能。这三个绩效指标如下所示：

(1）利润。
(2）使用座位数。
(3）被拒绝登机的顾客数。

应用计算机仿真的电子表格模型

图 15-22 是这个问题的电子表格模型。由于这里有三个绩效测量指标，所以电子表格模型中需要三个结果单元格。这些结果单元格分别是利润 Profit（F23）、使用座位数 NumberOfFilledSeats（C20）和被拒绝登机的顾客数 NumberDeniedBoarding（C21）。除此之外，定义在单元格 C23:C25 中的三个统计单元格则被用来计算仿真运行得到的每个结果单元格中的平均值。决策变量接受预定数 ReservationsToAccept（C13）已经被设定为 190 来分析当前的选择。一些基本数据也已经输入到电子表格顶部附近的 C4:C7 单元格中。

> 使用三个绩效指标表示仿真模型需要的三个结果单元格。

计算机仿真的每一次试算会对应于一天的航班。一共有两个随机输入值与每趟航班相关联，即要求订票的乘客数（在单元格 B10 中简写为机票需求（Ticket Demand））和乘客的实际登机数（在单元格 B17 中简写为登机人数（Number That Show））。这样，这个模型中的两个不确定的可变单元格就是机票需求 SimulatedTicketDemand（C10）和登机人数 NumberThatShow（C17）。

由于管理科学团队已经假设要求订票的乘客人数服从正态分布，均值为 195，标准差为 30，因此这一信息已经被输入到单元格 D10:F10 中。正态分布对话框（见图 15-20）被用来将带有这些参数的正态分布输入到 SimulatedTicketDemand（C10）中。因为正态分布是一个连续分布，而订票数必须是整数值，因此 Demand（C11）使用了 Excel 的 ROUND 函数，它可以将 SimulatedTicketDemand（C10）中的数值取整为最接近的整数。

第二个不确定的可变单元格 NumberThatShow（C17）中的随机输入值取决于两个关键的数量。一个是购票数 TicketsPurchased（E17），它是需求 Demand（C11）和接受预定数 ReservationsToAccept（C13）中的最小值。另一个关键的数量是已订票顾客的实际登机的概率。这个概率在单元格 ProbabilityToShowUp（F17）中已经被设定为 80%，这个百分数是在近几个月内统计得出的平均概率。

> **Excel 小提示**：Excel 函数 ROUND(x, 0) 将 x 取整为最接近的整数值。0 表示的是小数点后面应该在四舍五入时保留的位数为 0，即不保留。

但是，订票顾客在任何一天实际登机的概率可能会围绕其平均值在一定范围内波动。因此，尽管 NumberThatShow（C17）被认为非常接近单元格 E17 和 F17 中数值的乘积，但这一数字也会根据某种概率分布而存在一些波动。那么哪种概率分布更适合这个不确定的可变单元格呢？第 15.6 节会介绍各种分布的特性。事实证明，适合这一不确定的可变单元格特点的一种分布是**二项分布**（binomial distribution）。

如第 15.6 节所述，二项分布给出了在一定数量的机会下某一特定事件发生次数的概率分布。在本例中，我们关注的事件是顾客到来并登机。当一位乘客预定这一航班时，这一事件发生的**机会**（opportunity）就会增加。这些机会一般是指**抽样**（trials）（不要和计算机仿真的试算相混淆）。二项分布假设抽样在统计上都是相互独立的，并且每次抽样时，这一事件发生的概率是固定不变的（在本例中为 80%）。这个分布的参数就是这个固定概率和抽样次数。

> 二项分布的特点正是不确定的可变单元格 NumberThatShow（C17）所需要的。

	A	B	C	D	E	F
1		Transcontinental Airlines overbooking				
2						
3			Data			
4		Available Seats	150			
5		Fixed Cost	$30 000			
6		Avg. Fare / Seat	$300			
7		Cost of Bumping	$450			
8						
9					Mean	Standard Dev.
10		Ticket Demand	179.74	Normal	195	30
11		Demand (rounded)	180			
12						
13		Reservations to Accept	190			
14						
15					Tickets	Probability
16					Purchased	to Show Up
17		Number That Show	153	Binomial	180	80%
18						
19						
20		Number of Filled Seats	150		Ticket Revenue	$45 000
21		Number Denied Boarding	3		Bumping Cost	$1 350
22					Fixed Cost	$30 000
23		Mean Filled Seats	142.275		Profit	$13 650
24		Mean Denied Boarding	2.038			
25		Mean Profit	$11 765			

	B	C
11	Demand (rounded)	=ROUND(SimulatedTicketDemand,0)

	E
15	Tickets
16	Purchased
17	=MIN(Demand,ReservationsToAccept)

Range Name	Cell
AvailableSeats	C4
AverageFare	C6
BumpingCost	F21
CostOfBumping	C7
Demand	C11
FixedCost	C5
MeanDeniedBoarding	C24
MeanFilledSeats	C23
MeanProfit	C25
NumberDeniedBoarding	C21
NumberOfFilledSeats	C20
NumberThatShow	C17
ProbabilityToShowUp	F17
Profit	F23
ReservationsToAccept	C13
SimulatedTicketDemand	C10
TicketRevenue	F20
TicketsPurchased	E17

	B	C
20	Number of Filled Seats	=MIN(AvailableSeats,NumberThatShow) + PsiOutput()
21	Number Denied Boarding	=MAX(0,NumberThatShow - AvailableSeats) + PsiOutput()
22		
23	Mean Filled Seats	=PsiMean(C20)
24	Mean Denied Boarding	=PsiMean(C21)
25	Mean Profit	=PsiMean(F23)

	E	F
20	Ticket Revenue	=AverageFare*NumberOfFilledSeats
21	Bumping Cost	=CostOfBumping*NumberDeniedBoarding
22	Fixed Cost	=FixedCost
23	Profit	=TicketRevenue - BumpingCost - FixedCost + PsiOutput()

图 15-22　应用计算机仿真解决洲际航空公司超额订票问题的电子表格模型

注：不确定的可变单元格是 SimulatedTicketDemand（C10）和 NumberThatShow（C17）；结果单元格是 Profit（F23）、NumberOfFilledSeats（C20）和 NumberDeniedBoarding（C21）；统计单元格是 MeanFilledSeats（C23）、MeanDeniedBoarding（C24）和 MeanProfit（C25）；决策变量是 ReservationsToAccept（C13）。

图 15-23 显示了二项分布对话框，通过引用单元格 TicketsPurchased（E17）和 ProbabilityToShowUp（F17）中的参数将这一分布输入到 NumberThatShow（C17）中。二项分布中"抽样"（Trials）方框中的实际数值在每次仿真中都不相同，这是因为它取决于购买机票的数量，而购买机票的数量又取决于机票需求数量（这是随机的）。因此，Analytic Solver 必须在随机生成 NumberThatShow（C17）的数值之前确定 TicketsPurchased（E17）的数值。幸运的是，Analytic Solver 会自动考虑以何种顺序生成各种不确定的可变单元格中的数值，因此这不是一个问题。

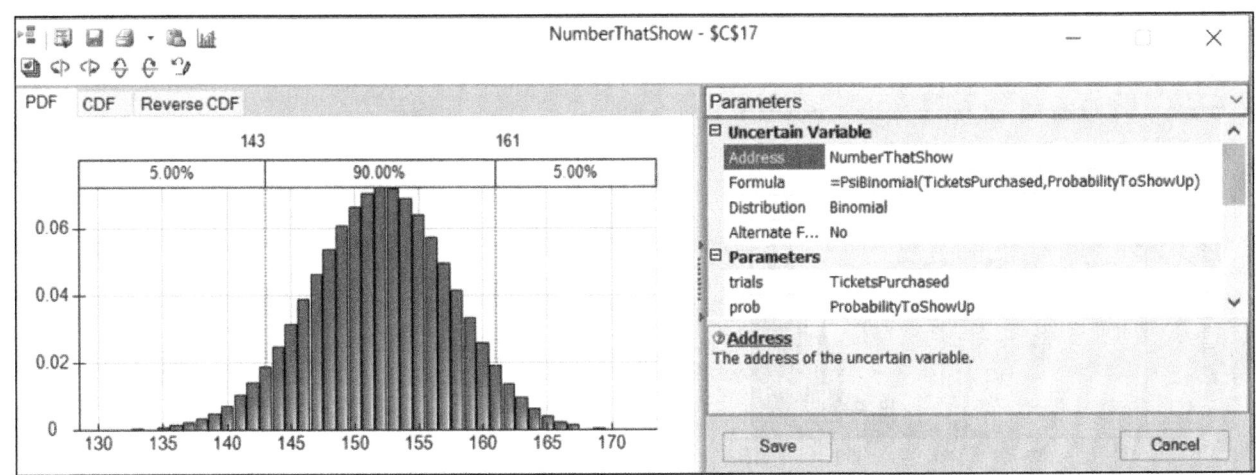

图 15-23 二项分布对话框

注：具有参数 TicketsPurchased（E17）和 ProbabilityToShowUp（F17）的二项分布被输入到不确定的可变单元格 NumberThatShow（C17）中。

输入到输出单元格、结果单元格和统计单元格中的公式如图 15-22 的底部所示。

下面是对这个模型中的重要单元格的总结：

  不确定的可变单元格：SimulatedTicketDemand（C10）和 NumberThatShow（C17）

  决策变量：ReservationsToAccept（C13）

  结果单元格：Profit（F23）、NumberOfFilledSeats（C20）和 NumberDeniedBoarding（C21）

  统计单元格：MeanFilledSeats（C23）、MeanDeniedBoarding（C24）和 MeanProfit（C25）

关于如何定义不确定的可变单元格、结果单元格和统计单元格的详细信息，请参见第 15.1 节的介绍。

仿真结果

图 15-24 显示了对图 15-22 中的电子表格模型进行 1 000 次计算机仿真试算后得到的三个结果单元格的频率图，其中 ReservationsToAccept（C13）被设定为 190。

对利润结果的估计是每趟航班的平均利润为 11 765 美元。但是，这个平均利润略低于发生频率最高的利润。原因是有一小部分试算结果得到的利润值远远低于平均值，其中有几次甚至发生了亏损，从而在某种程度上拉低了平均值。通过将截止线设置为 0，利润表上方的百分比显示，试算中存在 98.7% 的概率当天航班会获得利润。

NumberOfFilledSeats（C20）的频率图表明，1 000 次试算中有将近一半的结果是 150 个座位被全部坐满，而在其余剩下的大部分试算中，至少有 130 个座位被坐满。其均值是 142.275，非常接近 150，因此接受预订数为 190 的策略应该能够很好地满足填补空座位的要求。

充分利用座位的代价是有些顾客需要改乘其他航班。NumberDeniedBoarding（C21）的频率图显示出，这种情况发生的概率为 40%。在几乎所有的试算中，这一数字在 1～10 波动。考虑到在试算中有 60% 的情况没有顾客换航班，因此均值仅为 2.038。

尽管这些结果表明接受 190 的订票数的决策在大多数情况下是一个比较具有吸引力的选择，但这并不能证明这就是最好的选择。我们需要在 ReservationsToAccept（C13）中输入其他数值继续进行仿真，以找到这一决策变量的最优值。这可以通过试错法简单地实现。我们将在第 15.7 节在参数分析表的帮助下说明如何有效地完成这一操作。

> 我们将在第 15.7 节中继续讨论这一案例，进一步评估应该接受多少订票数。

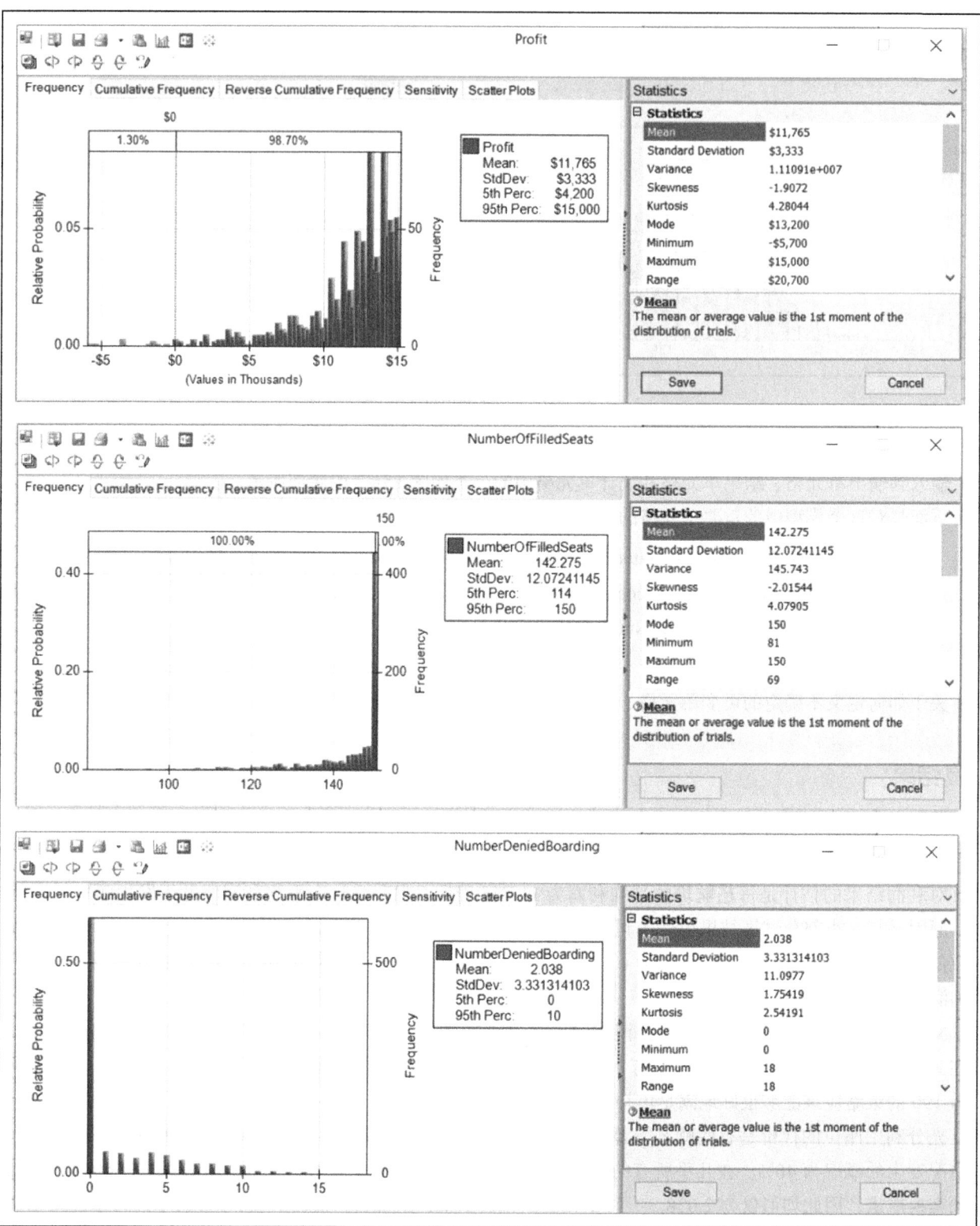

图 15-24 计算机仿真试算后的结果

注：这个频率图和统计表总结了图 15-22 所示洲际航空公司超额订票问题的电子表格模型中各个结果单元格（Profit（F23）、NumberOfFilledSeats（C20）和 NumberDeniedBoarding（C21））的仿真运行结果，第一个频率图上方的百分比显示有 98.7% 的试算获得了正的利润。

问题回顾

1. 在旅游业中的收益管理是什么意思？
2. 在美国航空公司将管理科学创造性地应用于收益管理的案例中，每年增加的收益是多少？
3. 在本节案例中，洲际航空公司的管理科学团队解决了什么问题？
4. 在解决这个问题的过程中需要考虑哪些权衡？
5. 这个问题的决策变量是什么？
6. 这个问题的电子表格模型中的结果单元格里出现了什么数值？
7. 电子表格模型中的不确定的可变单元格里出现了什么数值？
8. 二项分布的参数是什么？
9. 本节所得到的仿真结果是否确定了接受多少订票数？

15.6 选择正确的分布函数

如第 15.1 节所述，Analytic Solver 的分布菜单（Distributions Menu）中提供了多种概率分布函数可供选择。这 47 种概率分布中的任何一种都可以被选择并输入任何一个不确定的可变单元格。在前面的部分，我们已经说明了这些分布中的其中 5 种（整数均匀分布、均匀分布、三角分布、正态分布和二项分布）的使用，但并没有说明为什么要选择特定的分布。

在本节中，我们将主要说明如何选择正确的分布。我们首先要介绍这 47 种分布的特点，以及这些特点如何帮助我们确定最优选择。接着我们将介绍 Analytic Solver 的一个特殊功能，即在分布菜单中的其他 39 个分布都不适用的情况下建立的 8 个自定义分布。然后我们将返回到第 15.1 节的案例中，来说明 Analytic Solver 的另一个特点。这一特点能够在拥有历史数据时找出最适合这些历史数据的分布，同时也可以估计这个分布的参数。如果你不喜欢这个分布，这个功能也可以提供适合这些数据的其他可选择的分布。

可用分布的特点

任何随机变量的概率分布都描述了这个随机变量的可能值的相对发生概率。如果在整个可能的取值范围内任何值都有可能发生，包括任何整数和分数，那么就可以使用**连续分布**（continuous distribution）。如果只有特定的值（如仅在某一范围内的整数）可能发生，则可以使用**离散分布**（discrete distribution）。但是，如果唯一的可能值是在一个较大范围内的整数值，则可以通过将任意的分数取整为最接近的整数的方法将连续分布作为近似值（在图 15-22 所示的电子表格模型的 C10:C11 单元格中使用了这种近似）。Analytic Solver 的分布菜单中包含了连续分布和离散分布。我们先来看看连续分布。

在图 15-25 中的右侧给出了分布菜单下"常用"（Common）子菜单中三种常用的连续分布的对话框。每个对话框中的深灰色图形显示了相应分布的典型**概率密度函数**（probability density function）。概率密度函数各点的高度给出了横轴相应数值的相对发生概率。每一个分布都有一个最可能发生值，在这一点概率密度函数达到了峰值。另外，所有其他相对高的点都与峰值接近。这说明存在着这样一种趋势：最可能发生值附近的中心值之一是可能发生的数值。因此，这些分布也被称为**中心趋势分布**（central-tendency distributions）。这些分布各自的特点都在图 15-25 的左侧列出。

正态分布：
- 有最可能发生值（均值）
- 越接近均值的值发生概率也越高
- 对称（均值左右对称值的发生概率相等）
- 极值也是有可能发生的，不过概率非常小

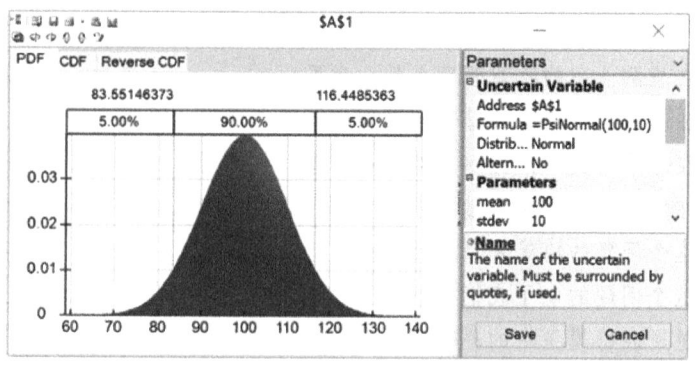

三角分布：
- 有最可能发生值
- 接近最可能发生值的值比较常见
- 可以是不对称的
- 固定的上限和下限

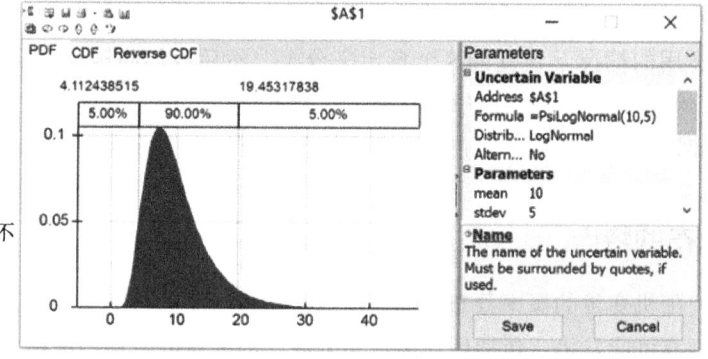

对数正态分布：
- 有最可能发生值
- 正偏态（低于均值的值发生概率更高）
- 数值非负
- 极值（仅有最高值）也是有可能发生的，不过概率非常小

图 15-25　常用的连续分布

注：Analytic Solver 分布菜单下常用子菜单中三种常见的中心趋势分布的特点和对话框：①正态分布、②三角分布、③对数正态分布。

正态分布

正态分布（normal distribution）广泛运用于管理科学和其他领域中，是因为它描述了很多自然现象。这种分布出现如此频繁的一个原因是：尽管单个随机变量不服从正态分布，但许多随机变量的总和都趋向于服从正态分布（近似）。使用这一分布需要估算均值和标准差。均值和最可能发生值是一致的，因为这是一个对称分布。这样，均值就是一个非常直观的数值，可以被估计出来，但标准差却不行。大约 2/3 的分布位于均值的一个标准差之内。因此，如果没有可以用来计算标准差估计值的历史数据，有经验的人可以通过提问在 2/3 的情况中这一随机值位于哪个数量之内，从而得到标准差的一个大致估计值。

对一些应用来说，使用正态分布存在一个风险，就是它会得出负值，即使这些值实际上是不可能发生的。幸运的是，只有当均值小于

> 正态分布允许存在负值，这对一些应用来说是不适用的。

3倍标准差时才会大概率出现负值。例如，将一个正态分布输入到图15-22的不确定的可变单元格中来代表需要订票的顾客数。在这个例子中负值是没有意义的，但是由于均值为195，比标准差的3倍（3×30=90）要大得多，所以在这个案例中不会有负值出现（当正态分布被输入到图15-19的不确定的可变单元格中以代表现金流时，均值就很小或甚至是负值，但是这也不会存在问题，因为现金流可以是正的也可以是负的）。

三角分布

图15-25中**三角分布**（triangular distribution）和正态分布的形状对比显示出一些重要的区别。一个区别是三角分布有一个固定的最小值和一个固定的最大值，而正态分布允许存在概率极小的趋向于无穷远的极值。另一个区别是三角分布可以是非对称的（见图15-25），这是因为最有可能发生的值不一定是两个边界中的中间值，而正态分布始终是对称的。这为三角分布提供了额外的灵活性。还有一个关键的不同是它的所有参数（最小值、最可能值、最大值）是很直观的，所以它们也相对容易估计。

这些优点使得三角分布成为计算机仿真的一个常用选择。这就是在前面的竞标建筑合同案例中使用这种分布来表示竞争对手的出价（见图15-11）和活动时间（见图15-15）的原因。

然而，三角分布也存在一些缺点。一是在许多情况下，一些发生概率非常小的极值还是有可能发生的，但三角分布需要人为设定固定的最小值和最大值。这也使得估计有意义的边界变得十分困难。二是坡度缓慢变化的曲线（如正态分布的钟形曲线）应当比三角分布中的直线部分更精确地描述了真实分布。

> 三角分布的参数相对容易估计，这是因为它们比较直观。

对数正态分布

图15-25底部所示的**对数正态分布**（lognormal distribution）兼有正态分布和三角分布的部分优点。它的曲线斜率是渐变的。它也允许两端极值的存在。同时，它不允许存在负值，所以必要时能够自动调节以适应实际情况。尤其是当均值小于3倍标准差而不能采用正态分布时，这种分布具有特殊的优势。

这种分布总是**正偏态的**（positively skewed），即其尾部总是在右边。这就使得最可能发生值会朝向左侧集中（均值在其右侧），所以这种分布不像三角分布那样具有灵活性。对数正态分布的另一个缺点是它具有和正态分布相同的参数（均值和标准差），除非有历史数据可用，否则直观性较差的标准差很难被估计出来。

> 对数正态分布在其右边有一条长长的尾巴，且不允许左侧有负值存在。

当需要使用不允许负值存在的正偏态分布时，对数正态分布提供了一个很好的选择。这就是经常使用这种分布来代表股票价格或房地产价格的原因。

均匀分布和整数均匀分布

尽管前面的三种分布都是中心趋势分布，但是图15-26给出的**均匀分布**（uniform distribution）却不是中心趋势分布。它们具有一个固定的最小值和一个固定的最大值。另外，它还规定在这两个边界之间的任何一个值发生的概率都不会比其他值高。所以，在同样的可能发生值范围内（除少见的极值），这种分布比中心趋势分布具有更大的可变性。

选择这两种分布中的哪一个取决于最小值和最大值之间的哪些值是可能出现的。如果这一范围内的任何一个数值（包括分数值）都可能出现，那么选择均匀分布比选择整数均匀分布（integer uniform distribution）更好一些。如果只能取整数值，则取整数均匀分布会更好一些。

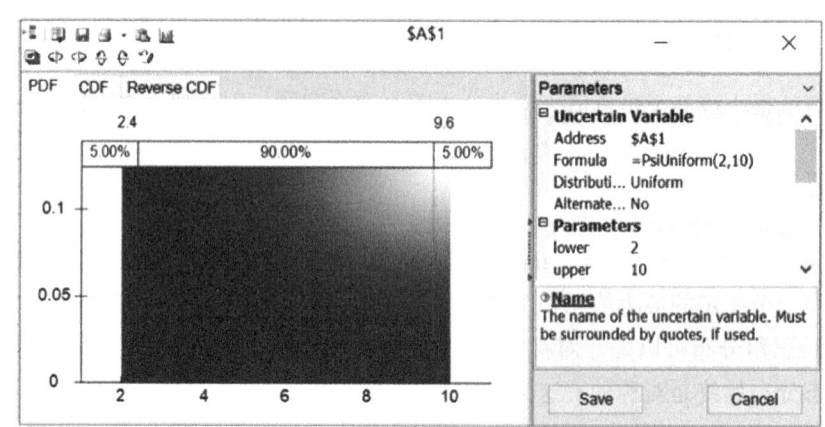

均匀分布：
- 固定的最小值和最大值
- 所有值等可能发生

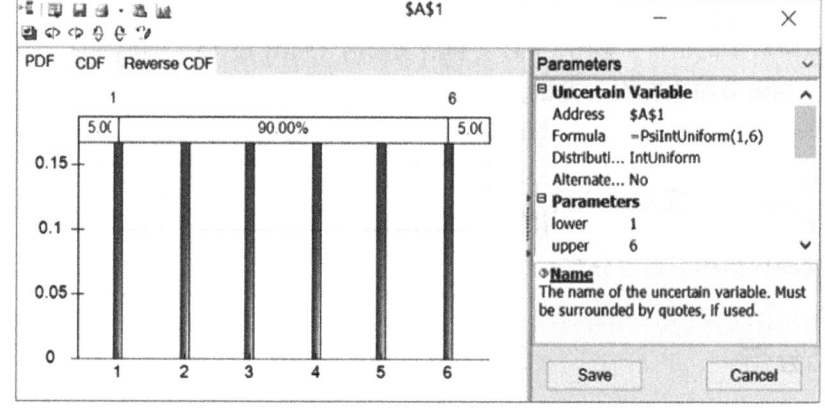

整数均匀分布：
- 固定的最小值和最大值
- 所有整数值等可能发生

图 15-26　Analytic Solver 分布菜单下均匀分布的特点和对话框

这两种分布使用起来都很方便，因为它只有两个参数（最小值和最大值），并且这两个参数都是很直观的。因此，这两种分布的使用频率也相当高。在本章开头，我们曾经用整数均匀分布来代表对报纸的需求（见图 15-1），用均匀分布来生成竞争者对建筑工程的投标价（见图 15-11）。

> 均匀分布易于使用，但它通常只是对真实分布的粗略估计。

这种分布的缺点是它通常只是对真实分布的粗略估计。在均匀分布中，最小值或最大值与其他处于其边界之内的任何值发生概率相同，而边界之外的任何值几乎都不可能出现，这种情况是很少见的。

指数分布

如果你已经学习了第 12 章中的排队模型，那么你应该还记得最常用的排队模型假设顾客连续到达的间隔时间服从**指数分布**（exponential distribution）。采用这种假设的原因是，在大多数情况下，顾客到达是随机事件，指数分布就是随机事件间隔时间的概率分布。第 12.1 节描述了指数分布的一些细节特性。

如开始在图 12-3 中所描述的，这种分布具有如图 15-27 所示的特殊形状。特别是其峰值位于 0 处，而其右侧则有长长的尾部。这说明最可能的时间是大大低于均值的，但是很长的时间也有可能发生。这是随机事件发生时间间隔的本质。

由于其中唯一的参数是直到下一随机事件发生之前的平均时间，所以这种分布使用起来相对容易一些。

指数分布：
- 广泛用于描述随机事件的间隔时间（比如两次到达事件的间隔时间）
- 事件相互独立

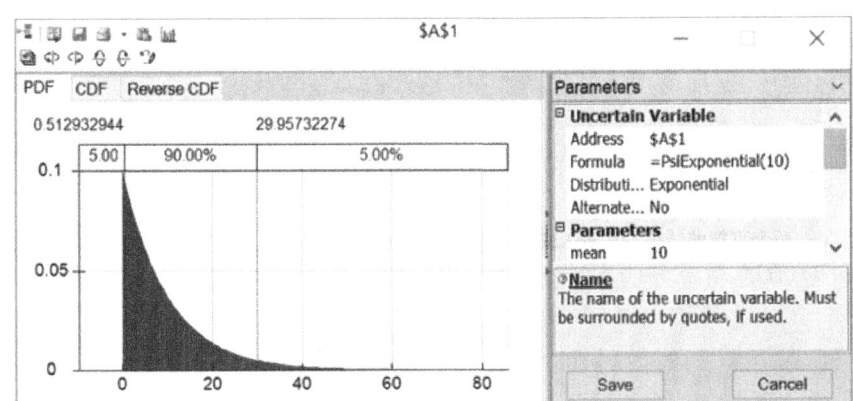

泊松分布：
- 描述给定时间段或空间内事件发生的次数
- 事件的发生是相互独立的
- 事件发生的任何次数都是可能的
- 均值＝一段时间内事件的平均发生次数（如每小时的到达次数），假设时间段是不变的

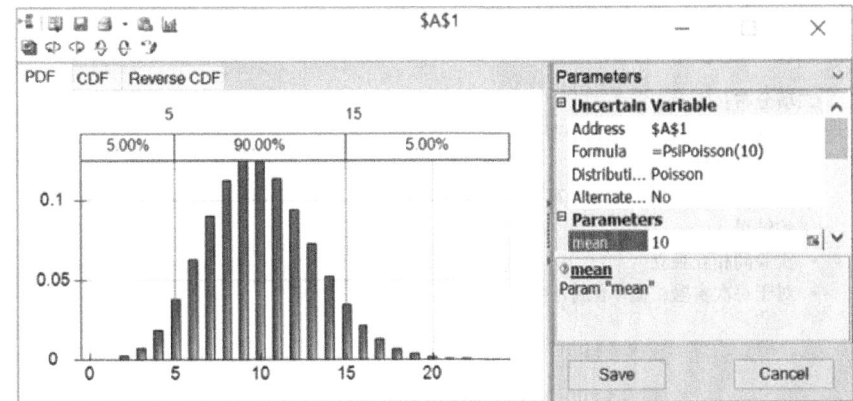

图 15-27　涉及随机事件的两种分布的特点和对话框

注：这些在 Analytic Solver 分布菜单中的分布是：①指数分布，②泊松分布。

泊松分布

指数分布（如前面的大多数分布）是连续分布，而**泊松分布**（Poisson distribution）是一种离散分布。唯一的可能值是非负整数：0, 1, 2, …，但是，将这种分布和指数分布互相搭配非常普遍，原因主要是：如果连续事件的间隔时间服从指数分布（即事件是随机发生的），那么某一段时间内事件的发生次数就服从泊松分布。这种分布还有一些其他的应用。

当考虑某一段时间内事件的发生次数时，输入到对话框参数区域的均值应该是那段时间内事件发生的平均次数。

伯努利分布和二项分布

伯努利分布（bernoulli distribution）是一个非常简单的离散分布，它只有两个可能值（0 或 1），被用来模拟一个特定事件是否发生，如图 15-28 所示。这一分布的唯一参数就是事件发生的概率。如果事件以这一概率发生，则取值为 1（代表是），否则取值为 0（代表否）。

二项分布（binomial distribution）是对伯努利分布的一种扩展，用于一个事件可能多次发生的情况。如图 15-28 所示，二项分布给出了特定事件发生次数的概率分布，给出了某事件发生的独立机会（被称为试验）的次数，并且在每次试验中某事件发生的概率是相同的。例如，如果目标事件是掷硬币得到正面，那么二项分布（其概率 =0.5）给出了在给定掷硬币试验次数下得到正面的次数的概率分布。每掷一次都是一次试验，这一事

伯努利分布：
- 描述一个事件是否发生
- 两个可能的结果：1（是）或 0（否）

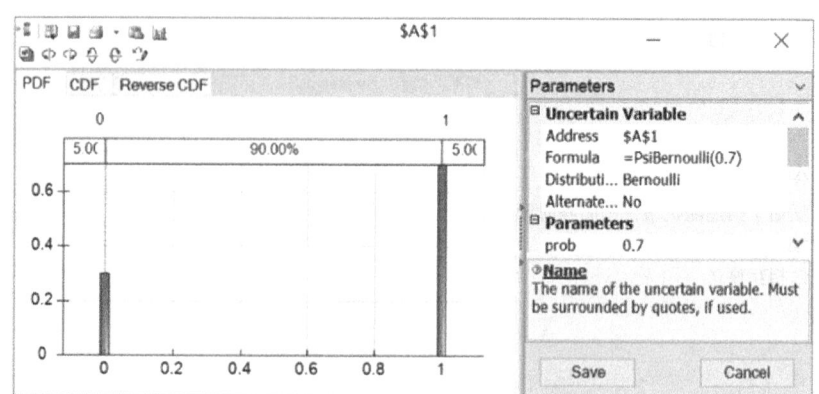

二项分布：
- 描述固定试验次数内某个事件的发生次数
- 对于每次实验，只有两个可能的结果
- 实验间相互独立
- 对于每次实验，概率保持不变

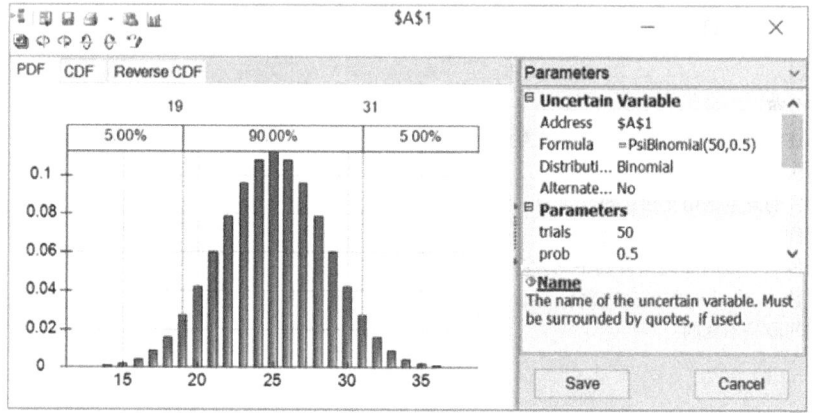

图 15-28　Analytic Solver 分布菜单中伯努利分布和二项分布的特点及对话框

件（得到正面）发生的概率都保持不变（0.5）。当试验次数等于 1 时，二项分布与伯努利分布是等价的。

在前一节中你已经看到了另一个例子：二项分布被输入到图 15-22 的不确定的可变单元格 NumberThatShow（C17）中。在这一航空公司超额订票案例中，事件是顾客登机，试验是顾客订票，订票的顾客确实乘坐那一次航班的概率是固定不变的。

这种分布的参数是试验次数和每次试验中事件发生的概率。

几何分布和负二项分布

图 15-29 中显示这两种分布都与二项分布有关，因为它们也涉及每次试验中都有固定概率发生事件的情况。**几何分布**（geometric distribution）给出了直到事件第一次发生时的试验次数的概率分布。在对话框中的 suc 区域输入一个正整数后，**负二项分布**（negative binomial distribution）就可以给出直到达到规定的试验次数（由 suc 区域指定必须出现的成功试验次数）时试验次数的概率分布。因此，suc 是这种分布的一个参数，每次试验中事件发生的固定概率则是两种分布的共同参数。

为了说明这两种分布，假设你还是对掷硬币（试验）事件感兴趣。几何分布（概率=0.5）给出了直到首次出现正面时的投掷次数的概率分布。如果你想获得 5 次正面，那么负二项分布（概率=0.5，suc=5）给出了直到出现 5 次正面时的掷硬币次数的概率分布。

同样，考虑一个合格率为 50% 的生产工序，生产的每单位产品都有 50% 的概率是合格的。几何分布（概率=0.5）给出了获得 1 单位合格产品时需要生产的产品数目的概率分布。如果顾客订购了 5 单位产品，则负二项分布（概率=0.5，suc=5）给出了为完成订单所需要的生产次数的概率分布。

几何分布：
- 描述直到事件发生时的试验次数
- 每次试验的概率相同
- 一直持续到事件成功发生为止
- 试验次数无限

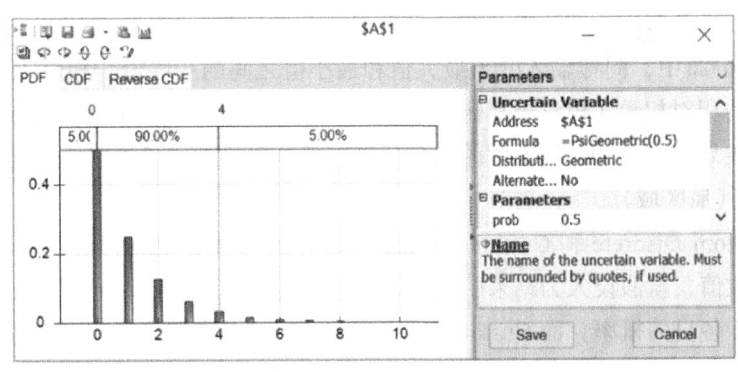

负二项式分布：
- 描述直到事件发生 n 次时的试验次数
- 当 n=1 时等同于几何分布
- 一直持续到第 n 次事件成功发生
- 试验次数无限

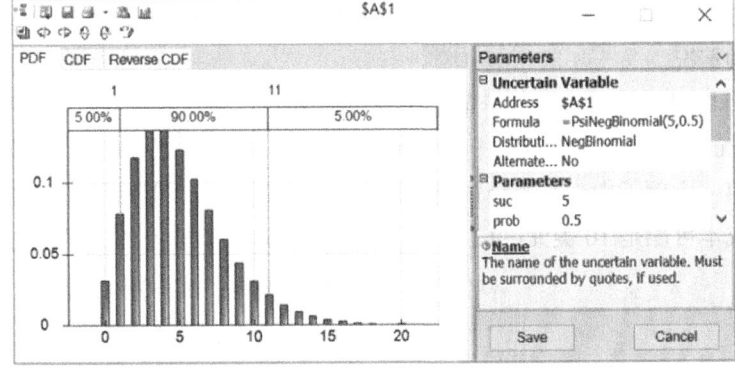

图 15-29　涉及直到事件发生时的试验次数的两种分布的特点和对话框

注：这些 Analytic Solver 分布图例菜单中的分布是：①几何分布，②负二项分布。

其他分布

分布菜单中还包括其他分布：如贝塔分布（Beta distribution）、伽马分布（Gamma distribution）、韦布尔分布（Weibull distribution）、Pert 分布、帕累托分布（Pareto distribution）、爱尔朗分布（Erlang distribution）等。这些分布在计算机仿真中使用不多，所以不再讨论。

还有一个"自定义"(Custom) 子菜单，能够在其他分布都不合适的情况下使你自己设计一种分布。下一小节就来讲解如何实现这一操作。

自定义分布

在分布菜单中所包含的 47 种概率分布中，有 39 种是标准类型，在概率和统计课程中都已经讲过。在大多数情况下，将这些标准分布中的一种输入不确定的可变单元格就可以了。但是，有时也会出现特殊的情况，此时这些标准分布都不适合实际需要。这就需要使用分布菜单下的自定义子菜单中的分布（custom distribution）。

> 从自定义子菜单中选择一个自定义分布可以让你自行设置分布以适应特殊情况。

在进行设定之前，自定义分布实际上并不是一种概率分布。不过，你可以选择自定义子菜单下的一种自定义分布，并触发程序来定制自己的概率分布以适应你可能遇到的大多数特殊的情况。

自定义子菜单下有 8 种选择：Cumul（Cumulative 的缩写）、Discrete、DisUniform（Discrete Uniform 离散均匀的简称）、General、Histogram、Resample、Sip 和 Slurp。Custom Cumulative、Custom General 和 Custom Histogram 分布很相似，这是因为它们都被用于创建一个具有固定最小值和最大值的连续分布。在 Custom

Cumulative 分布中，输入介于最大值和最小值之间的一些值，就能出现这些值相对应的累计概率。在 Custom General 分布中，同样输入介于最大值和最小值之间的一些值，相对于出现累计概率，此分布能够显示出现近似结果的相对权重（相对于其他值出现的结果）。最后，在 Custom Histogram 分布中，在最小值和最大值之间的区间被划分成具有相同长度的部分，每一部分都被赋予了相应的权重表示随机结果落在该区域的可能性大小（相对于其他区域）。

Custom Discrete 和 Custom Discrete Uniform 分布也是相似的。对这两个分布来说，你只需要输入一系列离散的数值，就假设人为结果中只可能出现这些数值。在 Custom Discrete 分布中，每一个值（或结果）都被分配了属于各自的概率，而 Custom Discrete Uniform 分布假设所有离散值都具有相同的概率。

最后，当具有一系列历史数据，并且希望不确定的可变单元格能够直接从历史数据中抽样时，可以使用 Custom Resample 分布、Custom Sip 分布和 Custom Slurp 分布。此外，自定义分布还适用于预期未来行为和过去相似的情况。

我们将列举使用自定义子菜单中分布的两个例子。第一个例子使用了 Custom Discrete 分布，第二个例子使用了 Custom General 分布。

在第一个例子中，一家公司正在开发一种新的产品，但使用三种生产工序中的哪一种来生产还不清楚。单位生产成本可能是 10 美元、12 美元、14 美元，取决于选择的工序。这些成本的离散值的概率如下：

$$20\% \text{ 的概率，成本是 } 10 \text{ 美元}$$
$$50\% \text{ 的概率，成本是 } 12 \text{ 美元}$$
$$30\% \text{ 的概率，成本是 } 14 \text{ 美元}$$

要输入这一分布，首先在 Analytic Solver 功能区分布菜单下的自定义子菜单中选择 Discrete。然后将每一个离散值和权重（以小数的形式表示，代表概率）以集合的形式输入 values 和 weights 方框，如图 15-30 所示。

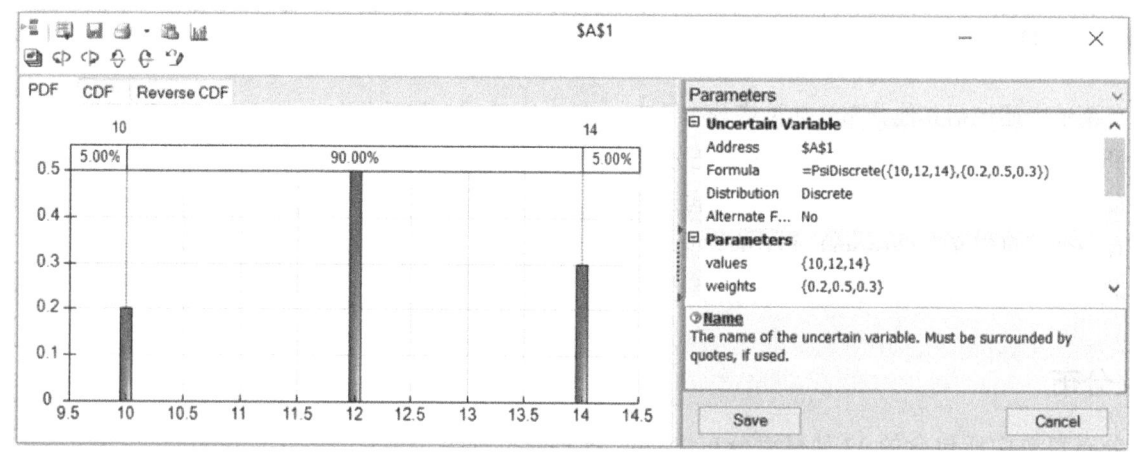

图 15-30　Analytic Solver 的自定义菜单对话框

注：对话框说明了 Analytic Solver 的 Custom Discrete 分布如何通过输入一系列离散值和它们的权重来为你定制一个自己的分布。

第二个例子涉及一个正在开发新产品的公司，目前公司的管理层已经获知另外一家公司也在开发一个竞争性产品。现在不确定的是哪家公司能够率先将新产品引入市场并占据大多数销量。在这种情况下，下面是为我们公司新产品预测的销量（以千为单位）：

- 0～20（最可能值为 10），如果竞争性产品率先引入市场。
- 20～30（等概率出现），如果两种产品同时引入市场。
- 30～50（最可能值为 40），如果我们公司的产品率先引入市场。

两种产品都有同样大小的概率率先到达市场。这两种情况中，每一种的可能性都被认为是两种产品同时进入市场的可能性的 3 倍。

为了输入这个分布，首先从分布菜单下的自定义子菜单中选择 General，从而弹出图 15-31 所示的对话框。前两个参数 min=0、max=50 用于指定销量的最小可能值和最大可能值（以千为单位）。在 values 方框中，在最小值和最大值之间的任意数值可以以集合的形式输入。对于集合中的每一个数值，对应的权重需要被输入到 weights 方框中。权重是一个用于指定集合中的每一个值相对其他值发生可能性的相对数值。由于获得 10 000 或 40 000 左右销量的可能性分别是获得 20 000 ~ 30 000 销量的可能性的 3 倍，因此值 {10,20,30,40} 的权重被输入成 {3,1,1,3}。所得结果是一个**双峰分布**（bimodal distribution），有两个峰值，如图中左侧的对话框所示。

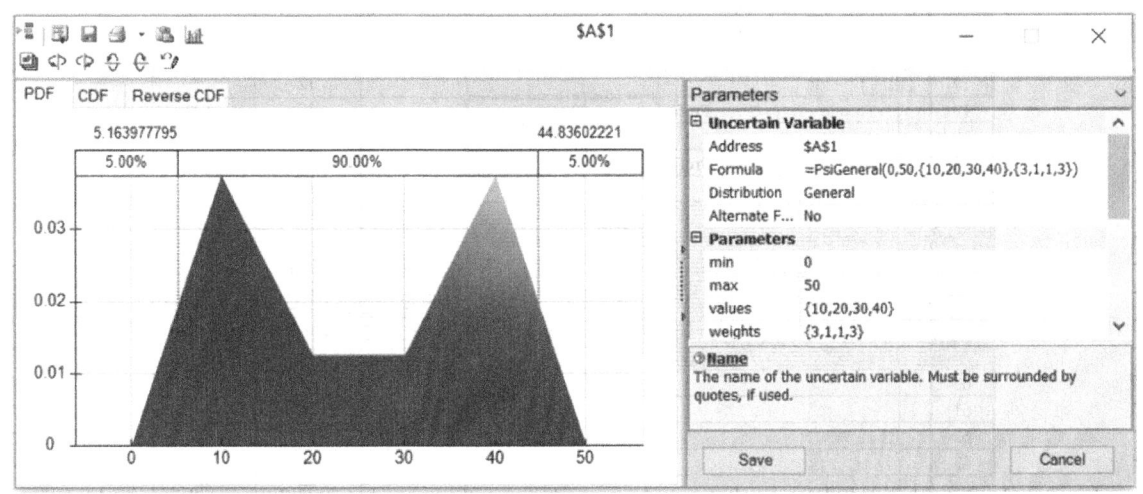

图 15-31　用 Analytic Solver 定制一个连续分布

注：这个对话框说明了如何使用 Analytic Solver 的 Custom General 分布定制一个自己的连续分布。最小值和最大值被设定为 0 和 50。10 和 40 附近的值出现的概率大概是 20 或 30 附近的值出现概率的 3 倍。

找出最适合历史数据的连续分布

现在，我们至少已经提到了分布菜单中的大多数概率分布，并描述了其中多种分布的特点。这就为我们引出了一个问题：如何找出最适合某一特定的不确定可变单元格的分布。当获得历史数据时，Analytic Solver 可以提供一个强大的工具来选择连续分布，方法是在 Analytic Solver 功能区中点击"匹配"（Fit）按钮。我们将回顾第 15.1 节提到了案例研究来说明这一功能。

> 如果你不知道为不确定的可变单元格选择哪一种连续分布，而你拥有历史数据的话，那么 Analytic Solver 可以帮助你进行选择。

回想一下，报童弗瑞迪在其书报摊销售的一份受欢迎的报纸是《金融日报》。弗瑞迪每天一大早就从分销商那里购买报纸。由于在一天销售结束时剩余的报纸对弗瑞迪来说就是损失，因此他正在尝试制定未来订购量的决策。这就产生了之前在第 15.1 节中图 15-1 所示的电子表格模型。这个模型包括不确定的可变单元格 Demand（C12）。开始时，一个 40 ~ 70 之间的离散均匀分布被输入这个不确定的可变单元格。

为了更好地制定最佳订购量的决策，弗瑞迪一直在记录这份报纸的每天需求情况（顾客购买报纸的数量）。图 15-32 的单元格 F4:F63 中显示了他在过去 60 天内所收集数据的一部分，还有图 15-1 中的原始电子表格模型的一部分。这些数据显示每天销售量的变化很大——在 40 ~ 70 份之间波动。但是，要弄清楚分布菜单中的哪种分布最适合这些数据是非常困难的。

	A	B	C	D	E	F
1		**Freddie the Newsboy**				
2						
3			Data			Historical
4		Unit Sale Price	$2.50			Demand
5		Unit Purchase Cost	$1.50		Day	Data
6		Unit Salvage Value	$0.50		1	62
7					2	45
8			Decision Variable		3	59
9		Order Quantity	60		4	65
10					5	50
11			Simulation		6	64
12		Demand	44		7	56
13					8	51
14		Sales Revenue	$110.00		9	55
15		Purchasing Cost	$90.00		10	61
16		Salvage Value	$8.00		11	40
17					12	47
18		Profit	$28.00		13	63
19					14	68
20		Mean Profit	$46.45		15	67
21					16	67
⋮						
60					55	41
61					56	42
62					57	64
63					58	45
64					59	59
65					60	70

图 15-32 历史需求数据表

注：单元格 F6:F65 中包含了为第 15.1 节介绍的报童弗瑞迪案例研究所收集的历史需求数据。B 列和 C 列来自图 15-1 对这一案例研究的仿真模型。

Analytic Solver 提供了以下步骤来解决这一难题。

找出最适合数据的连续分布的步骤

（1）收集所需数据以找出输入不确定可变单元格的最佳分布。

（2）将数据输入到包含仿真模型的电子表格中。

（3）选中包含数据的单元格。

（4）点击 Analytic Solver 功能区中的匹配按钮，弹出匹配选项对话框。

（5）确保对话框中的"范围"（Range）方框里输入的工作表中的历史数据的范围是正确的。

（6）找出最适合数据的分布类型（连续分布或离散分布）。

（7）指出是否允许变换分布（allow shifted distributions）以及是否进行样本独立性测试（run sample independence test）。

（8）还可以使用这个对话框选择采用哪种排序方法来评估一种分布适合数据的程度。

（9）点击匹配按钮，弹出匹配结果图（fit results chart），以找出最适合数据的分布。

（10）如果有需求，可以在对话框的左侧选择查看列表中的其他较低排序的分布。这会识别出其他同样适合数据的分布类型（包括它们的参数值）。

（11）选择了你所需要使用的分布（从第9步到第10步）后，通过使用右上角的关闭方框来关闭对话框并点击"确定"（Yes）接受这个分布。

（12）点击并指定不确定可变单元格。然后在这个不确定可变单元格中输入选择的分布。

由于图 15-32 的单元格 F6:F65 中已经包含了所需要的数据，因此将这一步骤应用到弗瑞迪问题时，可以从选择数据开始。然后点击匹配按钮，弹出如图 15-33 所示的匹配选项对话框。图 15-32 中单元格区域 F6:F65 中的数据被输入到这一对话框的 Range（范围）方框中。当决定应该考虑哪种连续分布以适合数据时，默认的选择是考虑分布菜单中的所有连续分布。销量一般是整数，因此离散分布可能看起来是更合理的选择。然而，当一个很宽范围内的所有整数值都有可能的时候（在这个案例中指 40～70 的全部 31 个整数值），分布的形式就开始类似于一个连续分布。而且，在 Analytic Solver 中可用的连续分布（31 种）比离散分布（8 种）多得多。因此，找到一个更适合数据的连续分布的机会更大。这个连续分布可以通过将不确定的可变单元格中的每个数值四舍五入为最接近的整数值来给出整数的结果（正如同在第 15.5 节航空公司超额订票案例中对图 15-22 单元格 C11 中的机票需求的相应操作一样）。卡方测试（Chi-Square Test）被选中作为排序的方式。点击匹配按钮，然后出现了如图 15-34 所示的匹配结果图（fit results chart）。

> 相对于离散分布，在 Analytic Solver 中可用的连续分布更多。因此，甚至即使当需要的是一个离散（或整数）分布时，Analytic Solver 找到一个适合的连续分布的机率还是会更大。一个连续分布可以通过四舍五入来创造一个只给出整数值的分布。

图 15-34 匹配结果图的左侧给出了根据卡方测试排序的最适合的分布。卡方测试是统计中被广泛使用的一种测试方法，其值越小代表匹配程度越高。结果显示均匀分布是一个适合的匹配结果。结合需求实际上必须是整数这一事实，这证实了在图 15-1 弗瑞迪问题的原始电子表格模型中将整数均匀分布输入到不确定可变单元格 Demand（C12）是合理的。事实上，如果在图 15-33 中，我们选择离散（Discrete）而非连续（Continuous）作为适合的分布类型，Analytic Solver 会给出整数均匀分布是最合适的分布的结果。在这个案例中，选择连续还是离散（或者两者都选择）都是合理的，最终 Analytic Solver 都会得出相同的分布类型（均匀分布）的结果。

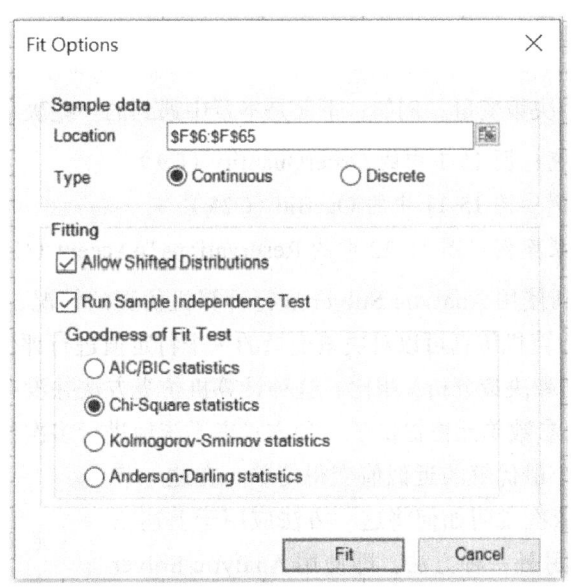

图 15-33　匹配选项对话框

注：匹配选项（Fit Options）对话框指定了①图 15-32 中对于这一案例研究的数据的范围，②只有连续分布被考虑在内，③允许改变分布，④需要运行样本独立性测试，⑤使用哪一种排序方法（卡方测试），来评估每一种分布适合数据的程度。

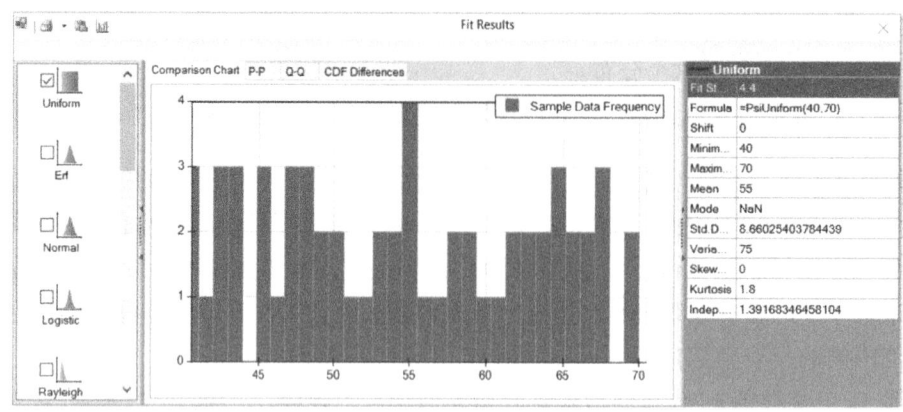

图 15-34 匹配结果对话框

注：这一匹配结果（Fit Results）对话框在左侧给出了最适合历史需求数据的连续分布，从上往下表示最适合到最不适合的顺序。对于最适合历史需求数据的分布（均匀分布），它被绘制出来（图中的水平线）以便与历史需求数据的频率分布进行比较。匹配的统计值（卡方测试）是 4.4。

问题回顾

1. 在 Analytic Solver 的分布菜单中有多少种可用的概率分布？
2. 连续分布和离散分布的区别是什么？
3. 选择正态分布输入不确定可变单元格可能存在什么风险？
4. 选择三角分布的优点有哪些？
5. 对数正态分布与正态分布、三角分布相比有何特点？
6. 为什么均匀分布有时是不确定的可变单元格的一个方便的选择？
7. 二项分布给出了什么问题的概率分布？
8. 从分布菜单中选择自定义分布可以为你做些什么？
9. Analytic Solver 为你提供了哪些步骤帮助你选择能够输入不确定可变单元格的最佳分布？

15.7 使用参数分析报告和趋势图制定决策

许多仿真模型至少包含一个决策变量。例如，下面是本章中遇到的一些决策变量。

　　案例研究：图 15-1 中的 OrderQuantity（C9）
　　竞标案例：图 15-11 中的 OurBid（C25）
　　超额订票案例：图 15-22 中的 ReservationsToAccept（C13）

在这些案例中，你已经看到使用 Analytic Solver 进行计算机仿真的情况，通过提供大量结果单元格的输出，使用 Analytic Solver 进行计算机仿真可以对决策变量的一个特定值进行评估。但是，与前面章节提到的许多管理科学技术（包括线性规划和决策分析）相比，这种计算机仿真方法并没有提供决策变量的最优解。幸运的是，Analytic Solver 通过使用参数单元格提供了一种方式来系统地进行多次仿真。这使得为只具有一个或两个决策变量的问题找出至少一个最优解的近似值变得简单。在这一节中，我们将描述这个方法，并依次说明如何将这一方法应用于上述三个决策变量。（下一节将会介绍另外一种方法，即使用 Analytic Solver 的 Solver 为仿真模型寻找一个最优解。）

> 定义一个参数单元格然后生成一个参数分析报告对一个或两个决策变量的一系列值应用计算机仿真，并将结果显示在一个表中。

寻找最优解的一种直观的方法是试错法。使用决策变量的不同值，对每个值进行计算机仿真，然后看一看哪个值对选定的绩效度量指标估计最准确。Analytic Solver 的交互式仿真模块让这一方法变得特别简单，这是因为在改变一个决策变量的值后，统计单元格中的结果能够立即获得。使用参数单元格允许你以一种更系统的方式做同样的事情。在定义了一个参数单元格后，所有期望进行的仿真都会开始进行，结果很快就会显示在**参数分析报告**（parameter analysis report）中。如果需要，你也可以观察**趋势图**（trend chart），它提供了关于这些结果的额外的详细信息。

如果你先前已经使用过参数单元格和 Analytic Solver 的 Solver 生成参数分析报告来系统地进行敏感性分析（如第 5 章所述），那么你会发现仿真模型中的参数分析报告的工作方式与它们的工作方式非常相似。在参数分析报告中能够同时变化的决策变量的最大个数是 2 个。

让我们回到本章的案例，看看如何使用参数单元格来运行多次仿真。

案例研究的参数分析报告和趋势图

回忆一下，报童弗瑞迪想要确定其每天的《金融日报》订购量应该是多少。第 15.1 节图 15-1 ~ 图 15-9 说明了如何应用计算机仿真来评估订购量为 60 份这一选择。由这一订购量所获得的日平均利润的最终估计值是 46.45 美元。如图 15-32 所示，弗瑞迪的顾客每天购买的报纸数量波动很大。图 15-34 中的匹配结果图表明，能够最好地描述这种波动的概率分布是 40 ~ 70 之间的整数均匀分布。由于波动程度很大，弗瑞迪无法确定在 40 和 70 之间的订购量应该被设定为多少。能够选择一个不同于 60 份的订购量使弗瑞迪获得比 46.45 美元更高的日平均利润吗？在 40 ~ 70 之间的哪个订购量能够最大化日平均利润？

为了回答这一问题，合理的做法似乎是对可能的订购量的样本（如 40、45、50、55、60、65 和 70）进行试算。为了完成这一步的工作，首先要定义准备进行研究的决策变量，也就是图 15-1 中的 OrderQuantity（C9）——作为参数单元格进行以下步骤的操作。

定义作为一个参数单元格的决策变量的步骤
（1）点击选中包含决策变量的单元格。
（2）在 Analytic Solver 功能区的参数菜单（Parameters Menu）中选择仿真（Simulation）。
（3）输入要为决策变量进行仿真的一系列数值的下限和上限。
（4）点击"确定"（OK）。

图 15-35 显示了如何将这一过程应用于报童弗瑞迪问题。由于仿真要在 40 ~ 70 的订购量范围内运行，因此这个范围的界限已经被输入到对话框中。

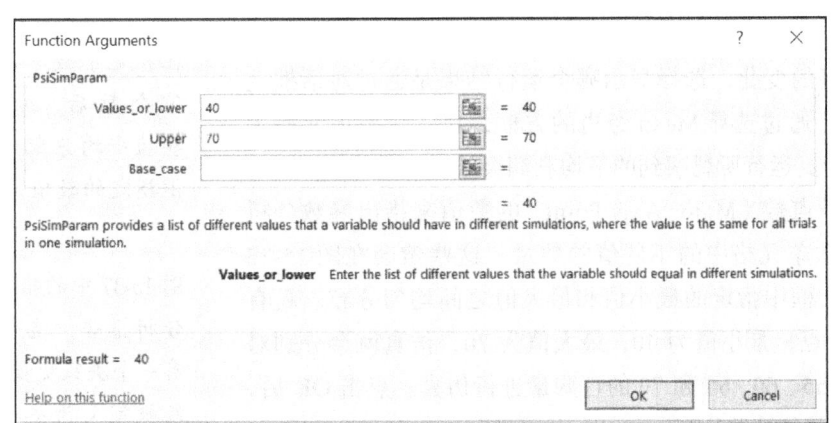

图 15-35　参数单元格对话框

注：这个参数单元格对话框指定了图 15-1 所示报童弗瑞迪问题仿真模型的决策变量 OrderQuantity（C9）的参数。

现在我们可以通过为参数单元格中的不同数值运行仿真来生成一个参数分析报告。首先在 Analytic Solver

功能区的 Reports>Simulation Menu 下的报告中选择 Parameter Analysis。这时会弹出如图 15-36 所示的对话框，允许你指定哪个参数单元格是可变的，仿真运行后要显示哪个结果。选择哪个参数单元格是可变的是在对话框中部的 Parameters 中设置的。点击（>>）会选择到现在为止定义的所有参数单元格（将他们移动到右侧单元格中）。在这个案例中，只定义了一个参数，因此这一操作使得唯一的参数单元格（OrderQuantity）出现在右侧方框中。如果定义了多个单元格，可以选择特定的参数单元格进行立即分析，这可以通过点击这些特定的单元格并使用（>）将这些单个参数单元格移动到右边的列表中。

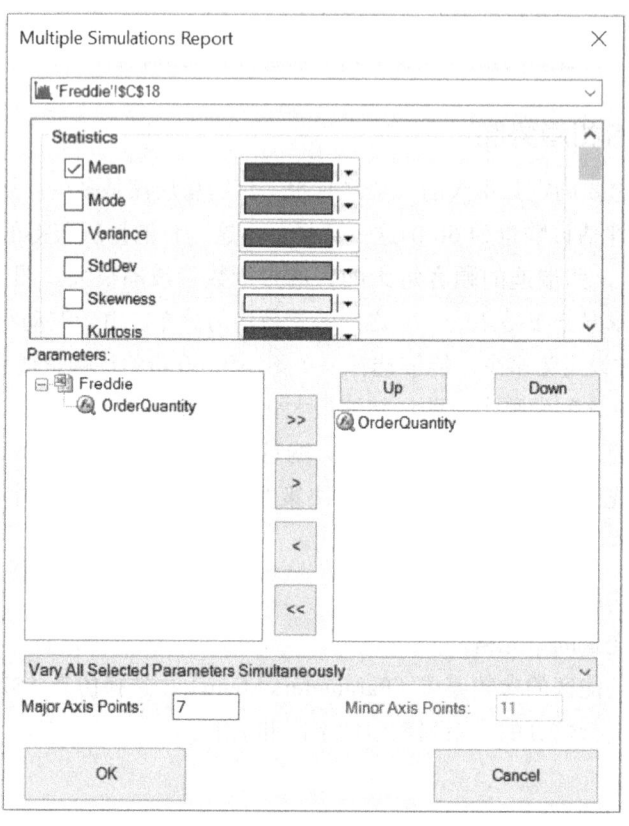

图 15-36　参数分析对话框

注：这个参数分析对话框允许你指定哪个参数单元格是可变的，以及仿真运行后应显示哪个结果。这里参数单元格 OrderQuantity（C9）会在 7 个不同值之间变化，对于 7 次不同的仿真运行，系统会显示每一次相应的平均值结果。

随着参数单元格的变化，选择显示哪个运行结果是通过对话框上半部的操作实现的。通过选择 Mean 旁边的方框，对于参数单元格中的每个不同的值，仿真运行所观察到的平均利润会被显示出来。

最后，输入**长轴点数**（Major Axis Point）的数值来指出参数分析报告中应包含的参数单元格中的不同值的数量。这些值会在图 15-35 所示参数单元格对话框中指定的最小值和最大值之间均匀分布。具有 7 个主要的横轴坐标点，最小值为 40，最大值为 70，仿真就会分别对数量为 40、45、50、55、60、65 和 70 的订购量进行仿真。点击 OK 后，Analytic Solver 就会运行这些仿真。

在 Analytic Solver 运行了这些仿真后，就会在一个新的电子表格中建立一个参数分析报告，如图 15-37 所示。对于列 A 所显示的每个订购量，列 B 给出了通过仿真运行的试算得到的结果单元格 Profit

在指定参数单元格中要考虑的数值个数后，Analytic Solver 将这些值平均分配到参数单元格对话框指定的数值范围内。

图 15-37 中的报告是一个一维参数分析报告，这是因为这个问题只有一个决策变量。对于具有两个已经被定义为参数单元格的决策变量的问题，产生的参数分析报告就是一个二维表格，一个参数在行中变动，一个参数在列中变动。

（C18）的平均值。单元格 B2:B8 显示了订购量为 55 份时实现了最大的平均利润 47.26 美元。而 50 份和 60 份的订购量能够实现第二大的平均利润。

订购量两端平均利润急剧下降，这实际上保证了最优订购量位于 50 和 60 之间（可能接近于 55）。为了更好地确定这一点，下一步应该再生成一张参数分析报告，主要考虑 50～60 份的整数订购量。习题 15.14 会要求你完成这一任务。

Analytic Solver 也可以生成各种各样的图表来显示对参数单元格的不同值进行仿真运行结果。在定义了一个参数单元格后，需要指定进行仿真的值的个数。为此，点击 Analytic Solver 功能区的"选项"（Options）按钮，选择"仿真"（Simulation）标签，从而弹出图 15-38 所示的"仿真选项"（Simulation Options）对话框。要进行仿真的参数单元格中值的期望个数就被输入到 Simulations To Run 方框中。这一个数值与产生参数分析报告的图 15-36 中的 Major Axis Points 的数值具有相同的作用。得到的参数值在图 15-35 的参数单元格对话框中指定的下限值和上限值之间均匀分布。例如，需要运行 7 次仿真（见图 15-38），那么订购量会是 40、45、50、55、60、65 和 70。

	A	B
1	OrderQuantity	Mean
2	40	$40.00
3	45	$44.03
4	50	$46.45
5	55	$47.26
6	60	$46.45
7	65	$44.03
8	70	$40.00

图 15-37　第 15.1 节介绍的案例研究的参数分析报告

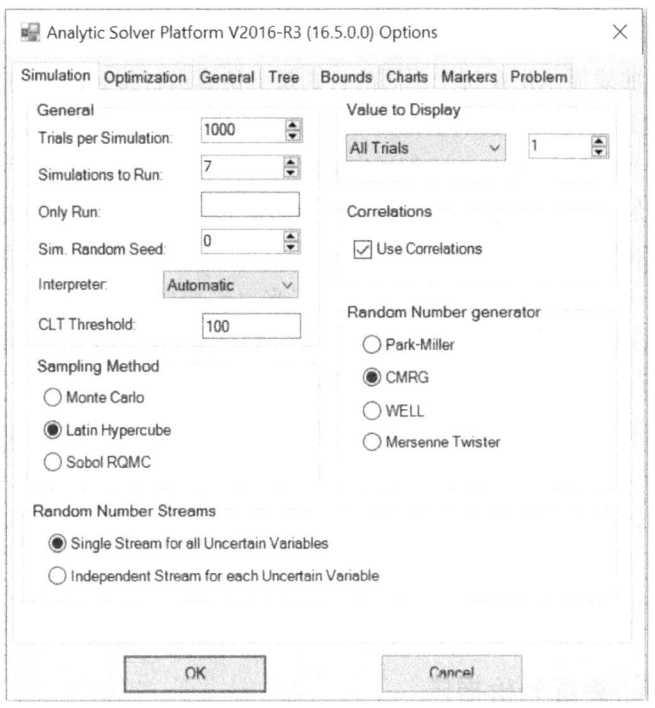

图 15-38　仿真选项对话框

注：这个仿真选项（Simulation Options）对话框允许你定义仿真运行的次数，这是在选择一个图来显示对于具有那个数目的不同值的参数单元格的仿真运行结果之前进行的。

一旦指定了要运行的仿真次数，就可以通过在 Analytic Solver 功能区"图表"（Charts）>"多仿真"（Multiple Simulations）菜单中来选择生成各种图表。例如，从这个菜单中选择"参数分析"（Parameter Analysis）可以以图形的形式给出与图 15-37 参数分析报告相同的信息。

图表中一个特别有趣的类型是"趋势图"（Trend Chart）。从 Charts>Multiple Simulations 菜单中选择 Trend Chart 能够弹出如图 15-39 所示的对话框。这个对话框用于选择应该出现在趋势图中的仿真。点击（>>）让所有 7 个仿真都显示在趋势图中。点击 OK 然后生成了图 15-40 所示的趋势图。

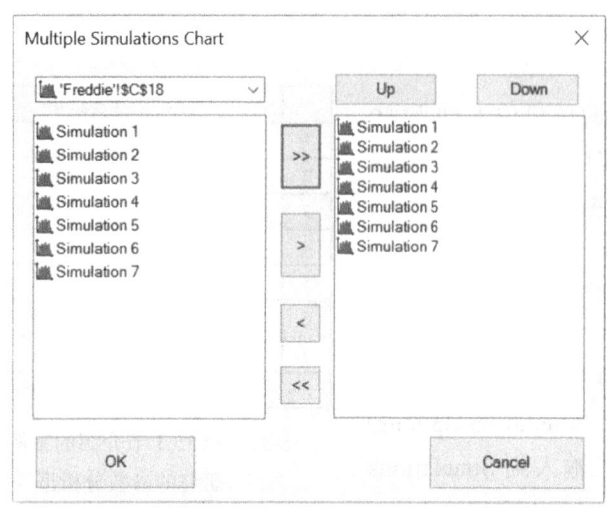

图 15-39　趋势图对话框

注：这个趋势图对话框用于指定使用哪种仿真来显示结果。点击（>>）使仿真的所有结果都出现在趋势图中。

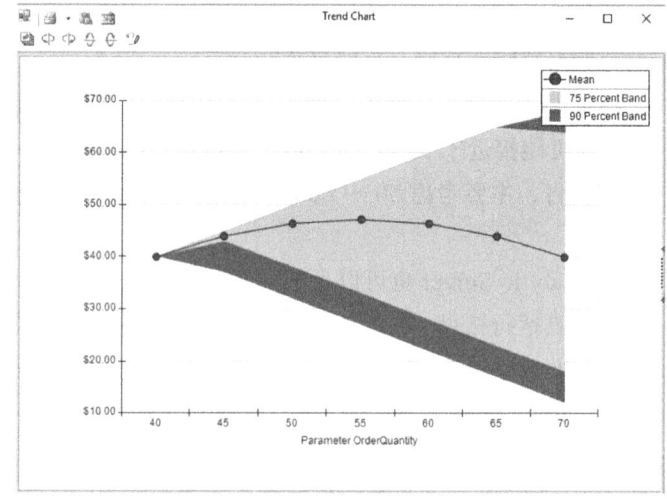

图 15-40　趋势图

注：这个趋势图显示随着弗瑞迪问题中订购量的增加，平均值和频率分布范围的趋势。

趋势图的横轴显示了要运行仿真的参数单元格的 7 个值（订购量为 40，45，…，70）。纵轴给出了运行仿真所得到的利润值。中间的曲线显示出在每个不同的订购量上仿真运行得到的平均利润。平均线周围的两个带状区域总结了有关每次仿真运行得到的利润值的频率分布的信息。（在彩色显示器上，带状区域还会以浅灰色和深绿色（这里成了深灰色）的颜色划分。）中间浅灰色的带状区域包含了中间 75% 的利润值，外边深灰色的带状区域（与浅灰色带状区域一起）包含了中间 90% 的利润值。（这些百分比被列举在趋势图上。）因此，每次仿真运行所获得的 5% 的利润值位于带状区域的上面，5% 的利润值位于带状区域的下面。

之所以被称为趋势图，是因为它以图形的方式说明了当决策变量（在本案例中为订购量）的数值增加时，利润的变化趋势。例如，在图 15-40 中，考虑平均线。在订购量由 40 增加为 55 时，平均线的趋势是上升的，但是之后它就趋于下降。因此，平均线在订购量为 55 附近时达到了峰值。事实上，在向右边移动的过程中，浅灰色和深灰色的带状区域不断发散，这一事实说明，随着订购量的增加，利润的波动越来越大。尽管最大的订购量能够使得弗瑞迪有机会在某些天获得高额利润，但也有可能在任何一天中获得特别低的利润。如果弗瑞迪关心其每天利润的波动性，那么这种风险概况对他是很重要的。

我们将会在下一节再次讨论这一案例，并使用 Analytic Solver 的 Solver 寻找最优订购量。

> 趋势图以图形的方式给出了决策变量值增加时的变化趋势。

科信建筑公司投标问题的参数分析报告

我们现在返回来为第 15.2 节科信建筑公司投标问题生成一个参数分析报告。由于在前一小节我们已经介绍了生成参数分析报告的步骤，所以在这里我们关心的是对结果的总结。

回忆一下，公司的管理层想要确定为一家大型建造商制造一个新工厂的投标价格。因此，图 15-11 电子表格模型中的决策变量是 OurBid（C25）。图 15-41 的参数单元格对话框被用于对这个决策变量进行进一步描述。管理层认为，投标价应该在 480 万～580 万美元，因此这些数值（单位：百万美元）被输入到对话框中的边界值（Bounds）输入框中。

管理层希望选择能使其期望利润最大化的投标价。因此，电子表格模型中的结果单元格就是 Profit（C29）。在从 Analytic Solver 功能区 Reports>Simulation 菜单中选择 Parameter Analysis 后，就会弹出图 15-42 所示的相应对话框，用于指定随着参数单元格 OurBid 在 6 个主要的横坐标点上变动时，显示平均利润应该是多少。这

6个值自动地在图 15-41 所指定的范围内均匀分布，因此仿真会针对投标价 4.8、5.0、5.2、5.4、5.6 和 5.8（单位：百万美元）运行。

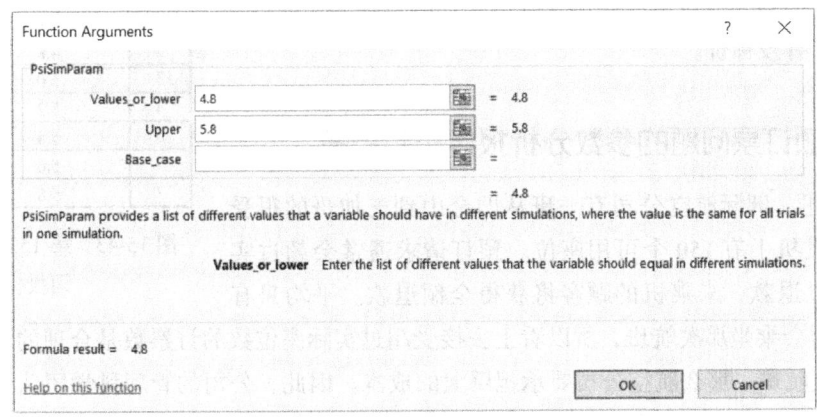

图 15-41　参数单元格对话框

注：这个参数单元格对话框指定了图 15-11 科信建筑公司投标问题的决策变量 OurBid（C25）的相关参数。

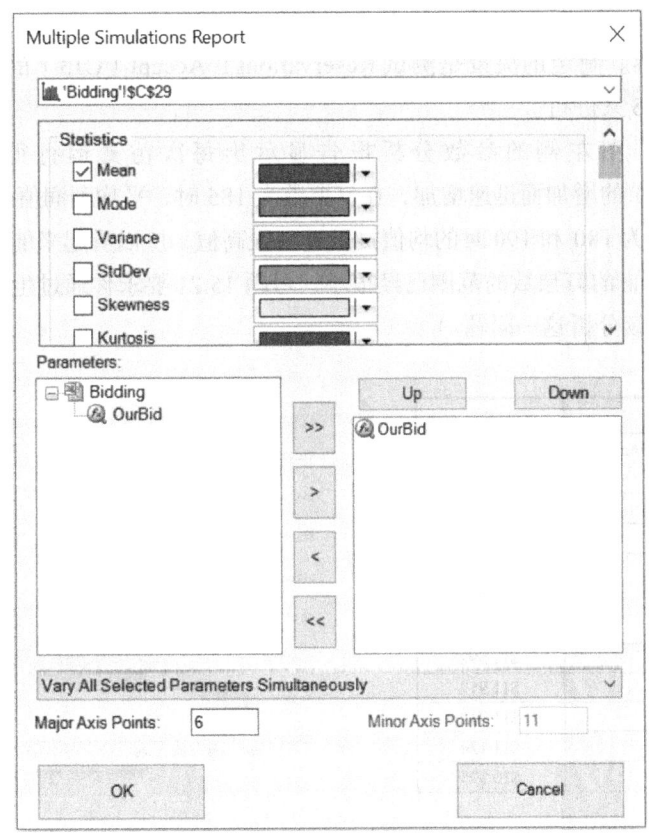

图 15-42　参数分析对话框

注：这一参数分析对话框允许你指定变动的参数单元格以及显示何种仿真运行的结果。在这里 OurBid（C25）参数单元格会在 6 个不同的值之间变动，并且对于 6 次仿真运行，每次运行的平均值都会被显示出来。

图 15-43 显示了得到的参数分析报告。540 万美元的投标价给出了在 1 000 次仿真运行下的最大平均利润。单元格 B5 中的平均值 482 000 美元应该是这一投标价下对期望利润的非常接近的估计值。在第 13 章

540 万美元的投标价是在第 13 章的案例研究中科信建筑公司赢得投标的价格。

的案例研究中（在 www.mhhe.com/Hillier6e 上提供）公司正是以这个投标价赢得了合同。

习题 15.17 要求你通过生成参数分析报告来对这一问题进行进一步的分析，这一参数分析报告应该考虑在从 520 万到 560 万美元之间以 5 万美元为间隔值的所有投标价。

洲际航空公司超额订票问题的参数分析报告和趋势图

	A	B
1	OurBid	Mean
2	4.8	0.188
3	5.0	0.356
4	5.2	0.472
5	5.4	0.482
6	5.6	0.257
7	5.8	0.024

图 15-43　第 15.2 节所述的科信建筑公司投标问题的参数分析报告

如第 15.5 节所述，洲际航空公司有一班从旧金山到芝加哥的很受欢迎的航班，每架飞机上有 150 个可用座位。预订请求通常会超过实际座位数。机票可以退款，未乘机的顾客将获得全额退款。平均只有 80% 的订票顾客真的会乘坐那次航班，所以看上去接受超过实际座位数的订票数是合理的。同时，如果订票的乘客被拒绝乘坐那次航班，那么航空公司要承担巨大的成本。因此，公司的管理科学团队正在分析应该接受的订票数是多少以使此航班的期望利润最大化。

在图 15-22 的电子表格模型中，决策变量是 ReservationsToAccept（C13），结果单元格是 Profit（F23）。管理科学团队希望考虑的决策变量是 150~200 的整数值，所以参数单元格对话框被用于以通常的方式指定这个变量的边界。制定的决策是测试 ReservationsToAccept（C13）的 11 个数值，所以仿真要在 150~200 之间以间隔值为 5 来进行。

图 15-22 中的决策变量是 ReservationsToAccept（C13）。

结果如图 15-44 所示。图左侧的参数分析报告显示出每次仿真运行得到的利润的平均值随着 ReservationsToAccept（C13）的增加而迅速增加，在订票数为 185 时，平均利润值达到最高值 11 912 美元，之后就开始下降。只有订票数为 180 和 190 时的均值接近这一最高值，所以看起来能够使利润最大化的订票数是在 180~190。（既然需要考虑的订票数的范围已经很小，习题 15.21 要求你通过生成一个考虑这一范围内所有整数值的参数分析报告来继续分析这一问题。）

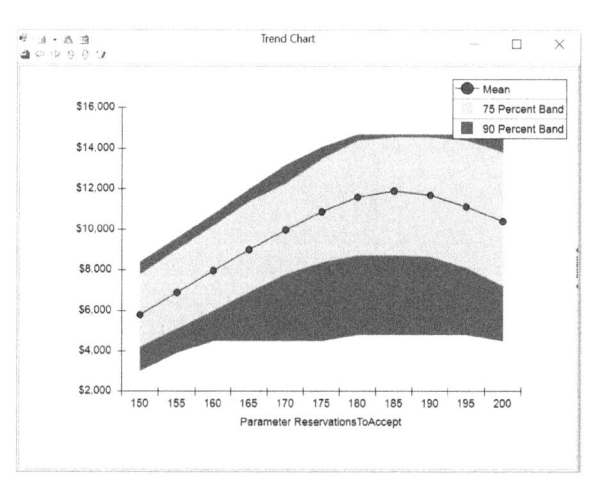

	A	B
1	ReservationsToAccept	Mean
2	150	$5 789
3	155	$6 896
4	160	$7 968
5	165	$9 001
6	170	$9 982
7	175	$10 880
8	180	$11 592
9	185	$11 912
10	190	$11 712
11	195	$11 124
12	200	$10 395

图 15-44　第 15.5 节所述的洲际航空公司超额订票问题的参数分析报告和趋势图

图 15-44 右侧的趋势图提供了更多的信息。图中的带状区域在开始时是上升的，直到接受订票数达到 185 左右，然后它们开始缓慢下降。这说明在对接受订票数为 185 进行仿真之前，每次仿真运行中的整个频率分布都保持上升趋势，然后就开始下降。还应该指出的是，在运行订票数为 180 的仿真之前，所有 7 个带状区域的宽度都是增加的，在这之后宽度就基本保持不变。这说明运行订票数为 180 的仿真之前，利润值的波动量也在不断增加，之后就保持不变了。

问题回顾

1. 参数分析报告可以帮你完成，而利用决策变量的一个数值进行一次仿真运行不能完成的工作是什么？
2. 与仅使用试错法来尝试不同的决策变量值并对每一个数值进行一次仿真相比，使用参数分析报告有什么优点？
3. 在参数分析报告中可以同时变化的决策变量的最大个数是多少？
4. 在从 Reports>Simulation 菜单中选择 Parameter Analysis 前需要完成哪几个步骤？
5. 趋势图的带状区域中总结了哪种信息？
6. 在使用一个参数分析报告缩小了需要考虑的决策变量的取值范围后，如何使用另一个参数分析报告来更好地估计决策变量的最优值？

15.8　使用 Analytic Solver 的 Solver 进行计算机仿真最优化

在上一节中，你已经看到在某些时候如何使用参数分析报告和趋势图来寻找至少一个最优解的近似估计值。之前介绍的三个例子说明了可以使用这些工具进行求解的问题类型。这三个例子都只有一个决策变量。（记住，参数分析报告可以处理最多两个决策变量的问题，趋势图只能处理一个决策变量的问题。）另外，在这些例子中，有两个例子（报童弗瑞迪问题和航空公司超额订票问题），其单一决策变量是离散的，而且只有一定数量的可能值需要考虑（也就是在一定合理的小范围内的整数值）。这样就可以使用一张参数分析报告来确定一个小范围的数值，从而提供最优解。如果需要的话，也可以生成第二张参数分析报告来评估这一小范围内的每一个决策变量的可能值。

然而，当一个决策变量为连续变量或者是在一个很大的可能值范围内的离散变量时，这种方法不太有效。当有两个决策变量的时候，这种方法就更难使用了。当对有两个以上决策变量且拥有大量可能解的大型问题时，这种方法就完全不可行了。实际中的许多问题都属于这种情况。

幸运的是，Analytic Solver 还包含一个被称为 Solver 的工具，它能够为含有任意多个决策变量的仿真模型自动寻找一个最优解。Solver 最初是在第 2.6 节中介绍的。它与标准 Excel Solver（最初在第 2.5 节中介绍）一样包含一些求解方法，这些求解方法被用于各章中为线性规划模型和非线性规划模型（第 9 章）寻找最优解。然而，Analytic Solver 中的 Solver 也包含一些额外的功能，包括其在仿真领域的能力，这是 Excel Solver 无法实现的。特别的是，通过使用 Analytic Solver 的仿真工具，Analytic Solver 中的 Solver 可以被用来以和处理线性规划模型和非线性规划模型一样的方式为仿真模型寻找最优解。在本章接下来的内容中，我们将使用术语 Solver 来指代 Analytic Solver 中的 Solver。

Solver 是通过对一系列有可能成为最优解的候选数值进行仿真来寻找最优解的，其中每次运行的结果都被用来确定剩下的最有希望的候选值以便进行下一次尝试。Solver 不能保证它所找到的最优解就是实际的最优解。但只要有足够的时间，它通常会找出一个最优解，如果没有找到最优解，通常也会得到一个非常接近最优解的解。对于那些仅有几个离散决策变量的问题，它通常会在处理过程中很早就找到最优解，然后利用剩下的时间排除其他候选解。这样，尽管 Solver 不能指出它在何时找到了最优解，但可以估计出（在仿真运行所提供的精确度范围内）到现在为止发现的其他比较好的解并不比目前的最优解更好。

为了说明如何使用 Solver，我们来分析一个很容易解决的问题，那就是报童弗瑞迪问题。在总结了整个步骤后，我们再分析一个涉及项目选择的更加复杂的案例。

在案例研究中应用计算机仿真和 Solver

在前一节中，图 15-37 所示的参数分析报告说明，报童弗瑞迪每天应该订购 50～60 份《金融日报》。现在让我们来看一看 Solver 如何估计哪一个特定的订购量能够使其每天的平均利润最大化。

在使用 Solver 前，最初的步骤与第 15.1 节所描述的准备进行一次计算机仿真运行的步骤一样。因此，在电子表格上构建仿真模型后，如图 15-1 所示，Analytic Solver 就可以用来定义不确定的可变单元格 Demand（C12）、结果单元格 Profit（C18）以及统计单元格 MeanProfit（C20）。仿真选项对话框也按通常的方式使用。Analytic Solver 中的定义和选项设置也会在模型求解中使用到。

弗瑞迪问题的目标是选择能够使其平均日利润最大化的订购量。MeanProfit（C20）记录了对于每一个给定的订购量，仿真运行得到的平均利润。选中这个单元格，从 Objective Menu 中选择 Max>Normal，指定目标是使这个单元格最大化的数量。

接下来需要定义决策变量。在弗瑞迪问题中，唯一需要做的决策是确定 OrderQuantity（C9）的值，因此本问题中只有一个决策变量。选中这个单元格，从 Decisions Menu 中选择 Noraml，将这个单元格定义为（标准的）决策变量。Solver 使用一个搜索引擎为这个决策变量搜寻最优值。因此，搜索空间（由 Solver 需要搜索的可能值的数量测量）越小，Solver 能够解决这个问题的速度越快。因此，我们应该考虑对决策变量的可能值的所有约束。

对于弗瑞迪问题，需求一定是 40～70 的整数，因此，决策变量 OrderQuantity 也必须限定在这些值中间。这样做需要有三个约束。首先，要求 OrderQuantity 为整数，再次选中这个单元格，从 Constraints>Variable Type/Bound Menu 中选择 Integer（整数）。由于只需要考虑整数值，这极大地降低了需要搜索的可能值的数量。其次为了指定 OrderQuantity 在 40～70，我们增加了一对界限约束。首先选中这个单元格，从 Constraints>Variable Type/Bound Menu 中选择 >=。这会弹出最开始如图 15-45 所示的 Add Constraint 对话框。点击 Contraint 方框，然后选中单元格 E12，来指定 Orderquantity>=E12（=40），然后点击 OK。同样地，从 Constraints>Variable Type/Bound Menu 中选择 <=，使用 Constraint 指定 OrderQuantity<=F12（=70）。这三个约束条件一起限制了 OrderQuantity 必须是 40～70 的整数。这样搜索空间缩减到只含有 31 个可能值。

另外一种最大化平均利润的方式是选中测量每次仿真试算利润的结果单元格 Profit（C18），然后从 Objective Menu 中选择 Max>Expected。为一个结果单元格选择 Max>Expected 等同于定义一个能够计算结果单元格的平均值（一个期望值的估计值）的统计单元格，然后为这个统计单元格选择 Max>Normal 来使其值最大化。

在可能的情况下，通过增加整数约束条件并且（或者）对决策变量设置边界来缩减搜索空间能够提高 Solver 找到最优解的速度。

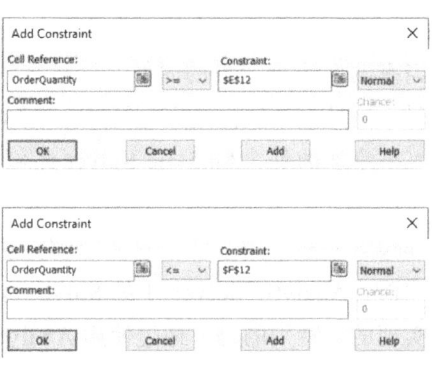

图 15-45 添加约束对话框

注：这两个 Add Constraint 对话框允许你指定决策变量 OrderQuantity（C9）的边界。上面的对话框指定 OrderQuantity>=E12（=40）。下面的对话框指定 OrderQuantity<=F12（=70）。

现在出现了模型（Model）窗格的模型（Model）标签，如图 15-46 的左侧所示。（如果 Model 窗格没有显示在电子表格的右边，可以点击 Analytic Solver 功能区的 Model 按钮来触发显示。）Model 窗格显示：①目标是使 MeanProfit（C20）最大化，②决策变量是 OrderQuantity（C9），③ Orderquantity 应该是 40～70 的整数。它还显示了仿真设置，包括说明 Demand(C12) 是不确定的变量，结果单元格是 Profit(C18)，MeanProfit(C20) 被定义为统计单元格。

在运行 Solver 来最优化弗瑞迪问题之前，我们需要考虑在 Model 窗格的 Engine 标签中的设置，如图 15-46 的右侧所示。特别的是，复选框（Checkbox）中的 Automatically Select Engine 应该被勾选，让 Solver 能够自动选择适合此问题的搜索引擎。还有，应该指定 Max Time 和（或）Max Time Without Improvement。Max Time 是设置你希望引擎运行的最长时间的界限（以秒为单位）。图 15-46 中没有对这个量进行设置就说明对搜索时长没有任何限制。这是可以的，因为我们相反对 Max Time Without Improvement 进行了设置，我们将其设为 10 秒，这意味着当 Solver 在 10 秒内没有对结果进行进一步改善时，引擎会停止工作。

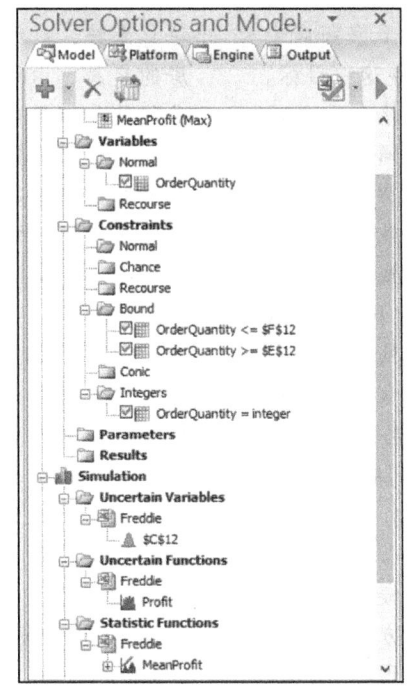 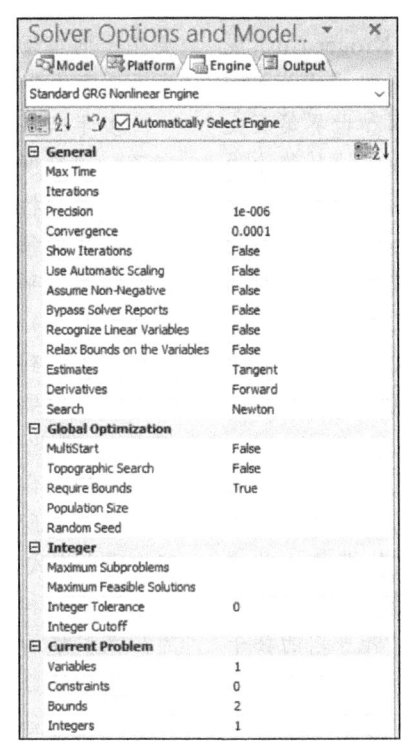

图 15-46　弗瑞迪问题 Model 窗格下的 Model 标签和 Engine 标签

注：左边的 Model 标签显示了 Solver 的最优化设置以及仿真设置。目标是通过改变决策变量 OrderQuantity（C9）来使 MeanProfit（C20）的值最大化，在这里 OrderQuantity（C9）是在 40～70 的整数值。右边的 Engine 标签指定 Analytic Solver 会自动选择求解模型的搜索引擎并会一直搜寻直到在 10 秒内不能找到一个改善的解时为止。

在这时，点击 Analytic Solver 功能区中的 Optimize（优化）就可以开始搜寻一个最优解。Solver 对搜索空间内的不同订购量进行了搜索。对于每一个试算解，它运行一次仿真来确定平均利润。然后 Solver 评估到现在为止的所有结果来确定最有希望的订购量再进行下一次尝试。这会一直持续到它考虑了所有的订购量或达到了一个停止准则（达到运行的最大时间或者没有改进的最大时间）为止。然后，Analytic Solver 会直接将最优订购量（实现最大平均利润的订购量）放到电子表格中。在弗瑞迪案例中，通常会找到确切的最优解，即 55 份的订购量能够实现大约 47.26 美元的平均利润。在这个案例中，电子表格与图 15-9 中所示看起来一样，其中图 15-9 电子表格中的最优解是通过试算法获得的。

下面是对应用 Solver 的整个步骤的总结，这些步骤已经在报童弗瑞迪问题中进行了说明。

应用 Solver 的步骤

（1）在电子表格上建立仿真模型。

（2）使用 Analytic Solver 来定义不确定的可变单元格、结果单元格、统计单元格，并设置仿真选项。

（3）使用 Analytic Solver 定义决策变量和目标。

（4）如果可能的话，定义对决策变量的约束条件来缩减搜索空间。

（5）使用 Model 窗格下的 Engine（工具）标签，让 Analytic Solver 自动选择搜索引擎并设置停止准则（Max Time 和 / 或 Max Time Without Improvement）。

（6）点击 Optimize（优化）来运行这个仿真。

| 应用实例 |

克罗格公司（Kroger Co.）成立于 1883 年，现已发展成为美国最大的百货零售商和世界第五大零售商。它以各种本地品牌为数千个超市和百货商店的客户提供服务。此外，该公司还经营着数千家便利店、高级珠宝店、加油站超市和食品加工中心。近年来，该公司以近 1 000 亿美元的年销售额在《财富》500 强名单中位列第 23 位。

作为其一站式购物策略的一部分，克罗格公司还在全国范围内经营约 2 000 家的药店。药店的一个特殊问题是，它们必须保持药剂师可以为患者开出的数千种药物的库存。为了及时向顾客提供正确的药物，药剂师一直受到这种管理大量药物库存以及对每种药物的高度无规律、间歇性、零星的需求的挑战。此外，由于地理位置、流行疾病和人口构成的差异，这种对任何给定药物的需求模式可能在不同药店间存在很大的不同。

持有药品等任何产品的库存都可能会产生大量成本——包括订购、持有和缺货成本。因此，一个被称为库存管理的主要运营管理范畴致力确定各类库存的最佳库存策略。（本书网站上的第 18 章和第 19 章详细介绍了库存管理。）库存管理方法直接适用于为任何特定药房的任何特定药物制定最佳库存策略。然而，克罗格公司面临的巨大挑战是，公司需要在不同市场的数千家药店中为成千上万的药物实现这一目标。

多年来，克罗格药店部门制定了一项制度，即通过在预定交付前一两天检查库存水平来管理每个药房中每种药物的库存。如果此库存水平小于或等于指定的再订货点 (s)，则会下达订单以使库存水平达到指定的订单最高水平 (S)。如果库存水平大于再订货点 s，则此时不会对此药品下订单。对于不同的药物，s 和 S 的值通常会有所不同，这取决于它们的需求模式。

这些 s 和 S 值是如何设定的？克罗格的传统方法是使用启发式经验法则和管理本能。不幸的是，这并没有起到很好的作用。一些昂贵的药物往往有着过多的库存，从而造成这些库存中有过多的资本成本。而其他药物往往库存过少，造成过多的缺货情况，导致客户不满，他们可能会在未来转移到其他地方去购买药品。此外，这种手动设定 s 和 S 值的方法会花费药剂师大量的时间，他们并没有足够的知识、技能或时间来确定适当的库存水平。

为了解决这些问题，2010 年，克罗格公司的管理层要求管理科学团队研究出科学的库存管理方法以改善其客户服务、减少库存投资并缩短其药品库存的管理时间。为此，该团队为药房库存管理开发了一个创新的仿真优化系统。该系统连接到克罗格的企业信息系统，以便随时检索所有药房的交易。由于对任何药物的需求往往是零星的，因此不能轻易地使用标准分布来模拟顾客每周对药物的需求。因此，对该药物销售未来销售的仿真使用的是比过去一年的实际销售情况稍微大一点的数据。一系列这样的模拟使用了大量的 s 和 S 值。然后，局部搜索启发式算法使用这些模拟产生的总成本来研究该药房中该药物的 s 和 S 的最佳值。整个过程只需要大约 10 毫秒。因此，在一台个人计算机上，对于大约 2 000 家药店中的每一家，各药店平均 2 000 种药物中的每一种求解其 s 和 S 值，总的计算时间仅为大约 6 小时。因此，只要需要更新结果，就可以轻松地重复整个过程。

该模拟优化系统于 2011 年 10 月在美国所有克罗格药店实施。从那以后的好处令人印象深刻。它让公司每年的收入增加 8 000 万美元，库存成本减少超过 1.2 亿美元，劳动力成本每年减少 1 000 万美元。此外，它每年减少缺货 160 万，确保更多的患者能够获得药物。

资料来源：Source: X.Zhang, D.Meiser, Y.Liu, B.Bonner, and L.Lin, "Kroger Uses Simulation-Optimization to Improve Pharmacy Inventory Management," *Interfaces* 44, no.1 (January-February 2014), pp.70-84. (A link to this article is provided at www.mhhe.com/Hillier6e)

将计算机仿真和 Solver 应用于项目选择案例

我们现在讨论一个应用 Solver 求解的更加富有挑战性的案例。这个案例是基于第 3 章最后的案例 3-7。下面是一些基本情况：

塔尔公司是一家制药企业，正在着手寻找一种新的突破性药物。为了开发出这种药物，公司计划进行下列五个潜在的研发项目。

- UP 项目：开发一种不会引起严重情绪波动的抗压抑药物。
- Stable 项目：开发一种能够治疗狂躁和沮丧的药物。
- Choice 项目：为妇女开发一种减轻分娩痛苦的药物。
- Hope 项目：开发一种阻止艾滋病毒感染的疫苗。
- Release 项目：开发一种更有效的降低血压的药物。

和案例 3-7 不同的是，现在塔尔公司管理层已经表态：公司不可能提供资金支持所有的研发项目，最多能够提供 12 亿美元。而这 12 亿美元只能支持 2 个或 3 个项目。表 15-2 的第二列给出了每个项目所需的资金（单位：100 万美元）。第三列估计出了每个项目可能成功的概率。如果这个项目获得成功，这种药物能够带来多少收益存在着很大的不确定性。对这个收益值的估计值（单位：100 万美元）服从正态分布，其均值和标准差在表的最后两列中给出。

塔尔公司的管理层现在想要确定应该开发这些项目中的哪一个，以最大化项目获得收益实现的期望总利润。由于总利润将多少存在着巨大的不确定性，管理层也希望以一个合理的高概率来实现一个令人满意的总利润（至少是 1 亿美元）。

图 15-47 给出了这个问题的电子表格仿真模型。表 15-2 中的数据已经被直接转移到数据单元格 C7:F11 中。下一列中的单元格 Success?（G7:G11）是不确定的可变单元格，对于一次仿真运行的每一个试算值，不确定的可变单元格中的值会是 0 或 1。（显示在图 15-47 G 列中的值是一个可能的随机结果——最后一次仿真试算的结果。）如果开发这个项目，这一数值说明了在那次试算中相应项目会失败（值为 0）还是成功（值为 1）。这样，输入到这些不确定可变单元格中的概率分布应该是二项分布（如第 15.6 节所述），此分布的参数就是 D 列所给出的试算成功的概率。H 列的单元格 Revenue（H7:H11）也是不确定的可变单元格。这些不确定的可变单元格的概率分布是正态分布，其参数由 E 列和 F 列给出。

表 15-2 塔尔公司项目选择问题的数据

项目	研发投资		如果成功获得的收益（100 万美元）	
	所需资金（100 万美元）	成功率	均值	标准差
UP	400	50%	1 400	400
Stable	300	35%	1 200	400
Choice	600	35%	2 200	600
Hope	500	20%	3 000	900
Release	200	45%	600	200

J 列中的单元格 Decisions（J7:J11）是这个模型的决策变量。这些决策变量中的每一个都是 0-1 变量，即这个变量只有 0 或 1 两个可能值。为了定义这些决策变量，选中这些单元格，从 Analytic Solver 功能区的 Decisions Menu 中选择 Normal。然后，在保持这些单元格被选中的情况下，从 Constraints>Variable Type/Bound Menu 中选择 Binary 来限制这些变量为二进制值。对于 B 列列出的每个项目，J 列中相应的决策变量都有如下的含义。

$$决策变量 = \begin{cases} 1, & 如果批准此项目 \\ 0, & 如果拒绝此项目 \end{cases}$$

Budget（C15）给出了对这些研发项目投资的最大金额。给定同意研发某些项目的决策，输出单元格

Invested（C13）会记录投资于这些项目中的总投资额。输入到这个单元格中的公式如图 15-47 中电子表格左下所示。有限的预算意味着决策变量必须满足下面的约束条件：

$$\text{Invested（C13）} \leqslant \text{Budget（C15）}$$

	A	B	C	D	E	F	G	H	I	J
1		Budget-Constrained Project Selection								
2										
3					Estimated Revenue					
4			R&D		$millions if Successful					
5			Investment	Success	(Normal Distribution)			Revenue ($millions)		
6		Project	($millions)	Rate	Mean	St. Dev.	Success?	(if Successful)	Profit	Decisions
7		Up	400	50%	1 400	400	1	1 677	0.00	0
8		Stable	300	35%	1 200	400	1	1 547	0.00	0
9		Choice	600	35%	2 200	600	0	1 975	0.00	0
10		Hope	500	20%	3 000	900	0	3 852	0.00	0
11		Release	200	45%	600	200	1	135	0.00	0
12										
13		Invested	0					Total Profit ($millions)	0.00	
14			<=							
15		Budget	1 200					Mean Profit ($millions)	0.00	
16										
17								Min Acceptable Profit ($million)	100	
18								Prob(Profit > Min Acceptable)	0.000	

Range Name	Cells
Budget	C15
Decisions	J7:J11
Invested	C13
MinAccetableProfit	I17
MeanProfit	I15
ProbProfitAcceptable	I18
Profit	I7:I11
RandDInvestment	C7:C11
Revenue	H7:H11
Success?	G7:G11
TotalProfit	I13

	G	H	I
5		Revenue ($millions)	Profit
6	Success?	(if Successful)	=Decisions*(Success?*Revenue-RandDInvestment)
7	=PsiBernoulli(D7)	=PsiNormal(E7,F7)	=Decisions*(Success?*Revenue-RandDInvestment)
8	=PsiBernoulli(D8)	=PsiNormal(E8,F8)	=Decisions*(Success?*Revenue-RandDInvestment)
9	=PsiBernoulli(D9)	=PsiNormal(E9,F9)	=Decisions*(Success?*Revenue-RandDInvestment)
10	=PsiBernoulli(D10)	=PsiNormal(E10,F10)	=Decisions*(Success?*Revenue-RandDInvestment)
11	=PsiBernoulli(D11)		
12			
13		Total Profit ($millions)	=SUM(Profit)
14			
15		Mean Profit ($millions)	=PsiMean(Profit)
16			
17		Min Acceptable Profit($million)	100
18		Prob(Profit > Min Acceptable)	=1-PsiTarget(TotalProfit, MinAcceptable Profit)

	B	C
13	Invested	=SUMPRODUCT(RandDInvestment,Decisions)

图 15-47 将计算机仿真应用于塔尔公司项目选择问题的电子表格模型

注：不确定的可变单元格是 Success?（G7:G11）和 Revenue（H7:H11），决策变量是 Decisions（J7:J11）。结果单元格是 TotalProfit（I13），两个统计单元格是 MeanProfit（I15）和 ProbProfitAcceptable（I18）。

为了在 Solver 中输入这个约束，选中单元格 Invested（C13），在 Constraints>Normal Constraint Menu 中选择 <=。然后，在 Add Constraint 对话框中的 Constraint 方框中，对约束的右边选中 Budget（C15）。

输出单元格 Profit（I7:I11）给出了每个项目在一次仿真运行的每次试算下的利润（收益减去投资）。如果项目被拒绝，那么这个项目的利润为 0。即使这个项目被批准，而项目没有取得成功（也就是在 G 列的相应行中显示数字 0），其收益为 0。如果项目获得成功（也就是在 G 列的相应行中显示数字 1），那么此次试算的收益将是出现在 H 列相应行中的随机值。因此，输入到 Profit（I7:I11）中的公式如图 15-47 的右下角所示。还应该指出的是，SUM（Profit）给出了结果单元格 TotalProfit（I13）的数值。

塔尔公司的管理层正在寻找能够最大化图 15-47 中 TotalProfit（I13）均值的解。因此，MeanProfit（I15）被定义为一个统计单元格来测量整个仿真运行中 TotalProfit（I13）的平均值。通过从 Objective Menu 中选择 Max>Normal 将 MeanProfit 定义为问题的目标。

在使用 Analytic Solver 以常规方法定义了所有的不确定可变单元格、结果单元格和统计单元格（以及上述的决策变量、约束和目标）后，完整的模型被显示在 Model 窗格下的 Model 标签中，如图 15-48 所示。Engine 标签被用于指定 Analytic Solver 应该自动选择搜索引擎并会一直搜寻直到在 10 秒内不能找到一个改善的解时为止。

点击 Optimize 按钮，让 Solver 寻找一个能够最大化 MeanProfit（I15）的 Decisions（J7:J11）的值。得到的结果是：

选择 Choice 项目、Release 项目、Up 项目
平均总利润 = 545 540 000 美元

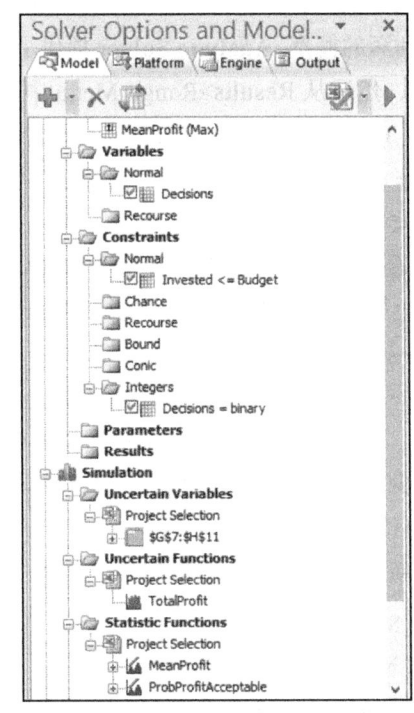 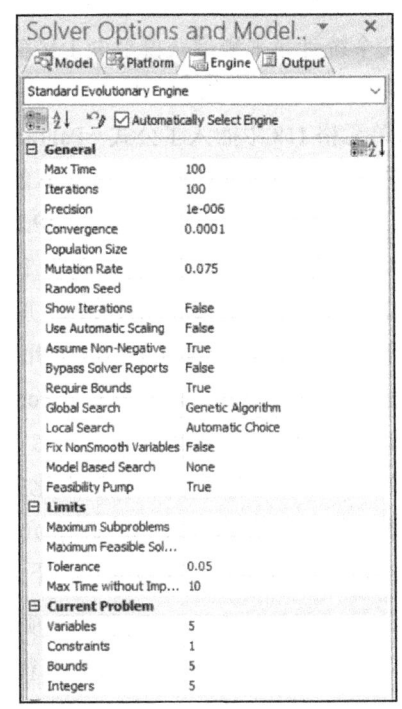

图 15-48　塔尔公司项目选择问题 Model 窗格下的 Model 标签和 Engine 标签

注：左边的 Model 标签显示了 Solver 的最优化设置以及仿真设置。目标是通过选择决策变量 Decisions（J7:J11）的最优值来使 MeanProfit（I15）的值最大化，在这里约束条件是 Invested（C13）<=Budget（C15）且 Decisions 是二进制值。右侧的 Engine 标签指定 Analytic Solver 会自动选择工具一直搜寻直到在 10 秒内不能找到一个改善的解时为止。

图 15-49 显示了使用最优解的仿真运行获得的频率图和统计表。该图显示出仿真运行中多次试算所得到的利润值具有很大的波动性。对于选定的研发项目，实际上也存在着很大的发生损失的概率（这在行业中是很常见的）。事实上，1 000 次的仿真试算中有大约 200 次产生了 12 亿美元的损失，这是因为所有三个投资项目都以失败告终。幸运的是，公司也有很大的可能性获得极高的利润。因为塔尔公司的管理层希望以很高的概率获得不少于 1 亿美元的总利润，因此截止线被设定为 100（单位：100 万美元）。图表上方的百分比表明 58.8% 的试算不低于这个总利润。

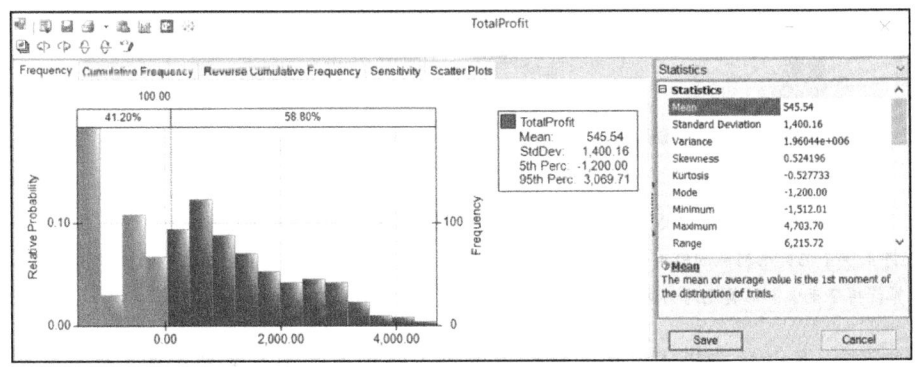

图 15-49　最优解的频率图和统计表

注：当最大化塔尔公司项目选择问题的 MeanProfit 时，对于找出的最优解（选择 Choice 项目、Release 项目、UP 项目）的频率图和统计表。图表上方的百分比显示 58.8% 的试算得到了至少 1 亿美元的利润。

塔尔公司的管理层希望以一个更高的概率来获得至少1亿美元的总利润。因此，这就提出了一个问题，即是否还存在可以增加此概率的其他研发项目的组合。

为了回答这个问题，需要定义一个新的类型的统计单元格。除了知道平均利润外（使用MeanProfit统计单元格），我们还需要一个统计量来测量获得至少1亿美元利润的概率。Analytic Solver提供了这样的一个统计量。为了定义这个统计单元格，选中结果单元格Profit（I13），然后从Results>Range Menu中选择Target，并点击单元格I18。这就向单元格I18中插入了公式=PsiTarget（TotalProfit，0）。PsiTarget函数计算了结果单元格的累计概率，在这里它计算了TotalProfit小于等于0的概率（由于公式中的第二个参数默认被输入为0）。这并不是我们所希望的，由于我们所感兴趣的是TotalProfit大于等于100（单位：100万美元）的概率。因此这个公式需要使用两个步骤进行改变。首先，将0改为100（通过引用图15-47的单元格MinAcceptableProfit）。公式=PsiTarget（TotalProfit，MinAcceptableProfit）就会计算获得不超过MinAcceptableProfit即1亿美元的概率。为了计算获得不少于1亿美元的概率，我们用1减去这个概率，得到了图15-47所使用的最终公式，ProbProfitAcceptable（I18）=1-PsiTarget（TotalProfit，MinAcceptableProfit）。

> 公式PsiTarget（Result，x）用于计算结果（一个结果单元格）不超过x的概率。

接下来，改变Solver中的目标来使利润最大化并至少为1亿美元的概率。选中计算概率的单元格ProbProfitAcceptable（I18），然后从Objective Menu中选择Max>Normal。在新的目标下，重新运行Solver能够得到如下结果：

选择UP项目和Stable项目
有62.9%的概率获得超过1亿美元的利润

通过改变图15-49中分析得到的解，这个更加保守的方案将获得令人满意的总利润的概率值从58.8%提高到62.9%。

但是，图15-50中的频率图和统计表显示了这个保守方案的缺点。这个方案所获得的总利润均值仅仅是436 610 000美元，而当目标是最大化总利润均值时最优解是545 540 000美元（见图15-49）。与此同时，这个保守方案将最大可能损失从12亿美元降低到了7亿美元。

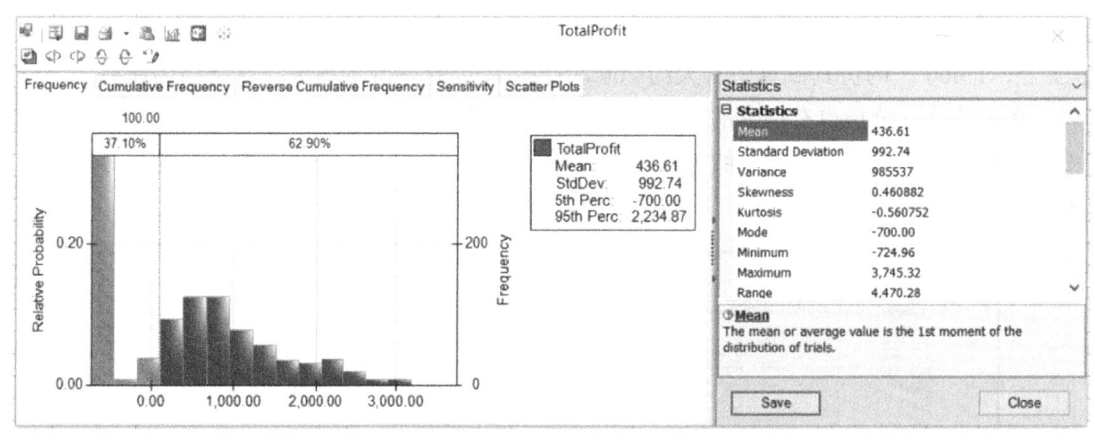

图15-50 至少1亿美元的最优解的频率图和统计表

注：当最大化获得至少1亿美元利润的概率时，对于找出的最优解（选择UP项目、Stable项目）的频率图和统计表。统计表中显示有62.9%的试算获得了至少1亿美元的利润。

我们可以得到结论，Solver为塔尔公司的管理层提供了两种不同的方案来选择，同时还给出了每个方案需要考虑的信息。一个看上去是最佳的高风险、高收益方案，因为它能使可以获得的总利润的平均值最大化。另一个看上去是最佳的保守方案，因为它能使获得满意利润的概率最大化。通过在风险和收益之间进行权衡，管理层现在可以做出关于采用哪个方案的决策了。

问题回顾

1. Solver 能为一个具有多个决策变量的仿真模型搜寻什么？
2. Solver 能够处理而参数分析报告不能处理的问题是什么？
3. Solver 总能为一个仿真模型找到其最优解吗？
4. 项目选择案例中的决策变量应该是哪一类？
5. 什么类型的统计单元格能够测量结果单元格小于（或大于）某个特定值的概率？

本章小结

电子表格软件正越来越多地被用来进行计算机仿真。正如前一章所述，标准的 Excel 软件包有时候足以进行这种仿真。除此之外，一些 Excel 加载宏大大提高了其仿真的能力。其中 Analytic Solver 就是一个功能强大的加载宏。

使用 Analytic Solver 时，每一个具有随机值的输入单元格都被称为不确定可变单元格（uncertain variable cell）。定义不确定可变单元格的步骤包括从分布菜单中的 47 种概率分布中选择一种概率分布输入不确定可变单元格。当历史数据可用时，Analytic Solver 也有一套步骤用来找出最适合这些数据的连续分布。

用来预测绩效测量指标的输出单元格被称为结果单元格（results cell）。仿真运行中，每次试算都会在每个结果单元格中产生一个数值。当仿真运行完成时，Analytic Solver 会以各种有用的形式提供仿真的结果，包括频率分布、统计表、百分位表和累计图。

当仿真模型含有一个或两个决策变量时，Analytic Solver 提供了一个参数分析报告（parameter analysis report），它可以系统地应用计算机仿真来识别至少一个最优方案的近似方案。趋势图（trend chart）也在决策制定中提供了一些额外的信息。

此外，Analytic Solver 包含了一个被称为 Solver 的功能强大的最优化工具。这个工具可以高效地使用一系列的仿真操作来为含有任意多个决策变量的仿真模型寻找最优解。

功能如此强大的软件使得管理层能够把计算机仿真添加到其管理科学技术的个人工具箱中，以便对一些重要的管理问题进行分析。本章中的大量案例展示了计算机仿真的一些重要应用，这样的应用还有很多。

专业术语

distributions menu 分布菜单 Analytic Solver 功能区上的菜单，包含 47 种概率分布，这些分布可以被输入任意一个不确定可变单元格。（第 15.1 节和第 15.6 节）

parameter analysis report 参数分析报告 一种 Analytic Solver 工具，它可以系统地对一个或两个决策变量的一系列数值进行计算机仿真，然后将结果显示在表格中。（第 15.7 节）

results cell 结果单元格 使用计算机仿真来计算绩效测量结果的输出单元格。（第 15.1 节）

risk profile 风险概况 一种投资所获得收益的频率分布。（第 15.4 节）

Solver Solver 最优化工具 Analytic Solver 的一个组件，它为一个具有任意数量决策变量的仿真模型自动搜寻最优解。（第 15.8 节）

statistic cell 统计单元格 显示了总结完整仿真运行结果的绩效测量指标的单元格。（第 15.1 节）

trend chart 趋势图 显示了随着决策变量的增加，结果单元格中数值的变动趋势的图。（第 15.7 节）

trial 试算 从输入到电子表格的概率分布中产生一个随机观察数，然后以通常的方式计算输出单元格并记录目标单元格的结果的一个应用过程。（第 15.1 节）

uncertain variable cell 不确定可变单元格 具有一个随机值的输入单元格，相对于输入一个单一数值，该单元格中需要输入一个概率分布以满足随机值的要求。（第 15.1 节）

本章学习辅助材料

材料下载地址：
www.mhhe.com/Hillier6e

本章 Excel 文件：
报童弗瑞迪问题案例研究（Freddie the Newsboy Case Study）
科信建筑公司投标案例（Reliable Co. Bidding Example）
科信建筑公司项目规划案例（Reliable Co. Project Scheduling Example）
梦大公司财务风险分析案例（Think-Big Co. Financial Risk Analysis Example）
洲际航空公司超额订票案例（Transcontinental Airlines Overbooking Example）
塔尔公司项目选择案例（Tazer Corp. Project Selection Example）
销售数据1（Sales Data 1）
销售数据2（Sales Data 2）

Excel 加载宏：
Analytic Solver

已解决的问题

（答案参见 www.mhhe.com/Hillier6e。）

15.S1. 为退休而储蓄

约翰·莫罗（John Morrow）离退休还有10年。他为养老储蓄了100 000美元，他希望将这笔钱用于投资。另外，他坚信自己每年可以再投入10 000美元直到退休。他很想知道在从现在开始的10年后退休时能够积累多少资金。

约翰计划将其资金平均分配给以下4种投资：货币市场基金、国内股票基金、全球股票基金、激进的成长型基金。基于过去的表现，约翰希望每一种基金在未来10年的每一年都能根据如下表所示的分布获得收益。

基金	分布
货币市场基金	均匀分布（最小值=2%，最大值=5%）
国内股票基金	正态分布（均值=6%，标准差=5%）
全球股票基金	正态分布（均值=8%，标准差=10%）
激进的成长型基金	正态分布（均值=11%，标准差=16%）

假设现在（第0年）就投入最初的资金（100 000美元）和第1年的投资（10 000美元），并在4种基金中平均分配（即每种基金27 500美元）。每种基金的收益允许在同一基金中进行累加（即再投资），且在退休前不进行重新分配。另外，额外的9笔10 000美元的投资将在第1年、第2年、…、第9年投入，并在4种基金中进行平均分配（每种基金2 500美元）。

一位财务顾问告诉约翰，如果他能够在第10年积累300 000美元以补充其退休收入的其他来源，他就可以舒舒服服地退休。请利用 Analytic Solver 进行1 000次仿真试算，对下列问题进行估计。

（1）约翰的养老金在第10年的期望值（均值）是多少？

（2）约翰的养老金在第10年的标准差是多少？

（3）在第10年，养老金至少是300 000美元的概率是多少？

习题

下面的所有习题都应使用 Analytic Solver 求解。带星号（*）的习题，书后至少给出了部分答案。

15.1 仿真运行的结果本质上是随机的。这个问题将会证明这个结论，并分析试算次数对随机性的影响。考虑第15.1节介绍的报童弗瑞迪问题的案例。电子表格模型可以从 www.mhhe.com/Hillier6e 上获得。要确保 Simulation 选项下选择蒙特卡罗抽样法（Monte Carlo Sampling Method），因为它更好地显示了增加样本大小的效果。订购量设定为60。

（1）在 Simulation 选项中设定仿真的试算次数为100，然后运行报童弗瑞迪问题的计算机仿真模型5次。注意记录和比较每次仿真运行的平均利润。

（2）在 Simulation 选项中设定仿真的试算次数为1 000，重复第（1）问。

(3) 比较第（1）问和第（2）问的结果，并讨论其不同之处。

15.2 考虑第15.3节提到的科信建筑公司项目规划案例。回想一下，我们使用计算机仿真来估计准时完成项目的概率。图15-17给出了一次仿真运行中有57.7%的试算能够按时完成项目。正如在解释此结果时的讨论所述，按时完成项目的试算次数的百分比会随着每次仿真运行而发生变化。这个问题将会证明此结论，并分析仿真的试算次数对随机性的影响。电子表格模型可以从www.mhhe.com/Hillier6e上获得。要确保Simulation选项下选择蒙特卡罗抽样法，因为它更好地显示了增加样本大小的效果。

(1) 在Simulation选项中设定仿真的试算次数为100，然后运行项目的计算机仿真模型5次。注意记录并比较平均完成时间以及每次仿真中能够在47周的期限内按时完成项目的试算次数的百分比。

(2) 在Simulation选项中设定仿真的试算次数为1 000，重复第（1）问。

(3) 比较第（1）问和第（2）问的结果，并讨论其不同之处。

15.3* 考虑www.mhhe.com/Hillier6e上提供的"销售数据1"（Sales Data 1）这一Excel文件中所包含的历史数据。使用Analytic Solver来找到适合这些数据的连续分布。

(1) 哪一种连续分布最适合这些数据？此分布的参数是什么？

(2) 哪一种连续分布次之？此分布的参数又是什么？

15.4 考虑www.mhhe.com/Hillier6e上提供的"销售数据2"（Sales Data 2）这一Excel文件中所包含的历史数据。使用Analytic Solver来找到适合这些数据的连续分布。

(1) 哪一种连续分布最适合这些数据？此分布的参数是什么？

(2) 哪一种连续分布次之？此分布的参数又是什么？

15.5 亚伯丁发展公司（The Aberdeen Development Corporation，ADC）正在考虑亚伯丁旅馆项目。此旅馆位于美丽的格雷斯港（Grays Harbour）岸边，并拥有自己的一流高尔夫场地。

购买这块土地的成本是100万美元，需要现在支付。建筑成本大约是200万美元，在第1年末支付。但是，建筑成本是不确定的。这些成本会在估计成本200万美元上下20%的范围内波动。假设建筑成本服从三角分布。

旅馆竣工后，亚伯丁发展公司对每年的经营利润（或亏损）是多少并不确定。每年经营利润的最好估计是在第2年、第3年、第4年和第5年获得70万美元。由于存在着巨大的不确定性，每年经营利润的标准差估计也是70万美元。假设每年的利润在统计上是相互独立的，并服从正态分布。

亚伯丁发展公司打算在5年后出售此旅馆。出售价格很可能在400万～800万美元（假设服从均匀分布）。亚伯丁发展公司使用10%的贴现率来计算净现值（为了便于计算，假设每年的利润都在年末获得）。使用Analytic Solver在电子表格上对这个问题进行试算次数为1 000的计算机仿真。

(1) 这个项目的平均净现值（NPV）是多少？（提示：在Excel中NPV（Rate,Cash Stream a）函数可以计算假设从现在开始到将来的某一年的一系列现金流的净现值。例如，NPV（10%，C5:F5）可以计算出以10%为贴现率的净现值，其中C5是第一年末的现金流，D5是第二年末的现金流，E5是第三年末的现金流，F5是第四年末的现金流。）

(2) 项目能够获得超过200万美元净现值的估计概率是多少？

(3) 亚伯丁发展公司也比较关心第二年、第三年、第四年和第五年的现金流。使用Analytic Solver估计这四年中任一个的年经营利润（未贴现）最小值的分布。在这四年中年经营利润最小值的平均值是多少？

(4) 在所有这四年中年经营利润至少为0美元的概率是多少？

15.6 常春藤大学（Ivy University）正在计划为其商学院建造一座新的建筑。这个项目需要完成下表中的所有活动。对大部分活动来说，在一项活动开始时，位于它之前所有的紧前活动必须已经完成。例如，奠基活动直到建筑设计和选址结束后才能开始。

活动	紧前活动
A. 筹资	—
B. 建筑设计	A
C. 选址	A
D. 奠基	B、C
E. 修建	D
F. 电路施工	E
G. 管道施工	E
H. 装修	F、G
I. 完工	H
J. 园艺	H

筹集资金可能会花费大约6个月的时间（其标准差是1个月）。假设这个活动的时间服从正态分布。建筑师估计建筑设计所需的时间应该是在6～10个月。假设此项活动时间服从均匀分布。总承包商提供了每项建筑任务的三个估计时间——乐观情况（如果天气情况良好并且进展顺利所需的最短时间）、最有可能情况和悲观情况（由于天气或者出现其他问题所需的最长时间）。这些估计值在下面的表中列出。假设这些建筑活动中的每一项活动时间都服从三角分布。最后，园艺师保证他的工作将会在5个月内完成。

建筑时间估计 （单位：月）

活动	乐观情况	最可能情况	悲观情况
C. 选址	1.5	2	2.5
D. 奠基	1.5	2	3
E. 修建	3	4	6
F. 电路施工	2	3	5
G. 管道施工	3	4	5
H. 装修	4	5	7
I. 完工	5	6	7

使用Analytic Solver为这个项目进行计算机仿真，试算次数为1 000次。利用所得到的结果回答下列问题。

（1）项目的平均完成时间是多长？
（2）项目在36个月内完成的概率是多少？
（3）请生成敏感性图，并根据此图找出哪一项活动对项目完成时间的影响最大。

15.7* 考虑习题13.12（见www.mhhe.com/Hillier6e，Ch16web），其中涉及估计项目的持续时间以及按时完成项目的概率。假设现在每项活动的持续时间都服从三角分布，它们的三个参数在习题13.12中已经给出。使用Analytic Solver在电子表格上为此项目进行试算次数为1 000的计算机仿真。

（1）项目的平均完成时间是多少？
（2）项目在22个月内完成的概率是多少？
（3）请生成敏感性图，并根据此图找出哪两个活动对项目完成时间的影响最大。

15.8 通用制造公司的员工通过Wellnet发布的一个团体计划来接受健康保险。在过去的一年中，40%的员工没有申请任何健康保险赔偿，40%的员工只申请了小额赔款，20%的员工申请了大额赔款。小额赔款在0～2 000美元均匀分布，而大额赔偿在2 000～20 000美元均匀分布。

根据这一经验，Wellnet公司现在正在与通用制造公司谈判下一年每位员工的保险费用。为了得到公司员工平均保险成本的近似估计，使用Analytic Solver在电子表格中对一名员工的健康保险经历进行一次计算机仿真，试算次数为1 000次。请生成频率图和统计表。

15.9 重新考虑第14.1节的例子2所提到的重型机械公司（Heavy Duty Co.）的案例。对于下面的第（1）问到第（3）问，运用Analytic Solver在电子表格上对该问题进行计算机仿真，试算次数为1 000次。请估计每天期望成本的平均值，同时生成一个频率图。

（1）只在发动机出现故障之后才替换。
（2）四天后替换发动机（但如果发动机发生故障，就立即替换它）。
（3）五天后替换发动机（但如果发动机发生故障，就立即替换它）。
（4）如果在第三天替换发动机，可以获得每天期望成本为2 000美元的解析解，将这一情况与前面三种选择进行比较，哪种方法可以最大限度地降低每天的期望成本。

15.10 艾佛雷公司（Avery Co.）工厂的一条生产线上的控制板一直存在维修的问题。该控制板上有4个完全一样的电子继电器，是控制板出现故障的原因所在。问题是，继电器很容易出现故障，导致控制板出现问题（它控制着生产流程），从而迫使该控制板控制的整条生产线需要停下来以进行拆换工作。目前的做法是在继电器坏了之后才进行修理。这样做的平均总成本为每小时3.19美元。为了降低这种成本，有人提出了一个方案，即如果控制板上的任一个继电器发生故障，就把4个继电器都换掉。这样是否可以降低成本呢？

相关的数据如下。对于每一个继电器，故障前的运作时间服从 1 000～2 000 小时的均匀分布。拆换一个继电器，控制板要关闭 1 个小时，而拆换所有 4 个继电器，控制板需要关闭 2 个小时。关闭控制板并拆换继电器的总成本为每小时 1 000 美元，每个新的继电器成本为 200 美元。

在电子表格上运用计算机仿真估计新方案的成本并与现在做法下的成本进行比较。运用 Analytic Solver 进行 1 000 次试算（每次试算以控制板的关闭为结束事件），并确定每小时的平均成本。

15.11 艾普拉斯公司（Aplus Company）生产的一种新产品，必须在金属块上钻孔并加上衬套，然后在其中插入圆柱轴。圆柱轴的半径至少为 1.000 0 英寸，但是又不能超出太多。在上述生产过程中，圆柱轴的半径服从三角分布，最小值为 1.000 0 英寸，最可能值为 1.001 0 英寸，最大值为 1.002 0 英寸。而衬套的半径服从正态分布，均值为 1.002 0 英寸，标准差为 0.001 0 英寸。衬套和圆柱轴间的空隙即为两者的半径之差。因为衬套和圆柱轴都是随机选择的，所以两者可能会有冲突（即空隙为负值）。管理层十分关心因上述这种冲突而可能引起的新产品的生产中断。或许应该改进（以适当的成本）圆柱轴和衬套的生产流程以减少这种事故。为了评估是否需要改进，管理层希望你能够告诉他们这种中断事故在上述生产流程中发生的频率。

运用 Analytic Solver 在电子表格上进行 1 000 次计算机仿真试算来估计中断的概率。

15.12 考虑在第 15.4 节介绍的财务风险分析的案例，该案例的结果如图 15-21 所示。梦大公司的管理层对于这一提案的风险概况非常关心。其中有两个统计数据引起了特别的关注。其一是有 20% 的概率会发生损失（净现值为负值）。其二是有超过 6% 的概率可能会出现 10 000 000 美元的损失，占到平均收益（18 000 000 美元）一半以上。因此，管理层觉得是否应该更加谨慎，只投资一个项目。除了采取第一种方案（建议的方案）外，第二种方案是在酒店项目中投资 16.5%（不投资购物中心项目），第三种方案是只在购物中心项目中投资 13.11%（不投资酒店项目）。管理层希望在这三个方案中选择一个方案。下面对方案 2 和方案 3 进行风险概况分析。

(1) 对方案二进行试验次数为 1 000 次的计算机仿真，估计平均净现值以及净现值大于 0 的概率。

(2) 对方案三重复第（1）问的要求。

(3) 假设你是梦大发展公司的 CEO，使用图 15-21 所示方案一的结果并参考其他两个方案所得到的相关结果作为管理决策的基础，在三个方案中做出选择，并解释原因。

15.13 重新考虑习题 14.5 中的掷骰子问题，现在的目标是分析赢得该游戏的概率。如果概率超过 0.5 的话，你就会希望到拉斯维加斯去参加无数次游戏，直到赢得一大笔钱。但是如果概率低于 0.5，那么你最好还是待在家里算了。

在电子表格上进行计算机仿真，以估计这一概率。运用 Analytic Solver 进行如下次数（游戏次数）的试算。

(1) 100 次。

(2) 1 000 次。

(3) 10 000 次。

(4) 实际的概率值为 0.493，基于以上仿真运行的结果，需要进行多少次的试算才能使得到的估计值与实际值的偏差不超过 0.007？

15.14 考虑第 15.1 节介绍的报童弗瑞迪问题的案例研究。电子表格模型可以从 www.mhhe.com/Hillier6e 上获得。第 15.7 节生成的报童弗瑞迪问题的参数分析报告（如图 15-37 所示）说明 55 份是最优订购量，但是这个表仅考虑了订购量是 5 的倍数的情况。考虑 50～60 的所有整数订购量，重新寻找报童弗瑞迪问题的最优订购量并生成新的参数分析报告。

15.15* 迈克尔·怀斯（Michael Wise）在一个繁忙的商业中心经营一家书报摊，除了星期日外，每天都营业。《每日新闻》（Daily Times）的平均需求量是 300 份，其标准差是 50 份（假设服从正态分布）。迈克尔采购报纸的价格是每份0.75美元，销售价格是每份1.25美元。一天销售结束时剩下的报纸会被无偿收回。

（1）假设迈克尔在每天早上为他的书报摊采购350份报纸。使用Analytic Solver在电子表格上进行试算次数为1 000的计算机仿真。迈克尔销售《每日新闻》的平均利润是多少？迈克尔获得至少0美元利润的概率是多少？

（2）生成一张参数分析报告来考虑250～350的5个可能订购量。哪一个订购量能够使迈克尔的平均利润最大化？

（3）为第（2）问考虑的5个订购量生成趋势图。

（4）使用Analytic Solver的Solver来寻找能够使迈克尔的平均利润最大化的最优订购量。

15.16 苏珊是一个票贩子。她在赛季开始之前以100美元的单价购买了金州勇士队（Golden State Warriors）的比赛门票。由于比赛时门票会售空，所以苏珊可以在比赛当日以150美元的单价出售她手中的门票。苏珊没能在比赛当天售出的门票就会作废。基于过去的经验，苏珊已经预测到她能够出售的门票张数的概率分布如下表所示。

出售的门票张数	概率
10	0.05
11	0.10
12	0.10
13	0.15
14	0.20
15	0.15
16	0.10
17	0.10
18	0.05

（1）假设苏珊为每场比赛购买14张门票。使用Analytic Solver在电子表格上进行试算次数为1 000次的计算机仿真。苏珊销售门票所得到的平均利润是多少？苏珊获得不低于0美元利润的概率是多少？（提示：使用自定义离散分布来仿真门票需求。）

（2）生成一张参数分析报告，考虑10～18所有的9种可能购票数，哪一种购票数能够使苏珊的平均利润最大化？

（3）为第（2）问中的9种可能购票数生成一张趋势图。

（4）使用Analytic Solver的Solver寻找能够使苏珊的平均利润最大化的最优购票数。

15.17 考虑第15.2节讨论的科信建筑公司投标问题。电子表格模型可以从www.mhhe.com/Hillier6e上获得。第15.7节所生成的对这个问题的参数分析报告（如图15-43所示）建议540万美元是最优投标价，但是此表只考虑了投标价是20万美元倍数的情况。

（1）通过为该投标问题生成一张参数分析报告来重新寻找最优投标价，投标价的范围是在520万美元和560万美元之间以5万美元为间隔的所有投标价。

（2）使用Analytic Solver的Solver来寻找最大化科信建筑公司平均利润的最优投标价。假设投标价格可以是480万～580万美元的任意值。

15.18 帕弗斯公路建设公司（Road Pavers, Inc., RPI）正在考虑一条县公路建设项目的投标问题。RPI估计这个项目的成本是5 000 000美元。投标过程中所花费的总成本估计是50 000美元。这个县同时还收到了四个竞争者的项目投标书。根据对这些竞争者过去的经验，每个竞争者的投标价最有可能是成本的120%，但是也有可能在105%～140%。假设每一个投标价都服从三角分布。

（1）假设RPI对此项目的投标价是5 700 000美元。使用Analytic Solver在电子表格上进行试算次数为1 000的计算机仿真。RPI赢得投标的概率是多少？RPI的平均利润是多少？

（2）生成一张参数分析报告来考虑5 300 000美元和6 000 000美元之间的8个可能投标价，并预测RPI的平均利润。哪一个投标价能够使RPI的平均利润最大化？

（3）为第（2）问中考虑的8个投标价生成趋势图。

（4）使用Analytic Solver的Solver来寻找能够使RPI的平均利润最大化的最优投标价。

15.19 阅读详细描述第15.4节中应用实例总结的

管理科学研究的参考文献。简单总结计算机仿真是如何应用到研究中的。然后列出这个研究能够实现的各种财务收益以及非财务收益。

15.20 阅读详细描述第15.8节中应用实例总结的管理科学研究的参考文献。简单总结计算机仿真是如何应用到研究中的。然后列出这个研究能够实现的各种财务收益以及非财务收益。

15.21 考虑第15.5节中讨论的航空公司超额订票问题。电子表格模型可以从www.mhhe.com/Hillier6e上获得。在第15.7节中所生成的此问题的参数分析报告（见图15-44）建议为了使利润最大化，公司应该接受的最优订票数为185，但是这只是考虑了订票数为5的倍数的情况。
(1) 通过为该超额订票问题生成一张参数分析报告来重新寻找最优订票数量，考虑订票数为180～190的所有整数。
(2) 为第(1)问中的11种可能接受的订票数生成趋势图。
(3) 使用Analytic Solver的Solver来寻找能够使航空公司的平均利润最大化的最优订票数。假设接受订票数是150～200的任意整数。

15.22 在西雅图和旧金山之间往返的"120航班"受到休闲和商务旅行者的喜爱。这架飞机的一个机舱中最多能容纳112位乘客。此航班提供提前7天折扣票和全价票两种票价。航空公司的管理层正在尝试做出如下决策：
(1) 应该为提前7天折扣票分配多少个座位？
(2) 多少张票以全价出售。

折扣票售价为150美元，不可退票。提前7天的订票需求量在50～150，但是最可能的数值是在90左右（假设服从三角分布）。全价票（不需要提前购买，并且可以在检票之前全额退票）的票价是400美元。排除购买此种机票但在检票之前取消此次航行的乘客，这种机票的需求等可能地分布在30～70（所有这些需求发生在航班前一周之内）。购买不可退换的折扣票的乘客平均未登机率是5%，购买可全额退票的全价票的乘客平均未登机率是15%。如果乘客登机人数超过实际座位数，多余的乘客必须改乘其他航班。换机乘客会重新乘坐另一航班并获得乘坐未来某次航班免费的凭证。对于每一位换机乘客，航空公司的总成本是600美元。每次航班飞行的固定成本是10 000美元。

现在有两个决策要做。第一，航班飞行一周之前，有多少机票应该作为折扣票出售？如果出售过多，航空公司就会丧失一些潜在的全额订票的乘客。出售过少，公司又会面临航班的乘坐率不高的窘境。第二，航空公司应该出售的机票总数是多少？出售机票过多，航空公司就会承担乘客换机的风险。出售过少，航空公司又会面临航班的乘坐率不高的窘境。
(1) 假设航空公司决定每次航班最多可出售75张折扣票，并且每次航班的出售机票总数最多是120。使用Analytic Solver进行试算次数为1 000的计算机仿真，预测利润、座位使用数量和换机乘客数的概率分布。
(2) 生成一张二维的参数分析报告，其中给出两个决策变量下列值的所有组合下的平均利润：①折扣票的最大数量位于50～90，并以10为间隔；②机票总数是112、117、122、127或者132。
(3) 使用Analytic Solver的Solver尝试寻找能够使航空公司期望利润最大化的最大折扣票数量和总共机票数量。

15.23 现在詹妮弗（Jennifer）已经上中学了，她的父母决定要开始为她上大学储蓄资金。意识到上大学已经变得是一件昂贵的事情，他们希望通过明智地投资他们的储蓄，在5年后詹妮弗开始上大学的时候积累一笔近10万美元的大学基金。

他们现在拥有25 000美元可供投资。此外，他们计划在接下来的4年里每年节省1万美元并在年末用于投资，第5年再节省1万美元。每次进行投资时，他们都准备在股票基金和债券基金之间平均分配他们的投资。从历史数据看，股票基金的年平均收益率为8%，标准差为6%。债券基金的年平均收益率为4%，标准差为3%（假设两者都服从正态分布）。

假设现在（第0年）就进行初始投资（25 000

美元）并在两种基金之间平均分配（即每种基金投资12 500美元）。每种基金的收益可以再投资于同一种基金（即再投资），而且在詹妮弗开始上大学之前不进行再分配。另外，额外的4笔10 000美元的投资将分别在第1年、第2年、第3年、第4年进行，并在两种基金之间平均分配（即每种基金5 000美元）。另外，当詹妮弗准备开始上大学时，将在第5年增加10 000美元储蓄。利用Analytic Solver进行试算次数为1 000次的计算机仿真，对下面的问题进行估计。

（1）在第5年，大学教育基金的期望值（均值）是多少？

（2）在第5年，大学教育基金的标准差是多少？

（3）大学教育基金在第5年至少为85 000美元的概率是多少？

（4）大学教育基金在第5年至少为10 000美元的概率是多少？

15.24 重新考虑第4章中介绍的大沼泽地公司案例研究，结果显示在图4-5中（如该章的Excel文件中所提供的）。该分析假设，表4-1中显示的未来十年（2018～2027年）的预计净现金流是确定的。然而，大沼泽地公司管理层认识到这些现金流实际上存在着相当大的不确定性，因此他们希望通过额外的分析来考虑这种不确定性。

对于10个现金流中的每一个，现在已经获得关于其最小和最大可能值以及其最可能值的估计。这些估计数如下表所示。假设每个现金流都服从这些参数下的三角分布，通过从图4-5所示的电子表格开始，使用EndBalance作为结果单元格，使用MeanEndBalance作为统计单元格，将计算机仿真应用于公司的现金流管理问题，进行1 000次试验。假设2018年的长期贷款为465万美元（见图4-5），然后根据需要在随后的每一年提供短期贷款（如果有的话），以维持至少50万美元的期末余额。（提示：计算每年贷款前的余额，然后用它来计算所需的短期贷款额。）以频率图和统计表的形式显示结果，统计表的下限为0。

年	现金流（百万美元）		
	最小值	最可能值	最大值
2018	-9	-8	-7
2019	-4	-2	1
2020	-7	-4	0
2021	0	3	7
2022	3	6	9
2023	1	3	5
2024	-6	-4	-2
2025	4	7	12
2026	-5	-2	4
2027	5	10	18

案例15-1 玩具人偶的生产

冒险玩具公司（Adventure Toys Company）生产一系列深受欢迎的玩具人偶，并将它们以每单位10美元的批发价销售给玩具商店。此种玩具人偶的需求具有季节性，在圣诞节之前和春季销售额最高，夏季和冬季销售额最低。

每个月的基本销售额都服从正态分布，其均值是前一个月的实际基本销售额，标准差是500单位。任意一个月的实际销售额是此月的基本销售额乘以这个月的季节性因子，每个月的季节性因子已经在下表中列出。2018年12月的基本销售额是6 000，实际的销售额等于（1.18）×（6 000）=7 080。现在是2019年的1月1日。

月份	季节性因子	月份	季节性因子
1月	0.79	7月	0.74
2月	0.88	8月	0.98
3月	0.95	9月	1.06
4月	1.05	10月	1.10
5月	1.09	11月	1.16
6月	0.84	12月	1.18

现金销售额大概占到月销售额的40%，但是这一数字在有些月份中最低可达到28%、最高可以达到48%。除去现金支付外，剩余的销售额在30天内支付，这些是基于信用销售，不收取利息，在发货后的一个月内全额收回。2018年12月，有42%的销售额

是现金销售额，还有 58% 的销售是信用销售（还没有收到货款）。

生产成本取决于劳动力成本和生产原料的成本。用来制造玩具人偶的塑料价格每月都在波动，取决于市场状况。由于这些波动，每单位的生产成本分布在 6 美元和 8 美元之间。除了这些可变的生产成本外，公司生产玩具人偶的每月固定成本是 15 000 美元。公司根据订单组装产品。当有订单订购一批玩具人偶时，公司会在几天内完成生产并发货。

公司使用了 8 台注塑机来制造玩具人偶。这些机器有时会发生故障，每次拆换零件的成本是 5 000 美元。每台机器每月都会有 10% 的概率需要拆换故障零件。

公司规定每月末最小现金余额必须维持在 20 000 美元以上。2018 年 12 月末（或者可以等价地认为是 2019 年 1 月初）的余额是 25 000 美元。如果需要的话，公司会借用短期贷款（1 月期）来抵消支出，从而维持最低余额。贷款必须在借款后的 1 个月内连带利息（使用当前月份的借款利率）一起偿还。例如，如果 3 月的年利率是 6%（也就是月利率为 0.5%），并且在 3 月份借款 1 000 美元，那么在 4 月就应该还款 1 005 美元。不过，每月都可以贷款。

月末任意数量的余额（包括最小余额）都会直接进入下一个月的账户，并且也可以获得存款利息。例如，如果三月末的余额是 20 000 美元，且 3 月的存款年利率是 3%（也就是月利率为 0.25%），那么在 4 月能够获得的存款利息是 50 美元。

每个月的贷款利率和存款利率都是根据银行利率设定的。贷款利率为银行利率 +2%，存款利率为银行利率 −2%。无论如何，贷款利率不会超过 9%，存款利率不会低于 2%。

2018 年 12 月的银行利率是年利率 5%。这个利率是根据联邦储备委员会的决定来确定。特别的是，每月的利率都有 70% 的概率会维持不变，有 10% 的概率会增长 25 个基本点（即 0.25%），有 10% 的概率会降低 25 个基本点，有 5% 的概率会增长 50 个基本点，有 5% 的概率会降低 50 个基本点。

（1）在电子表格上构建一个仿真模型以跟踪查看公司每月的现金流。使用 Analytic Solver 为 2019 年的现金流运行试算次数为 1 000 的计算机仿真。

（2）公司管理层想了解 2019 年末公司的净资产和净资产在 0 美元以上的概率的相关信息。（这里的净资产被定义为年末现金余额加上存款利息及应收账款减去贷款及所欠利息。）请以各种你认为有助于管理层分析此问题的形式展示第（1）问中的仿真运行结果。

（3）公司需要就 2019 年可能需要的银行短期贷款达成一致。因此，公司管理层也希望得到 2019 年所需最大短期贷款数额的信息。以各种你认为有助于管理层分析此问题的形式展示第（1）问中的仿真运行结果。

案例 15-2　压力下的定价问题

爱丽丝·苏利文（Elise Sullivan）在 9 月搬到纽约居住，并开始了她在第一银行（FirstBank）客户服务部的第一份工作——分析师。第一银行是一家为全美客户提供中间业务服务的大型投资银行。爱丽丝获得研究生学历后，一到达纽约，就开始脚踏实地地工作了。前面的 6 个星期是培训，在培训期间她遇到了很多像她一样的分析师新手，并学习了第一银行的基本会计业务、现金流分析、顾客服务以及联邦法规。

完成培训后，爱丽丝搬到了第一银行位于曼哈顿的第 40 层办公楼里并开始了她的工作。她最开始的几项工作是在分配给她任务的高级职工的指导下进行，因为这样她可以学到处理业务的一套程序。

现在，她有机会展示自己的才华了。她的老板迈克尔·斯特曼（Michael Steadman）给她安排了一项完全在自己领导和控制下的任务。一个名叫艾美·勃兰特（Emery Bowlander）的行为古怪、富有但贪婪的投资者很想购买一种欧洲看涨期权（Call Option），该期权能够给予他在 2 月初（距今尚有 12 周）以 44.00 美元的价格购买费雷尔公司（Fellare）股票的权利。费雷尔是法国一家飞机制造商，勃兰特先生强烈地感觉到欧洲航天局会在 1 月将建造国际空间站的部分合同交给费雷尔公司去做。勃兰特认为，如果航天局与费雷尔公司签订这一合同的话，该公司的股票会大涨，反映了投资者对该公司能力和成长的信心。而如果没有签订这一合同，该公司的股票会继续维持当前的缓慢走低趋势。为了防止第二种情况出现，勃兰特先生不想现在直接购买该公司的股份。

迈克尔要求爱丽丝为这一期权定价，他希望在今天的股市停盘之前得到结果,这样勃兰特先生就可以决定是否购买期权,从而在今天进行交易。

不幸的是,爱丽丝在大学里学习的投资学课程中不包括期权这一内容,只介绍了如何估价、分析风险、资本预算以及市场效率。她记得在估价课程中学过她必须将2月1日的期权以适当的利率贴现才能算出当前期权的价格。现在要贴现12个星期,她用来贴现期权价值的公式可以表示为(期权的价值/[1+周利率]^{12})。在开始计算之前,她决定采用的年利率为8%。现在她需要确定如何计算2月1日的期权价值。

爱丽丝知道在2月1日,勃兰特先生可能会采取两种行动之中的一种:行使期权购买费雷尔公司的股票,或者不行使期权。如果在2月1日费雷尔公司的股票价格高于44美元,勃兰特先生就会行使期权。在这种情况下,他将以44美元的价格买入股票,并立即以2月1日的市场价卖出。在这种情景下,期权的价值就应该是这一市场价与执行价的差值。而如果股票的市场价低于执行价44美元的话,勃兰特先生就不会行使期权,这时期权的价值为0。

这样,期权的价值是由费雷尔公司股票在2月1日的价格决定的。爱丽丝知道2月1日股票的价格是不确定的,服从一定的概率分布。爱丽丝想起了大学在管理科学课程中学到的用来估计股票价格分布的计算机仿真技术。在建立仿真模型之前,她需要知道股票价格的波动情况。爱丽丝又想起在概率统计课上介绍说股票的价格或涨或跌遵循的是一种对数正态分布。因此,根据这一模型,下一周末的股票价格是本周末的股票价格再乘上一个增长因子。增长因子被表示为 e 的 N 次幂,N 为服从正态分布的随机变量。表示为:

$$S_n = e^N s_c$$

式中,

S_n = 下周末的股票价格

S_c = 本周末的股票价格

N = 服从正态分布的随机变量

为了开始进行分析,爱丽丝从报纸上查到本周末费雷尔公司股票的当前价格为42.00美元,她打算以此作为她12周分析的基础。这样,第一周末的股票价格就是当前的股票价格乘以一个增长因子。下一步,她需要估计出用于计算增长因子的正态分布的均值和标准差。这一随机变量决定了股票波动的程度,因此,爱丽丝决定使用当前的年利率和股票在一年中波动情况的历史记录作为基础估算出均值和标准差。

目前的年利率为 $r=8\%$,航空公司股票的历史年波动量为30%。但现在爱丽丝要计算的是每周的波动情况而不是一年的波动情况。因此,她需要计算出每周的利率以及每周的历史股票波动率,从而估计每周增长因子的均值和标准差。每周利率 w 的计算公式如下:

$$w = (1+r)^{(1/52)} - 1$$

历史上每周股票的波动率等于历史年波动率的52次方根。正态分布随机变量的均值等于周利率 w 减去每周股票波动性平方的一半,公式如下:

均值 = $w - 0.5$ (每周股票的波动率)^2

正态分布随机变量的标准差就等于每周股票的波动率。

现在爱丽丝就可以建立她的仿真模型了。

(1)在电子表格上建立一个仿真模型,计算今天的期权价值。使用 Analytic Solver 进行三次独立的仿真,估计买入期权的价值以及今天期权的价格。第一次仿真进行100次的试算,第二次仿真进行1 000次的试算,第三次进行10 000次的试算。请记录下每一次仿真所得的期权的价格。

(2)爱丽丝将她的计算和建议的价格交给迈克尔看,迈克尔很是赞赏,但他同时表示可以用一种简单的方法计算期权的价值:布莱克-斯克尔斯(Black-Scholes)公式。迈克尔从桌子上的书架中抽出一本投资学书来,找到了这个功能强大且非常复杂的公式:

$$V = N[d_1]P - N[d_2]PV[K]$$

式中,

$$d_1 = \frac{ln\left[\dfrac{P}{PV[K]}\right]}{\sigma\sqrt{t}} = \frac{\sigma\sqrt{t}}{2}$$

$$d_2 = d_1 - \sigma\sqrt{t}$$

$N[X]$ = Excel 函数 normsdist (X),其中 $x = d_1$ 或 d_2

P = 股票当前的价值

K = 执行价

$PV[K]$ = 执行价的现值 = $\dfrac{k}{(1+w)^t}$

t = 到执行期的周数

σ = 股票的周波动率

运用布莱克-斯克尔斯公式计算期权的价格,将得到的结果与第(1)问中的结果进行比较。

(3)在这一例子中,你是否认为这一随机的概率分布能够完全反映出股票价格的波动?为什么?

案例 15-3 退休财务计划

漫长的职业生涯过后，詹妮弗·埃莉诺（Jennifer Eleanor）即将退休。她想探讨从现在开始10年后退休的可能性。如果她可以积累200万美元的净资产，她觉得就可以舒适地退休。在她的职业生涯中，詹妮弗经常利用她在商学院学习时掌握的电子表格建模技能，因此她决定采用这种方法来分析她未来十年的财务状况。

詹妮弗在金融行业工作，目前她的工资是每年实际到手10万美元的工资（扣完所有的税之后）。但是，她的工作中存在很多变化。虽然加薪和晋升是可能的，但她痛苦地意识到裁员也并不少见。詹妮弗估计，每年她有85%的机会避免裁员并保持目前的工作。如果她继续工作，那么每年晋升的可能性为20%，其中包括加薪，这将使她的税后工资可以增加10%~20%（范围内所有数值的可能性相等）。如果没有晋升，每年的加薪幅度在0~5%范围内（范围内所有数值的可能性相等）。另一方面，如果她被解雇，那么詹妮弗将寻求新的工作。她有足够的工作技能，她相信自己很快就能找到一份新工作，但新工资是非常不确定的，而且她很可能最终得到一份薪水较低的工作。如果被解雇，她最有可能获得解雇之前薪资的90%，但该比率的可能范围为50%~115%（詹妮弗假设服从三角形分布）。

詹妮弗有一个自筹的退休基金，目前价值50万美元。从现在起一年后，詹妮弗计划在每年初再投资10 000美元，然后重新分配基金，使得40%的基金投资于退休计划的股票基金，60%投资于退休计划的债券基金。从历史数据看，股票基金的平均年回报率为8%，标准差为16%（假设服从正态分布）。债券基金的年回报率通常接近4%，最低可低至-2%，最高达13%（假设服从三角分布）。

詹妮弗拥有自己的房子（没有抵押贷款）。它最新评估价值60万美元。当地房地产市场的价格平均每年上涨3%，但波动性很大，因此标准差为6%（假设服从正态分布）。

詹妮弗目前有10万美元现金，存于高利息储蓄账户，利率目前为2%。詹妮弗预计这一利率每年会变化0.5%，有可能上升也有可能下降，并且在这个范围内的任意值都是等可能的。不过，她预计利率绝不会降到0.5%以下。

詹妮弗将她的所有收入用于存入储蓄账户、支付所有费用，并从储蓄账户中进行所有退休基金投资。詹妮弗的正常家庭开支随着收入的变化而变化（当她赚得更多时，她花得更多）。这些家庭开支平均占其到手工资的70%，标准差为5%（假设服从正态分布）。除了正常的家庭开支外，她还需要偶尔对房子进行大整修。这些似乎完全是随机发生的（即，无论整修得怎样，下一次大修还是随时都可能发生）。她平均每年进行一次大整修，这些通常花费大约10 000美元，因此她假设存在一个整修的固定成本。在存入所有收入并支付费用之后，储蓄账户中剩余的余额将结转到下一年，并且还会在明年初每年赚取储蓄利息（参见上一段关于利率的内容）。例如，如果第2年之后的期末余额为100 000美元，而第2年的储蓄利率为2%，那么在第3年初可以获得2 000美元的储蓄利息。假设第1年没有利息，因为100 000美元的初始现金余额已经包含了所赚取的储蓄利息。

（1）使用 Analytic Solver 模拟未来十年的情况并进行1 000次试验。为了简化建模，假设任何晋升、加薪或裁员（与相应的新工作）都将在年底发生，因此不会影响当年的到手工资。此外，为简单起见，假设所有现金流（收入、支出、投资等）在每年初同时发生。根据模拟运行的结果，詹妮弗在10年结束时的平均净值（包括其退休基金价值、住房价值和储蓄）是多少？

（2）根据仿真运行的结果，詹妮弗的净资产将超过200万美元的概率是多少？

（3）使用 Analytic Solver 中的 Solver 确定退休基金中的最佳股票债券分配（无论选择哪种股票债券组合，假设10年间都使用相同的组合），以便最大化詹妮弗的净资产超过200万美元的概率。

更多案例

关于本章的更多案例，可以查阅西安大略大学毅伟商学院网站 www.cases.ivey.uwo.ca/cases 专为本书设计的 CaseMate 部分。

附录 A 利用 Excel 建模的技巧

Microsoft Excel 是一个强大、灵活且很有特色的工具。要想在电子表格中进行建模，并不需要掌握其全部功能。因此，下面我们将强调一些对建模非常重要的功能。本附录不是 Excel 的入门指南，而是适用于已了解 Excel 基本使用方法并希望利用 Excel 某些更先进的功能提高建模效率的人群。

Excel 窗口解析

打开 Excel（从"开始"菜单选择"Microsoft Excel"），会在 Excel 窗口中出现一个空白的电子表格。Excel 窗口的各个组成要素如图 A-1 所示。

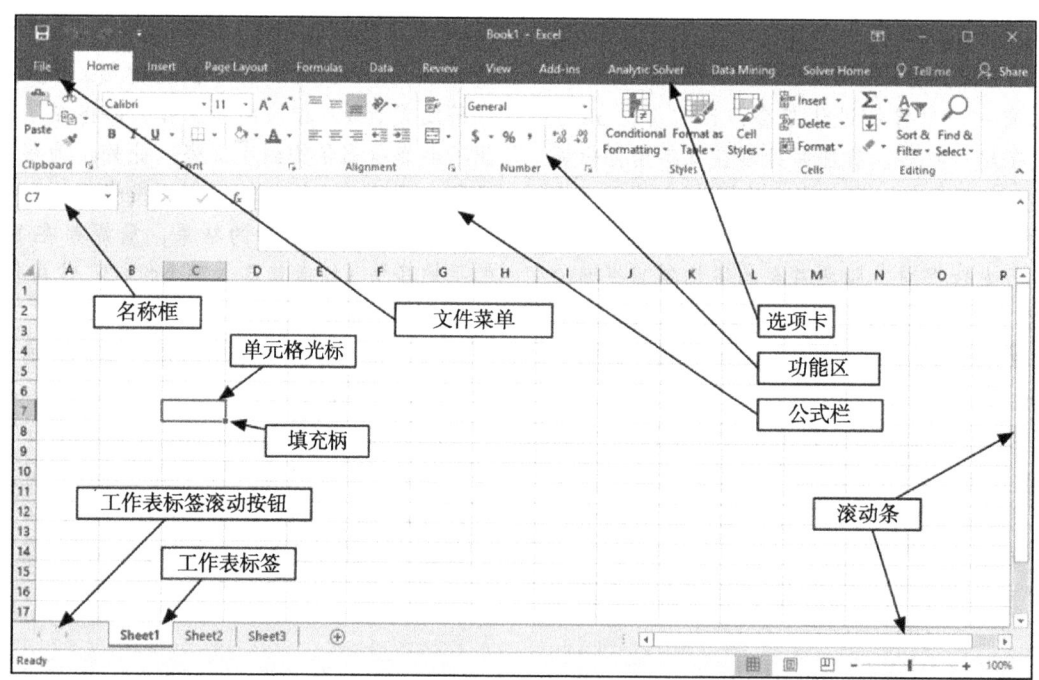

图 A-1　Excel 2010 的窗口

Excel 文件被称为工作簿（workbook）。一个工作簿包含多个工作表（worksheet）或电子表格（spreadsheet），显示在屏幕下方的工作表标签处（如图 A-1 中的 Sheet1、Sheet2 和 Sheet3）。Excel 窗口每次只能显示一个电子表格（如图 A-1 中的 Sheet1）。若希望显示其他电子表格（如 Sheet2 和 Sheet3），则点击相应的工作表标签。

每一个电子表格都是一个庞大的网格，分为很多行和列。行标签位于网格的最左边，以数字表示（1，2，3，…）；列标签位于网格的最上方，以字母表示（A，B，C，…）。网格的每一个元素被称为一个单元格（cell），用行标签和列标签来表示（如单元格 C7）。单元格光标显示的部分（边界为黑色或彩色）为当前选定的单元格，可以通过点击或利用箭头键来移动单元格光标以选定其他单元格。

在 Excel 窗口中每次只能显示部分电子表格。例如，在图 A-1 中，只显示了前 9 列和前 17 行。如希望显示电子表格的不同部分，可以通过滚动条来实现。

使用工作簿

打开 Excel，就会自动生成一个新的工作簿，并在标题栏中给出默认的名字（如图 A-1 中的 Book1）。若希望给工作簿重新命名，可以在文件菜单下选择"另存为"并输入新名称。

若想打开已经存在的工作簿，在文件菜单下选择"打开"。当你想要将一个工作簿中的工作表复制到另一个工作簿，或者在进行一个工作簿工作的同时还想要查看另一个工作簿的内容，你可能会需要同时打开多个工作簿。当打开多个工作簿时，一些工作簿可以隐藏在正在显示的工作簿后面。要显示其他任何工作簿，只需在视图选项卡下选择"切换窗口"进行切换。另外，点击视图选项卡下的"全部重排"可以实现多个工作簿在屏幕上的排列（如平铺或并排）。

使用工作表

新建立的工作簿默认只包含少量的工作表（Sheet1、Sheet2、Sheet3 等）。当前显示的工作表在工作表标签中突出显示。要想显示其他工作表，只需要点击相应的工作表标签。如果工作表标签较多，则可以利用工作表标签滚动按钮来寻找所需的工作表标签。

要想给工作表进行重新命名，可以双击工作表标签并输入一个新名字。通过选择开始选项卡下"插入"菜单中的"插入工作表"或在工作表标签栏右侧点一下那个"+"号，就可以添加一个新的工作表。点击并拖动工作表标签可以将其放到一个新的位置，从而实现工作表标签的重新排列。如果要复制工作表，则按住 Ctrl 键（Mac 电脑上的 Option 键）并拖动工作表。若打开了多个工作簿，你还可以用点击（按住 Ctrl 键点击）并拖动的方法将一个工作表移动（或复制）到另一个工作簿中。

使用含有 Solver 的工作表

一个模型必须限定在一个工作表内。在使用 Excel Solver 时，所有引用的单元格（如目标单元格、可变单元格等）必须位于当前显示的工作表中。因此，Solver 模型中的各部分不能分散于不同的工作表中。而 RSPE 中的 Solver 允许在不同工作表间的单元格引用。

Solver 信息与工作表一同保存。只要将信息输入 Solver 对话框（如目标单元格、可变单元格等），保存工作簿的同时也会保存所有这些信息。

不同的工作表可以包含不同的模型。不同 Solver 对话框中的信息（如目标单元格、可变单元格等）保存在工作簿的各个工作表中。因此，工作簿中的每一个工作表都可以包含一个独立的模型。当运行 Solver 时，只对当前电子表格中显示的模型进行求解。

复制模型时要拷贝整个工作表，而不能只复制相关单元格。 将一个模型复制到其他工作簿或在本工作簿内复制时，需要按住 Ctrl 键并拖动工作表标签，而不能只选定包含模型的单元格进行复制、粘贴。第一种复制方式（按住 Ctrl 键并拖动工作表标签）将拷贝工作表中的所有内容（公式、数据以及 Solver 对话框中的信息），而单纯利用复制和粘贴只能拷贝公式和数据，而不能拷贝 Solver 对话框信息。

使用包含 Analytic Solver 决策树的工作表

不同的工作表包含不同的 Analytic Solver 决策树。 如果当前显示的工作表不包含 Analytic Solver 决策树，可以在 Analytic Solver 功能区中选择决策树（Decision Tree）选项下节点（Node）菜单中的添加节点（Add Node），从而向现有工作表中添加新的决策树。但是，如果工作表中已经包含了一个决策树，则只能向现有的决策树中添加新节点。因此，要建立一个新的决策树，必须先切换到（或添加进）一个新工作表。一个工作簿可以包含不同的决策树，但这些决策树要位于不同的工作表上。

使用包含 Analytic Solver 仿真模型的工作表

整个工作簿可以看成是 Analytic Solver 的一个仿真模型。 不确定变量单元格、结果单元格和数据单元格都可以在工作簿的任何工作表中定义。进行仿真时，不管它们是否在当前显示的工作表中，所有不确定变量单元格都会随机生成，所有的结果单元格都会进行评价，所有的数据单元格都会进行计算。

使用单元格

选择单元格

要对一个单元格或一系列单元格进行修改，如输入或编辑数据，或者改变其格式，首先要选中这些单元格。单元格光标显示了当前选定的单元格（或一系列单元格）。要选择另一个单元格，你可以点击它，或者将利用箭头键将单元格光标移到相应的位置。要选择一整列或一整行，则点击列标或行标（如电子表格顶部的 A、B、C，或电子表格左边的 1、2、3）。要选择整个电子表格，则点击工作表左上角列标和行标相交处的空白框。

在电子表格中选择一系列单元格有 3 种方法，我们将以选择 A1 至 C3 这一单元格区域为例来进行说明。

（1）点击区域的一个角（A1），不松开鼠标，拖动到区域的另一角（C3）。

（2）点击区域的一个角（A1），然后按住 SHIFT 键，并点击区域的另一角（C3）。

（3）点击区域的一个角（A1），按住 SHIFT 键或按下 F8 键进入扩展式选定模式，使用箭头键将区域扩大至另一角（C3），然后松开 SHIFT 键，或再次按下 F8 以关闭扩展式选定模式。

输入或编辑单元格中的数据、文本和公式

向单元格中输入数据或对其进行编辑有如下几种方法。

（1）**利用公式栏**：当前选定的单元格中的内容显示在公式栏中（见图 A-1）。若想在一个单元格中输入数据、文本或公式，则点击该单元格，然后在公式条中输入或进行编辑，完成后按回车键。

（2）**双击**：双击一个单元格（或按 F2）将显示出该单元格的内容，此时你可以在单元格内直接输入或修改。如果单元格内包含公式，公式中被引用的单元格将以不同的颜色在电子表格中显示出来。你可以

在单元格内点击并进行修改或拖动高亮显示的单元格指示器（marker）以调整引用单元格的位置，从而对公式进行编辑。

(3) 插入函数：在空单元格内，按下公式栏旁边的 *fx* 按钮，就会弹出一个对话框，按照类型分类列出了 Excel 中所有的可用函数。从列表中选择一个函数后，该函数就会插入到单元格中，该函数所有的相关参数都会显示在一个小窗口中。

移动或复制单元格

要在电子表格中移动一个或一系列单元格，首先选中这些单元格。如果在一张表格中移动且移动的距离较近（如下移数行），使用拖拽方法最方便。点击单元格光标的边缘，不松开鼠标，将单元格拖到新的位置。如果移动的距离较远（如下移 100 行，或移动到另一个工作表中），通常在开始选项卡中选择"剪切"和"粘贴"。

复制一个或一系列单元格也可以用同样的方法。要复制一个（或一系列）单元格，按下 Ctrl 键（Mac 电脑上的 Option 键）的同时，点击单元格光标的边缘并拖动，或者在开始选项卡中选择"复制"和"粘贴"。

填充单元格

在建立一个电子表格的时候，经常有些行或列需要一系列数字或日期。例如，图 A-2 中的电子表格可以计算从 2018 年到 2022 年的预计年现金流和到期应纳税额（按每月现金流计算）。我们不必在 B2:M2 单元格内输入所有 12 个列标，而可以用填充柄（单元格光标右下角的小方块）对该序列进行填充。在输入一个序列最初的几个元素后（如在 B2 中输入 Jan，在 C2 中输入 Feb），选中 B2:C2，然后点击填充柄并将其拖动到 M2 单元格，序列中其余部分（Mar、Apr、May 等）将自动进行填充。A3:A7 中的年份也可以用类似的方法进行填充，输入最初的几个年份后（在 A3 中输入 2018，在 A4 中输入 2019），选中 A3:A4 单元格，然后点击填充柄并向下拖动至 A7 单元格。根据选定单元格中的数据，填充柄会推测出序列的其余部分。

	A	B	C	D	E	F	G	H	I	J	K	L	M	N	O
1						Cash Flow ($000)								Annual	Tax
2		Jan	Feb	Mar	Apr	May	Jun	Jul	Aug	Sep	Oct	Nov	Dec	Cash Flow	Due
3	2018	10	−2	4	5	4	6	8	10	12	3	−4	8	64	16.0
4	2019	15	3	−4	3	10	4	6	10	3	6	−2	12	66	16.5
5	2020	8	4	2	−3	−5	7	4	8	8	11	−3	11	52	13.0
6	2021	7	5	5	3	2	6	10	12	14	8	2	8	82	20.5
7	2022	5	2	2	−4	9	7	12	14	3	−4	6	10	62	15.5
8															
9														Tax Rate	25%

	N	O
1	Annual	Tax
2	Cash Flow	Due
3	=SUM(B3:M3)	=N3*$O$9
4	=SUM(B4:M4)	=N4*$O$9
5	=SUM(B5:M5)	=N5*$O$9
6	=SUM(B6:M6)	=N6*$O$9
7	=SUM(B7:M7)	=N7*$O$9
8		
9	Tax Rate	0.25

图 A-2　计算预计年现金流和到期应缴税款的电子表格示例

填充柄还可以用于向同一行或同一列中相邻的单元格中复制同样的公式。例如，N3:N7 单元格中计算年现金流量的公式对于各年都是相同的。因此，在 N3 单元格中输入 2018 年的公式后，选择 N3 单元格，然后点击填充柄并向下拖动，直到 N7 单元格。同样，O3 单元格中的到期应纳税额公式也可以向下复制到 O4:O7 单元格中。实际上，也可以同时选择 N3 和 O3 单元格，然后向下拖动填充柄直到 O7，一次性复制年现金流和到期应纳税额公式，从而将两个公式复制到 N4:O7 单元格中。

相对引用与绝对引用

在使用填充柄时，理解相对引用和绝对引用的区别非常重要。在 N3 单元格的公式（= SUM（B3:M3））中，单元格（B3:M3）的引用是基于其包含公式的单元格的相对位置。因此，B3:M3 被当成是紧邻其左边的 12 个单元格。这被称为**相对引用**（relative reference）。当使用填充柄将该公式复制到其他单元格中时，引用会根据公式所在的新单元格位置自动调整为相同的相对位置（紧邻其左边的 12 个单元格）。例如，N4 单元格中的公式变成了 =SUM（B4:M4），N5 单元格中的公式变成了 =SUM（B5:M5），等等。

与之对应，单元格 O3 的公式对税率（$O$9）的引用被称为**绝对引用**（absolute reference）。在复制到其他单元格中时，此类引用的单元格不变。因此，当把单元格 O3 中的公式复制到 O4:O7 单元格时，其引用的仍然是单元格 O9。

进行绝对引用需要在单元格地址（公式）的字母和数字前加上 $ 符号。同样，你也可以只在字母（或数字）前加上 $ 符号来实现列绝对引用及行相对引用（或行绝对引用及列相对引用）。在输入一个单元格的地址后，重复按 F4 键（Mac 电脑上的 command + T 键），就可以在 4 种可能的相对与绝对引用间进行转换（如 O9、$O$9、O$9、$O9）。

使用区域名称

可以给一系列相关的单元格起一个区域名称。因而我们就不必用单元格地址（如 L11:L21 或 C3）进行引用，而是可以通过一个更容易理解的名字（如 Total Profit）来进行引用。要给一个或一系列单元格起一个区域名称，首先要选中这些单元格，然后点击名称框（见图 A-1），并输入一个名字。例如，对于如图 A-2 所示的电子表格，我们可以选择 O9，然后在名称框中输入 TaxRate，从而为税率定义一个区域名称。区域名称中不允许使用空格，因此要使用大写字母或下划线符号来分隔名称中的单词。

一旦定义了区域名称，在公式中我们就可以用区域名称（如 TaxRate）而不是单元格地址（如 O9）进行引用。如果你在公式中使用某个单元格（或多个单元格）并对其进行选中操作，系统会自动使用其区域名称而不是单元格地址。这样会使公式更容易理解（如 = SUM（B3:M3）*TaxRate，而不是 =SUM（B3:M3）*$O$9）。在公式中使用区域名称时，它被看成是绝对引用。要想对一个拥有区域名称的单元格进行相对引用，则输入单元格的地址（如 O9），而不能输入区域名称或点击该单元格（这样做系统会自动使用区域名称。）

设置单元格格式

要改变一个或一系列单元格的格式，首先要选择单元格。如果选择了一个单元格区域，那么这一区域中所有单元格的格式都会发生变化。最常见的单元格格式改变有改变字体、将文本变成粗体或斜体、改变边框或给一个单元格加阴影等。这些都可以通过使用开始选项卡实现。

点击 .0 → .00 或 .00 → .0 按钮可以改变单元格中显示的小数位数。请注意，这只是改变显示的方式。当这个单元格被其他公式引用时，Excel 总是使用其完整的精度。

对于更高级的格式改变，在开始选项卡的单元格功能区中选择格式（Format）菜单下的单元格（Format Cells）。快捷键是 ctrl + 10（Mac 电脑为 command + 1），随后会弹出"设置单元格格式"对话框，如图 A-3 所示。在数字（numbers）标签下，你可以通过选择使得单元格中的数字以任意位小数的方式进行显示（如 123.4 或 123.486）、以货币的形式进行显示（如 1234.10）、以日期的形式进行显示（如 12/10/2021 或 2021 年 12 月 10 日），等等。其他标签可以用来改变文本的对齐方式（如左边对齐或右边对齐、垂直或水平等）、字体、边框、填充和保护。

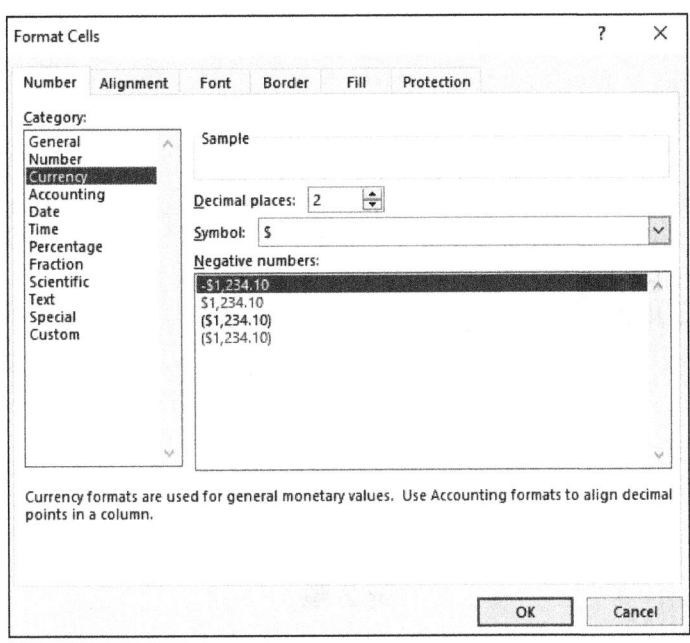

图 A-3　设置单元格格式对话框

如果一个单元格显示 ####，这就意味着列的宽度不足以显示单元格的内容。要改变列的宽度或行的高度，只需要点击行标或列标之间的垂直线或水平线并拖动即可。双击列标之间的垂直线将使列的宽度刚好能够显示这一列中每一单元格的所有内容。

附录 B 部分习题答案

第 2 章

2.6. （4）第一个的比例为 0.667，第二个的比例为 0.667，利润为 12 000 美元。

2.13. （2）$x_1 = 13, x_2 = 5$，利润 = 31 美元。

第 3 章

3.3. （3）3.333 单位活动 1；3.333 单位活动 2；利润为 166.67 美元。

3.6. （4）26 单位产品 1；54.76 单位产品 2；20 单位产品 3；利润为 2 904.76 美元。

3.11. （4）1.14 千克玉米；2.43 千克苜蓿；成本为 2.42 美元。

3.16. （2）成本为 410 000 美元。

运输量	客户 1	客户 2	客户 3
工厂 1	300	0	100
工厂 2	0	200	300

3.19. （3）60 000 美元用于投资 A（第 1 年），84 000 美元用于投资 A（第 3 年），117 600 美元用于投资 D（第 5 年），第 6 年总计 152 880 美元。

3.22. （1）利润为 13 330 美元。

货物位置	前	中	后
货物 1	0	5	10
货物 2	7.333	4.167	0
货物 3	0	0	0
货物 4	4.667	8.333	0

第 4 章

4.2. （4）0 张茶几、40 张咖啡桌和 30 张餐桌，利润为 10 600 美元。

4.4. （5）参与 19% 的 A 项目，完全参与 C 项目，不参与 B 项目；期末余额 59.5（百万美元）。

4.9. （4）上午 8 点～下午 4 点，4 个 FT（全职员工）；中午 12 点～晚上 8 点，4 个 FT；下午 4 点～午夜 0 点，

4个FT；上午8点～中午12点，2个PT（兼职员工）；中午12点～下午4点，0个PT；下午4点～晚上8点，4个PT；晚上8点～午夜0点，2个PT。每天总成本为4 320美元。

第5章

5.1. （5）生产玩具的单位利润可行变化范围为：2.50～5.00美元；

生产配件的单位利润可行变化范围为：-3.00～-1.50美元。

5.4. （6）（变动a）：最优解不变（成本在可行范围内增加10美元）；

（变动b）：最优解改变（成本在可行范围外又下降5美元）；

（变动c）：变动a和b同时发生，最优解可能变化也可能不变化。

C_{8AM}:160美元 → 165美元，可行增量范围百分比 = $100\left(\dfrac{165-160}{10}\right)\% = 50\%$

C_{4PM}:180美元 → 170美元，可行增量范围百分比 = $100\left(\dfrac{180-170}{5}\right)\% = 200\%$

总和 = 250%

5.10. （1）生产2 000件玩具和1 000套配件，获利3 500美元。

（2）配件A的影子价格为0.50美元，该价格是公司愿意支付的最高价格。

5.14. （1）每增加1 000美元的广告预算，总受众人数增加3 000单位。

（2）第（1）问中的受众人数在预算增加到250 000美元前保持不变。

（5）根据100%原则，当广告预算和规划预算同时变化，影子价格依然有效（单位：千美元）：

C_A:4 000 → 4 100，可行增量范围百分比 = $100\left(\dfrac{4100-4000}{250}\right)\% = 40\%$

C_P:1 000 → 1 100，可行增量范围百分比 = $100\left(\dfrac{1100-1000}{450}\right)\% = 22\%$

总和 = 62%

第6章

6.5. 今天从哈里家买3品脱，明天从迪克家买4品脱。总成本 = 19.50美元。

6.19. （2）A-2，B-4，C-3，D-1。总成本 = 20美元。

6.22. （2）戴维-仰泳，托尼-蛙泳，克里斯-蝶泳，卡尔-自由泳。总时间：126.20秒。

第7章

7.2. （2）0 S1-D1，10 S1-D2，30 S1-D3，30 S2-D1，30 S2-D2，0 S2-D3。总成本为580美元。

7.5. （3）2 187 000美元。

7.10. 最大流为15。

7.16. （2）1年后置换。总成本为29 000美元。

第 8 章

8.3. （2）伊夫负责销售与洗碗，史蒂芬负责烹饪与洗衣。总时间为 18.4 小时。

8.8. 最优路线为：OADT。总距离为 10 英里。

第 9 章

9.7. （3）投资 46 667 美元于股票 1，3 333 美元于股票 2，预期收益为 13 000 美元。

投资 33 333 美元于股票 1，16 667 美元于股票 2，预期收益为 15 000 美元。

9.11. （4）多文公司应该生产 1 单位窗和 1 单位门。

第 10 章

10.4. （1）投机投资。

（2）逆循环投资。

10.7. （2）A_3。

（3）A_2。

10.12. （1）A_1。

（2）18 美元。

10.16. （3）EVPI = 3 000 美元。不用借助于信贷评定组织。

10.21. （3）选择自己制造电脑（期望收益为 2 700 万美元）。

10.22. （1）EVPI = 750 万美元。

（3）P（卖出 10 000 台 | 预期卖出 10 000 台）= 0.667；

P（卖出 100 000 台 | 预期卖出 100 000 台）= 0.667。

10.23. 最优选择是不进行市场调研而制造电脑。

10.26. （3）800 000 美元。

（6）、（7）里兰德大学应该雇用威廉。如果他预测本年度将会获胜，则里兰德大学将组织比赛。如果他预测本年度将会失利，则里兰德大学将不组织比赛。

10.30. （1）选择新产品上市（期望收益为 1 250 万美元）。

（2）750 万美元。

（3）最优选择是不用试销而推出新产品。

10.34. （1）选择不买保险（期望收益为 249 840 美元）。

（2）选择购买保险（期望效用为 499.82）。

第 11 章

11.1. （1）39。

（2）26。

（3）36。

11.3. MAD = 15。

11.9. 2 091。

11.13. 当 $\alpha = 0.1$, 预测 = 2 072。

11.17. 552。

11.19.（2）MAD = 5.18。

（3）MAD = 3。

（4）MAD = 3.93。

11.26. 62%。

11.32.（2）$y = 410 + 17.6x$。

（4）604。

第 12 章

12.3.（1）正确。

（2）错误。

（3）正确。

12.8.（1）$L = 2$。

（2）$L_q = 0.375$。

（3）$W = 30$ 分钟，$W_q = 5.625$ 分钟。

12.12.（1）96.9% 的时间。

12.15.（2）$L = 0.333$。

（7）两位成员。

12.18. L_q 不变，W_q 减半。

12.22.（1）$L = 3$。

（4）TC（现状）= 85 美元 / 小时。

TC（建议）= 73 美元 / 小时。

12.27.（1）0.211 小时。

（3）约 3.43 分钟。

12.30.（3）0.4。

（4）7.2 小时。

12.34. 吉姆应该开放 4 个收银台。每小时期望成本为 134.31 美元。

第 13 章

13.2.（3）AFK，AGHIJ，BCHIJ。

13.5.（3）BEJM，CGLN。

13.8. ABCEFJKN。总时长 = 26 周。

13.10. $\mu = 37$, $\sigma^2 = 9$。

13.14.（2）ACEF，时长 = 51 天。

（3）0.9772。

（4）0.9192。

13.20.（2）应急处理 B 活动 1 周，C 活动 2 周，D 活动 1 周，E 活动 2 周。节省了 7834 美元。

13.21. 应急处理 A 活动 2 周，B 活动 1 周，G 活动 1 周，H 活动 1 周。总成本 =217 美元。

13.24.（4）

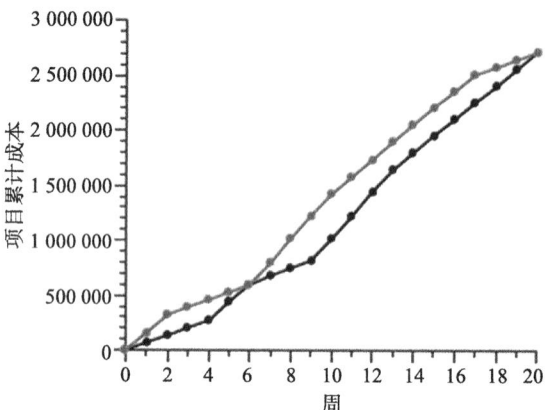

（5）项目管理者应该特别注意项目 D，因为它还没完成，同时它成本超支。

第 14 章

14.1.（2）让从 0.000 0 到 0.599 9 的数字代表投中，从 0.600 0 到 0.999 9 的数字代表未投中。投篮的随机观测值为：0.303 9 = 投中，0.791 4 = 未投中，0.854 3 = 未投中，0.690 2 = 未投中，0.300 4 = 投中，0.038 3 = 投中。

14.5.（1）这里有一个样本副本：

结果总结	
赢?（1 = 是，0 = 否）	0
投掷次数	3

模拟投掷			
投掷	骰子 1	骰子 2	合计
1	4	2	6
2	3	2	5
3	6	1	7
4	5	2	7
5	4	4	8
6	1	4	5
7	2	6	8

结果			
赢?	输?		继续?
0	0		是
0	0		是
0	1		否
NA	NA		否
NA	NA		否
NA	NA		否
NA	NA		否

14.10.（1）使得从 0.000 0 到 0.399 9 的数字来对应小修，从 0.400 0 到 0.999 9 的数字对应大修。那么平均修理时间为（1.224 + 0.950 + 1.610）/ 3 = 1.26 小时。

14.17.（2）平均等待时间为 1 天。

（3）平均等待时间为 0.33 天。

第 15 章

15.3.（1）最小极值分布（Mode = 170.3，Scale = 50.9，Shift = 320.0）

15.7.（1）项目平均完成时间大约为 33 个月。

（3）活动 B 和 J 对于项目完成时间的影响最大。

15.15.（1）平均利润应当为 107 美元，盈利的概率为 96.5%。

推荐阅读

数据、模型与决策：管理科学的数学基础（第2版）

作者：梁樑 杨锋 苟清龙 编著 ISBN：978-7-111--69462-5 定价：55.00元

运筹学：原理、工具及应用

作者：肖勇波 编著 编著 ISBN：978-7-111--67203-6 定价：49.00元